J. von Staudingers
Kommentar zum Bürgerlichen Gesetzbuch
mit Einführungsgesetz und Nebengesetzen
Buch 2 · Recht der Schuldverhältnisse
Einl zu §§ 241 ff; §§ 241–243
(Einleitung zum Schuldrecht, Treu und Glauben)

Kommentatorinnen und Kommentatoren

Dr. Karl-Dieter Albrecht
Vorsitzender Richter am Bayerischen Verwaltungsgerichtshof, München

Dr. Hermann Amann
Notar in Berchtesgaden

Dr. Georg Annuß
Rechtsanwalt in München, Privatdozent an der Universität Regensburg

Dr. Christian Armbrüster
Professor an der Freien Universität Berlin

Dr. Martin Avenarius
Professor an der Universität zu Köln

Dr. Wolfgang Baumann
Notar in Wuppertal

Dr. Roland Michael Beckmann
Professor an der Universität des Saarlandes, Saarbrücken

Dr. Detlev W. Belling, M.C.L.
Professor an der Universität Potsdam

Dr. Andreas Bergmann
Wiss. Assistent an der Universität des Saarlandes, Saarbrücken

Dr. Werner Bienwald
Professor an der Evangelischen Fachhochschule Hannover

Dr. Claudia Bittner, LL.M.
Privatdozentin an der Universität Freiburg i. Br.

Dr. Dieter Blumenwitz †
Professor an der Universität Würzburg

Dr. Reinhard Bork
Professor an der Universität Hamburg

Dr. Wolf-Rüdiger Bub
Rechtsanwalt in München, Professor an der Universität Potsdam

Dr. Elmar Bund
Professor an der Universität Freiburg i. Br.

Dr. Jan Busche
Professor an der Universität Düsseldorf

Dr. Michael Coester, LL.M.
Professor an der Universität München

Dr. Dagmar Coester-Waltjen, LL.M.
Professorin an der Universität München

Dr. Heinrich Dörner
Professor an der Universität Münster

Dr. Christina Eberl-Borges
Professorin an der Universität Siegen

Dr. Werner F. Ebke, LL.M.
Professor an der Universität Heidelberg

Dr. Jörn Eckert
Professor an der Universität zu Kiel, Richter am Schleswig-Holsteinischen Oberlandesgericht in Schleswig

Dr. Volker Emmerich
Professor an der Universität Bayreuth, Richter am Oberlandesgericht Nürnberg a. D.

Dipl.-Kfm. Dr. Norbert Engel
Ministerialdirigent im Thüringer Landtag, Erfurt

Dr. Helmut Engler
Professor an der Universität Freiburg i. Br., Minister in Baden-Württemberg a. D.

Dr. Karl-Heinz Fezer
Professor an der Universität Konstanz, Honorarprofessor an der Universität Leipzig, Richter am Oberlandesgericht Stuttgart

Dr. Johann Frank
Notar in Amberg

Dr. Rainer Frank
Professor an der Universität Freiburg i. Br.

Dr. Bernhard Großfeld, LL.M.
Professor an der Universität Münster

Dr. Beate Gsell
Professorin an der Universität Augsburg

Dr. Karl-Heinz Gursky
Professor an der Universität Osnabrück

Dr. Ulrich Haas
Professor an der Universität Mainz

Norbert Habermann
Richter am Amtsgericht Offenbach

Dr. Stefan Habermeier
Professor an der Universität Greifswald

Dr. Johannes Hager
Professor an der Universität München

Dr. Rainer Hausmann
Professor an der Universität Konstanz

Dr. Dr. h. c. mult. Dieter Henrich
Professor an der Universität Regensburg

Dr. Reinhard Hepting
Professor an der Universität Mainz

Dr. Elke Herrmann
Professorin an der Universität Siegen

Christian Hertel, LL.M.
Notar a. D., Geschäftsführer des Deutschen Notarinstituts, Würzburg

Joseph Hönle
Notar in Tittmoning

Dr. Bernd von Hoffmann
Professor an der Universität Trier

Dr. Heinrich Honsell
Professor an der Universität Zürich, Honorarprofessor an der Universität Salzburg

Dr. Dr. Dres. h. c. Klaus J. Hopt, M.C.J.
Professor, Direktor des Max-Planck-Instituts für Ausländisches und Internationales Privatrecht, Hamburg

Dr. Norbert Horn
Professor an der Universität zu Köln

Dr. Heinz Hübner
Professor an der Universität zu Köln

Dr. Peter Huber, L.L.M.
Professor an der Universität Mainz

Dr. Rainer Jagmann
Vorsitzender Richter am Landgericht Freiburg i. Br.

Dr. Ulrich von Jeinsen
Rechtsanwalt und Notar in Hannover

Dr. Joachim Jickeli
Professor an der Universität zu Kiel

Dr. Dagmar Kaiser
Professorin an der Universität Mainz

Dr. Rainer Kanzleiter
Notar in Neu-Ulm, Professor an der Universität Augsburg

Dr. Sibylle Kessal-Wulf
Richterin am Bundesgerichtshof, Karlsruhe

Dr. Hans-Georg Knothe
Professor an der Universität Greifswald

Dr. Jürgen Kohler
Professor an der Universität Greifswald

Dr. Stefan Koos
Professor an der Universität der Bundeswehr München

Dr. Heinrich Kreuzer
Notar in München

Dr. Jan Kropholler
Professor an der Universität Hamburg, Wiss. Referent am Max-Planck-Institut für Ausländisches und Internationales Privatrecht, Hamburg

Dr. Hans-Dieter Kutter
Notar in Schweinfurt

Dr. Gerd-Hinrich Langhein
Notar in Hamburg

Dr. Dr. h. c. Manfred Löwisch
Professor an der Universität Freiburg i. Br., Rechtsanwalt in Stuttgart, vorm. Richter am Oberlandesgericht Karlsruhe

Dr. Dirk Looschelders
Professor an der Universität Düsseldorf

Dr. Stephan Lorenz
Professor an der Universität München

Dr. Dr. h. c. Werner Lorenz
Professor an der Universität München

Dr. Peter Mader
Professor an der Universität Salzburg

Dr. Ulrich Magnus
Professor an der Universität Hamburg, Richter am Hanseatischen Oberlandesgericht zu Hamburg

Dr. Peter Mankowski
Professor an der Universität Hamburg

Dr. Heinz-Peter Mansel
Professor an der Universität zu Köln

Dr. Peter Marburger
Professor an der Universität Trier

Dr. Wolfgang Marotzke
Professor an der Universität Tübingen

Dr. Dr. Dr. h. c. Michael Martinek, M.C.J.
Professor an der Universität des Saarlandes, Saarbrücken

Dr. Annemarie Matusche-Beckmann
Privatdozentin an der Universität zu Köln

Dr. Jörg Mayer
Notar in Simbach am Inn

Dr. Dr. Detlef Merten
Professor an der Deutschen Hochschule für Verwaltungswissenschaften Speyer

Dr. Rudolf Meyer-Pritzl
Professor an der Universität zu Kiel, Richter am Schleswig-Holsteinischen Oberlandesgericht in Schleswig

Dr. Peter O. Mülbert
Professor an der Universität Mainz

Dr. Dirk Neumann
Vizepräsident des Bundesarbeitsgerichts a. D., Kassel, Präsident des Landesarbeitsgerichts Chemnitz a. D.

Dr. Ulrich Noack
Professor an der Universität Düsseldorf

Dr. Hans-Heinrich Nöll
Rechtsanwalt in Hamburg

Dr. Jürgen Oechsler
Professor an der Universität Mainz

Dr. Hartmut Oetker
Professor an der Universität zu Kiel, Richter am Thüringer Oberlandesgericht Jena

Wolfgang Olshausen
Notar in Rain am Lech

Dr. Dirk Olzen
Professor an der Universität Düsseldorf

Dr. Gerhard Otte
Professor an der Universität Bielefeld

Dr. Hansjörg Otto
Professor an der Universität Göttingen

Dr. Lore Maria Peschel-Gutzeit
Rechtsanwältin in Berlin, Senatorin für Justiz a. D. in Hamburg und Berlin, Vorsitzende Richterin am Hanseatischen Oberlandesgericht zu Hamburg i. R.

Dr. Frank Peters
Professor an der Universität Hamburg, Richter am Hanseatischen Oberlandesgericht zu Hamburg

Dr. Axel Pfeifer
Notar in Hamburg

Dr. Jörg Pirrung
Richter am Gericht erster Instanz der Europäischen Gemeinschaften, Luxemburg, Professor an der Universität Trier

Dr. Ulrich Preis
Professor an der Universität zu Köln

Dr. Manfred Rapp
Notar in Landsberg a. L.

Dr. Thomas Rauscher
Professor an der Universität Leipzig, Dipl. Math.

Dr. Peter Rawert, LL.M.
Notar in Hamburg, Professor an der Universität zu Kiel

Eckhard Rehme
Vorsitzender Richter am Oberlandesgericht Oldenburg

Dr. Wolfgang Reimann
Notar in Passau, Professor an der Universität Regensburg

Dr. Tilman Repgen
Professor an der Universität Hamburg

Dr. Dieter Reuter
Professor an der Universität zu Kiel, Richter am Schleswig-Holsteinischen Oberlandesgericht in Schleswig

Dr. Reinhard Richardi
Professor an der Universität Regensburg

Dr. Volker Rieble
Professor an der Universität München, Direktor des Zentrums für Arbeitsbeziehungen und Arbeitsrecht

Dr. Anne Röthel
Professorin an der Bucerius Law School, Hamburg

Dr. Christian Rolfs
Professor an der Universität Bielefeld

Dr. Herbert Roth
Professor an der Universität Regensburg

Dr. Rolf Sack
Professor an der Universität Mannheim

Dr. Ludwig Salgo
Professor an der Fachhochschule Frankfurt a. M., Apl. Professor an der Universität Frankfurt a. M.

Dr. Gottfried Schiemann
Professor an der Universität Tübingen

Dr. Eberhard Schilken
Professor an der Universität Bonn

Dr. Peter Schlosser
Professor an der Universität München

Dr. Dres. h. c. Karsten Schmidt
Vizepräsident der Bucerius Law School, Hamburg

Dr. Martin Schmidt-Kessel
Professor an der Universität Osnabrück

Dr. Günther Schotten
Notar in Köln, Professor an der Universität Bielefeld

Dr. Hans Schulte-Nölke
Professor an der Universität Bielefeld

Dr. Hans Hermann Seiler
Professor an der Universität Hamburg

Dr. Reinhard Singer
Professor an der Humboldt-Universität Berlin, vorm. Richter am Oberlandesgericht Rostock

Dr. Ulrich Spellenberg
Professor an der Universität Bayreuth

Dr. Sebastian Spiegelberger
Notar in Rosenheim

Dr. Malte Stieper
Akademischer Rat an der Universität zu Kiel

Dr. Markus Stoffels
Professor an der Universität Passau

Dr. Hans-Wolfgang Strätz
Professor an der Universität Konstanz

Dr. Dr. h. c. Fritz Sturm
Professor an der Universität Lausanne

Dr. Gudrun Sturm
Assessorin, Wiss. Mitarbeiterin

Burkhard Thiele
Präsident des Landesarbeitsgerichts Mecklenburg-Vorpommern, Rostock

Dr. Gregor Thüsing, LL.M.
Professor an der Universität Bonn

Dr. Barbara Veit
Professorin an der Universität Göttingen

Dr. Bea Verschraegen, LL.M.
Professorin an der Universität Wien

Dr. Klaus Vieweg
Professor an der Universität Erlangen-Nürnberg

Dr. Reinhard Voppel
Rechtsanwalt in Köln

Dr. Günter Weick
Professor an der Universität Gießen

Gerd Weinreich
Vorsitzender Richter am Landgericht Oldenburg

Dr. Birgit Weitemeyer
Privatdozentin an der Technischen Universität Dresden

Dr. Joachim Wenzel
Vizepräsident des Bundesgerichtshofs a.D., Karlsruhe

Dr. Olaf Werner
Professor an der Universität Jena, Richter am Thüringer Oberlandesgericht Jena

Dr. Wolfgang Wiegand
Professor an der Universität Bern

Dr. Susanne Wimmer-Leonhardt
Privatdozentin an der Universität des Saarlandes, Saarbrücken

Dr. Peter Winkler von Mohrenfels
Professor an der Universität Rostock, Richter am Oberlandesgericht Rostock

Dr. Hans Wolfsteiner
Notar in München

Dr. Eduard Wufka
Notar in Starnberg

Dr. Michael Wurm
Richter am Bundesgerichtshof, Karlsruhe

Redaktorinnen und Redaktoren

Dr. Dr. h. c. Christian von Bar, FBA
Dr. Wolf-Rüdiger Bub
Dr. Heinrich Dörner
Dr. Helmut Engler
Dr. Karl-Heinz Gursky
Norbert Habermann
Dr. Dr. h. c. mult. Dieter Henrich
Dr. Norbert Horn
Dr. Heinz Hübner
Dr. Jan Kropholler

Dr. Dr. h. c. Manfred Löwisch
Dr. Ulrich Magnus
Dr. Dr. Dr. h. c. Michael Martinek, M.C.J.
Dr. Gerhard Otte
Dr. Lore Maria Peschel-Gutzeit
Dr. Peter Rawert, LL.M.
Dr. Dieter Reuter
Dr. Herbert Roth
Dr. Hans-Wolfgang Strätz
Dr. Wolfgang Wiegand

J. von Staudingers
Kommentar zum Bürgerlichen Gesetzbuch
mit Einführungsgesetz und Nebengesetzen

Buch 2
Recht der Schuldverhältnisse
Einl zu §§ 241 ff, §§ 241–243
(Einleitung zum Schuldrecht, Treu und Glauben)

Neubearbeitung 2005
von
Dirk Looschelders
Dirk Olzen
Gottfried Schiemann

Redaktor
Michael Martinek

Sellier – de Gruyter · Berlin

Die Kommentatorinnen und Kommentatoren

Neubearbeitung 2005
Einleitung zu §§ 241 ff; §§ 241, 241a:
DIRK OLZEN
§ 242: DIRK LOOSCHELDERS/DIRK OLZEN
§ 243: GOTTFRIED SCHIEMANN

Dreizehnte Bearbeitung 1995
Einleitung zu §§ 241 ff; §§ 241 f: JÜRGEN SCHMIDT
§ 243: GOTTFRIED SCHIEMANN

12. Auflage
Einleitung zu §§ 241 ff; §§ 241 f: JÜRGEN SCHMIDT (1980/1981)
§ 243: Professor Dr. DIETER MEDICUS (1980)

11. Auflage
Einleitung zu §§ 241 ff; §§ 241 ff: Landgerichtsdirektor a. D. Dr. Dr. WILHELM WEBER (1961/1967)

Sachregister

Rechtsanwalt Dr. Dr. VOLKER KLUGE, Berlin

Zitierweise

STAUDINGER/OLZEN (2005) Einl 1 zu §§ 241 ff
STAUDINGER/LOOSCHELDERS/OLZEN (2005)
§ 242 Rn 1

Zitiert wird nur nach Paragraph bzw Artikel und Randnummer.

Hinweise

Das Vorläufige Abkürzungsverzeichnis 1993 für das „Gesamtwerk STAUDINGER" befindet sich in einer Broschüre, die den Abonnenten zusammen mit dem Band §§ 985–1011 (1993) bzw seit 2000 gesondert mitgeliefert wird. Eine aktualisierte Neubearbeitung befindet sich in Vorbereitung und wird den Abonnenten wiederum kostenlos geliefert werden.

Der Stand der Bearbeitung ist jeweils mit Monat und Jahr auf den linken Seiten unten angegeben.

Am Ende eines jeden Bandes befindet sich eine Übersicht über den aktuellen Stand des „Gesamtwerk STAUDINGER".

Die Deutsche Bibliothek verzeichnet diese Publikation in der Deutschen Nationalbibliografie; detaillierte bibliografische Daten sind im Internet über http://dnb.ddb.de abrufbar.

ISBN-13: 978-3-8059-1020-0
ISBN-10: 3-8059-1020-7

© Copyright 2005 by Dr. Arthur L. Sellier & Co. – Walter de Gruyter GmbH & Co. KG, Berlin. – Printed in Germany.

Dieses Werk einschließlich aller seiner Teile ist urheberrechtlich geschützt. Jede Verwertung außerhalb der engen Grenzen des Urheberrechtsgesetzes ist ohne Zustimmung des Verlages unzulässig und strafbar. Das gilt insbesondere für Vervielfältigungen, Übersetzungen, Mikroverfilmungen und die Einspeicherung und Verarbeitung in elektronischen Systemen.

Satz: fidus Publikations-Service, Augsburg.

Druck: H. Heenemann GmbH & Co., Berlin.

Bindearbeiten: Lüderitz und Bauer classic GmbH, Berlin.

Umschlaggestaltung: Bib Wies, München.

♾ Gedruckt auf säurefreiem Papier, das die DIN ISO 9706 über Haltbarkeit erfüllt.

Inhaltsübersicht

	Seite*
Allgemeines Schrifttum	IX
Buch 2 · Recht der Schuldverhältnisse	
Einl zu §§ 241 ff	1
Abschnitt 1 · Inhalt der Schuldverhältnisse Titel 1 · Verpflichtung zur Leistung (§§ 241–243)	117
Sachregister	641

---

* Zitiert wird nicht nach Seiten, sondern nach Paragraph bzw Artikel und Randnummer; siehe dazu auch S VI.

Allgemeines Schrifttum

Das Sonderschrifttum ist zu Beginn der einzelnen Kommentierungen bzw in Fußnoten innerhalb der Kommentierung aufgeführt.

1. Kommentare

Anwaltkommentar BGB (2002 ff)
BAMBERGER/ROTH, Kommentar zum Bürgerlichen Gesetzbuche (2003)
BAUMBACH/HOPT, Handelsgesetzbuch (31. Aufl 2003)
BAUMBACH/LAUTERBACH/ALBERS/HARTMANN, Kommentar zur ZPO (63. Aufl 2005)
EBENROTH/JOOST/BOUJONG, HGB-Kommentar (2001)
ERMAN, Handkommentar zum Bürgerlichen Gesetzbuch (11. Aufl 2004)
HERBERGER/MARTINEK/RÜSSMANN/WETH, juris Praxiskommentar BGB (2. Aufl 2005); zitiert: juris PK
JAUERNIG/BERGER/MANSEL/STADLER/STÜRNER/TEICHMANN/VOLLKOMMER, Bürgerliches Gesetzbuch (11. Aufl 2004)
KOHTE/MICKLITZ/ROTT/TONNER/WILLINGMANN, Das neue Schuldrecht – Kompaktkommentar (2003)
Münchener Kommentar zum BGB (4. Aufl 2000 ff); zitiert: MünchKomm/BEARBEITER
Münchener Kommentar zur ZPO (2. Aufl 2001 ff); zitiert: MünchKommZPO/BEARBEITER
OERTMANN, Bürgerliches Gesetzbuch, Recht der Schuldverhältnisse (5. Aufl 1928)
PALANDT, Kommentar zum BGB (64. Aufl 2005)
PLANCK, Kommentar zum Bürgerlichen Gesetzbuch (4. Aufl 1913 ff)
PRÖLSS/MARTIN, Kommentar zum VVG (27. Aufl 2004)
Reichsgerichtsrätekommentar zum BGB (12. Aufl 1974 ff)
SCHMOECKEL/RÜCKERT/ZIMMERMANN, Historisch-kritischer Kommentar zum BGB (2003 ff)
SCHULZE/DÖRNER/EBERT/ECKERT/HOEREN/KEMPER/SAENGER/SCHULTE-NÖLKE/STAUDINGER, Bürgerliches Gesetzbuch Handkommentar (4. Aufl 2005); zitiert: Hk-BGB/BEARBEITER
SOERGEL, Kommentar zum BGB (13. Aufl 1999 ff)
STEIN/JONAS, Kommentar zur ZPO (22. Aufl 2002 ff)
THOMAS/PUTZO, Kommentar zur ZPO (26. Aufl 2004)
ZÖLLER, Kommentar zur ZPO (25. Auflage 2005).

2. Lehrbücher

BAUR/STÜRNER, Sachenrecht (17. Aufl 1999); zitiert: BAUR/STÜRNER, Sachenrecht
BROX/WALKER, Allgemeines Schuldrecht (30. Aufl 2004)
ENNECCERUS/LEHMANN, Lehrbuch des Bürgerlichen Rechts (15. Aufl 1959)
Erfurter Kommentar zum Arbeitsrecht (5. Auflage 2005)
ESSER/SCHMIDT, Schuldrecht Band 1, Allgemeiner Teil Teilbd 2 (8. Aufl 2000)
ESSER/WEYERS, Schuldrecht Besonderer Teil Band 1 (9. Aufl 2005)
FIKENTSCHER, Schuldrecht (9. Aufl 1997)
GERNHUBER (Hrsg), Handbuch des Schuldrechts in Einzeldarstellungen; Bd VIII: Das Schuldverhältnis (1989)
HECK, Grundriß des Schuldrechts (1929; unveränderter Nachdruck 1958)
LARENZ, Schuldrecht Allgemeiner Teil (14. Aufl 1987)
ders, Schuldrecht Besonderer Teil Band 1 (13. Aufl 1986)
LARENZ/CANARIS, Schuldrecht Besonderer Teil Band 2 (13. Aufl 1994)
LARENZ/WOLF, Allgemeiner Teil des BGB (9. Aufl 2004)
LOOSCHELDERS, Schuldrecht AT (3. Aufl 2005)
LORENZ/RIEHM, Lehrbuch zum neuen Schuldrecht (2002)

MEDICUS, Schuldrecht I Allgemeiner Teil (16. Aufl 2005)
ders, Bürgerliches Recht (20. Aufl 2004)
MUSIELAK, Kommentar zur Zivilprozessordnung (4. Aufl 2004)
ROSENBERG/SCHWAB/GOTTWALD, Zivilprozeßrecht (16. Aufl 2004)

SCHLECHTRIEM, Schuldrecht Allgemeiner Teil (5. Aufl 2003)
K SCHMIDT, Handelsrecht (5. Aufl 1999)
ders, Gesellschaftsrecht (4. Aufl 2002)
WESTERMANN/BYDLINSKI/WEBER, BGB-Schuldrecht Allgemeiner Teil (5. Aufl 2003)
E WOLF, Lehrbuch des Schuldrechts, Erster Band: Allgemeiner Teil (1978).

Buch 2
Recht der Schuldverhältnisse

Einleitung zu §§ 241 ff

Schrifttum

ALTMEPPEN, Schadensersatz wegen Pflichtverletzung – Ein Beispiel für die Überhastung der Schuldrechtsreform, DB 2001, 1131
vAMIRA, Grundriss des Germanischen Rechts (3. Aufl 1993)
BAMBERGER/ROTH, Kommentar zum Bürgerlichen Gesetzbuch (2003)
vBAR/MANKOWSKI, Internationales Privatrecht, Band I: Allgemeine Lehren (2. Aufl 2003)
vBAR, Internationales Privatrecht, Band II: Besonderer Teil (1991)
ders, „Nachwirkende" Vertragspflichten, AcP 179 (1979) 452
BASEDOW, Grundfragen der Vertragsrechtsreform, ZVglRWiss 79 (1980) 132
BAUMBACH/LAUTERBACH/ALBERS/HARTMANN, Zivilprozessordnung (63. Aufl 2005)
BECKER, Schutz von Forderungen durch das Deliktsrecht?, AcP 196 (1996) 439
BERGER, Einheitliche Rechtsstrukturen durch außergesetzliche Rechtsvereinheitlichung, JZ 1999, 369
Berner Kommentar, Begr: GMÜR, Kommentar zum Schweizerischen Zivilrecht, Bd 6: Das Obligationenrecht (1962)
vBERNSTORFF, Einführung in das englische Recht (2. Aufl 2000)
BEUTHIEN, Zweckerreichung und Zweckstörung im Schuldverhältnis (1969)
BGB-RGRK, Das Bürgerliche Gesetzbuch mit besonderer Berücksichtigung der Rechtsprechung des Reichsgerichts und des Bundesgerichtshofes, hrsg v Mitgliedern des BGH (12. Aufl 1974 ff)
BODEWIG, Vertragliche Pflichten „post contractum finitum", Jura 2005, 505
BÖHMER, Einführung in das Bürgerliche Recht (2. Aufl 1965)

BROX, Allgemeiner Teil des BGB (29. Aufl 2005)
BROX/WALKER, Allgemeines Schuldrecht (30. Aufl 2004)
BUCHER, Die Entwicklung des deutschen Schuldrechts im 19. Jahrhundert und die Schweiz, ZEuP 2003, 353
Bundesminister der Justiz (Hrsg), Abschlussbericht der Kommission zur Überarbeitung des Schuldrechts (1992)
Bundesminister der Justiz (Hrsg), Gutachten und Vorschläge zur Überarbeitung des Schuldrechts, 3 Bände (Bände I und II 1981, Band III 1983)
BUNTE, Zur geplanten Überarbeitung des Schuldrechts, BB 1982, 685
BUSCHE, Privatautonomie und Kontrahierungszwang (Habil Tübingen 1999)
BUSCHMANN, Das Sächsische Bürgerliche Gesetzbuch von 1863/65, JuS 1980, 553
BYDLINSKI, Zu den dogmatischen Grundfragen des Kontrahierungszwanges, AcP 180 (1980) 1
CANARIS, Die Vertrauenshaftung im deutschen Privatrecht (1971)
ders, Ansprüche wegen „positiver Vertragsverletzung" und „Schutzwirkung für Dritte" bei nichtigen Verträgen, JZ 1965, 475
ders, Die Reform der Leistungsstörungen, JZ 2001, 499–524 (Synopse 524–529)
ders, Schutzgesetze – Verkehrspflichten – Schutzpflichten, in: FS Larenz (1983) 27
DÄUBLER, Die Reform des Schadensersatzrechts, JuS 2002, 625
DÄUBLER-GMELIN, Die Entscheidung für die so genannte Große Lösung bei der Schuldrechtsreform, NJW 2001, 2281
DAUNER-LIEB/HEIDEL/LEPA/RING (Hrsg), Anwaltkommentar, Schuldrecht (2005)

Dirk Olzen

dies, Das neue Schuldrecht (2002)
DAUNER-LIEB, Verbraucherschutz durch Ausbildung eines Sonderprivatrechts für Verbraucher (Diss Berlin 1983)
dies, Die geplante Schuldrechtsmodernisierung – Durchbruch oder Schnellschuß?, JZ 2001, 8
DE BOOR, Die Kollision von Forderungsrechten (1928)
DERNBURG, Pandekten, 2. Band: Obligationenrecht (4. Aufl 1894, 7. Aufl 1903)
DÖRNER, Dynamische Relativität (1985)
EHRENZWEIG/MAYRHOFER, Schuldrecht AT (3. Aufl 1986)
EISENHARDT, Die Einheitlichkeit des Rechtsgeschäfts und die Überwindung des Abstraktionsprinzips, JZ 1991, 271
ENNECCERUS/KIPP/WOLF (Hrsg), Lehrbuch des Bürgerlichen Rechts, Recht der Schuldverhältnisse, Band II, Bearb: LEHMANN (14. Aufl 1954)
dies (Hrsg), Lehrbuch des Bürgerlichen Rechts, Allgemeiner Teil des Bürgerlichen Rechts, Band I 1, Bearb: NIPPERDEY (15. Aufl 1959)
ERMAN, Handkommentar zum Bürgerlichen Gesetzbuch (11. Aufl 2004)
ESSER/SCHMIDT, Schuldrecht, Band 1: Allgemeiner Teil (8. Aufl 1995)
FIKENTSCHER, Schuldrecht (9. Aufl 1997)
FINGER, Die Verpflichtung des Herstellers zur Lieferung von Ersatzteilen, NJW 1970, 2049
FLEISCHER, Konkurrenzprobleme um die culpa in contrahendo – Fahrlässige Irreführung versus arglistige Täuschung, AcP 200 (2000) 91
FLUME, Allgemeiner Teil des Bürgerlichen Rechts, Band 2: Das Rechtsgeschäft (4. Aufl 1992)
GERNHUBER (Hrsg), Handbuch des Schuldrechts, Band 8: Das Schuldverhältnis (1989)
ders, Die Erfüllung und ihre Surrogate (1994)
vGIERKE, Der Entwurf eines bürgerlichen Gesetzbuchs und das deutsche Recht (2. Aufl 1889)
ders, Dauernde Schuldverhältnisse, JherJb 64 (1914) 355
GREGER, Stellungnahme zum Entwurf eines Zweiten Gesetzes zur Änderung schadensersatzrechtlicher Vorschriften – BT-Drucks 14/7752, NZV 2002, 222
GREULICH, Nachwirkungen bei Lieferverträgen, BB 1955, 208

GRUNDMANN, Die Mietrechtsreform, NJW 2001, 2497
HAUPT, Über faktische Vertragsverhältnisse (1941), Nachdruck: FS Siber (1970) Band II 1
HAUSMANINGER/SELB, Römisches Privatrecht (8. Aufl 1997)
HAY, US-Amerikanisches Recht (3. Aufl 2005)
HEDEMANN, Der Dresdner Entwurf von 1866 (1935)
ders, Das Volksgesetzbuch der Deutschen (1941)
HEINISCH, Wohnraummiete im politischen System von BRD und DDR – eine rechtsvergleichende Untersuchung zum Einfluss sozialistischer Ideologie auf das Schuldrecht (Diss Düsseldorf 2004)
HENKEL, Einführung in die Rechtsphilosophie (2. Aufl 1977)
HENSS, Obliegenheit und Pflicht im Bürgerlichen Recht (Diss Frankfurt aM 1988)
HENSSLER, Risiko als Vertragsgegenstand (1994)
HENTSCHEL, Straßenverkehrsrecht (38. Aufl 2005)
HERHOLZ, Das Schuldverhältnis als konstante Rahmenbeziehung, AcP 130 (1929) 257
HILLGRUBER, Richterliche Rechtsfortbildung als Verfassungsproblem, JZ 1996, 118
HIRTE/HEBER, Haftung bei Gefälligkeitsfahrten im Straßenverkehr, JuS 2002, 241
vHOFFMANN/THORN, Internationales Privatrecht (8. Aufl 2005)
HOFFMANN, Der Einfluß des Gefälligkeitsmoments auf das Haftungsmaß, AcP 167 (1967) 394
HONSELL, Kommentar zum Schweizerischen Privatrecht – Obligationenrecht I (2. Aufl 1996)
HOPT, Nichtvertragliche Haftung außerhalb von Schadens- und Bereicherungsrecht – Zur Theorie und Dogmatik des Berufsrechts und der Berufshaftung, AcP 183 (1983) 608
HORN, Vertragsdauer, in: Gutachten und Vorschläge zur Überarbeitung des Schuldrechts Band I (1981)
HUECK, Der Treuegedanke im modernen Privatrecht (1947)
JAEGER/LUCKEY, Das Zweite Schadensersatzänderungsgesetz – Ein Überblick über das neue Recht, MDR 2002, 1168

JAKOBS, Unmöglichkeit und Nichterfüllung (1969)
JAKOBS/SCHUBERT, Die Beratung des BGB, Materialien zur Entstehungsgeschichte des BGB – Einführung, Biographien, Materialien (1978)
dies, Die Beratung des BGB, Recht der Schuldverhältnisse I, §§ 241 bis 432 (1978)
JAUERNIG, Bürgerliches Gesetzbuch (11. Aufl 2004)
ders, Trennungsprinzip und Abstraktionsprinzip, JuS 1994, 721
JOERGES, Die Überarbeitung des BGB-Schuldrechts, die Sonderprivatrechte und die Unbestimmtheit des Rechts, KJ 1987, 166
KASER/KNÜTEL, Römisches Privatrecht (17. Aufl 2003)
KEGEL/SCHURIG, Internationales Privatrecht (9. Aufl 2004)
KLEIN, Haftungsbeschränkungen zugunsten und zu Lasten Dritter und ihre Behandlung in der Schuldrechtsreform, JZ 1997, 390
KNÜTEL, Zur Schuldrechtsreform, NJW 2001, 2519
KÖBLER, Lexikon der europäischen Rechtsgeschichte (1997)
ders, Deutsche Rechtsgeschichte (5. Aufl 1996)
KÖTZ/WAGNER, Deliktsrecht (9. Aufl 2001)
ders, Rechtsvereinheitlichung – Nutzen, Kosten, Methoden, Ziele, RabelsZ 50 (1986) 1
KOZIOL, Die Beeinträchtigung fremder Forderungsrechte (1967)
KRASSER, Der Schutz vertraglicher Rechte gegen Eingriffe Dritter (1971)
KREBS, Sonderverbindung und außerdeliktische Schutzpflichten (Habil München 2000)
KROPHOLLER, Internationales Privatrecht (5. Aufl 2004)
LABAND, Zum zweiten Buch des Entwurfes eines bürgerlichen Gesetzbuches für das Deutsche Reich, I. Abschnitt, Titel 1 bis 3, AcP 73 (1888) 161
LANDO, Die Regeln des Europäischen Vertragsrechts, in: MÜLLER-GRAFF 567
LARENZ, Sozialtypisches Verhalten als Verpflichtungsgrund, DRiZ 1958, 245
ders, Lehrbuch des Schuldrechts, Band 1: Allgemeiner Teil (14. Aufl 1987)
ders, Methodenlehre der Rechtswissenschaft (6. Aufl 1991)

LARENZ, Die Begründung von Schuldverhältnissen durch sozialtypisches Verhalten, NJW 1956, 1897
LARENZ/CANARIS, Methodenlehre der Rechtswissenschaft – Studienausgabe (3. Aufl 1995)
dies, Lehrbuch des Schuldrechts, Band 2, Halbband 1 (13. Aufl 1986)
dies, Lehrbuch des Schuldrechts, Band 2, Halbband 2 (13. Aufl 1994)
LARENZ/WOLF, Allgemeiner Teil des Bürgerlichen Rechts (9. Aufl 2004)
LAUFS, Rechtsentwicklungen in Deutschland (5. Aufl 1996)
LEHMANN, Faktische Vertragsverhältnisse, NJW 1958, 1
ders, Die Unterlassungspflicht im Bürgerlichen Recht (1969, unveränderter Nachdruck der Ausgabe 1911)
LEONHARD, Allgemeines Schuldrecht des BGB (1929)
LIEB, Schutzbedürftigkeit oder Eigenverantwortlichkeit, DNotZ 1989, 274
LÖBL, Geltendmachung fremder Forderungsrechte im eigenen Namen, AcP 129 (1928) 286
LOOSCHELDERS, Schuldrecht Allgemeiner Teil (3. Aufl 2005)
ders, Die Mitverantwortlichkeit des Geschädigten im Privatrecht (Habil Tübingen 1999)
ders, Schadensersatz bei einseitiger Durchsetzung der Familienplanung durch den kinderwilligen (Ehe-)Partner?, Jura 2000, 169–175
ders, Bewältigung des Zufalls durch Versicherung?, VersR 1996, 529
ders, Internationales Privatrecht (2004)
LOOSCHELDERS/ROTH, Juristische Methodik im Prozess der Rechtsanwendung (1996)
LUTTER/HOMMELHOFF, GmbH-Gesetz (16. Aufl 2004)
MADAUS, Die Abgrenzung der leistungsbezogenen von den nicht leistungsbezogenen Nebenpflichten im neuen Schuldrecht, Jura 2004, 289
MAGNUS, Wesentliche Fragen des UN-Kaufrechts, ZEuP 1999, 642

MAIER, Gefälligkeit und Haftung, LG Kiel, NJW 1998, 2539, JuS 2001, 746
vMANGOLDT/KLEIN/STARCK, GG II (4. Aufl 2000)
MANIGK, Handwörterbuch der Rechtswissenschaft, hrsg v STIER-SOMLO/ELSTER, 8 Bände (1926 ff)
MARTENS, Rechtsgeschäft und Drittinteressen, AcP 177 (1977) 113
MARTINY/WITZLEB (Hrsg), Auf dem Wege zu einem Europäischen Zivilgesetzbuch (1998)
MARTINY, Europäisches Privatrecht – greifbar oder unerreichbar?; in: MARTINY/WITZLEB 1
ders, in: REITHMANN/MARTINY Rn 1
MAUNZ/DÜRIG, Deutsches Staatsrecht (30. Aufl 1998)
MEDICUS, Bürgerliches Recht (20. Aufl 2004)
ders, Allgemeiner Teil des BGB (8. Aufl 2002)
ders, Schuldrecht I, Allgemeiner Teil (16. Aufl 2005)
ders, Schuldrecht II, Besonderer Teil (12. Aufl 2004)
ders, Probleme um das Schuldverhältnis (1987)
ders, Drittbeziehungen im Schuldverhältnis, JuS 1974, 613
MEINHOF, Neuerungen im modernisierten Verbrauchervertragsrecht durch das OLG-Vertretungsänderungsgesetz – Heininger und die Folgen, NJW 2002, 2373
MEYSEN, Die Haftung aus Verwaltungsrechtsverhältnis (Diss Berlin 2000)
MINCKE, Einführung in das niederländische Recht (2002)
MITTEIS/LIEBERICH, Deutsche Rechtsgeschichte (19. Aufl 1992)
MUGDAN, Die gesamten Materialien zum Bürgerlichen Gesetzbuch für das Deutsche Reich (1899)
MÜLLER-GRAFF (Hrsg), Gemeinsames Privatrecht in der Europäischen Gemeinschaft (2. Aufl 1992)
ders, Europäisches Gemeinschaftsrecht und Privatrecht, NJW 1993, 13
MÜLLER-LAUBE, Die Verletzung der vertraglichen Unterlassungspflicht, in: FS Rolland (1999) 261
Münchener Kommentar zum Bürgerlichen Gesetzbuch (4. Aufl 2001 ff)
MUSIELAK, Kommentar zur ZPO (4. Aufl 2005)

NEUMANN, Leistungsbezogene Verhaltenspflichten (Diss Augsburg 1988)
OERTMANN, Kommentar zum Bürgerlichen Gesetzbuch, Band 2: Das Recht der Schuldverhältnisse (2. Aufl 1902)
ders, Kommentar zum Bürgerlichen Gesetzbuch, Band 2: Das Recht der Schuldverhältnisse (5. Aufl 1928)
ders, Verträge auf Handlungen dritter Personen, in: FS Zitelmann (1913) 4
ders, Das Problem der relativen Rechtszuständigkeit, JherJb 66 (1916) 130
OLZEN/WANK, Die Schuldrechtsreform (2002)
OTTEN, Das neue Schadensersatzrecht – Haftungsfalle Unfallschadensregulierung, MDR 2002, 1100
PALANDT, Bürgerliches Gesetzbuch (64. Aufl 2005)
PECHSTEIN, Europäisches Zivilgesetzbuch und Rechtssetzungsbefugnisse der EG, in: MARTINY/WITZLEB (1998) 19
PICKER, Positive Forderungsverletzung und culpa in contrahendo – Zur Problematik der Haftung „zwischen" Vertrag und Delikt, AcP 183 (1983) 369
PLANCK/SIBER, Kommentar zum Bürgerlichen Gesetzbuch (1914)
PLANDER, Lottospielgemeinschaft und Rechtsbindungswille, AcP 176 (1976) 424
RAUSCHER, Die Schadensrechtsreform, Jura 2002, 577
REHBEIN, Die Verletzung von Forderungsrechten durch Dritte (Diss Freiburg 1968)
REHM, Aufklärungspflichten im Vertragsrecht (Diss München 2002)
REICH, Reform des Rechts des Konsumentenkredites, JZ 1980, 329
ders, Zivilrechtstheorie, Sozialwissenschaften und Verbraucherschutz, ZRP 1974, 187
REINICKE/TIEDTKE, Kreditsicherung (4. Aufl 2000)
REISCHL, Grundfälle zum neuen Schuldrecht, JuS 2003, 40
REITHMANN/MARTINY (Hrsg), Internationales Vertragsrecht (6. Aufl 2004)
REUSS, Die Intensitätsstufen der Abreden und die Gentlemen-Agreements, AcP 154 (1955) 485
REUTER, Die ethischen Grundlagen des Privat-

rechts – formale Freiheitsethik oder materiale Verantwortungsethik?, AcP 189 (1989) 199
RITTNER, Das Projekt eines Europäischen Privatrechtsgesetzbuches und die wirtschaftliche Praxis, DB 1996, 25
ders, Das Gemeinschaftsprivatrecht und die europäische Integration, JZ 1995, 849
RODIG, Verpflichtung des Herstellers zur Bereithaltung von Ersatzteilen für langlebige Wirtschaftsgüter und ausgelaufene Serien, BB 1971, 854
ROTH, Der faktische Vertrag, JuS-L 1991, L 89
ders, Die Anpassung von Gesellschaftsverträgen, in: FS Honsell (2002) 573
RÜTTEN, Zur Entstehung des Erfüllungszwangs im Schuldverhältnis, in: FS Gernhuber (1993) 939
SACHS, Grundgesetz (3. Aufl 2003)
SAVIGNY, System des heutigen Römischen Rechts, Bände I und III (1840)
SCHAPP, Empfiehlt sich die „Pflichtverletzung" als Generaltatbestand des Leistungsstörungsrechts?, JZ 2001, 583
ders, Das Zivilrecht als Anspruchssystem, JuS 1992, 537
SCHAUB, Arbeitsrechtshandbuch (11. Aufl 2005)
E SCHMIDT, Von der Privat- zur Sozialautonomie – Vorläufige Gedanken zur abnehmenden Gestaltungskraft konventioneller juristischer Dogmatik im Privatrechtssystem – Josef Esser zum 70. Geburtstag am 12.3.1980, JZ 1980, 153
SCHMIDT-RÄNTSCH, Das neue Schuldrecht, Anwendung und Auswirkungen in der Praxis (1. Aufl 2002)
SCHMOECKEL, Historisch-kritischer Kommentar zum BGB (2003 ff)
SCHMUDE, Schuldrechtsüberarbeitung – eine Herausforderung an den Gesetzgeber, NJW 1982, 2017
SCHNORR/WISSING, Reform des Schadensersatzrechts (191), Aussteigerprogramm für Neonazis (191 f), Informationsfreiheitsgesetz (192), ZRP 2001, 191
SCHREIBER, Haftung bei Gefälligkeiten, Jura 2001, 810
ders (Hrsg), Die Vorlagen der Redaktoren für die erste Kommission zur Ausarbeitung des Entwurfs eines Bürgerlichen Gesetzbuches.

Recht der Schuldverhältnisse: Teil 1 Allgemeiner Teil (1980)
ders (Hrsg), Akademie für Deutsches Recht, Protokolle der Ausschüsse 1933–1945: Band 3/1 Volksgesetzbuch – Teilentwürfe, Arbeitsberichte und sonstige Materialien (1988)
ders (Hrsg), Akademie für Deutsches Recht, Protokolle der Ausschüsse 1933–1945: Band 3/3 Ausschuss für Personen-, Vereins- und Schuldrecht (1990)
ders (Hrsg), Akademie für deutsches Recht, Protokolle der Ausschüsse 1933–1945: Band 3/5 Ausschuss für Schadensrecht (1993)
SCHULZE/SCHULTE-NÖLKE (Hrsg), Die Schuldrechtsreform vor dem Hintergrund des Gemeinschaftsrechts (2001)
SCHWARK, Grundsätzliche Fragen einer Überarbeitung des Schuldrechts des BGB, JZ 1980, 741
SCHWARZ, Zur Entstehung des modernen Pandektensystems, SZR 42 (1921) 578
SCHWERDTNER, Der Ersatz des Verlusts des Schadensfreiheitsrabattes in der Haftpflichtversicherung, NJW 1971, 1673
SERICK, Eigentumsvorbehalt und Sicherungsübertragung, Band II (1965)
SOERGEL, Bürgerliches Gesetzbuch (12. Aufl 1987 ff)
SONNENBERGER, Der Ruf unserer Zeit nach einer europäischen Ordnung des Zivilrechts, JZ 1998, 982
STAUDENMAYER, Perspektiven des Europäischen Vertragsrechts, in: SCHULZE/SCHULTE-NÖLKE, 419
HANS STOLL, Kein Haftungsprivileg für Schenker bei unerlaubter Handlung (Integritätsschutz), JZ 1985, 384
ders, Vertrauensschutz bei einseitigen Leistungsversprechen, in: FS Flume (1978) 742
HEINRICH STOLL, Die Lehre von den Leistungsstörungen (1936)
STURM, Bemühungen um ein einheitliches europäisches Vertragsrecht, JZ 1991, 555
TIEDTKE, Die Rechtsprechung des BGH auf dem Gebiet des Bürgschaftsrechts in den Jahren 2001 und 2002, NJW 2003, 1359
vTUHR, Der Allgemeine Teil des Deutschen Bürgerlichen Rechts, Band I (1910)

ders, Der Allgemeine Teil des Deutschen Bürgerlichen Rechts, Band II/1 (1914)
ders, Der Allgemeine Teil des Deutschen Bürgerlichen Rechts, Band II/2 (1918)
VRANKEN, Einführung in das Niederländische Schuldrecht, AcP 191 (1991) 411
DE WALL, Die Anwendung privatrechtlicher Vorschriften im Verwaltungsrecht (1999)
WASSERMANN, Alternativkommentar zum Bürgerlichen Gesetzbuch, Band 2: Allgemeines Schuldrecht (1980)
WEBER/DOSPIL/HANHÖRSTER, Neues Schuldrecht (1. Aufl 2002)
WEITNAUER, Verdinglichte Schuldverhältnisse, in: FS Larenz (1983) 705
WESTERMANN/BYDLINSKI/WEBER, BGB-Schuldrecht, Allgemeiner Teil (5. Aufl 2003)
WIEACKER, Privatrechtsgeschichte der Neuzeit (2. Aufl 1996)
WIESE, Beendigung und Erfüllung von Dauerschuldverhältnissen, in: FS Nipperdey Band I (1965) 837
WILLOWEIT, Die Rechtsprechung zum Gefälligkeitshandeln, JuS 1986, 96

ders, Schuldverhältnis und Gefälligkeit, JuS 1984, 909
ders, Abgrenzung und rechtliche Relevanz nicht rechtsgeschäftlicher Vereinbarungen (Diss Berlin 1969)
WINDHORST, Staatshaftungsrecht, JuS 1996, 605
WINDSCHEID, Lehrbuch des Pandektenrechts, Band I und II (7. Aufl 1891, 8. Aufl 1900, 9. Aufl 1906)
A WOLF, Weiterentwicklung und Überarbeitung des Schuldrechts, ZRP 1978, 249
ders, Die Überarbeitung des Schuldrechts, AcP 182 (1982) 80
E WOLF, Rücktritt, Vertretenmüssen und Verschulden, AcP 153 (1954) 97
WOLFF/BACHOFF/STOBER, Verwaltungsrecht, Band 1 (11. Aufl 1999)
ZIMMERMANN, Die „Principles of European Contract Law", Teile I und II, ZEuP 2000, 391
ders, Die Principles of European Contract Law als Ausdruck und Gegenstand europäischer Rechtswissenschaft – Teil 1, Jura 2005, 289; Teil 2, Jura 2005, 441
ZWEIGERT/KÖTZ, Einführung in die Rechtsvergleichung (3. Aufl 1996).

Systematische Übersicht

A.	Einteilung des zweiten Buches	1
B.	**Schuldrecht im System des Privatrechts**	
I.	Stellung des Schuldrechts zwischen Allgemeinem Teil und Sachenrecht	
1.	Historisch	3
2.	Inhaltlich	4
II.	Sonstige Vorschriften im Schuldrecht	5
III.	Der Geltungsbereich des Schuldrechts	6
1.	Gesetzestechnik	7
2.	Schuldrecht in den sonstigen Büchern des BGB	10
a)	Allgemeines	10
b)	Insbesondere die Anwendung des Schuldrechts auf dingliche Ansprüche	12
3.	Schuldrecht außerhalb des BGB	21
4.	Sonderprivatrecht (Arbeitsrecht, Handelsrecht) und Schuldrecht	22
5.	Sonstige Sondergesetze und Schuldrecht (Verbrauchergesetze)	23
C.	**Die Grundprinzipien des Schuldrechts**	
I.	Allgemeine Grundprinzipien	25
1.	Abstraktionsgrundsatz (Trennungsprinzip)	26
a)	Die historische Entwicklung des Abstraktionsprinzips	27
b)	Das Abstraktionsprinzip im BGB	28
c)	Zweck des Abstraktionsprinzips	33

d)	Abstraktionsprinzip und Teilnichtigkeit	34
e)	Ausnahmen	35
aa)	Fehleridentität	35
bb)	Bedingungszusammenhang	36
cc)	Geschäftseinheit	37
2.	Einstehenmüssen	38
a)	Verschuldensprinzip	39
b)	Schadensersatz	42
aa)	Art und Umfang	43
bb)	Haftungshöchstbeträge	46
II.	**Grundprinzipien rechtsgeschäftlicher Schuldverhältnisse**	
1.	Entstehungsgründe	47
2.	Rechtsgeschäftsordnung	48
a)	Privatautonomie	49
b)	Vertragsfreiheit	52
aa)	Kein Typenzwang	53
bb)	Kontrahierungszwang	55
cc)	Formfreiheit	57
dd)	Bestimmung der Leistung	60
c)	Vertragstreue	65
d)	Äquivalenzprinzip	66
3.	Haftung bei Beteiligung Dritter	71
4.	Gewährleistung	73
5.	Praktische Bedeutung der Grundprinzipien des Schuldrechts	75
III.	**Grundprinzipien der gesetzlichen Schuldverhältnisse**	
1.	Entstehungsgründe	77
2.	Geschäftsführung ohne Auftrag	78
3.	Deliktsrecht	81
4.	Bereicherungsrecht	86
IV.	**Sonderfall: Versicherbarkeit von Risiken**	
1.	Allgemeines	89
2.	Auswirkungen auf das Schuldrecht	91
D.	**Die Entwicklung des Schuldrechts in Deutschland bis zum Inkrafttreten des BGB**	96
I.	**Die Entwicklung des materiellen Schuldrechts**	97
1.	Gesellschaftliche Entwicklungen seit dem Mittelalter	98
2.	Deutschrechtliche Grundlagen	100
3.	Der Einfluss des römischen Rechts auf die Entwicklung des materiellen Schuldrechts	102
4.	Die Entwicklung des Handels- und Bankrechts	103
II.	**Die Herausbildung der systematischen Stellung des Schuldrechts im Gesamtsystem des Zivilrechts**	104
1.	Aktueller Stand der Diskussion	105
2.	Die Vorläufer	106
a)	Entwicklung der Systematik im römischen Recht	107
b)	Die Kodifikationen zu Anfang des 19. Jahrhunderts	108
3.	Aufklärung und Naturrecht	109
4.	Historische Bewegung	110
5.	Die Pandektistik	111
III.	**Die innere Systematik des Schuldrechts**	118
IV.	**Der Begriff des Schuldverhältnisses**	119
E.	**Entstehungsgeschichte des zweiten Buches des BGB**	120
I.	**Der materiellrechtliche Inhalt der einzelnen Regelungen**	121
II.	**Die Arbeit der 1. BGB-Kommission**	
1.	Der Redaktor Franz Philipp von Kübel	122
2.	Die Arbeit v Kübels	123
3.	Die Beratungen der 1. Kommission	125
4.	Der Einfluss des Dresdener Entwurfs	126
III.	**Das weitere Gesetzgebungsverfahren**	129
1.	Der Entwurf der 2. Kommission	130
2.	Die Beratungen des Bundesrates	132
3.	Die Beratungen des Reichstages	133

IV.	Die systematische Stellung des Schuldrechts in der Gesamtkodifikation	134	2.	Die Reformbemühungen der christlich-liberalen Koalition ... 182

IV. Die systematische Stellung des Schuldrechts in der Gesamtkodifikation 134

V. Die innere Gliederung des Schuldrechts 136

F. Schuldrecht außerhalb des BGB 138

G. Entwicklungen des BGB nach seinem Inkrafttreten 146

I. Änderungen zum Allgemeinen Teil des Schuldrechts
1. Das Schadensersatzrecht und verwandte Rechtsgebiete 148
2. Verzugsrecht 156
3. Sonstige Änderungen des Schuldrechts, Allgemeiner Teil 157

II. Änderungen zum Besonderen Teil des Schuldrechts
1. Das Miet- und Pachtrecht 161
2. Dienstvertragsrecht 166
3. Werkvertragsrecht 167
4. Reisevertragsrecht 168
5. Gastwirterecht 169

III. Sondergesetze/Neue Vertragstypen .. 170

H. Exkurs: Sonderentwicklungen im Privatrecht

I. Die Reformpläne des Nationalsozialismus 172

II. Sonderentwicklungen in der ehemaligen DDR 175

J. Die Schuldrechtsreform

I. Grundlegende Reformpläne ausgangs des 20. Jahrhunderts 176
1. Die Reformbemühungen der sozialliberalen Koalition 177
2. Die Reformbemühungen der christlich-liberalen Koalition 182

II. Die Durchführung der Reform im 21. Jahrhundert
1. Anlass der Schuldrechtsreform 184
2. Die Entstehungsgeschichte des Regierungsentwurfs 185
3. Wesentliche Änderungen 189
   a) Verjährungsrecht 190
   b) Leistungsstörungsrecht 191
   c) Kaufrecht 194
   d) Werkvertragsrecht 197
   e) Die Integration der Sondergesetze in das BGB 198
   f) Übergangsregeln 199
4. Kritik der Schuldrechtsreform 201

K. Zusammenfassende Würdigung 202

L. Richterliche Rechtsfortbildung im Schuldrecht

I. Allgemeines 203
1. Rechtsfortbildung und Gewohnheitsrecht 205
2. Rechtsfortbildung und Verfassung/Kritik an der richterlichen Rechtsfortbildung 206
3. Auswirkungen auf das Rechtssystem/Richterliche Rechtsfortbildung und Schuldrechtsreform 208

II. Einzelne Fälle von richterlicher Rechtsfortbildung
1. Richterliche Rechtsfortbildung im Allgemeinen Teil des Schuldrechts .. 209
   a) Culpa in contrahendo 209
   b) Positive Vertrags-/Forderungsverletzung 211
   c) Interessen Dritter 212
   aa) Drittschadensliquidation 213
   bb) Vertrag mit Schutzwirkung zugunsten Dritter 215
   d) Die Lehre vom Wegfall der Geschäftsgrundlage 218
   e) Verwirkung 219

f)	Normativierung des Schadensbegriffs	220		I.	Räumlicher Anwendungsbereich, insbesondere Internationales Privatrecht	
g)	Kündigung von Dauerschuldverhältnissen	221		1.	Allgemeines, interlokales Privatrecht	253
2.	Richterliche Rechtsfortbildung im Besonderen Teil des Schuldrechts	223		2.	Internationales Privatrecht	254
a)	Arbeitsrecht	223		a)	Vertragliche Schuldverhältnisse	255
aa)	Eingeschränkte Anfechtbarkeit von Arbeitsverträgen	224		b)	Gesetzliche Schuldverhältnisse	256
bb)	Haftung im Arbeitsverhältnis	225		II.	Zeitlicher Anwendungsbereich	
b)	Rechtsfortbildung und Gesellschaftsrecht	227		1.	Allgemeines	258
aa)	Fehlerhafte Gesellschaft	227		2.	In-Kraft-Treten des BGB im Jahre 1900	259
bb)	Die Rechtsstellung des nicht-rechtsfähigen Vereins	228		3.	Wiedervereinigung Deutschlands	260
cc)	Durchgriffshaftung bei juristischen Personen	229		III.	Personaler Anwendungsbereich	261
c)	Richterliche Rechtsfortbildung im Deliktsrecht	230		**O.**	**Schuldrecht und andere Rechtsmaterien**	
aa)	Allgemeines Persönlichkeitsrecht	230				
bb)	Unternehmensrecht als absolutes Recht iSv § 823 Abs 1	231		I.	Schuldrecht und Verfassungsrecht	263
d)	Kreditsicherung	233		1.	Verfassungsrechtliche Vorgaben für das Schuldrecht	264
				2.	Einflüsse des Verfassungsrechts auf bestehendes Schuldrecht	265
M.	**Schuld und Haftung**					
I.	Begriffsbestimmung	235		II.	Schuldrecht und Öffentliches Recht im Übrigen	
II.	Gegenstand der Haftung	237		1.	Zur Anwendbarkeit privatrechtlicher Vorschriften im Öffentlichen Recht allgemein	267
III.	Ausnahmen	239				
1.	Schuld ohne Haftung	240				
a)	Haftungsbeschränkungen	240		2.	Schuldrechtliche Vorschriften im Öffentlichen Recht	271
aa)	Rechnerische Beschränkung	241				
bb)	Gegenständliche Beschränkung	242		III.	Schuldrecht und Zivilprozessrecht	273
cc)	Haftungsverträge	243				
b)	Unvollkommene Verbindlichkeiten	244				
2.	Haftung ohne Schuld	248		**P.**	**Europäisches und internationales Schuldrecht**	
a)	Dingliche Verwertungsrechte	249				
b)	Vollstreckungserweiternde Verträge	250		I.	Rechtsvereinheitlichung und Europäisches Zivilgesetzbuch	
				1.	Allgemeines	276
N.	**Geltungsbereich des Schuldrechts/ Kollisionsrecht**	251		2.	Die sog „Lando-Kommission"	291
				a)	Arbeitsfortgang	291
				b)	Ergebnisse	292
				3.	European Group on Tort Law	293

4. Project Group „Restatement of European Insurance Contract Law" 295
5. Common Core of European Private Law 296
6. Study Group on an European Civil Code 297
7. Corpus academicum pro codificatione europea (GEDEC) 298
8. Weitere Ansätze 299
9. Ausblick 302

II. Internationales Schuldrecht 303
1. UNIDROIT-Prinzipien 304
2. UN-Kaufrecht (CISG) und Haager Kaufrecht 305

Q. Schuldrecht in der Rechtsvergleichung 307

I. Das Obligationenrecht der Schweiz 308

II. Der französische Code Civil 310

III. Das österreichische ABGB 311

IV. Niederlande: Burgerlijk Wetboek 312

V. Common Law 315

R. Stellungnahmen zum Schuldrecht des Zweiten Buches (Kritik des Schuldrechts)

I. Einleitung 318

II. Kritik des Schuldrechts 319

III. Vorschläge zur Veränderung des Schuldrechts 322
1. Veränderung des Schuldrechts durch Veränderung des gesamten Zivilrechts 323
2. Veränderung des Schuldrechtssystems 327
   a) Zerlegung des Schuldrechts in verschiedene Einzelmaterien 328
   b) Erhöhung des Anteils gesellschaftlicher Wertungen 330
3. Veränderung einzelner grundlegender Institutionen des Schuldrechts 331
4. Veränderungen einzelner Normen des Schuldrechts 333
5. Zusammenfassung 334

Alphabetische Übersicht

ABGB, österreichisches 311
Abstraktionsgrundsatz/-prinzip 26 ff
– Ausnahmen 35 ff
– historische Entwicklung 27
– im BGB 28 ff
– Teilnichtigkeit 34
– Zweck 33
Äquivalenzprinzip 66 ff
Arbeitsrecht 223 ff

Burgerlijk Wetboek 312 ff

Code Civil 310
Common Law 315 ff
Common Principles of European Private Law 277
culpa in contrahendo 209 f

Dauerschuldverhältnisse, Kündigung 221 f

DDR-Recht 175
Deliktsrecht 81 ff, 230 ff
– Rechtsfortbildung 230 ff
– Allgemeines Persönlichkeitsrecht 230
– Unternehmensrecht 231 f
Diskriminierungsrichtlinie 281
Dritter
– Interessen 212
– Haftung bei Beteiligung 71 f
– Vertrag mit Schutzwirkung zugunsten 215 ff
Drittschadensliquidation 213 f
Drittwirkung der Grundrechte
– mittelbare 265
– unmittelbare 265
Durchgriffshaftung 229

Einstehenmüssen 38 ff
– Schadensersatz 42 ff
– Verschuldensprinzip 39 ff

Forderungs-/positive Vertragsverletzung — 211
Formfreiheit — 57 ff

Geltungsbereich des Schuldrechts — 6 ff
Geschäftsgrundlage, Wegfall — 218
Gesellschaft, fehlerhafte — 227
Gesellschaftsrecht — 227 ff
- Durchgriffshaftung — 229
- fehlerhafte Gesellschaft — 227
- Rechtsstellung des nicht-rechtsfähigen Vereins — 228
Gewohnheitsrecht — 205
Grundprinzipien
- allgemeine — 25 ff
- gesetzlicher Schuldverhältnisse — 77 ff
- praktische Bedeutung — 75 f
- rechtsgeschäftlicher Schuld- verhältnisse — 47 ff

Haager Kaufrecht — 305
Haftung ohne Schuld — 248 ff
- dingliche Verwertungsrechte — 249
- vollstreckungserweiternde Verträge — 250
Haftungsbeschränkungen — 240 ff
Haftungsverträge — 243

Kollisionsrecht — 251 f
Kontrahierungszwang — 55 f
Kreditsicherung — 233 f

Lando-Kommission — 291 f

Nationalsozialismus — 172 ff

Obligationenrecht, schweizerisches — 308 f
Öffentliches Recht — 267 ff

Persönlichkeitsrecht, allgemeines — 230
Positive Vertrags-/Forderungsverletzung — 211
Principles of European Contract Law — 292
Privatautonomie — 49 ff
Privatrecht
- interlokales — 253
- internationales — 254
- Sonderentwicklungen — 172 ff

Rechtsfortbildung — 203 ff
- Arbeitsrecht — 223 ff
- culpa in contrahendo — 209 f
- Deliktsrecht — 230 ff
- Drittschadensliquidation — 213 f
- Forderungs-/positive Vertragsverletzung — 211
- Gesellschaftsrecht — 227 ff
- Interessen Dritter — 212
- Kreditsicherung — 233 f
- Normativierung des Schadensbegriffs — 220
- Vertrag mit Schutzwirkung zugunsten Dritter — 215 ff
- Verwirkung — 219
- Wegfall der Geschäftsgrundlage — 218
Rechtsvereinheitlichung — 276 ff
- Common Principles of European Private Law — 277
- Diskriminierungsrichtlinie — 281
- Lando-Kommission — 291 f
- Principles of European Contract Law — 292

Schadensbegriff, Normativierung — 220
Schuld ohne Haftung — 239 ff
- Haftungsbeschränkungen — 240 ff
- Haftungsverträge — 243
- unvollkommene Verbindlichkeiten — 244 ff
Schuld und Haftung — 235 ff
Schuldrecht
- andere Rechtsmaterien
 - öffentliches Recht im Allgemeinen — 267 ff
 - Verfassungsrecht — 263 ff
- Änderungen
 - zum Allgemeinen Teil — 148 ff
 - zum Besonderen Teil — 161 ff
- Änderungsvorschläge — 322 ff
- Anwendung auf dingliche Ansprüche — 12 ff
- Anwendungsbereich
 - personaler — 261 f
 - räumlicher — 253 ff
 - zeitlicher — 258 ff
 - außerhalb des BGB — 21, 138 ff
- Entstehungsgeschichte — 120 ff
- Entwicklung
 - bis Inkrafttreten des BGB — 96 ff
 - nach Inkrafttreten des BGB — 146 ff
- Entwurf
 - erster — 122 ff
 - zweiter — 130 f
- europäisches — 276 ff
- Geltungsbereich — 6 ff, 251 f
- Gliederung, innere — 136 f

- Grundprinzipien, s Grundprinzipien
- in sonstigen Büchern des BGB .... 10 ff
- internationales .... 303 ff
  - Haager Kaufrecht 305
  - UNIDROIT-Prinzipien 204
  - UN-Kaufrecht/CISG .... 305 f
- Kollisionsrecht .... 251 f
- Kommission, BGB-
  - erste .... 122 ff
  - zweite .... 130 f
- Kritik .... 318 ff
- Rechtsfortbildung, richterliche .... 203 ff
- Rechtsvergleichung .... 307 ff
  - ABGB/Österreich 311
  - Burgerlijk Wetboek/Niederlande .... 312 ff
  - Code Civil/Frankreich 310
  - Common Law/England, USA .... 315 ff
  - Obligationenrecht/Schweiz .... 308 f
- Systematik, innere 118
- systematische Stellung
  - Herausbildung .... 104 ff
  - im System des Privatrechts .... 3 ff
  - in der Gesamtkodifikation .... 134 f
- Schuldrechtsreform .... 176 ff
  - Anlass 184
  - Durchführung .... 184 ff
  - Kritik 201
  - Regierungsentwurf .... 185 ff
  - Vorläufer .... 176 ff
  - Würdigung 202
- Schuldverhältnis, Begriff 119
- Schuldverhältnis, gesetzliches .... 77 ff
  - Bereicherungsrecht .... 86 ff
  - Deliktsrecht .... 81 ff
  - Entstehungsgründe 77
  - Geschäftsführung ohne Auftrag .... 78 ff
- Schuldverhältnis, rechtsgeschäftliches .... 47 ff

- Äquivalenzprinzip .... 66 ff
- Bestimmung der Leistung .... 60 ff
- Entstehungsgründe 47
- Formfreiheit .... 57 ff
- Gewährleistung .... 73 f
- Grundprinzipien .... 47 ff
- Haftung bei Beteiligung Dritter .... 71 f
- Kontrahierungszwang .... 55 f
- Privatautonomie .... 49 ff
- Rechtsgeschäftsordnung .... 48 ff
- Typenzwang .... 53 f
- Vertragsfreiheit .... 52 ff
- Vertragstreue 65
- Sondergesetze .... 170 f
- Integration 198

Typenzwang .... 53 f

UNIDROIT-Prinzipien 204
UN-Kaufrecht/CISG .... 305 f
Unternehmensrecht .... 231 f

Verbindlichkeiten, unvollkommene .... 244 ff
Verein, nicht-rechtsfähiger, Rechtsstellung 228
Verfassungsrecht .... 263 ff
Versicherbarkeit von Risiken .... 89 ff
Vertrag mit Schutzwirkung zugunsten Dritter .... 215 ff
Verträge, vollstreckungserweiternde 250
Vertragsfreiheit .... 52 ff
Vertragstreue 65
Verwertungsrechte, dingliche 249
Verwirkung 219

Wegfall der Geschäftsgrundlage 218

Zivilprozessrecht .... 273 ff

A. Einteilung des zweiten Buches

1 Das **zweite Buch** des BGB umfasst die §§ 241–853 und ist in 8 Abschnitte unterteilt. Die ersten 7 enthalten allgemeine Regeln für das Schuldverhältnis sowie Vorschriften über die Mehrheit von Gläubigern und Schuldnern. Im 8. Abschnitt werden die einzelnen Schuldverhältnisse näher erläutert. Der **Allgemeine Teil** des Schuldrechts gilt für alle Schuldverhältnisse, soweit sich aus dem **Besonderen Teil** nichts anderes ergibt (vgl MEDICUS, Schuldrecht I Rn 36; LOOSCHELDERS, Schuldrecht AT Rn 32). Der Besondere Teil ist in 27 Titel untergliedert und beinhaltet Regelungen über spezielle Schuldverhältnisse, wie zB Kauf, Tausch, Schenkung, Miete, Pacht oder Leihe. Das

Nacheinander von Allgemeinem und Besonderem findet sich auch noch einmal im Allgemeinen Teil des Schuldrechts selbst wieder. So enthält der 1. Titel des 3. Abschnitts allgemeine Regeln für Verträge (§§ 311–319: Begründung, Inhalt und Beendigung des Vertrages) und der 2. Titel besondere (§§ 320–326: gegenseitiger Vertrag). Allerdings wurde das System durch die Integration der Nebengesetze im Zuge der Schuldrechtsreform vom 1.1.2002 zum Teil durchbrochen (vgl z Schuldrechtsreform ie Rn 176 ff), indem man zB die Vorschriften des AGBG in die §§ 305–310 einfügte.

Die Einteilung des 2. Buches wurde häufig kritisiert. Viele bemängelten, dass die **2** Abschnitte des 2. Buches unabhängig von den jeweiligen „zumeist irreführenden bzw aussagelosen" Überschriften teilweise ganz andere Regelungen enthielten, als diese Überschriften es vermuten ließen (so ESSER/SCHMIDT, Schuldrecht I § 3 II 2; LARENZ, Schuldrecht I § 3). Durch die Änderung des Schuldrechts ist die Einteilung der Titel und Untertitel jedoch übersichtlicher geworden, so dass die Kritik an Berechtigung verloren hat.

B. Schuldrecht im System des Privatrechts

I. Stellung des Schuldrechts zwischen Allgemeinem Teil und Sachenrecht

1. Historisch

Das „Schuldrecht" verdankt seine Position als 2. Buch des BGB vor allem zwei **3** Umständen: zum einen dem von den Pandektisten für Lehrzwecke entworfenen Aufbau des Zivilrechtssystems (dem sog „Pandektensystem"; vgl dazu Rn 111 ff), zum anderen der Entscheidung der 1. Kommission (vgl JAKOBS/SCHUBERT Einführung 28), „Sachenrecht" und „Obligationenrecht" umzustellen, um dem Gesamtaufbau nach dem sog Klammerprinzip besser Rechnung tragen zu können (Mot II 4, III 398 f, 408 f = MUGDAN II 2, III 222, 228; MünchKomm/KRAMER Rn 5 und 8 f; PALANDT/HEINRICHS Rn 6; SOERGEL/TEICHMANN Rn 9; z systematischen Fragen eingehend ESSER/SCHMIDT, Schuldrecht I § 3 II; detailliert z geschichtlichen Entwicklung des BGB su Rn 120 ff).

2. Inhaltlich

Das BGB ist auch insgesamt vom Allgemeinen zum Besonderen konstruiert (vgl zB **4** WESTERMANN/BYDLINSKI, Schuldrecht AT § 1 II 1 Rn 1/13). Daher steht das 2. Buch mit seinen Sonderregeln für einzelne Schuldverhältnisse hinter dem Allgemeinen Teil. Die Aufteilung der Materie in Schuld- und Sachenrecht orientiert sich grds nicht am Tatbestand, sondern an der Rechtsfolge der einzelnen Normen (vgl MEDICUS, Schuldrecht I Rn 34). So umfasst das 2. Buch die **relativen Schuldverhältnisse**, die lediglich zwischen den Parteien Wirkung entfalten, und das 3. Buch die **absoluten Schuldverhältnisse**, die allgemein gelten (PALANDT/HEINRICHS Rn 5). Diese Unterscheidung wird jedoch nicht immer konsequent durchgehalten. Beispielsweise entfalten manche Schuldverhältnisse Drittwirkung, sind aber dennoch im 2. Buch geregelt, vgl die §§ 566, 578, 581 Abs 2, 613a (näher MEDICUS, Drittbeziehungen im Schuldverhältnis, JuS 1974, 613, 616 ff).

Die Stellung des Schuldrechts vor dem Sachenrecht kann zusätzlich dadurch erklärt werden, dass schuldrechtliche **Verpflichtungen** regelmäßig den **Rechtsgrund** für sachenrechtliche **Verfügungen** bilden. Zwar sind solche Verfügungen aufgrund des Abstraktionsprinzips auch ohne schuldrechtliche Verpflichtung wirksam; mangels eines Rechtsgrundes müssten sie aber gem § 812 Abs 1 S 1 1. Fall rückgängig gemacht werden (FIKENTSCHER, Schuldrecht Rn 3).

II. Sonstige Vorschriften im Schuldrecht

5 Im Schuldrecht sind auf der anderen Seite einige sachenrechtliche Vorschriften zu finden, zB über Pfandrechte, §§ 562 ff, 581 Abs 2, 585, 704, und einen surrogierenden Eigentumserwerb, § 588 Abs 2 S 2. Zudem ist die Abtretung von Forderungen, dh eine **Verfügung**, in den §§ 398 ff geregelt. Durch § 398 wird eine Auswechslung des Gläubigers in einem bereits bestehenden Rechtsverhältnis ermöglicht, ein Umstand, der zu einer „Verdinglichung" der Forderung führt (näher hierzu MünchKomm/ROTH § 398 Rn 2). Das in § 242 geregelte Gebot von Treu und Glauben ist hingegen eine Vorschrift, die mittlerweile im gesamten Privatrecht angewendet wird und konnte insoweit systematisch eher im 1. Buch Platz finden (vgl ESSER/SCHMIDT, Schuldrecht I § 3 II 1; ENNECCERUS/NIPPERDEY BGB AT § 12 VI).

III. Der Geltungsbereich des Schuldrechts

6 Die Anwendung schuldrechtlicher Vorschriften reicht weit über das 2. Buch des BGB hinaus. Sie betrifft oft die übrigen Bücher des BGB, privatrechtliche Sondergesetze und sogar völlig andere Rechtsgebiete (z öffentlichen Recht su Rn 267 ff u insbes z Zivilprozessrecht su Rn 273 ff). Andererseits finden sich schuldrechtliche Regelungen auch außerhalb des 2. Buches.

1. Gesetzestechnik

7 Gesetzestechnisch erfolgt die Erweiterung des Geltungsbereichs in drei Formen:

Zunächst gibt es **ausdrückliche Verweisungen**, die sich zum Teil außerhalb, zum Teil innerhalb des BGB befinden. So ordnet etwa § 62 S 1 VwVfG eine entsprechende Anwendung der Vorschriften des BGB auf den **öffentlich-rechtlichen Vertrag** an, soweit das VwVfG selbst keine abweichende Regelung enthält (ausf dazu su Rn 272). Ein weiteres Bsp, allerdings aus dem Gesellschaftsrecht, bildet § 105 Abs 3 HGB, der die ergänzende Anwendung der §§ 705 ff auf die OHG anordnet und über § 161 Abs 2 HGB auch Bedeutung für die KG erlangt.

Innerhalb des BGB verweist zB § 992 bzw § 993 Abs 1 2. HS auf die §§ 823 ff, § 994 Abs 2 auf die §§ 677 ff und § 1011 auf § 432.

8 Verweisungen sind aber nicht nur ausdrücklich möglich, sondern erfolgen auch durch den **Gebrauch eines juristischen Fachbegriffes**, indem zB § 990 Abs 2 den Rechtsanwender durch Verwendung des Begriffs „Verzug" zur ergänzenden Anwendung der §§ 286 ff auffordert. Gleiches gilt zB für § 922 S 3 und die Vorschriften über die Gemeinschaft, §§ 741 ff.

9 Noch komplizierter stellt sich der Geltungsbereich des Schuldrechts dar, wenn nicht

einmal eine entsprechende Anwendung schuldrechtlicher Vorschriften vorgeschrieben ist. Zunächst gibt es außerhalb des zweiten Buches, aber innerhalb des BGB, Schuldverhältnisse, auf die die schuldrechtlichen Vorschriften (ganz oder teilweise) **ohne entsprechende Verweisungsnormen** angewendet werden, zB die eheliche Lebensgemeinschaft, § 1353. Außerhalb des BGB lässt sich kaum eine allgemeine Aussage treffen. Man kann sich manchmal auf den **Modellcharakter** der entsprechenden schuldrechtlichen Normen stützen (vgl ESSER/SCHMIDT, Schuldrecht I § 3 IV; MünchKomm/KRAMER Rn 7). Daneben kommt ferner eine Analogiebildung unter Beachtung der jeweiligen Besonderheiten des zu ergänzenden Rechtsgebietes in Betracht (BGHZ 49, 263, 265 f; ERMAN/HOHLOCH § 242 Rn 41 ff; PALANDT/HEINRICHS Rn 6; SOERGEL/TEICHMANN Rn 9). Dafür spricht zuweilen, dass sich die außerhalb des BGB liegenden Rechtsdisziplinen, zB das **Arbeitsrecht**, aus diesem heraus entwickelt haben, bevor sie sich eigenständig etablierten (ESSER/SCHMIDT, Schuldrecht I § IV). Daneben enthalten verschiedene Vorschriften Rechtsgedanken mit **universeller Geltung**, so zB der Grundsatz von **Treu und Glauben** in § 242 oder auch derjenige, das **Mitverschulden** des Geschädigten bei der Berechnung des Schadensersatzes zu berücksichtigen, § 254.

2. Schuldrecht in den sonstigen Büchern des BGB

a) Allgemeines

Regelungen über Schuldverhältnisse kennt bereits der Allgemeine Teil des BGB mit verschiedenen Verpflichtungstatbeständen, so zB zum Schadensersatz nach Anfechtung gem § 122, oder wenn während der Schwebezeit einer aufschiebenden Bedingung das entsprechende Recht schuldhaft beeinträchtigt oder vereitelt wurde, § 160. Schadensersatzverpflichtungen finden sich ferner bei der Vertretung ohne Vertretungsmacht, § 179. Aber auch im Sachenrecht gibt es (anspruchsbegründende) Schuldverhältnisse, zB zwischen Eigentümer und Finder, vgl § 971, oder Eigentümer und Besitzer, vgl §§ 987 ff. Zu erwähnen ist weiterhin das Schuldverhältnis beim Nießbrauch, §§ 1041 ff, oder beim Pfandrecht, §§ 1214 ff. Im Familienrecht resultieren aus gesetzlichen Schuldverhältnissen etwa der Zugewinnausgleichsanspruch, § 1378, die Unterhaltsansprüche der Ehegatten gem §§ 1360, 1360a, 1569 bzw der Verwandten gem §§ 1601 ff. Erbrechtlich ist an die Nachlassverbindlichkeiten, § 1967, das Vermächtnis gem § 2174 und den Pflichtteilsanspruch, §§ 2303, 2314 ff, zu erinnern.

Obwohl der Allgemeine Teil des Schuldrechts auch auf alle Schuldrechtsverhältnisse außerhalb des 2. Buches und sogar außerhalb des BGB anzuwenden ist (su Rn 21; vgl Mot II 4 = MUGDAN II 2; RGZ 105, 84, 88; MünchKomm/MEDICUS § 985 Rn 34), muss in einer Einzelbetrachtung der jeweiligen Norm ihre Geltung untersucht werden. Dazu gehört, dass auch eine Entscheidung erforderlich ist, ob die entsprechende Norm unmittelbar oder gegebenenfalls analog oder modifiziert angewendet werden kann (zB BGHZ 49, 263; MünchKomm/KRAMER Rn 9 f; ERMAN/WESTERMANN Rn 1). Nicht das systematische Argument allein, sondern va Sinn und Zweck der entsprechenden Norm geben dabei eine Antwort auf die Frage des Geltungsbereichs.

b) Insbesondere die Anwendung des Schuldrechts auf dingliche Ansprüche

Schuldrechtliche Vorschriften gelten auch für **dingliche Ansprüche**, wenn der Anspruch auf Leistung gegen eine Person gerichtet ist. Der Gesetzgeber war der

Auffassung, in diesem Fall seien die dinglichen Ansprüche „schuldrechtsähnlicher" Art (Mot III 398 f = MUGDAN III 222). Zu Recht ist der BGH aber der Überzeugung, die schuldrechtlichen Regeln dürften nach ihrem Sinn und Zweck einer Anwendung auf sachenrechtliche Probleme nicht entgegenstehen (BGHZ 49, 263 ff = NJW 1968, 788, 790). Bei dinglichen Ansprüchen ist deshalb in jedem Einzelfall zu prüfen, ob die allgemeinen Regeln diese Voraussetzungen erfüllen (BGHZ 49, 266).

13 Dies gilt insbesondere für die Frage, ob die **Unmöglichkeitsregeln** des Schuldrechts für dingliche Ansprüche gelten. Eine Anwendung des § 280 aF auf den Herausgabeanspruch hielt man wegen der Sondervorschriften in den §§ 989, 990 für ausgeschlossen (MünchKomm/MEDICUS § 985 Rn 35; STAUDINGER/GURSKY [1999] § 985 Rn 7 ff). Es ist nicht ersichtlich, dass die Schuldrechtsreform (ie Rn 176 ff) insoweit Änderungen herbeigeführt hat. Die Geltung des früheren § 281 (§ 285 nF) im Rahmen des Herausgabeanspruchs gem § 985 wird überwiegend und ebenfalls zu Recht abgelehnt (**aA** früher RGZ 105, 84, 88 ff; abl aber schon: RGZ 115, 31, 33 f; 157, 40, 44 f; ferner MünchKomm/ KRAMER Rn 9; JOCHEM, Eigentumsherausgabeanspruch [§ 985] und Ersatzherausgabe [§ 281] – Abschied von einem Wiedergänger, MDR 1975, 177 ff; MEDICUS BR Rn 599; HORSTMANN, Untersuchungen über die Anwendbarkeit schuldrechtlicher Normen auf dingliche Ansprüche 44 ff). Gegen eine entsprechende Gesetzeslücke sprechen die speziellen Wertungen des Eigentümer-Besitzer-Verhältnisses (näher STAUDINGER/GURSKY [1999] § 985 Rn 7). Eine Analogie wäre ferner auch nicht sachgerecht. Denn der Eigentümer hätte einen zweifachen Vorteil, wenn der Besitzer den durch Veräußerung erlangten Erlös gem § 285 herausgeben müsste: Zum einen bliebe er weiterhin Rechtsinhaber, zum anderen bekäme er den Erlös zusätzlich (MEDICUS BR Rn 599).

14 Umstritten war weiterhin, ob § 283 aF auf § 985 angewendet werden sollte. Die Diskussion spielte im Zusammenhang mit der Frage eine Rolle, ob der Eigentümer von einem **mittelbaren Besitzer** lediglich Abtretung des Herausgabeanspruchs gegen dessen Unterbesitzer verlangen konnte oder Herausgabe der Sache selbst. Überwiegend wurde Letzteres vertreten (statt vieler MEDICUS BR Rn 448; **aA** ausf STAUDINGER/ GURSKY [1999] § 985 Rn 72 f). Dies hatte jedoch uU zur Folge, dass der mittelbare Besitzer über § 283 aF schadensersatzpflichtig wurde, obwohl die Voraussetzungen der §§ 989, 990 deshalb nicht vorlagen, weil es an seiner Unredlichkeit fehlte. Der BGH und ihm folgend ein Teil der Lit hatten zur Vermeidung dieses Wertungswiderspruchs § 283 aF nur dann angewendet, wenn er auch nach den Schadensersatzvorschriften des Eigentümer-Besitzer-Verhältnisses haftbar gewesen wäre (näher BGHZ 53, 29 ff = NJW 1970, 241, 242 = JR 1970, 222 = JZ 1970, 187 = MDR 1970, 134; vgl auch K SCHMIDT, Zum Prozessstoff bei Herausgabeklage aus Rücktritt, Wandlung und ungerechtfertigter Bereicherung, MDR 1973, 973, 975).

15 Durch die Schuldrechtsreform ist § 283 aF ersatzlos weggefallen, weil man der Auffassung war, die Vorschrift sei in § 281 vollständig aufgegangen (SCHMIDT/RÄNTSCH, Das neue Schuldrecht Rn 83). Das Problem der analogen Anwendung dieser Vorschrift auf § 985 wird sich aber in gleicher Weise stellen, da der aufgezeigte Wertungswiderspruch erhalten bleibt. Denn auch für § 281 gilt durch die Verweisung auf § 280 Abs 1 die Beweislastverteilung zu Lasten des Schuldners, die das Eigentümer-Besitzer-Verhältnis nicht kennt. Ebenso setzt die Vorschrift keine Unredlichkeit des Besitzers beim Besitzerwerb voraus (vgl ie MünchKomm/MEDICUS § 985 Rn 40; gegen eine Anwendung des § 280 auf § 985 AnwK-BGB/SCHANBACHER § 985 Rn 47, 60; WILHELM, Sachenrecht

[2. Aufl 1999] Rn 1088 f; **aA** Vieweg/Werner, Sachenrecht [2003] § 7 Rn 36; Wolf, Sachenrecht [21. Aufl 2005] Rn 227, 298; wNw und Streitdarstellung bei Gursky, Der Vindikationsanspruch und § 281 BGB, Jura 2004, 433).

Auf den **Beseitigungs- bzw Unterlassungsanspruch** gem § 1004 Abs 1 wendet die hM **16** dagegen die Unmöglichkeitsregeln an (BGH JZ 1968, 384 f; Lutter/Overath, Der Vermieter als Störer nach § 1004, JZ 1968, 345 ff; Medicus BR Rn 447). Auch wird zum Teil angenommen, eine Mitverursachung des Gestörten sei gem § 254 zu berücksichtigen (vgl BGH JZ 1995, 410 m Anm Kreissl NJW 1997, 2234; ausf Staudinger/Gursky [1999] § 1004 Rn 151; MünchKomm/Medicus § 1004 Rn 81 f; Looschelders, Mitverantwortlichkeit 269 ff).

Demgegenüber geht man davon aus, dass die Regeln, nach denen bei Unzumutbar- **17** keit der Naturalrestitution Geldersatz verlangt werden kann, §§ 249 Abs 2 S 1, 251 Abs 1, auf den Unterlassungs- und Beseitigungsanspruch nicht passen (vgl Palandt/Bassenge § 1004 Rn 1; MünchKomm/Medicus § 1004 Rn 77 ff; allg z Problematik Horstmann 26 ff).

Umstritten ist schließlich auch, ob die **Verzugsvorschriften**, §§ 280 Abs 2, 286 Abs 1, **18** auf sachenrechtliche Ansprüche anwendbar sind (MünchKomm/Medicus § 985 Rn 41 mwNw; für ihre Anwendbarkeit auf § 907 Staudinger/Roth [2002] § 907 Rn 43). Manchmal gibt es Sondervorschriften. So ordnet § 990 Abs 2 die Anwendung der Verzugsvorschriften auf den unredlichen Besitzer an. Diese Wertung muss man bei der Frage einer Geltung für den Herausgabeanspruch des § 985 beachten. Bei der Hypothek bzw entsprechend bei der Grundschuld gem § 1192 Abs 1 findet sich eine Haftungsvorschrift für Verzugszinsen in § 1146. In diesem Zusammenhang bleibt schließlich auf § 1118 hinzuweisen (Medicus BR Rn 449 f).

Für andere dingliche Ansprüche fehlen hingegen ausdrückliche Vorschriften. Dessen **19** ungeachtet wird teilweise angenommen, die Verzugsvorschriften seien jedenfalls auf die petitorischen Rechtsverhältnisse entsprechend anzuwenden (Schwerdtner, Verzug im Sachenrecht [Diss Bochum 1973]). Demgegenüber hat der BGH für die Zustimmungsverpflichtung des fälschlicherweise in das Grundbuch Eingetragenen gem § 888 das umgekehrte Ergebnis vertreten (vgl BGHZ 49, 263 ff; **aA** Reinicke, Anm z Urt des BGH v 19. 1. 1968, NJW 1968, 788 ff; Medicus BR Rn 451; allg z Problematik: Schwerdtner 35 ff). Während gegen die Anwendung der Verzugsvorschriften uU ein Enumerationsprinzip sprechen könnte, ist auf der anderen Seite schwer zu begründen, dass die schuldhaft verzögerte Nichtleistung in derartigen Fällen konsequenzlos bleiben soll. Dies spricht bei einer entsprechenden Verpflichtung auf der Grundlage sachenrechtlicher Vorschriften für die Analogie.

Abschließend bleibt darauf hinzuweisen, dass § 281, der den früheren § 283 ersetzt **20** haben soll (so Rn 15), nicht in diesen Zusammenhang fällt. § 990 Abs 2 will nur den **Verzögerungsschaden** ersetzen, nicht aber Schadensersatz für die mangelnde Herausgabe des Eigentums gewähren. § 281 setzt aber als Rechtsfolge Schadensersatz „statt der Leistung" fest, so dass die Problematik der früheren analogen Anwendbarkeit des § 283 auf diese Weise nicht zu lösen ist.

3. Schuldrecht außerhalb des BGB

21 Außerhalb des BGB sind und waren in verschiedenen **Sondergesetzen** schuldrechtliche Tatbestände geregelt. Die **Schuldrechtsreform** hat insoweit zum 1.1.2002 grundsätzliche Änderungen gebracht (vgl ausf Rn 176 ff), als ein Großteil dieser Spezialvorschriften Eingang in das BGB gefunden hat. Auf diese ist das Allgemeine Schuldrecht anwendbar, sofern sich in den entsprechenden Vorschriften keine abweichende Sonderregel findet (PALANDT/HEINRICHS Rn 6).

4. Sonderprivatrecht (Arbeitsrecht, Handelsrecht) und Schuldrecht

22 In diesen Zusammenhang gehört das sog **Sonderprivatrecht**. Dazu zählt man vor allem das Recht der **Kaufleute** (HGB v 10.5.1897), das Recht der **Wertpapiere** (WG v 21.6.1933, SchG v 14.8.1933), das **Gesellschaftsrecht** (AktG v 6.9.1965, GmbHG v 20.4.1892 und GenG v 1.5.1889), das **Versicherungsrecht** (VVG v 30.5.1908) und auch das **Arbeitsrecht**. Hier finden sich einige abweichende oder ergänzende Bestimmungen zum Schuldrecht. Als Bsp hierfür lässt sich die Untersuchungs- und Rügepflicht des Kaufmanns gem § 377 HGB bei Lieferung von Waren anführen, die zB die Gewährleistungsregeln des BGB beeinflusst. Im Recht der **Personenhandelsgesellschaften** ordnet § 105 Abs 3 HGB die ergänzende Anwendung des § 705 auf die OHG an, eine Verweisung, die über § 161 Abs 2 HGB auch für die KG gilt.

5. Sonstige Sondergesetze und Schuldrecht (Verbrauchergesetze)

23 Zu den **verbraucherschützenden Sondergesetzen** zählten zB das AGBG (v 9.12.1976, in: BGBl I 3317), das VerbrKrG (v 17.12.1990, BGBl I 2840), das HWiG (v 16.1.1986, BGBl I 122) und das FernabsG (v 27.6.2000, BGBl I 897; z VerbrKrG: STAUDINGER/KESSAL-WULF [2001] Einl 2 zum VerbrKrG). Es entstand im Zuge der Vereinheitlichung der Rechtslage in der europäischen Union. Abweichend davon bezweckte das HWiG zwar auch dem Verbraucherschutz (vgl STAUDINGER/WERNER [2001] Vorbem 1 zum HWiG), beruhte jedoch ursprünglich nicht auf einer Richtlinie (STAUDINGER/WERNER [2001] Vorbem 42 zum HWiG; zum AGBG vgl PALANDT/HEINRICHS [60. Aufl 2001] Einf v AGBG; vgl z FernabsG: MARTINEK, Verbraucherschutz im Fernabsatz – Lesehilfe mit Merkpunkten zur neuen EU-Richtlinie, NJW 1998, 207; WILLINGMANN, Auf dem Weg zu einem einheitlichen Vertriebsrecht für Waren und Dienstleistungen in der Europäischen Union? – Die Richtlinie über den Verbraucherschutz, VuR 1998, 395). Im Zuge des **Schuldrechtsmodernisierungsgesetzes** sind die genannten Sondergesetze und das TzWrG in das BGB integriert worden (z Schuldrechtsreform ie Rn 176 ff).

24 Des Weiteren gibt es **haftpflichtrechtliche Nebengesetze** (ESSER/SCHMIDT, Schuldrecht I § 3 I 2), so zB das G über den Verkehr mit Kraftfahrzeugen (v 3.5.1909, RGBl 437, heute: StVG), ProdHaftG (v 15.12.1989, BGBl I 2198), HaftpflG (v 7.6.1871 [RGBl 207], in der Fassung v 4.1.1978, BGBl I 145), AtomG (v 31.10.1976, BGBl I 3053, in der Fassung v 15.7.1985), UHG (v 10.12.1990, in: BGBl I 2634) und GenTG (v 16.12.1993, BGBl I 2066). Sie ergänzen zB die §§ 823 ff um gefährdungshaftungsrechtliche Tatbestände (vgl z ProdHaftG ERMAN/SCHIEMANN Vor § 1 ProdHaftG Rn 2). Für ihr Verhältnis zum zweiten Buch des BGB gilt das eingangs Gesagte (Rn 21), so

C. Die Grundprinzipien des Schuldrechts

I. Allgemeine Grundprinzipien*

Das Schuldrecht behandelt rechtliche Verbindungen zwischen zwei Rechtssubjekten, die man in Anlehnung an die „obligatio" des römischen Rechts als Schuldverhältnis bezeichnet (Mot II 1 = MUGDAN II 1). Es kann infolge eines **Rechtsgeschäfts** entstehen (su Rn 47 u § 241 Rn 70 ff) oder durch Verstoß gegen eine **gesetzliche Verhaltensnorm** (su Rn 78 u § 241 Rn 62 ff). Aufgrund der **Relativität** des Schuldverhältnisses (vgl § 241 Rn 293 ff) wirkt es grds nur zwischen den Beteiligten (z Ausnahmen vgl § 241 Rn 302 ff). Obwohl das Schuldrecht des BGB die rechtliche Grundlage einer Vielzahl unterschiedlicher Schuldverhältnisse vertraglicher oder gesetzlicher Art bildet, lassen sich eine Reihe allgemein gültiger Grundsätze herausarbeiten.

1. Abstraktionsgrundsatz (Trennungsprinzip)

Vermögensverschiebungen als Regelungsgegenstand des Schuldrechts basieren regelmäßig auf **kausalen** oder **abstrakten Rechtsgeschäften** (FLUME AT II § 12 I 1; ESSER/ SCHMIDT, Schuldrecht I § 1 III 16). Das kausale Geschäft stellt für den Gläubiger den **rechtlichen Grund** zum Behaltendürfen der an ihn geleisteten Gegenstände dar, während der Übertragungsakt als abstraktes Geschäft davon rechtlich unabhängig zu betrachten ist (Näheres su Rn 28 ff). Im Gegensatz zu den meisten ausländischen Rechtsordnungen beruht das deutsche Recht damit also auf dem Trennungsprinzip (vgl bspw SONNENBERGER, Einführung in das französische Recht [2000] § 5, 87; ZWEIGERT/KÖTZ 441 ff). Mängel des kausalen Geschäfts schaden dem Verfügungs-(Erfüllungs-)geschäft grundsätzlich nicht, weil beide Ebenen rechtlich voneinander getrennt sind. Die kondiktionsrechtlichen Vorschriften der §§ 812 ff korrigieren aber solche rechtsgrundlosen Vermögensverschiebungen.

a) Die historische Entwicklung des Abstraktionsprinzips

Die Trennung von kausalem und abstraktem Geschäft entwickelte sich rechtsgeschichtlich anhand der Eigentumsübertragung. Ihr Ursprung lag im **römischen Recht** (die Unterscheidung zwischen causa u traditio wurde dort jedoch nicht eindeutig verfolgt, vgl KASER/KNÜTEL RpR § 24 IV 2). Noch bis zum Beginn des 19. Jahrhunderts konnte eine Sache jedoch nur dadurch übereignet werden, dass die Übergabe im Zuge einer vorangegangenen Verpflichtung zur Eigentumsübertragung erfolgte. Erst im Laufe des 19. Jahrhunderts setzte sich die Erkenntnis durch, dass die Übereignung einer Sache ein eigener Vertrag sei, unabhängig von der zugrunde liegenden Verpflichtung (SAVIGNY, System Bd III 312 f). Die Mot zum BGB (Mot II 3 = MUGDAN II 2) begrenzten das **Abstraktionsprinzip** schließlich nicht mehr nur auf die Eigentumsübertragung. Vielmehr spricht die 1. Kommission von einem großen, den gesamten (1.) Entwurf

---

* **Schrifttum**: BYDLINSKI, System und Prinzipien des Privatrechts (1996).

beherrschenden Grundsatz, demzufolge das dingliche Rechtsgeschäft von der obligatorischen causa unabhängig sei (Mot aaO = MUGDAN aaO).

b) Das Abstraktionsprinzip im BGB

28 Der Unterscheidung von kausalem und abstraktem Geschäft entspricht die Trennung von **Verpflichtungs-** und **Verfügungsgeschäft**. „Kausales Geschäft" meint somit die den schuldrechtlichen Regelungen unterfallenden Verpflichtungsverträge, „abstraktes Geschäft" die regelmäßig dem Sachenrecht unterliegenden Rechtsgeschäfte. Da beide Arten von Rechtsgeschäften eine Zuwendung, entweder an den Vertragspartner oder an einen Dritten, enthalten, werden sie auch als **Zuwendungsgeschäfte** bezeichnet (FLUME AT II § 12 I 1, 152).

29 Für **kausale** Geschäfte gilt der Grundsatz der **Vertragsfreiheit** (su Rn 52 ff), während das abstrakte, **dingliche** Rechtsgeschäft meist dem **Typenzwang** des Sachenrechts unterfällt (z Ausnahmen vgl Rn 53 und vor allem die Abtretung gem §§ 398 ff). Das kausale Rechtsgeschäft erklärt (nur) den Rechtsgrund für eine Übertragung (causa). Davon ist das zugrunde liegende **Motiv** abzugrenzen. Es stellt den inneren Beweggrund des sich Verpflichtenden dar, während im kausalen Geschäft die rechtsgeschäftlich notwendigen Regelungen getroffen werden. Das Motiv ist also grds nicht Bestandteil des Verpflichtungsgeschäfts (FLUME AT II § 12 I 5).

30 Nicht jedes kausale Geschäft enthält aber einen Rechtsgrund oder bildet einen solchen. Verschiedene Regelungen des BGB betreffen vielmehr abstrakte Verpflichtungen (zB §§ 780, 781, 784). Auch dem Abschluss eines solchen Rechtsgeschäfts liegt uU ein Motiv zugrunde; der Inhalt bleibt jedoch davon völlig getrennt.

31 Das **abstrakte** Verfügungsgeschäft beinhaltet weder Rechtsgrund noch Motiv der Zuwendung. Der Übertragende mag etwa eine Eigentumsübertragung im Zuge der Erfüllung seiner kaufvertraglichen Verpflichtung vornehmen, jedoch bleibt dieser Beweggrund im Rahmen des dinglichen Rechtsgeschäfts außer Betracht. Es gibt keine Verfügung kaufeshalber oder schenkungshalber (FLUME AT II § 12 I 1, 153), sondern lediglich die Verfügung als solche.

32 Kausales und abstraktes Geschäft sind rechtlich getrennt voneinander zu betrachten (Trennungsprinzip). Das kausale Geschäft begründet keine vom Rechtsgrund abstrahierte Rechtsposition des Gläubigers, sondern einen schuldrechtlichen Erfüllungsanspruch gegen den Schuldner. Demgegenüber schafft das abstrakte (Verfügungs-)Geschäft eine eigene Rechtsposition für den Gläubiger (FLUME AT II § 12 III 1), auch wenn ein Rechtsgrund für die Zuwendung fehlt. Der Gläubiger kann also (zunächst) als Berechtigter über den Gegenstand verfügen.

c) Zweck des Abstraktionsprinzips

33 Das dem deutschen Recht eigene und umstrittene (vgl bspw KEGEL, Verpflichtung und Verfügung – sollen Verpflichtungen abstrakt oder kausal sein?, in: FS Mann [1977] 57 ff; JAHR, Romanistische Beiträge zur modernen Zivilrechtswissenschaft, AcP 168 [1968] 9, 14 ff; BEYERLE, Der dingliche Vertrag, in: FS Böhmer [1954] 164 ff; SCHÄFER, Das Abstraktionsprinzip beim Vergleich [Diss Bonn 1991/92] § 15 I–IV, 77 ff mwNw) **Abstraktionsprinzip** (so Rn 26) soll dem **Verkehrsschutz** dienen (Mot III 6 f = MUGDAN III 4; STAUDINGER/SEILER [2000] Einl 49 zum SachenR). Für Schuldner und Gläubiger selbst macht es praktisch keinen Unter-

schied, ob die Rückübereignung eines Gegenstandes, der ohne Rechtsgrund übereignet wurde, bereits deshalb erfolgt oder erst in Erfüllung eines Kondiktionsanspruchs. Dritterwerbern gegenüber ist die Wirksamkeit der (abstrakten) Verfügung hingegen von erheblicher Bedeutung, da Mängel des Schuldverhältnisses außerhalb ihrer Sphäre liegen und von ihnen deshalb grds nicht beeinflusst werden können. Würden sie ihnen gegenüber dennoch wirken, schwächte dies die Relativität des Schuldverhältnisses.

d) Abstraktionsprinzip und Teilnichtigkeit

Die Regelung der **Teilnichtigkeit** in § 139 ist Ausdruck der privatautonomen Entscheidungsmöglichkeit von Vertragsparteien über die Abhängigkeit einzelner Bestandteile eines Rechtsgeschäfts voneinander (vgl auch STAUDINGER/ROTH [2003] § 139 Rn 1; z Privatautonomie su Rn 49 ff). Die in Zusammenhang mit dem Abstraktionsprinzip auftauchende Frage lautet, ob kausales und abstraktes Rechtsgeschäft auf diese Weise wechselseitig durch ihre Wirksamkeit bedingt werden können – eine Überlegung, die den Ausgangspunkt für die Erwägung darstellt, dass sowohl vereinbarte als auch gesetzliche Ausnahmen vom Abstraktionsprinzip bestehen können. **34**

e) Ausnahmen
aa) Fehleridentität

Sofern das kausale und abstrakte Geschäft an **demselben Wirksamkeitsmangel** leiden, liegt sog **Fehleridentität** vor. Dies gilt ausnahmsweise bei Irrtümern gem § 119, im Grundsatz dagegen bei Täuschung oder Drohung gem § 123 Abs 1, ferner bei Verstößen gegen gesetzliche Verbote gem § 134 und Sittenwidrigkeit gem § 138. Alle genannten Fälle stellen aber keinen Widerspruch zum Abstraktionsprinzip dar, weil kausales und abstraktes Geschäft weiterhin getrennt zu betrachten sind, jedoch (eher zufällig) demselben Mangel unterliegen (vgl auch STAUDINGER/WIEGAND [2004] § 929 Rn 18 ff). **35**

bb) Bedingungszusammenhang

Der Begriff „**Bedingungszusammenhang**" kennzeichnet all diejenigen Fälle, in denen die Wirksamkeit des dinglichen Rechtsgeschäfts von der Wirksamkeit des Verpflichtungsgeschäfts abhängt (JAUERNIG JuS 1994, 721, 723 unterscheidet zwischen echtem und unechtem Bedingungszusammenhang). Normiertes Bsp ist der **Eigentumsvorbehalt** gem § 449. Die Vertragsparteien können aufgrund der Vertragsfreiheit (su Rn 52 ff) aber auch darüber hinaus das dingliche Rechtsgeschäft durch die Wirksamkeit des obligatorischen aufschiebend oder auflösend gem § 158 bedingen (vgl auch STAUDINGER/WIEGAND [2004] § 929 Rn 29 ff; EISENHARDT JZ 1991, 271, 272). Eine solche Konstruktion ist nur in Fällen der Bedingungsfeindlichkeit eines Rechtsgeschäfts (so zB gem § 925 Abs 2) unzulässig, die umgekehrt ein Argument für die grundsätzliche Möglichkeit darstellt. **36**

cc) Geschäftseinheit

Eine Abwandlung des Bedingungszusammenhangs sieht man in der sog **Geschäftseinheit**. Damit meint man diejenigen Fälle der Abhängigkeit des abstrakten vom kausalen Geschäft, die nicht durch rechtsgeschäftlich vereinbarte Bedingungen entstehen, sondern aufgrund **rechtlicher Zusammengehörigkeit** iSv § 139. Die Vertreter dieser Auffassung fordern aber einen sog **Einheitlichkeitswillen** der Parteien (EISENHARDT JZ 1991, 271, 274). Wenn der Wille einer Partei, beide Rechtsgeschäfte zu verknüpfen (BGH NJW-RR 1988, 348, 351), der anderen Partei erkennbar gewesen sei, liege **37**

Geschäftseinheit vor (BGH aaO; BGH NJW 1987, 2004, 2007). Nach hM im Schrifttum liegt darin eine unzulässige Umgehung des Abstraktionsprinzips (SOERGEL/HEFERMEHL § 139 Rn 20; ERMAN/PALM § 139 Rn 23; MEDICUS AT Rn 241, 504; FLUME AT II § 12 III 4; JAUERNIG JuS 1994, 721, 724; aA BGHZ 31, 323; BGH NJW 1967, 1128; BGH NJW 1982, 275 m Anm JAUERNIG, Zur Akzessorietät bei der Sicherungsübertragung, NJW 1982, 268 ff; BGH BB 1986, 1252; BGH NJW-RR 1989, 519; EISENHARDT JZ 1991, 271 ff; WUFKA, Rechtseinheit zwischen Kausalgeschäft und Einigung bei Erbbaurechtsbestellungen, DNotZ 1985, 651). Die Rechtsfigur ist mit dem Wortlaut des § 139 schwer zu vereinbaren und wohl auch unnötig (vgl ausf z Geschäftseinheit STAUDINGER/ROTH [2003] § 139 Rn 54; AnwK-BGB/FAUST § 139 Rn 17).

2. Einstehenmüssen

38 Durch ein Schuldverhältnis soll eine Güterverschiebung geregelt ablaufen (ESSER/ SCHMIDT, Schuldrecht I § 1 III 14). Dabei kann eine Partei, die von der vertraglichen Vereinbarung abweicht, Rechtsgutbeeinträchtigungen der anderen auslösen (z Schadensbegriff vgl STAUDINGER/SCHIEMANN [2005] Vorbem 35 ff zum §§ 249 ff). Deren Ausgleich erfordert die Feststellung des Verantwortlichen und den Umfang des Ausgleichs. Das Prinzip, unter welchen Voraussetzungen man für Schädigungen und Beeinträchtigungen Dritter zur Verantwortung gezogen wird, durchläuft das Schuldrecht in verschiedenen Ausprägungen.

a) Verschuldensprinzip

39 Die entsprechende Verpflichtung, Ersatz für eine schädigende Handlung zu leisten, entsteht regelmäßig durch Verletzung einer Pflicht des Handelnden. Unter einer Pflichtverletzung versteht man jegliches Zurückbleiben hinter dem Pflichtenprogramm des entsprechenden Schuldverhältnisses (ausf STAUDINGER/OTTO [2004] § 280 Rn C 1 ff; OLZEN/WANK, Die Schuldrechtsform Rn 20 ff; DAUNER-LIEB ua, Das neue Schuldrecht C II; LOOSCHELDERS, Schuldrecht AT Rn 484; WEBER/DOSPIL/HANHÖRSTER, Neues Schuldrecht 50). Dazu gehört grds schuldhaftes Verhalten iSd § 276 (Verschuldensprinzip; dieses ist abzugrenzen gegenüber dem Verursachungsprinzip, ausf STAUDINGER/LÖWISCH [2004] § 276 Rn 3 ff; vgl auch AnwK-BGB/DAUNER-LIEB § 276 Rn 6). Diese Anknüpfung der Ersatzpflicht an die schuldhafte Verletzung von Haupt- oder Nebenpflichten (vgl ie Erl § 241) bewirkt eine Abgrenzung von zufälligen Beeinträchtigungen. Das notwendige Verschulden wird allerdings gesetzlich vermutet, der Schuldner hat sich deshalb im Bestreitensfalle gem § 280 Abs 1 S 2 zu entlasten.

40 Durch den vom Schädiger zu leistenden Ausgleich erfolgt eine Verlagerung der Schadenslast vom Geschädigten. Das sichert dessen Lebensstandard (Mot II 19 = MUGDAN II 11) und genügt dem **Sozialstaatsprinzip** gem Art 20 Abs 1 GG (vgl SOMMERMANN, in: vMANGOLDT/KLEIN/STARCK GG II Art 20 Rn 98 f; SACHS/SACHS GG Art 20 Rn 46 ff). Andererseits darf jedoch auch der Schädiger seinen Lebensstandard nicht vollständig verlieren. Denn dies führt letztlich zu einer Schadensübernahme durch die Solidargemeinschaft (vgl MEDICUS, Schuldrecht I Rn 582; z Versicherbarkeit von Risiken su Rn 89 ff), weil sie einen Ausgleich zur Vermeidung individueller Existenzgefährdungen leistet. Die Grenzziehung zwischen individueller und kollektiver Einstandspflicht ist eines der zentralen Abwägungsprobleme des Gesetzgebers.

41 Zum Ausgleich von Interessenkonflikten wird beim Umfang des Schadensersatzes ein **Mitverschulden** des Geschädigten berücksichtigt (LOOSCHELDERS, Mitverantwortlichkeit § 7 I 1). Als Gebot ausgleichender Gerechtigkeit verlangt das **Verantwortlichkeitsprinzip** (so Rn 39) ferner uU die Berücksichtigung einer eigenen Beteiligung des Geschädigten an der Schadensentstehung (LOOSCHELDERS aaO, auch mwNw z Gegenansicht, die in § 254 eine Ausprägung des „casum sentit dominus" Grundsatzes sieht).

b) Schadensersatz

Art und Umfang des zu leistenden Schadensersatzes bestimmt das Gesetz in den §§ 249 ff (zur Funktion des Schadensersatzrechts vgl STAUDINGER/SCHIEMANN [2005] Vorbem 1 ff zu §§ 249 ff). Deren Stellung im Allgemeinen Schuldrecht zeigt, dass jeglicher Schadensersatz diesen Vorgaben zu folgen hat. Danach gilt zunächst das Prinzip der **Total-** und **Naturalrestitution**, § 249 Abs 1, und nur ausnahmsweise soll nach der gesetzgeberischen Idealvorstellung (Mot II 20 = MUGDAN II 11) der Ausgleich durch Zahlung eines Geldbetrages erfolgen, wie der Aufbau des Gesetzes verdeutlicht.

aa) Art und Umfang

Der Ersatzpflichtige hat also – unbeschadet der Voraussetzungen des § 254 – gem § 249 Abs 1 den von ihm verursachten Schaden vollständig so zu ersetzen, dass die wirtschaftliche Lage vor Eintritt des schädigenden Ereignisses wiederhergestellt wird (STAUDINGER/SCHIEMANN [2005] Vorbem 3 zu §§ 249 ff; z Reform des Schadensersatzrechtes su Rn 148 ff). Im Gegenzug ist der Geschädigte grds verpflichtet, den Schadensersatz in Form der Naturalrestitution anzunehmen (Mot II 20 = MUGDAN II 11; anders bei Personen- oder Sachbeschädigung, § 249 Abs 2 S 1; für die Unterscheidung zwischen sog fiktiven Reparaturkosten und der Zweckbindung eines z bestimmten Heilungszwecken z zahlenden Geldbetrages vgl BGH NJW 1986, 1538, 1539; z Reform schadensersatzrechtlicher Vorschriften vgl Rn 152).

Nur wenn die Wiederherstellung unmöglich ist, § 251 Abs 1, oder unverhältnismäßigen Aufwand erfordert, § 251 Abs 2, kann der Ersatzverpflichtete auch durch Zahlung einer Geldsumme Ersatz leisten (vgl z Ersatz des Vermögensschadens in Geld LARENZ, Schuldrecht I § 29). Das Gleiche gilt bei immateriellen Schäden, § 253. Das Sozialstaatsprinzip (so Rn 40) verlangt aber auch hier, weder den Schuldner noch den Gläubiger in ihrer wirtschaftlichen Lebensgrundlage und somit in ihrer Zukunftsperspektive unangemessen zu gefährden.

Im Gegensatz zum anglo-amerikanischen Rechtskreis ist dem deutschen Privatrecht ein pönales Element beim Schadensersatz fremd, wenngleich manche hohen Schadensersatzleistungen bei der Verletzung von Persönlichkeitsrechten in diese Richtung zu deuten scheinen (MÜLLER, Punitive Damages und deutsches Schadensersatzrecht [Diss Augsburg 2000] § 3 I 1 b; z „damages" vgl MORRISON, Fundamentals of American Law [Oxford, USA [1. Aufl 1996] Ch 10 I, II, III; vgl ferner STAUDINGER/SCHIEMANN [2005] Vorbem 104 zu §§ 249 ff). Auch wenn die gesetzliche Anordnung von Schadensersatzpflichten ein präventives Element enthält, erfüllt sie keine Bestrafungsfunktion. Der zu leistende Ersatz dient nach der Grundstruktur des Gesetzes allein dem Ausgleich erlittener Einbußen und der Sicherung des Lebensstandards (z Reform des Schadensersatzrechtes su Rn 148 ff).

bb) Haftungshöchstbeträge

Schadensersatz muss grds unbeschränkt geleistet werden. Eine Ausnahme bildet die Schadensverursachung durch den Gebrauch besonders gefährlicher Anlagen und

Sachgesamtheiten (Kfz, Atomkraftwerk etc), der Schadensersatzverpflichtungen in unüberschaubarer Höhe auszulösen vermag; entsprechendes gilt für Herstellung und Vertrieb gefährlicher Produkte. Um letztlich auch der Solidargemeinschaft (so Rn 40) ein solches Risiko handhabbar z machen (so schon RGZ 147, 353, 355), wird die durch **Gefährdungshaftung** (LARENZ, Schuldrecht I § 31 II, 552) ausgelöste Schadensersatzpflicht in bestimmten Fällen gesetzlich beschränkt (bspw § 12 StVG; § 37 LuftVG; §§ 486 ff HGB; z Reform des Schadensersatzrechts vgl Rn 148).

Auf der anderen Seite gibt es jedoch auch gesetzliche Haftungsbeschränkungsverbote, zB in den § 8a S 1 StVG; § 7 S 1 HPflG; § 49c Abs 1 LuftVG (vgl insgesamt z Art u Umfang der Haftung auch KÖTZ/WAGNER, Deliktsrecht Rn 367 ff).

II. Grundprinzipien rechtsgeschäftlicher Schuldverhältnisse

1. Entstehungsgründe

47 Rechtsgeschäftliche Schuldverhältnisse kommen meist durch **Vertrag** zustande, § 311 Abs 1. Ausnahmen, bei denen die Bindungswirkung allein durch Abgabe eines **Angebotes** entsteht, bilden das **Stiftungsgeschäft** gem § 80 und die **Auslobung** gem §§ 657 ff (umstritten ist die Rechtskonstruktion für Schuldverschreibungen auf den Inhaber, §§ 793 f; lt Mot II 175 = MUGDAN II 96 einseitige Bindungswirkung, mittlerweile hM Vertragstheorie, vgl HUECK/CANARIS, Recht der Wertpapiere [12. Aufl 1986] § 3 I 2 mwNw). Nach Vertragsschluss wird den Parteien eine weitere, ggf auch einseitige Einflussnahme auf das Rechtsverhältnis ermöglicht (bspw durch Ausübung von Gestaltungsrechten, Geltendmachung von Sekundäransprüchen). Die relative Bindungswirkung eines Vertrages, die grundsätzlich nur die Beteiligten erfasst, die entsprechenden Willenserklärungen abgegeben haben, ist von der **Beschlusswirkung** des Gesellschafterbeschlusses zu unterscheiden. Dessen Bindungswirkung tritt im Regelfall auch gegenüber demjenigen Gesellschafter ein, der dem Beschluss nicht zugestimmt hat.

2. Rechtsgeschäftsordnung

48 Rechtsgeschäftliche Schuldverhältnisse unterliegen einer Reihe grundlegender Prinzipien, die im Folgenden entsprechend ihrer Bedeutung kurz dargestellt werden sollen. Die Summe aller die Abwicklung von Rechtsgeschäften prägenden Prinzipien bezeichnet man als **Rechtsgeschäftsordnung**. Sie umfasst die **Privatautonomie**, die **Vertragstreue** sowie das insbesondere von der Judikatur durch Rechtsfortbildung ausgeprägte **Äquivalenzprinzip**, bei dem es um die grundsätzliche Gleichwertigkeit der Leistungen bei Austauschverträgen geht. Erst das Zusammenwirken aller Elemente ermöglicht den reibungslosen Abschluss und Ablauf von Rechtsgeschäften (BYDLINSKI AcP 180 [1980] 1, 8).

a) Privatautonomie*
49 **Privatautonomie** meint die Selbstbestimmung des Einzelnen bei der Gestaltung seiner Rechtsverhältnisse, dh eine Gestaltung unbeeinflusst vom Staat (BUSCHE, Pri-

---

* **Schrifttum:** BUNGEROTH, Schutz vor dem Verbraucherschutz?, in: FS Schimansky (1999) 279 ff; BUSCHE, Privatautonomie und Kontrahierungszwang (Habil Tübingen 1999); BYDLINSKI, Privatautonomie und objektive Grundlagen des verpflichtenden Rechts-

vatautonomie § 2 I 14 mwNw). Sie findet ihren Ausdruck in zahlreichen bürgerlichrechtlichen Vorschriften (einschl der Regelungen des Arbeitsrechts: ZÖLLNER, Privatautonomie und Arbeitsverhältnis, AcP 176 [1976] 222 ff [insb 227 ff]), hauptsächlich jedoch in § 311. Die Privatautonomie wird als unverzichtbarer Grundwert gem Art 1, 2 GG verfassungsrechtlich geschützt, weil sie zur **allgemeinen Handlungsfreiheit** gehört (vgl für die wirtschaftliche Handlungsfreiheit BVerfGE 74, 129, 151 f; 89, 214, 231 = NJW 1994, 36, 38; BVerfG NJW 1994, 2749, 2750; SACHS/MURSWIEK GG Art 2 Rn 54 mwNw), nicht weil sie eine eigene Rechtsquelle darstellt (STAUDINGER/DILCHER[12] Einl 7 zu §§ 104–185; BUSCHE, Privatautonomie § 2 I 15; bereits SAVIGNY, System Bd I 2 Fn b, verwies darauf, dass Privatautonomie nicht mit Rechtsetzungsbefugnis z verwechseln sei). Im Zuge der Gesetzesreform des BGB, insbesondere der Integration der Verbraucherschutzgesetze im Rahmen der Schuldrechtsreform (vgl dazu ie u Rn 176 ff), mehren sich kritische Stimmen, die einen zunehmenden Verlust insbesondere der Vertragsfreiheit befürchten (BUNGEROTH, Schutz vor dem Verbraucherschutz?, in: FS Schimansky [1999]; LIEB DNotZ 1989, 274, 276 f; MEDICUS, Abschied von der Privatautonomie im Schuldrecht? [2001]; REICHOLD, Sozialgerechtigkeit versus Vertragsfreiheit – arbeitsrechtliche Erfahrungen mit Diskriminierungsregeln, JZ 2004, 384 ff; REPGEN, Kein Abschied von der Privatautonomie [2001]). Dies hängt damit zusammen, dass nicht nur in Anwendung der Verbraucherschutzvorschriften, sondern auch bei Ausfüllung der Generalklauseln eine Tendenz zu beobachten ist, angebliche oder wirkliche Ungleichgewichtslagen der Vertragsparteien zu beseitigen (sehr krit STAUDINGER/COING/HONSELL [2004] Einl 113 zum BGB). Stichworte bilden insoweit die Rspr zur Sittenwidrigkeit bei finanzieller Überforderung Mithaftender (vgl AnwK-BGB/LOOSCHELDERS § 138 Rn 237 ff) oder zur Inhaltskontrolle von Eheverträgen (STAUDINGER/LOOSCHELDERS/OLZEN § 242 Rn 921 f; vgl nur GRZIWOTZ, Ehevertragsranking oder Ehevertragsgerechtigkeit? – Umsetzung der BGH-Entscheidungen zu Eheverträgen durch die Instanzgerichte, MDR 2005 73 ff). Entsprechendes gilt auch für die Ausweitung der Aufklärungs- und Schutzpflichten (vgl die Bem in den Erl zu § 241).

Die **Privatautonomie** ermöglicht dem Rechtssubjekt also grds, aber wohl mit rückläufiger Tendenz, dessen freie, eigenverantwortliche Teilnahme am Rechtsverkehr (vgl dazu auch COING, Grundzüge der Rechtsphilosophie [5. Aufl 1993] Kap IV II 3, 195). In den Grenzen der Rechtsordnung kann der Einzelne die Rechtsverhältnisse seinem Willen entsprechend gestalten. Das gilt sowohl für schuldrechtliche und dingliche, als auch familien- und erbrechtliche Rechtsgestaltungen. Die Idealvorstellung zur Verwirklichung der Privatautonomie liegt dabei in der **Gleichberechtigung der handelnden Parteien** (FLUME AT II § 1 7, 10 ff). Dann wären staatliche Reglementierungen privatautonom vereinbarter Rechtsverhältnisse nicht mehr notwendig (der gesetzl Ausdruck dieser Idealvorstellung findet sich in den Generalklauseln, zB §§ 138, 242; z Bedeutung der Generalklauseln STAUDINGER/COING/HONSELL [2004] Einl 71 zum BGB). Man-

geschäfts (1. Aufl 1967); vHIPPEL, Das Problem der rechtsgeschäftlichen Privatautonomie: Beiträge zu einem Natürlichen System des privaten Verkehrsrechts und zur Erforschung der Rechtstheorie des 19. Jahrhunderts (Habil Tübingen 1936, Nachdr 1995); LIEB, Schutzbedürftigkeit oder Eigenverantwortlichkeit? Kritische Überlegungen zur richterlichen Rechtsfortbildung im Vertragsrecht, DNotZ 1989, 274 ff; DNotZ 1989, 274, 276 f; MEDICUS, Abschied von der Privatautonomie im Schuldrecht? (2001); SCHMIDT-RIMPLER, Zum Vertragsproblem, in: FS Raiser (1974); REICHOLD, Sozialgerechtigkeit versus Vertragsfreiheit – arbeitsrechtliche Erfahrungen mit Diskriminierungsregeln, JZ 2004, 384 ff; REPGEN, Kein Abschied von der Privatautonomie (2001).

gels faktischer Gleichberechtigung der handelnden Parteien wurden allerdings in richterlicher Rechtsfortbildung (su Rn 203 ff) zahlreiche Korrekturkriterien entwickelt.

51 Die privatautonome Gestaltungsmöglichkeit gilt nur für eigene Rechtsverhältnisse der Parteien. Die Rechtsordnung lässt zwar Handlungen mit Wirkung für und gegen Dritte zu, darin kommt jedoch kein privatautonomes Handeln zum Ausdruck. Denn rechtsgeschäftliche Handlungen für Dritte, zB durch einen Vertreter, sind pflichtgebunden. Dies zeigt zB § 177. Lediglich in dem gegebenenfalls zwischen Drittem und Handelndem vorliegenden Rechtsverhältnis gelangt die Privatautonomie zur Anwendung. Nicht einmal die Begründung eines rechtlichen Vorteils für den Dritten gegen seinen Willen durch privatautonomes Handeln ist von der Rechtsordnung vorgesehen (arg e § 333), erst recht nicht eine Vereinbarung zu seinen Lasten.

b) Vertragsfreiheit

52 Häufig wird die Vertragsfreiheit als Synonym für die Privatautonomie gebraucht, obwohl sie lediglich einen ihrer Teilbereiche darstellt (FLUME AT II § 1 10 a, 18 spricht von einem pars pro toto [Privatautonomie]); allerdings bildet der Vertrag das bedeutendste Mittel zur Umsetzung der Privatautonomie. Die **Vertragsfreiheit** wird ergänzt durch die Vereinigungs- und Satzungsfreiheit, die Eigentümer- und Testierfreiheit (STAUDINGER/DILCHER[12] Einl 5 zu §§ 104–185). Man kann sie in **Abschluss-** und **Gestaltungsfreiheit** unterteilen. Während die Gestaltungsfreiheit den Parteien die Festlegung der individuellen Leistung offen lässt, ermöglicht die Abschlussfreiheit die freie Wahl des Vertragspartners.

aa) Kein Typenzwang

53 Im Gegensatz zum Sachenrecht ist dem Schuldrecht ein **Typenzwang** fremd. Zwar gibt das BGB verschiedene Vertragstypen vor, es existiert jedoch kein numerus clausus der möglichen Vertragstypen, §§ 311 Abs 1, 241 Abs 1. Die Parteien können vertragliche Leistungen innerhalb der gesetzlichen Grenzen der §§ 125, 134, 138 beliebig vereinbaren.

54 Da das gesetzgeberische Idealbild gleichberechtigter Parteien sich nicht verwirklicht hat (FLUME AT II § 1, 7, 10; LARENZ, Schuldrecht I §§ 4, 6 I), bedurfte es bald auch außerhalb des Verbraucherschutzes normativer Regelungen, um die „Machtdifferenz" zwischen den Parteien der Rechtsgeschäfte auszugleichen. Exemplarisch dafür stehen Kündigungsschutzbestimmungen im Miet- oder Arbeitsrecht sowie das in richterlicher Rechtsfortbildung weiter entwickelte Äquivalenzprinzip (su Rn 66 ff).

bb) Kontrahierungszwang

55 Eines der wichtigsten Ausgleichsinstrumente liegt jedoch im **Kontrahierungszwang**. Er setzt die Vertragsfreiheit außer Kraft, weil ein erzwungener Vertragsschluss ihr am stärksten zuwider läuft (die Privatautonomie der unterlegenen Partei bleibt unangetastet, LARENZ, Schuldrecht I § 4 I a, 42 ff). Der Kontrahierungszwang ermöglicht Vertragsschlüsse mit Rechtssubjekten, die aufgrund ihrer Position entweder einseitig Vertragsbedingungen diktieren können oder einzelne Personen sogar völlig vom Vertragsschluss ausschließen wollen. Bsp für den Kontrahierungszwang finden sich in § 5 Abs 2 PflVG, § 10 Abs 1 EnergiewirtschaftsG, § 21 Abs 2 LuftVG. Ferner zählt hierzu das **Diskriminierungsverbot** gem § 20 Abs 1 GWB.

Das BGB hat von seinem geschilderten Ausgangspunkt keinen Kontrahierungs- **56** zwang normiert, obwohl es bereits vor seinem Inkrafttreten Ansätze in der Rspr gab (RGZ 48, 114, 127). Dennoch hat sich auf der Grundlage des § 826 ein Zwang zum Vertragsschluss von Monopolisten etabliert. Man geht davon aus, dass der Ersatz für die sittenwidrige Schädigung, die in der Ablehnung des Vertragsschlusses liegt, über § 249 Abs 1 durch Naturalrestitution ausgeglichen werden muss. Auf diese Weise wird jemand zum Abschluss eines Vertrages verpflichtet (z Frage der Marktwirtschaftskorrektur und Wirtschaftslenkung durch Kontrahierungszwang vgl LARENZ, Schuldrecht I § 4 I a, b, 43 ff; ausf z Kontrahierungszwang STAUDINGER/BORK [2003] Vorbem 12 ff zu § 145; MünchKomm/ KRAMER Vor § 145 Rn 9). Kontrahierungszwang sieht auch das geplante AntidiskriminierungsG vor (vgl ie u Rn 282 ff).

cc) Formfreiheit*

Zivilrechtliche Verträge sind grds **formfrei**, jedoch muss die Art der Erklärung der **57** anderen Partei verständlich sein (LARENZ, Schuldrecht I § 5, 67). Den Parteien ist es allerdings unbenommen, vertraglich eine Formvorschrift festzulegen, § 127. Mit dem Prinzip der Formfreiheit wird der aus Formzwang resultierenden Verkehrserschwerung entgegengetreten (Mot I 180 = MUGDAN I 451). Aus Gründen der Beweissicherung, zum Schutz vor Übereilung sowie zur Erfüllung einer Hinweis- und Warnfunktion wird bei verschiedenen Rechtsgeschäften jedoch die Einhaltung einer bestimmten Form gem §§ 125 ff verlangt (STAUDINGER/DILCHER¹² § 125 Rn 3). Bsp für gesetzlichen Formzwang finden sich in §§ 311b Abs 1, 518, 766 S 1. Dadurch wird zwar wiederum in die Vertragsfreiheit der Beteiligten eingegriffen, jedoch überwiegen die Vorteile der genannten Funktionen des Formzwangs.

Die Nichteinhaltung der vorgeschriebenen Form zieht gem § 125 S 1 die **Nichtigkeit** **58** des Rechtsgeschäfts nach sich, wobei das Gesetz allerdings häufig eine **Heilung** durch Vollzug des formbedürftigen Rechtsgeschäfts anordnet (vgl zB §§ 311b Abs 1 S 2; 518 Abs 2; 766 S 2). Darin zeigen sich wiederum einerseits die Schutzfunktion, andererseits auch der Verkehrsschutz (so Rn 57), da die Wirksamkeit eines vollständig abgewickelten Rechtsgeschäfts nicht durch einen Formmangel beeinträchtigt werden soll.

Der gesetzlich vorgeschriebene Formzwang bezieht sich nur auf das durchzuführen- **59** de Rechtsgeschäft (Mot I 183 f = MUGDAN I 453 f). Rechtsgeschäftliche Willenserklärungen, die damit nur im Zusammenhang stehen (bspw Zustimmung gem § 182, Vollmacht gem § 167, Zustandekommen von Vorverträgen etc) bedürfen grds nicht der vorgeschriebenen Form.

dd) Bestimmung der Leistung

Der Vertragsschluss dient unterschiedlichen Interessen der Beteiligten (ESSER/ **60** SCHMIDT, Schuldrecht I § 4 I 1, 66). Entgegen früheren Ansichten (Prot I 465 = JAKOBS/ SCHUBERT §§ 241–432, 40) erfordert er aber kein vermögensrechtliches Interesse des Gläubigers (Mot II 3, 5 = MUGDAN II 2, 3; vgl auch JAKOBS/SCHUBERT §§ 241–432, 41).

---

* **Schrifttum**: BERNARD, Formbedürftige Rechtsgeschäfte (1979); GERNHUBER, Formnichtigkeit und Treu und Glauben, in: FS Schmidt-Rimpler (1957) 151 ff; HELDRICH, Die Form des Vertrages, AcP 147 (1947) 89; JAHNKE, Rechtsformzwang und Rechtsformverfehlung bei der Gestaltung privater Rechtsverhältnisse, ZHR 146 (1982) 595 ff.

61 Vertragsschuldverhältnisse sind meist auf **Leistungsaustausch** gerichtet. Art und Menge werden regelmäßig bei Vertragsschluss vereinbart. Die Parteien können das Schuldverhältnis inhaltlich frei gestalten (so Rn 49), sind jedoch an Treu und Glauben gebunden, § 242. Für synallagmatische Verträge (su Rn 69) enthält das Gesetz zum Teil Vorgaben für die Gegenleistung (zB §§ 612, 632). Im Übrigen müssen die Vereinbarungen über den Leistungsaustausch nicht bereits bei Vertragsschluss vollständig vorliegen, sondern können auch nachträglich spezifiziert werden, soweit nicht das Fehlen der essentialia negotii bereits den Vertragsschluss verhindert (STAUDINGER/DILCHER[12] Einl 14 zu §§ 104–185).

62 Die Parteien des Schuldverhältnisses können **Leistungs-** und **Erfüllungsort** grds frei bestimmen. Man unterscheidet **Holschuld** (Leistungs- und Erfolgsort beim Schuldner), **Bringschuld** (Leistungs- und Erfolgsort beim Gläubiger) und **Schickschuld** (Leistungsort beim Schuldner, Erfolgsort beim Gläubiger). Ohne entsprechende Vereinbarung bzw mangels spezieller Natur des Schuldverhältnisses greift § 269 ein (Holschuld). Auch **Gefahrübergang** und **Gegenleistungsanspruch** richten sich nach der Vereinbarung der Parteien.

63 Der (Sachleistungs-)Gläubiger erhält durch das Zustandekommen des Schuldverhältnisses ein **relatives Forderungsrecht** auf die Leistung (su § 241 Rn 293 ff). Die Forderung ist also nicht absolut geschützt, so dass ein Dritter sie erwerben kann (Mot II 2 f = MUGDAN II 1 f), ohne dass die Abtretung sich auf die Wirksamkeit des Rechtsverhältnisses auswirkt (z Entstehung von Schadensersatzansprüchen vgl MEDICUS BR Rn 28). Bei Vereinbarung einer Sachleistung hat der Gläubiger somit keinen absolut geschützten Anspruch auf die vertraglich geschuldete Sache (jus ad rem).

64 Gesetzliche Regelungen für **Leistungsbestimmungen** finden sich in den §§ 315–319. Demnach kann die Leistungsbestimmung einer Vertragspartei oder einem Dritten zukommen (z „Schiedsgutachter" vgl BGHZ 48, 25; 57, 47, 49), ggf auch nach Vertragsschluss. Zum Schutz der Vertragsgerechtigkeit fordert das Gesetz in solchen Fällen die Ausübung eines „billigen Ermessens" (§§ 315 Abs 1, 3; 317 Abs 1, bei Unbilligkeit mit der Folge des § 319; vgl ie STAUDINGER/RIEBLE [2004] § 315 Rn 117).

c) Vertragstreue

65 Das Schuldrecht wird von dem stets akzeptierten, aber insbesondere von der Naturrechtslehre zum Axiom ihres Vertragsrechtes ausgestalteten Grundsatz „pacta sunt servanda" beherrscht. Vertragsschuldverhältnisse begründen einen Anspruch auf Erfüllung, der nur bei Vertragstreue der Beteiligten denkbar ist (BYDLINSKI AcP 180 [1980] 1, 8). Das Prinzip der Vertragstreue war dem Gesetzgeber so selbstverständlich, dass er es nicht explizit in das BGB aufgenommen hat. Als ungeschriebene Voraussetzung wurde sie in § 326 Abs 1 S 1, 2 aF hineingelesen (vgl STAUDINGER/OTTO [2004] § 326 Rn 63 ff) und ist nach der Schuldrechtsreform ebenfalls als ungeschriebene Voraussetzung im Rahmen der §§ 280 Abs 3, 281 Abs 1 S 1, 323 Abs 1 zu verlangen, soweit es um Vertragsschuldverhältnisse geht (vgl STAUDINGER/OTTO [2004] § 281 Rn B 84 ff). Mangelnde Vertragstreue nimmt der untreuen Partei den Anspruch auf die Gegenleistung und ermöglicht den „tu-quoque"- und „unclean hands"-Einwand (so schon RGZ 67, 313, 317; vgl auch STAUDINGER/LOOSCHELDERS/OLZEN § 242 Rn 626 f u 1008).

d) Äquivalenzprinzip*

66 Das **Äquivalenzprinzip** dient als Ausgangspunkt zum Ausgleich ungleicher Kräfteverteilung zwischen Vertragsparteien (vgl auch Rn 67). Entsprechend dem Wortsinn „Äquivalenz" (aequus [lat] = gleich, gerecht, günstig; valere [lat] = wert sein) zielt der Grundsatz auf die Gleichwertigkeit von Leistung und Gegenleistung in Austauschverträgen (HENKEL, Einführung in die Rechtsphilosophie § 32 VIII 1, 410). Dass diese Vorstellung bei den heutigen Marktverhältnissen kein tauglicher Anknüpfungspunkt für die Beurteilung mehr sein kann, bedarf keiner näheren Begründung (ausf STAUDINGER/OTTO [2004] Vorbem 7 ff zu §§ 320–326). Deshalb wendet vor allem der BGH das Prinzip über die Generalklauseln des Privatrechts, insbesondere §§ 242, 307, vormals § 9 AGBG, bei gestörten Austauschverträgen zur Wiederherstellung der Vertragsgerechtigkeit an (vgl bspw BGHZ 96, 103, 108; 115, 311, 319; STAUDINGER/LOOSCHELDERS/OLZEN § 242 Rn 458 ff). Dazu bedarf es eines Bewertungsmaßstabes. Diesen bildet ein sog **Nominalgut**, das also auf Leistungen jeglicher Art anzuwenden ist, mit anderen Worten: Geld (SCHIERENBECK, Grundzüge der Betriebswirtschaftslehre [16. Aufl 2003] 2, 16 ff).

67 Dabei kann die Bewertung der Austauschleistungen anhand **objektiver** (objektiver Äquivalenzbegriff; zB Marktpreise etc) oder **subjektiver Maßstäbe** (subjektiver Äquivalenzbegriff) erfolgen. Daneben unterscheidet man den **weiten** vom **engen Äquivalenzbegriff**: Der weite Äquivalenzbegriff umfasst Haupt- und Nebenleistungen (vgl z möglichen Umfang BARTHOLOMEYCZIK 30, 31), der enge ausschließlich die Hauptleistung. Schließlich existiert noch ein sog **funktionaler Äquivalenzbegriff**, der die Funktion der auszutauschenden Leistungen ab Vertragsschluss beschreibt (v diesem Zeitpunkt an haben sie nur noch die Funktion, gegen die andere Leistung ausgetauscht z werden).

68 Um zu einer angemessenen Bewertung einer evtl Störung der Vertragsgerechtigkeit zu gelangen, sind alle Äquivalenzbegriffe heranzuziehen (krit HÄRLE § 2 II 9). Die ausschließliche Anwendung des subjektiven Äquivalenzbegriffs wäre nur bei gleichen Kräfteverhältnissen denkbar, während die Bewertung allein anhand objektiver Kriterien die Privatautonomie beeinträchtigen würde. Ebenso wenig kann man ausschließlich den engen Äquivalenzbegriff anwenden, da Nebenleistungen uU erhebliche Bedeutung haben. Ein Bsp dafür, dass Nebenpflichten Wertbemessungsfaktoren darstellen, sind die unternehmerischen Rückstellungen für Gewährleistungsverpflichtungen (BAETGE, Bilanzen [4. Aufl 1996] 354; s auch ESSER/SCHMIDT, Schuldrecht I § 2 III 2 iVm Fn 73, 36).

69 Im Zusammenhang mit dem Äquivalenzprinzip, aber durchaus auch von eigenständiger Bedeutung, sind **Synallagma** (Austausch) und die Lehre vom **Wegfall der Geschäftsgrundlage** zu nennen, die der Erklärung von Schuldverhältnissen dienen und wesentliche Rechtsfolgen auslösen (zB § 313, §§ 320 ff). Die wechselseitige Abhängigkeit wirkt sich bei der Begründung des Schuldverhältnisses aus (genetisches Synallagma), bei seinem Fortbestand (konditionelles Synallagma) und bei seiner

---

* **Schrifttum**: BARTHOLOMEYCZIK, Äquivalenzprinzip, Waffengleichheit und Gegengewichtsprinzip in der modernen Rechtsentwicklung, AcP 166 (1966) 30; BYDLINSKI, Privatautonomie und objektive Grundlagen des verpflichtenden Rechtsgeschäftes (1. Aufl 967); HÄRLE, Die Äquivalenzstörung (Diss München 1995); OECHSLER, Gerechtigkeit im modernen Austauschvertrag (Habil Saarbrücken 1997); SCHAPP, Grundfragen der Rechtsgeschäftslehre (1986).

Durchsetzung (funktionelles Synallagma; vgl zum Ganzen ausf STAUDINGER/OTTO [2004] Vorbem 10 ff zu §§ 320–326). Dabei versteht man unter dem Synallagma die Zweckstruktur, mit denen die Parteien eines Austauschvertrages zumindest zwei primäre Hauptleistungspflichten so miteinander verknüpfen, dass die eine nicht ohne die andere eingegangen würde (ausf GERNHUBER, Schuldverhältnis § 13 II 1; wNw auch bei STAUDINGER/OTTO [2004] Vorbem 6 ff zu §§ 320–326).

70 Äquivalenzprinzip und Synallagma liegt der gemeinsame Gedanke zugrunde, dass das Zustandekommen eines Vertrages von **subjektiven Kriterien** beeinflusst wird (STAUDINGER/OTTO [2004] Vorbem 10 zu §§ 320–326). Das Äquivalenzprinzip geht jedoch weiter, da es auch objektive Kriterien bei der Bewertung berücksichtigt. Die Eigenständigkeit gegenüber der Lehre vom Wegfall der Geschäftsgrundlage ergibt sich aus unterschiedlichen zeitlichen Bewertungsansätzen. Während die Geschäftsgrundlage bei Vertragsschluss festgelegt wird, erfolgt die Bewertung im Rahmen des Äquivalenzprinzips erst bei Eintritt der Vertragsstörung (vgl RGZ 100, 129, 131 ff). Die nunmehr in § 313 normierte Lehre vom Wegfall der Geschäftsgrundlage ist eine der wichtigsten gesetzgeberischen Antworten auf die Störung der Vertragsgerechtigkeit (vgl ie die Ausf z § 313; SCHMIDT-RÄNTSCH, Das Neue Schuldrecht Rn 615 ff).

3. Haftung bei Beteiligung Dritter

71 Das Schuldrecht geht grds davon aus, dass der Schuldner seiner Verpflichtung nicht in Person nachzukommen hat (arg e § 267 Abs 1 S 1; Ausnahmen zB §§ 613, 664). Demnach kann er sich bei der Erfüllung auch der Hilfe Dritter bedienen. Dadurch verbessert sich die wirtschaftliche Situation eines Schuldners wesentlich, da er mehr Schuldverhältnisse begründen kann, als er allein zu erfüllen vermag. Im Gegenzug erwächst ihm daraus eine Aufsichts- und Überwachungspflicht. Denn die **Drittbeteiligung** schafft für die Vertragsparteien neue Risiken.

72 Wird ein Dritter im Pflichtenkreis eines anderen bei dessen Vertragserfüllung tätig, so wäre eine ausschließlich eigene Haftung des Dritten unbillig. Der Schuldner, der die Vorteile der Tätigkeit des Dritten ausnutzen kann, muss auch den damit verbundenen Nachteil, dass rechtlich geschützte Interessen des Gläubigers verletzt werden können, in Kauf nehmen (BGHZ 95, 128, 132; vgl auch LOOSCHELDERS, Schuldrecht AT Rn 542). Diesen Sachverhalt regelt § 278, eine Zurechnungsnorm und keine Anspruchsgrundlage. Derjenige, der bei der Erfüllung einer eigenen Verbindlichkeit nicht selbst tätig wird, haftet ggf trotzdem neben dem Schädiger (Erfüllungsgehilfen) aus eigenem Verschulden.

4. Gewährleistung

73 Eine Ausprägung der subjektiven Äquivalenz (so Rn 67) findet sich im **Gewährleistungsrecht** (BYDLINSKI, System und Prinzipien des Privatrechts [Wien ua 1996] 2. HauptTeil IV B 181 f). Sobald ein Leistungsaustausch zweier Parteien qualitativ nicht der vertraglichen Vereinbarung entspricht, kann die betroffene Partei unter bestimmten Voraussetzungen statt Erfüllung oder Nacherfüllung, §§ 433 Abs 1 S 1, 437 Nr 1, 439 bzw §§ 633 Abs 1, 634 Nr 1, 635 Sekundärrechte geltend machen (Rücktritt und Minderung, vgl zB §§ 437 Nr 2, 440, 323, 326 Abs 5, 441, 537 Abs 1, 581 Abs 2 iVm 537, 586, 651d; z Bedeutung der Mängelrüge vgl auch HENKEL, Einführung in die Rechtsphilosophie § 32

VIII 1, 410). Ein Mangel wird grds anhand des subjektiven Fehlerbegriffs (vgl bspw BGH NJW-RR 1995, 364) ermittelt, der der Neufassung der §§ 434, 633 zugrunde liegt (MünchKomm/Westermann § 434 Rn 5). Hieran zeigt sich die Bedeutung der Parteivereinbarung und des subjektiven Äquivalenzbegriffs, da die Sekundärrechte nur bei Abweichungen von der Parteivereinbarung entstehen. Das Prinzip der **Vertragstreue** (so Rn 65) verlangt teilweise weitere Voraussetzungen (zB Fristsetzung beim Nacherfüllungsanspruch gem §§ 439, 634 Abs 1 S 1; vgl auch § 281 Abs 1 S 1). Die Gewährleistungsansprüche gleichen also grds das enttäuschte Vertrauen auf ordnungsgemäße Erfüllung und darauf beruhender Kalkulation (Erman/Grunewald [10. Aufl] § 463 Rn 1) aus.

Aufgrund eingeschränkter Äquivalenz bedürfen Sekundärrechte bei einseitig verpflichtenden und unvollkommen zweiseitigen Schuldverhältnissen über § 276 hinausgehender Voraussetzungen für die Einstandspflicht der schlechtleistenden Partei. Sie liegen regelmäßig in **Arglist** bzw **grober Fahrlässigkeit** (§§ 521, 523; 599, 600). Eine Abweichung kennt das Auftragsrecht. Obwohl der Beauftragte gem § 662 unentgeltlich handelt, haftet er uneingeschränkt gem § 276 und muss sich das Verschulden seiner Erfüllungsgehilfen gem § 664 Abs 1 S 3 zurechnen lassen. Die Abweichung beruht auf dem personalen Bezug des Auftrags. Schenkung und Leihe richten sich auf Hingabe von Gegenständen, der Auftrag ist eine bewusste Einschaltung einer bestimmten Person (dies zeigt auch die Höchstpersönlichkeit, § 664 Abs 1 S 1). Der Beauftragte soll die Interessen des Auftraggebers so gut wie möglich wahrnehmen (arg e §§ 665, 666, 671 Abs 2). Damit verträgt sich keine Haftungsbeschränkung (z den sog Gefälligkeitsverträgen vgl u § 241 Rn 72 ff). **74**

5. Praktische Bedeutung der Grundprinzipien des Schuldrechts

Zwar sind die Normen des Schuldrechts im Wesentlichen einerseits aus sich heraus verständlich und der Inhalt der dargestellten Grundprinzipien ist andererseits auch nicht immer klar zu fixieren. Dennoch helfen die Grundprinzipien des BGB vor allem bei der Auslegung der Generalklauseln, §§ 138, 157, 226, 242, 307, 826. Diesen ist gemeinsam, dass sie auf bestimmte Werte und Prinzipien Bezug nehmen, ohne einen konkreten Tatbestand vorzugeben. Der Richter erhält dadurch die Möglichkeit, auf bestimmte Aspekte der Gerechtigkeit zurückgreifen zu können, zB bei der Frage, ob eine AGB den Adressaten unangemessen benachteiligt. Dies hilft, die Rechtskultur zu entwickeln (Staudinger/Coing/Honsell [2004] Einl 71 zum BGB) und kennzeichnet die Dynamik des Rechts (dazu sowie z Bedeutung der richterlichen Rechtsfortbildung su Rn 203 ff; vgl noch z Bedeutung der Grundprinzipien in Bezug auf § 9 AGBG aF Staudinger/Coester [1998] § 9 AGBG Rn 172). **75**

Abgesehen davon, dass ein Grundverständnis immer die Gesetzesanwendung im Einzelfall fördert, haben die Grundprinzipien durchaus praktische Bedeutung. Sie sind zum einen Maßstäbe bei Anwendung der Generalklausel des § 242, sie geben zum anderen eine Antwort auf die Frage, ob eine AGB iS des § 307 Abs 2 den Adressaten unangemessen benachteiligt. Fraglich erscheint, ob die Übernahme der meisten Verbraucherschutzgesetze in das BGB die inhaltliche Ausgestaltung der Grundprinzipien, insbesondere im Hinblick auf die Beurteilung von Äquivalenz, Vertragstreue und Geschäftsgrundlage, beeinflusst. Viele **Entwicklungen** in der Rspr deuten darauf hin, eine Tatsache, die schon lange vor der Schuldrechtsreform (vgl **76** dazu ie Rn 176 ff) zum Teil heftig kritisiert wurde (LIEB DNotZ 1989, 274 ff). Diese Tatsache dürfte sich nach der Übernahme zahlreicher Verbraucherschutzgesetze in das BGB zum 1.1. 2002 noch verstärken. Sie ist deshalb problematisch, weil Voraussetzungen und Folgen von Ungleichgewichtigkeiten oft nicht klar herausgearbeitet werden (vgl z Einschränkung der Privatautonomie auch STAUDINGER/LOOSCHELDERS/OLZEN § 242 Rn 456 ff). Der Verbraucherschutz stellt einen ganz anderen Ansatz für die Bewertung dar als die (idealiter gegebene) Gleichwertigkeit der Leistungen und gleiche Stärke der Parteien.

III. Grundprinzipien der gesetzlichen Schuldverhältnisse

1. Entstehungsgründe

77 **Gesetzliche Schuldverhältnisse** entstehen (allein) durch die Erfüllung eines normativen Tatbestandes. Während **rechtsgeschäftliche Schuldverhältnisse** dem Güteraustausch dienen, verfolgen sie den Güterschutz (ESSER/SCHMIDT, Schuldrecht I § 4, 65) und geben deshalb den Beteiligten keine inhaltliche Mitbestimmung; es tritt vielmehr Fremdbindung ein. Darin zeigt sich ihr Charakter als Teil der **bürgerlich-rechtlichen Ausgleichsordnung** (ERMAN/WESTERMANN Vor § 812 Rn 1; MünchKomm/LIEB § 812 Rn 1; LOOSCHELDERS, Schuldrecht AT Rn 220). Gesetzliche Ausprägung ausgleichender Gerechtigkeit sind Bereicherungs- und Deliktsrecht (lt COING, Grundzüge der Rechtsphilosophie [5. Aufl 1993] 193 ff, sog iustitia commutativa; HENKEL, Einführung in die Rechtsphilosophie § 32 VIII 3, sieht darin eine iustitia correctiva als Unterfall ausgleichender Gerechtigkeit).

2. Geschäftsführung ohne Auftrag

78 Die Geschäftsführung ohne Auftrag (GoA) gem § 677 ist ein **gesetzliches Schuldverhältnis** (vgl MünchKomm/SEILER Vor § 677 Rn 4; FIKENTSCHER, Schuldrecht Rn 927). Demzufolge kann jemand, der willentlich ein Geschäft für einen anderen tätigt, ohne dass er dazu berechtigt oder verpflichtet ist, gem § 683 S 1 Ersatz seiner Aufwendungen von demjenigen verlangen, in dessen Interesse gehandelt wurde. Dabei handelt es sich um einen schuldrechtlichen Ausgleichsanspruch im Innenverhältnis zwischen Geschäftsherrn und Geschäftsführer. Das gilt jedoch nur für die Fälle der sog „echten GoA" (MEDICUS BR Rn 405 f, 421). Davon spricht man, wenn die genannten Voraussetzungen vorliegen; Abweichungen finden sich in §§ 684 und 687.

79 In der GoA kommt die bürgerlich-rechtliche Ausgleichsordnung zum Ausdruck (**aA** MünchKomm/SEILER Vor § 677 Rn 1, demzufolge es nicht möglich sei, einen die GoA kennzeichnenden Grundgedanken festzustellen). Derjenige, der in fremdem Interesse – also nicht aus Eigennutz – handelt, soll die finanziellen Folgen seines Handelns nicht selbst tragen müssen. Aus diesem Grundgedanken ergibt sich zugleich die Begrenzung des gesetzlichen Schuldverhältnisses „GoA": Nur wenn der Geschäftsführer auch tatsächlich im Interesse eines anderen handelte, kann er von diesem Ausgleich verlangen; Aufwendungen für Handlungen in eigenem Interesse sind gem § 687 Abs 1 nicht ersatzfähig (ausf STAUDINGER/WITTMANN [1995] Vorbem 12 f zu §§ 677 ff).

80 Die allgemeine Rechtsordnung behandelt im Rahmen der GoA die Wahrnehmung fremder Angelegenheiten also als eine Erscheinung des Gesellschaftslebens (STAUDINGER/WITTMANN [1995] Vorbem 6 zu §§ 677 ff; LARENZ/CANARIS, Schuldrecht II/1 § 57, 436 f).

Dennoch muss sich niemand eine ihm unerwünschte Leistung aufdrängen lassen. Deswegen tritt die Ersatzpflicht des Geschäftsherrn gem § 683 S 1 auch nur unter eingeschränkten Voraussetzungen ein (LARENZ/CANARIS, Schuldrecht II/1 § 57, 436). So muss das Geschäft gem § 677 zumindest **auch** eine Angelegenheit des Geschäftsherrn gewesen sein (FIKENTSCHER, Schuldrecht Rn 928 ff; LARENZ/CANARIS, Schuldrecht II/1 § 57 I a; MEDICUS BR Rn 407 ff). Sein evtl entgegenstehendes Interesse kann allerdings außer Acht gelassen werden, wenn die Geschäftsführung der Erfüllung einer Pflicht des Geschäftsherrn dient, die im öffentlichen Interesse liegt, § 679 (z GoA ausf STAUDINGER/WITTMANN [1995] §§ 677 ff).

3. Deliktsrecht

Eine Beeinträchtigung fremder Rechtsgüter greift in den status quo des Geschädigten ein. Das **Deliktsrecht** dient dem Ausgleich und der Wiederherstellung des status quo ante auch unter Berücksichtigung seiner möglichen Fortentwicklung (ESSER/SCHMIDT, Schuldrecht I § 4 I, 67; z den Funktionen ie STAUDINGER/HAGER [1999] Vorbem 7 ff zu §§ 823 ff). Die status quo ante-Orientierung zeigt sich auch in der **Wertbemessung** des Deliktsrechtes. Während sie in Vertragsschuldverhältnissen durch die Parteien geschieht (so Rn 49), erfolgt sie im Deliktsrecht im Hinblick auf die Mindesthöhe des Schadensersatzes anhand objektivierter Wertmaßstäbe (z Schadensbegriff vgl PALANDT/HEINRICHS Vorb v § 249 Rn 7 ff; z Einfluss der Versicherbarkeit von Risiken su Rn 89 ff [insb Rn 91]; z ökonomischen Ansätzen vgl die Nachw bei STAUDINGER/HAGER [1999] Vorbem 14 ff zu §§ 823 ff). Das Gesetz räumt den Beteiligten Einwirkungsmöglichkeiten auf das Schuldverhältnis erst nach dessen Entstehung, also im Rahmen der Abwicklung ein. 81

Die **Wiederherstellungspflicht** des Schädigers wird durch verschiedene Tatbestände ausgelöst; sie verlangt Verschulden oder eine tatbestandsmäßige Gefährdung. Das Verschulden bezieht sich entweder auf die schädigende Handlung oder auf die Verletzung einer Handlungs-, Verkehrs- oder Überwachungspflicht. Daneben sind oft mit dem Gebrauch gefährlicher bzw schwer zu kontrollierender Gegenstände verschuldensunabhängige Ersatzpflichten verbunden, ebenso mit der Herstellung von Produkten. 82

Die sehr weitgehende Einstandspflicht muss durch **Kausalitätsanforderungen** und **Zurechnung** sowie evtl Überlegungen aus dem **Schutzzweck der Norm** begrenzt werden (STAUDINGER/SCHIEMANN [2005] § 249 Rn 8 ff). Diese sollen die Feststellung ermöglichen, ob und in welchem Umfang eine Ersatzpflicht besteht (Ausnahme: § 830). Damit ist die Einschränkung der Ersatzpflicht auf den/die beteiligten Schädiger verbunden. Sie stellt sich als Folge der Relativität auch gesetzlicher Schuldverhältnisse dar. Gerade das Deliktsrecht kennt jedoch eine Ausnahme, da an der Schädigungshandlung Unbeteiligte evtl Ersatz verlangen können, §§ 844, 845 (PALANDT/SPRAU § 844 Rn 1; ERMAN/SCHIEMANN § 844 Rn 1). 83

Ein weiteres tragendes Prinzip des gesamten BGB und damit auch des Schuldrechtes besteht im Schutz bestimmter Personengruppen aufgrund **mangelnder Einsichtsfähigkeit** im Hinblick auf die Folgen eigenen Handelns (§ 276 Abs 1 S 2; Mot I 129 f = MUGDAN I 423; z Ausnahmen vgl STAUDINGER/DILCHER[12] § 105 Rn 6 ff). Es gilt auch im Rahmen gesetzlicher Schuldverhältnisse fort (Mot II 731 f = MUGDAN II 408), und kann sogar zu einem **Haftungsausschluss** für Schädiger führen (§§ 827, 828). Dem 84 steht das grundsätzliche Ziel einer Wiederherstellung des status quo ante entgegen, so dass es zu einer Verlagerung der Wiederherstellungslast vom Schädiger auf den Geschädigten kommt, sofern kein Aufsichtspflichtiger eintreten muss (vgl zB § 832; Mot II 735 = Mugdan II 410). Dieser kann sich aber von der vermuteten mangelhaften Aufsicht exculpieren oder ihre Kausalität für den Schadenseintritt bestreiten, § 832 Abs 1 S 2. Zur Vermeidung von Unbilligkeiten (Mot II 99 = Mugdan II 1268) besteht je nach wirtschaftlicher Lage von Schädiger und Geschädigtem uU auch ohne Verschulden eine Einstandspflicht des Schädigers gem § 829, wenn dem Ersatzpflichtigen durch den Schadensausgleich nicht die wirtschaftliche Existenzgrundlage entzogen wird.

85 Die **Risikoverlagerung** bei Einbeziehung Dritter zeigt sich auch in den gesetzlichen Schuldverhältnissen (so Rn 78). Wer jemanden zu einer **Verrichtung** bestellt, muss ihn sorgfältig auswählen und beaufsichtigen (Mot II 736 = Mugdan II 411 spricht vom Sorgfaltsmaßstab eines „ordentlichen Hausvaters"). Eine verschuldensunabhängige Einstandspflicht allein aufgrund rechtlicher Nähebeziehung zum Schädiger ist dem BGB dagegen fremd. Daher hängt eine Ersatzpflicht vom eigenen Verschulden des Geschäftsherrn bzw Aufsichtspflichtigen ab, das allerdings in den §§ 831 Abs 1 S 1 und 832 Abs 1 S 2 widerleglich vermutet wird. Hierin liegt die Kehrseite der gesteigerten wirtschaftlichen Leistungsfähigkeit des Geschäftsherrn durch Einschaltung von Gehilfen (z den haftungsrechtlichen Besonderheiten im Arbeitsrecht vgl Staudinger/Richardi [1999] § 611 Rn 483 ff).

4. Bereicherungsrecht

86 Das **Bereicherungsrecht** der §§ 812–821 ist ein weiterer Bestandteil der bürgerlichrechtlichen Ausgleichsordnung (so Rn 66). Das BGB hat nicht den gemeinrechtlichen Grundsatz übernommen, dass sich niemand mit dem Schaden eines anderen bereichern dürfe (Mot I 829 = Mugdan II 461). Die heutigen Kondiktionen dienen vielmehr der **Rückgängigmachung rechtsgrundloser Vermögensverschiebungen** (Mot aaO = Mugdan aaO) und weisen auf die Funktion des Schuldrechts als Mittel der Güterbewegung hin (ausf Staudinger/Lorenz [1999] Vorbem 1 ff zu §§ 812 ff; Erman/Westermann Rn 1).

87 Das **Abstraktionsprinzip** (so Rn 26) kann eine wirksame, aber gleichwohl rechtsgrundlose Güterumverteilung hervorrufen (Esser/Schmidt, Schuldrecht I § 1 III 16). Um sie rückabzuwickeln, stehen dem Schuldner Kondiktionsansprüche offen, etwa weil kein kausales Geschäft vorlag oder dieses unwirksam ist bzw wird (bspw infolge Gesetzes- oder Sittenwidrigkeit, §§ 134, 138, Anfechtung, § 142 Abs 1). Dagegen bleibt der Erwerb kondiktionsfest, wenn der Anspruchsgegner einen Rechtsgrund zum Behalten hat.

88 Das Bereicherungsrecht gewährt als Ausprägung der Ausgleichsordnung grds einen **Anspruch** auf das durch die unrechtmäßige Umverteilung **Erlangte**, § 818 Abs 1. Im Gegensatz zum Deliktsrecht, das auf die Wiederherstellung des status quo ante zuzüglich der vermuteten Weiterentwicklung gerichtet ist, hat das Bereicherungsrecht also **abschöpfende Funktion** (Larenz/Canaris, Schuldrecht II/2 § 67 I 1 a, 128). Dem Vertrauensschutz wird dadurch Rechnung getragen, dass der Anspruch gegen den Gutgläubigen auf den (noch vorhandenen) Umfang des Erlangten begrenzt ist, § 818

Abs 3 (Prot II 2982 = Mugdan II 1182), der bösgläubige bzw verklagte Herausgabepflichtige dagegen in vollem Umfang Ersatz zu leisten hat (§§ 818 Abs 2, 820 Abs 1, 819, 818 Abs 4, 292, 989).

IV. Sonderfall: Versicherbarkeit von Risiken*

1. Allgemeines

Sowohl Körper- als auch Vermögensschäden können existenzbedrohend wirken, und zwar für den Geschädigten und für den Schädiger gleichermaßen. Grds wird der Schaden auf den Schädiger abgewälzt (so Rn 43), seine wirtschaftliche Existenz darf jedoch durch die Schadensverlagerung nicht gefährdet werden. Eventuelle Absicherungen bestehen in einer Inanspruchnahme des Staates (Subventionen, Sozialhilfe), in individueller Selbsthilfe durch Rücklagenbildung oder durch kollektive Hilfe im Rahmen einer **Versichertengemeinschaft** (Staudinger/Hager [1999] Vorbem 7 ff zu §§ 823 ff). **89**

Der Rückgriff auf die Versichertengemeinschaft sichert das einzelne Mitglied gegen unvorhergesehene Schäden, so dass der (das Risiko kennzeichnende) ungewisse Bedarf an finanziellen Mitteln gedeckt ist. Die regelmäßige Beitragsleistung jedes Mitglieds ermöglicht insgesamt die Risikoverteilung auf die Gemeinschaft (Albrecht/Schwake, in: Farny/Helten/Koch/Schmidt, 651). Die Versicherbarkeit von Risiken schafft schließlich eine Rechtfertigung für die Zufallshaftung (Looschelders VersR 1996, 529, 534 mwNw). **90**

2. Auswirkungen auf das Schuldrecht

Entsprechend dem Grundsatz „casum sentit dominus" (so Rn 39) trägt jeder Teilnehmer am Rechtsverkehr grds sein eigenes Risiko und ist so gesehen sein eigener Versicherer. Der Eintritt in eine Versichertengemeinschaft kann dieses Risiko uU abwälzen, so dass im Falle einer Haftpflicht ein solventer Dritter, die Versicherungsgemeinschaft, für den Schaden einsteht, und der Einzelne entlastet wird. Gleichfalls begünstigt der von einer Versicherung vorgenommene Schadensausgleich den Geschädigten, der dadurch mit keinem (erheblichen) Anspruchsausfall zu rechnen hat (für eine Verteilung der Schadenslast bei Gefährdungshaftung unter Berücksichtigung von Leistungskraft und Versicherbarkeit Blaschczok, Gefährdungshaftung und Risikozuweisung [Habil Passau 1993] § 2 I 2 a gg, 68; Looschelders VersR 1996, 529, 534 mwNw). **91**

Die Rückgriffsmöglichkeit auf einen solventen Dritten hat eine kontinuierliche Änderung der Rspr hervorgerufen. So hat man die Auslegung haftungsbegründen- **92**

---

* **Schrifttum**: vBar, Das „Trennungsprinzip" und die Geschichte des Wandels der Haftpflichtversicherung, AcP 181 (1981) 289; Farny/Helten/Koch/Schmidt, Handwörterbuch der Versicherung (1. Aufl 1988); Hofman, Privatversicherungsrecht (4. Aufl 1998); Koch, Geschichte der Versicherungswissenschaft in Deutschland, FS zum 100jährigen Bestehen des Deutschen Verein für Versicherungswissenschaft (1998); Looschelders, Bewältigung des Zufalls durch Versicherung?, VersR 1996, 529; Prölss/Martin, VVG (26. Aufl 1998); Schimikowski, Versicherungsvertragsrecht (3. Aufl 2004); Weyers/Wandt, Versicherungsvertragsrecht (3. Aufl 2003).

der Tatbestände erweitert, wie etwa die Interpretation des Begriffes „Betrieb" (eines Kfz) gem § 7 StVG zeigt. Unter Berücksichtigung der Tatsache, dass ein Kraftfahrzeughalter gem § 1 PflVersG eine Haftpflichtversicherung abzuschließen hat, wurde zunächst nur der tatsächliche Betrieb iS eines in Bewegung befindlichen Fahrzeugs verstanden (HENTSCHEL, Straßenverkehrsrecht § 7 StVG Rn 5a), während man später den Begriff auf den ruhenden Verkehr ausdehnte (Nachw bei HENTSCHEL, Straßenverkehrsrecht § 7 StVG Rn 5). Allgemein lässt sich darüber hinaus feststellen, dass die Versicherbarkeit von Risiken bei der Beurteilung von Schadensersatzansprüchen die **Höhe** und die **Zuweisung** von **Verantwortlichkeiten** beeinflusst hat. Dies hat gerade im Bereich der Verkehrspflichten die Anforderungen an die Sorgfalt so verschärft, dass die Verschuldenshaftung in die Nähe der Gefährdungshaftung gerät (LOOSCHELDERS VersR 1996, 529, 537). Dahinter steht die Annahme, die Verteilung des Schadens auf das Kollektiv sei gerechter, als ihn dem Einzelnem aufzubürden (LOOSCHELDERS VersR 1996, 529, 537; VBAR AcP 181 [1981] 289).

93 Es gibt aber noch weitere Auswirkungen der Versicherbarkeit von Schäden auf das Schuldrecht. So kann die **Rückgriffsmöglichkeit** auf eine Versicherung zum Verlust sonstiger (zivilrechtlicher) Schadensersatzansprüche des Geschädigten führen, zumeist dann, wenn der Geschädigte eine Kranken- oder Unfallversicherung in Anspruch nehmen kann. Ein Bsp bildet die Legalzession in § 116 Abs 1 S 1 SGB X. Die der Absicherung des Arbeiternehmers (KÖTZ/WAGNER, Deliktsrecht Rn 599) dienende **Unfallversicherung** (erstmals eingeführt im Jahre 1884 durch die Bismarck'sche Sozialgesetzgebung, mittlerweile SGB VII; vgl dazu OLZEN, Pflichtverletzungen des Durchgangsarztes, MedR 2002, 132) gewährt dem durch einen Arbeitsunfall, § 8 Abs 1 SGB VII, Wegeunfall, § 8 Abs 2 SGB VII, oder durch eine Berufskrankheit, § 9 SGB VII, Geschädigten einen Ausgleichsanspruch. Die Versichertengemeinschaft wird dabei von den berufsgenossenschaftlich verbundenen Arbeitgebern gebildet, die gem §§ 104 ff SGB VII bei Leistung durch die gesetzliche Unfallversicherung in ihrer Haftung privilegiert werden (Unternehmer, § 104 SGB VII; andere im [gleichen] Betrieb tätige Personen, § 105 SGB VII; Dritte, § 106 SGB VII). Dies bedeutet einen Einschnitt in das Zivilrechtssystem (KÖTZ/WAGNER, Deliktsrecht Rn 595).

94 Auch ein Schadensersatzanspruch gem § 829 (so Rn 81 ff) entfällt uU, wenn der Geschädigte Mitglied einer Versichertengemeinschaft ist und dort Rückgriffsmöglichkeiten hat (Hk-BGB/STAUDINGER § 829 Rn 7; BGB-RGRK/STEFFEN § 829 Rn 15). Die rechtliche Situation ist allerdings wegen der weiten Fassung des Merkmals „Verhältnis (der Beteiligten)" iSd § 829 unklar, sofern der Schädiger über Versicherungsschutz verfügt. Bei einer gesetzlichen Pflichtversicherung gewährt die Rspr den Ersatzanspruch dagegen gem § 829 (BGHZ 127, 186, 191 f), im Falle einer freiwilligen Haftpflichtversicherung misst sie dieser Rückgriffsmöglichkeit für die Anspruchshöhe Bedeutung bei (BGHZ 76, 279, 283 ff; 127, 186, 191; **aA**, für eine generelle Einbeziehung des Bestehens einer Versicherung in die Billigkeitsprüfung: SOERGEL/ZEUNER § 829 Rn 8 f; WOLF, Billigkeitshaftung statt überzogener elterlicher Aufsichtspflichten – ein erneutes Plädoyer für die Anwendung des § 829 BGB aufgrund einer Haftpflichtversicherung, VersR 1998, 812 ff). Da die Versicherungsleistung nicht nur den Schädiger, sondern auch den Geschädigten schützen soll, darf das Vorhandensein einer freiwilligen Haftpflichtversicherung jedenfalls nicht zu seiner Benachteiligung führen (LARENZ/CANARIS, Schuldrecht II/2 § 84 VII 1 b 652; s z der gesamten Fragestellung iÜ die Darstellung bei STAUDINGER/OECHSLER [2003] § 829 Rn 45 ff).

Schließlich steht der Versicherungsschutz rechtlich im Zusammenhang mit der **Haf-** 95
tungssubsidiarität (STAUDINGER/WURM [2002] § 839 Rn 266) gem § 839 Abs 1 S 2. Obwohl der Geschädigte durch die Versicherung eine Ersatzleistung erhält, wird ihm der Anspruch aus § 839 Abs 1 S 1 deshalb aber nicht verwehrt. Seine eigene Leistung zur Begründung des Versicherungsschutzes in Form von Prämien soll keine Entlastung des schädigenden Hoheitsträgers bewirken (arg e § 67 VVG; z weiteren Differenzierung vgl Hk-BGB/STAUDINGER § 839 Rn 33 mwNw).

D. Die Entwicklung des Schuldrechts in Deutschland bis zum Inkrafttreten des BGB

Die Entwicklung des Schuldrechts bis zum Inkrafttreten des BGB weist zwei, aller- 96
dings miteinander korrespondierende, Linien auf. Man kann zwischen der Entwicklung des materiellen Schuldrechts einerseits und der seiner Systematik andererseits unterscheiden. Im Hinblick auf die **Systematik** des Schuldrechts wird in der folgenden Darstellung ferner zwischen seiner Stellung im Zivilrecht an sich und seiner inneren Struktur unterschieden.

I. Die Entwicklung des materiellen Schuldrechts

Die Geschichte der einzelnen Schuldverhältnisse und Institutionen lässt sich bis zu 97
ihren **römischen** und **germanischen Rechtsquellen** zurückverfolgen. Eine Einleitung vermag jedoch nur einen kurzen allgemeinen Überblick über die wichtigsten gesellschaftlichen und rechtshistorischen Entwicklungsabläufe zu geben. Detaillierte Aussagen folgen später – soweit nötig – bei der Darstellung der einzelnen Rechtsinstitute.

1. Gesellschaftliche Entwicklungen seit dem Mittelalter

Im **Mittelalter** herrschte in Deutschland zunächst noch eine **agrarisch strukturierte** 98
Gesellschaft vor, die sich durch bodenständige Bindung, örtliche Verschiedenheiten, soziale Abstufungen und Vorrang des unbeweglichen Vermögens auszeichnete (STAUDINGER/COING/HONSELL [2004] Einl 34 ff zum BGB). In den Städten gab es ebenfalls ein streng gegliedertes Gesellschaftssystem, das die Bewohner in ratsfähige Geschlechter, Zünfte und niedere Bevölkerung einteilte (vgl z den Ständen MITTEIS/LIEBERICH, Deutsche Rechtsgeschichte 210 ff). Ein Wechsel zwischen den einzelnen Schichten war in einer solchen Gesellschaftsstruktur schwierig und dieser „soziale Konservativismus" wurde vom deutschen Recht noch gefördert (BÖHMER § 10 I 2).

Die auf **Naturalverkehr** basierende Hauswirtschaft bedingte nur ein geringes Be- 99
dürfnis, Warenverkehr und Güteraustausch über Dorfgrenzen hinaus rechtlich zu regeln (vgl COING, Epochen der Rechtsgeschichte in Deutschland [1. Aufl 1967] 11). Eine Notwendigkeit für schuldrechtliche Normen bestand daher zunächst primär im **„Unrechtsverkehr"**, der damit den eigentlichen Ausgangspunkt des Schuldrechts bildete. **Selbsthilfe**, ursprünglich auf Buße und Genugtuung gerichtet, entwickelte sich dabei langsam zu einem auf **Schadensersatz** gerichteten System der Wiedergutmachung. Erst das **Münzgeld** verlagerte die Strafe von der personalen Buße zur Geldbuße. Hierher rührt die **Doppelbedeutung des Schuldbegriffs** als Verfehlung einerseits und

der daraus resultierenden Verpflichtung zur Restitution andererseits (vAmira, Grundriss des Germanischen Rechts 211 ff; Larenz, Schuldrecht I § 2 IV; W Ogris, in: Handwörterbuch zur deutschen Rechtsgeschichte Bd 1 1901 ff).

2. Deutschrechtliche Grundlagen

100 Allgemeine Aussagen zum älteren deutschen Recht verbieten sich in der hier notwendigen Kürze fast vollständig wegen der **Rechtszersplitterung**, der oftmals nur rudimentären Kodifikation und der geringfügigen Durchdringung des Rechtsstoffes, die mit derjenigen des römischen Rechts nicht vergleichbar ist. Man kann aber sagen, dass das germanisch deutsche Recht aufgrund der geschilderten strengen noch im Mittelalter vorhandenen und starren Gesellschaftsstruktur lange Zeit ohne theoretische und dogmatische Rechtsansätze auskommen konnte. Gepflegt wurde überliefertes, durch Brauch und Sitte geprägtes, regional gebildetes und fortentwickeltes **Gewohnheitsrecht**, das in seinem Geltungsbereich zumeist auf Dörfer und Städte begrenzt war und von Laienrichtern angewendet wurde (vAmira, Grundriss des Germanischen Rechts 43; vgl Ennecerus/Nipperdey BGB AT § 2 I).

101 Im **Mittelalter** entstand langsam das Bedürfnis nach einem über die geschilderte reine Unrechtshaftung hinausgehenden Schuldrecht, und zwar mit der Einführung des Geld- und Kreditverkehrs. Ohne ein systematisches und einheitliches Schuldrecht konnte man nur solange auskommen, wie vornehmlich Tausch- oder jedenfalls Bargeschäfte getätigt wurden. Mit dem Aufkommen von Zeit- und Kreditkauf sowie Darlehen und Dauerschuldverhältnissen wurde es notwendig, die dem Verpflichtungsgeschäft typischen Schwebe- und Spannungszustände auszugleichen bzw abzusichern. Erst ein geregeltes **Vertragsschuldrecht** konnte die von der Wirtschaft an den beschleunigten Warenaustausch gestellten rechtlichen Rahmenbedingungen schaffen, ohne die eine florierende Privatwirtschaft nicht denkbar ist (Böhmer § 24 I 1, 2; z späteren Übergang vom Agrar- zum Industriestaat vgl auch Staudinger/Coing/Honsell [2004] Einl 9 f zum BGB; vgl auch Conrad, Deutsche Rechtsgeschichte Bd I [2. Aufl 1962] 422 ff; Köbler, Deutsche Rechtsgeschichte 96). Der entscheidende Impuls ging dabei von den **Städten** aus, in denen die Verdrängung der Natural- durch die Geldwirtschaft begann. Das **freie Handwerk** löste den unfreien persönlichen Frondienst ab und die auf Bedarfsdeckung gerichtete Wirtschaftsweise wurde durch eine auf Gewinnerzielung gerichtete Ökonomie ersetzt (Wieacker, Privatrechtsgeschichte 110). Das Schuldrecht im mittelalterlichen Deutschland war zunächst meist in ständischen und genossenschaftlichen Ordnungen geregelt (Krause, Der deutschrechtliche Anteil an der heutigen Privatrechtsordnung, JuS 1970, 313, 319), die auch sonst das städtische Leben prägten.

3. Der Einfluss des römischen Rechts auf die Entwicklung des materiellen Schuldrechts

102 Bereits Jahrhunderte zuvor hatte das **römische Recht** ein Schuldrecht entwickelt, das mit der **Rezeption** ab dem 14. Jahrhundert nach und nach auch in das deutsche Rechtsgebiet übernommen wurde (su Rn 105 ff; vgl Staudinger/Coing/Honsell [2004] Einl 55 zum BGB). Es enthielt bereits die wesentlichen Institute des heutigen Schuldrechts. Bekannt waren: die Trennung zwischen Schuld- und Sachenrecht, Regelungen bei Leistungsstörung und Verzug sowie zur Erfüllung, Abtretung, Schuldübernahme und Novation, die meisten heute noch gültigen Vertragstypen, sowie die GoA und schließlich Bereicherungs- und Deliktsrecht (vgl KASER/KNÜTEL §§ 32–57). Ebenso wichtig ist, dass sich bereits der dem heutigen Schuldrecht zugrundeliegende abstrakte Begriff des Schuldverhältnisses herausgebildet hatte (KASER/KNÜTEL § 32 I; z Begriff des Schuldverhältnisses vgl auch hier Rn 119).

4. Die Entwicklung des Handels- und Bankrechts

103 Für Handels-, Schifffahrts-, Berg- und Gewerberecht hatte das römische Schuldrecht noch keine Regelungen entwickelt. Diese für das Wirtschaftsleben besonders wichtigen Gebiete wurden daher auch nach der Rezeption von deutschrechtlichen Prinzipien beherrscht (MITTEIS/LIEBRICH, Deutsche Rechtsgeschichte 331). Dennoch hat das römische Recht ihre systematische Ausgestaltung entscheidend mitgeprägt (su Rn 105 ff). Das für ein modernes Wirtschaftsleben unentbehrliche Bankrecht ist ebenfalls neueren Ursprungs. In den oberitalienischen Städten entstanden, hat es europaweite Geltung erlangt (BÖHMER § 10 IV; z Geschichte des Bankgeschäfts vgl KÖBLER, Lexikon Rechtsgeschichte 40) und kann als Pionier für die Rechtsvereinheitlichung und -fortbildung in Europa angesehen werden.

II. Die Herausbildung der systematischen Stellung des Schuldrechts im Gesamtsystem des Zivilrechts

104 Die **Systematik des Schuldrechtes** ist mit den Inhalten seiner Rechtsinstitute naturgemäß untrennbar verbunden. Die deutsche Rechtsentwicklung zeigt aber auch, dass nicht nur der Inhalt der Regelungen Auswirkungen auf die Systematik hat, sondern umgekehrt eine schulmäßig entwickelte Rechtssystematik ihrerseits das materielle Recht beeinflusst, zB im Wege der systematischen Gesetzesauslegung. Dieser Umstand dürfte die Harmonisierung des europäischen Rechts in der Zukunft bei ganz unterschiedlichen Ansätzen in den einzelnen Ländern der Gemeinschaft kaum unberührt lassen.

1. Aktueller Stand der Diskussion

105 Die Diskussion über die systematische Gliederung des Zivilrechts, die intensiv vor der Entstehung des BGB, insbesondere im 19. Jahrhundert, geführt wurde, war gegen Ende des 20. Jahrhunderts allerdings eher zum Erliegen gekommen, wohl auch deshalb, weil sie in dieser Zeit für unbedeutend gehalten wurde. Gerade die Schuldrechtsreform mit ihrer Integration der Verbraucherschutzgesetze in das BGB könnte sie aber neu beleben. Denn die Bedeutung von Systematisierung für die praktische Rechtsanwendung darf nicht unterschätzt werden. Dies zeigen manche schnell ausgearbeiteten Gesetze, deren Anwendung aufgrund systematischer Ungenauigkeit oft Schwierigkeiten bereitet. Auch die bereits erwähnten Bemühungen um eine europäische Rechtsvereinheitlichung zeigen, wie stark unterschiedliche systematische Ansätze die Entwicklung verlangsamen können.

2. Die Vorläufer

106 Für den **Aufbau** des heutigen Zivilrechtes war die bereits angesprochene **Rezeption** des römischen Rechts (z Rezeptionsvorgang vgl LAUFS, Rechtsentwicklungen III 1, 2 45 ff; WIEACKER, Privatrechtsgeschichte 2. Teil) von entscheidender Bedeutung (KASER, Der römische Anteil am deutschen bürgerlichen Recht, JuS 1967, 337, 339). Sie wurde in erster Linie durch das Studium deutscher Rechtsstudenten an den Universitäten der oberitalienischen Städte verursacht, lange Zeit bevor es in Deutschland zu den ersten Fakultätsgründungen gekommen war. Die Rezeption (SCHLOSSER, Grundzüge der Privatsrechtsgeschichte [7. Aufl 1993] 53 ff mwNw) führte primär zu einer Verwissenschaftlichung des deutschen Rechtswesens und zu einer Ablösung des Laienrichterwesens im germanisch deutschen Rechtskreis (ENNECCERUS/NIPPERDEY BGB AT § 3 II 2). Da hierdurch römisch rechtliche Ansätze für unser heutiges Rechtsgebiet bestimmend wurden, dürfte einer der wichtigsten Ausgangspunkte der heutigen zivilrechtlichen Systematik die **Institutionen** des GAIUS (ca 160 nChr) gewesen sein (Deutsche Übersetzung von BEHRENDS/KNÜTEL/KUPISCH/SEILER [1999]), die das gesamte Zivilrecht in „personae, res actiones" einteilten. Das Schuldrecht stellte dabei zunächst eine Untergliederung des Sachenrechts („res") dar und wurde dort den „res incorporales" zugeordnet. Die „res corporales" enthielten die Regelungsmaterie des heutigen Sachenrechts ieS, aber auch des Erbrechts.

a) Entwicklung der Systematik im römischen Recht
107 Die ausgeprägte Systematik des römischen Rechts selbst ist kein Produkt wissenschaftlicher Arbeit, sondern der **Rechtspraxis.** Zur prozessualen Rechtsdurchsetzung wurden Streitformulare, sog „actiones" („actiones in rem" und „actiones in personam"), verwendet, die man für jede „actio" aufgestellt hatte, und aus denen sich Grund und Inhalt der Obligation ablesen ließen. Die Trennung zwischen materiellem Recht und Prozessrecht war dem römischen Recht noch unbekannt. An den festen Riten bildeten sich nicht nur das einzelne Schuldverhältnis, sondern auch die gesamte Systematik des Zivilrechts aus (KASER/KNÜTEL RPR § 2 III).

b) Die Kodifikationen zu Anfang des 19. Jahrhunderts
108 Die wichtigsten Kodifikationen zu Anfang des **19. Jahrhunderts** (vgl BUCHER ZEuP 2003, 353 ff), die sich noch an dieser Einteilung orientierten, ordneten dem Schuldrecht daher keinen eigenen Abschnitt zu.

Im österreichischen **ABGB** von 1811 ist das Schuldrecht im 2. Teil („Von dem Sachenrechte") und dort in der 2. Abteilung („Von den persönlichen Sachenrechten") geregelt. Das **ALR** aus dem Jahre 1794 wies dem Schuldrecht ebenfalls keinen eigenen, systematisch geschlossenen Teil zu. Schuldrechtliche Regelungen fanden sich vielmehr im Zusammenhang mit Regelungen zu Willenserklärungen und Verträgen (1. Teil, 4. und 5. Titel) sowie im Sachenrecht (11. Titel). Auch der französische **code civil** von 1804 folgte dieser Systematik (z Einfluss auf das BGB vgl GROSS, Vom Code civil zum BGB – eine Spurensuche, JZ 2004, 1137 ff; SCHUBERT, Französisches Recht in Deutschland zu Beginn des 19. Jahrhunderts [1977]).

3. Aufklärung und Naturrecht
109 Die Kodifikationsbewegung des späten 18. und des 19. Jahrhunderts wurde ua durch das **Naturrecht** mit beeinflusst. Die naturrechtliche Bewegung entstand aus der Aufklärung und sah sich zunächst als Gegenbewegung zur Rezeption (vgl WIEACKER, Privatrechtsgeschichte 4. Teil § 18). Eine ihrer tragenden Ideen war die Verbreitung der Menschen- und Bürgerrechte (BÖHMER § 9 I 2). Für das Verständnis der naturrechtlichen Lehre ist vor allem auf das von SAMUEL PUFENDORF (1632–1694, vgl WIEACKER,

Privatrechtsgeschichte 306 f) entworfene System hinzuweisen. Danach wurde das Recht wie folgt gegliedert: Den Ausgangspunkt bildete das Recht der Einzelpersonen mit ihren Vermögensrechten, an das sich das Recht der Familie anschloss, daran wiederum das Recht des Staates und danach schließlich das Völkerrecht (SCHWARZ, Pandektensystem 578, 581 ff).

Letztlich hat das Naturrecht aber die Rezeption des römischen Rechts nicht verdrängt, sondern für dessen Verfestigung im modernen Recht gesorgt, indem es dessen systematische Ansätze zur Gliederung des Rechtssystems weiter vorangetrieben hat (z Einfluss des Naturrechts auf die Systematik vgl KÖBLER, Deutsche Rechtsgeschichte 145 f).

Dies zeigt sich daran, dass das preußische ALR von 1794, der code civil von 1804 und das österreichische ABGB von 1811 sowohl dem System der gaianischen Institutionen als auch der Systemidee des Naturrechts folgten (BÖHMER § 9 I 2; vgl auch STAUDINGER/COING/HONSELL [2004] Einl 48 ff zum BGB).

4. Historische Bewegung

Die **historische Rechtsschule**, die vSAVIGNY als Antwort auf die Kodifikationsbestrebungen THIBAUTS Anfang des 19. Jahrhunderts gegründet hatte, wandte sich in Opposition zum Naturrecht der Suche nach dem „reinen römischen Recht" zu (vgl die Nachw bei STAUDINGER/COING/HONSELL [2004] Einl 17 zum BGB; WIEACKER, Privatrechtsgeschichte 5. Teil §§ 20, 22). Sie erforschte dessen Originalquellen, um durch den Nachweis ihrer Vollständigkeit und Handhabbarkeit die Kodifizierung eines Privatrechtes unnötig erscheinen zu lassen. Dennoch basierte ihre System- und Begriffbildung auch auf den von der Naturrechtsbewegung entwickelten Methoden, die sie fortführte und verfeinerte (BÖHMER § 9 I 3). Die historische Rechtsschule nutzte in erster Linie die Figuren des römischen Obligationenrechts, um für die aufkommende kapitalistische Erwerbswirtschaft Strukturen eines geordnetes Geschäfts- und Kreditwesens zu schaffen, ohne auf eine Kodifikation zurückgreifen zu müssen. Sie wurde damit in einem Bereich tätig, der im Wesentlichen in neuerer Zeit entstanden und bis dahin nach deutschrechtlichen Prinzipien beurteilt worden war (so Rn 98). **110**

5. Die Pandektistik

Maßgeblichen Einfluss auf die Ausprägung der heutigen Systematik des BGB erhielt damit das seit dem 19. Jahrhundert die Rechtswissenschaft beherrschende **Pandektensystem** (STAUDINGER/COING/HONSELL [2004] Einl 53 zum BGB), wie es die historische Schule geschaffen hat (SCHWARZ, Pandektensystem 578 ff; ders, Freiburger Rechts- und Staatswissenschaftliche Abhandlungen 13 [1960] 1 ff). Dessen prägende Wirkung auf die Stellung des Schuldrechts innerhalb des BGB ist hervorzuheben. Die Pandektenwissenschaft betonte die Bedeutung des Obligationenrechts dadurch, dass sie ihm einen eigenen systematischen Abschnitt zuwies. Über die leitenden Gesichtspunkte der Systematik im Übrigen bestand hingegen Streit (LIPP, Die Bedeutung des Naturrechts für die Ausbildung allgemeiner Lehren des deutschen Privatrechts [1980]; vgl auch STAUDINGER/COING/HONSELL [2004] Einl 68 zum BGB). **111**

Die von der Pandektistik entwickelte Systematik ist heute selbstverständliche **112**

Grundlage der Zivilrechtswissenschaft in Deutschland. Sie liegt nicht nur dem BGB, sondern auch dem schweizerischen Zivilgesetzbuch sowie einigen Nachahmungskodifikationen in Europa, aber auch zB dem japanischen Bürgerlichen Gesetzbuch zugrunde. Das Pandektensystem hat sich im 19. Jahrhundert gegenüber allen anderen Systematisierungsversuchen endgültig durchgesetzt (SCHWARZ, Pandektensystem 578, 579).

113 Das Zivilrecht wurde danach zumeist in folgende Abschnitte gegliedert: I. Vom Rechte überhaupt. II. Von den Rechten überhaupt. III. Sachenrecht. IV. Obligationenrecht. V. Familienrecht. VI. Erbrecht (vgl WINDSCHEID, Pandektenrecht I 34 Fn 2; STAUDINGER/COING/HONSELL [2004] Einl 56 zum BGB). Den ersten und zweiten Abschnitt bezeichnete man zusammenfassend als Allgemeinen Teil, der Aufbau im Einzelnen wurde aber durchaus unterschiedlich beurteilt. Dies betraf zum einen die Anordnung der einzelnen Teile zueinander, zum anderen die innere Gliederung der einzelnen Abschnitte.

114 Das den heute geltenden Kodifikationen zugrunde liegende System geht im Wesentlichen auf die Arbeiten von GUSTAV HUGO „Institutionen des heutigen römischen Rechts" (1789) und ARNOLD HEISE „Grundriß eines Systems des gemeinen Civilrechts zum Behuf von Pandecten – Vorlesungen" (1807) zurück.

Deren Gliederungsansätze fußten auf römischen Rechtsgedanken, soweit es um die Trennung von Sachen- und Schuldrecht sowie die innere Gliederung der einzelnen Teile geht (LAUFS, Rechtsentwicklungen IX 2, 301). Auf neueren Überlegungen beruht hingegen die Idee eines Allgemeinen Teils sowie die Differenzierung zwischen Erb- und Familienrecht (LAUFS, Rechtsentwicklungen IX 2, 301).

115 Ein eigenes und wohl auch einzigartiges Gepräge hat das deutsche Privatrecht durch die Pandektistik vor allem insoweit bekommen, als sie einen Allgemeinen Teil herausgebildet hat, obwohl auch die Naturrechtslehrbücher insoweit schon gewisse Vorüberlegungen enthielten. Im 19. Jahrhundert etablierte sich das heutige System des Zivilrechts jedoch endgültig, das von einem Fünf-Bücher-System ausgeht und erstmals dem **sächsischen BGB** von 1863/65 zugrunde gelegt wurde (vgl BUSCHMANN JuS 1980, 553 ff). Die Technik, einen Allgemeinen Teil voranzustellen, ist im Ausland zumeist kritisch beurteilt worden, hat aber innerdeutsch auf die Gliederung anderer Rechtsgebiete starken Einfluss genommen (vgl ZWEIGERT/KÖTZ, Einführung in die Rechtsvergleichung, 141 ff; z Krit an einem AT vgl WIEACKER, Privatrechtsgeschichte 5. Teil § 25 Exkurs). Das ZGB der Schweiz und der italienische Codice Civile von 1942 haben beispielsweise das Pandektensystem unter Verzicht auf einen Allgemeinen Teil übernommen (SCHWARZ, Pandektensystem 578 ff).

116 Die von den Pandektisten hervorgebrachte Systematik war immer wieder der Kritik ausgesetzt, dass sie auf uneinheitlichen gedanklichen Ansätzen beruhe. Die Unterscheidung zwischen Schuld- und Sachenrecht wurde auf den Gegensatz der mit den fraglichen Geschäften verbundenen Rechtswirkungen gestützt. Im Gegensatz dazu hat man das Familien- und Erbrecht nach tatbestandlichen Gesichtspunkten gegliedert. Man spricht daher noch heute von der **„Kreuzeinteilung"** des BGB (MEDICUS, Schuldrecht I Rn 34). Ferner brachten Kritiker vor, die Trennung von Sachen- und Schuldrecht spalte tatsächliche Lebenssachverhalte in ihrer rechtlichen Beurteilung und zerstöre damit deren rechtssoziologischen Unterbau. Eine nähere Befassung mit den Ursachen dieser Einteilung, insbesondere mit der Frage, ob dafür historische oder systematische Gründe ausschlaggebend waren, kann an dieser Stelle nicht erfolgen (näher STAUDINGER/J SCHMIDT [1995] Rn 4).

Festhalten lässt sich jedenfalls, dass die **Pandektenwissenschaft** die römisch-rechtliche **117 Trennung** zwischen **Sachen-** und **Schuldrecht** konsequent fortgeführt hat, nachdem diese zwischenzeitlich durch die naturrechtlichen Ansätze in Vergessenheit geraten war. Während die klassische Institutionenordnung das Sachenrecht noch dem Schuldrecht voranstellte, ist diese Reihenfolge im BGB genau umgekehrt worden (JAKOBS/SCHUBERT §§ 241–432, 19, 28). Die Gründe dafür sind bis heute unklar. Vorläufer einer solchen Positionierung im Gesetz finden sich allerdings schon bei JOACHIM GEORG DARJES „Institutiones iurisprudentiae universis" von 1740 (SCHWARZ, Pandektensystem 601).

III. Die innere Systematik des Schuldrechts

Die **innere Systematik** des Schuldrechts geht ebenfalls auf die Pandektistik zurück. **118** Die Untergliederung des Schuldrechts in einen Allgemeinen und einen Besonderen Teil ist das Ergebnis eines Systematisierungsprozesses. Zunächst wurden in der Rspr verschiedene Lehren zum Allgemeinen Schuldrecht vertreten. Diese hat insbesondere die Naturrechtslehre systematisiert und schließlich zu einem Allgemeinen Teil zusammengefasst. Die Lehre hat sich dagegen mit der Herausbildung einer inneren Systematik des Besonderen Schuldrechts schwer getan. Der Versuch HEISES (Grundriss eines Systems des gemeinen Civilrechts zu Behufe von Pandectenvorlesungen [1. Aufl 1807] Vorrede X f), die Einteilung nach dem Inhalt der Obligationen vorzunehmen, fand wenig Anklang und bis heute entbehrt das Besondere Schuldrecht einer zwingenden Aufbausystematik (SCHWARZ, Pandektensystem 602).

IV. Der Begriff des Schuldverhältnisses

Der Begriff des Schuldverhältnisses, wie er sich heute in § 241 findet (vgl § 241 **119** Rn 36 ff), hat nach allem keine gradlinige geschichtliche Entwicklung erfahren. Im 19. Jahrhundert waren allerdings die Bemühungen um eine allgemeingültige, wissenschaftliche Begriffsdefinition soweit abgeschlossen, dass der Gesetzgeber des BGB auf eine weitgehend gesicherte Grundlage zugreifen konnte (vgl BLOHMEYER/DUDEN/ WAHL RvglHWB VI 273 f).

E. Entstehungsgeschichte des zweiten Buches des BGB

Bei der Darstellung der **Entstehungsgeschichte** des Zweiten Buches im BGB soll aus **120** Gründen der Übersichtlichkeit erneut zwischen dem **Inhalt** der materiellen Regelungen einerseits und der **Systematik** andererseits unterschieden werden (vgl z Entstehungsgeschichte des BGB STAUDINGER/COING/HONSELL [2004] Einl 31 ff zum BGB).

I. Der materiellrechtliche Inhalt der einzelnen Regelungen

Während der Entstehungszeit des BGB wurden der Regelungsinhalt des Schuld- **121** rechts und seine sprachliche Umsetzung zum Teil stark kontrovers diskutiert, allerdings ohne einheitliche Linie, weil die Motive der Meinungsverschiedenheiten sehr unterschiedlich waren. Zum Teil wurden wissenschaftliche, zum Teil aber auch politische Auseinandersetzungen geführt (z Krit an den Entwürfen z BGB im Allgemeinen, vgl WIEACKER, Privatrechtsgeschichte 5. Teil § 25 I 3–6). Deshalb kann man zur Entstehungsgeschichte des Schuldrechts auch nicht allgemein Stellung nehmen, soweit es um dessen Inhalt geht. Insoweit ist vielmehr für rechtshistorische Einzelfragen auf die Kommentierungen zu den einzelnen Regelungen zu verweisen. Allgemeine Aussagen lassen sich dagegen über die Arbeit der BGB-Kommissionen im Gesetzgebungsverfahren selbst treffen (z Verfahren der BGB-Gesetzgebung STAUDINGER/COING/HONSELL [2004] Einl 74 ff zum BGB).

II. Die Arbeit der 1. BGB-Kommission

1. Der Redaktor Franz Philipp von Kübel

122 Für die inhaltliche Ausgestaltung der schuldrechtlichen Normen waren die Arbeit der 1. BGB-Kommission und des Redaktors für das Schuldrecht, FRANZ PHILIPP vKÜBEL, von entscheidender Bedeutung (z seiner Person vgl SCHUBERT, Vorlagen der Redaktoren, Recht der Schuldverhältnisse: Teil 1 Einl XIII ff; WESTHOFF, Die Entstehung grundlegender Vorschriften des BGB über Voraussetzungen und Inhalt deliktischer Haftung [1974] 5 ff mwNw; JAKOBS/SCHUBERT Einführung 75 f). Der württembergische Senatspräsident (Obertribunalsdirektor) vKÜBEL wurde auf Vorschlag des Vorsitzenden der 1. BGB-Kommission, HEINRICH PAPE (z seiner Person vgl JAKOBS/SCHUBERT Einführung 79 f), als Redaktor für das Schuldrecht berufen (STAUDINGER/COING/HONSELL [2004] Einl 74, 78 zum BGB). vKÜBEL als ausgewiesener Kenner des Schuldrechts verfügte über praktische Erfahrungen auf dem Gebiet der Gesetzgebung; er hatte bereits federführend am **Dresdener Entwurf zum Obligationenrecht** von 1866 mitgearbeitet (JAKOBS/SCHUBERT Einführung 41) und war **Mitglied der Vorkommission** zur Aufstellung von Plan und Methode zur Ausarbeitung des BGB (vgl dazu STAUDINGER/COING/HONSELL [2004] Einl 1 zum BGB), die am 1. 3. 1874 in Berlin zusammentrat (SCHUBERT, Vorlagen der Redaktoren, Recht der Schuldverhältnisse: Teil 1 Einl XV).

2. Die Arbeit vKübels

123 Diese Kommission beauftragte vKÜBEL mit der Erstellung eines **Teilentwurfes** für das gesamte Schuldrecht. Nach den von der Vorkommission festgelegten Arbeitsprinzipien war jedoch absehbar, dass diese Arbeit für einen Redaktor allein kaum realisierbar sein würde (SCHUBERT, Vorlagen der Redaktoren, Recht der Schuldverhältnisse: Teil 1 Einl XVII), denn der Gesetzentwurf sollte unter Berücksichtigung der in den Einzelstaaten des deutschen Reichs geltenden Gesetze sowie der juristischen Lit erarbeitet werden. Erschwerend kam hinzu, dass vKÜBEL 1878 erkrankte. Er verstarb 1884. Obwohl ihm mit KARL VOGEL (z seiner Person vgl JAKOBS/SCHUBERT Einführung 91) und KARL EGE (z seiner Person vgl JAKOBS/SCHUBERT Einführung 88) zwei hervorragende Juristen als Hilfsarbeiter zur Seite standen, konnte vKÜBEL der 1. Kommission daher keinen abgeschlossenen Teilentwurf vorlegen.

124 Er erstellte ab 1874 in unsystematischer Reihenfolge zunächst 32 Vorlagen zu verschiedenen Teilgebieten des Obligationenrechts, von denen er 1882 die ersten 27 zu einem Allgemeinen Teil des Schuldrechts zusammenfasste. Damit schuf er eine wichtige Grundlage für die Diskussion der 1. Kommission. Daneben legte er mit den Vorlagen Nr 4, 5, 6, 10 und 32 Regelungsvorschläge für Kauf, Tausch, Anweisung, Darlehen, GoA und ungerechtfertigte Bereicherung vor (SCHUBERT, Vorlagen der Redaktoren, Recht der Schuldverhältnisse: Teil 1 Einl XI). Zwar konnte vKÜBEL an den Beratungen der Kommission nicht mehr regelmäßig teilnehmen, brachte aber dennoch Entwürfe zu Miete, Pacht, Leihe, Dienstvertrag sowie zu Teilen des Gesellschaftsrechts dorthin ein, die allerdings keine Begründung mehr enthielten (SCHUBERT, Vorlagen der Redaktoren, Recht der Schuldverhältnisse: Teil 1 Einl XII). Weitere Vorschläge wurden durch seine Krankheit verhindert.

3. Die Beratungen der 1. Kommission

Den Beratungen der **1. Kommission**, die im Oktober 1881 begannen, konnte mangels eines fertig gestellten Besonderen Teils des Schuldrechts keine abgeschlossene Vorlage zum Schuldrecht zugrunde gelegt werden. Soweit vKÜBEL aber Teilentwürfe erstellt hatte, waren diese Grundlagen für die entsprechenden Passagen des Zweiten Buches. Die übrigen Bereiche können wegen seiner Mitarbeit am Dresdener Entwurf (su Rn 126 ff) zumindest mittelbar als sein Werk gelten (STAUDINGER/COING/HONSELL [2004] Einl 60 zum BGB).

4. Der Einfluss des Dresdener Entwurfs

Der Dresdener Entwurf eines Obligationenrechtes von 1866 war der erste Versuch, ein einheitliches Schuldrecht in allen deutschen Bundesstaaten zu etablieren. Er scheiterte jedoch, da der **Deutsche Bund** aufgelöst wurde und damit der gewünschte Geltungsbereich entfiel (vgl HEDEMANN, Der Dresdner Entwurf von 1866). Erst die „**lex Lasker**", 1873, die eine **Reichskompetenz** zur Zivilrechtsgesetzgebung schuf, hat den Weg für ein einheitliches Schuldrecht eröffnet, das sich aber erst im BGB wieder findet (STAUDINGER/COING/HONSELL [2004] Einl 74 zum BGB).

Die 1. Kommission hatte unter den geschilderten Umständen beschlossen, bei den Beratungen des Schuldrechts anstelle fehlender Vorlagen die entsprechenden Passagen des Dresdener Entwurfs zu nutzen. Ergänzend dazu ließ man die juristischen Hilfsarbeiter eine Materialzusammenstellung anfertigen, die zum einen Aufschluss über die Motive des Dresdener Entwurfs und zum anderen über den Stand der Rechtsentwicklung geben sollte. Heute geht man davon aus, dass die Materialien zur Schenkung von BÖRNER (z seiner Person vgl JAKOBS/SCHUBERT Einführung 92) diejenigen zur Miete, Pacht, Viehverstellung – darunter verstand man die entgeltliche Gebrauchsüberlassung von Nutzvieh-, Gebrauchsleihe und „zur Verteilung der Nutzungen und Lasten zwischen Verkäufer und Käufer" von STRUCKMANN (z seiner Person vgl JAKOBS/SCHUBERT Einführung 107) erstellt wurden (JAKOBS/SCHUBERT Einführung 45). Die Materialien zum Anerkenntnisvertrag hat vLIEBE (z seiner Person vgl JAKOBS/SCHUBERT Einführung 89) gefertigt. Im Übrigen lässt sich nicht mehr sicher feststellen, welcher Hilfsarbeiter welche Materialien zusammengestellt hat (SCHUBERT, Vorlagen der Redaktoren, Recht der Schuldverhältnisse: Teil 1 Einl XIII).

Da der Dresdener Entwurf unter maßgeblichem Einfluss vKÜBELS zustande kam, wurde er von ihm bei der Erarbeitung seiner Vorlagen benutzt und weiterentwickelt.

Daneben hat vKüBEL dem Entwurf zum schweizerischen Obligationenrecht besondere Aufmerksamkeit geschenkt (SCHUBERT, Vorlagen der Redaktoren, Recht der Schuldverhältnisse: Teil 1 Einl XVII). Die Passagen, die aus dem Dresdner Entwurf herangezogen wurden, waren zum Teil eng an das Sächsische Bürgerliche Gesetzbuch von 1863/65 angelehnt oder sogar aus diesem übernommen worden (BUSCHMANN, Das Sächsische Bürgerliche Gesetzbuch von 1863/65, JuS 1980, 559), wodurch auch diese Kodifikation maßgeblichen Einfluss auf das BGB erhielt (BUSCHMANN 558 f; HEDEMANN, Der Desdner Entwurf von 1866, 41 ff). Der Entwurf der 1. Kommission als Mischung aus den Vorlagen von vKüBEL und aus den Bestimmungen des Dresdner Entwurfs stellt sich dadurch insgesamt doch noch als ein geschlossenes Werk dar.

III. Das weitere Gesetzgebungsverfahren

129 Die Vorlage der 1. Kommission wurde im weiteren Gesetzgebungsverfahren (dazu STAUDINGER/COING/HONSELL [2004] Einl 79 ff zum BGB) in unterschiedlichem Maße verändert. Entscheidend für den Grad der Einflussnahme auf den Entwurf war der Umstand, ob eine Regelung den Gegenstand wissenschaftlicher und/oder politischer Auseinandersetzungen bildete oder nicht (vgl zB z den Auseinandersetzungen um den Dienstvertrag VORMBAUM, Sozialdemokratie und Zivilrechtskodifikation [1977] 179 ff). Eine allgemeine, das gesamte Schuldrecht betreffende Kritik lässt sich nicht feststellen, während es eine heftige Kritik am ersten Entwurf insgesamt gab (STAUDINGER/COING/HONSELL [2004] Einl 80 ff zum BGB).

1. Der Entwurf der 2. Kommission

130 Als Folge der öffentlichen Diskussion kam es zu einer Überarbeitung des 1. Entwurfes durch eine **2. Kommission** (STAUDINGER/COING/HONSELL [2004] Einl 83 zum BGB). Sie bildete eine **Redaktionskommission**, der eine besonders wichtige Rolle zukam. Systematische und sprachliche Fragen wurden nämlich nahezu ausschließlich von ihr und nicht von der Hauptkommission bearbeitet, vor allem auch deshalb, weil Letztere nicht ausschließlich aus Juristen bestand und die Kommissionsmitglieder daher zum Teil fachlich überfordert gewesen wären (JAKOBS/SCHUBERT Einführung 59). Der **Entwurf der 2. Kommission von 1895** enthielt viele sprachliche Änderungen, berücksichtigte aber auch Änderungsvorschläge der Bundesstaaten und einzelner Interessengruppen, insbesondere in Folge der geänderten Zusammensetzung (STAUDINGER/COING/HONSELL [2004] Einl 93 f zum BGB).

131 Der von der 2. Kommission erarbeitete 2. Entwurf stellte sich dennoch als ein gemeinsames Werk aller ständigen Kommissionsmitglieder dar. Der Einfluss der einzelnen Redaktoren auf ihren Teilbereich war geringer als beim E I (so Rn 122 ff). Dabei darf der Referent der Redaktionskommission für das Schuldrecht, KARL JACUBEZKY (z seiner Person vgl JAKOBS/SCHUBERT Einführung 101), nicht unerwähnt bleiben, weil er vor allem wegen seiner dialektischen Fähigkeiten und juristischen Schärfe erheblichen Einfluss auf den 2. Entwurf hatte (JAKOBS/SCHUBERT Einführung 59).

2. Die Beratungen des Bundesrates

132 Bei den Beratungen im **Justizausschuss des Bundesrates**, die mit der Vorlage des 3. Entwurfs endeten (vgl STAUDINGER/COING/HONSELL [2004] Einl 85 zum BGB), führte die

Diskussion des Schuldrechts nur bei einzelnen Vorschriften zu längeren Debatten (Jakobs/Schubert Einführung 63), nicht jedoch im Hinblick auf das Schuldrecht als Ganzes oder bzgl seines Systems (Jakobs/Schubert Einführung 63).

3. Die Beratungen des Reichstages

133 Im **Reichstag** wurden schließlich nur noch Fragen des Deliktsrechts ausführlicher diskutiert, während das Schuldrecht selbst und seine innere Systematik den Reichstag ohne entscheidende Änderungen passieren konnten (Jakobs/Schubert Einführung 68).

IV. Die systematische Stellung des Schuldrechts in der Gesamtkodifikation

134 Im Hinblick auf die systematische Stellung des Schuldrechts im Gesamtsystem des BGB gab es stets eine Übereinkunft darüber, dass ihm ein eigener Gliederungsabschnitt zugewiesen werden sollte. Die von den Pandektisten hervorgebrachte Einteilung hat man insoweit bereits als selbstverständlich zugrunde gelegt (vgl o Rn 111; Staudinger/Coing/Honsell [2004] Einl 68 zum BGB). Im Gegensatz dazu wurde die räumliche Einordnung des Obligationenrechts in das BGB und seine innere Gliederung immer wieder unterschiedlich bewertet (Jakobs/Schubert §§ 241–432, 19, 28, 32).

135 Während die 1. Kommission sich noch für die klassische Gliederung des Pandektensystems entschieden hatte und das BGB dementsprechend in Allgemeinen Teil, Sachenrecht, Obligationenrecht, Familienrecht und Erbrecht einteilen wollte (Jakobs/Schubert §§ 241–432, 19), kam man in der Sitzung vom 30.1.1884 überein, dem Schuldrecht das Zweite Buch zuzuweisen (Jakobs/Schubert §§ 241–432, 28), eine bis heute erhaltene Reihenfolge.

V. Die innere Gliederung des Schuldrechts

136 Über die **innere Gliederung** des Schuldrechts konnte man – wie in der Pandektistik (so Rn 111) – lange Zeit keine Einigung erzielen. Fest stand lediglich, welche Bereiche im Schuldrecht geregelt werden sollten (vgl dazu Jakobs/Schubert §§ 241–432, 19 ff). Im Übrigen standen zwei Vorschläge zur Diskussion. Zum einen erwog man eine Unterteilung des Schuldrechts in einen Allgemeinen und in einen Besonderen Teil (Jakobs/Schubert §§ 241–432, 32), zum anderen eine Untergliederung in folgende vier Abschnitte: 1. „Schuldverhältnisse im Allgemeinen", 2. „Schuldverhältnisse aus Verträgen und einseitigen Versprechen", 3. „Schuldverhältnisse aus unerlaubten Handlungen" und 4. „Schuldverhältnisse aus anderen Gründen" (Jakobs/Schubert §§ 241–432, 28 ff).

Der 4. Abschnitt enthielt bei dieser Variante die Titel „Bereicherung", „Geschäftsführung ohne Auftrag", „Gemeinschaft" und „Vorlegung und Offenbarung". Später wurde dieser mit „Einzelne Schuldverhältnisse aus anderen Gründen" überschrieben, um klarzustellen, dass die dortige Aufzählung der Schuldverhältnisse nicht abschließend sein sollte (Jakobs/Schubert §§ 241–432, 39). Den Vermittlungsversuch mit einer Untergliederung in drei Teile hat man nicht weiter verfolgt (vgl Jakobs/Schubert §§ 241–432, 32).

137 Die 1. Kommission entschied sich mehrheitlich für eine **Untergliederung** in **vier Abschnitte**, ein Vorschlag, der von der 2. Kommission zunächst auch unverändert übernommen wurde. Die **Redaktionskommission** hat später jedoch ohne erkennbaren Grund von diesem System Abstand genommen und die bis heute noch bestehende innere Gliederung des Zweiten Buches beschlossen, die auch dem verabschiedeten BGB zugrunde lag (JAKOBS/SCHUBERT §§ 241–432, 39).

F. Schuldrecht außerhalb des BGB

138 Das Schuldrecht wurde von vornherein nicht abschließend kodifiziert. Schon in der Entstehungsphase des BGB hat man ihm **drei wichtige sonderprivatrechtliche Gesetze** zur Seite gestellt:

139 Das **Handelsgesetzbuch** (HGB) vom 10. 5. 1897 (RGBl I 1897, 219) regelt das Sonderprivatrecht der Kaufleute und trat zusammen mit dem BGB in Kraft (Art 1 Abs 1 EGHGB; RGBl 1897, 437).

140 Das **Abzahlungsgesetz** (AbzG) vom 16. 5. 1894 (RGBl I 1894, 450), welches das Sonderprivatrecht des Abzahlungskaufes betraf, blieb gem Art 32 EGBGB neben dem BGB in Kraft und galt bis zum Inkrafttreten des VerbrKrG am 1. 1. 1991.

141 Das „Gesetz betreffend die Verbindlichkeit zum Schadenersatz für die bei dem Betriebe von Eisenbahnen, Bergwerken usw herbeigeführten Tötungen und Körperverletzungen" (**RHaftpflG**) vom 7. 6. 1871 (RGBl I 1871, 207) regelte schließlich als Sonderprivatrecht die Haftung aus Spezialdelikten (so Mot II 746) bei dem Betriebe von Eisenbahnen und Bergwerken. Auch dieses Gesetz blieb bei Inkrafttreten des BGB gem Art 42 EGBGB, und zwar bis zum 31. 12. 1977, in Kraft.

142 Daneben gab es noch folgende, nicht unbedeutende Gesetze mit schuldrechtlichen Sonderregelungen außerhalb des BGB: Die Allgemeine Deutsche **Wechselordnung** vom 27. 11. 1848, die mit Novellen am 6. 4. 1871 als Reichsgesetz in Kraft trat und neben dem BGB galt. Sie wurde am 1. 4. 1934 (RGBl I 1019) durch das Wechselgesetz abgelöst. Hierher gehört auch das **BörsenG** vom 22. 6. 1896 idF der Bekanntmachung vom 27. 5. 1908 (RGBl 1908, 215), das in den §§ 58 ff Ausnahmen zu den §§ 762 ff BGB enthält.

143 Die Unvollständigkeit der Kodifikation hat in erster Linie historische Gründe. Die alten zünftisch-ständischen Rechtsordnungen sahen stets ein Sonderprivatrecht für bestimmte Personengruppen vor. Auf diese Tradition lässt sich die Regelung des Sonderprivatrechts der Kaufleute im HGB zurückführen. Dementsprechend beinhaltete zB das pr ALR von 1794 die Möglichkeit, ein besonderes Privatrecht außerhalb der Kodifikation zu regeln (vgl im ALR Teil II Titel 8). Einem solchen historischen Vorbild folgte auch Frankreich, während das schweizerische Zivilrecht im OR und im ZGB von 1907, das italienische Zivilrecht im codice civile von 1940/42, darauf verzichteten. Auch das neue niederländische Zivilrecht in dem „Nieuw Burgerlijk Wetboek" von 1992 sieht kein solches Sonderprivatrecht vor (su Rn 312 ff).

144 Beim **AbzG** wurde die Konkurrenz zum BGB bewusst in Kauf genommen. Das

Inkrafttreten des BGB war noch nicht abzusehen, und der Gesetzgeber wollte schnell den Missständen durch zunehmende Abzahlungsgeschäfte abhelfen (vgl HECK, Wie ist den Mißbräuchen, welche sich bei den Abzahlungsgeschäften herausgestellt haben, entgegen zu wirken? in: Verhandlungen des Einundzwanzigsten Deutschen Juristentages, 2. Band [1891]). Warum man dann das AbzG aber nicht in das BGB integrierte, sondern auch nach dem Entwurf der 2. Kommission als Spezialgesetz aufrechterhielt (vgl Prot I 475), ist bislang nicht geklärt. Ein Grund könnte darin liegen, dass man annahm, das BGB solle nur die alle Bürger treffenden Tatbestände und nicht nur einzelne Übelstände regeln (z weiteren Einzelheiten vgl STAUDINGER/J SCHMIDT [1995] Rn 19).

Das **RHaftpflG** fand deshalb keine Aufnahme in das BGB, weil es nicht das denk- **145** bare Fehlverhalten aller Bürger normierte, sondern nur auf bestimmte Gruppen von Schädigern zutraf.

G. Entwicklungen des BGB nach seinem Inkrafttreten

Nach Inkrafttreten des BGB am 1.1.1900 wurde das Schuldrecht in vielerlei Hin- **146** sicht modifiziert. Es gab nicht nur Änderungen des Zweiten Buches, sondern man hat auch zahlreiche **sonderprivatrechtliche Regelungen** geschaffen. Ferner nahmen Rspr und Lehre Einfluss auf die Rechtsmaterie. Mit Recht hat WIEACKER festgestellt, dass infolge dieser Veränderungen durch die Rspr „das wirklich ‚geltende' Privatrecht, besonders ... das Schuldrecht, ... nicht mehr aus dem Gesetzestext ... abgelesen werden" kann (WIEACKER, Privatrechtsgeschichte 514 f; ähnlich GERNHUBER: „Wer das Schuldrecht der Zeit sucht, wird es im Text der §§ 241–853 BGB kaum finden", Handbuch des Schuldrechts Band 1: Schadensersatz [1979] V; vgl auch MünchKomm/SÄCKER Einl Rn 46; LAUFS, Beständigkeit und Wandel – Achtzig Jahre deutsches Bürgerliches Gesetzbuch, JuS 1980, 856 ff; SCHWARK JZ 1980, 742 f). Dies sollte durch die **Schuldrechtsreform** wieder geändert werden. Eine übersichtliche Darstellung der Reformen ist deshalb schwierig, weil sie sich weder nach Sach- noch nach Zeitgesichtspunkten nahtlos aneinander anschließen. Demzufolge werden unabhängig vom Zeitpunkt des Inkrafttretens der jeweiligen Reformen die Gesetzesnovellen möglichst weitgehend entsprechend dem Aufbau des Schuldrechts dargestellt. Die Schuldrechtsreform im Jahre 2002 nimmt jedoch eine so tiefgreifende Sonderstellung ein, dass sie separat geschildert wird (su Rn 176 ff).

Viele Änderungen des Schuldrechts (vgl die Aufzählung der Änderungen bis z 18.3.1994 in **147** STAUDINGER/J SCHMIDT [1995] Rn 22 u im SCHÖNFELDER, Ordnungszahl 20) waren zum einen Reaktionen auf die Novellierung oder Reformierung anderer Gesetze, zB die Anpassung einiger Regelungen im Schuldrecht aufgrund des Einführungsgesetzes zur **Insolvenzordnung** (EGInsO v 5.10.1994, BGBl I 1994, 2911). Zum anderen handelte es sich um kurzfristige Not- oder punktuelle Maßnahmen, wie zB die mehrfache Änderung des § 247 (1986 aufgehoben und 2002 als Basiszins wieder eingeführt) oder die der §§ 835 (1952 aufgehoben), 840 (einmal geändert aufgrund jagdrechtlicher Vorschriften). Ausnahmen, hinter denen größere und weiterreichende legislatorische Konzepte zu erkennen waren, betrafen mit Ausnahme der Schuldrechtsreform (vgl Rn 176 ff) nur einige Gebiete des Schuldrechts. Im Übrigen lassen die Reformen – abgesehen vom Verbraucherschutzgedanken – nur einige gemeinsame Linien erkennen.

I. Änderungen zum Allgemeinen Teil des Schuldrechts

1. Das Schadensersatzrecht und verwandte Rechtsgebiete

148 Nach 1900 sind **gesetzliche Schuldverhältnisse** vermehrt in Sondergesetzen geschaffen worden. Sie gewähren einem Geschädigten Ansprüche auf Schadensersatz, enthalten aber auch Haftungsausschlüsse für solche Fälle, in denen nach dem Schuldrecht des BGB eine Haftung „an sich" begründet war (krit hierzu: STAUDINGER/J SCHMIDT [1995] Rn 35). Ihre Durchsetzung brachte jedoch häufig Schwierigkeiten mit sich. Hierfür kann man folgende Bsp nennen:

149 Im Hinblick auf die Begründung von Schadensersatzansprüchen sind vor allem die Neuregelungen der **Gefährdungshaftung** zu nennen (z Theorie grundlegend ESSER, Grundlagen und Entwicklung der Gefährdungshaftung [1941]; umfassende Aufarbeitung bei WEYERS, Unfallschäden [1971]), in diesen Zusammenhang gehört auch das **HaftpflG** idF der Bekanntmachung v 4.1.1978 (BGBl I 145), vorher: RhaftpfG (RGBl 1871, 207). Weitere Bsp finden sich in § 7 StVG; § 33 LftVG; § 22 WHG; §§ 25 ff AtomG; § 29 BJagdG uä. Daneben ist vor allem das **ProdHaftG** v 15.12.1989 von Bedeutung (BGBl I 2198), das auf der EG-Richtlinie Produkthaftung v 25.7.1985 beruht. Schließlich ist das **UmwelthaftG** v 10.12.1990 erwähnenswert, das am 1.1.1991 in Kraft trat (BGBl I 2634).

150 Am 1.8.2002 trat das **2. Gesetz zur Änderung schadensersatzrechtlicher Vorschriften in Kraft** (vgl BR-Drucks 358/02 11). Die Reform zielte darauf ab, das Schadensersatzrecht unter Berücksichtigung der Interessen aller Betroffenen fortzuschreiben und neueren Entwicklungen und Erkenntnissen anzupassen (so der Gesetzesentwurf der Bundesregierung BT-Drucks 14/7752 11). Änderungen ergaben sich dadurch sowohl innerhalb als auch außerhalb des BGB.

151 Neben kleineren Änderungen in § 825 und § 844 Abs 2 S 2 enthielt die Reform wesentliche Veränderungen der §§ 249 ff. Die Sachschadensberechnung wurde dadurch geändert, dass gem § 249 Abs 2 die **Umsatzsteuer** nur noch zu ersetzen ist, wenn sie tatsächlich anfiel. Damit blieb zwar die Möglichkeit der Abrechnung eines **fiktiven Schadens** erhalten, dessen Umfang wurde jedoch durch die Umsatzsteuer gemindert (vgl ausf Gesetzesentwurf der Bundesregierung BT-Drucks 14/7752 22 ff; RAUSCHER Jura 2002, 577, 582 f; DÄUBLER JuS 2002, 629; OTTEN MDR 2002, 1100; krit hierzu: GREGER NZA 2002, 222 f).

152 Ferner ist die Neuregelung des Anspruchs auf Ersatz von **Nichtvermögensschäden** durch Wegfall des § 847 und Ergänzung des § 253 um einen Abs 2 zu nennen. Dadurch wurde erstmals Ersatz immaterieller Schäden auch bei Vertragsverletzung und aus Gefährdungshaftungstatbeständen gewährt (ausf hierzu: GREGER NZA 2002, 223; DÄUBLER JuS 2002, 625 ff; RAUSCHER Jura 2002, 577, 579).

153 Die Anfügung von zwei neuen Absätzen an § 828 hat die Rechtsstellung von **Kindern** bei Unfällen im **Straßen- und Bahnverkehr** gestärkt. Ein Kind ist danach grds bis zur Vollendung des 10. Lebensjahres für einen Schaden, den es bei einem Unfall mit einem Fahrzeug etc einem anderen zufügt, nicht verantwortlich, es sei denn, es hat vorsätzlich gehandelt (vgl hierzu GREGER NZA 2002, 224; RAUSCHER Jura 2002, 577, 580 f;

OTTEN MDR 2002, 1102; SCHNORR/WISSING ZRP 2001, 191; DÄUBLER JuS 2002, 628). Ein Jugendlicher zwischen 10 und 18 Jahren muss für einen entsprechenden Schaden, den er einem anderen zufügt, nur dann Ersatz leisten, wenn er bei der Begehung der schädigenden Handlung die zur Erkenntnis der Verantwortlichkeit erforderliche Einsicht hatte. Der BGH hat bereits in zwei neueren Entscheidungen zum Ausdruck gebracht, dass diese Privilegierung nur für die spezielle Überforderungssituation des Straßenverkehrs gilt, nicht dagegen, wenn der Minderjährige in ruhendem Verkehr einen Schaden – zB mit seinem Fahrrad an einem parkenden Auto – verursacht (BGH NJW 2005, 354 ff u 356 ff).

Schließlich hat der Gesetzgeber in § 839a die Haftung des **gerichtlichen Sachverständigen** für vorsätzlich oder grob fahrlässig erstattete unrichtige Gutachten eingeführt (DÄUBLER JuS 2002, 625, 629 f; JAEGER/LUCKEY MDR 2002, 1172; RAUSCHER Jura 2002, 577, 584; ausf JACOBS, Haftung des gerichtlichen Sachverständigen, ZRP 2001, 489 ff). Eine Regelung wurde erforderlich, da sich die Haftung bislang nur nach Richterrecht beurteilte. **154**

Entscheidende Modifikationen im Hinblick auf Schadensersatzansprüche außerhalb des BGB finden sich vor allem im **AMG** und im **StVG**. **155**

Durch die Änderungen des **Arzneimittelgesetzes** wurde die Rechtsstellung des Anwenders von Medikamenten verbessert, zB durch die Einführung einer **Beweislastumkehr** in § 84 Abs 3 AMG oder eines **Auskunftsanspruchs** gem § 84a AMG gegen Pharma-Unternehmen und Behörden (BGBl I 2002, 2674; vgl hierzu SCHNORR/WISSING ZRP 2001, 191; JAEGER/LUCKEY MDR 2002, 1168, 1173; DÄUBLER JuS 2002, 628 f).

Die wichtigste Änderung des StVG geht dahin, dass im Rahmen des § 7 Abs 2 StVG die Berufung auf ein **„unabwendbares Ereignis"** weggefallen ist. Die Schadensersatzverpflichtung entfällt jetzt nur noch bei **„höherer Gewalt"**. Außerdem wurde zB die Kraftfahrzeughalterhaftung auf Schäden von Fahrzeuginsassen, die nicht entgeltlich oder geschäftsmäßig befördert werden, ausgedehnt (DÄUBLER JuS 2002, 627 f; RAUSCHER Jura 2002, 577, 582). Zudem hat man die **Haftungshöchstbeträge** angehoben und harmonisiert (vgl zB § 12 StVG; §§ 9, 10 HaftpflG; §§ 37, 46, 50 LuftVG; § 88 AMG).

2. Verzugsrecht

Zur **Beschleunigung fälliger Zahlungen** wurde am 30.3.2000 ein gleich lautendes Gesetz beschlossen (BGBl 2000 I 330). Ziel war die Verbesserung der Zahlungsmoral, indem man insbesondere die Regeln für ausgebliebene oder verspätete Rechnungen verschärfte und darüber hinaus einen gesetzlichen Anspruch auf Abschlagszahlungen bei Teilleistungen einführte. Das Gesetz änderte neben den werkvertraglichen Regelungen (su Rn 167) auch § 288 Abs 1 S 1 und fügte § 284 einen Abs 3 an (vgl hierzu allg: BITTER, Gesetz zur „Verzögerung" fälliger Zahlungen, WM 2000, 1282; HUBER, Das neue Recht des Zahlungsverzugs und das Prinzip der Privatautonomie, JZ 2000, 734 ff; ders, Das Gesetz zur Beschleunigung fälliger Zahlungen und die europäische Richtlinie zur Bekämpfung von Zahlungsverzug im Geschäftsverkehr, JZ 2000 957 ff; LOOSCHELDERS/DANGA, Der Schuldnerverzug bei Geldforderungen nach Inkrafttreten des Gesetzes zur Beschleunigung fälliger Zahlungen, VersR 2000, 1049 ff). Letzterer sollte den Verzugseintritt bei Geldforderungen nach Ablauf von 30 Tagen ab Zugang einer Rechnung oder einer vergleichbaren Zahlungsauf- **156** forderung ohne Mahnung oder Ersatztatbestand eintreten lassen. Die missverständliche Formulierung des § 284 Abs 3 hatte jedoch zur Folge, dass die Norm im Rahmen des SchuldrechtsmodernisierungsG (su Rn 185 ff) kurz nach ihrem Inkrafttreten revidiert werden musste. Dies hat dem Gesetzgeber viel Kritik eingebracht. Durch § 288 wurde ferner der gesetzliche Verzugszinssatz geändert. Er beträgt gem § 288 Abs 1 S 2 für Verbrauchergeschäfte 5% über dem Basiszinssatz, für sonstige Rechtsgeschäfte gem § 288 Abs 2 8% über dem Basiszinssatz, § 247.

3. Sonstige Änderungen des Schuldrechts, Allgemeiner Teil

157 Das am 27. 6. 2000 in Kraft getretene Widerrufs- und Rückgaberecht bei **Verbraucherverträgen** gem §§ 361a, b ist zwischenzeitlich durch das Schuldrechtsmodernisierungsgesetz wieder aufgehoben worden (su Rn 185 ff). Auf den Bereich des **Verbraucherrechts** hat das SchuldrechtsmodernisierungsG aber auch in anderen Bereichen maßgeblichen Einfluss gehabt (s dazu u Rn 189 ff). Durch die Einführung der §§ 361a, b fallen die ersten Anfänge eines deutlich verstärkten Verbraucherschutzes im BGB selbst jedoch schon in das Jahr 2000.

158 Versteckt im Rahmen zum Teil völlig anderer Rechtsprobleme hat dann das **OLG-Vertretungsänderungsgesetz**, welches am 1. 8. 2002 in Kraft trat (vgl BGBl 2002 I 2850 ff; z den Folgen der Änderung bei arbeitsrechtlichen Aufhebungsverträgen: SCHLEUSENER, Zur Widerrufsmöglichkeit von arbeitsrechtlichen Aufhebungsverträgen nach § 312 BGB, NZA 2002, 949 ff; ANNUSS, Der Arbeitnehmer als solcher ist kein Verbraucher!, NJW 2002, 2844), neben anderen Rechtsgebieten (z den berufsrechtlichen Änderungen vgl ausf HENSSLER/KILIAN, Die Neuregelung des Rechts der Vertretung durch Rechtsanwälte vor den Oberlandesgerichten durch das OLG-Änderungsgesetz, NJW 2002, 2817 ff) auch das schuldrechtliche **Verbrauchervertragsrecht** reformiert. Auslöser der Änderung war ein Urteil des EuGH (NJW 2002, 281 ff, sog Heininger-Rspr) v 13. 12. 2001, in dem die Richter bei einem Streit um ein Immobiliardarlehen zu dem Ergebnis kamen, dass das **Widerrufsrecht bei Haustürgeschäften** weder generell ausgeschlossen noch befristet werden darf.

159 Das Widerrufsrecht für Haustürgeschäfte gem § 312 Abs 1 S 1 iVm § 355 galt nicht für **Verbraucherdarlehensverträge**, die „an der Haustür" geschlossen worden waren. Diese konnten nur unter den Voraussetzungen des § 495 widerrufen werden, die bei einem Immobiliardarlehen jedoch nicht vorlagen. Das Problem löste der Gesetzgeber, indem er in § 491 Abs 3 das **Immobiliardarlehen** als Ausschlusstatbestand gestrichen hat, so dass künftig auch diese Art von Darlehensverträgen gem § 495 widerruflich ist (MEINHOF NJW 2002, 2273 f). Hierdurch wurden allerdings Folgeänderungen erforderlich (vgl bspw § 492 Abs 1a; § 497 Abs 2, Abs 3 S 1, 2, 4).

160 Des Weiteren hat man § 355 Abs 3 geändert. Bisher galt, dass der Vertragspartner, der nicht entsprechend den Vorgaben in § 355 Abs 2 belehrt wurde, sein Recht zum Widerruf gem § 355 Abs 3 S 1 aF **sechs Monate** nach Abschluss des Vertrages verlor. Die Gesetzesänderung führt dazu, dass das Widerrufsrecht bei mangelnder Belehrung **nicht erlischt**, vgl § 355 Abs 3 S 3 nF (ausf hierzu MEINHOF NJW 2002, 2273 f).

Zuletzt führte das Gesetz zur Änderung der Vorschriften über **Fernabsatzverträge** bei Finanzdienstleistungen v 2. 12. 2004 (BGBl I 2004, 3102) zu erheblichen Änderungen im Bereich des allgemeinen Fernabsatzrechts, va in Bezug auf die fernabsatzrechtlichen Informationspflichten und die Erstattungspflicht der Rücksendekosten bei Ausübung des Widerrufsrechts (vgl krit VANDER, Eingriffe in das allgemeine Fernabsatzrecht – Gesetz zur Änderung der Vorschriften über Fernabsatzverträge bei Finanzdienstleistungen, MMR 2005, 139 ff).

II. Änderungen zum Besonderen Teil des Schuldrechts

1. Das Miet- und Pachtrecht

Das **Mietrecht** reagierte einerseits auf Notzeiten, wandelte andererseits aber auch schon bald seine Schutzrichtung im Verhältnis zur Ursprungsfassung des BGB. Es kannte zwar schon zu Beginn des 20. Jahrhunderts einen gewissen **Mieterschutz**, aber die Regeln waren zumeist dispositiv. Das hatte zur Folge, dass die Vermieter die Rechte des Mieters in Vertragsformularen häufig bis zur Grenze der Zulässigkeit beschränkten (vgl STAUDINGER/EMMERICH [2003] Vorbem 3, 4 zu §§ 535, 536). Im 1. Weltkrieg und danach verschlechterte sich der Wohnungsmarkt derartig, dass man durch **Mieterschutzverordnungen** versuchte, Abhilfe zu schaffen (1. MieterschutzVO v 26. 7. 1917, RGBl I 659; 2. MieterschutzVO v 23. 9. 1918, RGBl I 1135). Auch im 2. Weltkrieg waren besondere Verordnungen erforderlich, um die Wohnungsnot zu bekämpfen (so zB die WohnraumlenkungsVO v 27. 2. 1942, RGBl I 124 und die VO zur Wohnraumversorgung der luftkriegbetroffenen Bevölkerung v 21. 6. 1943, RGBl I 355). **161**

In der **Nachkriegszeit** hat man die dadurch entstehende Wohnungszwangswirtschaft schrittweise abgebaut und den Versuch eines **sozialen Mietrechtes** im BGB unternommen (G über den Abbau der Wohungszwangswirtschaft und über ein soziales Miet- und Wohnrecht v 23. 6. 1960, BGBl I 389; 1. MietRÄndG v 29. 7. 1963, BGBl I 505; 2. MietRÄndG v 14. 7. 1964, BGBl I 457; MietRÄndG v 21. 2. 1967, BGBl I 1248; 3. MietRÄndG v 21. 12. 1967, BGBl I 1248). Die Folgejahre waren von dem Wunsch des Gesetzgebers geprägt, einerseits den Mietanstieg zu begrenzen (MietverbesserungsG v 4. 11. 1971, BGBl I 1745) anderseits das Angebot an Mietwohnungen zu erhöhen (G zur Erhöhung des Angebots an Mietwohnungen v 20. 12. 1982, BGBl I 1912). Später schränkte man allerdings aufgrund geänderter Verhältnisse am Wohnungsmarkt den **Kündigungsschutz** bei der Wohnraummiete teilweise ein, um die Bereitschaft der Vermieter zum Vertragsabschluss und vor allem zu Investitionen in Vermieterprojekte zu fördern (WohnungsbauerleichterungsG v 17. 5. 1990, BGBl I 926). Auf der anderen Seite wurde auch der Mieterschutz verstärkt (durch G zur Verbesserung der Rechtsstellung des Mieters v 20. 7. 1990, BGBl I 1456). **162**

Weitere Veränderungen resultieren aus dem 4. MietRÄndG vom 21. 7. 1993 (BGBl I 1257) und dem G zur Änderung des BGB v 29. 10. 1993 (BGBl I 1838; krit STAUDINGER/ EMMERICH [2003] Vorbem 29 zu §§ 535, 536). Letzteres sorgte für einen verbesserten Kündigungsschutz des Mieters bei **gewerblicher Miete**. Kleinere Änderungen ergaben sich durch das G zur Übernahme befristeter Kündigungsmöglichkeiten als Dauerrecht v 21. 2. 1996, nämlich die Änderung des § 564b (BGBl I 222), und durch die 2. Zwangsvollstreckungsnovelle v 17. 12. 1997 (BGBl I 3039), die § 592 S 3 änderte. **163**

Zuletzt wurde das Mietrecht im Jahre 2001 durch das **Mietrechtsreformgesetz** v 19. 6. 2001 umfassend umgestaltet (BGBl I 1149; dazu EISENSCHMID, Das Mietrechtsreform- **164** gesetz, WuM 2001, 215 ff). Es trat am 1. 9. 2001 in Kraft. Das Ziel bestand darin, die geänderten Interessen von Mieter und Vermieter auf dem Wohnungsmarkt angemessen zu berücksichtigen, das Mietrecht zu modernisieren und zu vereinfachen (GRUNDMANN NJW 2001, 2497, 2498). Im Hinblick auf den Mieterschutz ist die Reduzierung der **Kappungsgrenze** von 20% auf 30% in § 558 Abs 3 zu beachten (GRUNDMANN NJW 2001, 2497, 2499). Ebenfalls dem Mieterschutz dient die Verkürzung seiner **Kündigungsfrist** auf maximal drei Monate unabhängig von der Dauer des Mietverhältnisses, § 573c. Damit gibt es erstmalig uneinheitliche Kündigungsfristen für Vermieter und Mieter im BGB. In systematischer Hinsicht hat der Gesetzgeber das Mietrecht nach seinem tatsächlichen Ablauf vom Vertragsschluss bis zur Kündigung **neu gegliedert** (GRUNDMANN NJW 2001, 2497, 2498). Den Interessen des Vermieters dienen die Erleichterungen bei der **Staffelmiete** gem § 557a sowie bei der Vergleichsmiete gem § 558. Zudem hat der Mieter nunmehr Maßnahmen zur Untersuchung der Mietsache, zur Einsparung von Energie oder Wasser oder zur Schaffung neuen Wohnraums gem § 554 Abs 2 zu dulden.

Schließlich sind Teile des Wohnraummietrechts zu erwähnen, die nicht alle in das BGB rückeingegliedert wurden, teilweise aber auch schon gegenstandslos geworden sind (vgl zB die Behandlung der sog „verlorenen Baukostenzuschüsse" durch das „G zur Änderung des 2. WoBauG, anderer wohnungsbaurechtlicher Vorschriften und über die Rückerstattung von Baukostenzuschüssen" v 21. 7. 1961 [BGBl I 1041], geändert durch G v 4. 7. 1964 [BGBl I 457] und durch G v 24. 8. 1965 [BGBl I 969] in seinem Art VI; erwähnenswert sind ferner die Regelungen des MHG in Art 3 des 2. G über den Kündigungsschutz für Mietverhältnisse von Wohnraum [2. WoKSchG] v 18. 12. 1974 [BGBl I 3603], die vielfach durch Folgegesetze geändert wurden, zB auch durch den EinigsV [vgl insoweit BGBl II 1990 889, 1126]). Insgesamt zeigt sich, dass das Mietrecht als ein Rechtsgebiet mit starken sozialen Auswirkungen besonders vielen Reformen unterlag, die an dieser Stelle nicht abschließend dargestellt werden können (vgl i e STAUDINGER/EMMERICH [2003] Vorbem 11 ff zu §§ 535, 536).

165 Im Zusammenhang mit dem Mietrecht ist auf die Fülle **pachtrechtlicher Vorschriften** hinzuweisen, die entweder geändert oder neu eingefügt wurden (G zur Neuordnung des landwirtschaftlichen Pachtrechtes v 8. 11. 1985, BGBl I 2065). In erster Hinsicht handelt es sich um die §§ 581–597, in letztgenannter um die §§ 582a, 583a, 584a, b, 585a, b, 586a, 590a, b, 591a, b, 593a, b, 594a–f, 595a, 596a, b.

2. Dienstvertragsrecht

166 Vor allem nach dem 2. Weltkrieg gab es sehr viele Änderungen im **Dienstvertragsrecht**. So wurden zB unterschiedliche **Kündigungsregelungen** für die ordentliche Kündigung eines „Dienstverhältnis(ses), das kein Arbeitsverhältnis iSd § 622 ist", § 621 und des „Arbeitsverhältnis(ses) eines Arbeiters oder Angestellten" eingefügt, § 622 (z § 621: ArbeitsrechtsbereinigungsG v 14. 8. 1969 in BGBl I 1106; z § 622: neu eingef durch KündFG v 7. 10. 1993 in BGBl I 1668; geändert durch G v 25. 9. 1996 in BGBl I 1476 und G v 19. 12. 1998 in BGBl I 3843). Das Recht des (Einzel-)**Arbeitsvertrages** ist, soweit überhaupt gesetzlich geregelt, in SonderG außerhalb der §§ 611 ff normiert worden. Im Zusammenhang mit der Kündigung ist auf das **KündigungsschutzG** idF der Bek v 25. 8. 1969 hinzuweisen (BGBl I 1317). Das **BetriebsverfassungsG** (v 15. 1. 1972 in BGBl I 13) führte zu § 613a, der den neuen Inhaber bei einem **Betriebsinhaberwechsel** in die vertraglichen Rechte und Pflichten aus den Arbeitsverhältnissen eintreten lässt (Änderungen des § 613a durch G v 13.8.1980, BGBl I 1308 und durch das G über die Spaltung der von der Treuhandanstalt verwalteten Unternehmen v 5.4.1991, BGBl I 854 sowie das G zur Bereinigung des Umwandlungsrechts v 28.10.1994, BGBl I 3210). 1980 schrieb der Gesetzgeber ein geschlechtsbezogenes **Benachteiligungsverbot** in § 611a und ein geschlechtsneutrales **Arbeitsplatzausschreibungsgebot** in § 611b fest (G über die Gleichbehandlung von Männern und Frauen am Arbeitsplatz und über die Erhaltung von Ansprüchen bei Betriebsübergang [1. GleiBG] v 13.8.1980 in BGBl I 1308). Zur weiteren Durchsetzung der **Gleichstellung** von Männern und Frauen in Arbeitsverhältnissen folgte 1994 das 2. GleiBG (v 24.6.1994, BGBl I 1406, dazu die Änderung v Abs 5 durch G v 29.6.1998, BGBl I 1694). Eine weitere erwähnenswerte wesentliche Veränderung ergab sich im Jahre 2000, als man durch § 623 die **Schriftform** als Wirksamkeitsvoraussetzung für Kündigung und Auflösungsvertrag einführte (ArbeitsgerichtsbeschleunigungsG v 30.3.2000, BGBl I 333. Z den noch nicht durchgeführten Reformvorhaben vgl STAUDINGER/J SCHMIDT [1995] Rn 84). Zuletzt erfuhr am 1.1.2003 die **GewO** eine umfassende Novellierung (Gesetz zur Änderung der Gewerbeordnung und sonstiger gewerberechtlicher Vorschriften v 24.8.2002, BGBl I 2002, 3412, 3420), indem va in Titel VII allgemeine **arbeitsrechtliche Grundsätze** kodifiziert wurden, die gem § 6 Abs 2 GewO seither für alle Arbeitnehmer gelten (ausf SCHÖNE, Die Novellierung der Gewerbeordnung und die Auswirkungen auf das Arbeitsrecht, NZA 2002, 829 ff).

3. Werkvertragsrecht

167 Die Bestimmungen der §§ 631 ff waren nach In-Kraft-Treten des BGB erstaunlich wenigen gesetzlichen Änderungen unterworfen. Erwähnenswert ist ua die Einführung der Bauhandwerkersicherung gem § 648a. Zahlreiche Probleme hat die Rspr gelöst. Das oben genannte „Gesetz zur Beschleunigung fälliger Zahlungen" (so Rn 156) änderte allerdings eine Fülle werkvertraglicher Regelungen (§§ 640 Abs 2, 648a Abs 1 S 1, 2, 632a, 640 Abs 1 S 2, 3, 641 Abs 2, 3, 641a, 648a Abs 5 S 3, 4 eingef; bisheriger § 641 Abs 2 wird Abs 4). Die Anfügung von Abs 2 an § 640 führte beispielsweise dazu, dass die **Fälligkeit der Vergütung** des Werkherstellers nicht mehr an der mit geringfügigen Mängeln begründeten Annahmeverweigerung scheiterte. § 632a begründet Ansprüche des Unternehmers auf Zahlung von **Abschlagsvergütungen** für in sich abgeschlossene Teile des Werkes. Die Anfügung des Abs 2 an § 641 führte zu einer früheren **Fälligstellung** des Anspruchs des Werkherstellers (ausf z den Änderungen KIESEL, Das Gesetz zur Beschleunigung fälliger Zahlungen, NJW 2000, 1673). Erwähnenswert ist schließlich § 641a: Eine schwierige Norm, die es dem Unternehmer ermöglicht, durch eine gutachterliche **Fertigstellungbescheinigung** die Wirkung der Abnahme iSd § 641 herbeizuführen. Weitere Änderungen ergaben sich mit dem Schuldrechtsmodernisierungsgesetz (su Rn 185 ff; z Entwicklung des Werkvertrages s a STAUDINGER/PETERS [2003] Vorbem 10 ff zu § 631).

4. Reisevertragsrecht

168 In den sechziger Jahren gewannen **Pauschalreisen** an Bedeutung, waren aber rechtlich schwer einzuordnen. Dies schuf einerseits Bedarf für nationale Neuregelungen, die aber andererseits möglichst international in vereinheitlichter Form entstehen sollten (vgl z Brüsseler Übereinkommen über den Reisevertrag KLATT, Gesetz über den Reisevertrag [1979] 37 ff; REBMANN DB 1971, 1949, 2003 ff). Durch das **ReisevertragsG** v 4. 5. 1979 (BGBl I 509) wurden deshalb die §§ 651a–k in das BGB eingefügt (z Entstehungsgeschichte vgl MünchKomm/TONNER Vor § 651a Rn 17–30; TONNER, Die Entwicklung des Reisevertragsrechts durch Rechtsprechung, Gesetzgebung und Verbandsverhandlungen, AcP 189 [1989] 122 ff; WOLTER, Das Verhältnis des reiserechtlichen Gewährleistungsrechts der §§ 651 c ff zum allgemeinen Recht der Leistungsstörungen, AcP 183 [1983] 39 f). Das Reisevertragsrecht stellte den ersten Schritt zur Eingliederung neuer Vertragstypen in das Gesetz dar, die vom ursprünglichen Gesetzgeber vernachlässigt oder nicht vorhergesehen worden, inzwischen aber eine solche soziale Bedeutung erlangt hatten, dass ihre Regelung im Schuldrecht unerlässlich erschien. Die betreffenden Vorschriften hat man später durch das „G zur Durchführung der Richtlinie des Rates v 13. 6. 1990 über Pauschalreisen" (v 24. 6. 1994 [BGBl I 1322]; vgl z Inhalt der Richtlinie TONNER, Reiserecht in Europa [1992] 249 ff; ders, Die EG-Richtlinie über Pauschalreisen, EuZW 1990, 409) modifiziert. So hängte man an § 651a drei weitere Absätze an, die ua die Richtlinienvorschriften über Preis- und Leistungsänderungen und die Absage der Reise durch den Reiseveranstalter umsetzten (näher hierzu MünchKomm/TONNER Vor § 651a Rn 27 ff). Kleinere Änderungen ergaben sich durch das 2. G zur Änderung des Rechtspflege-Anpassungsg und anderer Gesetze v 20. 12. 1996 (RpflAnpG, BGBl I 2090), die § 651k Abs 4 betraf. Schließlich ist noch auf das Schuldrechtsmodernisierungsgesetz v 26. 11. 2001 (BGBl I 3138) hinzuweisen, durch das § 651a einen neuen Abs 3 erhielt (insgesamt z Schuldrechtsmodernisierung su Rn 189 ff; z Entstehungsgeschichte des Reisevertragsrechts STAUDINGER/ECKERT [2003] Vorbem 7 ff zu § 651a–m).

5. Gastwirterecht

169 Die Reform des Gastwirterechtes (G zur Änderung von Vorschriften des BGB über die Einbringung von Sachen bei Gastwirten v 24. 3. 1966, BGBl I 181) ist weniger bedeutend und beruht im Wesentlichen auf Konsequenzen, die die Bundesrepublik aus dem **Übereinkommen über die Haftung der Gastwirte** v 17. 12. 1962 für die von ihren Gästen eingebrachten Sachen (BGBl II 1966, 269; II 1967, 1210) gezogen hat. Das Übereinkommen geht auf Vorarbeiten des Instituts zur Vereinheitlichung des Privatrechtes in Rom zurück und hat sich das Ziel gesetzt, Reisenden in allen Vertragsländern einen Mindestschutz zu gewährleisten und damit den Reiseverkehr zu erleichtern.

III. Sondergesetze/Neue Vertragstypen

170 Die Zahl der nach 1900 entstandenen **sonderprivatrechtlichen Vorschriften** ist groß (vgl dazu auch noch STAUDINGER/J SCHMIDT [1995] Rn 526). Eine Sammlung des Bundesministeriums der Justiz ergab bereits 1982 nach Angaben des damaligen Ministers Schmude „etwa 250 Gesetze und Verordnungen mit nahezu 2700 Vorschriften" (SCHMUDE NJW 1982, 2017, 2018). Man kann verallgemeinernd feststellen, dass zwischen den 70er Jahren und dem Ende des 20. Jahrhunderts neue Rechtsfragen vornehmlich in SonderG abgearbeitet wurden. Wegen der entstandenen Vielfalt soll nur auf einige Bsp eingegangen werden, die für die Herausbildung legislativen Sonderprivatrechtes charakteristisch waren.

171 Für die **rechtsgeschäftlich begründeten Schuldverhältnisse** (z gesetzlichen Rechtsverhältnissen so Rn 77 ff) haben sich Spezialgesetze insbesondere dann herausgebildet, wenn es um den Schutz schwächerer Teilnehmer am Geschäftsverkehr ging (WEITNAUER, Der Schutz des Schwächeren im Zivilrecht [1975]; vgl ferner STAUDINGER/J SCHMIDT [1995] Rn 497 ff; PREIS, Kompensation von Ungleichgewichtslagen in der Rechtsprechung der Arbeitsgerichte und Zivilgerichte – ein Vergleich, AuR 1994, 139 ff, bes 141). Bsp hierfür bilden das **AGBG** v 9. 12. 1976 (BGBl I 3317); das **WoVermG** v 4. 11. 1971 (BGBl I 1745); das **FernUSG** v 24. 8. 1976 (BGBl I 2525); das **HausTWG** v 16. 1. 1986 (BGBl I 122), bzw die entsprechende EG-Richtlinie (ABl EG 1985 Nr L 372/31); weiterhin ist das **VerbrKrG** v 17. 12. 1990 (BGBl I 2840) aufgrund der EG-Richtlinie Nr 102/87 zu erwähnen, das die vorangehend genannten verbraucherschützenden Gesetze zum Teil abänderte (vor allem das AbzG von 1894 vollständig ersetzte, vgl hierzu STAUDINGER/J SCHMIDT [1995] § 241 Rn 19). Das „G über Fernabsatzverträge und andere Fragen des Verbraucherrechts sowie zur Umstellung von Vorschriften auf Euro" v 27. 6. 2000 (BGBl 2000 I 897, 1139; näher BÜLOW/ARTZ NJW 2000, 2049; FUCHS, Das Fernabsatzgesetz im neuen System des Verbraucherschutzrechtes, ZIP 2000, 1273) hat zahlreiche Vorschriften des Besonderen Schuldrechtes geändert, zB in § 661a die Preisleistungsverpflichtung des Unternehmers für Gewinnzusagen gegenüber einem Verbraucher. Aber auch im Allgemeinen Teil des Schuldrechts entstanden vollständig neue Regelungen (so Rn 148).

H. Exkurs: Sonderentwicklungen im Privatrecht

I. Die Reformpläne des Nationalsozialismus

Der **Nationalsozialismus** wollte von seinem ideologischen Ansatz her eine große **172** Anzahl von Schuldrechtsnormen erneuern. Den dahinterstehenden Reformgedanken beschreibt GEILER 1933: zunehmende **Entindividualisierung** des Rechts und des Rechtslebens, dh Hinwendung zum **Gemeinschaftsgedanken**, zur sozialrechtlichen Gebundenheit. Damit verbunden sei auch die Abkehr von der „Atomisierung des Rechts" und seine Entrationalisierung (vgl GEILER, Moderne Rechtswandlungen auf dem Gebiete des Privatrechts, in: Beiträge zum modernen Recht [1933] 1 ff; WALDMÜLLER, Die „königlichen Paragraphen" 157, 242 BGB [1940] 18 ff). Der Bruch mit dem Liberalismus, mit dem Glaubensdogma „Laissez faire, laissez aller; le monde va de lui même" wurde zur obersten Maxime einer totalitären Ideologiebildung (vgl WALDMÜLLER 18 ff). Die Hauptgebote der liberalistischen Wirtschaftsordnung – Konkurrenzfreiheit auf Grundlage privatautonomer Willensbildungsprozesse sowie das ungebundene Eigentum – sollten dem **Gemeinwohlgedanken**, also einer staatlichen „Beherrschung", untergeordnet werden. Die Gerichte wurden hierzu als Werkzeuge instrumentalisiert (vgl WALDMÜLLER 19 f). Von einer rassisch-biologischen Grundlage aus entwickelte man eine heroische Lebensauffassung, die Ablehnung eines einseitigen Intellektualismus, ein Denken in „konkreten Ordnungen". Betont wurden **Gemeinschaftswerte** wie Gefühl, Opfergeist, Charakter, Wahrheit, Treue und Ehre (WALDMÜLLER 22 f). Diese Prinzipien sah man auch als vorrangigen Maßstab für juristische Lebensbewertungen an. Die einzige Aufgabe der Rechtsfindung bestand in der Sicherung des Volkslebens (WALDMÜLLER 23). Diese totalitäre Ordnung durchdrang alle Lebensbereiche, auch die (schuldrechtliche) Privatrechtsordnung, die dazu insbesondere mit ihren Generalklauseln willkomme Ansatzpunkte gab (WALDMÜLLER 24 ff; z Entwicklung des § 242 im Nationalsozialismus s STAUDINGER/LOOSCHELDERS/OLZEN § 242 Rn 66 ff; zur Behandlung d § 138 in dieser Zeit HKK/HAFERKAMP [2003] § 138 Rn 23 ff).

173 Dazu wurde die „Akademie für Deutsches Recht" mit der Schaffung eines „Volksgesetzbuches der Deutschen" beauftragt (vgl dazu HEDEMANN, Das Volksgesetzbuch der Deutschen passim). Die Reformtendenz im Zuge der beabsichtigten „Rechtserneuerung" (HEDEMANN, Das Volksgesetzbuch der Deutschen 30) bestand insgesamt darin, eine „neue Staatsgesinnung" zu begründen, die auf dem „Pflicht- und Gemeinschaftsgedanken" fußen sollte (so LANGE, Liberalismus, Nationalsozialismus und Bürgerliches Recht [1933] 3).

174 Dieses allgemeine Rechtsprinzip wollte der Nationalsozialismus auch im Schuldrecht durchsetzen. Allerdings kam es nicht zu einem vollständigen Gesetzesentwurf des Zweiten Buches (anders im Rahmen der „Grundregeln und Buch I" – vgl HEDEMANN/ LEHMANN/SIEBERT, Volksgesetzbuch: Grundregeln und Buch 1, Entwurf und Erläuterungen [1942]). Es wurden aber doch entsprechende Prinzipien entwickelt, die insbesondere in sog **„Grundregeln"** bestanden. Solche Grundregeln waren ein wesentlicher Bestandteil der Gesetzestechnik in allen Entwürfen des Nationalsozialismus zum „Volksgesetzbuch". So lautete zB die „Grundregel" zum Vertragsrecht: „Niemand darf sich durch Verträge seiner Ehre und Freiheit berauben. Niemand darf Verträge zur rücksichtslosen Verfolgung eigener Belange mißbrauchen. Schuldner und Gläubiger müssen beim Abschluss eines Vertrages aufeinander gebührend Rücksicht nehmen und zur schließlichen Erreichung des Vertragszweckes vertrauensvoll zusammenwirken" (HEDEMANN, Das Volksgesetzbuch der Deutschen 31). Im Schadensrecht dachte man an eine ausgedehnte „Haftung aus Billigkeit", „wenn die Ablehnung jeglicher Haftung nach den besonderen Umständen des Falles gröblich gegen das gesunde Volksempfinden verstieße". Daneben sollte ein „bedeutender Ausbau" der Gefährdungshaftung stehen (HEDEMANN, Das Volksgesetzbuch der Deutschen 42; SCHUBERT, Protokolle: Volksgesetzbuch [1988]). Zudem wollte man das Leistungsstörungsrecht und das Mietrecht erneuern (Zu den Beratungen des Ausschusses für Personen-, Vereins- und Schuldrecht zu Teilentwürfen – insbes von STOLL, HEDEMANN und LEHMANN – zu einem neuen Leistungsstörungsrecht und zu einem neuen Mietrecht vgl SCHUBERT, Protokolle: Schuldrecht [1990]; zu den Beratungen der Ausschüsse für Schadensersatzrecht, für das Recht der „Betätigungsverträge" [Geschäftsbesorgung; Werkvertrag] und für das landwirtschaftliche Pachtrecht vgl SCHUBERT Protokolle: Schadensrecht [1993]. – Zum Plan eines Volksgesetzbuches s auch BRÜGGEMEIER, Oberstes Gesetz ist das Wohl des deutschen Volkes, JZ 1990, 24 ff). Die während des Nationalsozialismus nicht zum Abschluss gebrachten Arbeiten wurden nach 1945 selbstverständlich nicht mehr weitergeführt.

II. Sonderentwicklungen in der ehemaligen DDR

175 Inhaltlich völlig anders als im Nationalsozialismus – und mit diesem deshalb nicht zu vergleichen – hat sich in der ehemaligen **DDR** das Schuldrecht in der Zeit staatlicher Eigenständigkeit abweichend vom BGB entwickelt. Nach der Staatsgründung wurde zwar zunächst bis in die späten 50er Jahre hinein am Schuldrecht des BGB festgehalten. Nach langer Diskussion fasste man aber in der 2. Hälfte der 60er Jahre den Entschluss, das Schuldrecht aufzuteilen und das Wirtschaftsrecht außerhalb des allgemeinen Zivilrechts zu kodifizieren (vgl WÜNSCHE, Das entwickelte gesellschaftliche System des Sozialismus und das neue Zivilgesetzbuch der DDR, StuR 1968, 1555). Für das Allgemeine Zivilgesetzbuch blieb damit das Gebiet übrig, das sich mit der „rechtliche(n) Gestaltung von Lebenskomplexen der Bürger, ihren Beziehungen zu den Betrieben und untereinander" beschäftigte (so RANKE, Neues ökonomisches System und aktuelle Probleme des sozialistischen Zivilrechts, NJW 1967, 201 ff). Insgesamt wurden das Zivilgesetzbuch (ZGB v 19. 6. 1975, GBl DDR 1975 I 465), das G über Internationale Wirtschaftsverträge (GIW v 5. 2. 1976, GBl DDR 1976 I 61) und das G über das Vertragssystem in der Sozialistischen Wirtschaft (v 25. 3. 1982, GBl DDR 1982 I 293) geschaffen (z genaueren Darstellung der G vgl STAUDINGER/J SCHMIDT [1995] Rn 63 ff). Fast alle diese Gesetze fanden mit dem Beitritt ihr Ende (su Rn 260). Vom ideologischen Ansatzpunkt her wurde das gesamte Zivilrecht zum Instrument einer sozialistischen Gestaltungs- und Erziehungsdiktatur (ausf HEINISCH, Wohnraummiete 33 ff). Es enthielt ganz allgemein die Aufgabe, Versorgungsbeziehungen der Bürger zu gestalten und das sozialistische Eigentum zu schützen. Gerade das Schuldrecht der DDR sollte die Versorgung der Bevölkerung mit materiellen und kulturellen Gütern und Leistungen, insbesondere mit Wohnraum, Konsumgütern, ferner mit Dienstleistungen, sicherstellen (HEINISCH, Wohnraummiete 35).

J. Die Schuldrechtsreform

I. Grundlegende Reformpläne ausgangs des 20. Jahrhunderts

In Hinblick auf die Bemühungen um eine grundlegende Reform des Zweiten Buches **176** des BGB lassen sich in der Zeit nach dem 2. Weltkrieg zwei Phasen deutlich unterscheiden:

1. Die Reformbemühungen der sozial-liberalen Koalition

Im Zuge der Reformbemühungen hatte zunächst die **sozial-liberale Koalition** (unter- **177** stützt von einer Reihe von Bundesländern; vgl BUNTE BB 1982, 685) durch Bundesjustizminister Vogel Anfang 1978 angekündigt, dass man an einer grundlegenden Schuldrechtsreform arbeite (BT-Prot 8/5374; vgl dazu WOLF ZRP 1978, 249; ders AcP 182 [1982] 80 ff; SCHWARK JZ 1980, 741; VOGEL, Sozialstaatliche Rechtspolitik als Stabilitätsfaktor, ZRP 1981, 4; SCHMUDE NJW 1982, 2017; SCHULZ, Reform des Schuldrechts, ZRP 1982, 249 ff). Die Ziele der Überarbeitung stellten sich wie folgt dar:

Zunächst sollten die zahlreichen Sonderregelungen, die materielles Schuldrecht **178** enthielten, soweit wie möglich **in das BGB zurückgeführt** werden, um das BGB und va das Schuldrecht vor Zersplitterung zu bewahren und wieder übersichtlicher werden zu lassen.

Daneben war beabsichtigt, neu entstandene oder veränderte **Schuldverhältnisse in** **179** **das BGB aufzunehmen**, da die von seiner Ursprungsfassung zur Verfügung gestellten Vertragstypen infolge der zwischenzeitlichen Entwicklung als nicht mehr ausreichend erachtet wurden. Man dachte in diesem Zusammenhang an den Arztvertrag, den Krankenhaus- oder Heimaufnahmevertrag, an den Bank-, den Leasingvertrag und weitere Vertragstypen. Das gesetzgeberische Ziel bestand also darin, die soziale Wirklichkeit in der Bundesrepublik durch Ergänzung des Schuldrechtes rechtlich zu bewältigen.

Ferner wollte man die im BGB geregelten Schuldverhältnisse auf weitere Notwen- **180** digkeit und Angemessenheit ihres Inhaltes überprüfen, vor allem angesichts der

Auswirkungen des GG (vgl dazu Wolf ZRP 1978, 252 f). Bei dieser Gelegenheit war weiterhin beabsichtigt, die Entwicklung von Rspr und Lehre vor allem in Hinblick auf das Allgemeine Schuldrecht einzuarbeiten, etwa in Bezug auf cic und pVV (su Rn 193). Insgesamt bestand das Ziel darin, ein **soziales Privatrecht** zu entwickeln (Schmude NJW 1982, 2020).

181 Zur Durchführung dieser Absichten holte das Bundesjustizministerium eine Fülle von Gutachten ein (BMJ [Hrsg], Gutachten und Vorschläge zur Überarbeitung des Schuldrechts Bde I und II [1981], Bd III [1983]), die eine umfangreiche wissenschaftliche und rechtspolitische Diskussion zur Folge hatten (vgl weiterhin ausf Stellungnahmen v Wolf AcP 182 [1982] 80 ff; Diederichsen, Zur gesetzlichen Neuordnung des Schuldrechts, AcP 182 [1982] 101 ff und Grunsky, Vorschläge zu einer Reform des Schuldrechts, AcP 182 [1982] 453 ff; Lieb, Grundfragen einer Schuldrechtsreform, AcP 183 [1983] 327 ff; Picker AcP 183 [1983] 369 ff; Vollkommer, Die Konkurrenz des allgemeinen Leistungsstörungsrechts mit den Leistungsstörungsinstituten der besonderen Schuldvertragstypen, AcP 183 [1983] 525 ff; Leser, Zu den Instrumenten des Rechtsgüterschutzes im Delikts- und Gefährdungshaftungsrecht, AcP 183 [1983] 568 ff und Hopt AcP 183 [1983] 608 ff; vgl ferner die Beiträge v Herber, Probleme der gesetzlichen Fortentwicklung des Handels- und Gesellschaftsrechts, ZHR 144 [1980] 47; Landfermann, Die Überarbeitung des deutschen Schuldrechts aus internationaler Sicht, RabelsZ 45 [1981] 124; Schmude NJW 1982, 2017; Heinrichs, Reform des Verjährungsrechts, NJW 1982, 2021; Schünemann, Wandlungen des Vertragsrechts, NJW 1982, 2027; Wolf, Kein Abschied vom BGB, ZRP 1982, 1; Lieb, Das Bereicherungsrecht de lege ferenda, NJW 1982, 2034; Hübner, Zur Reform von Deliktsrecht und Gefährdungshaftung, NJW 1982, 2041; Denck, Verdrängung des Haftungsrechts durch Teilungsabkommen?, NJW 1982, 2048; Bunte, Zur geplanten Überarbeitung des Schuldrechts, BB 1982, 685; Ströfer, Reform des immateriellen Schadensersatzes nach dem BGB?, JZ 1982, 663; Wolf, Das BGB, eine unverzichtbare Grundlage des Rechtsstaats, ZRP 1983, 241; Westermann, Verabschiedung oder Überarbeitung des BGB?, ZRP 1983, 249; Schwark, Schuldrechtsreform und Bankvertragsrecht, ZHR 147 [1983] 223; Becker, Schuldrechtsreform und Bankvertragsrecht, ZHR 147 [1983] 245; Brüggemeier, Überarbeitung des Schuldrechts – Herausforderung oder Überforderung des Gesetzgebers?, KJ 1983, 386; Hüffer, Die Reform des Schuldrechts im Spiegel weiterer Gutachten und Vorschläge, AcP 184 [1984] 584; schließlich noch Fikentscher, Schuldrecht [8. Aufl 1992] Rn 1407 ff).

2. Die Reformbemühungen der christlich-liberalen Koalition

182 Die geschilderten Bemühungen endeten jedoch nicht in einem Gesetzentwurf. 1982 wurde die sozialliberale Koalition durch die **christlich-liberale Koalition** abgelöst. In dieser Umbruchphase wurde die Reform vom Gesetzgeber zunächst nicht weiter betrieben. Nachdem man vielmehr sogar an eine völlige Aufgabe gedacht hatte (vgl den Hinweis von Braun, Vom Beruf unserer Zeit zur Überarbeitung des Schuldrechts, JZ 1993, 1, 5 Fn 53), nahm die damalige Regierung in der Folgezeit doch eine sog „**kleine Reform**" in Angriff. Dabei behielt sich der Bundesjustizminister Engelhard vor, ggf darüber „zu entscheiden ..., welche weiteren Bereiche des Schuldrechtes überarbeitet werden sollten" (Engelhard, Zu den Aufgaben einer Kommission für die Überarbeitung des Schuldrechts, NJW 1984, 1201, 1206). Zur Vorbereitung dieser „kleinen Reform" wurde 1984 die „Kommission zur Überarbeitung des Schuldrechtes" eingesetzt, die den Auftrag erhielt, „Vorschläge zu erarbeiten, die es dem Gesetzgeber erlauben, das allgemeine Leistungsstörungsrecht, das Gewährleistungsrecht des Kauf- und Werkvertrags sowie das Verjährungsrecht unter

Berücksichtigung insbesondere der Ergebnisse der Rspr und der Praxis übersichtlicher und zeitgemäßer zu gestalten" (Abschlussbericht der Kommission zur Überarbeitung des Schuldrechts, hrsg v BMJ [1992] 15).

Die Kommission legte nach siebenjähriger Arbeit ihren Abschlussbericht vor (u einen **183** Zwischenbericht, vgl zB SCHLECHTRIEM, Schuldrechtsreform – Voraussetzungen, Möglichkeiten und Gegenstände [1987]; MEDICUS, Zum Stand der Überarbeitung des Schuldrechts, AcP 188 [1988] 168), der am 21. 11. 1991 Justizminister Kinkel übergeben wurde (vgl ZRP 1992, 80). Er enthielt Gesetzesvorschläge zu den genannten Materien. Die wissenschaftliche Diskussion, die nach 1984 nie zum Erliegen gekommen war (vgl zB LÜDERITZ, Die Überarbeitung des deutschen Schuldrechts im Lichte internationaler Erfahrungen, insbes in den Niederlanden, in: FS Hübner [1984] 593 ff; JAKOBS, Gesetzgebung im Leistungsstörungsrecht [1985]; vBAR, Die Überarbeitung des Schuldrechtes am Bsp der Überarbeitung des Deliktsrechts [1991]), befasste sich im Anschluss sehr eingehend mit diesen Vorschlägen (vgl die Berichte der Kommissionsmitglieder ROLLAND, MEDICUS, HAAS und RABE bei ROLLAND, Schuldrechtsreform – Allgemeiner Teil, NJW 1992, 2377 ff; dazu zB ARMBRÜSTER, Reform des Schuldrechts – Die Vorschläge der Schuldrechtskommission, JR 1991, 322; KÖNDGEN, Immaterialschadensersatz, Gewinnabschöpfung und Privatstrafen als Sanktionen für Vertragsbruch?, RabelsZ 56 [1992] 696 ff; BRAUN, Vom Beruf unserer Zeit zur Überarbeitung des Schuldrechts, JZ 1993, 1 ff; KOHLER, Bemerkungen zur vorgeschlagenen Überarbeitung des Rücktrittsrechts, WM 1993, 45 ff; PRÄVE, Zum Für und Wider einer gesetzlichen Fixierung außerordentlicher Kündigungsrechte, VersR 1993, 265 ff; SCHAPP, Probleme der Reform des Leistungsstörungsrechts, JZ 1993, 637 ff; KRIECHBAUM, Pflichtverletzung und Rücktritt vom Vertrag, JZ 1993, 642 ff; SCHLECHTRIEM, Rechtsvereinheitlichung in Europa und Schuldrechtsreform in Deutschland, ZEuP 1993, 217 ff; ERNST, Zur Regelung des Versendungskaufs im Entwurf der Kommission zur Überarbeitung des Schuldrechts, ZIP 1993, 481 ff). So war der Kommissionsentwurf ua Gegenstand der Beratungen auf dem 60. Deutschen Juristentag, der im September 1994 in Münster stattfand (vgl FRIELÉ, Tagungsbericht: Der 60. Deutsche Juristentag in Münster, JZ 1995, 189 ff; 60. Deutscher Juristentag: Der Tagesverlauf, NJW 1994, 3069 f; 60. Deutscher Juristentag: Die Beschlüsse, NJW 1994, 3075). Nach der Vorstellung des Rechtsausschusses des Bundestages sollte das Reformwerk spätestens zum 1. 1. 2000 in Kraft treten (ZRP 1994, 88). Dennoch kam die Reform zum Erliegen. Es sollte lange Zeit dauern, bis daran weitergearbeitet wurde; ua auch deshalb, weil die Wiedervereinigung Deutschlands viele neue Probleme mit sich brachte.

II. Die Durchführung der Reform im 21. Jahrhundert*

1. Anlass der Schuldrechtsreform

Im **Mai 2001** brachte die **Bundesregierung** einen **Gesetzesentwurf** zu wesentlichen **184** Änderungen des Schuldrechts und des Verjährungsrechts in das Parlament ein (BT-Drucks 14/6040 v 14. 5. 2001). Der Anlass bestand in ihrer Verpflichtung zur **Umsetzung drei verschiedener EG-Richtlinien**. Der Gesetzgeber musste bis zum 31. 12. 2001 die „**Verbrauchsgüterkaufrichtlinie**" (RiLi 1999/44/EG zu bestimmten Aspekten des Ver-

---

* **Schrifttum:**
– bis zur Schuldrechtsreform: ALTMEPPEN, Schadensersatz wegen Pflichtverletzung – Ein Beispiel für die Überhastung der Schuldrechts-

reform, DB 2001, 1131 f; 1399 ff; ARTZ, Die Schuldrechtsreform vor dem Hintergrund des Gemeinschaftsrechts, NJW 2001, 1703 f; BRÜGGEMEIER/REICH, Europäisierung des BGB

brauchsgüterkaufs und der Garantien für Verbrauchsgüter), bis zum 7.8.2002 die „**Zahlungsverzugsrichtlinie**" (RiLi 2000/35/EG zur Bekämpfung von Zahlungsverzug im Geschäftsverkehr) und bis zum 16.1.2002 Art 10, 11 und 18 der „**E-Commerce**

durch große Schuldrechtsreform? Stellungnahme zum Entwurf eines Schuldrechtsmodernisierungsgesetzes, BB 2001, 213 ff; CANARIS, Das allgemeine Leistungsstörungsrecht im Schuldrechtsmodernisierungsgesetz, ZRP 2001, 329 ff; DÄUBLER-GMELIN, Die Entscheidung für die so genannte Große Lösung bei der Schuldrechtsreform, NJW 2001, 2281 ff; DAUNER-LIEB, Die geplante Schuldrechtsmodernisierung – Durchbruch oder Schnellschuß?, JZ 2001, 8 ff; dies, Die Schuldrechtsreform – Das große juristische Abenteuer, DStR 2001, 1572 ff; DÖTSCH, Schuldrechtsmodernisierung und öffentliches Recht, NWVBl 2001, 385 ff; ERNST, Die Schuldrechtsreform 2001/2002, ZRP 2001, 1 ff; ders, Schuldrechtsreform und Öffentlichkeit, WM 2001, 728 ff; ERNST/GSELL, Nochmals für die „kleine Lösung", ZIP 2000, 1812 ff; ERNST/ZIMMERMANN, Zivilrechtswissenschaft und Schuldrechtsreform (2001); GSELL/RÜFNER, Symposium Schuldrechtsmodernisierung (2001) (Tagungsbericht Regensburg 17./18.11.2000) NJW 2001, 424 ff; HÄNLEIN, Die Schuldrechtsreform kommt!, DB 2001, 852 ff; HAMMEN, Zerschlagt die Gesetzestafeln nicht!, WM 2001, 1357 ff; HELDRICH, Ein zeitgemäßes Gesicht für unser Schuldrecht, NJW 2001, 2521 ff; HOFFMANN, Verbrauchsgüterkaufrechtsrichtlinie und Schuldrechtsmodernisierungsgesetz, ZRP 2001, 347 ff; HONSELL, Einige Bemerkungen zum Diskussionsentwurf eines Schuldrechtsmodernisierungsgesetzes, JZ 2001, 18 ff; JAKOBS, Tagungsbericht: Schuldrechtsmodernisierung, JZ 2001, 27 ff; KNÜTEL, Zur Schuldrechtsreform, NJW 2001, 2519 ff; KREBS, Die große Schuldrechtsreform, DB 2000, Beilage 14; LORENZ, Die Lösung vom Vertrag, insbesondere Rücktritt und Widerruf, in: SCHULZE/SCHULTE-NÖLKE 329 ff; MEDICUS, Dogmatische Verwerfungen im geltenden deutschen Schuldrecht, in: SCHULZE/SCHULTE-NÖLKE 33 ff; PALM, Die Schuldrechtsreform vor dem Hintergrund des Gemeinschaftsrechts, ZRP 2001, 431 ff; PICK, Der Entwurf des Schuldrechtsmodernisierungsgesetzes, in:

SCHULZE/SCHULTE-NÖLKE 25 ff; ders, Zum Stand der Schuldrechtsmodernisierung, ZIP 2001, 1173 ff; ROTH, Europäischer Verbraucherschutz und BGB, JZ 2001, 475 ff; RÜFNER, Amtliche Überschriften für das BGB, ZRP 2001, 12 ff; SAFFERLING, Re-Kodifizierung des BGB im Zeitalter der Europäisierung des Zivilrechts – ein Anachronismus?, in: HELMS ua, JbJZivRWiss (2001) 133 ff; SCHLECHTRIEM, Entwicklung des deutschen Schuldrechts und europäische Rechtsangleichung, in: HELMS ua, JbJZivRWiss (2001) 9 ff; SCHMIDT-RÄNTSCH, Der Entwurf eines Schuldrechtsmodernisierungsgesetzes, ZIP 2000, 1639 ff; SCHULZE, Grundfragen zum Umgang mit modernisiertem Schuldrecht – Wandel oder Umbruch im Methodenverständnis?, in: HELMS ua, JbJZivRWiss (2001) 167 ff; SCHULZE/SCHULTE-NÖLKE, Schuldrechtsreform und Gemeinschaftsrecht, in: SCHULZE/SCHULTE-NÖLKE 1 ff; STAUDENMAYER, Perspektiven des Europäischen Vertragsrechts, in: SCHULZE/SCHULTE-NÖLKE 419 ff; WETZEL, Das Schuldrechtsmodernisierungsgesetz – der große Wurf zum 1.1.2002?, ZRP 2001, 117 ff; WIESER, Eine Revolution des Schuldrechts, NJW 2001, 121 ff; WILHELM, Schuldrechtsreform 2001, JZ 2001, 861 ff; ZIMMERMANN, Schuldrechtsmodernisierung?, JZ 2001, 171 ff.

– zum Allgemeinen Schuldrecht nach der Schuldrechtsreform (ausgewählte Literatur):
ADOMEIT, Herbert Marcuse, der Verbraucherschutz und das BGB, NJW 2004, 579 ff; CEKOVIC-VULETIC, Haftung wegen Unmöglichkeit nach dem Schuldrechtsmodernisierungsgesetz: Haftungsregime, Haftungsfolgen, Grenzen der Haftung (2003); DAUNER-LIEB, Ein Jahr Schuldrechtsreform – Eine Zwischenbilanz, ZGS 2003, 10 ff; DAUNER-LIEB/DÖTSCH, Prozessuale Fragen rund um § 313 BGB, NJW 2003, 921 ff; DERLEDER, Der Wechsel zwischen den Gläubigerrechten bei Leistungsstörungen und Mängeln, NJW 2003, 998 ff; ders, Sachmängel- und Arglisthaftung nach neuem Schuldrecht, NJW 2004, 969 ff; EBERS/SCHULZE, Streitfragen

Richtlinie" (RiLi 2000/31/EG über den elektronischen Geschäftsverkehrs) in nationales Recht umsetzen (BT-Drucks 14/6040 v 14.5.2001, 1). Die Bundesregierung durch die Justizministerin DÄUBLER-GMELIN beschränkte sich nicht darauf, nur die uner-

im neuen Schuldrecht, JuS 2004, 265 ff; FEHRE, Unmöglichkeit und Unzumutbarkeit der Leistung: Voraussetzungen und Rechtsfolgen nach Inkrafttreten des Schuldrechtsmodernisierungsgesetzes (Diss Berlin 2005); GIESELER, Die Strukturen der Schlechterfüllung im Leistungsstörungsrecht, ZGS 2003, 408 ff; ders, Die Strukturen des Leistungsstörungsrechts beim Schadensersatz und Rücktritt, JR 2004, 133 ff; GURSKY, Der Vindikationsanspruch und § 281 BGB, Jura 2004, 433 ff; HÄUBLEIN, Der Beschaffenheitsbegriff und seine Bedeutung für das Verhältnis der Haftung aus culpra in contrahendo zum Kaufrecht, NJW 2003, 388 ff; HIRSCH, Schadensersatz statt der Leistung, Jura 2003, 289 ff; KAISER, Der Einwand des Unvermögens und der unechte Hilfsantrag nach Wegfall des § 283 BGB aF, MDR 2004, 311 ff; KLAUSCH, Unmöglichkeit und Unzumutbarkeit im System des allgemeinen Leistungsstörungsrechts nach der Schuldrechtsmodernisierung 2002 (2004); LORENZ, Zur Abgrenzung von Teilleistung, teilweiser Unmöglichkeit und teilweiser Schlechtleistung im neuen Schuldrecht, NJW 2003, 3097 ff; MADAUS, Die Abgrenzung der leistungsbezogenen von den nicht leistungsbezogenen Nebenpflichten im neuen Schuldrecht, Jura 2004, 289 ff; MEDICUS, Die Leistungsstörungen im neuen Schuldrecht, JuS 2003, 521 ff; PICKER, Schuldrechtsreform und Privatautonomie, JZ 2003, 1035 ff; REISCHL, Grundfälle zum neuen Schuldrecht, JuS 2003, 667 ff; ders, Grundfälle zum neuen Schuldrecht, JuS 2003, 865 ff; ders, Grundfälle zum neuen Schuldrecht, JuS 2003, 1076 ff; RING, Überblick über die Änderungen im Allgemeinen Schuldrecht infolge der Schuldrechtsreform, BuW 2003, 200 ff; RING, Die Integration des Haustürwiderrufsgesetzes in das BGB durch das SchuldRModG, BuW 2003, 554 ff; SCHWAB, Schadensersatzverlangen nach Ablehnungsandrohung nach der Schuldrechtsreform, JR 2003, 133 ff; STOFFELS, Vertragsgestaltung nach der Schuldrechtsreform – eine Zwischenbilanz, NZA 2004, Sonderbeilage 1, 19 ff; STOPPEL, Die beiderseits zu vertretende Unmöglichkeit nach neuem Schuldrecht, Jura 2003, 224 ff; VULTEJUS, Schuldrechtsmodernisierungsgesetz, ZRP 2003, 67; vWESTPHALEN, Drei Jahre Schuldrechtsreform, Versuch einer (vorläufigen) Bilanz, BB 2005, 1 ff; WIESER, Gleichzeitige Klage auf Leistung und auf Schadensersatz aus § 281 BGB, NJW 2003, 2432 ff.

– zum Besonderen Schuldrecht und zu weiteren Rechtsgebieten nach der Schuldrechtsreform (ausgewählte Literatur):

BARNERT, Mängelhaftung beim Unternehmenskauf zwischen Sachgewährleistung und Verschulden bei Vertragsschluss im neuen Schuldrecht, WM 2003, 416 ff; BÄUNE/DAHM, Auswirkungen der Schuldrechtsreform auf den ärztlichen Bereich, MDR 2004, 645 ff; BRINK, Forfaitierung und Factoring im Licht der Schuldrechtsreform, WM 2003, 1355 ff; DOMBROWSKI, Die Auswirkungen des Gesetzes zur Modernisierung des Schuldrechts vom 26. November 2001 (SMG) auf Franchiseverträge (Diss Frankfurt aM 2005); EBERT, Der deliktische „Rest-Schadensersatzanspruch" nach der Schuldrechtsreform, NJW 2003, 3035 ff; FELLER, Sachmängel beim Kauf, MittBayNot 2003, 81 ff; FEUERBORN, Der Verzug des Gläubigers – Allgemeine Grundzüge und Besonderheiten im Arbeitsverhältnis, JR 2003, 177 ff; GOTTHARDT, Arbeitsrecht nach der Schuldrechtsreform (2. Aufl 2003); HANSEN, Widerrufsrecht bei arbeitsvertraglichen Aufhebungsverträgen nach §§ 312, 355 BGB, ZGS 2003, 373 ff; HAU, Schuldrechtsmodernisierung 2001/2002 – Reformiertes Mietrecht und modernisiertes Schuldrecht, JuS 2003, 130 ff; HERWIG/MASCH, Ad multos annos – die Haftung für Weiterfresser nach der Schuldrechtsreform, ZGS 2005, 24 ff; JANSSEN, Die Zukunft des „weiterfressenden Mangels" nach der Schuldrechtsreform, VuR 2003, 60 ff; JOUSSEN, Der anfängliche Mangel im Mietrecht – das Verhältnis von § 536a zu § 311a BGB, ZMR 2004, 1766 ff; KIENAST/SCHMIEDL, Rechtsprechung zum Widerrufsrecht bei arbeitsrechtlichen Aufhe-

lässlichen Änderungen vorzunehmen, die das Europarecht forderte, sondern nahm die Situation zum Anlass, anstehende Rechtsprobleme, die die frühere Regierung nicht gelöst hatte, mitzuregeln. Dieses Vorgehen bürgerte sich bald unter dem Stichwort der sog „großen Lösung" ein.

2. Die Entstehungsgeschichte des Regierungsentwurfs

185 Am 4.8. 2000 hatte die **Bundesregierung** zum Zwecke der Umsetzung der oben genannten EG-Richtlinien zunächst ihren **Diskussionsentwurf** zur Schuldrechtsmodernisierung vorgestellt, der in wesentlichen Bereichen auf dem Kommissionsentwurf von 1991 basierte (vgl o Rn 183). Er wurde vor allem von Vertretern der Rechtswissenschaft erheblich kritisiert (vgl ua ERNST/ZIMMERMANN, Zivilrechtswissenschaft und Schuldrechtsreform [2001]; SCHULZE/SCHULTE-NÖLKE; GSELL/RÜFNER, Symposium Schuldrechtsmodernisierung [2001], NJW 2001, 424 ff; ARTZ, Die Schuldrechtsreform vor dem Hintergrund des Gemeinschaftsrechts, NJW 2001, 1703 ff), zB in der Hinsicht, dass ein Entwurf, der das BGB aktualisieren sollte, selbst nicht auf dem neuesten Stand der nationalen und vor allem der internationalen Entwicklung sei (DAUNER-LIEB JZ 2001, 8, 18). Diese Kritik veranlasste die Bundesregierung dazu, die ursprüngliche Fassung von einer Expertenkommission unter dem Vorsitz von CANARIS überarbeiten zu lassen. Die danach geschaffene, sog „konsolidierte Fassung" des Diskussionsentwurfs wurde am 6.3. 2001 veröffentlicht, stieß aber erneut auf zum Teil heftigen Widerstand (vgl den Bericht z Sondertagung, JZ 2001, 473 f).

186 Nach abermaliger Diskussion brachten **Bundesregierung** und **Regierungsfraktionen** am 11.5. 2001 bzw 14.5. 2001 einen jeweils wortgleichen Entwurf eines „Gesetzes

---

bungsverträgen nach §§ 312, 355 BGB, DB 2003, 1440 ff; KILIAN, Der Begutachtungsvertrag nach der Schuldrechtsreform, NZV 2004, 489 ff; KINDL, Unternehmenskauf und Schuldrechtsmodernisierung, BuW 2003, 112 ff; KRUG, Die Auswirkungen der Schuldrechtsreform auf das Erbrecht (2002); LAUER, Die Auswirkungen des neuen Schuldrechts auf das private Baurecht (2003); MERTENS, Culpa in contrahendo beim zustande gekommenen Kaufvertrag nach der Schuldrechtsreform, AcP 203 (2003) 818 ff; MÖLLMANN/TIEDTKE, Auswirkungen der Schuldrechtsreform im Leasingrecht, DB 2004, 36 ff; OTT, Die Auswirkungen der Schuldrechtsreform auf Bauträgerverträge und andere aktuelle Fragen des Bauträgerrechts, NZBau 2003, 233 ff; SCHLODDER, Der Arbeitsvertrag im neuen Schuldrecht: Auswirkungen des Schuldrechtsmodernisierungsgesetzes auf das Arbeitsrecht (2004); SCHMIDT-RÄNTSCH, Die Haftung des Verkäufers nach der Schuldrechtsreform am Beispiel des Unternehmenskaufs, AnwBl 2003, 529 ff; ders, Vertrag und Haftung des Sachverständigen nach der Schuldrechtsmodernisierung, AUR 2003, 265 ff; SCHWAB, Neues Schuldrecht – Ende des Mieterschutzes?, NZM 2003, 50 ff; RICHARDI, Leistungsstörungen und Haftung im Arbeitsverhältnis, NZA 2003, Sonderbeilage zu Heft 16, 14 ff; RIECKERS/SPINDLER, Die Auswirkungen der Schuld- und Schadensrechtsreform auf die Arzthaftung, JuS 2004, 272 ff; RING, Das neue Werkvertragsrecht nach der Schuldrechtsreform, BuW 2003, 112 ff; UNBERATH, Mietrecht und Schuldrechtsreform, ZMR 2004, 309 ff; WANK, Das Recht der Leistungsstörung im Arbeitsrecht nach der Schuldrechtsreform, in: FS Schwerdtner (2003) 247 ff; WEINREICH, Auswirkungen der Schuldrechtsreform auf das Familienrecht, FuR 2003, 14 ff; WITTIG, Auswirkungen der Schuldrechtsreform auf das Insolvenzrecht, ZInsO 2003, 629 ff; WLACHOJIANNIS, Das Leasingrecht nach der Schuldrechtsreform, BuW 2004, 465 ff; ZERRES, Schuldrechtsreform – Haftungsausschlüsse und -beschränkungen beim Unternehmenskauf, MDR 2003, 368 ff.

zur Modernisierung des Schuldrechts" in den Bundesrat und in das Parlament ein (vgl z Regierungsentwurf BR-Drucks 338/01; z Fraktionsentwurf BT-Drucks 14/6040). Der Grund für dieses Vorgehen lag darin, dass gem Art 76 Abs 2 GG Regierungsentwürfe zunächst dem Bundesrat zuzuleiten sind. Die Einbringung gleichlautender Entwürfe führte dazu, dass sich der Bundestag mit Änderungsvorschlägen des Bundesrates schneller beschäftigen konnte. Aber auch diese 3. Fassung des ursprünglichen Diskussionsentwurfs war starker Kritik seitens Rechtswissenschaft und Rechtspraxis ausgesetzt.

Der **Bundesrat** bezog erstmals am 13. 7. 2001 Stellung zum Entwurf der Bundesregierung (BR-Drucks 338/01 v 13. 7. 2001), worauf dann schließlich der letztgenannte Entwurf mit „Gegenäußerung der Bundesregierung zur Stellungnahme des Bundesrates" verabschiedet wurde (BT-Drucks 14/6857 v 31. 8. 2001. Der Text des Gesetzesentwurfs und der Begründung ist gleichlautend mit dem Text auf den S 3–286 der BT-Drucks 14/6040. Er enthält jedoch zusätzlich die Stellungnahme des Bundesrates und die Gegenäußerung der Bundesregierung). Die Regierung übernahm dabei viele der ca 100 Anregungen des Bundesrates, was erneut zu nicht unerheblichen Änderungen gegenüber der Fassung v 14. 5. 2001 führte. **187**

Die **erste Lesung** des Regierungsentwurfs im Bundestag erfolgte am 27. 9. 2001 (Plenarprotokoll 14/190). Danach erschienen Bericht und Beschlussempfehlung v 9. 10. 2001 (BT-Drucks 14/7052). Der **Rechtsausschuss** hatte noch einmal wesentlichen Einfluss auf den Entwurf genommen, vor allem auf die Regelungen des Verjährungsrechtes. Nach 2. und 3. Lesung des Regierungs- und Fraktionsentwurfs am 11. 10. 2001 wurde das **Gesetz zur Modernisierung des Schuldrechts** idF der BT-Drucks 14/6040 und 14/7052 verabschiedet. Es passierte den **Bundesrat** am 9. 11. 2001, ohne dass man den Vermittlungsausschuss zu dem nicht zustimmungsbedürftigen Gesetz angerufen hätte (BR-Drucks 819/01 v 9. 11. 2001). Das **Schuldrechtsmodernisierungsgesetz** wurde am **29. 11. 2001** im Bundesgesetzblatt verkündet und **trat am 1. 1. 2002** in seinen wesentlichen Rechtswirkungen **in Kraft** (BGBl I 2001, 3138 ff). **188**

3. Wesentliche Änderungen

Um zu verdeutlichen, wie die **größte Reform des Schuldrechts** seit 1900 dessen Struktur verändert hat, sollen im Folgenden die wichtigsten Änderungen in Kürze dargestellt werden. Neben dem **Leistungsstörungsrecht** wurden vor allem das **Kauf- und Werkvertragsrecht** neu bearbeitet, ferner gliederte man die meisten vertragsrechtlichen **Sondergesetze** in das BGB ein. Wesentliche Änderungen bringt auch das neue **Verjährungsrecht** mit sich, das deshalb kurz angesprochen werden soll, obwohl es zum Allgemeinen Teil des BGB gehört. **189**

a) Verjährungsrecht

Ein Ziel der Reform des **Verjährungsrechts** war zunächst dessen **Vereinfachung**. Dazu diente die Neugestaltung der Vorschriften über Unterbrechung und Hemmung der Verjährung sowie die Unterteilung der §§ 194–225 in drei Titel (1. Gegenstand und Dauer der Verjährung, 2. Hemmung und Neubeginn der Verjährung und 3. Rechtsfolgen der Verjährung). Desweiteren hat man die Verjährungsregeln möglichst weitgehend **vereinheitlicht**, indem der Anwendungsbereich der Regelverjährung ausge- **190** dehnt und in seiner Länge den meisten Sondervorschriften angepasst wurde. Dadurch, dass der lange Katalog zum Teil antiquierter Vorschriften in den §§ 196, 197 aF gestrichen wurde, erreichte der Gesetzgeber auch eine **Aktualisierung**. Der **Beschleunigung** diente die Verkürzung der regelmäßigen Verjährungsfrist in § 195 von 30 auf 3 Jahre, die sich allerdings durch ein subjektives Element wieder relativiert (vgl hierzu DÄUBLER-GMELIN NJW 2001, 2281, 2282). In die gleiche Richtung zielte die Abschaffung der meisten Verjährungsunterbrechungsgründe und ihre Umwandlung in Hemmungstatbestände in den §§ 204 ff (vgl allg z den Änderungen des Verjährungsrechts: OLZEN/WANK, Die Schuldrechtsreform Rn 552 ff; BYDLINSKI, Die geplante Modernisierung des Verjährungsrechts, in: SCHULZE/SCHULTE-NÖLKE 381 ff; HEINRICHS, Entwurf eines Schuldrechtsmodernisierungsgesetzes: Neuregelung des Verjährungsrechts, BB 2001, 1417 ff; LEENEN, Die Neuregelung der Verjährung, JZ 2001, 552 ff). Die Reform des Verjährungsrechts wurde durch das Gesetz zur Anpassung der Verjährungsvorschriften an das Gesetz zur Modernisierung des Schuldrechts (BGBl I 2004, 3214) fortgeführt. Es trat am 15. 12. 2004 in Kraft und führte vornehmlich zur Abschaffung spezieller Sonderverjährungsnormen (vgl BT-Drucks 15/3653, BR-Drucks 436/04).

b) Leistungsstörungsrecht

191 Die sehr einschneidende Reform des **Leistungsstörungsrechtes** (allg hierzu CANARIS JZ 2001, 499 ff; ders, Das allgemeine Leistungsstörungsrecht im Schuldrechtsmodernisierungsgesetz, ZRP 2001, 329 ff; STOLL, Notizen zur Neuordnung des Rechts der Leistungsstörungen, JZ 2001, 589 ff) beginnt mit der Einführung eines **allgemeinen Pflichtverletzungstatbestandes** in § 280. Der Gesetzgeber stellte damit klar, dass jede Pflichtverletzung zum Schadensersatz führt. Die unmittelbare Anknüpfung an besondere Leistungsstörungen wurde aufgegeben (vgl auch DAUNER-LIEB JZ 2001, 8, 12; CANARIS JZ 2001, 499, 511 f; DÄUBLER-GMELIN NJW 2001, 2281, 2284 f; krit SCHAPP, Empfiehlt sich die „Pflichtverletzung" als Generaltatbestand des Leistungsstörungsrechts?, JZ 2001, 583 ff; z Änderung des § 281 vgl genauer ALTMEPPEN DB 2001, 1131 ff). Grundtatbestand ist jetzt in allen Fällen § 280 Abs 1, wobei sich in den Abs 2 und 3 dieser Norm Anknüpfungen an besondere Leistungsstörungstatbestände finden, wenn kein „einfacher" Schadensersatz geltend gemacht wird, sondern der Verzögerungsschaden oder der an die Stelle des Schadensersatzes wegen Nichterfüllung getretene Schadensersatz „statt der Leistung".

192 Auch die **Unmöglichkeitsregeln** sind bestehen geblieben, obwohl der Diskussionsentwurf auf dieses Rechtsinstitut verzichten wollte, deshalb allerdings heftig kritisiert wurde. Die jetzige Fassung des Gesetzes beruht im Wesentlichen auf der Arbeit der oben genannten Expertenkommission (so Rn 183). § 275 Abs 1 führt iVm § 311a Abs 1, anders als früher, unabhängig von objektiver oder subjektiver, anfänglicher oder nachträglicher Unmöglichkeit oder vom Vertretenmüssen des Schuldners stets zur Befreiung des Schuldners von der Primärleistungspflicht bei Wirksamkeit des Vertrages. Schadensersatzpflichten hängen vom Verschulden ab, das in § 276 deutlich erweitert wurde. Die strenge Anknüpfung an die Unterscheidung zwischen gegenseitigen und nicht gegenseitigen Verträgen wird ebenfalls nicht mehr so strikt durchgeführt wie bisher in den §§ 323 ff aF. Vielmehr ist das Schicksal der Gegenleistung jetzt in § 326 zusammengefasst, wenn der Schuldner von seiner Leistungspflicht frei wird.

Große Änderungen hat ferner das **Rücktrittsrecht** nach den §§ 346 ff erfahren. Die

Regeln sind nun auf gesetzliche und vertragliche Rücktrittsrechte gleichermaßen anwendbar und inhaltlich vereinfacht worden.

Erwähnenswert ist ferner, dass einige richterrechtlich entwickelte Rechtsinstitute in das Schuldrecht aufgenommen und damit kodifiziert wurden (allg hierzu DAUNER-LIEB JZ 2001, 8, 14; CANARIS JZ 2001, 499, 519 ff). Die sog **positive Forderungsverletzung** (pFV) findet sich jetzt in § 280 Abs 1 iVm § 241 Abs 2. Die **culpa in contrahendo** hat ihre gesetzliche Regelung bei § 311 Abs 2 gefunden (vgl z den Rechtsinstituten vor der Reform Rn 209 ff). § 311 Abs 3 erkennt zumindest die **Schutzwirkung eines Vertrages** in Bezug auf dritte Personen an, ebenso die sog **Sachwalterhaftung**, regelt aber keine speziellen Voraussetzungen für diese Rechtsinstitute. Schließlich findet sich die Lehre vom **Wegfall der Geschäftsgrundlage** in § 313 und das **Kündigungsrecht** von Dauerschuldverhältnissen **aus wichtigem Grund** in § 314.

c) Kaufrecht

Auch im **Kaufrecht** wurden viele Regeln vereinfacht (vgl WESTERMANN, Sondertagung Schuldrechtsmodernisierung, JZ 2001, 530 ff; DAUNER-LIEB JZ 2001, 8, 13 f) oder sogar gestrichen, wie zB die Sondervorschriften über den **Viehkauf** in den §§ 481 ff. Eine wichtige Neuerung liegt darin, dass der Erfüllungsanspruch des Käufers nunmehr gem § 433 Abs 1 S 2 auf **rechts-** und **sachmängelfreie Erfüllung** gerichtet ist. Insoweit, aber auch in anderen Bereichen, wurde eine starke Angleichung zwischen Kauf- und Werkvertragsrecht geschaffen. Eine weitere Vereinfachung stellt die gleichmäßige Behandlung von Sach- und Rechtsmängeln dar (vgl DÄUBLER-GMELIN NJW 2001, 2281, 2285).

Der **Sachmängelbegriff** selbst hat eine wesentliche Erweiterung in § 434 erfahren. Zunächst wurde der **subjektive Fehlerbegriff** kodifiziert. Der Sachmangelbegriff wurde darüber hinaus auf die **Falschlieferung** und die Lieferung einer zu **geringen Menge** ausgedehnt. Ferner behandelt das Gesetz auch die **fehlerhafte Montage** und sogar die **fehlerhafte Montageanleitung** als Sachmangel iSd § 434. Die Zusicherung der §§ 459 Abs 2, 463 aF und die damit verbundene Problematik der Mangelfolgeschäden ist weggefallen bzw hat sich entschärft. An Stelle der zugesicherten Eigenschaft findet sich jetzt die **Garantie** in § 443 einerseits und in § 276 andererseits. Im Zusammenhang mit den Rechtsfolgen ist der **Nacherfüllungsanspruch** des Käufers gem § 439 bemerkenswert, der als Konsequenz des erweiterten Erfüllungsanspruchs gegenüber den anderen Rechtsbehelfen des Gewährleistungsrechts vorrangig ist. Im Übrigen fällt eine starke Verzahnung des Gewährleistungsrechts mit dem allgemeinen Schuldrecht in § 437 auf. Dies gilt im Hinblick auf den Rücktritt, der die frühere Wandelung ersetzt und auch bzgl des Schadensersatzes, § 437 Abs 1 Nr 2 und 3.

In Folge der Verbrauchsgüterkaufrichtlinie wurde die **Gewährleistungsfrist** beim Kauf beweglicher Sachen von früher sechs Monaten auf nunmehr **zwei Jahre** verlängert, § 438 Abs 1 Nr 3. Da der Gesetzgeber das gesamte Kaufrecht umstrukturierte, mussten für den sog **Verbrauchsgüterkauf** nur wenige Sonderregelungen in den §§ 474 ff vorgesehen werden. Sie befassen sich vor allen Dingen in § 475 mit den nur noch sehr eingeschränkten Möglichkeiten des Verkäufers zur Haftungsbeschränkung bzw zum Haftungsausschluss, wenn ein Kaufvertrag über eine bewegliche Sache zwischen einem Verbraucher und einem Unternehmer iSd §§ 13, 14 geschlossen wird.

d) Werkvertragsrecht

197 Auch im **Werkvertragsrecht** hat man die **Sach-** und **Rechtsmängelgewährleistung** vereinheitlicht und den **Fehlerbegriff** sowie die Rechtsfolgen von Mängeln an das Kaufrecht angelehnt. Der wesentliche Unterschied besteht in dem Recht des Bestellers zur **Selbstvornahme** gem § 634 Nr 2. Auch die **Gewährleistungsfrist** des § 438 Abs 1 Nr 3 von zwei Jahren findet sich in § 634a wieder. So wie im Kaufvertragsrecht § 463 aF weggefallen ist, wurde auch § 635 aF gestrichen und sowohl beim Schadensersatz als auch beim Rücktritt die Verzahnung mit dem allgemeinen Leistungsstörungsrecht hergestellt, § 634 Nr 3 und 4 (DAUNER-LIEB JZ 2001, 8, 14; DÄUBLER-GMELIN NJW 2001, 2281, 2285). Damit hat man die schwer vermittelbare Trennung zwischen nahen und entfernten Mangelfolgeschäden entschärft sowie die unterschiedliche Behandlung dieser Problematik im Kauf- und Werkvertragsrecht beseitigt. Erwähnenswert ist noch die grundsätzliche Unentgeltlichkeit des **Kostenvoranschlages** gem § 632 Abs 3 sowie die völlige Neufassung des § 651. Die frühere, eher komplizierte Differenzierung zwischen **Werk- und Werklieferungsvertrag** erübrigte sich infolge der Angleichung des Kauf- und des Werkvertragsrechts weitgehend.

e) Die Integration der Sondergesetze in das BGB*

198 Das letzte wichtige Ziel der Schuldrechtsreform war die **Eingliederung** schuldrechtlicher **Sondergesetze**, vor allem um der oben dargestellten (Rn 170 ff) „Rechtszersplitterung" aus Gründen des Verbraucherschutzes entgegenzuwirken (vgl BT-Drucks 14/6857 v 31. 8. 2001, 1; DAUNER-LIEB JZ 2001, 8, 14 f). Deshalb hat man das **AGBG** in die §§ 305 bis 310 umgewandelt, ohne sie inhaltlich grundlegend zu ändern. Die Positionierung dieser Vorschriften, die dem Allgemeinen Teil näher stehen als dem Allgemeinen Schuldrecht, ergab sich daraus, dass dort durch den Wegfall der ursprünglichen Unmöglichkeit einige Normbezeichnungen frei wurden, wurde aber heftig kritisiert. Die Vorschriften des früheren **HausTWG** finden sich jetzt in den §§ 312 und 312a und das **FernabsG** schließt sich bis § 312f an. Die **E-Commerce-Richtlinie** wurde in § 312e umgesetzt. Das **TzWrG** findet sich in den §§ 481–487. Eine weitere Änderung besteht schließlich darin, dass man das **VerbrKrG** mit dem **Gelddarlehen** verschmolzen hat, und es jetzt insgesamt in den §§ 488 ff angesiedelt ist. **Darlehensvermittlungsverträge** zwischen einem Unternehmer und einem Verbraucher sind in den §§ 655a–e geregelt.

---

* Vgl hierzu SCHMIDT-RÄNTSCH, Das neue Schuldrecht (2002) Rn 1036 ff; DÖRNER, Die Integration des Verbraucherrechts in das BGB, in: SCHULZE/SCHULTE-NÖLKE 177 ff; HABERSACK, Verbraucherkredit- und Haustürgeschäfte nach der Schuldrechtsmodernisierung BKR (2001) 72 ff; MICKLITZ, Gemeinschaftsrechtliche Vorgaben für ein Verbraucherverttriebsrecht oder für eine Regelung der Vertragsschlussmodalitäten? – Zur Integration von Haustür-, Fernabsatzgeschäft und E-Commerce in das BGB, in: SCHULZE/SCHULTE-NÖLKE 189 ff; PFEIFFER/SCHINKELS, Schuldrechtsmodernisierung und AGB-Gesetz, in: MICKLITZ/PFEIFFER/TONNER/WILLINGMANN, Schuldrechtsreform und Verbraucherschutz (2001) 133 ff; SCHMIDT-RÄNTSCH, Reintegration der Verbraucherschutzgesetze durch den Entwurf eines Schuldrechtsmodernisierungsgesetzes, in: SCHULZE/SCHULTE-NÖLKE 169 ff; ULMER, Integration des AGB-Gesetzes in das BGB?, in: SCHULZE/SCHULTE-NÖLKE 215 ff; vWESTPHALEN, AGB-Recht ins BGB – Eine erste Bestandsaufnahme, NJW 2002, 12 ff; WOLF/PFEIFFER, Der richtige Standort des AGB-Rechts innerhalb des BGB, ZRP 2001, 303 ff; RITTNER DB 1996, 25 f; GRUNDMANN, Systembildung und Systemlücken in Kerngebieten des europäischen Privatrechts (2000) 2 f.

f) Übergangsregeln

Das neue Schuldrecht trat am 1.1.2002 in Kraft. Da ein wesentlicher Teil des BGB reformiert wurde und viele Verträge auf der Grundlage des zuvor geltenden Schuldrechts geschlossen worden waren, bedurfte es mehrerer **Übergangsregeln**. Diese finden sich in Art 229 § 5 ff EGBGB. Eine **allgemeine Übergangsvorschrift** zur Schuldrechtsreform enthält Art 229 § 5 S 1 EGBGB. Hierin wird bestimmt, dass auf Schuldverhältnisse, die vor dem 1.1.2002 entstanden sind, grds das „alte" Schuldrecht anzuwenden ist. Art 229 § 5 S 2 EGBGB modifiziert dies für **Dauerschuldverhältnisse**, für die das neue Schuldrecht erst ab dem 1.1.2003 gilt. Damit erhalten die Vertragsparteien die Möglichkeit, ihre Verträge der neuen Gesetzeslage anzupassen.

Für die **Verjährung** bestimmt § 229 § 6 Abs 1 S 1 EGBGB in einer komplizierten Übergangsregelung, dass die entsprechenden Vorschriften des BGB in der seit dem 1.1.2002 geltenden Fassung auf die an diesem Tag bestehenden und noch nicht verjährten Ansprüche prinzipiell Anwendung finden (Einzelheiten z Übergangsrecht im Bereich der Verjährung bei MANSEL, in: DAUNER-LIEB ua, Das neue Schuldrecht § 1 Rn 14).

4. Kritik der Schuldrechtsreform

Die mehrfache Überarbeitung des Diskussionsentwurfes (Rn 185) hat nicht dazu geführt, dass die Kritik an der Schuldrechtsreform verstummt wäre. Wohl erstmals in der Rechtsgeschichte bildete sich eine durch Unterschriftenlisten zusammengefasste Oppositionsfront von ca 250 Rechtsprofessorinnen und -professoren gegen die Pläne der Bundesregierung im Allgemeinen und viele einzelne Sachfragen. Nicht wenige waren der Auffassung, man hätte – wie das Nachbarland Österreich – das BGB nur an den unumgänglichen Stellen ändern sollen (sog **„kleine Lösung"**). Die Gegner kritisierten die **Übereilung** der Reform (STAUDINGER/COING/HONSELL [2004] Einl 109 ff zum BGB; ALTMEPPEN DB 2001, 1131, 1133; KNÜTEL NJW 2001, 2519, 2519; aA DÄUBLER-GMELIN NJW 2001, 2281, 2288 f), die nach ihrer Auffassung zu einer „Unausgereiftheit" des neuen Vertragsrechts geführt hat (KNÜTEL NJW 2001, 2519, 2521). Dabei wurden die nahezu 20-jährigen Arbeiten an der Ursprungsfassung des BGB den wenigen Monaten der Arbeit an der Schuldrechtsreform gegenübergestellt (KNÜTEL NJW 2001, 2519, 2519). Teilweise wurde auch die vollständige **Umsetzung** der Richtlinie **bestritten** (so HOFFMANN, Verbrauchsgüterkaufrechtsrichtlinie und Schuldrechtsmodernisierungsgesetz, ZRP 2001, 347, 348, 350; KNÜTEL NJW 2001, 2519, 2519). Manche meinten, der RegE entspreche nicht der **internationalen Entwicklung** (vgl dagegen DÄUBLER-GMELIN NJW 2001, 2281, 2287) und sei sogar geeignet, die Rechtsangleichung in Europa zu erschweren (SCHULZE/SCHULTE-NÖLKE, Schuldrechtsreform und Gemeinschaftsrecht, in: SCHULZE/SCHULTE-NÖLKE 1, 24).

Vor allem die **Anwaltspraxis**, aber auch die Rechtswissenschaft kritisierte die **hohen Umsetzungskosten** im Rechtsalltag. Anwälte beklagten, sie seien durch die schnelle Umsetzung des Gesetzes **Haftungsrisiken** ausgesetzt, da sie zwischen der Verabschiedung des Gesetzes im Spätherbst des Jahres 2001 bis zu dessen Inkrafttreten am 1.1.2002 nicht in der Lage seien, Verträge und Geschäftsbedingungen zu überarbeiten (DAUNER-LIEB, Die Schuldrechtsreform – Das große juristische Abenteuer, DStR 2001, 1572, 1575). Ein weiterer genereller Vorwurf bestand darin, dass der Rückgriff auf die Reformvorschläge von 1991 dazu geführt habe, dass die **Reform** schon bei ihrem Inkrafttreten **veraltet** gewesen sei (so DAUNER-LIEB JZ 2001, 8, 18). Auch nach dem

1.1. 2002 ist die Kritik nicht verstummt, sondern hat sich in der Folgezeit stärker an Einzelproblemen orientiert (DAUNER-LIEB, Ein Jahr Schuldrechtsreform – Eine Zwischenbilanz, ZGS 2003, 10 ff; SCHULZE/EBERS, Streitfragen im neuen Schuldrecht, JuS 2004, 265). Ihre generelle Berechtigung wird davon abhängen, wie die Rechtspraxis nach einer zweifellos vorhandenen Phase der Unsicherheit die Probleme der Neufassung des Schuldrechts bewältigen kann. Insgesamt scheinen die praktischen Auswirkungen indessen geringer zu sein, als manche Kritiker befürchtet oder jedenfalls propagiert haben (PALANDT/HEINRICHS Rn 10).

K. Zusammenfassende Würdigung

202 Betrachtet man die vielen Reformen des Schuldrechts bis zum Jahre 2002, so zeigt sich, dass – mit Ausnahme des Familienrechts – das Zweite Buch der am häufigsten geänderte Teil des BGB ist. Dieser Umstand kann deshalb nicht verwundern, weil es viele Normen enthält, die für die Wirtschaftsordnung maßgebend sind (vgl ESSER/SCHMIDT, Schuldrecht I § 1 I mwNw). Das gilt zum einen für sein **Vertragsrecht**, das ein Regelungssystem für die Verteilung von Gütern (Waren und Dienstleistungen) enthält. Zum anderen beinhaltet das Zweite Buch das **Rechtsgüterschutzrecht** (unberechtigte GoA, Bereicherungs- und Deliktsrecht), also ein System von Normen zur Sicherstellung des marktmäßigen Verteilungsprozesses der Güter, mithin zur Absicherung der Vertragskonstruktionen. Dieses Konzept bestimmt die **Wirtschaftsverfassung** unserer Gesellschaft in entscheidender Weise mit, so dass jede Änderung einerseits auf die Wirtschaftsordnung Einfluss hat, andererseits aber jede Änderung der Wirtschaftsverfassung Reformen des Schuldrechts verlangt. Was die deutliche Hinwendung zum **Verbraucherschutzgedanken** im Jahre 2002 zur Folge hat, ist noch nicht vollständig abzusehen. Man kann sich aber vorstellen, dass diese grundsätzliche Tendenz sowohl im Rahmen der Auslegungsmaßstäbe als auch bei der Anwendung der Generalklauseln nicht ohne Einfluss bleiben wird. Auch die Konsequenzen des geplanten AntidiskriminierungsG sind noch nicht abzusehen (ie su Rn 282 ff).

L. Richterliche Rechtsfortbildung im Schuldrecht*

I. Allgemeines

203 Die **richterliche Rechtsfortbildung** (allg u ausf STAUDINGER/COING/HONSELL [2004] Einl 200 ff zum BGB) hat im Schuldrecht einen besonders großen Anwendungsbereich, weil

---

* **Schrifttum**: Vgl zunächst die allg Hinw bei STAUDINGER/COING/HONSELL (2004) Einl 200 ff zum BGB; DIEDERICHSEN, Zur Begriffstechnik richterlicher Rechtsfortbildung im Zivilrecht, in: FS Wieacker (1978) 325 ff; ESSER, Grundsatz und Norm in der richterlichen Fortbildung des Privatrechts (4. Aufl 1990); HERGENRÖDER, Zivilprozessuale Grundlagen richterlicher Rechtsfortbildung (Habil Tübingen 1995); LANGENBUCHER, Die Entwicklung und Auslegung von Richterrecht (Diss München 1995); REINHART, Richterliche Rechtsfortbildung: Erscheinungsformen, Auftrag und Grenzen, in: FS der Jur Fak zur 600-Jahr-Feier der Ruprecht-Karls-Universität Heidelberg (1986); WANK, Grenzen richterlicher Rechtsfortbildung (Diss Köln 1977).

dieses Rechtsgebiet erheblichen Wandlungen seit dem Inkrafttreten des BGB unterlag (so Rn 146 ff). Methodisch liegen der richterlichen Rechtsfortbildung folgende Gesichtspunkte zu Grunde: Richter sind gem Art 20 Abs 3 GG an Recht und Gesetz gebunden, zugleich gem Art 92 GG gehalten, auf der Grundlage des Gesetzes Recht zu sprechen (CLASSEN, in: vMANGOLDT/KLEIN/STARCK, GG III [4. Aufl 2001] Art 92 Rn 32). Gesetze sind aber notwendig lückenhaft (z Rechtsfindung praeter legem vgl CANARIS, Die Feststellung von Lücken im Gesetz [1964] § 5). Da selbst abstrakt-generelle Normen nicht jeden denkbaren Fall regeln können, bedarf es also der Lückenschließung (so auch der gesetzgeberische Auftrag gem § 132 Abs 4 GVG [früher § 137 GVG, aufgehoben durch G v 17.12.1990, BGBl I 2847]). Sie findet durch **Auslegung** (z den Auslegungsmethoden vgl STAUDINGER/COING/HONSELL [2004] Einl 138 ff zum BGB) und **richterliche Rechtsfortbildung** statt (dazu STAUDINGER/COING/HONSELL [2004] Einl 200 ff zum BGB), wobei **gesetzesimmanente** und auch **gesetzesübersteigende Rechtsfortbildung** in Betracht kommt (LARENZ, Methodenlehre Kap 5 1, 366). Die Bindung des Richters an Recht und Gesetz bestimmt ihre Grenzen, und zwar unter Einbeziehung der Wertentscheidungen des Gesetzgebers (s nur LOOSCHELDERS/ROTH, Methodik E III 2 c, 293 ff). Die Rspr passt durch ihre Rechtsfortbildung die Rechtslage an die kontinuierliche Veränderung der Gesellschaft an. Rechtsfortbildung hat vor allem dort ihren Platz, wo Kodifikationen fehlen. Beispielsweise sei dafür auf das Arbeitsrecht verwiesen (BVerfGE 34, 269, 288; z Einzelfällen der richterlichen Rechtsfortbildung su Rn 209 ff; exemplarisch wird hier die Anrechnung von Gebrauchsvorteilen eines Kfz angeführt, BGHZ 98, 212, 221). Oft basiert richterliche Rechtsfortbildung auf Anregungen der Rechtswissenschaft, die durch ihre richterliche Anwendung etabliert werden und so zu allgemeinen Rechtssätzen führen (vgl auch CALLIES, Grundlagen, Grenzen und Perspektiven europäischen Richterrechts, NJW 2005, 929 ff).

204 Gesetzesimmanente Rechtsfortbildung findet unter Berücksichtigung des Telos einer oder mehrerer Normen statt. Die gesetzesübersteigende Rechtsfortbildung greift dagegen Prinzipien der Gesamtrechtsordnung auf. Das Ziel der Rechtsfortbildung besteht in beiden Fällen in der **Schließung unbewusster Gesetzeslücken** (LARENZ/CANARIS, Methodenlehre Kap 5, 1, 2 [187, 194]), aber auch in der **einschränkenden Auslegung** von Gesetzen, deren Wortlaut zu weit geraten ist (LOOSCHELDERS/ROTH, Methodik Kap E, 220). Beide Ziele müssen unter Wahrung anerkannter Gerechtigkeitsgedanken verwirklicht werden (STAUDINGER/COING/HONSELL [2004] Einl 213 ff zum BGB; ZIPPELIUS, Recht und Gerechtigkeit in der offenen Gesellschaft [2. Aufl 1996] Kap 6 III [91 ff]; SACHS/SACHS, GG Art 20 Rn 103 ff), die sich auch mit den dogmatischen Grundsätzen des jeweiligen Rechtsgebietes vereinbaren lassen (BVerfG Beschluss v 12.11.1997 [Az: 1 BvR 479/92; 1 BvR 307/94] = JZ 1998, 352 ff mit Besprechungsaufsatz STÜRNER JZ 1998, 317 ff; z Rechtsfortbildung durch den EuGH vgl EVERLING, Richterliche Rechtsfortbildung in der Europäischen Gemeinschaft, JZ 2000, 217 ff; BORCHARDT, Richterrecht durch den EuGH, in: GS Grabitz [1995] 29 ff). Rechtsfortbildung und Gesetzesauslegung sind nicht vollständig voneinander verschieden, sondern stellen oft schwer zu unterscheidende, aber jedenfalls theoretisch verschiedene Stufen der Gesetzesanwendung dar.

1. Rechtsfortbildung und Gewohnheitsrecht

205 Bei **ständiger Rspr** kann die richterliche Rechtsfortbildung **Gewohnheitsrecht** entstehen lassen, wenn sich daraus eine allgemeine Überzeugung bildet (LARENZ, Methodenlehre Kap 5 5, 433). Dies erfordert, dass der entsprechende Rechtssatz aus der Sicht des Anwenders bindenden Charakter erlangt, sich allerdings auch nicht gegen die bestehende Rechtslage entwickelt hat. Unter diesen Prämissen stellt die richterliche Rechtsfortbildung also eine wichtige, wenn auch nicht die einzige Grundlage von Gewohnheitsrecht dar (z Grundrechtskonformität der in richterlicher Rechtsfortbildung entstandenen Rechtssätze vgl STAUDINGER/J SCHMIDT [1995] Rn 536 ff).

2. Rechtsfortbildung und Verfassung/Kritik an der richterlichen Rechtsfortbildung

206 Da die richterliche Rechtsfortbildung der **Lückenfüllung** dient, kann eine Kollision mit der Gesetzgebungskompetenz auftreten. Gesetzliche Lücken, die der Gesetzgeber bewusst gelassen hat, oder die mangels parlamentarischer Mehrheit nicht geschlossen werden konnten, darf der Richter nicht eigenmächtig schließen (BVerfGE 86, 6, 12; HILLGRUBER JZ 1996, 118, 120). Sofern ein Richter eine Entscheidung des Gesetzgebers als unzureichend und verfassungswidrig erachtet, muss er gem Art 100 Abs 1 S 1 GG das Verfahren aussetzen und das entsprechende Gesetz dem Bundesverfassungsgericht zwecks Normenkontrolle vorlegen. Richterliche Rechtsfortbildung wäre dann unzulässig (HILLGRUBER JZ 1996, 118, 124; iE auch HIRSCH, Richterrecht und Gesetzesrecht, JR 1966, 334, 341). Genauso richtig ist aber auch, dass sich Gesetz und Recht nicht immer decken (BVerfGE 34, 269, 287). Diesen Konflikt muss der Richter dadurch lösen, dass er die vorhandenen Lücken nur unter Beachtung bestimmter Voraussetzungen durch Auslegung schließen darf (BVerfGE 49, 304, 318 = JZ 1979, 60 m Anm STARCK).

207 Daraus folgt, dass die Lückenfeststellung einer **ausführlichen Begründung** bedarf. Anderenfalls wäre die Rechtssicherheit des Bürgers erheblich beeinträchtigt. Eine solche Begründung erscheint umso leichter, je älter Gesetze werden, weil die Anpassung an veränderte soziale Situationen den häufigsten Fall richterlicher Rechtsfortbildung begründet (LEIBHOLZ/RINCK/HESSELBERGER, GG Art 20 Rn 607). Bei Berücksichtigung dieser Umstände besteht an der Verfassungsmäßigkeit richterlicher Rechtsfortbildung kein Zweifel.

3. Auswirkungen auf das Rechtssystem/Richterliche Rechtsfortbildung und Schuldrechtsreform

208 Da richterliche Rechtsfortbildung der sich verändernden sozialen und wirtschaftlichen Werteordnung Rechnung trägt, verfeinert sie immer wieder die Güterverteilung und den Rechtsgüterschutz, die gemeinsam den Schwerpunkt des Schuldrechtes bilden und für das gesellschaftliche „Subsystem Wirtschaft" maßgeblich sind (z wirtschaftlichen Bedeutung des Schuldrechts vgl ESSER/SCHMIDT, Schuldrecht I § 1 I 1). Vieles, was sich auf diese Weise in den letzten Jahrzehnten entwickelt hat, hat im Schuldrechtsmodernisierungsgesetz mit Wirkung zum 1.1.2002 seinen legislativen Ausdruck gefunden (vgl Rn 184 ff). Dies wird im Folgenden kurz dargestellt.

II. Einzelne Fälle von richterlicher Rechtsfortbildung

1. Richterliche Rechtsfortbildung im Allgemeinen Teil des Schuldrechts

a) Culpa in contrahendo

Da ein rechtsgeschäftliches Schuldverhältnis nicht nur auf Leistungsaustausch gerichtet ist, erwachsen den Vertragsparteien bereits vor seinem Abschluss **Sorgfaltspflichten**, deren Verletzung Schadensersatzansprüche begründen. Die für die Anbahnung eines Schuldverhältnisses verlangten Sorgfaltspflichten sind aber nicht nur auf das Vorfeld des Vertragsschlusses (culpa in contrahendo) und die Vertragsabwicklung beschränkt, sondern müssen von den Beteiligten auch nach dessen Durchführung und selbst im Falle seiner Nichtigkeit beachtet werden (culpa post pactum perfectum, FIKENTSCHER, Schuldrecht Rn 76; z Konkurrenzproblemen vgl FLEISCHER AcP 200 [2000] 91 ff). Ebenso war stets die Pflicht anerkannt, in das Schuldverhältnis einbezogene Dritte sorgfältig auszuwählen (culpa in eligendo, FIKENTSCHER, Schuldrecht Rn 517).

Schließlich entfaltete die cic auch nach früherem Verständnis gegenüber den am Schuldverhältnis unbeteiligten, jedoch diesem nahestehenden Dritten **Schutzwirkung** (Schutzwirkung für Dritte, su Rn 215). Die Ursprünge all dieser Überlegungen gehen auf vJHERING zurück, der im Jahre 1861 das Institut der cic begründete (vJHERING, Jahrb 4. Bd [1861]), dabei aber schon auf römische Rechtsquellen Bezug nahm (vJHERING, Culpa in contrahendo [Nachdruck 1969] I 12 ff). Ihren Eingang in die Rspr fand die cic durch eine Entscheidung des RG, die als Linoleumfall bekannt wurde (RGZ 78, 239 ff; z cic ie vgl STAUDINGER/LÖWISCH [2004] Vorbem 59 ff zu §§ 275-283). Sie wurde in Folge der ständigen Rspr später gewohnheitsrechtlich anerkannt. Die **Schuldrechtsmodernisierung** hat mit Wirkung z. 1. 1. 2002 die cic in § 311 Abs 2 iVm § 241 Abs 2 kodifiziert (so Rn 193; sowie die Ausf z § 241).

b) Positive Vertrags-/Forderungsverletzung

Eine weitere, durch die Lehre angeregte Rechtsfortbildung stellte die **positive Vertrags- (Forderungs-)Verletzung** dar. STAUB erweiterte durch seine Abhandlung „Über die positiven Vertragsverletzungen und ihre Rechtsfolgen" (1902; zuletzt Nachdruck 1969) im Wege einer **Gesamtanalogie** zu §§ 280, 286, 325, 326 aF das bis dahin auf Unmöglichkeit, Verzug und Gewährleistung beschränkte System der Leistungsstörungen um die Schlechterfüllung. Die positive Forderungsverletzung, die längst als **Gewohnheitsrecht** anerkannt worden war (LARENZ, Schuldrecht I § 24 I a; WERTHEIMER/ ESCHBACH, Positive Vertragsverletzung im Bürgerlichen Recht und im Arbeitsrecht, JuS 1997, 605, 606), gab dem Gläubiger der Schlechtleistung eine eigene Anspruchsgrundlage für Schadensersatz (z Leistungsgegenstand bei der Erfüllung vgl STAUDINGER/OLZEN [2000] § 362 Rn 13 f; ausf z pFV STAUDINGER/LÖWISCH [2004] Vorbem 28 ff zu §§ 275-283). Daneben blieb dessen Anspruch auf Erfüllung bestehen. Durch das Schuldrechtsmodernisierungsgesetz wurde die pFV insofern in § 280 Abs 1 kodifiziert, als der Gesetzgeber dort einen einheitlichen Haftungstatbestand für die Verletzung von Haupt- und Nebenpflichten schuf. Darunter sind auch alle Fallgruppen der pFV zu fassen (OLZEN/WANK, Die Schuldrechtsreform Rn 243 ff; WEBER/DOSPIL/HANHÖRSTER, Neues Schuldrecht, C V, 72 ff).

c) Interessen Dritter

Ein zentraler Bereich richterlicher Rechtsfortbildung liegt darin, unter Wahrung anerkannter Gerechtigkeitsgedanken auch die **Interessen Dritter** zu berücksichtigen, die nicht an einem Schuldverhältnis beteiligt sind. Sie können aufgrund „**zufälliger**" **Schadensverlagerungen** oder **mangels Einbeziehung** in das Schuldverhältnis manchmal keinen eigenen Anspruch geltend machen, aber gleichwohl einen Schaden erleiden. Dessen Liquidation nach Deliktsrecht scheitert nicht selten daran, dass dem Anspruchsgegner der Entlastungsbeweis des § 831 Abs 1 S 2 gelingt. Um dieses als ungerecht empfundene Ergebnis zu beeinflussen, entwickelte sich im Wege der Rechtsfortbildung zum einen das Institut der sog **Drittschadensliquidation**, zum anderen der **Vertrag mit Schutzwirkung zugunsten Dritter**. IE haben beide Rechtsfiguren zur Folge, dass dem Geschädigten ein vertraglicher Schadensersatzanspruch verschafft wird.

aa) Drittschadensliquidation

213 Bei einer **zufälligen Schadensverlagerung** (Bsp: die Versendungskaufware wird auf dem Weg zum Käufer durch die Transportperson zerstört; z Drittschadensliquidation als Rechtsfortbildung praeter legem vgl WINTERFELD, Drittschadensliquidation und Vertrag mit Schutzwirkung zugunsten Dritter [Diss Bonn 1983] 1. Abschn I 3 c [21 ff]) geht es um Fälle, in denen durch Auseinanderfallen von Anspruch und Schaden dem geschädigten Dritten kein Anspruch zur Verfügung steht, während der Vertragspartner zwar einen Anspruch geltend machen könnte, aber nicht geschädigt ist. Nach den Grundsätzen der Drittschadensliquidation besteht dann die Möglichkeit, dass der Vertragspartner den Schaden des Dritten liquidiert oder ihm gem §§ 275 Abs 1, 285 Abs 1 seinen Anspruch abtritt (MEDICUS, BR Rn 838; aA unter Ablehnung der Drittschadensliquidation HAGEN, Die Drittschadensliquidation im Wandel der Rechtsdogmatik [Habil Kiel 1969] 287; PETERS, Zum Problem der Drittschadensliquidation, AcP 180 [1980] 329 ff; JUNKER, Das „wirtschaftliche Eigentum" als sonstiges Recht im Sinne des § 823 Abs 1 BGB, AcP 193 [1993] 348; BÜDENBENDER, Wechselwirkungen zwischen Vorteilsausgleichung und Drittschadensliquidation, JZ 1995, 920; ders, Drittschadensliquidation bei obligatorischer Gefahrentlastung eine notwendige oder überflüssige Rechtsfigur?, NJW 2000, 986). Ebenso kann der „Anspruchsberechtigte" auch auf Leistung an den geschädigten Dritten klagen, sofern dieser die Liquidation seines Schadens billigt (MEDICUS, BR Rn 838). In dem Umstand, dass der Schaden zum (unvollständigen) Anspruch gezogen wird, liegt ein Unterschied zum Vertrag mit Schutzwirkung für Dritte (LOOSCHELDERS, Schuldrecht AT Rn 942; su Rn 215).

214 Der **Anwendungsbereich** der Drittschadensliquidation liegt hauptsächlich im Bereich vertraglicher Ersatzansprüche. Ausnahmsweise findet sie auch im Zusammenhang mit obligatorischer Gefahrentlastung innerhalb der deliktischen Ersatzansprüche Anwendung (z Fallgruppen der Drittschadensliquidation vgl TRAUGOTT, Das Verhältnis von Drittschadensliquidation und vertraglichem Drittschutz [Diss München 1996] § 2 II [18 ff]; BÜDENBENDER, Vorteilsausgleichung und Drittschadensliquidation bei obligatorischer Gefahrentlastung: Gemeinsamkeiten, Berührungspunkte und Unterschiede [1996] B I, 63 ff; PALANDT/HEINRICHS Vorb v § 249 Rn 113, 117). Anerkannte Fallgruppen bilden die mittelbare Stellvertretung und die Obhut für fremde Sachen (LOOSCHELDERS, Schuldrecht AT Rn 945 ff). Im ursprünglichen Zentralbereich der Drittschadensliquidation, dem **Versendungskauf**, ist für den sog **Verbrauchsgüterkauf** mit Wirkung z 1.1. 2002 eine Änderung eingetreten. Da § 474 Abs 2 die Anwendung der Gefahrtragungsregel des § 447 ausschließt, wird die Ware nunmehr auf Gefahr des Verkäufers transportiert. Die Zuordnung des Versendungskaufes zu den Fallgruppen der Drittschadensliquidation beschränkt sich damit auf Kaufverträge, die eine andere personelle Struktur haben als der Kauf zwischen einem Verbraucher und einem Unternehmer, §§ 13, 14. Aber auch insoweit hatte die Rechtsfigur der Drittschadensliquidation bereits durch die Reform des Transportrechts 1998 an Bedeutung verloren. Die §§ 421 Abs 1 S 2, 425 Abs 1 HGB sehen ausdrücklich vor, dass der Empfänger der Ware die Ansprüche aus dem Frachtvertrag gegen den Frachtführer im eigenen Namen geltend machen kann. Für die Drittschadensliquidation besteht dann kein Bedarf mehr.

bb) Vertrag mit Schutzwirkung zugunsten Dritter

Die Rechtsfigur des **Vertrags mit Schutzwirkung zugunsten Dritter** beruht auf der Überlegung, dass jedes Vertragsschuldverhältnis einen Schutzbereich entfaltet, der unter bestimmten Voraussetzungen auch Dritte erfasst. Im Unterschied zur Drittschadensliquidation (su Rn 213 f) wird beim Vertrag mit Schutzwirkung zugunsten Dritter die **Anspruchsgrundlage zum Schaden** gezogen, so dass der Geschädigte auch ohne vorausgegangene Abtretung gem § 398 einen eigenen Ersatzanspruch erhält (die Herkunft des Vertrages mit Schutzwirkung zugunsten Dritter war umstritten. Nachdem man zunächst eine Analogie zu § 328 gebildet hatte, wurde er später als Anwendungsbereich der ergänzenden Vertragsauslegung angesehen [RG 127, 218, 222; BGHZ 56, 269, 273; BGH NJW 2004, 3035, 3036; 2001, 512]. Nach aA stellt er eine auf § 242 beruhende richterliche Rechtsfortbildung dar [BAYER, Vertraglicher Drittschutz, JuS 1996, 473, 475 f; MünchKomm/GOTTWALD § 328 Rn 101 mwNw]). 215

Die anerkannten Erfordernisse des Rechtsinstituts liegen darin, dass sich der geschädigte Dritte in bestimmungsgemäßer **Leistungsnähe** befindet, der Gläubiger ihm **Schutz** und **Fürsorge** schuldet (BGHZ 49, 350, 354), schließlich, dass der **Anspruchsgegner** die Leistungsnähe des Dritten **erkennen** konnte und dieser **schutzbedürftig** war. Letzteres ist dann der Fall, wenn er keinen eigenen, inhaltsgleichen Schadensersatzanspruch geltend machen kann (statt vieler BGH NJW 2004, 3420, 3421; 1996, 2927, 2929). Die Schutzbedürftigkeit wurde insbesondere für personenrechtliche Fürsorgeverhältnisse (zB Eltern/Kind Verhältnis) angenommen. Die Rspr hat dafür die sog „Wohl- und Wehe-Formel" entwickelt (BGHZ 51, 91, 96). Sie setzt voraus, dass der Anspruchsgläubiger und der Dritte gleiche Schutzinteressen haben. In jüngerer Zeit wurde die Schutzwirkung allerdings auch bei gegenläufigen Vermögensinteressen bejaht. Es handelt sich insbesondere um Werkverträge zur Gutachtenerstellung, die zur Verwendung gegenüber Kreditgebern oder Kapitalanlegern bestimmt waren (vgl LOOSCHELDERS, Schuldrecht AT Rn 207 f; SCHWAB, Grundfälle zu culpa in contrahendo, Sachwalterhaftung und Vertrag mit Schutzwirkung für Dritte nach neuem Schuldrecht – Teil 2. Die Einbeziehung Dritter nach § 311 Abs 3 BGB, JuS 2002, 872, 875 ff; KILIAN, Der Begutachter nach der Schuldrechtsreform, NZV 2004, 489, 494 f). 216

Der Vertrag mit Schutzwirkung zugunsten Dritter wurde auf der Tatbestandsebene von der Drittschadensliquidation durch die Erkennbarkeit der Leistungsnähe des Dritten für den Schuldner abgegrenzt. Dadurch sollten Zufallshaftungen vermieden werden (MEDICUS, BR Rn 841). Gerade aufgrund dieses Aspekts könnte die Haftung für fehlerhafte Expertisen aber auch Eingang in die Fallgruppe der Drittschadensliquidation finden.

Der Vertrag mit Schutzwirkung für Dritte ist ebenfalls durch das Schuldrechtsmodernisierungsgesetz berührt worden. § 311 Abs 3 S 1 stellt klar, dass ein Schuldverhältnis (einschl der daraus resultierenden Ersatzansprüche) auch gegenüber dem- 217 jenigen entstehen kann, der nicht selbst Vertragspartei werden wollte. Die Entstehung unmittelbarer Schutzpflichten im Falle der Inanspruchnahme besonderen Vertrauens wird in dem bereits erwähnten § 311 Abs 3 S 2 geregelt (AnwK-BGB/KREBS § 311 Rn 103). Allerdings wird zum Teil bestritten, dass der Vertrag mit Schutzwirkung zugunsten Dritter in § 311 Abs 3 normiert wurde, da die Norm keine Tatbestandselemente nennt (OLZEN/WANK, Die Schuldrechtsreform Rn 310 ff mwNw).

d) Die Lehre vom Wegfall der Geschäftsgrundlage*

218 Man erkannte alsbald nach In-Kraft-Treten des BGB (dazu STAUDINGER/J SCHMIDT [1995] § 242 Rn 942 ff), dass die Veränderung der die Vertragsabwicklung begleitenden sozialen, gesellschaftlichen und wirtschaftlichen Verhältnisse eine **Anpassung** vertraglicher Abreden erfordern kann. Vor dem In-Kraft-Treten des Schuldrechtsmodernisierungsgesetzes wurde die Lehre vom **Wegfall der Geschäftsgrundlage** herangezogen, um die Fälle **gestörter Vertragsabwicklung**, deren Ursache nicht in Unmöglichkeit, Verzug oder Schlechtleistung lag, lösen zu können. In Fortführung des Prinzips „clausula rebus sic stantibus" überprüften die Gerichte den betreffenden Vertrag auf seine Geschäftsgrundlage, deren Fehlen oder Wegfall ggf festgestellt und (meist) gem § 242 korrigiert wurde. Der Gesetzgeber übernahm diese Lehre im Zuge der Modernisierung des Schuldrechts in § 313, wonach Anpassung des Vertrages verlangt werden kann, wenn sich Umstände, die Grundlage des Vertrages geworden waren, schwerwiegend geändert haben und nicht in den Risikobereich einer Partei fallen (so Rn 190; OLZEN/WANK, Die Schuldrechtsreform Rn 144 ff). Gleiches gilt gem § 313 Abs 2, wenn sich Umstände, die die Parteien dem Vertrag zugrunde gelegt haben, nachträglich als falsch erweisen. Scheitert die Vertragsanpassung oder ist sie unzumutbar, kommt ein Rücktrittsrecht in Betracht, bei Dauerschuldverhältnissen eine Kündigung, § 313 Abs 3.

e) Verwirkung

219 Einen weiteren Fall richterlicher Rechtsfortbildung in Anwendung des § 242 stellt die Rechtsfigur der **Verwirkung** dar. Das erkennbare Verhalten einer Partei kann danach bei einem Vertragspartner dahingehendes Vertrauen auslösen, dass jene bestimmten Rechte nicht (mehr) geltend machen wurden. Dieses Vertrauen schützte die Rspr dadurch, dass der verwirkenden Partei die Geltendmachung dieser Rechte aberkannt wurde (z Verwirkung ausf STAUDINGER/LOOSCHELDERS/OLZEN § 242 Rn 302 ff), und zwar in einer Zeit, in der noch keine Anspruchsverjährung eingetreten war.

f) Normativierung des Schadensbegriffs

220 Ein im Einzelnen bis heute noch nicht abgeschlossenes Gebiet richterlicher Rechtsfortbildung stellt ferner die sog **Normativierung des Schadensbegriffs** dar (vgl aus dem Schrifttum insbes SELB, Schadensbegriff und Regressmethoden [1963]; WILK, Die Erkenntnis des Schadens [1983]; MEDICUS, Normativer Schaden, JuS 1979, 233; ausf STAUDINGER/SCHIEMANN [2005] Vorbem 35 ff zu § 249). Die regelmäßig durch Differenzberechnung ermittelte Schadenshöhe wird in solchen Fällen dahingehend modifiziert, dass einerseits tatsächlich nicht aufgetretene Vermögenseinbußen als ausnahmsweise ersatzfähig an-

---

* **Schrifttum**: CHIOTELLIS, Rechtsfolgenbestimmung bei Geschäftsgrundlagenstörungen in Schuldverträgen (1981); HAARMANN, Wegfall der Geschäftsgrundlage bei Dauerschuldverhältnissen (1979); KÖHLER, Die Lehre von der Geschäftsgrundlage als Lehre von der Risikobefreiung, in: CANARIS, FG 50 Jahre BGH Bd 1 (2000); vgl iÜ die Hinweise bei STAUDINGER/J SCHMIDT (1995) § 242 Rn 942 ff; ferner die Kommentierung z §§ 313, 314.

gesehen werden (zentral war die Entscheidung des Großen Senats z Schadensersatzanspruch einer verletzten Hausfrau, BGHZ 50, 304, 306; z Arbeitnehmerschäden erstmals BGHZ 7, 30 ff), andererseits aber auch tatsächlich eingetretene Einbußen aus normativen Gründen außer Betracht bleiben, zB unter dem (unschönen) Stichwort „Kind als Schaden" (STAUDINGER/SCHIEMANN [2005] Vorbem 33 ff zu §§ 249 ff).

g) Kündigung von Dauerschuldverhältnissen
Bereits vor In-Kraft-Treten des Schuldrechtsmodernisierungsgesetzes gab es Vorschriften, nach denen sich eine Partei im Rahmen eines Dauerschuldverhältnisses durch Kündigung davon lösen konnte (§§ 554a, 626, 723 aF). Zusätzlich hatten Rspr und Lehre das **Kündigungsrecht** von Parteien eines Dauerschuldverhältnisses bei Vorliegen eines **wichtigen Grundes** als Unterfall der pVV anerkannt (BGHZ 29, 171, 172; BGH NJW 1989, 1482, 1483; OETKER, Das Dauerschuldverhältnis und seine Beendigung [Habil Kiel 1994] 265 ff). Dieses Kündigungsrecht wurde als Rechtsgrundsatz angesehen, der durch AGB nicht abbedungen oder eingeschränkt werden konnte (BGH NJW 1986, 3134). 221

Die Schuldrechtsreform hat das Kündigungsrecht bei Dauerschuldverhältnissen in § 314 Abs 1 S 1 mit gesetzlicher Grundlage versehen (so Rn 193). Daneben bestehen weitere einzelne Regelungen im besonderen Schuldrecht (bspw §§ 490, 498, 543), die der allgemeinen Vorschrift des § 314 als leges speciales vorgehen (OLZEN/WANK, Die Schuldrechtsreform Rn 315; DAUNER-LIEB ua, Das neue Schuldrecht § 3 Rn 75). 222

2. Richterliche Rechtsfortbildung im Besonderen Teil des Schuldrechts

a) Arbeitsrecht
Im **Arbeitsrecht** sind als Anwendungsfälle richterlicher Rechtsfortbildung die nachfolgend kurz dargestellten Grundsätze über die **eingeschränkte Anfechtbarkeit** in Vollzug gesetzter Arbeitsverträge sowie die Haftungsgrundsätze für die sog **gefahrgeneigte Arbeit**, die für im Zusammenhang mit Arbeitsverhältnissen verursachte Schäden entwickelt wurden, aus einer sehr viel größeren Zahl von Anwendungsfällen hervorzuheben. 223

aa) Eingeschränkte Anfechtbarkeit von Arbeitsverträgen
Die **Rückabwicklung eines Arbeitsvertrages**, der nicht wirksam geschlossen oder später von einer Partei angefochten wurde, bereitet Probleme. Sie hängen damit zusammen, dass die Arbeitsleistung nicht in Natur zurückerstattet werden kann; ebenso wenig wie die damit verbundenen Folgen aufhebbar sind (BAGE 5, 58, 65 f). Außerdem bedarf die Schutzbedürftigkeit des Arbeitnehmers besonderer Berücksichtigung. Schließlich ist auch das Verhältnis zur außerordentlichen Kündigung nur schwer zu fassen (PICKER, Die Anfechtung von Arbeitsverträgen. Theorie und Praxis der höchstrichterlichen Judikatur. Zugleich eine Auseinandersetzung mit der sog Kündigungstheorie, ZfA 1981, 1, 20 ff). Daher hat die Rspr die rückwirkende Auflösung eines in Funktion gesetzten Arbeitsverhältnisses durch Anfechtung abgelehnt, obwohl das BGB an sich keine Ausnahme zu § 142 Abs 1 kennt (Anfechtung nur ex nunc, BAGE 5, 159, 161 f; LEINEMANN, in: LEINEMANN, Kasseler Handbuch zum Arbeitsrecht Bd 1.1 [2. Aufl 2000] Rn 578; LIEB, Arbeitsrecht [7. Aufl 2000] Rn 133). Der **fehlerhafte Arbeitsvertrag** wird für die Vergangenheit als wirksam betrachtet (BAGE 5, 58, 65 f; LEINEMANN, in: LEINEMANN, Kasseler Handbuch zum Arbeitsrecht Bd 1.1 [7. Aufl 2000] Rn 577; vgl auch unten § 241 Rn 108 f). 224

bb) Haftung im Arbeitsverhältnis

225 Ein Arbeitnehmer kann in Abhängigkeit von seiner Tätigkeit schon bei geringster Nachlässigkeit hohe, für ihn nicht tragbare Schäden verursachen. Dieses Risiko steht in keinem Verhältnis zu seinen Verdienstmöglichkeiten. Deshalb wurde dieser als Gerechtigkeitsverstoß empfundene Tatbestand in richterlicher Rechtsfortbildung durch eine **Haftungsminderung** für den Arbeitnehmer abgemildert (BAG GS AP Nr 101 z § 611 [Haftung des Arbeitnehmers]; KÜNZL, in: LEINEMANN, Kasseler Handbuch zum Arbeitsrecht Bd 2.1 [1997] Rn 246). Sie trat zunächst nur für die sog „**gefahrgeneigte Arbeit**" ein, wurde später aber auf alle Schadensersatzverpflichtungen des Arbeitnehmers ausgedehnt, die im Zusammenhang mit betrieblich veranlasster Tätigkeit entstanden sind (vgl nur BGH AuR 1994, 72 f; BAG EZA § 611 Nr 53 [Arbeitnehmerhaftung] Nr 58). Ihre Herleitung ist umstritten. Sie kann aber jedenfalls aufgrund der Einbindung des Arbeitnehmers in die betriebliche Organisation der Wertung des § 254 zugeordnet werden (BAG EZA § 611 Nr 58 [Arbeitnehmerhaftung]).

226 Hinsichtlich der Haftung des Arbeitnehmers ist zwischen **Innen-** (Schädigung betriebsinterner Personen oder Gegenstände) und **Außenhaftung** (Schädigung betriebsexterner Personen oder Gegenstände) zu unterscheiden. Je nach Grad des Verschuldens führt die Haftungsmilderung im Bereich der **Außenhaftung** zu einem **Freistellungsanspruch** gegen den Arbeitgeber, während der Arbeitnehmer von der **Innenhaftung** entsprechend seiner **Verantwortlichkeit** ganz oder teilweise **entbunden** wird. Die Schadensverteilung folgt dem Grundsatz, dass der Arbeitnehmer bei Vorsatz in vollem Umfang, bei leichtester Fahrlässigkeit gar nicht haftet. Im Falle leichter („normaler") Fahrlässigkeit erfolgt eine Verteilung der Schadensersatzverpflichtung nach Zumutbarkeit und Billigkeit (BAG NJW 1988, 2816 m Anm HANAU/PREIS JZ 1988, 1074 f). Im Falle grober Fahrlässigkeit haftete der Arbeitnehmer ursprünglich uneingeschränkt (BAG NJW 1958, 235), während heute differenziert wird: Bei einem Missverhältnis zwischen Vergütung und Schaden soll eine Haftungseinschränkung möglich sein (BAG NJW 1990, 468; NZA 1998, 310, 311; DB 1999, 288, 289), außer bei „gröbster Fahrlässigkeit" (BAG NZA 1998, 310, 311; aA HÜBSCH, Die neueste Rechtsprechung des BAG zur Fahrlässigkeit bei der Arbeitnehmerhaftung, NZA-RR 1999, 393, 397; ausf auch z Mankohaftung WALKER, Die eingeschränkte Haftung des Arbeitnehmers unter Berückstichtung der Schuldrechtsmodernisierung, JuS 2002, 736 ff).

b) Rechtsfortbildung und Gesellschaftsrecht
aa) Fehlerhafte Gesellschaft

227 Entsprechend den Überlegungen zur eingeschränkten Anfechtbarkeit von Arbeitsverträgen (so Rn 224) kann nach gefestigter Rspr auch ein **fehlerhafter Gesellschaftsvertrag**, der in Vollzug gesetzt wurde, nicht mit Wirkung für die Vergangenheit aufgehoben werden (etwa BGHZ 55, 5, 8; 62, 234; ZIP 2005, 253 f, 254 ff; z fehlerhaften Gesellschaft vgl GRUNEWALD, Gesellschaftsrecht [6. Aufl 2005] 1 A Rn 156 ff; ferner STAUDINGER/ LOOSCHELDERS/OLZEN § 242 Rn 430 f). Vielmehr sieht man die Gesellschaft im **Außenverhältnis** als wirksam an, bis der Mangel durch die Gesellschafter geltend gemacht wird (vgl ausf MünchKomm/ULMER § 705 Rn 323 ff; insgesamt SCHÄFER, Die Lehre vom fehlerhaften Verband [2002]). Dies dient dem Bestandsschutz der Unternehmens- und Gesellschaftsorganisation im Interesse der gesellschaftsrechtlichen Personengruppen, zB der Arbeitnehmer und sonstigen Gesellschaftsgläubiger. Im **Innenverhältnis** werden die Ansprüche der Gesellschafter in einem solchen Fall nicht nach Bereicherungsrecht abgewickelt (EISENHARDT, Gesellschaftsrecht [10. Aufl 2002] Rn 343 mit

Hinweis auf WIEDEMANN, Gesellschaftsrecht Bd 1 [1980] § 3 I 2 a). Die Rechte und Pflichten der Gesellschafter richten sich vielmehr nach dem (unwirksamen) Gesellschaftsvertrag unter Beachtung der gesellschaftsrechtlichen Treuepflicht (MünchKomm/ULMER § 705 Rn 343; z Treuepflicht auch STAUDINGER/LOOSCHELDERS/OLZEN § 242 Rn 939 ff). Nach Geltendmachung des Mangels erfolgt die Abwicklung der aufgelösten Gesellschaft auf der Grundlage der Liquidationsvorschriften, also etwa den §§ 730 ff (vgl MünchKomm/ULMER § 705 Rn 346). Lediglich bei Gesetzes- oder Sittenwidrigkeit, §§ 134, 138, bei Kollision mit Schutzvorschriften zu Gunsten nicht voll Geschäftsfähiger sowie arglistiger Täuschung eines am Abschluss beteiligten Gesellschafters (ggf dann Anwendung v § 139) gilt etwas anderes: Entweder tritt das Vertrauen auf die Fortführung der Gesellschaft wegen der Schwere des Mangels gegenüber der Notwendigkeit ihrer Aufhebung insgesamt zurück, oder aber die Gesellschaft wird ohne die schutzwürdige Person fortgeführt (dazu ausf MünchKomm/ULMER § 705 Rn 332 ff).

bb) Die Rechtsstellung des nicht-rechtsfähigen Vereins

Der **nicht-rechtsfähige Verein** ist gem § 54 wie eine Gesellschaft Bürgerlichen Rechts zu behandeln. Diese Schlechterstellung gegenüber dem eingetragenen, rechtsfähigen Verein sollte ursprünglich die mangelnde staatliche Kontrolle bei der Entstehung des Vereins ausgleichen (Prot I 2485 = MUGDAN I 638). Aufgrund wesentlicher struktureller Unterschiede (bspw regelmäßig körperschaftliche Organisation des nicht-rechtsfähigen Vereins) gegenüber der Gesellschaft hat jedoch die ständige Rspr eine **entsprechende Anwendung des Vereinsrechts** auch auf den nicht-rechtsfähigen Verein anerkannt (BGHZ 50, 325, 328 f; BGH NJW 1979, 2304, 2305; BGH ZIP 1985, 213, 215; OLG Hamm WM 1985, 644, 645; z richterlichen Gesetzeskorrektur im Vereinsrecht vgl auch KÜBLER, Gesellschaftsrecht [5. Aufl 1998] § 11 I 1 b). Folglich sind alle Vorschriften des Vereinsrechts auf den nicht-rechtsfähigen Verein analog anzuwenden, es sei denn, sie setzen zwingend dessen Rechtsfähigkeit voraus (STAUDINGER/WEICK [1995] § 54 Rn 2). **228**

cc) Durchgriffshaftung bei juristischen Personen

Aufgrund der rechtlichen Selbständigkeit einer juristischen Person haftet sie ihren Gläubigern grds nur mit dem Gesellschaftsvermögen (K SCHMIDT, Gesellschaftsrecht § 9 I 1 a [224], IV 1 [241 f]). Mitglieder, Gesellschafter und Organe müssen somit an sich nicht persönlich für die Verbindlichkeiten der juristischen Person einstehen (z weiteren Fällen der Durchgriffsproblematik vgl K SCHMIDT, Gesellschaftsrecht § 9 I 2 [188]). Ausnahmsweise lässt die Rspr allerdings eine sog **Durchgriffshaftung** im Hinblick auf die hinter der juristischen Person stehenden natürlichen oder juristischen Personen zu (RGZ 99, 232, 234; BGHZ 78, 318, 333; BGH ZIP 1992, 694 f; abl gegenüber der Durchgriffshaftung EHRICKE, Zur Begründbarkeit der Durchgriffshaftung in der GmbH, insbesondere aus methodischer Sicht, AcP 199 [1999] 257, 303), wenn die Berufung auf die rechtliche Selbständigkeit der juristischen Person dem Grundsatz von Treu und Glauben, § 242, widerspräche (vgl dazu STAUDINGER/LOOSCHELDERS/OLZEN § 242 Rn 692 f). **229**

Diese Problematik tritt nicht nur bei juristischen Personen auf, sondern kann auch bei Verbandsorganisationen, wie zB oHG und KG, entstehen (JOHN, Personenrecht und Verbandsrecht im Allgemeinen Teil des Bürgerlichen Rechts – Werner Flumes Buch über „Die juristische Person", AcP 185 [1985] 209, 226; Bsp für Missbrauch der Rechtsform der KG bei FLUME, Allgemeiner Teil des Bürgerlichen Rechts 1. Teil: Die Personengesellschaft [1977] § 13 V [201 ff]).

c) **Richterliche Rechtsfortbildung im Deliktsrecht**
aa) **Allgemeines Persönlichkeitsrecht**

230 Mangels gesetzlicher Regelung (DIEDERICHSEN, Die Flucht des Gesetzgebers aus der politischen Verantwortung im Zivilrecht [1974] 56 ff) erfuhr das **allgemeine Persönlichkeitsrecht** in der ursprünglichen Fassung des BGB keinen zivilrechtlichen Schutz, während es durch die **allgemeine Handlungsfreiheit** gem Art 2 Abs 1 GG bzw als Teil der **Menschenwürde** gem Art 1 Abs 1 GG (SACHS/MURSWIEK GG Art 2 Rn 59 ff) verfassungsrechtlich geschützt ist (z Drittwirkung der GR im Privatrecht allg su Rn 265). Der Gesetzgeber nahm auch die Ehre nicht in den Tatbestand des § 823 Abs 1 auf, sondern hielt Abs 2 der Norm iVm §§ 185 ff StGB für ausreichend zu ihrem Schutz (Prot II 2274). Daneben gab es früh den **deliktischen Schutz** des Persönlichkeitsrechts über § 826 (COING, Zur Entwicklung des zivilrechtlichen Persönlichkeitsschutzes, JZ 1958, 558, 559). Nachdem das RG sich deshalb gegen die Anerkennung eines allgemeinen Persönlichkeitsrechts als absolut geschütztes Rechtsgut iSd § 823 wendete (Nachw bei STAUDINGER/HAGER [1999] § 823 Rn C 1) wurde es vom BVerfG und vom BGH in richterlicher Rechtsfortbildung als tatbestandsmäßig iSd § 823 Abs 1 anerkannt (BGHZ 13, 334, 338 ff; 27, 284, 285 ff; 50, 133, 138; BGH NJW 1994, 1950, 1951; SACHS/MURSWIEK GG Art 2 Rn 67; aA FIKENTSCHER, Schuldrecht Rn 1225; für ein Rahmenrecht mit Fallgruppenbildung LARENZ/CANARIS, Schuldrecht II/2 § 80 I 3 b [493]). Sein Inhalt ist umfangreich und schwer zu bestimmen (daher wird es zT auch als Rahmenrecht verstanden, vgl FIKENTSCHER, Schuldrecht Rn 1025). Die bedeutendsten Schutzgüter sind die **persönliche Sphäre** und das **Recht auf Selbstbestimmung**. Damit geht der Schutz vor Herabwürdigung sowie Belästigung und Diskriminierung einher. Umstritten ist, ob das Persönlichkeitsrecht mit dem Tode einer Person endet. Jedenfalls wird das **postmortale Persönlichkeitsrecht** über § 823 Abs 2 geschützt (ausf STAUDINGER/HAGER [1999] § 823 Rn C 34 ff). Anspruchsgrundlage für den Ersatz des **ideellen Schadens** als Folge einer Verletzung des allgemeinen Persönlichkeitsrechts stellte zunächst eine **Analogie** zu § 847 aF dar. Seit 1995 leitet der BGH sie **unmittelbar** aus § 823 Abs 1 iVm Art 1 Abs 1 und Abs 2 GG ab (BGH NJW 1996, 984, 985). Aus diesem Grund ändern wohl auch die Streichung des § 847 aF sowie die absichtliche Nichteinbeziehung des Persönlichkeitsrechts in § 253 Abs 2 (BT-Drucks 14/7752, 25) nichts am Ersatz des ideellen Schadens (DÄUBLER JuS 2002, 625, 627; WAGNER, Das Zweite Schadensersatzänderungsgesetz, NJW 2002, 2049, 2056).

bb) **Unternehmensrecht als absolutes Recht iSv § 823 Abs 1**

231 RG (RGZ 28, 238) und BGH (vgl nur BGHZ 29, 65) haben in ständiger Rspr die Ersatzfähigkeit von Schäden durch **Eingriff in den eingerichteten und ausgeübten Gewerbebetrieb** anerkannt. Schutzfähig ist dabei alles, „was in seiner Gesamtheit den wirtschaftlichen Wert des konkreten Betriebes ausmacht" (BGHZ 23, 157, 163). Ein **Eingriff** wird als Verletzung eines „sonstige[n] Recht[s]" iSv § 823 Abs 1 aufgefasst (K SCHMIDT, Integritätsschutz von Unternehmen nach § 823 BGB – Zum „Recht am eingerichteten und ausgeübten Gewerbebetrieb", JuS 1993, 985, 987), allerdings gegen teilweise Kritik aus dem Schrifttum (LARENZ/CANARIS, Schuldrecht II/2 § 81 II 1, 2, IV; für eine analoge Anwendung v § 823 Abs 1 ERMAN/SCHIEMANN § 823 Rn 51). Die Anerkennung des Rechtsguts „eingerichteter und ausgeübter Gewerbebetrieb" im Wege richterlicher Rechtsfortbildung mag noch nicht eindeutig sein, lässt sich aber doch daraus ableiten, dass die höchstrichterliche Praxis Kriterien entwickelt hat, die seinen Anwendungsbereich bestimmen und zugleich begrenzen (FIKENTSCHER, Schuldrecht Rn 1219; MEDICUS, BR Rn 611 ff). Dies erfolgt anhand von Fallgruppen, denen gemeinsam ist, dass sie eine **Beeinträchtigung des Betriebsablaufs** voraussetzen, sei sie unmittelbar (zB sog

Stromkabelfälle, BGHZ 29, 65, 70 ff) oder mittelbar (geschäftsschädigende Äußerungen, BGH NJW 1987, 2746 f, BGHZ 90, 113, 122 ff; z den einzelnen Fallgruppen vgl insgesamt Staudinger/Hager [1999] § 823 Rn D 24 ff; MünchKomm/Wagner § 823 Rn 179 ff; Larenz/Canaris, Schuldrecht II/2 § 81 III [546 ff]).

Der Eingriff in das Recht am **Unternehmen** gem § 823 Abs 1 ist abzugrenzen gegenüber speziellen Schutznormen, beispielsweise des GWB und UWG (vgl dazu Staudinger/Hager [1999] § 823 Rn D 21) und auch vom Schutzbereich der §§ 823 Abs 2, 826 und 824 zu unterscheiden. Insofern ist das Recht am eingerichteten und ausgeübten Gewerbebetrieb **subsidiär**, insbesondere bei wettbewerbsbeeinflussenden Eingriffen (bspw BGHZ 43, 359, 361; z Subsidiarität des Rechts am Gewerbebetrieb insgesamt vgl BGH NJW 1998, 2141, 2142). **232**

d)   Kreditsicherung*
Das Recht der **Kreditsicherung** unterliegt einer ständigen Veränderung und ist damit ein wichtiger Anwendungsbereich richterlicher Rechtsfortbildung (vgl nur das Vorwort v Lwowski, Das Recht der Kreditsicherung [8. Aufl 2000] 5). In diesem Zusammenhang ist auf die Rspr zur **Sittenwidrigkeit von Bürgschaftsverträgen** naher Angehöriger hinzuweisen (vgl die Nachweise bei Staudinger/Horn [1997] Vorbem 66 zu §§ 765 ff; AnwK-BGB/Looschelders § 138 Rn 238 ff; ferner Tiedtke NJW 2003, 1359). Außerdem hat die Rspr Sicherungsinstrumente ausgearbeitet, die eine hohe Verkehrsfähigkeit mit umfangreicher Sicherheit verbinden, etwa die Sicherungsübereignung, die Sicherungszession sowie die Sicherungsgrundschuld (Reinicke/Tiedtke, Kreditsicherungsrecht 2. Teil A, B 3. Kap 3. Abschn [165 ff; 366 ff]). **233**

Damit sind jedoch zahlreiche Probleme verbunden (ausf Staudinger/Wiegand [2004] Anh zu §§ 929–931 Rn 1 ff) von denen insbesondere das Stichwort „**Übersicherung**" erwähnenswert erscheint (Staudinger/Wiegand [2004] Anh zu §§ 929–931 Rn 154 ff; AnwK-BGB/Looschelders § 138 Rn 255 ff). Eine weitere Rechtsfrage taucht auf, wenn im Falle einer mehrfach gesicherten Forderung, bei der eine Sicherung in einer Bürgschaft besteht, es zu einem **Wettlauf der Sicherungsgeber** kommt. Um Zufallsergebnisse und hinsichtlich des Forderungsübergangs aufkommende Unbilligkeiten zu vermeiden, werden im Wege der Rechtsfortbildung die Regeln über die Gesamtschuldnerschaft angewendet (BGHZ 108, 179, 186 f; Ehlscheid, Die Ausgleichsansprüche unter Sicherungsgebern, BB 1992, 1290 ff; aA Reinicke/Tiedtke, Kreditsicherungsrecht Rn 1122 mwNw). **234**

M.   Schuld und Haftung

I.   Begriffsbestimmung

Der Begriff des **Schuldens** bedeutet nach allgemeiner Auffassung „**leisten müssen**" (Fikentscher, Schuldrecht Rn 26; MünchKomm/Kramer Rn 46). Der Begriff der **Haftung** wird dagegen **nicht einheitlich** verwendet. Man spricht zB von „Haftungsrecht", **235**

---

* **Schrifttum**: Lwowski, Das Recht der Kreditsicherung (8. Aufl 2000); Reinicke/Tiedtke, Kreditsicherungsrecht (4. Aufl 2000).

„Verschuldens-" und „Gefährdungshaftung", „Organhaftung" oder „Haftung des Bürgen" in § 767 Abs 2 und misst dem unterschiedliche Bedeutungen zu. Zum Teil werden „Haftung" und „Schuld" inhaltlich gleichgesetzt (Soergel/Teichmann Rn 5), andererseits bezeichnet man aber auch die Entstehung von Sekundäransprüchen wegen Schlechterfüllung als Haftung (Esser/Schmidt, Schuldrecht I § 7 I 1) oder das Einstehen für Fehlverhalten an sich (Fikentscher, Schuldrecht Rn 26), also die Verantwortlichkeit des Einzelnen mit der Folge einer möglichen Schadensersatzpflicht (Larenz, Schuldrecht I § 2 IV [22]). Die unterschiedliche Begrifflichkeit ist historisch im sog Schulenstreit zwischen Romanisten und Germanisten angelegt (Soergel/ Teichmann; ausf Staudinger/Weber[10/11] Rn 33, 111).

236 In dem Gegensatzpaar „Schuld" und „Haftung" versteht man jedoch unter Letzterem nach allgemeiner Ansicht das **Unterworfensein unter die Zwangsvollstreckung** (Staudinger/J Schmidt [1995] Rn 175; BGB-RGRK/Alff § 241 Rn 10; MünchKomm/Kramer Rn 47; Larenz, Schuldrecht I § 2 IV [24]). Somit bezeichnen **Schuld** und **Haftung** einerseits die **Leistungspflicht** des Schuldners und andererseits die damit korrespondierende **Erzwingungsmöglichkeit** des Gläubigers. Das Ziel der Haftung liegt dabei mit teilweisen Unterschieden zu anderen Rechtsordnungen grds in der Durchsetzung der Schuld, nicht in bloßer Schadloshaltung (so aber im römischen und klassischen englischen Recht, Staudinger/J Schmidt [1995] Rn 176; Hausmaninger/Selb, RömPrivatR [8. Aufl 1997] 264; z anderen Rechtsordnungen su Rn 308 ff).

II. Gegenstand der Haftung

237 Im römischen und germanischen Recht haftete der **Schuldner** auch mit seiner **Person**, allerdings erst nach einem weiteren Begründungsakt, einem **Haftungsvertrag** (Hausmaninger/Selb, RömPrivatR [8. Aufl 1997] 262 f; vGierke, Schuld und Haftung im alten Deutschen Recht [1910]; Larenz, Schuldrecht I § 2 IV [24]; vgl auch Staudinger/Weber[10/11] Rn K 3 ff). Ein Haftungsvertrag ist dagegen nach heutigem Recht entbehrlich, weil jede Schuld grds eine Haftung nach sich zieht. Wer schuldet, haftet auch (z Ausnahmen su Rn 239 ff).

238 Der **Gegenstand der Haftung** hat sich ebenfalls geändert. Modernes Recht stellt nicht mehr die Person des Schuldners als Zugriffsobjekt des Gläubigers zur Verfügung, sondern nur noch sein **Vermögen** (krit Staudinger/J Schmidt [1995] Rn 176 ff; Gernhuber, Schuldverhältnis 70 f). Haftungsobjekt ist das **gesamte Schuldnervermögen** (Prinzip der unbeschränkten Vermögenshaftung) mit Ausnahme der unpfändbaren Sachen und Forderungen gem §§ 811 ff, 850 ff ZPO (MünchKomm/Kramer Rn 48). Allein zur Erzwingung von Herausgabeansprüchen gem § 883 f, zur Durchsetzung unvertretbarer Handlungen oder Duldungs- und Unterlassungsansprüchen kann im Rahmen der §§ 888, 890, 892 ZPO im Wege der Ordnungshaft gegen die Person des Schuldners vorgegangen werden.

III. Ausnahmen

239 Grds korrespondieren Schuld und Haftung (Larenz, Schuldrecht I § 2 IV [25]), jedoch nicht uneingeschränkt. Sowohl eine Leistungspflicht ohne korrespondierende Zugriffsmöglichkeit in das Schuldnervermögen (Schuld ohne Haftung, su Rn 240 ff) als auch eine von der Leistungspflicht unabhängige Zugriffsmöglichkeit (Haftung ohne Schuld, su Rn 248 ff) existieren in verschiedenen Ausformungen.

1. Schuld ohne Haftung

a) Haftungsbeschränkungen
Abweichend von dem Grundsatz der uneingeschränkten Vermögenshaftung (so Rn 238) bestehen Beschränkungen in folgenden Bereichen:

aa) Rechnerische Beschränkung
So gibt es **Haftungsbeschränkungen**, etwa bei der Kommanditistenhaftung gem § 171 HGB, auf die Höhe der Einlage oder im Rahmen der Straßenverkehrshaftung in Form von Haftungshöchstsummen, etwa gem § 12 StVG. Entsprechende Regeln begrenzen allerdings streng genommen nicht erst die Haftung, sondern bereits die Schuld (GERNHUBER, Schuldverhältnis 71 f). Der Schuldner ist nur im Rahmen der Haftungsbegrenzung einer Verbindlichkeit ausgesetzt. Der Gläubiger kann zur Durchsetzung dieses Anspruchs aber auf das gesamte Schuldnervermögen zurückgreifen (ENNECCERUS/LEHMANN, Schuldrecht § 2 III/3a). Richtigerweise müsste man also von Schuldbeschränkungen sprechen.

bb) Gegenständliche Beschränkung
Demgegenüber besteht die Möglichkeit, gesetzlich oder vertraglich (su Rn 243) die Haftung selbst zu beschränken, also nur bestimmte Vermögensgegenstände dem Zugriff des Gläubigers auszusetzen (MünchKomm/KRAMER Rn 48). Unter die **gesetzlichen Anwendungsfälle** dieser sog gegenständlich beschränkten Haftung fallen zB die beschränkte Erbenhaftung, § 1975 ff oder die Haftung des Erbschaftskäufers gem § 2383, die jeweils die Haftung auf den Nachlass beschränken. Dem Gläubiger steht nur eine geschlossene Vermögensmasse als Zugriffsobjekt zur Verfügung, diese allerdings unabhängig von der Höhe der Schuld.

cc) Haftungsverträge
Außerdem ist es möglich, die Haftung summenmäßig oder vertraglich zu **beschränken** sowie **auszuschließen**. Schließlich gibt es Vereinbarungen über die rechtliche Wirkung von **Vollstreckungsverträgen** (ZÖLLER/STÖBER, ZPO Vor § 704 Rn 4 mwNw; STAUDINGER/J SCHMIDT [1995] Rn 188). Die Zulässigkeit entsprechender Abreden ergibt sich daraus, dass dem Gläubiger die Entscheidung darüber zusteht, ob er überhaupt gegen den Schuldner vorgehen will. Deshalb muss er sich auch bzgl der Modalitäten dieses Vorgehens wirksam vertraglich binden können, soweit die Verträge auf Beschränkung gerichtet sind (BGH DB 1973, 1451; ZÖLLER/STÖBER, ZPO Vor § 704 Rn 25; BAUMBACH/LAUTERBACH/ALBERS/HARTMANN, ZPO Grundz § 704 Rn 24; MünchKomm/LÜKE ZPO Einl Rn 307).

Bis heute besteht allerdings keine Einigkeit über die rechtliche Wirkung von Vollstreckungsverträgen (die Rechtslage war bereits bei Einführung des BGB umstritten, JAKOBS/SCHUBERT, Einführung 43). Einerseits wird hier vertreten, eine vertragswidrige Vollstreckung sei (völlig) **unzulässig**, andere nehmen eine **Schadensersatzverpflichtung** bei Zuwiderhandlung an (STAUDINGER/J SCHMIDT [1995] Rn 188; ausf auch SCHUG, Zur Dogmatik des vollstreckungsrechtlichen Vertrages [Diss Bonn 1969]). Jedenfalls berührt ein solcher Vertrag aber nicht die Schuld an sich, sondern nur die Haftung des Schuldners (STAUDINGER/J SCHMIDT [1995] Rn 188).

b) Unvollkommene Verbindlichkeiten

244 Von den gesetzlichen oder vertraglichen Haftungsbeschränkungen sind die sog **unvollkommenen Verbindlichkeiten** zu unterscheiden (Naturalobligationen, BGHZ 87, 309, 314 ff, Moralobligationen, Schulden ohne Haftung; s dazu genauer MünchKomm/KRAMER Rn 49), die allerdings in den Zusammenhang der Begrifflichkeiten von Schuld und Haftung gehören. Sie beruhen zum einen auf Vorschriften, die bereits die **gerichtliche Durchsetzbarkeit** der Verbindlichkeiten ausschließen (SOERGEL/TEICHMANN Rn 6), wie dies etwa bei Spiel und Wette, § 762 ff, oder im Ehemaklervertrag, § 656 ff, der Fall ist. Teilweise wird angenommen, hier entstehe keine Forderung (LARENZ, Schuldrecht I § 2 III), andere sprechen von einer „verbindlichen, erfüllbaren Nichtschuld" (FIKENTSCHER, Schuldrecht Rn 55). Zum anderen gibt es echte Verbindlichkeiten, denen aber die **Vollstreckbarkeit** fehlt. Dies gilt gem § 888 Abs 3 ZPO zB für den Anspruch auf Herstellung der ehelichen Lebensgemeinschaft gem § 1353 Abs 1.

245 Gemeinsam ist allen unvollkommenen Verbindlichkeiten, dass sie nicht mit Zwang durchgesetzt werden können (SOERGEL/TEICHMANN Rn 6). Der Ausschluss der Durchsetzbarkeit beschränkt sich nicht nur auf die gerichtliche Geltendmachung, auch Aufrechnung, Sicherung, Abtretung oder Schuldanerkenntnis sind unzulässig (SIBER, Die schuldrechtliche Vertragsfreiheit, Jherings Jb Bd 70, 223, 244; MünchKomm/KRAMER Rn 49). Ihre einzige rechtliche Bedeutung liegt also in dem Umstand, dass sie einen **Rechtsgrund zum Behaltendürfen** iSd Bereicherungsrechtes bilden (MünchKomm/KRAMER Rn 49; SOERGEL/TEICHMANN Rn 6). Auch die Regelung des § 1297 gehört in diesen Zusammenhang. Danach kann aus einem Verlöbnis nicht auf Eingehung der Ehe geklagt werden. Gegen **verjährte Forderungen** hingegen steht dem Schuldner gem § 214 Abs 1 eine peremptorische Einrede zu. Sie unterscheiden sich ferner von den anderen genannten Fällen dadurch, dass sowohl Aufrechnung als auch die Ausübung von Sicherungsrechten nicht ausgeschlossen sind, §§ 215, 216. Ebenso bleibt die Abtretbarkeit von der Verjährung unberührt. Im praktischen Ergebnis gleichen sie allerdings nach Ausübung der Einrede den unvollkommenen Verbindlichkeiten.

246 **Prozessual** ergeben sich aus unvollkommenen Verbindlichkeiten unterschiedliche rechtliche Situationen. Fehlt nur – wie im Falle des § 888 Abs 3 ZPO – die **Vollstreckungsbefugnis**, so steht weder der Zulässigkeit noch der Begründetheit einer Klage auf Herstellung der ehelichen Lebensgemeinschaft gem § 1353 Abs 1 ein Hindernis entgegen. Dagegen wäre eine Klage auf Eingehung der Ehe wegen § 1297 Abs 1 schon unzulässig. Für die Klage auf Ehemäklerlohn oder „Spiel-/Wettschulden" schließlich ist es str, ob der Richter sie als unzulässig oder unbegründet bewerten müsste. Dagegen weist das Gericht Klagen aus verjährter Forderung nach Einlegung der Einrede unstreitig als unbegründet ab; zulässig sind derartige Klagen stets.

247 Schwieriger ist zu beurteilen, ob die mangelnde Klagbarkeit von Forderungen auch vertraglich vereinbart werden kann (vgl dazu Rn 243).

2. Haftung ohne Schuld

248 Gibt es einerseits Schulden, denen keine entsprechende Haftung folgt, so besteht andererseits auch die Möglichkeit einer Haftung, ohne dass der Haftende zugleich Schuldner ist.

a) Dingliche Verwertungsrechte

Diese Konstruktion kennt das Gesetz insbesondere im Bereich der **Sachhaftung**. **249** Wird zB ein Pfandrecht oder eine Hypothek zur Sicherung einer Geldforderung bestellt (STAUDIGER/J SCHMIDT [1995] Einl 196 zu §§ 241 ff mwNw), so entsteht an der verpfändeten Sache oder dem belasteten Grundstück ein **dingliches Verwertungsrecht**, das einen Zugriff in der Zwangsvollstreckung ermöglicht, unabhängig davon, ob der Pfandrechts- oder Hypothekenbesteller auch Schuldner der verhafteten Forderung ist. Solche dinglichen Verwertungsrechte behalten bei Veräußerung grds ihre Wirkung auch gegen den Erwerber und treten neben die allgemeine Haftung, verdrängen diese also nicht (MünchKomm/KRAMER Rn 48). Deshalb bedürfen sie (im Gegensatz z allg Haftung, so Rn 235 ff) eines gesonderten Begründungsaktes, also einer Einigung und der Eintragung in das Grundbuch, § 873 Abs 1.

b) Vollstreckungserweiternde Verträge

Auch **vertragliche Haftungserweiterungen** – etwa der Verzicht auf die Erfordernisse **250** des § 750 ZPO für die Zwangsvollstreckung – sind denkbar, aber ihre Zulässigkeit wird grds abgelehnt (ZÖLLER/STÖBER, ZPO Vor § 704 Rn 26 mwNw; BROX/WALKER, Zwangsvollstreckungsrecht [7. Aufl 2003] Rn 203), da der Vollstreckungsschutz in den meisten Fällen nicht nur im Interesse des Schuldners, sondern auch im Interesse der Allgemeinheit besteht. Schließlich wird befürchtet, dass derartige Regelungen Eingang in AGB finden könnten und dann standardmäßig verwendet würden. Ebenso haben die Vollstreckungsorgane nicht die Möglichkeit, materielle Wirksamkeit und Reichweite derartiger Abreden zu überprüfen. Sie beachten grds nur die formelle Rechtmäßigkeit der Zwangsvollstreckung.

N. Geltungsbereich des Schuldrechts/Kollisionsrecht

Die Frage nach dem Anwendungsbereich des Zweiten Buches des BGB lässt sich **251** nicht einheitlich beantworten, sondern ist vielmehr für jede Norm zu untersuchen. Sie beschränkt sich überdies nicht auf die aus dem Internationalen Privatrecht bekannte Problematik des **räumlichen Anwendungsbereiches**, sondern sie muss auch im Hinblick auf die **zeitliche, persönliche und sachliche Anwendbarkeit** der jeweiligen Vorschrift beantwortet werden. Die Antwort kann sich zum einen aus der Norm selbst, zum anderen aber auch aus einer **Kollisionsvorschrift** ergeben, soweit sie positivrechtlich vorhanden ist (z Kollisionsvorschriften allg und ihrer Abgrenzung z Sachrecht vgl vBAR/MANKOWSKI, IPR I § 4 Rn 1 ff; KEGEL/SCHURIG, IPR § 1 VII 5, VIII; KROPHOLLER, IPR § 13 I). Ansonsten muss sie für die Rechtsanwendung neu geschaffen und begründet werden, zB durch Analogiebildung.

Insbesondere das Problem des sachlichen Geltungsbereichs einer schuldrechtlichen **252** Vorschrift stellt sich dann, wenn sich ein Rechtsproblem nicht nur dort, sondern auch in anderen Büchern des BGB oder sogar in anderen Rechtsgebieten bzw Gesetzen auswirkt. Dabei kann es im Rahmen der Rechtsanwendung zu einer **Normenhäufung** kommen, so dass eine Rechtsfrage nach unterschiedlichen Rechtsmaterien gelöst werden kann. Ein Bsp dafür bildet etwa das Verhältnis von Anfechtungs- und Gewährleistungsrecht. Bei mangelhafter Lieferung wird dem Käufer eine uU mögliche Irrtumsanfechtung verwehrt, die Anfechtung wegen arglistiger Täuschung hingegen nicht. Von einem **Normenmangel** spricht man, wenn das in Betracht kommende Rechtsgebiet eine Rechtsfolge offen lässt, aber zB auf das Schuldrecht verweist, etwa in § 1959 für den vorläufigen Erben auf die Vorschriften über die GoA. In Wirklichkeit handelt es sich also weniger um ein kollisionsrechtliches Problem, als um eine Frage des Geltungsbereichs schuldrechtlicher Normen (KEGEL/SCHURIG, IPR § 1 VII 2 c ordnen diese Thematik nicht dem Kollisionsrecht zu, sondern sprechen von den „Konkurrenz- oder Konfliktsnormen").

I. Räumlicher Anwendungsbereich, insbesondere Internationales Privatrecht

1. Allgemeines, interlokales Privatrecht

253 **Interlokales Kollisionsrecht** regelt die Anwendbarkeit verschiedener Rechtsordnungen in den verschiedenen Gebieten eines einzelnen souveränen Staates. Das **internationale Privatrecht** behandelt Kollisionen des materiellen Rechtes verschiedener souveräner Staaten. Das interlokale Privatrecht verlor in Deutschland mit dem In-Kraft-Treten des BGB am 1.1.1900 zunächst fast völlig an Bedeutung, trat dann aber noch einmal nach dem Zweiten Weltkrieg infolge der Teilung Deutschlands hervor. Aufgrund der weiteren Entwicklung kann diese Entwicklungsphase aber weitgehend zurückstehen (vgl den Überblick bei KEGEL/SCHURIG, IPR § 1 VII 1 a sowie § 18 I 6; ferner vBAR/MANKOWSKI, IPR I § 4 Rn 153 ff, insbesondere 283 ff; z intertemporalen Anwendbarkeit des Rechts der ehemaligen DDR su Rn 260).

2. Internationales Privatrecht

254 Soweit es um die Anwendbarkeit verschiedener Rechtsordnungen geht, ist im Schuldrecht zunächst zwischen vertraglichen und gesetzlichen Schuldverhältnissen zu unterscheiden. Beide Formen von Schuldverhältnissen knüpfen für dieses Problem an unterschiedliche Aspekte an. Vertragliche Schuldverhältnisse werden von den Vertragsparteien durch Willenserklärung begründet, so dass eine Rechtswahl in Betracht kommt und aufgrund eines Vorranges des Parteiwillens auch berücksichtigt werden muss (z weiteren denkbaren Anknüpfungen vgl MünchKomm/MARTINY Vor Art 27 EGBGB Rn 1 ff; KEGEL/SCHURIG, IPR § 18 I 1). Anders verhält es sich bei gesetzlichen Schuldverhältnissen. Dort hängt die Auswahl der Rechtsordnung jedenfalls bei der Entstehung nicht vom Willen der Parteien ab, so dass aus Gründen der Rechtssicherheit die Verkehrsinteressen entscheiden.

a) Vertragliche Schuldverhältnisse

255 Vorrangige Quelle des Internationalen Schuldvertragsrechts ist das Römische EWG-Übereinkommen über das auf vertragliche Schuldverhältnisse anzuwendende Recht (EVÜ) v 19.6.1980. Dieses Übereinkommen ist in Deutschland jedoch nicht direkt anwendbar, vgl Art 1 Abs 2 des ZustG. Seine Regelungen wurden sachlich aber in die Art 27–37 EGBGB übernommen und sind damit deutsches staatliches Kollisionsrecht (Einzelheiten z der nicht unproblematischen Form der Umsetzung bei MünchKomm/MARTINY Vor Art 27 EGBGB Rn 1b; SOERGEL/vHOFFMANN Vor Art 27 EGBGB Rn 8 ff; MARTINY, in: REITHMANN/MARTINY Rn 16 ff; NOLTE, Zur Technik der geplanten Einführung des EG-Schuldvertragsübereinkommens in das deutsche Recht aus völkerrechtlicher Sicht, IPRax 1985, 71). Die Ermittlung des in Kollisionsfällen anzuwendenden Rechts vollzieht sich danach in mehreren Stufen, vgl Art 27 f EGBGB: Zunächst ist der ausdrückliche oder konkludente **Parteiwille** im Hinblick auf eine **Rechtswahl** maßgebend, Art 27 EGBGB.

Scheitert die Willensermittlung, so erfolgt eine **objektive Anknüpfung** nach der **engsten Verbindung** zwischen Staat und Vertrag. Dafür enthält Art 28 Abs 2–4 EGBGB mehrere **Vermutungen** im Hinblick darauf, zu welchem Staat diese Verbindung besteht (beachte jedoch auch Abs 5). Sonderregeln gelten für Verbraucherverträge gem Art 29, 29a EGBGB und für Arbeitsverträge gem Art 30 EGBGB. Sofern man so die Anwendbarkeit einer bestimmten Rechtsordnung festgestellt hat, regelt sie grds das **gesamte Vertragsverhältnis** mit Ausnahme der Rechts- bzw Geschäftsfähigkeit, Art 7 und 12 EGBGB, der Form des Vertrages, Art 11 EGBGB, sowie der – auch im EGBGB ungeregelten – rechtsgeschäftlichen Vertretungsmacht (Einzelheiten bei LOOSCHELDERS, IPR Anh z Art 12 EGBGB Rn 1 ff; SOERGEL/LÜDERITZ Anh z Art 10 EGBGB Rn 91; vBAR, IPR II Rn 585 ff; z Stellvertretung ebenfalls KROPHOLLER, IPR § 41 I). Daneben bleiben zwingende Vorschriften unberührt (sog Eingriffsnormen, Art 34 EGBGB). Erwähnenswert ist schließlich, dass einige Vertragstypen und Materien von dem geschilderten Anwendungsbereich der Art 27 ff EGBGB bzw des EVÜ ausdrücklich ausgenommen sind. Die Ausnahmen finden sich in Art 37 EGBGB bzw Art 1 EVÜ, der noch weiter gefasst ist (dazu MünchKomm/MARTINY Art 37 EGBGB Rn 5, 8 ff). Für sie gelten andere Staatsverträge und sonstige nationale deutsche Vorschriften (z einzelnen Materien MünchKomm/MARTINY Vor Art 27 EGBGB Rn 6 und Art 37 EGBGB Rn 13 ff; SOERGEL/vHOFFMANN Art 37 EGBGB Rn 11 ff sowie 5–10; MARTINY, in: REITHMANN/ MARTINY Rn 182 ff). Beispielhaft ist auf den Versicherungsvertrag hinzuweisen, Art 37 Nr 4 EGBGB (dazu LOOSCHELDERS, IPR Anh z Art 37 Rn 16 ff).

b) Gesetzliche Schuldverhältnisse

Im Hinblick auf **gesetzliche Schuldverhältnisse** (zB ungerechtfertigte Bereicherung, **256** GoA, Delikt) waren lange Zeit keine geschriebenen Kollisionsregeln vorhanden; ein Mangel, der sich durch das „Gesetz zum Internationalen Privatrecht für außervertragliche Schuldverhältnisse und für Sachen" (BGBl 1999 I 1026; Überblick bei SPICKHOFF, Die Restkodifikation des internationalen Privatrechts – Außenvertragliches Schuld- und Sachenrecht, NJW 1999, 2209; STAUDINGER, Das Gesetz zum internationalen Privatrecht für außervertragliche Schuldverhältnisse und für Sachen v 21.5.1999, DB 1999, 1589) behoben hat. Dessen Umsetzung findet sich in den Art 38–42 EGBGB, die den von der Rspr entwickelten Anknüpfungsregeln entsprechen (PALANDT/HELDRICH Vorb v Art 38 EGBGB Rn 1; LOOSCHELDERS, IPR Vorbem Art 38–42 EGBGB Rn 4; vHOFFMANN/THORN, IPR § 11 Rn 1). Bei den Art 38–42 EGBGB handelt es sich im Gegensatz zu den Art 27–37 EGBGB um Vorschriften, die nicht auf Staatsverträgen basieren (STAUDINGER/vHOFFMANN/FUCHS [2001] Art 38 EGBGB Rn 1 ff). Nachdem eine Vereinbarung auf europäischer Ebene („Rom II") intendiert war (PALANDT/HELDRICH Vorb v Art 38 EGBGB Rn 2; genauer vHEIN, Internationales Deliktsrecht – Anknüpfung an Handlungsort oder Erfolgsort bei Distanzdelikten – Frankreich, Deutschland, EU, ZEuP 2001, 150, 163 f; DETHLOFF, Europäisches Kollisionsrecht des unlauteren Wettbewerbs, JZ 2000, 179, 180; entsprechender Entwurf der Europäischen Gruppe für Internationales Privatrecht in IPRax 1999, 286; dazu JAYME/KOHLER, Europäisches Kollisionsrecht – die Abendstunde der Staatsverträge, IPRax 1999, 298), hat die europäische Kommission am 27.7.2003 den Vorschlag für eine VO über das auf außervertragliche Rechtsverhältnisse anzuwendende Recht (Kom 2003, 427 endg, abgedruckt in IPRax 2005, 174 ff; dazu HÜBER/BACH, Die Rom II-VO – Kommissionsentwurf und aktuelle Entwicklungen, IPRax 2005, 73 ff) vorgelegt, über den zur Zeit diskutiert wird.

Abgesehen von diesen Besonderheiten knüpft Art 38 für die **Leistungskondiktion** im **257** Rahmen einer ungerechtfertigten Bereicherung an das Recht des zugrunde liegenden Rechtsverhältnisses, für die **Nichtleistungskondiktion** an den Eingriffsort und für alle sonstigen Fälle an den Ort des Eintritts der Bereicherung an (näher KROPHOLLER, IPR § 53 II; STAUDINGER/V HOFFMANN/FUCHS [2001] Art 38 EGBGB Rn 6 ff). Den Anknüpfungspunkt für die GoA stellt gem Art 39 Abs 1 der Geschäftsführungsort dar (Einzelheiten bei PALANDT/HELDRICH Art 39 EGBGB Rn 1 f; vHOFFMANN/THORN, IPR § 11 Rn 8 ff). Das für Ansprüche aus **unerlaubter Handlung** anwendbare Recht bestimmt sich grds nach dem Tatort, Art 40 Abs 1 EGBGB. Vorrangig gilt allerdings gem Art 40 Abs 2 EGBGB die Sonderanknüpfung an einen etwaigen gemeinsamen **gewöhnlichen Aufenthalt** der Beteiligten. Art 40 Abs 3 EGBGB soll eine Höhenbegrenzung deliktischer Schadensersatzansprüche erreichen (vertiefend vHOFFMANN/THORN, IPR § 11 Rn 19 ff; KROPHOLLER, IPR § 53 IV). Abweichend von den einzelnen Kollisionsregeln der genannten Art 38–40 EGBGB besteht für alle **außervertraglichen Schuldverhältnisse** die Möglichkeit einer **nachträglichen Rechtswahl** durch die Parteien, Art 42 EGBGB. Als Abweichung von der Anwendung der Art 38–40 unterfällt der zu beurteilende Sachverhalt vorrangig der Rechtsordnung des Staates, zu dem eine **wesentlich engere Verbindung** besteht als zu derjenigen, die über die Kollisionsregeln als anwendbar bestimmt wurde, Art 41 EGBGB.

II. Zeitlicher Anwendungsbereich

1. Allgemeines

258 Eine Entscheidung über die **zeitliche Anwendung** muss in Hinblick auf das Schuldrecht ebenso wie für jede andere Rechtsmaterie dann getroffen werden, wenn altes Recht durch neues ersetzt wird. Der Gesetzgeber hat zu bestimmen, ob und wie lange das alte Recht noch nach der Einführung des neuen angewendet werden soll. Solche Vorschriften nennt man **Kollisionsnormen**, soweit sie sich auf privatrechtliche Vorschriften beziehen, **Übergangsprivatrecht** oder **intertemporales Privatrecht** (z den Begrifflichkeiten s vBAR/MANKOWSKI, IPR I § 4 Rn 171; KEGEL/SCHURIG, IPR § 1 VII 2 b; allg und ausführlich z intertemporalen Privatrecht mwNw vgl HESS, Intertemporales Privatrecht [1998]). Entsprechend der historischen Entwicklung hebt das EGBGB schon in seiner Gliederung diesbzgl zwei Ereignisse hervor: Einerseits das **In-Kraft-Treten** des BGB am 1.1.1900 mit Kollisionsnormen zum Verhältnis der Normen des BGB (und somit auch des Zweiten Buches) zum älteren Recht (4. Teil, Art 157–218 EGBGB); andererseits die **Wiedervereinigung Deutschlands** im Jahre 1990 mit Kollisionsnormen über das Verhältnis von Normen des BGB zum Recht der ehemaligen DDR (6. Teil, Art 230–237 EGBGB, eingefügt durch den Einigungsvertrag [BGBl 1990 II 889] Art 8 iVm Anl I Kap III Sachgebiet B Abschn II; su Rn 260). Sonstiges intertemporales Privatrecht findet sich im 5. Teil, Artt 219–229 EGBGB, für die Schuldrechtsreform insbesondere in Art 229 §§ 5 ff EGBGB (so Rn 199 f).

2. In-Kraft-Treten des BGB im Jahre 1900

259 Das zeitliche Kollisionsrecht zum **In-Kraft-Treten des BGB** am 1.1.1900 besteht für das Zweite Buch im Wesentlichen aus der Generalklausel des Art 170 EGBGB, der nur vereinzelte Spezialvorschriften gegenüberstehen, zB Art 171 f für Dienst-, Miet- und Pachtverhältnisse. Etwaige Lücken wurden von Rspr und Lit ausgefüllt. In Anbetracht der sinkenden Relevanz dieser Thematik kann auf die Vorauf! verwiesen werden (STAUDINGER/J SCHMIDT [1995] Rn 553 f; STAUDINGER/WEBER[10/11] § 241 Rn W 1).

3. Wiedervereinigung Deutschlands

Die **deutsche Wiedervereinigung** vollzog sich rechtstechnisch als **Beitritt der DDR** **260** zum Geltungsbereich des Grundgesetzes, vgl Art 1, 8 EinigsV, so dass für Gesamtdeutschland zur (Wieder-)Herstellung der Rechtseinheit ab diesem Zeitpunkt weitgehend das vormals ausschließlich westdeutsche Recht galt (JAUERNIG, Übergestülptes Recht? – Zur Rechts- und Bewusstseinslage nach dem Einigungsvertrag, NJW 1997, 2705: „übergestülptes Recht"). Als Alternative hätte der Einigungsvertrag einen Prozess der Rechtsangleichung mit allmählicher Ablösung des DDR-Rechts vorsehen können (dazu DROBNIG, Überlegungen zur innerdeutschen Rechtsangleichung, DtZ 1990, 116, 117; MAGNUS, Deutsche Rechtseinheit im Zivilrecht – die Übergangsregelungen, JuS 1992, 456). Gem Art 9 EinigsV blieb ehemaliges DDR-Recht in Kraft, das mit dem Grundgesetz – ausgenommen Art 143 –, Bundesrecht und Europäischem Gemeinschaftsrecht nicht in Widerspruch stand. Es gilt allerdings – abgesehen von den in Art 9 Abs 4 EinigsV aufgeführten Ausnahmen – nur als Landesrecht weiter. Für das BGB sind die durch den EinigsV eingeführten Art 230 ff EGBGB zu beachten. Kollisionsnormen für das Schuldrecht enthält Art 232 EGBGB, der den allgemeinen Grundsätzen in Übergangsregelungen entspricht (vgl PALANDT/WEIDENKAFF Art 232 EGBGB; SOERGEL/HARTMANN Art 232 EGBGB; STAUDINGER/RAUSCHER [2003] Art 232 EGBGB; DÖRNER, Die Einführung des BGB und EGBGB in den neuen Bundesländern [1993]; LÜBCHEN, Kommentar zum 6. Teil des EGBGB [1991]). Deshalb unterscheidet das Gesetz zwischen allgemeinen Schuldverhältnissen und Dauerschuldverhältnissen: Für **Dauerschuldverhältnisse** (Miete, Pacht) gelten seit dem Beitritt gem Art 232 §§ 2, 3 EGBGB die Vorschriften des BGB, für **andere Schuldverhältnisse** bleibt gem Art 232 § 1 EGBGB der Zeitpunkt ihrer Entstehung maßgeblich. Zu Arbeitsverträgen vgl überdies Art 232 § 5 EGBGB, zum Deliktsrecht Art 232 § 10 EGBGB.

III. Personaler Anwendungsbereich

Personales Kollisionsrecht befasst sich mit der Frage, ob bestimmte Personen und **261** Personengruppen in den Anwendungsbereich einer Sondervorschrift fallen und orientiert sich dabei an **persönlichen Eigenschaften** (allg vBAR/MANKOWSKI, IPR I § 4 Rn 163; KEGEL/SCHURIG, IPR § 1 VII 2 a; KROPHOLLER, IPR § 30 I). Es spielt im Inland (z mitunter erheblichen Bedeutung religiöser und stammesgebundener Partikularrechte im Ausland vgl MünchKomm/SONNENBERGER Art 4 EGBGB Rn 84 ff; Schrifttum auch bei KEGEL/SCHURIG, IPR § 1 VII 2 a) eine entscheidende Rolle bei den sog „Sonderprivatrechten", also neben dem HGB in den zahlreichen früheren Sondergesetzen, die im Zuge der Schuldrechtsmodernisierung überwiegend in das BGB integriert wurden (dazu BRÜGGEMEIER/REICH, Europäisierung des BGB durch große Schuldrechtsreform? Stellungnahme zum Entwurf eines Schuldrechtsmodernisierungsgesetzes, BB 2001, 213 ff; z Schuldrechtsmodernisierung so Rn 184 ff), zB dem VerbrKrG, dem HausTWG und dem AGBG. Entsprechendes gilt etwa für das Arbeitsrecht.

Gemeinsamer Rechtsgedanke aller europäischen Richtlinien, auf denen diese Ge- **262** setze basierten, war der Schutz verschiedener Personengruppen bei **Kräfteungleichgewichten** innerhalb bestimmter Rechtsverhältnisse, etwa Kaufverträgen. Es handelt sich dabei im Hinblick auf die Beteiligten begrifflich einerseits um „**Verbraucher**", andererseits um „**Unternehmer**" (abw Bezeichnungen heute nur noch im FernUSG: „Veranstalter" und „Teilnehmer"). Diese Typisierung hat der Gesetzgeber in dem „Gesetz über

Fernabsatzverträge und andere Fragen des Verbraucherschutzrechts sowie zur Umstellung von Vorschriften auf Euro" (BGBl 2000 I 897; so Rn 171) legaldefiniert, und zwar in den §§ 13, 14 (allg z Verbraucherschutzrecht so Rn 23 f; DAUNER-LIEB, Verbraucherschutz; JOERGES, Verbraucherschutz als Rechtsproblem [1981]; MEDICUS, Schutzbedürfnisse [insbes der Verbraucherschutz] und das Privatrecht, JuS 1996, 761; speziell z Schuldrecht ESSER/SCHMIDT, Schuldrecht I § 1 IV, allerdings gegen eine „Abdrängung des Verbraucherschutzgedankens in ein Sonderprivatrecht"). Auf die personale Qualifizierung nehmen zB die verbraucherschutzrechtlichen Sondervorschriften der §§ 241a, 312, 312b, 355 f, 481, 474 491 sowie 661a Bezug. Die Bedeutung solcher Anwendungsentscheidungen wird im Schuldrecht noch zunehmen, weil der Staat verstärkt – oftmals auch aufgrund von Vorgaben der EG – in Marktvorgänge regulierend eingreift, um den geschilderten Ungleichgewichtungen zwischen Vertragsparteien in wirtschaftlicher, intellektueller oder sozialer Hinsicht Rechnung zu tragen.

O. Schuldrecht und andere Rechtsmaterien

I. Schuldrecht und Verfassungsrecht

263 Die Verfassung, insbesondere die in ihr enthaltene **Grundrechtsordnung**, entfaltet durch ihre objektiv-rechtliche Dimension in zweierlei Hinsicht Bedeutung für das Schuldrecht: Zum einen bildet sie einen äußeren Rahmen für die gesetzgeberische Gestaltung (su Rn 265), zum anderen beeinflusst sie das bestehende Schuldrecht bei seiner Auslegung (su Rn 265; STAUDINGER/COING/HONSELL [2004] Einl 197 zum BGB).

1. Verfassungsrechtliche Vorgaben für das Schuldrecht

264 Schuldrecht – sei es kodifiziert oder durch Rechtsfortbildung entstanden (z Entstehungsgeschichte so Rn 120 ff) – muss wie jede Rechtsnorm mit dem höherrangigen Verfassungsrecht in Einklang stehen (z verfassungskonformen Auslegung su Rn 265). Die Verfassung ist somit Maßstab für seine gesetzgeberische Ausgestaltung, enthält sich jedoch weitgehend inhaltlicher Vorgaben und Wertungen („wirtschaftspolitische Neutralität"; s auch DÜRIG, in: MAUNZ/DÜRIG Art 2 Abs 1 Rn 43), sondern belässt dem Gesetzgeber einen weitreichenden **Gestaltungsspielraum**, dem sie lediglich äußere Grenzen zieht (vgl BVerfGE 4, 7, 17 f; 50, 290, 336 f; z diesen Grenzen näher DÜRIG, in: MAUNZ/ DÜRIG Art 2 Abs 1 Rn 46 ff). Das bestehende Schuldrecht ist soweit ersichtlich – verfassungskonform (s nur BVerfG NJW 1994, 36, 38; z umstrittenen Regelung des § 661a vgl insofern SCHNEIDER, Erfüllungszwang bei Gewinnzusagen – verfassungsmäßig? Eine Kritik an § 611a BGB, BB 2002, 1653).

2. Einflüsse des Verfassungsrechts auf bestehendes Schuldrecht*

265 Die Einwirkung der Grundrechte und der Verfassung insgesamt auf das Verhältnis

---

* **Schrifttum:** CANARIS, Grundrechte und Privatrecht (1999); ders, Grundrechte und Privatrecht, AcP 184 (1984) 201 ff; DOHRN, Die Drittwirkung der Grundrechte, JA 1976, 181 ff; DÜRIG, Grundrechte und Zivilrechtsprechung, in: FS Nawiasky (1956) 157 ff; ECHTERHÖLTER, Grundrechte und Privatrecht, BB 1973, 393 ff; GUCKELBERGER, Die Drittwirkung der Grundrechte, JuS 2003, 1151 ff; KURTZ, Urteilskriterien zur Problematik der sogenannten „Drittwir-

der Privatrechtssubjekte untereinander ist heute nahezu unbestritten (s nur Looschelders, in: Wolter/Riedel/Taupitz, Einwirkungen der Grundrechte auf das Zivilrecht, Öffentliche Recht und Strafrecht [1999] 93; Nannen, Grundrechte und privatrechtliche Verträge [Diss Trier 2000]; Canaris, Grundrechte und Privatrecht [1999]; Leisner, Grundrechte und Privatrecht [1960]), nicht jedoch die methodische Konstruktion ihrer Geltung. Mit den unterschiedlichen Betrachtungsweisen sind jedoch bei der Beantwortung von Rechtsfragen – soweit ersichtlich – keine wesentlichen Ergebnisunterschiede verbunden. Vereinfacht gesagt kann man zum einen die Konzeption einer **unmittelbaren Drittwirkung** der Grundrechte im Privatrecht vertreten, mit der Folge, dass grundrechtswidrige Rechtsgeschäfte gem § 134 nichtig sind (Nipperdey, Grundrechte und Privatrecht [1961]; BAGE 4, 274, 276). Zum anderen gibt es die Lehre der **mittelbaren Drittwirkung** von Grundrechten, die die hinter ihnen stehenden Wertentscheidungen bei der Auslegung von Willenserklärungen und zivilrechtlichen Normen, insbesondere von **Generalklauseln** wie etwa den §§ 138, 242, 826, berücksichtigen will („Einfallstore" oder „Einbruchstellen" des Verfassungsrechts; vgl BVerfGE 7, 198, 206; BVerfG NJW 1994, 36, 38 f; BAG BB 1994, 433; Dürig, in: Maunz/Dürig Art 2 Abs 1 Rn 57 f; Staudinger/Coing/Honsell [2004] Einl 192 ff zum BGB; Schwabe, Bundesverfassungsgericht und „Drittwirkung" der Grundrechte, AÖR 100 [1975] 442; Esser/Schmidt, Schuldrecht I § 3 V 3; s aber auch Flume AT § 10, 10 b; zu dem eigenen Ansatz, wonach nicht subjektive Privatrechte mit Grundrechten kollidieren, sondern Grundrechte des einen Bürgers mit denen des anderen – weil allen subjektiven Privatrechten Grundrechte zugrunde liegen – vgl Staudinger/J Schmidt [1995] § 242 Rn 811 mwNw; praktische Konsequenzen ergeben sich daraus nicht; insbes z § 138 vgl ausf AnwK-BGB/Looschelders Rn 40 ff). Dafür wird als Mindestbegründung angeführt, dass die Gerichte als Teil der Staatsgewalt über Art 1 Abs 3 GG an die Grundrechte gebunden und verpflichtet sind, einen entsprechenden Schutzauftrag auszuführen (BVerfG NJW 1990, 1469; mwN Staudinger/J Schmidt [1995] Rn 538 ff; Staudinger/Coing/Honsell [2004] Einl 192 ff zum BGB; ebenso Dreier/Dreier, Grundgesetz Bd 1 [1996] Vorbem 57 ff). Letztlich geht es dabei um den Schutz eines beteiligten Privatrechtssubjekts vor zu umfangreicher Preisgabe seiner Grundrechte bzw um sozialstaatliche Korrekturen (vgl Esser/Schmidt, Schuldrecht I § 2 II; Dürig, in: Maunz/Dürig Art 2 Abs 1 Rn 60). Die Notwendigkeit eines solchen Vorgehens liegt manchmal im Fehlen privatrecht-

kung" der Grundrechte als Vorarbeiten zu einer normativen Systemtheorie, die zugleich politische Rechtstheorie zu sein hätte (Diss Frankfurt aM 1972); Langner, Die Problematik der Geltung der Grundrechte zwischen Privaten (Diss Potsdam 1998); Leisner, Grundrechte und Privatrecht (1960); Looschelders, in: Wolter/Riedel/Taupitz, Einwirkungen der Grundrechte auf das Zivilrecht, Öffentliche Recht und Strafrecht (1999) 93 ff; Medicus, Der Grundsatz der Verhältnismäßigkeit im Privatrecht, AcP 192 (1992) 35 ff; Nannen, Grundrechte und privatrechtliche Verträge (Diss Trier 2000); Nipperdey, Grundrechte und Privatrecht (1961); Reimers, Das Grundgesetz und das Privatrecht, MDR 1967, 533 ff; Röthel, Verfassungsprivatrecht aus Richterhand? –

Verfassungsbindung und Gesetzesbindung der Zivilgerichtsbarkeit, JuS 2001, 424 ff; Schwabe, Die sogenannte Drittwirkung der Grundrechte. Zur Einwirkung der Grundrechte auf den Privatrechtsverkehr (1971); ders, „Drittwirkung" und kein Ende, NJW 1973, 229 f; ders, Bundesverfassungsgericht und „Drittwirkung" der Grundrechte, AöR 100 (1975) 442 ff; ders, Über den Wert von Gemeinplätzen für das Drittwirkungsproblem, JR 1975, 13 ff; Rüfner, Drittwirkung der Grundrechte, in: GS Martens (1987) 215 ff; Zöllner, Regelungsspielräume im Schuldvertragsrecht – Bemerkungen zur Grundrechtsanwendung im Privatrecht und zu dem sogenannten Ungleichgewichtslagen, AcP 196 (1996) 1 ff.

licher Kontroll- und Schutznormen. Zuweilen würden sich die Konflikte aber auch dadurch lösen lassen, dass man sich auf die Grundprinzipien des Schuldrechts besinnt (so Rn 25 ff), sofern nicht aufgrund geänderter Gesellschaftsverhältnisse eine Abkehr von den liberalen Auffassungen des Gesetzgebers notwendig erscheint. Man muss sich aber vergegenwärtigen, dass jede Einschränkung im Wege der Auslegung regelmäßig auch eine Reduktion der Privatautonomie mit sich bringt. Sie ist allerdings insofern gerechtfertigt, als das Schuldrecht zwar einen Güteraustausch reguliert, dabei aber nicht die Menschenwürde, die körperliche Integrität und sonstige Grundrechte der Privatrechtssubjekte einschränken oder ausschließen soll. Man hat dies damit zum Ausdruck gebracht, dass auch im rechtsgeschäftlichen Verkehr eine gewisse „personenrechtliche Enthaltsamkeit" geboten erscheine (ESSER/SCHMIDT, Schuldrecht I § 3 V; dort auch näher z einzelnen Verfassungsnormen und ihrem konkreten Einfluss auf das Zivilrecht). Die Grundrechte sind deshalb bei der Auslegung des Schuldrechts stets zu beachten. Allerdings geben Verfassung und Grundrechte lediglich einen äußeren Rahmen, der die privatautonome Gestaltungsmöglichkeit nicht iSd Vorgabe einer Lösung ausschließen darf (ebenso ESSER/SCHMIDT, Schuldrecht I § 3 V 3).

266 Als Bsp für die Einflussnahme des Grundgesetzes und insbesondere der Grundrechte auf das Privatrecht kann aus der früheren Rspr die Entwicklung des **allgemeinen Persönlichkeitsrechts** als Schutzgut iSd § 823 Abs 1 (so Rn 230) sowie die Ersatzfähigkeit daraus entstandener **immaterieller Schäden** dienen (BGHZ 13, 338; BVerfGE 34, 269). In neuerer Zeit ist auf die umfangreiche Rspr zum **Bürgschaftsrecht** zu verweisen (vgl nur BVerfG NJW 1994, 36; 2749; 1996, 2021; BGH NJW 1997, 52; BGHZ 125, 206; 132, 119; dazu PAPE, BGH-aktuell: Bürgschaftsrecht – Entscheidungen und LM-Anmerkungen 1994, NJW 1995, 1006; ders, Die Entwicklungen des Bürgschaftsrechts im Jahre 1995, NJW 1996, 887; ders, Die Entwicklung des Bürgschaftsrechts im Jahre 1996, NJW 1997, 980; DIEDERICHSEN, Aktuelle Problem der Bürgschaft, Jura 1999, 229; TIEDTKE NJW 2003, 1359; vgl ferner ausf MünchKomm/ HABERSACK § 765 Rn 15 ff; AnwK-BGB/LOOSCHELDERS § 138 Rn 238 ff), die im Interesse der einkommens- und vermögenslosen Angehörigen des Hauptschuldners die Inhaltskontrolle von Bürgschaftsverträgen verschärft hat.

II. Schuldrecht und Öffentliches Recht im Übrigen

1. Zur Anwendbarkeit privatrechtlicher Vorschriften im Öffentlichen Recht allgemein

267 An verschiedenen Stellen wird die **Anwendung** privatrechtlicher Vorschriften im Öffentlichen Recht **gesetzlich angeordnet**, sei es **ausdrücklich**, vgl zB §§ 12 Abs 1 Nr 1 und 2, 31, 49 a Abs 2, 59 Abs 1; 62 S 2 VwVfG, 53 Abs 2 BRRG oder durch **indirekten Verweis**, zB in den §§ 11 Abs 2 S 2, 29 S 2 BSHG. Dort ist eine gesamtschuldnerische Haftung vorgesehen, so dass ergänzend die §§ 421 ff heranzuziehen sind. Probleme bereitet der Umstand, dass der ausdrückliche oder indirekte Verweis auf die privatrechtlichen Vorschriften lediglich ihre „entsprechende Anwendung" vorsieht, vgl zB §§ 49a Abs 2, 62 S 2 VwVfG. Deshalb sind ähnlich wie bei der Lückenfüllung im Öffentlichen Recht durch privatrechtliche Vorschriften (su Rn 271 f) die Anwendbarkeit und ihre Reichweite im Einzelfall gesondert festzustellen. Ebenso verhält es sich, wenn privatrechtliche Vorschriften gewohnheitsrechtlich entsprechend angewendet werden.

Fehlt ein Verweis auf das Privatrecht, so stellt sich die Frage, ob **Lücken** im Öffentlichen Recht durch privatrechtliche Vorschriften gefüllt werden können. Dazu kommen unterschiedliche dogmatische Konstruktionen in Betracht (Einzelheiten bei DE WALL 53 ff), insbesondere die Analogie und die rechtsgrundsätzliche Anwendung (WOLFF/BACHOFF/STOBER Bd 1 § 22 Rn 46 ff; ERICHSEN/EHLERS, Allgemeines Verwaltungsrecht [12. Aufl 2002] § 2 Rn 68; z Unterscheidung ausf DE WALL 62 ff; vgl auch BAUR, Neue Verbindungslinien zwischen Privatrecht und öffentlichem Recht, JZ 1963, 41; ferner BGHZ 21, 214, 218; 54, 299, 302; 59, 303, 305), von denen die Analogie vorzugswürdig erscheint (ebenso DE WALL 53 ff, 81 f). Schwierigkeiten bereitet aber oft schon das Problem, ob eine **planwidrige Lücke** des Öffentlichen Rechts vorhanden ist (PAWLOWSKI, Methodenlehre für Juristen [3. Aufl 1999] Rn 476 ff; SCHMALZ, Methodenlehre für das juristische Studium [4. Aufl 1998] Rn 372 ff; z Einzelheiten DE WALL 82 ff). Ihre Feststellung ergibt sich nur durch Vergleich zu einer geregelten Fallkonstellation, der zu dem Ergebnis gelangt, dass das Fehlen einer Regelung für den ungeregelten Fall gleichheitswidrig erscheint (vgl CANARIS, Die Feststellung von Lücken im Gesetz [2. Aufl 1983]). Der vordergründige Schluss von der mangelnden Existenz einer der BGB-Regelung entsprechenden Norm im Öffentlichen Recht auf eine dementsprechende Lücke missachtete allerdings die Verschiedenartigkeit beider Rechtsgebiete: Das Öffentliche Recht hält für ähnliche Problemstellungen vielfach eigene, andersartige Rechtsinstitute bereit, zB für Irrtumsfälle, wo in Ermangelung einer ausdrücklichen Regelung nicht ohne weiteres die §§ 119 ff herangezogen werden dürfen (MünchKomm/KRAMER Rn 11; TRUTE, in: HOFFMANN-RIEM/SCHMIDT-ASSMANN, Öffentliches Recht und Privatrecht als wechselseitige Auffangordnungen [1996] 167, 178 f; Bsp auch bei DE WALL 86). **268**

Vorsicht ist auch bei der Feststellung geboten, ob die **Ähnlichkeit** von geregeltem und ungeregeltem Fall eine Übertragung der bürgerlich-rechtlichen Norm erlaubt: Die Prüfung der wesensmäßigen Anwendbarkeit einer privatrechtlichen Vorschrift im Öffentlichen Recht muss dessen Eigenarten berücksichtigen, zB den zwingenden Charakter im Gegensatz zur Privatautonomie, die Interessen der Beteiligten, ggf ein Über-/Unterordnungsverhältnis (z alldem WOLFF/BACHOFF/STOBER Bd 1 § 22 Rn 14 ff), schließlich die Konzentration des Öffentlichen Rechts auf das Verfahren der Entscheidungsfindung (DE WALL 86). Diese Umstände dürfen jedoch andererseits nicht zu der Annahme führen, zur Lückenfüllung im Öffentlichen Recht seien stets öffentlich-rechtliche Vorschriften vorrangig vor privatrechtlichen heranzuziehen (ebenso DE WALL 86 f). **269**

Die Anwendung privatrechtlicher Vorschriften im Öffentlichen Recht stößt also auf Grenzen. Grds ist sie zwar in der praktischen Rechtsanwendung als Richterrecht verfassungsrechtlich zulässig, muss aber den **Vorbehalt des Gesetzes** beachten, der den Gesetzgeber „verpflichtet, in grundlegenden normativen Bereichen [...] alle wesentlichen Entscheidungen selbst zu treffen" (BVerfGE 49, 89, 126). Die Konsequenzen dieser Vorgabe sind mit „Blick auf den jeweiligen Sachbereich und die Intensität der geplanten und getroffenen Regelung" (BVerfGE 49, 89, 127) zu bestimmen. Die aufgezeigten Grenzen der Übertragung privatrechtlicher Vorschriften auf das Öffentliche Recht dürfen allerdings nach dem Zweck des Gesetzesvorbehaltes auch in wesentlichen Bereichen dann überschritten werden, wenn die dadurch getroffene Regelung des Rechtsverhältnisses für den Bürger vorhersehbar erscheint. Dabei kann es von Bedeutung sein, ob die Verwaltung das betreffende Rechtsverhältnis von vornherein privatrechtlich hätte begründen können. Denn dann wären die **270** entsprechenden Normen des BGB direkt zur Anwendung gelangt, um deren analoge Anwendung es nun geht (näher DE WALL 93 ff).

2. Schuldrechtliche Vorschriften im Öffentlichen Recht

271 Öffentliches Recht begründet wie Privatrecht Rechtsverhältnisse zwischen den beteiligten Rechtssubjekten, die sog **Verwaltungsrechtsverhältnisse**. Einen Unterfall dazu bilden die verwaltungsrechtlichen Schuldverhältnisse (allg dazu MEYSEN, Haftung 55 ff; WINDHORST JuS 1996, 605), für die eine bestimmte Forderung kennzeichnend ist. Ähnlich wie im Privatrecht (dazu § 241 Rn 36 ff; MünchKomm/KRAMER Rn 13; FIKENTSCHER, Schuldrecht Rn 23) kann man auch im Öffentlichen Recht zwischen **Schuldverhältnissen ieS und iwS** (su § 241 Rn 36 ff) unterscheiden. Dabei bezeichnet Ersteres die einzelne Forderung, Letzteres das gesamte Schuldverhältnis zwischen den Beteiligten. Den Ausgangspunkt eines verwaltungsrechtlichen Schuldverhältnisses bilden durchaus unterschiedliche Entstehungstatbestände: Ein **verwaltungsrechtlicher Vertrag** oder ein **Verwaltungsakt**, eine **verwaltungsrechtliche Willenserklärung**, **schlichtes Verwaltungshandeln** oder eine **gesetzliche Anordnung** kommen in Frage (vgl dazu DE WALL 231 ff). Diese unterschiedlichen Umstände müssen bei der etwaigen Übernahme privatrechtlicher Vorschriften berücksichtigt werden, da zB das Schuldverhältnis aufgrund eines Verwaltungsaktes im VwVfG (und in verschiedenen Spezialgesetzen) eine umfangreiche und eigenständige gesetzliche Ausgestaltung erfahren hat, so dass sich deshalb uU die Anwendung privatrechtlicher Vorschriften verbietet. Bei anderen Entstehungstatbeständen dagegen gibt es zum Teil so große Lücken, dass ein ganzes privatrechtliches Rechtsinstitut, zB die GoA, im Wege der Analogie aus dem Privatrecht übernommen werden muss (dazu SCHOCH, GoA im öffentlichen Recht, Jura 1994, 241; KNAPP, Geschäftsführung ohne Auftrag bei Beteiligung von Trägern öffentlicher Verwaltung [1999]; NEDDEN, Die Geschäftsführung ohne Auftrag im Öffentlichen Recht [1994]; WOLLSCHLÄGER, Geschäftsführung ohne Auftrag und Erstattungsanspruch [1977]). Allerdings verweisen auch schon verschiedene verwaltungsrechtliche Bestimmungen direkt auf die GoA, zB §§ 42 Abs 2 OBG NW; 41 Abs 2 OBG Bbg; 57 PolG BW.

272 Für **öffentlich-rechtliche Verträge** enthält § 62 VwVfG einen ausdrücklichen Hinweis auf die ergänzende Anwendung des Privatrechts (vgl MEYER, Das neue öffentliche Vertragsrecht und die Leistungsstörungen, NJW 1977, 1705). Doch auch darüber hinaus haben insbesondere haftungsrechtliche Tatbestände Eingang in das öffentliche Recht gefunden (allg dazu vor allem MEYSEN, Haftung; weiterhin WINDHORST JuS 1996, 605, 608 ff), so die nunmehr in §§ 280 Abs 1, 311 Abs 2 und 3 normierte **culpa in contrahendo** (BGHZ 71, 386, 392; 76, 343, 348 f; JÄCKLE, Die Haftung der öffentlichen Verwaltung aus culpa in contrahendo im Licht der oberinstanzlichen Rechtsprechung, NJW 1990, 2520 mwNw; ausf KELLER, Vorvertragliche Schuldverhältnisse im Verwaltungsrecht [1997]; z Normierung auch Rn 210), die jetzt in § 313 niedergelegten Grundsätze des **Wegfalls der Geschäftsgrundlage** (LITTBARSKI, Der Wegfall der Geschäftsgrundlage im Öffentlichen Recht [1982]; z Normierung auch Rn 218), die seit der Schuldrechtsreform über § 280 Abs 1 erfasste **positive Forderungsverletzung** (BGHZ 17, 191; 54, 299, 302 f; 59, 303; 61, 7, 11 ff; 109, 8, 9 ff; 135, 341; ERICHSEN/RÜFNER, Allgemeines Verwaltungsrecht [12. Aufl 2002] § 49 Rn 9; krit PAPIER, Die Forderungsverletzung im Öffentlichen Recht [1970]; z Normierung auch Rn 211) sowie die Regelungen der §§ 242, 254 (ua BGH NJW 1983, 622; z § 242 s auch STAUDINGER/LOOSCHELDERS/OLZEN § 242 Rn 1064 ff), 276 (ua RGZ 65, 113, 117; BGHZ 54, 299, 302 ff), 278, 280 Abs 1 S 2 (§ 282 aF), 286 (§ 284 aF), 291. Auch die **Aufrechnungsvorschriften** der §§ 387 ff finden im Öffentlichen Recht

„sinngemäße" Anwendung (ausf und mit zahlreichen Nachw MünchKomm/SCHLÜTER § 387 Rn 3), soweit keine eigenständige Normierung des Problems vorhanden ist, vgl nur §§ 51f SGB I; 333 SGB III; 28 SGB IV; 226 AO. Gleiches gilt für das **Kaufrecht** (BGHZ 59, 303, 305). Der **öffentlich-rechtliche Erstattungsanspruch** geht, obwohl heute an verschiedenen Stellen speziell normiert, vgl §§ 49a VwVfG; 50 SGB X; 87 BBG; 37 AO, auf eine analoge Anwendung der §§ 812 ff zurück (dazu BVerwGE 4, 215, 218 f; 6, 1, 10; 18, 308, 314; WEBER, Der Erstattungsanspruch – Die ungerechtfertigte Bereicherung im Öffentlichen Recht [1977]; ders, Der öffentliche Erstattungsanspruch, JuS 1986, 29, 33). Allerdings stößt der Einwand der Entreicherung gem §§ 818 Abs 3, 819 auf Probleme: Während er dem Staat verwehrt sein soll (vgl BVerwGE 36, 108, 113 f; OVG Koblenz NVwZ 1988, 448), muss auf Seiten des Bürgers unterschieden werden, ob die zurückgeforderte staatliche Leistung auf einem Verwaltungsakt beruht oder nicht. Im erstgenannten Fall werden die einschlägigen Vertrauensschutzregelungen, zB §§ 48 ff VwVfG, angewendet. Andernfalls sind nach der Rspr des BVerwG nicht die §§ 818 Abs 3, 819 anzuwenden, sondern **Vertrauensschutzgrundsätze** heranzuziehen (grundlegend u z den Unterschieden der beiden Ansätze BVerwGE 71, 85, 91 mwNw). Die **öffentlich-rechtliche Verwahrung** schließlich wird in erheblichem Umfang durch die privatrechtlichen Verwahrungsvorschriften, §§ 688 ff, bestimmt (Einzelheiten bei MünchKomm/HÜFFER § 688 Rn 58 ff; z Übernahme all dieser und weiterer schuldrechtlicher Rechtsinstitute und Vorschriften in das Öffentliche Recht ausf DE WALL 218 ff sowie MEYSEN, Haftung 299 ff; speziell für das Sozialrecht GITTER, Bundessozialgericht und Zivilrecht, NJW 1979, 1024, 1026 ff).

III. Schuldrecht und Zivilprozessrecht

Schuld- und **Zivilprozessrecht** sind in mehrfacher Hinsicht verzahnt. Zum einen finden sich in der ZPO Normen des materiellen Schuldrechts, zB §§ 89 Abs 1 S 3, 302 Abs 4 S 3 (ggf iVm § 600 Abs 2), 641g, 717 Abs 2, 840 Abs 2 S 2, 842, 945 und 1042 Abs 4 S 1 ZPO, die allesamt Schadensersatzansprüche vorsehen. Zum anderen sind verschiedene schuldrechtliche Rechtsfolgen mit prozessualen Sachverhalten verknüpft, ua bei den sog begünstigten Erfüllungsansprüchen, bei denen das stattgebende Urteil eine Anspruchsvoraussetzung bildet (vgl zB §§ 281, 323, 530, 637, weitere Bsp bei ZÖLLER/GREGER ZPO § 255 Rn 4). „Begünstigt" sind diese Ansprüche deshalb, weil der Gläubiger gem § 255 Abs 1 ZPO die Möglichkeit hat, schon im Urteil eine Frist bestimmen zu lassen, nach deren erfolglosen Ablauf er im Falle der Nichtleistung ohne weiteres Schadensersatz statt der Leistung verlangen oder vom Vertrag zurücktreten kann (dazu näher MUSIELAK/FOERSTE, ZPO § 255 Rn 1). Zudem gibt es schuldrechtliche Vorschriften, die auf die **Rechtshängigkeit** einer Klage Bezug nehmen, vgl ua §§ 286 Abs 1 S 2, 292 Abs 1, 818 Abs 4, 819 Abs 1. Umgekehrt kennt aber auch die ZPO Verweise auf schuldrechtliche Normen, zB § 717 Abs 3 ZPO. **273**

Weiterhin haben verschiedene Rechtsgrundsätze und Institute des Schuldrechts Bedeutung im Prozessrecht erlangt, in erster Linie der Grundsatz von **Treu und Glauben** gem § 242 (STAUDINGER/LOOSCHELDERS/OLZEN § 242 Rn 1028 ff). Er kommt als Einwand **unzulässiger Rechtsausübung** bzw der **Arglist** in Betracht, wenn der Kläger einer Drittwiderspruchsklage gem § 771 ZPO materiell-rechtlich selbst für die Forderung haftet, die dem Zahlungstitel des Drittwiderspruchsklägers zugrunde liegt, der als Vollstreckungsgrundlage dient. Denkbar ist diese Fallkonstellation in Bürgschaftsfällen, § 765 Abs 1, oder wenn wegen einer Schuld der OHG in das Vermögen des persönlich haftenden Gesellschafters vollstreckt wird, §§ 128, 161 Abs 2 HGB **274** (näher MUSIELAK/LACKMANN, ZPO § 771 Rn 33; ausf MünchKomm/K SCHMIDT ZPO § 771 Rn 47 ff). § 826 ist beim sog **Urteilsmissbrauch** bedeutsam. So darf zB der Geschädigte bei einem gegen ihn erschlichenen Urteil Unterlassung der Zwangsvollstreckung, Herausgabe des Titels und/oder Schadensersatz verlangen (näher z Voraussetzungen und Rechtsfolgen PALANDT/SPRAU § 826 Rn 46 ff; WIECZOREK/OLZEN, Zivilprozessrecht [3. Aufl 1998] Bd III/2 § 700 Rn 19 ff; ZÖLLER/VOLLKOMMER, ZPO Vor § 322 Rn 72 ff). Damit wird je nach Anspruchsinhalt zugleich die **Rechtskraft** der Entscheidung **durchbrochen** (WIECZOREK/OLZEN aaO; ZÖLLER/VOLLKOMMER, ZPO Vor § 322 Rn 72 ff).

275 Auch der **Prozessvergleich** liegt an der Schnittstelle zwischen Schuld- und Zivilprozessrecht. Als besonderer schuldrechtlicher Vertragstyp in § 779 geregelt, erlangt er auch als Prozesshandlung Bedeutung. Die Regelung der ZPO wirkt in Anbetracht dieser Relevanz dürftig, vgl § 794 Abs 1 Nr 1 (MünchKomm/WOLFSTEINER, ZPO § 794 Rn 12; MUSIELAK/LACKMANN, ZPO § 794 Rn 2). Str ist deshalb nach wie vor seine **Rechtsnatur**. Dazu lassen sich drei Ansätze unterscheiden: Die sog **prozessuale Theorie** (BAUMBACH/LAUTERBACH/ALBERS/HARTMANN, ZPO Anh § 307 Rn 3 ff) sieht im Prozessvergleich eine reine Prozesshandlung, die deshalb ohne die Erfordernisse des § 779 auskommt. Die sog **Trennungstheorie** (POHLE AP § 794 ZPO Nr 2–4, 10; JESSEN, Zur Anfechtung des Prozessvergleichs, JR 1956, 8; ZEUNER AP § 794 ZPO Nr 8; wohl auch MünchKomm/ WOLFSTEINER, ZPO § 794 Rn 16 f) zerlegt den Vergleich hingegen in einen prozessualen und einen materiell- rechtlichen Tatbestand und wendet darauf die jeweiligen Vorschriften des entsprechenden Rechtsgebiets an. Herrschend ist die Lehre von der **Doppelnatur** des Prozessvergleichs (BGHZ 16, 388, 390; 79, 71, 74; BGH NJW 1988, 65; MUSIELAK/LACKMANN, ZPO § 794 Rn 3; STEIN/JONAS/MÜNZBERG, Kommentar zur ZPO [22. Aufl 2002] § 794 Rn 58 ff; ZÖLLER/STÖBER, ZPO § 794 Rn 3), die ihn in Abgrenzung zur Trennungstheorie tatbestandlich als Einheit begreift, für die Einzelprobleme jedoch ebenfalls auf Prozess- oder Schuldrecht zurückgreift.

P. Europäisches und internationales Schuldrecht*

I. Rechtsvereinheitlichung und Europäisches Zivilgesetzbuch

1. Allgemeines

276 Die Entstehung der **Europäischen Gemeinschaft** verursachte auch im Bereich des Privat- und damit des Schuldrechts einen **Vereinheitlichungsprozess** (z Europäisierung des Privatrechts allg MünchKomm/SÄCKER Einl zum BGB Rn 186 ff; STAUDINGER/COING/HONSELL

---

* **Schrifttum:** BASEDOW, Grundlagen des europäischen Privatrechts, JuS 2004, 89 ff; ders, Ein optionales Europäisches Vertragsgesetz – opt-in, opt-out, wozu überhaupt?, ZEuP 2004, 1 ff; BERGER, Einheitliche Rechtsstrukturen durch außergesetzliche Rechtsvereinheitlichung, JZ 1999, 369 ff; COING, Europäisierung der Rechtswissenschaft, NJW 1990, 937 ff; DREHER, Wettbewerb oder Vereinheitlichung der Rechtsordnungen in Europa?, JZ 1999, 105 ff; DROBNIG, Ein Vertragsrecht für Europa, in: FS Steindorff (1990) 1141 ff; FIORENTINI, A report on the 2001 and 2002 „Common Core of european Private Law" Meetings, ZEuP 2003, 444 ff; GRUNDMANN, Europäisches Schuldvertragsrecht, ZGR-Sonderheft 1999, 22 ff; HAUSCHKA, Grundprobleme der Privatrechtsfortbildung durch die Europäische Wirtschaftsgemeinschaft, JZ 1990, 521 ff; HIRTE, Wege zu einem europäischen Zivilrecht (1996); JANSEN,

[2004] Einl 112 zum BGB; HIRTE, Wege zu einem europäischen Zivilrecht [1996]; REMIEN, Ansätze für ein Europäisches Vertragsrecht, ZVglRWiss 87 [1988] 105; SONNENBERGER JZ 1998, 982; vgl auch MÜLLER-GRAFF NJW 1993, 13; SCHWARTZ, Perspektiven der Angleichung des Privatrechts in der Europäischen Gemeinschaft, ZEuP 1994, 559; ZIMMERMANN, Das römisch-kanonische ius commune als Grundlage europäischer Rechtseinheit, JZ 1992, 8; SCHMIDT-JORTZIG, Perspektiven der Europäischen Privatrechtsangleichung, AnwBl 1998, 63; z Schadensrecht JANSEN JZ 2005, 160 ff), dessen Ziel und weitere Entwicklung sich auch heute noch nicht klar absehen lassen. Er

Konturen eines europäischen Schadensrechts, JZ 2005, 160 ff; KOOPMANS, Towards a European Civil Code?, Europ Rev Priv L 5 (1997) 541 ff; LANDO, Principles of European Contract Law. An Alternative of a Precursor of European Legislation, RabelsZ 56 (1992) 261 ff; ders, Die Regeln des Europäischen Vertragsrechts, in: MÜLLER-GRAFF 567 ff; MARTINY, Europäisches Privatrecht – greifbar oder unerreichbar?, in: MARTINY/WITZLEB 1 ff; MÜLLER-GRAFF, Gemeinsames Privatrecht in der Europäischen Gemeinschaft (2. Aufl 1999); ders, Europäisches Gemeinschaftsrecht und Privatrecht, NJW 1993, 13 ff; ders, Europäisches Internationales Vertragsrecht vor der Reform, ZEuP 2003, 590 ff; MEYER, Auf dem Weg zu einem Europäischen Zivilgesetzbuch, BB 2004, 1285 ff; NAJORK/SCHMIDT-KESSEL, Der Aktionsplan der Kommission für ein kohärenteres Vertragsrecht: Überlegungen zu den von der Kommission vorgeschlagenen Maßnahmen, GPR 2003, 5 ff; PATTI, Kritische Anmerkungen zum Entwurf eines europäischen Vertragsgesetzbuches, ZEuP 2004, 118 ff; PECHSTEIN, Europäisches Zivilgesetzbuch und Rechtssetzungsbefugnisse der EG, in: MARTINY/WITZLEB, Auf dem Weg zu einem Europäischen Zivilgesetzbuch (1998) 19 ff; RANIERI, Europäisches Obligationenrecht (2003); REMIEN, Ansätze für ein Europäisches Vertragsrecht, ZVglRWiss 87 (1988) 105; ders, Zwingendes Vertragsrecht und Grundfreiheiten des EG-Vertrags (Habil Tübingen 2003); RIESENHUBER, Europäisches Vertragsrecht (2003); RITTNER, Das Projekt eines Europäischen Privatrechtsgesetzbuches und die wirtschaftliche Praxis, DB 1996, 25 ff; ders, Das Gemeinschaftsprivatrecht und die europäische Integration, JZ 1995, 849 ff; SCHLECHTRIEM, „Wandlungen des Schuldrechts in Europa" – wozu und wohin, ZEuP 2002, 213 ff; SCHMIDT-JORTZIG, Perspektiven der Europäischen Privatrechtsangleichung, AnwBl 1998, 63 ff; SCHNEIDER, Europäische und internationale Harmonisierung des Bankvertragsrechts. Zugleich ein Beitrag zur Angleichung des Privatrechts in der Europäischen Gemeinschaft, NJW 1991, 1985 ff; SCHULZE, Auslegung europäischen Privatrechts und angeglichenen Rechts (1999); ders, Ein Jahrhundert BGB – deutsche Rechtseinheit und europäisches Privatrecht, DRiZ 1997, 369 ff; SCHWARTZ, Wege zur EG-Rechtsvereinheitlichung, in: FS vCaemmerer 1067 ff; STURM, Bemühungen um ein einheitliches europäisches Vertragsrecht, JZ 1991, 555 ff; SCHWINTOWSKI, Auf dem Weg zu einem Europäischen Zivilgesetzbuch, JZ 2002, 205 ff; STATHOPOULOS, Europäisches Recht, Vertragsrecht und ratio scripta – Zuständigkeiten und Perspektiven, ZEuP 2003, 243 ff; STAUDENMAYER, Der Aktionsplan der EG-Kommission zum Europäischen Vertragsrecht, EuZW 2003, 165 ff; TAUPITZ, Privatrechtsvereinheitlichung durch die EG: Sachenrechts- oder Kollisionsrechtsvereinheitlichung?, JZ 1993, 533 ff; TRÖGER, Zum Systemdenken im europäischen Schuldvertragsrecht – Probleme der Rechtsangleichung durch Richtlinien am Beispiel der Verbrauchsgüterkauf-Richtlinie, ZEuP 2003, 525 ff; ULMER, Vom deutschen zum europäischen Privatrecht?, JZ 1992, 1 ff; WAGNER, Für einen Wettbewerb der Ideen im Europäischen Privatrecht!, ZEuP 2003, 930 f; WURMNEST, Common Core, Grundregeln, Kodifikationsentwürfe, Acquis-Grundsätze – Ansätze internationaler Wissenschaftlergruppen zur Privatrechtsvereinheitlichung in Europa, ZEuP 2003, 714 ff; ZIMMERMANN, Konturen eines Europäischen Vertragsrechts, JZ 1995, 477 ff; ZYPRIES, Der „Aktionsplan für ein kohärenteres europäisches Vertragsrecht" der Kommission – oder: Was ist zu tun im Europäischen Vertragsrecht?, ZEuP 2004, 225 ff.

findet zum einen im Bereich der Auslegung statt (z Auslegung des Gemeinschaftsrechts vgl COLNERIE, Auslegung des Gemeinschaftsrechts und gemeinschaftsrechtskonforme Auslegung, ZEuP 2005, 225 ff). Während die Einbeziehung der Grundfreiheiten und der EMRK weniger praktische Bedeutung hat, weil das GG meist Parallelwertungen enthält (z EMRK vgl aber EuGMR NJW 2004, 2647 [Caroline v Hannover]), gewinnen die in Richtlinien zugrunde gelegten Wertungen zunehmend Einfluss auf die Ausfüllung der Generalklauseln (AnwK-BGB/LOOSCHELDERS § 138 Rn 68 ff u STAUDINGER/LOOSCHELDERS/OLZEN § 242 Rn 149 z Treu und Glauben). Dies gilt va in der Zeit bis zur Umsetzung der Richtlinien, in der das deutsche Recht richtlinienkonform anzuwenden ist.

277 Das Europäische Parlament hatte im Wege einer Entschließung die Kommission schon 1989 und erneut 1994 aufgefordert, „die Arbeiten im Zusammenhang mit der möglichen Ausarbeitung eines einheitlichen Europäischen Gesetzbuches für das Privatrecht in Angriff zu nehmen" (ABl EG 1994 Nr C 205/518; ZEuP 1995, 669; z Entschließung v 26. 5. 1989 s ABl EG 1989 Nr C 158/400 = RabelsZ 56 [1992] 320 = ZEuP 1993, 613); dennoch hat es bis 1998 gedauert, dass ein Forschungsnetzwerk **„Common Principles of European Private Law"** (dazu COSSMANN, Common Principles of European Private Law, ZEuP 1998, 379) bewilligt wurde. Vorher beschränkte man sich auf die Unterstützung der sog „Lando-Kommission" bei der Ausarbeitung der „Principles of European Contract Law" (PECL; dazu u Rn 291).

278 Trotz deren umfangreicher Arbeit und den Anstrengungen anderer **Arbeitsgruppen** (su Rn 288) ist ein umfassendes Gesetzeswerk zum Privatrecht aber noch in weiter Ferne (vgl dazu auch ZYPRIES ZEuP 2004, 225, 230). Dazu trägt nicht zuletzt bei, dass kein einheitliches Meinungsbild zur Notwendigkeit einer solchen **Kodifikation** besteht (ausf z dieser Problematik STAUDINGER/J SCHMIDT [1995] Rn 94 f; LANDO, in: MÜLLER-GRAFF 567–569; DROBNIG, in: FS Steindorff [1990] 1141, 1145 ff). Die Gegner verweisen zum einen auf die **mangelnde demokratische Legitimation** der Gemeinschaftsorgane (TAUPITZ, Privatrechtsvereinheitlichung durch die EG: Sachenrechts- oder Kollisionsrechtsvereinheitlichung?, JZ 1993, 533, 536; REMIEN, Möglichkeiten und Grenzen eines europäischen Privatrechts, in: JbJZivRWiss [1991] 25 f) zum anderen auf das **Subsidiaritätsprinzip** (HAUSCHKA, Grundprobleme der Privatrechtsfortbildung durch die Europäische Wirtschaftsgemeinschaft, JZ 1990, 521, 523; SCHELTER, Subsidiarität. Handlungsprinzip für das Europa der Zukunft, EuZW 1990, 217; SCHNEIDER, Europäische und internationale Harmonisierung des Bankvertragsrechts. Zugleich ein Beitrag zur Angleichung des Privatrechts in der Europäischen Gemeinschaft, NJW 1991, 1985, 1990 f; MARTINY, in: MARTINY/WITZLEB 1, 15 f). Letzteres lässt einen Entzug von Kompetenzen der Mitgliedstaaten nur insoweit zu, als und soweit die angestrebten Ziele der Gemeinschaft einzelstaatlich nicht ausreichend und daher besser auf Gemeinschaftsebene verwirklicht werden können. Selbst dann dürfen die Maßnahmen nicht über das für die Erreichung der Ziele des EG-Vertrages erforderliche Maß hinausgehen, vgl Art 5 EG (z Subsidiaritätsprinzip allg PIPKORN, Das Subsidiaritätsprinzip im Vertrag über die Europäische Union – rechtliche Bedeutung und gerichtliche Überprüfbarkeit, EuZW 1992, 697 f). Ferner sieht man im **„Wettbewerb der Rechtsordnungen"**, der durch ein einheitliches europäisches Zivilrecht zunichte gemacht würde, den Vorteil eines **Innovationszwangs**, der zu einer dynamischeren Rechtsentwicklung beitragen soll (KÖTZ RabelsZ 50 [1986] 1, 10 ff; REMIEN, Möglichkeiten und Grenzen eines europäischen Privatrechts, in: JbJZivR-Wiss [1991] 26; ausf DREHER, Wettbewerb oder Vereinheitlichung der Rechtsordnungen in Europa?, JZ 1999, 105; s auch GRUNDMANN, Europäisches Schuldvertragsrecht, ZGR-Sonderheft 1999, 22 ff; aA etwa STATHOPOULOS ZEuP 2003, 243, 245).

Außerdem verhindert – wie eingangs erwähnt – (noch) **die fehlende Kompetenz** der **279** Gemeinschaft zur umfassenden privatrechtlichen Rechtsetzung ein Europäisches Zivilgesetzbuch (s MARTINY, in: MARTINY/WITZLEB 1, 14 ff; RITTNER DB 1996, 25; SONNENBERGER JZ 1998, 982, 988; STATHOPOULOS ZEuP 2003, 243, 245; KOOPMANS, Towards a European Civil Code?, Europ Rev Priv L 5 [1997] 541, 544 f; GAMERITH, Das nationale Privatrecht in der Europäischen Union – Harmonisierung durch Schaffung von Gemeinschaftsprivatrecht, ÖJZ 1997, 165, 169 ff; TILMANN, The legal basis for a European Civil Code, Europ Rev Priv L 5 [1997] 471 ff; ausf PECHSTEIN, in: MARTINY/WITZLEB 19; MÜLLER-GRAFF NJW 1993, 13, 16 f; TASCHNER, Privatrechtsentwicklung durch die Europäische Gemeinschaft – Rechtsgrundlagen, Ziele, Sachgebiete, Verfahren, in: MÜLLER-GRAFF 225; HAYDER, Privatrechtsentwicklung durch die Europäische Gemeinschaft – Kommentar zum Vortrag von Hans Claudius Taschner –, in: MÜLLER-GRAFF 237), so dass eine Einführung im Wege der Verordnung ausscheiden dürfte (z Beibehaltung der Richtlinienpraxis auch ZYPRIES ZEuP 2004, 225, 232). Denkbar wäre nach dem derzeitigen Stand des europäischen Rechts daher nur eine **Einführung durch völkerrechtlichen Vertrag** (vgl dazu auch STATHOPOULOS ZEuP 2003, 243, 251).

Die Angleichungsbemühungen beschränken sich deshalb zwischenzeitlich auf Teil- **280** bereiche, wie zB das **Gesellschafts-** (s EuZW 1998, 625; HOPT, Europäisches Gesellschaftsrecht – Krise und neue Anläufe, ZIP 1998, 96; BLAUROCK, Europäisches und deutsches Gesellschaftsrecht – Bilanz und Perspektiven eines Anpassungsprozesses, ZEuP 1998, 460; HABERSACK, Europäisches Gesellschaftsrecht [1999]; SCHWARZ, Europäisches Gesellschaftsrecht [2000]), **Versicherungs-** (dazu REIFF, Die Auswirkungen des Gemeinschaftsrechts auf das deutsche Versicherungsvertragsrecht, VersR 1997, 267; HERRMANN, Auslegung europäisierten Versicherungsvertragsrechts, ZEuP 1999, 663) und **Arbeitsrecht** (PREIS, Entwicklungslinien in der Rechtsprechung des EuGH zum Arbeitsrecht, ZIP 1995, 891, 892; ausf auch REICHOLD, Sozialgerechtigkeit versus Vertragsfreiheit – arbeitsrechtliche Erfahrungen mit Diskriminierungsregeln, JZ 2004, 384 ff). Im **Schuldrecht** selbst haben zahlreiche Richtlinien (su Rn 281) zu einzelnen „europarechtlichen Inseln" geführt (RITTNER JZ 1995, 849, 851; ders DB 1996, 25, 26; KÖTZ RabelsZ 50 [1986] 1, 12); in diesem Bereich verfügt der **EuGH** über die letztinstanzliche **Auslegungszuständigkeit**, Art 220 EG. Ein übergreifendes Konzept ist jedoch bis heute kaum erkennbar (z Problematik der Rechtsangleichung durch Richtlinien s auch STAUDENMAYER, in: SCHULZE/SCHULTE-NÖLKE 419, 420 ff; z Auslegung vgl SCHULZE, Auslegung europäischen Privatrechts und angeglichenen Rechts [1999]; z Einfluss des Gemeinschaftsrechts auf die Schuldrechtsreform s SCHULZE/SCHULTE-NÖLKE; insges auch BASEDOW JuS 2004, 89, 93). Der den Richtlinien zugrunde liegende Gedanke war bisher auch nicht primär die Vereinheitlichung nationaler Rechtsordnungen, sondern vielmehr der Schutz einer beteiligten Vertragspartei.

Dies zeigt sich in neuerer Zeit am Bsp der umstrittenen **Diskriminierungsrichtlinie** **281** vom 29. 6. 2000 (Richtlinie 2000/43/EG, AblEG Nr L 180, 22), nach der die Mitgliedstaaten zu Regelungen verpflichtet sind, die den Betroffenen ermöglichen, sich gegen Diskriminierungen aufgrund der **Rasse** oder der **ethnischen Herkunft** beim Zugang zu Gütern und Dienstleistungen zur Wehr zu setzen (dazu auch AnwK-BGB/ LOOSCHELDERS § 138 Rn 69; LOOSCHELDERS, Schuldrecht AT Rn 121; z gemeinschaftsrechtlichen Grundlage des Art 13 EG WERNSMANN, Bindung Privater an Diskriminierungsverbote durch Gemeinschaftsrecht, JZ 2005, 224 ff). Für den Bereich des **Arbeitsrechts** beinhaltet eine weitere Richtlinie vom 27. 11. 2000 (Richtlinie 2000/78/EG, AblEG Nr L 303, 16) Vorgaben, die den **Arbeitnehmer** vor einer Diskriminierung aufgrund von **Religion, Weltanschauung, Behinderung, Alter** oder **sexueller Ausrichtung** schützen sollen. Dazu tritt die revidierte Gleichbehandlungsrichtlinie 2002/73/EG vom 23. 9. 2002 (AblEG Nr L 269, 15), welche sich auf die **Gleichbehandlung von Männern und Frauen** im **Arbeitsrecht** bezieht. Schließlich verfolgt die vierte Gleichstellungsrichtlinie zur Gleichstellung der Geschlechter außerhalb des Erwerbslebens vom 13. 12. 2004 (Richtlinie 2004/113/EG, AblEG Nr L 373, 37) dieselbe Stoßrichtung in Bezug auf den Zugang zu **öffentlich angebotenen Gütern** und **Dienstleistungen** bei **Massengeschäften** und **privatrechtlichen Versicherungen**.

282 Die **Umsetzungsfrist** für die beiden erstgenannten Richtlinien war bereits im Juli bzw Dezember 2003 abgelaufen; die einheitliche Umsetzung aller vier Richtlinien durch das sog **AntidiskriminierungsG** befindet sich jedoch noch immer im Gesetzgebungsverfahren (vgl dazu den Entwurf eines G zur Umsetzung europäischer Antidiskriminierungsrichtlinien, BMJ in der Fassung v 18. 3. 2005, BT-DrS 15/4538). Der Gesetzgeber verfolgt einen im Vergleich zum EG-Recht umfangreicheren Ansatz. Das Verbot der Diskriminierung soll nicht nur die Kriterien Rasse und ethnische Herkunft, sondern auch (obwohl nach europarechtlicher Vorgabe nur für das Arbeitsrecht zwingend) diejenigen des Geschlechts, der Religion, der Weltanschauung, der Behinderung, des Alters oder der sexuellen Identität grundsätzlich auf den gesamten Bereich des Zivilrechts erfassen (vgl z Problematik Adomeit, Diskriminierung – Inflation eines Begriffs, NJW 2002, 1622 ff; Baer, „Ende der Privatautonomie" oder grundrechtlich fundierte Rechtsetzung?, ZRP 2002, 290 ff; Braun, Forum – Übrigens – Deutschland wird wieder totalitär, JuS 2002, 424 f; Neuner, Diskriminierungsschutz durch Privatrecht, JZ 2003, 57 ff; Picker, Antidiskriminierungsgesetz – Der Anfang vom Ende der Privatautonomie, JZ 2002, 880 ff; ders, Antidiskriminierung als Zivilrechtsprogramm?, JZ 2003, 540 ff; Thüsing, Richtlinienkonforme Auslegung und unmittelbare Geltung von EG-Richtlinien im Anti-Diskriminierungsrecht, NJW 2003, 3441 ff; ders, Vertragsfreiheit, Persönlichkeitsschutz und Effizienz – Das Antidiskriminierungsgesetz bringt weit reichende Änderungen für das Zivil- und das Arbeitsrecht, ZGS 2005, 49 ff; vWestfalen, Einige Überlegungen zum Gesetzentwurf zur Verhinderungen von Diskriminierungen im Zivilrecht, ZGS 2002, 283 ff; speziell für das Versicherungsrecht auch Wandt, Geschlechtsabhängige Tarifierung in der privaten Krankenversicherung, VersR 2004, 1341 ff; zum europäischen Hintergrund auch ausf Wernsmann, Bindung Privater an Diskriminierungsverbote durch Gemeinschaftsrecht, JZ 2005, 224 ff).

283 Der **dritte Abschnitt** des AntidiskriminierungsG enthält dementsprechend zahlreiche zivilrechtliche Benachteiligungsverbote. Ausgenommen bleiben gem § 19 Abs 4, 5 AntidiskriminierungsG das **Familien- und Erbrecht** sowie diejenigen Schuldverhältnisse, die einen besonders engen Bezug zur **Privatsphäre** haben. Im Rahmen seines Anwendungsbereiches verfolgt das Gesetz ein abgestuftes System. § 19 Abs 2 AntidiskriminierungsG soll Benachteiligungen wegen der **Rasse** oder der **ethnischen Herkunft** außerhalb des „privaten Nähebereichs" in weitem Umfang verhindern. Entsprechende Benachteiligungen wegen des **Geschlechts**, der **Religion**, der **Weltanschauung**, einer **Behinderung**, des **Alters** oder der **sexuellen Identität** sind gem dem beabsichtigten § 19 Abs 1 AntidiskriminierungsG nur für **Massengeschäfte** zulässig, bei denen also die Person des Vertragspartners typischerweise nur geringe Bedeutung hat, ferner für privatrechtliche **Versicherungsverträge** (vgl dazu im Einzelnen Looschelders, Schuldrecht AT Rn 121; Thüsing ZGS 2005, 49 ff). § 21 AntidiskriminierungsG billigt den Benachteiligten auf der Rechtsfolgenseite bei einem Verstoß **Beseitigungs- und Unterlassungsansprüche**, ggf einen **Anspruch auf Abschluss** des verweigerten Vertrages sowie – wie bisher im Arbeitsrecht – Ansprüche auf **Entschädigung**

und Schadensersatz zu. Auf eine **entgegenstehende Vereinbarung** kann sich der Benachteiligende gem § 21 Abs 5 AntidiskriminierungsG nicht berufen.

Ob das AntidiskriminierungsG im Falle seines Inkrafttretens einen tiefen Eingriff in **284** die Privatautonomie darstellt (so etwa ADOMEIT NJW 2002, 1622, 1623; BRAUN JuS 2002, 424 f), wird die Handhabung der Vorschriften durch die Gerichte zeigen; zumindest bieten sie Raum für abweichende Interpretationen (vgl dazu etwa THÜSING ZGS 2005, 49 ff). Dabei ist darauf hinzuweisen, dass gem § 20 AntidiskriminierungsG für die Merkmale **Geschlecht, Lebensalter, Behinderung, sexuelle Orientierung, Religion** und **Weltanschauung** eine unterschiedliche Behandlung aus **sachlichen Gründen** erfolgen kann. Dadurch soll die Regelung den Schutz vor Benachteiligung gerade mit dem Grundsatz der Privatautonomie (dazu auch oben Rn 49 ff) in ein ausgewogenes Verhältnis bringen (vgl dazu auch die Begründung z Entwurf eines Gesetzes z Umsetzung europäischer Antidiskriminierungsrichtlinien BT-Drucks 15/4538 23). Dennoch wird das Gesetz nicht nur im **Arbeitsrecht**, sondern va im Bereich von **Miet- und Versicherungsverträgen** erhebliche Auswirkungen haben (vgl THÜSING ZGS 2005, 49 f).

Der tiefere Grund für die **Vereinheitlichungsprobleme** im europäischen Recht, für **285** die die Antidiskriminierungsdebatte nur ein aktuelles Bsp bildet, liegt neben nationalen Vorbehalten darin, dass der Gemeinschaft funktionelle und keine sachlichen Kompetenzen zugewiesen sind. Ihre Rechtssetzungskompetenz gründet sich also nicht auf den Inhalt des jeweiligen Rechtsgebietes, sondern fragt normzweckorientiert, ob die geplante Norm zB für das **Funktionieren des Gemeinsamen Marktes** gem Art 95 Abs 1 S 2 EG erforderlich ist (RITTNER DB 1996, 25 f; GRUNDMANN, in: GRUNDMANN, Systembildung und Systemlücken in Kerngebieten des europäischen Privatrechts [2000] 2 f; ausf MünchKomm/SÄCKER Einl zum BGB Rn 213).

Ferner ist der durch die **Richtlinien** erzielte **Angleichungserfolg** deshalb nur von **286** begrenztem Umfang, weil den Mitgliedstaaten bei der Umsetzung ein nicht geringer **Gestaltungsspielraum** verbleibt und auch verbleiben muss, vgl Art 189 Abs 3 EG (begrifflich sollte man eher von „Angleichung" [approximation] statt „Vereinheitlichung" [unification] sprechen; BERGER JZ 1999, 369, 372; SCHULZE DRiZ 1997, 369, 373; SCHWARTZ, Wege zur EG- Rechtsvereinheitlichung, in: FS vCaemmerer 1067 ff; eingehend PECHSTEIN, in: MARTINY/WITZLEB 25 f; CALLIESS/RUFFERT/KAHL EUV/EGV Art 94 EG Rn 1, 4; vgl RITTNER DB 1996, 25 f; SONNENBERGER JZ 1998, 982, 987). Eine völlige Rechtsvereinheitlichung wäre folglich nur im Wege der **Verordnung** zu erreichen, ein Weg, der jedoch die angesprochenen kompetenzrechtlichen Probleme aufwirft (so Rn 279; vgl aber auch STAUDENMAYER, in: SCHULZE/SCHULTE-NÖLKE 419).

Die Schwierigkeiten einer **„formalisierten Rechtsvereinheitlichung"** (BERGER JZ 1999, **287** 369, 372; ULMER, Vom deutschen zum europäischen Privatrecht?, JZ 1992, 1, 5; COING, Europäisierung der Rechtswissenschaft, NJW 1990, 937; z Konflikten mit der Rechtssicherheit RITTNER DB 1996, 25, 26) haben zur Folge, dass verstärkt „informelle Wege" (BERGER aaO) zur Erreichung dieses Ziels beschritten werden.

Zunächst haben sich mehrere **Kommissionen** bzw **Arbeitsgruppen** zusammengefun- **288** den, die nach dem Vorbild amerikanischer „Restatements" (vgl dazu zB BASEDOW JuS 2004, 89, 95; SCHINDLER, Die Restatements und ihre Bedeutung für das amerikanische Privatrecht, ZEuP 1998, 277, 278 ff; JANSEN JZ 2005, 160 f) **Prinzipien** eines **europäischen** oder sogar internationalen Schuldrechts erarbeiten und zum Teil auch schon Ergebnisse vorlegen (su Rn 291 ff). Geltung kann ihnen gegenwärtig allerdings nur im Wege der **Vereinbarung** verschafft werden (vgl Art 1:101 Abs 1–3 PECL sowie die Präambel der Grundregeln der internationalen Handelsverträge [„UNIDROIT-Prinzipien"]). Gleichzeitig bilden diese Prinzipien Muster innerstaatlicher und internationaler Gesetzgebung, sie sind Hilfsmittel bei der Auslegung bzw Ergänzung bestehender internationaler Abkommen und dienen schließlich als Leitfaden für die Abfassung von Verträgen (BERGER JZ 1999, 369, 373 f; BONELL RabelsZ 56 [1992] 274, 282 ff). Zu diesen Gruppen zählen insbesondere die sog „Lando-Kommission" (su Rn 291 f), die „European Group on Tort Law" und die Projektgruppe „Restatement of European Insurance Contract Law".

289 Einen anderen Ansatz wählten verschiedene Wissenschaftlergruppen, die kasuistisch einen sog „Common Core" des Europäischen Privatrechts zusammenstellen (z den Gruppen ie WURMNEST ZEuP 2003, 714, 716 ff). Im Bereich des Schuldrechts ist vor allem das Projekt **„Common Core of European Private Law"** zu nennen. Weitere Gruppen, insbesondere die **„Study Group on a European Civil Code"**, erarbeiteten Vorlagen von Teil- oder Gesamtentwürfen für die Kodifikation eines Europäischen Zivil- bzw Vertragsgesetzbuches (vgl WURMNEST ZEuP 2003, 714, 732 ff). Schließlich leiten einige Wissenschaftler aus dem gemeinschaftsrechtlichen „acquis communautaire" Grundsätze eines Europäischen Privatrechts ab oder schaffen aus der Verbindung des Gemeinschaftsrechts mit den nationalen Rechten Vorschläge für ein neues „ius commune".

290 Die wichtigsten dieser Ansätze sollen kurz vorgestellt werden (guter Überblick bei WURMNEST ZEuP 2003, 714 ff; ZIMMERMANN Jura 2005, 289 ff; vgl ferner RIESENHUBER, Europäisches Vertragsrecht [2003] Rn 55 ff).

2. Die sog „Lando-Kommission"

a) Arbeitsfortgang

291 Die **„Commission on European Contract Law"**, die sog „Lando-Kommission", konstituierte sich im Jahre 1980 unter dem Vorsitz des inoffiziellen dänischen Namensgebers OLE LANDO und bildete eine unabhängige, private Vereinigung von Rechtswissenschaftlern aus der gesamten europäischen Gemeinschaft. Ihre Zielsetzung lag darin, angelehnt an das Vorbild der US-amerikanischen Restatements, moderne und sachgemäße allgemeine Regeln für ein europäisches Schuldrecht herauszuarbeiten (s LANDO, Principles of European Contract Law. An Alternative of a Precursor of European Legislation, RabelsZ 56 [1992] 261 ff). Die Arbeit wurde von insgesamt drei verschiedenen Kommissionen geleistet, die von 1982 bis 1990, von 1992 bis 1996 und von 1997 bis 2001 tagten. Jede hat sich mit einem Teilbereich des Schuldrechts befasst (Einzelheiten bei LANDO, in: MÜLLER-GRAFF 567, 569 ff; WURMNEST ZEuP 2003, 714, 722 ff; ZIMMERMANN ZEuP 2000, 391; ders Jura 1995, 289 ff).

b) Ergebnisse

292 Die erarbeiteten **„Principles of European Contract Law"** (PECL) bestehen neben den allgemeinen Regeln jeweils aus deren Erläuterung („Comment") und rechtsvergleichenden Anmerkungen („Notes"). Zunächst wurde **Teil I** veröffentlicht, und zwar mit allgemeinen Bestimmungen, Vertragsinhalten, insbesondere Modalitäten der Leistungserbringung, und Leistungsstörungen (englischer Text bei LANDO/BEALE,

8. Weitere Ansätze

Neben diesen vergleichenden Ansätzen leiten andere Gruppen die Grundsätze eines Europäischen Privatrechts **unmittelbar** aus dem **Gemeinschaftsrecht** ab oder wollen aus der Kombination von Gemeinschaftsrecht und nationalen Rechten ein einheitliches europäisches Recht entwickeln (Überblick bei WURMNEST ZEuP 2003, 714, 738 ff). **299**

Auf den ehemaligen EuGH-Generalanwalt VAN GERVEN geht etwa die Reihe **300** „**Casebooks for the Common Law of Europe**" zurück, die bestehende „common principles" des Europäischen Privatrechts aufdecken soll (vgl etwa VAN GERVEN/LEVER/LAROUCHE/VON BAR/VINEY, Tort Law – Scope of Protection [Oxford 1998]; VAN GERVEN/LEVER/LAROUCHE, Tort Law [Oxford 2000]; BEALE/HARTKAMP/KÖTZ/TALLON, Contract Law [Oxford 2002]).

Einen ähnlichen Ansatz, der sich ebenfalls auf einen gemeinsamen Europäischen **301** „Privatrechtsbesitzstand" beruft, verfolgt die sog „**Acquis-Gruppe**" unter GIANMARIA AJANI und HANS SCHULTE-NÖLKE seit Mai 2002 (vgl ie WURMNEST ZEuP 2003, 714, 740 f). Erste Untersuchungen über den acquis communautaire des Gemeinschaftsprivatrechts, insbesondere im Bereich der Informationspflichten und des Vertragsschlusses, wurden bereits vorgelegt (vgl SCHULTE-NÖLKE/SCHULZE/BERNADEAU, Europäisches Vertragsrecht im Gemeinschaftsrecht [Köln 2002]; TROIANO/SCHULZE/EBERS/GRIGOLEIT, Informationspflichten und Vertragsschluss im Acquis communautaire [Tübingen 2003]).

9. Ausblick

Im Februar 2003 hat die Europäische Kommission einen „Aktionsplan" mit ver- **302** schiedenen konkreten Maßnahmen auf dem Weg zu einem „kohärenteren" Europäischen Vertragsrecht veröffentlicht (vgl Mitteilung der Kommission v 15.3.2003 an das Europäische Parlament u den Rat – Ein kohärenteres europäisches Vertragsrecht – Ein Aktionsplan, KOM [2003] 68 endg, ABl EU 2003 C 63/1; dazu auch die Entschließung des Rates v 14.10.2003 z Thema „Ein kohärenteres europäisches Vertragsrecht", ABl EU 2003 C 246/1, ZEuP 2004, 424 f; DAUNER-LIEB, Auf dem Weg zu einem europäischen Schuldrecht?, NJW 2004, 1431, 1432; STAUDENMAYER EuZW 2003, 165 ff; ZYPRIES ZEuP 2004, 225 ff). Vorgeschlagen werden etwa die Erarbeitung eines „Gemeinsamen Referenzrahmens" in den Mitgliedstaaten, die Entwicklung von EU-weiten Standard-AGB sowie die Prüfung eines „sektorübergreifenden optionalen Rechtsinstruments" für Vertragsparteien. Wie jedoch etwa der „Gemeinsame Referenzrahmen" ie ausgestaltet sein soll, wird erst der wissenschaftliche Diskurs der nächsten Jahre zeigen. Mit ersten Forschungsergebnissen wird bis zum Jahre 2007 gerechnet (vgl RANIERI, Europäisches Obligationenrecht [2. Aufl 2003] 33; ZYPRIES ZEuP 2004, 225, 233). Ebenso sind die Auswirkungen des Aktionsprogramms auf die europäische Gesetzgebung im Bereich des Privatrechts noch unbestimmt, auch wenn eine Resolution des Europäischen Parlaments aus dem Jahre 2001 die Ausarbeitung und Verabschiedung eines Regelwerks zum Vertragsrecht der EU ab 2010 vorsieht (vgl die Entschließung des Europäischen Parlaments z Annäherung des Zivil- u Handelsrechts der Mitgliedstaaten, EP Document A5-0384/2001 v 15.11.2001; BASEDOW JuS 2004, 89, 96).

II. Internationales Schuldrecht

303 Nicht nur auf eine europäische Rechtsordnung beschränkt, sondern auf weltweite Anwendung zielen das sog UN-Kaufrecht (United Nations Convention on Contracts for the International Sale of Goods – CISG) und die UNIDROIT-Principles for International Commercial Contracts. Dieser Internationalität einerseits steht allerdings andererseits die starke Beschränkung allein auf das Kaufrecht und auf internationale Handelsverträge gegenüber.

1. UNIDROIT-Prinzipien

304 Das bereits 1926 gegründete International Institute for the Unification of Private Law (UNIDROIT) mit Sitz in Rom hat 1971 entschieden, die Ausarbeitung von Grundregeln zur Abfassung internationaler **Handelsverträge** zu entwickeln. Die Einsetzung einer dahingehenden Arbeitsgruppe erfolgte allerdings erst 1980 und ihre Ergebnisse wurden 1994 unter dem Titel „Principles of International Commercial Contracts" veröffentlicht (Der deutsche Text ist – allerdings ohne Erläuterungen und Bsp – abgedr in ZEuP 1997, 890; die vollständige englische Originalfassung findet sich in der gleichnamigen, von UNIDROIT herausgegebenen Publikation; z den grundlegenden inhaltlichen Aspekten s BONELL RabelsZ 56 [1992] 274; mit dem 3. Kapitel [Gültigkeit von Verträgen] beschäftigt sich eingehend KRAMER, Die Gültigkeit der Verträge nach den UNIDROIT Principles of International Commercial Contracts, ZEuP 1999, 209; vgl z den Principles of European Contract Law bei ZIMMERMANN Jura 2005, 289, 292). Im April 2004 hat der Direktionsrat die zweite, überarbeitete und erweiterte Ausgabe der Principles gebilligt (SCHILF, Unidroit Principles 2004 – Auf dem Weg zu einem Allgemeinen Teil des Internationalen Einheitsprivatrechts, IHR 2004, 236 ff; Abdruck der revidierten Fassung IHR 2004, 257 ff). Die Prinzipien umfassen rund 160 Artikel, die sich auf insgesamt zehn Kapitel mit einer vorangestellten Präambel verteilen. Dort findet sich auch der Anwendungsbereich der Prinzipien: „International commercial contracts". Daraus ergibt sich eine zweifache Einschränkung ihrer Anwendbarkeit: Zum einen gelten die Regeln nur für Handelsverträge, zum anderen nur für solche mit internationalem Charakter (näher dazu BONELL RabelsZ 56 [1992] 274, 279 f). Die Prinzipien entsprechen in ihrer knappen Abfassung eher kontinentaleuropäischen Kodifikationen als den ausführlichen Gesetzen der Common-Law-Staaten (BONELL RabelsZ 56 [1992] 274, 279).

2. UN-Kaufrecht (CISG) und Haager Kaufrecht

305 Das **CISG** trat am 1.1.1988 in Kraft und gilt in der Bundesrepublik seit dem 1.1.1991 (BGBl 1989 II 588, berichtigt BGBl 1990 II 1699; z weiteren Entwicklung vgl MAGNUS, Aktuelle Fragen des UN-Kaufrechts, ZEuP 1993, 79; ders, Stand und Entwicklung des UN-Kaufrechts, ZEuP 1995, 202; ders, Das UN-Kaufrecht – Fragen und Probleme seiner praktischen Bewährung, ZEuP 1997, 823; ders ZEuP 1999, 642). Es geht in seinen Ursprüngen schon auf das Jahr 1928 zurück, als Ernst **Rabel** dem Präsidenten des 1926 gegründeten Institutes UNIDROIT (vgl Rn 304) den Vorschlag unterbreitete, eine Vereinheitlichung des Kaufrechts in Aussicht zu nehmen. Das daraufhin unter Rabels Federführung eingesetzte Komitee legte bis 1939 einen entsprechenden Entwurf vor (1. Entwurf von 1935 in RabelsZ 9 [1935] 8 ff, 45 ff; Entwurf von 1939 bei RABEL, Das Recht des Warenkaufs – Eine rechtsvergleichende Darstellung Bd II [1967] 395 ff). Infolge des 2. Weltkriegs kam das Komitee erst 1950 wieder zusammen. Mittlerweile hatte allerdings die Haager Konferenz eigene Arbeiten zur Kaufrechtsvereinheitlichung aufgenommen, die 1964 zum Abschluss kamen (ausf STAUDINGER/MAGNUS [2005] Einl 21 ff zum CISG). Der Anerkennung des sog **Haager Kaufrechts** hat es allerdings nachhaltig geschadet, dass an seiner Ausarbeitung die Entwicklungs- und die sozialistischen Länder so gut wie keinen Anteil gehabt hatten und es dementsprechend auch ablehnten. Deshalb widmete sich ab 1968 die Kommission der Vereinten Nationen für Internationales Handelsrecht (United Nations Commission on International Trade Law – UNCITRAL) der Problematik und entwickelte bis 1976 den sog **Genfer Entwurf** für ein materielles Kaufrecht, der 1980 nach mehreren Änderungen (dazu STAUDINGER/MAGNUS [2005] Einl 24 ff zum CISG) auf der Wiener Konferenz verabschiedet und bis heute von rund 60 Staaten ratifiziert worden ist (z Ratifikationsstand STAUDINGER/MAGNUS [2005] Einl 27 f zum CISG; MAGNUS ZEuP 1999, 642).

Das **CISG** besteht aus insgesamt **vier** Teilen (Anwendungsbereich und allg Bestimmungen; **306** Abschluss des Vertrages; Warenkauf; Schlussbestimmungen) mit 101 Artikeln und einer Präambel, die zum verbindlichen Konventionstext gehört (z inhaltlichen Fragen vgl ua den Überblick bei STAUDINGER/MAGNUS [2005] Einl 28 ff zum CISG; ferner die Kommentierung von STAUDINGER/MAGNUS [2005] CISG; HONSELL, Kommentar zum UN-Kaufrecht [1997]; in Lehrbuchform SCHLECHTRIEM, Internationales UN-Kaufrecht [2. Aufl 2003]). Seine Schwäche hinsichtlich der Rechtsvereinheitlichung besteht allerdings darin, dass es – anders als bei der Rechtsharmonisierung auf europäischer Ebene – an einer verbindlichen Auslegungsinstanz wie dem EuGH fehlt (DROBNIG, in: FS Steindorff [1990] 1144 f).

Q. Schuldrecht in der Rechtsvergleichung

Im Zuge der Internationalisierung der Rechtsordnungen gewinnt die **Rechtsverglei- 307 chung** vermehrt an Bedeutung. Nachfolgend werden exemplarisch einige Nachbarstaaten betrachtet (z weiteren Staaten und Einzelheiten vgl zB RANIERI, Europäisches Obligationenrecht [2. Aufl 2003]).

I. Das Obligationenrecht der Schweiz

Das **Schweizerische Obligationenrecht** geht als selbständige Kodifikation auf die **308** Jahre 1881–1883 zurück. Bei Schaffung des ZGB rund zwanzig Jahre später wurde es nicht mehr darin integriert, weil eine vollständige Neubearbeitung des Obligationenrechts überflüssig erschien. So blieb es neben dem ZGB mit eigener – weitgehend ursprünglicher – Artikel- und Titelzählung bestehen, wurde diesem jedoch als „BundesG betr die Ergänzung des schweizerischen ZGB" und damit als fünfter Teil angefügt. Man unterscheidet daher das ZGB ieS, dh ohne das Obligationenrecht, und das ZGB iwS unter Einschluss des Sondergesetzes (z geschichtlichen Entwicklung SCHWENZER, Schweizerisches Obligationenrecht AT [1998] 1 ff; GAUCH, Schweiz ZGB mit OR [41. Aufl 1996] in der Einl zu OR; weiterhin SchweizOR/BUCHER Einl vor Art 1 ff Rn 21 ff; BUCHER ZEuP 2003, 353 ff; allg z ZGB ZWEIGERT/KÖTZ § 13). Das ZGB und das „angehängte" leicht modifizierte Obligationenrecht traten zeitgleich zum 1.1.1912 in Kraft.

Inhaltlich differenziert das Obligationenrecht – wie das BGB – zwischen Allgemei- **309** nen Bestimmungen (Entstehen, Wirkung und Erlöschen von Obligationen) in der

1. Abtl und den einzelnen, besonderen Vertragsverhältnissen in der 2. Abtl. Über diese Regelungen hinaus enthält es allerdings in der 3., 4. und 5. Abtl noch Vorschriften, die in Deutschland Bestandteil ua des HGB als Sonderprivatrecht sind. Sie beziehen sich auf Handelsgesellschaften und die Genossenschaft, das Handelsregister, Firmen und kaufmännische Buchführung sowie Wertpapiere (z diesem unitarischen System SchweizOR/BUCHER Einl vor Art 1 ff Rn 26 f, der es als moderne „Überwindung" einer zweigeteilten Kodifikation empfindet; ferner BUCHER ZEuP 2003, 353, 360 ff).

II. Der französische Code Civil

310 Der französische Code **Civil** ist in gaianischer Tradition (z römischen Recht so Rn 102) in lediglich **drei Bücher** aufgeteilt (Des personnes; Des biens et des différentes modifications de la propriété; Des différentes manières dont on acquiert la propriété). Diese Entwicklung liegt im Verzicht auf Trennungs- und Abstraktionsprinzip begründet (so Rn 26 ff). Das Schuldrecht ist folglich im 3. Buch verankert, obwohl dieses seinem Titel nach die Regeln des Eigentumserwerbs beinhaltet. Dort finden sich auch das Erbrecht, das Ehegüterrecht, Pfand- und Hypothekenrecht und die Verjährungsregeln – eine aus deutscher Sicht eigenartig erscheinende Zusammenstellung. Die Gliederung des schuldrechtlichen Teils selbst entspricht wiederum weitgehend derjenigen des BGB: Er enthält allgemeine Regelungen über vertragliche (Titre III: Des contrats ou des obligations conventionnelles en général) und nichtvertragliche Schuldverhältnisse (Titre IV: Des engagements qui se forment sans convention). Daneben finden sich Regeln zu einzelnen besonderen Vertragstypen wie Kauf (VI: De la vente) und Leihe (Titre X: Du prêt) (weitere Einzelheiten bei SONNENBERGER, Französisches Zivilrecht Bd 1 u 2 [2. Aufl 1986]; ders, Einführung in das französische Recht [2000]).

III. Das österreichische ABGB

311 Auch das **österreichische ABGB** (ausf ZWEIGERT/KÖTZ § 12) aus dem Jahre 1811 folgt dem geschilderten (so Rn 310) gaianischen Aufbau: Das Schuldrecht findet sich im 2. Teil des dreiteiligen ABGB. Dieser Zweite Teil („Von dem Sachenrechte") unterscheidet zwischen dinglichen (1. Abteilung) und persönlichen Sachenrechten (2. Abteilung). In Letztere gehören die schuldrechtlichen Vorschriften. Sie gliedert sich auf in einen AT „Von Verträgen und Rechtsgeschäften überhaupt", §§ 859–937 ABGB, und einen besonderen Teil mit den einzelnen Vertragstypen, §§ 938–1292 ABGB, sowie das Deliktsrecht, §§ 1293–1341 ABGB.

IV. Niederlande: Burgerlijk Wetboek

312 Das in französischer Rechtstradition (so Rn 310) stehende **Burgerlijk Wetboek** (BW) der Niederlande von 1838 war über 150 Jahre hinweg die Grundlage des dortigen Privatrechts (MINCKE, Niederländisches Recht). Zwar war bereits 1947 Eduard Maurits Meijers beauftragt worden, ein neues Zivilgesetzbuch zu verfassen, und hatte eine Einteilung in neun Büchern vorgesehen (Personen- und Familienrecht; Juristische Personen; Allgemeines Vermögensrecht; Erbrecht; Sachenrecht; Allgemeines Schuldrecht; Besondere Verträge; See-, Binnenschifffahrts- und Luftfahrtsrecht; Rechte an geistigen Schöpfungen). Zu einer Ablösung des BW kam es aber erst am 1.1.1992, als das Vermögensrecht (3., 5., 6. und Teile des 7. Buches) als Hauptteil des neuen Gesetzbuches in Kraft trat (dazu HARTKAMP, Einführung in das Niederländische Schuldrecht, AcP 191 [1991] 396 ff; sowie VRANKEN AcP 191 [1991] 411; REMIEN, Das neue Burgerlijk Wetboek der Niederlande und seine Erschließung durch die Rechtsliteratur, ZEuP 1994, 187 mwNw). Vorher waren bereits das 1. (1970), 2. (1976) und 8. (1991) Buch in Kraft getreten. Das 4. Buch folgte am 1.1.2003. Aus dem 7. Buch hat man bislang Regelungen über den Kauf bzw Tausch, den Auftrag, die Verwahrung und die Bürgschaft getroffen; für andere wichtige Vertragstypen, zB die Miete, sind die Vorschriften des alten Gesetzbuches als Buch 7A vorerst bestehen geblieben.

Das neue und alte BW unterscheiden sich zum Teil erheblich (MINCKE, Niederländisches Recht Rn 12, 80 f; BASEDOW, Grundfragen der Vertragsrechtsreform, ZVglRWiss 79 [1980] 132). So integriert das neue BW etwa das **Unternehmens-** und **Handels-** sowie das **Verbraucherschutzrecht** als Sondervorschriften am **systematischen Ort** des jeweiligen Regelungsgegenstandes. Bemerkenswert ist ferner nicht nur der Umfang des gesetzgeberischen Projektes, sondern auch die intensive Auseinandersetzung mit anderen Rechtsordnungen im Rahmen des Gesetzgebungsverfahren, insbesondere mit dem deutschen und schweizerischen Recht (so Rn 308 f) sowie mit dem Common Law (su Rn 315 ff; vgl dazu die Parlamentsakten [„Parlementaire Geschiedenis"]). Deren Züge sind im neuen BW deutlich erkennbar, so zB das Vorhandensein eines **Allgemeinen Teils**, der sich jedoch nicht unwesentlich von dem des BGB unterscheidet (MINCKE, Niederländisches Recht Rn 82 ff). Allerdings darf diese Auseinandersetzung mit fremden Rechtsordnungen nicht dahingehend missverstanden werden, dass sich die Niederlande in ihrer neuen Kodifikation aus dem französischen Rechtskreis entfernt hätten; viele Traditionen sind bestehen geblieben (BASEDOW ZVglRW 79 [1980] 132; HARTKAMP Rev int dr comp 34 [1982] 319).

Inhaltlich steht auch im niederländischen Schuldrecht der **Vertrag** im Mittelpunkt (HARTKAMP, Einführung in das Niederländische Schuldrecht, AcP 191 [1991] 396 ff; z einzelnen Vertragstypen MINCKE, Niederländisches Recht Rn 257 ff), des Weiteren die **gesetzlichen Schuldverhältnisse** der **unerlaubten Handlung** (onrechtmatige daad), der **Geschäftsführung ohne Auftrag** (zaakwaarneming), der **ungeschuldeten Leistung** (onverschuldigde betaling) und der **ungerechtfertigten Bereicherung** (ongerechtvaardigde verrijking) (z den gesetzlichen Schuldverhältnissen VRANKEN AcP 191 [1991] 411). Trotz der zentralen Bedeutung des Vertrags und dem Vorhandensein eines dinglichen Vertrags finden sich die Vorschriften über die Verträge nicht im allgemeinen Vermögensrecht (3. Buch), sondern im Allgemeinen Schuldrecht (6. Buch). Die einschlägigen Regelungen werden dann auf dingliche und eherechtliche Verträge entsprechend angewendet.

V. Common Law

Das **Common Law**, dessen Rechtsregeln ein Viertel bis ein Drittel der Weltbevölkerung betreffen (z Verbreitung [insbes auch aus historischer Sicht] ZWEIGERT/KÖTZ § 16; v BERNSTORFF 2), unterscheidet sich grds von den kontinentalen Rechtsordnungen. Innerhalb seiner Rechtsfamilie (vgl nur DAVID/GRASMANN/WILL, Einführung in die großen Rechtssysteme der Gegenwart [2. Aufl 1988] Rn 282 ff; ZWEIGERT/KÖTZ §§ 14 ff) lassen sich insbesondere das **anglo-amerikanische** und das **englische** Recht unterscheiden. Letzteres stützt sich in erster Linie auf das von den Gerichten geschaffene **Case Law** (Begriffsbestimmungen bei HAY 16), welches zuweilen durch einzelne Spezialgesetze

(Statutory Law; z dieser Regelungspraxis v BERNSTORFF 1, 9 ff; ZWEIGERT/KÖTZ § 14 V) ergänzt bzw abgeändert wird. Eine zusammenfassende Kodifikation ist hingegen unterblieben. Insbesondere auch das Vertragsrecht (z Rechtsgeschichte v BERNSTORFF 45 ff) kennt nur wenige gesetzliche Grundlagen; ein „Schuldrecht" im deutschem Sinne ist nicht vorhanden. Abgesehen vom **Kaufrecht** (Sale of Goods Act aus dem Jahre 1979) sind die einzelnen Vertragstypen nicht näher geregelt. Damit kennt das englische Recht auch nicht den Gedanken, dass sich die Parteien lediglich über einige Punkte einigen (müssen) und der sonstige Inhalt des zwischen ihnen bestehenden Schuldverhältnisses durch die (dispositive) Rechtsordnung näher ausgestaltet wird. Abhilfe bietet hier zum Teil die sog **„doctrine of implied terms"**, nach der durch das Gericht, Handelsbräuche oder entsprechende Vorschriften Ergänzungen vorgenommen werden (z weiteren dogmatischen und methodischen Aspekten vgl LUNDMARK, Juristische Technik und Methodik des Common Law [1998]). Lediglich das Verbraucher- und Mieterschutzrecht, das Arbeits- und Sozialversicherungsrecht und einige andere Rechtmaterien (s ZWEIGERT/KÖTZ § 14 V) haben im englischen Recht eine – zum Teil schwer überschaubare – Kodifikation erfahren.

316 Das **US-amerikanische Recht** wurde stark durch das englische Common Law geprägt (z Rechtsgeschichte HAY 1 ff; ZWEIGERT/KÖTZ § 17 I), auch wenn einzelne Einflüsse des Civil Law (Recht Kontinentaleuropas, Gegenbegriff zum Common Law; vgl v BERNSTORFF 3) sowie nicht unerhebliche Abänderungen durch gesetzgeberische Tätigkeiten schon in der frühen nordamerikanischen Geschichte (dazu ZWEIGERT/KÖTZ § 17 I) unverkennbar sind. Dennoch basiert das nordamerikanische Rechtssystem nach wie vor vornehmlich auf **Fallrecht** (HAY 19 ff). Wie das englische kennt es kein Schuldrecht im deutschen Sinne. Es unterscheidet stattdessen zwischen dem **Vertragsrecht** (Law of Contracts), dem Recht der **unerlaubten Handlungen** (Law of Torts) und dem Recht des **Quasi Contract**. Diese Rechtsgebiete sind allerdings nicht immer scharf voneinander abgrenzbar (Einzelheiten bei HAY 282), auch wenn sie in der amerikanischen Rechtswissenschaft getrennt betrachtet werden. Inhaltlich ist fraglich, ob man überhaupt jeweils von einem einheitlichen „nordamerikanischen" Recht sprechen kann. Durch das komplizierte Nebeneinander von Bundes- und Staatenrecht sowie die nur begrenzten Gesetzgebungskompetenzen des Bundes (einf ZWEIGERT/KÖTZ § 17 III) unterscheidet sich das Recht der verschiedenen Staaten mitunter stark voneinander. Dies gilt mangels Bundeszuständigkeiten insbesondere auch für die Kerngebiete des Privatrechts, in dem nicht nur unterschiedliche Gesetzgebungstendenzen vorherrschen, sondern sich va auch die Rspr in unterschiedliche Richtungen fortentwickelt hat.

317 Verallgemeinernd kann dennoch festgehalten werden, dass das **Vertragsrecht** nach wie vor fast ausschließlich auf Fallrecht basiert (z einzelnen Gesetzgebungsaktivitäten vgl HAY 284 f). Eine Ausnahme bildet das Recht des Warenkaufs. Hier kommt dem Uniform Commercial Code (UCC) prägende Bedeutung zu (vgl STAUDINGER/LOOSCHELDERS/OLZEN § 242 Rn 1121). Hinsichtlich des Verhältnisses von Fall- und Gesetzesrecht ist zu beachten, dass Gesetzesrecht gegenteiliges, früheres Fallrecht verdrängt, selbst allerdings wiederum von neuem Fallrecht überlagert wird. Eine Ausnahme von der vorherrschenden fallrechtlichen Prägung bildet der Staat **Louisiana**, der – französischer Rechtstradition folgend – bereits früh einen Civil Code in der Tradition des Code Napoléon geschaffen hat. In einigen anderen Staaten (Kalifornien, Nord- und Süddakota, Idaho, Montana) wurde in der zweiten Hälfte des 19. Jahrhunderts ebenfalls eine Kodifikation des Zivilrechts in Kraft gesetzt (der nach seinem Schöpfer benannte „Field Code"), deren Bedeutung in der Rechtspraxis allerdings nicht derjenigen in den europäischen Rechtsordnungen entspricht (Einzelheiten, auch z Kodifikationsidee in den Vereinigten Staaten, bei ZWEIGERT/KÖTZ § 17 I mwNw).

R. Stellungnahmen zum Schuldrecht des zweiten Buches (Kritik des Schuldrechts)

I. Einleitung

Das Schuldrecht beeinflusst das Wirtschaftsleben. Deshalb verwundert es nicht, dass eine praktisch so bedeutende Rechtsmaterie im Laufe der Jahre häufig kritisiert worden ist (vgl z Auswirkung von Diskussionen über die Wirtschaftsverfassung auf das Schuldrecht zB REUTER AcP 189 [1989] 199 ff; ders, Freiheitsethik und Privatrecht, DZWir 1993, 45 ff; JOERGES KJ 1987, 166 ff – jeweils mwNw) und noch immer kritisiert wird (z Kritik an der Schuldrechtsreform 2002 so Rn 201).

II. Kritik des Schuldrechts

Die Kritik des Schuldrechts ist nicht neu. Bereits der 1. Entwurf des BGB aus dem Jahre 1889 wurde von O vGIERKE (Entwurf eines BGB) in wesentlichen Punkten bemängelt. Er erhob zunächst den Einwand, dass man das Schuldrecht durch seinen allgemeinen Ansatzpunkt „Schuldverhältnis" so abstrakt gestaltet habe, dass es alle Sozialverhältnisse gleich behandele, obwohl sie inhaltlich völlig verschieden voneinander seien. Dieser **Abstraktionsgrad** rufe Ungerechtigkeiten hervor, als Bsp nannte er va das Dienstvertragsrecht. Schließlich warf er dem Schuldrecht vor, es sei aufgrund seiner römisch-rechtlichen Basis **nicht mehr zeitgemäß** (vGIERKE, Entwurf eines BGB 185; ders, Die soziale Aufgabe des Privatrechts [1889]).

In der Folgezeit geriet das Schuldrecht unter der Herrschaft des **Nationalsozialismus** im Rahmen der sog „Rechtserneuerung" (Vorstufe zur Schaffung eines „Volksgesetzbuches der Deutschen" so Rn 173 f) in die Diskussion. Die Nationalsozialisten wollten eine neue Rechtsordnung entwickeln, deren Grundlage va der „Pflicht- und Gemeinschaftsgedanke" bilden sollte. Konkrete Ausprägungen dieses ideologischen Denkansatzes stellten im Schuldrecht der „Gemeinschaftsgedanke" (vgl die Präambel des Gesetzentwurfs 1936 von STOLL, in: SCHUBERT, Protokolle: Schuldrecht [1990] 294 ff sowie 244 f, 259 ff; vgl allg hierzu: LARENZ, Rechtsperson und subjektives Recht, in: DAHM/HUBER/LARENZ/MICHAELIS/SCHAFFSTEIN/SIEBERT, Grundfragen der neuen Rechtswissenschaft [1935] insbes 251), der „Treuegedanke" (246, 261 ff sowie § 2 Abs 1 des Entwurfs STOLL [1936] 297) sowie die „sozialistische Gestaltung des schuldrechtlichen Vertrages" dar. Diese Formulierungen sind zwar zeitentsprechend abstrakter formuliert als die Forderungen, die O vGIERKE gegen den 1. Entwurf des BGB erhoben hatte, finden aber doch in seiner Kritik ihre gedankliche Grundlage.

Nach dem 2. Weltkrieg hat sich ua WIEACKER intensiv mit den Grundlagen des Schuldrechts auseinandergesetzt. Auch seine Analysen (va: Das Sozialmodell der klassischen Privatrechtsgesetzbücher und die Entwicklung der modernen Gesellschaft [1953]; Das bürgerliche Recht im Wandel der Gesellschaftsordnungen [1960]; Pandektenwissenschaft und industrielle

Revolution [1966] – alle wieder abgedr in: Industriegesellschaft und Privatrechtsordnung [1974]; vgl auch kurz: Privatrechtsgeschichte 468 ff, 543 ff) ähneln in vieler Beziehung der Einschätzung, die bereits O vGIERKE hatte. Sie gehen aber insoweit über dessen Denkansätze hinaus, als sie hinter den von vGIERKE kritisierten Einzelerscheinungen ein „**Sozialmodell**" einer Privatrechtsordnung aufzeigen, das nach WIEACKER bei der Auslegung der konkreter Einzelregelungen maßgeblich war (ausf STAUDINGER/J SCHMIDT [1995] Rn 510 ff). Im Hinblick auf seine geistesgeschichtlichen Grundlagen bezeichnet WIEACKER das BGB und damit auch das Schuldrecht als „spät geborenes Kind des klassischen Liberalismus" (Privatrechtsgeschichte 479 ff; ferner STAUDINGER/COING/HONSELL [2004] Einl 65 ff, 80 ff zum BGB).

III. Vorschläge zur Veränderung des Schuldrechts

322 Die Modelle, mit denen man versucht hat, das Schuldrecht zu verändern, lassen sich kategorisieren. So zielen einige Vorschläge auf **Veränderung des Schuldrechts durch Veränderung des gesamten Zivilrechts** (su Rn 323 ff). Andere wollen nur das **Schuldrecht als solches** novellieren (su Rn 327 ff), während es schließlich auch noch Überlegungen zur **Veränderung lediglich einzelner Institutionen** (su Rn 331 f) oder auch nur **einzelner Normen** des Schuldrechts (su Rn 333) gibt. Trotz der generellen Unterscheidbarkeit dieser Ansätze sind Überschneidungen nicht ausgeschlossen.

1. Veränderung des Schuldrechts durch Veränderung des gesamten Zivilrechts

323 Eine **grundlegende Veränderung des gesamten Zivilrechts** zöge naturgemäß auch eine solche des Schuldrechts nach sich. Die entsprechenden Vorschläge greifen allerdings soweit über die hier zu erörternden Zusammenhänge hinaus, dass sie nicht je dargestellt werden können, zumal sie sich voneinander stark unterscheiden und in hohem Maße ausdifferenziert sind (ein auf materialistischer Analyse beruhender Denkansatz findet sich bei: MÜCKENBERGER, Legitimation durch Realitätsverleugnung. Am Beispiel Privatautonomie, KJ 1971, 248 ff; HART, Vom bürgerlichen Recht zur politischen Verwaltung, KJ 1974, 274 ff; REICH, Markt und Recht [1977]; BRÜGGEMEIER, Entwicklung des Rechts im organisierten Kapitalismus 2 Bde [1977/79]; REIFNER, Alternatives Wirtschaftsrecht am Beispiel der Verbraucherverschuldung [1979]; REICH JZ 1980, 329 ff – alle mwNw – Zur „Demokratisierung" des Privatrechtes: KÜBLER, Privatrecht und Demokratie – Zur Aktualität gesellschaftsrechtlicher Vorstellungen in der Jurisprudenz, in: FS Raiser [1974] 697 ff sowie ders, Über die praktischen Aufgaben zeitgemäßer Privatrechtstheorie [1975] – jeweils mwNw – Zur „wirtschaftsrechtlichen Konzeption" des Privatrechtes zB WIETHÖLTER, Die Position des Wirtschaftsrechts im sozialen Rechtsstaat, in: FS Böhm [1965] 41 ff; ders, Privatrecht als Gesellschaftstheorie?, in: FS Raiser [1974] 645 ff; ders, Artikel „Bürgerliches Recht", „Wirtschaftsrecht", „Wirtschaftsverwaltungsrecht", „Zivilrecht", in: GÖRLITZ, Handlexikon zur Rechtswissenschaft 2 Bde [1974] – mwNw; ASSMANN ua, Wirtschaftsrecht als Kritik des Privatrechts [1980]; AK-BGB/DUBISCHAR Rn 6 ff, 36 ff – Zur „Aufhebung der Trennung von Staat und Gesellschaft", die implizit in den vorangegangenen Schriften auch immer eine Rolle spielte, vgl noch GOTTHOLD, Wirtschaftliche Entwicklung und Verfassungsrecht [1975] 21 f, 126 ff mwNw – Zur Erhöhung des „staatlichen Anteils" am Gesamtnormenvolumen [Erweiterung der nicht mehr im Rahmen des Zweiten Buches z regelnden Lebensbereiche] vgl die Diskussion um die „Investitionslenkung" und die „Marktregulierung", zB SCHEUNER, Die staatliche Einwirkung auf die Wirtschaft [1971] sowie BULL, Die Staatsaufgaben nach dem Grundgesetz [2. Aufl 1977] bes 254 ff; KRIELE, Wirtschaftsfreiheit und Grundgesetz. Rückblick und Bilanz am Verfassungstag, ZRP 1974, 105 ff; REICH, Markt und Lenkung, ZRP 1976, 67 ff; STEGER, JbSozWiss [1975] 71, 80 ff mit umfangreichen Literaturhinw; KILIAN, Kontrahierungszwang und Zivilrechtssystem, AcP 180 [1980] 47 ff, bes 78 ff – alle mit ausf Nw; vgl STAUDINGER/J SCHMIDT [1995] Rn 517 ff).

Der gemeinsame Nenner aller genannten Vorschläge liegt darin, dass sie sich sämtlich auf das „**Sozialstaatsgebot**" des GG berufen (WEITENRAUER, Der Schutz des Schwächeren im Zivilrecht [1975]; WOLF, Rechtsgeschäftliche Entscheidungsfreiheit und vertraglicher Interessenausgleich [1970]; ders, Gleichbehandlungsgrundsatz und privatrechtliches Teilhaberecht, in: FS Raiser [1974] 597 ff). Alle wollen eine gerechte Zivilrechtsordnung dadurch verwirklichen, dass der Bereich privater Rechtsetzung entweder erheblich eingeschränkt oder sogar aufgehoben und durch demokratisch legitimierte **öffentliche Rechtsetzung** ersetzt wird. Die Gegensätzlichkeit dieser Betrachtungsweise z den Grundprinzipien der Abschlussfreiheit und der Gestaltungsfreiheit (so Rn 52) ist evident. Dem entspricht, dass es eine Gegenbewegung gibt, die die Verwirklichung der Freiheit des Einzelnen im Privatrecht stark in den Vordergrund stellt (REUTER AcP 189 [1989] 199 ff mwNw; vgl auch REICHHOLD, JbJZivRWiss [1992] 63 ff; CANARIS, Verfassungs- und europarechtliche Aspekte der Vertragsfreiheit in der Privatrechtsgesellschaft, in: FS Lerche [1993] 873 ff; z Kritik dieser Vorschläge ferner MEDICUS, Abschied von der Privatautonomie im Schuldrecht? [1994] 11 ff; ferner LIEB DNotZ 1989, 274 ff). **324**

Im Zusammenhang mit Veränderungen des gesamten Zivilrechts ist schließlich noch der Hinweis auf die „**ökonomische Analyse des Rechts**" erforderlich, die von anderen Wertungen ausgeht als das BGB (STAUDINGER/COING/HONSELL [2004] Einl 199 zum BGB mwNw; umfangreiche Nw bei STAUDINGER/J SCHMIDT [1995] Rn 518). **325**

Den genannten Vorschlägen ist in praktischer Hinsicht gemeinsam, dass sie nach der Reform des Schuldrechts zum 1.1.2002 (so Rn 188) und nach Inkrafttreten des Gesetzes zur Änderung schadensersatzrechtlicher Vorschriften (so Rn 150) am 1.8.2002 in absehbarer Zeit wohl wenig Aussicht auf Verwirklichung haben, soweit sie nicht in diese große Reform bereits eingeflossen sind. **326**

2. Veränderung des Schuldrechtssystems

Dies gilt in ähnlicher Weise für Pläne zu Veränderungen des Zweiten Buches als solchem. Auch hier handelt es sich mehr um rechtstheoretische Überlegungen als um Projekte mit Aussicht auf baldige Verwirklichung, wenngleich dass GG in seiner wirtschaftspolitischen Neutralität dem Gesetzgeber einen großzügigen Gestaltungsspielraum einräumt, von dem im Rahmen der Schuldrechtsmodernisierung auch Gebrauch gemacht wurde. **327**

a) Zerlegung des Schuldrechts in verschiedene Einzelmaterien

Frühere Überlegungen gingen hin z einer Auflösung des Schuldrechts und seiner Zerlegung in verschiedene Einzelmaterien. Zumindest sollten größere Partien ausgegliedert werden. Man kann dies am besten mit dem Stichwort des **Sonderprivatrechts** charakterisieren (su Rn 329). So hat man zum Teil die Bildung von drei schuldrechtlichen Bereichen in Erwägung gezogen, dh eines **Unternehmensrechts**, eines **Verbraucherrechts** und eines **Bürgerrechts** (REICH ZRP 1974, 188 ff; ähnlich: RAISER, Die Zukunft des Privatrechts [1971]; ders, Die Aufgaben des Privatrechts [1977] 208 ff, 222 ff, der das Privatrecht in vier Funktionsbereiche gliedert; REBE, Privatrecht und Wirtschaftsordnung [1978] insbes 164 ff). Andere forderten die Schaffung eines „**Sozialrechts**" (so z den geistes- **328** geschichtlichen Grundlagen vGIERKE Rn 299 ff) auf der Schnittstelle zwischen einem „reinen" Privatrecht und einem „reinen" öffentlichen Recht. Dort wollte man eine dritte Rechtsmaterie aus einer Mischung „privatrechtlicher" und „öffentlich-rechtlicher" Grundsätzen ansiedeln (vgl: BULLINGER, Öffentliches Recht und Privatrecht [1968] 81 ff; PAWLOWSKI, Allgemeiner Teil des BGB [7. Aufl 2003] Rn 17 ff; krit MEDICUS AT Rn 6).

329 Systematisch weniger einschneidend waren die Vorschläge, die das Schuldrecht des BGB im Wesentlichen unverändert lassen wollten, aber für „Ungleichgewichtslagen" **„Sonderprivatrechte"** entwickelten und darauf abzielten, das Zweite Buch nur noch als lex generalis anzuwenden (Z dieser Diskussion vgl einerseits REICH ZRP 1974, 187 ff und JZ 1980, 329 ff; DAMM, Verbraucherrechtliche Sondergesetzgebung und Privatrechtssystem, JZ 1978, 173 ff; E SCHMIDT JZ 1980, 153 ff, 156; GILLES, Verbraucherpolitische Vertragsrechtsreformen im Bürgerlichen Gesetzbuch, ZRP 1979, 265 ff, ders, Zur neueren Verbraucherschutzgesetzgebung in ihrem Verhältnis zum klassischen Privatrecht, JA 1980, 1 ff; AK-BGB/DUBISCHAR Rn 34 f; SCHWARK, Die Abgrenzung von Schuldrecht und Handelsrecht als legislatorisches Problem, in: KINDERMANN, Studien z einer Theorie der Gesetzgebung [1982] 11 ff; ders JZ 1980, 741; vHIPPEL, Der Schutz des Schwächeren [1982]; JOERGES KJ 1987, 166 ff; ESSER/SCHMIDT, Schuldrecht I § 1 II, IV. – Andererseits: WESTERMANN, Sonderprivatrechtliche Sozialmodelle und das allgemeine Privatrecht, AcP 178 [1978] 150 ff; LIEB, Sonderprivatrecht für Ungleichgewichtslagen?, AcP 178 [1978] 196 ff; ders, Grundfragen einer Schuldrechtsreform, AcP 183 [1983] 327, 348 ff; MERTENS, Deliktsrecht und Sonderprivatrecht – Zur Rechtsfortbildung des deliktischen Schutzes von Vermögensinteressen, AcP 178 [1978] 227 ff; DAUNER-LIEB Verbraucherschutz; vgl auch: EMMERICH, Das Verbraucherkreditgesetz, JuS 1991, 705; MEDICUS AT Rn 13 ff; KRAMER, Zur Konzeption des Konsumentenschutzrechts, KritV 1986, 270, 285 f; LIMBACH, Die Kompensation von Ungleichgewichtslagen, KritV 1986, 165 ff [Rezensionsabhandlung]. Z allg Problem BYDLINSKI, Zivilrechtskodifikation und Sondergesetze, in: FS Walter [1991] 105 ff). Die va in den 70er und 80er Jahren entstandenen „Sonderprivatrechte" sind im Zuge der Schuldrechtsreform aber gerade in das BGB integriert worden (so Rn 198). Der Gesetzgeber hat die frühere Neigung zu Sondergesetzen zugunsten einer Gesamtkodifikation aufgegeben. Gegenteilige Anregungen dürften deshalb gegenwärtig wenig Aussicht auf Erfolg haben.

b) Erhöhung des Anteils gesellschaftlicher Wertungen
330 Andere haben eine Verstärkung des Niederschlags **gesellschaftlicher Wertungen** in den Normen des Zweiten Buches gefordert. Diese Wertungen sollten nicht nur im Einzelfall oder für einzelne Rechtsinstitute, sondern verstärkt in das gesamte Schuldrecht einbezogen werden. Im Unterschied zu den vorangegangenen Vorschlägen setzt diese Methode keine Gesetzesänderung voraus. Ihr Ziel liegt darin, in Anwendung der Maßstäbe „sozialer Gerechtigkeit" von einer „individualistischen Schuldrechtskonzeption" zu einem **„sozialen Obligationsmodell"** zu gelangen (ESSER/ SCHMIDT, Schuldrecht I § 2 II; E SCHMIDT JZ 1980, 153 ff; BRÜGGEMEIER/HART, Soziales Schuldrecht [1987]; FUCHS, Zivilrecht und Sozialrecht [1992]; KNIEPER, Das Schuldverhältnis – Geld gegen Ware in der Zeit, KJ 1992, 1 ff; RÜTHERS, Die unbegrenzte Auslegung [1973]). IE laufen viele der Vorschläge darauf hinaus, bei der Anwendung des Schuldrechts im stärkeren Umfang die jeweiligen gesellschaftlichen Wertungen zu berücksichtigen (iS einer „Entprivatisierung des Privatrechts"; vgl GROSSFELD, Zivilrecht als Gestaltungsaufgabe [1977] bes 15 f, 78 ff; HENKE, Die Sozialisierung des Rechts, JZ 1980, 369 ff). Eine derartige Methode sollte allerdings nicht im Hinblick auf alle Lebenssachverhalte angewendet werden, son-

dern segmentiert nur in besonderen Bereichen, in denen dafür ein erhöhtes Bedürfnis besteht.

3. Veränderung einzelner grundlegender Institutionen des Schuldrechts

Zahlreiche Modernisierungsvorschläge zielen darauf ab, **Institute** (Normengruppen) 331
des Schuldrechts **umzugestalten**. Als Methode wird zum einen die „normale Auslegung", zum anderen die Heranziehung höherrangigen Rechts, insbesondere des Verfassungsrechts im Wege verfassungskonformer Auslegung vorgeschlagen (so Rn 265). Dementsprechend beziehen sich die beiden wichtigsten Veränderungsvorschläge einmal auf ein geändertes Verständnis der Funktion von **dispositivem Recht**, andererseits auf eine verstärkte Berücksichtigung der **Auswirkungen des Grundgesetzes** auf das Schuldrecht (so Rn 263 ff; STAUDINGER/J SCHMIDT [1995] Rn 536 ff).

Der zunächst genannten Überlegung liegt die Erkenntnis zugrunde, dass die Parteien ihre Vereinbarungen in den Grenzen etwa der §§ 134, 138 frei gestalten können (z Vertragsfreiheit so Rn 52 ff), häufig jedoch davon keinen Gebrauch machen. Fehlen ihrem Rechtsgeschäft notwendige Regelungen, die durchaus auch „unvernünftig" und „unbillig" sein können (vgl COESTER-WALTJEN, Die Inhaltskontrolle von Verträgen außerhalb des AGBG, AcP 190 [1990] 15, 18), so greifen die dispositiven Regelungen der Rechtsordnung als „Reserveordnung" ein (vgl schon LABAND AcP 73 [1888] 164 ff; vTUHR AT I 25 f; daneben auch MAYER-MALY, Privatautonomie und Wirtschaftsverfassung, in: FS Korinek [1972] 152 ff; STEINDORFF, Wirtschaftsordnung und -steuerung durch Privatrecht?, in: FS Raiser [1974] 621 ff, bes 625 f). NIPPERDEY war der Ansicht, dass diese Normen des dispositiven Rechts auch **eine bestimmte „Ordnungsfunktion"** insofern hätten, als Parteien nach seiner Auffassung nur von ihnen abweichen dürften „als dafür sachliche Gründe, namentlich aus der besonderen, vom Gesetz nicht zugrunde gelegten Sach- und Interessenlage vorliegen" (ENNECCERUS/NIPPERDEY BGB AT § 49 III mwNw z Lit; ähnl: RAISER, Das Recht der AGB [1935, Nachdr 1961] 239 ff; HAUPT, Vertragsfreiheit und Gesetz, ZAkDR 1943, 84 ff). Dementsprechend hat man das dispositive Recht auch als „halbzwingend" bezeichnet. Der BGH ist diesem Ansatz in seiner Rspr zur Richtlinien- und Leitbildfunktion des dispositiven Rechts va bei der Beurteilung von AGB gefolgt, soweit es um die Auslegung des § 9 Abs 2 Nr 1 AGBG aF bzw § 307 Abs 2 Nr 1 ging (vgl zB BGH NJW 1967, 1225; NJW 1971, 1133; NJW 1973, 990 und 1276; BGH WM 1978, 406, 408; BGH NJW 1984, 2404; NJW 1985, 2328, ESSER/SCHMIDT, Schuldrecht I § 10 II 3; E SCHMIDT, Grundlagen und Grundzüge der Inzidentkontrolle allgemeiner Geschäftsbedingungen nach dem AGB-Gesetz, JuS 1987, 929, 933; FASTRICH, Richterliche Inhaltskontrolle im Privatrecht [1992] § 10 II; vHOYNINGEN-HUENE, Die Inhaltskontrolle nach § 9 AGBG [1992] Rn 13 ff). Nach einer neueren Tendenz in der Rspr soll auch bei Individualverträgen nicht beliebig vom dispositiven Recht abgewichen werden können („Inhaltskontrolle" vgl zB BGHZ 101, 350 mit ausf Nachw; 108, 164; STAUDINGER/J SCHMIDT [1995] § 242 Rn 457 ff, 473; STAUDINGER/ LOOSCHELDERS/OLZEN § 242 Rn 476 f). Die Inhaltskontrolle erfolgt dann über § 242, in jüngerer Zeit sehr häufig bei Eheverträgen mit dem Ziel der Beseitigung sog „Ungleichgewichtslagen" (vgl STAUDINGER/COING/HONSELL [2004] Einl 198 zum BGB; ferner MünchKomm/BASEDOW § 305 Rn 24 ff; s ferner o Rn 49; sowie STAUDINGER/LOOSCHELDERS/ OLZEN § 242 Rn 921).

4. Veränderungen einzelner Normen des Schuldrechtes

333 Die große Mehrzahl der Veränderungsvorschläge betrifft naturgemäß **einzelne Normen** des Zweiten Buches. Die laufende rechtswissenschaftliche Diskussion sowie die Rspr führen zu neuen Rechtssätzen, zu neuen Tatbestands- oder Rechtsfolgemerkmalen. Einzelerörterungen sprengen allerdings den Rahmen dieser Einleitung, so dass auf die Erläuterungen zu den jeweiligen Vorschriften des Zweiten Buches verwiesen werden muss.

5. Zusammenfassung

334 Die Entwicklung des Schuldrechts ist von der Entwicklung des gesamten Privatrechts schwer zu trennen und weder genau vorauszusehen noch in Kürze zu beschreiben. Gleichwohl lassen sich einige Tendenzen recht deutlich erkennen:

Das Schuldrecht wird auch in Zukunft in zunehmendem Maße durch die europäische Rechtsentwicklung beeinflusst, wenn auch wohl nicht in absehbarer Zeit ersetzt. Dies mag zu Bedenken Anlass geben (sehr krit STAUDINGER/COING/HONSELL [2004] Einl 113 zum BGB), aber kaum geändert werden können. Der Einfluss erfolgt zum einen über die Umsetzung von Richtlinien, die nicht mehr in Sondergesetzen, sondern zunehmend im BGB Platz finden, zum anderen über die europarechtskonforme Auslegung und die Ausfüllung der Generalklauseln (vgl STAUDINGER/LOOSCHELDERS/OLZEN § 242 Rn 149).

335 Das 20. Jh hat zum anderen in Abkehr vom Liberalismus der Entstehungszeit soziale Korrekturen, insbesondere im Bereich des Miet- und (Dienstvertrags-)Arbeitsrechts in den Vordergrund gestellt, methodisch im Wege der Ersetzung des dispositiven Rechts durch zwingende Vorschriften. Am Ende des 20. Jh trat immer mehr der Konsumentenschutz in den Vordergrund, zunächst durch Sondergesetze, im Rahmen der Schuldrechtsreform integriert in das BGB.

336 Aber auch der zunehmende Einfluss des Verfassungsrechts hat die Parameter verändert und an die Stelle der Idee einer (vielleicht manchmal zu Unrecht angenommenen) Gleichgewichtigkeit der Parteien und einer damit verbundenen weitgehenden Vertragsfreiheit neue Maßstäbe gesetzt. Vertragsgerechtigkeit, Sozialverträglichkeit und die Beseitigung bzw der Ausgleich sog vertraglicher „Ungleichgewichtslagen" treten an vielen Stellen in den Vordergrund. Gerade dabei hat die Rspr zur Inhaltskontrolle von AGB, zunehmend aber auch bezogen auf individuelle Vereinbarungen, einen immer stärkeren Einfluss ausgeübt. Stichworte bilden die sittenwidrige finanzielle Überforderung Mithaftender, ehevertragliche Regelungen und immer zahlreichere und intensivere Anforderungen an Aufklärungs- und Schutzpflichten. Die Sorge vieler geht deshalb dahin, welche Bedeutung der Privatautonomie in Zukunft noch bleiben wird. Die Entwicklung des Miet- oder Arbeitsrechts haben jedenfalls gezeigt, dass Eingriffe in die Vertragsfreiheit erhebliche (auch negative) Einflüsse auf den Markt haben. Diese Gefahr sollte im Zusammenhang mit dem Verbraucherschutz und jetzt auch bei der Umsetzung der Antidiskriminierungsrichtlinie ernst genommen werden (vgl dazu o Rn 281 ff). Beide Parteien haben berechtigte Interessen, nicht nur ein Schuldner oder Verbraucher.

Abschnitt 1
Inhalt der Schuldverhältnisse
Titel 1
Verpflichtung zur Leistung

§ 241
Pflichten aus dem Schuldverhältnis

(1) Kraft des Schuldverhältnisses ist der Gläubiger berechtigt, von dem Schuldner eine Leistung zu fordern. Die Leistung kann auch in einem Unterlassen bestehen.

(2) Das Schuldverhältnis kann nach seinem Inhalt jeden Teil zur Rücksicht auf die Rechte, die Rechtsgüter und Interessen des anderen Teils verpflichten.

Systematische Übersicht

A.	Vorbemerkung	1	C.	Weitere Entwicklungen nach dem In-Kraft-Treten des § 241	32
B.	Vor- und Entstehungsgeschichte	2	I.	Das Volksgesetzbuch	33
I.	Der Begriff „Schuldverhältnis" vor Inkrafttreten des BGB	3	II.	Die Rspr zu § 241	34
			III.	Die Behandlung von § 241 in der Lehre	35
II.	Vorbilder für § 241	5			
1.	Die Pandektenlehre	6			
2.	Das prALR von 1794	7			
3.	Der code civil	8	D.	Das Schuldverhältnis	
4.	Das österreichische ABGB	9			
5.	Das schweizerische Obligationenrecht	10	I.	Das Schuldverhältnis ieS und iwS	
			1.	Einleitung	36
6.	Der Dresdner Entwurf	11	2.	Historische Ursachen	37
			3.	Der Begriff Schuldverhältnis iwS	39
III.	Grundentscheidungen des BGB-Gesetzgebers		4.	Streitpunkte	40
1.	§ 241 als einleitende Regelung	12	II.	Abgrenzung von gesetzlichen, rechtsgeschäftlichen und rechtsgeschäftsähnlichen Schuldverhältnissen	
2.	Wesen und Inhalt des Schuldverhältnisses	13			
a)	Vermögenswert der Leistung	14	1.	Einteilungskriterien	47
b)	Recht zur Sache	19	2.	Systematik	53
c)	Leistungsverpflichtung des Schuldners	23	a)	Unterscheidung nach der Anzahl der Beteiligten	54
d)	Die Rechtsfolgen der Nichterfüllung	25	b)	Unterscheidung nach geregelten und ungeregelten Schuldverhältnissen	58
aa)	Erfüllungsanspruch	25			
bb)	Schadensersatz	30	c)	Unterscheidung nach der inneren Verknüpfung der Forderungen	59
e)	Haftungsbeschränkungen	31			

E. **Entstehung gesetzlicher Schuldverhältnisse**

I. Allgemeines 62

II. Abgrenzung nach Art der erzeugten Pflichten 65

III. Sonderproblem: Zum Schuldverhältnis parallel verlaufendes Schutzpflichtverhältnis 69

F. **Die Entstehung vertraglicher Schuldverhältnisse**

I. Vertragsschluss 70

II. Abgrenzung zur Gefälligkeit 72
1. Abgrenzung bei Verhaltensvereinbarungen 76
   a) Merkmale der Gefälligkeit (Nicht-Rechtsverhältnis) 77
   aa) Objektiver Ansatz (Vermögensinteresse) 79
   bb) Subjektiver Ansatz (Rechtsgeschäftliches Verständnis) .. 80
   cc) Die Willensermittlung 84
   b) Ausschluss eines Leistungsanspruchs (gentlemen's agreement) 90
2. Rücksichtspflichtverletzungen und Haftung bei Gefälligkeiten 94

III. Faktischer Vertrag
1. Allgemeines 95
2. Fallgruppen 97
   a) Sozialtypisches Verhalten (Massenverkehr, Daseinsvorsorge) .. 98
   b) Fehlerhafte Dauerschuldverhältnisse 105
   aa) Allgemeines 105
   bb) Gesellschaftsverhältnisse 107
   cc) Arbeitsverhältnisse/Dienstverträge 108
   dd) Wohnungseigentümergemeinschaft 110
   ee) Miet- und Pachtverhältnisse 111
   c) Faktische Vertragsverhältnisse kraft sozialen Kontakts 112

G. **Wirkungen des Schuldverhältnisses: Entstehung von Forderungen**

I. Begriff der Forderung und Abgrenzungen 113

II. Forderungskollisionen 116

III. Abgrenzung der Forderung: unvollkommene Verbindlichkeiten und Obliegenheiten
1. Allgemeines zu Obliegenheiten 121
2. Rechtsnatur der Obliegenheit 125
3. Abgrenzung der Obliegenheit von der Verbindlichkeit 129
4. Zusammenfassung 132

H. **Leistung**

I. Der Leistungsbegriff
1. Allgemeines 134
2. Ambivalenz des Leistungsbegriffs .. 136
3. Die Unterlassung 137

II. Die Einteilung der Leistungspflichten
1. Allgemeines 142
2. Terminologie 143
   a) Primär- und Sekundärpflichten 143
   b) Haupt- und Nebenleistungspflichten 145
   aa) Hauptleistungspflichten 147
   bb) Nebenleistungspflichten 148

III. Abgrenzung zu Rücksichtspflichten iSd Abs 2
1. Allgemeines 153
2. Terminologie 154
3. Kriterien der Abgrenzung von Leistungs- und Rücksichtspflichten . 157
   a) Klagbarkeit als Unterscheidungsmerkmal 158
   b) Zielsetzung als Unterscheidungsmerkmal 160

IV. Arten von Nebenleistungspflichten
1. Allgemeines 162
   a) Gesetzliche Nebenleistungspflichten 163
   b) Außergesetzliche Nebenleistungspflichten 165

2.	Auskunft- und Rechenschaft	167	(ee)	Pflichten in atypischen Vertragsverhältnissen	235
a)	Allgemeines	167			
b)	Gesetzlich normierte Pflichten	168	(c)	Einzelfälle zur Mitwirkung des Gläubigers bei der Leistungserbringung	236
c)	Außergesetzliche Pflichten	170			
d)	Prozessuales	171			
3.	Mitwirkungs- und Unterstützungspflichten	172	(3)	Mitwirkung als Mehrleistung	242
			(a)	Allgemeines	242
a)	Allgemeines	172	(b)	Einzelfälle	243
b)	Mitwirkung im Vorfeld des Vertragsschlusses	177	(4)	Mitwirkung zur Schaffung von Rechtssicherheit	244
aa)	Allgemeines	177	(a)	Allgemeines	244
bb)	Gesetzlich normierte Mitwirkungspflichten vor Vertragsschluss	179	(b)	Einzelfälle	245
			(5)	Mitwirkung und Unterstützung gegenüber Dritten	253
cc)	Außergesetzliche Mitwirkungspflichten vor Vertragsschluss	181	(a)	Allgemeines	253
(1)	Allgemeines	181	(b)	Einzelfälle	256
(2)	Voraussetzungen	185	d)	Mitwirkungspflichten in gesetzlichen Schuldverhältnissen	257
(3)	Prozessuales	188			
(4)	Einzelfälle	189	aa)	Allgemeines	257
c)	Mitwirkung bei der Durchführung des Vertrages	191	bb)	Gesetzlich normierte Mitwirkungspflichten	258
aa)	Allgemeines	191	cc)	Nicht geregelte Mitwirkungspflichten in gesetzlichen Schuldverhältnissen	259
bb)	Gesetzlich normierte Mitwirkungspflichten	192	4.	Leistungssicherungspflichten	261
(1)	Pflichten innerhalb des Bürgerlichen Gesetzbuches	193	a)	Allgemeines	261
			aa)	Gesetzliche Leistungssicherungspflichten	266
(2)	Weitere Pflichten außerhalb des BGB	199	bb)	Außergesetzliche Leistungssicherungspflichten	268
cc)	Außergesetzliche Mitwirkungspflichten	201	cc)	Abgrenzung zu den Rücksichtspflichten iSd Abs 2	270
(1)	Mitwirkung zur Beseitigung von Erfüllungshindernissen	202	b)	Einzelfälle gesetzlich normierter Leistungssicherungspflichten	272
(a)	Allgemeines	202			
(b)	Einzelfälle	203	c)	Einzelfälle außergesetzlicher Leistungssicherungspflichten	273
(2)	Mitwirkung zur Durchführung der Leistung	208			
(a)	Allgemeines	208			
(aa)	Pflichten des Schuldners	209	**J.**	**Relativität und Ausnahmen**	
(bb)	Pflichten des Gläubigers	211			
(b)	Einzelfälle zur Mitwirkung des Schuldners bei der Leistungserbringung	214	**I.**	**Allgemeines**	293
			II.	**Relativität der Wirkungen des Schuldverhältnisses**	
(aa)	Pflichten im Austauschverhältnis	214			
(bb)	Pflichten bei Gebrauchsgewährung	219	1.	Gesetzlich begründete Schuldverhältnisse	295
(cc)	Pflichten bei Sicherung und Treuhand	224	2.	Rechtsgeschäftlich begründete Schuldverhältnisse	296
(dd)	Pflichten in Arbeits-, Dienst- und sonstigen Dauerschuldverhältnissen	225			

III.	Relative Wirkung der Forderung	299	L.	§ 241 Abs 2	
1.	Grundsatz	300			
2.	Ausnahmen vom Grundsatz der Relativität	302	I.	Entstehungsgeschichte	
			1.	Entwicklung der Rücksichtspflichten	379
a)	Gesetzliche Ausnahmen	303	2.	Normierung der Rücksichtspflichten	380
b)	Sonstige Ausnahmen von der Relativität der Forderung	307	II.	„Schuldverhältnis"	383
aa)	Die Forderung als Eigentumsrecht	308	1.	Entstehung der Rücksichtspflichten durch gesetzliches oder rechtsgeschäftliches Schuldverhältnis?	384
bb)	Die Lehre von der absoluten Rechtszuständigkeit des Gläubigers	309			
cc)	Kritik an der Lehre von der absoluten Rechtszuständigkeit	312	a)	Meinungsstand vor der Schuldrechtsreform	385
dd)	Folgen des Meinungsstreits	316	b)	Meinungsstand nach der Schuldrechtsreform	389
3.	Tatbestandswirkungen des Schuldverhältnisses auf Dritte (Weitere Ausnahmen zur Relativität)	322	aa)	Allgemeines	389
			bb)	Problemfälle	393
			(1)	Gefälligkeiten	396
a)	Drittbeteiligung am Schuldverhältnis ohne Zurechnung	326	(2)	Nichtige Verträge	399
b)	Fremdzurechnung von Tatbestandsverwirklichungen	330	(3)	Nachbarliches Gemeinschaftsverhältnis	401
aa)	Verpflichtung Dritter	331	2.	Der Inhalt des Schuldverhältnisses	409
bb)	Berechtigung Dritter	334			
cc)	Haftungsbegrenzungen zugunsten Dritter	343	III.	„kann"	411
dd)	Haftungsbegrenzungen zu Lasten Dritter	346	IV.	„jeden Teil"/„des anderen Teils" (Beteiligte)	412
			V.	„Rücksicht"	413
K.	Dauer des Schuldverhältnisses	347	VI.	„Rechte, Rechtsgüter, Interessen"	415
I.	Einfache Schuldverhältnisse	348	VII.	„verpflichten"	416
II.	Dauerschuldverhältnisse	349	VIII.	Arten von Rücksichtspflichten	
1.	Gesetzlicher Terminus	350			
2.	Dogmatische Kategorie	352	1.	Allgemeines	426
a)	Zeitliche Abgrenzungskriterien	352	2.	Informationspflichten	429
b)	Andere Abgrenzungsversuche	357	a)	Allgemeines	429
aa)	Dauerschuldverhältnisse ieS und iwS	358	b)	Aufklärungspflichten	434
bb)	Sukzessivlieferungsverhältnisse	359	aa)	Gesetzliche Aufklärungspflichten	435
cc)	Wiederkehrschuldverhältnisse	363	bb)	Außergesetzliche Aufklärungspflichten	438
dd)	Vertragsverhältnisse mit personenrechtlichem Einschlag	365	(1)	Voraussetzungen	439
ee)	Relationale Verträge	366	(a)	Informationsgefälle	439
3.	Beendigung	369	(b)	Erkennbarkeit des Informationsgefälles	442
a)	Kündigung	370			
b)	Rücktritt	373	(c)	Entscheidungserheblichkeit	444
c)	Erfüllung	375	(d)	Schutzwürdigkeit	445
d)	Fehlerhafte Dauerschuldverhältnisse	378	(e)	Abwägung	446
			(f)	Mitverschulden	449

(g)	Vorsatzerfordernis	450	b) Wettbewerbsverbote	509
(h)	Sonderfall: Auf Nachfrage erteilte Falschinformation	451	aa) Allgemeines	509
			bb) Gesetzlich normierte Wettbewerbsverbote	510
(2)	Inhalt	452		
(3)	Rechtsfolgen	455	cc) Außergesetzliche Wettbewerbsverbote	511
(4)	Einzelfälle	456		
(a)	Kaufvertrag	457	c) Geheimhaltungspflichten	512
(b)	Mietvertrag	458	d) Sonstige Unterlassungspflichten	515
(c)	Dienstvertrag	459	e) Störung der Vertrauensgrundlage	518
(d)	Arztvertrag	461		
(e)	Arbeitsvertrag	464	**IX. Haftungsmilderungen bei Rücksichtspflichten**	519
(f)	Werkvertrag	466		
(g)	Reisevertrag	469	1. Haftungsmodifikationen in bestehenden Verträgen	520
(h)	Banken	471		
(i)	Versicherungsvertrag	473	2. Haftungsmodifikationen beim nichtigen Vertrag	525
(k)	Parteien im Zivilprozess	474		
(l)	Sonstige Aufklärungspflichten	475	3. Haftungsmodifikationen bei Gefälligkeitsverhältnissen	527
c)	Beratungspflichten	477		
3.	Obhuts- und Fürsorgepflichten	479	4. Die Auswirkung der Haftungsbeschränkungen auf die deliktische Haftung	530
a)	Allgemeines	479		
b)	Gesetzliche Obhuts- und Fürsorgepflichten	483		
aa)	Fürsorgepflichten	484	**X. Rechtsfolgen der Pflichtverletzung**	
bb)	Obhutspflichten	485	1. Allgemeines	538
c)	Außergesetzliche Obhuts- und Fürsorgepflichten	487	2. Schadensersatz	540
			a) Schadensersatz gem § 280 Abs 1	540
aa)	Voraussetzungen	487	b) Schadensersatz statt der Leistung gem § 280 Abs 3 iVm § 282	541
(1)	Gefälle	488		
(2)	Abwägung	489	c) Aufwendungsersatz gem § 284	542
bb)	Einzelfälle	492	3. Rücktritt gem § 324	543
(1)	Kaufvertrag	493		
(2)	Gelddarlehensvertrag	495	**XI. Prozessuale Aspekte**	
(3)	Mietvertrag	496	1. Klagbarkeit der Rücksichtspflichten	544
(4)	Dienst- und Arbeitsverträge	499	2. Anwendbarkeit des § 29 ZPO auf Rücksichtspflichten?	549
(5)	Werkvertrag	501		
(6)	Sonstige Fälle von Obhuts- und Fürsorgepflichten	503	**XII. Kritik an der Regelung des Abs 2**	
			1. Die generelle Kritik	551
4.	Leistungsunabhängige Treuepflichten	504	2. Kritik an der Formulierung	552
a)	Allgemeines	504		

Alphabetische Übersicht

Absatz 2 der Norm	– „Rechte, Rechtsgüter und Interessen"	415
– Kritik an der Regelung _____ 551 ff	– „Rücksicht"	413 f
– Pflichtverletzung, Rechtsfolgen der _____ 538 ff	– „Schuldverhältnis"	383 ff
– prozessuale Aspekte _____ 544 ff	– „verpflichten"	416 ff
– Tatbestandsmerkmale _____ 383 ff	Aufklärungspflichten	434 ff
– „jeden Teil"/„des anderen Teils" _____ 412	– außergesetzliche	438 ff
– „kann" _____ 411	– Einzelfälle	456 ff

- Arbeitsvertrag 464 f
- Arztvertrag 461 ff
- Banken 471 f
- Dienstvertrag 459 f
- Kaufvertrag 457
- Mietvertrag 458
- Reisevertrag 469 f
- sonstige 475 f
- Versicherungsvertrag 473
- Werkvertrag 466 ff
- Zivilprozess, Parteien im 474
- Inhalt 452 ff
- Rechtsfolgen 455
- Voraussetzungen 439 ff
  - Abwägung 446 ff
  - Entscheidungserheblichkeit 444
  - Falschinformationen auf Nachfrage 451
  - Informationsgefälle 439 ff
  - Mitverschulden 449
  - Schutzwürdigkeit 445
  - Vorsatzerfordernis 450
- gesetzliche 435 ff

Auskunfts- und Rechenschaftspflichten 167 ff
- außergesetzliche 170
- gesetzliche 168 f

Beratungspflichten 477 f

Dauerschuldverhältnisse 349 ff
- Beendigung 369 ff
  - Erfüllung 375 ff
  - Kündigung 370 ff
  - Rücktritt 373 f
- dogmatische Kategorien
  - ieS und iwS 358
  - relationale Verträge 366 ff
  - Sukzessivlieferungsverhältnisse 359 ff
  - Verhältnisse mit personenrechtlichem Einschlag 365 ff
  - Wiederkehrschuldverhältnisse 363 f
- fehlerhafte 105 f, 378

Dritte, Tatbestandswirkungen des Schuldverhältnisses auf 322 ff
- Drittbeteiligung ohne Zurechnung 326 ff
- Fremdzurechnung 330 ff
  - Berechtigung Dritter 334 ff
  - Haftungsbegrenzungen 343 ff
  - Verpflichtung Dritter 331 ff

Entstehungsgeschichte der Norm 2 ff
- Entwicklungen nach Inkrafttreten des § 241 32 ff
- Grundentscheidungen des Gesetzgebers 12 ff
- vor Inkrafttreten des BGB 3 f
- Vorbilder 5 ff
Entstehungsgeschichte des § 241 Abs 2 379 ff

Forderung
- Abgrenzung zu Obliegenheiten 121 ff
- Begriff 113 f
- Eigentumsrecht, als 308
- Entstehung 113 ff
- Kollisionen 116 ff
- Lehre von der absoluten Rechtszuständigkeit 309 ff

Gefälligkeiten 72 ff, 396 ff
- Abgrenzung zum Schuldverhältnis 76 ff
- Gentlemen's agreement 90 ff
- Haftung 94
- Merkmale 77 ff
- objektiver Ansatz 79
- Rücksichtspflichtverletzungen 94
- subjektiver Ansatz 80 ff
- Willensermittlung 84 ff
Geheimhaltungspflichten 512 ff
Gentlemen's agreement 90 ff

Haftungsbegrenzungen
- zugunsten Dritter 343 ff
- zu Lasten Dritter 346
Haftungsmilderungen bei Rücksichtspflichten 519 ff
- Auswirkungen auf die deliktische Haftung 530 ff
- bestehenden Verträgen, in 520 ff
- Gefälligkeitsverhältnissen, bei 527 ff
- nichtigen Vertrag, beim 525 f

Informationspflichten 429 ff
- Aufklärungspflichten 434 ff
- Beratungspflichten 477 f

Klagbarkeit der Rücksichtspflichten 544 ff
Kritik an § 241 Abs 2 551 ff

Leistung 134 ff

Titel 1 § **241**
Verpflichtung zur Leistung

– Begriff	134 ff	Obliegenheiten	
– Allgemeines	134 ff	– Abgrenzung von Verbindlichkeit	129 ff
– Ambivalenz	136	– Allgemeines	121 ff
– Leistungspflichten, s Pflichten	142 ff	– Rechtsnatur	125 ff
– Unterlassung	137 ff		
Leistungssicherungspflichten	261 ff	Pflichten	
– Abgrenzung zu Rücksichtspflichten	270 f	– Leistungspflichten	142 ff
– außergesetzliche	268 f	– Hauptleistungspflichten	145 ff
– gesetzliche	266 f	– Nebenleistungspflichten	145 ff
		– Primärpflichten	143 ff
Mitwirkungs- und Unterstützungspflichten	172 ff	– Sekundärpflichten	143 ff
– gesetzliche Schuldverhältnisse	257 ff	– Rücksichtspflichten	154 ff
– Vertragsdurchführung, bei	191 ff	Relationale Verträge	366 ff
– Beseitigung von Erfüllungshindernissen	202 ff	Relativität und Ausnahmen	293 ff
– Dritten gegenüber	253 ff	– der Forderung	299 ff
– Durchführung der Leistung	208 ff	– Dritte, Wirkung auf	322 ff
– atypische Vertragsverhältnisse	235	– der Wirkungen des Schuldverhältnisses	295 ff
– Austauschverhältnis	214 ff	Rücksichtspflichten	154 ff
– Dauerschuldverhältnisse	225 ff	– Abgrenzung zu Leistungspflichten	153 ff
– Gebrauchsgewährung	219 ff	– Abgrenzung zu Leistungssicherungspflichten	270 f
– Sicherung und Treuhand	224	– Arten	426 ff
– Mehrleistung	242 ff	– Informationspflichten	429 ff
– Schaffung von Rechtssicherheit	244 ff	– Obhuts- und Fürsorgepflichten	479 ff
– Vorfeld des Vertrages, im	177 ff	– Treuepflichten, leistungsunabhängige	504 ff
Nachbarschaftliches Gemeinschaftsverhältnis	401 ff	– Entstehung	384 ff
Nebenleistungspflichten	162 ff	– Gefälligkeiten	396 ff
– Auskunft und Rechenschaft	167 ff	– nachbarschaftliches Gemeinschaftsverhältnis	401 ff
– außergesetzliche	165 f	– nichtige Verträge	399 f
– gesetzliche	163 f	– Entwicklung	379
– Mitwirkung und Unterstützung	172 ff	– Grundlage und Inhalt	409 f
– Leistungssicherungspflichten	261 ff	– Haftungsmilderungen	519 ff
		– Normierung	380
Obhuts- und Fürsorgepflichten	479 ff	– Pflichtverletzung, Rechtsfolgen der	538 ff
– außergesetzliche Pflichten	487 ff	– prozessuale Aspekte	544 ff
– Einzelfälle	492 ff	– Klagbarkeit	544 ff
– Dienst- und Arbeitsverträge	499 f	– Anwendbarkeit des § 29 ZPO	549 f
– Gelddarlehensvertrag	495		
– Kaufvertrag	493 f	Schuldverhältnis	36 ff, 383 ff
– Mietvertrag	496 ff	– Abgrenzung nach	47 ff
– sonstige	503	– Anzahl der Beteiligten	54 ff
– Werkvertrag	501 f	– innerer Verknüpfung der Forderungen	59 ff
– Voraussetzungen	487 ff	– Regelung	58
– Abwägung	489 ff	– Begriff ieS	36 ff
– Gefälle	488		
– gesetzliche Pflichten	483 ff		

Dirk Olzen

– Begriff iwS	39	Treuepflichten, leistungsunabhängige	504 ff
– Dauer	347 ff	– Geheimhaltungspflichten	512 ff
– Dauerschuldverhältnisse	349 ff	– Unterlassungspflichten	515 ff
– einfache Schuldverhältnisse	348	– Vertrauensgrundlage, Störung der	518
– gesetzliches		– Wettbewerbsverbote	509 ff
– Abgrenzung innerhalb	65 ff		
– Entstehung	62 ff	Unterlassung	137 ff
– Streitpunkte	40 ff	Unterlassungspflichten	509 ff
– vertragliches			
– Abgrenzung zur Gefälligkeit	72 ff	Verbindlichkeiten, unvollkommene	121 ff
– Entstehung	70 ff	Vertrag, faktischer	95 ff
– faktischer Vertrag	95 ff	– Arbeitsverhältnisse/Dienstverträge	108 f
– Wirkungen	113 ff	– fehlerhafte Dauerschuldverhältnisse	105 f
Schuldverhältnis, Wesen und Inhalt	13 ff	– Gesellschaftsverhältnisse	107
– Haftungsbeschränkungen	31	– Miet- und Pachtverhältnisse	111
– Leistungsverpflichtung des Schuldners	23 f	– sozialer Kontakt	112
– Recht zur Sache	19 ff	– sozialtypisches Verhalten	98 ff
– Rechtsfolgen der Nichterfüllung	25 ff	– Wohnungseigentümergemeinschaft	110
– Vermögenswert der Leistung	14 ff	Vertrag, nichtiger	399 f
Schutzpflichtverhältnis	69	Vertrauensgrundlage, Störung der	518
Sozialer Kontakt	112		
Sozialtypisches Verhalten	98 ff	Wettbewerbsverbote	509 ff
Sukzessivlieferungsverhältnisse	359 ff	Wiederkehrschuldverhältnisse	363 f

A. Vorbemerkung

1 Nach mehr als 100 Jahren wurde § 241 vor nicht allzu langer Zeit erstmals geändert. Das am 1.1.2002 in Kraft getretene Gesetz zur Modernisierung des Schuldrechts vom 26.11.2001 (vgl Einl 184 ff zu §§ 241 ff) fügte einen zweiten Abs an (su Rn 379 ff). Abs 1 blieb unverändert; ihm kommt keine große praktische Bedeutung zu (Münch-Komm/Kramer Rn 1). Er definiert weder das Schuldverhältnis noch den Leistungsbegriff. Sein Regelungsgehalt erschöpft sich vielmehr darin, die Wirkungen des Schuldverhältnisses aufzuführen, allerdings nicht einmal abschließend. Diese weite Fassung ist auf die bewusste Entscheidung des historischen Gesetzgebers zurückzuführen, die Ausfüllung des Begriffs „Schuldverhältnis" der Wissenschaft zu überlassen (Mugdan II 1). Abs 1 S 1 stellt aber die Klagbarkeit der Leistung (MünchKomm/Kramer Rn 1) einerseits und die Relativität des Schuldverhältnisses andererseits klar (vgl Rn 293 ff; Gernhuber, Schuldverhältnis § 3 II–V). Dass die Leistung auch in einem Unterlassen bestehen kann, ergibt sich aus Abs 1 S 2 (su Rn 134). Seit der Schuldrechtsreform ist die dogmatische Bedeutung des § 241 insofern gewachsen, als die Norm den Anknüpfungspunkt für die Einteilung der Schuldnerpflichten bildet und damit im Kern des neuen Leistungsstörungsrechtes steht.

B. Vor- und Entstehungsgeschichte

2 Der Blick auf die rechtshistorische Entwicklung des § 241 verdeutlicht heute vor allem, dass der Gesetzgeber der Vorschrift über den geschilderten Inhalt hinaus

Klarstellungsfunktion zumaß. Er hilft zudem, die Grundsätze der heute herrschenden Schuldrechtsdogmatik aus ihrer Entwicklung heraus besser zu verstehen.

I. Der Begriff „Schuldverhältnis" vor Inkrafttreten des BGB

Im **19. Jahrhundert** war der Terminus „Schuldverhältnis" noch nicht fest im juristischen Sprachgebrauch verankert (KÖBLER, Lexikon Rechtsgeschichte 528). Der deutsche Rechtskreis kannte allein die Begriffe „Forderung", „Schuld" und „Verbindlichkeit", die ursprünglich jeweils nur eine Seite des Schuldverhältnisses bezeichneten. Das prALR von 1794, das österreichische ABGB von 1812 und das Züricher Bürgerliche Gesetzbuch von 1856 benutzten diese Bezeichnungen in Verbindung miteinander, um das zu umschreiben, was man heute allgemein unter Schuldverhältnis versteht. Das sächsische Bürgerliche Gesetzbuch von 1863 sprach nur von „Forderung" (SCHUBERT, Vorlagen der Redaktoren, Recht der Schuldverhältnisse: Teil 1, 3, Fn 1). 3

Andererseits kannte man seit der **Rezeption** aus dem römischen Recht (vgl Einl 102 ff zu §§ 241 ff) den Obligationenbegriff, der beide Seiten des Schuldverhältnisses bezeichnete. Unter einer **obligatio** verstand man im klassischen und justinianischen Recht ein Rechtsverhältnis, das den Schuldner zu einer Leistung verpflichtet und dem Gläubiger gegen den Schuldner ein Forderungsrecht verschafft (vgl KASER/KNÜTEL § 32 I; COING, Europäisches Privatrecht Bd I [1985] 393). Der Obligationenbegriff wurde im Laufe der Zeit allerdings immer wieder anders verstanden (vgl dazu DUMONT, Obligatio, in: FS Meylan I [1963] 77 ff); es kam also zu keiner begrifflichen Klärung. 4

Die Verfasser des BGB gingen davon aus, dass der Begriff Obligation iSd klassischen römischen Rechts die Rechtsstellungen der Parteien aus der Sicht eines neutralen Beobachters beschreibe. Darüber hinaus meinte man aber, der Ausdruck „obligatio" sei auch geeignet, allein das Forderungsrecht oder die Verbindlichkeit zu bezeichnen (SCHUBERT, Vorlagen der Redaktoren, Recht der Schuldverhältnisse: Teil 1, 3, Fn 1).

Der vom Gesetzgeber gewählte Begriff des Schuldverhältnisses sollte nach seinem Willen klarstellend das gesamte Obligationenverhältnis bezeichnen und zugleich das Fremdwort Obligation durch einen deutschen Ausdruck ersetzen (SCHUBERT, Vorlagen der Redaktoren, Recht der Schuldverhältnisse: Teil 1, 3, Fn 1). Damit folgte man dem bayerischen und dem Dresdner Entwurf, die sich schon zuvor dieses Begriffs bedient hatten (MUGDAN II 1; zu den Vorläufern des BGB vgl auch STAUDINGER/COING/HONSELL [2004] Einl 59 ff zum BGB).

II. Vorbilder für § 241

Sprachlich und inhaltlich orientierte sich § 241 einerseits an den Definitionen der Pandektenlehre. Andererseits hatten die dem BGB vorangehenden großen Kodifikationen und Kodifikationsentwürfe Vorbildcharakter, weil sie vielfach eine entsprechende allgemeine Regelung zur Kennzeichnung des Schuldverhältnisses und zur Einführung in das Schuldrecht enthielten, obwohl eine solche Vorschrift nicht allgemein für notwendig erachtet wurde. Diese Grundlagen des § 241 sollen im Folgenden kurz dargestellt werden. 5

1. Die Pandektenlehre

6 Die Pandektenlehre (Einl 112 ff zu §§ 241 ff; vgl dazu STAUDINGER/COING/HONSELL [2004] Einl 52 ff zum BGB) griff zwar zur Beschreibung des Schuldverhältnisses auf die Definitionen in Inst 3, 13 pr und in D 44, 7, 3 pr zurück (die Digestenstelle stammt v dem im 3. Jahrhundert tätigen Juristen IULIUS PAULUS, z seiner Person LIEBS, Die Jurisprudenz im spätantiken Italien [1987]; z Obligation des klassischen römischen Rechts vgl KASER, Das römische Privatrecht Bd I [2. Aufl 1971] §§ 113, 115. Dort hieß es „obligationum substantia non in eo consistit, ut aliquod corpus nostrum aut servitutem nostram faciat, sed ut alium nobis obstringat ad dandum aliquid vel faciendum vel praestandum"). Sie entwickelte aber ein eigenständiges, vom römischen Recht abweichendes Obligationenverständnis (WINDSCHEID, Pandektenrecht II [8. Aufl 1900] § 251 Fn 3). Unter Obligation verstand sie ein Rechtsverhältnis, das in der Verpflichtung des Schuldners zu einer Leistung an den Gläubiger besteht. Diese Leistung konnte in einem Tun, Dulden oder in Unterlassungen liegen (DERNBURG, Pandekten II [4. Aufl 1894] § 1 I). Die sprachliche Fassung des Abs 1 zeigt, wie stark sich der Gesetzgeber des BGB an die Definition der Pandektenlehre angelehnt hat.

2. Das prALR von 1794

7 Im 1. Buch des prALR war innerhalb der Abgrenzung der „persönlichen Rechte" unter dem 2. Titel „Von Sachen und deren Rechte überhaupt" in § 123 geregelt, dass ein persönliches Recht die Befugnis enthält, von dem Verpflichteten zu fordern, etwas zu geben, zu leisten, zu verstatten oder zu unterlassen (vgl z prALR insgesamt WOLFF, Das Preußische Allgemeine Landrecht [1995]).

3. Der code civil

8 Der code civil von 1804 sprach in Art 1140 die Wirkungen der Obligationen „les effets de l'obligation de donner ou de livrer" an und verwies dafür intern auf andere Vorschriften. In Art 1141 regelte er den Konflikt einer Verpflichtung zur Leistung einer beweglichen Sache zwischen zwei verschiedenen Personen („Qu'on s'est obligé de donner au de livrer à deux personnes successivement"). Zusätzlich begründete Art 1142 die Schadensersatzpflicht des Schuldners bei der Nichterfüllung einer Verpflichtung zu einem Tun oder Unterlassen („faire où ne pas faire"; weitere Regelungen fanden sich in Art 1143–1145 code civil).

Dem code civil entsprachen die Parallelregelungen im Rheinischen Recht und im Badischen Landrecht (z Einfluss des code civil auf die deutsche Privatrechtsgeschichte vgl WIEACKER, Privatrechtsgeschichte 345 f; BÖHMER, Der Einfluß des code civil auf die Rechtsentwicklungen in Deutschland, AcP 151 [1950/51] 289; SCHUBERT, Französisches Recht in Deutschland zu Beginn des 19. Jahrhunderts [1977]; GROSS, Der code civil in Baden [1993]; vgl auch hier oben Einl 310 zu §§ 241 ff).

4. Das österreichische ABGB

9 Das österreichische ABGB aus dem Jahr 1811 enthielt überhaupt keine dem § 241 entsprechende Regelung. Nur ein Nebensatz des § 859 ABGB bestimmte, dass das sog persönliche Sachenrecht eine Leistungspflicht zwischen den Vertragsparteien begründet. Die Erklärung für ein solches Vorgehen des Gesetzgebers folgt aus der

Systematik des ABGB, das dem Schuldrecht keinen eigenständigen Abschnitt zuwies, sondern es dem Sachenrecht zuordnete (z österreichischen ABGB vgl WIEACKER, Privatrechtsgeschichte 337; vgl auch hier oben Einl 311 zu §§ 241 ff).

5. Das schweizerische Obligationenrecht

Im schweizerischen Obligationenrecht von 1881 fehlte ebenfalls eine Abs 1 entsprechende Regelung (z schweizerischen Obligationenrecht vgl KÖBLER, Lexikon Rechtsgeschichte 532; vgl auch hier Einl 308 f zu §§ 241 ff). Es wurde wie das Schuldrecht vom Dresdner Entwurf beeinflusst (su Rn 11; STAUDINGER/COING/HONSELL [2004] Einl 60 zum BGB). **10**

6. Der Dresdner Entwurf

Der Dresdner Entwurf eines allgemeinen deutschen Gesetzes über Schuldverhältnisse von 1866 (vgl KÖBLER, Deutsche Rechtsgeschichte 182; HEDEMANN, Der Dresdner Entwurf von 1866), der das 2. Buch des BGB, vor allem auch durch den Tod des Redaktors vKÜBEL entscheidend prägte (vgl Einl 122 ff zu §§ 241 ff), sah zwei einleitende, präambelartige Artikel zum Wesen des Schuldverhältnisses vor. Gem Art 2 sollte ein Schuldverhältnis ein Rechtsverhältnis zwischen wenigstens zwei Personen sein, vermöge dessen die eine als Gläubiger eine Leistung zu fordern berechtigt, die andere als Schuldner zu dieser Leistung verpflichtet war. Art 3 bestimmte, dass die Leistung in einem Tun oder Unterlassen bestehen konnte, dass sie möglich sein musste und nicht den Gesetzen oder den guten Sitten widerstreiten durfte (vgl den unveränderten Nachdruck des Dresdner Entwurfs hrsg v FRANKE [1973]). **11**

III. Grundentscheidungen des BGB-Gesetzgebers

1. § 241 als einleitende Regelung

Die Verfasser des BGB (zu der Gesetzgebungsarbeit vgl STAUDINGER/COING/HONSELL [2004] Einl 74 ff zum BGB) sprachen sich bei den Vorberatungen zunächst grds für eine das Schuldrecht einleitende Regelung aus (JAKOBS/SCHUBERT §§ 241–432, 42). Einigkeit bestand auch darüber, den Begriff „Schuldverhältnis" (so Rn 3 f) zu verwenden (Mot II 5 = MUGDAN II 3). **12**

2. Wesen und Inhalt des Schuldverhältnisses

Die Anschauungen über Wesen und Inhalt des Schuldverhältnisses gingen zur Entstehungszeit des BGB jedoch noch stark auseinander (SCHUBERT, Vorlagen der Redaktoren, Recht der Schuldverhältnisse: Teil 1, 4). Man beurteilte vor allem unterschiedlich, ob ein Schuldverhältnis stets auf eine **geldwerte Leistung** gerichtet sein müsse. Streit herrschte auch darüber, ob das Schuldverhältnis ein Recht zur Sache begründe. Fragen nach der Leistungspflicht des Schuldners sowie der Rechtsfolge der Nichterfüllung wurden ebenfalls uneinheitlich beantwortet. In der Klärung dieser Streitfragen lag die besondere Funktion des § 241 (AnwK-BGB/KREBS Rn 3; SOERGEL/TEICHMANN Rn 2). **13**

a) Vermögenswert der Leistung

Eine der umstrittensten Fragen lautete also, ob der Leistungsgegenstand **Geldwert** **14** haben müsse (vgl für die gegensätzlichen Positionen zB: DERNBURG, Pandekten II [7. Aufl 1903] § 17 – für einen Vermögenswert – und WINDSCHEID, Pandektenrecht II [7. Aufl 1891] § 250 – gegen einen Vermögenswert – [beide mwNw]; vgl auch SCHUBERT, Vorlagen der Redaktoren, Recht der Schuldverhältnisse: Teil 1, 13 ff).

15 Überwiegend wurde ein Geldwert der Leistung für unverzichtbar gehalten, um ein wirksames Schuldverhältnis entstehen zu lassen (DERNBURG, Pandekten II [7. Aufl 1903] § 17). Ausreichend sollte aber ein **Geldinteresse** sein, so dass reine Affektionsinteressen nur ausnahmsweise über eine Konventionalstrafe auch Gegenstand einer Forderung werden konnten (SCHUBERT, Vorlagen der Redaktoren, Recht der Schuldverhältnisse: Teil 1, 14 mwNw).

Das Erfordernis des Geldwerts einer Leistung beruhte auf den Vorstellungen des römischen Rechts (SCHUBERT, Vorlagen der Redaktoren, Recht der Schuldverhältnisse: Teil 1, 14). Der klassische Formularprozess verlangte für jedes Leistungsurteil eine Geldsumme (vgl KASER/KNÜTEL RPR § 34 I 2d). Die Befürworter dieser Ansicht leiteten ihre Betrachtungsweise daraus ab, dass auch der Leistungsgegenstand selbst stets in Geld abschätzbar sein müsse (WINDSCHEID, Pandektenrecht II [8. Aufl 1900] § 250 Fn 3). Auch Abgrenzungsschwierigkeiten zu reinen Gefälligkeitsverhältnissen sollten auf diese Weise ebenso vermieden werden (vgl vGIERKE Entwurf eines BGB 195) wie eine Überlastung der Rspr mit rechtsmissbräuchlichen Verfahren zur Durchsetzung nicht schützenswerter Affektionsinteressen (LABAND AcP 73 [1888] 173; vgl auch zur Schranke der guten Sitten Prot II, 560 = MUGDAN II 501).

16 Von den Vertretern der Gegenansicht (vgl WINDSCHEID, Pandektenrecht II [8. Aufl 1900] § 250 Fn 3; SCHUBERT, Vorlagen der Redaktoren, Recht der Schuldverhältnisse: Teil 1, 13 f mwNw) wurde das Schuldverhältnis als wirksam anerkannt, wenn es ein **berechtigtes, rechtlich schutzwürdiges Interesse** zum Ausdruck brachte – ein Umstand, über den der Richter entscheiden sollte. Damit folgte man den Art 3–5 des Dresdner Entwurfs (SCHUBERT, Vorlagen der Redaktoren, Recht der Schuldverhältnisse: Teil 1, 13). Zur Begründung wurde angeführt, dass das römisch-rechtliche Prinzip der Geldkondemnation, wonach Vollstreckungsgegenstand nur eine Geldforderung sein konnte, zum Zeitpunkt der Entstehung des BGB bereits überholt gewesen sei (sie u Rn 25).

17 Auch der Redaktor des Schuldrechts, VKÜBEL (z seiner Person vgl Einl 122 ff zu §§ 241 ff), vertrat die Ansicht, es müsse ausreichen, wenn die Leistung irgendein Interesse für den Schuldner habe (SCHUBERT, Vorlagen der Redaktoren, Recht der Schuldverhältnisse: Teil 1, 6 ff). Er befand sich damit im Einklang mit der damals neueren Rspr, die im Hinblick auf die Anforderungen des modernen Rechtsverkehrs nicht einmal ein schutzwürdiges Leistungsinteresse forderte. Abgrenzungskriterium sollte allein der **Rechtsbindungswille** der Parteien sein. Gegen die guten Sitten oder die öffentliche Ordnung durfte das Rechtsgeschäft aber nicht verstoßen (Mot II 2 = MUGDAN II 1).

18 Bei den Vorberatungen zur Entstehung des BGB einigte man sich darauf, das Erfordernis des „Vermögenswertes" der Leistung des Schuldners nicht in das Gesetz zu übernehmen (SCHUBERT, Vorlagen der Redaktoren, Recht der Schuldverhältnisse: Teil 1, 13 ff; JAKOBS/SCHUBERT §§ 241–432, 40; Prot II, 559 ff = MUGDAN II 501; Mot II 5 = MUGDAN II 3), verzichtete aber sowohl im Entwurf als auch in der späteren Fassung des § 241 auf eine Klarstellung (SCHUBERT, Vorlagen der Redaktoren, Recht der Schuldverhältnisse: Teil 1,

40). Die Mehrheit der 1. Kommission war der Auffassung, ihr Standpunkt werde bereits durch den fehlenden Hinweis auf das Vermögensinteresse ausreichend klar (Schubert, Vorlagen der Redaktoren, Recht der Schuldverhältnisse: Teil 1, 41).

b) Recht zur Sache

Man hat im 19. Jahrhundert auch unterschiedlich beurteilt, ob das auf die Leistung **19** einer bestimmten Sache gerichtete Forderungsrecht ein **Recht des Gläubigers** daran begründen sollte (Schubert, Vorlagen der Redaktoren, Recht der Schuldverhältnisse: Teil 1, 4 f). Der Streit erlangte Bedeutung im Zusammenhang mit der Frage, ob der Gläubiger von der Entstehung seines Anspruchs an gegen einen Dritterwerb geschützt war oder nicht.

Manche gingen davon aus, schon die Eingehung einer auf Sachleistung gerichteten **20** Verbindlichkeit ergreife die Sache selbst und begründe so ein **relativ dingliches Recht** (Ziebarth, Die Realexekution und die Obligation [1866]; Schubert, Vorlagen der Redaktoren, Recht der Schuldverhältnisse: Teil 1, 4 f). Zur Rechtfertigung verwies man auf das Vollstreckungsrecht. Aus der sog **Realexekution** wurde abgeleitet, dass dort, wo die Vollstreckung auf die Wegnahme einer Sache gerichtet sei, auch das zugrunde liegende Recht dinglich sein müsse (vgl Rütten, in: FS Gernhuber [1993] 951 ff).

Die zur Zeit der Entstehung des BGB hL lehnte dagegen ein durch Forderungsrecht **21** begründetes Recht des Gläubigers zur Sache ab (dagegen Schubert, Vorlagen der Redaktoren, Recht der Schuldverhältnisse: Teil 1, 4 f). Das Schuldverhältnis erzeugte danach nur Rechtswirkungen zwischen den Parteien. Zur Begründung führte man aus, dass Gegenstand des Schuldverhältnisses nicht der durch den Schuldner herbeizuführende Erfolg, sondern lediglich die **Handlung** selbst sei (vgl Rn 24; Schubert, Vorlagen der Redaktoren, Recht der Schuldverhältnisse: Teil 1, 5).

Der BGB-Gesetzgeber schloss sich der hL an und lehnte entgegen teilweise heftiger **22** Kritik (vgl vGierke Entwurf eines BGB 189 f) ein durch das Forderungsrecht begründbares Recht des Gläubigers zur Sache ab (Schubert, Vorlagen der Redaktoren, Recht der Schuldverhältnisse: Teil 1, 4 f; Mot II 5 = Mugdan II 3). Das Forderungsrecht des Gläubigers konnte deshalb den Erwerb des Rechts, das ihm verschafft werden sollte, durch einen Dritten nicht verhindern (Mugdan II 3).

c) Leistungsverpflichtung des Schuldners

Ebenfalls uneinheitlich wurde bewertet, was der geschuldete **Leistungsgegenstand** **23** sein sollte.

Die überwiegende Lehre, der sich der Gesetzgeber des BGB anschloss, definierte die **24** mit dem Recht des Gläubigers auf die Leistung korrespondierende Leistungspflicht des Schuldners als **Handlungspflicht** (Windscheid, Pandektenrecht II [8. Aufl 1900] § 251 Fn 2; Schubert, Vorlagen der Redaktoren, Recht der Schuldverhältnisse: Teil 1, 6, 7; vgl näher Rn 134). Dagegen wurde zum Teil vorgebracht, die Obligation begründe lediglich ein Recht des Gläubigers, etwas zu erhalten, sei es durch Handlung des Schuldners oder auf andere Weise. Die Handlung stellt nach dieser Ansicht mithin nur **ein** Mittel zur Befriedigung des Gläubigers dar (Hartmann, Die Obligation [1875] 20 ff, 119 ff; vgl z Problem ie Staudinger/Olzen [2000] Einl 57 ff zu §§ 362 ff).

d) Die Rechtsfolgen der Nichterfüllung
aa) Erfüllungsanspruch

25 Zur Zeit der Schaffung des BGB war man sich darüber einig, dass dem Gläubiger für den Fall der Nichterfüllung der Leistungspflicht ein Anspruch auf **zwangsweise Durchsetzung** des Erfüllungsanspruchs zustehen sollte (vgl SCHUBERT, Vorlagen der Redaktoren, Recht der Schuldverhältnisse: Teil 1, 15, 17; JAKOBS/SCHUBERT §§ 241–432, 41; Prot II 560 = MUGDAN II 501). Wie bereits erwähnt, hielt man das aus dem klassischen römischen Recht bekannte Prinzip der Geldkondemnation (so Rn 16), das nur die Zwangsvollstreckung wegen Geldforderungen kannte, für überholt (WINDSCHEID, Pandektenrecht II [9. Aufl 1906] § 250 Fn 3). Bereits in der Justinianischen Kodifikation wurde dieses System für Obligationen, die auf die Übertragung von Eigentum gerichtet waren, aufgehoben, D. 6. 1. 68 (ULPIAN) (z klassischen Formularprozess im römischen Recht vgl KASER, Das römische Zivilprozeßrecht [2. Aufl 1996] § 54 IV 1; z den starken Abänderungen im klassischen Kognitionsprozess u in der Nachklassik ders § 74 I 2 u § 93 II 2 b [jeweils mit ausf Nachw z Quellen u Lit]). Die Richtigkeit dieser Ansicht wurde auch damit begründet, dass die ZPO bereits seit 1888 Zwangsmittel vorsah, um den Schuldner zur Vornahme einer geschuldeten Handlung zu zwingen (z Entstehung des Erfüllungszwangs im materiellen Recht vgl RÜTTEN, in: FS Gernhuber [1993] 939 ff; vgl NEHLSEN/VAN STRYK AcP 193 [1993] 529 ff).

26 Der **code civil** ging nach Art 1142 in Übereinstimmung mit dem klassischen römischen Recht noch vom Grundsatz der **Geldkondemnation** aus, allerdings nur für Leistungspflichten, die nicht auf **Sachleistungen** gerichtet waren. Für Letztere war dagegen ein Anspruch auf **Naturalerfüllung** vorgesehen, Art 1184 Abs 2, Art 1610 (RÜTTEN, in: FS Gernhuber [1993] 945 f).

27 Das **prALR** ordnete die **Naturalerfüllung** in den §§ 393 I 5 ausdrücklich an. Auf die Vornahme von Handlungen gerichtete Urteile konnten nach der prAGO von 1793 durch Anwendung persönlichen Zwangs oder auch im Wege der Ersatzvornahme durchgesetzt werden. Erst bei Fruchtlosigkeit dieser Maßnahmen war der Gläubiger auf die Liquidation des Interesses angewiesen (NEHLSEN/VAN STRYK AcP 193 [1993] 553).

28 Der **bayerische** und der **hessische Entwurf** zum Bürgerlichen Recht von 1861 und 1865 nahmen den Erfüllungszwang ebenfalls ausdrücklich auf, ebenso das Gesetzbuch für das Königreich Sachsen aus dem Jahre 1863 in § 761 (RÜTTEN, in: FS Gernhuber [1993] 955).

29 Der **Dresdner Entwurf** von 1866 sah das Prinzip der Naturalerfüllung schon als selbstverständlich an, so dass man von einer ausdrücklichen gesetzlichen Regelung absah (RÜTTEN, in: FS Gernhuber [1993] 956).

bb) Schadensersatz

30 Darüber hinaus wurde – unter weiteren Voraussetzungen – ein Anspruch auf Ausgleich des „vernünftigen" **Interesses in Geld** für den Fall gewährt, dass die Leistung nicht erzwingbar sein sollte (JAKOBS/SCHUBERT §§ 241–432, 41), allerdings nur für **Vermögensschäden**. Zur Sicherung eines Ausgleichs für ein nicht vermögensrechtliches Interesse musste der Gläubiger eine **Vertragsstrafe** vereinbaren (MUGDAN II 2).

e) Haftungsbeschränkungen
31 Im Hinblick auf die Frage, ob die Haftung des Schuldners bei Nichterfüllung auf

Teile seines Vermögens beschränkt sein sollte, sprach sich der Redaktor vKÜBEL für eine **unbeschränkte Vermögenshaftung** des Schuldners aus. Ausnahmen von diesem Prinzip sollten gesetzliche Bestimmungen erfordern (SCHUBERT, Vorlagen der Redaktoren, Recht der Schuldverhältnisse: Teil 1, 11). Man diskutierte deshalb über die Unwirksamkeit rechtsgeschäftlicher Haftungsbeschränkungen auf einen Teil des Vermögens. Die Mehrheit der 1. Kommission beschloss aber, die Frage nicht zu entscheiden und die Lösung der Wissenschaft zu überlassen (JAKOBS/SCHUBERT §§ 241–432, 43; MUGDAN II 2).

C. Weitere Entwicklungen nach dem In-Kraft-Treten des § 241

Wie bereits ausgeführt (Rn 1), blieb § 241 bis zum 1.1.2002 unverändert, wurde aber ebenso wie andere wesentliche Bereiche des Schuldrechts durch das Schuldrechtsmodernisierungsgesetz grundlegend reformiert (ausf Einl 184 ff zu §§ 241 ff). **32**

I. Das Volksgesetzbuch

In der **nationalsozialistischen Zeit** gab es keine Gesetzesreform, jedoch recht weitgehende **Entwürfe** zu einem **„Volksgesetzbuch"**, das das BGB ablösen sollte (vgl Einl 172 ff zu §§ 241 ff Rn). Diese Pläne wurden allerdings nicht realisiert. Die Vorschläge ließen den Wortlaut von § 241 unangetastet, sahen jedoch weitere Absätze vor (ausf STAUDINGER/J SCHMIDT [1995] Einl 73 zu §§ 241 ff mwNw), die Elemente des heutigen § 242 in § 241 übernahmen. Auch wollte man speziellere Regelungen über Inhalt und Grenzen der Leistungspflicht treffen. Gemeinsam war allen Entwürfen die Betonung des **Gemeinwohlgedankens** und des Interessenausgleichs zwischen den Vertragspartnern (ausf STAUDINGER/J SCHMIDT [1995] Rn 26 ff mwNw). **33**

Die Entwürfe zu einem „Volksgesetzbuch" enthielten sogar schon Regelungen für „Schutzpflichten", die im Wesentlichen dem heutigen Abs 2 entsprachen.

Einschneidende Änderungen des § 241 sahen die im Rahmen der Vorarbeiten zum Volksgesetzbuch vom **Ausschuss für Schadensersatzrecht** erarbeiteten Entwürfe vor (vgl SCHUBERT, Protokolle: Schadensrecht [1993]). Man strebte zum einen eine Zusammenfassung der Regelungsinhalte von § 241 und § 242 an, zum anderen die Kodifikation der culpa in contrahendo (vgl nur STAUDINGER/J SCHMIDT [1995] Rn 27 f mwNw).

II. Die Rspr zu § 241

In der Rspr kam § 241 stets nur eine untergeordnete Bedeutung zu. Das RG erwähnte § 241 in über 40 Jahren seiner Tätigkeit in den in der amtlichen Sammlung veröffentlichten Urteilen nur sechsundzwanzigmal, der BGH in den ersten 120 Bänden seiner amtlichen Sammlung nur elfmal. In den Bänden 121 bis 158 wird § 241 sogar nur einmal in Band 148 zitiert. **34**

Viele Entscheidungen nennen § 241 zudem nur als Kürzel für die Begriffe „Schuldverhältnis", „Forderung" oder „Schuld" (vgl zB RGZ 51, 311, 313; 63, 116, 117; 72, 393; 88, 287, 288; 93, 234, 236; 97, 34, 37; BGHZ 2, 369, 376; 21, 102, 106; 40, 326, 331; 97, 372), andere sogar nur als Kürzel für „Leistung" (BGHZ 42, 340, 344 und

352; 97, 372; ähnlich in BGH NJW-RR 1989, 263 und NJW-RR 1990, 270; OLG Celle WM 1993, 591, 592).

Allein die Rspr des RG hat § 241 zur Entscheidungsfindung herangezogen, aber auch nur in Ausnahmefällen. In RGZ 57, 353, 356 ff wurde zB aus § 241 abgeleitet, dass das BGB weder **ein Recht zur Sache** noch überhaupt eine **Drittwirkung** des Schuldverhältnisses kennt. Ebenfalls hat man aus § 241 geschlossen, dass **unbestimmbare Leistungsinhalte** kein Schuldverhältnis begründen (RGZ 85, 209).

III. Die Behandlung von § 241 in der Lehre

35 Die Lehre verwendete § 241 aF zumeist nur als gesetzlichen Ansatzpunkt für Überlegungen zu den Begriffen „Forderungsrecht" und „Leistung", nicht als Rechtssatz (vgl zB LARENZ, Schuldrecht I § 2 I und II; ENNECCERUS/LEHMANN, Schuldrecht § 1 IV; FIKENTSCHER, Schuldrecht Rn 15, 19, 30, 31; vgl auch schon HECK, Schuldrecht § 1, 8 und 9). Der Kommentarliteratur diente die Norm ebenfalls überwiegend als Grundlage für allgemeine Ausführungen zum Schuldverhältnis. Diese Herabsetzung der Bedeutung ist jedenfalls vor dem Schuldrechtsmodernisierungsgesetz darauf zurückzuführen, dass der Norminhalt selbstverständlich geworden ist, und die Sachprobleme, die § 241 ursprünglich lösen sollte (vgl Rn 13 ff), für die moderne Schuldrechtsdogmatik keine Streitpunkte mehr darstellen.

D. Das Schuldverhältnis

I. Das Schuldverhältnis ieS und iwS

1. Einleitung

36 Der Begriff „Schuldverhältnis" bezeichnet im BGB zum einen das **einzelne Forderungsrecht** (zB in §§ 243 Abs 2, 265 S 1, 362 Abs 1, 364 Abs 1, 366, 397 Abs 1, 405, 781, 812 Abs 2 sowie mit Einschränkungen auch in § 423; vgl auch STAUDINGER/OTTO [2004] § 280 Rn B 1 ff). Man spricht insofern auch von einem „Schuldverhältnis im engeren Sinn (ieS)". Zum anderen meint das Gesetz an vielen Stellen mit dem gleichen Begriff aber auch die Zusammenfassung **mehrerer Forderungen** (zB im Titel des 2. Buches sowie in den Titeln des 1., 3. und 4. Abschnitts und im Titel des 8. Abschnitts „Einzelne Schuldverhältnisse", daneben aber wohl auch in §§ 273 Abs 1, 292 Abs 1 und 425). Ein solches komplexes Rechtsverhältnis versteht man als „Schuldverhältnis im weiteren Sinn (iwS)".

2. Historische Ursachen

37 Die historischen Ursachen für die gleichzeitige Verwendung des Begriffs „Schuldverhältnis" für eine oder auch für mehrere Forderungen liegen darin begründet, dass die Pandektistik noch darüber stritt, ob das Privatrechtssystem ein **„System der Rechte"** oder ein **„System der Rechtsverhältnisse"** sei (vgl WINDSCHEID, Pandektenrecht I [7. Aufl 1891] § 34 Fn 2 mwNw). Dieser Streit war zur Zeit der Entstehung des BGB noch nicht völlig ausgetragen (vgl zB noch die diskrepante Benutzung v „Obligation/Forderung" bei DERNBURG, Pandekten [7. Aufl 1902/03] „Obligationen sind *Rechte*" – Bd 1 § 22 1b–u

„Obligationen sind *Rechtsverhältnisse"* – Bd 2 § 1 [Hervorhebungen hier hinzugefügt]; LABAND schlug deshalb vor, die Bezeichnung „Recht der Schuldverhältnisse" durch die Bezeichnung „Recht der Forderungen" zu ersetzen, AcP 73 [1888] 167).

Deshalb konnte es dazu kommen, dass man sowohl für das Einzelrecht als auch für das Rechtsverhältnis als Summe von Forderungen (iS eines „Lebensverhältnisses", wie zB das „Kaufverhältnis") den gleichen Begriff „Schuldverhältnis" verwendete. Dieses Vorgehen wählte die erste Kommission, die den Schulenstreit so vernachlässigen oder übergehen wollte (vgl Mot II 2 = MUGDAN II 1). Man nahm zu Recht an, dass der „Doppelsprachgebrauch" nur selten „Auslegungsschwierigkeiten" hervorrufen würde (so MANIGK, HdwRWiss V 375; genannt wird üblicherweise nur § 366) und betrachtete den Streit deshalb wohl schon damals als eher theoretisch (auf den terminologischen „Fehler" des BGB hatte schon BEKKER, Sprachliches und Sachliches zum BGB, JherJb 49 [1905] 13 u 57 hingewiesen). **38**

3. Der Begriff Schuldverhältnis iwS

Seit dem In-Kraft-Treten des BGB sind zur besseren Kennzeichnung des Schuldverhältnisses „iwS" in Abgrenzung zum Schuldverhältnis „ieS" viele Begriffe gefunden worden. HELLWIG (Anspruch und Klagrecht [1900] 41) bevorzugte den Begriff „Gesamtschuldverhältnis" im Gegensatz zur einzelnen Forderung. HERHOLZ (AcP 130 [1929] 257 ff) führte später den Ausdruck „Schuldverhältnis als konstante Rahmenbeziehung" ein. SIBER wiederum sprach vom Schuldverhältnis „als Organismus" (ausf schon 1914 in PLANCK/SIBER Vorbem I 1; SIBER, Grundriss des Deutschen Bürgerlichen Rechts Band 2: Schuldrecht [1931] 1), während STOLL (Gemeinschaftsgedanke und Schuldvertrag, DJZ 1936, 414, 415 ff) das Schuldverhältnis ein Verbandsverhältnis („Stück des Gemeinschaftslebens in genossenschaftlichem Verbundensein", eine typische Formulierung der nationalsozialistischen Zeit) nannte. LARENZ (Schuldrecht I § 2 V m Nw) wählte den Terminus „sinnhaftes Gefüge" oder „Prozeß" (der in der Zeit abläuft). Später prägte WOLF den Begriff „Ursprungsverhältnis" (AcP 153 [1954] 114 f, Fn 82). ZEPOS (Zu einer „gestalttheorethischen"Auffassung des Schuldverhätnisses, AcP 155 [1956] 486 ff) vertrat eine „gestalttheoretische" Auffassung des Schuldverhältnisses. J SCHMIDT hingegen wollte das Schuldverhältnis (iwS) als „Plan" oder „Obligationsprogramm" erfassen (STAUDINGER/J SCHMIDT [1995] § 242 Rn 902 ff, 942 ff). In neuerer Zeit sprach DUBISCHAR von einem „Schuldverhältnis als Rahmenbeziehung in der Zeit" (AK-BGB/DUBISCHAR Rn 8). Die Differenzierung in „Schuldverhältnis ieS" und in „Schuldverhältnis iwS" findet sich auch in der BGH-Rspr (BGHZ 10, 391, 395 = NJW 1954, 231, 232). Die Bsp für Wortkombinationen ließen sich noch weiter vermehren (vgl WIESE, in: FS Nipperdey Bd I [1965] 837, 838 f; GERNHUBER, Schuldverhältnis § 2 [„Schuldverhältnis als komplexe Einheit"]; SCHAPP JuS 1992, 537, 539 f; Berner Kommentar/KRAMER [1986] Einl zu Art 1 OR Rn 36–38; EHRENZWEIG/MAYRHOFER, Schuldrecht AT 1 f). **39**

4. Streitpunkte

Dabei geht es zum einen um Begriffsbildung, zum anderen darf man aber nicht verkennen, dass hinter den terminologischen Problemen auch Sachprobleme stehen. So wird recht ausführlich diskutiert, ob das „Schuldverhältnis iwS" ein geeignetes Strukturmerkmal von Rechtsverhältnissen darstellt (ausf STAUDINGER/J SCHMIDT [1995] Einl 209 ff zu §§ 241 ff), ein Streit, der allerdings mangels praktischer Bedeutung da- **40** hingestellt bleiben kann und deshalb hier nur noch verkürzt insoweit dargestellt wird, als die unterschiedlichen Betrachtungsweisen zu abweichenden Ergebnissen führen.

41 So sieht eine Auffassung in dem Streit um die Kategorien „Schuldverhältnisse ieS/ Schuldverhältnisse iwS" eine Auseinandersetzung um die Frage, ob man mit dem letztgenannten Begriff (zusätzliche) Rechtsbeziehungen über das eigentliche Schuldverhältnis hinaus begründen kann, vor allem in denjenigen Fällen, in denen es im 2. Buch des BGB an Regelungen fehlt. Hierzu werden beide Ansichten vertreten.

42 Dagegen wird eingewandt, dass das „Schuldverhältnis iwS" (oder ein ähnlicher Begriff) dogmatisch nur eine Sammelbezeichnung für die **Summe aller Einzelforderungen** darstellt, die (zufällig) nebeneinander in der Person desselben Gläubigers bestehen und gegen denselben Schuldner gerichtet sind (vgl HERHOLZ AcP 130 [1929] 261 f; AK-BGB/DUBISCHAR Rn 4). „Nichts fügt das Schuldverhältnis (iwS) hinzu, was nicht schon in seinen einzelnen Elementen enthalten wäre" (GERNHUBER, Schuldverhältnis 9; ähnlich kann man auch BGHZ 10, 391, 395 verstehen). Daraus folgt, dass im Ergebnis keine (zusätzlichen) Rechte und Pflichten aus dem Schuldverhältnis iwS begründet werden können.

43 Eine solche Betrachtungsweise fanden manche bereits früh entbehrlich (so PLANCK/ SIBER Vorbem I 1 a), andere haben sie als falsch verworfen (so zB vWOLF AcP 153 [1954] 97, 114 f bes Fn 82–85 sowie ders, Zum Begriff des Schuldverhältnisses, in: FS Herrfahrdt [1961] 197 ff). Nach ihrer Auffassung ist das Schuldverhältnis iwS nicht nur eine Quelle von Einzelforderungen, sondern darüber hinaus ein **anspruchserzeugender Tatbestand** (vgl dazu ENNECCERUS/LEHMANN, Schuldrecht § 1 III; vgl auch PLANCK/SIBER Vorbem I 1; STAUDINGER/ WEBER[11] Einl zu § 241 C 6 mit ausf Nachw z älteren Lit; auch HENKE, Der Begriff des „Schuldverhältnis", JA 1989, 186, 188; SCHAPP JuS 1992, 539 f). Als Folge daraus kann man aus dem Schuldverhältnis iwS Rechte und Pflichten herleiten, insbesondere die im BGB ursprünglich nur spärlich geregelten **leistungsbegleitenden Verhaltenspflichten** der Parteien.

44 Die erstgenannte Betrachtungsweise überzeugt (LARENZ, Entwicklungstendenzen der heutigen Zivilrechtsdogmatik, JZ 1962, 108, bes Fn 17; vgl auch GERNHUBER, Schuldverhältnis 9 f): Rechtsfolgen treten kraft der Geltung von Rechtssätzen ein: „Zwischenursachen" – wie zB das „Schuldverhältnis iwS" – als „Quelle" von Rechtsfolgen sind überflüssig (wobei LARENZ mit Recht darauf hingewiesen hat, dass das Bestehen v entspr Schuldverhältnissen uU aber im Tatbestand der Rechtssätze – zB in § 278 – vorkommen kann).

45 Seit der Schuldrechtsreform (vgl Einl 176 ff zu §§ 241 ff) zeigt vor allem Abs 2 (su Rn 379 ff), dass auch der Gesetzgeber nicht davon ausging, Schutz- und Verhaltenspflichten bereits aus § 241 Abs 1 ableiten zu können (vgl dazu ausf Rn 371). Sofern er die pflichtenbegründende Rechtsnatur des Schuldverhältnisses akzeptiert hätte, wäre die Klarstellung in Abs 2 überflüssig.

46 Damit stellt die Abgrenzung des „Schuldverhältnisses ieS" vom „Schuldverhältnis iwS" nur eine Verbesserung der Terminologie des Gesetzes zur Auflösung des Doppelsprachgebrauches dar (MANIGK HdwRWiss V 375) und bleibt ohne große praktische und theoretische Bedeutung (ähnlich auch MünchKomm/KRAMER Einl zu §§ 241 ff Rn 13;

sowie Berner Kommentar/KRAMER [1986] Einl zu Art 1 OR Rn 38). Immerhin lässt sich damit erklären, dass ein Schuldverhältnis zwischen den Parteien auch noch dann fortbesteht, wenn einzelne Rechte und Pflichten zwischen ihnen erloschen sind, und dass sogar über das Erlöschen der Hauptpflichten hinaus **nachvertragliche** Pflichten entstehen können. Ferner lässt sich auf diese Weise auch ein Gläubiger- und Schuldnerwechsel besser erklären, ebenso die Umwandlung von einem Leistungs- in ein Rückgewährschuldverhältnis, zB als Folge des Rücktritts gem §§ 346 ff. Weitergehende Erkenntnisse sind mit der Unterscheidung indessen nicht verbunden.

II. Abgrenzung von gesetzlichen, rechtsgeschäftlichen und rechtsgeschäftsähnlichen Schuldverhältnissen

1. Einteilungskriterien

Weithin üblich ist die Unterscheidung der Schuldverhältnisse in solche **gesetzlichen** und **rechtsgeschäftlichen** Ursprungs zum Zwecke ihrer Systematisierung (zB FIKENTSCHER, Schuldrecht Rn 40; LARENZ, Schuldrecht I 39; MEDICUS, Schuldrecht I Rn 9, 55 f; WESTERMANN/BYDLINSKI/WEBER, Schuldrecht AT § 1 Rn 9 ff). Dabei handelt es sich allerdings nicht um den einzig denkbaren bzw historisch praktizierten Ansatz (vgl aus neuerer Zeit zB nur die alternativen Ordnungsbemühungen v STAUDINGER/J SCHMIDT[12] Einl 398 ff zu §§ 241 ff; z Gefälligkeit, sozialtypischem Verhalten u den sog „faktischen Verträgen" su Rn 72 ff).

Daneben erkennt das BGB seit dem Schuldrechtsmodernisierungsgesetz in § 311 auch **rechtsgeschäftsähnliche** Schuldverhältnisse an. In der Vergangenheit wurden dieser Kategorie oftmals die Gefälligkeit, die cic, die Eigenhaftung des Vertreters oder Verhandlungsgehilfen, insbesondere die Sachwalterhaftung, der Vertrag mit Schutzwirkung für Dritte sowie schließlich die culpa post contractum finitum zugeschrieben (dazu insgesamt STAUDINGER/OTTO [2004] § 280 Rn B 5 ff; z Vertrag mit Schutzwirkung auch u Rn 339 ff). Die seit jeher umstrittene Einordnung, ob sich diese Institute eher als gesetzliche oder rechtsgeschäftliche Schuldverhältnisse beschreiben lassen, hat mit ihrer gesetzlichen Anerkennung zumindest wesentlich an Bedeutung verloren (s Rn 67; ausf u Rn 384 ff, insbes Rn 389 ff). Fragen nach den Wirkungen vertraglicher Haftungsmilderungen oder Haftungsausschlüssen in AGB bleiben aber weiterhin davon abhängig, ob Maßstäbe für rechtsgeschäftliche oder gesetzliche Schuldverhältnisse angewandt werden. Dies zeigt sich insbesondere am Bsp der Gefälligkeit (ausf u Rn 72 ff u 396 ff).

Die Differenzierung zwischen gesetzlichen und rechtsgeschäftlichen Schuldverhältnissen spiegelt sich nicht im Aufbau des BGB wider. Zwar war ursprünglich noch eine Einteilung des Besonderen Schuldrechts nach „Schuldverhältnissen aus Rechtsgeschäften unter Lebenden", „Schuldverhältnissen aus unerlaubter Handlung" und „einzelnen Schuldverhältnissen aus anderen Gründen" vorgesehen; sie fiel indes der Redaktionskommission zum Opfer (Mot II 829 = MUGDAN II 463). Damit wurde zugleich das herkömmliche gaianische bzw justinianische System mit der Unterscheidung von obligationes ex contractu, obligationes ex delicto, obligationes quasi ex contractu und obligationes quasi ex delicto (z Rechtsgeschichte ausf MünchKomm/KRAMER Einl zu §§ 241 ff Rn 53 sowie Fn 228; STAUDINGER/J SCHMIDT[12] Einl 398 ff zu §§ 241 ff mwNw; KASER, Das römische Privatrecht [2. Aufl 1971] § 122 I u II; GERNHUBER, Schuldverhältnis § 6, 2–3; beachte auch noch die Systematisierung v ENNECCERUS/LEHMANN, Schuldrecht § 26) für das BGB endgültig aufgegeben, während die Qualifikation für die romanischen Gesetzbücher ihre prägende Bedeutung behalten hat. Auch die anglo-amerikanische Doktrin ist ihr im großen Umfang gefolgt (ie STAUDINGER/J SCHMIDT [1995] Einl 402 zu §§ 241 ff). Ähnlich wie das deutsche BGB haben sich dagegen das schweizerische OR und das österreichische ABGB entschieden (ebd).

50 Neben der geschilderten Kritik ist die Unterteilung in gesetzliche und rechtsgeschäftliche Schuldverhältnisse weiteren Einwänden ausgesetzt. Zum einen lässt sie zB die **faktischen Vertragsverhältnisse** außer Betracht, was allerdings wenig ins Gewicht fällt, da diese Rechtsinstitute ohnehin ihre Bedeutung verloren haben (su Rn 96). Zum anderen sind aber die Begriffe, mit denen die Gruppen benannt werden, missverständlich (KASER, Das römische Privatrecht [1. Aufl 1955] § 121 II). Denn es hat den Anschein, dass ein „**rechtsgeschäftliches** Schuldverhältnis" im Gegensatz zu einem „**gesetzlichen** Schuldverhältnis" **nicht** gesetzlich begründet sei. Es gibt aber keine Schuldverhältnisse, deren Geltung nicht auf das Gesetz, zumindest auf die §§ 311, 241, zurückgeführt werden kann, mag ihr Inhalt auch frei verhandelbar sein (ebenso MünchKomm/KRAMER Einl zu §§ 241 ff Rn 58).

51 Alternativ bietet sich zB die Gliederung der Schuldverhältnisse in solche aus **Rechtsgeschäften**, in solche aus **Delikt** bzw objektiv zu verantwortender Schädigung und in sonstige Schuldverhältnisse **kraft besonderer gesetzlicher Bestimmung** an (MünchKomm/KRAMER Einl zu §§ 241 ff Rn 55 ff). Dabei werden zB die GoA und die Schuldverhältnisse aus ungerechtfertigter Bereicherung der letzten Gruppe zugeschlagen, während die Gefährdungshaftung und die Ersatzpflicht aus Billigkeitsgründen gem § 829 in der zweiten Gruppe aufgehen. Allerdings muss auch diese Ansicht die rechtsgeschäftlichen Schuldverhältnisse von den beiden Letztgenannten abgrenzen (vgl MünchKomm/KRAMER Einl zu §§ 241 ff Rn 58), was wieder die oben skizzierten Probleme hervorruft. Die Vertreter dieser Auffassung sehen den Unterschied darin, dass bei den rechtsgeschäftlichen Schuldverhältnissen das Gesetz nur **mittelbare Geltungsgrundlage** der Schuldverhältnisse sei. Dass dies jedoch auch bei deliktischen Tatbeständen angenommen werden kann, die ein Verschulden voraussetzen, gibt Anlass zur Kritik gegen eine solche Betrachtungsweise (so etwa MünchKomm/KRAMER Einl zu §§ 241 ff Rn 58).

52 Weitere Differenzierungsmöglichkeiten bestehen in dem Maß der **Einwirkungsmöglichkeit** der Parteien des Schuldverhältnisses, also der Frage, inwieweit sie seinen Inhalt zu bestimmen vermögen (STAUDINGER/J SCHMIDT[12] Einl 420 ff zu §§ 241 ff), sowie dem **sozialen Vorgang**, der den Begründungstatbestand des Schuldverhältnisses erfüllt (STAUDINGER/J SCHMIDT[12] Einl 407 ff zu §§ 241 ff; ESSER/SCHMIDT, Schuldrecht I § 4; GERNHUBER, Schuldverhältnis § 6, 4). Der letztgenannte Ansatz unterscheidet einerseits Rechtsgeschäfte als all jene Handlungen, die von den §§ 104 ff erfasst werden, und andererseits „Nicht-Rechtsgeschäfte" als eine in sich völlig heterogene Menge von Schuldverhältnissen, die nur durch die Abgrenzung zu den Rechtsgeschäften bestimmt werden. Dies vermeidet zwar begriffliche Unklarheiten (so Rn 50), führt jedoch in der Sache wenig über den ursprünglichen Ansatz hinaus.

2. Systematik

53 Legt man dennoch (praktische Nachteile sind damit kaum verbunden) die weithin

übliche Differenzierung zwischen gesetzlichen und rechtsgeschäftlichen Rechtsverhältnissen zugrunde, erfolgt die weitere Kategorisierung anhand unterschiedlicher Kriterien.

a)   Unterscheidung nach der Anzahl der Beteiligten
Im Bereich der durch **Rechtsgeschäft** entstandenen Schuldverhältnisse kann nach der Anzahl der beteiligten Personen abgegrenzt werden. **54**

Das **einseitige** Rechtsgeschäft besteht aus lediglich einer Willenserklärung, kann also von einer Person allein wirksam vorgenommen werden. Der Grund für eine solch weitreichende Rechtssetzungsmöglichkeit liegt teilweise darin, dass die Rechtsfolgen nur die handelnde Person selbst betreffen (zB Aneignung, Dereliktion) oder für betroffene weitere Personen vorteilhaft bzw neutral sind (zB Testament, Vollmacht). Sind hingegen die Rechtsfolgen für andere Personen nachteilig (zB Gestaltungsrechte), so muss sich der Handelnde auf eine gesetzliche oder vertragliche Ermächtigung berufen können (LARENZ, Schuldrecht I § 18 II 3 a).

Die einseitigen Rechtsgeschäfte unterscheiden sich ferner nach ihrem **Entstehungszeitpunkt**. In der Regel sind Willenserklärungen empfangsbedürftig und lassen das Schuldverhältnis erst mit Zugang entstehen. Nicht empfangsbedürftige Willenserklärungen (zB Auslobung) werden hingegen bereits mit Abgabe wirksam (PALANDT/SPRAU § 657 Rn 1). **55**

Das **zweiseitige** Rechtsgeschäft, der **Vertrag**, kommt durch mindestens zwei übereinstimmende Willenserklärungen zustande. Es ist aber nicht notwendig auch zweiseitig verpflichtend (zB Schenkungsvertrag) und erst recht nicht stets gegenseitig. **56**

Beim **mehrseitigen** Rechtsgeschäft können die Beteiligten gleichgeordnet und unabhängig voneinander nebeneinander stehen. In diesem Fall handelt es sich um **Beschlüsse** (z den Besonderheiten vgl MEDICUS, AT Rn 205). Ebenso können sich die Beteiligten aber wie beim zweiseitigen Rechtsgeschäft als Gruppen gegenüberstehen. Dann handelt es sich um einen Vertrag, bei dem die Vorschriften über **Mehrheiten** von Gläubigern bzw Schuldnern gem §§ 420 ff zu berücksichtigen sind. **57**

b)   Unterscheidung nach geregelten und ungeregelten Schuldverhältnissen
Innerhalb der **gesetzlichen** Schuldverhältnisse wurde teilweise zwischen geregelten und nicht geregelten Schuldverhältnissen unterschieden (STAUDINGER/J SCHMIDT [1995] Einl 430 zu §§ 241 ff). Eine solche Unterteilung war vor allem sinnvoll, um die ursprünglich durch Analogien gebildeten, später gewohnheitsrechtlich anerkannten und mittlerweile gesetzlich geregelten Institute des **vorvertraglichen Verschuldens** (culpa in contrahendo) und der **positiven Forderungsverletzung** zu erfassen. Teilweise bildete man insoweit auch eine Kategorie sui generis, da jene Schuldverhältnisse durch eine Analogie zu gesetzlichen Vorschriften begründet wurden, während in Bezug auf die Rechtsfolgen eine Nähe zu den vertraglichen Schuldverhältnissen bestand. Mit der gesetzlichen Erfassung der positiven Forderungsverletzung (§ 280 Abs 1) und des vorvertraglichen Verschuldens (§§ 311 Abs 2 und 3 iVm § 280 Abs 1) haben derartige Differenzierungen jedenfalls erheblich an Bedeutung verloren (zur Abgrenzung gesetzlicher und vertraglicher Schuldverhältnisse so Rn 47 ff, su Rn 384 ff). **58**

c) Unterscheidung nach der inneren Verknüpfung der Forderungen

59 Unabhängig vom Entstehungsgrund kann die Pflichtenlage in einem Schuldverhältnis iwS durch ein Bündel von Forderungsbeziehungen geprägt sein. Daher bietet sich eine Unterteilung auch nach der inneren Verknüpfung dieser Forderungen an.

60 **Einseitig verpflichtende Schuldverhältnisse** zeichnen sich dadurch aus, dass die primären Leistungspflichten nur eine Partei treffen (zB Schenkung, gesetzliche Schuldverhältnisse, s allerdings z faktischen Synallagma innerhalb der Saldotheorie PALANDT/SPRAU § 818 Rn 48).

61 Bei den **zwei- und mehrseitig verpflichtenden Schuldverhältnissen** befinden sich die Beteiligten in einer Doppelrolle: Sie sind jeweils sowohl Gläubiger der Leistung als auch Schuldner der Gegenleistung. Bei den **vollkommen** zwei- und mehrseitig verpflichtenden Schuldverhältnissen besteht zwischen den einzelnen Forderungen ein Zusammenhang (Synallagma) dergestalt, dass der jeweilige Schuldner seine Verpflichtung nur eingeht, um den Anspruch auf die Gegenleistung zu erwerben (sog „do ut des"). Diese Gegenseitigkeit ist Voraussetzung für die Anwendung der §§ 320 ff. Keine synallagmatische Verknüpfung besteht bei den **unvollkommen** zwei- und mehrseitig verpflichtenden Schuldverhältnissen (zB Leihe gem §§ 598 ff).

E. Entstehung gesetzlicher Schuldverhältnisse

I. Allgemeines

62 Die Entstehung **gesetzlicher Schuldverhältnisse** hat das BGB nicht einheitlich geregelt, die Lit thematisiert sie kaum. Zunächst gibt es keine wirksamen Schuldverhältnisse, deren Geltung nicht in irgendeiner Weise auf Gesetz, zumindest auf die §§ 311, 241, zurückgeführt werden kann, so dass alle Schuldverhältnisse zumindest „mittelbar gesetzlicher Art" sind (so Rn 51). Doch unterscheiden sich die sog gesetzlichen Schuldverhältnisse dadurch von den vertraglichen bzw rechtsgeschäftlichen, dass Letztere gem § 311 Abs 1 grds durch Vertrag entstehen. Insoweit ist also eine **Negativabgrenzung** derart möglich, dass gesetzliche Schuldverhältnisse eben nicht durch Vertrag und damit **unfreiwillig** entstehen. Da das Schuldverhältnis jedoch zumindest zur Rücksichtnahme gem Abs 2 verpflichtet und damit die allgemeine Handlungsfreiheit beschränkt (vgl MEDICUS, Gesetzliche Schuldverhältnisse [4. Aufl 2003] 1), bedarf es einer Rechtfertigung für diese Einschränkung des Betroffenen. Im Rahmen vertraglicher Schuldverhältnisse liegt diese Rechtfertigung in der freiwilligen Eingehung; dadurch erklärt sich der Beteiligte mit der Beschränkung seiner Handlungsfreiheit einverstanden. Ohne dieses Einverständnis entstehende Schuldverhältnisse müssen demnach eine andere Rechtfertigung finden.

63 Zu diesen gesetzlichen Schuldverhältnissen zählen zB die Rechtsverhältnisse bei der **Geschäftsführung ohne Auftrag** gem §§ 677 ff oder zwischen Personen, die durch **deliktische Ansprüche** gem §§ 823 ff miteinander verknüpft sind. Ihnen ist gemeinsam, dass das Gesetz entweder eine **Vermögensverschiebung** oder **Schadenszufügung** als nicht gerechtfertigt ansieht und daher ihre Rückabwicklung oder eine Restitution anordnet. Bis zum Zeitpunkt der Vermögensverschiebung oder des Schadenseintritts bestand zwischen den Beteiligten keinerlei Kontakt. Deshalb regelt das Gesetz auch

erst ab diesem Zeitpunkt die jeweiligen Rechte und Pflichten der Beteiligten. Bei deren Erfüllung treffen die Parteien als Reflexwirkungen grds auch Pflichten zur Rücksichtsnahme gem Abs 2 (z diesen ie su Rn 426 ff).

Jedoch existieren auch gesetzliche Schuldverhältnisse, die nicht an den Ausgleich **64** von Schäden oder Vermögensverschiebungen anknüpfen, so zB das gesetzliche Schuldverhältnis zwischen Ehegatten. Sie werden gem § 1353 Abs 1 S 2 zur **ehelichen Lebensgemeinschaft** mit gegenseitiger Verantwortung verpflichtet, was zu einem über das besondere Vertragsverhältnis der Ehe hinausgehendem Solidaritäts- bzw Schutzpflichtverhältnis führt (PALANDT/BRUDERMÜLLER Einf v § 1353 Rn 1; KREBS, Sonderverbindung 99 mwNw). Bei Erfüllung ihrer gesetzlich geregelten Pflicht haben die Ehegatten Rücksicht auf die Rechte, Rechtsgüter und Interessen des anderen Teils zu nehmen, wie Abs 2 es verlangt. Da sich diese Erkenntnis auf die Vielzahl gesetzlicher Schuldverhältnisse im BGB übertragen lässt, liegt der gemeinsame Nenner für die Entstehung aller gesetzlichen Schuldverhältnisse also nur darin, dass das Gesetz Pflichten zwischen zumindest zwei Personen anordnet, die unabhängig von freiwillig abgegebenen Willenerklärungen sind, und bei deren Erfüllung die Beteiligten eine Rücksichtspflicht iSd Abs 2 treffen kann.

II. Abgrenzung nach Art der erzeugten Pflichten

Daran anschließend lässt sich eine weitere Differenzierung innerhalb der gesetz- **65** lichen Schuldverhältnisse nach der **Art der Pflichten** treffen, welche gem § 241 durch das jeweilige Schuldverhältnis erzeugt werden.

Dabei gibt es eine Gruppe, die sowohl **Haupt-** als auch **Neben(leistungs)pflichten** (zu **66** dieser Unterscheidung su Rn 145 ff) erzeugt (KREBS, Sonderverbindung 232, knüpft an das Bestehen einer „primären Leistungspflicht" an). So verpflichtet zB die **Geschäftsführung ohne Auftrag** den Geschäftsherrn grds gem § 683 zum Aufwendungsersatz oder gem § 684 zur Herausgabe des durch die Geschäftsführung Erlangten. Auch innerhalb des **Eigentümer-Besitzer-Verhältnisses** besteht neben dem Vindikationsanspruch gem § 985 als Hauptpflicht ein Gegenanspruch des Besitzers aus § 994 zumindest für notwendige Verwendungen. Gleiches ließe sich für das Verhältnis von Bereicherungsgläubiger und Bereicherungsschuldner anführen, ebenso für diejenigen Personen, die durch deliktische Ansprüche miteinander verknüpft sind. Bei der Erfüllung der gesetzlich angeordneten Pflichten sind die Beteiligten auch zur Rücksicht iSd Abs 2 verpflichtet (so Rn 63). Zwar lässt sich bei den genannten Schuldverhältnissen nicht von eigentlichen Leistungspflichten oder von Äquivalenzinteresse sprechen. Jedoch ist ebenso sicher, dass es bei der dort gesetzlich geregelten Pflichtenverteilung nicht allein und immer um die Sicherung des Integritätsinteresses der Beteiligten geht, die Abs 2 ausschließlich anspricht (eine gute Darstellung weiterer gesetzlicher Schuldverhältnisse u die Begründung v Rücksichtspflichten durch diese findet sich bei KREBS, Sonderverbindung 84 ff mwNw).

Es gibt jedoch darüber hinaus solche gesetzlichen Schuldverhältnisse, die nur zum **67** Schutz des Integritätsinteresses verpflichten, also allein **Rücksichtspflichten** (z diesem Begriff su Rn 413 ff, insbes 426 ff), nicht aber „Hauptpflichten" erzeugen. Dazu gehören zum einen die vom Gesetz jetzt sog rechtsgeschäftsähnlichen Schuldverhältnisse, deren Entstehung § 311 Abs 2 und 3 regeln: Das **vorvertragliche Schuldverhältnis**, welches zu einer Haftung aus cic führen kann, die **rechtsgeschäftsähnlichen Gefälligkeiten** und die **vertragliche Schutzwirkung für einen Dritten** (z deren Einordnung als gesetzliches Schuldverhältnis so Rn 48 u su im Rahmen v Abs 2 Rn 384 ff). In diesen Fällen stellt bereits der Wortlaut des Gesetzes in § 311 Abs 2, 3 klar, dass ausschließlich Rücksichtspflichten iSd Abs 2 begründet werden, wodurch sie sich von den zuvor dargestellten gesetzlichen Schuldverhältnissen unterscheiden.

68 Gleiches gilt für das **nachbarliche Gemeinschaftsverhältnis**. Sofern dessen Existenz anerkannt wird – und unabhängig von der hier bejahten Frage seiner Einordnung als gesetzliches Schuldverhältnis (das manche auf § 242 gründen, su im Rahmen v Abs 2 Rn 401 ff) – besteht jedenfalls Einigkeit darüber, dass es keine selbständigen Ansprüche begründet (vgl zuletzt BGH NJW 2003, 1392; 2001, 3119, 3120 f). Das nachbarliche Gemeinschaftsverhältnis lässt sich damit in gleicher Weise von den sonstigen gesetzlichen Schuldverhältnissen abgrenzen wie die in § 311 Abs 2, 3 geregelten rechtsgeschäftsähnlichen Schuldverhältnisse: Es erzeugt nur Rücksichtspflichten, nicht aber „Hauptpflichten".

III. Sonderproblem: Zum Schuldverhältnis parallel verlaufendes Schutzpflichtverhältnis

69 Ob neben den Schuldverhältnissen – unabhängig von ihrem gesetzlichen oder rechtsgeschäftlichen Charakter – ein zu ihnen parallel verlaufendes gesetzliches Schuldverhältnis kraft Vertrauens besteht, das Rücksichtspflichten iSd Abs 2 begründet und über die Dauer des eigentlichen „Schuldverhältnisses" hinauswirken kann (dazu vor allem CANARIS JZ 1965, 475, 478 ff, ders, in: FS Larenz [1983] 27, 85 ff; BALLERSTEDT AcP 151 [1950/51] 501 ff), stellt eine umstrittene Frage dar, der wegen ihrer alleinigen Relevanz für die Begründung von Rücksichtspflichten aber bei der Erörterung des Abs 2 nachgegangen wird (su Rn 387).

F. Die Entstehung vertraglicher Schuldverhältnisse

I. Vertragsschluss

70 Das BGB hat für rechtsgeschäftliche Schuldverhältnisse mit dem Schuldrechtsmodernisierungsgesetz (vgl Einl 184 ff z §§ 241 ff) in § 311 Abs 1 grds als Entstehungstatbestand den **Vertrag** gewählt, der mindestens zwei übereinstimmende Willenserklärungen voraussetzt (z möglichen Alternativen GERNHUBER, Schuldverhältnis § 6, 5 u 6). Davon abweichend werden bei der Auslobung, §§ 657 ff, sowie dem Stiftungsgeschäft, §§ 80 ff, die entsprechenden Schuldverhältnisse ausnahmsweise **einseitig** begründet. In jüngerer Zeit ist mit § 661a die Verpflichtung des Unternehmers auf Erstattung des Gewinns bei **Gewinnmitteilungen** hinzugetreten. Die Vorschrift wird allerdings zum Teil auch als gesetzlich geregelter Fall der cic angesehen (LG Braunschweig IPRax 2002, 213, 214). Aus dem Wertpapierrecht sind noch die **Patronatserklärungen** gegenüber der Allgemeinheit als einseitiges Leistungsversprechen zu erwähnen (SCHNEIDER, Patronatserklärungen gegenüber der Allgemeinheit, ZIP 1989, 619, 624).

71 Der **Vertragsschluss** als solcher ist in den §§ 145 ff geregelt, so dass auf die einschlägige Lit zum Allgemeinen Teil des BGB verwiesen werden kann. Neben den

bekannten Problemen wie dem kaufmännischen Bestätigungsschreiben (allg z Schweigen im Rechtsverkehr GÖTZ, Zum Schweigen im rechtsgeschäftlichen Verkehr [1968]; KRAUS, Schweigen im Rechtsverkehr [1933]; KRAMER, Schweigen als Annahme eines Antrags, Jura 1984, 235; SCHWERDTNER, Schweigen im Rechtsverkehr, Jura 1988, 443) oder der Zugangsvereitelung (BROX, AT Rn 157 ff; GOTTWALD, BGB AT [2002] Rn 55 f; PALANDT/HEINRICHS § 130 Rn 16 ff mwNw) erlangt die Frage des Vertragsschlusses durch **elektronische Medien** aufgrund der aktuellen technischen und wirtschaftlichen Entwicklungen zunehmend Bedeutung (monografisch dazu GLATT, Vertragsschluss im Internet [2002]; KÖHLER, Der Mobilfunkvertrag [Diss Düsseldorf 2005]; WILDEMANN, Vertragsschluss im Netz [2000]).

II. Abgrenzung zur Gefälligkeit*

Vertragliche Schuldverhältnisse sind durch die **Rechtsbindung** der Parteien als Folge einer entsprechenden Willensbildung gekennzeichnet. Dabei gibt es vielfach eindeutige Sachverhalte, aber auch praktisch relevante Problemfälle, die unter der gemeinsamen Bezeichnung „Gefälligkeit" von den vertraglichen Schuldverhältnissen abzugrenzen sind. Schwierigkeiten bereitet dabei schon die Uneinheitlichkeit der Terminologie. Das Wort „Gefälligkeit" hat im juristischen Sprachgebrauch verschiedene Bedeutungen erlangt. In den im BGB geregelten „**Gefälligkeitsverträgen**", etwa der Leihe gem § 598, oder der unentgeltlichen Verwahrung gem § 688, bedeutet es, dass die entsprechenden Leistungen des Schuldners **verbindlich**, aber **unentgeltlich** erbracht werden. Hier steht „gefällig" für „nicht-gewinnbringend". Im Zusammenhang mit „**Gefälligkeitsverhältnissen**" bedeutet es, dass die entsprechenden Leistungen **unverbindlich** erbracht werden, so dass dem Begriff hier die Bedeutung „nicht-verpflichtend" beigemessen wird (vgl auch REUSS AcP 154 [1955] 496 ff; ebenso BGHZ 91 21, 106; s auch RGZ 165, 313; OLG Karlsruhe NJW 1961, 1866).

72

---

* **Schrifttum**: DÖLLE, Außergesetzliche Schutzpflichten, ZStW 103 (1943) 67 ff; GEHRLEIN, Vertragliche Haftung für Gefälligkeiten, VersR 2000, 415 ff; GERHARDT, Die Haftungsfreizeichnung innerhalb der gesetzlichen Schuldverhältnisse, JZ 1970, 535 ff; GRUNDMANN, Zur Dogmatik der unentgeltlichen Rechtsgeschäfte, AcP 198 (1998) 457 ff; HABERKORN, Haftungsausschlüsse bei Gefälligkeitsfahrten, DAR 1966, 150; HOFFMANN, Der Einfluß des Gefälligkeitsmoments auf das Haftungsmaß, AcP 167 (1967) 394 ff; KALLMEYER, Die Gefälligkeitsverhältnisse: Eine rechtsdogmatische Untersuchung (Diss Göttingen 1968); KORNBLUM, Das verpasste Lottoglück, JuS 1976, 571 ff; KOST, Die Gefälligkeit im Privatrecht (1973); PALLMANN, Rechtsfolgen aus Gefälligkeitsverhältnissen (Diss Regensburg 1971); PLANDER, Lottospielgemeinschaft und Rechtsbindungswille, AcP 176 (1976) 424 ff; SCHEERER-BUCHMEIER, Die Abgrenzung des Rechtsgeschäfts von der nicht rechtsgeschäftlichen Vereinbarung unter besonderer Berücksichtigung der Diskussion im 19. Jahrhundert (Diss Köln 1990); G SCHMIDT, Gefälligkeitsfahrt und stillschweigender Haftungsausschluß, NJW 1965, 2189 ff; SCHREIBER, Haftung bei Gefälligkeiten, Jura 2001, 810; SCHWERDTNER, Der Ersatz des Verlusts des Schadensfreiheitsrabattes in der Haftpflichtversicherung, NJW 1971, 1673; THIELE, Leistungsstörung und Schutzpflichtverletzung, JZ 1967, 649 ff; WEIMAR, Erklärungen ohne Rechtsbindung, MDR 1979, 374 ff; WILLOWEIT, Abgrenzung und rechtliche Relevanz nicht rechtsgeschäftlicher Vereinbarungen (Diss Berlin 1969); ders, Schuldverhältnis und Gefälligkeit, JuS 1984, 909 ff; ders, Die Rechtsprechung zum Gefälligkeitshandeln, JuS 1986, 96 ff; ZWEIGERT, Seriositätsindizien – Rechtsvergleichende Bemerkungen zur Scheidung verbindlicher Geschäfte von unverbindlichen, JZ 1964, 349 ff.

73 Eine Gemeinsamkeit zwischen den „Gefälligkeiten" und „Gefälligkeitsverträgen" besteht jedenfalls in ihrer **Unentgeltlichkeit**, so dass dieses Merkmal typisierend ist (RGZ 151, 203, 208; BGHZ 21, 102, 106; MEDICUS, BR Rn 364 ff; BAMBERGER/ROTH/GRÜNEBERG Rn 18). Gefälligkeitsverhältnisse resultieren darüber hinaus sämtlich aus **sozialem Kontakt**, sei es, dass er im freundschaftlichen, nachbarlichen, kollegialen oder familiären Umgang wurzelt (ESSER/SCHMIDT, Schuldrecht I § 10 I 3 [159]).

74 Typischerweise geht es bei der Abgrenzung der Gefälligkeit vom Schuldverhältnis um **vier Fragestellungen**. So stellt sich zum einen das Problem, ob die entsprechenden Verhältnisse einen **durchsetzbaren (klagbaren) Leistungsanspruch** begründen (su Rn 78); dagegen bildet die Frage nach dem **Rechtsgrund zum Behaltendürfen** kein taugliches Abgrenzungskriterium, da auch gefälligkeitshalber erbrachte Leistungen nicht ohne Rechtsgrund erbracht sind, gleich ob man ihn in der Gefälligkeit selbst oder in § 814 sieht (STAUDINGER/J SCHMIDT [1995] Einl 220 zu §§ 241 ff; SOERGEL/WOLF Vor § 145 Rn 83; PALANDT/HEINRICHS Einl v § 241 Rn 8; WILLOWEIT JuS 1986, 96; SCHREIBER JuS 2001, 810, 811. Unter diesem Aspekt erscheint die Ansicht v STAUDINGER/REUTER [1996] Vorbem zu §§ 598 ff nicht überzeugend). Zum anderen wird diskutiert, ob **ohne** vertragliche **Leistungspflicht** zwischen den Beteiligten **Schutzpflichten** bestehen, die neben die allgemeinen Pflichten des Deliktrechtes treten (su Rn 393 ff, insbes 396 ff). Bejaht man diese Frage, so muss weiterhin als drittes Problem diskutiert werden, mit welchem **Haftungsmaßstab** der Schuldner bei Verletzung dieser Pflichten einzustehen hat, anders ausgedrückt, ob die **Haftungsreduzierungen**, die es für „Gefälligkeitsverträge" des BGB gibt, auf Schutzpflichten aus unverbindlichen Gefälligkeitsverhältnissen anzuwenden sind. Abschließend ist zu erwägen, ob die **Haftungsreduzierungen** sich auch auf die daraus entstehenden allgemeinen Schadensersatzpflichten des **Deliktsrechts** auswirken.

75 In **tatsächlicher Hinsicht** liegen den Gefälligkeitsverhältnissen meist Verhaltensweisen zugrunde, bei denen eine Partei um eine Tätigkeit gebeten wird oder sich dazu bereit erklärt, ohne dass die Beteiligten Vorstellungen von evtl Rechtsfolgen haben (su Rn 77). Es kommt jedoch auch vor, dass die Beteiligten ihre rechtliche Bindung gerade ausschließen wollen (sog gentlemen's agreement Rn 90). Schließlich besteht noch die Möglichkeit, dass die Parteien eine rechtlich bindende Vereinbarung treffen möchten, dass ihr aber Unwirksamkeitsgründe entgegenstehen, zB Formnichtigkeit sowie Gesetzes- oder Sittenwidrigkeit. Dabei muss man differenzieren, ob der angenommene Unwirksamkeitsgrund besteht oder nicht (FLUME, AT § 7, 8). Bei seiner einseitigen Annahme löst sich das Problem uU über § 116, bei übereinstimmender Annahme ist die Abgrenzung zum Scheingeschäft gem § 117 zu treffen (vgl ausf STAUDINGER/J SCHMIDT [1995] Einl 245 zu §§ 241 ff mwNw). Im Übrigen verläuft die Grenzziehung nach den sogleich zu schildernden Kriterien.

1. Abgrenzung bei Verhaltensvereinbarungen

76 Da **keine gesetzlichen Regeln** für die Differenzierung zwischen Schuldverhältnis und Gefälligkeit vorhanden sind, fällt eine abstrakte Unterscheidung schwer (vgl aber ERMAN/WESTERMANN Vor § 241 Rn 16 ff; PALANDT/HEINRICHS Einl v § 241 Rn 7 ff; SOERGEL/ TEICHMANN Rn 3; JAUERNIG/MANSEL Rn 24 [alle mwNw] sowie PLANDER AcP 176 [1976] 425 ff; SCHWERDTNER NJW 1971, 1673; **aA** STAUDINGER/J SCHMIDT [1995] Einl 214 zu §§ 241 ff; WILLOWEIT, Abgrenzung 44 ff; ders JuS 1984, 909 ff; ders JuS 1986, 96 ff [ausf Rechtsprechungsanalyse]).

Einen informativen Überblick über die Rechtslehre im 19. u 20. Jahrhundert gibt SCHEERER-BUCHMEIER, Die Abgrenzung des Rechtsgeschäfts von der nicht rechtsgeschäftlichen Vereinbarung unter besonderer Berücksichtigung der Diskussion im 19. Jahrhundert [Diss Köln 1990] 165 ff; ferner MünchKomm/KRAMER Einl zu §§ 241 ff Rn 32 ff; GERNHUBER, Schuldverhältnis § 7 I 2 [124 ff]; MEDICUS, BR Rn 365 ff). Die Abgrenzung (MünchKomm/KRAMER Einl zu §§ 241 ff Rn 32) läuft auf eine **einzelfallbezogene Betrachtung** hinaus (su Rn 87).

a) Merkmale der Gefälligkeit (Nicht-Rechtsverhältnis)

Bei allem Streit lässt sich eine Fallgruppe vorweg entscheiden: Ergibt sich nämlich aus dem Inhalt einer Vereinbarung, dass die Leistung im **Belieben des Schuldners** stehen soll, so liegt mangels rechtlicher Gebundenheit kein vertragliches Schuldverhältnis vor. Das Gleiche hat der BGH zutreffend für den Fall angenommen, dass dem „Schuldner" durch Vereinbarung mit dem „Gläubiger" nachträglich das Recht genommen wurde, die „geschuldete Leistung" zu erbringen (BGHZ 23, 293, 300; BGB-RGRK/ALFF Vorbem zu § 241). **77**

Im Übrigen konzentriert sich die Abgrenzungsproblematik zwischen Schuld- und Nicht-Schuldverhältnis auf die Frage, ob einem (potentiellen) Gläubiger ein **durchsetzbarer Leistungsanspruch** zusteht. Als zentrales Unterscheidungsmerkmal wird dafür der **Rechtsbindungswille** angesehen (FIKENTSCHER, Schuldrecht Rn 25; STAUDINGER/REUTER [1996] Vorbem 6 zu §§ 598 ff; STAUDINGER/OTTO [2004] § 280 Rn B 14). An seiner Feststellung entzündet sich ein Streit, da die Parteien meist nicht erklären, ja noch nicht einmal daran denken, ob ein Schuldverhältnis vereinbart werden soll oder nicht. Dies hat den nicht unberechtigten Vorwurf hervorgerufen, dass es sich regelmäßig um eine **Fiktion** handele (FLUME, AT § 7, 3 ff; krit PALLMANN, Rechtsfolgen aus Gefälligkeitsverhältnissen [Diss Regensburg 1971] 31 ff; sa MünchKomm/KRAMER Einl zu §§ 241 ff Rn 31; vgl im Übrigen WILLOWEIT, Abgrenzung sowie dessen Hinweis in JuS 1984, 909 ff u 1986, 96 ff). Die Meinungsunterschiede haben zu zwei unterschiedlichen Denkansätzen für die Abgrenzung zwischen Vertragsschuldverhältnis und unverbindlicher Gefälligkeit geführt. **78**

aa) Objektiver Ansatz (Vermögensinteresse)

Der **objektive Ansatz** geht davon aus, dass in bestimmten Sozialbeziehungen überhaupt keine rechtlichen Bindungen eingegangen werden können (ausf Bsp bei FLUME, AT § 7, 2 ff), anders ausgedrückt, dass nur **Vermögensinteressen** der Beteiligten tauglicher Gegenstand von Vereinbarungen sind (vgl dazu ausf o Rn 14 ff). Diese Betrachtungsweise wurde aber schon von den Gesetzgebern des BGB als überholt angesehen; eine so gravierende Ausnahme von der Privatautonomie bedurfte nach ihrer Ansicht einer näheren Begründung. OTTO VON GIERKE, der mit dem Merkmal des Vermögensinteresses die problematische Abgrenzung von Gefälligkeit und Vertrag vornehmen wollte (so Rn 15), überzeugt wegen der Pauschalität seines Arguments nicht, wenn er schreibt (Entwurf eines BGB, 195), der Begriff des Schuldverhältnisses könne sich nicht auf jede Verbindlichkeit „zu irgendeinem Tuhn oder Unterlassen erstrecken, da sonst das Obligationenrecht zuletzt alle anderen Rechtsgebiete verschlänge". **79**

Der objektive Ansatz findet sich dennoch bis heute allerdings in einer umgekehrten Variante: Zum Teil wird vertreten, vermögenswerte Leistungen könnten stets **nur** in Form von Rechtsgeschäften überlassen werden, so dass zB die kurzfristige Gebrauchsüberlassung stets als Leihe zu werten sei, da es andernfalls zu ungerechtfertigten Bereicherungen komme (STAUDINGER/REUTER [1996] Vorbem 11, 6 zu §§ 598 ff mwNw aus der Rspr, allerdings z gegenteiligen Auffassung). Diese Betrachtungsweise überzeugt deshalb nicht, weil die Gefälligkeit unstreitig ein Recht zum Behaltendürfen begründet (so Rn 74).

bb) Subjektiver Ansatz (Rechtsgeschäftliches Verständnis)

80 Demgegenüber betonen die Vertreter des **subjektiven Ansatzes** den **rechtsgeschäftlichen Charakter** der jeweiligen Vereinbarung (BGHZ 21, 102, 106 f; BGH VersR 1998, 1173, 1174; STAUDINGER/DILCHER[12] Vorbem 22 zu §§ 116–144; ders Vorbem 10 zu §§ 145 ff; SOERGEL/TEICHMANN Rn 3; vTUHR, AT II 1, 170; ESSER/SCHMIDT, Schuldrecht I § 10 I 3 [159]; FIKENTSCHER, Schuldrecht Rn 25; LARENZ, Schuldrecht I § 31 III). Diese Ansicht war bereits von den Verfassern des BGB angelegt worden, die sich außerstande sahen, andere Kriterien als den verworfenen Vermögenswert (z Begriff so Rn 14 ff), zB das „**schutzbedürftige Interesse**", in abgrenzungstauglicher Weise herauszuarbeiten. Man war sich darüber im Klaren, dass „eine bestimmte Grenze, wo das schutzwürdige Interesse aufhört ... sich nach der Natur der Sache [freilich] nicht [bestimmen] lasse" (SCHUBERT, Vorlagen der Redaktoren, Recht der Schuldverhältnisse: Teil 1, 15).

Damit wurde der Weg zu der heutigen hM eröffnet, die die subjektive Abgrenzung zwischen Schuldverhältnis und Nicht-Rechtsverhältnis betreibt, so dass der **Wille** der Parteien das maßgebliche Kriterium darstellt (MünchKomm/KRAMER Vor § 145 Rn 25). Die objektiven Merkmale der entsprechenden Parteivereinbarung finden dagegen (nur) im Rahmen der §§ 134, 138, 242 Berücksichtigung (WILLOWEIT JuS 1984, 909, 910).

81 Dieser subjektive Ansatz hat sich also zu Recht durchgesetzt (ERMAN/WESTERMANN Vor § 241 Rn 16; STAUDINGER/DILCHER[12] Vorbem 10 ff zu §§ 145 ff mwNw; MünchKomm/KRAMER Einl zu §§ 241 ff Rn 30; GERNHUBER, Schuldverhältnis § 7, 2 a [124]; ie auch ESSER/SCHMIDT, Schuldrecht I § 10 I 3 [159]; wNw bei SCHEERER-BUCHMEIER, Die Abgrenzung des Rechtsgeschäfts von der nicht rechtsgeschäftlichen Vereinbarung unter besonderer Berücksichtigung der Diskussion im 19. Jahrhundert [Diss Köln 1990] 165 ff), weil er mit dem Prinzip der **Privatautonomie** im Einklang steht (z Privatautonomie vgl Einl 49 ff z §§ 241 ff). In den Grenzen der objektiven Wertvorgaben (§§ 134, 138, 242) ist jeder gesellschaftliche und soziale Bereich einer Rechtsbindung sowie einer vertraglichen Haftung zugänglich und erzeugt dann auch einen durchsetzbaren Leistungsanspruch. Die pauschale Annahme wie Ablehnung rechtlicher Bindungen innerhalb bestimmter sozialer Verhältnisse lässt sich also nicht rechtfertigen, ebenso wenig kann die Abgrenzung allein aufgrund objektiver Kriterien vorgenommen werden (vgl SCHWERDTNER NJW 1971, 1673; PALLMANN, Rechtsfolgen aus Gefälligkeitsverhältnissen [Diss Regensburg 1971]; STAUDINGER/J SCHMIDT [1995] Einl 229 zu §§ 241 ff). Die Kritik, der Verpflichtungswille sei oft nur Fiktion (FLUME, AT § 7, 8; CANARIS JZ 1965, 475, 482), stellt den subjektiven Ansatz nicht grds in Frage, sondern resultiert aus der Schwierigkeit des Einzelfalls. Vergleichbare Probleme tauchen aber insbesondere bei der ergänzenden Vertragsauslegung auf und müssen dort ebenso gelöst werden.

82 Allerdings hat sich in der **Rechtspraxis** die Grenze zwischen der subjektiven und der objektiven Betrachtungsweise zur Abgrenzung von Gefälligkeit und Vertrag verwischt, wie schon die grundlegende Entscheidung des BGH zeigt (BGHZ 21, 102 ff). Der BGH hat dort zum Ausdruck gebracht, dass die abgrenzende Auslegung (wie

auch diejenige eines Rechtsgeschäfts) aus der Sicht eines **objektiven Erklärungsempfängers** unter Berücksichtigung der im Einzelfall gegebenen Umstände nach **Treu und Glauben** zu erfolgen hat (BGHZ 21, 102, 107), so dass in die Willensermittlung **objektive Kriterien** eingebracht werden (z Stellung des „normativen Konsenses" im Zusammenhang mit dem Bindungswillen vgl MünchKomm/KRAMER § 155 Rn 3, Einl zu §§ 241 ff Rn 95; dazu vor allem HEPTING, Ehevereinbarung [1984] 307 ff, der über den Bereich der Ehevereinbarungen hinaus auf das Erfordernis des Rechtsbindungswillens verzichten will, u zwar z Gunsten einer **normativen Bewertung** des geäußerten „**natürlichen Willens**". In praktischer Hinsicht mögen beide Auslegungsmethoden nicht weit auseinander liegen; es besteht aber keine Notwendigkeit, auf den Rechtsbindungswillen grds zu verzichten, da man sonst nicht einmal mehr versuchen müsste, im Einzelfall Anknüpfungspunkte hierfür zu finden).

Damit ist die strikte Unterscheidung zwischen der **objektiven Theorie** einerseits und **83** der **subjektiven Theorie** andererseits oft nur noch von theoretischem Interesse, weil die erstgenannte Theorie **konkrete Einzelfallmerkmale** hinzuzieht, während die zweite mit dem **normativen Begriff der Willenserklärung** arbeitet (dass der „Rechtsfolgewille" normativ bestimmt wird, zeigen folgende Quellen: BGHZ 21, 102, 106 ff = NJW 1956, 1313; BGHZ 43, 72; 88, 373, 382; 92, 164, 168; BGH NJW 1968, 1874; 1985, 313; NJW 1992, 498; 1992, 2474; BGH DB 1974, 1619, 1620; OLG Celle NJW 1965, 2348; OLG Köln NJW-RR 1992, 1497; OLG Koblenz OLGZ 1991, 117, 120; OLG Nürnberg OLGZ 1967, 139, 140 f; LG Düsseldorf NJW 1968, 2379; vgl auch SOERGEL/WOLF Vor § 145 Rn 91 ff; MünchKomm/KRAMER Einl zu §§ 241 ff Rn 30 ff; PALANDT/ HEINRICHS Einl v § 241 Rn 7; STAUDINGER/DILCHER[12] Vorbem 10 ff zu §§ 145 ff [alle mwNw]). Im Ergebnis ist wohl die Wertung entscheidend, ob man dem „Gefälligen" die Folgen einer vertraglichen Bindung zumuten will; sie erfordert eine Abwägung der **beiderseitigen Interessen**.

cc) Die Willensermittlung

Die Rspr ermittelt den (objektivierten) **Rechtsbindungswillen** durch Heranziehung **84** von **Indizien** (grundlegend BGHZ 21, 102, 107).

So ist zunächst die „**Unentgeltlichkeit**" oder „**Uneigennützigkeit**" des von einer Par- **85** tei zugesagten Verhaltens ein Kriterium dafür, dass sie sich keiner rechtlichen Bindung unterwerfen wollte (ESSER/SCHMIDT, Schuldrecht I § 10 I 3 [159]). Beide Kriterien allein erlauben aber keine abschließende Entscheidung, weil das BGB auch unentgeltliche, gleichwohl aber verbindliche Rechtsverhältnisse kennt. Im Hinblick auf die Uneigennützigkeit wird manchmal zwischen **völliger Uneigennützigkeit** und einem **nicht nennenswerten Eigeninteresse** des „Gefälligen" unterschieden (LG Mannheim MDR 1965, 131). Letzteres soll ein Nicht-Rechtsverhältnis zumindest solange nahe legen, wie der Grad des Eigeninteresses wesentlich hinter dem Interesse an der zu erbringenden Leistung zurücksteht (SOERGEL/WOLF Vor § 145 Rn 95 ff mit Bsp aus der Rspr). Daneben ist umgekehrt die Entgeltlichkeit oder Uneigennützigkeit insoweit bedeutsam, als in einem solchen Fall regelmäßig ein Rechtsverhältnis mit Leistungsanspruch vorliegt.

Weitere Indizien für die Abgrenzung sind die **Art der vereinbarten Leistung** sowie **86** deren **Grund** und **Zweck**. Ihre **wirtschaftliche** und **rechtliche Bedeutung**, insbesondere für den **Empfänger**, werden ebenso in die Betrachtung einbezogen wie die **Umstände**, unter denen die Leistung erbracht werden soll bzw erbracht wird (BGHZ 92, 164, 168). Außerdem kommt es auf die **Interessenlage** der Parteien an (so BGHZ 21, 107; vgl auch

BGH LM § 254 [Da] Nr 12; BGHZ 88, 373, 382 = NJW 1984, 1533; BGHZ 92, 164, 168 = NJW 1985, 1778; BGHZ 97, 372 = NJW 1986, 2043; BGH NJW 1992, 498; OLG Celle NJW 1965, 2348). Der **Wert** der anvertrauten Sache (so auch RG LZ 1923, 275 = Recht 1923 Nr 508) und das **erkennbare Interesse des Begünstigten** (vgl auch ESSER/SCHMIDT, Schuldrecht I § 8 III 2 [139]) sowie eine nicht dem Begünstigten, wohl aber dem Leistenden erkennbare **Gefahr**, in die der Erstgenannte durch eine **fehlerhafte Leistung** geraten kann (RG LZ 1923, 275), dienen weiterhin als Merkmale für die Annahme eines Rechtsverhältnisses (BGHZ 21, 102, 107; BGHZ 88, 373, 382; 92, 164, 168).

87 Insgesamt gelangt man also zu weitgehend objektiven Beurteilungskriterien, hinter denen der wirkliche Wille der Parteien uU (mangels Erkennbarkeit oder Beweisbarkeit) zurücktritt. Die dargestellten Abgrenzungsmerkmale sind aber so weit gefasst, dass sie für eine Subsumtion oft noch der weiteren Konkretisierung bedürfen. Da es nach der Rspr auf die „Umstände des Einzelfalles" ankommt (vgl BGH VRS 20, 252; LG Mannheim MDR 1965, 131; MünchKomm/KRAMER Einl zu §§ 241 ff Rn 33), hat sich insoweit eine umfangreiche Kasuistik gebildet (vgl PALANDT/HEINRICHS Einl v § 241 Rn 9; SOERGEL/WOLF Vor § 145 Rn 85 ff; MünchKomm/KRAMER Einl zu §§ 241 ff Rn 33).

88 Die Hilfe beim **Abladen** von Transportgut begründet mangels entsprechender gesetzlicher Verpflichtung des Transportführers, § 412 Abs 1 S 2 HGB, kein Rechtsverhältnis (AG Bonn TrAnsatzpR 2000, 466 f). **Absprachen** unter Ehegatten über die Familienplanung wurden unterschiedlich beurteilt (vgl insgesamt BRUNS, Absprachen unter Ehegatten über die Familienplanung [Diss Osnabrück 1990]; LOOSCHELDERS Jura 2000, 169 ff). Die Erklärung im Rahmen eines **Architektenwettbewerbes**, die Beklagte „beabsichtigt [...] einem oder mehreren Preisträgern weitere Leistungen [...] zu übertragen", begründet ein Rechtsverhältnis (BGHZ 88, 373, 382). Behandelt ein **Arzt** einen Kollegen, so liegt auch dann ein Rechtsverhältnis vor, wenn die Behandlung aus kollegialen Gründen kostenlos erfolgt (BGH NJW 1977, 2120). Durch die unentgeltliche Übernahme der **Ausbildung** eines Hundes wird in der Regel ein Rechtsverhältnis begründet (OLG Koblenz OLGZ 1991, 117, 119 f = NJW-RR 1991, 26). Zu den komplizierten Verhältnissen bei der Erteilung einer **Auskunft** vgl STAUDINGER/WITTMANN (1995) § 676 Rn 9 ff; HALLER, Haftung für Rat und Auskunft, Jura 1997, 234 ff. Bei der „**Ausleihe**" eines Lkw-Fahrers liegt ein Rechtsverhältnis vor, wenn die Angelegenheit die geschäftliche Tätigkeit zweier Wirtschaftsunternehmen betrifft (BGHZ 21, 102, 106 ff = NJW 1956, 1313). Die Teilnahme an einem **Ballonflug** gegen Kostenerstattung begründet ein Rechtsverhältnis (OLG München NJW-RR 1991, 420; OLG Karlsruhe VersR 1991, 343; OLG Düsseldorf VersR 1994, 228). Unterschiedlich ist die rechtliche Bewertung der **Beaufsichtigung von Kindern**: Die Beaufsichtigung von Nachbarskindern begründet in der Regel kein Rechtsverhältnis (BGH NJW 1968, 1874 = JZ 1969, 232 m Anm DEUTSCH); gleichermaßen wurde bzgl der Mitnahme von Kindern in einem Pkw zum Kindergarten entschieden (LG Karlsruhe VersR 1981, 143); demgegenüber wurde ein Rechtsverhältnis angenommen, wenn Kinder beaufsichtigt werden mussten, die zu einem Kindergeburtstag eingeladen wurden (OLG Celle NJW-RR 1987, 1384). Die Übernahme der **Beaufsichtigung eines Hauses** in der Abwesenheit eines Nachbarn oder Verwandten soll kein Rechtsverhältnis begründen (OLG Hamburg VersR 1989, 468). Auch die Übernahme des „Auftrages" zum **Einwerfen eines Briefes** begründet kein Rechtsverhältnis (SOERGEL/WOLF Vor § 145 Rn 95). Zu einer Absprache über **Empfängnisverhütung** zwischen den Partnern einer nichtehelichen Lebensgemeinschaft vgl BGHZ 97, 372 (im Allg kein Rechtsverhältnis; MEDICUS, BR Rn 372a; FEHN,

Die Menschenwürde des nichtehelichen Kindes im Spannungsfeld zwischen Unterhalts- und Deliktsrecht – BGH, NJW 1986, 2043, JuS 1988, 602 ff; LOOSCHELDERS Jura 2000, 169 ff). Vereinbarungen zwischen Familienangehörigen über die gemeinsame **Errichtung und Finanzierung** eines Zweifamilienhauses zum Zwecke des Zusammenlebens lösen aufgrund der wirtschaftlichen Bedeutung für alle Beteiligten rechtliche Bindung aus (LG Gießen NJW-RR 1997, 905 ff = ZMR 1997, 187 = FamRZ 1997, 1473 ff). Bei **Fahrgemeinschaften** wird nach dem Zweck differenziert (vgl BGH NJW 1992, 498 sowie MÄDRICH, Haftungs- und versicherungsrechtliche Probleme bei Kfz-Fahrgemeinschaften, NJW 1982, 859, 860; z Gefälligkeitsfahrt). Die Überführung eines **Fahrzeugs** in die Werkstatt, die der Eigentümer von einer anderen Person durchführen lässt, ist ein Auftrag iSv § 662 (OLG Ffm NJW 1998, 1232 f = NJWE-VHR 1998, 175 = JP 1998, 327 = JA 1998, 742 m Bespr ROTH). Die Verabredung über **Fluchthilfe** aus der ehemaligen DDR wurde von der Rspr als Rechtsverhältnis angesehen (BGH NJW 1977, 2356, 2357; KG NJW 1976, 198; krit dazu CREZELIUS NJW 1976, 1639). Die unentgeltliche Raumüberlassung durch einen **Gastwirt** begründet uU ein Rechtsverhältnis zu dem Leistungsempfänger (OLG Karlsruhe NJW 1961, 1866), nicht hingegen die Einwilligung des **Gastwirtes** an einen Gast, er könne Gegenstände hinter dem Buffet ablegen (LG Hagen VersR 1952, 124). Die Überlassung einer **Gebirgsferienhütte** an einen Sohn und dessen Verlobte stellt eine „keine Rechtswirkungen erzeugende Gefälligkeit" dar (OLG München NJW-RR 1993, 215). Besonders zahlreich sind die Stellungnahmen zur **Gefälligkeitsfahrt**: IdR entsteht zwischen Fahrer und Mitfahrer kein Rechtsverhältnis (vgl RGZ 65, 18; 128, 231; 141, 263; BGH VersR 1967, 157; LG Düsseldorf NJW 1968, 2379; STOLL, Handeln auf eigene Gefahr [1961] 25 f mwNw), auch wenn der Fahrer die Mitnahme selbst gewünscht hat (OLG Neustadt VRS Bd 8, 1; BGH NZV 1993, 187). Das kann sich uU ändern, wenn der Mitfahrer an den Unkosten beteiligt wird, insbesondere eine „Benzinkostenbeteiligung" übernommen hat (RGZ 145, 390, 394; BGH VRS 20, 252; OLG Stuttgart MDR 1959, 388; BÖHMER, Definition des Begriffs der Gefälligkeitsfahrt, VersR 1964, 807; HENTSCHEL, Straßenverkehrsrecht § 16 StVG Rn 2, 9 mwNw und Bsp aus der Rspr; vgl insgesamt auch HEIMBÜCHER, Die Haftung für Gefälligkeiten auf dem Prüfstand, VW 1998, 178 ff; HIRTE/HEBER JuS 2002, 241 ff). Ein **Gefälligkeitsflug** begründet kein Rechtsverhältnis (BGHZ 76, 33). Die Zusage, **Gegenstände** aus Ostberlin zu überbringen, begründete ein Rechtsverhältnis (OLG Celle NJW 1965, 2348). Zu einer **Gesellschaft unter Ehegatten** vgl STAUDINGER/HÜBNER/VOPPEL (2000) § 1356 Rn 50 ff. Die Vereinbarung einer **Kellerräumung** begründet kein Rechtsverhältnis (LG Mannheim MDR 1965, 131). Das Gleiche gilt für die Erlaubnis, ein **Kfz** auf einem Platz zum Verkauf aufzustellen, weil damit kein Vorteil irgendwelcher Art für den Erlaubenden verbunden ist (OLG Köln OLGZ 1972, 213). Absprachen eines **Klinikchefs** mit Mitarbeitern über die Beteiligung an den Einnahmen des Klinikchefs wurden nicht durchweg als verbindlich angesehen; vielmehr solle es auf die „Umstände des Einzelfalles" ankommen (BGH WM 1977, 739). Die Zusage einer **Kulanzregelung** kann dagegen rechtlich verbindlich sein (OLG Köln Betrieb 1975, 2271). Erklärt sich ein Mitglied einer **Lotto- oder Tippgemeinschaft** bereit, den entsprechenden Spielschein auszufüllen und einzureichen, so wird dadurch kein Rechtsverhältnis begründet (BGH NJW 1974, 1705; uU wird jedoch eine Pflicht nach § 242 bejaht, worin man eine Auflockerung der „starren" Alternative „Rechtsverhältnis – kein Rechtsverhältnis" gesehen hat: MEDICUS, BR Rn 372; krit KORNBLUM, Das verpasste Lottoglück, JuS 1976, 571 ff sowie PLANDER AcP 176 [1976] 425 ff). **Mietzinsvereinbarung** weit unter ortsüblichem Preis (sog „Gefälligkeitsmiete") ist stets ein Rechtsverhältnis (KrsG Nauen WuM 1993, 111). Die Übernahme einer **politischen Widerstandstätigkeit** begründet regelmäßig kein Rechtsverhältnis auf Durchführung der Widerstandstätigkeit

(Leistungsanspruch) (BGHZ 56, 204, 209 = NJW 1971, 1404 f). Kurzfristige Überlassung eines **Reitpferdes** in sportkameradschaftlichem Verkehr ist ein Gefälligkeitsverhältnis (BGH NJW 1974, 234, 235; OLG Zweibrücken NJW 1971, 2077, 2078; **aA** KNÜTEL, Anm z Urt des OLG v 12. 10. 1970, NJW 1972, 163). Übernimmt der Vorsitzende eines Sozialrentnervereines die Aufgabe, für ein Nichtmitglied einen **Rentenantrag** zu stellen, so wird aufgrund oben genannter Kriterien (wirtschaftliche u rechtliche Bedeutung der rechtzeitigen Antragstellung für den anderen Teil sowie erkennbare Gefahr bei Fehlleistungen des Antragstellers für den anderen Teil) ein Rechtsverhältnis begründet (auftragsähnlich; OLG Nürnberg OLGZ 1967, 139, 141). Die Erlaubniserteilung, ein **Schiff** beim Betreten eines anderen Schiffes als Abstellfläche zu benutzen, begründet kein Rechtsverhältnis (OLG Hamburg VersR 1984, 58). „Gefälligkeitshalber" durchgeführte **Schweißarbeiten** lösen im Brandfall nur deliktische Haftung aus (OLG Düsseldorf BauR 1996, 280 ff; VersR 1996, 512 ff; IBR 1996, 238 m Anm RUTKOWSKY). **Starthilfegewährung** bei entleerter Autobatterie ist ein Gefälligkeitsvertrag, auf den §§ 662 ff anzuwenden sind (dabei stillschweigender Haftungsverzicht für leicht fahrlässig verursachte Schäden, AG Kaufbeuren NJW-RR 2002, 382). Hinweise, Aufforderungen und Winkzeichen im **Straßenverkehr**, die von einem Verkehrsteilnehmer an einen anderen Verkehrsteilnehmer gegeben werden, begründen regelmäßig kein Rechtsverhältnis (OLG Frankfurt aM NJW 1965, 1334). Eine nicht in Anspruch genommene **Tischreservierung** in einem Restaurant stellt keinen Vorvertrag (zum Abschluss späterer Bewirtungsverträge) dar (LG Kiel NJW 1998, 2537 f; MAIER JuS 2001, 746 ff [Bespr LG Kiel NJW 1998, 2537 f]). Die Einladung zu einer **Treibjagd** zieht ebenfalls keinen Leistungsanspruch nach sich (RGZ 128, 39, 42). Die Aufnahme von **Verwandten** als Gäste in einer Wohnung begründet kein Rechtsverhältnis zwischen dem Aufnehmenden und den Aufgenommenen (LG Osnabrück NdsRpfl 1947, 17; AG Köln MDR 1957, 41 mit Anm WEIMAR; vgl auch LG Wiesbaden ZMR 1953, 177), ebenso wenig die Übernahme der „Verpflichtung" zum **Wecken eines Mitreisenden** im Zug (FLUME AT § 7, 5; SOERGEL/LANGE/HEFERMEHL [10. Aufl] Vor § 145 Rn 68 sowie SOERGEL/WOLF Vor § 145 Rn 96). Fälle aus der schweizerischen Rspr zur Abgrenzungsfrage finden sich im Berner Kommentar/KRAMER (1986) Einl zu Art 1 OR Rn 65.

89 Soweit man auf der Grundlage der dargestellten Abgrenzungskriterien ein Rechtsverhältnis bejaht, besteht ein **Anspruch** auf die versprochene **Leistung**. Da die damit verbundene Verbindlichkeit vom Schuldner jedoch jederzeit gekündigt werden kann, sei es in unmittelbarer oder analoger Anwendung des § 671, macht es für die Leistungspflicht letztlich keinen großen Unterschied, ob ein Schuldverhältnis oder ein Nicht-Schuldverhältnis vorliegt. Etwas anderes gilt für die Folgen einer Pflichtverletzung, da eine **Kündigung zur Unzeit** gem § 671 Abs 2 Konsequenzen nach sich zieht (FLUME, AT § 7, 5; MEDICUS, BR Rn 370; MünchKomm/KRAMER Einl zu §§ 241 ff Rn 35). Der Gläubiger hat ggf gem oder analog § 671 Abs 2 S 2 einen **Schadensersatzanspruch** (BGH DB 1986, 476 f; BGH NJW 1986, 978, 980; OLG Köln NJW-RR 1992, 1497).

b) Ausschluss eines Leistungsanspruchs (gentlemen's agreement)
90 Wie eingangs erwähnt (so Rn 75) kann der Leistungsanspruch gerade deshalb entfallen, weil die Parteien ihn ausschließen wollen und nicht etwa, weil sie rechtliche Konsequenzen gar nicht bedacht haben. Solche Vereinbarungen nennt man zumeist **„gentlemen's agreement"**. Dahinter können verschiedene Absichten stehen (vgl z solchen Gründen zB MOSHEIM, Gentlemen's Agreement, DB 1963, 1035; ferner STAUDINGER/WEBER[11] Einl zu § 241 J 6 ff; SOERGEL/WOLF Vor § 145 Rn 101; MünchKomm/KRAMER Einl zu

§§ 241 ff Rn 44; FLUME, AT § 7, 8; REUSS AcP 154 [1955] 485 ff; WILLOWEIT, Abgrenzung 86 ff; z Frage der rechtlichen Behandlung von Leistungen „ohne Anerkennung einer Rechtspflicht", wie zB Ruhegelder, Gratifikationen, Beihilfen etc, vgl FLUME, AT § 7, 8 aE). Ein Kennzeichen eines „gentlemen's agreement" besteht häufig darin, dass die Parteien die mangelnde rechtliche Bindungswirkung lieber durch Sanktionen im sozialen Bereich ersetzen möchten, zB durch ein „Ehrenwort". Vertragliche Vereinbarungen können jedoch auch aufgrund der Existenz kaufmännischer Bräuche oder handelsüblicher Verhaltensweisen als unnötig erachtet werden (MünchKomm/KRAMER Einl zu §§ 241 ff Rn 44).

Allerdings muss es sich nicht bei jeder entsprechenden Vereinbarung um ein „gentlemen's agreement" handeln, sondern die Auslegung kann auch ergeben, dass zwar ein Rechtsverhältnis gewollt war, aber die **Klagbarkeit** des Anspruchs **ausgeschlossen** sein sollte (z klaglosen Verbindlichkeit su Rn 130). Auch diese Abgrenzung ist anhand der §§ 133, 157 vorzunehmen: Falls nur eine Partei den Leistungsanspruch ausschließen wollte, kommt die Anwendung des § 116 in Betracht, bei einem entsprechend übereinstimmenden Willen kann der Tatbestand des § 117 erfüllt sein (z Frage des Parteiinteresses am Ausschluss des Leistungsanspruchs vgl STAUDINGER/J SCHMIDT [1995] Einl 239 ff zu §§ 241 ff). Während bei einem **Scheingeschäft** die Bindung jedoch nur vorgespiegelt, aber nicht gewollt wird, ist sie bei einem „gentlemen's agreement" vom Willen der Parteien umfasst, soll aber nicht im rechtlichen Bereich abgesichert werden. **91**

Die Auslegung führt schließlich uU auch dazu, dass trotz einer entgegenstehenden Parteibezeichnung ein „gentlemen's agreement" in Wirklichkeit rechtliche Verbindlichkeit entfaltet (BGH LM § 242 [Be] Nr 19; PALANDT/HEINRICHS Einl v § 241 Rn 7; WILLOWEIT, Abgrenzung 87 ff).

„Gentlemen's agreements" finden sich auch im Zusammenhang mit **kartellrechtlichen Übereinkünften** (zB BGHZ 55, 104 = NJW 1971, 521), zB hinsichtlich der Frage, ob allein bei wirtschaftlicher Rücksichtnahme oder moralischem Druck etc eine Vereinbarung iSv § 1 GWB erzeugt wird. Durch Einführung des Verbots **abgestimmten Verhaltens** gem § 1 GWB wurde die kartellrechtliche Erfassung verbindlicher Verhaltensweisen allerdings vereinfacht (vgl ZIMMER, in: IMMENGA/MESTMÄCKER, Gesetz gegen Wettbewerbsbeschränkungen [2001] § 1 Rn 88 ff; im Übrigen STAUDINGER/J SCHMIDT[12] Einl 246 zu §§ 241 ff mwNw). **92**

Vom „gentlemen's agreement" sind diejenigen Fallkonstellationen zu unterscheiden, in denen **Leistungsansprüche** aus wiederholtem **freiwilligem Verhalten** erwachsen (zB bei regelmäßiger Zahlung von Weihnachtsgeld an Arbeitnehmer in gleicher Höhe u z gleichen Zeitpunkt). Die sog **betriebliche Übung** (vgl dazu statt vieler SCHAUB, Arbeitsrechtshandbuch § 111) begründet, wenn schon nicht durch konkludenten Vertragsschluss, jedenfalls im Wege des **Vertrauensschutzes** einen rechtlich durchsetzbaren **Anspruch** des Berechtigten. Die in Rede stehenden – regelmäßig wiederkehrenden – Zahlungen sind zwar eine freiwillige Leistung, was sich meist der Leistende vorbehält. Aber der **Vertrauensschutz** des Empfängers begründet letztlich doch einen rechtlich verbindlichen Anspruch (SCHAUB aaO). **93**

2. Rücksichtspflichtverletzungen und Haftung bei Gefälligkeiten

Streitigkeiten im Zusammenhang mit Gefälligkeitsverhältnissen treten häufig nicht **94** bei der Frage nach dem Leistungsanspruch, sondern im Zusammenhang mit der **Haftung** für **Schäden** auf. Die Herleitung der die dafür die Grundlage bildenden Rücksichtspflichten im Rahmen von Gefälligkeiten sowie die mögliche Ausdehnung von Haftungsbeschränkungen auf diese Pflichten wird später ausführlich bei der Kommentierung des Abs 2 geschildert (z Begründung der Pflichten su Rn 396 ff u z Haftungsbeschränkung Rn 519 ff).

III. Faktischer Vertrag*

1. Allgemeines

95 Das Recht der vertraglichen Schuldverhältnisse gründet auf dem Begriff der **Willenserklärung**. Nur dadurch werden vertragliche Rechtsfolgen ausgelöst, wie bereits die Abgrenzung zu den Gefälligkeitsverhältnissen gezeigt hat (so Rn 72 ff).

Nach der Lehre vom **faktischen Vertragsverhältnis** sollen Vertragsverhältnisse aber auch durch **tatsächliches** Verhalten entstehen können. Zu diesem Ergebnis gelangte insbesondere HAUPT in seiner Antrittsvorlesung im Jahre 1941, weil nach seiner Ansicht der Eintritt vertraglicher Rechtsfolgen nicht selten nur mit Hilfe von Fiktionen über das klassische Vertragsrecht erklärt wurde (HAUPT, Über faktische Vertragsverhältnisse 6). Die Idee des faktischen Vertragsverhältnisses (von LEHMANN NJW 1958, 1, 5 als „Atombombe" des Vertragsrechts apostrophiert) beinhaltete also eine Abkehr vom klassischen Vertragsbegriff zugunsten rechtspolitisch gewünschter Ergebnisse (vgl SOERGEL/WOLF Vor § 145 Rn 102; FLUME, AT II § 8, 2).

96 Der BGH ist der Lehre vom faktischen Vertrag vorübergehend gefolgt (BGHZ 21, 319, 334 [Hamburger Parkplatzfall]; 23, 175 [Stromversorgungsfall]; 23, 249, 258, 261 [Hoferbenfall]; ebenso LG Frankfurt aM MDR 1970, 843 [für den Bezug von Fernwärme]). Die rechtsgeschäftlichen Folgen wurden hierbei aber nicht angenommen, weil sie von den Parteien gewollt waren, sondern weil sie das Gericht für angemessen hielt (MEDICUS AT Rn 247). Deshalb geriet der Ansatz zunehmend in die Kritik und wird heute ganz überwiegend abgelehnt, weil er keine Stütze im Gesetz findet (FLUME, AT II § 8, 2; PALANDT/HEINRICHS Einf v § 145 Rn 25; ESSER/SCHMIDT, Schuldrecht I § 10 I 2; LARENZ/WOLF, AT § 44 Rn 9 ff). Auch der BGH hat ihn seit 1958 nicht mehr angewandt und 1985 erklärt, dass die betreffenden Probleme über rechtsgeschäftliche Kategorien zu lösen seien (BGHZ 95, 399).

2. Fallgruppen

97 Die Fallgruppen, die seit HAUPT unter dem Begriff der faktischen Vertragsverhält-

---

* **Schrifttum:** HAUPT, Über Faktische Vertragsverhältnisse (1941), Neuabdruck: FS Siber (1970) Bd II 1 ff; SIBERT, Faktische Vertragsverhältnisse (1958); ROTH, Der faktische Vertrag, JuS-L 89; WALKER, Der Vollzug des Arbeitsverhältnisses ohne wirksamen Arbeitsvertrag, JA 1985, 138, 147; ESSER, Gedanken zur Dogmatik der faktischen Schuldverhältnisse, AcP 157 (1958/59) 86; NIPPERDEY, Faktische Vertragsverhältnisse, MDR 1957, 129; LARENZ, Sozialtypisches Verhalten als Verpflichtungsgrund, DRiZ 1958, 245; LARENZ, Die Begründung von Schuldverhältnissen durch sozialtypisches Verhalten, NJW 1956, 1897; LEHMANN, Faktische Vertragsverhältnisse, NJW 1958, 1.

nisse diskutiert werden, haben auf den ersten Blick wenig gemein. Die entscheidende Überschneidung liegt in dem Umstand, dass allein vertragliche Rechtsfolgen angemessen erscheinen, während die Feststellung der erforderlichen Willenserklärungen durchgängig Probleme bereitet.

a) Sozialtypisches Verhalten (Massenverkehr, Daseinsvorsorge)

98 Die in den Bereich der **Daseinsvorsorge** fallenden Einrichtungen des Massenverkehrs (öffentliche Verkehrsmittel, Parkplätze, Elektrizitäts-, Gas- und Wasserversorgung) werden meist in Anspruch genommen, ohne dass die Vertragsparteien zum Austausch von Willenserklärungen direkt in Kontakt treten. Es wird andererseits nicht in Zweifel gezogen, dass das Verhältnis der beteiligten Personen allein durch die Anwendung des Vertragsrechts interessengerecht zu lösen ist (vgl nur ERMAN/ARMBRÜSTER Vor § 145 Rn 42), wohl aber, dass man dieses Ergebnis auch auf dem Boden der Rechtsgeschäftslehre erzielen kann.

99 HAUPT hat seine Bedenken vor allem am Bsp der Straßenbahnfahrt erläutert. Er hielt die Einigung vor dem Hintergrund, dass die Parteien gar keine Freiheit in der Entschließung hätten, für lebensfremd. Während der Fahrgast auf die Benutzung der Bahn angewiesen sei, müsse das Verkehrsunternehmen aufgrund seiner Monopolstellung leisten. Deshalb fehle es an jeglicher privatautonomer Entscheidung. Mit der Inanspruchnahme der Leistung entstehe deshalb ein Vertrag, zwar nicht auf der Grundlage rechtsgeschäftlicher Willensbindung, wohl aber durch ein soziales Verhalten, das die gleichen Rechtsfolgen rechtfertige (HAUPT, Über faktische Vertragsverhältnisse 22). LARENZ prägte daran anknüpfend den neuen Verpflichtungsgrund des **sozialtypischen Verhaltens** (LARENZ NJW 1956, 1897 f; ders DRiZ 1958, 245 ff). Im modernen Massenverkehr war auch nach seiner Auffassung die Grundlage vertragsrechtlicher Rechtsfolgen nicht in der Einigung zu finden, sondern im **öffentlichen Angebot** und der **tatsächlichen Inanspruchnahme**. Hierüber entschied nach seiner Auffassung die **Verkehrsanschauung** (LARENZ DRiZ 1958, 245, 247). Diesen Gedanken hat die Rspr in Anlehnung an § 242 vorübergehend aufgegriffen (BGHZ 21, 319, 333; 23, 175, 177; LG Bremen NJW 1966, 2360).

100 Die nunmehr wohl **einhellige Auffassung** in Rspr und Lit lehnt die Lehre vom faktischen Vertrag ab (vgl BGH NJW 1983, 1777; FLUME, AT II § 8, 2; PALANDT/HEINRICHS Einf v § 145 Rn 25; MEDICUS, AT Rn 248; ESSER/SCHMIDT, Schuldrecht I § 10 I 2; unter Aufgabe d früheren Auffassung LARENZ/WOLF, AT § 44 Rn 9; ROTH JuS-L 1991, 89). Das Schuldverhältnis kommt in den betreffenden Fällen regelmäßig durch **schlüssiges Verhalten** zustande (OLG Dresden NJOZ 2001, 874 f). Dabei ist die Bereitstellung der Einrichtung durch den Versorgungsträger in Verbindung mit den festgesetzten Tarifen als Angebot in Form einer sog **Realofferte** zu werten (OLG Dresden NJOZ 2001, 874 f). Die **Inanspruchnahme der Leistung** führt zum Vertragsschluss, sofern das entsprechende Verhalten nach seinem objektiven Erklärungswert als Annahme zu werten ist (BGH NJW 1991, 564). Ein solches Auslegungsergebnis scheitert etwa im Falle des Diebstahls oder der erschlichenen Flugreise (BGHZ 55, 128) mangels indizierender Sozialtypik. Die schlüssige Annahmeerklärung erfordert sämtliche **Wirksamkeitsvoraussetzungen** einer Willenserklärung, zB Geschäftsfähigkeit (MEDICUS, Verpflichtung aus sozialtypischem Verhalten und Minderjährigenschutz, NJW 1967, 354), das Fehlen von Willensmängeln etc. Die falsche Bewertung der Verbindlichkeit des eigenen Handelns ist in solchen Situationen als Subsumstionsirrtum jedoch generell unbeachtlich (CANARIS, Vertrauenshaftung 447).

101 Der Verzicht auf die vertraglichen Voraussetzungen für die Entstehung der Forderungsverbindlichkeiten war also verfehlt, weil sich auch anhand klassischer Auslegungskriterien interessengerechte Ergebnisse erzielen lassen (WIEACKER, Anm z Urt des BGH v 14. 7. 1956, JZ 1957, 61) und zentralen **gesetzgeberischen Wertungen**, wie dem Schutz des Minderjährigen, der Bedeutung von Willensmängeln sowie Gesetzes- und Sittenverstößen besser Rechnung getragen werden kann (LARENZ/WOLF, AT § 44 Rn 9 ff).

102 Nach mittlerweile ständiger Rspr kommt ein wirksamer Vertrag selbst dann zustande, wenn die angebotene Leistung unter **Widerspruch** gegen den Erklärungsinhalt der Inanspruchnahme angenommen wird (RGZ 111, 312; BGHZ 21, 319, 333; 95, 393, 399 mwNw). Dies bedarf keiner näheren Begründung, soweit der Widerspruch der Inanspruchnahme zeitlich nachfolgt, da in diesem Fall der Vertragsschluss bereits vorliegt. Der nicht geäußerte Vorbehalt ist ohnehin gem § 116 unbeachtlich.

103 Aber auch der (ausdrückliche) Widerspruch, sei es gleichzeitig mit oder zeitlich vor der Inanspruchnahme der Leistung, ist unbeachtlich. Teilweise wird dies mit der Lehre von der **„protestatio facto contraria"** begründet: Entsprechend dem aus § 242 abgeleiteten Verbot widersprüchlichen Verhaltens soll die tatsächliche Inanspruchnahme der Leistung schwerer wiegen als der hierbei erklärte Protest (BGHZ 95, 393, 399; vgl z venire contra factum proprium STAUDINGER/LOOSCHELDERS/OLZEN § 242 Rn 286 ff; ferner STAUDINGER/DILCHER[12] Vorbem 13 aE z § 116, § 104 Rn 29).

104 Dieser Begründungsansatz wird jedoch von vielen in den Fällen für verfehlt gehalten, in denen die protestierende Person glaubt, zu Recht zu protestieren, da dann kein treuwidriges Verhalten festgestellt werden könne (MEDICUS, AT Rn 249; ROTH JuS-L 1991, 90). Stattdessen verweist man auf den Rechtsgedanken der §§ 612 Abs 1, 632 Abs 1 (MEDICUS, AT Rn 250). Aber auch eine solche Analogie ist methodisch zweifelhaft. Denn § 612 fingiert eine Vergütungsvereinbarung nur für den Fall eines wirksamen Dienstvertrages (KÖHLER, Kritik der Regel protestatio facto contraria, JZ 1981, 464, 467 Fn 39), der aber gerade nicht zustande kommt, wenn eine Partei ausdrücklich erklärt, die Leistung nur unentgeltlich in Anspruch nehmen zu wollen. Die Norm enthält hingegen keine Vertragsfiktion. Anderenfalls wären in derartigen Fällen tarifliche Formvorschriften oder sonstige Schutzvorschriften bedeutungslos (WALKER, Der Vollzug des Arbeitsverhältnisses ohne wirksamen Arbeitsvertrag, JA 1985, 138, 147).

Es bleibt deshalb der Rückgriff auf § 242 und der Protest ist bei Inanspruchnahme der Leistung der Fallgruppe des **venire contra factum proprium** zuzuordnen.

b) **Fehlerhafte Dauerschuldverhältnisse**
aa) **Allgemeines**

105 **Fehlerhafte Dauerschuldverhältnisse** unterscheiden sich von den anderen Fallgruppen faktischer Verträge dadurch, dass nach dem äußeren Erscheinungsbild zwar alle Merkmale des Vertragsschlusses gegeben sind – insbesondere was den Austausch von Willenserklärungen angeht – der Vertrag jedoch wegen geltend gemachter Willensmängel, Gesetzes- oder Sittenverstoß oder aus sonstigen Gründen nicht

wirksam ist. Kondiktionsrechtliche Abwicklungen gem § 812 Abs 1 S 1 haben sich in diesem Bereich als nicht interessengerecht und auch wenig praktikabel erwiesen (BGHZ 55, 5, 8; SOERGEL/WOLF Vor § 145 Rn 106), da ein Dauerschuldverhältnis fortwährend neue Rechte und Pflichten erzeugt, die rückwirkend nicht mehr zu beseitigen sind. Dies hat dazu geführt, dass man den **Anfechtungs-** und **Nichtigkeitsgründen** nach Austausch der Leistungen lediglich **Wirkung ex nunc** beimisst (ERMAN/ARMBRÜSTER Vor § 145 Rn 41; PALANDT/HEINRICHS Einf v § 145 Rn 29). Dies ist für eine Reihe von Dauerschuldverhältnissen mittlerweile anerkannt (LEHMANN NJW 1958, 1, 3; ERMAN/ARMBRÜSTER Vor § 145 Rn 41; SOERGEL/WOLF Vor § 145 Rn 102). Im Gegensatz zur Rspr, die in diesem Zusammenhang noch von faktischen Verträgen spricht (BGH NJW 1998, 3567), wird von Stimmen in der Lit ein eigenständiger schuldrechtlicher Verpflichtungsgrund sowie ein entsprechender Terminus vielfach nicht für erforderlich gehalten, da sich die entsprechenden Ergebnisse auch aus einer **teleologischen Reduktion** der Nichtigkeitsfolgen auf eine Wirkung allein für die Zukunft herleiten lassen (MünchKomm/KRAMER Einl zu §§ 241 ff Rn 73; PALANDT/HEINRICHS Einf v § 145 Rn 29). Für das Verhältnis zu Dritten ergibt sich die Rechtfertigung hierfür aus dem Gedanken der **Rechtsscheinhaftung** (MünchKomm/KRAMER Einl zu §§ 241 ff Rn 73), im Verhältnis der an dem Dauerschuldverhältnis Beteiligten aus deren Treuebindung untereinander, die es verbietet, sich auf die Unwirksamkeit des als wirksam behandelten Dauerschuldverhältnisses zu berufen. Jedenfalls ist der Terminus „faktischer Vertrag" insoweit missverständlich, als er sich in anderen Bereichen nicht durchgesetzt hat.

Ob ein fehlerhaftes Dauerschuldverhältnis mit der Konsequenz vorliegt, dass seine **106** Unwirksamkeit nur mit Wirkung für die Zukunft geltend gemacht werden kann, hängt von seiner Art ab. Man muss im Einzelfall klären, ob die Bestandsschutzinteressen der Vertragsparteien oder Verkehrsschutzgesichtspunkte eine solche Bewertung rechtfertigen. So scheidet die Aufrechterhaltung fehlerhafter Dauerschuldverhältnisse für die Vergangenheit nach höchstrichterlicher Rspr aus, wenn gewichtige **Interessen der Allgemeinheit** oder einzelner **schutzwürdiger Personen** entgegenstehen. Dies ist regelmäßig der Fall bei einem Verstoß gegen ein **Verbotsgesetz** oder gegen die **guten Sitten** (BGHZ 3, 285, 288; 17, 160, 167; 26, 330, 334; 55, 5, 9; 62, 234, 241; 97, 243, 250; BAG JZ 1976, 688; MEDICUS, AT Rn 255 mwNw).

bb) Gesellschaftsverhältnisse
Im Bereich des Gesellschaftsrechts ist anerkannt, dass es mit dem Sinn und Zweck **107** der Anfechtungs- und Nichtigkeitsvorschriften nicht vereinbar wäre, wenn ein **in Vollzug** gesetztes Gesellschaftsverhältnis, das die beteiligten Gesellschafter aufgrund ihrer Einigung als **wirksam betrachtet** haben, aufgrund der Nichtigkeit oder Anfechtbarkeit des zugrunde liegenden Gesellschaftsvertrags rückwirkend aufgelöst werden würde (BGHZ 55, 5, 8; BGH WM 1972, 1056; MEDICUS, AT Rn 253 mwNw; LARENZ/WOLF, AT § 36 Rn 100, § 44 Rn 39; vgl dazu auch Einl 227 z §§ 241 ff). Stattdessen erfolgt auch hier lediglich eine **Auflösung für die Zukunft**. Für das Recht der Kapitalgesellschaften ergibt sich dies bereits aus dem Gesetz, und zwar für das Aktienrecht aus §§ 275 ff AktG iVm § 144 Abs 1 FGG, für das Recht der GmbH aus §§ 75 ff GmbHG und für die Genossenschaft aus § 94 ff GenG. Im Hinblick auf das Recht der Personengesellschaften fehlen entsprechende Regelungen. Dennoch vertrat schon das RG die Auffassung, dass eine Rückabwicklung nur ex tunc erfolgen könne. Zunächst wurde dies im Interesse des Verkehrsschutzes nur für das Verhältnis zu Dritten (RGZ 142, 98, 104; nunmehr einhellige Auffassung in Rspr und Lehre; anders noch RGZ 127, 186, 191), später

auch für das Innenverhältnis der Gesellschafter angenommen (RGZ 165, 193, 201; dagegen RÖDIG, Bereicherung ohne Rechtfertigung durch Gesellschaftsvertrag [1972] 54 f). Bei der OHG und der KG erfolgt die Beendigung im Wege der Auflösungsklage nach § 133 HGB, bei der GbR durch Kündigung gem § 723 (BGHZ 55, 5, 8). Diese Grundsätze gelten auch für den **fehlerhaften Beitritt** zu einer Gesellschaft (RGZ 142, 98, 105; BGH NJW 1992, 1501; einschränkend HONSELL/HARRER, Die Haftung für Altschulden nach §§ 28, 130 HGB bei arglistiger Täuschung, ZIP 1983, 259, 260), selbst wenn es sich nur um den Beitritt eines atypischen stillen Gesellschafters handelt (OLG Frankfurt aM NJW-RR 2004, 36).

Der Bestandsschutz der Gesellschaftsverhältnisse spielt zwar bei der stillen Gesellschaft eine untergeordnete Rolle, aber dennoch rechtfertigt die tatsächliche und gewollte Leistungsgemeinschaft der Beteiligten (BGHZ 55, 5 f), die Wirkungen einer Auflösung nur für die Zukunft eintreten zu lassen, weil nur auf diese Weise eine sachgerechte Abwicklung ermöglicht wird (OLG Dresden BB 2002, 1776, 1777).

Der Ausschluss der konditionsrechtlichen Rückabwicklung erfolgt dabei unter der Voraussetzung, dass zumindest eine **Einigung** der Gesellschafter im **natürlichen Sinne** vorliegt. Eine rein tatsächliche Gemeinschaft reicht demgegenüber nicht aus (BGHZ 11, 190 f). Auf Grundlage dieser Einigung muss das Gesellschaftsverhältnis tatsächlich in **Vollzug gesetzt** worden sein, da nur in diesem Falle Tatsachen geschaffen werden, die eine Rückabwicklung mit Wirkung für die Vergangenheit als verfehlt erscheinen lassen (BGH NJW 1992, 1501, 1502; OLG Frankfurt aM NJW-RR 1994, 1321, 1323). Schließlich darf der **Zweck** der die Unwirksamkeit auslösenden Norm der faktischen Wirksamkeit des Gesellschaftsverhältnisses nicht entgegenstehen (BGHZ 3, 285, 288; vgl zu den Voraussetzungen MünchKomm/KRAMER Rn 71).

cc) Arbeitsverhältnisse/Dienstverträge

108 **Vollzogene Arbeitsverträge** können ebenfalls lediglich mit Wirkung für die Zukunft aufgehoben werden (hM; BAG 5, 58, 59; SCHAUB, Arbeitsrechtshandbuch § 35 Rn 34 ff; PALANDT/WEIDENKAFF § 611 Rn 22; LARENZ/WOLF, AT § 36 Rn 103; ausf STAUDINGER/RICHARDI [1999] § 611 Rn 182 ff; ferner STAUDINGER/LORENZ [1999] § 812 Rn 90; vgl Einl 224 z §§ 241 ff). Zwar spielt das Vertrauen Dritter im Arbeitsrecht keine Rolle; die Geltung der sozialen Schutzbestimmungen zugunsten von Arbeitnehmern knüpft jedoch an das tatsächliche Vorliegen eines Arbeitsverhältnisses an und nicht an dessen rechtliche Wirksamkeit (ERMAN/ARMBRÜSTER Vor § 145 Rn 41). Außerdem ist die Arbeitsleistung als Vermögenswert dem Arbeitgeber nach ihrer Erbringung ebenfalls dann zugeflossen, wenn der Arbeitsvertrag unwirksam war, so dass dem Arbeitnehmer auch die Gegenleistung nicht verwehrt werden darf. Teilweise wird versucht, über den Gedanken des § 612 die Wirksamkeit von Arbeitsverträgen trotz fehlerhaften Vertragsschlusses zu fingieren (HANAU, Objektive Elemente im Tatbestand der Willenserklärung, AcP 165 [1965] 220, 225). Eine solche Fiktion beruht aber auf einem Zirkelschluss, da § 612 tatbestandlich einen wirksamen Vertrag voraussetzt (so Rn 104). Allerdings findet die Behandlung eines nichtigen Arbeitsvertrages auch Grenzen, zB bei schweren Gesetzesverstößen (einheitlich bei SCHAUB, Arbeitsrechtshandbuch § 35 Rn 41 ff).

109 Unwirksame **Dienstverträge** werden dagegen grds **bereicherungsrechtlich** rückabgewickelt. Es besteht dafür kein mit dem Arbeitsverhältnis vergleichbares Schutzsystem, das eine Relativierung der Anfechtungs- bzw Nichtigkeitsfolgen rechtfertigen würde (BGHZ 41, 282, 288). Die Rspr lässt davon teilweise bei den **freien Dienstverträgen** Ausnahmen zu. Dies wird damit begründet, dass der im Bereicherungsrecht zu leistende Wertersatz der Interessenlage dann nicht gerecht wird, wenn das Entgelt weniger nach Arbeitszeit und Leistung als vielmehr nach Verantwortung und Aufgabenbereich bemessen wird (BGHZ 41, 282, 288 [Vorstandsmitglied]; BGH NJW 2000, 2983 [Geschäftsführer]).

dd) Wohnungseigentümergemeinschaft
Nach überwiegender Auffassung gelten die Grundsätze faktischer Vertragsverhältnisse auch für die **Wohnungseigentümergemeinschaft**, wenn die Rechtsstellung des angehenden Wohnungserwerbers der eines Eigentümers bereits angenähert ist, was bei Überlassung der Sache regelmäßig der Fall ist (AG Greifswald NJW-RR 2001, 591; SOERGEL/STÜRNER § 10 WEG Rn 2; PALANDT/BASSENGE § 2 WEG Rn 2). **110**

ee) Miet- und Pachtverhältnisse
HAUPT wendete die dargestellten Grundsätze auch auf rechtlich fehlerhafte, aber **vollzogene Mietverhältnisse** an (HAUPT, Über faktische Vertragsverhältnisse 15 f). Er begründete seine Ansicht mit dem Gedanken des § 568 aF (heute § 545), wonach ein Mietverhältnis nach Ablauf der Mietzeit uU stillschweigend verlängert wird. Vereinzelt findet der Ansatz auch heute noch Unterstützung (LARENZ/WOLF, AT § 44 Rn 11 f). Die Rspr hält eine Relativierung der Anfechtungs- bzw Nichtigkeitsfolgen allerdings nicht für angezeigt, weil Mietverhältnissen kein den Gesellschafts- und Arbeitsverhältnissen vergleichbarer sozialer Einschlag anhafte (KG MDR 1967, 404; LG Bamberg WuM 1972, 119; so auch PALANDT/HEINRICHS Einf v § 145 Rn 29). Die Rspr hat darüber hinaus ausdrücklich klargestellt, dass Mietverträge nicht zu den Vertragstypen gehören, die durch schlüssiges sozialtypisches Verhalten begründet werden können (BGH NJW 1980, 1577; LG Duisburg NJW-RR 1997, 712). **111**

Der Gesetzgeber hat das Problem bei der Novellierung des Mietrechts im Jahre 2001 (G z Neugliederung, Vereinfachung und Reform des Mietrechts v 19. 6. 2001, BGBl I 1149) gekannt und keine von der derzeitigen Praxis abweichende Regelung für erforderlich gehalten. Damit bleibt es für den Mietvertrag bei den allgemeinen Anfechtungs- und Nichtigkeitsfolgen.

c) Faktische Vertragsverhältnisse kraft sozialen Kontakts
Bei der dritten Fallgruppe handelt es sich um eine Vorverlegung vertraglicher Haftung in den Fällen, in denen die Beteiligten **geschäftlichen Kontakt** aufgenommen haben. Das Deliktsrecht wurde den Besonderheiten derartiger Situationen nach Auffassung mancher Autoren auch bereits vor der Schuldrechtsreform (s Einl 184 ff z §§ 241 ff) nicht gerecht. Der Besucher eines Kaufhauses sei für den Geschäftsinhaber nicht irgendein Dritter, zu dem rechtliche Beziehungen erst durch einen Schadensfall entstünden (HAUPT, Über faktische Vertragsverhältnisse 11). Der soziale Kontakt sollte deshalb, auch wenn noch keine Vertragsverhandlungen stattgefunden haben, die gesteigerten vertraglichen Rücksichtspflichten auslösen (ESSER, Gedanken zur Dogmatik der „faktischen Schuldverhältnisse", AcP 157 [1958/59] 86, 89; vgl auch dazu bereits o Rn 99) Derartige Fallgruppen wurden vielfach über das Institut des vorvertraglichen Verschuldens gelöst (LARENZ NJW 1956, 1895; LEHMANN NJW 1958, 2). HAUPT wies darauf hin, dass vertragliche Rechtsfolgen nicht dadurch angenommen werden könnten, dass man einen Vertragstatbestand „erdichte"; lebensnaher sei es, den gesteigerten **112**

Haftungsumfang über den zwischen den Parteien bestehenden sozialen Kontakt zu erklären (HAUPT, Über faktische Vertragsverhältnisse 11). Mit der Neufassung des § 311 Abs 2 hat der Gesetzgeber den noch bestehenden Unsicherheiten (zT) die Grundlage entzogen (so Rn 379 ff z Rücksichtspflichten sowie STAUDINGER/LÖWISCH [2005] § 311). Einigkeit besteht insoweit, dass die Rechtsfigur des faktischen Vertrages weder die Entstehung von Leistungs- noch von Rücksichtspflichten zufriedenstellend erklären kann. Sie hat sich insbesondere wegen der Weiterentwicklung der Rechtsgeschäftslehre einerseits, aber auch durch das Schuldrechtsmodernisierungsgesetz andererseits überholt.

G. Wirkungen des Schuldverhältnisses: Entstehung von Forderungen

I. Begriff der Forderung und Abgrenzungen

113 Abs 1 S 1 nennt als **Wirkung** des Schuldverhältnisses die Berechtigung des Gläubigers, „vom Schuldner eine Leistung zu fordern". Diese Beschreibung des sog **„Schuldverhältnisses ieS"** (z Unterscheidung v Schuldverhältnissen ie u wS so Rn 36 ff) passt zugleich aber auch auf die **Forderung**, da beide Begriffe synonym sind (STAUDINGER/ J SCHMIDT[12] Einl 114 zu §§ 241 ff; ENNECCERUS/LEHMANN, Schuldrecht § 1 III; GERNHUBER, Schuldverhältnis § 2 I 1 b). Je nach Perspektive lassen sich noch weitere Bezeichnungen für das Schuldverhältnis ieS finden: Aus der Sicht des Schuldners sind dies **„Schuld"**, **„Verpflichtung"** oder **„Verbindlichkeit"**, während die Bezeichnung als **„Forderung"** aus der Gläubigersicht erfolgt. Den jeweiligen Betrachtungen aus der Perspektive der Beteiligten gegenüber ist der allgemeine Begriff des „Schuldverhältnisses" durch eine gewisse Neutralität gekennzeichnet, die letztlich für seine Auswahl als Zentralbegriff des Schuldrechts ausschlaggebend war (SCHUBERT, Vorlagen der Redaktoren, Recht der Schuldverhältnisse: Teil 1, 3, Fn 1; s auch dort z Diskussion alternativer Bezeichnungen; vgl ebenfalls WAGNER, Anm z Urt des BGH v 5.11.1998, JuS 1999, 505, 508 [Fn 48]; GERNHUBER, Schuldverhältnis § 2 I 1). Allerdings birgt diese Neutralität die Gefahr, die Forderung zu vergegenständlichen, sie also als etwas von Gläubiger und/oder Schuldner Unabhängiges zu begreifen. Beide Parteien gehören jedoch (§§ 398 ff bzw §§ 414 ff) notwendig zu ihrem Bestand: Eine Forderung ohne Gläubiger oder Schuldner gibt es nicht (z den Konsequenzen einer Vergegenständlichung s GERNHUBER, Schuldverhältnis § 3 I 3 b/c).

114 Fraglich bleibt, inwieweit sich der Begriff des **„Anspruchs"** iSd § 194 Abs 1 in dieses System einfügt, insbesondere, wie er sich zu dem der Forderung verhält. Man kann dabei wie folgt systematisieren: Eine Forderung meint den **schuldrechtlichen Anspruch**, von einem anderen ein Tun oder Unterlassen verlangen zu können. Die Forderung ist so gesehen der **Anspruch des Schuldrechts** (wie hier GERNHUBER, Schuldverhältnis § 3 I 5; ESSER/SCHMIDT, Schuldrecht I § 5 I 2; OERTMANN Vorbem 3 c; aA BLOMEYER, Allgemeines Schuldrecht § 1 I 2). In Ermangelung eines kodifizierten allgemeinen Anspruchsrechts – die §§ 194 ff betreffen nur seine Verjährung – wird das Recht der Forderungen jedoch weit über diesen eigentlichen Anwendungsbereich hinaus ausgedehnt, zB auch auf **dingliche Ansprüche** (s Einl 12 ff z §§ 241 ff; allg z Schuldrecht in anderen Büchern des BGB Einl 10 ff z §§ 241 ff; z Abgrenzung v obligatorischen u dinglichen Ansprüchen vgl mwNw schon OERTMANN Vorbem 3c β sowie Rn 299 ff).

Ein Schuldverhältnis ieS kann ebenso wie das Schuldverhältnis iwS mehrere **Ein-** 115
zelbefugnisse enthalten („Bündel-" oder „Komplextheorie"; J SCHMIDT, Aktionsberechtigung
und Vermögensberechtigung [1969] 4.1). Solche Begründungsansätze finden sich nicht
zuletzt in der ökonomischen Analyse des Rechts (vgl SCHÄFER/OTT, Lehrbuch der ökonomischen Analyse des Zivilrechts [1986] 68 ff; STAUDINGER/J SCHMIDT¹² Einl 120 f zu §§ 241 ff
mwNw). Dieses Verständnis bestimmter Rechtsinstitute als Bündel von Einzelbefugnissen ist im Übrigen auch dem Sachenrecht nicht fremd, insbesondere beim Eigentum gem § 903. Allerdings lässt sich keine Aussage darüber treffen, wie viele oder
welche dieser Einzelbefugnisse vorliegen müssen, damit man von einem Schuldverhältnis sprechen kann. Auch die „Bündel-" oder „Komplextheorie" erlaubt daher
keine eigene Definition der Forderung, sondern erleichtert uU nur die Analyse
(weitere Einzelheiten dazu bei STAUDINGER/J SCHMIDT¹² Einl 118 ff zu §§ 241 ff).

II. Forderungskollisionen

Da ein Schuldverhältnis regelmäßig mehrere Forderungen erzeugt, können diese 116
miteinander kollidieren. Eine derartige **Forderungskollision** (z Problematik ausf DE
BOOR, Die Kollision von Forderungsrechten) liegt vor, wenn die Erfüllung der einen Forderung die Erfüllung der anderen ganz oder teilweise verhindert (DE BOOR, Die
Kollision von Forderungsrechten 12), zB beim Doppelverkauf einer Sache. Damit treten
nicht nur die Interessen der betroffenen Gläubiger in Widerstreit, sondern auch die
Forderungen als solche (aA Mot I 276 ff = MUGDAN I 505 f; wie hier schon DE BOOR, Die
Kollision von Forderungsrechten 9 ff sowie GERNHUBER, Schuldverhältnis § 3 V 1). Die Erfüllung
der einen hat unmittelbare Konsequenzen für die andere, die dadurch erlischt (vgl
§ 275 Abs 1 für Fälle der Unmöglichkeit) oder in eine Sekundärabwicklung übergeht. Demzufolge handelt es sich nicht um Forderungskollisionen, wenn die Forderungen zwar inhaltsgleich sind, aber alle Gläubiger durch pflichtgemäßes Verhalten
des Schuldners gleichzeitig und vollständig befriedigt werden, zB wenn sich der
Schuldner mehreren Gläubigern gegenüber zu einem Unterlassen verpflichtet hat.

Wenn und soweit die Forderungskollision nicht durch besondere Normen geregelt 117
wird, gilt der sog „**Präventionsgrundsatz**" (DE BOOR, Die Kollision von Forderungsrechten;
GERNHUBER, Schuldverhältnis § 3 V 2; RGZ 166, 134, 142 f; FIKENTSCHER, Schuldrecht Rn 27:
„Grundsatz der Priorität"), nach dem der schnellere Gläubiger dem langsameren vorgeht (vgl Mot I 276: „Der Wettbewerb um die Erfüllung steht frei, und kein Berechtigter braucht
dabei auf den anderen Rücksicht zu nehmen." = MUGDAN I 506). Hierbei hat die Willensentscheidung des Schuldners, wessen Forderung er erfüllt, erhebliche Bedeutung. Sie
orientiert sich zumeist an Motiven, die dem konkreten Rechtsverhältnis fern liegen,
zB an dem Wunsch, die höchste Schadensersatzverpflichtung zu vermeiden oder
aber in den Genuss einer bestimmten Gegenleistung zu kommen. Die anderen
Gläubiger können sich nur im Wege einstweiligen Rechtsschutzes gem §§ 916 ff
ZPO oder durch Zwangsvollstreckung davor schützen.

Der Präventionsgrundsatz wird allerdings durch verschiedene, bedeutsame Ausnah- 118
men durchbrochen. Er gilt zunächst dann nicht, wenn bestimmten Forderungen
materiell-rechtlich **Vorrang** eingeräumt wird. Ein Bsp dafür bildet die Rangfolge
der **Unterhaltsansprüche** gem § 1609. Erwähnenswert sind ferner die „**Quotenvorrechte**" gem § 67 Abs 1 S 2 VVG; § 426 Abs 2 S 2, § 774 Abs 1 S 2.

119 Weiterhin schreibt das Gesetz an verschiedenen Stellen eine **verhältnismäßige** Befriedigung von Gläubigern konkurrierender Forderungen vor, zB in der InsO. Doch auch an anderen Stellen hat der Gesetzgeber vergleichbare Mechanismen vorgesehen: So statuiert § 1603 Abs 2 S 1 die Gleichrangigkeit der **Unterhaltsansprüche** mehrerer **minderjähriger, unverheirateter Kinder** gegen ihre Eltern mit deren Verpflichtung, die zur Verfügung stehenden Mittel gleichmäßig zur Erfüllung dieser Ansprüche zu verwenden. Bei mehrfacher gleichzeitiger Handlungsvornahme im Rahmen der **Auslobung** wird die Belohnung ebenfalls gleichmäßig auf alle Handelnden verteilt, § 659 Abs 2 S 1. Die **haftungsrechtlichen Vorschriften** der §§ 37 Abs 3 LuftVG; 12 Abs 2 StVG, 10 Abs 2 HPflG beschränken gleichmäßig und anteilig die Ansprüche der Geschädigten, wenn die Summe der Haftungssumme den jeweils vorgesehenen Haftungshöchstbetrag überschreitet. Die Rspr hat im Zusammenhang mit der sog „**beschränkten Gattungsschuld**" oder „**Vorratsschuld**" den Grundsatz entwickelt, dass der Schuldner bei teilweisem Untergang seines Vorrates berechtigt sein soll, die Forderungen seiner Gläubiger anteilig zu kürzen (RGZ 84, 125; **aA** WOLF, Anleitung zum Lösen zivilrechtlicher Fälle, JuS 1962, 103; Einzelheiten bei MünchKomm/EMMERICH § 243 Rn 11 ff mwNw; näher dazu STAUDINGER/LOOSCHELDERS/OLZEN § 242 Rn 576).

120 Der Präventionsgrundsatz wird ebenfalls in solchen Fällen verdrängt, in denen ein Gläubiger die Leistungen des Schuldners durch eine Beteiligung an dessen **Vertragsbruch** erlangt hat, zB beim Doppelverkauf (z Vertragsbruch vgl Rn 319 sowie MünchKomm/KRAMER Einl zu §§ 241 ff Rn 22 f). Fraglich ist in dieser Konstellation, ob der Erstkäufer gem § 826; § 3 UWG nach dem Grundsatz der Naturalrestitution, § 249, einen unmittelbaren Herausgabeanspruch gegen den Zweitkäufer hat (vgl RGZ 108, 59, 60) oder dieser den Kaufgegenstand erst an den Verkäufer zurückgeben und Letzterer ihn dann an den Erstkäufer herausgeben muss (so DUBISCHAR, Doppelverkauf und „ius ad rem", JuS 1970, 8 f; MünchKomm/KRAMER Einl zu §§ 241 ff Rn 22).

III. Abgrenzung der Forderung: unvollkommene Verbindlichkeiten und Obliegenheiten*

1. Allgemeines zu Obliegenheiten

121 Da bereits in der Einleitung (vgl Einl 244 ff zu §§ 241 ff) ein Überblick über die **nicht perfekten Verbindlichkeiten** gegeben wurde, soll hier die Forderung nur noch von der **Obliegenheit** abgegrenzt werden. Unter Obliegenheiten versteht man alle normati-

---

* **Schrifttum**: AHRENS, Zum Wesen der Obliegenheiten im Versicherungsrecht (Diss Münster 1940); BALLERSTEDT, Bespr v REIMER SCHMIDT „Die Obliegenheiten", ZHR 121 (1958) 79 ff; BAUER, Die Rechtsprechung zu den Allgemeinen Bedingungen für die Rechtsschutzversicherung (ARB) im Jahre 1980, AnwBl 1981, 472 ff; DALLMEYER, Die Zulässigkeit von Risikobeschränkungen im Hinblick auf Paragraphen 15a, 34a VVG (Diss Augsburg 1977); ESSER, Bespr v REIMER SCHMIDT „Die Oblie-genheiten", AcP 154 (1955) 49 ff; HENSS, Obliegenheit und Pflicht im Bürgerlichen Recht (Diss Frankfurt aM 1988); KLEUSER, Die Fehleroffenbarungspflicht des Arztes unter besonderer Berücksichtigung der versicherungsrechtlichen Obliegenheiten nach einem Behandlungszwischenfall (Diss Köln 1995); LIEBELT-WESTPHAL, Schadenverhütung und Versicherungsvertragsrecht (Diss Hamburg 1997); LOOSCHELDERS, Die Mitverantwortlichkeit des Geschädigten im Privatrecht (Habil

ven Anordnungen, die einer Partei auferlegt werden, ohne dass ihnen verbindliche Wirkung zukommt (FIKENTSCHER, Schuldrecht Rn 56; MünchKomm/KRAMER Einl zu §§ 241 ff Rn 50 spricht von „Pflichten geringerer Intensität"; in der älteren Lit wurden Obliegenheiten als „indirekte Verpflichtung" bezeichnet, vgl PLANCK/SIBER Vorbem III C 3 b; OERTMANN Vorbem 3 d [7] mwNw). Bsp für Obliegenheiten finden sich in vielen gesetzlichen Vorschriften. Hierunter fallen etwa: **Anzeigen** nach §§ 16 ff VVG; **„ohne schuldhaftes Zögern"** iSv § 121 Abs 1; **Anzeige** gem § 149; **Schadensfernhaltung** gem § 254 Abs 1; **Schadensabwendung** oder **-minderung** gem § 254 Abs 2 (z § 254 ausf STAUDINGER/SCHIEMANN [2005] § 254 Rn 74 ff; SOERGEL/MERTENS § 254 Rn 4; LOOSCHELDERS, Mitverantwortlichkeit 216 ff); **Annahme** der Leistung durch den Gläubiger gem §§ 293 ff; **Antwort** gem § 362 HGB; **Aufnahme** einer angemessenen Erwerbstätigkeit gem § 1574; **Inventarerrichtung** durch die Erben gem §§ 1993 ff; **Mitteilungen**, Aufklärung und Erklärungen, die nicht als solche eingeklagt werden können; gehörige **Mitwirkung** des Gläubigers bei der Erfüllung; **Regelung der Vermögensverhältnisse** bei Aussiedlung; **Untersuchung** und **Rüge** gem § 377 HGB (vgl dazu BVerwG NVwZ-RR 1990, 661 = IFLA 1990, 83; weitere Bspl bei LOOSCHELDERS, Mitverantwortlichkeit 217 ff) usw.

Im Gegensatz zum **Versicherungsvertragsrecht** (bspw §§ 6, 32, 40, 62 VVG; vgl LOOSCHELDERS, Mitverantwortlichkeit 217 ff) ist dem BGB der Begriff der „Obliegenheit" an sich fremd. Dem entspricht, dass sein Hauptanwendungsbereich im Versicherungsrecht liegt (s auch R SCHMIDT, Die Obliegenheiten 198 ff sowie WEYERS/WANDT, Versicherungsvertragsrecht [3. Aufl 2003] Rn 298 ff; z Abgrenzung vom „versicherten Risiko" BGH NJW 1995, 784 f). Dort normiert zB § 6 VVG die Verletzung von Obliegenheiten in Form von Anzeigen, Mitteilungen und Auskünften (vgl auch BGHZ 1, 168; 24, 382; BGH VersR 1959, 233; ESSER/SCHMIDT, Schuldrecht I § 6 VI 3; LOOSCHELDERS, Mitverantwortlichkeit 198 f). Der Begriff der Obliegenheit fand jedoch zunehmend auch seinen Platz in der allgemeinen Rechtslehre, und zwar letztlich aufgrund der Ausführungen von R SCHMIDT (Die Obliegenheiten), so dass man sie heute als Bestandteil des gesamten bürgerlichrechtlichen Rechtssystem ansehen kann, wenngleich der Nutzen der Begriffsbildung auch bezweifelt wird (GERNHUBER, Schuldverhältnis § 2 III 1 Fn 29; STAUDINGER/J SCHMIDT [1995] Einl 286 zu §§ 241 ff). 122

Mannheim 1999); ders, Die Haftung des Versicherungsnehmers für seinen Repräsentanten – eine gelungene Rechtsfortbildung?, VersR 1999, 666; MESMANN, Zur Problematik der Obliegenheiten insbesondere in kranken Haftpflichtversicherungsverhältnissen (Diss Köln 1974); NELLE, Neuverhandlungspflichten zur Vertragsanpassung und Vertragsergänzung als Gegenstand von Pflichten und Obliegenheiten (Diss München 1993); RECH, Die Reflexwirkung des § 142 StGB zugunsten des Kraftfahrthaftpflicht- und Kaskoversicherers, NVersZ 1999, 156 ff; R SCHMIDT, Die Obliegenheiten (Diss Karlsruhe 1953); ders, Gedanken zu einer Reform des Versicherungsvertragsgesetzes, NVersZ 1999, 401 ff; SCHUERMANN, Die Anwendbarkeit des Paragraphen 278 BGB im Rahmen von Obliegenheiten und des Paragraphen 61 VVG (Diss Köln 1972); STAUDINGER/WEBER[11] Einl zu § 241 mit ausf Nachw z älteren Lit; TRÖLSCH, Die Obliegenheiten in der Seeversicherung (Diss Hamburg 1997); WEGMANN, Obliegenheiten in der privaten Krankenversicherung (Diss Hamburg 1997); WESSELS, Summierung von Leistungsfreiheitsbeträgen bei Verletzung von vor und nach Eintritt des Versicherungsfalles zu erfüllenden Obliegenheiten in der Kraftfahrversicherung, NVersZ 2000, 262 ff; WIELING, Venire contra factum proprium und Verschulden gegen sich selbst, AcP 176 (1976) 334, 345 ff.

123 Um die verbindlichen und unverbindlichen Rechtsbeziehungen der genannten Art, also Verpflichtungen und Obliegenheiten, unterscheiden zu können, ist als Vorfrage zu klären, ob Obliegenheiten nur im Rahmen bestehender **Schuldverhältnisse** denkbar sind. Denn dann wären sowohl die **Gefälligkeiten** (so Rn 72 ff) als auch die **deliktischen Haftungsregeln** von dem Abgrenzungsproblem nicht betroffen (für das Erfordernis eines Schuldverhältnisses SOERGEL/TEICHMANN Vor § 241 Rn 7; SOERGEL/R SCHMIDT[10] Vor § 241 Rn 8 mwNw; ESSER/SCHMIDT, Schuldrecht I § 6 VI 2; HENSS, Obliegenheit 106 f; DUNZ, „Eigenes Mitverschulden" und Selbstwiderspruch, NJW 1986, 2234, 2235; wNw LOOSCHELDERS, Mitverantwortlichkeit 197). Die Befürworter dieser Betrachtungsweise verweisen einerseits auf die Nähe der Obliegenheit zu den **vertraglichen Nebenpflichten** (HENSS, Obliegenheit 108 ff), andererseits auf die **Funktion der Obliegenheiten**, Risikosphären zwischen konkret Betroffenen gegeneinander abzugrenzen (ESSER/SCHMIDT, Schuldrecht I § 6 VI 3). Dafür spricht auch, dass die eingangs genannten (gesetzlich normierten) Obliegenheiten sämtlich im Rahmen einer schuldrechtlichen Sonderverbindung bestehen (LOOSCHELDERS, Mitverantwortlichkeit 197). Demgegenüber scheint der Verzicht auf dieses Erfordernis deshalb überzeugend, weil die Funktionen von Pflichten und Obliegenheiten innerhalb und außerhalb von Schuldverhältnissen gleich sind. Sonderverbindungen begründen eine latente Verpflichtung, die Rechtsgüter eines anderen nicht zu gefährden. Obliegenheiten verlangen vom Betroffenen in beiden Fällen in gleicher Weise, seine Rechtsgüter zu schützen, wenn er keine Nachteile erleiden will. Dieser **Funktionsgleichheit** widerspräche die Anforderung, Obliegenheiten nur in bestehenden Schuldverhältnissen anzuerkennen (LOOSCHELDERS, Mitverantwortlichkeit 222).

124 Bei allen Zweifelsfragen unterscheiden sich Obliegenheiten und schuldrechtliche Verpflichtungen dadurch, dass die **Erfüllung** von Obliegenheiten **nicht gerichtlich erzwingbar** ist. Folglich zählen Obliegenheiten auch im Rahmen bestehender Verträge nicht zum Leistungsinhalt (FIKENTSCHER, Schuldrecht Rn 56). Während die Verletzung einer schuldrechtlichen Verpflichtung dem Betreffenden einen Ausgleichsanspruch gewährt, entsteht ein solcher bei Verletzung einer Obliegenheit nicht, sondern der Verletzte **mindert nur seine Rechte**, verliert also letztlich eine günstige Rechtsposition (ESSER/SCHMIDT, Schuldrecht I § 6 VI 2 [113] zahlreiche Nw bei LOOSCHELDERS, Mitverantwortlichkeit 195, 229). Während über diese Gemeinsamkeiten bzw Unterschiede Einigkeit besteht, ist im Übrigen ungeklärt, anhand welcher Merkmale eine Obliegenheit bestimmt werden kann (vgl auch die Darstellung von WEYERS, Vertragsschuldverhältnisse [1. Aufl 1974] 459 ff) und wie sie sich von schuldrechtlichen Verpflichtungen abgrenzen lässt.

2. Rechtsnatur der Obliegenheit

125 Im Bezug auf die **Rechtsnatur** der Obliegenheit gibt es eine erhebliche Meinungsvielfalt. Die sog „**Verbindlichkeitstheorie**" hat versucht, die Unterscheidung unter dem Aspekt des **Zwanges**, den eine Rechtsnorm setzt, vorzunehmen. Sie unterscheidet zwischen Rechtspflichten mit unmittelbarem Zwang und Rechtspflichten ohne unmittelbaren Zwang. Nur wenn eine Rechtsnorm unmittelbaren Zwang erzeuge, liege eine Verbindlichkeit vor (Nachw bei STAUDINGER/WEBER[11] Einl M 13 zu §§ 241 ff).

126 Die Vertreter der „**Voraussetzungs- bzw Bedingungstheorie**" sehen in der Beachtung der Obliegenheit die tatbestandliche Voraussetzung zur **Entstehung** oder **Erhaltung**

eines **Gläubigerrechts** (Literaturnachw bei STAUDINGER/WEBER[11] Einl M 12 zu §§ 241 ff; ESSER/ SCHMIDT, Schuldrecht I [5. Aufl 1976] § 32). Im Grunde liegt darin das Verständnis der Obliegenheit als eine **Tatbestandsvoraussetzung**, sei sie positiver oder negativer Natur (vgl ie LOOSCHELDERS, Mitverantwortlichkeit 229 ff).

Eine **vermittelnde Theorie** (R SCHMIDT, Die Obliegenheiten 104; MünchKomm/KRAMER Einl zu §§ 241 ff Rn 49) fasst die Obliegenheiten als **Pflichten** im Rahmen eines Schuldverhältnisses auf, allerdings als solche „**minderer Zwangsintensität**" oder „geringerer Intensität"(vgl LOOSCHELDERS, Mitverantwortlichkeit 194 ff, 224 ff mwNw). Das Problem liegt allerdings in einem unterschiedlichen Verständnis des Pflichtenbegriffs, der in gleicher Weise der Deutung zugänglich ist wie derjenige der Obliegenheit (LOOSCHELDERS, Mitverantwortlichkeit 229 ff). **127**

Einer Entscheidung dieses Meinungsspektrums bedarf es insofern nicht, als alle Ansichten zu dem bereits eingangs geschilderten Schluss gelangen, dass jedenfalls die **Durchsetzung** von Obliegenheiten gegen den Willen des Verletzers ausgeschlossen ist (FIKENTSCHER, Schuldrecht Rn 53 f). Übereinstimmung besteht ferner darüber, dass die einer Obliegenheit ausgesetzte Partei eine **Verschlechterung** ihrer Rechtsposition in Kauf nimmt, wenn sie ihrer Obliegenheit nicht Rechnung trägt (MünchKomm/KRAMER Einl zu §§ 241 ff Rn 49). **128**

3. Abgrenzung der Obliegenheit von der Verbindlichkeit

Da bereits die Rechtsnatur der Obliegenheit unklar ist, kann es auch kaum Sicherheit in Bezug auf ihre **Abgrenzung zur Verbindlichkeit** geben; ein Problem, das im engen Zusammenhang mit der Rechtsnatur steht. EA knüpft an die **Strukturmerkmale** von Rechtssätzen an (dazu STAUDINGER/J SCHMIDT [1995] Einl 270 ff zu §§ 241 ff) und fragt deshalb nach den **äußerlichen Merkmalen**, die die Rechtssätze kennzeichnen, aus denen sich Verbindlichkeiten und Obliegenheiten ergeben. **129**

Da die entsprechenden Kriterien aber oft keine Sicherheit in der Entscheidung gewährleisten, werden auch die **Beweggründe** des Einzelnen herangezogen, die ihn dazu bestimmen, eine Verhaltensvorgabe zu erfüllen. Dies ist besonders für die Bestimmung der Obliegenheit von Bedeutung, weil ihre Befolgung im eigenen Interesse liegt, der Betroffene also nicht handelt, weil er **soll** oder **muss**, sondern weil er **will** (vgl PALANDT/HEINRICHS Einl v § 241 Rn 13; MünchKomm/KRAMER Einl zu §§ 241 ff Rn 49; SOERGEL/R SCHMIDT[10] Vor § 241 Rn 8; EHRENZWEIG/MAYRHOFER, Schuldrecht AT 9; ebenso schon vTUHR, AT I 1, 100).

Die **äußere Anknüpfung** sieht in der Verbindung von **Vorteil** und **Nachteil** (vgl ENNECCERUS/LEHMANN, Schuldrecht § 3 II; SOERGEL/TEICHMANN Vor § 241 Rn 7; MünchKomm/ KRAMER Einl zu §§ 241 ff Rn 49) ein Indiz für eine Obliegenheit. Als Abgrenzungsmerkmal überzeugt dieses Kriterium aber deshalb nicht, weil es auch für synallagmatische Verträge kennzeichnend ist. **130**

Auch der Hinweis auf **fehlende Erfüllungsansprüche** und/oder **Klage-** und **Vollstreckungsmöglichkeiten** reicht nicht aus. Beides kennzeichnet zwar die Obliegenheit, wie eingangs erwähnt wurde (so bspw SOERGEL/R SCHMIDT[10] Vor § 241 Rn 8; SOERGEL/ TEICHMANN Vor § 241 Rn 7; MünchKomm/KRAMER Einl zu §§ 241 ff Rn 50; vgl auch LOOSCHEL-

DERS, Mitverantwortlichkeit 298 f), lässt aber keine abschließende Unterscheidung zu den sog **Naturalobligationen** zu (dazu FIKENTSCHER, Schuldrecht Rn 54 f; sa MANIGK, HdwRWiss V 378 f; ferner Einl 244 z §§ 241 ff). Denn auch die Naturalobligationen, worunter alle **unvollkommenen Verbindlichkeiten** fallen, brauchen vom Schuldner nicht erfüllt zu werden und geben dem Gläubiger deshalb nur ein **Recht zum Behaltendürfen**, das ihn gegen die Kondiktion absichert (GERNHUBER, Schuldverhältnis § 4 V 2; LOOSCHELDERS, Mitverantwortlichkeit 196). Ebenso schafft eine Abgrenzungsmethode, die es allein auf die gerichtliche Erzwingbarkeit abstellt, einen schwierigen Grenzbereich zu den **vertraglichen** Pflichten iSd Abs 2 (so STAUDINGER/J SCHMIDT [1995] Einl 273 zu §§ 241 ff mit Hinweis auf vTUHR AT I 1, § 4 III), die uU ebenfalls nicht einklagbar sind (HK-BGB/SCHULZE Rn 4). Schließlich sehen manche deshalb das Fehlen von **Schadensersatzansprüchen** bei Nichtvornahme der normierten Handlung oder Unterlassung als Indiz für eine Obliegenheit an (vTUHR, AT I 1, § 4 III; SOERGEL/TEICHMANN Vor § 241 Rn 7 sowie die Nachw bei SOERGEL/R SCHMIDT[10] Vor § 241 Rn 8; LOOSCHELDERS, Mitverantwortlichkeit 228). Allerdings lässt auch diese Ansicht deshalb Probleme übrig, weil ein Verhalten, das als Verstoß gegen eine Obliegenheit zu werten ist, nicht selten bei annähernd gleichem Tatbestand als Verstoß gegen eine Verpflichtung gewertet wird und dann auch zum Schadensersatz führt (vgl ESSER/SCHMIDT, Schuldrecht I § 28 5).

131 Überzeugender erscheint es deshalb, die Grenzlinie zwischen Verbindlichkeit und Obliegenheit unter Untersuchung vom **Sinn und Zweck** des jeweiligen Verhaltens zu ziehen (LOOSCHELDERS, Mitverantwortlichkeit 229). Denn Rechtssätze, die eine „Obliegenheit" enthalten, berücksichtigen entweder die Interessen des Belasteten („Pflichten im eigenen Interesse [des Belasteten]"; vgl ESSER/SCHMIDT, Schuldrecht I § 28 5 c; LARENZ, Schuldrecht I § 12 II d; vTUHR, AT I 1, § 4 III; EHRENZWEIG/MAYRHOFER, Schuldrecht AT 9; FIKENTSCHER, Schuldrecht Rn 56; ENNECCERUS/NIPPERDEY, BGB AT § 74 IV) oder die Interessen beider Parteien. Ihr Ziel ist ein **„gerechter" Interessenausgleich** (ENNECCERUS/LEHMANN, Schuldrecht § 3 II; ESSER/SCHMIDT, Schuldrecht I § 6 VI 2; LOOSCHELDERS, Mitverantwortlichkeit 196). Dies zeigt zB § 254, wonach Schadensersatz nur in dem Umfang zu leisten ist, wie der Geschädigte nicht selbst an der Schadensentstehung mitgewirkt bzw dessen Anzeige, Abwendung oder Minderung unterlassen hat.

4. Zusammenfassung

132 Damit lässt sich zusammenfassend feststellen, dass sich Verbindlichkeiten und Obliegenheiten dadurch unterscheiden, dass Letztere dem Adressaten **keine Erfüllungspflicht** auferlegen, ihm aber aus der Nichtbeachtung der Anordnung ein **rechtlicher Nachteil erwächst**. Die Erfüllung einer Obliegenheit kann deshalb **nicht gerichtlich erzwungen werden** und sie muss es auch nicht. Denn dem Interesse des anderen Beteiligten ist dadurch genügt, dass eine Verletzung der Obliegenheit den Verletzer selbst schädigt, während die andere „Partei" für die Vergrößerung des Schadens nicht aufzukommen hat. Abgesehen von diesem Erkenntnisgewinn sind jedoch mit der Differenzierung wenig praktische Vorteile verbunden (krit gegenüber dem Begriff der Obliegenheit deshalb auch GERNHUBER, Schuldverhältnis § 2 III 1 z Fn 29; ebenso STAUDINGER/J SCHMIDT Einl 286 zu §§ 241 ff).

133 Die Abgrenzung hätte allerdings dann praktischen Nutzen, wenn man dadurch die gesetzlich nicht geregelte Frage entscheiden könnte, ob auf die Obliegenheit als Teil eines Schuldverhältnisses iwS die Anwendung der **allgemeinen schuldrechtlichen Regeln**, zB auch des § 276, in Betracht kommt. Dabei scheidet die **direkte Anwendbarkeit** wegen des unterschiedlichen Rechtscharakters jedoch von vornherein aus (ENNECCERUS/LEHMANN, Schuldrecht § 3 II 2). Die **analoge Anwendung** bedürfte einer Regelungslücke sowie der Vergleichbarkeit der Interessenlagen (LARENZ, Methodenlehre Kap 3, 2 b [381 ff]). Gerade die letztgenannte Voraussetzung ist aber deshalb problematisch, weil Obliegenheiten bei allen Begründungsunterschieden jedenfalls nicht gerichtlich durchsetzbar sind. Auf der anderen Seite verweist das Gesetz selbst in § 254 Abs 2 S 2 auf § 278, der die Brücke zu § 276 schlägt (z dessen Anwendbarkeit auf Obliegenheiten STAUDINGER/LÖWISCH [2004] § 278 Rn 42 ff) und deshalb bei einem Verstoß gegen Obliegenheiten heranzuziehen ist (STAUDINGER/LÖWISCH [2004] § 276 Rn 8). Im Übrigen kann man die Frage der analogen Anwendbarkeit aber nicht allgemein, sondern nur im Einzelfall unter Berücksichtigung von Sinn und Zweck der einschlägigen Norm beantworten. Besonderheiten bestehen im **Versicherungsvertragsrecht**, wo viele gegen die Anwendbarkeit des § 278 votieren (ausf LOOSCHELDERS, Die Haftung des Versicherungsnehmers für seinen Repräsentanten – eine gelungene Rechtsfortbildung?, VersR 1999, 666; ders, in: BECKMANN/MATUSCHE-BECKMANN, Versicherungsrechts-Handbuch [2004] § 17 Rn 23 ff).

H. Leistung

I. Der Leistungsbegriff

1. Allgemeines

Gem Abs 1 S 2 kann die vom Gläubiger zu fordernde Leistung „auch in einem Unterlassen bestehen". Diese Formulierung verdeutlicht im Gegenschluss, dass der Leistungsinhalt grds auf eine **Handlung** bezogen ist (Mot II 5 = MUGDAN II 3; Vorlagen der Redaktoren 2 ff). Darauf ist § 241 Abs 1 jedoch nicht beschränkt. Er meint **jedes Verhalten** des Schuldners, zB auch eine **Duldung**, also die Unterlassung eines Widerspruchs oder eines Handelns gegen das Tun einer anderen Person, selbst wenn deren Verhalten in eigene Rechte eingreift (BGB-RGRK/ALFF Rn 9). Weitere Möglichkeiten für eine tatbestandsmäßige Leistung bestehen zB in der **Einwilligung**, der **Nichtausübung eines Rechts** oder der **Abgabe einer Willenserklärung**, in der **Besorgung eines Geschäfts** oder der **Versorgung eines Kindes** (unstr; vgl schon die Aufzählung in Mot II 5 = MUGDAN II 3; PLANCK/SIBER Anm 2 und 3; BGB-RGRK/ALFF Rn 2; STAUDINGER/WEBER[11] Rn 21 ff; FIKENTSCHER, Schuldrecht Rn 30; ausf schon OERTMANN Anm 1 a, 2). Materiell-rechtlich kommt es deshalb auch nicht auf eine Abgrenzung der einzelnen Verhaltensformen gegeneinander an. Entscheidend ist vielmehr, dass Abs 1 als Leistungsinhalt ganz allgemein ein **Verhalten des Schuldners** vorsieht. Denn durch diese Regelung wird ein **ius ad rem**, also ein auf die Sache, dh den Leistungsgegenstand bezogenes Recht, ausgeschlossen (SCHUBERT, Vorlagen der Redaktoren, Recht der Schuldverhältnisse: Teil 1, 5; näher OERTMANN Vorbem 3a u o Rn 19 ff). Die Differenzierung zwischen den verschiedenen, möglichen Verhaltensformen auf Schuldnerseite spielt allerdings im **Prozessrecht**, und zwar im Zusammenhang mit der Klageerhebung, insbesondere den §§ 253, 259 ZPO, und der Vollstreckung eine entscheidende Rolle. Da solche Probleme jedoch nicht im Zusammenhang mit Abs 1 stehen, ist insoweit auf die prozessrechtliche Lit zu verweisen (ebenso KÖHLER AcP 190 [1990] 496, 499 f; z prozessrechtlichen Problematik vgl ua BAUMBACH/LAUTERBACH/ALBERS/HARTMANN ZPO § 253 Rn 89 f; MünchKomm/LÜKE ZPO § 253 Rn 132 ff; STEIN/JONAS/SCHUMANN, Kommentar zur ZPO [22. Aufl 2002] Vor § 253 Rn 8 ff).

135 Der Begriff der „Leistung" in § 241 Abs 1 ist **kein Tatbestandsmerkmal** des Schuldverhältnisses. Dessen Wirksamkeit hängt also nicht davon ab, ob eine Leistung als Verhalten des Schuldners vorliegt oder nicht. Diese Frage stellt sich ohnehin nur bei **rechtsgeschäftlichen Schuldverhältnissen** (z Abgrenzung v gesetzlichen u rechtsgeschäftlichen Schuldverhältnissen vgl Rn 47 ff), da **gesetzliche Schuldverhältnisse** auch ohne entsprechende Willensentscheidung allein durch Erfüllung des entsprechenden Tatbestands begründet werden können.

Beim rechtsgeschäftlichen Schuldverhältnis ist aber für seine **Wirksamkeit** ebenfalls nicht auf das Verhalten des Schuldners abzustellen. Den Schwierigkeiten, die dann entstehen, wenn man bei Betrachtung des rechtsgeschäftlichen Begründungstatbestandes das geschuldete Verhalten des Schuldners zunächst nicht erkennen kann, muss durch Auslegung der entsprechenden Verpflichtung begegnet werden. Fraglich ist also in solchen Fällen nicht, **ob** ein Schuldverhältnis entstanden ist, sondern welchen **Inhalt** es hat. Das Problem besteht regelmäßig in dessen Bestimmtheit oder Bestimmbarkeit (zu dieser vgl FIKENTSCHER, Schuldrecht Rn 33), da man von den Parteien meist keine juristisch eindeutig gefasste Bezeichnung des Leistungsinhalts erwarten kann. Wer zB zusagt, dass der Goldpreis nicht fallen werde, der schuldet nicht den Zustand des gleichbleibenden Goldpreises, auch kaum dessen Stützung – weil dies selten möglich sein dürfte –, aber jedenfalls die Leistung von Schadensersatz, falls das Gegenteil eintreten sollte (vgl ENNECCERUS/LEHMANN, Schuldrecht § 34 V; OERTMANN, in: FS Zitelmann [1913] 4 ff; STAUDINGER/WEBER[11] Rn 33). Die Zusage, dass der vorbestrafte Betrüger im Falle einer Einstellung als Kassierer keine Unterschlagung begehen wird, bedeutet nicht die Zusage des Verhaltens eines Dritten, sondern möglicherweise die Einwirkung auf dessen Lebensführung, ansonsten Schadensersatzzahlung im Falle der Unterschlagung (vgl RG JW 1914, 486; OERTMANN, in: FS Zitelmann [1913] 4 ff; STAUDINGER/WEBER[11] Rn 30 f; Bsp bei STAUDINGER/J SCHMIDT[12] Rn 58).

2. Ambivalenz des Leistungsbegriffs

136 Nach Herausbildung eines Leistungsbegriffs für Abs 1 bleibt die Frage offen, ob darüber hinaus ein **einheitlicher Leistungsbegriff** für das gesamte 2. Buch existiert. Die Antwort muss berücksichtigen, dass das Schuldverhältnis sowohl **verhaltens-** als auch **erfolgsbezogen** sein kann. Der Leistungsbegriff ist demzufolge mindestens „**ambivalent**" (MünchKomm/KRAMER Rn 7) oder „**doppeldeutig**" (WIEACKER, Leistungshandlung und Leistungserfolg im bürgerlichen Schuldrecht, in: FS Nipperdey [1965] 783). Die §§ 241, 320 ff, 293 ff weisen eher auf ein **Schuldnerverhalten** hin; § 362 Abs 1 stellt hingegen nach seinem Wortlaut auf den **Leistungserfolg** ab. Man sollte sich allerdings stets vor Augen halten, dass solche Differenzierungen historisch aus dem Versuch resultieren, eine Schuldverhältnisstruktur zu erklären – eine Diskussion, die unter dem späten Gemeinen Recht üblich war (dazu ausf STAUDINGER/J SCHMIDT[12] Rn 73; PLANCK/SIBER Vorbem III A; vgl ferner SCHUBERT, Vorlagen der Redaktoren, Recht der Schuldverhältnisse: Teil 1, 5 ff). Sie bleiben für die Rechtspraxis jedenfalls so lange irrelevant, wie Leistungshandlung und Leistungserfolg zusammenfallen, also bei allen nicht erfolgsbestimmten Betätigungs- und Unterlassungspflichten. In den übrigen Fällen kann eine Auslegung des Leistungsbegriffs nur im Einzelfall und auf den anzuwendenden Rechtssatz beschränkt vorgenommen werden (vgl nur die Fälle BGHZ 12, 267, 268 f = NJW 1954, 794; 40, 326, 331 = NJW 1964, 648, 649 f; 87, 156, 162; BGH NJW 1996, 1207). Er bezeichnet keinen einheitlichen Tatbestand, sondern steht für ganz verschiedene Sachverhalte (aA HENKE, Die Leistung [1991] 20, 26, 84; vgl ferner STAUDINGER/J SCHMIDT[12] Rn 75 ff u den Überblick bei MünchKomm/KRAMER Rn 7). Von diesen Auslegungsbemühungen ist allerdings streng die praxisrelevante Frage zu trennen, worin der konkrete Inhalt der rechtsgeschäftlichen Verpflichtung des Schuldners besteht, ob er also eine bloße Tätigkeit oder einen Erfolg schuldet (so die Differenzierung zwischen Dienst- und Werkvertrag; STAUDINGER/RICHARDI [1999] Vorbem 25 ff zu §§ 611 ff).

3. Die Unterlassung

Im Zusammenhang mit dem Leistungsbegriff des Abs 1 stellt sich schließlich die **137** Frage nach der Definition der dem Tun gleichgestellten **Unterlassung**. Im Hinblick auf die darauf gerichteten Ansprüche sind folgende Unterscheidungen zu treffen (ebenso ERMAN/WESTERMANN Rn 6 ff; MünchKomm/KRAMER Rn 8 ff; PALANDT/HEINRICHS Rn 4; SOERGEL/TEICHMANN Rn 5): Zum einen kann man für bestimmte Schutzgüter **negatorische** und **quasinegatorische Unterlassungsansprüche** voneinander abgrenzen, die teils im Gesetz geregelt, teils durch Analogie zum Schutz anderer subjektiver Rechte entwickelt worden sind (ERMAN/SCHIEMANN Vor § 823 Rn 20 ff; STAUDINGER/HAGER [1999] Vorbem 63 ff zu §§ 823 ff), vgl §§ 12, 1004. Es handelt sich dabei um eine nicht rechtsgeschäftliche, präventive Ergänzung des repressiven **Schutzes** (insbesondere) **absoluter Rechte**, vor allem des **allgemeinen Persönlichkeitsrechtes** (dazu auch MünchKomm/KRAMER Rn 13). Zum anderen sind die **unselbständigen** oder **sekundären** Unterlassungsansprüche zu nennen, die in einem Schuldverhältnis **neben** der Verpflichtung zur Leistung bestehen, also die Verpflichtung begründen, ein der Leistungserbringung entgegenstehendes oder abträgliches Verhalten zu unterlassen (dazu Rn 150 sowie MünchKomm/KRAMER Rn 12). Schließlich gibt es „reine", „selbständige" oder „primäre" **Unterlassungsansprüche**, die – in der Regel durch Rechtsgeschäft begründet – den Schuldner zu einem Unterlassen als primären Leistungsinhalt verpflichten (ausf LEHMANN, Unterlassungspflicht; KÖHLER AcP 190 [1990] 496; HENCKEL AcP 174 [1974] 97, 120; ferner ERMAN/WESTERMANN Rn 6; MünchKomm/KRAMER Rn 10 f; PALANDT/HEINRICHS Rn 4; SOERGEL/ TEICHMANN Rn 5; BAMBERGER/ROTH/GRÜNEBERG Rn 35 f).

Von den genannten Anspruchsgruppen ist im Rahmen des Abs 1 nur die letzte **138** relevant, zB wenn jemand die vertragliche Pflicht übernimmt, sein **Grundstück nicht zu veräußern**, nachdem er einen Makler beauftragt hat (vgl § 137 S 2 sowie den Fall bei RG Gruchot 49, 619, 626), oder **bei einer Auktion nicht mitzubieten** (dazu OTTO, Ist ein strafrechtlicher Schutz öffentlicher Versteigerungen, insbesondere der Zwangsversteigerung, gegen das Abhalten vom Bieten erforderlich?, Rpfleger 1979, 41, 47), **Listenpreise nicht zu unterbieten** (RGZ 133, 51, 62), eine bestimmte **Bebauungshöhe nicht zu überschreiten** (BGH NJW 1975, 344) oder sich als **Erfinder** gegenüber dem Patentinhaber **bestimmter Aktivitäten zu enthalten** (BGHZ 26, 7, 9 = NJW 1958, 137; Bsp bei KÖHLER AcP 190 [1990] 496, 498). In all diesen Fällen schränkt der Versprechende seine Rechtssphäre aus freien Stücken ein und verschafft dem Gläubiger dadurch einen Rechtszuwachs, der über das hinausgeht, was dieser ohne Vertrag hätte verlangen können (HENCKEL AcP 174 [1974] 97, 124). Die Unterlassung ist also als eine Verpflichtung des Schuldners anzu-

sehen, etwas Bestimmtes nicht zu tun, wozu er an sich berechtigt wäre (BGB-RGRK/
ALFF Rn 3).

139 Unterlassungsansprüche weisen eine „strukturbedingte Durchsetzungsschwäche"
(MünchKomm/KRAMER Rn 9) auf. Sie sind letztlich nicht gegen den Schuldnerwillen
erzwingbar. Es kommen lediglich **repressive Vollstreckungsmaßnahmen**, vgl § 890
ZPO, die für sich genommen jedoch nur als Reaktion auf entsprechende Verstöße
bzw als bloßes Drohmittel angesehen werden können, in Betracht (instruktiv MÜLLER-
LAUBE, in: FS Rolland [1999] 260, 261 f). Dementsprechend stellt sich auch die **Klage auf
Unterlassung** stets als eine Klage auf künftige Leistung dar, da der Unterlassungsanspruch, soweit er sich auf Unterlassungen aus Vergangenheit oder Gegenwart
bezieht, entweder bereits erfüllt ist oder jedenfalls rückwirkend nicht mehr erfüllt
werden kann. Deshalb müssen die Voraussetzungen des § 259 ZPO erfüllt sein,
dessen Anwendbarkeit auf Unterlassungsansprüche allerdings bestritten wird
(MünchKomm/KRAMER Rn 10; ROSENBERG/SCHWAB/GOTTWALD, Zivilprozessrecht [16. Aufl 2004]
§ 92 II 2 c; ZEUNER, Gedanken zur Unterlassungs- und negativen Feststellungsklage, in: FS Dölle
[1963] Bd 1, 311; MÜLLER-LAUBE, in: FS Rolland [1999] 261, 262 f mwNw; vgl im Übrigen die Lit z
den §§ 253, 259 ZPO).

140 Der Anspruch auf Unterlassen wird iSd § 362 Abs 1 erfüllt, indem der Schuldner
während der vorgesehenen Dauer dem Unterlassungsgebot nachkommt. Eines Leis-
tungswillens oder einer Leistungsfähigkeit bedarf es hier nicht (aA BEUTHIEN, Zweckerreichung und Zweckstörung 295 f; ESSER/SCHMIDT, Schuldrecht I § 6 I 4; GERNHUBER, Die Erfüllung und ihre Surrogate § 5 VI 2; näher z erfüllungsrechtlichen Problematik von Unterlassungspflichten HENCKEL AcP 174 [1974] 97, 122 ff; KÖHLER AcP 190 [1990] 496, 502 f; MünchKomm/
WENZEL § 362 Rn 27; STAUDINGER/OLZEN [2000] Vorbem 10, 14, 16 zu § 362). Aufgrund der
dargestellten Durchsetzungsschwäche des Unterlassungsanspruchs (so Rn 139) kann
es sich anbieten, eine **Vertragsstrafe** zu vereinbaren; eine Möglichkeit, die § 339 S 2
ausdrücklich vorsieht. Bei wettbewerbsrechtlichen Unterlassungsverträgen ist sie
sogar üblich (dazu MÜLLER-LAUBE, in: FS Rolland [1999] 261).

141 Auch im **Leistungsstörungsrecht** ergeben sich für Unterlassungspflichten einige Besonderheiten. Zwar gelten die Leistungsstörungsregeln des BGB für alle Forderungen (s nur KÖHLER AcP 190 [1990] 497, 515). Jedoch gehen diese grds von positiven
Leistungsverpflichtungen aus (RGZ 70, 439, 440 f). Demgegenüber sind Unterlassungspflichten häufiger (absolute) Fixschulden, da oft schon die einmalige Zuwiderhandlung die Erfüllung verhindert (sog „Einmalunterlassung"; zB die Verpflichtung, bei einer Auktion nicht mitzubieten). Doch auch bei sog „Dauerunter-
lassungen", also Unterlassungspflichten, die auf einen gewissen Zeitraum angelegt
sind, kann je nach dem Gläubigerinteresse bereits durch eine Zuwiderhandlung
Unmöglichkeit eintreten. Aus diesem Grunde wurde mitunter ein **Verzug** bei Unterlassungspflichten generell abgelehnt (WENDT AcP 92 [1902] 1 ff; ROGOWSKI AcP 104
[1909] 303 ff; bejahend hingegen LEHMANN, Unterlassungspflicht 263 ff; OERTMANN Anm 2 a β;
STAUDINGER/J SCHMIDT[12] Rn 93 mwNw; z Frage der Zweckerreichung bei Unterlassungspflichten
vgl BEUTHIEN, Zweckerreichung und Zweckstörung 45, 259 ff sowie HENCKEL AcP 174 [1974] 97,
124 [Anwendung des § 320]; STAUDINGER/LÖWISCH [2004] Vorbem 11 f zu §§ 286–292; Münch-
Komm/KRAMER Rn 10 Fn 43 [Annahme von nachträglicher Unmöglichkeit analog z § 275 Abs 1];
GERNHUBER, Die Erfüllung und ihre Surrogate 124 [Anwendung von § 323 aF]; KÖHLER AcP 190
[1990] 519 ff [Anwendung der Regeln über den Wegfall der Geschäftsgrundlage]). Im Übrigen

kann hier nur auf die Spezialliteratur zum Leistungsstörungsrecht verwiesen werden.

II. Die Einteilung der Leistungspflichten

1. Allgemeines

Die „**Leistungen**" iSd Norm unterscheiden sich nicht nur dadurch, dass sie entweder **142** ein Tun oder Unterlassen zum Gegenstand haben, sondern auch im Hinblick auf die **Pflichten**, die ihnen zugrunde liegen und die der Durchführung des Schuldverhältnisses dienen. Grenzt man deren unterschiedliche Arten voneinander ab, so gelangt man zu einer Vielzahl unterschiedlicher Bezeichnungen, je nachdem, welchem Abgrenzungsmerkmal man den Vorzug gibt.

2. Terminologie

a) Primär- und Sekundärpflichten

Eine Gliederungsmöglichkeit stellt die Unterscheidung zwischen **Primär-** und **Sekun-** **143** **därpflichten** (so zB ERMAN/WESTERMANN Vor § 241 Rn 8; LARENZ, Schuldrecht I § 2 I) dar. Die erstgenannten sollen sich dabei zumeist **direkt** aus dem Vertrag ergeben; auf ihre Erfüllung ziele das Schuldverhältnis ab. Die **Sekundärpflichten** sollen dagegen erst bei **Verletzung einer Primärpflicht** entstehen (vgl allg hierzu GERNHUBER, Schuldverhältnis § 2 III 5; MEDICUS, BR Rn 205) und an die Stelle der ursprünglichen Pflichten treten (zB Schadensersatz statt der Leistung, §§ 280 Abs 3, 281, 282 oder 283). UU sollen sie dem Gläubiger der Leistung aber auch zusätzlich zustehen (zB Anspruch auf Ersatz des Verzögerungsschadens, §§ 280 Abs 2, 286). Zu den Sekundärpflichten zählt diese Ansicht auch die **Abwicklungspflichten** bei **Dauerschuldverhältnissen** und solche nach vollzogenem Rücktritt (ausf LARENZ, Schuldrecht I § 2 VI, § 26 I b; z Dauerschuldverhältnissen su Rn 349 ff).

Allerdings spricht gegen diese Einteilung, dass etwa bei **gesetzlichen Schuldverhält-** **144** **nissen**, wie zB bei § 823, die Schadensersatzpflicht Primärpflicht sein kann (hierzu LARENZ, Schuldrecht I § 2 I; z Abgrenzung von Primär- u Sekundärpflichten bei Personengesellschaften vgl ausf MEDICUS, BR Rn 210 ff). Auch wird so keine klare Abgrenzung zu den integritätsbezogenen Pflichten des Abs 2 geschaffen und zu Unrecht nahe gelegt, dass diese Pflichten nur relevant würden, wenn der Geschädigte Ersatz als Folge der Verletzung von Sorgfaltspflichten verlange (vgl ENNECCERUS/LEHMANN, Schuldrecht § 4 II 2; LARENZ, Schuldrecht I § 2 I; z Kritik SOERGEL/TEICHMANN § 242 Rn 173).

b) Haupt- und Nebenleistungspflichten

Zumeist findet sich in der Lit eine Unterteilung in **Haupt-** und **Nebenleistungspflich-** **145** **ten** (so STAUDINGER/OTTO [2004] § 281 Rn B 16 ff; ERMAN/WESTERMANN Vor § 241 Rn 7; PALANDT/ HEINRICHS Rn 5; JAUERNIG/MANSEL Rn 9; MünchKomm/KRAMER Rn 16 f; LARENZ, Schuldrecht I § 2 I; ESSER/SCHMIDT, Schuldrecht I § 6 III; MEDICUS, BR Rn 206 ff; FIKENTSCHER, Schuldrecht Rn 31), wobei manche den Begriff Hauptleistungspflicht auch durch „**selbständige Leistungspflicht**" ersetzen (vgl GERNHUBER, Schuldverhältnis § 2 III 4).

Als **Leistungspflichten** werden dabei alle die Pflichten bezeichnet, die das Erreichen **146** des **primären Obligationszwecks** fördern. Sie sind auf die **Veränderung der Güterlage** des Gläubigers gerichtet, sollen den „status ad quem" fördern und bilden den Oberbegriff für die Hauptleistungspflichten (auch Unterlassen) ebenso wie für die Nebenleistungspflichten (ausf hierzu ESSER/SCHMIDT, Schuldrecht I § 6 III).

aa) Hauptleistungspflichten

147 Als **Hauptleistungspflichten** fasst man diejenigen Pflichten auf, mit denen ein Schuldverhältnis als solches zur **Entstehung** gelangt und durch die es in seiner besonderen **Eigenart gekennzeichnet** wird (so zB LARENZ, Schuldrecht I § 2 I). Sie entstehen durch **Vertrag** oder **Gesetz**. So hat etwa der Verkäufer dem Käufer die mangelfreie Kaufsache gem § 433 Abs 1 S 1 zu übereignen; wer schuldhaft und rechtswidrig eine fremde Sache beschädigt, schuldet gem § 823 Abs 1 Schadensersatz. Die Abwicklung der Hauptleistungspflichten folgt in der Regel den gesetzlichen Vorgaben, im atypischen Schuldverhältnis hingegen der Parteiabrede. Im Einzelnen ist daher auf die Kommentierung zu den einzelnen Schuldverhältnissen zu verweisen.

bb) Nebenleistungspflichten

148 Eine einheitliche Terminologie für das **leistungsbegleitende Verhalten** der Parteien eines Schuldverhältnisses hat sich bis heute nicht herausgebildet (Überblick bei LARENZ, Schuldrecht I § 2 I [6 ff]; NEUMANN, Leistungsbezogene Verhaltenspflichten 7 ff; vgl auch ERMAN/HOHLOCH § 242 Rn 74 f; PALANDT/HEINRICHS § 242 Rn 27; SOERGEL/TEICHMANN § 242 Rn 134 ff). In der Lit findet sich vielfach die Bezeichnung **Nebenpflichten** (vgl etwa PALANDT/HEINRICHS § 242 Rn 27; SOERGEL/TEICHMANN § 242 Rn 162), welche aber ebenso wie der Terminus **Verhaltenspflichten** (vgl LARENZ, Schuldrecht I § 2 I; WIEGAND, Die Verhaltenspflichten, in: FS Gagnér [1991] 547, 557 ff) insofern unbrauchbar ist, als damit der Leistungsbezug dieser Pflichten nicht zum Ausdruck kommt, und daher die Abgrenzung zu den nichtleistungsbezogenen Pflichten des Abs 2 (su Rn 153 ff) erschwert wird.

149 Diejenigen, die diese Bezeichnung verwenden, unterscheiden weiterhin nach **Selbständigkeit** oder **Abhängigkeit** der Pflichten von der Hauptleistung (ENNECCERUS/LEHMANN, Schuldrecht § 4 II 2); eine Differenzierung, die jedoch angesichts der unbestrittenen Akzessorietät solcher Pflichten zur bestehenden Hauptleistung ebenfalls zweifelhaft erscheint (so auch NEUMANN, Leistungsbezogene Verhaltenspflichten 7).

150 Der Terminus **„Unterlassungspflichten"**, der verdeutlichen soll, dass der Inhalt der Pflichten grds darin besteht, eine die Erreichung des Obligationenzwecks vereitelnde oder gefährdende Tätigkeit zu unterlassen, bringt nicht genügend zum Ausdruck, dass das Leistungsgebot auch ein Handeln umfassen kann (vgl aber LEHMANN, Unterlassungspflicht 10 ff, 168 ff).

151 Auch die Einstufung als **Sorgfalts- oder Diligenzpflichten** schafft wiederum keine klare Abgrenzung zu den integritätsbezogenen Pflichten des Abs 2 (vgl dazu auch HÖLDER, Über Ansprüche und Einreden, AcP 93 [1902] 41 ff; STÜRNER JZ 1976, 384, 390).

152 Deshalb soll von einem weiten (ähnlich FIKENTSCHER, Schuldrecht Rn 31) Begriff der **Nebenleistungspflicht** (vgl etwa auch LARENZ, Schuldrecht I § 2 I b [12]; MünchKomm/KRAMER Rn 18, der den Begriff jedoch komplementär z dem der Nebenpflichten verwendet u nach der Klagbarkeit abgrenzt) ausgegangen werden. Damit wird zum einen deutlich, dass es sich um zur Hauptleistung akzessorische Pflichten handelt, zum anderen aber auch klargestellt, dass sie sich auf deren Förderung beziehen und nicht das Integritätsinteresse des Betroffenen schützen. Nebenleistungspflichten richten sich insofern auf die Verwirklichung des Leistungserfolgs, als sie der **Vorbereitung**, der ordnungsgemäßen **Durchführung** sowie der **Sicherung** einer Hauptleistung dienen (ausf u Rn 162 ff; Esser/Schmidt, Schuldrecht I § 6 III; Larenz, Schuldrecht I § 2 I; Gernhuber, Schuldverhältnis § 2 III 4).

III. Abgrenzung zu Rücksichtspflichten iSd Abs 2

1. Allgemeines

Mit Abs 2 wird seit dem 1.1.2002 (z Schuldrechtsmodernisierungsgesetz vgl Einl 184 ff z **153** §§ 241 ff) erstmals gesetzlich anerkannt, dass ein Schuldverhältnis auch andere Pflichten als Leistungspflichten erzeugen kann. Diese zeichnen sich durch fehlenden Leistungsbezug aus und beziehen sich – anders als die Pflichten des Abs 1 – nicht auf das Äquivalenz- sondern auf das **Integritätsinteresse** (ausf u Rn 157 ff u 379 ff).

2. Terminologie

Die Terminologie bzgl dieser Pflichten war bis zur gesetzlichen Neufassung des § 241 **154** ebenso uneinheitlich wie in Bezug auf die Leistungspflichten (ausf z Abs 2 u Rn 379 ff; z Schuldrechtsmodernisierungsgesetz Einl 184 ff z §§ 241 ff). Manche haben sie als „**Schutzpflichten**" bezeichnet (Thiele JZ 1967, 649 ff; Gerhardt JZ 1970, 535 ff; Soergel/Teichmann § 242 Rn 178 ff; Frost, Schutzpflichten 13; Medicus, Probleme um das Schuldverhältnis 15 ff; Kress, Schuldrecht § 1, 1 u § 23, 578, 580; Jauernig/Mansel Rn 10; Stoll, Abschied von der Lehre von der positiven Vertragsverletzung, AcP 136 [1932] 257 ff; vgl für die Zeit des Nationalsozialismus Schubert, Protokolle: Schuldrecht [1990] 207, 295/297; Westermann/Bydlinski/Weber, Schuldrecht AT Rn 2/10), andere als „**Sorgfaltspflichten**" (Lorenz, Die Einbeziehung Dritter in vertragliche Schuldverhältnisse – Grenzen zwischen vertraglicher und deliktischer Haftung, JZ 1960, 108, 111, Stürner JZ 1976, 384 ff, Evans-vKrbek, Nichterfüllungsregeln auch bei weiteren Verhaltens- und Sorgfaltspflichtverletzungen?, AcP 179 [1979] 85 ff). Daneben traten manchmal statt dessen die Ausdrücke „**Verhaltenspflichten**" bzw „**weitere Verhaltenspflichten**" (Gernhuber, Schuldverhältnis § 2 IV 2 [hierin bilden die Schutzpflichten eine abgeschlossene Gruppe]; Larenz, Schuldrecht I § 2 I [unterteilt die weiteren Verhaltenspflichten in „Schutzpflichten" und „Loyalitätspflichten"]; zust Emmerich, Leistungsstörungen 396 ff), „**Wohlverhaltenspflichten**" (Fikentscher, Schuldrecht Rn 15) oder „**Nebenpflichten**" (Esser/Schmidt, Schuldrecht I § 6 IV [unterteilt weiter in Rücksichts-, Treu-, Warn-, Fürsorge-, Obhuts- und sonstige Schutzpflichten]; Enneccerus/Lehmann, Schuldrecht § 4 II 2; Erman/Werner[10] § 242 Rn 51; MünchKomm/Kramer Rn 18 f [teilweise auch Schutzpflichten]; Canaris JZ 1965, 475; Henckel AcP 174 [1974] 111; vBar AcP 179 [1979] 467) auf. Die Bsp für diese Begriffsvielfalt ließen sich fortführen (Nachw u vor allem Übersichten aus der älteren Lit vgl bei Staudinger/Weber[11] Rn 36 mit Fn; vgl ausf Gernhuber, Schuldverhältnis 15 ff).

Auch die Neufassung des Gesetzes hat zu keiner einheitlichen Terminologie geführt. **155** So sprechen einige Autoren weiterhin von „**Schutzpflichten**" (Hk-BGB/Schulze Rn 4; Krebs, Sonderverbindung 485 ff; AnwK-BGB/Krebs Rn 4), andere bezeichnen sie als „**Verhaltenspflichten**" (Palandt/Heinrichs Rn 6). Der Gesetzgeber hat in den parlamentarischen Materialien zwar zumeist den Begriff „**Schutzpflicht**" verwendet (vgl amtliche Begründung in BT-Drucks 14/6040 S 125), griff jedoch auch auf die Ausdrücke „**weitere**

Verhaltenspflichten", "Rücksichtnahmepflichten" und "Nebenpflichten" zurück (vgl amtliche Begründung in BT-Drucks 14/6040 S 125). Da sich somit auch aus den Materialien keine gesicherte Begriffsbildung entnehmen lässt, sollte der Wortlaut der Norm die Grundlage der Begriffsbestimmung bilden. Daher werden die in Abs 2 angesprochenen Pflichten im Folgenden als **"Rücksichtspflichten"** bezeichnet.

156 Die Rücksichtspflichten beziehen sich auf die **Bewahrung der gegenwärtigen Güterlage** (status quo) der am Schuldverhältnis beteiligten Personen (vgl ausf STOLL, Leistungsstörungen 26 ff; THIELE JZ 1967, 650 f; STÜRNER JZ 1976, 385; KÖPCKE, Typen der positiven Vertragsverletzung [1965] 79 ff; MEDICUS, Probleme um das Schuldverhältnis 15; vor STOLL ähnlich schon: KRESS, Schuldrecht 578 ff). Sie sollen Schäden von den Rechtsgütern des anderen Teils bei Begründung und Abwicklung eines Schuldverhältnisses **abwenden** und den **ungestörten Leistungsvollzug** ermöglichen bzw sichern (ausf u Rn 157 ff; ESSER/SCHMIDT, Schuldrecht I § 29 III 2 b-d; MünchKomm/KRAMER Rn 19).

3. Kriterien der Abgrenzung von Leistungs- und Rücksichtspflichten

157 Bei den unterschiedlichen Begriffsbildungen handelt es sich nicht nur um ein theoretisches Problem, sondern man muss vor allem im Hinblick auf die **Rechtsfolgen** von Leistungsstörungen zwischen Leistungs- und Rücksichtspflichten unterscheiden (so zuerst STOLL, Leistungsstörungen 27 ff; vgl aber auch amtliche Begründung in BT-Drucks 14/6040 S 125; MünchKomm/KRAMER Rn 18 f; FIKENTSCHER, Schuldrecht Rn 31; JAUERNIG/MANSEL Rn 9 f; grundlegend: CANARIS, in: FS Larenz [1983] 84 ff; ENNECCERUS/LEHMANN, Schuldrecht § 4 II 2 [jedoch mit anderer Terminologie]; **aA** MOTZER JZ 1983, 888). So löst zB die Verletzung einer Nebenleistungspflicht Gläubigerrechte aus §§ 280 Abs 1, 3 iVm 281 aus, wohingegen bei Verletzung einer nichtleistungsbezogenen Rücksichtspflicht Schadensersatz statt der Leistung nur unter den (zusätzlichen) Voraussetzungen der §§ 280 Abs 1, 3 iVm 282 verlangt werden kann (vgl z Abgrenzung BAMBERGER/ROTH/GRÜNEBERG § 281 Rn 3; Hk-BGB/SCHULZE Rn 4; MünchKomm/KRAMER Rn 19; STAUDINGER/OTTO [2004] § 282 Rn 19 ff u § 324 Rn 23 ff). Dasselbe Problem stellt sich bei der Abgrenzung von § 323 zu § 324 in Bezug auf den Rücktritt des Gläubigers in gleicher Weise. Zu der deshalb notwendigen Differenzierung werden unterschiedliche Kriterien herangezogen:

a) Klagbarkeit als Unterscheidungsmerkmal
158 Zum einen wird vertreten, für die Abgrenzungsfrage komme der **Klagbarkeit** wesentliche Bedeutung bei (so MünchKomm/KRAMER Rn 42, vgl z Rechtsfolge bei Verletzung einer Rücksichtspflicht ausf u Rn 544 ff; z entspr Abgrenzung bei den Obliegenheiten so Rn 121 ff). Leistungspflichten würden danach durch Leistungs- und Unterlassungsklagen durchgesetzt, während die Verletzung von Rücksichtspflichten lediglich Schadensersatzansprüche erzeuge, Rücksichtspflichten somit nicht einklagbar seien.

159 Zweifel an dieser Betrachtungsweise resultieren aber daraus, dass die Klagbarkeit der Rücksichtspflichten im Allgemeinen sehr umstritten ist (su Rn 544 ff). Zudem lässt sich eine Antwort auf die Frage nach der Klagbarkeit erst nach Festlegung des Rechtscharakters der jeweiligen Pflicht geben. Deshalb stellt das Kriterium der Klagbarkeit insgesamt keine taugliche Differenzierungsgrundlage dar (so auch MADAUS Jura 2004, 289, 290; **aA** MünchKomm/KRAMER Rn 42).

b) Zielsetzung als Unterscheidungsmerkmal

Das wichtigste Unterscheidungskriterium zwischen Leistungs- und Rücksichtspflichten bildet vielmehr die jeweilige **Zielsetzung** der Pflicht. Die **Rücksichtspflichten** haben, wie ausgeführt (so Rn 153), die **Bewahrung** der gegenwärtigen Güterlage („status quo") jedes am Schuldverhältnis Beteiligten, also den Schutz des **Integritätsinteresses** zum Ziel. Leistungspflichten hingegen sind auf die **Veränderung der Güterlage** des Gläubigers gerichtet, sollen folglich den „status ad quem" fördern (z diesem Unterscheidungskriterium ausf THIELE JZ 1967, 650 f; ähnlich MünchKomm/KRAMER Rn 38 f). Je nachdem, welche Zielrichtung die jeweilige Pflicht verfolgt, kann sie einer der beiden Kriterien zugeordnet werden. **160**

Die Grenzen sind insbesondere im Bereich vertraglicher Pflichten fließend und deshalb oft schwer zu bestimmen. Interessengerechte Lösungen bietet nur eine wertende **Einzelfallbetrachtung**, ob die jeweils betroffene Pflicht das **Leistungs-** oder das **Integritätsinteresse** schützt (so auch BAMBERGER/ROTH/GRÜNEBERG Rn 44; MünchKomm/KRAMER Rn 19; ähnlich auch MADAUS Jura 2004, 289, 291 f). Fehlen ausdrückliche Abreden im Vertrag, erfolgt die Entscheidung nach den Regeln der (ergänzenden) Vertragsauslegung (LOOSCHELDERS, Schuldrecht AT Rn 13; JAUERNIG/MANSEL Rn 9). Als problematisch erweisen sich insbesondere solche Pflichten, die sowohl dem Leistungsinteresse als auch dem Schutzinteresse dienen (vgl dazu auch u Rn 215, 223, 234, 270 f, 289, 430 ff, 509). Beispielhaft lässt sich hier die Pflicht zur sorgfältigen Anleitung nennen, eine gefährliche Maschine zu bedienen. Die entsprechende Aufklärungspflicht dient zum einen dazu, die Funktion der Maschine zu gewährleisten, zum anderen soll sie den Verwender des Gerätes vor Verletzungen bewahren (ähnliches Bsp vgl Gesetzesbegründung in BT-Drucks 14/6040 S 125; Hk-BGB/SCHULZE Rn 8; MEDICUS, Schuldrecht I Rn 417 ff; ausf THIELE JZ 1967, 650 f). Sie ist somit gleichermaßen Leistungs- und Rücksichtspflicht. Wird eine derartige Pflicht verletzt, so ist wiederum im Wege der **Auslegung** zu ermitteln, welcher konkrete Zweck der jeweiligen Pflicht durch die Verletzungshandlung oder Unterlassung betroffen ist (Rn 150; STAUDINGER/OTTO [2004] § 282 Rn 29 f). **161**

IV. Arten von Nebenleistungspflichten*

1. Allgemeines

Da das Gesetz keine Vorgaben dafür nennt, wann eine Rechtspflicht als Nebenleistungspflicht oder als Rücksichtspflicht einzustufen ist, sind sog Informations-, Obhuts-, Fürsorge- und sonstige Rücksichtspflichten iSd Abs 2 von Abs 1 regelmäßig **162**

---

* **Schrifttum:** VBAR, „Nachwirkende" Vertragspflichten, AcP 179 (1979) 452; BATEREAU, Die Haftung der Bank bei fehlgeschlagener Sanierung, WM 1992, 1517; BEAUCAMP, Das Arbeitsverhältnis als Wettbewerbsverhältnis, NZA 2001, 1011; BLOMEYER, Der Widerruf von Versorgungszulagen infolge „Treuepflichtverletzungen" des Arbeitnehmers, ZIP 1991, 1113; BOEWER, Der Wiedereinstellungsanspruch – Teil 1, NZA 1999, 1121; ders, Der Wiedereinstellungsanspruch – Teil 2, NZA 1999, 1177;

BRAND, Probleme mit der „Ikea-Klausel", ZGS 2003, 96; BRUCKNER, Nachvertragliche Wettbewerbsverbote zwischen Rechtsanwälten (1987); BRYCH, Die Zahlungsverpflichtungen des Wohnungskäufers, DNotZ 1974, 413; BUCHWALD, Verpfändung und Pfändung von GmbH-Anteilen, GmbHR 1960, 5; CANARIS, Kreditkündigung und -verweigerung gegenüber sanierungsbedürftigen Bankkunden, ZHR 143 (1979) 113; CHRISTENSEN, Verschulden nach Vertragsende (Diss Kiel 1958); COING, Die Treuhand kraft

dadurch abzugrenzen, ob sie lediglich dem **Rechtsgüterschutz oder dem Leistungsinteresse** dienen (vgl deshalb hierzu die Kommentierung bei Abs 2 Rn 379 ff, 426 ff; z Abgrenzung NEUMANN, Leistungsbezogene Verhaltenspflichten 4; Hk-BGB/SCHULZE Rn 8). Dabei kann

privaten Rechtsgeschäfts (1973); DÜRKES, Wertsicherungsklauseln (10. Aufl 1992); EICHHOLT, Kündigung von NPD-Konten, NJW 2001, 1400; EISENHARDT, Haupt- und Nebenpflichten des Mieters bei Rückgabe der Mieträume, WuM 1998, 447; ELGER, Nachwirkungen nach Ende des Rechtsverhältnisses im BGB (Diss Münster 1936); FINGER, Die Verpflichtung des Herstellers zur Lieferung von Ersatzteilen, NJW 1970, 2049; FRITZEMEYER, Die Konkurrenzschutzpflicht des Franchisegebers- eine Zwischenbilanz, BB 2000, 472; GAUL, Die Abgrenzung nachvertraglicher Geheimhaltungsverpflichtungen gegenüber vertraglichen Wettbewerbsbeschränkungen, ZIP 1988, 689; GÖTZ, Obliegenheiten und positive Forderungsverletzung – BGHZ 11, 80, JuS 1961, 56; GREULICH, Nachwirkungen bei Lieferverträgen, BB 1955, 208; HÖLDER, Über Ansprüche und Einreden, AcP 93 (1902) 41; HÜFFER, Leistungsstörungen durch Gläubigerhandeln (1976); JAGENBURG, Die Entwicklung des privaten Bauvertragsrechts seit 2000: VOB/B, NJW 2003, 102; JANKE, Die Nebenleistungspflichten bei der GmbH (Diss Stuttgart 1996); JOACHIM, Konkurrenzschutz im gewerblichen Mietrecht, BB 1986 Beilage 6, 1; KÄUFFER, Die Vor- und Nachwirkungen des Arbeitsverhältnisses (Diss Köln 1959); KLAUE, Wettbewerbsverbote und § 1 GWB, WuW 1961, 323; KUKAT, Vorsicht ist besser als Nachsicht – Praktische Hinweise zur Vereinbarung nachvertraglicher Wettbewerbsverbote für Geschäftsführer und zur Anrechnung anderweitigen Erwerbs, BB 2001, 951; KÜNZL, Arbeitsvertragliche Nebenpflicht zur Durchführung einer Alkoholtherapie?, NZA 1998, 122; H LANGE, Leistungsstörungen beim schwebend unwirksamen Geschäft, in: FS Schmidt-Rimpler (1957) 139; O LANGE, Die behördliche Genehmigung und ihre zivilrechtlichen Auswirkungen, AcP 152 (1952/53) 241; LEHMANN, Die Unterlassungspflicht im bürgerlichen Recht (1969, unveränderter Nachdruck der Ausgabe 1911); LIESEGANG, Die Konkurrenzschutzpflicht des Franchisegebers, BB 1999,

857; LÜKE, Der Informationsanspruch im Zivilrecht, JuS 1986, 2; MÖLLERS, Die Haftung der Bank bei Kreditkündigung (1991); MONJAU, Nachwirkende Treuepflichten, BB 1962, 1439; NEUMANN, Leistungsbezogene Verhaltenspflichten (Diss Augsburg 1988); NICKLISCH, Mitwirkungspflichten des Bestellers beim Werkvertrag, insbesondere beim Bau- und Industrieanlagenvertrag, BB 1979, 533; NIRK, Culpa in Contrahendo – eine richterliche Rechtsfortbildung- in der Rechtsprechung des Bundesgerichtshofes, in: FS Möhring Bd I (1965) 385; OETKER, Der Wiedereinstellungsanspruch des Arbeitnehmers beim nachträglichen Wegfall des Kündigungsgrundes, ZIP 2000, 643; PETERS, Grundfälle zum Werkvertragsrecht, JuS 1993, 29; RAAB, Der Wiedereinstellungsanspruch des Arbeitnehmers bei Wegfall des Kündigungsgrundes, RdA 2000, 147; REINFELD, Das nachvertragliche Wettbewerbsverbot im Arbeits- und Wirtschaftsrecht (Diss Köln 1993); RICKEN, Grundlagen und Grenzen des Wiedereinstellungsanspruchs, NZA 1998, 460; RICKER, Verjährungsprobleme bei Herstellungs- und Schadensersatzansprüchen des Vermieters wegen Veränderungen oder Verschlechterungen der Mietsache, NZM 2000, 216; RODIG, Verpflichtung des Herstellers zur Bereithaltung von Ersatzteilen für langlebige Wirtschaftsgüter und ausgelaufene Serien, BB 1971, 854; ROTH, Die Anpassung von Gesellschaftsverträgen, in: FS Honsell (2002) 573; SCHÄFER, Pflicht zu gesundheitsförderndem Verhalten?, NZA 1992, 529; E SCHMIDT, Zur Ökonomie ergänzender Vertragspflichten unter besonderer Berücksichtigung von Konkurrenzschutzgeboten, JA 1978, 597; SCHOPP, Formularverträge über die Automatenaufstellung, ZMR 1972, 197; SERICK, Eigentumsvorbehalt und Sicherungsübertragung (1965); STEINDORFF, Gesetzeszweck und gemeinsamer Zweck des § 1 GWB, BB 1977, 569; STÖREAU, Informationspflichten beim Wertpapierhandel nach § 31 Abs 2 S 1 Nr 2 WpHG (Diss Kiel 2003); STRÄTZ, Über sog „Nachwirkungen des Schuldverhältnisses und

eine Vereinbarung durchaus den Schluss erlauben, dass Sie in engem Bezug zur Hauptleistung stehen und deshalb als Nebenleistungspflicht geschuldet werden (LARENZ, Schuldrecht I § 2 I b [12]; NEUMANN, Leistungsbezogene Verhaltenspflichten 4 f; BAMBERGER/ROTH/GRÜNEBERG Rn 42; ERMAN/HOHLOCH § 242 Rn 76; MünchKomm/ROTH § 242 Rn 37). Dies ist jedoch nicht der Regelfall. Deshalb soll an dieser Stelle auf solche Pflichten eingegangen werden, die **typischerweise Leistungsbezug** aufweisen, mithin **meist** der Vorbereitung, Erbringung oder Sicherung der geschuldeten Leistung dienen. Es handelt sich im Einzelnen um die Pflicht zur **Auskunft-** und **Rechenschaft**, ferner die **Mitwirkungs-** und **Unterstützungs-** sowie **Leistungssicherungspflichten**.

a) Gesetzliche Nebenleistungspflichten

Grundsätzlich geht das Gesetz davon aus, dass die – oft synallagmatisch verknüpften – **Hauptpflichten** das Wesen einer Gläubiger-Schuldner-Beziehung prägen (vgl LOOSCHELDERS, Schuldrecht AT Rn 12). Detaillierte **gesetzliche Nebenleistungspflichten** belasten die Vertragsfreiheit der Parteien, stellen also Eingriffe in die Privatautonomie dar, die allerdings bei Dispositivität der entsprechenden Regelung durch Vereinbarung beseitigt werden können (LARENZ, Schuldrecht I § 2 I [7]). In einigen Fällen sind jedoch aus Sicht des Gesetzgebers Schutzvorschriften unentbehrlich, um eine ordnungsgemäße Abwicklung des Schuldverhältnisses als „Idealschuldverhältnis" zu ermöglichen. Insgesamt liegt die Intention einer gesetzlichen Regelung von Nebenleistungspflichten deshalb zumeist einerseits in der Vorgabe einer **Erwartungshaltung** an Schuldner und Gläubiger, wie das typische und unproblematische Schuldverhältnis durchzuführen sei (vgl dazu auch LARENZ, Schuldrecht I § 2 I b), andererseits will man die Einhaltung gewisser **Mindeststandards** zum **Schutz** einer (unterlegenen) Partei erzwingen.

163

IS der erstgenannten Zielsetzung besteht die Aufgabe einer gesetzlichen Nebenleistungspflicht vor allem darin, den Gläubiger in die Lage zu versetzen, die ihm geschuldete Hauptleistung entgegenzunehmen, sie als die geschuldete Leistung zu erkennen und schließlich, sie bestimmungsgemäß zu nutzen (so auch GERNHUBER, Schuldverhältnis § 2 III 4, vgl auch PALANDT/HEINRICHS Rn 5). Dem Schuldner wird darüber hinaus das Zweck- und Situationsgebotene abverlangt, ohne dass die Hauptleistung nicht richtig oder sinnvoll erbracht werden könnte (ESSER/SCHMIDT, Schuldrecht I § 6 III). Der Gesetzgeber konkretisiert mithin letztlich das Prinzip von „Treu und Glauben" des § 242 für einzelne Schuldverhältnisse, bei Einsatz zwingender Vorschriften sogar zu Lasten der Vertragsautonomie. Im Übrigen hat die Formulierung gesetzlicher Nebenleistungspflichten für die Parteien den positiven Effekt, einen Maßstab für die

164

---

den Haftungsmaßstab bei Schutzpflichtverstößen", in: FS Bosch (1976) 999; STÜRNER, Der Anspruch auf Erfüllung von Treue- und Sorgfaltspflichten, JZ 1976, 384; THUME, Das Wettbewerbsverbot des Handelsvertreters während der Vertragszeit, WRP 2000, 1033; VOGLIS, Kreditkündigung und Kreditverweigerung der Banken (2001); WALZ, Steuerrechtsbezogene Nebenpflichten im Recht der Leistungsstörungen, BB 1991, 880; WESTERMANN, Die Anpassung von Gesellschaftsverträgen an veränderte Umstände, in: FS Hefermehl (1976) 225; WIEGAND, Die Verhaltenspflichten, in: FS Gagnér (1991) 547; WINKLER V MOHRENFELS, Abgeleitete Informationsleistungspflichten im deutschen Zivilrecht (Habil Hamburg 1986); WISSKIRCHEN, Außerdienstliches Verhalten von Arbeitnehmern (Diss Berlin 1999); WUSSOW, Probleme der gerichtlichen Beweissicherung in Baumängelsachen, NJW 1969, 1401; ZÖLLNER, Anpassung von Personengesellschaftsverträgen (1979).

nach Ansicht des Gesetzes **gerechte Vertragsdurchführung** vorzufinden und andererseits – anders etwa als im angloamerikanischen Rechtskreis – im Falle ihrer Akzeptanz auch kurze Vereinbarungen schließen zu können. Dementsprechend und unter Berücksichtigung der gerade in diesen Bereichen oft auftretenden Meinungsverschiedenheiten befassen sich die Pflichten vor allem mit **Auskunft, Mitwirkung** oder **Sicherung** im Schuldverhältnis (BAMBERGER/ROTH/GRÜNEBERG Rn 14; SOERGEL/TEICHMANN § 242 Rn 162). Solche „Hilfsanker des Gesetzgebers", wie man sie zum Teil nennt, finden sich allerdings ohne erkennbare Systematik (so ESSER/SCHMIDT, Schuldrecht I § 6 III) sowohl im Bürgerlichen Gesetzbuch als auch im sonstigen Zivilrecht (vgl dazu die Bsp bei der Erläuterung der einzelnen Pflichten).

b) Außergesetzliche Nebenleistungspflichten

165 **Außergesetzliche Nebenleistungspflichten** verfolgen prinzipiell dieselbe Zielrichtung wie gesetzliche Nebenleistungspflichten, ergeben sich jedoch aus einer **Parteivereinbarung**. Diese Abrede kann ausdrücklich oder konkludent getroffen werden, oft stellt sie erst der Richter im Wege der erweiternden oder ergänzenden Auslegung fest (vgl BAMBERGER/ROTH/GRÜNEBERG Rn 42; MünchKomm/KRAMER Rn 17 spricht insofern von einer „Interessenanalyse"). Bei gesetzlichen Schuldverhältnissen können sich im Gesetz nicht geregelte Nebenleistungspflichten aus dem Charakter des Schuldverhältnisses unter Berücksichtigung der besonderen Umstände des Einzelfalls und der Wertungen des § 242 ergeben. Die Gemeinsamkeit solcher Pflichten besteht in ihrem Leistungsbezug, der sie von den integritätsbezogenen Rücksichtspflichten des Abs 2 unterscheidet (su Rn 379 ff, 426 ff; BAMBERGER/ROTH/GRÜNEBERG Rn 15).

166 Der Gegenstand außergesetzlicher Nebenleistungspflichten ist kaum eingrenzbar. So können sowohl **zusätzliche Sachleistungen** (zB Aushändigung von Wagenpapieren, Stammbäumen oder sonstigen Urkunden), als auch **Sicherungsvorkehrungen** wie Verpackung oder Verwahrung, aber auch **sonstige Aktivitäten**, etwa Auskunftserteilung, Rechenschaftslegung oder Unterweisung in die vertragsgemäße Nutzung einer Sache neben der Hauptleistung geschuldet sein (ESSER/SCHMIDT, Schuldrecht I § 6 III). Zu beachten ist jedoch stets, dass diese Nebenleistungspflichten eine Förderung oder Inbezugnahme der geschuldeten Leistung bezwecken müssen.

2. Auskunft- und Rechenschaft

a) Allgemeines

167 Eine **allgemeine Rechtspflicht** zur Erteilung von Auskunft oder Rechenschaft im Schuldverhältnis besteht nicht, sondern es gibt nur einzelne Regelungen (su Rn 168 f). Deshalb liegt es meist bei den Parteien, für diejenigen Informationen zu sorgen, die sie für die Durchsetzung ihres Rechts benötigen (st Rspr, vgl etwa RGZ 102, 235, 236; BGH NJW 1981, 1733, unstr). Bei der Abwicklung eines Schuldverhältnisses können jedoch Situationen entstehen, in denen der Gläubiger zur Informationsbeschaffung auf die Mithilfe des Schuldners angewiesen ist (vgl aus der neueren Rspr etwa OLG Dresden BauR 2000, 103; allg dazu WINKLER V MOHRENFELS, Abgeleitete Informationsleistungspflichten im deutschen Zivilrecht [Habil Hamburg 1986]; allg z Auskunft im Zivilrecht auch LÜKE JuS 1986, 2 ff; su Rn 429 ff z Informationspflichten).

b) Gesetzlich normierte Pflichten

Obwohl das Gesetz also selten die Pflicht des Schuldners, Auskunft oder Rechenschaft als Nebenleistung zu erbringen, normiert, finden sich im Gesetz doch zahlreiche Anhaltspunkte für die Existenz solcher Verpflichtungen. So ergibt sich aus § 259 Abs 1 eine Rechnungs- und Belegerstellungspflicht für denjenigen, der auf anderer Grundlage verpflichtet ist, über eine mit Einnahmen oder Ausgaben verbundene Verwaltung Rechenschaft abzulegen. § 260 Abs 1 normiert die Nebenleistungspflichten des Schuldners bei einer Hauptpflicht zur Herausgabe oder Auskunft über einen Inbegriff von Gegenständen. Die Vorschriften setzen also die (an anderer Stelle begründete) Möglichkeit eines solchen Anspruchs voraus. **168**

Bsp dafür, dass der Schuldner in den Grenzen der Zumutbarkeit die Leistungsdurchsetzung durch den Gläubiger durch ihm verfügbare Auskunft unterstützen muss, sind im **Schuldrecht** in den §§ 374, 402, 469 S 1, 650 Abs 2, 666, 681 S 1, 692 S 2, 713, 716, 789 zu finden, im **Sachenrecht** in den §§ 1042, 1214. Für das **Familienrecht** lassen sich die §§ 1379, 1435, 1580, 1605, 1686, 1698 anführen, für das **Erbrecht** die §§ 2027, 2057, 2121, 2127, 2146, 2215, 2218, 2314, 2384. **Außerhalb des BGB** kann man die gesellschaftsrechtlichen Regelungen der §§ 90, 91, 131, 132 AktG oder die §§ 41, 42 a, 51 a GmbHG nennen, im **Versicherungsrecht** die §§ 16, 33, 34 VVG, im **Wechsel- und Scheckrecht** Art 45 WG bzw Art 42 ScheckG. **169**

c) Außergesetzliche Pflichten

Unabhängig von den genannten Vorschriften kann sich eine Pflicht zur Auskunft oder Rechenschaft aus einer ausdrücklich **Vereinbarung** bzw durch **Auslegung** einer solchen Vereinbarung, §§ 133, 157 unter Berücksichtigung des Grundsatzes von Treu und Glauben, § 242, ergeben. Daraus ist der allgemeine Grundsatz entwickelt worden, dass jeder, der **fremde Angelegenheiten besorgt**, Rechenschaft zu legen hat (vgl bereits RGZ 73, 286, 288; 110, 1, 16; 164, 348, 350), ferner, dass der Schuldner Auskunft leisten muss, wenn der **Berechtigte** sich in **entschuldbarem Irrtum** über Bestehen und Umfang seines Rechts befindet, der **Verpflichtete** aber **unschwer Auskunft** erteilen kann (RGZ 108, 1, 7; 158, 377, 379 f; BGHZ 10, 385, 387; 55, 201, 203; 87, 346, 351 f). Umstritten ist, ob diese Ansprüche dogmatisch auch nach der Neufassung des § 241 am 1.1.2002 (vgl STAUDINGER/OLZEN Einl 184 ff zu §§ 241 ff) auf den Rechtsgedanken des § **242** fußen (so etwa BGH NJW 1988, 1906; NJW 1993, 2737 mit Besprechung von HOHLOCH, Wertermittlungsanspruch des pflichtteilstelsberechtigten Erben auf eigene Kosten – Anm z BGH NJW 1993, 2737, JuS 1994, 76 f mwNw, BGH BB 1993, 1612; OLG Köln FamRZ 1992, 469, 470; BGH NJW-RR 1994, 454, 455) oder bereits **Gewohnheitsrecht** geworden sind (vgl dazu bereits BGH Betrieb 1980, 682; STAUDINGER/J SCHMIDT [1995] § 242 Rn 829 mwNw). **170**

d) Prozessuales

Als auf ein zukünftiges Verhalten gerichtete und damit **klagbare Ansprüche** (BAMBERGER/ROTH/GRÜNEBERG Rn 70; z Klagbarkeit als Unterscheidungskriterium so Rn 158 f) treten Nebenleistungspflichten neben die Hauptleistungspflicht und sichern deren ordnungsgemäße Abwicklung (vgl z prozessualen Durchsetzung auch OLG Hamburg FamRZ 2003, 701; STAUDINGER/BITTNER [2004] § 259 Rn 42 ff; § 260 Rn 42 ff, allg z prozessualen Durchsetzung von Nebenleistungspflichten auch SOERGEL/TEICHMANN § 242 Rn 173 ff). Mangels gesetzlicher Normierung eines allgemeinen Anspruchs haben Rspr und Lit Kriterien herausgebildet, ob und in welchem **Umfang** Rechenschaft bzw Auskunft zu leisten **171** ist; eine entsprechende Auflistung des Fallmaterials enthält die Kommentierung zu §§ 259 ff (vgl STAUDINGER/BITTNER [2004] §§ 259 f).

3. Mitwirkungs- und Unterstützungspflichten

a) Allgemeines

172 Parteien, die durch Vertragsschluss oder gesetzliches Schuldverhältnis in einer **Nähebeziehung** stehen, müssen unter Berücksichtigung evtl. Vereinbarungen und des Grundsatzes von Treu und Glauben, § 242, alles tun, um die Durchführung des Schuldverhältnisses zu ermöglichen (vgl auch PALANDT/HEINRICHS § 242 Rn 32; SOERGEL/ TEICHMANN § 242 Rn 155; BAMBERGER/ROTH/GRÜNEBERG Rn 55). Der reine Austausch der Hauptleistungen allein entspricht im Regelfall nicht den Parteiinteressen (Münch-Komm/ROTH § 242 Rn 47). Die Anforderungen an das Parteiverhalten variieren mit ihrer Nähebeziehung (ERMAN/HOHLOCH § 242 Rn 65) und sind bei rechtsgeschäftlicher Beziehung größer als bei gesetzlicher; ebenso fallen das **schutzwürdige Vertrauen** oder die **überlegene Fachkunde** einer Partei bei der Auslegung der Pflichten ins Gewicht (BAMBERGER/ROTH/GRÜNEBERG Rn 44).

173 Entsprechende Pflichten können etwa darin bestehen, Erfüllungshindernisse im Risikobereich einer Partei aus dem Weg zu schaffen (su Rn 202 ff) oder die Leistungsdurchführung insgesamt zu fördern (su Rn 208 ff). UU kann sogar ein Mehr an Leistung über die eigentliche Vereinbarung hinaus geschuldet sein (su Rn 242 f). Die Mitwirkung zur Schaffung von Rechtssicherheit (su Rn 244 ff) sowie die Unterstützung der anderen Partei gegenüber Dritten (hier Rn 253 ff) sind weitere typische Inhalte entsprechender Verpflichtungen.

174 Eine **Grenze** für Mitwirkungspflichten verläuft dort, wo der ausschließliche Interessen- und **Risikobereich** einer Partei betroffen ist. Kein Vertragspartner hat die Pflicht, in einem Bereich mitzuwirken, der sich seinem tatsächlichem und rechtlichem Zugriff entzieht (so auch BGH ZIP 1982, 742; 1990, 224; BAMBERGER/ROTH/GRÜNEBERG Rn 55; MünchKomm/ROTH § 242 Rn 47; SOERGEL/TEICHMANN § 242 Rn 159 stellt auf die Zumutbarkeit als Kriterium ab).

175 Der Grundgedanke all dieser Pflichten liegt in der **Durchsetzung des Erfüllungsinteresses** der Parteien, weshalb Mitwirkungspflichten auch iwS als Sonderfall der **Leistungstreuepflichten** bezeichnet werden (vgl etwa BAMBERGER/ROTH/GRÜNEBERG Rn 55; GERNHUBER, Schuldverhältnis § 2 IV 1; allg z Terminologie so Rn 143 ff). Hingegen vermag die Bezeichnung „Loyalitätspflichten" (so LARENZ, Schuldrecht I § 2 I) insofern nicht zu überzeugen, als es sich um Pflichten handelt, die darauf zielen, das Erreichen des Vertragszweckes **aktiv zu fördern** und alles zu **unterlassen**, was den Vertragszweck gefährdet. Dieses Forderungsmoment bringt die Bezeichnung als **Mitwirkungspflicht** treffender zum Ausdruck (so auch GERNHUBER, Schuldverhältnis § 2 IV 1). Dafür spricht auch, dass solche Pflichten grds einklagbar sind (vgl BGH MDR 1963, 837, 839; RGZ 168, 343, 344 f; ESSER/SCHMIDT, Schuldrecht I § 6 III; MünchKomm/ROTH § 242 Rn 56), was sie von der sog **allgemeinen Leistungstreuepflicht** unterscheiden soll (BAMBERGER/ROTH/GRÜNE-BERG Rn 55; so Rn 148 f). Überdies kann der Begriff der allgemeinen Leistungstreuepflicht bestenfalls als Sammelbegriff für das gesamte leistungsorientierte und -fördernde Verhalten des Schuldners dienen, zur näheren Bezeichnung der konkret geschuldeten Verhaltenspflicht erscheint er aufgrund seiner Unbestimmtheit wenig

hilfreich (dennoch als Einteilungskriterium verwendet etwa von AnwK-BGB/KREBS § 242 Rn 43; BAMBERGER/ROTH/GRÜNEBERG Rn 46 ff; PALANDT/HEINRICHS § 242 Rn 27 ff).

Mitwirkungspflichten kann man zum einen danach unterscheiden, ob sie im **Vorfeld** 176 eines Vertrages, während der **Vertragsdurchführung**, oder aber **außerhalb des vertraglichen Bereichs**, also in gesetzlichen Schuldverhältnissen, bestehen. Zum anderen lässt sich auf die verfolgte **Zielrichtung** der Pflichten abstellen. Anhand dieser Unterscheidungsmerkmale soll im Folgenden auf Einzelfälle aus Rspr und Lit eingegangen werden.

b) Mitwirkung im Vorfeld des Vertragsschlusses
aa) Allgemeines
Grds besteht im Vorfeld eines Vertragsschlusses aufgrund der Privatautonomie in 177 Form der Abschlussfreiheit (BAMBERGER/ROTH/GRÜNEBERG Rn 56) kein klagbarer Anspruch darauf, am **Abschluss des Vertrages** mitzuwirken (NIRK, Culpa in Contrahendo – eine richterliche Rechtsfortbildung in der Rechtsprechung des Bundesgerichtshofes, in: FS Möhring [1965] 385, 397; MünchKomm/ROTH § 242 Rn 48; vgl insgesamt z Problematik des klagbaren Anspruchs bei Nebenleistungspflichten NEUMANN, Leistungsbezogene Verhaltenspflichten 19 ff). Ausgleich für verletztes Parteivertrauen, insbesondere im Fall des unbegründetem Abbruchs von Vertragsverhandlungen (BAMBERGER/ROTH/GRÜNEBERG Rn 56), begründet uU nur Haftung aus cic, §§ 280 Abs 1, 311 Abs 1, 241 Abs 2, also grds beschränkt auf das **negative Interesse**. Das **positive Interesse** wird nur ausnahmsweise umfasst (MünchKomm/ROTH § 242 Rn 48; vgl ferner STAUDINGER/LÖWISCH [2005] § 311).

Nur vereinzelt hat der Gesetzgeber dieses Prinzip durchbrochen (su Rn 179 f) und 178 auch die Rspr hat nur mit Zurückhaltung angenommen, dass sich aus besonderen rechtlichen Nähebeziehungen eine Pflicht ergeben kann, auf das Zustandekommen eines Vertrages hinzuwirken, so zB bei der **Miterbengemeinschaft** im Hinblick auf das Zustandekommen eines **Auseinandersetzungsvertrages** (OLG Nürnberg RdL 1967, 329; MünchKomm/ROTH § 242 Rn 48). Bei einem bereits geschlossenen **Vorvertrag** kommt eine schadensersatzpflichtige Erfüllungsverweigerung ebenfalls in Betracht (BGH NJW 1984, 479 f). Auch können Mitwirkungspflichten bei **bedingten Rechtsgeschäften** während des Schwebezustandes bestehen (BGHZ 90, 302, 308; z der problematischen Konstellation, dass die Entstehung der Leistungspflichten von Mitwirkungshandlungen abhängig ist, etwa im Falle zu beschaffender Genehmigungen, su Rn 181 ff).

bb) Gesetzlich normierte Mitwirkungspflichten vor Vertragsschluss
In der **Anbahnungsphase eines Vertrages** kann die Mitwirkung einer „Partei" von 179 Gesetzes wegen geschuldet sein. Sofern etwa eine dem Antragenden verspätet zugegangene Annahmeerklärung dergestalt abgesendet wurde, dass sie ihn bei regelmäßiger Beförderung rechtzeitig zugegangen sein würde, und der Antragende dies erkennen musste, hat er gem § 149 S 1 dem Annehmenden die Verspätung unverzüglich nach Empfang der Erklärung anzuzeigen. Der Grundgedanke dieser Vorschrift besteht im Schutz des ordnungsgemäß handelnden Adressaten eines Antrags (vgl PALANDT/HEINRICHS § 149 Rn 1).

Darüber hinaus beinhalten auch die §§ 305 Abs 2 Nr 1, 312 Abs 2, 355 Abs 2, 415 180 Abs 1 S 2, 482, 502, 663, 675a sowie einige Regelungen der BGB-Informations-VO (Verordnung über Informations- und Nachweispflichten nach Bürgerlichem Recht, BGBl 2002

Teil I, Nr 55, S 3002) Mitwirkungspflichten, die auf der Schutzwürdigkeit einer Partei im Vorfeld eines Vertragsschlusses beruhen. Im **Wertpapierhandelsrecht** findet sich mit § 31 Abs 2 S 1 Nr 2 WpHG eine Vorschrift, die ebenfalls in diesen Zusammenhang fällt (ausf STÖREAU, Informationspflichten beim Wertpapierhandel nach § 31 Abs 2 S 1 Nr 2 WpHG [Diss Kiel 2003]; LEISCH, Informationspflichten nach § 31 WpHG [Diss München 2004]; aus der Rspr zu § 31 WpHG auch BGH MDR 2004, 1256 = VersR 2004, 1415; MDR 2004, 285 = WM 2004, 24 = NJW-RR 2004, 484).

cc) Außergesetzliche Mitwirkungspflichten vor Vertragsschluss
(1) Allgemeines

181 Die Rspr hat außergesetzliche **Mitwirkungspflichten vor Vertragsschluss** vor allem dann angenommen, wenn andernfalls die Rechtsbeziehungen der Parteien nicht zustande kämen. So bedarf es oft im Vorfeld eines Vertragsschlusses **behördlicher Genehmigungen**, die zur wirksamen Durchführung des Schuldverhältnisses erforderlich sind (allg z Problemkreis HÜFFER, Leistungsstörungen durch Gläubigerhandeln [1976] 45 ff; O LANGE AcP 152 [1952/53] 241; HEINR LANGE, in: FS Schmidt-Rimpler [1957] 139 ff). Gläubiger und Schuldner trifft dann die Pflicht, diese Erfüllungshindernisse im Zusammenwirken zu beseitigen bzw alles zu unterlassen, was eine Genehmigung gefährden oder vereiteln könnte (vgl BGHZ 14, 1, 2; 67, 34, 35, BVerwG NJW-RR 1986, 756, 758; PALANDT/HEINRICHS § 242 Rn 33).

182 Die **dogmatische Begründung** einer solchen Pflicht stellt sich allerdings als schwierig dar: Man könnte zum einen darauf abstellen, dass bereits vor vertraglicher Bindung eine allgemeine **„Treuepflicht"** der Parteien besteht, auf den Eintritt der für den Vertragsschluss erforderlichen Bedingungen hinzuwirken (so die hM, vgl etwa für die Rspr RGZ 115, 35, 38; 119, 332, 334; 129, 357, 376; 168, 343, 344 f; BGHZ 14, 1, 2; BGH NJW 1960, 523; NJW 1967, 830, BB 1976, 1291 mwNw, für die Lit MünchKomm/ROTH § 242 Rn 50). Dies führt jedoch zum Wertungswiderspruch gegenüber der oben genannten Prämisse, dass abgesehen von einem Vorvertrag keine klagbaren Pflichten im vorvertraglichen Bereich im Hinblick auf die Förderung des Vertragsschlusses bestehen. Deshalb liegt eine Lösung nahe, die sich an der ratio legis des Genehmigungserfordernisses orientiert (so auch STAUDINGER/J SCHMIDT [1995] § 242 Rn 859). Sein Zweck besteht nämlich nicht darin, den Parteien eine Möglichkeit zu geben, sich von dem angebahnten Schuldverhältnis zu lösen, sondern es soll fremde, oft auch öffentlich-rechtliche Belange wahren. Dies verwirklicht das Gesetz durch Anordnung einer (schwebenden) Unwirksamkeit des Schuldverhältnisses bis zur Erteilung der Genehmigung (STAUDINGER/J SCHMIDT [1995] § 242 Rn 859). Die ratio des Genehmigungszwanges erfordert aber andererseits, dass die Parteien bereits vor Vertragsschluss insofern gebunden sind, als sie an der Herbeiführung der Genehmigung mitzuwirken haben. Andernfalls würde man ihnen ein allgemeines Reuerecht einräumen, das durch die umschriebene ratio legis des Genehmigungserfordernisses nicht gedeckt ist (STAUDINGER/J SCHMIDT [1995] § 242 Rn 859).

183 Im Einzelfall sind die „Parteien" deshalb zum einen verpflichtet, durch Herbeiführen oder Unterlassen der Gefährdung einer erforderlichen Genehmigung den Schwebezustand zu beenden, um so die Abwicklung des Schuldverhältnisses zu ermöglichen (BGHZ 14, 1, 2; vgl etwa BGHZ 14, 306, 313 = NJW 1954, 1684 – z § 3 WährG; BGHZ 23, 342, 344 = NJW 1957, 830 – zum WohnsiedlungsG = NJW 1954, 1442; BGH BB 1956, 869; 1976, 1291; DNotZ 1966, 739, 742; JZ 1972, 368; MünchKomm/ROTH § 242 Rn 50; mit Rückgriff auf den Gedanken des § 162 BAMBERGER/ROTH/GRÜNEBERG Rn 66).

Zum anderen kann sich in derartigen Fällen eine Pflicht ergeben, **zumutbaren Än-** **184**
derungen am Rechtsgeschäft selbst zuzustimmen, um die Genehmigung oder Genehmigungsfreiheit herbeizuführen, wenn sich zeigt, dass ein Vertrag in seiner ursprünglichen Form nicht genehmigungsfähig ist (dazu BGH NJW 1957, 543; LM WährG § 3 Nr 10 = NJW 1960, 523; DNotZ 1966, 739, 742; LM WährG § 3 Nr 17 = NJW 1967, 839; DB 1970, 584; BGHZ 67, 35). Dabei werden nicht nur den Parteien ausschließlich günstige (BGH NJW 1960, 523), sondern vielmehr auch unwesentliche bzw rein formelle (OLG Nürnberg WM 1959, 1251, 1253), teilweise sogar nachteilige Veränderungen des Rechtsgeschäftes (BGH NJW 1967, 830, 831) als zumutbar angesehen. Insbesondere im praktisch relevanten Fall nicht genehmigungsfähiger **Wertsicherungsklauseln** (vgl § 3 WährG aF, ausf z Problematik DÜRKES, Wertsicherungsklauseln [10. Aufl 1992] Rn D 343 ff) bzw nunmehr **Preisklauseln** (vgl § 2 PaPkG; vgl dazu auch ERMAN/WESTERMANN § 244 Rn 5, 7) hat die Rspr Korrekturen von Parteiabreden über die **ergänzende Vertragsauslegung** unter Berücksichtigung von §§ 316, 315 durchgeführt (vgl BGHZ 63, 132, 135; BGH NJW 1979, 2250; 1986, 932, 933; WM 1976, 385; OLG Karlsruhe BB 1981, 2097).

(2) Voraussetzungen
Allerdings besteht eine solche Mitwirkungspflicht nur dann, wenn die fehlende **185**
Genehmigung den einzigen Wirksamkeitsmangel des betroffenen Vertragsverhältnisses darstellt (MünchKomm/ROTH § 242 Rn 52; PALANDT/HEINRICHS § 242 Rn 33). Dies hat zur Folge, dass zB bei **Formnichtigkeit** eines Grundstückskaufvertrages keine Verpflichtung des Verkäufers besteht, auf die Erteilung einer erforderlichen Genehmigung hinzuwirken, wenn nicht der Formmangel ausnahmsweise gem § 242 überwunden wird (vgl RGZ 115, 35, 38 f; 119, 332, 334; BGH WM 1963, 763, 766 = LM WährG § 3 Nr 14; MünchKomm/ROTH § 242 Rn 52; zur Überwindung der Formnichtigkeit STAUDINGER/LOOSCHELDERS/OLZEN § 242 Rn 445 ff). Auch bestehen keine Mitwirkungspflichten, wenn das Genehmigungserfordernis gerade die Entschließungsfreiheit einer Partei sichern will (vgl zB § 108 Abs 1–Abs 3; ferner STAUDINGER/J SCHMIDT [1995] § 242 Rn 857).

Schließlich scheiden Mitwirkungspflichten dann aus, wenn der ablehnende behörd- **186**
liche Bescheid durch Rechtsbehelfe nicht mehr angefochten werden kann (BGHZ JZ 1972, 368 mwNw; MünchKomm/ROTH § 242 Rn 55) oder die Erteilung der Genehmigung aus sonstigen Gründen aussichtslos geworden ist (BGHZ 76, 242, 248; BGH ZIP 1994, 910; MünchKomm/ROTH § 242 Rn 55). Dabei sind die Erfolgsaussichten eines Rechtsbehelfs nach objektiver ex-ante-Prognose, also aus der Sicht eines vernünftigen Dritten zu berücksichtigen (BGH WM 1975, 366, 367; MünchKomm/ROTH § 242 Rn 55). Weitergehende Mitwirkungspflichten als die Einlegung möglicher und zumutbarer Rechtsbehelfe bestehen deshalb nicht, weil eine endgültige Versagung der Genehmigung zur Nichtigkeit des Vertrages führt, und das gesamte Pflichtenprogramm erlischt. Nach dem Gedanken des § 139 gilt dies grds auch dann, wenn nur einzelne Klauseln betroffen sind (MünchKomm/ROTH § 242 Rn 55, **aA** für den Bereich der Wertsicherungsklauseln BGH BB 1959, 1006).

Eine Mitwirkungspflicht an einer gem § 141 stets möglichen **Neuvornahme** besteht **187**
grds nicht (so auch MünchKomm/ROTH § 242 Rn 55), sondern nur als **Naturalrestitution** bei **schuldhafter Verletzung** einer Mitwirkungspflicht (vgl BGH MDR 1963, 837, 838; MünchKomm/ROTH § 242 Rn 55; für eine verschuldensunabhängige Haftung auf Grundlage der ratio legis des Genehmigungserfordernisses STAUDINGER/J SCHMIDT [1995] § 242 Rn 860).

(3) Prozessuales

188 Die Mitwirkungspflichten auf Herbeiführung einer meist, aber nicht zwingend behördlichen Genehmigung sind als selbständige Nebenpflichten **klagbar** (RG JW 1926, 1427, 1428; RGZ 168, 343, 344 f; PALANDT/HEINRICHS § 242 Rn 32; MünchKomm/ROTH § 242 Rn 56). Dementsprechend kann sich das Klagebegehren auf die Vornahme der Mitwirkungshandlung richten; eine Beschränkung auf Schadensersatz besteht also grds nicht. Wenn bei der Verletzung einer Mitwirkungspflicht aber doch Schadensersatz geschuldet wird (vgl dazu STAUDINGER/OTTO [2004] § 281 Rn A 35, B 14, C 11 ff), ist der hypothetische Zustand herzustellen, der bei pflichtgemäßen Verhalten vorläge, also das Erfüllungsinteresse zu leisten, wenn dem Vertragsschluss und seiner Durchführung nur die fehlende Genehmigung entgegenstand.

(4) Einzelfälle

189 Im Einzelfall müssen die Parteien etwa **schriftliche Ausfertigungen** eines mündlich geschlossenen Vertrages gegenüber der Behörde erteilen oder die nach dem Genehmigungsverfahren **erforderliche Erklärungen** abgeben (so bereits RG JW 1926, 1427). Das Genehmigungsverfahren darf **nicht hintertrieben** (RGZ 110, 356, 364; 129, 357, 378 ff), mögliche **Verzögerungen** bei der Genehmigungserteilung müssen **bedacht** (OLG Stuttgart NJW 1953, 670) und die **Leistungsfähigkeit** der Parteien nach Beseitigung eines etwaigen Schwebezustandes **sichergestellt** werden (OLG Hamburg MDR 1972, 947, vgl z Ganzen auch MünchKomm/ROTH § 242 Rn 50).

190 Im Bereich der **vormundschaftsgerichtlichen Genehmigung** gilt insofern eine Besonderheit, als den **Vormund** lediglich eine **eingeschränkte Mitwirkungspflicht** trifft. Als Grenze ist zu beachten, dass eine entsprechende Verpflichtung des Vormundes Rechte einschränken könnte, deren Ausübung dem Betroffenen aus übergeordneten Gründen vorbehalten bleiben soll (vgl auch STAUDINGER/J SCHMIDT [1995] § 242 Rn 858). Deshalb kann der Vormund grds nach freiem Ermessen von einem Antrag an das Vormundschaftsgericht absehen oder auch auf die Mitteilung der erteilten Genehmigung verzichten (vgl dazu auch § 1829 Abs 1 S 2; MünchKomm/ROTH § 242 Rn 55). Der **Schutz des Mündels** überlagert hier seine mögliche Mitwirkungspflicht nach den Grundsätzen von Treu und Glauben, so dass der Vormund vor diesem Hintergrund auch die Erteilung seiner Genehmigung gem § 108 ablehnen kann, ohne treuwidrig zu handeln (vgl BGHZ 54, 71, 75 = NJW 1970, 1414).

c) Mitwirkung bei der Durchführung des Vertrages
aa) Allgemeines

191 Von den bisher behandelten Konstellationen ist die Situation zu unterscheiden, bei der das Verpflichtungsgeschäft bereits wirksam zustande gekommen ist, die **Durchführung des Vertrages** aber weiterer Mitwirkung der Parteien bedarf, zB weil auch das Erfüllungsgeschäft von einer Genehmigung abhängt, wie etwa im Falle des § 1365. Hier ergibt sich eine Mitwirkungspflicht der Parteien bereits aus dem rechtswirksamen Grundgeschäft, das auf Abwicklung, also auf Erfüllung, gerichtet ist (vgl dazu auch ERMAN/HOHLOCH § 242 Rn 82; MünchKomm/ROTH § 242 Rn 57; STAUDINGER/J SCHMIDT [1995] § 242 Rn 858). **Art und Umfang** der weiteren Pflichten sind wiederum gesetzlich vorgegeben oder gem §§ 133, 157, 242 im Wege der **Auslegung** festzustellen (z den Rechtsfolgen bei Verletzung der Pflichten STAUDINGER/OTTO [2004] § 281 Rn A 35, B 14, C 11 ff).

bb) Gesetzlich normierte Mitwirkungspflichten

An zahlreichen Stellen innerhalb und außerhalb des BGB gibt das Gesetz den **192** Parteien den Umfang der geschuldeten Mitwirkung zur Durchführung ihrer Verpflichtung vor.

(1) Pflichten innerhalb des Bürgerlichen Gesetzbuches

Gem § 403 muss etwa der Zedent dem Zessionar eine öffentlich beglaubigte Urkunde über die **Abtretung** ausstellen, die dieser uU gem § 410 Abs 1 dem Schuldner auszuhändigen hat. **193**

Bei **Gewährung eines Darlehens** verpflichtet § 492 Abs 3 den Darlehensgeber, dem **194** Darlehensnehmer eine Abschrift der Vertragserklärungen zur Verfügung zu stellen. Im Falle der Gesamtfälligstellung eines Teilzahlungsdarlehens muss er uU sogar ein Gespräch über die Möglichkeiten einer einverständlichen Regelung anbieten, § 498 Abs 1 S 2.

Gem § 546 Abs 1 ist der **Mieter** verpflichtet, die Mietsache nach Beendigung des **195** Mietverhältnisses zurückzugeben (z Umfang dieser Verpflichtung su Rn 223). Den **Pächter** trifft diese Mitwirkungspflicht gem § 596. Die §§ 553, 554, 554a beinhalten weitere Nebenleistungspflichten im **Mietrecht**. Für die **Leihe** regelt § 604 Entsprechendes.

Nach Abschluss eines **Werkvertrages** ist die Abnahmepflicht des Bestellers gem § 640 **196** zu nennen. UU trifft ihn auch eine Mitwirkungspflicht iSd § 642, oder aber die Pflicht, Sicherheit gem §§ 648, 648a zu leisten. Der Sicherungsgedanke als Nebenleistungspflicht findet sich ebenso in § 651k für den **Reisevertrag**.

Das **Auftragsrecht** kennt mit § 669 eine Vorschrift, die Mitwirkungspflichten im **197** Innenverhältnis von Auftraggeber und Beauftragtem betreffen. Im Recht der **Gesellschaft** bürgerlichen Rechts ist § 735 zu erwähnen, beim **Verwahrungsvertrag** § 697, bei der **Inhaberschuldverschreibung** § 798.

Als Mitwirkungspflichten iwS können schließlich die gesetzlichen Regelungen über **198** **Kostentragung** und **Verzinsung** angesehen werden, da sie ebenfalls Vorgaben für Gläubiger oder Schuldner zur wirtschaftlich angemessenen Durchführung des Schuldverhältnisses beinhalten. Insbesondere findet sich dieser Gedanke etwa in den §§ 386, 436, 448 Abs 1 und Abs 2, 668, 698 oder auch in § 111 Abs 1 HGB wieder.

(2) Weitere Pflichten außerhalb des BGB

Mitwirkungspflichten außerhalb des BGB begründen zum einen die **handelsrecht-** **199** **lichen Wettbewerbsverbote** der §§ 60, 61 HGB für den Handelsgehilfen und das aus § 86 Abs 1 HS 2 HGB abzuleitende Wettbewerbsverbot für den Handelsvertreter, sofern dieser Konkurrenzunternehmen im Absatzgebiet vertreten will (vgl dazu auch MünchKomm/Roth § 242 Rn 77 mwNw). Zum anderen kennt auch das Recht der **Personenhandelsgesellschaften** Mitwirkungspflichten bei der Durchführung des Gesellschaftsverhältnisses: **Anmeldepflichten** iSd §§ 106, 162 HGB, **Zeichnungspflichten** gem §§ 108 Abs 2, 153 HGB lassen sich etwa als solche einordnen. Für das **Kapitalgesellschaftsrecht** seien zB die §§ 53a, 55, 67, 80, 81, 88, 170, 176 AktG und § 35a GmbHG genannt.

200 Bzgl weiterer zivilrechtlicher Nebengesetze ist auf Art 39 WG und Art 34, 35, 47 ScheckG hinzuweisen.

cc) Außergesetzliche Mitwirkungspflichten

201 Was im Einzelnen von den Parteien zur Mitwirkung an der Durchführung eines Vertrages verlangt werden kann, ist zwar im Wege einer **wertenden Einzelfallbetrachtung** gem §§ 133, 157, 242 festzustellen. Die in der Rspr entschiedenen Einzelfälle lassen sich aber systematisch anhand der Zielrichtung einer jeweils geschuldeten Mitwirkung unterteilen. So kann die Mitwirkungshandlung im Wesentlichen zur **Beseitigung von Erfüllungshindernissen** dienen, die **Erbringung der Leistung** als solche erleichtern, in einer eigentlich **nicht geschuldeten Mehrleistung** liegen, die **Schaffung von Rechtssicherheit** bezwecken oder eine **Unterstützung gegenüber Dritten** ermöglichen.

(1) Mitwirkung zur Beseitigung von Erfüllungshindernissen
(a) Allgemeines

202 Der **Erfüllung** gem § 362, also dem Bewirken der geschuldeten Leistung, können Hindernisse entgegenstehen, die entweder in einer Parteisphäre begründet liegen oder aber von außen an das Schuldverhältnis herantreten und so seine ordnungsgemäße Abwicklung stören oder sogar unmöglich werden lassen. Insofern kann die Parteien eine Pflicht treffen, darauf hinzuwirken, dass solche Hindernisse vermieden bzw bei Vorliegen aus dem Weg geräumt werden.

(b) Einzelfälle

203 Ist jemand zur **Abtretung** verpflichtet, und bezieht sich seine Abtretungserklärung (evtl nach ergänzender Vertragsauslegung) auf einen anderen als den bezeichneten Anspruch, so muss der Altgläubiger eine klarstellende Erklärung abgeben (OLG Hamburg MDR 1959, 123). Bei Abtretung eines vinkulierten Geschäftsanteils hat der Zedent in der Gesellschafterversammlung für die Genehmigung der Abtretung zu stimmen (BGHZ 48, 163, 166 = NJW 1967, 1963).

204 Bei Leistungen ins **Ausland** sind die Parteien uU verpflichtet, etwaige Ausfuhr- oder Devisengenehmigungen einzuholen (MünchKomm/Roth § 242 Rn 57) oder erforderliche Atteste bzw Analysen der Ware dem Exporteur auszuhändigen, sofern dieser sie benötigt, um Exportgenehmigungen für die Waren zu erhalten. Eine Pflicht zur Werkskontrolle durch eine ausländische Dienststelle wurde bei einem unbedeutenden Auftrag hingegen verneint (BGH BB 1956, 869; OLG München BB 1954, 547).

205 Beim Wechsel seiner **Bankverbindung** ist der Gläubiger in der Regel verpflichtet, in besonders auffälliger Weise oder sogar durch ausdrückliche Information darauf aufmerksam zu machen (OLG Frankfurt aM NJW 1998, 387).

206 Der Verkäufer einer fremden Sache kann gehalten sein, die Zustimmung des **Eigentümers** zur Eigentumsübertragung gem §§ 929, 185 einzuholen, sofern sich letzterer gegen Entgeltzahlung dazu bereit erklärt hat (Staudinger/J Schmidt [1995] § 242 Rn 882). Ebenso ist es mit der Pflicht, alles zu unterlassen, was die Erteilung einer Genehmigung gefährden oder vereiteln könnte, nicht vereinbar, wenn eine **Eigentumswohnung** zum Gebrauch an einen nicht wohnberechtigten Käufer überlassen wird (vgl § 4 Abs 2 S 1 WoBindG, ferner BVerwG NJW-RR 1986, 756, 758).

Bei **fehlender Genehmigungsfähigkeit** der Erfüllungsmodalitäten einer Parteiabrede **207** kann Anpassung oder Vertragsänderung geschuldet sein, wenn unter Wahrung der Identität des Leistungsgegenstandes eine Erfüllung in anderer Weise als ursprünglich vorgesehen möglich und dies dem Schuldner nach Abwägung der Interessenlage auch zumutbar ist (BGH NJW 1976, 1939). Dies gilt etwa für den Fall einer erforderlichen Registereintragung, zu deren Herbeiführung vertragliche Mängel behoben werden müssen (für den Fall der Gründung einer Kapitalgesellschaft MünchKomm/ROTH § 242 Rn 57 a mwNw). Eine Anpassung von Leistung und Gegenleistung kommt ausnahmsweise auch gem § 313 in Betracht (vgl STAUDINGER/SCHMIDT-KESSEL [2006] § 313; ferner BGHZ 38, 146, 149 = NJW 1963, 49).

(2) Mitwirkung zur Durchführung der Leistung
(a) Allgemeines
Bei der **Durchführung der Leistung** haben sowohl Schuldner als auch Gläubiger, **208** jedoch in unterschiedlichem Maße, mitzuwirken.

(aa) Pflichten des Schuldners
Die **Bewirkung der Leistung** fällt grds in den Risikobereich des Schuldners; er muss **209** aus eigener Kraft sicherstellen, dass der Leistungserfolg beim Gläubiger eintritt. Wenn zB ein Grundstück veräußert wird, ist es Sache des Käufers, den Kaufpreis aufzubringen, § 433 Abs 2. Hilfestellungen des Gläubigers bzw Verkäufers, etwa in Form der Bestellung eines Grundpfandrechtes an seinem Grundstück zur Aufbringung des Geldes, darf der Schuldner deshalb prinzipiell nicht erwarten (z diesem Fall RG LZ 1927, 1124).

Der Schuldner kann über die eigentliche Leistungshandlung hinaus zu **zusätzlichen** **210** **Handlungen** verpflichtet sein, um den Eintritt des Leistungserfolgs zu ermöglichen. Er hat generell Vorkehrungen dafür zu treffen, dass der angestrebte Leistungserfolg nicht gefährdet oder verhindert wird (vgl auch BGH NJW-RR 1996, 949, 950). Als Unterfall trifft ihn die Pflicht zu **Schutz und Obhut** für den Leistungsgegenstand (so auch STAUDINGER/J SCHMIDT [1995] § 242 Rn 863 ff; hingegen stuft MünchKomm/ROTH § 242 Rn 68 diesen Fall als leistungssichernde Nebenpflicht ein; ERMAN/HOHLOCH § 242 Rn 76 mit eigenständiger Kategorie). Weitere mögliche Mitwirkungshandlungen zur Durchführung der Leistung können in der **Erteilung von Bescheinigung und Informationen** (so etwa auch das Beigeben einer verständlichen Montageanleitung vgl OLG Oldenburg NJW-RR 1988, 540; z Rechtslage nach der Schuldrechtsreform BRAND, Probleme mit der „Ikea-Klausel", ZGS 2003, 96 ff), dem **Einhalten von Vertragstreue** und dem **Unterlassen von Vertrauensmissbrauch** liegen (MünchKomm/ROTH § 242 Rn 71 ff bezeichnet diese Fälle ebenfalls als leistungssichernde Nebenpflichten). Die Intensität der Schuldnerpflichten wächst dabei mit der **personalen Nähe** der Parteien des Schuldverhältnisses und dessen Rechtscharakter (vgl auch HUECK, Der Treuegedanke im modernen Privatrecht 17 f; vgl insgesamt dazu auch FUCHS, Kooperationspflichten der Bauvertragsparteien [Diss München 2003] 142 ff).

(bb) Pflichten des Gläubigers
Dagegen besteht prinzipiell **keine Rechtspflicht** des **Gläubigers**, den Schuldner bei **211** der erforderlichen Leistungshandlung **zu unterstützen**. Mitwirkungen des Gläubigers bei der Leistungserbringung sind deshalb regelmäßig Gegenstand einer bloßen **Obliegenheit** (vgl dazu MünchKomm/ERNST § 280 Rn 131 u z Obliegenheit so Rn 121 ff).

212 Dennoch kann sich im Wege der Auslegung gem §§ 133, 157 iVm § 242 ausnahmsweise doch eine Hilfspflicht des Gläubigers ergeben, wenn die erforderliche Handlung oder Unterlassung dem Gläubiger zumutbar ist und ihm daraus keinerlei Nachteile erwachsen. Die umfangreich vorhandene Kasuistik lässt sich wiederum anhand des **Näheverhältnisses** von Schuldner und Gläubiger ordnen (vgl z einem ähnlichen Ansatz auch HUECK, Der Treuegedanke im modernen Privatrecht 17 f).

213 Bei Schuldverhältnissen, deren alleiniges Ziel der **Austausch von Leistungen** darstellt, sind keine weitreichenden Mitwirkungspflichten des Gläubigers anzunehmen (STAUDINGER/J SCHMIDT [1995] § 242 Rn 869). Hingegen wächst die Intensität der Gläubigerverpflichtung mit der Dichte des Schuldverhältnisses. So lassen sich bei Fällen der **Gebrauchsgewährung,** bei **Sicherungsvereinbarungen,** bei **Dienst- und Arbeitsverhältnissen** sowie insgesamt bei **Dauerschuldverhältnissen** aufgrund der gesteigerten Parteinähe auch an das Gläubigerverhalten erhöhte Anforderungen stellen (vgl z dieser Unterteilung auch STAUDINGER/J SCHMIDT [1995] § 242 Rn 869 ff; zu Schuldnerpflichten su Rn 214 ff).

(b) Einzelfälle zur Mitwirkung des Schuldners bei der Leistungserbringung
(aa) Pflichten im Austauschverhältnis

214 Im **reinen Austauschverhältnis** erschöpft sich die Leistungspflicht des Schuldners im Wesentlichen im Bewirken der geschuldeten Leistung und der Einhaltung gesetzlicher Nebenleistungspflichten. Im Mittelpunkt steht also die Konzentration der Pflichten auf den eigentlichen Leistungsgegenstand (STAUDINGER/J SCHMIDT [1995] § 242 Rn 869). Deshalb gefährden **Ehrverletzungen** oder **Denunziationen** grds den eigentlichen Vertragszweck nicht (BGH LM § 276 [Hd] Nr 1; OLG Hamburg MDR 1955, 289; s Rn 153, 157, 161, 493, 518). Denn die Pflichten im Vertrauensbereich sind im Austauschverhältnis nicht besonders stark ausgeprägt. UU kann jedoch derjenige gegen seine Pflicht zu vertragskonformem Verhalten verstoßen, der ohne rechtfertigenden Grund erklärt, sich nicht mehr an ein gegebenes Leistungsversprechen oder an vereinbarte Bedingungen halten zu wollen oder die Gültigkeit eines Vertrages bestreitet (vgl RGZ 171, 297, 301 – grundloses Nachbesserungsverlangen; BGH MDR 1968, 915; VersR 1972, 970, 971; NJW 1978, 103; vgl z den Nebenleistungspflichten im Werkvertrag auch BGH BB 2001, 1224 = DB 2001, 1490).

215 Betrifft die Leistung einen **körperlichen Gegenstand**, kann sich eine Pflicht zur ordnungsgemäßen **Aufbewahrung und Obhut**, zum **Schutz vor Einwirkungen** durch Dritte oder vor Gefährdungen durch Naturerscheinungen ergeben (vgl dazu auch RGZ 108, 341, 343; BGH DB 1972, 34; OLG Naumburg NJ 2003, 267 [z Werkvertrag]; AnwK-BGB/KREBS § 242 Rn 44; MünchKomm/ROTH § 242 Rn 68; SOERGEL/TEICHMANN § 242 Rn 166). Diese Pflicht weist aber uU auch Integritätsbezug iSd Abs 2 auf (s Rn 153, 157, 161, 479 ff), so dass man für die Rechtsfolgen einer Pflichtverletzung unterscheiden muss.

216 Der Vertragsgegenstand ist zB vor **Verderb und Verschlechterung** zu bewahren und insgesamt in einem **ordnungsgemäßen Zustand** zu erhalten (STAUDINGER/J SCHMIDT [1995] § 242 Rn 864). Dabei darf sich ein **Reinigungsbetrieb** aber grds auf Pflegezeichen in Kleidungsstücken verlassen und schuldet bei ihrer Einhaltung deshalb auch keinen Schadensersatz (AG Offenbach NJW-RR 2003, 385). **Tiere** sind uU zu füttern, **Maschinen** zu warten und **Ware** sicher zu lagern oder zu verpacken (vgl BGH NJW 1999, 3487; LG Frankfurt aM NJW-RR 1986, 967; ENNECCERUS/LEHMANN, Schuldrecht § 4 II 2; Münch-

Titel 1 § 241
Verpflichtung zur Leistung 217–222

Komm/Roth § 242 Rn 68). **Verzögert** sich die **Abnahme** der Ware, besteht, solange der Verkäufer von seinem Recht zur Hinterlegung bzw Selbsthilfeverkauf keinen Gebrauch gemacht hat, diese Obhutspflicht weiter (RGZ 108, 341, 343; BGH LM § 323 Abs 1 aF Nr 3). Der **Verkäufer** einer Maschine schuldet die notwendige **Bedienungsanleitung** (BGHZ 47, 312; vgl zur Montageanleitung nunmehr auch § 434 Abs 2 S 2) und grds den **Einbau** und nicht nur die Zusendung **fehlender Einzelteile** (BGH WM 1989, 1866, 1868). Werden **neuartige Werkstoffe** verkauft, ist über die zweckmäßige Verwendung zu informieren (BGH LM § 459 Abs 1 aF Nr 7). Der Verkäufer von **Benzin** hat das Normal- und Superbenzin in den für die jeweilige Sorte vorgesehen Tank zu füllen (BGHZ 107, 249).

Bei einem **Werkvertrag** kann sich etwa die Pflicht zur **ordnungsgemäßen Verladung** 217 von Waren ergeben (vgl dazu BGH NJW-RR 1995, 1241), ein durch einen Architekten vorgegebener **Kostenrahmen ist einzuhalten** (BGH NJW-RR 1997, 850). Im Einzelfall kennt ein Austauschverhältnis die Verpflichtung, eine **Sachversicherung** abzuschließen (RGZ 50, 169; s Rn 153, 157, 161, 473), **Geld** ist uU verzinst anzulegen (BGHZ 26, 7, 9 = NJW 1958, 137). Der Schuldner eines **Luftbeförderungsvertrages** hat den Fluggast mit Wohnsitz in Deutschland bei Vertragsabschluss auf Stornokosten für den Fall eines Rücktritts ausdrücklich hinzuweisen (AG Frankfurt aM NJW-RR 2003, 641; vgl Rn 469 f).

Bei **Rechten** geht die entsprechende Verpflichtung des Schuldners dahin, das **Recht** 218 ungeschmälert in seinem vertragsgemäßen Bestand **zu erhalten** und evtl Umstände, die ein Erlöschen des Rechts zur Folge hätten, zu beseitigen (Staudinger/J Schmidt [1995] § 242 Rn 864).

(bb) Pflichten bei Gebrauchsgewährung
Bei Verträgen, die eine **Gebrauchsgewährung** zum Gegenstand haben (etwa Miete 219 oder Pacht), den **Sicherungs- und Treuhandschuldverhältnissen, Dienst- und Arbeitsverhältnissen** sowie sonstigen **Dauerschuldverhältnissen** im Allgemeinen erhöhen sich aufgrund der durch sie begründeten Nähebeziehung die Anforderungen, die gem §§ 133, 157, 242 an das Leistungsverhalten des **Schuldners** zu stellen sind (zu Gläubigerpflicht so Rn 211 ff). Zum charakteristischen Leistungsinhalt gehören hier gerade auch neben den konkret zu erbringenden Sach-, Dienst- oder Arbeitsleistungen und der Obhut für diesen Leistungsgegenstand (dazu mit Bsp Soergel/Teichmann § 242 Rn 166) die Herstellung und Aufrechterhaltung des **Vertrauensverhältnisses** zwischen den Vertragsparteien (Staudinger/J Schmidt [1995] § 242 Rn 864).

So darf etwa nicht verhindert werden, dass ein **gewerblicher Nutzer** von **Mieträumen** 220 auf seinen Betrieb aufmerksam macht. Der Vermieter hat vielmehr die Anbringung von Praxisschildern und Reklametafeln sowie von sonstigen Hinweisen im Rahmen des Ortsüblichen zu dulden (AG Frankfurt aM NJW 1957, 1600; s Rn 153, 157, 161, 498). Auch hat er den Zugang von Publikum – ggf auch in größerem Umfang (zB Arztpraxis, Vertreter- oder Maklerbüro) – hinzunehmen (Staudinger/J Schmidt [1995] § 242 Rn 869).

Unberechtigte Kündigungen (BGHZ 51, 192; 53, 150; 89, 296; BGH NJW 1988, 1268, 1269; OLG 221 München NJW-RR 1995, 292, 294), etwa unter **Vorspiegelung eines Kündigungsgrundes** (OLG Karlsruhe NJW 1982, 54), sowie deren **Androhung** (vgl Palandt/Heinrichs § 280 Rn 26; aA OLG Hamm NJW-RR 1996, 1294) sind zu unterlassen.

Darüber hinaus darf der **Gebrauchsüberlasser** weder durch eigene Tätigkeit noch 222 durch die Überlassung von Räumen in demselben Gebäude – oder sogar in einem Nebenhaus (vgl OLG Koblenz NJW 1960, 1253) – an einen Konkurrenten des Nutzungsberechtigten bewirken, dass diesem **Wettbewerb** entsteht (RGZ 119, 353, 356; 131, 274, 276; 136, 266, 267 ff; BGH MDR 1961, 593; BGHZ 70, 79; BGH NJW 1979, 1405; BGH WM 1985, 1175, 1176; BGH NJW-RR 1989, 263; OLG Karlsruhe WM 1990, 1120, 1121; JOACHIM, Konkurrenzschutz im gewerblichen Mietrecht, BB 1986 Beilage 6, 12; s Rn 153, 157, 161, 509 ff), was auch zugunsten freiberuflich Tätiger gilt (BGHZ 70, 79; OLG Karlsruhe NJW 1972, 2224). Diese Grundsätze wurden von der Rspr auch auf das **Pachtverhältnis** (OLG Celle MDR 1964, 59; vgl aber auch OLG Koblenz ZMR 1993, 72, 73) sowie auf das Verhältnis von Eigentümer und **Erbbauberechtigten** übertragen (OLG Karlsruhe WM 1962, 26, 27). Einzubeziehen sind auch **Umgehungsversuche** durch die Parteien (vgl MünchKomm/ROTH § 242 Rn 77 mwNw). Bei der Annahme einer solchen Pflicht zur **Unterlassung von Wettbewerb** ist jedoch stets das Verhältnis zu den uU einschlägigen wettbewerbsrechtlichen Sonderregelungen zu berücksichtigen (vgl dazu krit STAUDINGER/J SCHMIDT [1995] § 242 Rn 871).

223 Umstritten ist, inwiefern den **Mieter** eine Nebenleistungspflicht zur **Wiederherstellung einer beschädigten Mietsache** iRd Rückgabepflicht des § 546 trifft. Das Problem liegt darin, ob der Mieter gem § 546 die Rückgabe im vertragsgemäßen Zustand schuldet, so dass es sich bei der Wiederherstellung um die Erfüllung einer **Nebenleistungspflicht** handelt (so etwa BGH NJWE-MietR 1996, 266 = WuM 1997, 217), oder aber ob eine solche Pflicht nur als allgemeine **Rücksichtspflicht** iSd Abs 2 besteht (z den Pflichten bei der Rückgabe der Mietsache auch EISENHARDT, Haupt- und Nebenpflichten des Mieters bei Rückgabe der Mieträume, WuM 1998, 447 ff; s Rn 153, 157, 161, 497). Gegen die Annahme einer Nebenleistungspflicht spricht, dass § 546 nur die Pflicht zur **Herausgabe** begründet, aber nicht definiert, in welchem Zustand sich die Mietsache dabei zu befinden hat. Zudem realisiert sich in der Beschädigung des Mietgegenstandes oftmals nicht das Leistungs-, sondern das Integritätsinteresse, so dass idR von einer **Rücksichtspflicht** iSd Abs 2 auszugehen ist (vgl z Problematik insgesamt auch KANDELHARD NJW 2002, 3291 ff; RICKER, Verjährungsprobleme bei Herstellungs- und Schadensersatzansprüchen des Vermieters wegen Veränderungen oder Verschlechterungen der Mietsache, NZM 2000, 216 ff).

(cc) Pflichten bei Sicherung und Treuhand

224 Bei **Sicherungs- und Treuhandschuldverhältnissen** bestimmt in erster Linie der Sicherungszweck das Pflichtenprogramm der Parteien. Insofern trifft sie regelmäßig auch eine ergänzende Pflicht, durch Mitwirkung Gefährdungen dieser Zwecke zu vermeiden, also alle Maßnahmen zur Sicherung, Erhaltung und Verwirklichung der übertragenen Rechte zu treffen (RGZ 76, 345, 347; BGH NJW 1966, 2009). Drohende Zwangsvollstreckungen sind etwa abzuwehren, und der Sicherungsnehmer muss den Sicherungsgeber entsprechend informieren (SERICK, Eigentumsvorbehalt und Sicherungsübertragung 64 f; z weiteren Bspfällen su Rn 256).

(dd) Pflichten in Arbeits-, Dienst- und sonstigen Dauerschuldverhältnissen

225 Im Bereich eines **Arbeitsverhältnisses** kann es dem **angestellten Erfinder** verwehrt sein, die **Patentnichtigkeitsklage** zu erheben (vgl BGH MDR 1956, 83 mit abl Anm NIPPERDEY). Die arbeitsrechtliche Treuepflicht (vgl STAUDINGER/LOOSCHELDERS/OLZEN § 242 Rn 770 ff, 776 ff) begründet durch die Einbindung des Arbeitnehmers in den Produktionsprozess (vgl auch BEAUCAMP, Das Arbeitsverhältnis als Wettbewerbsverhältnis, NZA 2001, 1011 ff; WISSKIRCHEN, Außerdienstliches Verhalten von Arbeitnehmern [Diss Berlin 1999]) Nebenleistungspflichten (vgl etwa LAG Sachsen NJOZ 2001, 1904; SCHÄFER, Pflicht zu gesundheitsfördernden Verhalten?, NZA 1992, 529; z arbeitsvertraglichen Nebenleistungspflicht z Durchführung einer Alkoholtherapie LAG Düsseldorf BB 1997, 1799; KÜNZL, Arbeitsvertragliche Nebenpflicht zur Durchführung einer Alkoholtherapie?, NZA 1998, 122 ff), die sich etwa darin äußern, dass bestimmte **Wettbewerbshandlungen** für den Zeitraum der Beschäftigung zu unterlassen sind. Eine **Nebentätigkeit** des Arbeitnehmers kann selbst dann, wenn sie keinen unzulässigen Wettbewerb darstellt, zu vermeiden sein (vgl dazu LAG Baden-Württemberg BB 1970, 710; MünchKomm/ROTH § 242 Rn 79 mwNw s Rn 153, 157, 161, 509 ff, 517).

226 Für den **Arbeitgeber** als Schuldner der Entgeltzahlungsverpflichtung besteht aber keine Pflicht, den Arbeitnehmer mit Verkehrsmitteln zum Arbeitsplatz zu befördern (vgl dazu BAG BB 2003, 795; z den idR integritätsbezogenen Fürsorgepflichten des Arbeitgebers vgl hier Rn 499 f).

227 Beim **Dienstverhältnis** soll ein **Handelsvertreter** auch ohne ausdrückliches Verbot im Vertrag während seiner Laufzeit weder für ein Konkurrenzunternehmen tätig werden (BGHZ 42, 59, 61 = NJW 1964, 1621), noch Geschäfte für eigene Rechnung tätigen dürfen; diese Verpflichtung trifft uU sogar andere Arbeitnehmer des Unternehmers (vgl z Problemkreis THUME, Das Wettbewerbsverbot des Handelsvertreters während der Vertragszeit, WRP 2000, 1033 ff). Das Gleiche gilt für einen **Verfasser**, der während der Dauer eines Verlagsvertrages kein Werk in einem anderen Verlag erscheinen lassen darf, das dem Verleger ernsthaften Wettbewerb machen kann (BGH NJW 1973, 802, z entspr Beschränkungen bei einem Vertrag über die Herstellung u den Vertrieb eines Kajütmotorbootes BGH MDR 1990, 22 = NJW-RR 1989, 1304, 1305).

228 Der **Anwaltsvertrag** kann für den Anwalt die Pflicht begründen, Zahlungsansprüche gegen den Mandanten erst dann geltend zu machen, wenn er keine anderen Zahlungsverpflichteten in Anspruch nehmen kann, insbesondere also keine Erstattung aus der Staatskasse als Kosten eines Ordnungswidrigkeitsverfahrens möglich ist (vgl dazu AG Bielefeld VersR 2001, 399).

229 Den **Franchisegeber** trifft uU eine Pflicht, alles zu unterlassen und bei Franchisenehmern zu unterbinden, was die Durchführung der Franchisevereinbarung gefährdet (BGH NJW 1997, 3304, 3307 – Benetton I; MünchKomm/ROTH § 242 Rn 79).

230 Ein **Makler**, der sich in einem Alleinauftrag verpflichtet, für den Verkäufer einer Immobilie provisionsfrei tätig zu werden, darf seinem Auftraggeber nicht drohen, den Abschluss eines Kaufvertrages scheitern zu lassen, falls dieser sich nicht bereit findet, entgegen den ursprünglichen Vereinbarungen doch eine Provision zu zahlen (OLG Hamm NJW-RR 2001, 710). Ebenso kommt die Verletzung einer vertraglichen Nebenpflicht dann in Betracht, wenn sich ein Makler iR eines Maklergemeinschaftsgeschäfts im Widerspruch zu einer vertraglichen Absprache gegenüber seinen Kunden auf einen niedrigeren als den zuvor zwischen den Maklern vereinbarten Provisionssatz einlässt (OLG Dresden VersR 2003, 902, 903). Hingegen liegt keine Verletzung einer Nebenleistungspflicht durch einen Makler vor, wenn er in **Doppeltätigkeit** für einen Vertragsteil als Vermittlungsmakler und für den anderen als Nachweismakler tätig ist, da es in solchen Fällen in der Regel zu keinen vertragswidrigen Interessenkollisionen kommt (LG Hannover NJW-RR 2001, 566).

231 Der **Subunternehmer** verletzt seine vertraglichen Nebenpflichten gegenüber seinem

Auftraggeber, wenn er das Vertragssoll durch direkte Verhandlungen mit dem Planer des Bauherrn abweichend vom üblichen Stand der Technik konkretisiert, ohne dies seinem Auftraggeber mitzuteilen (OLG Dresden NJW-RR 2001, 664).

232 Die Regelung im **Gesellschaftsvertrag** einer GmbH, an der mehrere gleichzeitig zu Geschäftsführern bestellte Gesellschafter beteiligt sind, wonach Beschlüsse der Gesellschafterversammlung Einstimmigkeit erfordern, kann regelmäßig nicht dahin ausgelegt werden, dass sie eine Nebenleistungspflicht der Gesellschafter zur Geschäftsführung begründet, also eine einseitige Niederlegung des Geschäftsführeramts ausschließt (OLG Hamm BB 2002, 1063 = ZIP 2002, 939 = NZG 2002, 421; allg z Nebenleistungspflichten in der Gesellschaft auch BGH NJW-RR 1993, 607; JANKE, Die Nebenleistungspflichten bei der GmbH [Diss Stuttgart 1996]). Dagegen kann sich aus einem Gesellschaftsvertrag unter Berücksichtigung der gesellschaftsrechtlichen Treuepflicht die Vorgabe ergeben, **Wettbewerb** in bestimmter Form zu unterlassen (vgl etwa LG Hamburg NZG 1998, 687; s Rn 153, 157, 161, 509 ff).

233 Im **Sukzessiv- bzw Ratenlieferungsvertrag** erfordert die Gesamtabwicklung ebenfalls regelmäßig die besondere Verlässlichkeit des Vertragspartners. Seine Zuverlässigkeit kann demnach als Nebenleistung geschuldet sein (vgl RGZ 54, 98, 102 f; 104, 39, 41; 149, 187, 190; BGH NJW 1978, 260; 1978, 416, 417; OLG Frankfurt aM JZ 1985, 337). So darf etwa der Käufer, der in langjähriger Geschäftsbeziehung vom Verkäufer regelmäßig gleichartige, mangelfreie Ware bezieht, darauf vertrauen, auf Änderungen der Beschaffenheit des Kaufgegenstandes hingewiesen zu werden (BGH NJW 1996, 1537).

234 In sonstigen **Dauerschuldverhältnissen** mit personenrechtlichem Einschlag ist es geboten, ein ungehöriges oder beleidigendes Verhalten zu unterlassen, dass die Zusammenarbeit mit dem anderen Teil für diesen unzumutbar macht (RGZ 78, 385, 387 f; 128, 1, 16; 140, 378, 385; RG DR 1939, 1441; BGHZ 4, 108, 121; BGH NJW 1973, 92; NJW 1981, 1264; NJW 1989, 1482, 1483; NJW 1990, 40, 41; LAG Chemnitz ZfSH/SGB 2003, 37; z Recht anders, wenn nur noch Leistungen ausstehen, für die kein Zusammenwirken mehr erforderlich ist OGHZ 1, 258, 262 mit Anm COING NJW 1949, 262; z ähnlichen Fall des Sukzessiv- oder Ratenlieferungsvertrages RGZ 54, 98, 102; 104, 39, 41; 149, 187, 190; BGH NJW 1978, 260; 1978, 416, 417; OLG Frankfurt aM JZ 1985, 337; s Rn 153, 157, 161, 506). Ebenso kann die Pflicht im Dauerschuldverhältnis (vgl etwa BAG NJW 2001, 2994; LAG Berlin NZA-RR 2001, 85) bestehen, dass der Leistende, der an sich zur Kündigung berechtigt ist, schutzwürdige Belange der Gegenpartei berücksichtigen und insofern etwa auf eine in die Insolvenz treibende **Kreditkündigung** verzichten muss (BGH WM 1987, 921; OLG Hamm ZIP 1985, 1387; vgl aber auch OLG Karlsruhe WM 1991, 1332; OLG Hamm WM 1991, 402; z Kündigung einer Kontoverbindung OLG Brandenburg NJW 2001, 450; EICHHOLT, Kündigung von NPD-Konten, NJW 2001, 1400; z Problematik allg CANARIS ZHR 143 [1979] 113; MÖLLERS, Die Haftung der Bank bei Kreditkündigung [1991]; VOGLIS, Kreditkündigung und Kreditverweigerung der Banken [2001]). Eine Pflicht zur **Gewährung neuer Kredite** besteht dagegen grds nicht (so OLG Karlsruhe WM 1991, 1332; BATEREAU, Die Haftung der Bank bei fehlgeschlagener Sanierung, WM 1992, 1517, 1519; aA CANARIS ZHR 143 [1979] 113, 124 ff). Neben dem **Leistungsinteresse** ist in solchen Fällen gleichzeitig regelmäßig das **Integritätsinteresse** in Form des Vermögensschutzes einer Partei betroffen, weshalb auch uU eine Einstufung als Rücksichtspflicht iSd Abs 2 in Betracht kommt, wenn der Vermögensschutz im Vordergrund steht (s Rn 153, 157, 161, 495).

(ee) Pflichten in atypischen Vertragsverhältnissen

Es steht den Parteien offen, **untypische Vertragszwecke** zu vereinbaren, die ein 235 besonderes Pflichtenprogramm für den Schuldner entstehen lassen. Auch hier ergibt sich eine Pflicht für den Schuldner, alles zu unterlassen, was die Erreichung der vereinbarten Zwecksetzungen gefährden könnte (vgl etwa z Bankgarantievertrag LG Frankfurt aM NJW 1981, 56, z Bauträgervertrag BGH NJW 1974, 849, 850; z Entsorgungsvertrag OLG Hamm NJW-RR 1990, 667; z Mehrwertdienstevertrag ZAGOURAS, Zivilrechtliche Pflichten bei der Verwendung von Sprachmehrwertdiensten – Ansprüche und Einwendungen der Nutzer von 0190er- und 0900er-Rufnummern nach dem TKG, MMR 2005, 80 ff; insges auch zum Mobilfunkvertrag KÖHLER, Der Mobilfunkvertrag [Diss Düsseldorf 2005] 70 ff).

(c) Einzelfälle zur Mitwirkung des Gläubigers bei der Leistungserbringung

Obwohl die Leistungserbringung grds in den Risikobereich des Schuldners fällt (so 236 Rn 209), kann jedoch auch der Gläubiger im Einzelfall verpflichtet sein, die Durchsetzung vereinbarter oder üblicher Leistungs- oder Finanzierungsmodalitäten zu fördern. Die Intensität der Gläubigerpflichten wächst ebenso wie diejenige der Schuldnerpflichten (so Rn 210) mit dem **Näheverhältnis** zwischen den Parteien aufgrund der Besonderheiten des jeweiligen Rechtsverhältnisses.

Deshalb muss der Grundstücksverkäufer dem Notar notfalls treuhänderisch eine 237 Löschungsbewilligung erteilen, wenn die **Finanzierung** eines **Grundstückskaufpreises** durch eine Restkaufpreishypothek erfolgen soll (BGH NJW 1973, 1793, 1794 f). Bei einer entsprechenden Finanzierung durch Bausparvertrag kann eine Pflicht zur Überlassung der Unterlagen bestehen, die der Käufer zur Inanspruchnahme der Valuta benötigt (zB Wohnungseigentümervertrag, Baufortschritts-, Versicherungs- und Finanzierungsnachweis, vgl BGH WM 1968, 1299, 1301; MünchKomm/ROTH § 242 Rn 62; BRYCH, Die Zahlungsverpflichtungen des Wohnungskäufers, DNotZ 1974, 413, 414).

Ebenso trifft den Gläubiger uU die Pflicht, die Gegenpartei bei der Ausnutzung von 238 **Steuervorteilen** zu unterstützen (für den Fall des sog begrenzten Realsplittings vgl BGH NJW 1983, 1545; 1985, 195 = LM § 1569 Nr 13, 17; für den Fall der Abführung der Umsatzsteuer zwecks Ermöglichung des Vorsteuerabzugs BGH DNotZ 1995, 137; vgl auch OLG Hamm MDR 2004, 205; insgesamt z steuerrechtsbezogenen Nebenpflichten WALZ, Steuerrechtsbezogene Nebenpflichten im Recht der Leistungsstörungen, BB 1991, 880 ff).

Eine Mitwirkungspflicht bei der zur Überprüfung seiner Forderungen erforderlichen 239 Vermessung trifft den **Werkunternehmer** (OLG Köln NJW 1973, 2111; vgl allg auch z den Nebenleistungspflichten beim Bauvertrag JAGENBURG, Die Entwicklung des privaten Bauvertragsrechts seit 2000: VOB/B, NJW 2003, 102 ff). Ebenso muss aber der **Auftraggeber** Hindernisse gegen die Erbringung der Werkleistung ausräumen (OLG Düsseldorf NZBau 2000, 427). Beim **Frachtvertrag** ist eine Hilfspflicht des Gläubigers anzunehmen, wenn der Schuldner ohne intensive Mitwirkung des Gläubigers nicht tätig werden kann (vgl BGHZ 11, 80, 83 ff; VersR 1960, 693, 694; WM 1986, 73, 74; GÖTZ, Obliegenheiten und positive Forderungsverletzung – BGHZ 11, 80, JuS 1961, 56 ff; NICKLISCH, Mitwirkungspflichten des Bestellers beim Werksvertrag, insbesondere beim Bau- und Industrieanlagenvertrag, BB 1979, 533; sowie zusammenfassend MünchKomm/ERNST § 280 Rn 135 f).

Der **Pfandgläubiger** muss uU ermöglichen, dass von Kursstürzen bedrohte verpfän- 240 dete Wertpapiere in kurssichere umgetauscht werden (RGZ 101, 47, 49).

241 Im **Sicherungsschuldverhältnis** sind alle Maßnahmen zur Sicherung, Erhaltung und Verwirklichung des übertragenen Rechts durch den Sicherungsnehmer zu treffen (RGZ 76, 345, 347; BGHZ 32, 67, 70; BGH NJW 1966, 2009), etwa in Form der Abwendung einer drohenden Zwangsvollstreckung in den Sicherungsgegenstand oder der Information an den Sicherungsgeber (z entspr Schuldnerpflichten so Rn 224; vgl ferner SERICK, Eigentumsvorbehalt und Sicherungsübertragung 64 f).

(3) Mitwirkung als Mehrleistung
(a) Allgemeines

242 Darüber hinaus erscheint fraglich, ob den Parteien neben der Mitwirkung an der Leistungserbringung weitere Pflichten auferlegt werden können, die über das ursprünglich zur Erfüllung notwendige Pflichtenprogramm hinausgehen (vgl z diesem Problembereich auch STAUDINGER/J SCHMIDT [1995] § 242 Rn 883 ff). Da das Äquivalenzverhältnis des geschlossenen Vertrages dadurch Störungen erleidet, ist jedenfalls Zurückhaltung bei der Ausdehnung der Pflichten geboten (STAUDINGER/J SCHMIDT [1995] § 242 Rn 883). Solche Pflichten lassen sich auch nicht auf einheitliche dogmatische Kriterien stützen, sondern es handelt sich vielmehr um **Einzelfallbetrachtungen** des konkreten Rechtsverhältnisses. Dennoch haben Rspr und Lit – zumeist unter Rückgriff auf §§ 133, 157, 242 – eine Reihe solcher Pflichten entwickelt; der folgende Katalog greift einige wesentliche heraus. Weitere Bsp für solche „Mehrleistungspflichten" finden sich auch in den jeweiligen Kommentierungen zu den einzelnen Schuldverhältnissen; sie kommen in jedem gesetzlichen und vertraglichen Schuldverhältnis vor (STAUDINGER/J SCHMIDT [1995] § 242 Rn 836 ff, 883 ff).

(b) Einzelfälle

243 Ein **Automatenaufstellungsvertrag** kann die Pflicht auslösen, einer Änderung des Aufstellplatzes zuzustimmen (SCHOPP, Formularverträge über die Automatenaufstellung, ZMR 1972, 197 ff). Umstritten ist die Möglichkeit einer **Bankverpflichtung**, dem Darlehensschuldner in wirtschaftlicher Bedrängnis die Kreditlinie zu erhöhen (offen gelassen von BGH NJW-RR 1990, 110, 111). Der **Fluchthelfer** musste dem Flüchtling uU eine Stundung gewähren (BGH NJW 1977, 2358). Wenn das Grundbuchamt eine Belastung falsch und damit unwirksam einträgt, besteht eine Verpflichtung, die **Belastung des Grundstücks** erneut zu bestellen (BGH WM 1971, 1475, 1476). Beim Verkauf eines Unternehmens in **Mieträumen** ist uU darauf hinzuwirken, dass der Vermieter den Vertrag mit dem Käufer fortsetzt (OLG Hamburg OLGE 28, 149). Eine Pflicht zur **Nachproduktion** und zur Lieferung von Ersatzteilen kann sich bei der Produktion technischer Industrieprodukte ergeben (so AG München NJW 1970, 1852; GREULICH BB 1955, 208 ff; FINGER NJW 1970, 2049 ff; dagegen RODIG BB 1971, 854 ff). Den **Werkunternehmer** trifft evtl die Verpflichtung, an der Beschaffung von Massenberechnungen, Zeichnungen oder anderer Belege zur Überprüfung seiner Forderungen mitzuwirken (OLG Köln NJW 1973, 2111). Zu weitgehend erscheint demgegenüber die Annahme einer Pflicht des Werkunternehmers, nachfolgende Arbeiten anderer Unternehmer zu beobachten (BGH NJW 1983, 875, 876). Bei mangelhafter Leistung im Werkvertrag kann uU eine Vorschusspflicht über die gesetzlichen Ansprüche hinaus bestehen (vgl BGHZ 110, 205, 207 f; 94, 330; 54, 244, 246; 47, 272, 274; BGH NJW-RR 1989, 405; dazu auch PETERS, Grundfälle zum Werkvertragsrecht, JuS 1993, 29, 30 f). Die **Wohnsitzverlegung** des Gläubigers hat zur Folge, dass vom vereinbarten Leistungsort abzuweichen ist (OLG Celle NJW 1953, 1831). Eine Einverständniserklärung bzgl einer anderweitigen Nutzung von Wohnraum kann bei einem **Wohnrecht** Pflichtinhalt werden, wenn der Berechtigte aufgrund Pflegebedürftigkeit nicht mehr imstande ist, das Wohnrecht persönlich wahrzunehmen (OLG Köln FamRZ 1991, 1432, 1433).

(4) Mitwirkung zur Schaffung von Rechtssicherheit
(a) Allgemeines
Es liegt im Interesse der Parteien, dass ihre Erklärungen klar und verständlich, **244** mithin auch für den Rechtsverkehr nachvollziehbar, abgegeben werden. Durch Auslegung, §§ 133, 157, dh unter Berücksichtigung von Verkehrssitte und Treu und Glauben, § 242, lassen sich aus dieser Grundaussage im Einzelfall Parteipflichten zur **Richtigstellung** oder **Reaktion** ableiten. Auch hier ist keine abschließende Aufzählung möglich, wohl aber sollen einige ausgesuchte Bspiele aus Rspr und Lit dargestellt werden.

(b) Einzelfälle
So ist der Darlehensgeber verpflichtet, dem Darlehensnehmer **Einsicht** in die Ver- **245** tragsurkunde zu gewähren, wenn dieser seine Ausfertigung verloren hat (LG Frankfurt aM NJW-RR 1988, 1129, z Bankkunden BGH NJW-RR 1988, 1072, 1073).

Ferner kann eine Parteipflicht bestehen, formlos wirksame Erklärungen dennoch in **246** bestimmter **Form** einer Behörde oder einem Registergericht vorzulegen (vgl dazu auch die Vorschrift des § 29 GBO, ferner KG NJW 1962, 1062; MünchKomm/ROTH § 242 Rn 58). Die gegenläufige Pflicht, bei **formloser Einigung** eine gesetzliche Form herbeizuführen, besteht jedoch – wie ausgeführt – nicht (so Rn 185). Unter engen Voraussetzungen entsteht ein solcher Anspruch auf formgültigen Abschluss des Vertrages als Naturalrestitution oder die Formnichtigkeit wird durch den Gedanken des § 242 überwunden (so Rn 185 sowie STAUDINGER/LOOSCHELDERS/OLZEN § 242 Rn 445).

Unklare Verträge oder solche, die erst unter Berücksichtigung des Grundsatzes der **247** falsa demonstratio verständlich werden, müssen uU **klar oder richtig gestellt werden** (OLG Hamburg MDR 1959, 123; KÖHLER, Kritik der Regel protestatio facto contraria, JR 1984, 14, 15; MünchKomm/ROTH § 242 Rn 59; PALANDT/HEINRICHS § 242 Rn 34), wenn sich diese Umstände vor einem Konflikt herausstellen. Der Zedent einer Forderung, dessen Abtretungserklärung sich erst aus einer ergänzenden Vertragsauslegung ergibt, kann zur Abgabe einer **klarstellenden Erklärung** gegenüber dem Zessionar verpflichtet sein (OLG Hamburg MDR 1959, 123). **Ungeeignetes Hilfspersonal** zur Durchführung des Vertrages muss im Einzelfall ausgewechselt werden (BGHZ 87, 156, 165 f; PALANDT/ HEINRICHS § 242 Rn 34).

Dagegen hat ein Patient keinen Anspruch auf Vorlage einer **maschinenschriftlichen** **248** **Abschrift** der Krankenunterlagen unter Aufschlüsselung der Kürzel für Fachausdrücke aus dem Arztvertrag (LG Dortmund NJW-RR 1998, 261).

Aus Gründen der **Rechtssicherheit** besteht keine Pflicht, nur berechtigte Forderun- **249** gen gerichtlich geltend zu machen. Das Geltendmachen einer unberechtigten Forderung stellt keine Nebenleistungspflichtverletzung dar, da § 91 ZPO und § 826 den anderen Teil hinreichend schützen (BGHZ 95, 10, 18 = NJW 1985, 1959; ferner nunmehr BGH NJW 2003, 817 = MDR 2003, 740; **aA** aber für die außergerichtliche Geltendmachung LG Zweibrücken NJW-RR 1998, 1105; AG München NJW-RR 1994, 1261; PALANDT/HEINRICHS § 280 Rn 27). Gleiches gilt e contrario § 840 ZPO auch für den Fall, dass der zu Unrecht in

Anspruch genommene Schuldner dies dem vermeintlichen Gläubiger nicht rechtzeitig anzeigt (so auch BAMBERGER/ROTH/GRÜNEBERG Rn 54). Etwas anderes kann sich allerdings im Einzelfall bei übermächtigen Abnehmern wie Monopolunternehmen oder der öffentlichen Hand ergeben, wenn diese grundlose Beanstandungen und Prüfungen gegenüber ihren wirtschaftlich unterlegenen Lieferanten durchsetzen (BGH WM 1981, 270; BAMBERGER/ROTH/GRÜNEBERG Rn 54).

250 **Rechtsunsicherheit** entsteht, wenn sich nach Vertragsschluss wesentliche Umstände ändern, so dass die Erwartungshaltung der Parteien nicht mehr mit der ursprünglichen im Zeitpunkt des Vertragsschlusses übereinstimmt. Das Bedürfnis nach Anpassung und damit nach Schaffung von Klarheit könnte deshalb hier eine **Parteipflicht zur Vertragsänderung** auslösen. Jedoch ist insofern zu beachten, dass mit dem nunmehr gesetzlich geregelten Institut der **Störung der Geschäftsgrundlage**, § 313, gerade solche Konfliktlagen gelöst werden sollen. Ebenso läuft der Grundsatz der Privatautonomie (wenn auch im kleinen Rahmen) Gefahr, ausgehöhlt zu werden. Wirtschaftliche Kalkulationen der Parteien würden in diesem Maße in Frage gestellt oder sogar unbeachtlich (STAUDINGER/J SCHMIDT [1995] § 242 Rn 878).

251 Deshalb kann nur ganz **ausnahmsweise** eine Parteipflicht zur **Änderung von Verträgen** außerhalb von § 313 anerkannt werden, sofern es sich entweder um eine geringfügige, für den konkreten Vertragszweck wirtschaftlich völlig äquivalente Leistung handelt (STAUDINGER/J SCHMIDT [1995] § 242 Rn 878 m Beispielsfällen aus der Rspr), oder aber gerade das Änderungsmoment einen wesentlichen Bestandteil des Pflichtenkanons einer **Dauerrechtsbeziehung** darstellt (MünchKomm/ROTH § 242 Rn 60 spricht insofern von einer dahingehenden Institutionalisierung des Dauerschuldverhältnisses). **Gesellschaftsrechtliche Zustimmungspflichten** zu Vertragsänderungen bestehen demnach uU auf der Grundlage der Treuepflicht eines Gesellschafters zu seiner Gesellschaft (vgl dazu auch K SCHMIDT, Gesellschaftsrecht § 5 IV 2; WESTERMANN, Die Anpassung von Gesellschaftsverträgen an veränderte Umstände, in: FS Hefermehl [1976] 225; ROTH, in: FS Honsell [2002] 573; ausf ZÖLLNER, Anpassung von Personengesellschaftsverträgen [1979]).

252 Wegen Geringfügigkeit der Änderung hat im Einzelfall ein **Auftraggeber** insofern mitzuwirken, als er die Abweichung von einem Auftrag als unschädlich hinnehmen muss, wenn durch die veränderte Vornahme sein Interesse nicht verletzt würde (BGH NJW 1969, 320). Anstelle von **Barzahlung** kann in engen Ausnahmefällen die Hingabe eines Schecks zu akzeptieren sein (STAUDINGER/OLZEN [2000] Vorbem 22 zu §§ 362 ff). Die Überweisung auf ein **Konto** steht üblicherweise einer Barzahlung gleich (ausf STAUDINGER/OLZEN [2000] Vorbem 37 zu §§ 362 ff). Ist **Prozesssicherheit** zu leisten, darf der Austausch einer beigebrachten Prozessbürgschaft gegen eine andere, gleichartige eines ebenso leistungsfähigen Kreditinstituts verlangt werden (BGH WM 1994, 623, 625). Die **Sicherheitsleistung** durch Verpfändung kann uU durch eine Sicherheitsleistung durch Sicherheitsabtretung ersetzt werden, soweit keine Gläubigerinteressen entgegenstehen (RG JW 1909, 734).

(5) **Mitwirkung und Unterstützung gegenüber Dritten**
(a) **Allgemeines**

253 Manchmal wird der geplante Ablauf eines Schuldverhältnisses dadurch gefährdet, dass **Dritte** auf dessen Verwirklichung Einfluss nehmen und es **beeinträchtigen**. Dann kann sich aus §§ 133, 157, 242 für die Parteien des Schuldverhältnisses die Pflicht

ergeben, alles zu tun, um Dritte von solchen Störungen abzuhalten oder sogar die ergänzende Verpflichtung, die jeweils andere Partei in ihrem Vorgehen gegen solche Dritte zu unterstützen (vgl etwa MünchKomm/ROTH § 242 Rn 80; STAUDINGER/J SCHMIDT [1995] § 242 Rn 861).

Stets ist jedoch zu berücksichtigen, dass eine Vertragspartei **keine allgemeine Interessenverfolgung** zugunsten der anderen betreiben muss (STAUDINGER/J SCHMIDT [1995] § 242 Rn 878). Die Parteien sind eben „nur" Vertragspartner, mit vielfach gegenläufigen Interessen, und nicht „Verbündete". Gleichzeitig hat demnach auch kein Teil Veranlassung, gleichrangige eigene Interessen hinter die des anderen zurückzustellen (MünchKomm/ROTH § 242 Rn 80). Insofern beschränkt sich das Pflichtenprogramm regelmäßig auf eine **Störungsabwehr** zugunsten der anderen Partei (vgl dazu auch BGH BB 1969, 464; 1976, 1000, 1001). **254**

Am weitesten sind solche Pflichten naturgemäß in den **Schuldverhältnissen** mit großer **Verbundenheit der Parteien** entwickelt, also etwa bei Schuldverhältnissen mit dienst-, arbeits- oder gesellschaftsrechtlichem Inhalt, Geschäftsbesorgungsabreden oder Treuhandvereinbarungen (vgl z Treuhand COING, Die Treuhand kraft privaten Rechtsgeschäfts [1973] 137 ff; MünchKomm/ROTH § 242 Rn 80). Einen gesetzlichen Anhaltspunkt für diese Feststellung beinhaltet auch § 384 HGB, der für das Kommissionsgeschäft umfangreiche Pflichten des Kommissionärs festlegt. Im Folgenden sollen wichtige Einzelfälle aus Rspr und Lit dargestellt werden. **255**

(b) Einzelfälle
So trifft den **Arbeitgeber** uU die Pflicht, seine Angestellten bei der Verfolgung von Ansprüchen gegen eine Pensionskasse zu unterstützen (LAG Stuttgart RdA 1949, 115). Hingegen muss ein **Arzt** im Verhältnis zum Patienten regelmäßig keinen Arztbrief korrigieren, der dem nachbehandelnden Arzt vorgelegt werden soll (AG Monschau NJW-RR 1998, 1430). Der **Franchisegeber** hat uU eine Konkurrenzschutzpflicht gegenüber seinem Franchisenehmer (dazu LIESEGANG BB 1999, 857 ff; krit FRITZEMEYER BB 2000, 472 ff). Ein **Gesellschafter**, dem bei der Verpfändung von Gesellschaftsanteilen weiterhin ein Stimmrecht zusteht, ist verpflichtet, dieses auch im Interesse des Pfandgläubigers auszuüben (vgl BUCHWALD GmbHR 1960, 5, 7; ROTH/ALTMEPPEN, GmbHG [4. Aufl 2003] § 15 Rn 60, § 47 Rn 20 f). Den **Gläubiger** trifft hingegen keine generelle Pflicht zur Wahrung der Interessen des **Bürgen** (BGH NJW 1983, 1850; 1988, 3205, 3206; dazu aber auch OLG München NJW 1976, 1096, 1097). Ebenso muss der **Haftpflichtversicherte**, der mit einem Dritten einen beschränkten Haftungsverzicht vereinbart, nicht den Vorteil des Versicherers berücksichtigen (BGH LM VVG § 149 Nr 8 = MDR 1960, 576). Ein **Käufer** kann hingegen verpflichtet sein, bei Eingreifen der Preisbehörden gegen die Auffassung der Behörde vorzugehen (so OLG Frankfurt aM NJW 1952, 508) bzw beim **Kauf einer Erfindung**, den Erfinder in Bezug auf eine Ehrung durch Dritte zu unterstützen (BGH MDR 1961, 572). Im Einzelfall sind von ihm ferner Ansprüche des Verkäufers wegen Transportschäden gegen Dritte zu sichern (BGH MDR 1987, 576, 577). Eine **Kreditkartenorganisation** muss uU zugunsten des Vertragsunternehmens Einziehungsversuche unternehmen (OLG Köln WM 1995, 1914). Den **Lizenzgeber** trifft möglicherweise eine Verpflichtung, aus dem Lizenzvertrag gegen Verletzungshandlungen Dritter vorzugehen (BGH NJW 1965, 1861). Ein **Rechtsanwalt** hat, wenn er konkrete Hinweise erhält, dass der Ehegatte seines Mandanten dessen Zugewinnausgleichsansprüche zu vereiteln beabsichtigt, Maßnahmen zur Sicherung der Voll- **256**

streckbarkeit eines Ausgleichsanspruchs zu ergreifen (OLG Hamm FamRZ 2003, 758). Bei drohender Zwangsvollstreckung in das Sicherungsgut besteht für den besitzenden **Sicherungsgeber** einerseits die Pflicht, den Sicherungsnehmer unverzüglich zu benachrichtigen und den Pfändungspfandgläubiger über das Recht des Sicherungsnehmers zu unterrichten (vgl Serick, Eigentumsvorbehalt und Sicherungsübertragung 64 f). Den **Sicherungsnehmer** trifft andererseits eine Pflicht, die Interessen des Sicherungsgebers im Verhältnis zu Dritten zu wahren (vgl dazu BGH ZIP 1989, 157; 2000, 69; 2002, 1390, 1391), insbesondere Sicherungsgut ordnungsgemäß und im besten Interesse des Sicherungsgebers zu verwerten (BGH NJW 1966, 2009; 1991, 1946; 1993, 2043; ZIP 1987, 764, 768). Als **Treuhänder** muss man die Maßnahmen ergreifen, die zur Erhaltung und Verwirklichung des übertragenen Rechts erforderlich sind, wenn der Treugeber diese nicht oder nur unter erschwerten Umständen treffen kann (BGHZ 32, 67, 70 = NJW 1960, 959; BGH NJW 1966, 2009; OLG Frankfurt aM WM 1991, 930). Der **Verkäufer** hat etwa beim Verkauf einer Eigentumswohnung mit Abtretung der Gewährleistungsansprüche gegen die Handwerker Verträge und Abnahmeprotokolle herauszugeben (BGH WM 1989, 420, 421). Auch für den **Versicherer** besteht die Verpflichtung, Interessen des Versicherten gegen Dritte zu verteidigen (BGHZ 9, 34, 49). So ist er vor Kündigung einer Direktversicherung nach § 1b Abs 2 S 1 BetrAVG etwa verpflichtet, den unwiderruflich bezugsberechtigten Arbeitnehmer rechtzeitig über den Prämienverzug des Arbeitgebers zu unterrichten, um ihm die Möglichkeit zu verschaffen, durch eigene Beitragsleistung den Versicherungsschutz zu erhalten (OLG Düsseldorf VersR 2003, 627). **Vertragshändler** haben im Einzelfall Wünsche des Kunden an den Hersteller weiterzuleiten (AG Regensburg DAR 1982, 331). Ein **Verwahrer** wurde als verpflichtet angesehen, bei Inflation für die angemessene Erhöhung einer Sachversicherung zu sorgen (RG JW 1924, 1713). Wer **Wertbriefe** empfängt, muss im Verhältnis zum Absender dafür Sorge tragen, dass Ansprüche gegen die Post nicht verloren gehen (OLG Colmar EisenbE 29, 408). Der **Zessionar** hat bei einer fiduziarischen Abtretung oder einer erfüllungshalber abgetretenen Forderung die Interessen des Zedenten bestmöglich gegenüber Dritten zu verfolgen (OLG Celle OLGZ 1970, 450, 451; MünchKomm/Roth § 398 Rn 108 ff). Hingegen trifft den **Zwischenhändler**, der Kleinteile verschiedener Hersteller vertreibt, die ohne Herkunftsbezeichnung produziert werden, keine Pflicht, seinen Betrieb so zu organisieren, dass er seinen Abnehmern den Produzenten der an sie verkauften Ware nennen kann (OLG Bamberg BB 1998, 664; weitere Fälle aus der früheren Rspr in Staudinger/Weber[11] § 242 Rn A 951, 952; vgl ansonsten auch die Kommentierungen z den einzelnen Schuldverhältnissen).

d) Mitwirkungspflichten in gesetzlichen Schuldverhältnissen
aa) Allgemeines

257 Mitwirkungshandlungen sind nicht nur vertraglich geschuldet. Vielmehr kann Schuldner und Gläubiger auch in **gesetzlichen Schuldverhältnissen** die Pflicht treffen, die Abwicklung der – wenn auch durch Gesetz – entstandenen Nähebeziehung zu fördern. Insofern ist ebenso wie im Rahmen vertraglicher Pflichten zwischen gesetzlich normierten und sonstigen Mitwirkungspflichten in gesetzlichen Schuldverhältnissen zu unterscheiden.

bb) Gesetzlich normierte Mitwirkungspflichten

258 So betreffen etwa die §§ 380, 384 die Mitwirkungspflichten der Parteien im Rahmen der **Hinterlegung**. Bei **Besichtigung einer Sache** bzw **Einsicht in Urkunden** sind entsprechende Handlungspflichten in den §§ 809, 810 normiert. **Kosten- oder Zinsrege-**

lungen beinhalten die §§ 748 und 849. Im **Sachenrecht** finden sich die Vorschriften der §§ 896, 897, 1047, 1214, 1220, 1285, im **Familienrecht** lassen sich die §§ 1360, 1435, 1451 anführen.

cc) Nicht geregelte Mitwirkungspflichten in gesetzlichen Schuldverhältnissen

Durch **Auslegung** der entsprechenden gesetzlichen Bestimmungen unter Berücksichtigung des Grundsatzes von Treu und Glauben, § 242, können sich auch in gesetzlichen Schuldverhältnissen außergesetzliche Mitwirkungspflichten ergeben (vgl auch Rn 165). **259**

Bei einem gesetzlichen **Altenteilsrecht** (vgl § 14 HöfeO) soll etwa bei dessen Gefährdung ein Anspruch auf Bestellung dinglicher Sicherheiten bestehen (so OLG Oldenburg NdsRpfl 1973, 234). Durch einen **Pfändungs- und Überweisungsbeschluss** wird ebenfalls ein gesetzliches Schuldverhältnis begründet, welches über die in § 836 Abs 3 ZPO benannten Pflichten hinausgehende Nebenpflichten des Vollstreckungsschuldners erzeugt (vgl Wolf/Müller, Nebenpflichtenkanon bei der Forderungspfändung, NJW 2004, 1775 ff). Auch die **Vormundschaft** kann besondere Mitwirkungspflichten erzeugen (so Rn 190). Miteigentümer einer **Wohnungseigentümergemeinschaft** trifft die Pflicht, eine Zustimmung zur Änderung der Teilungserklärung zu erteilen (LG Wuppertal NJW-RR 1986, 1074, 1075). Für weitere Einzelfälle sei auf die Kommentierungen zu den jeweiligen gesetzlichen Schuldverhältnissen verwiesen. **260**

4. Leistungssicherungspflichten

a) Allgemeines

Die Verpflichtung, das Leistungsinteresse durch **Mitwirkung zu fördern**, endet in einigen Schuldverhältnissen nicht bereits mit der Leistungserbringung im eigentlichen Sinne (oder mit dem Ausfall einer aufschiebenden Bedingung vgl BGH NJW 1990, 507). Vielmehr müssen Schuldner und Gläubiger manchmal daran mitwirken, den Leistungserfolg **dauerhaft zu erhalten**, damit er nicht im Nachhinein entwertet oder gefährdet wird (allg z diesen „nachwirkenden" Pflichten Bamberger/Roth/Grüneberg Rn 71 ff; BGB-RGRK/Alff § 242 Rn 50; Erman/Hohloch § 242 Rn 72; MünchKomm/Roth Rn 67 ff; Staudinger/J Schmidt [1995] § 242 Rn 887 ff; Staudinger/Otto [2004] § 282; vBar AcP 179 [1979] 452 ff mwNw; Bodewig Jura 2005, 505 ff; Bruckner, Nachvertragliche Wettbewerbsverbote zwischen Rechtsanwälten [1987]; Christensen, Verschulden nach Vertragsende [Diss Kiel 1958]; Elger, Nachwirkungen nach Ende des Rechtsverhältnisses im BGB [Diss Münster 1936]; Fikentscher, Schuldrecht Rn 76; Gaul, Die Abgrenzung nachvertraglicher Geheimhaltungsverpflichtungen gegenüber vertraglichen Wettbewerbsbeschränkungen, ZIP 1988, 689; Greulich BB 1955, 208; Käuffer, Die Vor- und Nachwirkungen des Arbeitsverhältnisses [Diss Köln 1959]; Monjau, Nachwirkende Treuepflichten, BB 1962, 1439; Strätz, Über sog „Nachwirkungen des Schuldverhältnisses und den Haftungsmaßstab bei Schutzpflichtverstößen", in: FS Bosch [1976] 999 ff). Denn für die Pflichten der Parteien entscheidet nicht allein der Zeitpunkt des Leistungsaustausches, wenn sie – wie es häufig geschieht – mit dem Leistungsaustausch einen darüber hinausgehenden Zweck verfolgen, der als „verbleibende soziale Nähe der Beteiligten" (so Soergel/Teichmann § 242 Rn 167) noch beeinträchtigt werden kann. Allerdings besteht vor dem Hintergrund des Grundsatzes der Privatautonomie und der wirtschaftlichen Betätigungsfreiheit der Parteien **keine generelle Pflicht**, Leistungen nachwirkend zu sichern. **261**

262 Falls eine solche Pflicht hingegen (ausnahmsweise) anzunehmen ist, muss der Schuldner alles tun, um den eingetretenen **Leistungserfolg** zu sichern, und alles unterlassen, was der anderen Partei die nach Durchführung des Schuldverhältnisses zugeflossenen Positionen entzieht, schmälert oder entwertet (RGZ 111, 298, 303; 161, 330, 338; BGHZ 16, 4, 10; BGH MDR 1967, 109, 110; Hk-BGB/SCHULZE § 242 Rn 20; MünchKomm/ROTH § 242 Rn 67; SOERGEL/TEICHMANN § 242 Rn 168; STAUDINGER/J SCHMIDT [1995] § 242 Rn 887). Im Einzelfall entstehen daraus wiederum Mitteilungs-, Rechenschafts-, Handlungs-, Obhuts-, Herausgabe- (LG Aachen NJW 1986, 1551) oder Unterlassungspflichten (Hk-BGB/SCHULZE § 242 Rn 20; SOERGEL/TEICHMANN § 242 Rn 168).

263 Sie betreffen allerdings nicht das **Unterlassen der gerichtliche Verfolgung** von Ansprüchen (vgl BGHZ 20, 169, 172; 36, 18, 20 = NJW 1961, 2254; ferner BGH NJW 2003, 1934), da sonst die Garantie des gerichtlichen Rechtsschutzes unterlaufen würde. Den Interessen der Parteien wird durch den gesetzlich geregelten Verfahrensablauf ausreichend Rechnung getragen (so auch STAUDINGER/J SCHMIDT [1995] § 242 Rn 887).

264 Zu berücksichtigen ist auch, dass die Parteien im Gegensatz zum noch bestehenden Schuldverhältnis die Sonderverbindung nach Erfüllung der Ansprüche zueinander möglichst schnell lösen und frei sein wollen (SOERGEL/TEICHMANN § 242 Rn 168). Leistungssichernde Nebenleistungspflichten sind daher in der Regel nur für eine im Einzelfall **angemessene Übergangsphase** begründet (so auch SOERGEL/TEICHMANN § 242 Rn 168).

265 Bei diesen Pflichten ist einerseits zwischen **gesetzlichen** und **außergesetzlichen Leistungssicherungspflichten** zu unterscheiden und andererseits zu den **Rücksichtspflichten** des Abs 2 abzugrenzen (su Rn 379 ff).

aa) Gesetzliche Leistungssicherungspflichten
266 Gesetzliche **Leistungssicherungspflichten** finden sich zumeist, wenn der Gesetzgeber eine erbrachte Leistung für besonders schützenswert hält oder das durch die Durchführung des Schuldverhältnisses entstandene Vertrauensverhältnis zwischen den Parteien in den Vordergrund stellt. Insbesondere geht es darum, einer Entwertung der Leistung, etwa durch unzulässigen Wettbewerb (su Rn 289 ff) oder sonstiges **rechtsmissbräuchliches Verhalten**, zu verhindern. Das Ziel einer gesetzlichen Vorgabe besteht daher in einer gerechten Grenzziehung zwischen dem schutzwürdigen Interesse des Gläubigers an einer fortdauernden Sicherung seiner Leistungserwartungen und dem legitimen Interesse des Schuldners an der eigenen Vorteilsverfolgung (MünchKomm/ROTH § 242 Rn 85; SOERGEL/TEICHMANN § 242 Rn 170; Bsp su Rn 290 f).

267 Die Intention des Gesetzgebers ähnelt somit insoweit derjenigen, die bei den gesetzlichen Mitwirkungspflichten besteht (so Rn 163 f, 192 ff). Weiterhin soll den Parteien aber auch gesetzliche Hilfestellung bei einer **verkehrsgerechten Abwicklung** des Schuldverhältnisses geboten werden. Die Erwartungen an ein Idealverhalten der Parteien auch nach der Durchführung eines Schuldverhältnisses werden deshalb zu Lasten der Vertragsautonomie durch den Gesetzgeber konkretisiert, unterliegen aber meist den Dispositionen der Parteien.

bb) Außergesetzliche Leistungssicherungspflichten
268 Nicht normierte Leistungssicherungspflichten finden ihren Rechtsgrund im **vertrag-**

lichen Leistungsversprechen (vgl MünchKomm/ROTH § 242 Rn 144; SOERGEL/TEICHMANN § 242 Rn 167; STAUDINGER/J SCHMIDT [1995] § 242 Rn 887). Nach Auslegung der Abrede gem §§ 133, 157 kann sich unter Berücksichtigung des Grundsatzes von Treu und Glauben, § 242, ergeben, dass die Parteien weiterhin verpflichtet sind, durch konkrete Maßnahmen die erbrachte Leistung abzusichern, also Vorteile zu erhalten oder Nachteile abzuwehren. Solche Pflichten sind darauf gerichtet, den mit dem vertraglichen Leistungsaustausch bezweckten Erfolg dauerhaft aufrechtzuerhalten (MünchKomm/ROTH § 242 Rn 82). Bei **gesetzlichen Schuldverhältnissen** kann sich die gleiche Wertung unter Berücksichtigung der **Eigenart der gesetzlichen Nähebeziehung** und des Grundsatzes von **Treu und Glauben**, § 242, ergeben.

In der Regel handelt es sich um **Unterlassungspflichten** (BAMBERGER/ROTH/GRÜNEBERG **269** Rn 71; STAUDINGER/J SCHMIDT [1995] § 242 Rn 887), etwa im Hinblick auf nachvertraglichen **Wettbewerb** (s Rn 153, 157, 161, 289 ff, 509 ff). Im Einzelfall kommen aber auch **Duldungspflichten** oder sogar Pflichten zu **aktivem Tun** in Betracht (vgl dazu auch Hk-BGB/ SCHULZE § 242 Rn 20; MünchKomm/ROTH § 242 Rn 83). Außergesetzliche Leistungssicherungspflichten können sowohl in reinen Austauschverhältnissen – mit geringer persönlicher Bindung der Parteien – als auch und in der Regel in personenrechtlichen Dauerschuldverhältnissen – mit hoher persönlicher Bindung – entstehen (BGH NJW 1952, 867; 1960, 718; STAUDINGER/J SCHMIDT [1995] § 242 Rn 887).

cc) Abgrenzung zu den Rücksichtspflichten iSd Abs 2

Da es sich bei den Leistungssicherungspflichten um Pflichten handelt, die grds erst **270** nach Durchführung des Schuldverhältnisses Bedeutung erhalten, ist oft eine Abgrenzung zu den nichtleistungsbezogenen Pflichten des Abs 2 erforderlich. Entscheidend ist, ob die jeweilige Pflicht allein dem allgemeinem **Rechtsgüterschutz einer Partei** dient oder das erhalten soll, was nach dem vereinbarten Leistungsgegenstand bzw der gesetzlichen Vorgabe den **Inhalt des Schuldverhältnisses** bildet und deshalb beide Vertragspartner betrifft (vgl STAUDINGER/J SCHMIDT [1995] § 242 Rn 887). Auch hierüber bestimmen die Auslegungskriterien der §§ 133, 157, 242 (für eine Einstufung aller Leistungstreuepflichten unter Abs 2 offenbar MünchKomm/ERNST § 280 Rn 91; unklar BAMBERGER/ROTH/GRÜNEBERG Rn 71).

Bei der Pflicht, nach Erfüllung der Ansprüche den Parteien die zugeflossenen **271** Positionen zu **sichern**, handelt es sich regelmäßig um eine solche iSd Abs 1 (vgl dazu auch RGZ 113, 70, 72; 161, 330, 338; BGHZ 16, 4, 10; 20, 169, 172; BGH MDR 1967, 109, 110; OLG Stuttgart NJW-RR 1986, 1448). Intendiert sie hingegen den reinen **Vermögensschutz** einer Partei, ist von einer Rücksichtspflicht iSd Abs 2 auszugehen. Hier wie im Allgemeinen (so Rn 153, 157, 161) sind Überschneidungen dann denkbar, wenn der Pflicht eine **Doppelnatur** zukommt, weil sie gleichzeitig Leistungs- und Integritätsbezug aufweist.

b) Einzelfälle gesetzlich normierter Leistungssicherungspflichten

Das BGB, aber auch privatrechtliche Sondergesetze normieren einige Leistungs- **272** sicherungspflichten: Gem § 368 hat etwa der Gläubiger gegen Empfang der Leistung auf Verlangen ein schriftliches Empfangsbekenntnis als **Quittung** zu erteilen. Ähnliche Pflichten zur Belegerstellung nach Ende des Schuldverhältnisses sind den Art 39 Abs 3 WG bzw 34 Abs 3 ScheckG zu entnehmen. Eine Pflicht zur **Zeugniserteilung** nach Beendigung des Dienstverhältnisses enthält § 630. § 74 HGB bildet die gesetzliche Grundlage für ein **nachvertragliches Wettbewerbsverbot** zwischen Prinzipal und Handlungsgehilfen.

c) Einzelfälle außergesetzlicher Leistungssicherungspflichten

273 Im nicht normierten Bereich hat sich eine umfassende Rspr herausgebildet, die im Folgenden nur exemplarisch darzustellen ist.

274 Nach erfolgter **Abtretung** hat der Zedent alles zu unterlassen, was die Geltendmachung der Forderung durch den Zessionar behindern könnte. Insbesondere darf der Altgläubiger die vom Schuldner in Unkenntnis der Abtretung angebotene Erfüllung nicht annehmen (RGZ 111, 298, 303 = JW 1926, 982 mit Anm OERTMANN).

275 Der **Arbeitgeber** darf den Arbeitnehmer nach dessen Ausscheiden nicht bei der Suche nach einem neuen Arbeitsplatz nachteilig beeinflussen (BAG AP Nr 80 z § 611 – Fürsorgepflicht; LAG Berlin NJW 1979, 2582, 2584). Insgesamt trifft ihn uU eine **nachvertragliche Fürsorgepflicht** (vgl OLG Frankfurt aM OLGZ 1993, 79, 80 f), die sich ausnahmsweise sogar in einem Anspruch auf **Wiedereinstellung nach Kündigung** äußert (vgl BAG AP KSchG § 1 „Wiedereinstellung" Nr 4 und Nr 6; ZIP 2000, 676; vgl auch LAG Hamm LAGReport 2003, 31; BOEWER, Der Wiedereinstellungsanspruch – Teil 1, NZA 1999, 1121; ders, Der Wiedereinstellungsanspruch – Teil 2, NZA 1999, 1177 ff; OETKER, Der Wiedereinstellungsanspruch des Arbeitnehmers beim nachträglichen Wegfall des Kündigungsgrundes, ZIP 2000, 643 ff; RAAB, Der Wiedereinstellungsanspruch des Arbeitnehmers bei Wegfall des Kündigungsgrundes, RdA 2000, 147 ff; RICKEN, Grundlagen und Grenzen des Wiedereinstellungsanspruchs, NZA 1998, 460 ff; s Rn 153, 157, 161, 499). Ebenso kann der Arbeitgeber verpflichtet sein, nach Ausscheiden des Arbeitnehmers mitzuteilen, ob die Voraussetzungen für eine **betriebliche Altersversorgung** erfüllt sind; der Arbeitnehmer hat in diesem Fall die benötigten sozialversicherungsrechtlichen Unterlagen vorzulegen (BAG BB 1998, 1537 f; NZA 2001, 206; abweichend wegen der Umstände des Einzelfalles BAG NZA 2002, 1150).

276 Aus dem **Behandlungsvertrag** ergibt sich die nachvertragliche Nebenleistungspflicht des Arztes oder Krankenhausträgers, dem Patienten **Einsicht** in die zu seiner Behandlung gefertigten **Krankenunterlagen** zu gewähren und daraus gegebenenfalls Fotokopien zu fertigen (OLG München NJW 2001, 2806).

277 Beim **Bauwerkvertrag** kann nach Erfüllung der Hauptpflicht eine Parteipflicht dahingehend bestehen, die erbrachte Leistung nicht grundlos zu beanstanden. Fraglich erscheint allerdings, ob daraus auch ein Anspruch auf Durchführung eines Beweissicherungsverfahrens abgeleitet werden kann (OLG Stuttgart NJW-RR 1986, 1448; dazu auch WUSSOW, Probleme der gerichtlichen Beweissicherung in Baumangelsachen, NJW 1969, 1401, 1407; allg z den Pflichten des Empfängers einer Leistung RG JW 1927, 1633).

278 Nach Ablauf eines **Chefarztvertrages** darf eine Klinik idR nichts dagegen unternehmen, dass der ausgeschiedene Chefarzt bei Gründung einer eigenen Praxis auf seine frühere Tätigkeit in der Klinik hinweist, zumindest dann, wenn er zur Mehrung des Rufes der Klinik maßgeblich beigetragen hat (OLG München OLGZ 1974, 280, 283).

279 Den ausgeschiedenen **Gesellschafter** kann eine Pflicht treffen, die Gesellschaft auch

nach Beendigung der Gesellschafterstellung nicht zu schädigen (STAUDINGER/J SCHMIDT [1995] § 242 Rn 888).

Bei Verträgen über die Nutzung **gewerblicher Schutzrechte** besteht für den Benutzer 280
des Rechtes auch nach Beendigung eines solchen Vertrages die Pflicht, dem Inhaber keine Konkurrenz durch Weiterbenutzung des Rechts zu machen, selbst wenn er dem Recht durch Werbung Verkehrsgeltung eingebracht hat (RG JW 1932, 585; BGH GRUR 1959, 87, 89; 1963, 485, 487 m Anm REIMER MDR 1967, 109 f).

Bei **Internetauktionen** kann Vertragsparteien eine nachvertragliche Pflicht zur Ab- 281
gabe einer sachlich gerechtfertigten Bewertung der erbrachten Leistungen treffen (vgl etwa AG Peine NJW-RR 2005, 275).

Der **Kaufvertrag** verpflichtet den Verkäufer nach dem Verkauf eines Grundstücks 282
mit Fernblick Bebauungen zu vermeiden, die diesen Fernblick beeinträchtigen (RGZ 161, 330, 338 m Anm LARENZ DR 1940, 248). Eine Gemeinde, die Holz verkauft, muss „Doppelverkäufe" vermeiden (BGH NJW 1952, 867), ein Verkäufer oder Produzent von Spezialapparaten Ersatzteile nachbeschaffen (z Problematik AG München NJW 1970, 1852; FINGER NJW 1970, 2049 ff; GREULICH BB 1955, 208; RODIG BB 1971, 854). Auch den **Käufer** können Pflichten dieser Art treffen. So darf etwa ein Käufer, der den Preis für einen Grundstückskauf an einen Notar geleistet hat, dem Notar keine die Auszahlung an den Verkäufer hindernden Anweisungen erteilen (RGZ 167, 236, 240). Ebenso ist ein Käufer nur dann berechtigt, auf Einhaltung nachvertraglicher Nebenpflichten durch den Verkäufer zu bestehen, wenn er sich selbst vertragstreu verhält und nach Abschluss eines Kaufvertrages und Lieferung des Kaufgegenstandes den Kaufpreis auch bezahlt (vgl BGH v 11. 7. 2001 VIII ZR 119/00 [unveröffentlicht]). Hingegen ist der Empfänger einer Rechnung nach Vertragsdurchführung nicht verpflichtet, einseitigen, außerhalb des Rechnungszwecks liegenden Vermerken nachzugehen und ihnen bei fehlendem Einverständnis zu widersprechen (BGH NJW 1997, 1578; NJW 1959, 1679).

Nichtigkeitsklagen, die nach Ende der vertraglichen Beziehungen von einer Seite 283
erhoben werden, können uU eine Leistungssicherungspflicht verletzen (BGH GRUR 1956, 264, 265; NJW 1965, 491, 492).

Aus einem **Praxistausch** ergibt sich möglicherweise ein Rückkehrverbot an die alte 284
Wirkungsstätte (vgl BGHZ 16, 71, 76 ff).

Beim **Reisevertrag** trifft den Reiseveranstalter auch nach Ablauf des ursprünglich 285
vorgesehenen Rückflugtermins und durch Erkrankung bedingter stationärer Behandlung des Reisenden am Reiseort die Pflicht, einen (verspäteten) Rückflug zu organisieren (LG Duisburg NJW-RR 1999, 1067).

Subunternehmerverhältnisse erzeugen uU eine Pflicht zum Unterlassen des Abwer- 286
bens von Kunden nach Auslaufen des Vertragsverhältnisses (vgl dazu BGH WM 1979, 59).

Die Annahme, einen **Vertreter** treffe die Leistungssicherungspflicht, nichts zu un- 287
ternehmen, um den von seinem Geschäftsherrn geschlossenen Vertrag zu vereiteln

(BGHZ 14, 313, 318; vgl auch LEHMANN, Anm z Urt des BGH v 17. 9. 1954, JZ 1955, 159 f), ist insofern problematisch, als der Vertreter selbst nicht Vertragspartner wird und deshalb keine Leistung aus einem eigenen Vertragsverhältnis sichern kann. Insofern kommt aber eine Verletzung einer entsprechenden **Rücksichtspflicht** iSd Abs 2 im Verhältnis zum Geschäftsherrn in Betracht (so auch STAUDINGER/J SCHMIDT [1995] § 242 Rn 888).

288 Hat der **Werkunternehmer** seine vom Besteller abgenommene und vergütete Leistung ordnungsgemäß erbracht, und wird im Anschluss daran ein anderes Unternehmen mit Folgearbeiten am ursprünglichen Werk befasst, verletzt der Unternehmer keine Pflicht gegenüber dem Besteller, wenn er dem später tätig gewordenen Unternehmen Monteure zur Verfügung stellt, die auf dessen Weisung arbeiten und dabei Schäden verursachen (OLG Zweibrücken NJW-RR 2003, 1600).

289 Ein weites Problemfeld hängt mit der Pflicht zusammen, **nachvertraglichen Wettbewerb** zu unterlassen (vgl dazu ausf REINFELD, Wettbewerbsverbot [Diss Köln 1993]; ferner so Rn 261, 269). Eine solche Pflicht kann als Leistungssicherungspflicht iSd Abs 1 eingestuft werden, wenn die Vorteile eines Schuldverhältnisses gesichert werden sollen. Wird hingegen reiner Vermögensschutz bezweckt, stellt sich eine entsprechende Pflicht aber auch als Rücksichtspflicht iSd Abs 2 dar (z Abgrenzung s Rn 270 f, 509 ff). Weiter ist zu berücksichtigen, ob durch ein nachvertragliches Wettbewerbsverbot die Berufsfreiheit der Parteien, Art 12 GG, in rechtswidriger Weise eingeschränkt wird (BVerfGE 81, 242; OLG Düsseldorf NJW-RR 1994, 35, 36 f). Ebenso sind bei der Annahme eines solchen Verbots stets die Wertungen des Wettbewerbsrechts (STAUDINGER/J SCHMIDT [1995] § 242 Rn 888) sowie die Grundprinzipien des BGB zu berücksichtigen, die dagegen sprechen, einem Nutzungsberechtigten unentgeltliche Wettbewerbsbeschränkungen aufzudrängen die seinem Gläubiger Vermögensvorteile verschaffen (vgl dazu E SCHMIDT, Zur Ökonomie ergänzender Vertragspflichten unter besonderer Berücksichtigung von Konkurrenzschutzgeboten, JA 1978, 597 ff). Dementsprechend koppelt das Gesetz die entsprechende Verpflichtung regelmäßig an eine Entschädigung (su Rn 290).

290 Dennoch gibt es eine Vielzahl von Entscheidungen, die eine solche nachvertragliche Pflicht zur **Unterlassung von Wettbewerb** in Betracht ziehen (vgl aus der neueren Rspr etwa BGH Urt v 28. 1. 2003 X ZR 199/99 [unveröffentlicht]; WRP 2003, 500 ff; 763 ff; WRP 2002, 1082 ff; BB 2003, 919 ff; LMK 2003, 1; WM 2002, 815 ff; WuW 2002, 864 ff; BB 2002, 324 ff; BAG BB 2003, 106 ff; BB 2002, 2386 ff; OLG Stuttgart NJW 2002, 1431 ff; OLG Celle GmbHR 2000, 1258 ff; LAG Hamm Urt v 14. 4. 2003 – 7 Sa 1881/02 [unveröffentlicht]; aus der Lit KUKAT, Vorsicht ist besser als Nachsicht – Praktische Hinweise zur Vereinbarung nachvertraglicher Wettbewerbsverbote für Geschäftsführer und zur Anrechnung anderweitigen Erwerbs, BB 2001, 951 ff; WERTHEIMER BB 1999, 1600 ff).

So ergibt sich bei einem **Arbeitnehmer** aus dem Arbeitsverhältnis zwar grds keine Pflicht zur Unterlassung von Wettbewerb nach Ablauf der Beschäftigung (BAG Betrieb 1994, 887, 888; MDR 1959, 700; BAMBERGER/ROTH/GRÜNEBERG Rn 74). Etwas anderes kann sich aber aus einer vertraglichen Vereinbarung mit dem Arbeitgeber ergeben (vgl zB §§ 74 ff, 90a HGB, § 133f GewO). Der Arbeitgeber hat dann in der Regel eine **Karenzentschädigung** zu leisten (BAG NJW 1970, 626; NJW 1971, 74). Bei Abzug des gesamten Kundenkreises durch den ausgeschiedenen Arbeitnehmer stellt sich sein

Verhalten uU als unlauter iSd § 3 UWG dar (dazu BGH GRUR 1964, 215 m Anm BUSSMANN; BGH WM 1977, 619, 620). Umstritten ist, inwiefern den **Arbeitnehmer im Ruhestand** ein nachvertragliches Wettbewerbsverbot trifft (vgl BAG ZIP 1990, 1612; 1990, 1617; EWiR 1991, 125; Betrieb 1994, 887, 889; SOERGEL/TEICHMANN § 242 Rn 171, ausf z Streit BLOMEYER, Der Widerruf von Versorgungszulagen infolge „Treuepflichtverletzungen" des Arbeitnehmers, ZIP 1991, 1113 ff).

Im Einzelfall darf ein **Forscher** bei einem **Entwicklungsauftrag** nach Abschluss der **291** Entwicklungsarbeiten dem Auftraggeber keine Konkurrenz mit gleichartigen Produkten machen (BGH JZ 1956, 95).

Unter Berücksichtigung wettbewerbsrechtlicher Vorschriften muss auch die Frage **292** beantwortet werden, ob beim Verkauf eines Unternehmens ein **nachvertragliches Wettbewerbsverbot** anzunehmen ist (vgl BGH NJW 1977, 804 ff m Anm ULMER; OLG Hamm GRUR 1973, 421; KLAUE, Wettbewerbsverbote und § 1 GWB, WuW 1961, 323 ff; STEINDORFF, Gesetzeszweck und gemeinsamer Zweck des § 1 GWB, BB 1977, 569 f; STAUDINGER/J SCHMIDT [1995] § 242 Rn 888). Ein generelles Wettbewerbsverbot des Verkäufers zugunsten des Käufers besteht unter Berücksichtigung der Berufsfreiheit der Parteien und der grds wettbewerbsoffenen Haltung der zivilrechtlichen Rechtsordnung nicht (vgl auch BGB-RGRK/ALFF § 242 Rn 50). Im Einzelfall kann es sich hingegen aus ausdrücklicher oder konkludenter **Parteivereinbarung** (RGZ 117, 176, 179) ergeben, bzw mit Hilfe **ergänzender Vertragsauslegung** (BGHZ 16, 71, 76) ermitteln lassen. Problematisch erscheint dagegen die Annahme eines Wettbewerbsverbotes auch ohne feststellbaren Parteiwillen, also in den Fällen, in denen der Erwerber für den Kundenstamm und den good will Zahlungen erbracht hat, ohne dass ein Wettbewerbsverbot vereinbart wurde oder sich im Wege ergänzender Vertragsauslegung feststellen lässt. Dann sollte man aus Gründen der Rechtssicherheit und der Ausstrahlungswirkung des Art 12 GG von der Anerkennung einer Pflicht zum nachvertraglichen Unterlassen von Wettbewerb absehen (**aA** STAUDINGER/J SCHMIDT [1995] § 242 Rn 889; vgl dazu auch RGZ 163, 311, 313; OLG Stuttgart NJW 1949, 27 m Anm BEHLING).

J. Relativität und Ausnahmen

I. Allgemeines

Das Recht, vom Schuldner eine Leistung zu fordern, steht gem § 241 (allein) dem **293** Gläubiger gegen den Schuldner zu; nur dieser ist zur Leistung verpflichtet. Forderung und Schuld kennzeichnen also beide Seiten einer einheitlichen Gläubiger-Schuldner Beziehung (GERNHUBER, Schuldverhältnis § 3 I [1]). **Relativität** bedeutet damit zunächst, dass nur diejenigen Personen, die die Entstehungsvoraussetzungen eines Schuldverhältnisses selbst verwirklichen, darin Gläubiger und Schuldner iSd § 241 sind (DÖRNER, Dynamische Relativität 10). Diese Relativitätswirkung tatbestandlichen Handelns findet ihre Grundlage im Gedanken der **Selbstverantwortlichkeit**. Obwohl das Schuldverhältnis sich so als personales Verhältnis zwischen Gläubiger und Schuldner darstellt, schließt dieser Umstand nicht aus, dass auf Gläubiger- und Schuldnerseite mehrere Personen stehen, wie die §§ 420–432 zeigen. Auf **Dritte** (vgl z Begriff SPIELBÜCHLER, Der Dritte im Schuldverhältnis [1973]) wirkt das Schuldverhältnis hingegen grds nicht (z den vielen Ausnahmen su Rn 302 ff; vgl im Übrigen FIKENTSCHER,

Schuldrecht Rn 50; LARENZ, Schuldrecht I § 2 II; MünchKomm/KRAMER Einl zu §§ 241 ff Rn 14; MEDICUS JuS 1974, 613; DENCK, Die Relativität im Privatrecht, JuS 1981, 9 ff). Man versteht die **Relativität** des Schuldverhältnisses als begriffliches Gegenstück zur **Absolutheit dinglicher Positionen** (su Rn 299 ff).

294 Im Hinblick auf den Relativitätsbegriff lassen sich zwei unterschiedliche Aspekte herausstellen: Zum einen beschränkt das personale Element zwischen Gläubiger und Schuldner deren Möglichkeit, ein zwischen ihnen zu begründendes oder bereits begründetes Schuldverhältnis auf Dritte auszuweiten. Zum anderen kennzeichnet der Relativitätsbegriff den Inhalt des Forderungsrechtes im Verhältnis zu Außenstehenden, insbesondere die Frage inwieweit Dritte auf das Schuldverhältnis Rücksicht nehmen müssen. Diese geschilderten Grundsätze unterliegen allerdings vielen Ausnahmen, die im Folgenden kurz geschildert werden sollen (DÖRNER, Dynamische Relativität 11; STAUDINGER/J SCHMIDT[12] Einl 433 zu §§ 241 ff).

II. Relativität der Wirkungen des Schuldverhältnisses

1. Gesetzlich begründete Schuldverhältnisse

295 Die Wirkungen **gesetzlicher Schuldverhältnisse** treffen wegen des Relativitätsgrundsatzes nur den Handelnden, der die Voraussetzungen des Tatbestandes zurechenbar erfüllt, zB des § 812 oder des § 823. Ob er allerdings für die Rechtsfolgen tatsächlich einstehen muss, hängt uU von weiteren Voraussetzungen, zB der Erfüllung allgemeiner Zurechnungsvoraussetzungen ab, wie etwa der Deliktsfähigkeit, § 828.

2. Rechtsgeschäftlich begründete Schuldverhältnisse

296 Das BGB normiert den Grundsatz der Relativität im Hinblick auf die Wirkung eines **Rechtsgeschäftes** ungeachtet seiner Bedeutung nicht; er kommt aber in den Wertungen der §§ 137, 241, 311, 328, 333 zum Ausdruck.

Andere Rechtsordnungen hingegen haben der Bedeutung des Prinzips entsprechend eigene Regelungen vorgesehen. Der **französische Code Civil** zB bestimmt in Art 1165 ausdrücklich, dass sich die Vertragswirkungen nur zwischen den Parteien entfalten. Dort heißt es: „Les conventions n'ont d'effet qu'entre les parties contractantes; elles ne nuisent point au tiers, et elles ne lui profitent que dans le cas prévu par l'article 1121" (vgl REHBEIN, Die Verletzung von Forderungsrechten durch Dritte 54 ff; BAUDENBACHER/KLAUER, Der Tatbestand der „concurrence deloyale" des französischen Rechts und der Vertrieb selektiv gebundener Ware durch einen Außenseiter, GRUR Int 1991, 799, 801). Im **anglo-amerikanischen Recht** gibt es einen entsprechenden Grundsatz der „privity of contract" (vgl KÖTZ, Europäisches Vertragsrecht Bd I [1996] 375 f, der durch das Gesetz „Contracts [Rights of Third Parties] Act" v 1.1.1999 im Hinblick auf die Zulässigkeit von Verträgen zugunsten Dritter verändert wurde; vgl LOOSCHELDERS, Schuldrecht AT Rn 1048; der Vertrag mit Schutzwirkung für Dritte ist dagegen nicht anerkannt; z Reformbestrebungen vgl LORENZ, Reform des englischen Vertragsrechts – Verträge zugunsten Dritter und schadensrechtliche Drittbeziehungen, JZ 1997, 105 ff; vBERNSTORFF, Großbritannien: Neues Gesetz zum Vertrag zu Gunsten Dritter, RIW 2000, 435 ff; z Europäisierung des Privatrechts insgesamt STAUDINGER/OLZEN Einl 276 ff zu §§ 241 ff; z englischen Recht u insgesamt z ausländischen Rechtsordnung in Bezug auf den Vertrag zugunsten Dritter vgl STAUDINGER/JAGMANN [2004] Vorbem 14 ff zu §§ 328 ff).

Bei **vertraglichen Schuldverhältnissen** spricht man von der „Relativität der Rechts- **297** geschäftswirkungen" oder auch von der „Relativität der Vertragswirkungen" (vgl KRASSER, Der Schutz vertraglicher Rechte gegen Eingriffe Dritter 87 ff), um damit zum Ausdruck zu bringen, dass Dritte danach nicht gegen ihren Willen den Wirkungen eines vertraglichen Schuldverhältnisses unterworfen werden, unabhängig davon, ob dies positiv oder negativ für sie wäre.

Die Relativität der Rechtsgeschäftswirkungen markiert dogmatisch gesehen eine **298** **Grenze der Privatautonomie** (z Privatautonomie allg s STAUDINGER/OLZEN Einl 49 ff zu §§ 241 ff). Die positive Vertragsfreiheit der am Rechtsgeschäft beteiligten Parteien findet also ihre Schranke in der negativen Vertragsfreiheit Dritter. Die Vertragsparteien können nur im Rahmen ihrer eigenen Handlungsfreiheit disponieren; Dritte hingegen müssen stets in ihrer Entscheidung darüber frei bleiben, ob sie eine Bindung eingehen und damit ihre Entscheidungs- und Handlungsfreiheit für einen bestimmten Bereich beschränken wollen (KRASSER, Der Schutz vertraglicher Rechte gegen Eingriffe Dritter 299; NEUNER, Der Schutz und die Haftung Dritter nach vertraglichen Grundsätzen, JZ 1999, 126 f). Nur so wird die gem Art 2 Abs 1 GG garantierte **allgemeine Handlungsfreiheit** ausreichend geschützt (vgl z Schutz der allgem Handlungsfreiheit im Zivilrecht BVerfG NJW 1994, 36 f).

III. Relative Wirkung der Forderung

Der Begriff der **Relativität des Schuldverhältnisses** wird in Rspr und Lit zumeist aber **299** auch noch in einem anderen Sinne gebraucht, vor allem bezogen auf das Schuldverhältnis ieS (so Rn 36 ff). Man diskutiert nicht allein die Binnenwirkung obligatorischer Rechte auf Dritte (s Rn 293 f, dazu DÖRNER, Dynamische Relativität 11), sondern die Abgrenzung zwischen den **Forderungsrechten** und den **absolut wirkenden dinglichen Rechten** (MünchKomm/KRAMER Einl zu §§ 241 ff Rn 15; PALANDT/HEINRICHS Einl v § 241 Rn 5; ERMAN/WESTERMANN Vor § 241 Rn 6; SOERGEL/TEICHMANN Vor § 241 Rn 4; FIKENTSCHER, Schuldrecht Rn 50 f). Das Merkmal der Relativität wirkt sich vor allem bei Einordnung der **Forderung** in die Systematik der **subjektiven Rechte** aus.

1. Grundsatz

Nach hM haben (relative) Forderungsrechte und absolute Rechte Folgen, die sich **300** gegenseitig ausschließen (MünchKomm/KRAMER Einl zu §§ 241 ff Rn 15 mwNw). Die **absolut wirkenden (Sachen-)Rechte** gelten gegenüber **allen** am Rechtsverkehr teilnehmenden **Personen**. Der dinglich Berechtigte kann jedem anderen die Einwirkung auf seine Sache verbieten und dies auch klageweise durchsetzen. Dementsprechend erlaubt § 903 zB dem Eigentümer einer Sache, mit dieser deshalb nach seinem Willen zu verfahren, weil alle übrigen Rechtssubjekte dazu verpflichtet sind, seine Eigentumsbefugnis nicht zu beeinträchtigen. Dem Herrschaftsrecht „Eigentum" korrespondiert mithin eine Verhaltenspflicht aller anderen (AICHER, Das Eigentum als subjektives Recht [1975] 63).

Die **relativen Forderungsrechte** sind im Gegensatz dazu nur gegen den Schuldner **301** gerichtet (PALANDT/HEINRICHS Einl v § 241 Rn 5). Bereits das RG hat plakativ formuliert: Das Forderungsrecht „bindet nur eine Person; nur deren Wille ist gebunden; die Rechte des Gläubigers sind nur Rechte gegen den Vertragspartner" (RGZ 57, 353,

356). Die relativen Forderungsrechte eines Gläubigers gebieten oder verbieten somit nur dem Schuldner selbst eine Verhaltensweise; dritte Personen müssen sie grds nicht beachten (FIKENTSCHER, Schuldrecht Rn 50). Relative Rechte begründen deshalb grds auch keinen Schutz gegen Beeinträchtigungen durch Dritte (MünchKomm/KRAMER Einl zu §§ 241 ff Rn 15; vgl z Schutz der Forderung ausf u Rn 308 ff).

2. Ausnahmen vom Grundsatz der Relativität

302 Die starre Trennung zwischen Forderung und absoluten Rechten lässt sich nicht in allen Bereichen aufrechterhalten. Der dafür verwendete Begriff der **Verdinglichung obligatorischer Rechte** deutet darauf hin, dass es zwischen absoluten und relativen Rechten einen Überschneidungsbereich gibt, indem manche Forderungen durch die Rechtsordnung einen Schutz erhalten, der dem der absoluten Rechte entspricht. Dieses Phänomen wird als „**Verdinglichung**" oder „quasidingliche Wirkung" von Forderungen bezeichnet (GERNHUBER, Schuldverhältnis § 3 III 1; z Begriff u z Abgrenzungsproblemen DÖRNER, Dynamische Relativität 81; DULCKEIT, Die Verdinglichung obligatorischer Rechte [1951]; dazu WESTERMANN AcP 152 [1952] 93; CANARIS, Die Verdinglichung obligatorischer Rechte, in: FS Flume [1978] 379; WEITNAUER, in: FS Larenz [1983] 705).

a) Gesetzliche Ausnahmen

303 Bereits das Gesetz selbst durchbricht in gewissem Umfang die Grenze zwischen Forderung und absolutem Recht. Die „gesetzliche" Verdinglichung des Schuldverhältnisses iwS besteht zum einen in dem Umstand, dass das Schuldverhältnis gegen etwaige **Rechtsnachfolger** wirkt, also in seiner Wirkung über die Vertragsparteien hinausgeht. Technisch wird dies meist durch eine **gesetzliche Vertragsübernahme** erreicht (weiterführend GERNHUBER, Schuldverhältnis § 3 III 1 b; WEITNAUER, in: FS Larenz [1983] 705 ff), zB in den §§ 566, 567 ff (vgl auch §§ 565, 578, 578a, 581 Abs 2, 1056, 2135, 37 WEG, 57 ZVG). Solche Ausnahmeregeln gewährleisten zB den Schutz des Mieters (BGHZ 141, 239, 247 zu § 571 aF), und zwar auch für den Fall, dass der Vermieter das vermietete Grundstück (vgl § 578 Abs 1) oder den Wohn- bzw Geschäftsraum (vgl § 578 Abs 2 S 1) veräußert. Der Erwerber hat dann für alle Rechte und Pflichten aus dem Mietverhältnis einzustehen (z Analogiefähigkeit v § 571 aF vgl SCHÖN, Zur Analogiefähigkeit des § 571 BGB, JZ 2001, 119).

304 Bei Forderungen findet die „Verdinglichung" weiterhin in der Anwendung von Schutzformen Ausdruck, wie sie üblicherweise nur für absolute Rechte gelten (vgl z Abgrenzung o Rn 300 f). Die Forderung wird geschützt, indem der Leistungsgegenstand gesichert und Dritte von ihm ausgeschlossen werden. Man kann – stark vereinfacht – auch sagen, dass die „Verdinglichung" Elemente einer vorweggenommenen Erfüllung hat: Der Schuldner behält in den betroffenen Fällen seine Verfügungsmacht über den Leistungsgegenstand nur insoweit, wie er sie zu einer Verfügung zugunsten seines Gläubigers benötigt. Die endgültige Zuordnung des Leistungsgegenstandes an den Gläubiger erfolgt dagegen erst später. Bsp für eine solche Konstruktion bildet zum einen die **Vormerkung** gem §§ 883 ff, zum anderen dienen auch die **Veräußerungsverbote** der §§ 135, 136 diesem Zweck. Im selben Zusammenhang ist ferner – wenngleich auch mit Unterschieden (dazu GERNHUBER, Schuldverhältnis § 3 III 3) – § 392 Abs 2 HGB zu nennen.

305 Auch § 986 Abs 2, der dem Besitzer einer Sache **Schutz gegen Herausgabeansprüche**

des neuen Eigentümers gewährt (in Fällen des Eigentumserwerbs gem §§ 929, 931 oder auch gem §§ 929, 930 bzw § 929 S 2; vgl z den beiden letzten Fällen MünchKomm/ MEDICUS § 986 Rn 21; ERMAN/EBBING § 986 Rn 32 ff), gehört in diesen Zusammenhang. Das „Recht zum Besitz" im Rahmen des § 986 Abs 2 ist nämlich inhaltlich mit der Forderung gleichzusetzen, die dem Besitzer gegen den ursprünglichen Eigentümer zustand und deren Inhalt seinen Besitz legitimiert. Diese wirkt dann über das Verhältnis von Gläubiger und Schuldner hinaus als Einwendung gegen Dritte (vertiefend GERNHUBER, Schuldverhältnis § 3 III 5). Allerdings sind diese Schutzmechanismen – im Gegensatz zu denjenigen Schutznormen, durch die dingliche Rechte charakterisiert sind – nicht lückenlos. Der Mangel an Offenkundigkeit der Forderung verlangt vielmehr einen vorrangigen **Gutglaubensschutz** des betroffenen Dritten, vgl nur §§ 892 Abs 1 S 2, 135 Abs 2, 136.

Eine Verdinglichung von Forderungen kann in dem Umfang erfolgen, wie sie die **306** Rechtsordnung vorsieht; **privatautonomen Vereinbarungen** sind daher Grenzen gezogen. Denn eine unbeschränkte Zulassung der Verdinglichung von Forderungen würde über die Annäherung an die absoluten Rechte den Grundsatz des **numerus clausus** der Sachenrechte aufweichen.

b) Sonstige Ausnahmen von der Relativität der Forderung

Eine Forderung kann ferner uU **Einwirkungen Dritter** ausgesetzt sein, zB indem der **307** Dritte als Nichtberechtigter über die Forderung verfügt oder eine Leistung mit Erfüllungswirkung gegenüber dem Gläubiger annimmt (su Rn 314). Dies führt möglicherweise beim Gläubiger zum Forderungsentzug. Denkbar ist ferner, dass bei einer auf Sachübertragung gerichteten Forderung der Gegenstand zerstört und so ihre Erfüllung verhindert wird (GERNHUBER, Schuldverhältnis § 3 II 2, 3). Schon die wenigen Bsp zeigen, dass ein Bedürfnis für Schutz der Forderung im Rechtsverkehr besteht (su Rn 319). Am meisten wird dabei die Anwendung des § 823 Abs 1 auf Forderungen diskutiert (su Rn 316).

aa) Die Forderung als Eigentumsrecht

Ältere Auffassungen gingen dabei davon aus, dass dem Gläubiger ein **Eigentums-** **308** **recht** an der Forderung zustehe (vgl BÄHR, Zur Cessionslehre, JherJb 1 [1857] 401; vGIERKE, Entwurf eines BGB 367; LEONHARD, Allgemeines Schuldrecht des BGB 60 ff, 662). Obwohl eine solche wirtschaftliche Betrachtungsweise der verfassungsrechtlichen Eigentumsdefinition entspricht (BGH NJW 1980, 2705), ist diese Einordnung nicht mit der Systematik des BGB zu vereinbaren (GERNHUBER, Schuldverhältnis § 3 I 3a). Denn die Begriffe „Forderung" und „Eigentum" kennzeichnen auf gleicher Ebene jeweils ein „alternatives" Vermögensrecht. Bereits früh wurde dementsprechend erkannt, dass eine Vermischung beider Kategorien durch die Anerkennung des „Eigentums einer Forderung" eine „verwirrende Verdoppelung des Rechtes" zur Folge hätte (LÖBL, Geltendmachung fremder Forderungsrechte im eigenen Namen, AcP 129 [1928] 297; vgl dazu ausf LARENZ, Schuldrecht I § 33 III Fn 8 mwNw). Diese Betrachtungsweise hat sich zu Recht deshalb nicht durchgesetzt.

bb) Die Lehre von der absoluten Rechtszuständigkeit des Gläubigers

Der Umstand, dass diese Lehre scheitern musste, während der Gedanke eines **309** schutzwürdigen Interesses an der Forderung aber gleichzeitig Anerkennung fand, führte zur Lehre von der **absoluten Rechtszuständigkeit** an der Forderung (z früheren

Vertretern vgl die Ausf bei OERTMANN Vorbem 3; sowie ders JherJb 66 [1916] 130, 154 ff; LÖBL, Geltendmachung fremder Forderungsrechte im eigenen Namen, AcP 129 [1928] 286 ff; LEONHARD, Allgemeines Schuldrecht des BGB 60 ff; jetzt vor allem LARENZ, Schuldrecht I § 33 III; KOZIOL, Die Beeinträchtigung fremder Forderungsrechte 140 ff; DÖRNER, Dynamische Relativität 62 f; REHBEIN, Die Verletzung von Forderungsrechten durch Dritte 234 f). Da die Forderung als subjektives Recht notwendig einer bestimmten Person zustehe, könne der Berechtigte – so formulierte es LARENZ – sagen: „Diese Forderung gehört mir" (LARENZ, Schuldrecht I § 33 III). Darin komme zwar kein dingliches Herrschaftsrecht zum Ausdruck, wohl aber die Rechtszuständigkeit des Gläubigers im Hinblick auf die Forderung.

310 Um den oben dargelegten Widerspruch im Begriffsverständnis zu vermeiden, versuchen die Vertreter dieser Ansicht das Begriffspaar **„absolut"** und **„relativ"** in Bezug auf das Verhältnis des Gläubigers zum Schuldner und zu einem Dritten zu beziehen (so Rn 299 ff). Ausgangspunkt ihrer Überlegungen ist dabei die Unterscheidung zwischen **Innen-** und **Außenwirkung** der Forderung (OERTMANN JherJb 66 [1966] 154 ff). Erstere betreffen das Verhältnis Gläubiger-Schuldner, Letztere das Verhältnis Gläubiger-Dritter.

311 Im Außenverhältnis wird die Forderung als **subjektives Recht** des Gläubigers qualifiziert (GERNHUBER, Schuldverhältnis § 3 I 2 a) und zwar mit der Begründung, dass er zu ihrer Durchsetzung über seine Rechtsposition auch verfügen können müsse. Darin komme die notwendige Ausschließlichkeit der rechtlichen Zuordnung zum Ausdruck (vgl dazu H C FICKER, Interference with contractual relations und deliktsrechtlicher Schutz der Forderung, in: FS H G Ficker [1967] 181; BECKER AcP 196 [1996] 458 ff), die man als „absolut" bezeichnen könne (LARENZ, Schuldrecht I § 33 III). Nur ein solches Forderungsverständnis bilde auch die materiellrechtliche Grundlage für den **Prätendentenstreit** gem § 75 ZPO, in dem mehrere Personen über die Berechtigung an eine Forderung streiten. Die „Berechtigung" iSd Norm sei als ausschließliche Rechtszuständigkeit der geschilderten Art zu verstehen (LARENZ, Schuldrecht I § 33 III). Auch mit § 771 ZPO wird argumentiert, der gegen Eingriffe in schuldnerfremde Forderungen schützt (so vor allem STAUDINGER/HAGER [1999] § 823 B 165). Die Notwendigkeit der Anerkennung einer absoluten Forderungszuständigkeit wird schließlich zum Teil auch noch darauf gestützt, dass der Gläubiger in den Fällen der §§ 406 ff schutzwürdig sei, sofern er nur den Scheingläubiger, nicht aber den Schuldner erreichen könne. In einem solchen Fall sei er außer Stande, den guten Glauben des Schuldners zu zerstören, so dass dieser uU mit befreiender Wirkung an den Scheingläubiger leiste (vgl für die Notwendigkeit einer solchen ausschließlichen Verbotsnorm STAUDINGER/ J SCHMIDT [1995] Einl 442 zu §§ 241 ff).

cc) Kritik an der Lehre von der absoluten Rechtszuständigkeit

312 Die Lehre von der absoluten Rechtszuständigkeit hat viel Kritik erfahren. Sie überzeugt insofern, als Forderungen grds ausschließlich einer bestimmten Person zuzuordnen sind (STAUDINGER/J SCHMIDT [1995] Einl 441 zu §§ 241 ff; MünchKomm/KRAMER Einl zu §§ 241 ff Rn 19; BECKER AcP 196 [1996] 459; STAUDINGER/HAGER [1999] § 823 Rn B 165). Diese Erkenntnis wird von den Vertretern der dargestellten Ansicht aber auch dazu benutzt, um die Forderung zu vergegenständlichen und sie so der ausschließlichen Zuständigkeit des Gläubigers zuzuweisen (so Rn 300). Dieser Schluss ist jedoch nicht zwingend. Die Forderung stellt das Anrecht des Gläubigers dar und gibt ihm deshalb das Recht zu ihrer Durchsetzung. Die Rechtszuständigkeit des Gläubigers tritt deshalb **nicht** zu einer bestehenden **Forderung hinzu** und kann also auch nicht unabhängig von ihr bestehen. Somit ist sie nicht vom Gläubiger zu trennen; es gibt sie nur dort, wo es auch einen Gläubiger gibt (vgl GERNHUBER, Schuldverhältnis § 3 I 3 b). Auf diese Weise kann der absolute Schutz der Forderungszuständigkeit also nicht begründet werden (vgl auch STAUDINGER/J SCHMIDT [1995] Einl 442 zu §§ 241 ff; ausf z Ganzen STAUDINGER/HAGER [1999] § 823 B 164 f).

Gegen diese Lehre spricht ferner ein **systematisches Argument**. Absolute Rechte **313** erhalten ihren besonderen Charakter (so Rn 291) nur dadurch, dass es gegen jedermann gerichtete Verbotsnormen gibt, die diese Absolutheit garantieren (STAUDINGER/ J SCHMIDT [1995] Einl 442 ff zu §§ 241 ff; vgl auch GERNHUBER, Schuldverhältnis § 3 I, 3 b, II). Überspitzt formuliert bedeutet dies, dass gerade die entsprechenden Verbotsnormen das absolute Recht kennzeichnen, etwa die §§ 12, 985, 1004. Das BGB schützt die Forderung aber gerade nicht durch solche Verbotsnormen gegen den Eingriff Dritter.

Auch der Hinweis auf Schwächen des Abtretungsrechts überzeugt nicht (GERNHUBER, **314** Schuldverhältnis § 3 II 8 b). Denn der Gläubiger wird in den Fällen der §§ 406 ff schon durch das der Zession zugrunde liegende Rechtsverhältnis geschützt (vgl MEDICUS BR Rn 610; MünchKomm/KRAMER Einl zu §§ 241 ff Rn 19 mwNw). Die Vorschriften der §§ 406–408 stellen ein in sich geschlossenes System dar, das durch die Anerkennung einer Forderungszuständigkeit als absolutes Recht gestört würde.

Man muss schließlich berücksichtigen, dass alle Normen, die den Schutz der Forde- **315** rung erweitern, gleichzeitig zu einer Beschränkung der rechtsgeschäftlichen Bewegungsfreiheit Dritter führen. Sie müssten auf fremde Vertragsverhältnisse Rücksicht nehmen, obwohl Forderungen im Rechtsverkehr grds für sie nicht erkennbar sind (vgl dazu ausf MünchKomm/KRAMER Einl zu §§ 241 ff Rn 15). Dafür lässt sich kein wirkliches Bedürfnis der Praxis anführen. Die Rspr ist seit mehr als 100 Jahren ohne besondere Schutznormen für Forderungen ausgekommen (ENNECCERUS/LEHMANN, Schuldrecht § 1 II 1a; GERNHUBER, Schuldverhältnis § 3 II 8 b, vgl dazu o Rn 301 u Rn 319 ff). Die Lehre von der absoluten Forderungszuständigkeit überzeugt damit insgesamt nicht.

dd) Folgen des Meinungsstreits

Die Konsequenz der verschiedenen Ansichten liegt in erster Linie darin, ob die **316** Forderung selbst oder jedenfalls die absolute Forderungszuständigkeit als **sonstiges Recht** im Rahmen des § 823 Abs 1 angesehen werden kann. Jeder, der in die Abwicklung der eigenen oder auch fremden Rechtsbeziehung störend eingreift, wäre zum Schadensersatz verpflichtet. Ein Bsp dafür bildet die unberechtigte, aber wirksame Leistungsannahme. Die Einordnung der Forderungen in den Zusammenhang der absolut geschützten Rechte birgt also für am Schuldverhältnis unbeteiligte Dritte ein enormes Handlungsrisiko, da sie zur Vermeidung von Schadensersatzverpflichtungen stets die Rechtsbeziehungen zwischen Schuldner und Gläubiger berücksichtigen müssten. Schon aus diesem pragmatischen Grund wird ein deliktischer Forderungsschutz ganz überwiegend abgelehnt (RGZ 57, 138, 142; 57, 353, 357; BGHZ 7, 30, 36 f; 29, 65, 73 f; BGH NJW 1970, 137, 138; vgl zum Meinungsstand FIKENTSCHER, Schuldrecht Rn 1215; LARENZ/CANARIS, Schuldrecht II/2 § 76 II 4 g; MEDICUS, Schuldrecht II Rn 812; GERNHUBER, Schuldverhältnis § 3 II 8 c; ERMAN/SCHIEMANN § 823 Rn 36; PALANDT/SPRAU § 823 Rn 11; Münch-Komm/WAGNER § 823 Rn 154; SOERGEL/ZEUNER § 823 Rn 48; STAUDINGER/HAGER [1999] § 823

Rn B 162 mwNw). Auch die **Forderungszuständigkeit** nimmt aus den gleichen Überlegungen nicht am deliktischen Rechtsgüterschutz teil (diesbzgl **aA** STAUDINGER/HAGER [1999] § 823 Rn B 163 ff mwNw; KOZIOL, Die Beeinträchtigung fremder Forderungsrechte 140 ff; LÖWISCH, Der Deliktsschutz relativer Rechte [1970] 81; CANARIS, Der Schutz obligatorischer Forderungen nach § 823 I BGB, in: FS Steffen [1995] 85 ff; LARENZ/CANARIS, Schuldrecht II/2 § 76 II 4 g; BECKER, Schutz von Forderungen durch das Deliktsrecht?, AcP 196 [1996] 439 ff; wie hier hingegen wiederum RGZ 57, 353, 354 f; ERMAN/SCHIEMANN § 823 Rn 36; SOERGEL/ZEUNER § 823 Rn 48; GERNHUBER, Schuldverhältnis § 3 II 8 b; FIKENTSCHER, Schuldrecht Rn 581; MEDICUS, Die Forderung als „sonstiges Recht" nach § 823 Abs 1 BGB?, in: FS Steffen [1995] 333 ff; ders, Schuldrecht II Rn 812; SCHWERDTNER, Recht der unerlaubten Handlungen, Jura 1981, 414 ff).

317 Umstritten ist allerdings, ob diese Wertungen wegen des Zusammenhangs von Forderung und Sicherungsrecht auf das **Pfandrecht an Forderungen** zu übertragen sind (dafür RGZ 108, 318, 321; 138, 252, 255; **aA** SOERGEL/ZEUNER § 823 Rn 48; differenzierend Münch-Komm/WAGNER § 823 Rn 141; vgl auch STAUDINGER/HAGER [1999] § 823 B 127). Dagegen wird eingewendet, dass der Schutz des Vollrechts nicht weiter gehen sollte als der des Sicherungsrechts. Auch auf die mangelnde Offenkundigkeit wird in diesem Zusammenhang verwiesen. Geht man – wie hier – davon aus, dass Forderung und Forderungszuständigkeit keine absoluten Rechte sind, überzeugt diese Argumentation.

318 Trotz ihrer relativen Wirkung gehört die Forderung jedoch zum **Vermögen** des Schuldners, vorausgesetzt, ihr kommt ein Vermögenswert zu. Sie ist veräußerlich; der Gläubiger kann sie verkaufen, abtreten oder zur Sicherheit an einen Dritten übertragen (LARENZ, Schuldrecht I § 33 I). Ihre gewichtige Stellung im Rechtsverkehr zeigt der in der Praxis entwickelte **Factoringvertrag** (vgl BLAUROCK, Die Factoring-Zession, ZHR 142 [1978] 340 u ZHR 143 [1979] 71; CANARIS, Verlängerter Eigentumsvorbehalt und Forderungseinzug durch Banken, NJW 1981, 249, 250). Die hohe Bedeutung der Forderung als Vermögensrecht kommt ferner in den §§ 828 ff ZPO zum Ausdruck, wonach sie **Gegenstand der Zwangsvollstreckung** sein kann. Die Forderung stellt sich somit insgesamt als umlauffähiger Vermögensbestandteil dar (PALANDT/HEINRICHS § 398 Rn 1). Sie dient der **Güterbewegung** und bildet die **causa** für dingliche Rechtsgeschäfte (MünchKomm/KRAMER Einl zu §§ 241 ff Rn 17).

319 Deshalb nehmen Forderungen nach allgM am Schutz gegen **sittenwidrige Schädigung** durch § 826 teil, dem insoweit eine Ergänzungsfunktion zum Vertragsrecht zukommt (vgl auch die Systematisierung bei STAUDINGER/OECHSLER [2003] § 826 Rn 145 ff, 147). Allerdings verwirklicht die (bloße) Beeinträchtigung fremder Forderungen grds noch nicht den Tatbestand. Denn die Relativität des Schuldverhältnisses hat zur Folge, dass es für Dritte grds nicht maßgeblich ist. Daher müssen mit dem Vertragsbruch weitere Umstände zusammentreffen, um ein Sittenwidrigkeitsurteil zu begründen (RGZ 62, 137, 139; 78, 14, 18; 103, 419, 421; BGHZ 12, 308, 318; BGH NJW 1979, 1704; 1981, 2184, 2185; WM 1981, 624, 625; FamRZ 1992, 1066 sowie 1401, 1402; JZ 1996, 416, 418; NJW-RR 1999, 1186; PALANDT/SPRAU § 826 Rn 52 f; MünchKomm/WAGNER § 826 Rn 46 ff; GERNHUBER, Schuldverhältnis § 3 II 9).

320 Insofern haben sich mehrere, aber nicht abschließende **Fallgruppen** herausgebildet (z den Einzelheiten STAUDINGER/OECHSLER [2003] § 826 Rn 224; BGH NJW 1981, 2184, 2185; FamRZ 1992, 1401, 1402; JZ 1996, 416, 418). Ihnen ist gemeinsam, dass der Schädigende durch sein Eindringen in das Schuldverhältnis eine **besondere Rücksichtslosigkeit**

erkennen lässt, so dass sich die Berufung auf die Relativität der Bindungswirkung als missbräuchliche Ausnutzung der Rechtsordnung für die eigenen Interessen darstellen würde (vgl BGH NJW 1981, 2184, 2185; FamRZ 1992, 1401, 1402; JZ 1996, 416, 418). Oft handelt es sich um den zeitlich nachrangigen Erwerb einer konkurrierenden Forderung, die der Dritte zum Schaden des Gläubigers der älteren Forderung ausübt. Dies gilt zB bei erneutem Verkauf eines bereits verkauften Gegenstands bei Erfüllung der Übereignungspflicht vor dem Zugriff des ersten Käufers. Hinzutreten müssen allerdings weitere die Sittenwidrigkeit begründenden Umstände, zB die Freistellung des Schuldners von Ersatzansprüchen des älteren Gläubigers (vgl BGH NJW 1981, 2184, 2185).

Der **deliktische Schutz** ist von der Regelung des § 138 zu trennen, der die **Nichtigkeit** 321 eines schädigenden Rechtsgeschäfts nach sich zieht (krit z Vernachlässigung dieser Vorschrift durch die Rspr GERNHUBER, Schuldverhältnis § 3 II 9 b mwNw). Da die Haftung des § 826 mangels Schädigung verdrängt wird, ist der Schutz des § 138 insoweit vorgelagert. Im geschäftlichen Verkehr greift bei Sittenwidrigkeit eines Verhaltens zudem uU das UWG ein, insbesondere § 3 UWG. Zwar wird dort der Begriff der guten Sitten nicht mehr verwendet – anders als in seinem Vorgänger § 1 UWG aF –, sondern der der **Unlauterbarkeit**. Damit sollte jedoch lediglich verdeutlicht werden, dass die Schädigung der Wettbewerber in der Natur marktwirtschaftlichen Konkurrenzkampfes liegt. Einen sachlichen Richtungswechsel wollte der Gesetzgeber damit nicht bewirken (z Einzelheiten vgl die Lit z UWG, zB EMMERICH, Unlauterer Wettbewerb [7. Aufl 2004]).

3. Tatbestandswirkungen des Schuldverhältnisses auf Dritte* (Weitere Ausnahmen zur Relativität)

Unter **Drittwirkungen des Schuldverhältnisses** versteht man die vielfältigen sonstigen 322 Ausnahmen vom Grundsatz der „Relativität des Schuldverhältnisses" (z Begriff so Rn 293 f). Ging es oben um den **Schutz der Forderung** vor Eingriffen Dritter, soll hier kurz dargestellt werden, inwieweit **Dritten Rechtsfolgen eines Tatbestandes auferlegt werden**, den sie nicht erfüllt haben.

Von der rechtlichen Drittwirkung ist zunächst die sog **faktische Drittwirkung** abzu- 323 grenzen (vgl JHERING, Die Reflexwirkungen oder die Rückwirkung rechtlicher Tatsachen auf dritte Personen, JherJb 10 [1871] 245; HUECK, Normenverträge, JherJb 73 [1923] 33; LUKES, Der Kartellvertrag. Das Kartell als Vertrag mit Außenwirkungen [1959] 150 f; ders, Gedanken zur Begrenzung des Inhalts allgemeiner Geschäftsbedingungen, in: FS Hueck [1959] 459 ff; MünchKomm/KRAMER Einl zu §§ 241 ff Rn 29; FIKENTSCHER, Schuldrecht Rn 52; MARTENS AcP 177 [1977] 113, 164 ff; SCHMALZBAUER, Die Drittwirkung verpflichtender Verträge [1982] 116 ff; WIEDEMANN, Anmerkung zu BAG, Beschl v 29.11.1967 – GS 1/67, SAE 1969, 268; CANARIS, Handelsrecht [23. Aufl 2000] § 33 V z Wirkung von § 434 Abs 2 HGB). Bei volkswirtschaftlicher Betrachtungsweise entfaltet sie fast jedes Schuldverhältnis. Dritte sind jedenfalls dann mittelbar betroffen, wenn das Schuldverhältnis eine Güterverteilung zum Gegenstand hat, da ihnen die vom Umsatzgeschäft erfassten Güter uU nicht mehr zur Verfügung stehen. Konkretere Auswirkungen auf Dritte haben **Preisbindungs-** und **Lizenzverträge** sowie

---

* Grundlegend MEDICUS, Drittbeziehungen im Schuldverhältnis, JuS 1974, 613 ff; SCHMALZBAUER, Die Drittwirkung verpflichtender Verträge (Diss Regensburg 1982).

Ausschließlichkeitsbindungen. Sie erlangen im Kartellrecht und in besonderen Fällen auch bei der Inhaltskontrolle am Maßstab des § 138 besondere Bedeutung (MünchKomm/KRAMER Einl zu §§ 241 ff Rn 28; vgl auch MARTENS AcP 177 [1977] 182).

324 Mit **rechtlicher Drittwirkung** meint man Sachverhalte, bei denen die Rechtsfolgen eines Tatbestandes nicht den Handelnden, sondern einen Dritten treffen; man spricht daher auch von „**Fremdzurechnung**". Dass eine solche Fremdzurechnung zulässig ist, bestreitet in der modernen Schuldrechtsdogmatik niemand mehr, während ältere Rechtsordnungen auf der Basis des römischen Rechtes (das römische Recht schloss zB die Stellvertretung aus, GAIUS 2, 95: „per extraneam personam nobis adquiri non posse") keine solchen Drittwirkungen kannten (ausf z geschichtlichen Entwicklung vor allem des Vertrages zugunsten Dritter STAUDINGER/JAGMANN [2004] Vorbem 8 ff zu §§ 328 ff).

325 Die verschiedenen Konstellationen, in denen eine Fremdzurechung anerkannt ist, stammen sowohl aus dem Bereich des rechtsgeschäftlichen als auch des nicht rechtsgeschäftlichen Handelns; kodifiziert sind sie nur teilweise. Die Motive, die jeweils zur Durchbrechung des Relativitätsgrundsatzes führen, sind vielfältig, ebenso wie die Fälle, in denen eine solche für zulässig erachtet wird. Ob der Relativitätsgrundsatz tatsächlich durchbrochen wird, ist jeweils im Einzelfall zu prüfen.

a) Drittbeteiligung am Schuldverhältnis ohne Zurechnung

326 Dritte können an einem Schuldverhältnis beteiligt sein, ohne (grundsätzlich) davon betroffen zu werden. Zu Verdeutlichung sei auf das Bsp der **Stellvertretung** hingewiesen. Dort nimmt gem § 164 Abs 1 S 1 ein Dritter zwar Einfluss auf das Verhältnis zwischen Gläubiger und Schuldner, indem er für eine der Parteien an der Begründung oder an der Durchführung des Schuldverhältnisses mitwirkt. Da die Folgen seines Handelns aber den Vertretenen treffen, wird der Relativitätsgrundsatz rechtsgeschäftlicher Wirkungen aber dennoch nicht durchbrochen (MünchKomm/KRAMER Einl zu §§ 241 ff Rn 27). Die Tatbestandswirkungen entfalten sich **nur** zwischen den Parteien des Schuldverhältnisses selbst.

Ein Fall von Fremdzurechnung liegt demgemäß nur dann vor, wenn die Rechtsfolgen eines Verhaltens eine außerhalb des Schuldverhältnisses stehende Person treffen, nicht hingegen, wenn ein Dritter Rechtsfolgen für oder gegen den Gläubiger bzw Schuldner setzt.

327 Weitere Sachverhalte, die sich trotz ihrer Nähe zum Problem nicht als Durchbrechung des Relativitätsgrundsatzes darstellen, finden sich etwa bei der **Leistungsbestimmung durch einen Dritten** gem § 317. Auch hier wird keine außerhalb des Schuldverhältnisses stehende Person berechtigt oder verpflichtet, sondern sie nimmt nur von außen auf das zwischen Gläubiger und Schuldner bestehende Schuldverhältnis Einfluss (MünchKomm/KRAMER Einl zu §§ 241 ff Rn 27).

Ebenso gehört die **Leistung durch Dritte** hierher. Ohne besondere Vereinbarung hat der Gläubiger gem § 267 Abs 1 grds keinen Anspruch darauf, dass der Schuldner die Leistung persönlich erbringt. Nur wenn der Schuldner der Leistung durch den Dritten widerspricht, kann der Gläubiger diese Leistung ablehnen, § 267 Abs 2 (z umstrittenen Problem des Erfordernisses eines Tilgungswillens des Dritten vgl FIKENTSCHER,

Schuldrecht Rn 242; vgl ausf MEDICUS JuS 1974, 613, 620). Eine Leistung durch einen Dritten lässt sich gleichwohl nicht in den Zusammenhang der Drittwirkung des Schuldverhältnisses einordnen, da der Dritte durch die zwischen Gläubiger und Schuldner begründete Rechtsbeziehung nicht gezwungen wird, für den Schuldner zu leisten, sondern aufgrund autonomer Motive handelt bzw aufgrund einer Verpflichtung gegenüber dem Schuldner. Diese stellt sich aber als eigenständiges Schuldverhältnis zwischen Schuldner und Drittem dar und nicht als Auswirkung desjenigen Schuldverhältnisses, in dem die Leistung erbracht wird.

Bei der **Drittschadensliquidation** (ausf STAUDINGER/SCHIEMANN [2005] Vorbem 62 ff zu § 249; s ferner STAUDINGER/OLZEN Einl 213 f zu §§ 241 ff) handelt es sich aus der Sicht des Schädigers um ein Ereignis, dessen Folgen zufällig nicht den Vertragspartner, sondern einen Dritten treffen. Um den Schädiger dadurch nicht zu privilegieren, wird der beim Dritten entstandene Schaden zum vertraglichen Anspruch des Vertragspartners gezogen, so dass dieser, ohne einen eigenen Schaden erlitten zu haben, einen Anspruch gegen den schädigenden Vertragspartner erhält. Der Vertragspartner bleibt dann originärer Anspruchsberechtigter (vgl ausf LOOSCHELDERS, Schuldrecht AT Rn 941 ff). Selbst wenn er den Anspruch gegen seinen Vertragspartner an den Geschädigten abtritt, wird dennoch im Schuldverhältnis kein Anspruch des Dritten begründet (MEDICUS JuS 1974, 613 ff). **328**

Schließlich weisen solche Fälle keinen echten Drittbezug iS einer Fremdzurechung auf, in denen es zu einem **Wechsel der Person** auf Gläubiger- oder Schuldnerseite kommt. Bei der **Abtretung einer Forderung** gem §§ 398 ff, bei der **Schuldübernahme** gem §§ 414 ff und auch bei der **Vertragsübernahme** werden zwar die ursprünglich am Schuldverhältnis Beteiligten durch Dritte ersetzt; eine dreiseitige Wirkung des Schuldverhältnisses entsteht dadurch aber nicht. **329**

b) Fremdzurechnung von Tatbestandsverwirklichungen
Drittwirkung von Schuldverhältnissen kann es demnach nur geben, wenn ein Dritter entweder aus dem Schuldverhältnis verpflichtet wird oder daraus Rechte ableiten kann (einen detaillierten Überblick dazu bietet MEDICUS JuS 1974, 613 ff; seiner Systematik folgt MünchKomm/KRAMER Einl zu §§ 241 ff Rn 26 ff). **330**

aa) Verpflichtung Dritter
Eine **Verpflichtung dritter** am Schuldverhältnis unbeteiligter Personen durch eine entsprechende Übereinkunft zwischen Gläubiger und Schuldner ist als **Vertrag zu Lasten Dritter** unzulässig (BGHZ 58, 216, 220; 61, 359, 361; ausf STAUDINGER/JAGMANN [2004] Vorbem 42 ff zu §§ 328 ff mwNw; Grenzfälle bei STAUDINGER/JAGMANN [2004] § 328 Rn 25). Es gibt jedoch gesetzlich geregelte Fälle, in denen Dritte aufgrund vertraglicher Bindungen, an denen sie nicht unmittelbar teilnehmen, verpflichtet werden können (HENKE, Die sog Relativität des Schuldverhältnisses [1989]). Obwohl dabei der Grundsatz der Relativität rechtsgeschäftlicher Wirkungen durchbrochen wird, liegt kein Vertrag zu Lasten Dritter vor. Es handelt sich vielmehr um **gesetzliche Ansprüche**, auf deren Begründung die Vertragsparteien keinen Einfluss haben (MünchKomm/KRAMER Einl zu §§ 241 ff Rn 28). **331**

Wichtige Fälle dieser belastenden Drittwirkung sind die **Herausgabeansprüche** gem §§ 546 Abs 2, 581 Abs 2, 604 Abs 4 gegen am Vertrag unbeteiligte Dritte. Auch die **332** oben (vgl Rn 303) als Bsp der Verdinglichung obligatorischer Rechte angeführten §§ 566, 567 ff führen zu einer belastenden Drittwirkung. Gleiches gilt im Bereich des **Dienstvertragsrechts** für die arbeitnehmerschützende Vorschrift des § 613a (Münch-Komm/KRAMER Einl zu §§ 241 ff Rn 21). In diesen Zusammenhang gehört auch die **Vormerkung**, die als Sicherungsmittel eigener Art zu einer Art „Verdinglichung" der Forderung führt (so Rn 304) und damit uU eine drittbelastende Wirkung hervorruft (PALANDT/BASSENGE § 883 Rn 1).

333 Bzgl der Geltendmachung von **Einwendungen durch Dritte** ist noch auf **§ 986 Abs 2** hinzuweisen, wonach der Besitzer im Vindikationsfall dem Eigentümer, der nach § 931 erworben hat, alle Einwendungen entgegenhalten kann, die ihm aufgrund seines obligatorischen Besitzrechts auch gegenüber dem Voreigentümer zustanden (so Rn 305). Ebenso müssen alle Gläubiger im Falle der **Insolvenz** grds die schuldrechtlichen Verpflichtungen des Gemeinschuldners beachten. Dies kommt nicht zuletzt darin zum Ausdruck, dass sie nur zu einer Quote befriedigt werden (z Behandlung der Fälle eines unzureichenden Vorrats u des fremdfinanzierten Abzahlungsgeschäfts vgl nur MEDICUS JuS 1974, 617 f).

bb) Berechtigung Dritter

334 Umgekehrt kann uU der Fall eintreten, dass dem **Dritten** aus einem Schuldverhältnis, an dem er nicht beteiligt ist, ein **Anspruch** oder ein Gegenrecht gegen eine der Parteien dieses Rechtsverhältnisses zusteht.

335 Der wichtigste Fall eines eigenen vertraglichen Anspruchs des Dritten gegen den Schuldner ist der **Vertrag zu Gunsten Dritter** gem § 328 (ausf STAUDINGER/JAGMANN [2004] Vorbem 2 ff zu §§ 328 ff). Bei diesem geht der Wille des Gläubigers nicht dahin, selbst Leistungsberechtigter zu werden, sondern es besteht ein Interesse daran, dass der Schuldner an einen Dritten leistet (LARENZ, Schuldrecht I § 17 Ia). Dabei kann man zwei dogmatisch verschiedene Rechtslagen unterscheiden:

336 Zunächst gibt es Situationen, in denen der Gläubiger den Anspruch gegen seinen Schuldner als **Erfüllungsleistung** im Verhältnis zu seinem eigenen Gläubiger einsetzt. Sein Schuldner soll dann direkt an den Drittgläubiger leisten, obwohl zwischen diesen Beteiligten kein Schuldverhältnis begründet wurde (ausf STAUDINGER/JAGMANN [2004] Vorbem 3 zu §§ 328 ff). Als Bsp dienen die sog **Durchlieferungsfälle**, in denen der Käufer mit dem Verkäufer einen Kaufvertrag schließt, den Kaufgegenstand aber direkt an seinen Gläubiger versenden lässt. Dieser erhält aber regelmäßig mangels Vertrag keinen eigenen Anspruch gegen den Verkäufer. Man spricht deshalb von einem „**ermächtigenden Vertrag zugunsten Dritter**" (LARENZ, Schuldrecht I § 17 I a), andere nennen ihn „**unechter Vertrag zugunsten Dritter**" (ESSER/SCHMIDT, Schuldrecht I § 36 I) oder „**einfacher Vertrag zugunsten Dritter**" (SOERGEL/HADDING § 328 Rn 6, 68 ff). Es liegt in solchen Fällen also nur eine **tatsächliche**, aber keine rechtliche **Wirkung** des Schuldverhältnisses auf einen Dritten vor. Die Abrede zwischen Käufer und Verkäufer verbessert die Rechtstellung des Gläubigers nicht.

337 Dagegen sollen die Verträge gem § 328 in der Regel eine wirtschaftliche Versorgung des Begünstigten sicherstellen, weshalb das Interesse des Gläubigers dahin geht, dem begünstigten Dritten auch ein **eigenes Forderungsrecht** auf Leistung gegen seinen Schuldner, den Versprechenden, zu verschaffen. Der **Dritte** wird dadurch

selbst **Gläubiger**, erlangt aber sein Recht ohne Mitwirkung am Vertragsschluss. Es steht ihm direkt und ohne Zwischenerwerb des Versprechensempfängers zu (ausf STAUDINGER/JAGMANN [2004] Vorbem 4 zu §§ 328 ff; LARENZ, Schuldrecht I § 17 I a). Die Rechte des Dritten folgen allein aus dem Vertrag zwischen dem Versprechenden und dem Versprechensempfänger, dem sog Deckungsverhältnis. Es kann auf den Tod des Versprechensempfängers bezogen werden, § 331.

Dass der Dritte auf diese Weise ohne seine Zustimmung uU eine für ihn positive **338** Rechtsstellung erlangen kann, wird teilweise kritisiert (SOERGEL/HADDING Vor §§ 328 ff Rn 10). In der Tat durchbricht § 328 den Grundsatz „alteri stipulatio nemo potest" (für einen anderen kann sich niemand etwas versprechen lassen). Bedenken an der Regelung bestehen aber deshalb nicht, weil § 333 dem Dritten die Möglichkeit gibt, das erworbene Recht jederzeit zurückzuweisen (LARENZ, Schuldrecht I § 17 I a; STAUDINGER/JAGMANN [2004] Vorbem 7 zu §§ 328 ff).

Praktisch bedeutsam ist neben dem Vertrag zugunsten Dritter der **Vertrag mit** **339** **Schutzwirkung für Dritte**. Nach den dazu im Wege der **Rechtsfortbildung** herausgebildeten Grundsätzen können Dritte die aus dem Schuldverhältnis folgenden Schutz- und Rücksichtnahmepflichten für sich in Anspruch nehmen, ohne selbst in einer vertraglichen Verbindung mit dem Verpflichteten zu stehen. Der Vertrag mit Schutzwirkung für Dritte stellt damit eine weitere Art der Drittberechtigung (ausf STAUDINGER/JAGMANN [2004] § 328 Rn 83 ff; STAUDINGER/OTTO [2004] § 280 Rn B 11 f) und damit eine Ausnahme zum Grundsatz der Relativität rechtsgeschäftlicher Wirkungen dar. Im Gegensatz zum Vertrag zugunsten Dritter (so Rn 335) folgt aus ihm aber kein Anspruch des Dritten auf die Hauptleistung, sondern es werden lediglich **Schadensersatzansprüche** im Falle der Verletzung vertraglicher Rücksichtspflichten begründet (BGHZ 49, 350, 353; NJW 1959, 1676; schon das RG erkannte solche Schutzpflichten an, vgl RGZ 91, 21, 24; 102, 231 f; 127, 218, 222). Ein weiterer Unterschied besteht darin, dass im Unterschied zu den Erfüllungsansprüchen des Vertrages zugunsten Dritter die Schadensersatzansprüche aus einem Vertrag mit Schutzwirkung schon im Bereich **vorvertraglicher Schuldverhältnisse** Rücksichtnahmepflichten begründen (BGHZ 66, 51, 58).

Die **dogmatische Begründung** dieses Instituts bleibt, auch nach In-Kraft-Treten des **340** Schuldrechtsmodernisierungsgesetzes, umstritten (vgl dazu ausf STAUDINGER/OLZEN Einl 184 ff zu §§ 241 ff): Vielfach wird vertreten, dass der neu gestaltete § 311 Abs 3 S 1 alle Fälle betreffe, in denen Dritte an einem Schuldverhältnis beteiligt sind, also auch den Vertrag mit Schutzwirkung für Dritte (CANARIS JZ 2001, 499, 520; LOOSCHELDERS, Schuldrecht AT Rn 197 ff; MUTHERS, in: HENSSLER/GRAF V WESTFALEN, Praxis der Schuldrechtsreform § 311 Rn 23; LORENZ/RIEHM, Schuldrecht Rn 376; ECKEBRECHT, Vertrag mit Schutzwirkung für Dritte – Die Auswirkungen der Schuldrechtsreform, MDR 2002, 425, 427 f; SCHWAB, Das neue Schuldrecht im Überblick, JuS 2002, 1, 4; 872, 873). Die Systematik des § 311 Abs 3 S 1 deutet allerdings eher in eine andere Richtung. Wie Abs 3 S 2 zeigt, werden dort Fälle geregelt, in denen der Dritte als **Anspruchsgegner** wegen einer Sorgfalts- bzw Rücksichtnahmepflichtverletzung haften soll (OLZEN/WANK, Die Schuldrechtsreform Rn 312; DAUNER-LIEB/ARNOLD/DÖTSCH/KITZ, Fälle zum Neuen Schuldrecht [2002] 203; SCHMIDT-RÄNTSCH, Das neue Schuldrecht Rn 475; AnwK-BGB/KREBS [2002] § 311 Rn 47; mittlerweile aA AnwK-BGB/KREBS § 311 Rn 101, 120; PALANDT/HEINRICHS § 311 Rn 13). Dem steht

wohl auch die Auffassung des Gesetzgebers nicht entgegen (Begr z SchuldrechtsmodernisierungsG BT-Drucks 14/6040 163).

341 Letztlich bereitet der Meinungsstreit deshalb wenig praktische Probleme, weil
§ 311 Abs 3 S 1 jedenfalls keine Voraussetzungen für die Annahme eines Vertrages
mit Schutzwirkungen für Dritte enthält (so auch CANARIS JZ 2001, 499, 520, der freilich einen
anderen Rückschluss zieht; LOOSCHELDERS, Schuldrecht AT Rn 203). Deshalb muss man weiterhin auf die früheren – insbesondere von der Rspr entwickelten – Grundsätze
zurückgreifen, unabhängig davon, ob man den Vertrag mit Schutzwirkung für Dritte
als eine auf § 242 gestützte richterliche Rechtsfortbildung ansieht (MünchKomm/GOTT-
WALD § 328 Rn 101), oder mit der Rspr die dogmatische Grundlage in einer ergänzenden Vertragauslegung sieht (RGZ 127, 222; BGHZ 56, 269, 273; 123, 378, 380; BGH NJW 1984;
BGH NJW-RR 1986; DAHM JZ 1992, 1167; PALANDT/HEINRICHS § 328 Rn 14).

342 Als Ausnahme zum Relativitätsgrundsatz ist schließlich § 991 Abs 2 zu erwähnen.
Danach steht dem **Eigentümer** ein eigener **Schadensersatzanspruch** auch gegen den
mittelbaren Besitzer zu, der beim Besitzerwerb gutgläubig war und den er deshalb an
sich nicht in Anspruch nehmen könnte. Voraussetzung ist allerdings, dass der Besitzer aus seinem Rechtsverhältnis mit dem mittelbaren Besitzer diesem gegenüber
selbst schadensersatzpflichtig wäre. Umgekehrt haftet der unmittelbare Besitzer also
dem Eigentümer dann nicht, wenn er auch vom mittelbaren Besitzer nicht in Anspruch genommen werden könnte.

cc) Haftungsbegrenzungen zugunsten Dritter*

343 Durchbrechungen der Relativität von Schuldverhältnissen liegen auch darin, dass sie
die Haftung Dritter beeinflussen, die nicht an ihr beteiligt sind. Gesetzlich geregelte
Haftungsbegrenzungen zugunsten Dritter findet man vor allem im **Transportrecht**. Die
Normen erweitern die gesetzlich oder vertraglich geregelten Haftungsbeschränkun-
gen, die zugunsten des Beförderers gelten, auch auf dessen Hilfspersonen, zB § 607a
Abs 2 HGB (KLEIN JZ 1997, 390, 391; ausf STAUDINGER/JAGMANN [2004] § 328 Rn 119).

344 Solche Drittwirkungen können aber auch bestehen, wenn ein zwischen den Vertragsparteien vereinbarter **Haftungsausschluss** für Dritte ebenfalls gilt. Dies ist regelmäßig dann der Fall, wenn die zur Vertragserfüllung Verpflichteten sich Hilfspersonen bedienen. Solche Gehilfen würden ohne eine Erweiterung der Haftungsbeschränkung auf ihr Verhalten zumindest deliktsrechtlich unbeschränkt haften (vgl
dazu ausf BLAUROCK, Haftungsfreizeichnung zugunsten Dritter, ZHR 146 [1982] 238 ff; STAU-
DINGER/JAGMANN [2004] § 328 Rn 117 ff).

345 Die Rspr hat deshalb in vielen Fällen die Ausdehnung der Haftungsprivilegierung –
etwa auf Arbeitnehmer oder sonstige Hilfspersonen – bejaht, unabhängig davon, ob
sie individuell oder in AGB vereinbart worden waren (STAUDINGER/JAGMANN [2004] § 328
Rn 118 ff). In gleicher Weise ließ sie Gehilfen an einer **Verkürzung der Verjährungsfristen** für Schadensersatzansprüche teilnehmen (STAUDINGER/JAGMANN [2004] § 328
Rn 121).

---

* RÄCKE, Haftungsbeschränkungen zugunsten
und zu Lasten Dritter (1995).

dd) Haftungsbegrenzungen zu Lasten Dritter

Aber auch **Haftungsbeschränkungen zu Lasten Dritter** sind denkbar und gehören 346 deshalb ebenfalls in den Zusammenhang der Drittwirkung von Schuldverhältnissen. Dabei werden zu Lasten eines Vertragspartners dessen Ansprüche gegen einen außenstehenden Dritten beschränkt. Beispielhaft dafür sind ebenfalls Fälle des **Transportrechts**. Wird aufgrund einer Vereinbarung mit einem Spediteur transportiertes Gut beschädigt, und verlangt der Eigentümer vom Frachtführer **Schadensersatz**, so kann sich dieser nach der Rspr des BGH auf seine haftungsbeschränkenden Geschäftsbedingungen auch dann berufen, wenn zwischen dem Frachtführer und dem Eigentümer des Frachtguts kein vertragliches Schuldverhältnis besteht (BGH NJW 1974, 2177; KLEIN JZ 1997, 390, 393 mwNw). Dieses Ergebnis erscheint gerechtfertigt, wenn der Versender weiß oder nach den Umständen erkennen muss, dass der Transport nicht vom Spediteur selbst, sondern von einem Frachtführer durchgeführt werden wird, der gesetzlich oder durch Verwendung von Vertragsbedingungen nur eingeschränkt haftet (BGH NJW 1985, 2411; OLG Düsseldorf TransportR 1996, 38, 39 f; LG München I TransportR 1990, 19; ausf KLEIN JZ 1997, 390, 393 mwNw; vgl z Ganzen STAUDINGER/ JAGMANN [2004] Vorbem 43 zu §§ 328 ff).

K. Dauer des Schuldverhältnisses*

Schuldverhältnisse lassen sich schließlich auch nach **zeitlichen Kriterien** unterschei- 347 den. So kann sich das Schuldverhältnis in einer **einmaligen Leistungserbringung** erschöpfen oder **ständig neue Leistungspflichten** auslösen.

I. Einfache Schuldverhältnisse

Für die auf **einmalige Leistungserbringung** gerichteten Schuldverhältnisse hat sich 348 kein allgemein anerkannter Terminus etablieren können. Es wurden Begriffe wie „vorübergehendes Schuldverhältnis" (KLANG/BYDLINSKI, Kommentar zum AGBG IV/2 [2. Aufl 1971] 193 f), „einfaches Schuldverhältnis" (CHRISTODOULOU, Vom Zeitelement im Schuldrecht [1968] 142; ESSER/SCHMIDT, Schuldrecht I § 20 2; WIESE, in: FS Nipperdey Bd I [1965]

---

* **Schrifttum:** BEITZKE, Nichtigkeit, Auflösung und Umgestaltung von Dauerrechtsverhältnissen (1948); CHRISTODOULOU, Vom Zeitelement im Schuldrecht (1968); FUCHS-WISSEMANN, Die Abgrenzung des Rahmenvertrages vom Sukzessivlieferungsvertrag (Diss Marburg 1979); GAUCH, System der Beendigung von Dauerverträgen (1968); GOLLUB, Verzug und Zurückbehaltungsrecht beim Sukzessivlieferungsvertrag (Diss Münster 1989); HAARMANN, Wegfall der Geschäftsgrundlage bei Dauerrechtsverhältnissen (1979); HENSSLER, Risiko als Vertragsgegenstand (1994) 1 ff mwNw; HORN/FONTAINE/MASKOW/SCHMITTHOFF, Die Anpassung langfristiger Verträge Vertragsklauseln und Schiedspraxis (1984); JAHR, Schriften des Vereins für Sozialpolitik (1964); LÖRCHER, Die Anpassung langfristiger Verträge an veränderte Umstände, DB 1996, 1269; MACAULAY, Non-Contractual Relations in Business, American Sociological Review 28 (1963) 55; MACNEIL, The new Sozial contract: An inquiry into modern contractual relations (1980); MARTINEK, Moderne Vertragstypen Bd III (1993) 363 ff; NICKLISCH, Der komplexe Langzeitvertrag, Strukturen und Internationale Schiedsgerichtsbarkeit (1987); OETKER, Das Dauerschuldverhältnis und seine Beendigung (1994); ULLMANN, Der Einfluss des Konkurses auf Wiederkehrschuldverhältnisse (Diss Leipzig 1933).

837 ff), „einmaliges Schuldverhältnis" (CHRISTODOULOU aaO), „Schuldverhältnis auf einmaligen Leistungstausch" (JAUERNIG/MANSEL Rn 3), „Austauschvertrag" (BEITZKE, Dauerrechtsverhältnisse 21, 35 Fn 302) und „Umsatzgeschäft" vorgeschlagen. In Österreich hat sich auch der Begriff „Zielschuldverhältnis" eingebürgert (EHRENZWEIG/MAYRHOFER, Schuldrecht AT 23 ff; GSCHNITZER/FAISTENBERGER/BARTA/ECCER, Österreichisches Schuldrecht AT 25). Eine terminologische Vereinheitlichung ist aber deshalb nicht erforderlich (GERNHUBER, Schuldverhältnis 380), weil sich die dogmatische Bedeutung eines entsprechenden Begriffs allein in der Abgrenzung zum Dauerschuldverhältnis erschöpft und demzufolge lediglich diejenigen Schuldverhältnisse zusammenfasst, die keine Dauerschuldverhältnisse sind. Dafür reicht die Bezeichnung **„sonstige Schuldverhältnisse"**. Teilweise werden innerhalb dieser Gruppe der Schuldverhältnisse noch die „langfristigen Verträge ieS" besonders hervorgehoben, weil sie sich zwar über einen längeren Zeitraum erstrecken, der Inhalt der Leistungspflicht aber nicht von der Dauer des Schuldverhältnisses abhängt (HORN, in: BMJ [Hrsg], Gutachten und Vorschläge zur Überarbeitung des Schuldrechts [Köln 1981–1983] 562).

II. Dauerschuldverhältnisse

349 Nachdem man diejenigen Schuldverhältnisse, die dauernd Rechte und Pflichten erzeugen, zunächst „dauernde Schuldverhältnisse" nannte (vGIERKE JherJb 64 [1914] 355 f), hat sich mittlerweile der Begriff **„Dauerschuldverhältnis"** durchgesetzt. Er hat sowohl als **gesetzlicher Terminus** als auch als **dogmatische Kategorie** Bedeutung.

1. Gesetzlicher Terminus

350 Als **gesetzlicher Terminus** hat das Dauerschuldverhältnis erstmals mit dem Inkrafttreten des AGBG am 1.4.1977 und verstärkt seit dem 1.1.2002 durch die Modernisierung des Schuldrechts (vgl STAUDINGER/OLZEN Einl 184 ff zu §§ 241 ff) Eingang in die Gesetzessprache gefunden. Er findet sich nunmehr in §§ 313 Abs 3, 314, die die **Laufzeit** und **Kündigung** von Dauerschuldverhältnissen regeln, den **AGB-Regelungen** der §§ 308 Nr 3, 309 Nr 1 und Nr 9 sowie in § 108 InsO, der das Fortbestehen von Dauerschuldverhältnissen in der **Insolvenz** betrifft (z gesetzlichen Erfassung der Dauerschuldverhältnisse HORN, in: BMJ [Hrsg], Gutachten und Vorschläge zur Überarbeitung des Schuldrechts [Köln 1981–1983] 551 ff).

351 Der Begriff des Dauerschuldverhältnisses ist aber auch heute **nicht legaldefiniert**. Zwar enthält § 309 Nr 9 Anhaltspunkte für eine nähere Bestimmung; diese sind aber nicht abschließend, sondern der Begriff ist in einem umfassenderen Sinne zu verstehen. Eine Definition kann auch nicht pauschal vorgenommen werden, sondern muss vielmehr stets unter Einbeziehung des jeweiligen Regelungsgehaltes der Norm erfolgen (STAUDINGER/J SCHMIDT [1995] Einl 350 zu §§ 241 ff). Insofern wird auf die entsprechenden Kommentierungen verwiesen.

2. Dogmatische Kategorie

a) Zeitliche Abgrenzungskriterien

352 Als **dogmatische Kategorie** geht der Begriff des Dauerschuldverhältnis auf OTTO VON GIERKE zurück (JherJb 64 [1914] 355 ff), der sich 1914 erstmals eingehend damit befasste. Folgende Grundsätze haben sich seitdem Geltung verschafft:

Dauerschuldverhältnisse unterscheiden sich von den auf eine einmalige Leistung 353
gerichteten Schuldverhältnissen dadurch, dass während ihrer Laufzeit **ständig neue
Leistungs-, Nebenleistungs-** und **Rücksichtspflichten** entstehen. Da das Dauerschuldverhältnis im Gegensatz zum einfachen Schuldverhältnis grds **zeitlich** unbegrenzt ist,
muss eine zeitliche Begrenzung von den Parteien gesetzt werden (MünchKomm/Kramer Einl zu §§ 241 ff Rn 97, 100), sei es durch Kündigung, Aufhebungsvertrag, Befristung
oä. Das entscheidende Kriterium für den Charakter als Dauerschuldverhältnis besteht also – insoweit besteht weitgehend Einigkeit – in der gegenüber den einfachen
Schuldverhältnissen „essentiellen Bedeutung des Zeitmomentes" (MünchKomm/Kramer Einl zu §§ 241 ff Rn 85), das sich als konstitutives Merkmal des Leistungsumfangs
darstellt (ähnlich Horn, in: BMJ [Hrsg], Gutachten und Vorschläge zur Überarbeitung des Schuldrechts [Köln 1981–1983] 561).

Es lässt sich aber mit guten Gründen bezweifeln, ob die genannten Kriterien wirklich 354
eine klare Abgrenzung ermöglichen. Insbesondere stellt sich die Frage, wann das
Zeitmoment konstitutiv für die Einordnung sein soll (Staudinger/J Schmidt [1995] Einl
364 zu §§ 241 ff). Man könnte es bereits als ausreichend erachten, dass der Inhalt der
Hauptleistungspflicht von der Dauer des Schuldverhältnisses bestimmt wird oder
zusätzlich fordern, dass der Leistungsinhalt bei Vertragsschluss noch nicht feststeht.
Ein weites Verständnis würde zB den befristeten Kaufvertrag zum Dauerschuldverhältnis werden lassen. Fordert man hingegen, dass der Leistungsinhalt bei Vertragsschluss noch nicht bestimmbar ist, müssten befristete Mietverträge aus dieser Kategorie ausscheiden.

Daher haben andere den Aspekt der **besonderen Risikoverteilung** für eine Abgren- 355
zung herangezogen (Jahr, Schriften des Vereins für Sozialpolitik [1964] 14 ff, 18 ff; Staudinger/
J Schmidt[12] Einl 367 zu §§ 241 ff). Im Ergebnis wird ein Dauerschuldverhältnis danach
durch eine typische Risikoverteilung gekennzeichnet. Der „Geber", zB der Vermieter, der dem Mieter die Wohnung auf Zeit überlässt, trage zwar das Sachrisiko, nicht
aber das Insolvenzrisiko (Jahr 23). Demgegenüber sei ein Verkäufer nach der Übereignung grds nicht mehr am Schicksal der verkauften Sache interessiert. Allerdings
erlaubt aber auch die Risikoverteilung keine genaue Grenzziehung, wie insbesondere die Gesellschaftsverträge zeigen, für die das Kriterium untauglich ist (so unter
Aufgabe der früheren Auffassung Staudinger/J Schmidt [1995] Einl 368 zu §§ 241 ff). Der
Arbeitsvertrag lässt sich ebenfalls auf diese Weise schlecht erklären.

Da die sozialethischen Anforderungen an das Verhalten des Einzelnen mit der 356
Intensität des rechtlichen oder sozialen Kontaktes steigen (Looschelders, Schuldrecht
AT Rn 64), wird teilweise darüber hinaus das Merkmal der **„ständigen Pflichtenanspannung"** (Esser/Schmidt, Schuldrecht I § 15 II) als Besonderheit von Dauerschuldverhältnissen angesehen. Danach sei den Dauerschuldverhältnissen neben der auch
einfachen Schuldverhältnissen immanenten Verpflichtung zur Leistung einschließlich der zu beachtenden Neben- und Rücksichtspflichten die Verpflichtung zum
„vertrauensvollen Zusammenwirken" eigen, deren Verletzung sich nach § 242 beurteilen soll (Larenz, Schuldrecht I § 2 VI; Staudinger/J Schmidt [1995] § 242 Rn 874; anders
insoweit Horn, in: BMJ [Hrsg], Gutachten und Vorschläge zur Überarbeitung des Schuldrechts
[Köln 1981–1983] 551 f; Soergel/Wiedemann Vor § 323 Rn 59).

b) Andere Abgrenzungsversuche

357 Die Dogmatik der Dauerschuldverhältnisse ist – wie der Meinungsstreit zeigt – nach wie vor nicht frei von Widersprüchen. Der Sinn einer Systematisierung von Schuldverhältnissen nach zeitlichen Bewandtnissen wurde daher insgesamt mit beachtlichen Argumenten in Zweifel gezogen (STAUDINGER/J SCHMIDT [1995] Einl 361 ff zu §§ 241 ff). Die Schwierigkeiten hängen in erster Linie damit zusammen, dass es sich bei dem Begriff des „Dauerschuldverhältnisses" seiner Rechtsnatur nach um einen **Sammelbegriff** für dogmatische Einzelprobleme ganz unterschiedlicher Art handelt (GERNHUBER, Schuldverhältnis 379 Fn 8). Dennoch haben sich folgende begriffliche Abgrenzungen im Wesentlichen durchgesetzt.

aa) Dauerschuldverhältnisse ieS und iwS

358 Man unterscheidet zunächst Dauerschuldverhältnisse ieS und iwS. Zur ersten Gruppe werden diejenigen Schuldverhältnisse gezählt, bei denen sich der Leistungsumfang nach der **Dauer** des Schuldverhältnisses richtet, aber **im Voraus nicht zu bestimmen ist** (so Rn 353 f). Wird hingegen – wie zB bei einer ratenweise zu liefernden, jedoch von vornherein festgelegten Gesamtmenge – lediglich die Leistungsmodalität abweichend von den einfachen Schuldverhältnissen in der Weise bestimmt, dass sich die **Leistungshandlungen** über einen **längeren Zeitraum** erstrecken, kann allenfalls von **Dauerschuldverhältnissen iwS** gesprochen werden (LARENZ, Schuldrecht I § 2 VI; SOERGEL/TEICHMANN Rn 6). Teilweise hält man den Terminus „Dauerschuldverhältnis" in solchen Fällen auch für vollständig unpassend (BGH NJW 1981, 679).

bb) Sukzessivlieferungsverhältnisse

359 Parallel zur Dogmatik des Dauerschuldverhältnisses hat sich der Begriff des **Sukzessivlieferungsvertrages** herausgebildet, vor allem in Abgrenzung zum sog **Wiederkehrschuldverhältnis** (su Rn 363 f). Der Sukzessivlieferungsvertrag (zB Lieferung von Buchreihen LG Hamburg NJW 1973, 804) ist nach Auffassung der Rspr ein **einheitlicher** Kauf- oder Werklieferungsvertrag, der auf die Erbringung von **Leistungen** in zeitlich aufeinander folgenden **Raten** gerichtet ist (BGH NJW 1977, 35; BGH NJW 1981, 679, 680). Die Einordnung in die Kategorie der Dauerschuldverhältnisse iwS rechtfertigt sich durch das die Leistung bestimmende **Zeitmoment**. Abhängig von dessen Reichweite lassen sich innerhalb dieser Gruppe wiederum Untergruppen bilden.

360 Beim **Ratenlieferungsvertrag** wird eine von vornherein **festgelegte Gesamtmenge** geschuldet, die aber in Teilmengen geliefert wird. Die **Zeitabschnitte**, innerhalb derer die Teillieferungen erfolgen, werden in Abweichung von § 266 entweder bereits bei Vertragsschluss genau bestimmt oder sie richten sich nach dem Bedarf („auf Abruf") des Gläubigers (MünchKomm/WESTERMANN Vor § 433 Rn 38). Der Ratenlieferungsvertrag wird auch als „echter Sukzessivlieferungsvertrag" (HK-BGB/SCHULZE Vor §§ 311–319 Rn 24) bezeichnet, da ihm das Merkmal der ständigen Leistungsbereitschaft fehlt und daher nicht von einem „Dauerschuldverhältnis ieS" gesprochen werden kann (MünchKomm/WESTERMANN Vor § 433 Rn 47; PALANDT/HEINRICHS § 314 Rn 2; HK-BGB/ SCHULZE Vor §§ 311–319 Rn 25). Für Verzug und Unmöglichkeit gelten grds die allgemeinen Regeln der §§ 320 ff. Wird lediglich eine Teilleistung unmöglich, kann gem § 326 Abs 1 S 1 2 HS, § 441 Abs 3 gemindert, ausnahmsweise gem §§ 283, 281 Abs 1 S 2 auch Schadensersatz wegen der noch ausstehenden Teilleistungen verlangt werden.

Beim **Bezugs-** (PALANDT/HEINRICHS v § 311 Rn 28; SOERGEL/TEICHMANN Rn 6) oder **Dauer-** 361
lieferungsvertrag (ERMAN/GRUNEWALD Vor § 433 Rn 30) ist die **Liefermenge** hingegen
nicht bei Vertragsschluss **festgelegt**, sondern richtet sich auch hinsichtlich der Gesamthöhe nach dem **Bedarf des Abnehmers** (MünchKomm/KRAMER Rn 98; gesetzlich geregelt in Art 1559 ff ital Codice Civile). Die Leistungszeitpunkte bestimmen sich „nach
Abruf" (z den insoweit bestehenden Gläubigerpflichten vgl RG JW 1916, 1188; angemessene Frist
RGZ 94, 47; BGH WM 1973, 694; z Abrufbestellung BGH BB 1980, 1823). Mit dem **Abruf** wird
kein neuer Kaufvertrag geschlossen, sondern die bereits bestehende **Lieferpflicht
konkretisiert** (MünchKomm/WESTERMANN Vor § 433 Rn 47). Damit erfordert der Bezugsvertrag **ständige Leistungsbereitschaft** des Schuldners. Auf der Seite des Bezugsberechtigten stellt sich demgegenüber die Frage nach einer **ausschließlichen Bezugsverpflichtung** (MünchKomm/WESTERMANN Vor § 433 Rn 47). Wegen der „dauernden Pflichtenanspannung" stellt sich der Bezugsvertrag als „echtes Dauerschuldverhältnis"
(HK-BGB/SCHULZE Vor §§ 311–319 Rn 24, 28) oder „Dauerschuldverhältnis ieS" und
damit als „unechter Sukzessivlieferungsvertrag" dar (ähnlich SOERGEL/HUBER Vor
§ 433 Rn 53; MünchKomm/WESTERMANN Vor § 433 Rn 47).

Die hier vorgeschlagene Struktur ist allerdings nicht unbestritten. Teilweise werden 362
zu den Sukzessivlieferungsverhältnissen auch nur die Ratenlieferungsverträge (BGH
NJW 1979, 674; NJW 1981, 679) oder nur die Dauerlieferungsverträge (SOERGEL/TEICHMANN
Rn 6) gezählt.

cc) Wiederkehrschuldverhältnisse
Bei den sog **Wiederkehrschuldverhältnissen** soll das Zeitmoment lediglich einen 363
Rahmen- oder **Grundvertrag** betreffen, der die Modalitäten für den Fall regelt, dass
überhaupt Verträge über bestimmte Leistungen geschlossen werden. Eine Verpflichtung zur Leistungserbringung erwächst dann also nicht aus dem Rahmenvertrag,
sondern aus jeweils **singulären Verträgen**, deren nähere Ausgestaltung sich allerdings
nach dem Rahmenvertrag richtet (MünchKomm/WESTERMANN Vor § 433 Rn 48). Der Umfang der beiderseitigen Leistungen sei dabei nicht nur von der Zeitdauer, sondern
innerhalb der einzelnen Teilabschnitte von der Höhe des tatsächlichen Verbrauchs
abhängig (LARENZ, Schuldrecht I § 2 VI Fn 45). Der Abnehmer habe keinen Anspruch
auf Verlängerung des Rechtsverhältnisses. Das Wiederkehrschuldverhältnis wäre
nach den oben dargestellten Kriterien (Rn 358) aufgrund der eingeschränkten Bedeutung des Zeitmomentes lediglich Dauerschuldverhältnis iwS.

Der Begriff des Wiederkehrschuldverhältnisses ist allerdings heute entbehrlich 364
(MEDICUS, Schuldrecht I Rn 13; MünchKomm/KRAMER Einl zu §§ 241 ff Rn 98). Die Schaffung
einer eigenständigen Kategorie war durch konkursrechtliche Schwierigkeiten bei der
Behandlung von Bezugsverträgen motiviert (RGZ 148, 326, 330; JAEGER, KO [8. u 9. Aufl]
§ 17 Rn 85 ff; ULLMANN, Der Einfluss des Konkurses auf Wiederkehrschuldverhältnisse [Diss Leipzig 1933]), da die Qualifizierung als Dauerschuldverhältnis ieS die Gefahr einer
unerwünschten Privilegierung der Versorgungsunternehmen über § 17 KO in sich
barg (BGHZ 81, 90 = NJW 1981, 2195 = ZIP 1982, 854 zu § 17 KO). Die Einordnung von
Bezugsverträgen in die Kategorie der Wiederkehrschuldverhältnisse konnte aber
bereits vor dem Inkrafttreten der InsO vor dem Hintergrund der damaligen Rechtsentwicklung als veraltet betrachtet werden (BGH DTZ 1997, 196, 197; MEDICUS BR Rn 235;
LARENZ, Schuldrecht I § 2 VI Fn 2; HORN, in: BMJ [Hrsg], Gutachten und Vorschläge zur Überarbeitung des Schuldrechts [Köln 1981–1983] 551 f; SOERGEL/R SCHMIDT Rn 10; PALANDT/HEIN-

RICHS Überbl v § 311 Rn 28: Dauerschuldverhältnis; offengelassen jedoch in BGHZ 83, 359, 363 = NJW 1982, 2196, 2197; STAUDINGER/J SCHMIDT [1995] Einl 385 zu §§ 241 ff). Mit Inkrafttreten der InsO sind die insolvenzrechtlichen Schwierigkeiten jedenfalls endgültig ausgeräumt. Entscheidet sich der Insolvenzverwalter nämlich für die Erfüllung des Vertrages, so stellen die Ansprüche wegen bereits erbrachter Teilleistungen gem § 105 InsO **einfache Insolvenzforderungen** dar, die Ansprüche wegen noch folgender Teilleistungen sind demgegenüber gem § 103 InsO **Masseschulden**. Andererseits weisen Bezugsverträge gerade die typischen Merkmale eines Dauerschuldverhältnisses ieS auf, da sie die ständige Leistungsbereitschaft des Schuldners erfordern und damit eine dauernde Pflichtenanspannung besteht. Sie sind deshalb dieser Kategorie zuzuordnen.

dd) **Vertragsverhältnisse mit personenrechtlichem Einschlag**

365 Neben den Dauerschuldverhältnissen ieS, die auf **Austausch von Leistungen** gerichtet und bei denen die **Interessen der Parteien** in erster Linie **gegenläufig** sind, besteht bei Vertragsverhältnissen wie dem **Gesellschaftsvertrag** eine **Interessengleichrichtung** (MünchKomm/KRAMER Einl zu §§ 241 ff Rn 106), die neben die wechselseitigen Interessen der einzelnen Gesellschafter tritt. Eine solche Interessenlage wurde in älteren Publikationen häufig auch dem Arbeitsvertrag zugeordnet. Entsprechende Schuldverhältnisse, die man als **personenrechtliche Verhältnisse** oder **Gemeinschaftsverhältnisse** bezeichnet, unterscheiden sich also durch ein personenrechtliches Element von den Dauerschuldverhältnissen ieS. Ihnen ist nach überwiegender Ansicht eine Verpflichtung zum vertrauensvollen Zusammenwirken immanent (ESSER/SCHMIDT, Schuldrecht I § 20 2). Aber auch wenn man den Ansatzpunkt teilt, dass es sich sowohl beim Arbeits- als auch beim Gesellschaftsverhältnis um ein Dauerschuldverhältnis handelt, folgt daraus noch nicht, dass ihnen das personenrechtliche Element generell eigen wäre (LARENZ, Schuldrecht I § 2 VI Fn 46; **aA** BEITZKE, Dauerrechtsverhältnisse 10; ausf MünchKomm/KRAMER Einl zu §§ 241 ff Rn 106 ff mwNw). Diese Betrachtungsweisen beruhen vielmehr historisch auf einen mittlerweile überwundenen deutsch-rechtlichen Ansatz OTTO VGIERKES iS eines Gemeinschaftsgedankens, der später insbesondere vom Nationalsozialismus aufgenommen wurde. Da damit kein praktischer Nutzen verbunden ist (Nachw bei MünchKomm/KRAMER Einl zu §§ 241 ff Rn 106), sollten entsprechende Überlegungen heute als überwunden angesehen werden.

ee) **Relationale Verträge**

366 Der dargelegten Systematik der Dauerrechtsverhältnisse entspricht in der US-amerikanischen Lit die Theorie der **relationalen Verträge** (MACNEIL, The new Sozial contract: An inquiry into modern contractual relations [1980]; MACAULAY, Non-Contractual Relations in Business, American Sociological Review 28 [1963] 55; MARTINEK, Moderne Vertragstypen Bd III [1993] 363 ff; HENSSLER, Risiko als Vertragsgegenstand 1 ff mwNw).

367 Der in diesem Zusammenhang geprägte Terminus der **long-term-contracts** (instruktiv STAUDINGER/MARTINEK [1995] § 675 Rn A 155 f) erfasst auf längere Zusammenarbeit angelegte komplexe Vertragsbeziehungen, wobei es sich hierbei nach klassischem Verständnis sowohl um Dauerschuldverhältnisse ieS als auch um einfache Schuldverhältnisse handeln kann (MünchKomm/KRAMER Rn 105). Erforderlich ist daher also nicht – im Unterschied zu Dauerschuldverhältnissen iS einer deutschen Rechtsterminologie (so Rn 349 ff) –, dass der Leistungsinhalt von der Dauer des Schuldverhältnisses abhängt. Von den long-term-contracts werden die sog **transaktionalen**

Vertragsbeziehungen (discrete contracts) unterschieden, die auf **punktuellen Leistungsaustausch** gerichtet sind. In der Praxis kommen alle diese Geschäftstypen nicht nur in ihrer Reinform, sondern in unterschiedlicher Gewichtung der jeweiligen Elemente gemischt vor (Fallgruppen bei STAUDINGER/J SCHMIDT [1995] Einl 371 zu §§ 241 ff).

Die Theorie der „relationalen Verträge" empfindet es in ihrem Ausgangspunkt als **368** einen Mangel, dass die klassische Vertragstheorie der meisten Rechtsordnungen an den sog discrete transactions ausgerichtet ist, die idealtypisch von der Vollständigkeit der Vertragsabfassung ausgehen, Vertragsinhalten also, bei denen nur solche Fragen offen gelassen werden, deren Beantwortung schon durch dispositives Recht vorgegeben ist (HENSSLER, Risiko als Vertragsgegenstand 1 ff; STAUDINGER/MARTINEK [1995] § 675 Rn A 156). Daran erscheint zutreffend, dass das Ideal einer Vertragsabfassung, die für alle auftretenden Störungen sichere rechtliche Prognosen ermöglicht, nicht der Lebenswirklichkeit entspricht. Allerdings betrifft dieser Erkenntnisgewinn entsprechend dem ökonomischen und soziologischen Ursprung der Theorie der relationalen Verträge zunächst nur das Vertragsverhalten der Parteien und hat insoweit auch nur beschreibenden Charakter (STAUDINGER/MARTINEK [1995] § 675 Rn A 169 f). Rechtsanwendungsbezogen hat sich die Lit bislang in erster Linie mit der Anpassung von **Langzeitverträgen** an neue Gegebenheiten befasst (KÖTZ/MARSCHALL/vBIEBERSTEIN, Die Anpassung langfristiger Verträge [1984]), wobei dafür jetzt § 313 eine ausdrückliche gesetzliche Regelung enthält. Eine umfassende Dogmatik zur Theorie der relationalen Verträge steht dagegen noch aus (NICKLISCH, Der komplexe Langzeitvertrag, Strukturen und Internationale Schiedsgerichtsbarkeit [1987] 17 ff; STAUDINGER/MARTINEK [1995] § 675 Rn A 171). Dementsprechend hält sich der US-amerikanische Einfluss auf die klassische deutsche Dogmatik zum Dauerschuldverhältnis (noch) in Grenzen.

3. Beendigung

Die Einordnung eines Schuldverhältnisses als Dauerschuldverhältnis hat insbesondere bei seiner **Beendigung** Konsequenzen. Dauerschuldverhältnisse verlieren ihren Charakter als solche durch **Zeitablauf, Aufhebungsvertrag** (STAUDINGER/LÖWISCH [2001] § 305 Rn 72) oder **Kündigung**. **369**

a) Kündigung

Für die auf **unbestimmte Zeit** eingegangenen Dauerschuldverhältnisse sieht das Gesetz in einigen Spezialregelungen (§§ 568, 620 ff, 671, 723) das Recht zur **ordentlichen Kündigung** vor, das an die Einhaltung von **Fristen** sowie regelmäßig an **sachliche Gründe** geknüpft ist. Das Recht zur ordentlichen Kündigung kann von den Parteien abbedungen bzw modifiziert werden (MünchKomm/KRAMER Einl zu §§ 241 ff Rn 99). **370**

Auch das Recht zur **fristlosen Kündigung** aus wichtigem Grund, mittlerweile in § 314 **371** ausdrücklich vorgesehen, fand sich ursprünglich nur in einigen Spezialregelungen wie den §§ 543, 569, 626, 671 Abs 2, 3, 723 Abs 1 S 2 und 3. Rspr und Lehre hatten aber, teilweise im Wege einer Gesamtanalogie zu den genannten Kündigungsvorschriften (MünchKomm/KRAMER Einl zu §§ 241 ff Rn 101 Fn 399), teilweise als allgemeinen Rechtsgedanken aus der Verpflichtung zum vertrauensvollen Zusammenwirken, ein **allgemeines außerordentliches Kündigungsrecht** hergeleitet, wenn eine Partei die ihr obliegenden Pflichten zur Rücksichtnahme derart verletzte, dass dem anderen Teil eine Fortsetzung des Vertrages unter Berücksichtigung der Eigenart des Schuldverhältnisses und der beiderseitigen Interessen im Einzelfall nicht zugemutet werden konnte (st Rspr RGZ 78, 385, 389; 128, 16; für Mietverträge RGZ 150, 193, 199; BGHZ 50, 312, 315 = NJW 1969, 37; für Bierbezugsverträge BGH NJW 1960, 1614; für Schiedsverträge BGHZ 41, 108 = BGH NJW 1964, 1129, 1130; für Rahmenlieferverträge BGH NJW 1081, 1264 f; LARENZ, Schuldrecht I § 2 VI [33]).

372 § 313 Abs 3 S 2 bestimmt seit dem 1.1.2002 (vgl STAUDINGER/OLZEN Einl 193 zu §§ 241 ff) ausdrücklich, dass auch **Störungen der Geschäftsgrundlage** zu einer Beendigung des Schuldverhältnisses führen können. Für Dauerschuldverhältnisse (HAARMANN, Wegfall der Geschäftsgrundlage bei Dauerrechtsverhältnissen [1979]; LÖRCHER, Die Anpassung langfristiger Verträge an veränderte Umstände, DB 1996, 1269 ff; NAUEN, Leistungserschwerung und Zweckvereitelung im Schuldverhältnis. Zur Funktion und Gehalt der Lehre von der Geschäftsgrundlage im BGB und im System des Reformentwurfs der Schuldrechtskommission [2001]) tritt insoweit an die Stelle des Rücktrittsrechts das Recht zur Kündigung.

b) Rücktritt

373 Der im Hinblick auf die Leistungsmenge begrenzte Sukzessivlieferungsvertrag – in der hier vertretenen Terminologie also der Ratenlieferungsvertrag – (so Rn 360), wird nicht durch **Kündigung**, sondern durch **Rücktritt** beendet. Da es sich (meist) um einen in Teilakte aufgespaltenen Kaufvertrag handelt, scheidet eine Anwendung der für Dauerschuldverhältnisse geltenden Grundsätze aus. Dem Umstand, dass auch eine solche Vertragsgestaltung (so Rn 359) auf einen Leistungsaustausch über einen längeren Zeitraum angelegt ist, wird aber dadurch Rechnung getragen, dass der Rücktritt gem § 323 Abs 5 grds lediglich für die **Zukunft** wirkt (so iE bereits vor Schaffung des § 323 Abs 5 BGH NJW 1991, 2699; BGH NJW 1981, 679). Dies gilt zum einen für den Fall, dass eine Partei ihre Pflichten derart verletzt, dass der anderen die Fortsetzung des Vertrages nicht mehr zugemutet werden kann (BGH NJW 1981, 679), zum anderen für den Fall der Unmöglichkeit einer Teilleistung.

374 Im Falle des **Verzuges** ist der Vertragspartner im Unterschied zur Kündigung allerdings gem § 323 Abs 1 gezwungen, dem Vertragspartner durch Nachfristsetzung eine abschließende Möglichkeit zur ordnungsgemäßen Vertragserfüllung zu geben (so iE schon BGH WM 1976, 75; BGH NJW 1977, 35, 36; BGH NJW 1981, 679).

c) Erfüllung

375 Teilweise wurde aus dem den Dauerschuldverhältnissen innewohnenden Zeitmoment geschlossen, dass eine Beendigung allein durch Zeitablauf oder Kündigung, **nicht** aber **durch Erfüllung** eintreten könne, und zwar mit der Konsequenz, dass die §§ 362 ff im Bereich der Dauerschuldverhältnisse unanwendbar seien (vGIERKE JherJb 64 [1914] 359, 363; GSCHNITZER, Die Kündigung nach deutschem und österreichischem Recht, JherJb 76 [1926] 323).

376 Die generelle Unanwendbarkeit der §§ 362 ff erscheint jedoch nur dann sachgerecht, wenn die Vorschriften über die Erfüllung ihrem Wesen nach auf Dauerschuldverhältnisse nicht passen, oder wenn deren Anwendung unhaltbare Konsequenzen hätte. Dies ist bei genauer Betrachtung aber nicht der Fall. § 362 Abs 1 kann seinem Wesen nach zum einen auf die singulären Leistungspflichten (Schuldverhältnis ieS, so Rn 36) bezogen werden, die innerhalb dieses Schuldverhältnisses (iwS) entstehen (WIESE, in: FS Nipperdey Bd I [1965] 839 Fn 369; STAUDINGER/OLZEN [2000] § 362 Rn 10). Zum anderen liegt eine Gesamterfüllung im Rahmen eines Dauerschuldverhältnisses gem §§ 362 ff vor, wenn der Schuldner seinen Leistungspflichten während der gesamten Dauer des Schuldverhältnisses ordnungsgemäß nachgekommen ist.

Auch das Dauerschuldverhältnis wird also durch Erfüllung beendet. Zeitablauf und Kündigung können der Erfüllung nicht gleichgesetzt werden (BEITZKE, Dauerrechtsverhältnisse 19), sondern haben nur zur Folge, dass keine neuen **Leistungspflichten** mehr entstehen (MünchKomm/KRAMER Einl zu §§ 241 ff Rn 97), da das Schuldverhältnis seinen Charakter als Dauerschuldverhältnis verliert (MünchKomm/KRAMER Einl zu §§ 241 ff Rn 97; LARENZ, Schuldrecht I § 2 VI; KLANG/BYDLINSKI, Kommentar zum AGBG IV/2 [2. Aufl 1971] 194) und sich in ein „einfaches Schuldverhältnis" umwandelt, das allein auf die Abwicklung noch offener Leistungen und die Beachtung der Rücksichtspflichten gerichtet ist (MünchKomm/KRAMER Einl zu §§ 241 ff Rn 99 Fn 394). Damit konkretisieren im Ergebnis sowohl Zeitablauf als auch Kündigung den Gesamtumfang der Leistungspflichten (LARENZ, Schuldrecht I § 2 VI). Sie sind damit notwendige Voraussetzung für eine vollständige Beendigung des Schuldverhältnisses durch Gesamterfüllung. Zwar können auch nach diesem Zeitpunkt noch Dauerverpflichtungen fortbestehen (zB nachvertragliche Konkurrenzverbote); diese betreffen aber selten die Hauptleistungspflichten (su Rn 509 ff; ferner STAUDINGER/LÖWISCH [2001] Vorbem 44 zu §§ 275–283 aF; STAUDINGER/OTTO [2004] § 280 Rn B 15 f; MünchKomm/KRAMER Einl zu §§ 241 ff Rn 98 Fn 382). Das Dauerschuldverhältnis kann im Übrigen schon deshalb durch Zeitablauf und Kündigung nicht gänzlich erlöschen, weil manche Pflichten, wie zB die Rückgabepflicht des Mieters erst in diesem Zeitpunkt entstehen (z Beendigung von Dauerschuldverhältnissen durch Erfüllung vgl im Übrigen STAUDINGER/OLZEN [2000] § 362 Rn 10). **377**

d) Fehlerhafte Dauerschuldverhältnisse
Besonderheiten weisen auch die Fälle **fehlerhaft** begründeter und in Vollzug gesetzter **Dauerschuldverhältnisse** auf, in denen konditionsrechtliche Lösungen sowohl praktisch als auch wertungsmäßig ungeeignet erscheinen (vgl ie o Rn 105 ff; STAUDINGER/OLZEN Einl 224, 227 zu §§ 241 ff). **378**

L. § 241 Abs 2*

I. Entstehungsgeschichte

1. Entwicklung der Rücksichtspflichten

Bei Inkrafttreten des BGB waren Rücksichtspflichten (z Terminologie ausf o Rn 154 ff) weder ausdrücklich geregelt noch im Wege der Rechtsfortbildung anerkannt. Zwar hatte die 1. Kommission im Gesetzgebungsverfahren eine generalklauselartige Re- **379**

---

* **Schrifttum:** BALLERSTEDT, Zur Haftung für Culpa in contrahendo bei Geschäftsabschluss durch Stellvertreter, AcP 151 (1950/51) 501 ff; vBAR, Vertragliche Schadensersatzpflichten ohne Vertrag?, JuS 1982, 673 ff; ders, Anm z Urt des BGH v 15. 5. 1979, JZ 1979, 728 ff; ders, Verkehrspflichten (Habil Köln ua 1980);

BLANK, Das Gebot der Rücksichtnahme nach § 241 Abs 2 BGB im Mitrecht, ZGS 2004, 104 ff; vCAEMMERER, Wandlungen des Deliktsrechts, in: FS zum 100 jährigen Bestehen des Deutschen Juristentages 1860–1960 Bd 2 (1960) 49 ff; CANARIS, Ansprüche wegen „positiver Vertragsverletzung" und „Schutzwirkung für

gelung vorvertraglicher Aufklärungspflichten erwogen, letztlich aber verworfen (Mot I 208 = MUGDAN I 467). Erst zahlreiche Gerichtsentscheidungen und Publikationen halfen dann doch, die Rücksichtspflichten (vor allem durch KRESS, Schuldrecht 1 ff, 578 ff und STOLL, der erkannte, dass Rücksichtspflichten das eigentliche Leistungsinteresse nicht

Dritte" bei nichtigen Verträgen, JZ 1965, 475 ff; ders, Die Reform des Rechts der Leistungsstörungen, JZ 2001, 499 ff; ders, Schutzgesetze – Verkehrspflichten – Schutzpflichten, in: FS Larenz (1983) 27 ff; DAUNER-LIEB, Kodifikation von Richterrecht, in: ERNST/ZIMMERMANN 305 ff; DAUNER-LIEB/HEIDEL/LEPA/RING, Das Neue Schuldrecht (2002); EMMERICH, Das Recht der Leistungsstörungen (4. Aufl 1997); ERNST/ZIMMERMANN, Zivilrechtswissenschaft und Schuldrechtsreform (2001); FLEISCHER, Konkurrenzprobleme um die culpa in contrahendo: Fahrlässige Irreführung versus arglistige Täuschung, AcP 200 (2000) 91 ff; FLEISCHER, Vorvertragliche Pflichten im Schnittfeld von Schuldrechtsreform und Gemeinschaftsprivatrecht dargestellt am Beispiel von Informationspflichten, in: SCHULZE/SCHULTE-NÖLKE 243 ff; FROST, Vorvertragliche und vertragliche Schutzpflichten (Diss Berlin 1981); HUBER, Das geplante Recht der Leistungsstörungen, in: ERNST/ZIMMERMANN 31 ff; ders, Zur Haftung des Verkäufers wegen positiver Vertragsverletzung, AcP 177 (1977) 296 ff; JAKOBS, Unmöglichkeit und Nichterfüllung (1969); KÖHLER, Vertragliche Unterlassungspflichten, AcP 190 (1990) 496 ff; KÖNDGEN, Die Positivierung der culpa in contrahendo als Frage der Gesetzgebungsmethodik, in: Die Schuldrechtsreform vor dem Hintergrund der Gemeinschaftsrechts, in: SCHULZE/SCHULTE-NÖLKE 231 ff; KÖPCKE, Typen der positiven Vertragsverletzung (1965); KREBS, Sonderverbindungen und außerdeliktische Schutzpflichten (Habil München 2000); KUHLMANN, Leistungspflichten und Schutzpflichten, Ein kritischer Vergleich des Leistungsstörungsrechts des BGB mit den Vorschlägen der Schuldrechtskommission (Diss Berlin 2001); LACKUM, Verschmelzung und Neuordnung von cic und pVV (Diss Bonn 1970); LARENZ, Bemerkungen zur Haftung für „culpa in contrahendo", in: FS Ballerstedt (1975) 397 ff; LUTTER, Diskussionsbericht, in: ERNST/ZIMMERMANN

329 ff; MAYR, Schutzpflichten im deutschen und französischen Recht: Eine rechtsvergleichende Untersuchung mit Einbeziehung der europäischen Rechtsharmonisierung (Diss München 2004); MEDICUS, Probleme um das Schuldverhältnis (1987); ders, Vertragliche und deliktische Ersatzansprüche für Schäden aus Sachmängeln, in: FS Kern (1968) 313 ff; MERTENS, Deliktsrecht und Sonderprivatrecht – Zur Rechtsfortbildung des deliktischen Schutzes von Vermögensinteressen, AcP 178 (1978) 227 ff; MOTZER, Schutzpflichtverletzung und Leistungsunmöglichkeit, JZ 1983, 884 ff; L MÜLLER, Schutzpflichten im Bürgerlichen Recht, JuS 1998, 894 ff; U MÜLLER, Die Haftung des Stellvertreters bei culpa in contrahendo und positiver Forderungsverletzung, NJW 1969, 2169 ff; PETERSEN, Examens-Repetitorum Allgemeines Schuldrecht (2002); PICKER, Positive Forderungsverletzung und culpa in contrahendo – Zur Problematik der Haftung „zwischen" Vertrag und Delikt, AcP 183 (1983) 369 ff; ders, Vertragliche und deliktische Schadenshaftung – Überlegungen zu einer Neustrukturierung der Haftungssysteme, JZ 1987, 1041 ff; REISCHL, Grundfälle zum neuen Schuldrecht, JuS 2003, 40 ff; SCHAPP, Empfiehlt sich die „Pflichtverletzung" als Generaltatbestand des Leistungsstörungsrechts?, JZ 2001, 583 ff; STAUB, Die positiven Vertragsverletzungen (1904); HEINRICH STOLL, Die Lehre von den Leistungsstörungen (1936); HANS STOLL, Überlegungen zu Grundfragen des Rechts der Leistungsstörungen, in: FS Lorenz (2001) 287 ff; ders, Vertrauensschutz bei einseitigen Leistungsversprechen, in: FS Flume Bd I (1978) 741 ff; STÜRNER, Der Anspruch auf Erfüllung von Treue- und Sorgfaltspflichten, JZ 1976, 384 ff; TEICHMANN, Nebenverpflichtungen aus Treu und Glauben, JA 1984, 545 ff und 709 ff; THIELE, Leistungsstörung und Schutzpflichtverletzung, JZ 1967, 649 ff; ZIMMER, Das neue Recht der Leistungsstörungen, NJW 2002, 1 ff.

berühren, vgl STOLL, Leistungsstörungen 27 ff; vgl auch §§ 2 Abs 1, Abs 3; 3 Abs 1; 8 Abs 1 des Entwurfs von STOLL [1936] für die Akademie für Deutsches Recht, dazu: SCHUBERT, Protokolle: Schuldrecht [1990] 295 ff mit Begründung 263 f; vgl auch STAUB, Die positiven Vertragsverletzungen [1904]) aus den Grundgedanken des Allgemeinen Schuldrechts zu entwickeln, vor allem mit dem Ziel, die Mängel des Deliktsrechtes zu überwinden. Sie bestanden damals in der deutlich kürzeren Verjährungsfrist des § 852 aF iVm § 195 aF, ferner in der Exkulpationsmöglichkeit im Hinblick auf die Haftung für Verrichtungsgehilfen gem § 831 Abs 1 S 2 sowie in der fehlenden Haftung für Vermögensschäden aus § 823 Abs 1; auch die Beweislastverteilung zu Lasten des Geschädigten im Verhältnis zu § 282 aF wurde als bedenklich empfunden (vgl z Überblick über die Geschichte der pFV und der cic EMMERICH, Leistungsstörungen 13 ff, 39 f, 216 f).

2. Normierung der Rücksichtspflichten

Die Reformbestrebungen für das Schuldrecht, die in das Gesetz zur Modernisierung **380** des Schuldrechts mündeten (s STAUDINGER/OLZEN Einl 184 ff zu §§ 241 ff), setzten schon Ende der 70er Jahre des 20. Jahrhunderts ein, allerdings ohne eine spezielle Auseinandersetzung mit § 241. Erst die **Kommission zur Überarbeitung des Schuldrechts** beschäftigte sich 1991 mit der Frage, ob § 241 ein zweiter Abs zur Regelung der Rücksichtspflichten angefügt werden sollte (vgl BMJ [Hrsg], Abschlussbericht der Kommission zur Überarbeitung des Schuldrechts [Köln 1992] 114; MEDICUS, Probleme um das Schuldverhältnis 26 Fn 58). Auf diese Weise sollte die von der modernen Schuldrechtslehre vorgenommene Unterscheidung zwischen **Leistungs-** und **Rücksichtspflichten** (endlich) auch im Gesetz Ausdruck finden (vgl BMJ [Hrsg], Abschlussbericht der Kommission zur Überarbeitung des Schuldrechts [Köln 1992] 113 ff).

§ 241 aF beschränkte sich nämlich allein auf die Regelung der **Leistungspflichten** (z **381** Abgrenzung vgl o Rn 153 ff). Rücksichtspflichten fanden sich dagegen nur vereinzelt im Besonderen Schuldrecht, zB in §§ 618, 701 (ausf z den geregelten Rücksichtspflichten vgl unten Rn 413 ff, insbes 426 ff). Neben den geregelten Fällen beruhten sie auf **ausdrücklicher Vereinbarung**, man begründete sie im Wege der **ergänzenden Vertragsauslegung** gem § 157 oder aus dem in § 242 verankerten Gebot von **Treu und Glauben** (z Herleitung der Rücksichtspflichten vgl ausf Rn 384 ff). Das allein reichte jedoch Ende des vergangenen Jahrhunderts nach Meinung des Gesetzgebers nicht mehr aus. Denn die Rücksichtspflichten gehörten nach seiner Auffassung zum „Kernbereich des deutschen Zivilrechts" und sollten daher auch ihren Platz in seiner zentralen Kodifikation finden (vgl amtliche Begründung in BT-Drucks 14/6040 125). Dementsprechend wurde der Vorschlag der Kommission zur Überarbeitung des Schuldrechts aus dem Jahre 1991, § 241 einen zweiten Abs anzufügen (vgl BMJ [Hrsg], Abschlussbericht der Kommission zur Überarbeitung des Schuldrechts [Köln 1992] 113 ff), im Zuge des Schuldrechtsmodernisierungsgesetzes (vgl STAUDINGER/OLZEN Einl 184 ff zu §§ 241 ff) weiter verfolgt (BT-Drucks 14/6040 125) und schließlich zum 1.1.2002 Gesetz.

Die einzige Abweichung zu der älteren Formulierung besteht darin, dass die aktuelle **382** Fassung des § 241 Abs 2 keinen S 2 mehr enthält, der ursprünglich klarstellen sollte, dass die Rücksichtspflichten uU auch ohne Leistungspflichten – also „isoliert" – bestehen können (vgl BMJ [Hrsg], Abschlussbericht der Kommission zur Überarbeitung des Schuldrechts [Köln 1992] 114; der Text wurde zunächst im Diskussionsentwurf eines Schuldrechtsmodernisierungsgesetzes v 4.8.2000, 305 übernommen. Eine entspr Formulierung findet sich in

ERNST/ZIMMERMANN 619; bereits vor der Kodifikation: STOLL, Leistungsstörungen 27 ff). Die Klarstellung zielte insbesondere auf die Anerkennung des **Verschuldens bei Vertragsanbahnung**, auf diejenige des Vertrages mit **Schutzwirkung für Dritte** und darauf, dass auch der **nichtige** Vertrag Rücksichtspflichten erzeugen kann (vgl BMJ [Hrsg], Abschlussbericht der Kommission zur Überarbeitung des Schuldrechts [1992] 114). Der Verzicht auf diese Regelung sollte an der Grundaussage nichts ändern (vgl Konsolidierte Fassung des Diskussionsentwurfs v 6.3.2001, 10). Man hielt die Regelung aber wohl zu Recht deshalb für nicht erforderlich, weil jetzt § 311 Abs 2 und 3, der die vorvertraglichen Pflichten regelt, auf § 241 Abs 2 verweist und so verdeutlicht, dass auch das vorvertragliche Schuldverhältnis und der Vertrag mit Schutzwirkung für Dritte unabhängig von Leistungspflichten Rücksichtspflichten begründen können (so BT-Drucks 14/6040 125). Allerdings ist die Aussage im Hinblick auf Rücksichtspflichten aus **nichtigen Verträgen** damit unklar geworden, ebenso teilweise im Bereich der Gefälligkeit (su Rn 393 ff).

II. „Schuldverhältnis"

383 Erstes Merkmal des Tatbestandes von § 241 Abs 2 stellt das Schuldverhältnis (z Begriff des Schuldverhältnisses vgl bereits o Rn 36 ff) dar. Sein Inhalt ist dem Wortlaut der Norm zufolge maßgebend für Entstehung und Umfang der Rücksichtspflichten.

1. Entstehung der Rücksichtspflichten durch gesetzliches oder rechtsgeschäftliches Schuldverhältnis?

384 Bereits vor Inkrafttreten des § 241 Abs 2 hat sich um die Frage, ob dieses (zumindest) Rücksichtspflichten erzeugende Schuldverhältnis gesetzlicher oder vertraglicher Art ist bzw sein kann, eine Diskussion entfacht, die auch heute noch nicht abgeschlossen ist; insbesondere weil der Gesetzgeber seine Stellungnahme zu diesem Problem ausdrücklich verweigert hat (vgl amtliche Begründung BT-Drucks 14/6040 126).

a) Meinungsstand vor der Schuldrechtsreform

385 Da – wie bereits angedeutet (so Rn 379) – Rücksichtspflichten im BGB bis zum Jahre 2002 nur in geringem Umfang und an verschiedenen Stellen des Gesetzes ausdrücklich geregelt waren, herrschte mangels eines gesetzgeberischen Gesamtkonzeptes auch Streit über ihre dogmatische Herleitung (vgl z dieser Problematik ausf MEDICUS, Probleme um das Schuldverhältnis 16 ff). Dabei wurden unterschiedliche Ansätze vertreten:

386 Die Rspr des RG entwickelte früh die **außerdeliktischen Schutzpflichten** zunächst für den **vorvertraglichen Bereich** (im berühmt gewordenen Linoleumrollenfall, RGZ 78, 239 ff). Sie dehnte sie jedoch nach und nach auch auf die Zeit der **Vertragsdurchführung** und sogar auf die Zeit nach **Erfüllung** der Vertragspflichten aus (grundlegend RGZ 161, 330, 337 ff; ähnl auch SOERGEL/TEICHMANN § 242 Rn 178 ff; GERNHUBER, Schuldverhältnis § 2 IV 2). Die dogmatische Herleitung fand sie in **Treu und Glauben**, § 242 (statt vieler: TEICHMANN JA 1984, 709 ff; krit z Herleitung v Rücksichtspflichten aus § 242: MEDICUS, Probleme um das Schuldverhältnis 16 f).

387 In der Lit gab und gibt es andere Ansätze: Einige Autoren verstanden und verstehen bis heute die Rücksichtpflichten im Unterschied zur Rspr als einen dritten, eigenen Haftungsgrund zwischen vertraglicher und deliktischer Haftung (CANARIS JZ 1965, 475, 478 ff, ders, in: FS Larenz [1983] 27, 85 ff; BALLERSTEDT AcP 151 [1950/51] 501 ff). Sie ordnen sie demgemäß einem eigenständigen, **gesetzlich begründeten Schuldverhältnis** zu, welches unabhängig von Wirksamkeit und Erfüllung eines Vertrages zwischen den Parteien auf Grund ihres gesteigerten sozialen Kontaktes bestehe (ähnlich auch THIELE JZ 1967, 653 f; U MÜLLER, Die Haftung des Stellvertreters bei culpa in contrahendo und positiver Forderungsverletzung, NJW 1969, 2169, 2172 ff; GERHARDT JuS 1970, 597 ff; ders JZ 1970, 535 ff; PICKER, Positive Forderungsverletzung und culpa in contrahendo – Zur Problematik der Haftung „zwischen" Vertrag und Delikt, AcP 183 [1983] 369, 460; ders, Vertragliche und deliktische Schadenshaftung – Überlegungen zu einer Neustrukturierung der Haftungssysteme, JZ 1987, 1041, 1047 ff; L MÜLLER JuS 1998, 897; JAKOBS, Unmöglichkeit und Nichterfüllung 37 ff, 40; LACKUM, Verschmelzung und Neuordnung von cic und pVV [Diss Bonn 1970] 158 ff; FROST, Schutzpflichten 62 f; dagegen HUBER, Zur Haftung des Verkäufers wegen positiver Vertragsverletzung, AcP 177 [1977] 296; krit MEDICUS, in: FS Kern [1968] 313, 327 ff; z der Herleitung der Rücksichtspflichten beim Gefälligkeitsverhältnis auch: SCHWERDTNER NJW 1971, 1673, 1675, ähnlich FLUME, AT § 7, 4, der die Pflichten aus einer Garantenstellung ableiten will; aA SCHREIBER Jura 2001, 810, 811 der die Pflichten aus dem Gefälligkeitsverhältnis durch Auslegung rechtsgeschäftlich begründen will [s dazu Rn 389]; ebenfalls MAIER JuS 2001, 746, 749). Die daraus entstehenden Rücksichtspflichten seien jedoch insoweit **vertragsähnlich**, als sie insbesondere im Rahmen von Verträgen entstünden und zudem die für Verträge geltenden Regeln grds auf sie anwendbar seien (vgl CANARIS, in: FS Larenz [1983] 27, 85 ff; vgl AnwK-BGB/KREBS Rn 20, ders, Sonderverbindungen 561 ff).

388 Dagegen vertreten andere Autoren, dass die Konstruktion außerdeliktischer Schutzpflichten eine Entwicklung praeter legem darstelle. Einzig richtig sei es deshalb, die zu den vertraglichen Schutzpflichten entwickelten Ergebnisse in das Deliktsrecht zu übertragen und die Rücksichtspflichten dort als Teil der **Verkehrspflichten** einzugliedern, also unter Verzicht auf einen vertraglichen Rechtscharakter (MERTENS, Deliktsrecht und Sonderprivatrecht – Zur Rechtsfortbildung des deliktischen Schutzes von Vermögensinteressen, AcP 178 [1978] 227, 235 ff; vBAR, Verkehrspflichten [1980] 220 ff, 312 ff; ders, Vertragliche Schadensersatzpflichten ohne Vertrag?, JuS 1982, 637, 645; ders, Anm z Urt des BGH v 15.5.1979, JZ 1979, 729; vCAEMMERER, in: FS DJT [1960] 49, 56–58; STOLL, in: FS Flume [1978] 742, 752; ähnlich auch: MEDICUS, in: FS Kern [1968] 313, 327 ff).

b) Meinungsstand nach der Schuldrechtsreform
aa) Allgemeines
389 Der Gesetzgeber des Schuldrechtsmodernisierungsgesetzes (STAUDINGER/OLZEN Einl 184 ff zu §§ 241 ff) hat (s soeben Rn 384) ungeachtet des Meinungsstreits die weniger praktisch als dogmatisch interessante Frage offen gelassen, ob ein Rücksichtspflichten erzeugendes Schuldverhältnis stets auf Gesetz beruht oder seine Grundlage uU auch in einem Rechtsgeschäft findet (vgl amtliche Begründung in BT-Drucks 14/6040 126). Er hat vielmehr gefordert, dass die systematische Einordnung von der Rechtswissenschaft zu leisten sei (vgl amtliche Begründung in BT-Drucks 14/6040 126). Dementsprechend erlaubt der Wortlaut der Norm auch keinen eindeutigen Schluss, sondern stellt nur klar, dass sich aus einem Schuldverhältnis generell Rücksichtspflichten ergeben können.

390 Verschiedene Stimmen in der Lit legen sich nach der Schuldrechtsreform im Hinblick auf die Rechtsgrundlage nicht fest (Hk-BGB/Schulze Rn 4; MünchKomm/Roth § 242 Rn 31 ff). Manche verweisen darauf, dass § 242 die Grundlage der nichtleistungsbezogenen Pflichten des Abs 2 bilde (vgl ausf Schapp JZ 2001, 584, der neben § 242 aber auch § 157 als Grundlage sieht). Nur vereinzelte Stimmen beschäftigten sich ausführlich mit dem Problem, insbesondere unter Auswertung der Entstehungsgeschichte des Abs 2 (Kuhlmann, Schutzpflichten 159 f; Bodewig Jura 2005, 505, 507 ff für rechtsgeschäftliche Einordnung). Daraus werden zwei Hinweise entnommen: Zum einen verdeutliche der Wortlaut der Gesetzesbegründung („Der neue Abs 2 verzichtet bewusst auf eine Regelung der Frage, ob das die Schutzpflichten erzeugende Schuldverhätnis in jedem Fall auf Gesetz beruht oder auch auf einem wirksamen Rechtsgeschäft beruhen kann" so amtliche Begründung in BT-Drucks 14/6040 126), dass die **gesetzliche Herleitung** der Rücksichtspflicht die **Regel** und die **rechtsgeschäftliche** eine **Ausnahme** darstelle (so Kuhlmann, Schutzpflichten 160). Zum anderen lasse sich im Gegenschluss aus dem zweiten Halbsatz „oder auch auf einem **wirksamen** Rechtsgeschäft" folgern, dass – da Rücksichtspflichten nicht aus einem **unwirksamen Rechtsgeschäft** entstehen können – also jedenfalls in diesem Fall gesetzlicher Natur sein müssten (so Kuhlmann, Schutzpflichten 159). Diese Argumentation leidet allerdings darunter, dass die Gesetzesbegründung deshalb keinen zwingenden Schluss erlaubt, weil sie im Wesentlichen von Kommissionsmitgliedern beeinflusst wurde, die schon vorher die Ansicht vertraten, dass Rücksichtspflichten auf einem separaten gesetzlichen Schuldverhältnis beruhen (zB Canaris JZ 1965, 475, 478 ff u in: FS Larenz [1983] 27, 85 ff).

391 Bei allen Unterschieden der einzelnen Betrachtungsweisen erscheinen folgende Überlegungen überzeugend: Aus dem **Wortlaut der Norm** kann lediglich der Schluss gezogen werden, dass als Grundlage für Rücksichtspflichten ein Schuldverhältnis erforderlich ist. Unproblematisch lässt sich der Ursprung der Rücksichtspflichten folglich bei einem **bestehenden und wirksamen Schuldverhältnis** bestimmen. Dieses kann **gesetzlicher** (zB § 812) oder **vertraglicher Natur** (zB § 433) sein.

392 Ein Schuldverhältnis mit Pflichten nach § 241 Abs 2 entsteht ferner auch durch die **Aufnahme** von **Vertragsverhandlungen**, § 311 Abs 2 Nr 1, die **Anbahnung eines Vertrags**, bei welcher der eine Teil im Hinblick auf eine etwaige rechtsgeschäftliche Beziehung dem anderen Teil die Möglichkeit zur Einwirkung auf seine Rechte, Rechtsgüter und Interessen gewährt oder ihm diese anvertraut, § 311 Abs 2 Nr 2, oder **ähnliche geschäftliche Kontakte**, § 311 Abs 2 Nr 3. Zudem besteht ein solches Schuldverhältnis gem § 311 Abs 3 S 1 uU auch zu Personen, die **nicht selbst Vertragspartei** werden sollen.

bb) Problemfälle

393 Fraglich bleibt die Herleitung der Rücksichtspflichten bei den **Gefälligkeiten** (su Rn 396 ff), beim **nichtigen Vertrag** (su Rn 399 f) sowie beim **nachbarlichen Gemeinschaftsverhältnis** (su Rn 401 ff). Hier liegen keine vertraglichen Schuldverhältnisse vor, die als Grundlage solcher Pflichten herangezogen werden können, es sei denn, im Rahmen von Gefälligkeiten wollten die Parteien zwar keine rechtsgeschäftliche Bindung für die „Hauptleistung", wohl aber Rücksichtspflichten begründen. Insofern ist der vor dem Schuldrechtsmodernisierungsgesetz vertretene „rechtsgeschäftliche Ansatz" nicht überflüssig geworden (vgl ua Schreiber Jura 2001, 810, 811 mwNw).

394 Zur Lösung der **Gefälligkeitsproblematik** sowie derjenigen bei **nichtigen Verträgen**

bietet sich nach der Schuldrechtsreform (vgl iE STAUDINGER/OLZEN Einl 184 ff zu §§ 241 ff) ein Rückgriff auf Abs 2 an. Eine Subsumtion solcher Fälle unter die Norm hat zur Folge, dass ein Schuldverhältnis vorliegt, welches gem Abs 2 Rücksichtspflichten erzeugen kann; die **Rechtsnatur** dieses Schuldverhältnisses wäre damit allerdings noch nicht bestimmt.

Einen dogmatischen Ansatzpunkt für ein solches Vorgehen bildet zunächst die Überschrift des § 311, der von **rechtsgeschäftlichen** und **rechtsgeschäftsähnlichen Schuldverhältnissen** spricht. Da § 311 Abs 1 nur rechtsgeschäftliche Schuldverhältnisse meint, könnte der Gesetzgeber die in § 311 Abs 2 genannten Schuldverhältnisse als rechtsgeschäftsähnlich bezeichnet haben wollen (dafür iE auch REISCHL JuS 2003, 40, 43). Dies erlaubt den Schluss, dass alle Schuldverhältnisse, die nicht rechtsgeschäftlicher Natur sind, iS einer Negativabgrenzung (ähnl bereits o Rn 62) gesetzlicher Art sein müssen. Allerdings sind beide Schlussfolgerungen nicht zwingend: Zum einen erfolgt durch die Überschrift allein noch keine eindeutige Zuordnung des Begriffes „rechtsgeschäftsähnlich" zu den Abs 2, 3, zum anderen könnten rechtsgeschäftsähnliche Schuldverhältnisse eher den rechtsgeschäftlichen als den gesetzlichen zuzuordnen sein oder sogar eine dritte Art von Schuldverhältnissen darstellen. Dies zeigt, dass auch die Schuldrechtsreform die theoretische Diskussion um die Einordnung der Schuldverhältnisse nicht beendet hat, sondern vielmehr neuen Argumentationsstoff bietet.

(1) Gefälligkeiten
Das Problem hat sich aber für die **Gefälligkeiten** uU durch die Neufassung der §§ 311, 241 teilweise entschärft. Dort sind diejenigen Rücksichtspflichten normiert worden, aus denen man zuvor die vertragsähnliche Haftung aufgrund **gesteigerten sozialen Kontakts** abgeleitet hatte. § 311 Abs 2 Nr 1, 2 setzen allerdings grds ein **vorvertragliches Schuldverhältnis** voraus, das die Parteien bei einem Gefälligkeitsverhältnis gerade nicht vereinbaren wollten. Daneben genügen gem § 311 Abs 2 Nr 3 für die Entstehung von Rücksichtspflichten nach § 241 Abs 2 aber auch „**ähnliche geschäftliche Kontakte**", wie sie in Nr 3 beschrieben sind. Die Auslegung dieses Merkmals ist allerdings nicht unproblematisch. Sie ergibt sich einerseits aus dem **systematischen Zusammenhang** zwischen den einzelnen Nrn des Abs 2 und andererseits unter Berücksichtigung der **Entstehungsgeschichte** der Vorschrift.

Laut Begründung zum Regierungsentwurf (BT-Drucks 14/6040 163) sollten „ähnliche geschäftliche Kontakte" zwischen zwei potentiell an einem Vertrag Beteiligten stattfinden und der **Vorbereitung eines Vertrages** dienen (BT-Drucks 14/6040 163), eine Betrachtungsweise, die eher gegen eine Subsumtion der Gefälligkeitsverhältnisse unter diesen Tatbestand spricht. Eine genauere Analyse dieser etwas unklaren Stelle (CANARIS JZ 2001, 499, 520) zeigt indessen, dass der Gesetzgeber das frühe Vorfeld des Vertrages zwar im Auge hatte, nicht aber als ausschließlichen Anwendungsfall der Nr 3.

Die **systematische** Auslegung ergibt, dass die zur Vorbereitung eines Vertragsschlusses notwendigen Kontakte im Wesentlichen von § 311 Abs 2 Nr 1, 2 erfasst werden. Falls sie auch noch unter § 311 Abs 2 Nr 3 fielen, zöge dies eine sehr enge Auslegung der Nr 2 nach sich (CANARIS JZ 2001, 499, 520). Es ist schwer ersichtlich, worin sich die **Anbahnung eines Vertrages**, § 311 Abs 2 Nr 2, von **ähnlichen geschäftlichen Kontak-**

ten, § 311 Abs 2 Nr 3, unterscheiden soll, wenn sich beide Regelungen auf das Vorfeld eines Vertragsschlusses beziehen (so BT-Drucks 14/6040 163; HK-BGB/SCHULZE § 311 Rn 17). Die Regelungen des § 311 Abs 2 Nr 1, 2 decken das Vorfeld eines Vertrages an sich umfassend ab. Deshalb kann man vernünftigerweise **§ 311 Abs 2 Nr 3** nur **als Generalklausel** für die Weiterentwicklung anderer, früher ebenfalls von der cic erfasster Konstellationen verstehen (CANARIS JZ 2001, 499, 520). Zu weitgehend erscheint es allerdings, darunter alle Gefälligkeitsverhältnisse zu subsumieren (so wohl aber MünchKomm/KRAMER Einl zu §§ 241 ff Rn 43). Vielmehr werden nur solche Situationen erfasst, in denen jemand einem anderen die Gefährdung seiner Rechtsgüter aufgrund freiwilliger Entscheidung in gleicher Weise ermöglicht, wie es bei einem Rechtsgeschäft der Fall wäre (so auch MünchKomm/EMMERICH § 311 Rn 73; PALANDT/HEINRICHS § 311 Rn 18; REISCHL JuS 2003, 40, 43). Demgegenüber verlangt der Wortlaut keine gewerblich-unternehmerische Tätigkeit (vgl auch BAMBERGER/ROTH/GRÜNEBERG § 311 Rn 49). Dementsprechend können nach Ansicht mancher Stimmen in der Lit entsprechende Rücksichtspflichten entstehen, wenn zB im Rahmen einer bestehenden Geschäftsverbindung unverbindliche **Auskunft** erteilt wird (PALANDT/SPRAU § 675 Rn 40; MünchKomm/EMMERICH § 311 Rn 73; AnwK-BGB/KREBS § 311 Rn 92; CANARIS JZ 2001, 499, 520). Es muss sich jedoch um Auskünfte handeln, die für den Empfänger von **wesentlicher wirtschaftlicher Bedeutung** sind oder die deshalb Vertrauen erzeugen, weil sie im Rahmen **beruflicher Tätigkeit** abgegeben werden (z den Auskunftspflichten so Rn 167 ff). Insgesamt bleiben im Hinblick auf § 311 Abs 2 Nr 3 in dieser Hinsicht jedoch Unklarheiten, die von der Rspr noch beseitigt werden müssen.

(2) Nichtige Verträge

399 Genauso wie beim Gefälligkeitsverhältnis fehlt es auch beim **nichtigen Vertrag** auf den ersten Blick zumindest an einem rechtsgeschäftlichen Schuldverhältnis als Grundlage der Rücksichtspflichten. Wie bereits zuvor erläutert (so Rn 386), wurden diese Pflichten beim nichtigen Vertrag vor der Normierung des Abs 2 zum einen auf § 242 gegründet, zum anderen zog man hierfür ein zwischen den Parteien durch gesteigerten sozialen Kontakt entstehendes gesetzliches Schuldverhältnis heran (Nachw so Rn 387).

400 Nach Inkrafttreten des Schuldrechtsmodernisierungsgesetzes am 1. 1. 2002 (s STAUDINGER/OLZEN Einl 184 ff zu §§ 241 ff) steht weiterhin fest, dass nach Ansicht des Gesetzgebers Rücksichtspflichten auch beim nichtigen Vertrag vorkommen können (so BT-Drucks 14/6040 125; vgl o ausf Rn 382), fraglich bleibt aber ihre dogmatische Grundlage. Eine isolierte rechtsgeschäftliche Begründung kommt – anders als beim Gefälligkeitsverhältnis – deshalb nicht in Betracht, weil die Parteien ihre Rechte und Pflichten sämtlich in dem (nichtigen) Vertrag begründen wollten. Wenn man nicht der Auffassung folgt, dass unabhängig vom Vertrag stets ein gesetzliches Schuldverhältnis zwischen den Parteien im Hinblick auf den Schutz der beiderseitigen Rechtsgüter besteht (so Rn 69) oder weiterhin § 242 als Grundlage ansieht, scheint es nahe liegend, den nichtigen Vertrag **als „ähnlichen geschäftlichen Kontakt" iSd § 311 Abs 2 Nr 3 anzusehen**, ermöglicht er doch in gleicher Weise wie der wirksame Vertrag Verletzungen des Integritätsinteresses (so auch REISCHL JuS 2003, 40, 43).

(3) Nachbarliches Gemeinschaftsverhältnis

401 Das **nachbarschaftliche Gemeinschaftsverhältnis** erzeugt – wenn man es überhaupt akzeptiert – allein Rücksichtspflichten iSd Abs 2. Vor Darstellung des Annerken-

nungsstreits (vgl STAUDINGER/SEILER [2000] Einl 34 zur Einl zu Sachenrecht; STAUDINGER/SEILER [2002] § 903 Rn 15; STAUDINGER/GURSKY [1999] § 1004 Rn 67, 171; vgl REINICKE/TIEDTKE, Kaufrecht [7. Aufl 2004] 332; NEUNER, Das nachbarrechtliche Haftungssystem, JuS 2005, 385 f) ist festzustellen, dass es sich jedenfalls nicht unter § 311 Abs 2, 3 subsumieren lässt, weil der Wille der Nachbarn nicht auf den Abschluss eines Rechtsgeschäfts gerichtet ist. Daher muss ein anderer Ansatzpunkt gesucht werden als bei Gefälligkeiten und nichtigen Verträgen (so Rn 396 ff u Rn 399 f). Dabei standen sich bisher in der Hauptsache zwei Ansichten gegenüber: Die eine verstand das nachbarliche Gemeinschaftsverhältnis als ein durch **§ 242** begründetes **gesetzliches Schuldverhältnis** (Nachw s Rn 402), die andere sah es lediglich als **rein sachenrechtliche Beziehung** mit abschließender Regelung in den §§ 906 ff an (Nachw su Rn 402).

Soweit § 242 für die Begründung eines gesetzlichen Schuldverhältnisses herangezogen wird bzw wurde (MünchKomm/ROTH § 242 Rn 72 f; z sog Ergänzungsfunktion des § 242 s STAUDINGER/LOOSCHELDERS/OLZEN § 242 Rn 187 ff), kann es „nach dieser Mindermeinung" (weitere Vertreter sind: MünchKomm/SÄCKER § 909 Rn 25; PALANDT/HEINRICHS § 278 Rn 3; MÜHL, Grundlagen und Grenzen des nachbarlichen Gemeinschaftsverhältnisses, NJW 1960, 1133, 1136; SCHWAB/PRÜTTING, Sachenrecht Rn 351; PASCHKE AcP 187 [1987] 60, 79 f; LARENZ/CANARIS, Schuldrecht II/2 § 75 I 4 c) eine Grundlage für Rücksichtspflichten zwischen Nachbarn gem Abs 2 bilden. Ähnlich bezeichnet KREBS das nachbarschaftliche Gemeinschaftsverhältnis als Unterfall einer sachenrechtlichen Dauerbeziehung ohne primären Leistungszweck und zählt es daher zwar nicht zu den Schuldverhältnissen, wohl aber zu den sog **„Sonderverbindungen"** (KREBS, Sonderverbindung 166, 232 ff; z Begriff der Sonderverbindung vgl auch STAUDINGER/LOOSCHELDERS/OLZEN § 242 Rn 127 ff), die er zumindest als durch Abs 2 anerkannt sieht. **402**

Die Rspr akzeptiert zwar einzelne Rücksichtspflichten zwischen Nachbarn (BGHZ 28, 110, 114; 225, 229 f; 58, 149, 159; 68, 350, 353 f; 88, 345, 351 f; 113, 384, 389; OLG Frankfurt MDR 2005, 268), lehnt aber mit der hL (WILHELM, Sachenrecht [2. Aufl 2002] Rn 724 ff; MEDICUS BR Rn 799; HEISEKE, Das nachbarliche Gemeinschaftsverhältnis und § 278, MDR 1961, 461 ff; BÖHMER, „Gefahrengemeinschaft" von Grundstücksnachbarn – eine Fehlkonstruktion, MDR 1959, 261 ff; ders, Anwendung des § 278 BGB bei gemeinsamer Mauer, MDR 1959, 904 f; SOERGEL/BAUR § 903 Rn 48 ff, 51; STAUDINGER/LÖWISCH [2001] § 278 Rn 8 mwNw; BAUR/STÜRNER, Sachenrecht [17. Aufl 1999] § 5 II 1 c cc; vgl auch SOERGEL/TEICHMANN § 242 Rn 74 f) eine Einordnung als Schuldverhältnis, das zB auch zur Anwendung des § 278 berechtigen würde, ab. Danach gelten allein die §§ 906 ff; weitergehende Rechten und Pflichten erzeuge es nicht (vgl RGZ 132, 51, 56; BGHZ 42, 374, 377; SOERGEL/BAUR § 903 Rn 48 ff, 51; STAUDINGER/LÖWISCH [2001] § 278 Rn 8 mwNw; BAUR/STÜRNER aaO; z Kritik an der hM vgl auch zB SOERGEL/TEICHMANN § 242 Rn 74 f). Nach dieser hM **beschränkt** das nachbarliche Gemeinschaftsverhältnis nur die **Rechtsausübung, erzeugt** aber **keine selbständigen Rechte und Pflichten** (so zuletzt auch BGH WM 2001, 1299, 1301; BGH NJW 2001, 3119, 3120 f). **403**

Besteht dagegen eine **gemeinschaftliche Grenzmauer**, so geht die hLit (anders als die Rspr, vgl nur BGHZ 42, 374, 379 f) von einem Schuldverhältnis aus, insbesondere weil § 922 S 4 auf die §§ 741 ff verweist (vgl neben den in Rn 402 genannten auch: OLG Düsseldorf NJW 1959, 580; MEDICUS BR Rn 799; MAIER/BORNHEIM, Das nachbarschaftliche Gemeinschaftsverhältnis – ein gesetzliches Schuldverhältnis?, JA 1995, 978, 981 ff). **404**

Zwei Gesichtspunkte könnten diese Diskussion verändern: Zum einen zieht der **405**

BGH in jüngerer Zeit seine und die bisher hM ausdrücklich in Zweifel. So führte er schon 1997 aus (BGHZ 135, 235, 244): „Soweit bisher die Anwendung des § 278 auf das nachbarliche Gemeinschaftsverhältnis verneint worden ist (BGHZ 42, 374, 377), mag zweifelhaft sein, ob sich dieser Standpunkt in Anbetracht der **heutigen Bewertung** (Hervorhebung v Verf) dieses Verhältnisses aufrechterhalten ließe." Zum anderen wird darauf hingewiesen, das nachbarliche Gemeinschaftsverhältnis habe durch die **Neufassung der §§ 905 ff**, laufende Verbesserungen der **Immissionenschutzgesetzgebung, sonstigen Umweltschutzgesetze** und **Nachbargesetze der Länder** stark an Bedeutung verloren. Damit sei die Anwendung der §§ 241, 242 durch spezielle Gesetzgebung weitgehend verdrängt worden, wie es oft nach Kodifikation von Leitsätzen der Rspr (ähnlich auch im Recht der AGB) zu beobachten ist (sa BGHZ 68, 350, 354; 69, 1, 26; zuletzt BGH NJW 2003, 1382 aber noch z Rechtslage vor der Schuldrechtsreform; ferner ERMAN/ HOHLOCH § 242 Rn 187). Allerdings werden die §§ 241, 242 nicht generell ausgeschlossen (anders BGH in BGHZ 38, 61 m krit Anm WESTERMANN JZ 1963, 407 f z § 906 nF; sa BGH NJW 2003, 1392; ferner SOERGEL/TEICHMANN § 242 Rn 73 ff, bes 74, 75).

406 Beide Aspekte sprechen für die Einordnung des nachbarlichen Gemeinschaftsverhältnisses in die Kategorie des **gesetzlichen Schuldverhältnisses**. Wenn zum einen § 278 Anwendung findet, zum anderen der Gesetzgeber das Verhältnis zwischen Nachbarn in jüngerer Zeit detailliert geregelt hat, so erlaubt dies – in Anlehnung an die Grundsätze für die Entstehung gesetzlicher Schuldverhältnisse (so Rn 62 ff) – den Schluss, dass auch hier Rechte und Pflichten zwischen zwei Personen gesetzlich, dh unabhängig vom rechtsgeschäftlichen Willen begründet werden. Zwar normiert das Gesetz keine gemeinsamen Erhaltungs- und Verwaltungspflichten zwischen Nachbarn (abgesehen v der gemeinschaftlichen Grenzmauer so Rn 404), doch erfordern die verstärkten Möglichkeiten einer Beeinträchtigung des benachbarten Grundstücks die Anerkennung außerdeliktischer Rücksichtspflichten (ähnl MünchKomm/ROTH § 242 Rn 194; sa KREBS, Sonderverbindung 166, der iE jedoch nicht folgt, sondern das nachbarliche Gemeinschaftsverhältnis als Sonderverbindung versteht, z diesem Begriff vgl auch STAUDINGER/ LOOSCHELDERS/OLZEN § 242 Rn 127 ff). Die faktische Verbundenheit des Grundeigentums und die daraus entstehende, unvermeidbare wechselseitige Beeinflussung der jeweiligen Grundstücksnutzung hat eine rechtsverhältnisbegründende, gemeinschaftsstiftende Wirkung, die die Annahme von **Duldungs- und Unterlassungspflichten** rechtfertigt (so auch, iE sogar weitergehend, PASCHKE AcP 187 [1987] 60, 80 mwNw). Dahin geht auch die neuere höchstrichterliche Rspr. So formuliert der BGH: „Auf sie (dh die Rechte und Pflichten von Grundstücksnachbarn, Einfügung des Verf) ist der allgemeine Grundsatz von Treu und Glauben (§ 242) anzuwenden; daraus folgt für die Nachbarn eine Pflicht zur gegenseitigen Rücksichtnahme, deren Auswirkungen auf den konkreten Fall man unter dem Begriff des nachbarlichen Gemeinschaftsverhältnisses zusammenfasst"(BGH NJW 2003, 1392 z Rechtslage vor dem Schuldrechtsmodernisierungsgesetz; sich anschließend BGH NJW-RR 2003, 1313).

407 Nach diesem Verständnis besteht also das **nachbarschaftliche Gemeinschaftsverhältnis** als **gesetzliches Schuldverhältnis** mit **Rücksichtspflichten** gem Abs 2. Es bedarf weder für die Entstehung des Schuldverhältnisses selbst noch für die aus ihm resultierenden Rücksichtspflichten des Rückgriffs auf § 242 (vgl STAUDINGER/LOOSCHELDERS/ OLZEN § 242 Rn 187 ff z fehlenden Ergänzungsfunktion des § 242 sowie Rn 127 ff z Sonderverbindung).

Ob das gesetzliche Schuldverhältnis nur auf den §§ 906 ff und den Bundesimmissi- **408** onsschutzgesetzen beruht, oder ob die **Landesimmissionsschutzgesetze** bzw die **Nachbargesetze der Länder** (ihre Zusammenstellung findet sich bei STAUDINGER/ALBRECHT [1998] Art 124 EGBGB Rn 11 ff) ebenfalls eine Grundlage bilden, wurde bisher – soweit ersichtlich -weder in der einschlägigen Lit noch der Rspr diskutiert. Die Frage ist allerdings weniger von praktischer als von dogmatischer Bedeutung. Deshalb sei nur auf zweierlei hingewiesen: Zum einen bleiben gem Art 1 Abs 2, 124 EGBGB dem Landesgesetzgeber vorbehaltene Regelungen vom BGB unberührt; zum anderen gilt auch iRd Auslegung die Normenhierarchie. Daraus folgt, dass ein bestehender Widerspruch zwischen Landes- und Bundesgesetz zu Gunsten des höherrangigen Bundesgesetzes aufzulösen ist (sa STAUDINGER/SEILER [2002] § 903 Rn 15). Entsprechend können zB die §§ 241, 242 dazu führen, dass ein Nachbar auch nach Fristablauf der in den Landesnachbarrechtsgesetzen vorgesehenen Ausschlussfristen seine Bäume zurückschneiden muss, wenn ein über die gesetzliche Regelung hinausgehender billiger Ausgleich der widerstreitenden Interessen geboten erscheint (BGH NJW 2004, 1037).

2. Der Inhalt des Schuldverhältnisses

Die Grundlage aller Rücksichtpflichten bildet also nach der Schuldrechtsreform **409** gem Abs 2 das jeweilige **Schuldverhältnis** (nicht § 242, der dadurch seine wichtige **Ergänzungsfunktion** verliert; sa STAUDINGER/LOOSCHELDERS/OLZEN § 242 Rn 187 ff). Im Hinblick auf Art und Umfang der Rücksichtspflichten hatte die Schuldrechtsreformkommission im Zuge der Vorarbeiten zum Schuldrechtsmodernisierungsgesetz (s STAUDINGER/OLZEN Einl 184 ff zu §§ 241 ff) ursprünglich vorgeschlagen, im Gesetzestext des § 241 nicht nur auf den **Inhalt**, sondern daneben auch auf die **Natur** des Schuldverhältnisses Bezug zu nehmen (vgl amtliche Begründung in BT-Drucks 14/6040 126). Mit dem Begriff „**Natur des Schuldverhältnisses**" sollte in Anlehnung an § 269 Abs 1 aF und § 9 Abs 2 Nr 2 AGBG aF alles das bezeichnet werden, was der **Zweck** eines Schuldverhältnisses erfordert, auch wenn es unter den Parteien nicht abgesprochen wurde. Dagegen meint der „**Inhalt**" das **konkret** im Schuldverhältnis **Geregelte**. Der Gesetzgeber entschied jedoch, dass das Tatbestandsmerkmal „Inhalt" bereits alles zum Ausdruck bringe, was maßgeblich sei und verzichtete demgemäß auf den Begriff der „**Natur**" (vgl amtliche Begründung in BT-Drucks 14/6040 126).

Die Rücksichtspflichten bestimmen sich folglich nach dem **Inhalt** des Schuldver- **410** hältnisses (krit: KUHLMANN, Schutzpflichten 157), unter besonderer Berücksichtigung der Umstände des Einzelfalls (LG Heidelberg NJW 2002, 2960, 2961; ähnlich OLG Hamm NJW 2003, 760, 761). Dabei ziehen Rspr und Lit im Rahmen der Auslegung Rechtscharakter, Dauer und Zweck des Schuldverhältnisses, ferner die Intensität des damit verbundenen sozialen Kontakes zur Beurteilung heran (BGH NJW 1983, 2813, 2814; BAG NJW 2000, 3369, 3370; REISCHL JuS 2003, 40, 45; STAUDINGER/LÖWISCH [2001] Vorbem 90 zu §§ 275–283; HK-BGB/SCHULZE Rn 5; ausf z den einzelnen Arten v Rücksichtspflichten u Rn 426 ff; z Konkretisierung der Pflichten durch § 242 s STAUDINGER/LOOSCHELDERS/OLZEN § 242 Rn 182 ff). Daran zeigt sich, dass für die Begründung und den Umfang von Rücksichtspflichten im Ergebnis keine trennscharfe Unterscheidung zwischen Inhalt und Natur des Rechtsverhältnisses erfolgt.

III. „kann"

411 Gem Abs 2 „kann" ein Schuldverhältnis zur Rücksicht verpflichten. Diese offene Formulierung verdeutlicht zweierlei: Zum einen differieren die von Abs 2 umfassten Pflichten entsprechend dem jeweiligen Inhalt des Schuldverhältnisses nach Art und Umfang (AnwK-BGB/KREBS Rn 22), zum anderen ist die Existenz solcher Pflichten in jedem Fall begründungsbedürftig und nicht zwingend vorgegeben (AnwK-BGB/KREBS Rn 21; REISCHL JuS 2003, 40, 45, z Kritik an dieser Formulierung vgl u Rn 552).

IV. „jeden Teil"/„des anderen Teils" (Beteiligte)

412 Der Gesetzgeber hat in Abs 2 bewusst nicht die Formulierung „Gläubiger" und „Schuldner", sondern **„jeder Teil"** und **„der andere Teil"** gewählt. Dadurch sollte zum Ausdruck kommen, dass nicht nur den **Schuldner** einer Leistung **Rücksichtspflichten treffen** können, sondern dass uU auch der **Gläubiger der Leistungspflicht** Schuldner einer solchen Rücksichtspflicht ist (vgl amtliche Begründung in BT-Drucks 14/6040 125; früher bereits: STOLL, Leistungsstörungen 27 ff; vgl auch KUHLMANN, Schutzpflichten 115).

V. „Rücksicht"

413 Das Schuldverhältnis verpflichtet also jeden Beteiligten zur **Rücksicht** auf die Rechte, Rechtsgüter und Interessen des anderen Teils. Mit dem Begriff der **Rücksichtspflichten** umschreibt das Gesetz die anerkannten Pflichten, die das **Integritätsinteresse** der am Schuldverhältnis Beteiligten sichern sollen (vgl amtliche Begründung in BT-Drucks 14/6040 125; z Terminologie so Rn 154 ff). Im Falle der gerichtlichen Durchsetzung trifft den Gläubiger die **Darlegungs-** und **Beweislast** für den jeweiligen Tatbestand, während das für den Schadensersatzanspruch notwendige Verschulden vermutet wird, § 280 Abs 1 S 2 (PETERSEN, Examens-Repetitorium Allgemeines Schuldrecht [2002] Rn 55; STOLL, in: FS Lorenz [2001] 287, 295).

414 Das ursprüngliche Erfordernis einer **„besonderen Rücksicht"**, das noch im Regierungsentwurf vom Mai 2001 (z Schuldrechtsreform s STAUDINGER/OLZEN Einl 184 ff zu §§ 241 ff) enthalten war, sollte verdeutlichen, dass die „Rücksichtspflichten" nicht völlig denen des Deliktsrechts entsprechen, sondern diese in ihren Anforderungen übersteigen können. Zudem wollte der Gesetzgeber eine Abgrenzung zu den allgemeinen **Verkehrssicherungspflichten** vornehmen, die im Gegensatz zu Abs 2 keine Sonderverbindung iS eines Schuldverhältnisses schaffen oder erfordern (vgl amtliche Begründung in BT-Drucks 14/6040 125). Auf die Ergänzung des Adjektivs „besondere" wurde jedoch im weiteren Verlauf des Gesetzgebungsverfahrens zur Vermeidung von Missverständnissen verzichtet (vgl Beschlussempfehlung u Bericht des Rechtsausschusses in BT-Drucks 14/7052 182). Sonst könne man zu der Auffassung gelangen, es sei zwischen **„besonderen Rücksichtspflichten"** mit der Folge einer möglichen Haftung, etwa aus cic, und **„einfachen Rücksichtspflichten"** ohne solche Konsequenzen zu differenzieren, ein Abgrenzungskriterium, das der Gesetzgeber aber nicht wollte (vgl Beschlussempfehlung u Bericht des Rechtsausschusses in BT-Drucks 14/7052 182; krit auch KUHLMANN, Schutzpflichten 156).

VI. „Rechte, Rechtsgüter, Interessen"

Neben den **Rechtsgütern** wollte der Gesetzgeber die **Rechte** und die **Interessen** der **415** Beteiligten schützen. Insbesondere die Erwähnung der „**Rechte**" stellte klar, dass Abs 2 im Gegensatz zum begrenzten Schutzbereich des § 823 Abs 1 auch das **Vermögen** schützt (hierzu CANARIS JZ 2001, 499, 519). Eine entsprechende Rücksichtspflichtverletzung kommt zB in Betracht, wenn jemand durch falsche Beratung oder in sonstiger Weise, zB durch die Erzeugung eines unbegründeten Vertrauens, zu schädlichen Vermögensdispositionen veranlasst wird (vgl amtliche Begründung in BT-Drucks 14/6040 125).

Die Einfügung des Begriffs „**Interessen**" sollte schließlich verdeutlichen, dass Vermögensinteressen und andere Interessen, wie zB die Entscheidungsfreiheit, vom Schutzbereich des Gesetzes erfasst werden (vgl amtliche Begründung in BT-Drucks 14/6040 126, hierzu auch CANARIS JZ 2001, 499, 519; FLEISCHER AcP 200 [2000] 91, 111 ff; LOOSCHELDERS, Schuldrecht AT Rn 22).

VII. „verpflichten"

Die in Abs 2 genannten Rücksichtspflichten könnten dem Wortlaut nach auch – als **416** Kehrseite – das **Verbot des Rechtsmissbrauchs** begründen. Es verlangt vom Gläubiger, seine Rechte unter Berücksichtigung der Schuldnerinteressen auszuüben (ausf z Rechtsmissbrauchsverbot STAUDINGER/LOOSCHELDERS/OLZEN § 242 Rn 214 ff): Aus ihm wurden – idR iVm § 242 – verschiedene Fallgruppen hergeleitet, wie zB das Verbot des „**venire contra factum proprium**", die **Verwirkung** oder das Verbot **unzulässiger Rechtsausübung**. Eine wesentliche Grundlage dieser Dogmatik bildete bisher die sog **Schrankenfunktion** des § 242 (STAUDINGER/LOOSCHELDERS/OLZEN § 242 Rn 202 ff), die dementsprechend oft auch als Rücksichtnahmepflicht des Gläubigers bezeichnet wird (vgl zB BGH NJW 2001, 3119, 3120 f; MünchKomm/ROTH § 242 Rn 159 ff). Dies führt zu der Überlegung, ob sie ähnlich der bisherigen Ergänzungsfunktion (STAUDINGER/LOOSCHELDERS/OLZEN § 242 Rn 187 ff) in Abs 2 „gesetzessystematisch verselbständigt" (Formulierung von MünchKomm/ROTH § 242 Rn 124) wurde, womit § 242 (auch) in dieser Hinsicht keine eigenständige Bedeutung mehr zukäme.

Der **Wortlaut** des Abs 2 deckt wegen des Begriffs „**Rücksicht**" sowie des bewussten **417** Verzichts auf die Verwendung der Worte „Gläubiger"/„Schuldner" (so Rn 412) durchaus ein Gebot an den Schuldner der Rücksichtspflicht, der gleichzeitig Gläubiger der Leistungspflicht ist, zur schonenden Rechtsausübung ab. Andererseits kann die Betonung in Abs 2 aber auch auf das Wort „**verpflichten**" gelegt werden, das die Schuldnerperspektive stärker betont als diejenige des Gläubigers. So wäre Abs 2 eher für die Begründung von Rechten und Pflichten als für deren Beschränkung heranzuziehen und die Schrankenfunktion des § 242 nicht durch die Schuldrechtsreform „verloren" gegangen.

Systematische Erwägungen führen kaum weiter: Die §§ 280, 249 deuten zwar darauf **418** hin, dass es bei der Pflichtverletzung iSd § 241 mehr um Schadensersatzansprüche geht als um die Beschränkung von Rechten. Aber ebenso kann gem § 249 Abs 1 der Gläubiger den Schuldner nach Verletzung des Rechtsmissbrauchsverbots im Wege der Naturalrestitution so zu stellen haben wie bei ordnungsgemäßer Rechtsausübung. Ähnlich verfuhr die Rspr zum Teil bei der Anwaltspflicht zur Aufklärung des Mandanten über eigenes Fehlverhalten: Wenn der Rechtsanwalt sich auf die Verjährung des Ersatzanspruchs gem § 51b BRAO aF berief, wurde der Mandant im Wege der Naturalrestitution so gestellt, als sei die Aufklärungspflicht erfüllt worden und hätte den Mandanten zu verjährungsunterbrechenden Maßnahmen bewogen (vgl zB BGHZ 83, 17, 27; BGH NJW 1984, 2204; 1985, 1151, 1152; spätestens nach ersatzloser Streichung des § 51b BRAO kommt diese Vorgehensweise allerdings nicht mehr in Frage [BT-Drucks 153653 29]). Eine entsprechende Konstruktion wäre für den Rechtsmissbrauch grds denkbar, im dargestellten Bsp vor allem als Fall der unzulässigen Rechtsausübung.

419 Ein systematischer Vergleich des Abs 2 mit Abs 1 der Norm spricht eher gegen die Verlagerung des Rechtsmissbrauchs von § 242 in § 241 Abs 2. Abs 1 erfasst **leistungsbezogene Pflichten**, die das **Äquivalenzinteresse** der Leistung betreffen, während Abs 2 **leistungsunabhängige Pflichten** anspricht, die dem Schutz des **Integritätsinteresses** dienen (vgl o Rn 153). Berücksichtigt der Gläubiger bei Ausübung seiner leistungsbezogenen Rechte die Interessen des Schuldners nicht hinreichend, indem er sich zB unzulässigerweise auf den Eintritt der Verjährung eines gegen ihn gerichteten Schadensersatzanspruchs beruft, so ist jedoch nicht das Integritätsinteresse des Schuldners, sondern vielmehr sein Äquivalenzinteresse verletzt. Insofern kann der Rechtsmissbrauch als Kehrseite des in Abs 1 angesprochenen Pflichtenkreises verstanden werden, nicht aber als solche des Abs 2.

420 Eine **historische Analyse** des Instituts „Rechtsmissbrauch" gibt keinen Hinweis auf eine gesetzgeberische Intention zur Veränderung. Auch die Materialien zur Schuldrechtsreform, insbesondere zu Abs 2, zeigen, dass der Gesetzgeber lediglich die Lehre von den Schutzpflichten klarstellen wollte (BT-Drucks 14/6040 125; s z Schuldrechtsmodernisierungsgesetz auch STAUDINGER/OLZEN Einl 184 ff zu §§ 241 ff).

421 Demnach entscheidet der **Zweck des Gesetzes**. Eine ergebnisorientierte Betrachtung hat zur Folge, dass § 242 mit dem Verlust der Schrankenfunktion eine seiner wesentlichsten, wenn nicht sogar seine letzte (ausf u STAUDINGER/LOOSCHELDERS/OLZEN § 242 Rn 202 ff) Aufgabe verlöre. Dies spricht jedoch nicht gegen eine entsprechende Auslegung, sondern beschreibt lediglich eine ihrer Konsequenzen und ist auch praktisch nicht relevant. Ausschlaggebend erscheinen indessen zwei andere Gesichtspunkte:

422 Zum einen gilt für die Verletzung von Rücksichtspflichten eine andere **Beweislastverteilung** als für § 242. Während ein Verstoß gegen Treu und Glauben grds **von Amts wegen zu berücksichtigen** ist (vgl ausf u STAUDINGER/LOOSCHELDERS/OLZEN § 242 Rn 322 ff; hier nur BGHZ 3, 94, 103; 31, 77, 84; 37, 147, 152), muss im Rahmen des § 280 der Anspruchsteller Pflichtverletzung, Kausalität und Schaden beweisen, während die Beweislast für den Einwand mangelnden Verschuldens gem § 280 Abs 1 S 2 beim Schuldner liegt. Dies hat Konsequenzen für das **Säumnisverfahren**. Der Kläger könnte bei Säumnis des Beklagten zB für eine verwirkte Forderung keinen Titel erlangen, wenn man § 242 zugrunde legt, wohl aber, wenn man eine entsprechende Rücksichtspflicht des Gläubigers der Hauptleistung annimmt, die der Beklagte als Schuldner und Gläubiger der Rücksichtnahmepflicht darlegen und beweisen muss. Den daraus resultierenden Bedeutungsverlust des Gebotes von Treu und Glauben hat der Gesetzgeber offensichtlich nicht gewollt und er entspricht auch nicht dem objektiven Gesetzeszweck.

Zum anderen berücksichtigt die Auslegung der Merkmale „Treu und Glauben" in § 242 nicht nur Interessen der anderen Partei, sondern ebenso **öffentliche und Drittinteressen** (ausf STAUDINGER/LOOSCHELDERS/OLZEN § 242 Rn 144 ff; z Einfluss des öffentlichen Rechts auf das Schuldrecht bereits STAUDINGER/OLZEN Einl 263 ff zu §§ 241 ff). Ein Verhalten des Gläubigers kann deshalb auch rechtsmissbräuchlich sein, wenn es nur gegen die Interessen Dritter verstößt, nicht aber gegen die des Schuldners. Ein Bsp bildet der Ehevertrag, in dem die Eheleute gegenseitig auf Unterhalt verzichten. Der durch den Verzicht begünstigte Ehegatte handelt bei Berufung auf den Ehevertrag uU nicht rechtsmissbräuchlich, wenn er dadurch (nur) die Interessen des (ehemaligen) Ehepartners missachtet. Denn eine solche Regelung ist gem § 1585c zu Lasten des anderen Ehegatten grds möglich, selbst wenn es um Betreuungsunterhalt gem § 1570 geht. Dennoch darf er sich nach Treu und Glauben auf den Unterhaltsverzicht zB dann nicht berufen, wenn das Wohl des von der Ehefrau betreuten Kindes entgegensteht oder das öffentliche Interesse, den Unterhaltsgläubiger nicht aus Mitteln der Sozialhilfe bezahlen zu müssen (BGH NJW 1995, 1148 mwNw; z Eheverträgen insgesamt s STAUDINGER/LOOSCHELDERS/OLZEN § 242 Rn 921 ff; z rechtsmissbräuchlichen Berufung auf eine einvernehmliche Missachtung eines Formerfordernisses wegen betroffener öffentlicher Interessen vgl STAUDINGER/LOOSCHELDERS/OLZEN § 242 Rn 449 u PALANDT/HEINRICHS § 125 Rn 16 ff). **423**

Rücksichtspflichten basieren dagegen (so Rn 409 f) allein auf dem **jeweiligen Inhalt** des **Schuldverhältnisses**. In die zu ihrer Bestimmung durchzuführende Interessenabwägung (su Rn 446 ff, 489 ff) können daher **nur Parteiinteressen** Eingang finden. Eine Verlagerung des Instituts „Rechtsmissbrauch" in Abs 2 hätte zur Folge, dass öffentliche und Drittinteressen keinen unmittelbaren Einfluss mehr auf die **Entstehung** solcher Pflichten hätten, sondern lediglich später, im Rahmen ihrer Konkretisierung durch § 242 (z Konkretisierungsfunktion STAUDINGER/LOOSCHELDERS/OLZEN § 242 Rn 182 ff), Berücksichtigung finden könnten. Dieses Ergebnis liefe der überragenden Bedeutung des § 242 für das Zivilrecht zuwider (STAUDINGER/LOOSCHELDERS/OLZEN § 242 Rn 401 ff). **424**

Folglich spricht der Gesetzeszweck dagegen, das Institut des Rechtsmissbrauchs aus dem Anwendungsbereich des § 242 heraus in Abs 2 zu verlegen. Da Wortlaut, Systematik und Entstehungsgeschichte sich jedenfalls auch für dieses Verständnis anführen lassen (so Rn 417 ff), wird das Institut des Rechtsmissbrauchs weiterhin als wesentliche Fallgruppe iRd § 242 behandelt (s STAUDINGER/LOOSCHELDERS/OLZEN § 242 Rn 214 ff). **425**

VIII. Arten von Rücksichtspflichten

1. Allgemeines

Bei Inkrafttreten des BGB waren **Rücksichtspflichten** noch nicht anerkannt. Sie wurden erst später durch zahlreiche Gerichtsentscheidungen und Publikationen aus den Grundgedanken des allgemeinen Schuldrechts, vor allem zur Überwindung der Mängel des Deliktsrechts, entwickelt (so Rn 379). Auf Grund fehlender Normen herrschte Streit um ihre dogmatische Herleitung sowie um ihre Grenzen (so Rn 379 ff). **426**

427 Doch auch nach Einfügung des Abs 2 durch das Schuldrechtsmodernisierungsgesetz zum 1.1.2002 (s STAUDINGER/OLZEN Einl 184 ff zu §§ 241 ff) erfolgt die Einteilung der verschiedenen Arten außerdeliktischer Rücksichtspflichten uneinheitlich. Dies liegt nicht zuletzt darin begründet, dass Abs 2 selbst keine Konkretisierung enthält, sondern ein ausfüllungsbedürftiges Blankett darstellt (DAUNER-LIEB, Kodifikation von Richterrecht, in: ERNST/ZIMMERMANN 316; CANARIS JZ 2001, 499, 519; PALANDT/HEINRICHS Rn 7; AnwK-BGB/KREBS Rn 4; MünchKomm/KRAMER Rn 34). Es gibt zum einen Differenzierungen nach dem **chronologischen Ablauf des Schuldverhältnisses**, also vorvertragliche Pflichten, nachvertragliche sowie solche, die während des Schuldverhältnisses Wirkung entfalten (so MünchKomm/KRAMER Rn 38 ff). Zum anderen werden Unterscheidungen in **leistungsbegleitende Schutzpflichten** und **allgemeine Schutzpflichten** getroffen (vgl zB TEICHMANN JA 1984, 545 ff und 709 ff). Andere versuchen, sich am Inhalt der jeweiligen Pflicht zu orientieren. So unterscheidet HEINRICHS (PALANDT/HEINRICHS Rn 7) zwischen Aufklärungspflichten und Schutzpflichten unter dem Oberbegriff der **„Pflicht zur Rücksicht"**. SCHULZE dagegen (Hk-BGB/SCHULZE Rn 6 ff) nennt **Schutzpflichten** als Oberbegriff, um als Untergruppen **Obhutspflichten** einerseits und **Aufklärungspflichten** andererseits zu finden. KREBS (Sonderverbindungen 504 ff) differenziert das **„Verbot der aktiven Schädigung"**, die Pflicht zum **„aktiven Schutz der Gegenseite"** und **„Informationsschutzpflichten"** (z Schwierigkeit der Terminologie so Rn 154 f, ferner MEDICUS BR Rn 208; unentschieden auch FIKENTSCHER, Schuldrecht Rn 31). Der Gesetzgeber selbst entschied sich nicht konsequent für den Begriff der **Schutzpflichten**, sondern benutzt auch denjenigen der **„weiteren Verhaltenspflichten"** (BT-Drucks 14/6040 125; so auch LARENZ, Schuldrecht I § 9). Hier soll orientiert am Gesetzeswortlaut vom Oberbegriff der **Rücksichtspflichten** ausgegangen werden (so Rn 155; KANDELHARD NJW 2002, 3291 f; auch STOLL, in: FS Lorenz [2001] 287, 293; KREBS, in: DAUNER-LIEB ua, Das neue Schuldrecht § 3 Rn 4 u REISCHL gehen ähnlich v Begriff der Rücksichtnahmepflicht aus, JuS 2003, 40, 42, 45).

428 Einigkeit besteht hingegen darüber, dass die Einfügung des Abs 2 in § 241 den bestehenden Rechtszustand inhaltlich nicht geändert hat (so ausdrücklich die Begründung des RegE BT-Drucks 14/6040 125): Rücksichtspflichten stellen nach wie vor leistungsunabhängige Nebenpflichten zum Schutz des **Integritätsinteresses** der Gegenpartei dar (so Rn 160). Trotz der gesetzlichen Anerkennung der Rücksichtspflichten bleibt also die bisherige Rspr relevant. Zum Zwecke der übersichtlichen Darstellung wird im Folgenden nach **Art der Rücksichtspflichten** unterschieden, wobei die beiden wesentlichen Gruppen die **Informationspflichten** auf der einen und die **Fürsorge- und Obhutspflichten** auf der anderen Seite ausmachen (z den Sorgfaltspflichten als Untergruppe der Rücksichtspflichten vgl auch BGH NJW 1983, 2813 ff). Schließlich sind die **leistungsunabhängigen Treuepflichten** zu erörtern.

2. Informationspflichten*

a) Allgemeines
429 Im Bereich der **Informationspflichten** besteht keine einheitliche Terminologie. So werden Auskunfts-, Informations-, Informationsschutzpflichten (so KREBS, Sonderverbindung 508 ff) und Informationsschutzansprüche (so POHLMANN, Aufklärungspflichten 30),

---

* **Schrifttum:** BECHTEL, Anlageberatung der Kreditinstitute im Wandel – Aufklärungs-, Beratungs- und Informationspflichten am Beispiel von Optionsgeschäften mit Privatkunden (Diss Hamburg 1998); BECKER-SCHAFFNER, Umfang und Grenzen der arbeitgeberseitigen Hinweis-

Titel 1 § 241
Verpflichtung zur Leistung

Aufklärungs-, Hinweis-, Anzeige-, Offenbarungs-, Warn- und Mitteilungspflichten
(vgl zB Hk-BGB/SCHULZE Rn 7; SOERGEL/TEICHMANN § 242 Rn 135, 162; BÖHME, Aufklärungspflicht 3 ff; BREIDENBACH, Informationspflichten 3 f; GRIGOLEIT, Informationshaftung 5; KLINGLER,

und Belehrungspflichten, BB 1993, 1281 ff; BÖHME, Die Aufklärungspflicht bei Vertragsverhandlungen (Diss Göttingen 1964); BÖHNER, Bestand und Ausmaß der vorvertraglichen Aufklärungspflicht des Franchisegebers: Das „Aufina"-Urteil unter der Lupe, BB 2001, 1749 ff; F BRAUN, Aufklärungspflichten des Franchisegebers bei den Vertragsverhandlungen, NJW 1995, 504 ff; S BRAUN, Fragerecht und Auskunftspflicht – Neue Entwicklungen in Gesetzgebung und Rechtsprechung, MDR 2004, 64 ff; BREIDENBACH, Die Voraussetzungen von Informationspflichten beim Vertragsschluss (Diss München 1988); CANARIS, Die Vermutung „aufklärungsrichtigen Verhaltens" und ihre Grundlagen, in: FS Hadding (2004) 3 ff; ELLENBERGER, Die neuere Rechtsprechung des Bundesgerichtshofes zu Aufklärungs- und Beratungspflichten bei der Anlageberatung, WM 2001, Sonderbeilage 1; FLEISCHER, Informationsasymmetrie im Vertragsrecht – Eine rechtsvergleichende und interdisziplinäre Abhandlung zu Reichweite und Grenzen vertragsschlussbezogener Aufklärungspflichten (Habil Köln 1998); GÄNTGEN, Die Pflicht zum Hinweis auf eigene und fremde Fehler in zivilrechtlichen Vertragsverhältnissen (Diss Köln 1991); GALLANDI, Die Aufklärungspflicht bei Innenprovisionen, WM 2000, 279 ff; GRIGOLEIT, Rechtsfolgespezifische Analyse „besonderer" Informationspflichten am Beispiel der Reformpläne für den E-Commerce, WM 2001, 597 ff; ders, Vorvertragliche Informationshaftung – Vorsatzdogma, Rechtsfolgen, Schranken (Diss München 1997); GRÖSCHLER, Die Pflicht des Verkäufers zur Aufklärung über Mängel nach neuem Kaufrecht, NJW 2005, 1601 ff; GRUNEWALD, Aufklärungspflichten ohne Grenzen, AcP 190 (1990) 609 ff; HADDING, Zur Abgrenzung von Unterrichtung, Aufklärung, Auskunft, Beratung und Empfehlung als Inhalt bankrechtlicher Pflichten, in: FS Schimansky (1999) 67 ff; HEMMING, Die Aufklärungspflichten des Arbeitgebers (Diss Augsburg 1997); HOPT, Anlegerschutz beim Wertpapiergeschäft der Kreditinstitute (Habil Tübingen 1973) 414 ff; HOSS/EHRICH, Hinweis- und Aufklärungspflichten des Arbeitgebers beim Abschluss von Aufhebungsverträgen, DB 1997, 625 ff; KIENINGER, Informations-, Aufklärungs- und Beratungspflichten beim Abschluss von Versicherungsverträgen, AcP 199 (1999) 190 ff; KIRCHNER, Kreditgeberhaftung aufgrund der Verletzung von Informations- und Aufklärungspflichten im deutschen und US-amerikanischen Recht (Diss Gießen 2003); KLINGLER, Aufklärungspflichten im Vertragsrecht – Hypothesen zu ihrer richterlichen Instrumentalisierung (1981); KLUTH/BÖCKMANN/GRÜN, Beratungshaftung – Bewertungskriterien für rechtsverbindliche Aussagen beim Sachkauf, MDR 2003, 241 ff; KÖTZ, Vertragliche Aufklärungspflichten – eine rechtsökonomische Studie, in: FS Drobnig (1998) 563 ff; KREBS, Sonderverbindung und außerdeliktische Schutzpflichten (Habil Köln 2000) 508 ff; KURSAWE, Die Aufklärungspflicht des Arbeitgebers bei Abschluss von Arbeitsverträgen, NZA 1997, 245 ff; LANG, Einmal mehr: Berufsrecht, Berufspflichten und Berufshaftung, AcP 201 (2001) 451 ff; ders, Informationspflichten bei Wertpapierdienstleistungen (2003); ders, Aufklärungspflichtverletzungen bei der Anlageberatung (1995); LÜKE, Der Informationsanspruch im Zivilrecht, JuS 1986, 2 ff; MATUSCHE-BECKMANN, Berufsrecht und zivilrechtliche Beratungs- und Informationspflichten für Versicherungsvermittler, NVersZ 2002, 385 ff; G MÜLLER, Vorvertragliche und vertragliche Informationspflichten nach englischem und deutschem Recht (Diss Heidelberg 1994); OSING, Informationspflichten des Versicherers und Abschluss des Versicherungsvertrages (Diss Köln 1995); POHLMANN, Haftung wegen Verletzung von Aufklärungspflichten (Diss Trier 2002); REHM, Aufklärungspflichten im Vertragsrecht (Diss München 2002); RÖMER, Zu den Informationspflichten der Versicherer und ihrer Vermittler, VersR 1998, 1313; RÜMKER, Aufklärungs- und Beratungspflichten der Kreditinstitute aus der Sicht

Aufklärungspflichten 1, 20 ff; POHLMANN, Aufklärungspflichten 35; REHM, Aufklärungspflichten 3 ff; THAMM/PILGER BB 1994, 729, 730; THIELE JZ 1967, 649, 650) genannt und nur vereinzelt voneinander abgegrenzt. Hier soll der Terminus der **„Informationspflichten"** als Oberbegriff (so G MÜLLER, Informationspflichten 22; wohl auch POHLMANN, Aufklärungspflichten 35) für **Aufklärungspflichten** sowie **Beratungspflichten** verwendet werden (so auch MünchKomm/ROTH Rn 114; LANG, Informationspflichten 30 ff). **Aufklärungspflichten** charakterisieren sich dabei als durch konkrete Umstände ausgelöste Hinweispflichten auf besondere Gegebenheiten, während **„Beratung"** eine umfassendere Informationspflicht und Entscheidungshilfe meint, die unabhängig von speziellen Auslösungsfaktoren besteht (MünchKomm/ROTH Rn 114; dagegen ist MÜLLER, Informationspflichten 22, der Ansicht, Aufklärungspflichten würden durch fehlerhafte Informationen verletzt, während Offenbarungspflichten die Pflicht z ungefragten Hinweis erfassten). Der Begriff der Aufklärungspflicht meint damit auch die z T sog Hinweis-, Anzeige-, Offenbarungs- und Mitteilungspflichten.

430 Hervorzuheben ist, dass Informationspflichten zum Schutz des **Integritätsinteresses** bestehen (z den Informationspflichten als Nebenleistungspflichten so Rn 162; vgl auch BAMBERGER/ROTH/GRÜNEBERG Rn 14 f). Dieses umfasst nicht nur die von § 823 Abs 1 geschützten Rechtsgüter, sondern insbesondere wegen des Tatbestandsmerkmals „Interesse" in § 241 Abs 2 auch das **Vermögen** und die **Willensfreiheit** (BT-Drucks 14/6040 163 u o Rn 415; sa LOOSCHELDERS, Schuldrecht AT Rn 190). Beide sind meist von Verletzungen im

---

der Praxis, in: HADDING/HOPT/SCHIMANSKY, Aufklärungs- und Beratungspflichten der Kreditinstitute (1992); RUST, Leistungs- und Schutzpflichten in der Gewährleistungshaftung, MDR 1998, 947 ff; SCHLEEH, Vorvertragliches Fehlverhalten und der Schutz Dritter (Diss Tübingen 1965); SCHNEIDER, Uberrima fides: Treu und Glauben und vorvertragliche Aufklärungspflichten im englischen Recht (Diss Regensburg 2003); SKIBBE, Zur Aufklärungspflicht bei Kaufvertragsverhandlungen, in: FS Rebmann (1989) 807 ff; SPINDLER/KLÖHN, Fehlerhafte Informationen und Software – Die Auswirkungen der Schuld- und Schadensrechtsreform, VersR 2003, 273 ff; STENGEL/SCHOLDERER, Aufklärungspflichten beim Beteiligungs- und Unternehmenskauf, NJW 1994, 158 ff; STÜRNER, Die Aufklärungspflicht der Parteien des Zivilprozesses (Habil Tübingen 1976) 1, 287 ff; TAUPITZ, Die zivilrechtliche Pflicht zur unaufgeforderten Offenbarung eigenen Fehlverhaltens (1989); TEMPEL, Informationspflichten bei Pauschalreisen – Eine Bestandsaufnahme: Arten, Rechtsnatur, Sanktionen – unter Einbeziehung der Reisebüros, NJW 1996, 1625 ff; THAMM/PILGER, Vertragliche Nebenpflicht zur Aufklärung und Beratung bei Lieferverträgen und deren Regelung in Geschäftsbedingungen des kaufmännischen Verkehrs, BB 1994, 729 ff; VORTMANN, Die neuere Rechtsprechung zu den Aufklärungs- und Beratungspflichten der Banken, WM 1989, 1557 ff; ders, Aufklärungs- und Beratungspflichten der Banken (7. Aufl 2002); WAGNER, Informationspflichten des Verkäufers bei M+A Transaktionen nach neuerer BGH-Rechtsprechung unter Berücksichtigung von altem und neuem Schuldrecht, DStR 2002, 958 ff; WAHRENBERGER, Vorvertragliche Aufklärungspflichten im Schuldrecht (unter besonderer Berücksichtigung des Kaufrechts), zugleich ein Beitrag zur Lehre von der culpa in contrahendo (Diss Zürich 1991); WERRES, Aufklärungspflichten in Schuldverhältnissen und deren Grenzen (1985); ZAHRNT, Aufklärungspflichten und Beratungsverhältnisse vor Computer-Beschaffungen, NJW 2000, 3746 ff; ders, Die Rechtsprechung zu Aufklärungs- und Beratungspflichten vor Computer-Beschaffungen, NJW 1995, 1785 ff; ZUGEHÖR, Berufliche „Dritthaftung" – insbesondere der Rechtsanwälte, Steuerberater, Wirtschaftsprüfer und Notare – in der deutschen Rechtsprechung, NJW 2000, 1601 ff.

vorvertraglichen Bereich betroffen (BREIDENBACH, Informationspflichten 3, nennt diese vertragsschlussbezogene Informationspflichten; vgl auch LARENZ, Schuldrecht I § 9 I 2), so dass eine Schadensersatzhaftung gem §§ 311 Abs 2, 280 Abs 1, 241 Abs 2 in Betracht kommt (s die Gesetzesbegründung BT-Drucks 14/6040 162), während die Rechtsgüter des § 823 Abs 1 (MEDICUS, in: BMJ [Hrsg], Gutachten und Vorschläge zur Überarbeitung des Schuldrechts [Köln 1981–1983] 486, nennt sie vertragsfremde Rechtsgüter) vor allem von Informationspflichtverletzungen tangiert werden, die **nach Vertragsschluss** eintreten (BREIDENBACH, Informationspflichten 3, nennt diese Warnpflichten; vgl z deliktischen Haftung MANSEL, Informationsrechtliche Verkehrspflichten im Rahmen des § 823 Abs 1, in: FS Lorenz [2001] 215, 219 ff). Sie finden ihre Haftungsgrundlage in §§ 280 Abs 1, 241 Abs 2.

Auskunftspflichten werden nicht von Abs 2 erfasst, sondern fallen als **leistungsbezogene Nebenpflichten** in den Anwendungsbereich des Abs 1 (so Rn 162 ff). Der grundsätzliche Unterschied zu den Informationspflichten des Abs 2 besteht zum einen in ihrer **Klagbarkeit**, die bei Informationspflichten aus Abs 2 weitgehend verneint wird (MünchKomm/ROTH Rn 167; KLINGLER, Aufklärungspflichten 20; so auch STÜRNER in JZ 1976, 384, 386, der sich grds jedoch für die Klagbarkeit von Schutzpflichten ausspricht; POHLMANN, Aufklärungspflichten 30; z den Auskunftspflichten zusammenfassend LÜKE JuS 1986, 2 ff; ausf z Klagbarkeit v Rücksichtspflichten im Allgemeinen u Rn 544 ff). Zum anderen sind Informationspflichten wie alle Rücksichtspflichten **retrospektiv**: Es geht stets um Informationen, an denen der Gegenüber im Falle der Kenntnis sein früheres Verhalten hätte ausrichten können (BÖHME, Aufklärungspflicht 8 f; HADDING, in: FS Schimansky [1999] 67, 73 f; KLINGLER, Aufklärungspflichten 21; POHLMANN, Aufklärungspflichten 29; WERRES, Aufklärungspflichten 4; einschränkend BREIDENBACH, Informationspflichten 2 f). Sie sind auch dadurch gekennzeichnet, dass dem anderen Teil nicht nur der informationspflichtige Umstand verborgen bleibt, sondern auch sein Recht, darüber informiert zu werden (POHLMANN, Aufklärungspflichten 29). Erst bei Schadenseintritt weiß der Berechtigte uU, dass eine ihm gegenüber bestehende Informationspflicht verletzt wurde (POHLMANN, Aufklärungspflichten 29). Daraus ergibt sich gleichzeitig, dass Informationspflichten dadurch gekennzeichnet sind, dass sie spontan, dh ohne vorhergehende Frage oder Aufforderung, erfüllt werden (POHLMANN, Aufklärungspflichten 29). Diese beiden Merkmale – **Retrospektivität** und **spontane Erfüllung** – sind bei den Auskunftspflichten nicht vorhanden (so Rn 167 ff; z Abgrenzung auch FROST, Schutzpflichten 174–180).

Informationsleistungspflichten, dh vertraglich als Haupt- und Nebenleistungspflichten vereinbarte Pflichten zur Erteilung von Informationen, werden ebenso wie die Auskunftspflichten von Abs 1 erfasst und daher nicht an dieser Stelle behandelt (so Rn 167 ff; ausf WINKLER vMOHRENFELS, Abgeleitete Informationsleistungspflichten im deutschen Zivilrecht [1986]; z Abgrenzung der Informationspflicht als Leistungs- u als Schutzpflicht s BREIDENBACH, Informationspflichten 1 f).

Die Einordnung der Informationspflichten als eigene Kategorie der Rücksichtspflichten beruht nicht zuletzt auf der Überlegung, dass ihre Verletzung **nicht** zu einer **unmittelbaren Schädigung** durch den Schutzpflichtigen oder einen Dritten führt. Vielmehr **schädigt sich der Geschützte** auf Grund mangelhafter oder fehlender Information **selbst**, sei es durch Handeln oder Unterlassen einer Abwehrmaßnahme (KREBS, Sonderverbindung 508). Bei der Frage nach Bestand und Umfang von Informationspflichten ist deshalb der Gedanke entscheidend, dass der Vertragspartner erst durch notwendige Informationen in die Lage versetzt wird, seine Interessen richtig einzuschätzen und sich dementsprechend zu verhalten. Informationspflichten dienen also dazu, das **Wissensgefälle** zwischen den Vertragspartnern **abzubauen** und den ursprünglich Benachteiligten zu befähigen, sich gegen Übervorteilungen zu wehren und seine Belange zu wahren (GRUNEWALD AcP 190 [1990] 609, 611; SOERGEL/TEICHMANN § 242 Rn 140).

b) Aufklärungspflichten
434 Aufklärungspflichten als Unterfall der Informationspflichten finden sich **gesetzlich** und **außergesetzlich**.

aa) Gesetzliche Aufklärungspflichten
435 Eine allgemeine Normierung der Aufklärungspflichten, etwa in Form einer Generalklausel, gibt es nicht. Die Erste Kommission stellte bereits in den Mot zu § 123 fest, dass sich diese Frage einer gesetzlichen Regelung entziehe (Mot I 208 = MUGDAN I 467). MEDICUS schlug anlässlich der Schuldrechtsreform noch einmal eine Regelung vor, welche ua die Haftung wegen Veranlassung zum Vertragsschluss durch Verletzung einer Aufklärungspflicht enthalten sollte (MEDICUS, in: BMJ [Hrsg], Gutachten und Vorschläge zur Überarbeitung des Schuldrechts [Köln 1981–1983] 549; § 305e lautete nach seinem Vorschlag: „Schadensersatz wegen unerlaubter Veranlassung zum Vertragsschluss unter anderem durch die Verletzung einer Aufklärungspflicht"); sein Vorschlag wurde jedoch bereits 1992 verworfen und fand auch keinen Eingang in das Schuldrechtsmodernisierungsgesetz (vgl z rechtshistorischen Überblick BÖHME, Aufklärungspflicht 12 ff; krit z den Aufklärungspflichten, vor allem mit Verweis auf nachteilige Konsequenzen aus der Erfüllung v Aufklärungspflichten für die aufgeklärte Partei vgl GRUNEWALD AcP 190 [1990] 609, 616 ff).

436 Bei der folgenden Darstellung einzelner gesetzlicher Aufklärungspflichten ist wiederum zu berücksichtigen, dass es nicht um diejenigen Auskunfts- und Anzeigepflichten geht, die sich auf das **Leistungs-** bzw **Äquivalenzinteresse** beziehen und zahlreich normiert sind (so Rn 169). Aufklärungspflichten zum Schutze des **Integritätsinteresses** finden sich dagegen nur selten im BGB (vgl auch KUHLMANN, Schutzpflichten 58 ff; z weiteren gesetzlich normierten Aufklärungspflichten außerhalb des BGB s BÖHME, Aufklärungspflicht 36 ff u WERRES, Aufklärungspflichten 8 ff mwNw).

437 Dennoch zeigt beispielsweise § 444 im Umkehrschluss, dass den Verkäufer eine Pflicht zur Aufklärung über ihm bekannte **Mängel der Kaufsache** trifft (vgl ähnl KUHLMANN, Schutzpflichten 59). Ein Pflichtverstoß kann bei Beeinträchtigung des Integritätsinteresses – etwa durch auftretende Mangelfolgeschäden – zu einer Haftung aus §§ 437 Nr 3, 280, 241 Abs 2 führen (vgl KREBS, in: DAUNER-LIEB ua, Das neue Schuldrecht § 1 Rn 151; auch LOOSCHELDERS, Schuldrecht AT Rn 571). Ähnliches gilt für §§ 523 Abs 1 und 524 Abs 1 bzgl der **Haftung des Schenkers** gegenüber dem Beschenkten (vgl ähnl KUHLMANN, Schutzpflichten 60). Danach ist auch der Schenker verpflichtet, den Beschenkten auf ihm bekannte Mängel hinzuweisen, um einer Haftung für Mangelfolgeschäden zu entgehen. Ebenso muss der **Vermieter** den Mieter über Mängel der Mietsache und der **Unternehmer** den Besteller über Werkmängel aufklären, was aus § 536d und § 639 gefolgert werden kann (vgl KUHLMANN, Schutzpflichten 59). Der **Verleiher** hat gem § 599 zwar den Entleiher über Mängel der entliehenen Sache zu unterrichten. Jedoch findet die Norm keine Anwendung auf Mangelfolgeschäden (PALANDT/WEIDENKAFF § 599 Rn 2), so dass ihm auch keine Aufklärungspflicht zum Schutz des Integritätsinteresses entnommen werden kann.

bb) Außergesetzliche Aufklärungspflichten

Abs 2 zeigt, dass sich auch aus dem **Schuldverhältnis** selbst Aufklärungspflichten 438 ergeben können, und zwar zum einen aus **ausdrücklichen Vereinbarungen**. Zum anderen führt uU eine erläuternde oder ergänzende **Vertragsauslegung** zu dem Ergebnis, dass eine Partei der anderen gegenüber zur Aufklärung verpflichtet ist. Wenn zwischen den Parteien lediglich ein gesetzliches Schuldverhältnis besteht, kann zwar keine an vertragliche Abreden anknüpfende Auslegung vorgenommen werden; jedoch muss – worauf Abs 2 hinweist – der Charakter dieses gesetzlichen Schuldverhältnisses unter besonderer Berücksichtigung des Einzelfalls und der Wertung des § 242 auf das Bestehen etwaiger Aufklärungspflichten hin überprüft werden.

(1) Voraussetzungen
(a) Informationsgefälle

Problematisch ist aber, unter welchen Voraussetzungen Aufklärungspflichten ent- 439 stehen. Rspr und Lit haben sie meist angenommen, ohne eine genauere Begründung zu geben. Die „goldene Regel" der Rspr (so POHLMANN, Aufklärungspflichten 103) war bzw ist, dass Aufklärungspflichten hinsichtlich sämtlicher Umstände bestehen, die für den **Vertragsschluss** der anderen Partei **erkennbar** von **wesentlicher Bedeutung** sind und deren **Mitteilung** nach Treu und Glauben **erwartet werden kann** (RGZ 62, 149, 150 f; 103, 47, 50; 111, 233, 234 f; 120, 249, 252; BGHZ 47, 207, 210 f; 71, 386, 396; 72, 92, 101; 96, 302, 311; 123, 126, 128 ff [Bond-Urteil]; BGH BB 1991, 933, 934; BGH NJW 2000, 803, 804; BB 2001, 1276, 1277; NJW 2002, 1042, 1043; 2003, 1811, 1812; ein Nachw z Entwicklung der Rspr bis 1985 bietet WERRES, Aufklärungspflichten 13 ff und 21 ff; vgl auch BÖHME, Aufklärungspflicht 39 ff u KLINGLER, Aufklärungspflichten 2 f sowie die Nachw bei THAMM/PILGER BB 1994, 729, 730 f). Im Folgenden sollen diese eher pauschalen Kriterien konkretisiert werden.

Wesentliche, sogar logisch zwingende Voraussetzung für das Bestehen einer Auf- 440 klärungspflicht ist der Umstand, dass eine Partei über mehr Informationen verfügt als die andere, eine Situation, die in der Lit als **Informationsgefälle** bezeichnet wird (KREBS, in: DAUNER-LIEB ua, Das neue Schuldrecht § 3 Rn 29; KREBS, Sonderverbindung 509; KIENINGER AcP 199 [1999] 190, 232 mwNw, die den Oberbegriff „Informationsbedarf" wählt; POHLMANN, Aufklärungspflichten 104 f; TEICHMANN JA 1984, 545, 547, der die Informationspflichten jedoch als leistungsbezogene Pflichten versteht; vgl auch KURSAWE NZA 1997, 245, 246; THAMM/PILGER BB 1994, 729, 730). Das Informationsgefälle kann zum einen auf der besonderen **Sachkunde** einer Partei (vgl dazu zB BGH NJW 1971, 1795, 1799; 1977, 1055; BB 1977, 1625, 1626; LG Kleve RRa 2001, 83, 84; BAMBERGER/ROTH/GRÜNEBERG § 311 Rn 71; BÖHME, Aufklärungspflicht 76 ff; KURSAWE NZA 1997, 245, 248; WERRES, Aufklärungspflichten 74 ff, 139 ff) zum anderen auf **schichtenspezifischer Unerfahrenheit** des anderen Teils beruhen (BGHZ 80, 80, 84 f; BGH NJW 1966, 1451; 1974, 849, 851; 1992, 300, 302; OLG Frankfurt aM BB 1980, 124, 125; vgl auch BÖHME, Aufklärungspflicht 75 f; KLINGLER, Aufklärungspflichten 109 ff, 113 ff) bzw auf dessen **persönlicher Behinderung** (RG JW 1934, 571; BÖHME, Aufklärungspflicht 75) sowie **Rechts- bzw Sprachunkenntnis** (OLG Stuttgart NJW 1982, 2608, 2609). Auch eine **strukturelle Unterlegenheit** einer Partei wird als Ursache in Betracht gezogen (vgl dazu ausf FLEISCHER, Informationsasymmetrie 296 ff), so vor allem im Bankwesen (OLG Düsseldorf WM 1996, 1082, 1085 unter Bezugnahme auf BVerfG NJW 1994, 36, 38 f), teilweise auch im Familienrecht im Zusammenhang mit der Beurteilung von Eheverträgen. Dort kam die Überlegung auf, dass Ehefrauen ihren Ehemännern strukturell unterlegen sein sollen, ein Gedanke, dem allerdings die Gefolgschaft versagt geblieben ist (vgl SCHWENZER, Vertragsfreiheit im Ehevermögens- und Scheidungsfolgenrecht, AcP 196 [1996]

88, 103 ff; zur Inhaltskontrolle von Eheverträgen vgl auch STAUDINGER/OLZEN Einl 49 zu §§ 241 ff und STAUDINGER/LOOSCHELDERS/OLZEN § 242 Rn 921 ff).

441 Selbst in Fällen, in denen die eine Partei (noch) keinen Informationsvorsprung hat, kann eine Aufklärungspflicht bestehen, wenn dieser eine **Informationsbeschaffungspflicht** vorgeschaltet ist (verneint v BGH WM 1992, 602; vgl EMMERICH, Leistungsstörungen § 5 III 2a; BAMBERGER/ROTH/GRÜNEBERG § 311 Rn 72; MünchKomm/ROTH § 242 Rn 126; KREBS, Sonderverbindung 509; schöner Überblick mit rechtsvergleichenden Aspekten bei FLEISCHER Informationsasymmetrie 450 ff), die allerdings ohne ein dem Schuldverhältnis immanentes besonderes Fürsorge- oder Beratungselement abgelehnt wird (KREBS, Sonderverbindung 508). Man bejaht sie aber zB auf Grund der allgemeinen Sachkunde des Bankpersonals im Bankgeschäft (ASSMANN/SCHÜTZE/ROTH, HdB des Kapitalanlagerechts [1990] § 12 Rn 49 ff; s z Bankvertrag u Rn 471 f).

(b) Erkennbarkeit des Informationsgefälles

442 Ein zweites konstituierendes Auslegungskriterium für die Annahme einer Aufklärungspflicht besteht in der **Erkennbarkeit des Informationsgefälles** für die wissende Partei. Sie muss zumindest damit rechnen, dass die andere Partei weder über die betreffende Information verfügt noch darüber verfügen kann (BGH NJW 1971, 1795; EMMERICH, Anm z Urt des BGH v 13. 6. 2002, JuS 2003, 402, 403; BÖHME, Aufklärungspflicht 81 ff; KLINGLER, Aufklärungspflichten 42 ff mit Nachw d Rspr z Bürgschaftsverträgen; KURSAWE NZA 1997, 245, 246; TEICHMANN JA 1984, 545, 547; so Rn 439 f; so auch die sog „goldene Regel" der Rspr in RGZ 62, 149, 150 f; 103, 47, 50; 111, 233, 234 f; 120, 249, 252; BGHZ 47, 207, 210 f; 71, 386, 396; 72, 92, 101; 96, 302, 311; BGH BB 1991, 933, 934). Diese Voraussetzung lässt sich auch als **Subsidiaritätsprinzip** verstehen: Es führt dazu, dass die Informationspflicht keine jedem zugänglichen Tatsachen betrifft, wie zB die allgemeinen Marktverhältnisse (RGZ 111, 233, 234 f; vgl auch BGH NJW 2003, 424, 425; 1811, 1812 bzgl der Angemessenheit des Kaufpreises; BGH JA 2001, 825, 827 bzgl offenkundiger Schädlingsbekämpfungsnotwendigkeit; MünchKomm/ROTH § 242 Rn 138; ERMAN/WESTERMANN § 241 Rn 14 f; vgl auch die Nachw z Rspr bei BÖHME, Aufklärungspflicht 134 ff; KÖTZ, Aufklärungspflichten 569; WERRES, Aufklärungspflichten 104 f, 123 ff) oder die eigene Leistungsfähigkeit (OLG Stuttgart BB 2001, 1426 = VuR 2001, 381).

443 Auch ist nicht erforderlich, dass sich der Pflichtige Erkundigungen über den Sachverstand des anderen einholt. Es reicht vielmehr aus, dass sich dem Pflichtigen als einem verständigen Partner das Informationsbedürfnis aufdrängen musste (BGH NJW 1971, 1795, 1799). Bei der Anlageberatung akzeptiert die Rspr indes eine Ausnahme: Die Bank muss den Informationsstand und das Anlageziel des Kunden erfragen, wenn sie keine Kenntnis vom seinem Wissensstand hat (BGHZ 123, 126, 128 f [Bond-Urteil]; ausf dazu LANG, Aufklärungspflichtverletzungen 29 ff; z Aufklärungspflichten im Bankvertrag s auch u Rn 471 f; die allgem Berufserfahrung eines Anwalts oder Notars reicht zur Verneinung seiner Aufklärungspflicht in Bezug auf Börsentermingeschäfte nicht aus, BGH MDR 2005, 102).

(c) Entscheidungserheblichkeit

444 Ferner muss der anderen Partei ersichtlich daran gelegen sein, die besondere Information zu erlangen (EMMERICH, Anm z Urt des BGH v 13. 6. 2002, JuS 2003, 402, 403; BÖHME, Aufklärungspflicht 67; KLINGLER, Aufklärungspflichten 22; KÖTZ, Aufklärungspflichten 567; KIENINGER AcP 199 [1999] 190, 232 mwNw, die aber den Oberbegriff „Informationsbedarf" wählt;

ebenso BREIDENBACH, Informationspflichten 61 ff und auf ihn Bezug nehmend KLUTH/BÖCKMANN/ GRÜN MDR 2003, 241, 242; POHLMANN, Aufklärungspflichten 103; TEICHMANN JA 1984, 545, 547; vgl auch KREBS, Sonderverbindung 509), weil sie für den Vertragsschluss oder die Vertragsdurchführung wichtig ist. Das dritte Merkmal für den Bestand einer Aufklärungspflicht besteht demnach in der **Entscheidungserheblichkeit** der Information (vgl RGZ 62, 149, 150 f; 103, 47, 50; 111, 233, 234 f; 120, 249, 252; BGHZ 47, 207, 210 f; 71, 386, 396; 72, 92, 101; 96, 302, 311; BGH NJW 1979, 2243; BGH NJW-RR 1990, 78, 79; BGH BB 1991, 933, 934; BGH NJW 2000, 803, 804; 2002, 1042, 1043; 2003, 1811, 1812; OLG Oldenburg NJW-RR 2003, 179, 180). Meist betreffen die entsprechenden **vorvertraglichen Pflichten** Informationen, welche geeignet sind, den anderen vom **Vertragsschluss abzuhalten** (vgl zB OLG Oldenburg NJW-RR 2003, 179 f bzgl der erschwerten Handelbarkeit v nicht börsennotierten Aktien und die diesbezügliche Aufklärungspflicht des Anlageberaters; BÖHME, Aufklärungspflicht 68; GRUNEWALD AcP 190 [1990] 609). Denn Informationen, die für den Abschluss des Vertrages eine positive Rolle spielen, werden von dem am Vertragsschluss Interessierten meist auch ohne Rechtspflicht mitgeteilt werden (GRUNEWALD AcP 190 [1990] 609). Außerdem würde eine Pflicht, abschlussfördernde Informationen zu erteilen, mit der negativen Abschlussfreiheit kollidieren (TEICHMANN JA 1984, 545, 546). **Nach Vertragsschluss** ist eine Information dagegen umso wesentlicher, je mehr sie das Vermögen oder andere Rechtsgüter des Vertragspartners tangiert (POHLMANN, Aufklärungspflichten 106). Dabei geht es jetzt um die Entscheidungserheblichkeit für das Verhalten des Informationsbedürftigen bei oder nach Vertragsdurchführung (teilw auch Warnpflichten genannt, vgl BREIDENBACH, Informationspflichten 3). So ist zB die Mitteilung von Bedienungshinweisen erheblich für die Entscheidung des Käufers, wie er mit dem gekauften Gegenstand umgeht, ohne seine Gesundheit oder sein Eigentum zu gefährden (vgl das Bsp der Bedienungsanleitung für eine Motorsäge in der Gesetzesbegründung, BT-Drucks 14/6040 125; z Abgrenzung v den entspr Nebenleistungspflichten so Rn 161).

(d) Schutzwürdigkeit

Ein viertes Merkmal zur auslegungsweise begründeten Aufklärungspflicht stellt die **Schutzwürdigkeit** des Interesses der nichtwissenden Partei an der Information dar. Sie fehlt, wenn die Information zB vom Schutz des **allgemeinen Persönlichkeitsrechts** der wissenden Partei erfasst ist (POHLMANN, Aufklärungspflichten 106 f; vgl auch BÖHME, Aufklärungspflicht 85; STÜRNER, Aufklärungspflicht 368 ff) oder es sich um deren **betriebliche Geheimnisse** handelt, die dem Schutzbereich von Art 12 oder Art 14 GG unterfallen (vgl zB BGH ZIP 1991, 90). UU muss bereits an diesem Punkt eine **Interessenabwägung** stattfinden, wie zB beim **Bankgeheimnis**, bei dem ein grundsätzlicher Konflikt zwischen der Aufklärung des Kunden und der Wahrung des Bankgeheimnisses besteht (BGH ZIP 1991, 90 = NJW 1991, 693 = JuS 1991, 422 ff m Anm EMMERICH, MünchKomm/ROTH Rn 148; vgl ie MünchKomm/HEERMANN § 675 Rn 75). Das Gleiche gilt auch im **Arbeitsrecht**, vor allem für das Fragerecht des Arbeitgebers (vgl auch u Rn 465 bei Arbeitsvertrag; ausf STAUDINGER/RICHARDI [1999] § 611 Rn 112; MünchKomm/ROTH Rn 150; POHLMANN, Aufklärungspflichten 107) und das möglicherweise aus der Falschbeantwortung durch den Arbeitnehmer folgende Anfechtungsrecht aus § 123 (vgl dazu STAUDINGER/DILCHER[12] § 123 Rn 11, 40; PALANDT/WEIDENKAFF § 611 Rn 5, 9; z den Aufklärungspflichten beim Arbeitsvertrag su Rn 464 f). Hier gilt es vor allem, das Recht des Arbeitnehmers auf informationelle Selbstbestimmung aus Art 1 Abs 1 iVm Art 2 Abs 1 GG in ein angemessenes Verhältnis zum Interesse des Arbeitgebers an der Kenntnis über Eigenschaften des (künftigen potenziellen) Arbeitnehmers zu setzen, welches ebenfalls iRd Vertragsfreiheit verfassungsrechtlich geschützt wird.

(e) Abwägung

446 Die letzte und gleichzeitig schwierigste Voraussetzung einer im Wege der Auslegung ermittelten Aufklärungspflicht besteht in der **Zumutbarkeit** der Informationsweitergabe (vgl BGH BB 1981, 700; BÖHME, Aufklärungspflicht 83 ff; GRIGOLEIT, Informationshaftung 6 f; KIENINGER AcP 199 [1999] 190, 235 mwNw wählt den Oberbegriff „betriebliche und finanzielle Tragbarkeit"; KLINGLER, Aufklärungspflichten 22, 23 ff; KREBS, Sonderverbindung 485 f) für die wissende Partei. Sie ist durch eine **Abwägung der Risikoverteilung** (vgl KLINGLER, Aufklärungspflichten 23; KREBS, Sonderverbindung 485 f; KURSAWE NZA 1997, 245, 246; TEICHMANN JA 1984, 545, 547; WERRES, Aufklärungspflichten 16 ff, auch z historischen Verlauf der Entwicklung; vgl auch die eigenständige Darstellung bei FLEISCHER, Informationsasymmetrie 277 ff) zu ermitteln. Wegen des natürlichen Interessenwiderstreits zwischen den Parteien (BGH NJW 2003, 1811, 1812) verlangt die Annahme der unerlaubten Ausnutzung eines Wissensvorsprunges mehr als das bloße wirtschaftlich intendierte Verschweigen einer Information. Eine uneingeschränkte Aufklärungspflicht wird deswegen von der Rspr abgelehnt (RGZ 111, 233, 234 f; BGH WM 1977, 394, 396; BGH NJW 1983, 2493, 2494; 1984, 2289, 2290; BGH NJW-RR 1997, 144, 145). Die Abwägung erfolgt zwischen dem Prinzip der **Eigenverantwortlichkeit** auf der einen und der **Zumutbarkeit der Haftung** als Folge einer Pflichtverletzung auf der anderen Seite (vgl KREBS, Sonderverbindung 486; KLINGLER, Aufklärungspflichten 23, 122 ff; POHLMANN, Aufklärungspflichten 101 f; WERRES, Aufklärungspflichten 18 f). Es muss zB ein Verstoß gegen die **Waffengleichheit** oder **Fairness** am Markt vorliegen (MünchKomm/ROTH Rn 124). Deshalb besteht eine grundsätzliche und allgemeine Aufklärungspflicht über die eigene **Vermögenslage** und **Kreditwürdigkeit** ebenso wenig (MünchKomm/ROTH Rn 141; vgl aber zB EMMERICH, Anm z Urt des BGH v 13. 6. 2002, JuS 2003, 402, 403; ders Leistungsstörungen § 7 I 3) wie über **übliche Geschäftsrisiken** (BGH ZIP 1991, 90; LG Darmstadt WM 1984, 332; LG Freiburg WM 1991, 279; BGH NJW 2003, 424, 425; MünchKomm/ROTH § 242 Rn 143) oder das **eigene**, einen Schadensersatzanspruch begründende **Fehlverhalten** (vgl umfassend GÄNTGEN, Die Pflicht zum Hinweis auf eigene und fremde Fehler in zivilrechtlichen Vertragsverhältnissen [Diss Köln 1991]; TAUPITZ, Die zivilrechtliche Pflicht zur unaufgeforderten Offenbarung eigenen Fehlverhaltens [1989]; z Aufklärungspflicht des Rechtsanwaltes bzgl gegen ihn bestehende Schadensersatzansprüche s allerdings u Rn 460, bei Dienstvertrag).

447 Die Abwägung fällt zu Gunsten einer Partei aus, wenn der Gegenstand der Information für sie gravierende, besonders bedeutsame Umstände betrifft (BAMBERGER/ROTH/GRÜNEBERG § 311 Rn 71; MünchKomm/ROTH Rn 131). Je wichtiger der Umstand und je ausgeprägter das Informationsgefälle ist, umso mehr spricht für eine Aufklärungspflicht. So wird zB die Pflicht einer **Bank** zur Aufklärung über die Unangemessenheit des Kaufpreises nur dann und ausnahmsweise angenommen, wenn die Innenprovision zu einer so wesentlichen Verschiebung der Relation zwischen Kaufpreis und Verkehrswert beiträgt, dass die Bank von einer sittenwidrigen Übervorteilung des Käufers durch den Verkäufer ausgehen muss (BGH NJW 2000, 2352 mwNw; 2003, 224, 225; 2003, 1811, 1812; vgl auch BGH NJW-RR 2003, 1203 ff; ZIP 2004, 1188). Auch ein besonderes **Näheverhältnis** der Parteien eines Schuldverhältnisses spricht für eine Aufklärungspflicht (vgl auch BÖHME, Aufklärungspflicht 68 ff; KIENINGER AcP 199 [1999] 190, 233 mwNw; ERMAN/WESTERMANN § 241 Rn 15; WERRES, Aufklärungspflichten 78, 147 ff), zB bei **Gesellschaften** und anderen **Dauerrechtsverhältnissen**, in denen der Interessengegensatz zwischen den Parteien von vorneherein geringer ist als bei einfachen Schuldverhältnissen (RGZ 143, 219, 223; BGH NJW 1980, 44; LARENZ, Schuldrecht I § 2 I und VI; POHLMANN, Aufklärungspflichten 105; BAMBERGER/ROTH/GRÜNEBERG § 311 Rn 71; MünchKomm/ROTH Rn 134;

z entspr Probelmatik bei den Nebenleistungspflichten so Rn 219 ff, 234; allg z Dauerschuldverhältnissen so Rn 349 ff). Ebenso kann eine Aufklärungspflicht angenommen werden, wenn eine Partei durch deren Erfüllung evtl Gefahren leichter oder billiger abwehren kann als die andere (KREBS, Sonderverbindung 509). In neuerer Zeit wird vertreten, Aufklärungspflichten bestünden, wenn dem Aufklärungsschuldner seine **Informationsleistungspflicht** typischerweise vergolten und er folglich für die Übernahme des Informationsrisikos der Gegenseite kompensiert werde (REHM, Aufklärungspflichten 235 ff). Die Übertragung dieser These auf Rücksichtspflichten wurde bisher nicht unternommen, erscheint aber nahe liegend.

Ausschlaggebendes Kriterium im Rahmen der Abwägung sind vor allem im Bereich **448** vorvertraglicher Aufklärungspflichten die näheren **Umstände des Vertragsschlusses** (MünchKomm/ROTH § 242 Rn 137). So macht uU das vorangegangene Tun die eine Seite schutzpflichtig (BÖHME, Aufklärungspflicht 71 ff; KREBS, Sonderverbindung 509; MünchKomm/ ROTH Rn 137; WERRES, Aufklärungspflichten 78 ff), so zB wenn sie die erhöhte Gefahr für den Vertragspartner geschaffen oder einen Irrtum veranlasst hat (BGH WM 1968 398, 399; BGH BB 1975, 153, 154; BGH WM 1984, 1394; 1986, 11; BGH ZIP 1987, 764). Ebenso steigt die Pflicht zur Aufklärung, je mehr Eigeninitiative der Anbieter entfaltet, indem er sein Gegenüber zB zum Vertragsschluss überredet (MünchKomm/ROTH Rn 137, 146; POHLMANN, Aufklärungspflichten 107). Auch die persönlichen Verhältnisse der nichtwissenden Partei fließen in die Abwägung ein (so MünchKomm/ROTH Rn 136), jedoch meist schon beim Merkmal des Informationsgefälles sowie seiner Erkennbarkeit.

(f) Mitverschulden
Im Rahmen der Abwägung stellt sich schließlich die Frage, ob ein etwaiges **Mit- 449 verschulden des zu Schützenden** – zB an der Gefahrerhöhung oder der Unwirksamkeit eines Vertrages – die Aufklärungspflicht entfallen lässt, etwa in analoger Anwendung der §§ 122 Abs 2, 179 Abs 3 (so EISENHARDT, Ansprüche aus culpa in contrahendo wegen Verletzung der Verpflichtung, über erkennbare Unwirksamkeitsgründe aufzuklären, in: FS Kitagawa [1992] 297 ff, 311 ff; MünchKomm/KRAMER § 155 Rn 14; vgl auch die Nachw z Lit bei BÖHME, Aufklärungspflicht 224 ff). Allerdings stellt § 122 Abs 2 eine Ausnahmeregel zu § 254 dar, die sich (nur) durch das besondere Rechtssicherheitserfordernis in Anfechtungsfällen begründet. Es fehlt, wenn die Nichtigkeit des Vertrages feststeht. Des Weiteren erlaubt § 254 eine flexiblere Lösung für die Probleme mitverschuldeter Pflichtverletzung als die starre Regelung des § 122 Abs 2 (Nachw z diesem Argument bei BÖHME, Aufklärungspflicht 226 u GRIGOLEIT, Informationshaftung 257 Fn 9). Daher steht ein Mitverschulden des zu Schützenden einer Aufklärungspflicht grds nicht entgegen, mindert allerdings eventuell den Anspruchsumfang oder schließt – im Falle seines Überwiegens – den Schadensersatz sogar völlig aus (so auch die hM, grundlegend RGZ 104, 265 ff; RG JW 1932, 735, 739; RGZ 143, 219, 221; BGHZ 99, 101, 106 f; STAUDINGER/BORK [2003] § 155 Rn 17; ERMAN/ARMBRÜSTER § 155 Rn 6; PALANDT/HEINRICHS § 155 Rn 5; SOERGEL/ WIEDEMANN Vor § 275 Rn 30; BÖHME, Aufklärungspflicht 226 f; KREBS, Sonderverbindung 509; wohl auch KLINGLER, Aufklärungspflichten 24 f; weitere Nachw aus Rspr u Lit bei GRIGOLEIT, Informationshaftung 256 ff).

(g) Vorsatzerfordernis
Teile der Lit (vor allem GRIGOLEIT, Informationshaftung 7 ff; dagegen bereits POHLMANN, Auf- **450** klärungspflichten 32 ff) leite(te)n aus einer Gesamtanalogie zu den §§ 123, 463 aF, 676, 826, 823 Abs 2; 263 StGB die sog These vom **informationellen Vorsatzdogma** ab und

nehmen (bzw nahmen) eine Haftung für Aufklärungspflichtverletzungen nur bei Vorsatz des Wissenden an; die Rspr folgte dem bisher nicht (vgl z Fahrlässigkeitshaftung bspw RGZ 103, 47, 50; BGH NJW 1962, 1196, 1198; 1985, 1769, 1771; 1989, 1793, 1794; WM 1991, 695, 697 u weitere Nachw bei GRIGOLEIT, Informationshaftung 8; ohne Begründung auch BAMBERGER/ROTH/GRÜNEBERG § 311 Rn 76). Insbesondere die Schuldrechtsreform (s STAUDINGER/OLZEN Einl 184 ff zu §§ 241 ff) hat die These vom informationellen Vorsatzdogma entkräftet: Eine gesetzliche Haftungsbeschränkung auf Fälle vorsätzlicher Aufklärungspflichtverletzung in den §§ 280 ff wurde nicht normiert.

(h) Sonderfall: Auf Nachfrage erteilte Falschinformation

451 Ob jede **Falschinformation** auch **ohne Aufklärungspflicht** zum Schadensersatz führt, ist umstritten (vgl BAMBERGER/ROTH/GRÜNEBERG § 311 Rn 74; MünchKomm/ROTH Rn 115 mwNw). Die Frage einer Partei bringt aber jedenfalls zum Ausdruck, auf die richtige und ordnungsgemäße Beantwortung angewiesen zu sein. Informationsgefälle und Entscheidungserheblichkeit der Information für den Fragenden sind für den Befragten erkennbar, also alle wesentlichen Voraussetzungen einer Aufklärungspflicht damit gegeben. Auch die Abwägung der widerstreitenden Interessen spricht für ihren Bestand. Denn wenn der Gefragte sich entscheidet zu antworten, zeigt er damit die Bereitschaft, für die Richtigkeit seiner Auskunft einzustehen; andernfalls muss er schweigen (so iE auch BAMBERGER/ROTH/GRÜNEBERG § 311 Rn 74; vgl ferner MünchKomm/ROTH Rn 115 mwNw). Somit ist die Frage, ob bei fehlender Aufklärungspflicht eine Haftung für die Richtigkeit der Information besteht, irreführend. Vielmehr begründet eine Frage im Rahmen eines Schuldverhältnisses immer die Pflicht zur ordnungsgemäßen Informationserteilung und damit eine Aufklärungspflicht (so iE unter Verweis auf eine Haftung aus cic BGH NJW-RR 1997, 144, 145; zuvor BGHZ 74, 103, 110 = NJW 1979, 1449; NJW-RR 1988, 458 = WM 1988, 95, 96; TAUPITZ, Die zivilrechtliche Pflicht zur unaufgeforderten Offenbarung eigenen Fehlverhaltens [1989] 4). Eine eventuelle Haftung für **unaufgeforderte Falschinformation** ohne entsprechende Aufklärungspflicht gehört dagegen nicht in den Kontext dieser Kommentierung (vgl insoweit STAUDINGER/WITTMANN [1995] § 676 Rn 6; STAUDINGER/OECHSLER [2003] § 826 Rn 149 ff, 156 f).

(2) Inhalt

452 Der **Inhalt der Aufklärungspflicht** ergibt sich aus ihren Voraussetzungen (vgl auch MünchKomm/ROTH Rn 163). Es ist also soweit aufzuklären, wie das Informationsdefizit der schutzwürdigen Partei es erfordert.

453 Dabei sind mögliche **Gegenstände** der Aufklärungspflicht zB die **eigene Person**, der **Leistungsgegenstand** oder die **Gegenleistung** (TEICHMANN JA 1984, 545, 548; vgl auch BÖHME, Aufklärungspflicht 86 ff). Wichtige Inhalte von Aufklärungspflichten stellen also zB **anfängliche Leistungshindernisse** (dazu POHLMANN, Aufklärungspflichten 130 ff) sowie die nicht oder nicht mehr vorhandene **Abschlussbereitschaft** (dazu POHLMANN, Aufklärungspflichten 151 ff) und das Fehlen der gesetzlich vorgeschriebenen **Form eines Vertrages** (vgl FLEISCHER, Informationsasymmetrie 456 ff; POHLMANN, Aufklärungspflichten 164 ff) dar.

454 Ein und dieselbe Aufklärungspflicht kann sowohl durch Tun (Falschinformation) als auch durch Unterlassen (fehlende Aufklärung) verletzt werden (vgl POHLMANN, Aufklärungspflichten 31 f). Der Inhalt der Aufklärungspflicht besteht nämlich gerade nicht nur in der Informationserteilung selbst, sondern auch in der **richtigen Information** (ähnl auch GRIGOLEIT, Informationshaftung 6, mwNw z Rspr; THAMM/PILGER BB 1994, 729, 730 mit

Bezug auf BGHZ 88, 130 [135]; WERRES, Aufklärungspflichten 29, 158; vgl ferner die Differenzierung zwischen Aufklärungspflicht auf der einen und Wahrheitspflicht auf der anderen Seite bei GRIGOLEIT, Informationshaftung 4 u KLINGLER, Aufklärungspflichten 21; sowie KREBS, in: DAUNER-LIEB ua, Das neue Schuldrecht § 3 Rn 30; aA BÖHME, Aufklärungspflicht 3 f).

(3) Rechtsfolgen
Bei **Falschinformation** stellt sich die Frage, ob die Haftung allein aus der Verletzung 455 der Aufklärungspflicht folgt, so dass §§ 280 Abs 1, 241 Abs 2 uU iVm 311 Abs 2 oder 3 die Anspruchsgrundlage bilden. Die Rspr nahm vor Inkrafttreten des Schuldrechtsmodernisierungsgesetzes (s STAUDINGER/OLZEN Einl 184 ff zu §§ 241 ff) dagegen vielfach einen **Auskunftsvertrag** zwischen Wissendem und Informationsbedürftigem an und stützte die Haftung auf eine pFV im Rahmen dieser Vereinbarung (vgl zB RGZ 52, 365, 367 f; 139, 103, 105 sowie aus jüngerer Zeit BGHZ 133, 36, 42; BGH NJW-RR 1998, 1343, 1344; 2001, 768, 769 jew mwNw; wNachw z Rspr bei LANG AcP 201 [2001] 451 ff, 459 f u VORTMANN WM 1989, 1557 ff; s auch mit rechtsvergleichenden Ausführungen LORENZ, Das Problem der Haftung für primäre Vermögensschäden bei der Erteilung einer unrichtigen Auskunft, in: FS Larenz [1973] 575 ff; weitere Nachw bei STAUDINGER/WITTMANN [1995] § 676). Seit der Schuldrechtsreform muss jedoch davon ausgegangen werden, dass die Normierung der Haftung für Pflichtverletzungen auch im vorvertraglichen bzw gesetzlichen Schuldverhältnis nach § 311 Abs 2 und 3 die Annahme eines stillschweigend geschlossenen Auskunftsvertrages erübrigt, die sich nicht selten als Fiktion darstellte (vgl BAMBERGER/ROTH/CZUB § 675 Rn 54; STAUDINGER/WITTMANN [1995] § 676 Rn 7 f).

(4) Einzelfälle
Der folgende Überblick über von der Rspr angenommene Aufklärungspflichten 456 nach der Chronologie des BGB erhebt keinen Anspruch auf Vollständigkeit; weitere Nachw finden sich in den Kommentierungen der einzelnen Vertragstypen sowie derjenigen Vorschriften, die gesetzliche Aufklärungspflichten begründen.

(a) Kaufvertrag
Häufig befasste sich die Rspr mit Aufklärungspflichtverletzungen des **Verkäufers**. 457 Auf Grund der gegenläufigen Interessen darf ein Käufer jedoch nicht vom Verkäufer erwarten, über alle ungünstigen Eigenschaften des Kaufgegenstandes oder die die Preisbildung beeinflussenden Umstände aufgeklärt zu werden (RGZ 111, 233, 234 f; BGH WM 1977, 394, 396; 1983, 1006, 1008; NJW 1984, 2289, 2290; 2003, 1811, 1812; POHLMANN, Aufklärungspflichten 169; SCHMIDT-RÄNTSCH, Aufklärungspflichten beim Verkauf von Immobilien, ZfIR 2004, 569 ff; vgl z Aufklärung bei M+A Transaktionen WAGNER, Informationspflichten des Verkäufers bei M+A-Transaktionen nach neuerer BGH-Rechtsprechung unter Berücksichtigung von altem und neuem Schuldrecht, DStR 2002, 958 ff). Jedoch muss der Verkäufer auf Fragen des Käufers bzgl wesentlicher Umstände richtige Auskunft geben (POHLMANN, Aufklärungspflichten 169; vgl schon o Rn 455 z Haftung wegen Erteilung falscher Auskunft). In die notwendige Abwägung (so Rn 446 ff) hat aber die Wertung der kaufrechtlichen Gewährleistungshaftung in die §§ 434 ff einzufließen, die die Risikoverteilung zwischen Käufer und Verkäufer gesetzlich vorzeichnet (vgl z dieser Analyse POHLMANN Aufklärungspflichten 169 ff, z Rechtslage vor und nach der Schuldrechtsreform; ähnl auch BAMBERGER/ROTH/GRÜNEBERG § 311 Rn 75). In erster Linie bestehen Aufklärungspflichten des Verkäufers bzgl der **Verwendung** oder **Aufstellung des Kaufgegenstandes** (vgl BGH ZIP 2004, 2059 = MDR 2004, 1173; NJW 1962, 1196 ff; MDR 1958, 422; WM 1977, 1027 ff; BGHZ 47, 312, 315; OLG Nürnberg NJW-RR 2001, 1558; BAMBERGER/ROTH/GRÜNEBERG Rn 83; vgl ferner STAU-

DINGER/BECKMANN [2004] § 433 Rn 94; s daneben bspw für den Unternehmenskauf BGH NJW 2002, 1042 ff sowie KLINGLER, Aufklärungspflichten 92 ff; z Kaufvertrag im Allg mNachw z Rspr BAMBERGER/ROTH/GRÜNEBERG § 311 Rn 79 ff; FLEISCHER, Informationsasymmetrie 469 ff; PAULUSCH, Die Rspr des Bundesgerichtshofs zum Kaufrecht, WM Sonderbeilage Nr 9/1991, 28 f; RUST MDR 1998, 947, 949; SKIBBE, Zur Aufklärungspflicht bei Kaufvertragsverhandlungen, in: FS Rebmann [1989] 807 ff; THAMM/PILGER BB 1994, 729, 731 f; WERRES, Aufklärungspflichten 110 ff, 139; ZAHRNT NJW 2000, 3746 ff; ders NJW 1995, 1785 ff). Allerdings darf eine Aufklärungspflichtverletzung dann nicht zu einer Haftung aus cic oder §§ 280, 241 Abs 2 führen, wenn das kaufvertragliche **Gewährleistungssystem** eine abschließende **Spezialregelung** trifft (BGHZ 60, 319, 320 f = NJW 1973, 1234; BGHZ 114, 263, 266 = NJW 1991, 2556; STAUDINGER/BECKMANN [2004] Vorbem 19 zu §§ 433 ff; STAUDINGER/MATUSCHE-BECKMANN [2004] § 437 Rn 49; BAMBERGER/ROTH/GRÜNEBERG § 311 Rn 79).

(b) Mietvertrag

458 Aufklärungspflichten im Rahmen des **Mietverhältnisses** (dazu im Einzelnen STAUDINGER/EMMERICH [2003] Vorbem 62 ff, 71 z § 535; BAMBERGER/ROTH/GRÜNEBERG § 311 Rn 86) werden von der Rspr sowohl dem Vermieter als auch dem Mieter auferlegt (vgl BLANK, Das Gebot der Rücksichtnahme nach § 241 Abs 2 BGB im Mietrecht, ZGS 2004, 104, 105 ff). So haftet der **Vermieter** uU für die fehlende vorvertragliche Aufklärung über Sachmängel (BGH WM 1980, 1365; BGH NZM 2000, 492 = NJW 2000, 1714, 1718; vgl auch POHLMANN, Aufklärungspflichten 184 ff), zB bei der Vermietung gefährlicher Geräte (BGH VersR 1976, 1084). Der **Mieter** muss dagegen uU über später entstehende Mängel (vgl § 536c Abs 1 S 1; POHLMANN, Aufklärungspflichten 186 f) oder auch die eigenen Einkommens- und Vermögensverhältnisse (BGH MDR 1964, 750; BB 1977, 121) aufklären. Kennt die andere Partei den Mangel der Mietsache bereits oder ist dieser offensichtlich, so entfällt die Aufklärungspflicht (so bei Erkennbarkeit Rn 442; dazu zB RGZ 103, 372, 374; BGHZ 68, 281, 284; OLG Hamburg NJW-RR 1991, 1296, 1297; OLG Karlsruhe ZMR 1988, 52). Wie im Kaufrecht muss sich die gesetzliche Wertung in den §§ 535 ff auf die Beurteilung von Aufklärungspflichtverletzungen auswirken, insbesondere im Hinblick auf den Haftungsmaßstab (vgl POHLMANN, Aufklärungspflichten 184 ff und u Rn 519 ff). Soweit es um Mängel der Mietsache geht, ist ferner der Charakter der §§ 536 ff als die cic ausschließende **Sonderregelung** zu beachten (BGHZ 136, 102, 106 f = NJW 1997, 2813; 1980, 777).

(c) Dienstvertrag

459 Ob im Rahmen eines **Dienstverhältnisses** Aufklärungspflichten bestehen, beurteilt sich insbesondere nach der Art der geschuldeten Dienste sowie der Vertrauensbeziehung zwischen den Beteiligten.

460 Dementsprechend trifft den **Rechtsanwalt** zB eher die Pflicht zur Aufklärung über die voraussichtliche Höhe der Vergütung (BGHZ 77, 27; STAUDINGER/MARTINEK [1995] § 675 Rn C 9 ff) als den **Arzt** (z Arztvertrag iE vgl u Rn 461 ff), uU sogar ohne entsprechende Nachfrage des Mandanten (OLG Köln VersR 1998, 1282). Ein Rechtsanwalt kann ferner dazu verpflichtet sein, über gegen ihn selbst bestehende Schadensersatzansprüche des Mandanten aufzuklären (dazu BGH MDR 1984, 477 u BRUNS, Der „Schutzweck der Sekundärhaftung" des Rechtsanwalts – kenntnisunabhängiger Wegfall der sekundären Hinweispflicht, NJW 2003, 1498 ff; vgl z Haftung des Rechtsanwaltes für Aufklärungspflichtverletzungen BGH VersR 1967, 979, 980; BGH NJW 1975, 1665; BGH NJW 1985, 1151; BGH NJW-RR 1990, 459 sowie STAUDINGER/MARTINEK [1995] § 675 Rn C 9 ff; GEBLER, Die Aufklärungspflicht

Titel 1 § 241
Verpflichtung zur Leistung

des Anwalts im Rahmen des Mandats und die Beratungs- und Belehrungspflichten beim Vergleichsabschluss sowie die Rechtsfolgen eines Pflichtenverstoßes [1996] u BORGMANN, Die Rechtsprechung des BGH zum Anwaltshaftungsrecht in der Zeit von Mitte 1991 bis Mitte 2000, NJW 2000, 2953 ff; sa BAMBERGER/ROTH/GRÜNEBERG § 311 Rn 87 f; KREBS, Sonderverbindung 506 f; ZUGEHÖR, Berufliche „Dritthaftung" – insbesondere der Rechtsanwälte, Steuerberater, Wirtschaftsprüfer und Notare – in der deutschen Rechtsprechung, NJW 2000, 1601 ff; z Berufsrecht allg vgl HOPT AcP 183 [1983] 608, 705 ff; LANG AcP 201 [2001] 451 ff; STEINKRAUS/SCHAAF, Zur Einführung: Das Berufsrecht der Rechtsanwälte, JuS 2001, 167 ff).

(d) Arztvertrag*
Der Arztvertrag – regelmäßig ein Dienstvertrag (STAUDINGER/RICHARDI [1999] Vorbem **461**
53 f zu §§ 611 ff) – begründet ebenfalls besondere Aufklärungspflichten, die hier nicht abschließend dargestellt werden können. Der Überblick über die Rspr und Lit wird

---

* **Eine Auswahl an Abhandlungen**: BADEN, Wirtschaftliche Aufklärungspflichten in der Medizin, NJW 1988, 746 ff; BENDER, Creutzfeldt-Jakob-Erkrankung und ärztliche Aufklärungspflicht vor der Anwendung von Blutproben, MedR 2001, 221–223; ders, Entbindungsmethoden und ärztliche Aufklärungspflicht, NJW 1999, 2706 ff; BROGLIE, Die ärztliche Aufklärungspflicht, AuR 1992, 4 ff; DEUTSCH, Die Pflicht des Arztes, den Patienten auf eine Impfung hinzuweisen, VersR 2003, 801 ff; DEUTSCH/GEIGER, Empfiehlt sich eine besondere Regelung der zivilrechtlichen Beziehung zwischen dem Patienten und dem Arzt im BGB? In: BMJ [Hrsg], Gutachten und Vorschläge zur Überarbeitung des Schuldrechts (Köln 1981–1983) 1049 ff; ENGISCH, Die ärztliche Aufklärungspflicht aus rechtlicher und ärztlicher Sicht (1970); FEHSE, Der Behandlungsvertrag und die wirtschaftliche Aufklärung, MedR 1986, 2304 ff; FRANZ, Aufklärungspflicht aus ärztlicher und juristischer Sicht (2. Aufl 1997); GIEBEL/WIENKE/SAUERBORN ua, Das Aufklärungsgespräch zwischen Wollen, Können und Müssen. Wege vom richterrechtlichen Aufklärungspflichtverschulden zum ärztlichen Aufklärungsstandard, NJW 2001, 863 ff; GIESEN/WALTER, Die klassische Entscheidung: Ärztliche Aufklärungspflicht und Selbstbestimmungsrecht des Patienten, BGH Urt v 10. 7. 1954; GRÜNDEL, Einwilligung und Aufklärung bei psychotherapeutischen Behandlungsmaßnahmen, NJW 2002, 2987 ff; HEIM, Ärztliche Aufklärungspflicht (1984); HEMPFING, Aufklärungspflicht und Arzthaftung (1995);

HOPPE, Der Zeitpunkt der Aufklärung des Patienten – Konsequenzen der neuen Rechtsprechung, NJW 1998, 782 ff; KLEINWEFERS/SPARWASSER, Zur Aufklärungspflicht des Arztes, VersR 1990, 1205 ff; KNOCHE, Nebenwirkungen überzogener Anforderungen an die ärztliche Aufklärungspflicht, NJW 1989, 757 ff; KUHNERT, Die vertragliche Aufklärungspflicht des Arztes – insbesondere bei der Anwendung und Verschreibung von Arzneimitteln (Diss Bochum 1982); KURCZ, Die Begrenzung der ärztlichen Aufklärungspflicht unter Einschränkung des Selbstbestimmungsrechts des Patienten (Diss Tübingen 2002); MAYER-MALY, Ärztliche Aufklärungspflicht und Haftung (1998); MICHALSKI, (Zahn-)Ärztliche Aufklärungspflicht über die Ersatzfähigkeit von Heilbehandlungskosten, VersR 1997, 137 ff; MÜLLER-HEGEN, Die Haftung für Aufklärungsfehler im Arztrecht: Unter besonderer Berücksichtigung ihrer dogmatischen Grundlagen (Diss Mainz 2005); MUSCHNER, Haftungsrechtliche Besonderheiten bei der Aufklärung ausländischer Patienten, VersR 2003, 826 ff; RADNER, Die ärztliche Aufklärungspflicht in Rechtsprechung und Praxis (1999); ROEMER, Die ärztliche Aufklärungspflicht vom Standpunkt und aus der Erfahrung des Arztes: Grenzen der ärztlichen Aufklärungspflicht aus der Sicht des Juristen (1961); RUMLER-DETZEL, Die Aufklärungspflichtverletzung als Klagegrundlage; in: FS Deutsch (1999) 699 ff; SCHLOSSHAUER-SELBACH, Typologie der ärztlichen Aufklärungspflicht, DRiZ 1982, 361 ff; SCHLUND, Umfang und Grenzen der ärztlichen Aufklärungspflicht, ArztR 2004,

aber erleichtert, wenn man bei der ärztlichen Aufklärungspflicht unterscheidet, ob sie sich auf den **Körper des Patienten** oder sein **Vermögen** bezieht.

462 Letztere wird als **wirtschaftliche Aufklärungspflicht** bezeichnet und zB dann angenommen, wenn begründete Zweifel bestehen, ob der private Krankenversicherer die Kosten einer ärztlichen Behandlung übernimmt (BGH NJW 1983, 2630; vgl dazu allg FEHSE, Der Behandlungsvertrag und die wirtschaftliche Aufklärung, MedR 1986, 2304; vgl auch BGH VersR 2005, 1005 ff zur Pflicht des Krankenhauses; sich anschließend BGH MDR 2004, 1229); insoweit besteht regelmäßig ein Wissensgefälle zwischen Arzt und Patient, wobei Letzterer schutzwürdig ist. Etwas anderes gilt, wenn das Wissensgefälle dem Arzt verborgen bleibt. Legt zB ein Patient, der sich bei der Aufnahme in die Klinik als Privatpatient vorstellt, eine Klinik-Card mit der Eintragung vor, die Garantie erfasse nicht die Erstattung privatärztlicher Behandlungskosten, so besteht für die aufnehmende Klinik nicht die Verpflichtung, den Patienten diesbezüglich gesondert aufzuklären (OLG Hamm NJW-RR 1991, 1141 ff). Ebenso trifft den Zahnarzt vor einer prothetischen Behandlung grds keine dahingehende Pflicht, die Kostenübernahme durch die private Krankenversicherung zu überprüfen (OLG Düsseldorf NJW-RR 2000, 906; vgl ferner MICHALSKI, [Zahn-]Ärztliche Aufklärungspflicht über die Ersatzfähigkeit von Heilbehandlungskosten, VersR 1997, 137 ff). Auch in den Bereich der wirtschaftlichen Aufklärungspflicht des Arztes fällt die – von der hM bisher verneinte – Frage, ob er zur Aufklärung über eigene Behandlungsfehler verpflichtet ist (vgl TERBILLE/SCHMITZ-HERSCHEIDT, Zur Offenbarungspflicht bei ärztlichen Behandlungsfehlern, NJW 2000, 1749 ff; z parallelen Problematik bei Rechtsanwälten so Rn 460).

463 Die Aufklärungspflicht des Arztes bzgl **Körper und Gesundheit** des Patienten betrifft insbesondere die Aufklärung über Art, Umfang und Risiken der ärztlichen Behandlung (vgl zB BGHZ 29, 176, 179 ff; 90, 103, 109). So muss zB der Arzt die Frage einer Schwangeren, ob eine pränatale Diagnostik, insbesondere die vorsorgliche Durchführung einer Amniozentese, angezeigt sein kann, nach medizinischem Erfahrungs- und Wissensstand umfassend beantworten, um ihr die Entscheidung über einen ihr von der Rechtsordnung gestatteten Schwangerschaftsabbruch zu ermöglichen (BGHZ 89, 95, 99 = NJW 1984, 658; NJW 1987, 1481; OLG Zweibrücken NJW-RR 2000, 235). Allerdings trifft den Arzt keine Aufklärungspflicht über allgemein bekannte Krankheitsverläufe, die im Falle der Nichtdurchführung gebotener ärztlicher Behandlung zu erwarten sind (vgl OLG Stuttgart VersR 1999, 1500 = NJW-RR 1999, 751; OLG Schleswig NJW 2002, 227). Für die Praxis ist von besonderer Bedeutung, dass die auf Grund unzureichender Aufklärung erteilte **Einwilligung** keine rechtfertigende Wirkung entfaltet (BGH NJW 2003, 2012 ff; BGHZ 90, 96, 102; BGH NJW 1980, 1905; vgl ausf GRÜNDEL, Einwilligung und Aufklärung bei psychotherapeutischen Behandlungsmaßnahmen, NJW 2002, 2987 ff), nicht einmal bei einer nachträglichen Indikation auf Grund eines später

---

32 ff; SCHOLZ, Zur Arzthaftung bei Verletzung der Aufklärungspflicht, MDR 1996, 649 ff; SCHWAB/KRAMER/KRIEGLSTEIN, Rechtliche Grundlagen der ärztlichen Aufklärungspflicht (1983); SPICKHOFF, Die Entwicklung des Arztrechts 2002/2003, NJW 1993, 1701 ff; SPINDLER/RIECKES, Die Auswirkungen der Schuld- und Schadensrechtsreform auf die Arzthaftung, JuS 2004, 272 ff; TEMPEL, Inhalt, Grenzen und Durchführung der ärztlichen Aufklärungspflicht unter Zugrundelegung der höchstrichterlichen Rechtsprechung, NJW 1980, 609 ff; TERBILLE/SCHMITZ-HERSCHEIDT, Zur Offenbarungspflicht bei ärztlichen Behandlungsfehlern, NJW 2000, 1749 ff.

eingetretenen Befundes (BGH NJW 2003, 1862). Inwieweit eine Reduktion der Aufklärungspflicht auf Grund eines sog „therapeutischen Privilegs" vorzunehmen ist, beantworten Rspr und Lit uneinheitlich (v BGH teilw bejaht, zB in BGHZ 85, 327 = BGH NJW 1983, 328; BGHZ 85, 339 = BGH NJW 1983, 330; vgl ausf Kurcz, Die Begrenzung der ärztlichen Aufklärungspflicht unter Einschränkung des Selbstbestimmungsrechts des Patienten [Diss Tübingen 2002] 127 ff mwNw, die sich iE für das therapeutische Privileg ausspricht, 142 ff). Dabei geht es um die Abwägung des Interesses an ärztlichen Heilerfolgen gegenüber der Achtung des Selbstbestimmungsrechts eines Patienten. Aufklärungsreduktionen aus therapeutischen Erwägungen müssen zum Schutz des Selbstbestimmungsrechts des Patienten, für welches Art 2 Abs 1 GG streitet, jedenfalls die Ausnahme bleiben (vgl BGHZ 90, 103 = BGH NJW 1984, 1397 = VersR 1984, 465, 467; vgl ie z Aufklärungspflicht des Arztes Staudinger/Löwisch [2001] § 282 Rn 29 ff; Staudinger/Richardi [1999] Vorbem 1270 ff zu §§ 611 ff; Erman/Hohloch § 242 Rn 95; Böhme, Aufklärungspflicht 79 ff; Rumler-Detzel, Die Aufklärungspflichtverletzung als Klagegrundlage; in: FS Deutsch [1999] 699, 701 ff; Spickhoff, Das System der Arzthaftung im reformierten Schuldrecht, NJW 2002, 2530 ff).

(e) Arbeitsvertrag
Auch einen **Arbeitgeber** können Aufklärungspflichten gegenüber seinem Arbeitnehmer treffen, zB eine Warnpflicht bzgl drohender Gefahren auf dem Betriebsgelände (BAG NJW 2000, 3369, 3370). Gleiches wurde (allerdings ausnahmsweise) für durch den Abschluss eines Aufhebungsvertrages verursachte Vorsorgeschäden angenommen. Dies gilt zB, wenn der Arbeitgeber den Abschluss eines Aufhebungsvertrages vorschlägt, der Arbeitnehmer aber offensichtlich mit den Besonderheiten der ihm zugesagten Zusatzversorgung des öffentlichen Dienstes nicht vertraut ist, sofern sich der baldige Eintritt eines Versorgungsfalles bereits abzeichnet, und durch die vorzeitige Beendigung des Arbeitsverhältnisses außergewöhnlich hohe Versorgungseinbußen drohen (Versicherungsrente statt Versorgungsrente; so BAG NZA 2001, 206 = AP BGB § 611 Fürsorgepflicht Nr 116; vgl für Einzelheiten z Aufklärungspflicht iRd Arbeitsverhältnisses Staudinger/Richardi [1999] Vorbem 1270 zu §§ 611 ff u § 611 Rn 119 ff; ausf Hemming, Die Aufklärungspflichten des Arbeitgebers [Diss Augsburg 1997]; Hoss/Ehrich, Hinweis- und Aufklärungspflichten des Arbeitgebers beim Abschluss von Aufhebungsverträgen, DB 1997, 625 ff; Becker-Schaffner, Umfang und Grenzen der arbeitgeberseitigen Hinweis- und Belehrungspflichten, BB 1993, 1281 ff; ausf auch Kursawe NZA 1997, 245 ff).

Der **Arbeitnehmer** kann aber ebenso über einen Wissensvorsprung verfügen, zB wenn es um seinen eigenen körperlichen Zustand geht. Daher wird seine diesbezügliche Aufklärungspflicht angenommen, sofern von Krankheiten oder anderen körperlichen Umständen eine Gefährdung Dritter ausgeht oder wenn sie die Erfüllung des Arbeitsvertrages wesentlich erschwert (vgl Staudinger/Richardi [1999] § 611 Rn 112 m Verw auf einen entspr Gesetzesentwurf der Arbeitsgesetzbuchkommission bzgl der Haftung des Arbeitnehmers für Aufklärungspflichtverletzungen; Braun, Fragerecht und Auskunftspflicht – Neue Entwicklungen in Gesetzgebung und Rechtsprechung, MDR 2004, 64 ff; z fehlenden Aufklärungspflicht über das Bestehen einer Schwangerschaft vgl EuGH NJW 2000, 1019 ff u Bamberger/Roth/Fuchs § 611a Rn 9).

(f) Werkvertrag
Im Rahmen eines **Werkvertrages** sind vor allem die Aufklärungspflichten des **Werkunternehmers** von Bedeutung, der auf Grund seiner Fachkenntnis gegenüber dem Besteller grds einen Vorsprung an Information und Sachkunde hat (vgl ie Staudinger/

PETERS [2003] § 631 Rn 49 ff; s a BAMBERGER/ROTH/GRÜNEBERG § 311 Rn 89; POHLMANN, Aufklärungspflichten 187 ff). Gerade deshalb nimmt die Rspr oft eine Pflicht von Architekten und Ingenieuren zur Aufklärung über eigenes Fehlverhalten an (BGH NJW 1964, 1002; BauR 1978, 235; 1985, 97; 1985, 232; 1986, 112; 1996, 418; ausf z dieser sog Sekundärhaftung WEISE, Die Sekundärhaftung der Architekten und Ingenieure [1997]).

467 IRd Aufklärungspflichten des Werkunternehmers muss jedoch das Haftungssystem der §§ 634 ff beachtet werden (POHLMANN, Aufklärungspflichten 187 ff), weil es für entsprechende Verpflichtungen bzgl Mängeln am Werk selbst grds eine abschließende Spezialregelung trifft (BGH DB 1976, 958; BAMBERGER/ROTH/GRÜNEBERG § 311 Rn 89). Bei der Auslegung ist zu berücksichtigen, dass der Rahmen der vertraglich übernommenen Verpflichtungen gleichzeitig den Umfang der leistungsunabhängigen Beratungspflichten absteckt (BGH NJW 2000, 2102 = NZBau 2000, 328).

468 Auch den **Besteller** kann eine Aufklärungspflicht treffen, insbesondere bzgl der Eigenschaften solcher Gegenstände, die er selbst zur Vertragserfüllung einbringt. So wurde zB die Aufklärungspflicht eines Unternehmens dahingehend diskutiert, ob es verpflichtet ist, den von ihm beauftragten Frachtführer auf die Gefräßigkeit eines Zirkusschweins hinzuweisen, oder ob dieser nicht vielmehr auf Grund der beiden Vortransporte über die Neigung des Schweins, die Böden des Transportfahrzeugs aufzufressen, hinreichend informiert und vorgewarnt war (iE jedoch v OLG Düsseldorf NJW 1995, 891 ff verneint).

(g) Reisevertrag

469 Im **Reisevertragsrecht** finden sich zahlreiche Aufklärungspflichten des **Reiseveranstalters** gegenüber dem Reisenden, vor allem in der BGB-Informationspflichten-VO vom 5. 8. 2002 (SCHÖNFELDER Ordnungsziffer 22), welche die VO vom 14. 11. 1994 über die Informationspflichten von Reiseveranstaltern (BGBl I 3436) basierend auf § 651a aF ablöst. Daher ist in den meisten Fällen ein Rückgriff auf Abs 2 entbehrlich (ausf z Aufklärungspflicht beim Reisevertrag TEMPEL NJW 1996, 1625 ff; ders, Die Pflichten des vermittelnden Reisebüros – Zugleich zur Konditionenempfehlung „Allgemeine Geschäftsbedingungen für Reisemittler" [1999] 3657 ff; STAUDINGER/ECKERT [2003] Vorbem 55 zu §§ 651a–651m u § 651a Rn 113, 118).

470 Er wurde jedoch von der Rspr vielfach vorgenommen, als es um Aufklärungspflichten des **Reisebüros** gegenüber dem Reisenden ging, da insoweit die BGB-Informationspflichten-VO keine Anwendung findet. So wird zB diskutiert, ob das vermittelnde Reisebüro ungefragt über **Einreisebestimmungen des Zielstaates** aufklären muss (dagegen LG Frankfurt aM RRa 1999, 55; LG Kleve RRa 2001, 83 = NJW 2002, 557; dafür vor Inkrafttreten der Informationspflichtverordnung BGH NJW 1985, 1165; AG Stuttgart RRa 1999, 93; TEMPEL NJW 1996, 1625, 1633, 1635; vgl auch AG Berlin-Mitte NJW-RR 1996, 1400). Den **Reiseveranstalter** selbst trifft diese Pflicht bereits aus § 5 Nr 1 der BGB-Informationspflichten-VO (z Rechtsfolge bei Verletzung der aus der Verordnung folgenden Informationspflichten durch den Reiseveranstalter vgl auch LG Frankfurt aM RRa 2001, 77, 79; TEMPEL NJW 1996, 1625, 1626 f). Bei „Last-minute"-Reisen muss das Reisebüro dagegen ebenso wenig wie ein Reiseveranstalter auf die Möglichkeit des Abschlusses einer **Versicherung zur Deckung der Rückführungskosten** bei Unfall oder Krankheit hinweisen (LG Hannover RRa 2001, 51 f). Gleiches gilt für die Aufklärung über das Nichtbestehen einer **Unfallversicherung**, wenn ein Sportlehrerverband ein Nichtmitglied zu einem

Fortbildungskurs im Skilaufen mitreisen lässt (OLG Celle NVersZ 2002, 144 f = NJW-RR 2002, 559 f). Die aus § 8 Abs 1 S 1 Nr 1 der BGB-Informationspflichten-VO folgende Verpflichtung des Reiseveranstalters, den Reisenden über Änderungen des Reiseverlaufs so rechtzeitig zu informieren, dass er die geänderte Reise noch zumutbar antreten kann (z Rechtzeitigkeit bei Mitteilung per Telegramm fünf Tage vor dem ursprünglich geplanten Abflugtag AG Bad Homburg vdH RRa 2001, 33), gehört in den Bereich **leistungsbezogener Aufklärungspflichten** (so Rn 161). Den Reiseveranstalter kann uU auch eine **vorvertragliche Hinweispflicht** bzgl eines im Zielgebiet drohenden Hurrikans treffen (vgl BGH NJW 2002, 3700 ff = JA 2003, 355). Diese Pflicht stellt – mangels zu diesem Zeitpunkt bestehender Leistungspflichten – eine Rücksichtspflicht dar, die dem Schutz des Vermögens eines Reisenden dient.

(h) Banken
Im Rechtsverkehr mit Banken wird zunächst die den Aufklärungspflichten vorgelagerte Frage diskutiert, ob die **Geschäftsverbindung** zwischen Kunde und Bank ausreicht, um ein Schuld- und damit ein Schutzpflichtverhältnis zu begründen (dafür zB Müller-Graff, Die Geschäftsverbindung als Schutzpflichtverhältnis, JZ 1976, 153 ff; dagegen BGH NJW 2002, 3695 ff; zust Lang BKR 2003, 227 ff; vgl allg Martis, Aufklärungspflichten der Banken im Rechtsprechungsüberblick, MDR 2005, 788 ff). **471**

Im Rahmen eines bestehenden Schuldverhältnisses entscheiden die oben (Rn 439 ff) dargestellten Kriterien über Bestand und Umfang der Aufklärungspflicht. Wegen des typischen Informationsgefälles zwischen Bank und Kunde haftet die Bank zB als **Kapitalanlagevermittlerin**, wenn sie es unterlässt, ein Anlagekonzept auf wirtschaftliche Plausibilität hin zu prüfen (vgl BGH NJW-RR 2001, 260 = BGH NJW 2000, 2503 ff; ausf Lang, Aufklärungspflichtverletzungen; Lenz, Inhalt der Aufklärungspflichten des Verkäufers beim Vertrieb von Kapitalanlagen, BGH Report 2005, 77 f; z Aufklärungspflicht über Nachteile und Risiken eines Kapitalanlagemodells jüngst BGH ZIP 2005, 759, 763, 766 [„Göttinger Gruppe"]). Die Vermittler von **Terminoptionen** sind grds verpflichtet, Kaufinteressenten vor Vertragsschluss schriftlich die Kenntnisse zu vermitteln, die sie in die Lage versetzen, den Umfang ihres Verlustrisikos und die Verringerung ihrer Gewinnchance durch den Aufschlag auf die Optionsprämie richtig einzuschätzen (ständige Rspr, vgl zuletzt BGH VersR 2003, 511, 512; WM 2004, 1132 = ZIP 2004, 1138). Auch muss die Bank den Kunden beim **Einlagengeschäft** auf einen Zinsverlust bei vorzeitiger Kündigung von Spareinlagen aufmerksam machen (BGHZ 28, 373). Bei einer **Kreditaufnahme** durch unerfahrene Kunden ist die Bank uU dazu verpflichtet, auf eine zu hohe Verschuldung hinzuweisen (BGHZ 23, 227; vgl auch Kirchner, Kreditgeberhaftung aufgrund der Verletzung von Informations- und Aufklärungspflichten im deutschen und US-amerikanischen Recht [Diss Gießen 2003]). Allerdings setzt eine Aufklärungspflicht einen konkreten Wissensvorsprung der Bank über spezielle Risiken des Projekts voraus. Ferner gehören dazu Wissen der Bank um die aufklärungspflichtigen Umstände und die Erkennbarkeit dieses Wissensvorsprungs (OLG Stuttgart BB 2001, 1426 = VuR 2001, 381). Insgesamt gestaltet sich die Haftung der Bank für Aufklärungspflichtverletzungen als besondere Ausprägung ihrer **Berufshaftung** und muss je nach Interessenlage im Einzelfall beurteilt werden (Staudinger/Martinek [1995] § 675 Rn B16; vgl ferner Bamberger/Roth/Grüneberg Rn 84 und § 311 Rn 95 ff; informativer Überblick über Haftungsmodelle bei Auskunft von Banken Hadding, in: FS Schimansky [1999] 67 ff u Lang AcP 201 [2001] 451, 456 ff, 459 ff; ferner Ellenberger WM 2001, Sonderbeilage 1; Fleischer, Informationsasymmetrie 548 ff; z Kapitalmarktrecht insgesamt Lang, Informationspflichten; ders, Aufklärungspflichtverletzungen; **472**

SIOL, Beratungs- und Aufklärungspflichten der Discount Broker, in: FS Schimansky [1999] 781 ff; STÖTERAU, Informationspflichten beim Wertpapierhandel nach § 31 Abs 2 S 1 Nr 2 WpHG [Diss Kiel 2003]; VORTMANN, Aufklärungs- und Beratungspflichten der Banken [7. Aufl 2002]).

(i) Versicherungsvertrag

473 Das **Versicherungsverhältnis** ist in besonderem Maße Treu und Glauben unterworfen, so dass sich für beide Teile Aufklärungspflichten ergeben (ERMAN/HOHLOCH § 242 Rn 96; ausführlich KIENINGER AcP 199 [1999] 190 ff). Dementsprechend muss der **Versicherer** vor Vertragsschluss darauf hinweisen, dass der Vertrag entgegen dem erkennbaren Wunsch des Versicherungsnehmers bestimmte versicherbare Risiken nicht abdeckt (OLG Frankfurt aM NJW 1998, 3359; OLG Hamm VersR 1984, 853). Der **Versicherungsnehmer** ist seinerseits verpflichtet, das Bestehen einer Vielzahl ähnlicher Versicherungen zu offenbaren (OLG Düsseldorf VersR 1972, 197; KLIMKE, Anzeigepflichten des VN bei Abschluss einer Rückwärtsversicherung, VersR 2004, 287 ff). Auch aus den Allgemeinen Bedingungen für die Kraftfahrtversicherung (AKB) folgen Aufklärungspflichten des Versicherungsnehmers, so zB aus § 7 I Abs 2 AKB (dazu zB OLG Düsseldorf NVersZ 2002, 190 ff) sowie aus dem VVG, dort allerdings in § 16f VVG als **Anzeigeobliegenheiten** (allg z Obliegenheiten so Rn 121 ff) ausgestaltet (dazu DEUTSCH, Versicherungsvertragsrecht [4. Aufl 2000] Rn 196; vgl ausf z Aufklärung iRd Versicherungsvertrages BAMBERGER/ROTH/GRÜNEBERG § 311 Rn 93 f; DÖRNER, Rechtsfolgen einer Verletzung vorvertraglicher Aufklärungs- und Informationspflichten durch den Versicherer, in: Kontinuität und Wandel des Versicherungsrechts [2004] 195 ff; FLEISCHER, Informationsasymmetrie 497 ff z Informationsasymmetrie als Kernproblem des Versicherungsvertragsrechts; HEISS, Grund und Grenzen der vorvertraglichen Aufklärungspflicht des Versicherers, ZVersWiss 2003, 339 ff; OSING, Informationspflichten des Versicherers und Abschluss des Versicherungsvertrages [Diss Köln 1995]; außerdem MATUSCHE-BECKMANN, Berufsrecht und zivilrechtliche Beratungs- und Informationspflichten für Versicherungsvermittler, NVersZ 2002, 385 ff; RÖMER VersR 1998, 1313 ff).

(k) Parteien im Zivilprozess

474 Das **Prozessrechtsverhältnis** ist von vornherein auf die Verfolgung widerstreitender Interessen angelegt, so dass eine Aufklärung durch den Gegner hier am allerwenigsten erwartet werden kann. Nur im Rahmen der **Wahrheitspflicht** gem § 138 ZPO, gilt etwas Gegenteiliges (vHIPPEL, Wahrheitspflicht und Aufklärungspflicht der Parteien im Zivilprozess [1939] 282 ff; WERRES, Aufklärungspflichten 156 f). In Analogie zu §§ 138, 372a, 423, 445 ff ZPO werden zB Informationspflichten zur Bewältigung des Kostenrisikos und zur Erleichterung der Rechtsverfolgung angenommen (vgl STÜRNER, Aufklärungspflicht 378 f).

(l) Sonstige Aufklärungspflichten

475 Abschließend sollen überblicksartig einige weitere wichtige Bsp aus Rspr und Lit zu verschiedenen Arten von Aufklärungspflichten wiedergegeben werden.

476 Bei einem **Architektenvertrag** (regelmäßig einemWerkvertrag) (BGHZ 31, 224, 227 = NJW 1960, 431; BGHZ 43, 227, 230; 51, 190, 191) treffen (so Rn 466 ff; ERMAN/HOHLOCH § 242 Rn 96) den Architekten Aufklärungspflichten bzgl der am Werk bestehenden Mängel (vgl STAUDINGER/PETERS [2003] Vorbem 2 zu §§ 631 ff u § 631 Rn 49 ff). Auch aus dem Charakter des **Automatenaufstellvertrages** als Mietvertrag (vgl STAUDINGER/EMMERICH [2003] Vorbem 42 z § 535) können Schlüsse auf Aufklärungspflichten gezogen werden. So ist der **Vermieter** des Aufstellplatzes zur Aufklärung über alle für den Automatenaufsteller wesentlichen Umstände verpflichtet, zB bzgl des dort zu erwartenden Publikums oder des Zugangs. Im Vorfeld und bei der Durchführung eines **Bürgschaftsvertrages** hat vor allem der **Bürge** Aufklärungspflichten bzgl seiner eigenen Vermögenssituation, während der **Gläubiger** zur Aufklärung des Bürgen über das Bürgschaftsrisiko verpflichtet sein kann (vgl BGH NJW 1968, 986 = WM 1968, 398; BGH NJW 1998, 2280; OLG Celle WM 1988, 1436, 1437; vgl OLG Frankfurt aM WM 1996, 715 = ZIP 1995, 1579; z fehlenden Berücksichtung v Schwierigkeiten m der deutschen Sprache jedoch OLG Hamburg ZMR 1999, 630; STAUDINGER/HORN [1997] § 765 Rn 120, 154, 174, 179 ff; ausf auch KLINGLER, Aufklärungspflichten 34 ff). Im **Franchisesystem** entsprechen die Aufklärungspflichten wegen der Rechtsnatur des Franchisevertrages, die zwischen Pacht- und Dienstvertrag zu verorten ist (dazu STAUDINGER/EMMERICH [2003] Vorbem 130 ff, 137 ff zu § 581), in etwa denjenigen bei Pacht- sowie bei Dienstverträgen. Da Franchiseverträge auf eine langfristige enge und vertrauensvolle Zusammenarbeit der Parteien angelegte Absatzmittlungsverhältnisse sind, wird dem **Franchisegeber** die Verpflichtung zur umfassenden vorvertraglichen Information des Franchisenehmers über dessen Pflichten auferlegt (vgl STAUDINGER/EMMERICH [2003] Vorbem 147 zu § 581). Außerdem muss er ihn vor Vertragsschluss über seine bisherigen Erfahrungen mit der Funktionsweise des Systems aufklären und ihm die sich hiernach vermutlich ergebenden Risiken schildern. Dazu gehört vor allem eine realistische Kalkulation der Kosten und der zu erwartenden Erträge (vgl OLG München BB 1988, 865; NJW 1994, 667; OLG Hamm NJW-RR 1994, 243, 244 f; vgl auch BÖHNER, Bestand und Ausmaß der vorvertraglichen Aufklärungspflicht des Franchisegebers: Das „Aufina"-Urteil unter der Lupe, BB 2001, 1749 ff; F BRAUN, Aufklärungspflichten des Franchisegebers bei den Vertragsverhandlungen, NJW 1995, 504 ff; SCHULZ, Die Schadensersatzansprüche des Franchisenehmers wegen der Verletzung vorvertraglicher Aufklärungspflichen [Diss Augsburg 2003]). Der **Gastwirt** muss zB bei Zusage eines Abstellplatzes für einen Pkw klarstellen, dass eine hoteleigene Garage nicht zur Verfügung steht, sondern das Fahrzeug durch verkehrsreiche Straßen in eine fremde Garage zu fahren ist (BGH NJW 1965, 1709; STAUDINGER/WERNER [1995] Vorbem 15 zu §§ 701 ff). Bei **Anlageberatungsverträgen** handelt es sich in der Regel um Geschäftsbesorgungsverträge (BGH NJW 1983, 1730), die wegen der wirtschaftlichen Bedeutung und des Verlustrisikos sowie des regelmäßig zwischen Anlageberater und Kunde bestehenden Informationsgefälles zu einer besonders umfangreichen Aufklärungspflicht des **Beraters** über das Risiko des Anlagegeschäftes führen (STAUDINGER/MARTINEK [1995] § 675 Rn E 2; LANG, Aufklärungspflichtverletzungen). Beim Abschluss eines **Gesellschaftsvertrages** besteht uU eine Aufklärungspflicht über das Bestehen von Patenten (BGHZ 15, 204, 205 = NJW 1955, 219; BGH NJW 1961, 1308) oder die Bewertung von Sacheinlagen (BGH WM 2004, 1823; RGZ 18, 56, 70; ausf FLEISCHER, Informationsasymmetrie 520 ff). An die Aufklärungspflicht eines **Heilpraktikers** sind grds dieselben Maßstäbe anzulegen wie an die ärztliche Aufklärungspflicht (so Rn 461 ff); bei einer in Aussicht genommenen homöopathischen Behandlung gilt dies namentlich für die Feststellung des homöopathischen Patiententyps (AG Bottrop NJWE-VHR 1996, 91). Zum **Krankenhausaufnahmevertrag** so Rn 431 beim Arztvertrag. Die Rechtsnatur des **Leasingvertrages** zwischen Kauf- und Mietvertrag führt dazu, dass Aufklärungspflichten der Parteien ähnlich denen bei Kauf und Miete bestehen. Besonders weitgehende Aufklärungspflichten treffen zB die Lieferanten von EDV-Anlagen als Leasinggeber (so im Rahmen v Kaufverträgen; dazu auch OLG Dresden NJW-RR 1998, 1351), die vor Abschluss der Verträge klären müssen, ob die ins Auge gefasste Anlage für den Leasingnehmer geeignet ist (OLG Koblenz WM 1989, 222; STAUDINGER/STOFFELS [2004] nach § 487 „Leasingrecht" Rn 88, 96). Der **Makler** muss den Auftraggeber nicht nur über das aufklären, was unerlässlich ist, damit dieser vor Schäden bewahrt wird, sondern auch über alle ihm bekannten Umstände, die für die Entschließung des Auftraggebers von Bedeutung sein können (BGH NJW-RR 2003, 700, 701 f). So verletzt er seine Aufklärungspflicht zB, wenn er unrichtige Angaben in einem Exposé nicht richtig stellt (BGH NJW 2000, 3642 = NZM 2001, 474; OLG Hamm NJW-RR 1996, 1081) oder eine „Schmiergeldzahlung" verheimlicht (BGH NJW 2001, 1065, 1067; ferner STAUDINGER/ REUTER [2003] Vorbem 6 zu §§ 652 ff). Wenn sich Zweifel an der Finanzierbarkeit gerade bei einem unerfahrenen Auftraggeber aufdrängen, muss der Makler diesen vor einem Geschäftsabschluss warnen (OLG Dresden NZM 1998, 91). Beim Verkauf eines vermieteten Objekts hat der Makler darauf hinzuweisen, dass er die Bonität des Mieters nicht geprüft hat (BGH NJW-RR 2003, 700 ff). Der **Verpächter** muss den Pächter über alle Umstände aufklären, die die Person oder das Vermögen des Pächters gefährden (ausf STAUDINGER/SONNENSCHEIN [1996] § 581 Rn 172). Dies gilt dann, wenn der Pächter entschuldbarerweise über Bestehen und Umfang seiner Rechte im Ungewissen, der Verpächter hingegen in der Lage ist, entsprechende Informationen zu erteilen (BGHZ 19, 385, 387 = NJW 1954, 70, 71; vgl z ähnlichen Aufklärungspflicht des Rechtsanwalts gegenüber seinem Mandanten bereits o Rn 460). Zur allgemeinen Haftung für **Rat oder Empfehlung** vgl STAUDINGER/WITTMANN (1995) § 676 Rn 17, 25. Zur Haftung des **Rechtsanwalts** so Rn 429 beim Dienstvertrag. Bzgl der Haftung des **Schenkers** für Aufklärungspflichtverletzungen gilt es, die Wertung des Gewährleistungsrechts zu berücksichtigen, vor allem das Haftungsprivileg des § 521 sowie die Haftungstatbestände der §§ 523, 524 (dazu POHLMANN, Aufklärungspflichten 181 ff). Dies hat allerdings eher Auswirkung auf den Haftungsmaßstab als auf den Bestand von Aufklärungspflichten (vgl dazu auch MünchKomm/KOLLHOSSER § 521 Rn 5 ff; SOERGEL/TEICHMANN § 242 Rn 144 ff, 166 ff).

c) Beratungspflichten

477 Die Annahme von **Beratungspflichten** (z Begriff o Rn 429) bedarf – ebenso wie diejenige von Aufklärungspflichten- stets einer besonderen Rechtfertigung. Diese gründet sich grds auf die zu den Aufklärungspflichten dargestellten Auslegungskriterien (so Rn 439 ff; so wohl auch BREIDENBACH, Informationspflichten 61 ff u KLUTH/BÖCKMANN/GRÜN MDR 2003, 241, 243 ff). Der Umstand, dass die Beratungspflicht umfassender ist als die Aufklärungspflicht, muss im Rahmen der Abwägung besondere Berücksichtigung finden (vgl auch MünchKomm/ROTH Rn 151).

478 So wird zB bei **Kapitalanlagegeschäften** grds keine allgemeine Vermögensberatungspflicht und bei **Kaufvertragsabschlüssen** keine Informationspflicht über steuergünstige Gestaltungsmöglichkeiten angenommen (MünchKomm/ROTH Rn 152; ausf ASSMANN/SCHÜTZE/ROTH, HdB des Kapitalanlagerechts [1990] § 12 Rn 49 ff; LANG, Aufklärungspflichtverletzungen 29 ff, 36 ff). Nur in Ausnahmefällen, insbesondere im Geschäftsverkehr mit **Banken und Versicherungen** (z Versicherungsvertrag vgl RÖMER VersR 1998, 1313; z den Banken ELLENBERGER WM 2001, Sonderbeilage 1; LANG, Aufklärungspflichtverletzungen; STEUER, Haftung für fehlerhafte Anlageberatung – Eine unendliche Geschichte, in: FS Schimansky [1999] 793 ff), fällt die Abwägung eher zu Gunsten des Beratungsbedürftigen aus (vgl zB BGH WM 1976, 1165; OLG Hamm ZIP 1996, 2069; z dem seltenen Fall der Beratungspflichten bei Kaufverträgen zB über EDV-Anlagen vgl BGH NJW 1984, 2938; OLG Köln NJW 1994, 1355; OLG Dresden NJW-RR 1998, 1351 u ZAHRNT NJW 2000, 3746 ff; ders NJW 1995, 1785 ff mwNw; BECHTEL, Anlageberatung der Kreditinstitute im Wandel – Aufklärungs-, Beratungs- und Informationspflichten am Beispiel von Optionsgeschäften mit Privatkunden [Diss Hamburg 1998]). Gleiches

gilt für besondere **Vertrauenspersonen** wie Steuerberater, Notare und Versicherungsgesellschaften, die auf Grund ihres Mandates umfassende Beratung schulden (BGH NJW-RR 1987, 473; 1989, 40; NJW 1996, 312; ZIP 2000, 2114; STAUDINGER/MARTINEK [1995] § 675 C; MünchKomm/ROTH Rn 154). Dort kann die Beratungspflicht sogar Hauptleistungspflicht sein und in den Anwendungsbereich des Abs 1 fallen (so zB wenn ein Architekt sich z Beratung des Bauherrn verpflichtet, vgl OLG Hamm NJW-RR 1995, 400; offen gelassen von BGH NZBau 2001, 504, 505 = NJW 2001, 2630 ff = JuS 2001, 1119 ff; s auch BGH NJW 1997, 3227 ff; z den Nebenleistungspflichten so Rn 162 ff). Hinsichtlich der einzelnen Beratungspflichten wird auf die Kommentierungen der jeweiligen Schuldverhältnisse verwiesen (vgl z Kaufvertrag STAUDINGER/BECKMANN [2004] § 433 Rn 110 f; z Werkvertrag STAUDINGER/PETERS [2003] § 631 Rn 49 ff; beim Architektenvertrag Vorbem 98 ff, 116 zu §§ 631 ff; z Reisevertrag STAUDINGER/ECKERT [2003] Vorbem 22 zu §§ 651a–651m; § 651a Rn 30, 60, 118; allg auch mNw z Rspr THAMM/PILGER BB 1994, 729, 731 f; VORTMANN WM 1989, 1557, 1559 f).

3. Obhuts- und Fürsorgepflichten*

a) Allgemeines

Aus Abs 2 iVm dem Schuldverhältnis folgt außerdem die Pflicht zur **Obhut** und **Fürsorge** gegenüber dem anderen Teil des Schuldverhältnisses. Der Unterschied zwischen beiden Pflichtarten besteht darin, dass sich **Obhut** auf einen **Gegenstand** bezieht (vgl MünchKomm/ERNST § 280 Rn 101), während **Fürsorge** Rücksichtnahme auf eine **Person** meint. Synonym findet sich der Begriff der **Erhaltungspflichten** (so LARENZ, in: FS Ballerstedt [1975] 397, 400 f m Verw auf den Linoleumrollen- [RGZ 78, 239 ff] sowie den Bananenschalen-Fall [BGH NJW 1962, 31 ff]) sowie der **Sorgfaltspflichten** (BGH NJW 1983, 2813 ff). Allerdings soll hier in Anlehnung an den Gesetzgeber, der in § 619 den Begriff der Fürsorgepflicht verwendet (vgl auch BT-Drucks 14/6040 163), und die Rspr (vgl zB BGH JZ 1954, 53 benutzt den Begriff „Verkehrssicherungspflicht", BGH VersR 1978, 350, 351 dagegen bereits den der „Fürsorgepflicht"; NJW 2000, 280, 282) das Begriffspaar „**Obhuts- und Fürsorgepflichten**" verwendet werden (andere Terminologie mit selben Inhalten bei FROST, Schutzpflichten 180 ff; TEICHMANN orientiert sich zur Systematisierung der Schutzpflichten auch an den jeweils betroffenen Rechtsgütern SOERGEL/TEICHMANN § 242 Rn 185 ff und JA 1984, 709, 713 f).

479

Obhuts- und Fürsorgepflichten können sowohl den Leistungsgegenstand als auch die übrigen Rechte, Rechtsgüter und Interessen des Gegenüber betreffen. Ersteres soll hier wegen des allein betroffenen Äquivalenzinteresses ausgeklammert (so Rn 215 f),

480

---

* **Schrifttum**: BRORS, Die Abschaffung der Fürsorgepflicht (Habil Münster 2002); EVANS-VKRBEK, Nichterfüllungsregeln auch bei weiteren Verhaltens- und Sorgfaltspflichtverletzungen?, AcP 179 (1979) 85 ff; KORT, Inhalt und Grenzen der arbeitsrechtlichen Personenfürsorgepflicht, NZA 1996, 854 ff; KREBS, Sonderbindung und außerdeliktische Schutzpflichten (Habil Köln 2000) 485 ff; L MÜLLER, Schutzpflichten im Bürgerlichen Recht, JuS 1998, 894 ff; RUST, Leistungs- und Schutzpflichten in der Gewährleistungshaftung, MDR 1998, 947 ff; SCHLIEMANN, Fürsorgepflicht und Haftung des Arbeitgebers beim Einsatz von Arbeitnehmern im Ausland, BB 2001, 1302 ff; SCHNELLENBACH, Die Fürsorgepflicht des Dienstherrn in der Rechtsprechung des Bundesverfassungsgerichts, VerwArch 2001, 2 ff; TEICHMANN, Nebenverpflichtungen aus Treu und Glauben, JA 1984, 545 ff und 709 ff; WEBER, Die Nebenpflichten des Arbeitgebers, RdA 1980, 289 ff; WESTERMANN, Dogmatik und Bedeutung der allgemeinen Fürsorge- und Treuepflicht im Arbeits- und Beamtenrecht (Diss Münster 1982).

auf Letzteres wegen der Beeinträchtigung des **Integritätsinteresses** dagegen genauer eingegangen werden, vornehmlich im Hinblick auf solche Obhuts- und Fürsorgepflichten, deren Verletzung die Rechtsgüter aus § 823 Abs 1 beeinträchtigt (MEDICUS, in: BMJ [Hrsg], Gutachten und Vorschläge zur Überarbeitung des Schuldrechts [Köln 1981–1983] 486, nennt sie vertragsfremde Rechtsgüter). Der **Wille** und die **Entscheidungsfreiheit** einer Partei lassen sich auch unter den Begriff „Interesse" fassen (s bereits o Rn 415), können allerdings von der Verletzung einer Obhuts- und Fürsorgepflicht kaum berührt werden. Das **Vermögen** fällt dagegen in den Schutzbereich bestimmter Obhuts- und Fürsorgepflichten.

481 Der **Inhalt** der Fürsorge- und Obhutspflichten unterscheidet sich ebenso wie derjenige der Informationspflichten (so Rn 429 ff): Auf der einen Seite steht die Pflicht, Schädigungen zu unterlassen, auf der anderen Seite die aktive Schutzpflicht (KREBS, in: DAUNER-LIEB ua, Das neue Schuldrecht § 3 Rn 30) – jeweils bezogen auf das entsprechende Rechtsgut.

482 Vor allem im **vorvertraglichen Bereich** wurde lange diskutiert, ob angesichts der Existenz des Deliktsrechts ein Bedarf für Obhuts- und Fürsorgepflichten als Schutz- bzw Rücksichtspflichten besteht (ausf vCAEMMERER, in: FS DJT 49, 57 ff; HUBER, Leistungsstörungen, in: BMJ [Hrsg], Gutachten und Vorschläge zur Überarbeitung des Schuldrechts [Köln 1981–1983] 647, 736, 742; LARENZ, in: FS Ballerstedt [1975] 397, 403; vgl auch MEDICUS, in: BMJ [Hrsg], Gutachten und Vorschläge zur Überarbeitung des Schuldrechts [Köln 1981–1983] 489 ff; STOLL, Tatbestände und Funktionen der Haftung für culpa in contrahendo, in: FS v Caemmerer [1978] 435, 437, 452 ff). Der Gesetzgeber hat durch Einfügung der §§ 241 Abs 2 und 311 Abs 2 iSd bisher hM (vor allem seit dem Linoleumrollenfall des RG in RGZ 78, 239 und im später vom BGH entschiedenen Gemüseblattfall in BGHZ 66, 51) entschieden. Allerdings entsprechen die vertraglichen Fürsorge- und Obhutspflichten weitgehend den zu § 823 Abs 1 entwickelten **Verkehrssicherungspflichten**. Dies führt dazu, dass Verkehrssicherungspflichten innerhalb eines Vertragsverhältnisses zugleich vertragliche (Rücksichts-)Pflichten darstellen können (vgl BAMBERGER/ROTH/GRÜNEBERG Rn 92; MünchKomm/ERNST § 280 Rn 104; ähnl LOOSCHELDERS, Schuldrecht AT Rn 189).

b) Gesetzliche Obhuts- und Fürsorgepflichten

483 Wie bei den anderen Rücksichtspflichten, liegt auch Obhuts- und Fürsorgepflichten ein vertragliches oder gesetzliches Schuldverhältnis zu Grunde. Da die gesetzlichen Pflichten Wertentscheidungen des Gesetzgebers erkennen lassen, kann daraus auf die Voraussetzungen außergesetzlicher Obhuts- und Fürsorgepflichten rückgeschlossen werden. Deshalb sollen die gesetzlichen Regelungen zunächst dargestellt werden.

aa) Fürsorgepflichten

484 Die einzige ausdrücklich geregelte und zugleich sehr wichtige gesetzliche Fürsorgepflicht im BGB betrifft den **Dienstherrn** gem §§ 617, 618. Sie betrifft die Krankenfürsorge sowie die Vornahme sonstiger Schutzmaßnahmen zu Gunsten der körperlichen Unversehrtheit des Dienstverpflichteten und wird zB durch das Arbeitsschutzgesetz sowie die Arbeitsstättenverordnung (BGBl I 729; vgl zu Einzelheiten STAUDINGER/OETKER [2002] § 618 Rn 77 ff; z Fürsorgepflicht aus §§ 617, 618 im Allgemeinen STAUDINGER/OETKER [2002] § 617 und § 618) konkretisiert. Lediglich mit § 694 zeigt der Gesetzgeber noch, dass auch einen **Hinterleger** gegenüber dem Verwahrer Fürsorgepflichten treffen, indem er Schadensersatzansprüche des Verwahrers gegen den Hinterleger normiert, sofern durch die Beschaffenheit der hinterlegten Sache Schäden entstehen. Entsprechendes lässt sich aus den Schadensersatzansprüchen des Käufers gegen den **Verkäufer** für Mangelfolgeschäden aus §§ 437 Nr 3, 280 Abs 1, 241 Abs 2 folgern.

bb) Obhutspflichten

Obhutspflichten begründet das Gesetz dagegen häufiger (vgl zu den normierten Schutzpflichten im BGB allg KUHLMANN, Schutzpflichten 58 ff), allerdings idR bzgl des Vertragsgegenstandes selbst (so bei Abs 1 Rn 215 f). So folgt zB aus § 535 Abs 1 S 2 die Verpflichtung des Vermieters, dem Mieter den vertragsgemäßen Gebrauch zu ermöglichen (**aA** insoweit jedoch ohne nähere Begründung BAMBERGER/ROTH/GRÜNEBERG Rn 91). § 536c begründet die Pflicht des Mieters zur Mängelanzeige (auch hier **aA** BAMBERGER/ROTH/GRÜNEBERG Rn 91). **Obhutspflichten des Mieters**, die das **Integritätsinteresse** (so Rn 153) des Vermieters schützen, lassen sich im Mietverhältnis allenfalls aus § 541 ableiten (so wohl auch BAMBERGER/ROTH/GRÜNEBERG Rn 91). Dagegen können Obhutspflichten des **Vermieters** aus § 536a gefolgert werden, der dem Mieter einen Schadensersatzanspruch auch für Mangelfolgeschäden zuspricht (PALANDT/WEIDENKAFF § 536a Rn 14). Gleiches gilt iRd **Kaufvertrages**, wo der Schadensersatzpflicht für Mangelfolgeschäden aus §§ 437 Nr 3, 280 Abs 1, 241 Abs 2 eine Obhutspflicht des Verkäufers gegenüber dem Käufer im Hinblick auf den Kaufgegenstand zu Grunde liegt. **485**

Aus § 694 (zur Statuierung einer Fürsorgepflicht soeben o Rn 484) folgt eine Obhutspflicht des **Hinterlegers** gegenüber dem Verwahrer, die ebenfalls nicht leistungs-, sondern integritätsbezogen ist. Einigkeit besteht auch darüber, dass § 701 eine gesetzliche Obhutspflicht des **Gastwirtes** gegenüber seinen Gästen an den von ihnen eingebrachten Sachen begründet (BAMBERGER/ROTH/GRÜNEBERG Rn 94). Ebenso lässt sich die Rückgabepflicht der **Gesellschafter** aus § 732 als gesetzliche Obhutspflicht charakterisieren. Das gleiche gilt für die Pflicht zur schonenden Ausübung einer **Grunddienstbarkeit** gem § 1020, bzw für diejenige des **Nießbrauchers** zur Erhaltung der Sache in ihrem wirtschaftlichen Bestand gem § 1041. Auch außerhalb des BGB finden sich Ausprägungen solcher gesetzlicher Obhutspflichten, zB in § 130a HGB und §§ 92 Abs 2, 93 Abs 1 sowie § 116 AktG. **486**

c) Außergesetzliche Obhuts- und Fürsorgepflichten
aa) Voraussetzungen

Die Rspr nimmt außergesetzliche Sorgfalts- und Obhutspflicht im Wege der Auslegung dann an, wenn Vertragszweck, Verkehrssitte und die Anforderungen des redlichen Geschäftsverkehrs dies erfordern (schon RGZ 55, 335; 65, 17; 66, 402; 73, 148; 78, 239, 240; RG JW 1904, 358 Nr 10; 484, Nr 6; LG Heidelberg NJW 2002, 2960, 2961; OLG Hamm NJW 2003, 760, 761; sehr schön allerdings BGH NJW 1972, 1363 f). **487**

(1) Gefälle

Dementsprechend muss – wie bei den Aufklärungspflichten (so Rn 434 ff) – ein gewisses **Gefälle** zwischen den Parteien bzgl ihres **Wissens um bestimmte Tatsachen** (so zB BGH NJW 1983, 2813, 2814) oder der **Macht** bestehen, gewisse **Umstände zu beeinflussen** (so bei LG Heidelberg NJW 2002, 2960, 2961; OLG Hamm NJW 2003, 760, 761; vgl auch BGH NJW 1972, 1363 für die Möglichkeit des Kfz-Händlers, eine Versicherung für Vorführwagen **488** abzuschließen). Diese Voraussetzung lässt sich auf die §§ 617, 618 stützen, welche auf der umfassenden Einwirkungsmöglichkeit des Dienstherrn vor allem bzgl des Ortes der Tätigkeit des Dienstverpflichteten beruhen. Ferner spricht § 701 für eine solche Wertung, der die tatsächliche Herrschaft des Gastwirtes über seine Räume zur Grundlage hat.

(2) Abwägung

489 Die Auslegung verlangt ferner eine **mehrstufige Interessenabwägung** (z der Abwägung im Rahmen v Aufklärungspflichten so Rn 446 ff), zunächst im Hinblick auf die **Schutzwürdigkeit** einer Vertragspartei (vgl zB LG Dortmund WM 1981, 280, 282; TEICHMANN JA 1984, 709, 713). Das Verbot der aktiven Schädigung folgt aus der Schutzbedürftigkeit der Gegenseite, die auf den sonderverbindungsspezifischen **Einwirkungsmöglichkeiten** der einen und den reduzierten **Abwehrmöglichkeiten** der Gegenseite beruht (vgl BAMBERGER/ROTH/GRÜNEBERG Rn 90; KREBS, Sonderverbindung 504).

490 In einem weiteren Schritt erfolgt eine Güterabwägung zwischen **Gefährdung** einerseits und **Risikobeseitigungsaufwand** andererseits (vgl BGH NJW 1972, 1363; ähnlich TEICHMANN JA 1984, 709, 713 für die Schutzpflichten insgesamt); dabei spielt die **Zumutbarkeit** der auferlegten Pflicht (vgl BGH NJW 1983, 2813, 2814; OLG Düsseldorf WM 1972, 546, 547) eine Rolle, ihre Kalkulierbarkeit ebenso wie die Vermeidbarkeit der Haftung (vgl KREBS, Sonderverbindung 505). Eine **Pflicht zum aktiven Schutz** der Gegenseite gegen Gefahren durch **Dritte** (vgl auch Rn 173, 253 f) sowie **Naturgefahren** oder sonstige **Erhaltungspflichten** des einen Teils gegenüber dem anderen bedürfen **besonderer Rechtfertigung**, weil der aktiv Schutzpflichtige diese Gefahren nicht selbst begründet hat (vgl KREBS, Sonderverbindung 505 f). Soweit eine aktive Schutzpflicht besteht, geht damit eine gewisse Abkehr vom Grundsatz der Eigenverantwortlichkeit einher (vgl KREBS, Sonderverbindung 506). Sofern der Schutzpflichtige die Gefahren für Gegenstand oder Person der anderen Partei jedoch leichter und billiger, dh zumutbar, bewältigen kann als dieser, weil seine eigenen berechtigten Interessen nicht erheblich sind, lässt sich diese Abkehr jedoch begründen (vgl BGH NJW 1972, 1363; KREBS, Sonderverbindung 505 f). Insbesondere ein **vorangegangenes risikoerhöhendes Verhalten** des Schuldners rechtfertigt uU seine Schutzpflicht (vgl KREBS, Sonderverbindung 507). Im Rahmen von **Dauerschuldverhältnissen** (so Rn 349 ff) muss ferner das zwischen den Parteien bestehende Vertrauensverhältnis Berücksichtigung finden (vgl MünchKomm/ERNST § 280 Rn 102).

491 Für den Bereich der **Fürsorgepflicht** hat sich aus den §§ 617, 618 eine umfassende Fürsorgepflicht entwickelt (SOERGEL/TEICHMANN § 242 Rn 61; ERMAN/HOHLOCH § 242 Rn 87). Insbesondere § 618 Abs 1 wird als Ausdruck eines allgemeinen aus Treu und Glauben fließenden Rechtsgedankens verstanden und immer dann entsprechend angewandt, wenn eine Vertragspartei in Erfüllung ihrer Pflichten unter ähnlichen Voraussetzungen tätig wird (unter Anwendung v § 618 analog RGZ 159, 268, 270; BGHZ 5, 62, 65; unter Anwendung v § 242 RGZ 80, 27, 28; RG HRR 35, 336; vgl auch ERMAN/HOHLOCH § 242 Rn 87), so vor allem beim „dienstvertragsähnlichen" **Werkvertrag** (RGZ 80, 27, 28; BGHZ 5, 62, 68; BGH NJW 1958, 710), aber auch bei anderen Verträgen mit dienst- oder werkvertraglichem Einschlag (vgl RGZ 159, 268, 269 f; beim Gastaufnahmevertrag RGZ 160, 153, 155; beim Auftrag BGHZ 16, 265, 267 ff).

bb) Einzelfälle

Die Rspr zu den Obhuts- und Fürsorgepflichten ist umfangreich; eine abschließende 492 und vollständige Darstellung von Obhuts- und Fürsorgepflichten kann deshalb an dieser Stelle nicht stattfinden. Für Einzelheiten wird vielmehr auf die Kommentierungen zu dem jeweiligen Schuldverhältnis verwiesen.

(1) Kaufvertrag

Eine wichtige Obhuts- und Fürsorgepflicht im Rahmen eines Kaufvertrages bildet 493 die **Verkehrssicherungspflicht** hinsichtlich der dem Publikumsverkehr geöffneten Räumlichkeiten (so schon im sog Gemüseblattfall in BGHZ 66, 51; BAMBERGER/ROTH/GRÜNEBERG Rn 98). Bei ihrer Verletzung haftet der **Verkäufer** einem (potentiellen) Käufer für auftretende Schäden an seinen Gegenständen oder seiner körperlichen Unversehrtheit wegen Verletzung einer Rücksichtspflicht aus §§ 241 Abs 2, 280 Abs 1 uU iVm 311 Abs 2, 3. Da diese Pflicht sowohl dem Schutz der Person als auch seines Eigentums dient, stellt sie eine Obhuts- und Fürsorgepflicht zugleich dar.

Der **Kfz-Händler** muss uU eine Kaskoversicherung in Bezug auf Probefahrten ab- 494 schließen, um seiner Obhutspflicht für das Vermögen des Kaufinteressenten nachzukommen (BGH NJW 1972, 1363; 1986, 1099 f; BAMBERGER/ROTH/GRÜNEBERG Rn 98; s Rn 153, 157, 161, 217). Für die Zumutbarkeit spricht, dass Kaufinteressenten das Modell, das sie zur Probe fahren, regelmäßig noch nicht vertraut ist und daher ein erhöhtes Unfallrisiko besteht, gegen das sich der Interessent selbst kaum versichern kann (vgl BGH NJW 1972, 1363 f; zu weiteren Obhuts- und Fürsorgepflichten im Rahmen eines Kaufvertrages vgl STAUDINGER/BECKMANN [2004] § 433 Rn 90 ff, 172 ff; RUST MDR 1998, 947, 949).

(2) Gelddarlehensvertrag

Die Besonderheit des **Darlehensvertrages** iSd § 488 liegt in dessen Dauerschuldcha- 495 rakter (z Dauerschuldverhältnissen so Rn 349 ff) mit gesteigerter Einwirkungsmöglichkeit der einen Partei auf die Rechtsgüter der anderen. Die Parteien vertrauen daher in einem höheren Maße als sonst auf Wahrung und Schutz ihrer Rechtsgüter durch den anderen Teil (BGH NJW 1983, 2813, 2814). Deshalb hat zB die Bundesrepublik Deutschland gegenüber dem Vermieter bei der Ausübung des mit einem Darlehensvertrag verbundenen Wohnungsbesetzungsrechts eine Sorgfaltspflicht, keine Bundesbedienstete als Mieter zuzuweisen, die wegen ihrer zerrütteten Vermögensverhältnisse mit hoher Wahrscheinlichkeit ihrer Zahlungspflicht nicht nachkommen können (BGH NJW 1983, 2813, 2814).

(3) Mietvertrag

Auch beim **Mietvertrag** handelt es sich um ein Dauerschuldverhältnis, welches auf 496 gegenseitigem Vertrauen basiert und deshalb erhöhte Obhuts- und Fürsorgepflichten der Vertragsparteien begründet. So hat der **Vermieter** vor allem für die Sicherheit der Zu- und Abgänge, der Treppen und Flure sowie der sonstigen Räume, Hausteile und Fahrstühle zu sorgen (OLG Karlsruhe ZMR 1960, 306 ff; BAMBERGER/ROTH/GRÜNEBERG Rn 95). Diese Pflicht dient – wie die **Verkehrssicherungspflicht** zB im Rahmen eines Kaufvertrages (so Rn 493) – sowohl dem Schutz der Person des Mieters als auch der in seinem Eigentum befindlichen Gegenstände, stellt also Obhuts- und Fürsorgepflicht zugleich dar. Der Betreiber eines Parkhauses haftet dagegen grds nicht wegen Verletzung einer Obhutspflicht aus dem Mietvertrag über einen Abstellplatz, wenn er abgestellte Fahrzeuge nicht gegen Diebstahl versichert hat (OLG Düsseldorf NJW-

RR 2001, 1607; LG Frankfurt aM NJW-RR 1988, 955). Eine Pflicht, für **Versicherungsschutz** zu sorgen, kann sich zwar ausnahmsweise aus einem Schuldverhältnis ergeben. So war ein Warenhaus, das in Verbindung mit einem Kaufhaus im Zentrum einer Großstadt eine Tiefgarage betrieb, nach der Rspr nur dann nicht zu erhöhten Sicherungsmaßnahmen gegen Diebstahl und Beschädigung der abgestellten Fahrzeuge verpflichtet, wenn es eine Kaskoversicherung für den Kunden abschloss (BGH NJW 1972, 150, 152 = LM § 276 [Ce] Nr 2; s Rn 153, 157, 161, 217). Aus dieser Entscheidung folgt aber keine generelle entsprechende Verpflichtung, sondern es entscheidet stets die Abwägung der widerstreitenden Interessen im Einzelfall (so Rn 489 ff; OLG Düsseldorf NJW-RR 2001, 1607). Dementsprechend wurde zB die Pflicht des Kfz-Halters gegenüber dem Mieter und Fahrer des Kfz, eine Haftpflichtversicherung abzuschließen, deshalb angenommen, weil der Eintritt eines Schadens wahrscheinlich und dessen Umfang hoch war (BGH VersR 1964, 239, 240 f; 1971, 429, 430; BAG AP Nr 9 u 21 z § 611 BGB Haftung des Arbeitnehmers; BAGE 14, 226, 228 für den Arbeitgeber der öffentlichen Hand; BAMBERGER/ROTH/GRÜNEBERG Rn 98).

497 Auch den **Mieter** treffen Obhutspflichten, meist in Bezug auf die Mietsache selbst (daher bereits o Abs 1 Rn 219, 223). So muss er zB dafür sorgen, dass die gemietete Wohnung nicht durch einen von ihm verschuldeten Wasserrohrbruch oder Brand beschädigt wird (BGH NJW 1964, 33, 35; AG Wiesbaden NJW-RR 1992, 76; z durch fehlende Nutzung der Wohnung durch den Mieter entstehenden „Muff" vgl AG Hamburg NZM 1998, 477; BAMBERGER/ROTH/GRÜNEBERG Rn 95). Ob diese Pflicht eine Rücksichts- oder aber eine Nebenleistungspflicht darstellt (so Rn 223), hängt von der umstrittenen Frage ab, ob § 546 zur Rückgabe in vertragsgemäßem Zustand verpflichtet (so die bisherige hM, vor allem die Rspr, vgl BGHZ 104, 6 = NJW 1988, 1778, 1779; BGH WuM 1997, 217) oder lediglich zur Rückgabe als solcher (dafür KANDELHARD NJW 2002, 3291 ff mwNw; so Abs 1 Rn 223; vgl auch KATZENSTEIN/HÜFTLE, „Zwangslauf" im Mietrecht? – Schadensersatz statt der Leistung bei Verletzung der Rückgabepflicht des Mieters, NZM 2004, 601 ff). Jedenfalls aber bestehen Obhutspflichten des Mieters zB bzgl des Treppenhauses oder des nicht gemieteten Gartens, die auf den Schutz des Integritätsinteresses gerichtet sind. Ebenso können den Mieter Obhutspflichten bzgl des Vermögens des Vermieters treffen. Ein gemietetes Kfz muss zB so gebraucht werden, dass dem Vermieter und Eigentümer keine Schadensersatzpflicht aus § 7 StVG entsteht (BGHZ 116, 200, 203 = NJW 1992, 900; BAMBERGER/ROTH/GRÜNEBERG Rn 95).

498 Der Charakter der Miete als Dauerschuldverhältnis führt außerdem dazu, dass zwischen den Mietvertragsparteien vielfältige **nachwirkende Obhuts- und Fürsorgepflichten** bestehen. Dementsprechend muss der **Vermieter** zB nach Auszug des Mieters eine gewisse Zeit ein Umzugsschild an seinem Haus dulden (so Abs 1 Rn 220; RGZ 161, 330, 338; MünchKomm/ERNST § 280 Rn 115; BAMBERGER/ROTH/GRÜNEBERG Rn 103; z den nachwirkenden Pflichten grds LARENZ, Schuldrecht I § 10 II f mwNw), um insbesondere die Vermögensinteressen des Mieters zu schützen. Auch darf er sein Vermieterpfandrecht nicht an unpfändbaren Sachen des Mieters ausüben (OLG Frankfurt aM BB 1979, 136; BAMBERGER/ROTH/GRÜNEBERG Rn 103; für Einzelheiten wird bzgl der Obhutspflichten auf STAUDINGER/EMMERICH [2003] § 535 Rn 93 ff verwiesen, bzgl der Fürsorgepflichten auf STAUDINGER/EMMERICH [2003] § 535 Rn 82).

(4) Dienst- und Arbeitsverträge
499 Die wichtigste Rücksichtspflicht des **Dienstherrn** bzw Arbeitgebers folgt – wie er-

Titel 1 § 241
Verpflichtung zur Leistung **500**

örtert – aus §§ 617, 618 BGB (so Rn 484; z Geschichte der Fürsorgepflicht des Arbeitgebers vgl BRORS, Fürsorgepflicht 7 ff; z Rechtsvergleichung, insbes mit den USA, BRORS, Fürsorgepflicht §§ 5–7; MÜLLER-PETZER, Fürsorgepflichten des Arbeitgebers nach europäischem und nationalem Arbeitsschutzrecht [Diss Bochum 2003]; für den Dienstherrn des Beamten sind zusätzlich die Vorschriften der verschiedenen Beamtengesetze heranzuziehen, so zB § 85 LBG NW; vgl auch § 62 Abs 1 HGB für den Prinzipal). In Anlehnung an diese Fürsorgepflicht wird vor allem von der Rspr ein **Wiedereinstellungsanspruch** des Arbeitnehmers nach betriebsbedingter Kündigung abgeleitet, wenn sich zwischen der Kündigung und dem Ablauf der Kündigungsfrist unvorhergesehen eine Weiterbeschäftigungsmöglichkeit ergibt (vgl BAG NZA 2002, 1416; NJW 2001, 1297 ff im Anschluss an BAG NZA 1998, 254; dagegen BRORS, Fürsorgepflicht 232; s Rn 275). Aus der Fürsorgepflicht des Arbeitgebers folgt ebenso das allgemeine Gebot, Schädigungen des Arbeitnehmers zu unterlassen (BAG NJW 2000, 3369, 3370). Auch stellt jede unbillige Ausübung des arbeitgeberseitigen Direktionsrechts, die zB den angestellten Anwalt in vermeidbare Gewissenskonflikte hinsichtlich des Gebots der gewissenhaften Berufsausübung bringt, zugleich eine Verletzung der Fürsorgepflicht dar (COMPENSIS, Die Fürsorgepflichtverletzung im Anwaltsarbeitsverhältnis, BB 1996, 321, 324; WEBER RdA 1980, 289, 292 mwNw). Neben dieses Schädigungsverbot tritt die Pflicht zum aktiven **Schutz des Arbeitnehmers** bzw Dienstverpflichteten. Sie wurden im Arbeitsschutzgesetz (vom 7. 8. 1996) sowie der Arbeitsstättenverordnung (vom 20. 3. 1975) konkretisiert (so Rn 484 bei gesetzl Fürsorgepflicht; vgl auch das Beschäftigungsschutzgesetz v 24. 6. 1994 BGBl I 146), zB im Hinblick auf die Pflicht des Arbeitgebers, zu Gunsten des Nichtrauchers für rauchfreie Arbeitsplätze zu sorgen (seit dem 12. 8. 2004 in § 5 ArbStättV normiert, vgl WELLENHOFER-KLEIN, Der rauchfreie Arbeitsplatz – Was bringt die Änderung der Arbeitsstättenverordnung?, RdA 2003, 155 ff; zu den weiteren offenen Rechtsfragen BERGWITZ, Das betriebliche Rauchverbot, NZA-RRR 2004, 169 ff; früher COSACK, Verpflichtung des Arbeitgebers bzw Dienstherrn zum Erlass eines generellen Rauchverbots am Arbeitsplatz?, DB 1999, 1450 ff, 1452; SCHILLO/BEHLING, Rauchen am Arbeitsplatz – ein nach Anspruchsgrundlagen geordneter Leitfaden für die Praxis, DB 1997, 2022 ff). Es bestehen jedoch darüber hinausgehende Pflichten des Arbeitgebers, die aus seiner allgemeinen Fürsorgepflicht abgeleitet werden (z jetzigen Verortung bei § 241 Abs 2 vgl zB OTTO, Arbeitsrecht [3. Aufl 2003] Rn 382 f). Dem Schutz des **Persönlichkeitsrechts** der Arbeitnehmer dient ferner die Fürsorgepflicht des Arbeitgebers bzgl der Möglichkeit privater Nutzung von E-Mails am Arbeitsplatz (vgl BALKE/MÜLLER, Arbeitsrechtliche Aspekte beim betrieblichen Einsatz von E-Mails, DB 1997, 326 ff). Sie erfordert die oben dargestellte (vgl o Rn 489 ff) Abwägung zwischen der Missbrauchsgefahr der privaten e-mail-Nutzung auf der einen und dem allgemeinen Persönlichkeitsrecht des Arbeitnehmers auf der anderen Seite.

Die Fürsorgepflicht geht schließlich dahin, **Schädigungen des Eigentums** eines Ar- **500** beitnehmers bzw Dienstverpflichteten zu unterlassen (vgl WEBER RdA 1980, 289, 290). So haftet der **Arbeitgeber** uU für die Beschädigung eines vom Arbeitnehmer berechtigterweise auf dem Betriebsgelände abgestellten PkW (so das BAG zuletzt in NJW 2000, 3369, 3370; vgl MünchKomm/ROTH Rn 94). Dabei entsteht ein Schadensersatzanspruch jedoch nur im Hinblick auf solche Sachen, die der Arbeitnehmer im üblichen Rahmen in den Dienst einbringt und notwendigerweise dort belässt (BVerwG NJW 1995, 271; hier ging es um einen Beamten). Auch können Arbeitgeber verpflichtet sein, zum Schutz des Vermögens bzw der finanziellen Existenz angestellter Kraftfahrer eine Kaskoversicherung abzuschließen (LAG Bremen VersR 1980, 1182; OLG Stuttgart 1980, 1169; **aA** BAG NJW 1988, 2820; z Einzelheiten vgl STAUDINGER/RICHARDI [1999] Vorbem 17,

161, 367, 454, 491, 1124, 1152, 1177 zu §§ 611 ff u § 611 Rn 116, 119, 235, 261, 365, 374 ff, 416, 508, 634, 756, 784, 807 ff; Brors, Fürsorgepflicht; Kort, Inhalt und Grenzen der arbeitsrechtlichen Personenfürsorgepflicht, NZA 1996, 854 ff; Schliemann, Fürsorgepflicht und Haftung des Arbeitgebers beim Einsatz von Arbeitnehmern im Ausland, BB 2001, 1302 ff; Weber RdA 1980, 289 ff, z den **leistungsbezogenen Nebenpflichten** [so Rn 226, 256] des Arbeitgebers). Eine Grenze dieser arbeitgeberseitigen Verpflichtung zieht die Rspr zum einen bei Treu und Glauben und zum anderen durch die besonderen betrieblichen und örtlichen Verhältnisse (BAG NJW 2000, 3369, 3370).

(5) Werkvertrag

501 Die **Fürsorgepflicht** aus §§ 617, 618 wird von Teilen der Lit und Rspr analog auf **Werkverträge** angewandt (RGZ 80, 27, 28; 157, 282, 285; 159, 268, 271 ff; BGHZ 5, 62, 68; 26, 365, 371 = BGH NJW 1958, 70 = JZ 1985, 481; BGHZ 56, 269, 270 f = NJW 1971, 1931, 1933; vgl Bamberger/Roth/Grüneberg Rn 96; Staudinger/Peters [2003] § 631 Rn 61 u Anhang IV z § 638 Rn 5 ff; Larenz, Schuldrecht I § 10 IIe; ausf, iE aber dagegen Lewer, Die Haftung des Werkbestellers nach Dienstleistungsrecht gem den §§ 618, 619 BGB, JZ 1983, 336 ff mwNw). So wurde zB erwogen (OLG Frankfurt aM NJW-RR 1994, 633, 634), ob eine Fluggesellschaft gehalten sein kann, insbesondere einen insoweit besonders gefährdeten Fluggast in angemessener Entfernung zur Raucherzone der Fluggastkabine unterzubringen.

502 Den **Werkunternehmer** können grds auch **Obhutspflichten** treffen. Allerdings muss zB ein Kfz-Händler, der ein ihm zur Reparatur übergebenes Wohnmobil nach Durchführung der Arbeiten auf einem jedermann zugänglichen Teil seines Betriebsgeländes abstellt, nicht den Diebstahl des Fahrzeugs verhindern, wenn diese Gefahr dem Besteller bekannt ist (BGH NJW-RR 1997, 342 f; bzgl der Einzelheiten vgl Staudinger/Peters [2003] § 631 Rn 61 ff u Anhang IV zu § 638 Rn 2 ff).

(6) Sonstige Fälle von Obhuts- und Fürsorgepflichten

503 Der **Auftraggeber** hat hinsichtlich der Sachen, die er dem Beauftragten überlässt, notwendige Schutzmaßnahmen zu ergreifen, zB durch ausreichenden Versicherungsschutz für ein überlassenes Kfz (BAG AP Nr 18 z § 670 BGB). Ferner wird auch iRd Auftrags bei Ähnlichkeit der Tätigkeit des Beauftragten mit einem Dienstverpflichteten § 618 analog angewandt (vgl Staudinger/Wittmann [1995] § 662 Rn 11). Obwohl die **Auslobung** ein einseitiges Rechtsgeschäft ist, können aus ihr auch Ansprüche wegen Verletzung einer Obhutspflicht entstehen, die zB in dem schutzwürdigen Vertrauen des Interessenten auf die ordnungsgemäße Durchführung des öffentlich bekannt gemachten Wettbewerbs begründet sind (OLG Köln NJWE-VHR 1996, 45, 46 mwNw). Zu den entsprechenden Nebenpflichten des Veranstalters gehört demnach auch die Pflicht, geeignete und sichere Wettkampfanlagen zur Verfügung zu stellen (vgl OLG Köln NJWE-VHR 1996, 45, 46). Obhutspflichten des **Arztes** sind dagegen meist leistungsbezogen (so Rn 210, 256; vgl aber zB OLG Köln AuR 1992, 4; z Krankenhaus s sogleich u). **Banken** können Schuldner von Obhutspflichten gegenüber Kunden sein, die sich meist auf den Schutz des Vermögens richten und in Form von Sorgfaltspflichten bzgl Kundendaten und -informationen bestehen (vgl BGHZ 157, 256 ff = NJW-RR 2004, 481 ff; ZIP 2004, 1742; Lang BKR 2003, 227, 230 ff). Zu den Nebenpflichten des zwischen einem Pflegedienst und einem Patienten geschlossenen **Betreuungsvertrages** gehört es, die Wohnung der betreuten Person gelegentlich auf technische Mängel zu überprüfen (bzgl einer mangelhaften Toilette AG Laufen FamRZ 2001, 1554). Der **Gastwirt** haftet für die vom Gast eingebrachten Sachen gesetzlich aus § 701. Daraus werden jedoch auch

Fürsorgepflichten des Gastwirtes gegenüber den Gästen abgeleitet, ähnlich denen des Vermieters gegenüber dem Mieter (vgl o Rn 485 u für Einzelheiten STAUDINGER/WERNER [1995] Vorbem 14 zu §§ 701 ff). Im Rahmen eines **Geschäftsbesorgungsvertrages** können Fürsorgepflichten des Geschäftsherrn gegenüber dem Geschäftsführer bestehen (vgl STAUDINGER/MARTINEK [1995] § 675 Rn A 173). Gleiches gilt iRd **Geschäftsführung ohne Auftrag** (vgl STAUDINGER/WITTMANN [1995] Vorbem 36 zu §§ 677 ff). Ebenso treffen das **Krankenhaus** Obhutspflichten, zB für den Schmuck des bewusstlosen Patienten (LG Hannover ArztR 2000, 52). Wegen der Vergleichbarkeit des **Maklervertrages** und einem Kaufvertrag mit vorangegangenem geschäftlichen Kontakt (STAUDINGER/REUTER [2003] Vorbem 4 zu §§ 652 ff) sind die bestehenden Obhuts- und Fürsorgepflichten in beiden Vertragsverhältnissen ähnlich. Allerdings führt das besondere Treueverhältnis zwischen Makler und Auftraggeber zu einer gesteigerten Fürsorgepflicht des Ersteren gegenüber Letzterem (BGH NJW 1986, 150, 151; 1985, 2595; ausf z Ganzen STAUDINGER/REUTER [2003] Vorbem 9 zu §§ 652 ff). Obhutspflichten im Rahmen **gesetzlicher Schuldverhältnisse** bedürfen mangels freiwilligen Zusammenschlusses besonderer Anhaltspunkte. So wird zB diskutiert, ob im **Nachbarschaftsverhältnis** eine Verpflichtung besteht, eigene Reben gegen Mehltau zu schützen, um ein Übergreifen des Schädlingsbefalls auf das Nachbargrundstück zu verhindern (von BGH JA 2001, 825 ff m Anm LEPPICH abgelehnt). Wegen der Ähnlichkeit des **Pachtvertrages** mit dem Mietvertrag sowie seines Dauerschuldcharakters bestehen zahlreiche Obhuts- (z Einzelheiten STAUDINGER/EMMERICH [2003] Vorbem 31 zu §§ 581 ff u STAUDINGER/SONNENSCHEIN [1996] § 581 Rn 230, 238, 167, 307, 322, 404) und Fürsorgepflichten (ausf STAUDINGER/SONNENSCHEIN [1996] § 581 Rn 125, 172, 238). So trifft den **Verpächter** zB eine umfassende Verkehrssicherungspflicht, die sich zugleich als Fürsorge- und Obhutspflicht darstellt und in so engem Zusammenhang mit der Hauptleistungspflicht steht, dass im Einzelfall von dieser abgegrenzt werden muss (STAUDINGER/SONNENSCHEIN [1996] § 581 Rn 172 f). Der **Pächter** hat dafür Sorge zu tragen, dass der Verpächter nicht in seiner Person Schaden erleidet (STAUDINGER/SONNENSCHEIN [1996] § 581 Rn 238). Zu den Obhutspflichten des **Reiseveranstalters** gehört es zB, liegen gelassene Kleidungsstücke aufzubewahren (STAUDINGER/ECKERT [2003] § 651a Rn 124; z den Fürsorgepflichten vgl STAUDINGER/ECKERT [2003] § 651a Rn 57). Im Hinblick darauf, dass es bis April 1993 weltweit noch zu keinem Attentatsversuch auf Teilnehmer eines internationalen Tennisturniers gekommen war, musste der **Veranstalter eines Sportturniers** jedenfalls bis zu diesem Zeitpunkt keine Vorkehrungen gegen die Verwirklichung einer solchen Gefahr treffen (LG Hamburg NJW 1997, 2606). Auch den **Telefondienstanbieter** treffen Obhutspflichten: So entschieden das LG Heidelberg (NJW 2002, 2960 ff) und im Anschluss daran ähnlich das OLG Hamm (NJW 2003, 760 ff), dass er und der **Netzbetreiber** in Erfüllung einer Rücksichtspflicht Schutzvorkehrungen vor unbeabsichtigten Kosten treffen muss. Inzwischen hat der Gesetzgeber reagiert und ein Gesetz zur Bekämpfung des Missbrauchs von 0190-er/0900er Mehrwertdienstnummern entworfen (G v 9.8. 2003, BGBl I Nr 40, 1590). Inhalt des **Verwahrungsvertrages** ist gem § 688 zwar die Obhutspflicht des Verwahrers bzgl der verwahrten Sache als Hauptleistungspflicht. Den **Hinterleger** treffen aber auch Obhuts- (STAUDINGER/REUTER [1996] Vorbem 4, 12, 38 ff zu §§ 688 ff) und Fürsorgepflichten (STAUDINGER/REUTER [1996] Vorbem 46 zu §§ 688 ff) gegenüber dem Verwahrer. Dies zeigt § 694, der Schadensersatzansprüche des Verwahrers gegenüber dem Hinterleger bei durch die Beschaffenheit der hinterlegten Sache entstandener Schäden normiert. Zum behördlichen **Wohnungsbesetzungsrecht** vgl oben beim Darlehensvertrag Rn 464 (z weiteren Einzelfällen s auch ERMAN/HOHLOCH § 242 Rn 89).

4. Leistungsunabhängige Treuepflichten*

a) Allgemeines

504 Vor Inkrafttreten des **Schuldrechtsmodernisierungsgesetzes** (s STAUDINGER/OLZEN Einl 184 ff zu §§ 241 ff) wurden die von der hM sog **Schutzpflichten** ausdrücklich von den **Treuepflichten** (z den Treuepflichten sehr ausf KREBS, Sonderverbindung 440 ff; z Terminologie so Rn 154 ff) abgegrenzt. Dem lag die Annahme zugrunde, Schutzpflichten seien auf Handlungen zum Schutz der Gegenseite gerichtet und griffen intensiver in die Rechtsstellung des Verpflichteten ein als Treuepflichten (KREBS, Sonderverbindung 468 f). Auch sah man die Existenz von Schutzpflichten neben bereits bestehenden Treuepflichten als möglich an (KREBS, Sonderverbindung 470). Schließlich unterschieden die Vertreter dieser Ansicht Schutz- und Treuepflichten hinsichtlich ihres Zwecks: Schutzpflichten sollten der **Kompensation besonderer Einwirkungsmöglichkeiten** und damit dem Schutz der Gegenseite dienen, den Leistungszweck aber nur mittelbar fördern. Bei Treuepflichten hingegen sah man in der **unmittelbaren Zweckerreichung** deren Hauptziel (KREBS, Sonderverbindung 470).

505 Seit dem 1.1. 2002 (s STAUDINGER/OLZEN Einl 193 zu §§ 241 ff) muss jedoch Abs 2 Beach-

---

* Zu den Treuepflichten allg: BARTSCH, Die Entwicklung der personengesellschaftsrechtlichen Treuepflicht in der Rechtsprechung (Diss Göttingen 1989); BAUS, Treuepflichten des Aktionärs im Gemeinschaftsunternehmen (Diss Freiburg 1991); FILLMANN, Treuepflichten der Aktionäre (Diss Mainz 1991); FLEISCHER, Zur organschaftlichen Treuepflicht der Geschäftsleiter im Aktien- und GmbH-Recht, WM 2003, 1045 ff; FREESE, Die positive Treuepflicht (Diss Münster 1970); GEISER, Die Treuepflicht des Arbeitnehmers und ihre Schranken (Diss Basel 1983); GESSNER, Treuepflichten bei Mehrheitsumwandlungen von GmbH: Im Vergleich zum amerikanischen Recht (Diss Freiburg 1993); HUERHOLZ, Die Treuepflichten des Arbeitnehmers – zugleich ein Beitrag zur Theorie des Treubegriffs (Diss Würzburg 1968); JANKE, Gesellschaftsrechtliche Treuepflicht: Neubewertung der richterrechtlichen Generalklausel im Rahmen einer rechtsvergleichenden und ökonomischen Analyse (Diss Osnabrück 2003); JUNG, Privatversicherungsrechtliche Gefahrengemeinschaft und Treuepflicht des Versicherers, VersR 2003, 282 ff; KASKE, Das arbeitsrechtliche Direktionsrecht und die arbeitsrechtliche Treuepflicht im Berufssport (Diss Bayreuth 1983); KLATT, Treuepflichten im Arbeitsverhältnis: eine rechtshistorische Untersuchung (Diss Freiburg 1990); KLOPFER, Die Treuepflicht des Arbeitnehmers im Arbeitsverhältnis (Diss Jena 1928); LI, Die mitgliedschaftliche Treuepflicht der Aktionäre (Diss Göttingen 2000); MIKUS, Die Entwicklung der Honorarbeziehung zwischen Verleger und Verfasser und die verlegerische Treuepflicht (Diss Freiburg 2002); RAAFLAUB, Die Treuepflicht des Arbeitnehmers beim Dienstvertrag (Diss Bern 1959); SCHOELER, Ausgestaltung und Durchsetzung der Treuepflichten eines Vorstandes (Diss Bonn 1978); SCHULZ, Treuepflichten unter Insolvenzgläubigern (Diss Gießen 2003); STELZIG, Die Treuepflicht des Aktionärs unter besonderer Berücksichtigung ihrer geschichtlichen Entwicklung (Diss Münster 2000); STRASSER, Die Treuepflicht der Aufsichtsratmitglieder der Aktiengesellschaft (Diss Wien 1998); WESTERMANN, Dogmatik und Bedeutung der allgemeinen Fürsorge- und Treuepflicht im Arbeits- und Beamtenrecht (Diss Münster 1982); WOHLMANN, Die Treuepflicht des Aktionärs (Diss Zürich 1968); WORCH, Treuepflichten von Kapitalgesellschaftern untereinander und gegenüber der Gesellschaft (Diss Hamburg 1983); ZWISSLER, Treuegebot – Treuepflicht – Treuebindung – die Lehre von den mitgliedschaftlichen Treuepflichten und Treuebindungen und ihre Anwendungsfehler im Recht der Aktiengesellschaft (Diss München 2002).

tung finden, obwohl die Gesetzesmaterialien zum Schuldrechtsmodernisierungsgesetz die Treuepflichten nicht ansprechen. In systematischer Auslegung könnte man zur Abgrenzung von Schutz- und Treuepflichten darauf hinweisen, dass nur § 242 von „Treu und Glauben" spricht, nicht jedoch der neue Abs 2. Dies spricht an sich dafür, die Treuepflichten weiterhin (vgl zB SOERGEL/TEICHMANN § 242 Rn 178 ff; ähnlich ERMAN/HOHLOCH § 242 Rn 20) bei § 242 zu verorten (so jetzt noch AnwK-BGB/KREBS Rn 41; KREBS, in: DAUNER-LIEB ua, Das neue Schuldrecht § 3 Rn 4, 28). Allerdings formuliert Abs 2 eindeutig (so Rn 155), dass das Schuldverhältnis jeden Teil zur **Rücksicht** auf Rechte, Rechtsgüter und Interessen des anderen Teils verpflichten kann. Unter den umfassenden Begriff der „Rücksicht" fallen aber alle leistungsunabhängigen Nebenpflichten, demnach auch die Pflicht zur Treue gegenüber dem anderen Teil (ähnl sogar KREBS, in: DAUNER-LIEB ua, Das neue Schuldrecht § 3 Rn 4 selbst, der den Kern der Treuepflichten als v Oberbegriff der Rücksichtnahmepflichten erfasst verstehen will; auch LARENZ, Schuldrecht I § 9 verstand Loyalitätspflichten als Unterfall weiterer Verhaltenspflichten). Außerdem fordert § 242 die **Leistungserbringung** nach Treu und Glauben und spricht damit also die **leistungsbezogenen Pflichten** an. Damit kann er zur Begründung nichtleistungsbezogener Treuepflichten (zumindest) nicht direkt herangezogen werden (vgl z dieser Wortlautauslegung auch LARENZ, Schuldrecht I § 2 I und § 10 II g z sog „Erwirkung" gem § 242). Dass er als Ausdruck eines allgemeinen bürgerlichrechtlichen Prinzips auf deren konkrete **Ausgestaltung** Einfluss hat, wird dadurch nicht in Frage gestellt (vgl dazu ausf bei STAUDINGER/LOOSCHELDERS/OLZEN § 242 Rn 182 ff; auch LOOSCHELDERS, Schuldrecht AT Rn 74). Ihre Grundlage bildet aber Abs 2.

Treuepflichten (vgl dazu auch STAUDINGER/LOOSCHELDERS/OLZEN § 242 Rn 569) werden teilweise auch als **Loyalitätspflichten** bezeichnet (LARENZ, Schuldrecht I § 2 VI), vor allem deshalb, weil sie oft in **Dauerschuldverhältnissen** ihren Ursprung haben (vgl OLG Hamburg MDR 1955, 289; LARENZ, Schuldrecht I § 2 I und VI). So beherrschen vor allem in **Arbeitsverhältnissen** (STAUDINGER/LOOSCHELDERS/OLZEN § 242 Rn 770 ff, 776 ff) und **Gesellschaften** (STAUDINGER/LOOSCHELDERS/OLZEN § 242 Rn 939 ff) Treuepflichten die Beziehung zwischen den Vertragsparteien (vgl das vorstehende Literaturverzeichnis sowie OLG Hamburg MDR 1955, 289). Die Treuepflicht des **Minderheitsaktionärs** einer AG verpflichtet diesen zB dazu, seine Mitgliedsrechte unter angemessener Berücksichtigung der gesellschaftsbezogenen Interessen der anderen Aktionäre auszuüben (BGH NJW 1995, 1739 in Ergänzung z BGHZ 103, 184 = NJW 1988, 1579 = LM § 242 [A] Nr 72 – Linotype; weitere Bsp su bei sonstigen Unterlassungspflichten Rn 515 ff). Auch verlangt die gesellschaftsrechtliche Treuepflicht von dem **Gesellschafter einer GbR**, dass er seine Mitgesellschafter im Rahmen der Auseinandersetzung über Umstände, die deren mitgliedschaftliche Vermögensinteressen berühren, zutreffend und vollständig informiert (BGH NJW-RR 2003, 169). Meist hat die Treuepflicht jedoch ein Unterlassen zum Inhalt, so etwa ein Unterlassen von Wettbewerb oder Geheimnisoffenbarung (su Rn 509 ff). **506**

Das besondere Vertrauensverhältnis als Grundlage der Treuepflichten hat zur Folge, dass bloße **Güterumsatzgeschäfte** selten solche Pflichten hervorrufen, da ihnen das personenrechtliche Element fehlt (vgl BGH LM [Hd] § 276 Nr 1; für den Kaufvertrag zB OLG Hamburg MDR 1955, 289; LARENZ, Schuldrecht I § 2 VI; **aA** BEITZKE, Dauerrechtsverhältnisse 10). **507**

Wegen der hier vertretenen Annahme, dass § 242 keine Treuepflichten begründet, **508** sondern lediglich deren Inhalt und Umfang konkretisiert, wurden die **leistungsbezogenen Treuepflichten** bereits unter Abs 1 dargestellt (so Rn 162 ff, 216 ff). Allerdings ist die Grenze zwischen leistungs- und nichtleistungsbezogenen Treupflichten (so Rn 157 ff, 270 f; MünchKomm/Ernst § 280 Rn 110) nicht immer leicht zu ziehen (vgl Staudinger/Otto [2004] § 282 Rn 35 ff; MünchKomm/Roth § 242 Rn 168). Unter Berücksichtigung dieses Umstandes bilden die nachfolgenden Ausführungen keine allgemeingültigen Prinzipien, sondern zeigen nur Regelfälle auf. Der Übersichtlichkeit dient die Einteilung **nichtleistungsbezogener Treuepflichten** in **Wettbewerbsverbote, Geheimhaltungspflichten, sonstige Unterlassungspflichten** und das **Verbot** der anderweitigen **Störung der Vertrauensgrundlage**.

b) **Wettbewerbsverbote***
aa) **Allgemeines**

509 Eine praktisch wichtige Konkretisierung leistungsunabhängiger Treuepflichten stellen die vertraglichen **Wettbewerbsverbote** dar. Solange nur der Arbeits- oder Gesellschaftsvertrag selbst bzw dessen Zweck betroffen ist, und der Wettbewerb zu einer Entwertung der Leistung des Arbeitnehmers oder Gesellschafters führen könnte, handelt es sich um eine **Nebenleistungstreuepflicht** (vgl MünchKomm/Roth Rn 77; s Rn 261 ff, 289 ff). Dient das Wettbewerbsverbot dagegen dem Schutz des gesamten Vermögens oder auch des Rufes eines Vertragspartners, so stellt es sich als Ausprägung einer **nichtleistungsbezogenen Treupflicht** dar. Nur Letztere sollen hier kurz erörtert werden, beginnend mit den gesetzlichen Wettbewerbsverboten.

bb) **Gesetzlich normierte Wettbewerbsverbote**

510 §§ 60, 61 HGB normieren das Wettbewerbsverbot des **Handlungsgehilfen** (vgl Staudinger/Looschelders/Olzen § 242 Rn 777), der während der Dauer des Vertrages ohne Einwilligung des Prinzipals weder ein Handelsgewerbe betreiben noch in dem Handelszweig des Prinzipals für eigene oder fremde Rechnung Geschäfte machen darf. Dasselbe Wettbewerbsverbot trifft gem §§ 112, 113 HGB auch die **Gesellschafter einer OHG** sowie über § 161 Abs 2 HGB die **Komplementäre einer KG**, während die Kommanditisten gem § 165 HGB nicht davon betroffen sind. Schließlich unterliegen auch die **Vorstandsmitglieder einer AG** gem § 88 AktG einem entsprechenden Wettbewerbsverbot.

cc) **Außergesetzliche Wettbewerbsverbote**

511 Wettbewerbsverbote können im Rahmen bestehender vertraglicher Schuldverhältnisse auf ausdrücklicher Abrede beruhen oder sich im Wege der erläuternden oder ergänzenden Vertragsauslegung begründen lassen. So ergibt zB die Auslegung eines Miet- oder Pachtvertrages, dass der **Vermieter** gewerblicher Räume oder **Verpächter** eines Unternehmens zB dem Mieter bzw Pächter nicht selbst Konkurrenz machen

---

* **Schrifttum**: Angelis, Ungeschriebene Wettbewerbsverbote für Gesellschafter im GmbH-Recht (Diss Münster 1997); Bauer/Diller, Wettbewerbsverbote (3. Aufl 2002); Gössling-Hoff, Einbeziehung Dritter in Wettbewerbsverbote (Diss Bielefeld 2000); Römermann, Nachvertragliche Wettbewerbsverbote bei Freiberuflern, BB 1998, 1489 ff; Strelau, Wettbewerbsverbote für den GmbH-Geschäftsführer und Befreiungsmöglichkeiten (Diss Marburg 1999); Wertheimer, Bezahlte Karenz oder entschädigungslose Wettbewerbsenthaltung des ausgeschiedenen Arbeitnehmers, BB 1999, 1600 ff; Wündisch, Wettbewerbsverbote im Verlagsvertrag (Diss Leipzig 2001).

oder Räume an einen Konkurrenten vermieten darf (vgl Staudinger/Emmerich [2003] § 535 Rn 23 sowie Staudinger/Sonnenschein [1996] § 581 Rn 152 ff; s Rn 153, 157, 161, 222). Gleiches kann je nach schuldrechtlichen Beziehungen auch zwischen Eigentümer und **Erbbauberechtigtem** gelten (OLG Karlsruhe WM 1962, 26, 27). Ob der **Arbeitnehmer** im Geschäftszweig des Arbeitgebers nach Beendigung des Arbeitsverhältnisses konkurrierend tätig werden kann, ist dagegen umstritten (vgl MünchKomm/Roth § 242 Rn 96; s Rn 153, 157, 161, 225, 290), wird jedoch ohne entsprechende vertragliche Vereinbarung wegen der Spezialität der §§ 823, 826 und § 3 UWG weitgehend bejaht (vgl BAG BB 1999, 212 ff; LAG Köln NZA-RR 1996, 2 nimmt ein Wettbewerbsverbot nur bei entspr Karenzentschädigung gem §§ 74 ff HGB an; z Einordnung als nachwirkende Treuepflicht vor allem Wertheimer BB 1999, 1600, 1603). Ähnliches muss für Freiberufler gelten, zB in einer Gemeinschaftspraxis zusammengeschlossene **Ärzte** oder **Rechtsanwälte**, die Mitglied einer Sozietät sind (ausf mwNw Römermann, Nachvertragliche Wettbewerbsverbote bei Freiberuflern, BB 1998, 1489 ff).

c) Geheimhaltungspflichten
Zum Schutz des Vermögens zB in Form eines Unternehmens können **Geheimhal-** 512
tungspflichten als nichtleistungsbezogene Treuepflichten bestehen, die zum Teil auch als Diskretionspflichten bezeichnet werden (Larenz, Schuldrecht I § 9 I 2, der sie als Unterfall der von ihm als Loyalitätspflichten bezeichneten Rücksichtspflichten versteht). Sie sind ebenfalls von den Nebenleistungstreuepflichten abzugrenzen, die gleichfalls die Geheimhaltung bestimmter Informationen zum Inhalt haben können (so Rn 153, 157, 161). Sobald jedoch das Integritätsinteresse des Gegenübers, meist in Form des allgemeinen Vermögensschutzes, betroffen wird, ist der Anwendungsbereich des Abs 1 verlassen und auf Abs 2 zurückzugreifen.

Gesetzliche Geheimhaltungspflichten finden sich innerhalb des BGB überhaupt 513
nicht. Lediglich im **Gesellschaftsrecht** sind wenige Geheimhaltungspflichten ausdrücklich normiert, etwa in § 93 Abs 2 S 2 AktG oder in § 116 AktG (z Strafbarkeit vgl § 404 AktG, § 17 UWG).

Daneben erkennt die Rspr außergesetzliche Geheimhaltungspflichten an, und zwar 514
unter ähnlichen Voraussetzungen, wie sie für außergesetzliche Obhutspflichten bestehen (so Rn 487 ff). Deshalb wird dem **Arbeitnehmer** die Pflicht zur Bewahrung der Geschäfts- und Betriebsgeheimnisse seines Arbeitgebers auferlegt (vgl MünchKomm/Roth Rn 96; Einzelheiten bei Staudinger/Richardi [1999] § 611 Rn 409 ff). Eine solche Pflicht trifft auch die **Gesellschafter** bzgl der Geschäftsgeheimnisse der Gesellschaft, aus der sie ausgeschieden sind. Ferner ist die **Bank** zur Geheimhaltung aller Daten verpflichtet, die ihre Kunden betreffen und deren Geheimhaltung in deren Interesse liegt (MünchKomm/Ernst § 280 Rn 100). Eine Bank verletzt uU eine leistungsunabhängige Treuepflicht, wenn sie entgegen dem Wunsch des Kunden seinen Gläubigern Zahlungseingänge mitteilt (BGHZ 27, 241, 246 = NJW 1958, 1232).

d) Sonstige Unterlassungspflichten
Parteien eines Schuldverhältnisses können auch zu **sonstigen Unterlassungen** ver- 515
pflichtet sein, die neben das Wettbewerbsverbot sowie die Geheimhaltungspflicht treten. Auch dabei muss zwischen leistungsbezogenen und leistungsunabhängigen Unterlassungspflichten unterschieden werden (so Rn 508). Gesetzlich normiert sind solche Unterlassungspflichten zwar nicht. Sie entstammen aber dem jeweiligen

Schuldverhältnis unter Berücksichtigung des Abs 2 und des Prinzips von Treu und Glauben gem § 242.

516 Aus dieser Überlegung wurde es dem einzelnen **Aktionär** zB auf Grund der unter den Aktionären bestehenden Treuepflicht (vgl dazu STAUDINGER/LOOSCHELDERS/OLZEN § 242 Rn 947 ff) nicht erlaubt, eine sinnvolle und mehrheitlich angestrebte Sanierung der Gesellschaft – einschließlich einer zum Sanierungskonzept gehörenden Kapitalherabsetzung – aus eigennützigen Gründen zu verhindern (BGH NJW 1995, 1739 ff; z Treuepflicht u der Verjährung v Schadensersatzansprüchen gegen GmbH-Gesellschafter-Geschäftsführer vgl BGH NJW 1999, 781 ff). Wird das Grundkapital einer AG im Zuge der Herabsetzung auf Null erhöht, gebietet die Treuepflicht dem Mehrheitsaktionär außerdem, möglichst vielen Aktionären den Verbleib in der Gesellschaft zu eröffnen. Daraus ergibt sich grds die Pflicht, das Entstehen unverhältnismäßig hoher Spitzen dadurch zu vermeiden, dass der Nennwert der neuen Aktien auf den gesetzlichen Mindestbetrag festgelegt wird (BGH NJW 1999, 3197).

517 Ein **Arbeitnehmer** muss sich in seiner Freizeit so verhalten, dass das Ansehen des Arbeitgebers nicht geschädigt wird. Einem Angestellten des öffentlichen Dienstes, der ein vorsätzliches Tötungsdelikt beging, wurde deswegen außerordentlich gekündigt (BAG NZA 2000, 1282 f).

e) Störung der Vertrauensgrundlage

518 Verfehlungen einer Partei können schließlich zur **Störung der Vertrauensgrundlage** zwischen den Beteiligten führen. Dies ist insbesondere bei Dauerschuldverhältnissen von großer Bedeutung (s Rn 153, 157, 161, 219 ff). Auf diesem Gedanken beruhen auch die durch das Schuldrechtsmodernisierungsgesetz (s STAUDINGER/OLZEN Einl 184 ff zu §§ 241 ff) eingefügten § 313 und § 314, die regelmäßig zu einer Beendigung des Vertragsverhältnisses führen, wenn diese Vertrauensgrundlage erschüttert ist. Meist führt ihre Störung zu einer Gefährdung des Leistungserfolges und des Vertragszwecks (vgl MünchKomm/ROTH § 242 Rn 76). Dann liegt die Verletzung einer **leistungsbezogenen Nebenpflicht** vor (so Rn 162 ff). Bei einem reinen **Güterumsatzgeschäft** bedeuten **Ehrverletzungen** allerdings regelmäßig keine solche Gefährdung des Vertragszwecks (vgl OLG Hamburg MDR 1955, 289; vgl MünchKomm/ROTH § 242 Rn 76; s Rn 153, 157, 161, 219). Ein derartiges uU auch strafbares oder unredliches Verhalten einer Partei kann jedoch zu einer Beeinträchtigung des **Integritätsinteresses** der anderen Partei führen (vgl BGH LM [Hd] § 276 Nr 1; MünchKomm/ROTH § 242 Rn 76) und damit in den Anwendungsbereich des Abs 2 fallen, zB bei einer Beleidigung des Arbeitgebers durch den Arbeitnehmer (BAG NJW 1978, 1874; LAG Hamm BB 1995, 678; MünchKomm/ ROTH § 242 Rn 76) oder bei anderweitigen dauernden Rücksichtslosigkeiten, Schikanen oder persönlichen Kränkungen (vgl MünchKomm/ROTH Rn 76; LARENZ, Schuldrecht I § 24 Ia).

IX. Haftungsmilderungen bei Rücksichtspflichten*

519 Das viel diskutierte Problem, ob **Haftungsmilderungen**, die für **Leistungspflichten** gelten, auch auf **Rücksichtspflichten** anzuwenden sind, stellt sich in unterschiedlichen Konstellationen: Zum einen ist die Frage im Hinblick auf Rücksichtspflichten inner-

---

* **Schrifttum**: DEUTSCH, Fahrlässigkeit und Erforderliche Sorgfalt (1963); GERHARDT, Der

halb eines **wirksamen Vertrages** zu untersuchen, und zwar unterschieden nach **vertraglichen** und **gesetzlichen Haftungsmilderungen**. Da auch der **nichtige Vertrag** (so Rn 399 f) Rücksichtspflichten erzeugen kann, stellt sich dort das Problem in gleicher Weise und auch das **Gefälligkeitsverhältnis**, aus dem ebenfalls Rücksichtspflichten entstehen können (so Rn 396 ff), muss daraufhin untersucht werden. Von Bedeutung ist schließlich, ob solche Haftungsbeschränkungen auf die **deliktische Haftung** auszudehnen sind (su Rn 530 ff).

1. Haftungsmodifikationen in bestehenden Verträgen

Die erste Frage, ob Haftungsmodifikationen für Leistungspflichten in **bestehenden** **520** **Verträgen** auch die Verantwortlichkeit für die Erfüllung von Rücksichtspflichten beeinflussen, wird unterschiedlich beurteilt. Bei der Beantwortung muss zwischen **vertraglichen** und **gesetzlichen Haftungsbeschränkungen** unterschieden werden.

Vereinzelt bezieht man **gesetzliche Haftungsbeschränkungen** nur auf den Vertrags- **521** gegenstand bzw die **Leistungspflicht** (Frost, Schutzpflichten 234). Daher sollen die Beschränkungen sowohl bei vorvertraglichen als auch für Rücksichtspflichten während der Vertragsdurchführung generell unanwendbar sein (Frost, Schutzpflichten 234 f). Andere vertreten dagegen die Ansicht, dass die **gesetzlichen Haftungsmodifikationen** generell auf die Rücksichtspflichten auszudehnen seien, und zwar auch im vorvertraglichen Stadium (so ausdrücklich Canaris JZ 1965, 475, 481). Lediglich bei **vertraglich vereinbarten Haftungsbeschränkungen** seien die Wechselwirkungen im Wege der **Auslegung** zu ermitteln (ausf hierzu: Canaris JZ 1965, 475, 481). Die Haftungsbeschränkung gelte dann nicht für bereits im vorvertraglichen Bereich entstandene Schäden, sondern nur für solche, die im Zeitpunkt der Vereinbarung noch nicht eingetreten oder bekannt waren (vgl Canaris JZ 1965, 475, 481).

Wieder andere Autoren wenden sich gegen jede Einheitslösung. Vielmehr müsse die **522** Antwort im **Einzelfall** (so Thiele JZ 1967, 649, 654; Gerhardt JuS 1970, 597, 600 f; Medicus BR Rn 209a) entsprechend dem **Zweck der beschränkenden Norm** und ihrer danach zu bestimmenden **Reichweite** gefunden werden (so Thiele JZ 1967, 649, 654; Medicus BR Rn 209a). Nur wenn die Haftungsbeschränkung sich nicht allein auf den Vertrags-

---

Haftungsmaßstab im gesetzlichen Schuldverhältnis (Positive Vertragsverletzung, culpa in contrahendo), JuS 1970, 597 ff; ders, Die Haftungsfreizeichnung innerhalb des gesetzlichen Schuldverhältnisses, JZ 1970, 535 ff; Grundmann, Zur Dogmatik der unentgeltlichen Rechtsgeschäfte, AcP 198 (1998) 457, 461 ff; Henckel, Vorbeugender Rechtsschutz im Zivilrecht, AcP 174 (1974) 97 ff; Maier, Gefälligkeit und Haftung, JuS 2001, 746 ff; Medicus, Zur Reichweite gesetzlicher Haftungsmilderungen, in: FS Odersky (1996) 589 ff; Michaelis, Beiträge zur Gliederung und Weiterbildung des Schadensrechts (1943); Schlechtriem, Schutzpflichten und geschützte Personen, in: FS Medicus (1999) 529 ff; Wacke, Anm z Urt des BGH v 20.11.1984, BB 1985, 1356 ff; ders, Vertragsordnung und außervertragliche Haftung (1972); Schleeh, Vorvertragliches Fehlverhalten und der Schutz Dritter (Diss Tübingen 1965); Schmidt, in Nachdruck von Jhering cic und Staub pVV (1969) 131 ff; Schreiber, Haftung bei Gefälligkeiten, Jura 2001, 810 ff; Schubert, Anm z Urt des BGH v 20.11.1984, JR 1985, 324; Schwertner, Der Ersatz des Verlustes des Schadensfreiheitsrabattes in der Haftpflichtversicherung, NJW 1963 ff; Stoll, Anm z Urt des BGH v 20.11.1984, JZ 1985, 384 ff.

gegenstand ieS und damit auf das Leistungsinteresse beziehe, sondern auch das **Erhaltungsinteresse** berühre, könne sie auf Rücksichtspflichten Anwendung finden (vgl GERHARDT JuS 1970, 597, 603).

523 Dieser Tendenz folgte auch der BGH jedenfalls für **gesetzliche Haftungsbeschränkungen** (sog Kartoffelpülpefall vgl BGHZ 93, 23 ff; dazu teils krit STOLL JZ 1985, 384 ff; SCHLECHTRIEM BB 1985, 1356 ff; SCHUBERT, Anm z Urt des BGH v 20.11.1984, JR 1985, 324 ff). So hielt er etwa die Haftungsmilderung für die Leistungspflicht des Schenkers in § 521 deshalb auf Rücksichtspflichtverletzungen für anwendbar, weil die im Streit stehende Pflichtverletzung im Zusammenhang mit dem Vertragsgegenstand stand (ähnlich auch OLG Köln VersR 1988, 381 f; MEDICUS, in: FS Odersky [1996] 589 ff; ders auch ausf in BR Rn 209a; ähnlich SCHMIDT, in Nachdruck von IHERING cic und STAUB pvv 159; vgl grds auch: GRUNDMANN, Zur Dogmatik der unentgeltlichen Rechtsgeschäfte, AcP 198 [1998] 457, 461 ff). Daran wurde jedoch kritisiert, dass weder der Wille des historischen Gesetzgebers noch das Schutzbedürfnis des Leistungsempfängers die Anwendung gesetzlicher Haftungsmilderungen erzwungen habe, soweit es um das Erhaltungsinteresse des Betroffenen ginge (L MÜLLER JuS 1998, 897; LARENZ/CANARIS, Schuldrecht II/1 § 47 II a; SCHLECHTRIEM BB 1985, 1356 ff; STOLL JZ 1985, 384 ff; ähnlich bereits: DEUTSCH, Fahrlässigkeit und erforderliche Sorgfalt [1963] 321; SCHLECHTRIEM, Vertragsordnung und außervertragliche Haftung [1972] 332 ff; SCHLEEH, Vorvertragliches Fehlverhalten und der Schutz Dritter [Diss Tübingen 1965] 89 ff; MICHAELIS, Beiträge zur Gliederung und Weiterbildung des Schadensrechts [1943] 25; **aA** ausf begr: MEDICUS, in: FS Odersky [1996] 589 ff).

524 Auch wenn die Kritik an der Entscheidung des BGH berechtigt sein mag, so bleibt die Frage, ob gesetzliche und vertragliche Haftungsmilderungen auch für Rücksichtspflichten iSv Abs 2 gelten, dennoch einer **Einzelfallabwägung** vorbehalten (z entspr Problemen der Entstehung v Rücksichtspflichten im Rahmen nichtiger Verträge so Rn 399 f). Maßstab der Abwägung muss der **Zweck der beschränkenden Norm** sein (so Rn 522).

2. Haftungsmodifikationen beim nichtigen Vertrag

525 Da nach der hier vertretenen Ansicht die **Nichtigkeit eines Vertrages** der Annahme von Rücksichtspflichten nicht entgegensteht (so Rn 399 f), stellt sich die Frage des Haftungsmaßstabes dort ebenso wie beim bestehenden Vertrag. **Vertragliche Vereinbarungen** können hier zwar keine unmittelbaren Auswirkungen entfalten, da das Rechtsgeschäft insgesamt unwirksam ist. Sofern aber die Nichtigkeit des Rechtsgeschäftes nicht gerade auf dem Haftungsausschluss beruht, sollten zulässige Haftungsbeschränkungen ihre Wirkungen auf entsprechende Pflichtverletzungen behalten, da der Geschädigte im Falle eines nichtigen Vertrages besser gestellt sein darf als im Falle seiner Wirksamkeit. Voraussetzung dafür ist allerdings, dass sich die Haftungsmilderungen nicht nur auf die Leistungspflicht, sondern auch auf die Rücksichtspflicht erstrecken sollte. Insofern gelten die gleichen Erwägungen wie beim wirksamen Vertrag (so Rn 520 ff).

526 Ähnliche Überlegungen gelten auch für die Anwendung **gesetzlicher Haftungsmodifikationen**. Lässt sich im Einzelfall feststellen, dass diese für die **Leistungsverpflichtung** geschaffenen Erleichterungen auch auf die Verletzung des Integritätsinteresses auszudehnen sind, bestehen keine Bedenken, sie für nichtige Verträge gelten zu lassen. Im sog Kartoffelpülpefall (so Rn 523) würde deshalb die analoge Anwendung des § 521 auf Rücksichtspflichten unabhängig davon in Betracht stehen, ob der zugrunde liegende Schenkungsvertrag wirksam oder nichtig ist.

3. Haftungsmodifikationen bei Gefälligkeitsverhältnissen

Unterschiedliche gesetzliche Haftungsmaßstäbe für **unentgeltliche Verträge** haben 527 zur Folge, dass auch die **Haftungsmilderung** für Rücksichtspflichten in **Gefälligkeitsverhältnissen** kontrovers diskutiert wird. **Vereinbarungen** über Haftungsmilderungen bei Rücksichtspflicht sind im gesetzlich zulässigen Rahmen möglich, manchmal auch im Wege der Auslegung gem §§ 133, 157, 242 zu ermitteln.

Eine analoge Anwendung **gesetzlicher Haftungsreduzierungen** aus anderen Vertrags- 528 modellen erscheint jedenfalls dann überzeugend, wenn das fragliche Verhalten in einem unentgeltlichen Vertrag unter die entsprechende Haftungsreduktion fallen würde (MünchKomm/KRAMER Einl zu §§ 241 ff Rn 42; GERNHUBER, Schuldverhältnis § 7 I [122]; MEDICUS, AT Rn 189; SCHWERTNER NJW 1971, 1665). Der Schuldner soll für die Verletzung von Rücksichtspflichten in Gefälligkeitsverhältnissen nicht schärfer haften, als bei bestehendem Vertrag. Lässt sich eine komplexe Gefälligkeit im Falle ihrer Rechtsverbindlichkeit mehreren (unentgeltlichen) Vertragstypen zuordnen, entscheiden über die (analoge) Anwendung der jeweiligen Haftungsmaßstäbe die gleichen Regeln, die auf **gemischte Verträge** Anwendung finden (MEDICUS, AT Rn 189).

Davon abgesehen gibt es aber keine Ansatzpunkte, um die Haftung für Rücksichts- 529 pflichtverletzungen in Gefälligkeitsverhältnissen **grds zu reduzieren** (MünchKomm/ KRAMER Einl zu §§ 241 ff Rn 42; PALANDT/HEINRICHS Einl v § 241 Rn 8a; FLUME, AT II § 7, 6; GERNHUBER, Schuldverhältnis § 7 I 3 [129]; SCHREIBER Jura 2001, 810, 813; vgl auch HOFFMANN AcP 167 [1967] 394, 402). Allerdings erlaubt die Auslegung anhand objektiver Kriterien, das Interesse der Beteiligten an einer gerechten Schadensverteilung, ähnlich wie auch bei der Feststellung des Rechtsbindungswillens für eine Leistungspflicht (so Rn 72 ff) zu berücksichtigen. Sind also schwerwiegende Schäden aus einem versprochenen Verhalten zu befürchten, so spricht dies als Indiz für vertragliche Bindung.

4. Die Auswirkung der Haftungsbeschränkungen auf die deliktische Haftung

Ohne ein Rücksichtspflichten erzeugendes Schuldverhältnis bleiben dem Geschä- 530 digten stets die **deliktischen Ansprüche** der §§ 823 ff, die aber auch mit denjenigen aus einer vertraglichen Rücksichtspflichtverletzung konkurrieren kann. Dieses Problem steht im Zusammenhang mit der zivilrechtlichen Konkurrenzlehre, also mit der Frage, inwieweit Ansprüche nebeneinander bestehen oder sich gegenseitig ausschließen, bzw wie sie sich wechselseitig beeinflussen. Die frühere Relevanz für das Verjährungsrecht ist aufgrund des Schuldrechtsmodernisierungsgesetzes zum 1.1.2002 (s STAUDINGER/OLZEN Einl 184 ff zu §§ 241 ff) und insbesondere aufgrund des Gesetzes zur Anpassung von Verjährungsvorschriften an das Gesetz zur Modernisierung des Schuldrechts vom 14.12.2004 (BGBl I 2004, 3214) weitgehend weggefallen (zum Verjährungsrecht vgl STAUDINGER/PETERS [2004] § 195 Rn 18 ff); sieht man von Einzelfragen zu Mangelfolgeschäden und etwa zu § 548 ab.

Im Zusammenhang mit den Auswirkungen von Haftungsmilderungen bleibt aber 531 nach wie vor umstritten, ob die deliktischen Ansprüche ihnen in gleicher Weise unterworfen sind wie die Rücksichtspflichtverletzungen im Rahmen bestehender Schuldverhältnisse (bejahend BGHZ 46, 313, 316; 46, 140, 145; NJW 1967, 42; 1967, 558; 1972, 475; BGHZ 93, 23, 29; vgl auch OLG Köln VersR 1988, 381 f; für einen generellen Haftungsausschluss bei leichter Fahrlässigkeit HOFFMANN AcP 167 [1967] 394, 406 mwNw in Fn 70; ERMAN/SCHIEMANN Vor § 823 Rn 26; nur in Fällen „echter Hilfeleistung" FIKENTSCHER, Schuldrecht Rn 25).

532 Wenn zulässige **vertragliche Haftungsbeschränkungen** ihren Sinn behalten sollen, kann ihre Ausdehnung auf deliktische Ansprüche nicht bezweifelt werden (STAUDINGER/REUTER [1996] § 599 Rn 3; MünchKomm/KOLLHOSSER § 521 Rn 10 mwNw). Teilt man den Ansatzpunkt, dass die Haftung bei **nichtigen Verträgen** nicht schärfer sein soll als im Falle der Wirksamkeit eines Vertrages, so gilt dafür ebenfalls, dass Haftungsreduktionen die deliktische Haftung beeinflussen.

533 Hinsichtlich der Übertragung des Haftungsmaßstabs für Rücksichtspflichtverletzungen in **Gefälligkeitsverhältnissen** (ausf dazu STAUDINGER/REUTER [1996] Vorbem 11 ff zu §§ 598 ff) auf deliktische Ersatzansprüche müssen die gleichen Überlegungen wie für die übrigen Rücksichtspflichten gelten: Sofern die Parteien eine Vereinbarung getroffen haben, kann man diesen den Einfluss auf die (allgemeinen) deliktischen Ansprüche nicht absprechen. Entsprechendes gilt, sofern gesetzliche Wertungen aus unentgeltlichen Verträgen im Wege der Analogie übertragen werden.

534 Die Mehrzahl der in diesem Zusammenhang ergangenen Entscheidungen bezog sich auf die Haftung im Rahmen von **Gefälligkeitsfahrten** (RGZ 145, 390, 394; BGHZ 63, 51, 57; vgl auch BGHZ 61, 101; 53, 352; 46, 313 sowie dazu DEUTSCH JuS 1967, 496 ff; z § 430 HGB vgl BGHZ 46, 140, 144 f). Die dort gewonnenen Erkenntnisse gelten jedoch auch für andere Gefälligkeiten (vgl ausf STAUDINGER/HAGER [1999] Vorbem 41 ff zu §§ 823 ff). Dogmatisch ist aber zu beachten, dass die Argumente meist vermischt werden, ob im Rahmen von Gefälligkeiten überhaupt für die Verletzung von Rücksichtspflichten gehaftet wird, und wie sich evtl Haftungsbeschränkungen auf die deliktischen Ansprüche auswirken.

535 Rspr und hL lehnen eine **generelle Haftungsbeschränkung** auf Vorsatz und grobe Fahrlässigkeit ab (RGZ 145, 390, 394; BGH NJW 1958, 905; MünchKomm/KRAMER Einl zu §§ 241 ff Rn 43 mwNw; ROTHER, Haftungsbeschränkungen im Schadensrecht [1965] 170; GERNHUBER, Schuldverhältnis § 7 I 3 c; ähnl MEDICUS, AT Rn 189 aE; MERSSON, Zur Haftung bei Gefälligkeitsfahrten, DAR 1993, 87, 90; MAIER JuS 2001, 746, 751; z Haftungsprivilegierung im Zusammenhang mit § 1359 vgl BGHZ 53, 352 ff; 61, 101 ff; 63, 51, 57 ff; BGH NJW 1992, 1227, 1228). Die rechtliche Bewertung (dazu HIRTE/HEBER JuS 2002, 241 ff) hat sich allerdings dadurch verändert, dass seit dem 1. 8. 2002 auch **unentgeltlich** beförderte Personen in die **Gefährdungshaftung** einbezogen sind (§ 8a StVG), während dies vorher gem § 8a Abs 1 S 1, 2 iVm § 7 StVG nur bei Verletzung einer Person oder Beschädigung einer Sache innerhalb einer **entgeltlichen, geschäftsmäßigen Beförderung** in einem Kraftfahrzeug galt (BGH NJW 1992, 2474, 2475). Dieser erweiterte gesetzliche Schutz kann nicht ohne Auswirkung für die Auslegung bleiben, ob eine Haftungsreduktion gewollt ist oder nicht. Das Interesse des Schädigers daran dürfte sich durch die Neuregelung ersichtlich verschärft haben.

536 In Bezug auf **alle Ansprüche**, also auch im Hinblick auf deliktische Ansprüche, ist in entsprechenden Fällen an einen **stillschweigenden Haftungsverzicht** zu denken (BGH NJW 1959, 1221; BGH VersR 1980, 384; BGH NJW 1992, 2474, 2475; STAUDINGER/HAGER [1999] Vorbem 41 ff zu §§ 823 ff), der allerdings wegen der Schwierigkeiten, den Rechtsbindungswillen verlässlich festzustellen, nicht selten fingiert würde (MünchKomm/KRAMER Einl zu §§ 241 ff Rn 43; z vergleichbaren Problem bei der Begründung v Leistungsansprüchen so Rn 71 ff). Legt man das Verhalten der Beteiligten unter Berücksichtigung der Interessenlage im Einzelfall aus, so sprechen aber viele Gründe gegen die Annahme einer Haftungsreduktion oder eines Haftungsverzichts. Denn während auf der Seite des Geschädigten immense Verluste auftreten können, besteht der Schaden des Verpflichteten bei entsprechender Versicherung nur in seiner Rückstufung (vgl dazu auch BGHZ 39, 156, 158; 63, 51, 59; BGH NJW 1969, 41, 42; 1993, 3067; OLG Zweibrücken NJW-RR 2000, 1191; z Versicherbarkeit v Risiken s STAUDINGER/OLZEN Einl 89 ff zu §§ 241 ff, ferner GERNHUBER, Schuldverhältnis § 7 I 3 c; ausf HUBER, Das neue Schadensersatzrecht [2003] § 4 Rn 157 ff; STAUDINGER/HAGER [1999] Vorbem 44 ff zu §§ 823 ff).

Die teilweise vertretene Ansicht, die Teilnahme an einer Gefälligkeitsfahrt enthalte **537** als „**Handeln auf eigene Gefahr**" (dazu ausf STOLL, Das Handeln auf eigene Gefahr [Habil Hamburg 1960] 14 ff; vgl auch LOOSCHELDERS, Mitverantwortlichkeit 440 ff) **grds** eine Einwilligung in die Gefährdung oder Verletzung mit der Folge eines Anspruchsverlusts oder einer Anspruchsminderung, erscheint deshalb nicht überzeugend, weil die Beteiligten auf den Nichteintritt des Schadens vertrauen. Vielmehr müssten solche Fälle mangels Anhaltspunkten für eine vertragliche Regelung über § 254 gelöst werden (BGHZ 34, 355, 363 = NJW 1961, 655; BGHZ 43, 72, 77; vgl insgesamt auch STAUDINGER/HAGER [1999] Vorbem 42 ff zu §§ 823 ff; MünchKomm/KRAMER Einl zu §§ 241 ff Rn 42), während zunächst § 276 anzuwenden ist. Ein **Mitverschulden** des Geschädigten lässt sich aber nur dann annehmen, wenn gefahrerhöhende Aspekte, wie zB die Trunkenheit oder der bekannte Leichtsinn des Fahrers, ersichtlich waren (ausf STAUDINGER/SCHIEMANN [2005] § 254 Rn 62 zum Handeln auf eigene Gefahr u z Gefälligkeiten Rn 72 ff).

X. Rechtsfolgen der Pflichtverletzung

1. Allgemeines

Gem Abs 2 kann das Schuldverhältnis nach seinem Inhalt zur Rücksicht auf die **538** Rechte, Rechtsgüter und Interessen verpflichten (so ie Rn 379 ff). Auch wenn die Klagbarkeit im Hinblick auf die **Erfüllung** der Rücksichtspflicht umstritten ist (su Rn 544 ff), so stehen dem Gläubiger jedenfalls bei ihrer Verletzung **Schadensersatzansprüche** zu (su Rn 540 ff; ausf KUHLMANN, Schutzpflichten 251 ff; hierzu auch REISCHL JuS 2003, 45 ff; ausf z Rechtslage vor der Schuldrechtsreform: KREBS, Sonderverbindung 533 ff; auch JAKOBS, Typen der positiven Vertragsverletzung [1965] 150 ff; krit MOTZER JZ 1983, 889; sa STAUDINGER/OTTO [2004] Vorbem 20 zu §§ 280–285 u § 280 Rn C 15 ff). Darüber hinaus kann er vom Vertrag **zurücktreten** (su Rn 543).

Bei der Geltendmachung eines Schadensersatzanspruches oder beim Rücktritt vom **539** Vertrag wirkt sich die Problematik aus, dass manche Pflichten sowohl Leistungs- als auch Rücksichtspflicht sein können (so Rn 153, 157, 161). Je nach Qualifizierung der Pflicht müssen unterschiedliche Voraussetzungen im Hinblick auf die Rechte des Gläubigers vorliegen (vgl §§ 281, 282 u §§ 323, 324). ZB kann der Gläubiger bei Verletzung der Rücksichtspflicht **Schadensersatz statt der Leistung** nur dann verlangen, wenn ihm die Leistung durch den Schuldner nicht mehr zuzumuten ist (su Rn 541). Der ambivalente Charakter entsprechender Pflichten hat also zur Folge, dass man für die Rechtsfolgen jeweils darauf abstellen muß, ob eine Beeinträchtigung des **Erfüllungs-** oder des **Erhaltungsinteresses** geltend gemacht wird (so bereits vor der Schuldrechtsmodernisierung: THIELE JZ 1967, 649, 650).

2. Schadensersatz

a) Schadensersatz gem § 280 Abs 1

540 Bei Verletzung einer Rücksichtspflicht kann der Gläubiger **Schadensersatz** verlangen. Abs 2 bildet dafür keine Anspruchsgrundlage, sondern der Anspruch gründet sich auf § 280 Abs 1 S 1 (so auch Hk-BGB/SCHULZE Rn 3; auch schon z früheren Rechtslage: LARENZ, Schuldrecht I § 9). Die Beweislast für die Voraussetzungen des Anspruchs trägt der Gläubiger (so amtl Begr in BT-Drucks 14/6040, 136) mit Ausnahme des Verschuldens, § 280 Abs 1 S 2. Abs 2 muss also lediglich herangezogen werden, um festzulegen, ob im fraglichen Fall eine Rücksichtspflicht verletzt wurde (z Beweislast bei § 280 auch STAUDINGER/OTTO [2004] § 280 Rn F 26 ff). Der Anspruch richtet sich auf Ersatz des Schadens, der durch die **Verletzung des Erhaltungsinteresses** entstanden ist. Dies bedeutet, dass der Gläubiger so zu stellen ist, als wäre die Rücksichtspflicht beachtet worden. Ein darüber hinausgehendes positives Interesse muss nicht ersetzt werden (BGH NJW 1981, 1035).

b) Schadensersatz statt der Leistung gem § 280 Abs 3 iVm § 282

541 Wie bereits erwähnt (so Rn 539) kann der Gläubiger gem § 280 Abs 3 iVm § 282 bei Verletzung einer Rücksichtspflicht iSd Abs 2 **Schadensersatz statt der Leistung** verlangen, wenn ihm die Leistung durch den Schuldner nicht mehr zuzumuten ist. Dies erfordert eine Wertung, bei der sowohl die Interessen des Gläubigers als auch des Schuldners Berücksichtigung finden müssen (so amtliche Begründung in BT-Drucks 14/6040, 142). Als Bsp nennen die Gesetzesmaterialien den Fall, dass ein Maler zwar seine eigentlichen Malerarbeiten ordentlich ausführt, auf dem Weg zu seiner Wirkungsstätte jedoch mehrfach die Eingangstür und Einrichtungsgegenstände beschädigt (BT-Drucks 14/6040, 141). Im Gegensatz zum Schadensersatz gem § 280 Abs 1 erhält der Geschädigte im Fall des § 282 den Ersatz des **positiven Interesses**. Soweit sich die Verletzung seiner Rücksichtspflichten auf die Hauptleistung auswirkt und dabei zur Folge hat, dass diese Leistung nicht vertragsgemäß erbracht wird, greift allerdings § 281 ein und nicht § 280 Abs 3 iVm § 282 (so amtliche Begründung in BT-Drucks 14/6040, 141).

c) Aufwendungsersatz gem § 284

542 Gem § 284 darf der Gläubiger anstelle des Schadensersatzes statt der Leistung **Ersatz der Aufwendungen** verlangen, die er im Vertrauen auf den Erhalt der Leistung gemacht hat und billigerweise machen durfte, es sei denn, deren Zweck wäre auch ohne die Pflichtverletzung des Schuldners nicht erreicht worden (L MÜLLER JuS 1998, 898). Der Gläubiger hat unter diesen Voraussetzungen folglich ein **Wahlrecht** zwischen dem Schadensersatz gem § 280 Abs 3 iVm § 282 und dem Aufwendungsersatz gem § 284.

3. Rücktritt gem § 324

Verletzt der Schuldner in einem **gegenseitigen Vertrag** eine Rücksichtspflicht nach 543
Abs 2, so kann der Gläubiger gem § 324 **zurücktreten**, wenn ihm das Festhalten am
Vertrag nicht mehr zuzumuten ist (dazu ausf STAUDINGER/OTTO [2004] § 324 Rn 37 ff; ZIM-
MER NJW 2002, 1, 6; vgl z Kommissionsentwurf: KUHLMANN, Schutzpflichten 279 ff). § 325 erlaubt
jetzt den Rücktritt neben der Geltendmachung des Schadensersatzanspruches. Die
Zumutbarkeit wird ebenso wie im Rahmen des § 282 durch eine Interessenabwä-
gung ermittelt (ausf o Rn 541). Bei Dauerschuldverhältnissen (so Rn 349 ff) muss die
Rechtslage jedoch anders beurteilt werden. An die Stelle des Rücktrittsrechts tritt in
diesem Fall das Recht zur **Kündigung aus wichtigem Grund** gem § 314 (BAMBERGER/
ROTH/GRÜNEBERG Rn 106; MünchKomm/ROTH Rn 112).

XI. Prozessuale Aspekte

1. Klagbarkeit der Rücksichtspflichten

Auch wenn es in der Rechtspraxis meist um den nachträglichen Ausgleich eines 544
durch die Verletzung von Rücksichtspflichten entstandenen Schadens geht, ist es
nicht ohne Belang, ob Rücksichtspflichten eingeklagt werden können. Insoweit muss
zwischen **gesetzlichen Rücksichtspflichten** und den **vereinbarten Pflichten** unterschieden werden (so Rn 521).

Einigkeit herrscht über die Klagbarkeit der Rücksichtspflichten, die **gesetzlich** aus- 545
drücklich **normiert** sind, zB in § 618 (so zB MEDICUS BR Rn 208). Bei nicht ausdrücklich
geregelten Rücksichtspflichten ist die Frage der Klagbarkeit dagegen str. Früher
waren die meisten Autoren der Ansicht, Rücksichtspflichten seien **grds unklagbar**,
weil ihnen der für eine klagbare Verpflichtung eigene Zweck fehle (so ENNECCERUS/
LEHMANN, Schuldrecht § 4 II 2; vgl auch LEHMANN, Unterlassungspflichten 90 ff; ähnlich LARENZ,
Schuldrecht I § 9 [105]; Hk-BGB/SCHULZE Rn 4).

Die vorherrschende Ansicht legt sich heute insoweit nicht mehr fest. Man bestreitet 546
eine generelle Unklagbarkeit ebenso wie eine unbeschränkte Klagbarkeit (vgl SOER-
GEL/TEICHMANN § 242 Rn 189; MünchKomm/KRAMER Rn 44, 113; GERNHUBER, Schuldverhältnis § 2
IV 3 [24 f]; BAMBERGER/ROTH/GRÜNEBERG Rn 43; MEDICUS BR Rn 208; HENCKEL AcP 174 [1974]
97, 112 Fn 28; STÜRNER JZ 1976, 384 ff; KÖHLER AcP 190 [1990] 496, 509; **aA** MOTZER JZ 1983, 884,
886 f). Manche wenden ein, die Klagbarkeit erweitere die Möglichkeit des vorbeu-
genden Rechtsschutzes für den Gläubiger so stark zu Lasten des Schuldners, dass sie
ihn veranlasse, Risiken möglichst nur begrenzt zu übernehmen (so MEDICUS BR
Rn 208). Viele Rücksichtspflichten seien zudem den Anforderungen des Prozess-
rechts nicht gewachsen (so GERNHUBER, Schuldverhältnis § 2 IV 3 [24 f]). Eine Lösung soll
daher durch Abwägung zwischen den Gläubiger- und Schuldnerinteressen bestimmt
werden (so KÖHLER AcP 190 [1990] 496, 509; MEDICUS BR Rn 208; HENCKEL AcP 174 [1974] 97,
112 Fn 28).

Danach sind Rücksichtspflichten nur **ausnahmsweise einklagbar**, weil andernfalls das 547
„vertrauensvolle Miteinander", das durch die Rücksichtspflichten gefördert werden
solle, behindert werde (so BAMBERGER/ROTH/GRÜNEBERG Rn 43; PALANDT/HEINRICHS Rn 7,
§ 242 Rn 25; KREBS, Sonderverbindung 547 ff). Sie können nach dieser Betrachtungsweise

nur bei drohender Rechtsverletzung gerichtlich geltend gemacht werden, und nur dann, wenn sie inhaltlich hinreichend bestimmt sind und ein effektiver Schutz der Gläubigerinteressen auf andere Weise entfällt (ausf KÖHLER AcP 190 [1990] 496, 509 ff; STÜRNER JZ 1976, 384 ff; SOERGEL/TEICHMANN § 242 Rn 189). Das so erforderliche **besondere Präventionsinteresse** liege vor, wenn existenzgefährdende Schäden oder die Verletzung von Rechtsgütern iSd § 823 Abs 1 drohten (AnwK-BGB/KREBS Rn 57; näher KREBS, Sonderverbindung 547 ff).

548 Die Frage, ob Rücksichtspflichten einklagbar sind, hat der Gesetzgeber ungeachtet ihrer Anerkennung in Abs 2 im Rahmen der Schuldrechtsmodernisierung (s STAUDINGER/OLZEN Einl 193 zu §§ 241 ff) nicht entschieden. Die Tatsache, dass er bei der Neufassung des § 241 als Rechtsfolgen nur Schadensersatzansprüche und Rücktrittsrechte bestimmte (so Rn 538 f), bedeutet jedoch keine bewusste Ablehnung ihrer Klagbarkeit. Vielmehr spricht die Gesetzesbegründung, nach der an der allgemeinen Lehre von den Schutzpflichten durch die Reform nichts geändert werden sollte (vgl amtliche Begründung in BT-Drucks 14/6040 125), eher dafür, die Klagbarkeit wie bisher nach den von der überwiegenden Ansicht herausgearbeiteten Kriterien zu beurteilen.

2. Anwendbarkeit des § 29 ZPO auf Rücksichtspflichten?

549 § 29 ZPO regelt den besonderen Gerichtsstand des **Erfüllungsortes**. In den Gesetzesmaterialien wurde über die Reichweite dieses Begriffes ausdrücklich keine Festlegung getroffen (vgl amtliche Begründung in BT-Drucks 14/6040 126). Es gibt demgemäß bis heute auch noch keine Stellungnahmen zu der Frage einer Anwendbarkeit der Norm auf **Rücksichtspflichten**. Gem dem Wortlaut des Abs 1 ist für Streitigkeiten aus einem Vertragsverhältnis und über dessen Bestehen das Gericht des Ortes zuständig, an dem die streitige Verpflichtung **erfüllt** werden muss. Eine **Vereinbarung** über den Erfüllungsort begründet gem § 29 Abs 2 ZPO nur dann die Zuständigkeit des entsprechenden Gerichtes, wenn die Vertragsparteien Kaufleute, juristische Personen des öffentlichen Rechts oder öffentlich-rechtliche Sondervermögen sind.

550 Der **gesetzliche Erfüllungsort** im Rahmen eines Schuldverhältnisses ist nicht einheitlich zu bestimmen, sondern kann für die jeweils verschiedenen Verpflichtungen auch unterschiedlich sein. Das BGB kennt zahlreiche besondere gesetzliche Regeln über den Erfüllungsort, die jedoch für die Erfüllung von Rücksichtspflichten nicht zum Tragen kommen, daneben die allgemeine Vorschrift des § 269. Im Hinblick auf die Rücksichtspflichten könnte man einerseits annehmen, dass sie der Absicherung der Hauptpflicht dienen und deshalb deren Schicksal bzgl der örtlichen Zuständigkeit teilen. Dieser Ansatz überzeugt aber nur für die **Nebenleistungspflichten** (so Rn 148 ff), weil diese akzessorisch zur Hauptleistungspflicht verlaufen. Demgegenüber schützen die Rücksichtspflichten das **Integritätsinteresse** des Gläubigers (so Rn 153), so dass für die Frage der örtlichen Zuständigkeit im Falle ihrer Verletzung entscheidend ist, wo das **Integritätsinteresse des Gläubigers** betroffen war. So stellt zB die Kanzlei eines Rechtsanwaltes den Erfüllungsort einer Rücksichtspflicht dar, die Treppe zu streuen, damit sich im Winter ein Mandant hierauf nicht verletzt.

XII. Kritik an der Regelung des Abs 2

1. Die generelle Kritik

Zur Einfügung des Abs 2 haben im Rahmen der Diskussion um die Schuldrechts- **551** reform insgesamt (s STAUDINGER/OLZEN Einl 184 ff zu §§ 241 ff) und auch danach viele Stimmen im Schrifttum Stellung bezogen. Bereits der Diskussionsentwurf (STAUDINGER/OLZEN Einl 185 zu §§ 241 ff) wurde auf einem von ZIMMERMANN und ERNST veranstalteten Symposium kritisch diskutiert (Die Referate u Diskussionen sind veröffentlicht in ERNST/ZIMMERMANN). Manche zweifelten die **Notwendigkeit** der Regelung insgesamt an, weil in Abs 2 etwas „selbstverständlich anmutendes" geregelt sei (ZIMMER NJW 2002, 1, 6). Andere zeigten sich von der **Stellung der Norm im Gesetzessystem** überrascht (SCHAPP JZ 2001, 584; ZIMMER NJW 2002, 1, 6). Sie sahen darin die Gefahr einer Überbetonung der Rücksichtspflichten im Verhältnis zu den Leistungsansprüchen (SCHAPP JZ 2001, 584).

2. Kritik an der Formulierung

Besonders viel Kritik erntete die **Formulierung** des Abs 2. Manche merkten hierzu **552** an, es handele sich um eine „**Leerformel**" ohne jeden Regelungsgehalt (HUBER, Das geplante Recht der Leistungsstörungen, in: ERNST/ZIMMERMANN 31, 37). Andere beanstandeten den Terminus „**Rücksichtspflichten**", weil dieser sich von der üblichen Typologie der „weiteren Verhaltenspflichten" des Schuldners entferne (so KÖNDGEN, Die Positivierung der culpa in contrahendo als Frage der Gesetzgebungsmethodik, in: SCHULZE/SCHULTE-NÖLKE 231, 242; ähnlich auch: FLEISCHER, Vorvertragliche Pflichten im Schnittfeld von Schuldrechtsreform und Gemeinschaftsprivatrecht dargestellt am Beispiel von Informationspflichten, in: SCHULZE/SCHULTE-NÖLKE 243, 250, 252; ähnlich auch: DAUNER-LIEB, in: ERNST/ZIMMERMANN 305, 313). Auch die Formulierung: „das Schuldverhältnis **kann** (…) zur Rücksichtnahme verpflichten" fanden viele nicht überzeugend. Denn dieses „kann" bedeute, dass nicht jedem Schuldverhältnis Schutzpflichten immanent seien, es gebe aber kaum Schuldverhältnisse, die nicht mit Rücksichtspflichten verbunden seien (DAUNER-LIEB, in: ERNST/ZIMMERMANN 305, 313; LOOSCHELDERS, Schuldrecht AT Rn 21; ähnlich auch LUTTER, Diskussionsbericht, in: ERNST/ZIMMERMANN 329 ff).

Zudem wurde bemängelt, dass der Gesetzgeber erheblich hinter dem in der Lit **553** längst erreichten „**deutlich präziseren Stand**" zurückgeblieben sei (so AnwK-BGB/KREBS Rn 12 [2002]; DAUNER-LIEB, in: ERNST/ZIMMERMANN 305, 314). Letztlich sollte durch diese Kritik aber die Arbeit des Gesetzgebers beeinflusst werden, oft im Zusammenhang mit dem Widerstand gegen die gesamte Schuldrechtsreform (s STAUDINGER/OLZEN Einl 185 ff zu §§ 241 ff). Dieser Versuch ist jedoch gescheitert und dürfte in absehbarer Zeit auch keine Früchte tragen. Man kann sich gut darüber streiten, ob man die Norm brauchte oder jedenfalls anders hätte fassen müssen. Sie dient aber immerhin der Klarstellung und erlaubt in Verbindung mit dem §§ 313, 314 eine Entlastung des § 242. § 241 zeigt jetzt eine Gesamtsystematik des Pflichtenprogramms in einem Schuldverhältnis, ohne dass man dafür uneingeschränkt auf die noch unbestimmtere Formel von Treu und Glauben zurückgreifen müsste.

§ 241a
Unbestellte Leistungen*

(1) Durch die Lieferung unbestellter Sachen oder durch die Erbringung unbestellter sonstiger Leistungen durch einen Unternehmer an einen Verbraucher wird ein Anspruch gegen diesen nicht begründet.

(2) Gesetzliche Ansprüche sind nicht ausgeschlossen, wenn die Leistung nicht für den Empfänger bestimmt war oder in der irrigen Vorstellung einer Bestellung erfolgte und der Empfänger dies erkannt hat oder bei Anwendung der im Verkehr erforderlichen Sorgfalt hätte erkennen können.

(3) Eine unbestellte Leistung liegt nicht vor, wenn dem Verbraucher statt der bestellten eine nach Qualität und Preis gleichwertige Leistung angeboten und er darauf hingewiesen wird, dass er zur Annahme nicht verpflichtet ist und die Kosten der Rücksendung nicht zu tragen hat.

Schrifttum

BERGER, Der Ausschluss gesetzlicher Rückgewähransprüche bei der Erbringung unbestellter Leistungen nach § 241a BGB, JuS 2001, 649

CASPER, Die Zusendung unbestellter Waren nach § 241a BGB, ZIP 2000, 1602

CZEGUHN/DICKMANN, Die Fortwirkung des § 241a BGB nach Zusendung unbestellter, mangelhafter Ware, JA 2005, 587

DECKERS, Zusendung unbestellter Ware, NJW 2001, 1474

FLUME, Vom Beruf unserer Zeit für Gesetzgebung, Die Änderungen des BGB durch das Fernabsatzgesetz, ZIP 2000, 1427

GAERTNER/GIERSCHMANN, Das neue Fernabsatzgesetz, DB 2000, 1601

GEIST, Die Rechtslage bei Zusendung unbestellter Waren nach Umsetzung der Fernabsatzrichtlinie (Diss Konstanz 2002)

HAU, Geschäftsführung ohne Verbraucherauftrag, NJW 2001, 2863

LANGE, Der praktische Fall – bürgerliches Recht: Die nicht bestellten Weihnachtskarten, JuS 1997, 431

LINK, Ungelöste Probleme bei Zusendung unbestellter Sachen – Auswirkungen im Dreipersonenverhältnis, NJW 2003, 2811

LÖHNIG, Zusendung unbestellter Waren und verwandte Probleme nach Inkrafttreten des § 241a BGB, JA 2001, 33

LORENZ, WERNER Im BGB viel Neues: Die Umsetzung der Fernabsatzrichtlinie, JuS 2000, 833

LORENZ, STEFAN, § 241a BGB und das Bereicherungsrecht – zum Begriff der „Bestellung" im Schuldrecht, in: FS Lorenz (2001) 193

MÜLLER-HELLE, Die Zusendung unbestellter Ware – Europäische Rechtsangleichung durch die Fernabsatzrichtlinie (Diss Bonn 2004)

RIEHM, Das Gesetz über Fernabsatzverträge und andere Fragen des Verbraucherrechts, Jura 2000, 505

SCHWARZ, § 241a BGB als Störfall für die Zivilrechtsdogmatik – Zu den systemwidrigen Folgen der Umsetzung der EG-Fernabsatzrichtlinie, NJW 2001, 1449

SCHWARZ/POHLMANN, Der Umfang des Anspruchsausschlusses bei unbestellter Waren-

---

* **Amtlicher Hinweis:**
Diese Vorschrift dient der Umsetzung von Artikel 9 der Richtlinie 97/7/EG des Europäischen Parlaments und des Rates vom 20. Mai 1997 über den Verbraucherschutz bei Vertragsabschlüssen im Fernabsatz (ABl. EG Nr. L 144 S. 19).

lieferung gemäß § 241a I BGB: Die Umsetzung der EG-Fernabsatzrichtlinie als methodisches Problem, Jura 2001, 361
SCHWUNG, Die Zusendung unbestellter Waren, JuS 1985, 449
SOSNITZA, Wettbewerbsrechtliche Sanktionen im BGB: Die Reichweite des neuen § 241a BGB, BB 2000, 2317
TACHAU, § 241a BGB im Spannungsfeld zwischen Zivil- und Strafrecht (Diss Potsdam, erscheint demnächst)
WEIMAR, Zweifelsfragen zur unbestellten Ansichtssendung, JR 1967, 417
WESSEL, Die Zusendung unbestellter Waren, BB 1966, 432
WRASE/MÜLLER-HELLE, Aliud-Lieferung beim Gebrauchsgüterkauf – ein nur scheinbar gelöstes Problem, NJW 2002, 2537.

Systematische Übersicht

I.	**Normzweck**	1
II.	**Allgemeines**	
1.	Entstehungsgeschichte	2
2.	Rechtslage vor der Normierung	3
3.	Zur Notwendigkeit der Neuregelung	10
4.	Kritik	12
a)	Privatrechtliche Bedenken	12
b)	Verfassungsrechtliche Bedenken	14
c)	Stellungnahme	18
III.	**Voraussetzungen**	
1.	Persönlicher Anwendungsbereich	20
2.	Sachlicher Anwendungsbereich, Abs 1	23
3.	Rechtsfolgen	29
a)	Vertragsschluss	31
b)	Geschäftsführung ohne Auftrag	33
c)	Dingliche Rechtslage	35
d)	Herausgabeansprüche	38
e)	Erlösansprüche	43
f)	Schadensersatzansprüche	44
g)	Nutzungsansprüche	45
h)	Ansprüche gegen Dritte	46
aa)	Ansprüche des Unternehmers auf Herausgabe der Sache	47
bb)	Ansprüche bei Beschädigung oder Zerstörung der Sache durch Dritte	50
i)	Ansprüche Dritter gegen den Verbraucher	52
4.	Abs 2	54
5.	Abs 3	56
IV.	**Prozessuales**	61
V.	**Strafrechtliche Folgen**	62
VI.	**Rechtsvergleichendes**	63

I. Normzweck

Der Normzweck des § 241a besteht im **Verbraucherschutz** und wird durch die Sanktion bestimmter unternehmerischer Verhaltensweisen verwirklicht. Das Gesetz knüpft privatrechtliche Konsequenzen an wettbewerbsrechtlich unzulässige Vertriebskonzepte: Ein Verbraucher darf grds nach Belieben mit der empfangenen Leistung verfahren, ohne sich Ansprüchen des Unternehmers ausgesetzt zu sehen. Nicht nur wegen dieses Sanktionscharakters unterlag die Norm von Anfang an scharfer Kritik (su Rn 12 ff). Viele haben darüber hinaus ihre Notwendigkeit in Abrede gestellt (su Rn 10 f). **1**

II. Allgemeines

1. Entstehungsgeschichte

2 Auf der Ebene des **Europäischen Gemeinschaftsrechts** gab es seit langer Zeit Bestrebungen, die Zusendung unbestellter Waren zu unterbinden. Bereits die Entschließung des Rates vom 14.4.1975 über das „Erste Programm der Europäischen Wirtschaftsgemeinschaft für eine Politik zum Schutz und zur Unterrichtung der Verbraucher" verlangte, die Empfänger unbestellter Güter oder Dienstleistungen vor Zahlungsforderungen zu schützen (ABlEG Nr C 92 v 25.4.1975, 1). § 241a entstand aber erst in Umsetzung des Art 9 der Fernabsatzrichtlinie (FARL) 1997/7/EG durch das „Gesetz über Fernabsatzverträge und andere Fragen des Verbraucherrechts sowie zur Umstellung von Vorschriften auf Euro" vom 27.6.2000 (BGBl I 897 mit Berichtigung 1139). Art 9 FARL verpflichtete die Mitgliedstaaten, die mit einer Zahlungsaufforderung verbundene Lieferung unbestellter Waren und die Erbringung unbestellter Dienstleistungen zu unterbinden und dafür Sorge zu tragen, dass den Empfänger keinerlei Gegenleistungspflicht trifft. Den Mitgliedstaaten wurde im Hinblick auf die „erforderlichen Maßnahmen" allerdings ein weiter Umsetzungsspielraum belassen.

2. Rechtslage vor der Normierung

3 Die zivilrechtlichen Folgen der Zusendung unbestellter Waren haben die Rspr wegen der überwiegend geringen Streitwerte bereits vor Inkrafttreten der Norm nur wenig beschäftigt (RGZ 64, 145; RG JW 1900, 297; OLG München HRR 1931, Nr 287; OLG Köln NJW 1995, 3128, 3129; LG Frankfurt aM NJW 1991, 2842, 2843; LG Frankenthal EWIR 1995, 545). Das Schrifttum hat sich mit der Problematik dagegen schon immer eingehend befasst (ROTH, Grundfälle zum Eigentümer-Besitzer-Verhältnis, JuS 1997, 518, 521; SCHWUNG JuS 1985, 449 f; WEIMAR JR 1967, 417; WESSEL BB 1966, 432).

4 Die mit einer Zahlungsaufforderung versehene Zusendung unbestellter Ware allein konnte nach den allgemeinen Grundsätzen über die Entstehung von Verträgen **keine Gegenleistungspflicht** begründen (BERGER JuS 2001, 649, 650). Zwar wurde dem Empfänger durch die Zusendung ein Angebot iSd § 145 unterbreitet (CASPER ZIP 2000, 1602, 1603; SCHWUNG JuS 1985, 449 f; WEIMAR JR 1967, 417). Dessen (konkludente) Annahme lag jedoch nicht bereits in der Entgegennahme und Öffnung der unbestellten Sendung. Ein Schweigen auf ein Angebot erzeugt selbst dann keine rechtlichen Bindungen, wenn der Anbietende erklärt, es als Zustimmung werten zu wollen (BERGER JuS 2001, 649, 650; CASPER ZIP 2000, 1602, 1603; SCHWUNG JuS 1985, 449; WEIMAR JR 1967, 417). Ob man aus dem Ge- oder Verbrauch der zugesandten Ware oder deren Veräußerung auf eine konkludente Annahmeerklärung schließen konnte, deren Zugang nach § 151 entbehrlich war, blieb bis zuletzt umstritten (dagegen SCHWUNG JuS 1985, 449, 450; dafür WEIMAR JR 1967, 417), wobei die Tendenz vor Inkrafttreten der Norm vermehrt zur Annahme eines Vertragsschlusses ging (MünchKomm/KRAMER § 151 Rn 55).

5 Einigkeit herrschte darüber, dass ein **Herausgabeanspruch** des Versenders nur aus § 985 oder § 812 Abs 1 folgen konnte (CASPER ZIP 2000, 1602, 1603). Rückgabepflichten aus einem Verwahrungsvertrag schieden meist aus, da es regelmäßig insoweit ebenfalls an einer Annahmeerklärung fehlte (WEIMAR JR 1967, 417). Selbst der Gebrauch der Sache bildete dafür kein entscheidendes Indiz. Umstritten war, ob es sich bei der Zusendung unbestellter Waren zum Zwecke des Vertragsschlusses um einen Fall der Leistungskondiktion gem § 812 Abs 1 S 1 1. Fall (LORENZ JuS 2000, 833, 841) oder der Zweckverfehlungskondiktion gem § 812 Abs 1 S 2 2. Fall (RIEHM Jura 2000, 505, 512) handelte. Diese Unterscheidung gewann im Hinblick auf § 814 Bedeutung, der nur für den Fall der Leistungskondiktion gilt und den Rückgewähranspruch regelmäßig ausschließt (CASPER ZIP 2000, 1602, 1603). Ein Ausschluss des Anspruchs konnte sich darüber hinaus jedoch in beiden Fällen nach den Grundsätzen der aufgedrängten Bereicherung ergeben (BERGER JuS 2001, 649, 650).

Der **Leistungsort** im Zusammenhang mit Vindikations- bzw kondiktionsrechtlichen 6 Herausgabeansprüchen lag beim Empfänger, da es sich entsprechend dem Grundsatz des § 269 um eine Holschuld handelte. Eine Rückgabeverpflichtung bestand also nicht (BT-Drucks 14/2658 23; BERGER JuS 2001, 649, 650) und konnte auch nicht durch Beilegung des erforderlichen Portos begründet werden (BT-Drucks 14/2658 22; BERGER JuS 2001, 649, 650; CASPER ZIP 2000, 1602, 1603).

Veräußerte der Empfänger die zugesendete Ware allerdings an einen Dritten, so 7 standen dem Unternehmer **Erlösherausgabeansprüche** nach den Regeln einer unberechtigten GoA, §§ 667, 682 S 2; 687 Abs 2, oder aus ungerechtfertigter Bereicherung gem § 816 Abs 1 S 1 zu (SCHWUNG JuS 1985, 449, 453).

Ein praktisch wenig relevanter Streit herrschte darüber, ob der Versender **Nutzungs-** 8 **und Schadensersatz** fordern konnte (BT-Drucks 14/2658 23; LANGE JuS 1997, 431, 432 f; SCHWUNG JuS 1985, 449; BERGER JuS 2001, 649, 650; su Rn 44 f), und zwar gem §§ 987 ff (SOERGEL/WOLF § 145 Rn 26; LANGE JuS 1997, 431, 434; SCHWUNG JuS 1985, 449, 451). Dagegen wendeten manche ein, dass der Empfänger unbestellter Waren zunächst berechtigter Besitzer sei, selbst wenn er sie nach Ablauf einer Prüfzeit dem Absender nicht zurücksende (PALANDT/BASSENGE Vorb v § 987 Rn 6 mwNw). Etwas anderes konnte nach dieser Betrachtungsweise allenfalls ab einer Herausgabeverweigerung gelten. Andere schlugen dagegen die entsprechende Anwendung der Haftungsregeln des Verwahrungsverhältnisses oder die Anwendung der §§ 678, 687 Abs 2, § 823 Abs 1, § 823 Abs 2 iVm § 303 StGB vor. Der Sorgfaltsmaßstab sollte nach überwiegender Ansicht analog § 300 (ROTH JuS 1997, 518, 521; MünchKomm/MEDICUS Vor §§ 987–1003 Rn 17) auf grobe Fahrlässigkeit (BT-Drucks 14/2658 46) oder analog § 690 (LANGE JuS 1997, 431, 434; MünchKomm/KRAMER § 145 Rn 9) auf eigenübliche Sorgfalt reduziert, die unbestellte Warenzusendung als Mitverschulden über § 254 zu berücksichtigen sein (SCHWUNG JuS 1985, 449, 452; CASPER ZIP 2000, 1602, 1603).

Unabhängig von dieser problematischen zivilrechtlichen Behandlung der Zusendung 9 unbestellter Waren galt und gilt ihr Versand als sog „reißerische Werbung" und war bzw ist somit regelmäßig **wettbewerbswidrig** und verstößt gegen § 1 UWG aF (§ 3 UWG nF) (BGH NJW 1965, 1662; BGH NJW 1976, 1977; BGH NJW 1992, 3040; BAUMBACH/HEFERMEHL, Wettbewerbsrecht [21. Aufl 1998] § 1 UWG Rn 72; EMMERICH, Recht des unlauteren Wettbewerbs [5. Aufl 1997] § 11/5; CASPER ZIP 2000, 1602; SOSNITZA BB 2000, 2317 mwNw). Dies galt nach der älteren Rspr selbst dann, wenn gleichzeitig mit der Zusendung ein Vertretertermin angekündigt wird, der eine eventuelle Rückgabe ermöglichen sollte (BGH MDR 1959, 272). An dieser wettbewerbsrechtlichen Behandlung hat sich durch § 241a nichts geändert. Es bestehen Unterlassungsansprüche, die es den in § 8 Abs 3 UWG genannten Personen erlauben, gegen die Zusendung unbestellter Waren zu klagen. Die Verbraucher selbst können uU gem §§ 823 Abs 1, 1004 unter Heranziehung der Grundsätze, die der BGH zur Verletzung des allgemeinen Persönlichkeitsrechts durch unerwünschte Briefkastenwerbung entwickelt hat (BGH NJW 1973, 119; BGH NJW 1989, 902; BERGER JuS 2001, 649, 650), auf Unterlassung klagen. Ausnahmen von dieser repressiven wettbewerbsrechtlichen Beurteilung werden für solche Fälle in Betracht gezogen, in denen der Empfänger bei Erhalt der Sendung eindeutig darauf hingewiesen wird, dass ihn weder eine Zahlungs- noch eine Aufbewahrungspflicht trifft, sofern es sich um geringwertige Verbrauchsgüter des täglichen Gebrauchs handelt (BGH GRUR 1959, 277, 280). Das Gleiche wurde angenommen, wenn der Versender im Rahmen einer laufenden Geschäftsbeziehung davon ausgehen konnte, dass der Kunde mit der Zusendung einverstanden ist (BGH GRUR 1960, 382, 384).

3. Zur Notwendigkeit der Neuregelung

10 Angesichts der bereits vor Inkrafttreten des § 241a etablierten Rechtspraxis bestand für den deutschen Gesetzgeber an sich keine Notwendigkeit, tätig zu werden (LORENZ JuS 2000, 833, 841). Der Forderung des Art 9 FARL, die mit einer Zahlungsaufforderung verbundene Lieferung unbestellter Waren und die Erbringung unbestellter Dienstleistungen zu unterbinden, genügte bereits das nach alter Rechtslage bestehende Verbot „reißerischer Werbung" gem § 1 UWG (BGH NJW 1992, 3040). Soweit die nationalen Gesetzgeber angehalten wurden, dafür Sorge zu tragen, dass den Empfänger keine Gegenleistungspflicht trifft, hing die Notwendigkeit gesetzgeberischer Maßnahmen also allein davon ab, wie der Begriff der **„Gegenleistung"** zu verstehen ist, insbesondere ob er auch Nutzungs- und Schadensersatzansprüche erfassen sollte.

11 Nach dem **Verständnis des BGB** meint „Gegenleistung" nur das mit der zugesandten Ware bzw sonstigen Leistung synallagmatisch verknüpfte Entgelt (CASPER ZIP 2000, 1602, 1604). Ein Anspruch darauf konnte aber bereits nach früherer Rechtslage unter keinem Gesichtspunkt begründet werden. Allerdings wird der Begriff der „Gegenleistung", soweit es um die Erfüllung europarechtlicher Vorgaben geht, nicht durch nationale Dogmatik determiniert, sondern ist **europarechtskonform** auszulegen. Nach Auffassung des deutschen Gesetzgebers gebietet die verbraucherschützende Intention des europäischen Gesetzgebers, den Begriff in einem weiteren Sinne zu verstehen (BT-Drucks 14/2658 23). Andererseits lässt sich im europarechtlichen Kontext für eine enge Auslegung der Umstand anführen, dass Erwägungsgrund Nr 5 der Richtlinie nur von **„Zahlung** nicht bestellter Waren" spricht (BERGER JuS 2001, 649, 650; CASPER ZIP 2000, 1602, 1604). Zudem ist der Begriff der Gegenleistung auch in den meisten anderen Mitgliedstaaten iS einer synallagmatisch verknüpften Hauptleistungspflicht zu verstehen. Dieser Umstand führt in Ermangelung eines einheitlichen europäischen Schuldrechts, aus dem sich der Inhalt des Begriffs der Gegenleistung eindeutig ableiten ließe, dazu, dass die europarechtskonforme Auslegung kein extensives Verständnis des Gegenleistungsbegriffs verlangt (CASPER ZIP 2000, 1602, 1604). Der nationale Gesetzgeber erklärt dennoch in § 241a sämtliche Ansprüche für ausgeschlossen und ist damit über die Vorgaben der FARL hinausgegangen (LORENZ JuS 2000, 833, 841).

4. Kritik

a) Privatrechtliche Bedenken

Die Norm war von Anfang an heftiger Kritik ausgesetzt (DECKERS NJW 2001, 1474) und **12** wurde sogar in kräftigen Worten als „Ausdruck gesetzgeberischer Unfähigkeit" bezeichnet (FLUME ZIP 2000, 1427). Für verfehlt hielt man insbesondere die amtliche Überschrift, die den Regelungsgehalt der Norm nicht vollständig erfasse; ferner ihre systematische Stellung zwischen zwei zentralen Normen des Schuldrechtes (HENSEN, Das Fernabsatzgesetz oder: Man könnte heulen, ZIP 2000, 1151; FLUME ZIP 2000, 1427, 1428). Außerdem wurde kritisiert, dass bei der Normierung neben den verbraucherschützenden Aspekten auch der Sanktion wettbewerbswidrigen Verhaltens Bedeutung zugekommen sei. Dieses gesetzgeberische Ziel im BGB zu verfolgen, das seinem Wesen nach auf Interessenausgleich und nicht auf Sanktion angelegt sei, sahen manche als fragwürdig an (SCHWARZ NJW 2001, 1449; RIEHM Jura 2000, 505, 511). Auch inhaltlich hielt man teilweise die Norm für derart verfehlt, dass sogar vorgeschlagen wurde, ihre Existenz zu ignorieren (FLUME ZIP 2000, 1427, 1428): Ein vollständiger Anspruchsausschluss führe zu Folgen, die der Systematik des BGB zuwiderliefen (SCHWARZ NJW 2001, 1449; LÖHNIG JA 2001, 33, 35). Damit war insbesondere das dauernde Auseinanderfallen von Eigentum und Besitz gemeint (SCHWARZ NJW 2001, 1449, 1455; su Rn 35 ff).

Diesem Vorwurf fehlt allerdings deshalb die Überzeugungskraft, weil eine solche **13** Divergenz dem BGB auch an anderer Stelle nicht fremd ist, etwa bei der Verjährung von Herausgabeansprüchen (BT-Drucks 14/2658 46). Bis zur Neufassung des § 216 Abs 2 S 1 durch das Schuldrechtsmodernisierungsgesetz (s Einl 176 ff) traten solche Situationen ferner ein, wenn der Vorbehaltseigentümer nach Verjährung der Kaufpreisforderung seine Sache nicht mehr herausverlangen konnte, sofern man nicht § 223 Abs 2 aF analog anwendete. Weiterhin ist dem BGB die Sanktion nicht völlig fremd, wie etwa der Ersatz des immateriellen Schadens für Persönlichkeitsrechtsverletzungen einerseits, aber auch der Kondiktionsausschluss des § 817 S 2 andererseits zeigen (ausf S LORENZ, in: FS W Lorenz [2001] 193, 201 f). Ebenfalls auf diesem Gedanken beruht das Verbot geltungserhaltender Reduktion unwirksamer AGB (SOSNITZA BB 2000, 2317, 2320). Die systematische Positionierung des § 241a kann man sicher angreifen und die Vorschrift hätte vielleicht im Zusammenhang mit § 151 einen besseren Platz gefunden; zwingend wirken jedoch beide Platzierungen nicht. Die systematische Stellung einer Norm im Gesetz ist zwar als Auslegungshilfe bedeutsam, aber auch kein entscheidendes Kriterium.

b) Verfassungsrechtliche Bedenken

Verfassungsrechtliche Bedenken knüpfen an folgender bürgerlich-rechtlicher Situa- **14** tion an: Abs 1 schließt zwar alle Ansprüche des Unternehmers aus, verhindert aber den Vertragsschluss bei Annahme unbestellter Waren nicht. Indessen wird man allein im Ge- oder Verbrauch der Ware keine Willenserklärung des Verbrauchers mehr sehen können, da er diese Unternehmerleistung jetzt kostenlos in Anspruch nehmen darf (LORENZ JuS 2000, 833, 841). Da aber der Unternehmer mit der Zusendung kein unbedingtes Übereignungsangebot abgeben will, sondern bei verständiger Auslegung den Eigentumsverlust vom Abschluss des Kaufvertrages und der Zahlung des Kaufpreises (doppelt aufschiebend bedingt) abhängig machen möchte (LANGE JuS 1997, 431, 433; RIEHM Jura 2000, 505, 508; BERGER JuS 2001, 649, 653), kommt es in den meisten Fällen zu dem bereits erwähnten Auseinanderfallen von Besitz und Eigentum (su Rn 35 ff; aA MÜLLER-HELLE 234, 263).

15 Der Gesetzgeber war sich der damit verbundenen verfassungsrechtlichen Probleme auch bewusst. Unter dem Aspekt des Art 14 Abs 1 S 1 GG erschien ihm der dogmatisch bessere Weg, die Norm als Eigentumserwerbsgrund auszugestalten, als zu bedenklich (SCHWARZ NJW 2001, 1449, 1456; su Rn 36). Auch im Hinblick auf die jetzige Regelung fürchtete insbesondere der **Bundesrat**, bereits das Auseinanderfallen von Eigentum und Besitz verstoße gegen das genannte Grundrecht (BT-Drucks 14/2920 5; ferner DECKERS NJW 2001, 1474). Demgegenüber wies die **Bundesregierung** darauf hin, dass ein Aufdrängen unbestellter Waren auch nach früherer Rechtslage unzulässig gewesen sei. Die Unsicherheit dieser Rechtslage hätten manche Unternehmer ausgenutzt, eine Situation, die nur durch eindeutige Regelungen zu verhindern sei (BT-Drucks 14/2920 14; LORENZ JuS 2000, 833, 841).

16 Dennoch entwickelte die Bundesregierung, um den genannten Bedenken des Bundesrates Rechnung zu tragen, folgenden Alternativvorschlag: „Durch die Lieferung unbestellter Sachen oder durch die Erbringung unbestellter Leistungen durch einen Unternehmer an einen Verbraucher … wird dieser weder zur Verwahrung noch zum Erhalt der Sache oder zum Ersatz des Wertes der sonstigen Leistungen verpflichtet. Er kann nach seiner Wahl den Besitz an der Sache aufgeben oder dem Unternehmer die Rücksendung der Ware anbieten; im zweiten Fall hat der Unternehmer die Kosten und die Gefahr zu tragen" (BT-Drucks 14/2920 14).

17 Diese Formulierung wurde aber wiederum vom **Rechtsausschuss** kritisiert, weil nur eine eindeutige Formulierung dem Verbraucher helfe und den Unternehmer entsprechend „abschrecke". Die verfassungsrechtlichen Bedenken sah man im Ergebnis deshalb als nicht durchgreifend, weil die Rechtsfolgen der Norm nur denjenigen träfen, der sich bewusst über die Vorgaben des Abs 1 hinwegsetze und somit nicht schutzwürdig sei (BT-Drucks 14/3195 32).

c) Stellungnahme

18 Die zuletzt geschilderte verfassungsrechtliche Einschätzung kann man deshalb teilen, weil Abs 1 jedenfalls keine Legalenteignung bewirkt: Durch Inkrafttreten der Norm wurde keinem Unternehmer das Eigentum unmittelbar entzogen (RIEHM Jura 2000, 505, 508). Denn die Regelung lässt infolge der Übergangsvorschrift in Art 229 § 2 Abs 1 EGBGB bestehende Herausgabeansprüche unberührt (CASPER ZIP 2000, 1602, 1606; SOSNITZA BB 2000, 2317, 2319). Im Hinblick auf die späteren Auswirkungen der Norm handelt es sich lediglich um eine **Inhalts- und Schrankenbestimmung** des Eigentums gem Art 14 Abs 1 S 2 (S LORENZ, in: FS W Lorenz [2001] 193, 199). Bei der Anschlussfrage, ob der Gesetzgeber den **Verhältnismäßigkeitsgrundsatz** gewahrt hat, kam als milderes Mittel uU eine gesetzlich vorgesehene Abholung der unbestellt zugesendeten Ware auf Kosten des Unternehmers in Betracht (RIEHM Jura 2000, 505, 508). Eine solche Regelung war unter dem Gesichtspunkt des Verbraucherschutzes aber deshalb nicht in gleicher Weise geeignet, weil sie den Adressaten zwingt, einen Abholtermin wahrzunehmen, den er nicht veranlasst hat.

19 Problematisch erscheint der Anspruchsausschluss unter Verhältnismäßigkeitsgesichtspunkten nur dann, wenn der zusendende **Unternehmer** selbst nicht Eigentümer der Ware war, sondern seinerseits **unter Vorbehalt erworben** hatte, da der **Vorbehaltsverkäufer** an der Handlung, die schließlich seinen Rechtsverlust bewirkt, selbst nicht beteiligt ist. Zwar erfolgt auch bei gutgläubigem Erwerb gem §§ 932 ff der Eigentumsverlust ohne Mitwirkung des Eigentümers und wird zum Schutz des Rechtsverkehrs dennoch hingenommen (krit: PETERS, Der Entzug des Eigentums an beweglichen Sachen durch gutgläubigen Erwerb [1991] insbes im Hinblick auf den unentgeltlichen Eigentumserwerb eines Dritten). Der frühere Eigentümer kann aber bei unentgeltlichem Erwerb immerhin gem § 816 Abs 1 S 2 kondizieren. Unbestellte Ware erhält der Verbraucher aber stets unentgeltlich, so dass der pauschale Vergleich mit dem gutgläubigen Erwerb schon daran scheitert. Andererseits hat der Verbraucherschutz aufgrund der Neukonzeption des BGB stark an Bedeutung gewonnen. Der Eigentümer (Vorbehaltsverkäufer) verliert in Anwendung des Abs 1 auch nur die Sicherung seiner Kaufpreisansprüche, ein Risiko, das ihm in anderen Fällen – etwa bei Zerstörung oder Verlust der Sache – ebenfalls nicht fremd ist. Solche Risiken müssen Bestandteil seiner Vertragsbeziehungen mit dem Unternehmer sein. Art 14 GG zwingt deshalb unter dem Aspekt der Verhältnismäßigkeit nicht zu einer verfassungskonformen Reduktion; der Gesetzgeber konnte ohne Grundrechtsverstoß die uneingeschränkte Fassung des Abs 1 auch zu Lasten Dritter wählen. Eine andere Frage lautet, ob **teleologische Aspekte** deshalb für eine Reduzierung sprechen, weil der Gesetzgeber nur den Unternehmer, nicht aber den Vorbehaltseigentümer mit der Norm treffen wollte (su Rn 52 f). Dagegen spricht aber die Situation des Verbrauchers, der an dem gesamten Vorgang unbeteiligt ist.

III. Voraussetzungen

1. Persönlicher Anwendungsbereich

§ 241a verlangt, dass ein **Unternehmer** iSd § 14 einem **Verbraucher** iSd § 13 **unbestellt Waren zusendet** oder **Dienstleistungen erbringt**. Da für alle anderen Fälle die alte Rechtslage beibehalten wird, ist insbesondere im kaufmännischen Geschäftsverkehr denkbar, dass bei entsprechenden Situationen über Handelsbrauch, bestehende Geschäftsverbindungen oder auch gem § 362 HGB ein Vertragsschluss angenommen werden kann, soweit dort Schweigen als Zustimmung bewertet wird. Für die Einordnung des Versenders als Unternehmer iSd § 14 ist im Übrigen grds nicht von Bedeutung, ob es sich um den Eigentümer der Ware handelt (s z Eigentumsverlust in derartigen Fällen o Rn 19; AnwK-BGB/KREBS Rn 31; BAMBERGER/ROTH/GRÜNEBERG Rn 2).

Schwierigkeiten bereitet im Rahmen des § 241a der Begriff des **Verbrauchers**. Gem § 13 fällt darunter derjenige, der ein Rechtsgeschäft abschließt, das weder seiner gewerblichen noch seiner selbständigen beruflichen Tätigkeit zuzurechnen ist. Damit entscheiden nicht persönliche Eigenschaften, sondern der **Zweck des Rechtsgeschäftes**. Da der Empfänger unbestellter Waren aber regelmäßig gerade kein Rechtsgeschäft abschließt, kann seine Verbrauchereigenschaft nur durch die hypothetische Betrachtung ermittelt werden, ob ein Vertrag über die unbestellt zugesendete Ware dem privaten oder gewerblichen Bereich des Bestellers zuzuordnen wäre (BERGER JuS 2001, 649, 651; HAU NJW 2001, 2863, 2864; SCHWARZ/POHLMANN Jura 2001, 361, 362 Fn 9; PALANDT/HEINRICHS Rn 2).

Problematisch bleibt die Fallgestaltung, dass der betreffende Gegenstand sowohl dem privaten als auch dem geschäftlichen Bereich zugeordnet werden kann. Teilweise wird vertreten, dass die Verbrauchereigenschaft des Empfängers entfallen soll, wenn die Leistung abstrakt geeignet wäre, auch seinen beruflichen Zwecken zu dienen (BAMBERGER/ROTH/GRÜNEBERG Rn 2; AnwK-BGB/KREBS Rn 49). Danach wäre der Adressat also im Zweifel als Unternehmer anzusehen. Demgegenüber wird auch vertreten, den Adressaten im Zweifel als Verbraucher anzusehen. Hierfür spricht neben einem konsequenten Verbraucherschutz die Konzeption des BGB als allgemeines Zivilgesetzbuch. Eine dem § 344 HGB entsprechende Regelung wäre allerdings für die allgemein interessierende Frage, ob bei Geschäften mit doppelter Zuordnungsmöglichkeit in Zukunft die Verbraucher- oder Nichtverbrauchereigenschaft im Vordergrund stehen soll, hilfreich (BERGER JuS 2001, 649, 651).

2. Sachlicher Anwendungsbereich, Abs 1

23 Abs 1 kennt zwei Varianten: die „**Lieferung unbestellter Sachen**" und die „**Erbringung sonstiger Leistungen**". **Sache** ist jeder Gegenstand iSd § 90. Eine **Lieferung** liegt vor, wenn die Sache derart in den Herrschaftsbereich des Empfängers gelangt, dass dieser daran **Besitz ergreifen kann**. Unmittelbarer Besitz ist deshalb nicht erforderlich, weil dieser am Besitzwillen des Empfängers scheitern könnte, ohne dass deshalb die Rechtsfolgen des § 241a entfallen dürfen (BAMBERGER/ROTH/GRÜNEBERG Rn 2; z Besitzwillen vgl MünchKomm/JOOST § 854 Rn 8).

24 Unter „**sonstige Leistungen**" fallen Leistungen aller Art, insbesondere Werk- und Dienstleistungen. Sie sind **erbracht**, wenn der Empfänger sie nutzen kann (BAMBERGER/ROTH/GRÜNEBERG Rn 2). Insbesondere die Anwendbarkeit der Norm auf derartige Dienstleistungen hat bisher wenig Beachtung gefunden. Gute Gründe sprechen zB dafür, missbräuchliche **dialer**, dh Programme, die einen Internetzugang auf dem PC errichten und dafür wechselnde Verbindungen schalten, unter die Norm zu fassen. **Missbräuchlich** bedeutet idS, dass ein solches Programm entweder **unbestellt** oder aber, dass entgegen einer Bestellung ein **anderer dialer** aufgespielt wurde. Da die entsprechenden Vermittlungsdienste eine Leistung iSd Norm anbieten, ist ein Gegenleistungsanspruch ausgeschlossen, soweit die weiteren Voraussetzungen vorliegen (ausf LIENHARD, Missbräuchliche Internet-Dialer – eine unbestellte Dienstleistung, NJW 2003, 3592 ff).

25 Unter **Bestellung** versteht man ein **Einverständnis** des Verbrauchers mit der Lieferung oder Leistung (BERGER JuS 2001, 649, 651). Sie liegt vor, wenn über den betreffenden Gegenstand ein **Verpflichtungsgeschäft** geschlossen wurde; es reicht aber auch das entsprechende **Angebot** eines Verbrauchers (CASPER ZIP 2000, 1602, 1604) oder die **Bitte um Zusendung** einer Ware zur Ansicht (BERGER JuS 2001, 649, 651). Die Lieferung einer Sache oder eine Leistungserbringung erfolgt also insgesamt dann unbestellt, wenn sie dem Verbraucher ohne **zurechenbare Aufforderung** zugeht (PALANDT/HEINRICHS Rn 2a).

26 Ein Umkehrschluss zu Abs 3 ergibt, dass auch die Lieferung einer **anderen** als der bestellten Ware grds „unbestellt" iSd Norm erfolgt (WRASE/MÜLLER-HELLE NJW 2002, 2537; CASPER ZIP 2000, 1602, 1604). Damit gewinnt die Unterscheidung zwischen **aliud-Lieferung** und Lieferung einer **mangelhaften Sache**, die der Gesetzgeber in § 434 Abs 3 gerade erübrigen wollte, im hier fraglichen Zusammenhang wieder Bedeutung. Im Falle einer aliud-Lieferung kann sich der Verbraucher deshalb nach Vertragsschluss auf § 437, vorher aber auch auf Abs 1 berufen (Wrase/Müller-Helle NJW 2002, 2537; Palandt/Heinrichs Rn 2a), sofern nicht die besonderen Voraussetzungen des Abs 3 vorliegen (ausf su Rn 56 ff).

Problematisch ist die Situation einer **nichtigen Bestellung**. Der Gesetzeszweck spricht insoweit für eine restriktive Auslegung (Casper ZIP 2000, 1602, 1604; iE auch Löhnig JA 2001, 33). Der Unternehmer, der eine Bestellung erhält und daraufhin liefert, handelt nicht wettbewerbswidrig. Auch der Verbraucherschutz führt zu keiner anderen Bewertung; denn der Verbraucher soll nur vor solchen Leistungen geschützt werden, die er nicht veranlasst hat. Entscheidend für die Beurteilung, ob die Zuwendung auf Veranlassung des Verbrauchers erfolgt, ist das **tatsächliche Verhalten**. Rechtsgeschäftliche Grundsätze entscheiden diese Frage nicht (ausf S Lorenz, in: FS W Lorenz [2001] 193, 208 ff). 27

Der Wortlaut der Norm erfasst jedenfalls nicht den Fall der Zusendung **bestellter Leistungen**, wenn der Unternehmer mit der Zusendung gleichzeitig einen **höheren Preis** verlangt als ursprünglich angegeben. Nach allgemeinen Regeln über den Vertragsschluss gilt insoweit § 150 Abs 2. Der Verbraucher ist damit frei in seiner Entscheidung, ob er dieses Änderungsangebot annimmt. Manche schlagen jedoch eine **analoge Anwendung** des Abs 1 vor (Berger JuS 2001, 649, 652). Allerdings betrifft der direkte Anwendungsbereich der Norm sämtliche Fallgestaltungen, in denen jemand **ohne Veranlassung** mit einer Ware oder einer Dienstleistung konfrontiert wird. Die bestellte Ware oder Leistung – wenn auch verbunden mit einer Preiskorrektur – ist damit nicht vergleichbar, da der Besteller aus freien Stücken den Geschäftskontakt mit dem Unternehmer gesucht hat. Anforderungen an das Verhalten des Einzelnen steigen mit der Intensität des Sozialkontaktes, so dass von demjenigen, der eine Ware oder Leistung bestellt hat, entsprechend mehr verlangt werden kann als von einem Empfänger, der keine solche Verhaltensweise an den Tag gelegt hat. § 150 Abs 2 enthält dafür die interessengerechte Regelung. 28

3. Rechtsfolgen

Da gem Abs 1 kein Anspruch gegen den Verbraucher besteht, stellt sich die Frage nach dem **Umfang dieses Anspruchsausschlusses**: Er könnte sich einerseits nur auf die **unmittelbar aus der Leistung** des Unternehmers entstehenden Ansprüche beziehen, bei extensiverem Normverständnis andererseits auch **mittelbar ausgelöste Ansprüche** erfassen, wie zB solche wegen Beschädigung oder Zerstörung der Sache, schließlich auch Ansprüche auf **Nutzungsherausgabe** ausschließen. 29

Der **Wortlaut** des Abs 1 „**durch die Lieferung** (wird)… ein **Anspruch** nicht begründet" entscheidet das Problem nicht. Der spezifische Wortlaut des Begriffs „Anspruch" lässt sich anhand des § 194 klären. Die Formulierung „durch die Lieferung" erfasst aber auch mittelbare Ansprüche im oben genannten Sinne. Die Singularität der Norm steht auch einer eindeutigen **systematischen Auslegung** entgegen. Nach dem **Willen des Gesetzgebers** sollten hingegen unabhängig von ihrer Rechtsnatur sämtliche vertraglichen und gesetzlichen Ansprüche, Nutzungsherausgabeansprüche, Schadensersatzansprüche und Herausgabeansprüche vom Anspruchsausschluss erfasst sein (BT-Drucks 14/2658 46). Eine abschließende Beurteilung wird durch die 30

Lösung des Problems beeinflusst, ob und gegebenenfalls wie auch nach der neuen Rechtslage ein Vertragsschluss über eine unbestellte Ware zustande kommen kann.

a) Vertragsschluss

31 Teilweise wird angenommen, dass nach aktueller Rechtslage – wie es früher angenommen wurde – grds ein Vertragsschluss im Falle des **Gebrauchs** oder **Verbrauchs** der unbestellten Ware bzw ihrer **Veräußerung** anzunehmen sei, bei unbestellten Dienstleistungen im Falle ihrer **Inanspruchnahme** (DECKERS NJW 2001, 1474; LÖHNIG JA 2001, 33, 35). Die Gesetzesbegründung (BT-Drucks 14/2658 46) verweise nur auf die allgemeinen Grundsätze des Vertragsrechts: es sei nicht ersichtlich, dass der Gesetzgeber insoweit von der bisher geltenden Rechtslage habe abweichen wollen (RIEHM Jura 2000, 505, 508). An den Annahmewillen des Verbrauchers seien allerdings vor dem Hintergrund, dass er die Sache ohne Vertragsschluss entschädigungslos nutzen dürfe, strengere Anforderungen als früher zu stellen (LORENZ JuS 2000, 833, 841; RIEHM Jura 2000, 505, 508). Ihnen sei nur genügt, wenn der Verbraucher die Leistung erkennbar seinem eigenen Vermögen zuführe, indem er sie ständig gebrauche, verbrauche oder auch veräußere (CASPER ZIP 2000, 1602, 1607; LÖHNIG JA 2001, 33, 34). Dann spreche für den Vertragsschluss auch der teleologische Aspekt, dass Abs 1 zwar den Verbraucher vor Belästigungen durch unbestellte Leistungen schützen, aber nicht um den Wert der empfangenen Leistung unentgeltlich bereichern wolle (BERGER JuS 2001, 649, 653; CASPER ZIP 2000, 1602, 1607).

32 Sofern man den Schutzzweck des Abs 1 einerseits ernst nimmt, andererseits einen Vertragsschluss nach wie vor nicht ausschließt, da der Verbraucherschutz nicht aufgedrängt werden muss, bleibt als Konsequenz nur, ausnahmsweise eine konkludente Annahme nicht als ausreichend zu erachten. Ein Vertragschluss kann daher nur noch bei **ausdrücklicher Annahme** bejaht werden; damit ist gleichzeitig über alle vertraglichen Ansprüche entschieden.

b) Geschäftsführung ohne Auftrag

33 **Vergütungs- bzw Aufwendungsersatzansprüche** stehen in Rede, wenn eine Leistung unbestellt, aber dem (mutmaßlichen) Willen des Verbrauchers entsprechend und damit berechtigt erbracht wird. Der Geschäftsherr kann in einem solchen Falle **Aufwendungsersatz** gem §§ 683 S 1, 670, nach überwiegender Ansicht gem § 1835 Abs 3 analog sogar in Höhe der üblichen Vergütung verlangen, wenn die entsprechende Tätigkeit zu seinem Beruf gehört (ERMAN/EHMANN § 683 Rn 7), eine Situation, die bei unbestellten Dienstleistungen durchaus in Betracht kommt. Fasst man Abs 1 als umfassenden Anspruchsausschluss auf, so wäre also der professionelle Helfer (Unternehmer) gegenüber dem Laien benachteiligt, wenn die Leistung an einen Verbraucher erfolgt, zB wenn ein Abschleppunternehmer einen PKW vor drohender Überschwemmung aus der Gefahrenzone schleppt.

34 Dies erscheint deshalb nicht interessengerecht, weil das System der GoA ua einen Anreiz zu altruistischem Handeln schaffen sollte. Für die entspren Fälle wird zum Teil vorgeschlagen, Abs 1 **teleologisch zu reduzieren** (BAMBERGER/ROTH/GRÜNEBERG Rn 2; PALANDT/HEINRICHS Rn 4; HAU NJW 2001, 2863). Andere lesen das Merkmal der „**Vertragsanbahnungsabsicht**" in Abs 1 hinein, um die GoA-Ansprüche nicht zu blockieren (HAU NJW 2001, 2863, 2865). Allerdings wurde das Merkmal „zum Zwecke der Anbahnung eines Vertrages" gerade auf Initiative des Rechtsausschusses gestrichen, um entsprechende Schutzbehauptungen des Unternehmers zu verhindern (BT-Drucks 14/3195 32). Deshalb erscheint vor allem unter dem Gesichtspunkt der Praktikabilität das Tatbestandserfordernis **„berechtigt"** iSd GoA-Vorschriften vorzugswürdig, da es durch Kasuistik konkretisiert werden kann. Auf diese Weise erfolgt eine Reduktion der Rechtsfolgen in den Fällen, in denen der Normzweck des Verbraucherschutzes nicht berührt wird. Dies ist der Fall, wenn also die Leistung im (wirklichen oder mutmaßlichen) **Willen** und im **Interesse** des Verbrauchers liegt. Dann greift der Anspruchsausschluss des Abs 1 nicht ein; § 683 S 1 verdrängt ihn.

c) Dingliche Rechtslage

Abs 1 selbst hat keinen Einfluss auf die Eigentumsverhältnisse (Sosnitza BB 2000, 2317, 2322). Ein rechtsgeschäftlicher Eigentumserwerb des Verbrauchers ist aus der Sicht des Unternehmers dergestalt mit dem Abschluss des Kaufvertrages und der Kaufpreiszahlung verknüpft, dass er nur angenommen werden kann, wenn es zu beidem kommt (Löhnig JA 2001, 33, 34; Sosnitza BB 2000, 2317, 2322). Im Hinblick auf einen dennoch möglichen Ausschluss von Herausgabeansprüchen ist die dingliche Rechtslage von Bedeutung. **35**

Abs 1 ordnet auch **keinen gesetzlichen Eigentumsübergang** an (Sosnitza BB 2000, 2317, 2322), da die Norm dem Wortlaut nach und ihrem Zweck entsprechend nur das Verhältnis zwischen Verbraucher und Unternehmer betrifft, also lediglich relative Wirkung entfaltet (**aA** Müller-Helle, Die Zusendung unbestellter Ware 234). Allerdings steht der Wortlaut des Abs 1, der Herausgabeansprüche nur ausschließt, zur dinglichen Rechtslage aber keine Aussage trifft, dem Eigentumserwerb auch nicht zwingend entgegen (Müller-Helle, Die Zusendung unbestellter Ware 232). Die hM bejaht etwa auch einen Eigentumserwerb des gutgläubigen Erwerbers im Falle des Art 16 Abs 2 WG und Art 21 ScheckG, obwohl diese Normen dem Wortlaut nach ebenfalls nur Herausgabeansprüche ausschließen (Riehm Jura 2000, 505, 508), zum Teil werden deshalb objektiv-teleologische Erwägungen für einen Eigentumsübergang angeführt. Die mit § 241a Abs 1 beabsichtigte Sanktion begünstigt zugleich den Empfänger der Ware. Diesem Gesetzeszweck entspreche am ehesten ein Eigentumsübergang auf den Verbraucher (Müller-Helle, Die Zusendung unbestellter Ware 234). Der Gesetzgeber hat sich aber bei der Schaffung des Abs 1 bewusst gegen eine entsprechende Lösung im Falle unbestellter Leistungen entschieden (BT-Drucks 14/2658 46; so Rn 14 f z den verfassungsrechtlichen Bedenken). Zwingende Gründe, diese Entscheidung so kurz nach Inkrafttreten der Norm zu missachten, sind nicht ersichtlich. Eine Dereliktion iSd § 959 durch den Unternehmer scheidet ebenfalls aus, weil ihm der Verzichtswille fehlt (Schwarz NJW 2001, 1449, 1451). **36**

Abs 1 vermittelt dem Verbraucher **kein Recht zum Besitz** (Berger JuS 2001, 649, 653; **aA** Sosnitza BB 2000, 2317). Er soll **verschont**, nicht **belohnt** werden. Einem Recht zum Besitz ohne vertragliche Grundlage liegt zumindest ein gesetzliches Rechtsverhältnis zugrunde, das Abs 1 jedoch gerade verhindern will (Schwarz NJW 2001, 1449, 1451). Selbst ohne Recht zum Besitz steht dem Verbraucher indessen der possessorische Besitzschutz gem §§ 859, 861 zu, und zwar auch gegenüber dem Unternehmer, der den Besitz freiwillig aufgegeben hat. Der Besitz des Verbrauchers ist somit nicht fehlerhaft iSd § 858 Abs 2 S 1. **37**

d) Herausgabeansprüche

38 Ein Herausgabeanspruch aus **Verwahrungsvertrag** gem § 695 scheidet ebenfalls regelmäßig aus. Wenn bereits für den Abschluss eines Kauf-, Dienst- bzw Werkvertrages eine ausdrückliche Erklärung verlangt wird, gilt dies umso mehr für Verwahrungsverträge, an deren Abschluss der Verbraucher regelmäßig überhaupt kein Interesse hat (so Rn 31 f).

39 Die Voraussetzungen des § 985 liegen hingegen vor. Abs 1 begründet aber eine **Einwendung gegen den Vindikationsanspruch** (BERGER JuS 2001, 649, 652; GAERTNER/ GIERSCHMANN DB 2000, 1601, 1605; LORENZ JuS 2000, 833, 841; SOSNITZA BB 2000, 2317, 2319; dagegen BÜLOW/ARZT, Fernabsatzverträge und Strukturen eines Verbraucherprivatrechts im BGB, NJW 2000, 2049, 2056). Dies entspricht dem Willen des Gesetzgebers, obwohl er sich des Umstandes bewusst war, dass dies im wirtschaftlichen Ergebnis auf eine Schenkung hinauslaufen würde (BT-Drucks 14/2658 46). Dafür spricht auch die systematische Betrachtungsweise. Denn Abs 2 enthält eine Sonderregelung für gesetzliche Ansprüche, die deshalb von der Grundregel des Abs 1 erfasst sein müssen (SOSNITZA BB 2000, 2317, 2319). Die Stellung der Norm im allgemeinen Schuldrecht steht dem Auslegungsergebnis deshalb nicht entgegen, weil ohnehin für die Norm kein zwingender Standort auszumachen war (BT-Drucks 14/2658 46; SOSNITZA BB 2000, 2317, 2319). Überdies stellt die Anwendung schuldrechtlicher Normen auf dingliche Ansprüche keinen Einzelfall dar, wie das Bsp des Verzuges mit der Herausgabepflicht zeigt.

40 Die geschilderte Rechtsfolge verwundert allerdings unter rechtspolitischen Gesichtspunkten, da der Gesetzgeber den Verbraucher schützen wollte. Die Realisierung eines Herausgabeanspruches hätte zur Folge, dass der Empfänger von der wettbewerbswidrig aufgedrängten Leistung befreit würde (CASPER ZIP 2000, 1602, 1607). Mit dem Argument des Verbraucherschutzes lässt sich der Ausschluss also nur rechtfertigen, wenn man auf die mit einem Abholtermin verbundene Belastung des Verbrauchers abstellt. Dementsprechend gehen die Materialien auch davon aus, dass der Ausschluss des Herausgabespruches in erster Linie das unternehmerische Verhalten sanktioniere (BT-Drucks 14/2658 46). Gemeinschaftsrechtliche und verfassungsrechtliche Vorgaben zwingen zu keinem anderen Ergebnis: Eine **richtlinienkonforme Reduktion** der Vorschrift ist deshalb nicht geboten, weil die FARL zwar nicht den Ausschluss von Herausgabeansprüchen fordert (BT-Drucks 14/2658 46), es den Mitgliedstaaten aber gem Art 14 S 1 FARL freistellt, zugunsten des Verbrauchers über die Richtlinienvorgaben hinauszugehen. Dass die Eigentumsgarantie des Art 14 GG nicht zu einem Erhalt des Vindikationsanspruches zwingt, wurde bereits dargelegt (**aA** DECKERS NJW 2001, 1474; so Rn 15 ff).

41 Der Herausgabenanspruch ließe sich allenfalls im Wege einer **teleologischen Reduktion** des Abs 1 erhalten. Allerdings stellt sich die Frage, ob objektiv teleologische Überlegungen ein dem gesetzgeberischen Willen widersprechendes Ergebnis legitimieren können, insbesondere, wenn es sich um ein sehr neues Gesetz handelt. Teilweise wird dies kategorisch abgelehnt (ZIPPELIUS, Juristische Methodenlehre [9. Aufl 2005] § 10 VI). Aber selbst wenn man ein starres Rangverhältnis der Auslegungskriterien zueinander nicht annimmt (COING, Rechtsphilosophie 272), kommt eine Dominanz objektiv teleologischer Kriterien nur in Betracht, wenn durch den Wandel gesellschaftlicher Normvorstellungen eine an der historischen Intention orientierte Auslegung nicht mehr vertretbar erscheint (LARENZ/CANARIS, Methodenlehre 166). Die tatsächlichen Verhältnisse seit Einführung der Norm haben sich aber nicht so grundlegend geändert, dass man den gesetzgeberischen Willen ohne weiteres übergehen könnte. Eine Korrektur des Gesetzgebers ohne tragende Gründe verstieße aber gegen den Grundsatz der Gewaltenteilung (Sosnitza BB 2000, 2317, 2319). Selbst die Berücksichtigung der Unternehmerinteressen spricht nicht für eine solch einschränkende Auslegung des Abs 1, da der Verbraucher sich diesem Anspruch ohne weiteres durch Besitzaufgabe entziehen könnte (Schwarz NJW 2001, 1449, 1450). Der Herausgabeanspruch wäre also nur sinnvoll, wenn man den Verbraucher gleichzeitig nach §§ 987 ff haften lassen würde (Casper ZIP 2000, 1602, 1607), ein Ergebnis, dass aber die Rechtsfolgen des Abs 1 konterkarriert.

Ebenso wie der Vindikationsanspruch schließt Abs 1 aus ganz ähnlichen Erwägungen auch **bereicherungsrechtliche Ansprüche** des Unternehmers gegen den Verbraucher aus (Bamberger/Roth/Grüneberg Rn 10; Gaertner/Gierschmann DB 2000, 1601, 1605; BT-Drucks 14/2658 46). **42**

e) Erlösansprüche

Demgegenüber wird dem Unternehmer bei **Weiterveräußerung** der unbestellten Ware durch den Verbraucher ein Anspruch auf Herausgabe des **Erlöses** gem § 816 Abs 1 S 1 oder §§ 687 Abs 2 S 2, 667 zugesprochen (Berger JuS 2001, 649, 653; Casper ZIP 2000, 1602, 1608; Schwarz NJW 2001, 1449, 1454; Sosnitza BB 2000, 2317, 2322; aA Bamberger/Roth/Grüneberg Rn 10). Man kann dafür anführen, dass dieser Anspruch nicht „durch die Lieferung" entstanden ist; der Wortlaut zwingt jedoch nicht zu einer Beschränkung auf unmittelbar dadurch entstandene Ansprüche. Auch teleologische Erwägungen zielen eher in die gegenteilige Richtung: Zwar spricht die Gesetzesbegründung lediglich Herausgabe-, Schadensersatz-, und Nutzungsansprüche ausdrücklich an (BT-Drucks 14/2658 46). Darunter fällt der Erlösherausgabeanspruch aber deshalb ebenfalls, weil sich die Veräußerung als spezielle Form der Nutzung begreifen lässt (Schwarz NJW 2001, 1449, 1450). Im Übrigen hat sich der Gesetzgeber insgesamt mit Dreipersonenverhältnissen nicht befasst, so dass die Gesetzgebungsgeschichte insoweit keinen zwingenden Schluss erlaubt. Andererseits greifen jedenfalls der Gedanke einer Sanktionierung wettbewerbswidrigen Verhaltens und der Verbraucherschutz auch in solchen Fällen ein (Link NJW 2003, 2811; Riehm Jura 2000, 505, 508; Schwarz NJW 2001, 1449, 1450). Daher sind Erlösherausgabeansprüche ebenfalls von der Ausschlusswirkung des Abs 1 erfasst. **43**

f) Schadensersatzansprüche

Das gleiche Auslegungsergebnis gilt für **Schadensersatzansprüche** des Unternehmers gegen den Verbraucher gem § 823 bzw §§ 989, 990 (Löhnig JA 2001, 33, 36). Zwar gelten insoweit die gleichen Bedenken wie bei den Erlösansprüchen, da Schadensersatzansprüche ebenfalls nicht „durch die Leistung" entstehen, sondern infolge eines weiteren Verhaltens des Empfängers. Allerdings wird auch hier nur durch einen Anspruchsausschluss dem Willen des historischen Gesetzgebers (BT-Drucks 14/2658 46) Rechnung getragen und objektiv teleologischen Erwägungen genügt, weil anderenfalls verhindert würde, dass der Empfänger die Leistung wegwerfen darf (Casper ZIP 2000, 1602, 1607). **44**

g) Nutzungsansprüche

Teilweise werden **Nutzungsansprüche** vom Anwendungsbereich des Abs 1 angenom- **45** men, wiederum aufgrund des Wortlauts „durch die Lieferung". Auch die Zielsetzung des Gesetzgebers, den Verbraucher vor wettbewerbswidrigem Unternehmerverhalten zu schützen, spricht nach dieser Ansicht nicht gegen einen Anspruch gem § 812 Abs 1 S 1 Fall 2 (BERGER JuS 2001, 649, 653). Jedoch ist die Begründung des Gesetzgebers eindeutig iS eines gegenteiligen Ergebnisses (BT-Drucks 14/2658 46), so dass insgesamt – abgesehen von Ansprüchen aus berechtigter GoA – keine Ansprüche des Unternehmers gegen den Verbraucher bestehen.

h) Ansprüche gegen Dritte

46 Ansprüche gegen **Dritte** könnten dem Unternehmer oder dem Verbraucher zustehen. Beide Konstellationen werden vom Wortlaut des Abs 1 nicht erfasst (Hk-BGB/ SCHULZE Rn 9). Sie beruhen regelmäßig auf einer vorherigen freiwilligen Entscheidung des Verbrauchers, bei der er auch keiner wettbewerbswidrigen Belästigung ausgesetzt ist.

aa) Ansprüche des Unternehmers auf Herausgabe der Sache

47 **Veräußert** der Verbraucher die Sache an einen Dritten, so ist der Unternehmer dennoch – falls darin keine wirksame Annahmeerklärung des Verbrauchers gesehen wird (so Rn 31) – Eigentümer und der Verbraucher verfügt damit als **Nichtberechtigter** (BERGER JuS 2001, 649, 653; SCHWARZ NJW 2001, 1449, 1454; SOSNITZA BB 2000, 2317, 2322), allerdings nicht über eine abhanden gekommene Sache. Der Dritte wird über § 932 geschützt, muss also nur im Falle der Bösgläubigkeit herausgeben. Im Falle des gutgläubigen unentgeltlichen Erwerbs kann der Unternehmer allerdings aus § 822 vorgehen.

48 Nach teilweise vertretener Ansicht nimmt der Verbraucher durch die Veräußerung jedoch das schuldrechtliche und dingliche Angebot des Unternehmers an und verfügt dann als **Berechtigter** (CASPER ZIP 2000, 1602, 1608), schuldet andererseits aber auch dem Unternehmer die Zahlung des Kaufpreises. Gegen eine solche Betrachtungsweise bestehen indessen erhebliche Bedenken. Anders als vor der Einführung des Abs 1 genügt keine konkludente Annahmeerklärung des Verbrauchers (so Rn 32), da man davon ausgehen muss, dass der Verbraucher den ihm durch Abs 1 gewährten Schutz gegenüber dem Unternehmer ausnutzen will (ebenso LINK NJW 2003, 2811).

49 **Vermietet** oder **verleiht** der Verbraucher den erlangten Gegenstand an einen Dritten, kann der Unternehmer nach § 986 Abs 1 S 2 vorgehen, weil der Verbraucher trotz des Abs 1 nicht berechtigter Besitzer iSd § 986 Abs 1 S 2 wird (BERGER JuS 2001, 649, 653). Das gesetzliche Besitzrecht des Verbrauchers gem Abs 1 (SOSNITZA BB 2000, 2317, 2323) wirkt nur als Einwendung im Verhältnis zum Unternehmer. Dadurch, dass (auch) der Verbraucher evtl einen schuldrechtlichen Rückübertragungsanspruch geltend machen kann, wird der Dritte aber nicht zwei unterschiedlichen Herausgabeansprüchen ausgesetzt (so jedoch SCHWARZ NJW 2001, 1449, 1454), da der Unternehmer nach § 986 Abs 1 S 2 vorrangig Rückgabe an den Verbraucher zu verlangen hat, eine gesetzliche Möglichkeit, von der er in der Praxis kaum Gebrauch machen wird. Allerdings droht dem Verbraucher uU von seinem Vertragspartner eine Schadensersatzpflicht wegen Nichteinhaltung der miet- bzw leihvertraglichen Überlassungspflicht. Eine entsprechende Freistellung auf der Grundlage des § 241a würde sich zum Nachteil eines Dritten auswirken und wäre nicht mit der Sanktion wettbewerbswidrigen Verhaltens des Unternehmers zu begründen.

bb) Ansprüche bei Beschädigung oder Zerstörung der Sache durch Dritte

Eigene **deliktische Ansprüche** des Verbrauchers kommen in Betracht, soweit der 50
Besitz als sonstiges Recht anerkannt wird (BGHZ 32, 194, 204; RGZ 59, 326, 328; LARENZ/
CANARIS, Schuldrecht II/2 § 76 II 4 f; MünchKomm/WAGNER § 823 Rn 151). Manche wollen jede
Form des Besitzes schützen (HONSELL JZ 1983, 531, 532; WIESER JuS 1970, 557), andere
beschränken den Deliktschutz auf diejenigen Fälle, in denen dem Besitzer Nutzungsbefugnisse zustehen (MEDICUS BR Rn 607). Überwiegend wird jedoch die **Berechtigung**
als entscheidendes Kriterium angesehen (CANARIS, Die Verdinglichung obligatorischer
Rechte, in: FS Flume [1978] 384, 401; LARENZ/CANARIS, Schuldrecht II/2 § 76 II 4 f; SOERGEL/
ZEUNER Rn 58). Danach stünden dem Empfänger unbestellter Waren keine deliktischen Ansprüche zu, da Abs 1 kein Besitzrecht vermittelt (so Rn 37).

Ein solcher Ausschluss von Schadensersatzansprüchen erscheint jedoch deshalb 51
unbefriedigend, weil der Verbraucher so die ihm durch Abs 1 faktisch zugewiesene
Nutzungsmöglichkeit verliert, während der Schädiger unbillig entlastet wird. Eine
Korrektur kann über die Grundsätze der **Drittschadensliquidation** erfolgen. Dass die
geschilderte Konstellation unter keine der herkömmlichen Fallgruppen fällt (vgl
STAUDINGER/SCHIEMANN [2005] Vorbem 62 ff zu §§ 249 ff) steht dieser Annahme deshalb
nicht entgegen, weil Abs 1 sich im System des BGB als (neuer) Fremdkörper darstellt. Gerade das Auseinanderfallen von Eigentum und Besitz zeigt jedoch, dass die
Interessenlage den anerkannten Fällen der Drittschadensliquidation vergleichbar ist:
Der durch den deliktisch begründeten Verlust der Nutzungsmöglichkeit geschädigte
Verbraucher hat keinen Anspruch, der Unternehmer, in dessen Eigentum durch
Beschädigung oder Zerstörung der unbestellten Leistung eingegriffen wird, hat zwar
einen Anspruch, aber keinen Schaden. Die Gesetzesbegründung zu § 241a befasst
sich mit Dreipersonenverhältnissen nicht (so Rn 46), so dass dieses Auseinanderfallen
von Anspruch und Schaden aus Sicht des Gesetzgebers ungewollt ist. Der Unternehmer hat daher seinen Anspruch analog § 285 an den Verbraucher abzutreten
(LINK NJW 2003, 2811). Der praktische Bedarf für die Konstruktion dürfte allerdings
gering sein (zw schadensersatzrechtlicher Situation bei Beschädigung der unbestellt zugesendeten
Ware durch den Empfänger und einen Dritten vgl MITSCH, Der Anspruchsausschluss bei unbestellten Leistungen nach § 241a Abs 1 BGB und die gestörte Gesamtschuld, ZIP 2005, 1017 ff).

i) Ansprüche Dritter gegen den Verbraucher

Problematisch erscheint der Anspruchsausschluss gem Abs 1, wenn der Unterneh- 52
mer nicht Eigentümer der unbestellt versendeten Ware ist, sondern diese nur unter
Vorbehalt erworben hat (so Rn 19). Die Rechtsfolgen iS eines Anspruchsausschlusses
treffen dann einen Dritten, dem kein Wettbewerbsverstoß zur Last fällt. Der Gesetzgeber hat sich damit nicht befasst. Der Wortlaut schließt aber alle durch die
Lieferung unbestellter Waren oder die Erbringung unbestellter Dienstleistungen
entstandenen Ansprüche gegen den Verbraucher aus. Für eine strenge am Wortlaut
orientierte Auslegung wird die Missbrauchsgefahr angeführt. Ein Unternehmer
könne anderenfalls die Wirkungen des Abs 1 umgehen, indem er sich eines Dritten,
nur „formalen Eigentümers", bediene (AnwK-BGB/KREBS Rn 31).

Weil der Missbrauchsgefahr aber anderweitig begegnet werden kann, gebietet der 53
Schutzzweck der Norm, sie bei der Weiterveräußerung von Vorbehaltsware im
Hinblick auf die Intention des wahren Eigentümers teleologisch zu reduzieren (vgl
z verfassungskonformen Auslegung o Rn 19; für eine restriktive Auslegung BERGER JuS 2001, 649,

653). Denn der Unternehmer als Versender unbestellter Waren kalkuliert den Rechtsverlust ein, anders als der sich korrekt verhaltende Vorbehaltsverkäufer (Link NJW 2003, 2811). Der notwendige Schutz der Interessen des Verbrauchers wird dadurch gewährleistet, dass er als redlicher Besitzer über die §§ 990, 989 und § 993 geschützt wird. Abs 1 gilt also in solchen Fällen grds nicht, es sei denn, dass der Vorbehaltseigentümer sich das Unternehmerverhalten zurechnen lassen muss, zB wegen kollusiven Zusammenwirkens, oder weil er die Absatzwege seines Käufers genau kannte.

4. Abs 2

54 Gem Abs 2 bleiben **gesetzliche Ansprüche** des Unternehmers unter zwei Voraussetzungen erhalten. Erforderlich ist entweder, dass die Leistung **nicht für den Unternehmer bestimmt** oder **in der irrigen Annahme einer Bestellung** erfolgte. Der Begriff der **Leistung** ist als Oberbegriff für beide Tatbestandsvarianten des Abs 1 zu verstehen (Casper ZIP 2000, 1602, 1604). Er befindet sich zum einen in der amtlichen Überschrift, die den vollständigen Regelungsgehalt der Norm zu erfassen hat, zum anderen sind keine sachlichen Gründe dafür ersichtlich, dass damit die Tatbestandsalternative der Lieferung **unbestellter Sachen** ausgeklammert werden sollte. Das **Versehen** iSd Abs 2 kann sowohl dem Unternehmer selbst als auch einer Transportperson unterlaufen sein. Auf Verschulden des Unternehmers kommt es nicht an, jeder Irrläufer der Ware fällt hierunter. Der Empfänger muss dies allerdings erkannt oder fahrlässig nicht erkannt haben, § 276 Abs 1 S 1. Aus der Bezugnahme auf die im Verkehr erforderliche Sorgfalt folgt, dass ein objektiver Maßstab zugrunde zu legen ist, wobei ungeachtet des nicht ganz identischen Wortlauts auf die Auslegung zu § 122 Abs 2 zurückgegriffen werden kann (Casper ZIP 2000, 1602, 1608).

55 In Ausnahme zu Abs 1 bleiben alle gesetzlichen Ansprüche erhalten, eine Reduktion des Haftungsmaßstabes zugunsten des Verbrauchers tritt nicht ein (Casper ZIP 2000, 1602, 1608). **Vertragliche Ansprüche** scheiden bereits deswegen aus, weil der Unternehmer im Falle eines erkennbaren Irrläufers nie ein wirksames Angebot unterbreitet hat (Casper ZIP 2000, 1602, 1608).

5. Abs 3

56 Für die **aliud-Lieferung** enthält Abs 3 eine weitere Ausnahme vom Anspruchsausschluss, wenn der Verkäufer eine nach Qualität und Preis **gleichwertige Leistung** angeboten und darauf hingewiesen hat, dass der Empfänger weder zur Annahme verpflichtet ist noch die Kosten der Rücksendung zu tragen hat. Dieser Hinweis muss vor oder bei der Lieferung erfolgen und sich konkret auf diese beziehen (Deckers NJW 2001, 1474). Die Systematik des Abs 3 zeigt, dass der Gesetzgeber allein **wissentliche Falschlieferungen** gemeint hat, da andernfalls der geforderte Hinweis des Unternehmers nicht denkbar erscheint (mit abweichender Begründung Deckers NJW 2001, 1474).

57 Eine Ausdehnung des Abs 3 auf **irrtümliche Falschlieferungen** hätte zur Folge, dass der Anspruch des Unternehmers stets am fehlenden Hinweis scheitern würde, zu denen er in Folge des Irrtums gar keine Veranlassung sah. Irrtümliche Falschlieferungen sind deshalb analog Abs 2 zu behandeln: Bei Lückenhaftigkeit des Gesetzes liegt die Vergleichbarkeit der Sachverhalte darin, dass der Irrtum über die Erfüllungstauglichkeit der erbrachten Leistung dem Irrtum über das Vorliegen einer Bestellung gleichgesetzt werden kann. Erkennt der Besteller den Irrtum oder verkennt er ihn fahrlässig, verbleiben dem Unternehmer also auch bei irrtümlicher aliud-Lieferung die gesetzlichen Ansprüche (BERGER JuS 2001, 649, 652; CASPER ZIP 2000, 1609; DECKERS NJW 2001, 1474, 1475). Andernfalls kommt es zum Anspruchsausschluss gem Abs 1.

58 Der Anspruchserhalt gem Abs 3 kommt nur in Betracht, wenn der Unternehmer ein **gleichwertiges aliud** liefert, also in Anlehnung an § 378 HGB aF dann, wenn er mit der Billigung des Verbrauchers rechnen konnte (DECKERS NJW 2001, 1474).

59 Problematisch sind die Rechtsfolgen der Lieferung einer **mangelhaften Sache**. Eine **Schlechtleistung** als nicht gleichwertige Leistung wird vom Wortlaut des Abs 3 nicht erfasst. Bei **unbewusster Schlechtleistung** wären die Folgen des fehlenden Hinweises gem Abs 3 unangemessen (BERGER JuS 2001, 649, 652). Bei **bewusster Schlechtleistung** kann der Versender nicht davon ausgehen, dass der Verbraucher die Leistung akzeptieren werde.

60 Die Schlechtleistung führt aber auch nicht zu einem Anspruchsausschluss nach Abs 1. Wie im Falle der Zusendung bestellter Ware zum erhöhten Preis besteht in solchen Fällen bereits geschäftlicher Kontakt, so dass die Beurteilung allein nach **Gewährleistungsrecht** erfolgt (BERGER JuS 2001, 649, 652).

IV. Prozessuales

61 Die Voraussetzungen vertraglicher Ansprüche hat ein Unternehmer nach allgemeinen Grundsätzen darzulegen und zu beweisen. Für den Ausschlusstatbestand des Abs 1 kann sich der Verbraucher mit der Behauptung begnügen, es liege eine **unbestellte Lieferung** vor. Die **Beweislast** für das Vorliegen einer **Bestellung** trifft den Unternehmer aus teleologischen Gründen sowie aus dem Umstand, dass der Beweis von Negativtatsachen regelmäßig zu einer Beweislastumkehr führt, weil das Entkräften einer Negativbehauptung weniger Schwierigkeiten mit sich bringt als deren Beweis. Die Voraussetzungen des Abs 1 und 3 hat der Unternehmer, da sie anspruchserhaltend sind, ohnehin zu beweisen.

V. Strafrechtliche Folgen

62 Teilweise wurden Wertungswidersprüche zwischen Abs 1 und dem Strafrecht bemängelt: Die vorsätzliche Beschädigung sowie die Veräußerung durch den Verbraucher lösen zwar keine zivilrechtlichen Ansprüche aus, erfüllen aber die Tatbestände der § 303 StGB und des § 246 StGB, weil der Verbraucher eine fremde Sache beschädigt bzw sich zueignet (SCHWARZ NJW 2001, 1449, 1453; RIEHM Jura 2000, 505, 508). Einige schlagen vor, Wertungswidersprüche auf der Ebene der Rechtswidrigkeit zu lösen, indem § 241a als **Rechtfertigungsgrund** für den Verbraucher herangezogen wird (BAMBERGER/ROTH/GRÜNEBERG Rn 10; BERGER JuS 2001, 649, 653). Ob sich dies tatsächlich aus dem Wortlaut ergibt, erscheint zweifelhaft, entspricht aber der verbraucherschützenden Intention des Gesetzgebers und kann deshalb im Wege der Analogie angenommen werden. Ein Unternehmer, der sich die Sache gewaltsam wiederbeschafft, macht sich nicht nach § 242 bzw § 249 StGB strafbar, weil die Sache seine eigene ist (SCHWARZ NJW 2001, 1449, 1453).

VI. Rechtsvergleichendes

63 Die Bekämpfung der Zusendung unbestellter Ware durch zivilrechtliche Spezialgesetze begann bereits im 19. Jahrhundert in den **USA**. Mittlerweile existiert dort eine bundesrechtliche Vorschrift mit einem Verbot unbestellter Zusendungen, die dem Empfänger einer solchen Ware erlaubt, sie wie ein Geschenk zu behandeln und den Absender verpflichtet, den Empfänger über seine Rechte zu informieren (ausf MÜLLER-HELLE, Die Zusendung unbestellter Ware 176). Bei einer Betrachtung des **europäischen Auslandes** fällt auf, dass die Rechtslage bereits vor Schaffung der Fernabsatzrichtlinie in einem Punkt länderübergreifend einheitlich war: Reagierte der Empfänger auf das in der Zusendung liegende Vertragsangebot nicht, wurde er dementsprechend auch nicht verpflichtet (GEIST, Zusendung unbestellter Waren 22, 261). So sieht zB § 864 Abs 2 des österreichischen ABGB bereits seit 1997 vor, dass das Behalten, Verwenden oder Verbrauchen einer Sache, die dem Empfänger ohne seine Veranlassung übersandt worden ist, nicht als Annahme eines Antrags gelte. Ähnlich normiert Art 6a des schweizerischen OR seit 1990, dass in der Zusendung einer unbestellten Sache kein Antrag zu sehen ist. Auch nach § 15 des portugiesischen Gesetzesdekrets Nr 272/97 vom 3. 7. 1987 darf der Empfänger unbestellter Erzeugnisse diese behalten, was im Ergebnis auf eine Schenkung hinausläuft (BT-Drucks 14/2658 46).

64 Daher bestand eigentlich für das Europäische Parlament kein Handlungsbedarf (GEIST, Zusendung unbestellter Waren 22, 261). Denn über die Befreiung von der Gegenleistungspflicht hinausgehende Freistellungen des Verbrauchers werden auch nach der FARL von den Mitgliedstaaten nicht gefordert (so Rn 2). Erwägungsgrund Nr 5 der Richtlinie wollte lediglich den Anspruch auf „Zahlung nicht bestellter Ware" ausgeschlossen wissen und meinte damit nur die im Gegenseitigkeitsverhältnis stehende **Hauptleistungspflicht** (s auch Rn 11).

65 Dennoch sind die nationalen Gesetzgeber tätig geworden und haben die gem Art 14 S 1 FARL bestehende Möglichkeit, über die Richtlinie hinausgehende strengere Bestimmungen zu erlassen, wahrgenommen. Zumindest im deutschsprachigen Rechtskreis und im englischen Recht wurden auch Schadensersatzansprüche gegen den Verbraucher ausgeschlossen. Im Übrigen sind die Folgen allerdings uneinheitlich.

66 Im **deutschen Recht** erfasst der umfassende Anspruchsausschluss zu Gunsten des Verbrauchers sogar den Vindikationsanspruch des Unternehmers (BT-Drucks 14/2658 46), wenngleich das Eigentum bei diesem verbleibt (SOSNITZA BB 2001, 2317, 2322), womit Eigentum und Besitz dauerhaft auseinander fallen (so Rn 35 ff).

67 Noch weiter, allerdings mit ähnlichen Folgen für Unternehmer und Verbraucher, geht **der Gesetzgeber in Großbritannien** im Unsolicited Goods and Services Act und in den Consumer Protection Regulations 2000, wonach der Versender unbestellter Ware sein Eigentum durch gesetzlich angeordnete Schenkung verliert.

Dem deutschen Gesetzgeber erschien diese dogmatisch konsequentere Lösung im Hinblick auf Art 14 GG zu bedenklich (so Rn 14 ff; SCHWARZ NJW 2001, 1449, 1456).

In der **Schweiz** bleibt trotz Art 6a OR, der vertragliche Leistungsansprüche und alle Ansprüche auf Schadensersatz ausschließt, der Herausgabeanspruch des Unternehmers hingegen gem Art 641 Abs 2 ZGB bestehen, den dieser also zumindest solange realisieren kann, wie die Sache sich noch beim Verbraucher befindet (GEIST, Zusendung unbestellter Waren 206 mwNw u 262). **68**

Das **österreichische Recht** verpflichtet durch § 864 Abs 2 ABGB den Empfänger unbestellter Waren nicht, die Sache zu verwahren oder zurückzuleiten. Er darf sich ihrer vielmehr auch entledigen. Schadensersatzansprüche sind damit ausgeschlossen. Wie im schweizerischen Recht behält der Unternehmer allerdings seinen Vindikationsanspruch. Darüber hinaus kann er gemäß § 367 S 2 ABGB aber auch bereicherungsrechtliche Ansprüche geltend machen, sofern der Verbraucher die empfangene Sache verwendet hat (GEIST, Zusendung unbestellter Waren 216 mwNw). **69**

Wie gem § 241a ist der Empfänger unbestellter Ware auch in der Schweiz und in Österreich nach Art 6a OR und § 864 Abs 2 ABGB bei offensichtlich irrtümlicher Zusendung nach dem eindeutigen Wortlaut beider Vorschriften verpflichtet, den Absender zu benachrichtigen. **70**

§ 242
Leistung nach Treu und Glauben

Der Schuldner ist verpflichtet, die Leistung so zu bewirken, wie Treu und Glauben mit Rücksicht auf die Verkehrssitte es erfordern.

Schrifttum

BEATER, Generalklausel und Fallgruppen, AcP 194 (1994) 82

BITTMANN, Treu und Glauben in der Zwangsvollstreckung, ZZP 97 (1984) 32

BUSS, De minimis non curat lex, NJW 1998, 337

BYDLINSKI, Möglichkeiten und Grenzen der Präzisierung aktueller Generalklauseln, in: BEHRENDS/DIESSELHORST/DREIER (Hrsg), Rechtsdogmatik und praktische Vernunft, Symposion zum 80. Geburtstag von Franz Wieacker (1990) 189

CALLIESS/RUFFERT (Hrsg), Kommentar des Vertrages über die Europäische Union und des Vertrages zur Gründung der Europäischen Gemeinschaft (1999)

CANARIS, Verstöße gegen das verfassungsrechtliche Übermaßverbot im Recht der Geschäftsfähigkeit und im Schadensersatzrecht, JZ 1987, 99

DERNBURG, Bürgerliches Recht I (1./2. Aufl 1899)

ENDEMANN, Lehrbuch des Bürgerlichen Rechts (8. Aufl 1903)

ENNECCERUS/KIPP/WOLF (Hrsg), Lehrbuch des Bürgerlichen Rechts, Recht der Schuldverhältnisse, Band II, Bearb: LEHMANN (14. Aufl 1954)

FASTRICH, Richterliche Inhaltskontrolle im Privatrecht (Habil München 1992)

GERNHUBER, § 242 – Funktionen und Tatbestände, JuS 1983, 764

HAGEBÖCK, Die normative Bedeutung der Verkehrssitte im § 242 BGB und ihr Verhältnis zu den ergänzenden Bestimmungen des bürgerlichen Rechts (Diss Göttingen 1933)

HAMBURGER, Treu und Glauben im Verkehr (1930)
HANAU, Objektive Elemente im Tatbestand der Willenserklärung, AcP 165 (1965) 220
HÄUSER, Unbestimmte „Maßstäbe" als Begründungselement richterlicher Entscheidungen (Diss Mainz 1981)
HEDEMANN, Die Flucht in die Generalklauseln (1933)
HENLE, Treu und Glauben im Rechtsverkehr (1912)
HOHMANN, § 242 BGB und unzulässige Rechtsausübung in der Rspr des BGH, JA 1982, 112
JAHR, Die Einrede des bürgerlichen Rechts, JuS 1964, 125, 294
KASER/KNÜTEL, Römisches Privatrecht (17. Aufl 2003)
KLAKA, Zur Verwirkung im gewerblichen Rechtsschutz, GRUR 1970, 265
KOHLER, Lehrbuch des Bürgerlichen Rechts, 2. Hbbd (1904)
LARENZ, Richtiges Recht, Grundzüge einer Rechtsethik (1979)
LEHMANN, Missbrauch der Geschäftsgrundlage, JZ 1952, 10
LIEBS, Römisches Recht (6. Aufl 2004)
LIMBACH, Die Feststellung von Handelsbräuchen, in: FS Hirsch (1968) 77
LÜDERITZ, Auslegung von Rechtsgeschäften (1966)
MAYER-MALY, Wertungswandel im Privatrecht, JZ 1981, 801
MEDICUS, Der Grundsatz der Verhältnismäßigkeit im Privatrecht, AcP 192 (1992) 35
MEYER, Bona fides und lex mercatoria in der europäischen Rechtstradition (1994)
OERTMANN, Rechtsordnung und Verkehrssitte (1914, Neudruck 1971)
ROTH, Die Einrede des Bürgerlichen Rechts (1988)
J SCHMIDT, Präzisierung des § 242 – eine Daueraufgabe?, in: BEHRENDS/DIESSELHORST/DREIER (Hrsg), Rechtsdogmatik und praktische Vernunft, Symposion zum 80. Geburtstag von Franz Wieacker (1990) 231

K SCHNEIDER, Treu und Glauben im Recht der Schuldverhältnisse (1902)
SIEBERT, Verwirkung und Unzulässigkeit der Rechtsausübung (1934)
SINGER, Wann ist widersprüchliches Verhalten verboten? – Zu den Rechtsfolgen der form- und grundlosen Eigenkündigung eines Arbeitnehmers, NZA 1998, 1309
SONNENBERGER, Verkehrssitten im Schuldvertrag (Habil München 1970)
STAMMLER, Recht der Schuldverhältnisse (Berlin 1897)
STRÄTZ, Treu und Glauben, Band I, Beiträge und Materialien zur Entwicklung von „Treu und Glauben" in deutschen Privatrechtsquellen vom 13. bis zur Mitte des 17. Jahrhunderts (1974)
TEICHMANN, Venire contra factum proprium – Ein Teilaspekt rechtsmissbräuchlichen Handelns, JA 1985, 497
ders, Strukturveränderungen im Recht der Leistungsstörungen nach dem RegE eines Schuldrechtsmodernisierungsgesetzes, BB 2001, 1485
TEUBNER, Standards und Direktiven in Generalklauseln (Diss Tübingen 1971)
vTUHR, Der Allgemeine Teil des Deutschen Bürgerlichen Rechts, Band II/1 (1914)
ders, Der Allgemeine Teil des Deutschen Bürgerlichen Rechts, Band II/2 (1918)
WACKE, Dolo facit, qui petit quod (statim) redditurus est, JA 1982, 477
WAGNER, Zur Feststellung eines Handelsbrauches, NJW 1969, 1282
WEBER, Entwicklung und Ausdehnung des § 242 zum „königlichen Paragraphen", JuS 1992, 631
ders, Einige Gedanken zur Konkretisierung von Generalklauseln durch Fallgruppen, AcP 192 (1992) 516
vWESTPHALEN, Vertragsrecht und AGB Klauselwerke (12. Lieferung 2003, Stand: November 2002)
WIEACKER, Zur rechtstheoretischen Präzisierung des § 242 BGB (1956)
WIELING, Venire contra factum proprium und Verschulden gegen sich selbst, AcP 176 (1976) 334.

Titel 1 § 242
Verpflichtung zur Leistung

Systematische Übersicht

A. Geschichte der Vorschrift

I. Einleitung — 1

II. Die Entstehung der Vorschrift im Bürgerlichen Gesetzbuch — 6
1. Einfluss des Römischen Rechts — 7
a) Fides und bona fides — 8
b) Aequitas — 12
aa) Der Ursprung — 12
bb) Rezeption und Kanonistik — 13
2. Der Einfluss des Deutschen Privatrechts — 14
3. Das Gesetzgebungsverfahren — 25
a) Der Teilentwurf zum Obligationenrecht (1882) — 25
b) Beratungen über den Teilentwurf und Gesetzgebungsdebatten — 29
aa) Änderungen im Teilentwurf zum Obligationenrecht Nr 20 § 1 bis zum E I — 30
bb) Änderungen im Teilentwurf zum Obligationenrecht Nr 13 § 196 bis zum E I — 32
cc) Änderungen durch die Vorkommission des RJA und Fassung des E I – RJA — 33
dd) Änderungen der Zweiten Kommission und Fassungen des E II und E III — 34
ee) Beratungen des Reichstags — 35
c) Endgültige Fassung der Norm im BGB — 37

III. Die Entwicklung der Vorschrift nach 1900 — 38
1. Die Zeit bis zum 1. Weltkrieg — 39
a) Die Stellung der Rechtswissenschaft zu § 242 — 40
aa) Vertragsrechtlicher Ansatz — 41
bb) Der sogenannte „gesellschaftliche Ansatz" — 46
cc) Der Ausgang der Meinungsverschiedenheiten — 48
b) Die Rechtsprechung — 50
2. Die Zeit des 1. Weltkrieges (1914–1918) — 53
3. Der sog „Aufwertungskampf" (1919–1932) — 55
a) Die Aufwertungsrechtsprechung und ihre Folgen — 56
b) Die Entwicklung der Literatur bis 1932 — 64
4. Die Zeit des Nationalsozialismus (1933–1945) — 66
a) „Volksgesetzbuch" und Ansätze — 67
b) Die Rspr während der NS-Zeit — 77
5. Die Zeit nach dem 2. Weltkrieg — 78
a) Zur Rspr im Einzelnen — 79
b) Die Literatur nach dem 2. Weltkrieg, insbesondere die Systematisierungsbemühungen, und die Gesetzgebung der neueren Zeit — 82
aa) Ausbau und Verfeinerung der Systematik — 83
bb) Neue Systematisierungsbemühungen — 89
(1) Änderung des systematischen Standorts — 90
(2) Ersetzung des § 242 als Begründungsargument — 93
(a) Dogmatische Ersetzung — 94
(b) Gewohnheitsrechtliche Ersetzung — 95
(c) Kodifikatorische Ersetzung — 96

IV. § 242 in Gegenwart und Zukunft — 101
1. Aktuelle Anwendungsfelder — 102
2. Ausblick — 104

B. Unmittelbarer Anwendungsbereich — 105

I. IPR – räumlicher Anwendungsbereich — 106

II. Abdingbarkeit — 107

III. Normgehalt
1. Einleitung — 110
a) Auffassungen zum normativen Gehalt des § 242 — 113
aa) Gleichheitstheorien — 114
bb) Differenzierungstheorien — 116
cc) Appellwirkung — 119

b)	Stellungnahme	120	cc)	Drittinteressen/öffentliche Interessen	225
2.	„Tatbestandsmerkmale"	124	c)	Rechtsfolgen	226
a)	„Schuldner"	125	aa)	Grundsatz	226
b)	„Leistung"	134	bb)	Begrenzung nach Sinn und Zweck	227
c)	Sonstige Merkmale	135	cc)	Zeitliche Reichweite	228
3.	„Rechtsfolgemerkmale"	138	dd)	Persönliche Reichweite	229
a)	„Treu und Glauben"	140	d)	Die einzelnen Fälle	234
aa)	Interessenabwägung	144	aa)	Früheres Verhalten	235
(1)	Grundgesetz und § 242	145	(1)	Unredlicher Erwerb der eigenen Rechtsposition	238
(a)	Wirkung der Grundrechte	146			
(b)	Art 20 und 28 GG	147	(a)	Rechtlich missbilligter Erwerb des Rechts	240
(2)	Sonstige gesetzliche Grundwertungen	148			
			(b)	Rechtlich missbilligte Schaffung von Tatbestandsvoraussetzungen	243
(3)	Sozialethische Anschauungen	150			
(4)	Sonstige Interessen Dritter oder der Allgemeinheit	151	(2)	Unredliche Vereitelung einer Rechtsposition des anderen	246
(5)	Idee des Rechts	152			
bb)	Einfluss der Zeit auf „Treu und Glauben"	154	(3)	Vertrags- oder gesetzwidriges Verhalten als genereller Ausschlussgrund?	251
(1)	Maßgeblicher Zeitpunkt	154			
(2)	„Wirkungsdauer"	158	bb)	Gegenwärtiges Verhalten	257
cc)	Rang der Konkretisierungsmittel	159	(1)	Fehlendes Eigeninteresse	260
b)	„mit Rücksicht auf die Verkehrssitte"	160	(2)	Geringfügiges Eigeninteresse des Rechtsinhabers	264
c)	„so zu bewirken"	171	(a)	Allgemeine Voraussetzungen	264
aa)	Funktionskreise – Theorie	172	(b)	Anwendungsfälle	269
(1)	Meinungsstand	172	(3)	Grundsatz der Verhältnismäßigkeit	279
(2)	Stellungnahme	180	(4)	Pflicht zur alsbaldigen Rückgewähr	281
bb)	Konkretisierungsfunktion	182	cc)	Widerspruch zwischen früherem und gegenwärtigem Verhalten	286
cc)	Ergänzungsfunktion	187			
d)	„(nur) verpflichtet"	200	(1)	Allgemeines	286
aa)	Schrankenfunktion	202	(2)	Die Voraussetzungen des widersprüchlichen Verhaltens	291
bb)	Korrekturfunktion	205			
4.	Ergebnis	206	(a)	Schutzwürdiges Vertrauen	292
			(b)	Unauflöslicher Widerspruch	298
C.	**Fallgruppen**		(3)	Verwirkung	302
			(a)	Allgemeines	302
I.	**Allgemeines**	211	(b)	Voraussetzungen	306
			(c)	Verhältnis zur Verjährung	313
II.	**Einzelne Fallgruppen**		(d)	Verhältnis zu Ausschlussfristen	316
1.	Randprobleme	212	(e)	Ausschluss	317
2.	Rechtsmissbrauch	214	(f)	Rechtsfolgen der Verwirkung	318
a)	Rechtsmissbrauch als Unterfallgruppe des § 242?	214	(4)	Erwirkung	319
			(5)	Rechtsscheinshaftung	320
b)	Allgemeine Voraussetzungen	217			
aa)	Interessen der Parteien/Gesetzliche Wertungen	222	D.	**Prozessuale Probleme**	321
bb)	Subjektive Elemente	223			

Titel 1 § 242
Verpflichtung zur Leistung

I.	Einwendung oder Einrede?	322
II.	Dauerhafte oder vorübergehende Wirkung?	329
III.	Beweislast	331
IV.	Revisibilität	333

E. Das Verhältnis des § 242 zu anderen Vorschriften und Rechtsgrundsätzen

I.	Ausschluss durch andere Normen	
1.	Gesetzliche Regelungen	335
2.	Vertragliche Vereinbarungen	342
II.	Das Verhältnis zu teleologischer Reduktion und Analogie	345
1.	Teleologische Reduktion	346
2.	Analogie	348
a)	Extrempositionen	349
b)	Vermittelnde Ansätze	350
III.	Die Abgrenzung zu anderen Normen des BGB	353
1.	§ 157	354
a)	Notwendigkeit der Abgrenzung	355
b)	Kriterien der Abgrenzung	360
2.	§ 134	364
3.	§ 138	367
4.	§§ 307–309	374
5.	§ 313	380
6.	§§ 314, 324	382
7.	§ 275 Abs 2 und 3	384
8.	§ 226	385
9.	§ 826	388
a)	Naturalrestitution	389
b)	Schadenskompensation in Geld	393
10.	Gesetzesumgehung	394
11.	Vertragshilfe	398
IV.	Die Abgrenzung zu Normen in anderen Rechtsgebieten	400

F. Die Anwendungsfälle im Einzelnen 401

I.	Innerhalb des BGB	
1.	Allgemeiner Teil des BGB	403
a)	Natürliche Personen, §§ 1–12	404
b)	Vereinsrecht, §§ 21–79	407
c)	Geschäftsfähigkeit, §§ 104–115	408
aa)	Einschränkung der §§ 105 Abs 1, 108 Abs 1	408
bb)	Nichtigkeit nach § 105 Abs 2	414
cc)	Eintritt der Volljährigkeit nach § 108 Abs 3	415
dd)	Erweiterung des § 110 durch § 242?	416
d)	Willensmängel, §§ 116–124, 142	418
aa)	Mangel der Ernstlichkeit, § 118	419
(1)	Ausschluss des § 118 bei notariell beurkundeten Verträgen	420
(2)	Pflicht zur Aufklärung über die mangelnde Ernstlichkeit	421
bb)	Anfechtbarkeit wegen Irrtums, § 119	422
(1)	Gemeinsamer Irrtum	423
(2)	Ausweitung der Beachtlichkeit von Irrtümern	424
(3)	Einschränkung oder Ausschluss der Irrtumsanfechtung	430
cc)	Schadensersatzpflicht des Anfechtenden, § 122	436
dd)	Anfechtung nach § 123	441
(1)	Ausnutzung rechtsmissbräuchlich erworbener Rechtspositionen	442
(2)	Täuschung durch Dritte	443
(3)	Einschränkung der Anfechtung nach § 123	444
e)	Formverstöße, § 125	445
f)	Zugang von Willenserklärungen, § 130	453
g)	Materielle Schranken der Privatautonomie, §§ 134, 138	456
aa)	Vertragsfreiheit und Vertragsgerechtigkeit	458
bb)	Der Maßstab der Inhaltskontrolle	463
cc)	Erweiterte Inhaltskontrolle bei gestörter Vertragsparität?	466
(1)	Miet- und Arbeitsrecht	467
(2)	Vorformulierte Vertragsbedingungen	470
(a)	AGB-Recht	471
(b)	Die ausgenommenen Bereiche	472
(aa)	Deklaratorische Klauseln, Leistungsbeschreibungen und Preisvereinbarungen	473

Dirk Looschelders/Dirk Olzen

(bb)	Vorformulierte Individualverträge	476	aa)	Überblick		533
(cc)	Gesellschaftsverträge und Vereinssatzungen	478	bb)	Ausprägungen des Grundsatzes von Treu und Glauben im Verjährungsrecht		538
(dd)	Tarifverträge, Betriebsvereinbarungen, Dienstvereinbarungen	480	cc)	Vorrangige gesetzliche Regelungen		539
(ee)	Familien- und Erbrecht	481	dd)	Keine Treuwidrigkeit der Verjährungseinrede per se		544
(3)	Verbraucherschutzrecht	483				
(4)	Störung der Vertragsparität im Einzelfall	484	ee)	Berücksichtigung des Schuldnerverhaltens		548
(5)	Fazit	485	ff)	Rechtsfolgen		557
dd)	Zusammenspiel von § 134 und § 242	486	gg)	Ausschlussfristen		561
(1)	Einschränkung der Nichtigkeitsfolge	486	hh)	Verjährung und Verwirkung		566
(2)	Rückgriff auf § 242 bei Wirksamkeit des Rechtsgeschäfts	490	2.	Schuldrecht: Allgemeiner Teil		569
			a)	Allgemeine Tendenzen im Schuldrecht		569
ee)	Zusammenspiel von § 138 und § 242	491	b)	Inhalt der Leistungspflicht		572
(1)	Einschränkung der Nichtigkeitsfolge	492	aa)	Überblick		572
(a)	Grundlagen	492	bb)	Typische Gegenstände der Leistung		574
(b)	Fallgruppen	495	(1)	Gattungsschuld		574
(aa)	Einseitige Sittenverstöße	496	(a)	Abweichender Qualitätsstandard		575
(bb)	Beiderseitige Sittenverstöße	497	(b)	Repartierungspflicht des Schuldners		576
(cc)	Wegfall der Sittenwidrigkeit nach Vornahme des Rechtsgeschäfts	498	(c)	Recht des Schuldners zur „Rekonzentration"		579
(2)	Anwendung des § 242 bei Wirksamkeit des Rechtsgeschäfts	499	(2)	Wahlschuld und Ersetzungsbefugnis		582
h)	Teilnichtigkeit, § 139	503	cc)	Inhalt einzelner Ansprüche oder Rechte		584
aa)	Allgemeines	503	(1)	Schadensersatz		584
bb)	Die einzelnen Fallgruppen	505	(a)	Ausweitung des Schadensersatzanspruchs		585
(1)	Irrelevanz des nichtigen Teils bei der Vertragsdurchführung	506	(b)	Einschränkung des Schadensersatzanspruchs		586
(2)	Ungerechtfertigter Vorteil für eine Partei	507	(c)	Insbesondere: Mitverschulden		589
i)	Vertrag, §§ 145–157	511	(aa)	Rechtfertigung der Anspruchskürzung		590
k)	Bedingung und Zeitbestimmung, §§ 158–163	514	(bb)	Konkretisierung der tatbestandlichen Voraussetzungen		592
l)	Vertretungsmacht, §§ 164–181	517	(cc)	Anspruchskürzung außerhalb des Schadensrechts		593
aa)	Rechtsscheinvollmacht (Duldungs- und Anscheinsvollmacht)	517	(dd)	Schadensminderungspflicht		594
bb)	Kollusion	518	(ee)	Die Rechtsfolgen des Mitverschuldens		595
cc)	Missbrauch der Vertretungsmacht	519	(ff)	Einschränkung des § 254		596
(1)	Problemstellung und Meinungsstand	519	(d)	Handeln auf eigene Gefahr		597
(2)	Praktische Konsequenzen	523	(e)	Sonstiges		599
(3)	Stellungnahme	526	(f)	Ergebnis		600
dd)	Missbrauch von treuhänderischer Macht	527	(2)	Aufwendungsersatz		601
ee)	Zurückweisung gem § 174	529	(3)	Wegnahmerecht		602
ff)	Pflicht zur Genehmigung des Vertretergeschäfts aus Treu und Glauben	530	(4)	Auskunft		603
gg)	Einschränkung von § 179 Abs 3 S 1	532	dd)	Modalitäten der Leistung		607
m)	Verjährung	533				

Titel 1 § 242
Verpflichtung zur Leistung

(1)	Teilleistungen, § 266	607
(a)	Recht des Schuldners zu Teilleistungen	608
(b)	Recht des Gläubigers zu Teilforderungen	612
(2)	Leistung durch Dritte, § 267	613
(a)	Nachträgliche Änderung der Tilgungsbestimmung	613
(b)	Ablehnung der Leistung	614
(3)	Leistungsort und Leistungszeit	615
ee)	Rechte des Schuldners zur Leistungsverweigerung	617
(1)	Allgemeines	617
(2)	Zurückbehaltungsrecht, §§ 273, 274	618
(a)	Konnexität	618
(b)	Erweiterung des Zurückbehaltungsrechts	619
(c)	Ausschluss oder Einschränkung des Zurückbehaltungsrechts	620
(3)	Einrede des nicht erfüllten Vertrages, §§ 320–322	621
(a)	Funktionelles Synallagma und Treu und Glauben	621
(b)	Ausschluss des Leistungsverweigerungsrechts nach § 320 Abs 2	622
(c)	Sonstige Fälle des Rechtsmissbrauchs	623
(d)	Eigene Vertragstreue als Voraussetzung des Leistungsverweigerungsrechts	624
(e)	Ausschluss der Vorleistungspflicht bei fehlender Vertragstreue des anderen Teils	628
(f)	Unsicherheitseinrede	629
c)	Leistungsstörungen	631
aa)	Allgemeines	631
bb)	Unmöglichkeit	633
(1)	Zeitweilige Unmöglichkeit	634
(a)	Abgrenzung von dauernder und zeitweiliger Unmöglichkeit	635
(b)	Wiederaufleben der Leistungspflicht bei dauernder Unmöglichkeit	636
(2)	Rechtliche Unmöglichkeit	637
(3)	Praktische Unmöglichkeit	639
(4)	Persönliche Unmöglichkeit	641
cc)	Verzögerung der Leistung (insbesondere Verzug)	643
(1)	Ersatz des Verzögerungsschadens	644
(2)	Schadensersatz statt der Leistung und Rücktritt	647
(a)	Fristsetzung	647
(b)	Das Wahlrecht des Gläubigers nach Fristablauf	649
(c)	Eigene Vertragstreue des Gläubigers	654
dd)	Schlechtleistung	655
ee)	Verletzung von Rücksichtspflichten	657
ff)	Gläubigerverzug	660
gg)	Vertragsstrafe	666
d)	Begründung von Schuldverhältnissen	671
e)	Rücktritt	673
aa)	Rücktrittsregelungen, §§ 346–353	673
bb)	Verwirkungsklausel, § 354	678
f)	Erlöschen der Schuldverhältnisse, §§ 362–397	681
aa)	Erfüllung, §§ 362–371	682
bb)	Hinterlegung, §§ 372–386	687
cc)	Aufrechnung, §§ 387–396	688
(1)	Durchbrechungen des Gegenseitigkeitserfordernisses	689
(a)	Treuhandverhältnisse und Strohmannfälle	690
(b)	Durchgriffshaftung bei juristischen Personen	692
(c)	Sonstige Fälle	694
(2)	Einschränkungen der Aufrechnung	695
(a)	Ausweitung der gesetzlichen Aufrechnungsverbote	696
(aa)	Vorsätzlich begangene unerlaubte Handlung, § 393	697
(bb)	Unpfändbare Forderungen, § 394	698
(b)	Natur des Rechtsverhältnisses und Zweck der Leistung	699
(c)	Unzulässige Rechtsausübung	701
(3)	Einschränkung von Aufrechnungsverboten	704
(a)	Vertragliche Aufrechnungsverbote	705
(b)	Gesetzliche Aufrechnungsverbote	709
dd)	Erlass, § 397	713
ee)	Erlöschen des Schuldverhältnisses nach § 242	714
g)	Übertragung von Forderungen	715
aa)	Ausschluss der Abtretung, §§ 399, 400	716
bb)	Einwendungen des Schuldners, § 404	721
cc)	Abtretung unter Urkundenvorlegung, § 405	722

dd)	Rechtshandlungen gegenüber dem bisherigen Gläubiger, § 407	723	(β)	Erfordernis eines Sachgrundes bei personen- oder verhaltensbedingter Kündigung	793
ee)	Aushändigung der Abtretungsurkunde, § 410	724	(bb)	Ausübung des Kündigungsrechts	795
ff)	Gesetzlicher Forderungsübergang, § 412	725	(b)	Widersprüchliches Verhalten einer Vertragspartei	797
h)	Mehrheit von Schuldnern und Gläubigern	726	(aa)	Überwindung von Wirksamkeitserfordernissen der Kündigung	798
3.	Schuldrecht: Besonderer Teil	729	(bb)	Wiedereinstellungsanspruch	802
a)	Kaufvertrag, §§ 433–479	729	(α)	Allgemeines	802
aa)	Allgemeines	729	(β)	Dogmatische Herleitung	805
bb)	Zustandekommen und Erfüllung des Vertrages	731	(γ)	Voraussetzungen	806
			(δ)	Auswahl unter mehreren Arbeitnehmern bei betriebsbedingter Kündigung	810
cc)	Gewährleistung des Verkäufers für Sach- und Rechtsmängel	734			
b)	Darlehensvertrag, §§ 488–498	743	(ε)	Befristete Arbeitsverhältnisse	811
c)	Schenkung, §§ 516–534	749	(3)	Versorgungsansprüche	812
d)	Mietvertrag	753	cc)	Verwirkung	814
aa)	Allgemeines	753	(1)	Ausschluss der Verwirkung im Arbeitsrecht	815
bb)	Erweiterung der Rechte und Pflichten der Parteien	754	(2)	Der Verwirkung unterliegende Ansprüche und Rechte	818
cc)	Begrenzung der Rechte und Pflichten der Parteien	757	(3)	Insbesondere: Verwirkung zu Lasten des Arbeitnehmers bei Beendigung des Arbeitsverhältnisses	821
e)	Dienstvertrag, §§ 611–630	763			
f)	Insbesondere: Arbeitsvertrag	765			
aa)	Allgemeines	765	dd)	Erwirkung von Rechten	824
(1)	Bedeutung des § 242 für die arbeitsvertraglichen Pflichten	768	g)	Werkvertrag	827
			h)	Maklervertrag	834
(2)	Konkretisierung von Nebenpflichten	769	i)	Auftrag, entgeltliche Geschäftsbesorgung und Geschäftsführung ohne Auftrag	838
(a)	Rücksichtspflichten	770			
(aa)	Informationspflichten	772	aa)	Allgemeines	838
(bb)	Obhutspflichten des Arbeitgebers	774	bb)	Einzelfragen	839
(cc)	Leistungsunabhängige Treuepflichten des Arbeitnehmers	776	k)	Bürgschaft	842
			aa)	Bürgschaften vermögensloser Familienangehöriger	842
(α)	Wettbewerbsverbote	777			
(β)	Geheimhaltungspflichten	778	bb)	Bürgschaft auf erstes Anfordern	847
(γ)	Sonstige Unterlassungspflichten	780	cc)	Sonstige Fälle	848
(b)	Leistungsbezogene Nebenpflichten	781	l)	Ungerechtfertigte Bereicherung	852
bb)	Rechtsmissbräuchliches Verhalten der Arbeitsvertragsparteien	783	m)	Unerlaubte Handlungen	860
			aa)	Allgemeines	860
(1)	Arbeitsvertragliche Forderungen	784	bb)	Einschränkung der Haftung Minderjähriger über § 242	864
(2)	Beendigung des Arbeitsverhältnisses, insbesondere Kündigung	786			
			4.	Sachenrecht	869
(a)	§ 242 als Inhaltsbegrenzung des Kündigungsrechts	788	a)	Grundsätzliches	869
			b)	Besitz, §§ 854–872	872
(aa)	Kündigungsgrund	790	c)	Allgemeines Grundstücksrecht, §§ 873–902	873
(α)	Treuwidrige Auswahlentscheidung bei betriebsbedingter Kündigung	790			

d)	Inhalt des Eigentums, insbesondere nachbarrechtliche Verhältnisse (§§ 903–924)	876	aa)	Unterlassungspflichten	952	
			bb)	Mitwirkungspflichten	953	
			cc)	Inhaltskontrolle	954	
e)	Eigentumserwerb, §§ 925–984	880	dd)	Haftung	961	
aa)	Rückerwerb vom Nichtberechtigten	881	ee)	Auskunfts- und Rechenschaftspflichten	969	
bb)	Sicherungsübereignung	883				
f)	Ansprüche aus dem Eigentum, §§ 985–1007	887	ff)	Gesellschafterbeschlüsse	970	
			gg)	Gesellschafterstellung und Geschäftsführung	974	
g)	Miteigentum, §§ 1008–1011	891				
h)	Dienstbarkeiten, §§ 1018–1093	892	hh)	Auflösung der Gesellschaft	979	
i)	Vorkaufsrechte, §§ 1094–1104	895	ii)	Übertragung von Gesellschaftsanteilen	980	
k)	Reallasten, §§ 1105–1112	897				
l)	Hypotheken, Grundschulden, Rentenschulden, §§ 1113–1203	898	kk)	Verwirkung	981	
			2.	Handelsrecht	984	
m)	Pfandrechte an beweglichen Sachen und Rechten, §§ 1204–1296	901	a)	Allgemeines	984	
			b)	Einzelfälle	985	
n)	Verordnung über das Erbbaurecht	902	3.	Gewerblicher Rechtsschutz und Urheberrecht	988	
o)	Gesetz über das Wohnungseigentum und das Dauerwohnrecht	903	a)	Verwirkung	989	
			b)	Auskunft	1000	
aa)	Inhaltskontrolle der Gemeinschaftsordnung und des Kaufvertrages	904	c)	Sonstige Bedeutung	1003	
			4.	Wertpapierrecht	1009	
			a)	Allgemeines	1009	
bb)	Das gesetzliche Schuldverhältnis zwischen den Wohnungseigentümern	906	b)	Einzelfälle	1010	
			5.	Versicherungsvertragsrecht	1012	
			a)	Allgemeines	1012	
cc)	Sonstige Fälle	909	b)	Einschränkung der Rechtsfolgen von Obliegenheitsverletzungen	1015	
5.	Ehe- und Familienrecht	911				
a)	Allgemeines	911				
b)	Aufhebung der Ehe	913	c)	Leistungsfreiheit bei Nichtzahlung der Erstprämie	1019	
c)	Abwendung von steuerlichen Nachteilen	920				
			d)	Versäumnis von Ausschlussfristen	1020	
d)	Inhaltliche Kontrolle von Eheverträgen	921	e)	Versicherung für fremde Rechnung	1024	
e)	Unterhaltsrecht	923	f)	Sonstige Fälle	1026	
6.	Erbrecht	925	6.	Verfahrensrecht	1028	
a)	Allgemeines	925	a)	Allgemeines	1028	
b)	Einwand des Rechtsmissbrauchs	931	b)	Einzelfälle	1031	
			aa)	Prozesskostenhilfeverfahren	1031	
II.	**Außerhalb des BGB liegende zivilrechtliche Anwendungsbereiche**		bb)	Erkenntnisverfahren	1032	
			(1)	Einschränkungen der Klagbarkeit	1032	
1.	Gesellschaftsrecht	939	(2)	Partei	1038	
a)	Allgemeines	939	(3)	Zuständigkeit	1039	
aa)	Personengesellschaften	944	(4)	Beweisführung	1040	
bb)	Körperschaften	945	(5)	Fristen	1042	
(1)	Vereinsrecht	945	(6)	Vergleich	1043	
(2)	Aktiengesellschaft	946	(7)	Prozesssicherheit	1044	
(3)	GmbH	949	(8)	Verwirkung	1045	
(4)	Genossenschaft	950	cc)	Schiedsverfahren	1047	
b)	Einzelfälle	951	dd)	Zwangsvollstreckung	1048	

(1)	Einzelzwangsvollstreckung	1048		bb)	Rückgriff auf andere Institute	1086
(a)	Vollstreckung von Bagatell-			(1)	Stillschweigender Verzicht	1087
	forderungen	1048		(2)	Abus de droit	1088
(b)	Titelmissbrauch	1051		b)	Österreich	1090
(c)	Missbrauch von Sicherheiten	1054		aa)	Begriff und Bedeutung von Treu	
(d)	Weitere Anwendungsfälle	1055			und Glauben	1090
(2)	Insolvenz	1056		bb)	Dogmatische Einordnung	1092
ee)	Sonstiges: Zustellungen	1057		cc)	Rechtsmissbrauch	1094
				dd)	Zusammenfassung	1095
III.	**Sonstige Rechtsgebiete**			c)	Schweiz	1096
1.	Straf- und Strafprozessrecht	1058		d)	Italien	1101
a)	Materielles Strafrecht	1058		e)	Niederlande	1104
b)	Strafprozessrecht	1060		3.	Anglo-Amerikanischer Rechtskreis	1108
2.	Öffentliches Recht	1064		a)	England	1108
a)	Bedeutung von Treu und Glauben			aa)	Begriff und Bedeutung des good	
	im öffentlichen Recht	1064			faith im englischen Common Law	1108
b)	Fallgruppen	1066		bb)	Rückgriff auf andere Institute	1112
c)	Ausgewählte Bereiche des			(1)	Historische Entwicklung: Die	
	Verwaltungsrechts	1069			Equity-Rspr als Korrektiv	1112
aa)	Öffentlich-rechtlicher Erstattungs-			(2)	Die einzelnen Rechtsinstitute	1115
	anspruch	1069		b)	USA	1121
bb)	Steuerrecht	1071		4.	Internationale Regelwerke	1126
cc)	Verwaltungsprozessrecht	1073		a)	UN-Kaufrecht	1126
				b)	Principles of European Contract	
IV.	**Ausländische Rechtsordnungen und**				Law	1129
	internationale Regelwerke			c)	UNIDROIT-Principles of Inter-	
1.	Einleitung	1076			national Commercial Contracts	1135
2.	Kontinentaleuropäischer Rechts-			5.	Treu und Glauben im Gemein-	
	kreis	1080			schaftsprivatrecht	1137
a)	Frankreich	1080		6.	Zusammenfassung	1140
aa)	Begriff und Bedeutung der bonne foi	1080				

Alphabetische Übersicht

Abtretung	715 ff		– Individualverträge, vorformulierte	476 ff
– Abtretungsanzeige	723		– Leistungsbeschreibungen	473 ff
– Abtretungsurkunde	724		– Preisvereinbarungen	473 ff
– Ausschluss der Abtretung	716 ff		– Tarifverträge	480
– Einwendungen des Schuldners	721 ff		– Vereinssatzungen	478 ff
– Scheinabtretung	722		Altenteilsleistungen	897
Aequitas	12 ff		Arbeitsvertrag	765 ff
AGBG	97		– Anfechtung	784
Allgemeine Geschäftsbedingungen	97, 471 ff		– Anhörung des Arbeitnehmers	796
– Betriebsvereinbarungen	480		– Auskunft	782
– deklaratorische Klauseln	473		– Ausschlussfrist	785, 801, 816
– Dienstvereinbarungen	480		– betriebliche Übung	193 ff, 824 ff
– Erbrecht	481		– Beweislast bei Kündigung	787
– Familienrecht	482		– Diskriminierung	793 f
– Gesellschaftsverträge	478 ff		– Erwirkung von Rechten	824 ff

Titel 1 § 242
Verpflichtung zur Leistung

- Geheimhaltungspflichten — 778 f
- Gleichbehandlungsgrundsatz — 775
- Hauptleistungspflichten — 768
- Informationspflichten — 772 f
- Kündigung s Kündigung, Arbeitsvertrag
- Leistungssicherungspflicht — 781
- Nebentätigkeit — 780
- Obhutspflichten — 774 f
- Rücksichtspflichten — 770 ff
- Schwarzarbeit — 784
- Versorgungsanprüche — 812 f
- Verwirkung — 814 ff
- Wettbewerbsverbote — 777
- Wiedereinstellungsanspruch — 802 ff
Aufrechnung — 688 ff
- Aufrechnungsverbote, gesetzliche — 696 ff, 709 ff
- Aufrechnungsverbote, vertragliche — 705 ff
- Gegenseitigkeitserfordernis — 689 ff
- Unzulässigkeit — 699 ff
- Vergleich — 702
- Verzug des Schuldners — 703
Auftrag — 838 ff
Aufwendungsersatz — 601
Aufwertungskampf — 55 ff
Auskunft — 603 ff
Auskunftspflicht — 90, 99

Badisches Landrecht — 19
Bedingung — 514 ff
- Rechtsbedingungen — 516
Besitzschutzansprüche — 872
Betriebliche Übung s Arbeitsvertrag
Bewegliches System — 159
bona fides — 8 ff
Bürgschaft — 842 ff
- Bürgschaft auf erstes Anfordern — 847
- Familienangehörige — 842

clausula rebus sic stantibus — 54, 64, 629, 1099
culpa in contrahendo — 100, 198, 631

Darlehensvertrag — 743 ff
Dauerschuldverhältnisse, Kündigung aus wichtigem Grund — 382 ff
Dienstbarkeiten — 892 ff
Dienstvertrag — 763 f
dolo agit — 281 ff
Doppelehe — 914 ff

Ehegattentestament — 931
- Rechtsmissbräuchliches Verhalten — 931
Eheverträge — 921
Eigeninteresse
- fehlendes — 260 ff
- geringfügiges — 264 ff
Eigentumserwerb — 880 ff
- Innenverkehrsgeschäft — 881
- Rückerwerb vom Nichtberechtigten — 881
Eingriffsnormen — 106
Einkommensteuer, Gemeinsame Veranlagung — 920
Einrede des nicht erfüllten Vertrages — 621 ff
- eigene Vertragstreue — 624 ff
- Teilleistungen — 622
- Unsicherheitseinrede — 629
- Vorleistungspflicht — 628
Einwendungsdurchgriff — 98
England — 1108 ff
- Abuse of rights — 1112
- Economic duress — 1119
- Equity — 1113
- Good faith — 1108
- Implied terms — 1116
- Promissory estoppel — 1118
- Specific performance — 1120
Entstehungsgeschichte — 25 ff
Erbbaurecht, Kaufzwangklauseln — 902
Erbvertrag, rechtsmissbräuchliches Verhalten — 931
Erfüllung — 682 ff
- Leistung erfüllungshalber — 685
- Minderjähriger — 682 f
- Quittung — 686
Ergänzende Vertragsauslegung — 513
Erlass — 713
Ersetzungsbefugnis — 583
Erwirkung — 192 ff, 319, 824 ff
Europäisches Gemeinschaftsrecht — 103, 149, 1137 ff
- Treu und Glauben — 1137
- venire contra factum proprium — 1139
- Verbot des Rechtsmissbrauchs — 1138
exceptio doli generalis — 64, 216, 438

Formverstöße — 445 ff
- Einwendung — 450
- Existenzgefährdung — 446
- Treuepflichtverletzung — 446

Frankreich _____ 1080 ff
- Abus de droit _____ 1088
- Bonne foi _____ 1080 ff
- Équité _____ 1084
- Loyalitäts- und Kooperationspflichten _ 1085
- Nebenpflichten _____ 1082, 1084 f
- Verzicht _____ 1087
- vorvertragliche Pflichten _____ 1082 f
Funktionsanalyse _____ 87
Funktionskreise _____ 172 ff
- Ergänzungsfunktion _____ 46, 134, 187 ff
- Konkretisierungsfunktion _____ 182 ff
- Korrekturfunktion _____ 205
- Schrankenfunktion _____ 202 ff

Garantenpflicht s Strafrecht
Gattungsschuld _____ 574 ff
- Konkretisierung _____ 579 ff
Gefälligkeiten _____ 198
Gefälligkeitsverhältnisse _____ 131
Gemeinschaftliches Testament ____ 932 ff
- Verbot des widersprüchlichen Verhaltens 932
Gesamtgläubiger _____ 728
Gesamtschuld _____ 727
Geschäftsbesorgung, entgeltliche ___ 838 ff
Geschäftsfähigkeit _____ 408 ff
Geschäftsführung ohne Auftrag ___ 838 ff
Geschäftsgrundlage _____
_____ 54, 60, 81, 100, 109, 205, 213, 363
- Abgrenzung zu § 242 _____ 380 f
Gesellschaftsrecht _____ 944 ff
- Abfindung _____ 978
- Aktiengesellschaften _____ 946 ff
- Anfechtung des Hauptversammlungs-
  beschlusses _____ 971
- Anfechtung von Gesellschafter-
  beschlüssen _____ 981
- Auskunfts- und Rechenschaftspflicht _ 969
- Durchgriffshaftung _____ 962
- Genossenschaft _____ 950
- Geschäftsgeheimnisse _____ 969
- GmbH _____ 949
- Inhaltskontrolle von Gesellschafts-
  verträgen _____ 478, 954
- Körperschaften _____ 945 ff
- Missbrauch des Stimmrechts ____ 970
- Personengesellschaften _____ 944
- qualifizierter faktischer Konzern __ 965
- Stimmbindungsvertrag _____ 953

- Stimmpflicht _____ 953
- Übernahme von Gesellschaftsanteilen _ 980
- Unterkapitalisierung _____ 964
- Verlustdeckungspflicht _____ 965
- Zurechnungsdurchgriff _____ 967
Gesetzesumgehung _____ 394 ff
Gesetzlicher Forderungsübergang __ 725
Gewaltenteilung _____ 104, 1081, 1108, 1141
Gewerblicher Rechtsschutz _____ 988 ff
- Verwirkung _____ 989
- Vorrats- und Defensivzeichen ___ 989
Gewissen _____ 146, 203
- Leistungsverweigerung aus
  Gewissensgründen _____ 274, 641 f
Gewohnheitsrecht _____ 167
Gläubigerverzug _____ 660 ff
Glossatoren _____ 16
Grundbuchberichtigungsanspruch _ 873 ff
- dolo-agit-Einwand _____ 873
- Verbot widersprüchlichen Verhaltens _ 874
- Verwirkung _____ 875
Grundgesetz und § 242 _____ 145 ff
Grundrechte _____ 146 ff
Grundschuld _____ 899 f
- Nachträgliche Übersicherung ____ 900

Handeln auf eigene Gefahr _____ 597 ff
Handelsbräuche _____ 164
Handelsrecht _____ 984 ff
- Handelsbrauch _____ 984
- Handelsvertreter _____ 987
- Handlungsgehilfen _____ 986
Herausgabeanspruch des Eigentümers _ 887 ff
- Verbot widersprüchlichen Verhaltens _ 887
Hinterlegung _____ 687

Insolvenzrecht _____ 1056
Italien _____ 1101
- Rechtsmissbrauch _____ 1102 f
- Schikaneverbot _____ 1103
- Treu und Glauben _____ 1101

Kanonistik _____ 13, 16
Kartellrecht, Preisbindungsvertrag __ 1007
Kaufvertrag _____ 729 ff
- Anzeige des Mangels _____ 738
- Gewährleistung _____ 734 ff
- Grundstückskauf _____ 732
- Internetauktion _____ 733

Titel 1
Verpflichtung zur Leistung

§ 242

- Nacherfüllungsanspruch — 735
- Rücktrittsrecht — 736
- Untersuchungspflicht — 740
- Verbrauchsgüterkauf — 741

Konkretisierung s Gattungsschuld
Kontrollfunktion — 46
Kündigung, Arbeitsvertrag — 786 ff
- Ausschlussfrist — 801
- Ausübung — 795 f
- betriebsbedingte — 790 ff, 803, 810
- Form — 799
- personenbedingte — 793, 803
- Verdachtskündigung — 796, 803
- verhaltensbedingte — 793, 803
- Wirksamkeit — 798 ff

Leistung durch Dritte — 613 ff
Leistungsort — 615
Leistungspflicht, persönliche — 274
Leistungsstörungen — 631 ff
Leistungszeit — 616
Lückenergänzung — 50

Maklervertrag — 834 ff
Mietvertrag — 753 ff
- Besichtigungsrecht — 756
- Eigenbedarfskündigung — 759
- Ersatzmieter — 759
- Gebäudeversicherung — 760
- Gleichbehandlung der Mieter — 758
- Hausschlüssel, Verlust — 759
- Satellitenempfangsantenne — 754
- Tierhaltung — 758
- Treppenhauslift — 755
- Verwirkung — 761 f

Miteigentum — 891
Miterbengemeinschaft — 938
Mitverschulden — 589 ff
- Rechtsfolgen — 595
- Schadensminderungspflicht — 594

Mutmaßlicher Parteiwillen — 41 ff

Nachbarschaftliches Gemeinschafts-
verhältnis — 132, 198, 877
- Bauvorhaben — 877
- Duldungspflichten — 877
- mangelndes Eigeninteresse — 879
- nachbarliche Abwehransprüche — 877

Namensrecht — 404 ff

Nationalsozialismus — 66 ff
- Volksgesetzbuch — 67 ff

Nebenleistungspflichten — 191, 212
Niederlande — 1104 ff
- Rechtsmissbrauch — 1107
- Treu und Glauben — 1104

Offener Einigungsmangel — 511
Öffentliches Recht — 1064 ff
- beamtenrechtliche Treue- und
  Fürsorgepflicht — 1066
- Bedeutung von Treu und Glauben — 1064
- Bindungswirkung — 1067
- Koppelungsverbot — 1070
- öffentlich-rechtlicher Vertrag — 1070
- Rechtsstaatsprinzip — 1064
- Sperrgrundstücke — 1075
- Verwirkung — 1068

Ordre public — 106, 501, 557
Österreich — 1090 ff
- Arglisteinwand — 1093
- Auslegung von Willenserklärungen — 1092
- Rechtsmissbrauch — 1094
- Verwirkung — 1093
- Verzicht — 1093

Paarformel — 15
Parteiwillen — 41 ff
Patentrecht — 1005 f
- Lizenznehmer — 1006
- Meistbegünstigungsklausel — 1006
- Nichtangriffspflicht — 1005

Pfandrecht, Nachträgliche Übersicherung — 901
Positive Forderungsverletzung — 80, 95, 100, 631
Postglossatoren — 16
Preußisches Allgemeines Landrecht — 18
Principles of European Contract Law — 1129 ff
- Treu und Glauben — 1130
- Verbot widersprüchlichen Verhaltens — 1133

Privatautonomie, Schranken — 456 ff
- Arbeitsrecht — 468
- Bürgschaft naher Familienangehöriger — 460
- Eheverträge — 460
- Maßstab der Inhaltskontrolle — 463 ff
- Mietverträge — 469
- Vertragsfreiheit und Vertrags-
  gerechtigkeit — 458 ff
- Vertragsparität — 459

Provokation begünstigender Rechtslagen — 256

Prozesskostenhilfeverfahren, Rechtsmissbrauch ___ 1031

Rechtsanwalt
- Erfolgshonorar ___ 510
- Sekundäranspruch ___ 543
- Verjährung ___ 543
Rechtsmissbrauch ___ 214 ff
- Arglist ___ 241 ff
- individueller Rechtsmissbrauch ___ 218
- institutioneller Missbrauch ___ 218
- Rechtsformmissbrauch ___ 247
Rechtsscheinhaftung ___ 320
Rechtsstaatsprinzip ___ 111
Repartierungspflicht ___ 576 ff
Rezeption ___ 13
Rheinisches Recht ___ 19
Römisches Recht ___ 6 ff
Rücksichtspflichten ___ 191, 657 ff
Rücktritt ___ 673 ff
- Verwirkung ___ 676 f
- Verwirkungsklausel ___ 678 ff

Schadensersatz ___ 584 ff
- Mitverschulden ___ 589 ff
- sittenwidrige Tätigkeit ___ 587
- Vorhaltekosten ___ 585
- Vorteilsausgleichung ___ 588
- Zurechnung ___ 586
Schenkung ___ 749 ff
Schiedsverfahren ___ 1047
Schikaneverbot ___ 385 ff
Schlechtleistung ___ 655 f
Schuldrechtmodernisierungsgesetz ___ 100
Schutzpflichten ___ 212
 s a Rücksichtspflichten
Schwarzarbeit ___ 488
Schweiz ___ 1096 ff
- clausula rebus sic stantibus ___ 1099
- Gesetzesumgehung ___ 1100
- Rechtsmissbrauch ___ 1097
- Treu und Glauben ___ 1097
Sicherungsübereignung ___ 883 ff
- ergänzende Vertragsauslegung ___ 885
- Freigabeanspruch ___ 884
- Übersicherung ___ 883 f
Sittenwidrigkeit ___ 492 ff
- beiderseitige Sittenverstöße ___ 497 f
- einseitige Sittenverstöße ___ 496

- Ordre public ___ 501
Sonderverbindung ___ 127
Sozialstaatsprinzip ___ 147
Sozialtypisches Verhalten ___ 198
Steuerrecht ___ 1071 f
- Rechtsmissbrauch ___ 1071
- Vertrauensschutz ___ 1072
Strafprozessrecht ___ 1060 ff
Strafrecht ___ 1058 f
- Garantenpflicht ___ 1058
- Rechtsmissbrauch ___ 1059

Teilleistungen ___ 607 ff
Teilnichtigkeit ___ 503 ff
Treu und Glauben ___ 140 ff
- AGB-Kontrolle ___ 374 ff
- als Idee des Rechts ___ 152 ff
- als stilbildendes Element ___ 1141
- Appellfunktion ___ 119
- Beweislast ___ 331 ff
- Differenzierungstheorie ___ 116 ff
- Einwendung oder Einrede ___ 322 ff
- Gleichheitstheorie ___ 114
- Revisibilität ___ 333 ff
- und Analogie ___ 348 ff
- und ergänzende Auslegung ___ 354 ff
- und Gesetzesverstoß ___ 364 ff
- und sittenwidrige Schädigung ___ 388 ff
- und Sittenwidrigkeit ___ 367 ff
- und Störung der Geschäftsgrundlage ___ 380 ff
- und teleologische Reduktion ___ 346 ff
Treuhandverhältnisse
- Aufrechnung ___ 701
- Missbrauch von treuhänderischer Macht ___ 527 ff
tu quoque-Einwand ___ 251, 654

Unerlaubte Handlung ___ 860 ff
- Haftung Minderjähriger ___ 864 ff
- Herausgabeanspruch nach Verjährung ___ 862
- Verwirkung ___ 862
- Vorsätzliche unerlaubte Handlung ___ 862
Ungerechtfertigte Bereicherung ___ 852 ff
- Kondiktionssperre ___ 855 f
- Schwarzarbeit ___ 856
UNIDROIT-Principles ___ 1135 f
- Good faith ___ 1135
- Verbot widersprüchlichen Verhaltens ___ 1136

UN-Kaufrecht — 1126 ff
– venire contra factum proprium — 1127
– Verbot missbräuchlicher Rechtsausübung — 1127
Unmöglichkeit — 633 ff
Unterhaltsverzicht — 922
Unverhältnismäßigkeit — 270 ff, 279 ff
Unzeit
– Abbruch der Geschäftsführung — 841
– Geltendmachung von Rechten — 257, 616
– Leistung — 186, 616
– Kündigung des Arbeitsvertrages — 795
– Kündigung des Darlehens — 745
Unzumutbarkeit — 269 ff
Urheberrecht — 997 ff
USA — 1121 ff
– Abuse of rights — 1125
– Good faith — 1121
– Uniform Commercial Code — 1121

venire contra factum proprium — 286 ff
Verbraucherschutz — 102, 483
Vereine — 407, 479, 945
Verfolgungsrecht — 872
Verjährung — 533 ff
– Anerkenntnis — 542
– gemeinsamer Irrtum — 556
– Neubeginn — 558
– Hemmung — 558
– pactum de non petendo — 542
– Schuldnerschutz — 533
– Verhandlungen — 540
– Verjährungsanpassungsgesetz — 543
Verkehrssitte — 160 ff
Verschulden — 137
Versicherungsvertragsrecht — 1012 ff
– Alles- oder Nichts-Prinzip — 1015
– Aufklärungs- und Informationspflichten — 1012
– Auskunftsobliegenheiten — 1016
– Ausschlussfristen — 1020
– Ausübungskontrolle — 1012
– Erstprämie — 1019
– Inhaltskontrolle — 1012
– Obliegenheitsverletzungen — 1015
– Relevanzrechtsprechung — 1016
– Risikoprüfung — 1017
– Unfallversicherung — 1023
– Versicherung für fremde Rechnung — 1024 f

– vertragliches Abtretungsverbot — 1026
– vorvertragliche Aufklärungspflichten — 1017
Vertrag mit Schutzwirkung für Dritte — 672
Vertragsanpassung — 53
Vertragshilfe — 398 ff
Vertragsstrafe — 666 ff
Vertrauensschutz — 288, 291, 299
Vertretungsmacht — 517 ff
– Insichgeschäft — 531
– Interessenkollision — 531
– Kollusion — 518
– Missbrauch der Vertretungsmacht — 519 ff
– Rechtsscheinvollmacht — 517
– Selbstkontrahieren — 531
– Vorvertrag — 530
– Zurückweisung — 529
Verwaltungsprozessrecht — 1073 ff
– Bebauungsplan — 1074
Verwirkung — 192 ff, 302 ff
– Verhältnis zu Ausschlussfristen — 316
– Verhältnis zur Verjährung — 313 ff
Verzögerung der Leistung — 643 ff
– eigene Vertragstreue — 654
– Erfüllungsanspruch — 649 ff
– Zuvielforderung — 644, 647
Vorkaufsrechte — 895 f

Wahlschuld — 582
Wegnahmerecht — 602
Werkvertrag — 827 ff
– Gewährleistungsausschluss — 829
– Schlussrechnung des Architekten — 832 f
– Sicherungshypothek — 831
Wertpapierrecht — 1009 ff
– Ausfüllen eines Blanketts — 1011
Wettbewerbsrecht, Unclean-hands-Einwand — 1008
Widerspruch zu früherem Verhalten
s venire contra factum proprium
Willensmängel — 418 ff
– arglistige Täuschung — 441 ff
– Ausschluss der Irrtumsanfechtung — 430 ff
– gemeinsamer Irrtum — 423, 437
– Kalkulationsirrtum — 424 ff
– mangelnde Ernstlichkeit — 419
– Schadensersatzpflicht — 436 ff
– Täuschung durch Dritte — 443
– widerrechtliche Drohung — 441 ff
Wohnungseigentum — 904 ff

– Kostenverteilungsschlüssel	908	– Zugangsvereitelung	455
– Teilungserklärung	904	– Zugangsverzögerung	454
– Verwalter	909	Zurückbehaltungsrecht	618 ff
		Zwangsvollstreckung	1048 ff
Zeitbestimmung	514 ff	– Bagatellforderungen	1048
Zivilprozessrecht	1032 ff	– Drittwiderspruchsklage	1053
– Ausschlussfrist	1042	– Globalzession	1054
– Bagatellklagen	1032	– Teilungsversteigerung	1055
– Beweisverwertungsverbot	1041	– Titelmissbrauch	1051
– Prozessstandschaft	1038	– vollstreckbare Urkunde	1053
– Rechtsmissbrauch	1032	– Zustellung	1057
– Verwirkung	1045	Zweckerreichung	714
Zugang von Willenserklärungen	453 ff	Zweckstörung	714

A. Geschichte der Vorschrift*

I. Einleitung

1 Generalklauseln haben einen schweren Stand. Mit anderen Vorschriften nicht vergleichbar befinden sie sich in fortdauernder Diskussion um Notwendigkeit, Bedeutung und Inhalt, werden einerseits als „Notventile" (MünchKomm/ROTH Rn 2), als „Superrevisionsnormen" (WEBER JuS 1992, 631, 633) gefordert, andererseits als „lettre

---

* **Schrifttum**: BEHRENDS, Treu und Glauben, in: LOMBARDI-VALLAURI/DILCHER, Christentum und Säkularisation (1981) 957 ff; BENÖHR, Die Grundlage des BGB – Das Gutachten der Vorkommission von 1874, JuS 1977, 79 ff; BÖRNER, Die Bedeutung der Generalklauseln für die Umgestaltung der Rechtsordnung in der nationalsozialistischen Zeit (Diss Frankfurt aM 1989); BUECKLING, Der Fluch der Generalklauseln, Vom Treu und Glaubenssatz zum gemeinsamen Erbe der Menschheit, ZRP 1983, 190 ff; DILCHER, Paarformeln in der Rechtssprache des frühen Mittelalters (Diss Frankfurt aM 1961); DÖRNER, Erster Weltkrieg und Privatrecht, Rechtstheorie 17 (1986); EMMERT, Auf der Suche nach den Grenzen vertraglicher Leistungspflichten: Die Rechtsprechung des Reichsgerichts 1914–1923 (2001); HAFERKAMP, Die heutige Rechtsmissbrauchslehre – Ergebnis nationalsozialistischen Rechtsdenkens? (1995); ders, Die exceptio doli generalis in der Rechtsprechung des Reichsgerichts vor 1914, in: FALK/MOHNHAUPT, Das Bürgerliche Gesetzbuch und seine Richter (Rechtsprechung. Materialien und Studien) (2000); HAMBURGER, Treu und Glauben im Verkehr (1930); HEDEMANN, Werden und Wachsen im Bürgerlichen Recht (1913); ders, Die Flucht in die Generalklauseln (1933); HENLE, Treu und Glauben im Rechtsverkehr (1912); HUBERNAGEL, Nationalsozialistische Rechtsauffassung und Generalklauseln, in: FRANK, Nationalsozialistisches Handbuch für Recht und Gesetzgebung (1935); HÜBNER, Kodifikation und Entscheidungsfreiheit des Richters in der Geschichte des Privatrechts (1980); KASER/KNÜTEL, Römisches Privatrecht (17. Aufl 2003); KLEMMER, Gesetzesbindung und Richterfreiheit. Die Entscheidungen des Reichsgerichts in Zivilsachen während der Weimarer Republik und im späten Kaiserreich (Diss Baden-Baden 1995); KUNKEL, Fides als schöpferisches Element im römischen Schuldrecht, in: FS Koschaker II (1939) 1 ff; LANGE, Liberalismus, Nationalsozialismus und Bürgerliches Recht (1933); LEHMANN, Mißbrauch der Geschäftsgrundlage, JZ 1952, 10 ff; LIEBS, Römisches Recht (5. Aufl 1999); LUDWIG, Synonymabildung in Formeln der Rechtssprache, Zeitschrift für Mundartforschung 13 (1937) 215 ff; LUIG, Treu und Glauben in der Recht-

mort" diskreditiert und als „Leerformeln" abgetan (vgl STAUDINGER/COING/HONSELL [2004] Einl 7 zum BGB). Gefahren (vgl etwa HEDEMANN, Die Flucht in die Generalklauseln 66 ff) und Chancen (vgl insgesamt die Kommentierung AK-BGB/TEUBNER zB Rn 6) solcher Vorschriften, insbesondere des Grundsatzes von Treu und Glauben, werden also je nach Blickwinkel des Betrachters höchst unterschiedlich bewertet (z Ganzen a WEBER JuS 1992, 631, 633).

Kritik und Zustimmung wechselten sich bereits in den Jahrhunderten vor Inkrafttreten des BGB ab. So formulierte etwa der Humanist OLDENDORP im Jahre 1529 eher kritisch: „Wie wohl dieser Spruch: Was billig und recht ist, gemeiniglich überall, in freundschaftlichen und rechtlichen Handlungen, schriftlich und mündlich, angeführt und ausgesprochen wird, so ist doch zu besorgen, daß nicht jedermann dieselbigen Worte gründlich verstehe" (J OLDENDORP, Wat byllick unn Recht ys 1529, übersetzt v E WOLF, Quellenbuch zur Geschichte der deutschen Rechtswissenschaften [1950] Vorrede an den Leser 52). Ablehnend formulierte auch der Vater des Codex Maximilianeus Bavaricus Civilis, KREITTMAYR, die aequitas als „Schein- und Hirnbilligkeit", dass „sich selbst gemachte Dictamina den Namen Aequität" so wenig verdienten „als der Aberglaube den Namen der Frommheit" (KREITTMAYR, WIGULAEUS, XAVERIUS, ALAYSIUS, Anmerkungen über den Codicem Maximilianeum Bavaricum Civilem [1759] 1. Teil 1. Kapitel § 10 [29]). Das Naturrecht insgesamt hat die Generalklausel als Grundlage freier Rechtschöpfung also nicht gewollt (vgl auch HKK/DUVE/HAFERKAMP Rn 21). SVAREZ, einer der Schöpfer und geistigen Väter des über 19 000 Paragraphen umfassenden „Allgemeinen Landrecht für die preußischen Staaten" von 1794 (ALR, vgl die Textausgabe v HATTENHAUER [1996]), drückte die „Misere" später so aus: „Undeutlichkeit und Ungewißheit des Gesetzes sind für den Bürger von Übel. Denn alsbald wird der Richter Gesetzgeber und nichts kann der bürgerlichen Freiheit gefährlicher sein, zumal wenn der Richter ein besoldeter Diener des Staates und das Richteramt lebenswierig ist" (zit nach WEBER JuS 1992, 631). Bis zu und noch bei Schaffung des BGB haben Notwendigkeit sowie Inhalt der Generalklauseln heftige Diskussionen ausgelöst, wenngleich man immer mehr erkannte, dass keine Rechtsordnung ohne sie auskommt (STAUDINGER/COING/HONSELL [2004] Einl zum BGB Rn 71 f).

---

sprechung des Reichsgerichts in den Jahren 1900 bis 1909, in: FS Wiedemann (2002); MEINCK, Justiz und Justizfunktion im Dritten Reich, ZNR 1981, 28 ff; MEYER, Bona fides und lex mercatoria in der europäischen Rechtstradition (1994); NÖRR, Die fides im römischen Völkerrecht (1991); ders, Der Richter zwischen Gesetz und Wirklichkeit. Die Reaktion des Reichsgerichts auf die Krisen von Weltkrieg und Inflation und die Entfaltung eines neuen richterlichen Selbstverständnisses (1996); OGOREK, Richterkönig oder Subsumtionsautomat? (Rechtsprechung. Materialien und Studien 1) (1986); SCHNEIDER, Treu und Glauben im Recht der Schuldverhältnisse (1902); SCHOTT, „Rechtsgrundsätze" und Gesetzeskorrektur. Ein Beitrag zur Geschichte gesetzlicher Rechtsfindungsregeln (1975); SIEBERT, Verwirkung und Unzulässigkeit der Rechtsausübung (1934); STAMMLER, Recht der Schuldverhältnisse (1897); STOLLEIS, Gemeinwohlformeln im nationalsozialistischen Recht (1974); STRÄTZ, Treu und Glauben Bd I, Beiträge und Materialien zur Entwicklung von „Treu und Glauben" in deutschen Privatrechtsquellen vom 13. bis zur Mitte des 17. Jahrhunderts (1974); WEBER, Entwicklung und Ausdehnung des § 242 BGB zum „königlichen Paragraphen", JuS 1992, 631 ff; WHITTAKER/ZIMMERMANN, Good faith in European Contract Law (2000); WIEACKER, Zur rechtstheoretischen Präzisierung des § 242 BGB (1956); ders, Zum Ursprung der bonae fidei iudica, ZRG RA 80 (1962) 1 ff.

3 Sohm befand deshalb 1895, dass durch Generalklauseln der Praxis „ein feuriges Schwert" in die Hand gegeben werde „mit dem sie durch alle Paragraphen des Vertragsrechts hindurchzuschlagen im Stande sei" und die Macht, die Vorschriften des gerade in der Entstehung befindlichen Entwurfs zum BGB „im Sinne sozialer Gerechtigkeit weiter zu gestalten" (Sohm, Ueber den Entwurf eines bürgerlichen Gesetzbuchs für das Deutsche Reich in zweiter Lesung [1895], zit nach Strätz, Treu und Glauben 18). 1897 pflichtete Stammler bei, dass durch die Aufnahme des Grundsatzes von Treu und Glauben in das BGB „der Rechtsprechung eine neue Bahn und veränderte Richtung gegenüber unseren seitherigen Zustände zugewiesen sein wird" (Stammler, Recht der Schuldverhältnisse 50). Hedemann, ein Wegbereiter für die Dogmatik der Generalklauseln, war sich indes der Wirkung dieser Normen nicht sicher, als er sie zunächst „königliche Regeln und dominierende Paragraphen" nannte (Hedemann, Werden und Wachsen im Bürgerlichen Recht [1913] 10), dann aber skeptisch eine „Flucht in die Generalklauseln", in „Denkverweichlichung", und „blanke Willkür" (Hedemann Die Flucht in die Generalklauseln 66 f) prognostizierte.

4 Zeitgleich fand H Lange in ihnen „Kuckuckseier im liberalistischen Rechtssystem" (Lange, Liberalismus, Nationalsozialismus und Bürgerliches Recht [1933] 5). Larenz schrieb 1936 dagegen – dem Zeitgeist aufgeschlossen – zum Gebot von „Treu und Glauben": „[...] Jeder Deutsche weiß, was gemeint ist" (Larenz, Vertrag und Unrecht, 1. Teil: Vertrag und Vertragsbruch [1936] 109). Lehmann fand 1952 wieder zu einer eher kritischen Formulierung: „Man kann das Leid der Welt nicht mit § 242 BGB beseitigen" (Lehmann JZ 1952, 10, 11). Buecking kritisierte in neuerer Zeit eine „generalklausulierende Rechtszerrüttung", eine Tendenz zum „semantisch-politischen Spielmaterial" (Buecking, Der Fluch der Generalklauseln vom Treu- und Glaubenssatz zum gemeinsamen Erbe der Menschheit, ZRP 1983, 190 ff), wohingegen Ogorek 1986 als Bezeichnung für den Richter den Begriff „Subsumtionsautomat" prägte (Ogorek, Richterkönig oder Subsumtionsautomat [1986] 5). Weber merkte 1989 an, die Begriffsinhalte von „Treu und Glauben" ließen sich „besser fühlen als beschreiben" (Weber, Die vertrauensvolle Zusammenarbeit zwischen Arbeitgeber und Betriebsrat gemäß § 2 I BetrVG [Diss Heidelberg 1989] 184). Auch Rspr und Kommentarliteratur fanden und finden zu überzogenen Wortschöpfungen, so dass § 242 schnell zum „das gesamte Rechtsleben beherrschenden Grundsatz" (BGHZ 85, 39, 48), „zum allgemeinen Maßstab, unter dem das gesamte private und öffentliche Recht steht" (BGB-RGRK/Alff Rn 1), zur „Einflussstelle der Sozialethik" (Staudinger/Weber[11] Anm A 113), sogar zum „Grundelement der westlich-abendländischen Rechtskultur" (MünchKomm/Roth Rn 11) wird.

5 Hinter und in diesen gleichermaßen komplexen wie diffusen Aussagen steht eine lange Rechtsentwicklung. Da die Wortauslegung des § 242 kaum zu letzter Klarheit über den Inhalt führt, lohnt sich ein historischer Auslegungsansatz in diesem Falle ganz besonders.

II. Die Entstehung der Vorschrift im Bürgerlichen Gesetzbuch

6 Die Wurzeln der Regelungselemente „Treu und Glauben" und der „Verkehrssitte" liegen einerseits im **Römischen Recht**, andererseits – was insbesondere auch die Terminologe des § 242 beeinflusst hat – in der Entwicklung bestimmter Rechtsgedanken des **deutschen Privatrechts**. Hingegen ist der Nachweis eines direkten Einflusses **christlichen Gedankenguts** bisher nicht gelungen, auch wenn der Grundgedanke der Vorschrift sicherlich christlich-abendländischen Prinzipien entspricht (vgl dazu ausf BEHRENDS, Treu und Glauben, in: LOMBARDI-VALLAURI/DILCHER, Christentum und Säkularisation [1981] 957 ff) und deshalb dem kanonischen Recht auch nicht völlig fremd war (su Rn 13). Die Zurückhaltung des Naturrechts wurde bereits dargestellt (so Rn 2).

1. Einfluss des Römischen Rechts

Als Bausteine des Römischen Rechts, die die gesamte westliche Rechtstradition aufgegriffen hat, sind vor allem **fides (bona fides)** und **aequitas** zu nennen (vgl z bona fides ausf NÖRR, Die fides im römischen Völkerrecht [1991] insbes 4 ff; WIEACKER, Zum Ursprung der bonae fidei iudica, ZRG RA 80 [1962] 1 ff; z aequitas vgl etwa HKK/DUVE/HAFERKAMP Rn 7 f).

a) Fides und bona fides

Die **fides** verkörperte ursprünglich als Grundkategorie römischen Normverständnisses die **Erwartung normgerechten Verhaltens**, mithin die Einhaltung eines Versprechens und das korrespondierende Vertrauen des Adressaten darauf (vgl LIEBS, Römisches Recht 264 ff; HKK/DUVE/HAFERKAMP Rn 4 mwNw). Als Personifikation der **Treue** geht der Begriff auf sakrale Ursprünge zurück, wurde später jedoch auch ohne religiöse Rückbindung als selbständiges **sittliches Moment** verstanden, das Grundlage jeder Rechtsordnung sein sollte (vgl etwa KASER/KNÜTEL RPR § 33 Rn 11 f; HKK/DUVE/HAFERKAMP Rn 4).

Die steigende Durchlässigkeit des ius für außerrechtliche Wertvorstellungen führte im 3. Jahrhundert v Chr dazu, dass aus der früher eher faktischen eine rechtlich geschützte Erwartungshaltung werden konnte, so dass aus der fides schließlich der Rechtsbegriff der **bonae fidei iudicia** entstand (MEYER, Bona fides 52; HKK/DUVE/HAFERKAMP Rn 5). Sie wurde von den Prätoren geschaffen (vgl dazu auch KUNKEL, Fides als schöpferisches Element im römischen Schuldrecht, in: FS Koschaker II [1939] 1 ff) und ergänzte den mit dem römischen **Formularprozess** verbundenen **Typenzwang** der **stricti iuris iudicia** für formfreie Rechtsgeschäfte wie Kauf, Miete und Gesellschaft. Als Klageformel richtete sie sich also neben den formalisierten Klagetypen auf etwas, was der Beklagte **ex bona fide** zu leisten hatte (vgl auch die Aufzählung bei C Inst 4, 6 § 28; ferner HKK/DUVE/HAFERKAMP Rn 5). Die Prätoren konnten seitdem Klagen statt auf eine lex auf eine allgemein anerkannte ethische Grundlage stützen (vgl KASER/KNÜTEL RPR § 33 Rn 11 f). Hieran zeigt sich ein Prozess der Verrechtlichung der fides zur bona fides als **gleichberechtigter Klageart**, der somit zu einer Erweiterung der klagbaren Ansprüche im Römischen Recht führte (vgl HKK/DUVE/HAFERKAMP Rn 6). Auf diese Weise wurde von den Prätoren Rechtsschutz für eine Vielzahl von Obligationen geschaffen, die „zu den wichtigsten Einrichtungen des römischen Rechtslebens gehörten" (KASER/KNÜTEL RPR § 33 Rn 12). Dazu zählten etwa emptio venditio, locatio conductio, mandatum, depositum und societas.

Neben dieser **rechtsbegründenden Funktion** erhielt die bona fides weitere, im Einzelnen umstrittene Anwendungsbereiche (ausf MEYER, Bona fides 52 ff; HKK/DUVE/HAFERKAMP Rn 5 ff). Jedenfalls bestand eine ihrer Aufgaben darin, dem Richter einen Maßstab für die **Inhaltskontrolle** und **-ergänzung** von Rechtsverhältnissen an die Hand zu geben, so dass sie auch der **Auslegung von Verträgen** diente (KASER/KNÜTEL RPR § 8 Rn 6). So wurden etwa Fälle des **Rechtsmissbrauchs** gelöst, ohne dass es – wie bei den iudicia stricti iuris üblich – der Erteilung einer förmlichen **exceptio doli** bedurft hätte (vgl dazu auch HAFERKAMP, Die heutige Rechtsmissbrauchslehre Ergebnis nationalsozialistischen Rechtsdenkens? [1995] 78 ff). Ebenso hat man zuweilen das **Erlöschen der Forderung** oder die **Verwirkung eines Anspruchs** ex bona fide hergeleitet (HKK/DUVE/ HAFERKAMP Rn 6). Unter Berücksichtigung der Abreden der Parteien konnten schließlich sogar **Nebenpflichten** begründet werden, wenn sie für ein bestimmtes Rechtsverhältnis unter Berücksichtigung des Ortsgebrauches und der allgemeinen Verkehrssitte als geschuldet anzusehen waren (STAUDINGER/J SCHMIDT [1995] Rn 5). Am Ende dieser Entwicklung bildete die bona fides somit eine Grundlage für **Leistungspflichten** außerhalb von Formularklagen und diente als **Auslegungshilfe** im Rahmen der actiones stricti iuris.

10 Von dieser **objektiven Bedeutung** der bona fides im Bereich der Obligationen ist noch ein anderer Bedeutungsgehalt des Prinzips zu unterscheiden, nämlich derjenige als **subjektive Bewusstseinslage** einer Person, die auf das Bestehen einer bestimmten Rechtslage vertraut. Diese Wurzel endet in der heutigen Rechtssprache stärker in den Worten „**guter Glaube**", zB in § 932 Abs 2.

11 Zusammenfassend entwickelte sich die bona fides also bereits im Römischen Recht zu einer Art „**unbestimmter Rechtsbegriff**", dem sowohl zur **Rechtsbegründung** als auch zur **inhaltlichen Bestimmung** von Rechten Bedeutung zukam (vgl LIEBS, Römisches Recht 267). Die Umwandlung bzw Erweiterung vom ursprünglich im Formularprozess verankerten prozessualen bona-fides-Gedanken in materielle Rechtssätze schritt im **justinianischen Recht** fort und wurde insbesondere in der Zeit der **Glossatoren und Postglossatoren** noch verfeinert und abgeschlossen. Dieser Entwicklungsstand hat sich danach bis in die **Pandektistik** des 19. Jahrhunderts nicht mehr entscheidend verändert und lag demnach den Verfassern des BGB als Grundlage vor.

b) Aequitas
aa) Der Ursprung

12 Die **aequitas**, die 2. Säule des heutigen § 242, diente im Römischen Recht als **objektiver Maßstab** zur Bewertung von Rechtsverhältnissen. Man nutzte sie für die Feststellung, dass eine rechtliche Entscheidung so und nicht anders lauten durfte, insbesondere dafür, dass **Gleiches gleich behandelt** werden sollte (HKK/DUVE/HAFERKAMP Rn 7 f). Eine Abgrenzung zur objektiven Bedeutung der bona fides bereitet demgemäß Schwierigkeiten (z Verschmelzung v bona fides u aequitas PRINGSHEIM, Römische Aequitas der christlichen Kaiser, Excerptum ex Actis Congressus Iuridici Internationalis I [1935] 121 ff; dazu auch HKK/DUVE/HAFERKAMP Rn 7). Den Ursprung der aequitas sah das römische Recht wie bei der fides zunächst in einem **Glaubenssatz**. Sie fand sich als **Rechtsinstitut** aber bereits in den **Klagformeln** der Ädilen und Prätoren in republikanischer Zeit, allerdings in uneinheitlichem Gebrauch (vgl z Ganzen ausf HKK/DUVE/HAFERKAMP Rn 8; insbes z sog Codexantinomie in C 3, 1, 8 einerseits u C 1, 114, 1 andererseits).

bb) Rezeption und Kanonistik
13 Während der **Rezeption** fand eine **Funktionserweiterung** der aequitas statt. Unter **aristotelischem und christlichem Einfluss** wurde sie zur allgemeinen rechtsethischen und rechtspolitischen Rechtfertigung eines Ergebnisses und gleichzeitig zu einer Leitidee richterlicher Rechtschöpfung. GRATIAN sah sie als „mater iustitiae" (C 25

Q2 C 21). Die kanonistische Ausformung als sog **aequitas canonica** verstand man als Gegensatz zur **rigor iuris**. Die aequitas stellte damit eine **Billigkeitserwägung** zur Überwindung bindender Rechtssätze dar, ähnlich wie im nachklassischen Recht mit seiner Gegenüberstellung von ius strictum und ius aequum (z dieser Entwicklung HKK/ DUVE/HAFERKAMP Rn 8). In ihrer Funktion als Korrektiv diente die aequitas ebenfalls den Gesetzgebern des BGB als Vorlage; allerdings verschmolz sie auch mit naturrechtlichem Gedankengut. Im kanonischen Recht erfolgte die Abmilderung als zu hart empfundener Rechtsfolgen im Übrigen nach dem besonderen Prinzip der **misericordia**.

2. Der Einfluss des Deutschen Privatrechts

Der materiellrechtliche Einfluss des älteren **Deutschen Privatrechts** auf die heutige **14** Fassung des § 242 ist gegenüber demjenigen des Römischen Rechts weniger bedeutsam (vgl insgesamt STRÄTZ, Treu und Glauben 22 ff, 283 ff; STAUDINGER/J SCHMIDT [1995] Rn 8 mwNw auch z Gegenmeinung). Die Stammesrechte banden den Richter teilweise vollkommen oder jedenfalls weitgehend an ihre rechtlichen Vorgaben. Erst in den späteren fränkischen Königsgesetzen und Kapitularien diente die **aequitas** zur **Lückenfüllung**, während die Milderung (zu) hart empfundener Rechtsfolgen eher auf dem kirchenrechtlichen Grundsatz der **misericordia** fußte (HKK/DUVE/HAFERKAMP Rn 9).

Soweit sich entsprechende Begriffe in den älteren Quellen überhaupt finden, zeigt **15** sich, dass damit in erster Linie die Sicherheit zum Ausdruck gebracht wurde, **Versprochenes werde eingehalten**. Erst im späten Mittelalter erlangte der Begriff zunehmend spezifisch rechtliche Bedeutung und überlagerte fortan das römisch-rechtliche bona-fides-Prinzip. In sprachlicher Hinsicht stellt die Wortverbindung „Treu und Glauben", die letztlich Eingang in das BGB gefunden hat, eine typische **Paarformel der deutschen Rechtssprache** des frühen Mittelalters dar (vgl DILCHER, Paarformeln in der Rechtssprache des frühen Mittelalters [Diss Frankfurt aM 1961] 18 ff, 61 ff; STRÄTZ, Treu und Glauben 42 ff; WEBER JuS 1992, 631, 632). Die Verwendung zweier weitgehend synonymer Begriffe ist kennzeichnend für die frühneuhochdeutsche Sprachentwicklung (LUDWIG, Synonymabildung in Formeln der Rechtssprache, Zeitschrift für Mundartforschung 13 [1937] 215 ff; STRÄTZ, Treu und Glauben 284).

Inhaltlich hatte das Prinzip zunächst eine **Rechtsbegründungsfunktion**, während nur bei einzelnen speziellen Rechtsverhältnissen **rechtsgestaltende Einflüsse** von „Treu und Glauben" belegbar sind (dazu ausf STRÄTZ, Treu und Glauben 105 ff). **Ergänzung und Korrektur** von Rechtsgeschäften waren in dieser Zeit stärker mit dem Grundsatz der **aequitas** verbunden (HKK/DUVE/HAFERKAMP Rn 11).

Dies änderte sich einerseits durch die **Kanonistik**, andererseits aber auch durch die **16** bereits erwähnten **Glossatoren** und **Postglossatoren** mit ihrer Bezugnahme auf die Quellen des Römischen Rechts. Die aequitas verstärkte ihre Bedeutung im Sinne von **Gleichbehandlung**, diente aber auch zur Abmilderung unangemessener Rechtsfolgen. Damit korrespondiert eine Abnahme der Bedeutung des bona-fides-Gedankens. Ein Grund liegt in der Entwicklung der modernen Vertragslehre, die den Typenzwang des Römischen Rechts ablöste und so die Funktion der Klagzuweisung in nicht geregelten Formularen erübrigte (HKK/DUVE/HAFERKAMP Rn 11 ff; ZIMMERMANN,

The law of obligations. Roman foundations of the civilian tradition, Cape Town [1990] 508 ff), vorher ein Hauptanwendungsbereich der bona-fides-Lehre.

17 Nimmt man die eingangs erwähnte Zurückhaltung des Naturrechts gegenüber den geschilderten Prinzipien hinzu, so zeigt die historische Entwicklung am Vorabend der Kodifikationsbewegung, dass keine gerade Linie vom Prinzip der bonas fides zu einem solchen von Treu und Glauben führt, sondern unterschiedliche Begriffsverständnisse vorhanden waren. Auch insoweit fand der bereits oben (so Rn 2) erwähnte KREITTMAYR 1759 deutliche Worte: „Aequität oder Billigkeit wird bald für die Gerechtigkeit, bald für das Recht der Natur, auch öfter für das blosse gutbedunken und arbitrarische Wesen, hier aber in engen und eigentlichen Verstand für obbemeldte Interpretationem restrictiram genommen" (Anm über den Codicem Maximilianeum Bavaricum Civilem 1. Teil [1758] Band I, I. Kapitel § XI [32] S 11). Diese Kritik bringt auf den Punkt, dass Treu und Glauben ebenso wie seine historischen Vorläufer gut zur Problemlösung im Einzelfall geeignet sind, sich aber nur schwer als abstrakte Prinzipien fassen lassen (vgl auch HKK/DUVE/HAFERKAMP Rn 20).

18 Ein Blick auf den Niederschlag der geschilderten geschichtlichen Entwicklung auf die modernen Kodifikationen des ausgehenden 18. und insbesondere des 19. Jahrhunderts zeigt folgendes Bild: Das **prALR** von 1794, das auch die Mot (II 197) insoweit als Vorgänger des § 242 ansehen, enthielt mit § 270 I 5 lediglich eine Regelung, nach der Verträge in der Regel „nach ihrem ganzen Inhalt erfüllt werden (müssen)", weist also nur wenig konkreten Bezug zur geschilderten Entwicklung auf.

19 In anderen Kodifikationen finden sich dagegen Regeln, die auf den französischen **code civil** zurückgehen und deutliche Ansätze für den heutigen Grundsatz von „Treu und Glauben" enthalten; diese Regelungen wurden deshalb mitentscheidend für die spätere Entwicklung des § 242 (su Rn 38 ff). So übernahmen das **Rheinische Recht** (ab 1814) und das **Badische Landrecht** (1810) in ihren Art 1134 Abs 3, 1135 die Vorschriften des code civil in folgender Übersetzung: „Sie [die Verträge] erfordern redlichen Vollzug" (Art 1134 Abs 3 Badisches Landrecht) bzw „Sie müssen redlich vollzogen werden" (Art 1134 Abs 3 Rheinisches Recht); „Verträge verbinden ... auch zu allem, was aus solchen nach Billigkeit, Herkommen oder Gesetzen folgt" (Art 1135 Badisches Landrecht) bzw „... auch zu allem, was Billigkeit, Herkommen oder Gesetze aus der Natur der Verbindlichkeit folgen lassen" (Art 1135 Rheinisches Recht).

20 § 858 **BGB für das Königreich Sachsen** von 1863 – auf das sich der Redaktor des Schuldrechts vKÜBEL (su Rn 24 f) ebenfalls bezog – enthielt folgende Regelung:

„Die Erfüllung eines Vertrages hat Dasjenige zu fassen, was nach der besonderen Verabredung der Beteiligten, nach den gesetzlichen Vorschriften über den in Frage stehenden Vertrag und überhaupt nach Treu und Glauben und nach der Handlungsweise eines redlichen Mannes zu leisten ist."

Der ausdrückliche Gebrauch der Worte „Treu und Glauben" findet sich im sächsischen BGB ferner in § 835.

21 Der **Entwurf eines BGB** für das **Königreich Bayern** von 1861 sprach den betreffenden Problemkreis in Art 83 an:

„Der Schuldner hat nicht nur dasjenige zu leisten, wozu er ausdrücklich verpflichtet ist, sondern auch alles, worauf sich das Schuldverhältnis nach seiner Natur oder nach Gesetz oder Herkommen von selbst erstreckt."

22 Der **Dresdner Entwurf** von 1866 lautet in Art 150 ähnlich:

„Ein Vertrag verpflichtet den Vertragsschließenden nicht nur zu Dem, was er versprochen hat, sondern auch zu Dem, was sich nach Gesetz oder Herkommen aus der Natur des Vertrages ergiebt, sofern nicht eine Ausnahme hiervon vereinbart worden ist."

23 Ein Blick auf die Vorschrift des § 279 **ADHGB** von 1861 zeigt folgende Formulierung:

„In Beziehung auf die Bedeutung und Wirkung von Handlungen und Unterlassungen von Handlungen ist auf die im Handelsverkehr geltenden Gewohnheiten und Gebräuche Rücksicht zu nehmen."

Dies wurde durch die entsprechende Rspr des RG konkretisiert, die von einem „im Handelsverkehr vor allem aufrecht zu erhaltenden Grundsatz von Treue und Glauben" oder dem „den Handelsverkehr beherrschenden Geboten von Treue und Glauben" ausging (vgl RGZ 13, 68, 77; 19, 63, 67; 34, 15, 19; 37, 24, 26).

24 Die genannten Vorgängerregelungen finden nahezu sämtlich in **sprachlicher Kombination** Verwendung in vKÜBELS Teilentwurf von 1882, ohne dass damit jedoch eine neuartige materiellrechtliche Ausprägung gegenüber den historischen Vorbildern verbunden gewesen wäre (su Rn 25 vKÜBELS Teilentwurf z BGB).

3. Das Gesetzgebungsverfahren

a) Der Teilentwurf zum Obligationenrecht (1882)

25 Am 28. 2. 1874 berief der Bundesrat eine **Vorkommission** ein, die Plan und Methode für die Aufstellung des Entwurfs eines deutschen Bürgerlichen Gesetzbuches ausarbeitete und schließlich am 15. 4. 1874 Bericht erstattete (BENÖHR, Die Grundlage des BGB – Das Gutachten der Vorkommission von 1874, JuS 1977, 79 ff; STAUDINGER/COING/HONSELL [2004] Einl 74 ff zum BGB). Auf der Grundlage dieses Berichts wurde am 22. 6. 1874 die **1. Kommission** tätig, welcher im Bereich des Schuldrechts federführend der königlich württembergische Obertribunalsdirektor und späterer Senatspräsident bei dem Oberlandesgerichte vKÜBEL (vgl näher z Vita STAUDINGER/OLZEN Einl 122 zu §§ 241 ff) angehörte. Als Redaktor legte vKÜBEL 1882 einen **Teilentwurf zum Obligationenrecht** vor. Er basierte auf dem Dresdner Entwurf von 1866, den vKÜBEL im Wesentlichen verfasst hatte (vgl STAUDINGER/OLZEN Einl 125, 128 zu §§ 241 ff). Der Inhalt des späteren § 242 war zunächst aber noch auf **zwei** verschiedene systematische **Abschnitte** verteilt, die sich zum einen mit **Verträgen**, zum anderen mit **Schuldverhältnissen** im **Allgemeinen** befassten.

26 In dem **Teilentwurf Nr 20** „Rechte und Pflichten aus **Verträgen**" enthielt § 1 folgende Regelung:

„Ein Vertrag verpflichtet den Vertragsschließenden zu demjenigen, was sich als Inhalt seiner Verbindlichkeit aus den besonderen Vertragsbestimmungen und aus der Natur des Vertrages, dem Gesetz oder Herkommen gemäß ergiebt."

27 In **Teilentwurf Nr 13** zu den „Wirkungen des Schuldverhältnisses im Allgemeinen" hieß es in § 196:

„Die in einem Schuldverhältnis Stehenden sind sich gegenseitig verpflichtet, die daraus für sie entspringenden Verbindlichkeiten redlich und treu und unter Aufwendung desjenigen Grades an Sorgfalt zu erfüllen, welchen sie versprochen haben oder zu welchem sie gesetzlich verpflichtet sind."

28 Alle im TE zugrunde gelegten Rechtsgedanken hatten ihre Wurzeln in der geschilderten historischen Entwicklung bzw den Kodifikationen vor allem des 19. Jahrhunderts, in denen die Begriffe „Treu und Glauben" und „bona fides" inhaltlich miteinander verschmolzen, während die Grundsätze der aequitas weitgehend in den Prinzipien des Naturrechts aufgegangen waren (HKK/DUVE/HAFERKAMP Rn 26 ff). Der Teilentwurf zeigte zum einen die Relevanz des konkreten **Vertragstyps** mit seiner Bezugnahme auf die Begriffe „Vertrag" und „Natur des Vertrages", zum anderen sah er aber auch das **allgemeine Schuldverhältnis** als Bezugspunkt von Treu und Glauben an („Schuldverhältnis"). Ebenso findet sich bereits der Verweis auf das **(dispositive) Gesetzesrecht** als Quelle zur Ergänzung privatautonomer Vereinbarungen („dem Gesetz [...] gemäß ergiebt"; „zu welchem sie gesetzlich verpflichtet sind"). Darüber hinaus wird durch den Begriff des **„Herkommen"** ein übergeordneter Bezugspunkt gefunden, der in engem Zusammenhang mit dem im kaufmännischen Rechtsverkehr geltenden Begriff „usage", bzw „Gewohnheiten" und „Gebräuche" stand und die Tür zur späteren Einbeziehung der Verkehrssitte öffnete. Schließlich verweisen die Formulierungen bereits auf eine **„redliche"** und **„treue"** Erfüllung des Schuldverhältnisses.

b) Beratungen über den Teilentwurf und Gesetzgebungsdebatten

29 Mit Vorlage des Teilentwurfs im Jahre 1882 begannen die Kommissionsberatungen, welche zu verschiedenen Änderungen im Wortlaut führten. Überwiegend teilte man die in der geschilderten Aufspaltung der Regelung zum Ausdruck kommenden Zurückhaltung vKÜBELS gegenüber einem allgemeinen Grundsatz von „Treu und Glauben" nicht. Die 1. Kommission war vielmehr der Ansicht, dass eine „allgemeine Interpretationsregel... von nicht geringer praktischer Bedeutung sei und von großen Nutzen zu sein verspreche" (JAKOBS/SCHUBERT §§ 241–432, 47; z Ganzen ausf HKK/DUVE/ HAFERKAMP Rn 45 ff).

aa) Änderungen im Teilentwurf zum Obligationenrecht Nr 20 § 1 bis zum E I

30 Zunächst wurde im Vertragsrecht an die Stelle des als antiquiert empfundenen Wortes **„Herkommen"** in Anlehnung an das ADHGB, welches von **„Handelsverkehr"** sprach, auf Antrag des Präsidenten des Sächsischen Oberappellationsgerichtes vWEBER das Wort **„Verkehrssitte"** gesetzt. Ähnlich wie das Sächsische BGB von 1863 und ebenfalls auf Antrag von vWEBER schob man zwischen „gemäß" und „ergiebt" den Satzteil „und überhaupt nach Treue und Glauben und nach der Handlungsweise eines redlichen Mannes" ein und übernahm auf diese Weise den Regelungsgehalt des „redlich und treu" aus dem Teilentwurf zum Obligationenrecht Nr 13 § 196.

In der **vorredaktionellen Fassung** lautete Nr 20 § 1 TE deshalb: **31**

„Der Vertrag verpflichtet jeden Vertragsschließenden zu demjenigen, was sich nach Treue und Glauben (nach der Handlungsweise eines redlichen Mannes) aus den Vertragsbestimmungen und aus der Natur des Vertrages, dem Gesetz und der Verkehrssitte gemäß als Inhalt seiner Verbindlichkeit ergiebt."

Nach Änderung durch den Redaktionsausschuss lautete die nunmehr als § 61 geführte Vorschrift in der „Zusammenstellung der sachlich beschlossenen Bestimmungen des Obligationenrechtes nach den Beschlüssen des Redaktionsausschusses der 1. Kommission" (1882–1884):

„Der Vertrag verpflichtet den Vertragsschließenden zu demjenigen, was sich aus den Bestimmungen und der Natur des Vertrages nach Gesetz und Verkehrssitte, sowie mit Rücksicht auf Treu und Glauben als Inhalt seiner Verbindlichkeit ergiebt."

Dieser Normtext wurde schließlich als § 356 in den „Entwurf eines Bürgerlichen Gesetzbuches in der Fassung der ersten Beratung der ersten Kommission" (1884–1887) und als § 359 in den E I übernommen.

bb) Änderungen im Teilentwurf zum Obligationenrecht Nr 13 § 196 bis zum E I
Durch die geschilderte Neufassung des § 61 erübrigte sich in § 196 des Teilentwurfs **32** zum Obligationenrecht, der sich auf die **Schuldverhältnisse im Allgemeinen** bezog, der Passus „redlich und treu". Nach seiner Streichung lautete die Norm, jetzt als § 166:

„Der Schuldner ist verpflichtet, die nach dem Schuldverhältniss ihm obliegende Leistung vollständig zu bewirken."

In den gleich lautenden Bestimmungen des § 221 Abs 1 S 1 des Entwurfs eines Bürgerlichen Gesetzbuches in der Fassung der ersten Beratung der 1. Kommission (1884–1887) sowie des § 224 Abs 1 S 1 E I fehlte also dementsprechend ebenfalls der Hinweis auf „redlich und treu".

cc) Änderungen durch die Vorkommission des RJA und Fassung des E I – RJA
In der **Vorkommission des Reichsjustizamts** (RJA) beantragte der bayerische Ober- **33** regierungsrat JACUBETZKY, § 224 Abs 1 S 1 E I wie folgt zu fassen: „Der Schuldner ist verpflichtet, die Leistung, wie Treue und Glauben es erfordert, zu bewirken." Damit stellte sich die Problematik des Verhältnisses einer solchen für Schuldverhältnisse im Allgemeinen geltenden Vorschrift zu § 359 E I, der ausdrücklich auf vertragliche Schuldverhältnisse abstellte. In der 40. Sitzung vom 4.9.1891 wurde deshalb beschlossen, § 359 E I zu streichen und in Verallgemeinerung des in § 359 aufgestellten Grundsatzes zum Ausdruck zu bringen, dass die Leistung so zu bewirken sei, wie Treu und Glauben mit Rücksicht auf die Verkehrssitte es erfordern (vgl dazu MUGDAN II 521). Diese Streichung sah man auch dadurch als gedeckt an, dass § 73 (der heutige § 157) flankierend an der Seite des § 224 Abs 1 E I stand. Die Fassung des § 224 Abs 1 E I-RJA lautete folglich:

"Die Leistung ist so zu bewirken, wie Treu und Glauben mit Rücksicht auf die Verkehrssitte es erfordern."

dd) Änderungen der Zweiten Kommission und Fassungen des E II und E III

34 In den Beratungen der **Zweiten Kommission** wurde zum einen erwogen, den Wortlaut des § 224 Abs 1 S 1 E I-RJA auf Antrag des Tübinger Professors vMandry abzuändern, der folgende Fassung vorschlug: „Zu welcher Leistung das Schuldverhältniß den Schuldner verpflichtet und wie die Leistung zu bewirken ist, ist nach Treu und Glauben mit Rücksicht auf die Verkehrssitte zu beurtheilen." Zum anderen warf man die Frage auf, ob § 224 Abs 1 in den **Allgemeinen Teil** verlagert werden sollte, da die Regelung inhaltlich auch für sachenrechtliche, güterrechtliche und erbrechtliche Rechtsverhältnisse gelten könne (vgl Prot I 625 = Mugdan II 522). Die Redaktions-Kommission der 2. Kommission (1891–1895) veranlaßte letztlich aber nur eine unbedeutende Änderung des Wortlautes der Norm. § 224 erhielt die Fassung:

„Der Schuldner ist zur Bewirkung der Leistung in solcher Weise verpflichtet, wie es Treu und Glauben und der Verkehrssitte entspricht."

Die **heutige Fassung** wurde am 22. 10. 1895 als § 206 E II dem Reichskanzler überreicht. Sie ist wortgleich mit § 236 der Bundesratsvorlage und, nachdem auch im Bundesrat keine Änderungen vorgenommen wurden, schließlich mit § 236 E III:

„Der Schuldner ist verpflichtet, die Leistung so zu bewirken, wie Treu und Glauben mit Rücksicht auf die Verkehrssitte es erfordern."

Diese Fassung legte der Reichskanzler am 17. 1. 1896 dem Reichstag vor.

ee) Beratungen des Reichstags

35 Der **Reichstag** änderte die Vorschrift nicht mehr; heftige Debatten verliefen ins Leere. Im Wesentlichen betrafen sie den tief greifenden und andauernden Streit, inwiefern § 242 eine allgemeine **exceptio doli generalis** enthalte oder sonst durch Wortlautänderung erhalten sollte (ausf HKK/Duve/Haferkamp Rn 47 ff). Diesbezüglich gab es verschiedene Änderungsvorschläge, wie den des Abgeordneten vDziembowski, der in der zweiten Beratung im Reichstag am 20. 6. 1896 beantragte, die Norm wie folgt zu fassen: „Der Verpflichtete kann einer solchen Ausübung der Rechte widersprechen, die nach dem eigenen Verhalten oder nach den Erklärungen des Berechtigten gegen Treu und Glauben verstießen" (vgl Mugdan II 1310 f; z ähnl Anträgen vgl HKK/Duve/Haferkamp Rn 49). Im Ergebnis blieben alle entsprechenden Änderungsversuche aber erfolglos.

36 Darüber hinaus wurden im Plenum aber auch lobende Äußerungen über den späteren § 242 laut, etwa durch den Abgeordneten Kauffmann, wonach die Vorschrift „in der That in der Fassung und Sprache einen großen Fortschritt bedeutet [...]: Es erscheint hier zum ersten Mal in einem deutschen Gesetzbuch die Berücksichtigung der Verkehrssitte, und es ist schon [...] darauf hingewiesen worden, dass gerade diese Bestimmungen des bürgerlichen Gesetzbuches außerordentlich entwicklungsfähig sind, dass sich daran eine weitere gedeihliche Ausgestaltung des Rechts schließen kann."

c) Endgültige Fassung der Norm im BGB

Nachdem der **Bundesrat** am 14. 6. 1896 dem vom Reichstag beschlossenen Text zustimmte, konnte die im Wortlaut seit dem E II unveränderte Fassung als § 242 des Bürgerlichen Gesetzbuches nach Ausfertigung am 18. 8. 1896 am 1. 1. 1900 Gesetz werden. Die Wortkombination „Treu und Glauben" wird außer in dieser Vorschrift im BGB in den §§ 157, 162 Abs 1 und 2, 307 Abs 1, 320 Abs 2 und 815 verwendet.

III. Die Entwicklung der Vorschrift nach 1900

Der Wortlaut des § 242 ist von 1895 bis heute gleich geblieben. In Bezug auf Inhalt und Bedeutung lassen sich jedoch verschiedene Entwicklungen nach der Jahrhundertwende beobachten, die eine neue oder zumindest eine andere Deutung der Vorschrift hervorbrachten.

1. Die Zeit bis zum 1. Weltkrieg

Die ersten Jahre nach Inkrafttreten der Norm standen im Zeichen einer Diskussion über ihren rechtlichen Inhalt. Dabei setzte man verständlicherweise unmittelbar bei dem Diskussionsstand an, der auf der Grundlage von Rspr und Schrifttum im 19. Jahrhundert in der Phase der Gesetzgebungsdebatten erreicht worden war. Erste Impulse gingen dabei von der **Lehre** aus.

a) Die Stellung der Rechtswissenschaft zu § 242

Das wissenschaftliche Lager entwickelte zwei unterschiedliche dogmatische Standpunkte, von denen aus man versuchte, **Grund, Umfang und Maßstab** des Eingriffes in Schuldverhältnisse über § 242 näher zu beschreiben, wo auf bereits vorhandene historische Ansätze zurückgegriffen wurde.

aa) Vertragsrechtlicher Ansatz

Eine **vertragsrechtliche Betrachtungsweise** erschloss den Bedeutungsgehalt des § 242 aus dem **(mutmaßlichen) Parteiwillen** und in Fortentwicklung der jeweiligen Willenserklärungen (vgl dazu SCHNEIDER, Treu und Glauben, durchgehend, bes 47 f, 132, 228; daneben vgl zB HENLE, Treu und Glauben 8; KOHLER, Lehrbuch des bürgerlichen Rechts 535; DERNBURG, Bürgerliches Recht I 24), eine Entwicklung, die auf der (damals) modernen Vertragslehre basierte.

Hiernach lag der **Grund** eines richterlichen Eingriffs in Schuldverhältnisse auf der Basis des § 242 in einer (doppelten) **Lückenhaftigkeit der Leistungspflicht** (Begriff von CHIOTELLIS, Rechtsfolgenbestimmung bei Geschäftsgrundlagenstörungen in Schuldverträgen [1981] 24 ff), nämlich darin, dass die Parteien zum einen bestimmte Fragen rechtsgeschäftlich nicht geklärt hatten und zum anderen auch das dispositive Gesetzesrecht keine Lösung bereit stellte. Bei **gesetzlichen Schuldverhältnissen** setzte die Anwendung des § 242 nach dieser Ansicht voraus, dass eine Normierung der Leistungsmodalitäten fehlte.

Der **Umfang** des Eingriffes beschränkte sich dementsprechend ausschließlich auf die **Schließung** vorhandener **Lücken** im **konkreten Schuldverhältnis**. Den legitimierenden **Maßstab** solcher Eingriffe in das Schuldverhältnis bildete sowohl bei vertraglichen als auch bei gesetzlichen Schuldverhältnissen der **Parteiwille**, der entweder durch

Auslegung des vorhandenen, oder aber (bei gesetzlichen Schuldverhältnissen) als **mutmaßlicher Parteiwille** (also als derjenige eines „ordentlichen Bürgers", vgl STAUDINGER/J SCHMIDT [1995] Rn 60) zu ermitteln war.

44 Den Vorteil dieser Betrachtungsweise sah man darin, dass insgesamt auf das Instrumentarium zurückgegriffen werden konnte, das auch sonst zur allgemeinen Rechtfertigung (rechtsgeschäftlicher) Schuldverhältnisse benötigt wurde, nämlich dasjenige der Willenserklärung und ihrer Dogmatik, insgesamt also auf die Grundsätze der **Privatautonomie**. Eine gewisse Beschränkung der „Richtermacht" durch den Parteiwillen nahm man dabei ebenso in Kauf wie die Unstimmigkeiten der dogmatischen Begründung bei gesetzlichen Schuldverhältnissen.

45 Die damit verbundene Angreifbarkeit der Konstruktion wurde aber zum Hauptkritikpunkt. Ihre Gegner bemängelten darin eine übertriebene Affinität zum Vertragsrecht, insbesondere in Fortführung des Gedankengutes im code civil (so vor allem DERNBURG, Bürgerliches Recht I 23 f; ENDEMANN, Lehrbuch des Bürgerlichen Rechts I 591). Man wendete ein, gesetzliche Schuldverhältnisse bezögen ihren Schuldgrund und ihren Inhalt aus **gesellschaftlichen Wertungen**, nicht aus der Privatautonomie. Ebenso wurde kritisiert, dass auch die Ermittlung des Parteiwillens letztlich dazu führe, auf den Maßstab eines „vernünftigen, objektiven Dritten" abzustellen. Ein solcher normativ geprägter Begriff fuße aber seinerseits ebenfalls auf gesellschaftlichen Wertungen (vgl dazu DERNBURG, Bürgerliches Recht I 24 [„anständig und gerecht denkende Menschen"]; KOHLER, Lehrbuch des Bürgerlichen Rechts 535 [„gutgläubiger Verkehr"]; insgesamt auch vTUHR, AT II 1 547; SONNENBERGER, Verkehrssitten 115 ff).

bb) Der sogenannte „gesellschaftliche Ansatz"

46 Vor diesem Hintergrund vertraten andere Autoren den Standpunkt, die Legitimation für alle Rechtssätze, die anhand des § 242 geschaffen worden seien, läge in einem **objektiven, gesellschaftlichen Maßstab** (vor allem STAMMLER, Recht der Schuldverhältnisse 36 ff; aber auch vTUHR, AT II 1 545 ff; CROME, System I [1900] 68; ENDEMANN, Lehrbuch des Bürgerlichen Rechts I 58, auch 592; HEILFRON, Lehrbuch des Bürgerlichen Rechts, Schuldrecht [1900] 35; dazu auch DANZ, Die Auslegung der Rechtsgeschäfte [3. Aufl 1911] 141 ff; weitere Angaben bei OERTMANN, Rechtsordnung und Verkehrssitte 318 ff). STAMMLER formulierte, dass der Grundsatz von „Treu und Glauben" berücksichtigt sei, wenn eine Wertung „[...] das für diesen Fall objektiv Richtige angiebt" (STAMMLER, Recht der Schuldverhältnisse 37; vgl auch CROME, System I [1900] 67 [„materielle" statt „blos formaler Gerechtigkeit"]) und fand damit breite Unterstützung (etwa HEILFRON, Lehrbuch des Bürgerlichen Rechts, Schuldrecht [1900] 35 [„den Grundsätzen der Sittlichkeit entsprechend"]; ENDEMANN, Lehrbuch des Bürgerlichen Rechts I 58, 592 [„die im Volk wirkenden sittlichen Gebote"; „letztes Ziel [...] rechtlichen Zusammenlebens"]; sogar noch ähnlich formuliert von ERMAN/WERNER [9. Aufl] Rn 2). Der **Umfang** eines möglichen Eingriffs über § 242 wurde dadurch erweitert, dass nunmehr der gesamte Regelungsbereich zur Verfügung stand, den objektiv gesellschaftliche Wertungen in irgendeiner Weise betreffen. Davon waren also nicht nur lückenhafte, sondern auch zwar lückenlose, aber neu bzw anders zu bewertende Schuldverhältnisse umfasst. § 242 erhielt demnach neben einer **Ergänzungs-** auch eine **Kontrollfunktion**. Der Grund eines Eingriffs bestand folglich zum einen in der Lückenhaftigkeit von Regelungen, zum anderen aber auch in ihrer Ungerechtigkeit – Überlegungen, die die Rechtsgeschichte mit den Grundsätzen der aequitas, bzw der

objektiven Ausprägung des bona-fides-Gedankens bereits seit langem bereithielt (so Rn 7 ff).

Den Vorteil dieser Betrachtungsweise sah man darin, dass sie die durch Streichung **47** des § 359 E I beabsichtigte Verallgemeinerung eines Gerechtigkeitsprinzips besser zum Ausdruck brächte, ferner, dass sie ein dogmatisch lückenloses Grundkonzept gewährleisten konnte, welches im Unterschied zur vertragsrechtlichen Lösung auch bei gesetzlichen Schuldverhältnissen zu systemgerechten Ergebnissen führen sollte. Jedoch lag auch die Problematik dieser Ansicht auf der Hand: Durch Berücksichtigung objektiver gesellschaftlicher Wertungen öffnete man ein weites Tor und schuf so eine Einbruchstelle für die Rspr von einer privatautonomen hin zu einer als **sinnvoll erachteten Ordnung** (vgl STAUDINGER/J SCHMIDT [1995] Rn 67).

cc) Der Ausgang der Meinungsverschiedenheiten
Der in den ersten Jahren des 20. Jahrhunderts heftig geführte Streit entschied sich **48** dennoch alsbald aufgrund seiner dogmatischen Vorteile zugunsten des gesellschaftlichen Ansatzes. Nach 1910 wurde die gegenteilige Auffassung immer seltener vertreten, zumal sich die Unterschiede auch dadurch verwischten, dass insbesondere der mutmaßliche Parteiwille als Auslegungsmaßstab nicht selten unter Rückgriff auf die Verkehrssitte und damit auf gesellschaftliche Wertungen gewonnen wurde (vgl zur Situation zu Beginn des 20. Jh auch HKK/DUVE/HAFERKAMP Rn 60 ff; vgl ferner etwa SIBER: in diesen Fällen lieber Auslegung u Analogie statt Anwendung des § 242 [PLANCK/SIBER Anm 1, 2; anders noch HENLE, Treu und Glauben 8; auch dieser aber nur noch sehr einschränkend, in: Schuldrecht [1934] 275]).

Um die zunehmenden Anwendungsfälle der Norm besser zu systematisieren, begann **49** man erstmalig damit, **Sachverhaltsgruppen** zu bilden (vgl etwa STAUDINGER/RIEZLER[3/4] §§ 226, 242) – eine Praxis, die gut zur kasuistischen Struktur des Römischen Rechts passte.

b) Die Rechtsprechung
Die Anzahl der Fälle, in denen das RG § 242 als Begründungsnorm heranzog, war **50** zunächst gering (1. Entscheidung am 25.4.1901 = RGZ 48, 139), weitete sich aber ab dem 57. Band im Jahre 1904 kontinuierlich aus. Der weitgehend in der Lit vertretene gesellschaftliche Ansatz kam der Rspr des RG entgegen. Das Gericht verwendete § 242 nicht mehr nur zur **Lückenergänzung**, sondern auch zur oft sehr weit reichenden **Kontrolle und Korrektur von Rechtssätzen** (vgl aber auch RGZ 52, 1, 5, wo eine Heranziehung des § 242 abgelehnt wurde).

Neben der **Lückenfüllung** und **Konkretisierung vertraglicher Pflichten** (etwa RGZ 53, 70 **51** [Abnahmepflicht]; RGZ 59, 207 [Pflichten des Bürgen im Interesse des Hauptschuldners]; RGZ 63, 53 [Pflichten im Arbeitsverhältnis]) sowie der **Lückenschließung** im dispositiven **Gesetzesrecht** (RGZ 57, 116, 118 u 84, 125, 128 ff für die Entwicklung der Regeln über die „beschränkte Gattungsschuld" oder RGZ 78, 385, 388 f für die Kündigung aus wichtigem Grund bei Dauerschuldverhältnissen) finden sich somit in der Folgezeit auch Entscheidungen des RG, in denen eine **Korrektur vertraglicher** oder sogar **gesetzlicher Regelungen** über § 242 vorgenommen wurde. In einem Urteil vom 9.2.1903 berief sich das RG zB auf § 242, als bei einer Inkassozession der „materiell nur zur Einziehung der Forderung für den Cedenten ermächtigte Cessionar seine formelle Legitimation gegen den Willen des

Cedenten zum Nachteil des Schuldners geltend macht(e)" (RGZ 53, 416, 420). In RGZ 58, 425, 428 f wurde dem Schuldner wegen des Verhaltens des Gläubigers, der absichtlich die rechtliche und wirtschaftliche Lage des Schuldners verschlechtert hatte, Befreiung von seiner Verbindlichkeit gewährt. RGZ 60, 160, 164 korrigierte auf ähnliche Weise § 326 aF RGZ 60, 294, 296 erklärte ein vertragliches Aufrechnungsverbot, RGZ 61, 92, 94 die Wandelung (nunmehr den Rücktritt) des Wandelungsberechtigten wegen Verstoßes gegen § 242 für unwirksam. RGZ 66, 126 schloss ansonsten bestehende Ansprüche gem §§ 985, 1004 über § 242 aus. Die einzige erkennbare Grenze dieser Entwicklung bildeten – anders als in der späteren Rspr des BGH – die Formvorschriften (vgl RGZ 52, 1, 5; 73, 205, 209 f).

52 Diese Entwicklungslinie mündete schließlich in einer Entscheidung des RG vom 26. 5. 1914, in der zusammenfassend klargestellt wurde: „Das System des BGB wird durchdrungen von dem Grundsatz von Treu und Glauben mit Rücksicht auf die Verkehrssitte. [...] Die §§ 157, 226, 242, 826 erscheinen nur als besondere Ausprägungen eines allgemeinen Prinzips [...] das Prinzip beherrscht alle Einzelbestimmungen und muß gerade in ihnen lebendige Wirkung üben zur Klärung, Erweiterung, Ergänzung oder Beschränkung des vereinzelten Wortlauts" (RGZ 85, 108, 117; aaO wurde damit begründet, dass man § 394 S 1 entgegen seinem klaren Wortlaut dann nicht anwenden könne, wenn mit einer Forderung des Dienstherrn aus vorsätzlich begangener unerlaubter Handlung des „Diensteinkommensberechtigten" aufgerechnet wurde).

2. Die Zeit des 1. Weltkrieges (1914–1918)

53 Die Zeit des **1. Weltkrieges** verursachte wegen der besonders schwierigen wirtschaftlichen Situation ein breites Betätigungsfeld für die Anwendung der Vorschrift im Bereich der **Pflichtenänderung** und **Vertragsanpassung** (vgl insgesamt DÖRNER, Erster Weltkrieg und Privatrecht, Rechtstheorie 17 [1986]; ferner HKK/DUVE/HAFERKAMP Rn 66). DÖRNER fasste die Entwicklung plakativ wie folgt zusammen: „Wirtschaftliche Notwendigkeit schlägt Buchstabentreue. Interessenanalyse schlägt positivistische Konstruktion. Materiale Vertragsgerechtigkeit schlägt formale Pflichtenbindung" (DÖRNER, Erster Weltkrieg und Privatrecht, Rechtstheorie 17 [1986] 385 ff, 400 f).

54 Für die vielen (neuen) Probleme bot der weite Spielraum der Generalklausel angemessene „Lösungsfreiheit" (vgl insgesamt EMMERT, Auf der Suche nach den Grenzen vertraglicher Leistungspflichten: Die Rechtsprechung des Reichsgerichts 1914–1923 [2001] 247 ff; NÖRR, Der Richter zwischen Gesetz und Wirklichkeit. Die Reaktion des Reichsgerichts auf die Krisen von Weltkrieg und Inflation und die Entfaltung eines neuen richterlichen Selbstverständnisses [1996] 8 ff). Vor allem das staatliche Zwangsbewirtschaftungsrecht dieser Zeit hatte begrenzende Auswirkungen auf die Vertragsfreiheit, so dass der Gedanke des § 242 zB fruchtbar gemacht werden konnte, um **Kontrahierungszwang** und **Preisregulierung** rechtlich zu bewältigen (dazu etwa NIPPERDEY, Kontrahierungszwang und Diktierter Vertrag [1920] 140 ff). Zum anderen wurden die gehäuft auftretenden Fälle der **wirtschaftlichen Unmöglichkeit** teilweise dem Anwendungsbereich der Norm zugeschrieben, was erstmals im Rahmen einer **clausula rebus sic stantibus**, also eines **Wegfalls der Geschäftsgrundlage**, diskutiert wurde (vgl dazu näher jetzt aktuelle STAUDINGER-Bearbeitung zu § 313; insgesamt auch KLEMMER, Gesetzesbindung und Richterfreiheit [1995] 286 ff, insbes 297 mit Darstellung der übrigen „Lösungsmechanismen"; HKK/DUVE/HAFERKAMP Rn 66).

3. Der sog „Aufwertungskampf" (1919–1932)

Die **Weimarer Zeit** brachte in Aufarbeitung der Kriegsereignisse einen Wechsel der 55
Vorzeichen gegenüber den frühen zwanziger Jahren des 20. Jahrhunderts mit sich,
soweit es die von Rspr und Lit ausgehenden Impulse für die Entwicklung des § 242
anging. Nun weitete die Rspr den Anwendungsbereich des § 242 stark aus, während
sich die Lit im Wesentlichen darauf beschränkte, diese Ausweitung zu registrieren
und nachzuweisen.

a) Die Aufwertungsrechtsprechung und ihre Folgen

Geldentwertung und sinkende Kaufkraft nach dem 1. Weltkrieg stellten die Rspr vor 56
das Problem, gegenseitige Schuldverträge veränderten Umständen anzupassen (umfangreiche Literaturhinweise bei STAUDINGER/WEBER[11] Rn F 2 ff). Dieser sog **„Aufwertungskampf"** der Rspr führte zu einer deutlichen Vermehrung der mit Hilfe des § 242 entschiedenen Fälle. Ihre Anzahl stieg von durchschnittlich drei im 57. bis 105. Band auf dreiundzwanzig im 107. Band und siebenundzwanzig im 110. Band der Entscheidungssammlung an.

Die „Entscheidungsfreudigkeit" des RG auf der Grundlage des § 242 stärkte all- 57
gemein die bereits in der Entscheidung vom 26. 5. 1914 (RGZ 85, 108, 117) gewonnene
Überzeugung, dass sich die §§ 157, 226, 242, 826 als Teil eines „allgemeinen Prinzips"
darstellten, wie es im Gesetzgebungsverfahren auch bereits diskutiert worden war
(STAUDINGER/COING/HONSELL [2004] Einl 71 f zum BGB). Mehr und mehr verzichtete das
RG auf eine Ableitung seiner Grundsätze aus der Summe einschlägiger Einzelvorschriften und verwendete Treu und Glauben als einen eher vorrechtlichen Maßstab,
an dem nach seiner Ansicht jedes Recht zu messen war. Dieser Eindruck wird durch
eine Eingabe des Richtervereins am RG vom 8. 1. 1924 gestützt, in der man androhte, das im Verordnungswege geplante Aufwertungsverbot wegen Verstoßes gegen Treu und Glauben nicht anzuwenden (JW 1924, 90; DRiZ 1924, 7 ff). Dort heißt es:
„Dieser Gedanke von Treu und Glauben steht außerhalb des einzelnen Gesetzes,
außerhalb einer einzelnen positiv-rechtlichen Bestimmung. Keine Rechtsordnung,
die diesen Ehrennamen verdient, kann ohne jenen Grundsatz bestehen. Darum darf
der Gesetzgeber nicht ein Ergebnis, das Treu und Glauben gebieterisch fordern,
durch sein Machtwort vereiteln." Diese Ankündigung der Rspr, der Exekutive
ernsthaft die Gefolgschaft zu verweigern, erwies sich damals als unerhörter Vorgang
(HKK/DUVE/HAFERKAMP Rn 67), der das „neue Selbstbewusstsein" der Richterschaft
verdeutlichte. Im Ergebnis setzte sie sich jedoch nicht durch (vgl z Entgegnung des
Reichsjustizministers DRiZ 1924 Sp 40 u die Rede des Reichsgerichtspräsidenten DRiZ 1924
Sp 419 ff, in der die Aussage stark zurückgenommen wurde, u schließlich die nachfolgende Entscheidung des RG v 1. 3. 1924, RGZ 107, 370, 373, 376, in der man die inzwischen ergangene
3. SteuerNotVO, RGBl 1924 I 74, schließlich nicht verwarf).

Dennoch ging das RG aus dem „Aufwertungskampf" in seiner Ansicht gestärkt 58
hervor, mit Hilfe von § 242 gestaltend in alle Rechtsverhältnisse eingreifen zu können. Nicht nur quantitativ, sondern auch qualitativ wurde der Anwendungsbereiche
des § 242 erweitert. Die obergerichtliche Rspr erschloss § 242 zunehmend für neue
Gebiete, in denen man bis dahin regelmäßig mit Analogien gearbeitet hatte oder in
denen die Frage noch offen stand, ob eine Analogie oder die Argumentation mit
§ 242 angebracht war (zB für den Arglisteinwand: in RGZ 58, 425, 428 noch gestützt auf eine

Analogie z §§ 138, 157, 162, 242, 320, 815, 817, 826; in RGZ 71, 432, 435 wurde der Arglisteinwand anerkannt, nur sah man es noch nicht als völlig geklärt an, ob z Rechtfertigung §§ 133, 157, 242 oder § 826 heranzuziehen sei; RGZ 85, 108, 117 fasste die §§ 157, 226, 242, 826 als besondere Ausprägung eines allgemeinen Prinzips des „Grundsatzes von Treu und Glauben mit Rücksicht auf die Verkehrssitte" auf, so dass später allein die Berufung auf den § 242 genügte, vgl RGZ 108, 105, 110; 129, 252, 258).

59 Im Einzelnen wurde so in den folgenden Jahrzehnten § 242 in vielen neuen Rechtsgebieten angewendet (vgl z Folgenden die zeitgenössischen Zusammenstellungen bei STAUDINGER/WEBER[10] Rn 22 ff; BGB-RGRK/OEGG [9. Aufl 1939] Anm 2 ff; insgesamt auch HAMBURGER, Treu und Glauben im Verkehr sowie HEDEMANN, Die Flucht in die Generalklauseln 15 ff):

60 Im **Schuldrecht** diente § 242 der Begründung von **Nebenpflichten**, insbesondere **Auskunftpflichten**. Diese hatte man zuvor auf eine Analogie zu zahlreichen Einzelregelungen im BGB gestützt (s §§ 666, 675, 681 Abs 2, 713 sowie §§ 27 Abs 3, 86, 1214 Abs 1, 1461 usw; z Auskunftspflicht auch STAUDINGER/OLZEN § 241 Rn 167 ff sowie u Rn 603 ff). Daraus leitete das RG zunächst einen allgemeinen Grundsatz ab (RGZ 73, 286, 288), während man sich später nur noch auf § 242 bezog (RG JW 1928, 2092 ff). Weiterhin sind die Grundsätze des „**Rechtsmissbrauches**" bzw der „**unzulässigen Rechtsausübung**" und schließlich die verschiedenen Fälle der „**Geschäftsgrundlage**" in diesem Zusammenhang zu nennen.

61 Auch im **Sachenrecht** (vgl die Darstellung bei SCHLEGELBERGER/VOGELS/EPPING, BGB [1939] Rn 8; STAUDINGER/WEBER[11] Rn A 29 mwNw), **Familienrecht** und **Erbrecht** wurde § 242 herangezogen, Anwendungsbereiche, in denen über die Funktion der Norm aus verschiedenen Gründen lange Zeit vorher gestritten worden war.

62 Jenseits des BGB begründete man ferner Entscheidungen im **Handels- und Gesellschaftsrecht** mit Hilfe des § 242, wo Treu und Glauben sowie die Handelsbräuche allerdings bereits im 19. Jahrhundert ihren festen Platz gehabt hatten. § 242 gewann ferner Bedeutung im **Arbeitsrecht** (HEDEMANN, Die Flucht in die Generalklauseln 16, meint sogar, das RAG habe „den Rekord in der Verwendung von ‚Treu und Glauben' [...] geschlagen"), im **Versicherungsrecht**, im **Urheber- und Verlagsrecht**, im **Prozessrecht** (sowohl im Erkenntnisverfahren als auch im Vollstreckungsverfahren), schließlich im gesamten **Öffentlichen Recht**, gleich ob es sich um allgemeines Verwaltungsrecht, Beamtenrecht, Straßenrecht oder Steuerrecht handelte.

63 Zusammenfassend lässt sich festhalten, dass das RG und die Obergerichte allgemein einen Vorrang des § 242 „**gegenüber allen Gesetzesvorschriften**" annahmen (HAMBURGER, Treu und Glauben im Verkehr 13; im gleichen Sinne später: „da alle gesetzlichen Regelungen unter dem allumfassenden Grundsatz von Treu und Glauben stehen [...]", bis in die Gegenwart: LAG Hamm VersR 1979, 787; der BGH spricht von dem „das gesamte Rechtsleben beherrschende(n) Grundsatz von Treu und Glauben", zB BGHZ 85, 39, 48; ähnliche Diktion schon in RGZ 107, 78, 88).

b) Die Entwicklung der Literatur bis 1932

64 Die Lit dieses Zeitraums sah ihre vorrangige Aufgabe in der bereits angesprochenen Bemühung, die vielen Entscheidungen der Rspr zu registrieren und sie mit dogmatischen Kategorien des BGB und älteren Rechtsvorstellungen in Verbindung zu

bringen. Der Umfang der Kommentierungen schwoll stetig an. Während PLANCK 1914 noch mit 7 Seiten auskam, benötigte der Reichsgerichtsrätekommentar im Jahre 1928 21 Seiten und die Darstellung von HAMBURGER aus dem Jahre 1930 umfasste immerhin schon 290 Seiten. Dennoch fehlte den meisten Werken eine **stimmige Systematik**: Neben einer ausführlichen Aufbereitung des damals sehr aktuellen Themas „Aufwertung" (oft der größte Teil der gesamten Darstellung; vgl etwa BGB-RGRK/MICHAELIS [6. Aufl 1928] Anm 5 b, c = 14 v 21 Seiten bzw 8 v 10 Seiten bei BOHNENBERG/FREYMUTH/KAMNITZER, BGB [12. Aufl 1929] Anh 1 z § 242 Anm III) und neben allgemeinen Betrachtungen zur Geschichte und zum Inhalt des § 242 findet sich oft nur eine unsystematische Aufreihung von Entscheidungen zum Inhalt von Schuldverhältnissen, zB zum **Leistungsverweigerungsrecht** (vgl neben BGB-RGRK/MICHAELIS [6. Aufl 1928] Anm 2, 3 bes HAMBURGER, Treu und Glauben im Verkehr 60 ff, 137 ff), zur **exceptio doli generalis** (die zT auch als Oberbegriff für die Fälle der clausula rebus sic stantibus angesehen wurde [so BGB-RGRK/MICHAELIS [6. Aufl 1928] Anm 4]), sowie eine Darstellung der **clausula rebus sic stantibus** (vgl BGB-RGRK/MICHAELIS [6. Aufl 1928] Anm 5; HAMBURGER, Treu und Glauben im Verkehr 117 ff).

In der Folgezeit wuchs das „Unbehagen" der Lit an der Ausweitung der Rspr **65** (STAUDINGER/J SCHMIDT [1995] Rn 85) in zweifacher Hinsicht: Zum einen sah man sich vor der Schwierigkeit, sie noch überschaubar darzustellen, zum anderen äußerte man aber die Furcht, dass mit der ausufernden Anwendung von Generalklauseln eine „Unsicherheit des gesamten Rechtslebens" und „Willkür" in der Rechtsanwendung einhergehe (vgl insgesamt HEDEMANN, Die Flucht in die Generalklauseln 66 ff; mit etwas abw Bewertung auch HKK/DUVE/HAFERKAMP Rn 68: „situationsbedingtes Krisenmanagement").

4. Die Zeit des Nationalsozialismus (1933–1945)

Die hM einer objektiven, „gesellschaftlichen Deutung" (so Rn 46 f) sowie die Schwie- **66** rigkeit einer „dogmatische Durchdringung" der Norm kamen einer Ideologie zu Gute, welche die bisherigen gesellschaftlichen Strukturen zerrüttete und die Weimarer Republik zum totalitären System umgestaltete. Der Zeitraum des Nationalsozialismus steht deshalb auch für eine **Politisierung** der Grundsätze von Treu und Glauben (insgesamt dazu BÖRNER, Die Bedeutung der Generalklauseln für die Umgestaltung der Rechtsordnung in der nationalsozialistischen Zeit [Diss Frankfurt aM 1989]; WALDMÜLLER, „Die königlichen Paragraphen" 157, 242 BGB [Diss Bonn 1940]).

a) „Volksgesetzbuch" und Ansätze
Mit dem Gedanken von „Treu und Glauben" befassten sich ua verschiedene Aus- **67** schüsse der Akademie für Deutsches Recht in ihren Arbeiten zur Schaffung eines **„Volksgesetzbuches"** nach 1933.

Von dem zuständigen Ausschuss wurde vorgeschlagen, in dem „Entwurf für die **68** Grundregeln und für Buch I" folgende **„Grundregeln"** aufzustellen:

„15. Kein Volksgenosse darf einen Vertrag zur Ausbeutung eines anderen Volksgenossen ausnützen.

16. Die Ausübung aller Rechte muß sich nach Treu und Glauben und nach den anerkannten Grundsätzen des völkischen Gemeinschaftslebens richten. Das Wohl der Gemeinschaft ist dem eigenen Nutzen voranzustellen.

17. Rechtsmißbrauch findet keinen Rechtsschutz. Mißbräuchlich handelt besonders, wer auf der wörtlichen Erfüllung einer sinn- und zwecklos gewordenen Verpflichtung besteht, wer eine Befugnis so spät geltend macht, daß er sich dadurch mit seinem eigenen früheren Verhalten in einen unerträglichen Widerspruch setzt, wer bei der Vollstreckung mit einer Härte vorgeht, die dem gesunden Volksempfinden gröblich widerspricht" (Volksgesetzbuch. Grundregeln u Buch I, Entwurf u Erläuterungen vorgelegt v HEDEMANN/LEHMANN/SIEBERT, Arbeitsberichte der Akademie für Deutsches Recht Nr 22 [1942] 12 f, wieder abgedruckt in: SCHUBERT, Protokolle: Volksgesetzbuch [1988] 516).

69 In den Erläuterungen heißt es dazu, die Grundregeln hielten sich „fern von künstliche(r) Neuerungssucht" und „verschmähen es deshalb nicht, die sehr wirksame und gutes deutsches Sprachgut darstellende Formel von Treu und Glauben' zu übernehmen" (39).

70 Die dem Ausschuss für **Personen-, Vereins- und Schuldrecht** der Akademie vorgelegten verschiedene **Entwürfe** von HEINR STOLL und LEHMANN sahen folgende Regelungen für ein neues Schuldrecht vor:

71 Bei STOLL hieß es in seinem Entwurf von 1934:

„§ 242 (§ 1) Schuldverhältnis. Schuldner und Gläubiger stehen von Beginn der Vertragsverhandlungen an bis zur Beendigung des Schuldverhältnisses in einem gegenseitigen Vertrauensverhältnis, das sie wechselseitig zur Rücksichtnahme verpflichtet (Schutzpflicht). Sie haben zur Verwirklichung der Leistung unter Beachtung des Gemeinwohls so zusammen zu arbeiten, wie Treu und Glauben mit Rücksicht auf die Verkehrssitte es erfordern."

72 Der Entwurf STOLLS aus dem Jahre 1936 lautete:

„§ 2 (BGB § 242). Vertrauensverhältnis und Schutzpflicht."

„Schuldner und Gläubiger stehen vom Beginn der Vertragsverhandlungen bis zur Beendigung des Schuldverhältnisses in einem gegenseitigen Vertrauensverhältnis (Treupflicht).

Damit der Leistungserfolg erzielt wird, haben Gläubiger und Schuldner so zusammenzuwirken, wie Treu und Glauben mit Rücksicht auf die Verkehrssitte es erfordern.

Schuldner und Gläubiger müssen in wechselseitiger Rücksichtnahme dafür sorgen, daß keiner den anderen durch sein Wirken schädigt (gegenseitige Schutzpflicht)" (STOLL, Leistungsstörungen 61, 129).

73 Der Entwurf LEHMANNS formulierte:

(z § 241) „Der Schuldner hat seine Kräfte soweit in den Dienst des Schuldzweckes zu stellen, als ihm das nach Treu und Glauben unter Berücksichtigung der Verkehrssitte zugemutet werden kann."

„§ 242. Schutzpflicht. Schuldner und Gläubiger stehen vom Beginn der Vertragsverhandlungen an in einem gegenseitigen Vertrauensverhältnis, das sie zu wechselseitiger Rücksichtnahme verpflichtet (beiderseitige Schutzpflicht)."

(Z den Entwürfen vgl die Verhandlungen des Ausschusses für Personen-, Vereins- und Schuldrecht 1934–1936, Schubert, Protokolle: Schuldrecht [1990] 160, 207, 297).

Schließlich wurden auch in dem Ausschuss für **Schadensersatzrecht** der Akademie **74** Entwürfe erarbeitet, die sich mit Treu und Glauben beschäftigten (Schubert, Protokolle: Schadensrecht [1993]); in ihnen unternahm man durchweg den Versuch, den Regelungsgehalt von § 241 und von § 242 miteinander zu verknüpfen, wie es auch die oben dargestellten Vorschläge von Stoll und Lehmann zeigen. Insgesamt lässt sich also die Bemühung feststellen, den Treuegedanken des § 242 durch den vorrangigen Grundsatz des **Gemeinwohls** zu ergänzen und auf diese Weise **öffentlichrechtliche Elemente** in das Schuldverhältnis einzubringen (vgl insgesamt Stolleis, Gemeinwohlformeln im nationalsozialistischen Recht [1974] 103 ff).

Neben diesen Ausschussarbeiten zum Entwurf eines Volksgesetzbuches forderten **75** auch Stimmen in der Lit eine „Politisierung" des § 242 (vgl z Ganzen HKK/Duve/Haferkamp Rn 71 ff). So unterschied etwa Hubernagel 1935 zwischen einer Lücken-, Rechtsschöpfungs- und Gerechtigkeitsfunktion einerseits und einer **Kulturfunktion** der Vorschrift andererseits (Hubernagel, Nationalsozialistische Rechtsauffassung und Generalklauseln, in: Frank, Nationalsozialistisches Handbuch für Recht und Gesetzgebung [1935] 971 ff). Diese Kulturfunktion sollte „unter Belassung der Rechtsordnung neuen weltanschaulichen, wirtschaftlichen, staatspolitischen und technischen Entwicklungen Raum geben" (vgl HKK/Duve/Haferkamp Rn 71). Auch C Schmitt äußerte sich bereits 1933 dahin gehend, dass nach „Grundsätzen [der nationalsozialistischen Bewegung] bestimmt werden muß, was [...] Treu und Glauben [ist]" (C Schmitt, Fünf Leitsätze für die Rechtspraxis, DR 1933, 201 f) und 1934: „Sobald Begriffe wie Treu und Glauben [...] nicht auf die individuelle bürgerliche Verkehrsgesellschaft, sondern auf das Interesse des Volksganzen bezogen werden, ändert sich [...] das gesamte Recht, ohne daß ein einziges positives Gesetz geändert werden brauchte" (C Schmitt, Über die drei Arten des rechtswissenschaftlichen Denkens [1934] 59). Der **„Gemeinschaftsgedanke"** der nationalsozialistischen Weltanschauung beherrschte „über Treu und Glauben den Inhalt der Rechtsgeschäfte, den Inhalt der schuldnerischen Leistung und damit gleichzeitig den Umfang des Forderungsrechtes des Gläubigers, die Auslegung der Parteierklärungen und überhaupt das gesamte Verhalten der an einem Rechtsverhältnis Beteiligten. [...] Eine ganz besonders weitgehende Wirkung [...], die Einheit von Recht und Pflicht, die Wandlung vom eigennützigen Machtrecht zur Aufgabe im Dienste der Gemeinschaft [konnte] mit Hilfe dieser Bestimmungen schon im geltenden bürgerlichen Recht erreicht werden" (Frank, Nationalsozialistische Handbuch für Recht und Gesetzgebung [1935] 965).

Dieses politische Verständnis beeinflusste nicht zuletzt auch die dogmatischen **76** Rechtsinstitute, die seit den 20er Jahren zunehmend getrennt von § 242 diskutiert worden waren (z Ganzen HKK/Duve/Haferkamp Rn 74 ff). So stellte Siebert etwa 1934 in seinem Werk „Verwirkung und Unzulässigkeit der Rechtsausübung" zum **Rechtsmissbrauch** fest, dass es nun möglich sei „den großen Grundsatz, dass **Gemeinnutz vor Eigennutz** gehen solle, auch zu einem Rechtsgrundsatz zu machen" (132). Für ihn galt § 242 selbstverständlich gegenüber jedem „zwingenden Recht" (124), und ließ zB in weiten Teilen § 226 überflüssig werden (130). § 826 sollte nur noch bei „gänzlich fehlender Sonderverbindung" anwendbar sein (129 ff). § 242 wurde so für „Auflockerung und Umbruch" (Siebert, Auflockerung und Umbruch im „bürgerlichen Recht",

DRW 1935, 56) des Bürgerlichen Rechts genutzt. Die Auswirkungen der NS-Ideologie zeigen sich im Umgang mit Gegenansichten zur SIEBERTschen Rechtsmissbrauchslehre – wie sie etwa OPPENHEIMER in seiner Dissertation äußerte. Eine Dissertation SEDLMAYRS aus dem Jahre 1937 (Die Ausübung der Rechte und ihre allgemeinen Schranken [1937] IX) zitierte OPPENHEIMER dementsprechend in der von C SCHMITT zuvor geforderten Weise: „Oppenheimer: Der Gesetzesmissbrauch. Kölner Dissertation 1930 (Jude.)" (vgl auch HKK/DUVE/HAFERKAMP Rn 83).

b) Die Rspr während der NS-Zeit

77 Die Rspr übernahm die **politische Deutung** der Norm (umfassende Darstellung dazu etwa bei MEINCK, Justiz und Justizfunktion im Dritten Reich, ZNR 1981, 31 ff; ferner HKK/DUVE/ HAFERKAMP Rn 73). So wurden etwa **Pensionszusagen** insofern angepasst, als „von denen, die bisher besonders hohe Vergütungen erhalten haben, ein größeres Opfer erwartet wird, namentlich wenn dieses einem größeren Kreise von Volksgenossen zum Vorteil [...] und zum Wiederaufbau der deutschen Wirtschaft dient" (RGZ 148, 81, 94). Nichtjüdische Unternehmer konnten sich aufgrund der nunmehr auch „rassepolitischen Dimension" des § 242 von Lehrverträgen mit Juden lösen, weil man davon ausging, „welche schädlichen Folgen wirtschaftlicher Art die Einhaltung eines Dienstverhältnisses mit einem Nichtarier für den Dienstherrn haben kann" (RAG DR 1939, 2041). Außerdem wurde der weite Anwendungsbereich der **„allgemeinen Rechtsmissbrauchslehre"** SIEBERTS zur gesellschaftspolitischen Argumentation über § 242 verwendet (dazu HKK/DUVE/HAFERKAMP Rn 74 ff).

5. Die Zeit nach dem 2. Weltkrieg

78 Nach dem **2. Weltkrieg** verschwand die offene politische Instrumentalisierung der Norm, wenn auch die personelle Kontinuität in der Richterschaft zu gewissen Nachwirkungen führte (Bsp bei HKK/DUVE/HAFERKAMP Rn 77 ff). Gleichzeitig nahm die Zahl der Entscheidungen ab, die auf § 242 beruhten. In der Lit bemühte man sich weiterhin um eine umfassende Gliederung der Vorschrift, ferner darum, den Regelungsbereich des § 242 durch dogmatische, gewohnheitsrechtliche oder kodifikatorische Ansätze einzuschränken.

a) Zur Rspr im Einzelnen

79 Die Quote der Entscheidungen, die nach 1945 mit Hilfe von § 242 begründet wurden, pendelte sich bei ungefähr 10% der veröffentlichten Urteile ein. Die Standpunkte des RG änderten sich nicht wesentlich. Die Kontinuität der Rspr des BGH gegenüber den „alten Anschauungen des RG" zeigte sich insbesondere im Bereich der **Rechtsmissbrauchslehre**, die nach kritischer Einschätzung zwischenzeitlich eine „völlig unberechenbare Weite" (HKK/DUVE/HAFERKAMP Rn 82) erhalten hatte (vgl vor allem BGHZ 12, 357 v 27.1.1954: „Jede Rechtsausübung muß nicht nur auf die eigenen Belange und die Belange des Volksganzen, sondern auch auf die jedes einzelnen Rücksicht nehmen, denn sie ist dem für die ganze Rechtsordnung maßgebenden Grundsatz von Treu und Glauben unterworfen, wie er in § 242 BGB niedergelegt ist.") Die Hauptaspekte der SIEBERTschen Lehre (so Rn 76) blieben also auch nach 1945 bestimmend (bis in die neuere Rspr hinein, vgl etwa BAG DB 1990, 740, 741). Indem die seit Beginn des Jahrhunderts vorherrschende **gesellschaftliche Deutung** der Norm fortgeführt wurde, konnte die herrschende nationalsozialistische Anschauung von 1939 ohne große Änderungen durch die allgemeine Anschauung der Nachkriegszeit ersetzt werden (dazu HKK/DUVE/HAFERKAMP Rn 82).

Darüber hinaus ging die Rspr noch stärker als früher dazu über, an die Stelle von **80** Analogien oder anderen methodischen Argumentationen Urteilsbegründungen allein auf § 242 zu stützen, wie sich etwa an der „positiven Vertragsverletzung" zeigen lässt: Während das RG die Haftung noch aus § 276 hergeleitet hatte (RGZ 52, 18, 19; 53, 200, 201; 66, 289, 291; 106, 25), bzw bei gegenseitigen Verträgen auf eine Analogie zu den §§ 325, 326 aF stützte (RGZ 57, 106, 115; 67, 5, 7; 149, 401, 404), und während auch die Lehre verschiedene andere Begründungsversuche unternommen hatte (Analogie z den Unmöglichkeits- u Verzugsregeln: STAUB, Die positiven Vertragsverletzungen [1904]; OERTMANN, Recht der Schuldverhältnisse [2. Aufl 1906] § 325 Anm 6; STAUDINGER/WERNER[11] § 325 Anm 7; ENNECCERUS/LEHMANN, Schuldrecht § 55; Teilunmöglichkeit: HIMMELSCHEIN, Zur Frage der Haftung für fehlerhafte Leistung, AcP 158 [1959/60] 273; vgl auch SOERGEL/WIEDEMANN[12] Vor § 275 Rn 350–352; PALANDT/HEINRICHS[53] § 276 Rn 105), beschied sich der BGH alsbald mit dem Hinweis, das Institut „finde [seinen] Rechtsgrund aber letztlich in § 242 BGB" (BGHZ 11, 80, 84; vgl auch MünchKomm/EMMERICH[3] Vorbem 220 ff zu § 275 mit ausf Nw sowie STAUDINGER/LÖWISCH[12] Vorbem 19 ff zu §§ 275–283).

Ein völlig neues Anwendungsfeld erhielt die Vorschrift in der **Rspr** schließlich im **81** Zusammenhang mit der **deutschen Einigung** in den Jahren nach 1989. In der Folgezeit galt es – zumeist unter Rückgriff auf die Grundsätze des Wegfalls der Geschäftsgrundlage oder des Rechtsmissbrauchs – Unbilligkeiten des DDR-Rechts oder die unerwarteten Folgen des einschneidenden politischen und gesellschaftlichen Ereignisses zu bewältigen (vgl etwa BGH ZIP 1993, 955; 1992, 1787; NJW 1993, 259; KG ZIP 1991, 1176; LAG Berlin ZIP 1992, 353; LG Berlin ZIP 1992, 1660; allg HORN, Das Zivil- und Wirtschaftsrecht im neuen Bundesgebiet [1991] 91 ff; insgesamt auch MünchKomm/ROTH Rn 136 ff). Der BGH stellte sich auf den Standpunkt, dass mit In-Kraft-Treten des Staatsvertrages v 18. 5. 1990 die Prinzipien von Treu und Glauben Eingang in das fortgeltende Recht der DDR gefunden haben (BGH ZIP 1995, 1935; MünchKomm/ROTH Rn 137). Unproblematisch war diese Wertung bei Vertragsverhältnissen, die die Parteien noch nicht beiderseitig erfüllt hatten (vgl BGH ZIP 1993, 709 u 955). Schwierigkeiten hingegen bereitete sie, wenn der Leistungsaustausch schon erfolgt war, aber von dem Rechtsverhältnis „noch relevante Fortwirkungen" ausgingen (vgl z den Grenzen MünchKomm/ ROTH Rn 138) und erst recht, sofern es sich um einen rechtskräftig abgeschlossenen Zivilprozess handelte (BGH ZIP 1995, 685 allerdings z § 826). In diesen „Problemfällen" neigte der BGH indessen zu einer restriktiven Handhabung des Grundsatzes von Treu und Glauben (MünchKomm/ROTH Rn 138). Auch die vorrangige Anwendung sondergesetzlicher Regelungen, wie etwa des VermG, machte in manchen Fällen einen Rückgriff auf § 242 entbehrlich (etwa BGHZ 118, 34).

b) Die Literatur nach dem 2. Weltkrieg, insbesondere die Systematisierungsbemühungen, und die Gesetzgebung der neueren Zeit

Der eigentliche Motor für die Fortwirkung des Prinzips „Treu und Glauben" in der **82** Zeit nach dem 2. Weltkrieg waren **Lit** und **Gesetzgebung**. So wurde zum einen das System des § 242 in der Kommentarliteratur ausgebaut und verfeinert, zum anderen deutete sich eine Entwicklung an, (teilweise) Abstand von § 242 als systematischen Standort zur Entscheidungsfindung und als Begründungsargument zu nehmen.

aa) Ausbau und Verfeinerung der Systematik

Beispielhaft sollen im Folgenden einige „Verfeinerungsbemühungen" aufgezeigt **83** werden:

84 Die WEBERsche Kommentierung des § 242 aus dem Jahr 1940/41 (STAUDINGER/ WEBER[10]) wurde etwa 1961 (STAUDINGER/WEBER[11]) – gleichzeitig mit einer Erhöhung der Seitenzahl von 224 auf über 1500 – um zwei Systematisierungskategorien nämlich „Zumutbarkeit und Nichtzumutbarkeit" (Rn B 1 ff) sowie „Der eigene Rechts- und Gefahrenkreis. Die Teilnahme Dritter an ihm aus Treu und Glauben" (Rn C 1 ff) erweitert sowie in den übrigen Systematisierungskategorien verfeinert. Daneben spielen noch zwei Randerscheinungen eine unterschiedlich gewichtige Rolle: die Frage der „Aufwertung" sowie der „Vertragshilfe".

85 Das gleiche Bild lässt sich im PALANDTschen Kommentar verfolgen. In groben Zügen liegt der Kommentierung aus dem Jahr 1949 (PALANDT/DANCKELMANN[7] § 242) das gleiche Gliederungssystem zugrunde wie etwa derjenigen aus dem Jahr 1994 (PALANDT/HEINRICHS[53] § 242). Jedoch sind auch hier Verfeinerungen innerhalb der systematischen Gruppen auszumachen sowie den Zeitbedürfnissen entsprechend unterschiedlich starke Gewichtungen etwa der Fragen „Aufwertung" und „Vertragshilfe" festzustellen, die inzwischen jedoch (seit PALANDT/HEINRICHS[63] § 242) wieder weggefallen sind.

86 Insgesamt wird deutlich, dass sich in den Kommentierungen nach 1945 das **„Fallgruppensystem"** als sinnvolles Gliederungssystem durchgesetzt hat. Auch die großen Lehrbücher folgen ihm (soweit sie § 242 überhaupt insgesamt ansprechen, zB LARENZ, Schuldrecht I § 10; FIKENTSCHER, Schuldrecht § 27; ENNECCERUS/LEHMANN, Schuldrecht § 4). Lediglich die Fallgruppenzusammenstellungen differieren (vgl zB STAUDINGER/WEBER[11] Erl z § 242 einerseits gegenüber LINDENMAIER/MÖHRING, Nachschlagewerk des BGH [1976] Gliederung z § 242 andererseits).

87 Ebenso entwickelte die Lit aber auch anders gegliederte Darstellungen, die auf einer **„Funktionsanalyse"** der Vorschrift beruhen. ESSER unterschied etwa 1949 nach „regulativer oder Standardfunktion", „Schrankenfunktion", „Sozialfunktion", „Billigkeitsfunktion" und „Ermächtigungsfunktion" (Schuldrecht [2. Aufl 1960] § 31). SIEBERT stellte die Funktionskreise „Die Erweiterung und Grundlegung von Pflichten", „Die Begrenzung der Rechte und Normen", „Die Anpassung von Verträgen und Rechtsstellungen an veränderte Umstände" (SOERGEL/SIEBERT [8. Aufl 1955]) fest. Folgenreich wurde in dieser Zeit auch erstmals die Funktion von Generalklauseln als „Einbruchstellen" für eine **mittelbare Drittwirkung der Grundrechte** vorgeschlagen (dazu HKK/ DUVE/HAFERKAMP Rn 87, sowie ausf u Rn 146).

88 Oft findet sich schließlich in aktuellen Kommentierungen eine **Verschränkung** von Funktionsanalyse und Fallgruppendarstellung (vgl etwa PALANDT/HEINRICHS Rn 13, 42 ff; BAMBERGER/ROTH/GRÜNEBERG Rn 29).

bb) Neue Systematisierungsbemühungen

89 Daneben traten Bestrebungen auf, die systematische Bearbeitung der Vorschrift dahingehend zu verbessern, dass man zunehmend bestimmte Regelungsbereiche aus den Erläuterungen zu § 242 herausnahm, um sie in das allgemeine System des BGB oder aber in Nebengesetze zu integrieren. Zum einen betraf dies nur eine (formelle) **Änderung des systematischen Standorts** der Kommentierung, zum anderen bedeutete es aber auch inhaltlich die **Ersetzung des § 242 als Begründungsargument**.

(1) Änderung des systematischen Standorts

Eine solche systematische Änderung betrifft etwa die Kommentierungen zur **Aus-** 90
kunftspflicht (vgl dazu STAUDINGER/OLZEN § 241 Rn 167 ff). Soweit man aus „Treu und Glauben" eine Auskunftspflicht begründen wollte, wurde dies bis dahin üblicherweise im System der §§ 241, 242, und zwar im Rahmen der Fallgruppe „Nebenpflichten" verortet (so zB STAUDINGER/WEBER[11] Rn A 814–828; SOERGEL/SIEBERT/KNOPP[8] Rn 133–147; zT auch SOERGEL/TEICHMANN[12]; ERMAN/WERNER[9] Rn 65 ff). Als möglichen Alternativstandort wählte man aber mittlerweile auch die Kommentierungen zu §§ 259 ff (so PALANDT/HEINRICHS[53] §§ 259–261 Rn 3 ff; aktuell etwa STAUDINGER/BITTNER [2004] § 259).

Ähnlich verhält es sich bei der Untergruppe des Rechtsmissbrauchs „**Formmiss-** 91
brauch". Seine Korrektur über die Grundsätze von Treu und Glauben wurde entweder im Zusammenhang des § 242 bei der Fallgruppe „Rechtsmissbrauch. Sondergruppen" (SOERGEL/TEICHMANN[12] Rn 325 ff) oder „unzulässige Rechtsausübung" (STAUDINGER/WEBER[11] Rn D 56 ff) angeregt, oder im Zusammenhang mit § 125 erläutert (so MünchKomm/FÖRSCHLER[3] § 125 Rn 49 ff; PALANDT/HEINRICHS[53] § 125 Rn 16 ff; z gleichzeitigen Behandlung an beiden Stellen vgl zB ERMAN/BROX[9] § 125 Rn 23 ff u ERMAN/WERNER[9] § 242 Rn 90 ff).

Ebenso kommentierten diejenigen, die Entstehungstatbestände einer **Vertretungs-** 92
macht mit Hilfe des § 242 („Anscheinsvollmacht") begründeten, das entsprechende Problem dort (Fallgruppe: „Allgemeine Gesichtspunkte von Treu und Glauben im Schuldverhältnis"; STAUDINGER/WEBER[11] Rn A 203 ff); andere integrierten sie in das System des Vertretungsrechtes, §§ 164 ff (zB PALANDT/HEINRICHS[53] § 173 Rn 9 ff). Damit waren dementsprechend dogmatisch unterschiedliche Konzepte verbunden.

(2) Ersetzung des § 242 als Begründungsargument

Daneben setzte eine noch heute festzustellende Entwicklung ein, § 242 als Begrün- 93
dungsargument durch andere Rechtsinstitute zu ersetzen.

(a) Dogmatische Ersetzung

Dies geschah zB durch stärkere Einbeziehung des **dispositiven Rechtes**, weil und 94
soweit es nicht nur als Ersatzrechtsordnung bei fehlender Parteivereinbarung, sondern auch als Rahmenrechtsordnung angesehen wird, von der die Parteien nur abweichen können, wenn „sachliche Gründe" vorliegen und die Abweichung durch „die ‚rule of reason' gerechtfertigt", also „fair" ist (so etwa ENNECCERUS/NIPPERDEY BGB AT § 49 III). Ähnlich verhält es sich, wenn man die Sittenwidrigkeit in § 138 Abs 1 als Verstoß gegen die „Anforderungen sozialer Gerechtigkeit" begreift (vgl dazu etwa ESSER/SCHMIDT, Schuldrecht I [7. Aufl 1992] § 1 II 1 u 2 sowie § 10 II 2): Statt mit § 242 kann man dann mit § 138 Abs 1 argumentieren, ersetzt allerdings eine Generalklausel durch die andere. Nimmt man schließlich in den Fällen des **„venire contra factum proprium"** einen **Verzicht** auf eine Rechtsposition durch schlüssiges Verhalten an (so etwa WIELING AcP 176 [1976] 334 ff), ist der Rückgriff auf § 242 ebenfalls überflüssig.

(b) Gewohnheitsrechtliche Ersetzung

Mit der Zeit bildete sich ferner die Annahme heraus, die **„positive Forderungsver-** 95
letzung" beruhe inzwischen auf **Gewohnheitsrecht** (so etwa PALANDT/HEINRICHS[53] § 276 Rn 105; STAUDINGER/LÖWISCH[12] Vorbem zu §§ 275 ff Rn 21; wohl auch SOERGEL/WIEDEMANN[12] Vor

§ 275 Rn 360; LARENZ, Schuldrecht I § 24 I a; MEDICUS, Schuldrecht I [7. Aufl] § 35 II 3). Dies entband von der geschilderten Begründung mit Hilfe des § 242, die der BGH in seinen frühen Urteilen noch unternahm (BGHZ 11, 80, 84 = NJW 1954, 229; ebenso: SCHLECHTRIEM, Schuldrecht AT [1992] Rn 97), ein Ansatz, der allerdings zwischenzeitlich durch die **gesetzliche Regelung** in den §§ 280 Abs 1, 241 Abs 2 seit dem 1.1.2002 überholt ist. Dieses Beispiel schlägt die Brücke zur nächsten Fallkategorie, in der die Begründung mit Hilfe des § 242 durch gesetzliche Neuregelungen entbehrlich wurde.

(c) Kodifikatorische Ersetzung

96 Als frühes Beispiel für eine spezialgesetzliche Überwindung des § 242 kann man das **Kündigungsschutzgesetz** vom 10.8.1951 anführen, das (nachdem der Anwendung des § 242 bereits einmal ein KündigungsschutzG voranging, §§ 84 ff BRG, abgelöst durch §§ 56 ff AOG, das am 1.1.1947 aufgehoben wurde) einen Teil des nach dem 2. Weltkrieg in der Britischen Zone mit Hilfe des § 242 gewährten Kündigungsschutzes in die Sozialklausel des § 1 KSchG übernahm (vgl dazu BAG AP Nr 2, 5 zu § 242 BGB [Kündigung]; BAG AP Nr 2 z § 134 BGB; BAG Betrieb 1989, 2382; vgl auch den Erlass des Präsidenten des Zentralamtes für Arbeit v 23.1.1947 [III/95/47] im Arbeitsblatt für die Britische Zone 1947, 72: „Eine Kündigung ist, selbst wenn sie die Zustimmung des Betriebsrates und des Arbeitsamtes gefunden hat, jedenfalls dann nichtig, wenn sie sich als Rechtsmißbrauch darstellt [§ 242 BGB]"). Nur soweit der Anwendungsbereich der §§ 1, 23 KSchG, insbesondere also in Kleinbetrieben, nicht eröffnet ist, bleibt Raum für eine Berücksichtigung der Grundsätze von Treu und Glauben, § 242 (vgl etwa BAG Arb u R 2004, 117 = AP Nr 17 z § 242 BGB u Kündigung, ausf dazu u Rn 786 ff); daneben wird der im KSchG nicht geregelte Weiterbeschäftigungsanspruch während des Kündigungsschutzprozesses (seit BAG gr Senat NJW 1985, 2968, 2971; aktuell etwa ArbG Nürnberg NZA-RR 2004, 76) teilweise auf § 242 gestützt.

97 Darüber hinaus ist der **Erlass des AGBG** (inzwischen §§ 305 ff) zu nennen: Allgemeine Geschäftsbedingungen wurden vorher von der Rspr vornehmlich mit Hilfe des § 242 kontrolliert (vgl etwa RGZ 168, 329; BGHZ 22, 90, 96; z Entwicklung auch BRANDNER, in: ULMER/BRANDNER/HENSEN, AGBG [9. Aufl 2001] § 9 Rn 4 f).

98 Auch der **Einwendungsdurchgriff** im verbundenen Geschäft, der früher auf § 242 gestützt wurde (vgl etwa BGH DB 1987, 629; NJW 1987, 1813), findet sich jetzt in den §§ 358, 359 (früher in § 9 VerbrKrG) gesetzlich normiert.

99 Zusätzlich ist in einigen Vorschriften des BGB außerhalb des Schuldrechts der bis dahin durch die Rspr entwickelte Rechtszustand ebenfalls gesetzlich ausgeprägt worden. Als Beispiel hierfür können etwa die **Auskunftspflichten** gem §§ 1580, 1605 dienen (dazu BGHZ 85, 16, 27 f sowie OLG Braunschweig FamRZ 1981, 383 f; LG Hamburg NJW-RR 1987, 393, 394).

100 Ein tiefer Eingriff in den Anwendungsbereich der Vorschrift entstand durch das **Schuldrechtsmodernisierungsgesetz** vom 26.11.2001 (vgl z Entstehungsgeschichte STAUDINGER/OLZEN Einl 185 ff zu §§ 241 ff) zum 1.1.2002. Zum einen erhielten verschiedene Inhalte des § 242 **gesetzliche Ausformungen** (so die cic und die pFV in den §§ 280 Abs 1, 311 a Abs 2, 241; der Wegfall der Geschäftsgrundlage in § 313, das außerordentliche Kündigungsrecht bei Dauerschuldverhältnissen in § 314, z früheren Rechtszustand vgl RGZ 169, 203, 206). Zum anderen entfachte es die Diskussion über den

Standort einzelner Probleme im Zusammenhang des § 242 vor dem Hintergrund neuer schuldrechtlicher Bestimmungen (etwa im Bereich der Einordnung der Nebenpflichten, vgl STAUDINGER/OLZEN § 241 Rn 505, der Leistungsbefreiung des Schuldners im Hinblick auf die Regelungen des § 275 Abs 2 u Abs 3 [su Rn 270 ff] oder bei der Frage nach der Verortung des Vertrages mit Schutzwirkung für Dritte in § 311 Abs 3).

IV. § 242 in Gegenwart und Zukunft

§ 242 ist somit eine Norm, deren Entwicklung nicht stehen geblieben ist. In ihren **101** Grundaussagen erscheint sie trotz Schwankungen unangreifbar, weil keine Rechtsordnung ohne solche allgemeine Rechtsregeln auskommt. Im Folgenden sollen nur einige **aktuelle Anwendungsfelder** der Vorschrift kurz dargestellt werden, um an- und abschließend einen **Ausblick** auf die Zukunft der Vorschrift zu geben.

1. Aktuelle Anwendungsfelder

Die gegenwärtige Diskussion um § 242 ist vor allem dadurch gekennzeichnet, dass **102** die Norm (immer noch) für eine Vielzahl unterschiedlichster Rechtsprobleme innerhalb und außerhalb des BGB (su Rn 401 ff) einerseits als **Einzelfallkorrektiv** benutzt wird. Andererseits hat aber auch, vor allem im Zuge der Schuldrechtsreform, eine **dogmatische Neubesinnung**, insbesondere über die Folgen der Spezialgesetzgebung, begonnen. Deren Folgen sind noch nicht klar absehbar, vor allem im Hinblick auf die Frage, welche Auswirkungen der verstärkte Verbraucherschutz im BGB auf die Maßstäbe von Treu und Glauben sowie die Verkehrssitte nehmen wird.

Im Fluss befindlich und von nicht zu überschätzender Bedeutung ist ferner die Frage **103** nach der Stellung der Vorschrift im **europäischen Kontext** (ausf u Rn 149, 1137 ff). Insofern gilt es zu klären, ob der Grundsatz von Treu und Glauben oder ein vergleichbares Rechtsprinzip europaweit Geltung beanspruchen, oder aber europäisches Recht einer Anwendung des nationalen Grundsatzes entgegenstehen kann (dazu auch MünchKomm/ROTH Rn 139 ff).

2. Ausblick

§ 242 bleibt also eine unverzichtbare Norm mit Chancen und Risiken gleichermaßen **104** (so Rn 1). Wegen des Umfangs der Schuldrechtsreform ist die Vorschrift wohl in naher Zukunft vor Änderungen sicher. Dem Richter wird damit „ein Stück offen gelassene Gesetzgebung" (HEDEMANN, Die Flucht in die Generalklauseln 58) überantwortet. Bei der Anwendung des § 242 muss ihm einerseits die Missbrauchsgefahr und andererseits die Problematik der Gewaltenteilung bewusst sein (grundlegend z dieser Problematik SCHOTT, „Rechtsgrundsätze" und Gesetzeskorrektur. Ein Beitrag zur Geschichte gesetzlicher Rechtsfindungsregeln [1975] 1 ff). Die Frage, ob letztlich der Richter oder der Gesetzgeber für Rechtsetzung zuständig ist, steht damit in engem Zusammenhang. Indessen sind die politischen und gesellschaftlichen Vorzeichen (gegenwärtig) andere als in den unruhigen Vorjahrhunderten. Eine „ruhige" Normgesellschaft führt grundsätzlich auch zu einer „ruhigen" Handhabung rechtlicher Freiheiten. Vorsicht sollte jedoch stets und akut dann geboten sein, wenn sich andeutet, dass die Vorzeichen wechseln, was der Rückblick auf die Geschichte eindringlich belegt. Ein solcher Vorzeichenwechsel steht in ganz anderem Zusammenhang mit der zunehmenden Internationalisierung des Rechts an. Hier müssen Inhalt und Bedeutung des Grundsatzes von Treu und Glauben mit besonderer Sorgfalt herausgearbeitet werden.

B. Unmittelbarer Anwendungsbereich

105 Obwohl § 242 eine Generalklausel darstellt, deren Subsumierbarkeit viele insgesamt in Zweifel ziehen (vgl nur MünchKomm/ROTH Rn 2; PALANDT/HEINRICHS Rn 2), soll im Folgenden zwischen dem **unmittelbaren Anwendungsbereich** der Norm und ihrer **darüber hinausgehenden Bedeutung** unterschieden werden. Im Rahmen des unmittelbaren Anwendungsbereichs wird dargestellt, ob und in wieweit § 242 angesichts der unbestimmten Formulierungen normativer Gehalt zukommt. Danach sollen die einzelnen Anwendungsfälle der Norm in den verschiedenen Rechtsbereichen untersucht werden (su Rn 211 ff; ähnl Differenzierungen finden sich auch bei SOERGEL/TEICHMANN Rn 32; FIKENTSCHER, Schuldrecht Rn 169; FIKENTSCHER, Methoden des Rechts IV Kap 31, 32).

I. IPR – räumlicher Anwendungsbereich

106 Aus kollisionsrechtlicher Sicht hängt die Anwendbarkeit des § 242 davon ab, ob ein in Frage stehendes Rechtsverhältnis nach deutschem Recht zu beurteilen ist. Bei vertraglichen Schuldverhältnissen richtet sich dies nach Art 27 ff EGBGB, bei gesetzlichen Schuldverhältnissen nach Art 38 ff EGBGB (s dazu STAUDINGER/OLZEN Einl 254 ff zu §§ 241 ff). Demgegenüber zählt § 242 ebenso wenig wie die Generalklausel des § 138 Abs 1 zu den international zwingenden Bestimmungen (sog **Eingriffsnormen**), die nach Art 34 EGBGB „ohne Rücksicht auf das auf den Vertrag anzuwendende Recht den Sachverhalt zwingend regeln" (so auch BGHZ 135, 124, 139; LOOSCHELDERS, Internationales Privatrecht Art 34 EGBGB Rn 24; STAUDINGER/MAGNUS [2002] Art 34 EGBGB Rn 85; **aA** LG Tübingen NJW-RR 1995, 1142; LG Duisburg NJW-RR 1995, 883). Bei Anwenbarkeit ausländischen Rechts kann den Wertungen des § 242 daher nur im Einzelfall über den Vorbehalt des **ordre public** (Art 6 S 1 EGBGB) Rechnung getragen werden (vgl ERMAN/HOHLOCH Art 34 EGBGB Rn 13; PALANDT/HELDRICH Art 34 EGBGB Rn 3; z Bedeutung des ordre public für Generalklauseln im Allgemeinen TEUBNER, Generalklauseln 36 ff).

II. Abdingbarkeit

107 Die unmittelbare Anwendung des § 242 entfällt, soweit die Norm **abbedungen** werden kann. Dagegen wird vorgebracht, dass dem Grundsatz von Treu und Glauben eine „zwingende Natur" zukomme (STAUDINGER/WEBER[11] Rn A 141) oder dass § 242 „zwingendes Recht" sei (vgl BGB-RGRK/ALFF Rn 3; PALANDT/HEINRICHS Rn 15; LARENZ, Schuldrecht I § 10 I, 128).

108 Als Grundgebot der **Redlichkeit** ist § 242 **unabdingbar** (vgl RG JW 1935, 2619, 2620; OGH NJW 1947/48, 521, 523; BGH VersR 1979, 173, 174 f; BGH NJW 1987, 2808 ff; BGB-RGRK/ALFF Rn 3; SOERGEL/TEICHMANN Rn 108; PALANDT/HEINRICHS Rn 15; ERMAN/HOHLOCH Rn 19; LARENZ, Schuldrecht I § 10 I, 128). Dafür zieht § 138 Abs 1 eine Grenze der Privatautonomie (SOERGEL/TEICHMANN Rn 107), so dass ein rechtsgeschäftlicher Ausschluss des § 242 als solcher sittenwidrig ist. Private Verfügungsfreiheit besteht nur innerhalb der Grenzen sozialer Gerechtigkeit, nicht über die soziale Gerechtigkeit als solche (z Verhältnis v § 242 u § 138 su Rn 367 ff).

Davon zu unterscheidenden ist die Frage, ob die mit Hilfe von § 242 gebildeten **109** **Fallgruppen** (dazu u Rn 211 ff) privater Übereinkunft unterliegen. Soweit sie Regeln des **dispositiven Rechtes** betreffen, können die Parteien bis zu den allgemeinen Grenzen der Privatautonomie hierüber Vereinbarungen treffen (MünchKomm/Roth Rn 75 f; Palandt/Heinrichs Rn 15). Die Antwort kann aber nicht allgemein gegeben werden und gehört deshalb in dem Zusammenhang der einzelnen Fallgruppen (su Rn 211 ff). Abhängig vom **Funktionskreis** (ausf dazu u Rn 172 ff), aus dem die jeweilige Einzelfallanwendung des § 242 abgeleitet wird (z den Anwendungen su Rn 211 ff), muss somit auch die Abdingbarkeit des § 242 beurteilt werden (ähnl Soergel/Teichmann Rn 108 f). Angesichts der Problematik haben sich **vertragliche Anpassungsregelungen**, zB für den (jetzt in § 313 geregelten) Wegfall der Geschäftsgrundlage, entwickelt. Sie stellen ein Anwendungsfeld vertraglicher Abweichung von § 242 dar, weil die Praxis die Konsequenzen richterlicher Vertragsanpassung nicht immer vorhersehen zu können glaubt (ausf Baur, Vertragliche Anpassungsregelungen: dargestellt am Beispiel langfristiger Energielieferungsverträge [1983]; Bilda, Besondere Arten von Anpassungsklauseln in Verträgen, DB 1969, 427 ff; Fikentscher, Schuldrecht Rn 200). Soweit die Fallgruppen hingegen **zwingendes Recht** berühren – also insbesondere im Bereich des Rechtsmissbrauchs (BGH NJW 1987, 2808, so Rn 108) – können die Parteien darüber keine Vereinbarung treffen.

III. Normgehalt

1. Einleitung

Die Darstellung des Normgehalts einer Generalklausel bereitet naturgemäß Schwie- **110** rigkeiten; dies hat bereits die Rechtsgeschichte gezeigt (so Rn 6 ff). Aber sie hat ebenfalls deutlich werden lassen – insbesondere unter der Geltung des prALR –, dass kein Gesetzgeber in der Lage war, alle einen Sachverhalt prägende Motive, Interessen und Sachzwänge zu bedenken, viel weniger alle wirtschaftlichen und gesellschaftlichen Entwicklungen (Westermann/Bydlinski/Weber, Schuldrecht AT Rn 3/23; vgl auch Häuser, Unbestimmte „Maßstäbe" 214). Das Gesetz ist somit nach einem gängigen Wort „im Zeitpunkt seines In-Kraft-Tretens bereits veraltet" (Schwab, Einführung in das Zivilrecht [15. Aufl 2002] Rn 104). Deshalb sind Generalklauseln unerlässlich, weil sie die Anpassung des Rechts an den Wandel der Lebenssachverhalte und gesellschaftliche Auffassungen ermöglichen (Looschelders/Roth, Methodik 198 mwNw in Fn 2). Gerade § 242 kann man in dieser Funktion als Prototyp einer Generalklausel bezeichnen (MünchKomm/Roth Rn 3; Westermann/Bydlinski/Weber, Schuldrecht AT Rn 3/23). Allerdings hat bereits der Gesetzgeber auch ihre Gefahren nicht verkannt, wenn es in den Mot zu § 157 (Mot I 155 = Mugdan I 437) heißt: „Denkregeln ohne positiv rechtlichen Gehalt: der Richter erhält Belehrungen über praktische Logik. Dabei liegt die Gefahr nahe, dass die Vorschriften für wirkliche Rechtssätze genommen werden ..."

Unbestimmtheit und Weite der Generalklausel des § 242 haben die Diskussion um **111** seine **Entbehrlichkeit** hervorgebracht (für die Entbehrlichkeit insbes Staudinger/J Schmidt

[1995] Rn 133 ff; ders, Präzisierung 244). Maßgeblich stützt man sich dabei auf das in Art 20 Abs 3 GG normierte **Rechtsstaatsprinzip** (vgl zB STAUDINGER/J SCHMIDT [1995] Rn 133 ff, 181). Nach dieser Ansicht wären alle Entscheidungen der Rspr ohne Existenz des § 242 in gleicher Weise ausgefallen wie bei Geltung des § 242 – lediglich mit einem anderen normativen Ansatzpunkt. Damit fehle es der Norm an Informationsgehalt (so auch RÜSSMANN, Rezension von FIKENTSCHER, Schuldrecht [7. Aufl 1985], AcP 186 [1986] 291, 293; vgl auch HÄUSER, Unbestimmte „Maßstäbe" Zusammenfassung 214 f). Überraschend ist die Erkenntnis allerdings deshalb nicht, weil sich der Inhalt subjektiver Privatrechte regelmäßig mit dem der Grundrechte deckt, so dass man die gleiche Aussage für viele andere Normen treffen könnte.

112 Demgegenüber geht die hLit davon aus, dass § 242 jedenfalls nicht überflüssig (vgl nur MünchKomm/ROTH Rn 6 f; ZÖLLNER, Schuldrecht im Spiegel des neuen „Staudinger", NJW 1999, 3240, 3241; LARENZ, Schuldrecht I § 10 I, FN 3, 126; ähnl ders, Richtiges Recht 86), sondern sogar eine wichtige Norm (zumindest) des Zivilrechts sei (z Anwendung über das Zivilrecht hinaus vgl u Rn 243 ff).

a) Auffassungen zum normativen Gehalt des § 242

113 Da diejenigen, die die Existenzberechtigung der Norm bestreiten, gleichzeitig auch ihre Anwendung ablehnen müssten, sollen der Erläuterung der Tatbestandselemente ein kurzer Überblick über den Meinungsstreit sowie eine eigene Stellungnahme vorangestellt werden. Als entscheidend für die Frage der Entbehrlichkeit des § 242 stellt sich dabei dar, ob der Vorschrift ein eigener **normativer Gehalt** zukommt. Sollte dies nicht der Fall sein oder ein bestehender, normativer Gehalt sich bereits vollständig in anderen Normen findet, so wäre die Vorschrift in der Tat überflüssig. Oft enthalten die Kommentierungen zu § 242 diesbezüglich den Hinweis, der Wortlaut **konkretisiere** nur die Art und Weise der Leistung (PALANDT/HEINRICHS Rn 1), stelle aber **keinen Rechtssatz** mit deskriptiven Tatbestandsmerkmalen auf, aus dem man durch Subsumtion unmittelbar bestimmte Rechtsfolgen ableiten könne (so Rn 138 f; MünchKomm/ROTH Rn 2 f; vgl auch SOERGEL/TEICHMANN Rn 5; PALANDT/HEINRICHS Rn 2). Worin der normative Gehalt des § 242 besteht, ja sogar ob er überhaupt existiert, bleibt bis heute streitig. Diesbezüglich bestehen zwei Hauptströmungen, die sich allerdings nur in Einzelheiten unterscheiden (vgl dazu J SCHMIDT, Präzisierung 231 ff; WEBER, Einige Gedanken zur Konkretisierung von Generalklauseln durch Fallgruppen, AcP 192 [1992] 516 ff):

aa) Gleichheitstheorien

114 Eine Betrachtungsweise geht davon aus, § 242 sei zwar eine normale **Verhaltensnorm**, aber eben in Form einer „**Generalklausel**" (BYDLINSKI, Präzisierung 189 ff mwNw; AK-BGB/TEUBNER Rn 1 ff) oder einer „**offenen Norm**" (SOERGEL/TEICHMANN Rn 5 mwNw spricht in Anlehnung an WIEACKER, Präzisierung 10 ff auch von „offenem Tatbestand"). Die Gleichstellung des § 242 mit anderen Normen des BGB hat J SCHMIDT zur Kennzeichnung dieser Ansicht als „**Gleichheitstheorie**" veranlasst (vgl J SCHMIDT, Präzisierung 234 ff).

115 **Eine Variante** (vgl PALANDT/HEINRICHS Rn 1 ff; SOERGEL/TEICHMANN Rn 5 ff; vorsichtig abwägend MünchKomm/ROTH Rn 1 ff, 4 ff) will durch **Präzisierung** der Wertentscheidungen des § 242 im Einzelfall erreichen, **Entscheidungshilfen** für künftige Fälle zu entwickeln (MünchKomm/ROTH Rn 41; s auch J SCHMIDT, Präzisierung 235). Die „**Konkretisierungstheorie**", (FIKENTSCHER, Methoden des Rechts IV Kap 31, 32; vor allem 186 ff; ders, Schuldrecht

Rn 159 ff, va Rn 167 ff) als **zweite Variante** (so J SCHMIDT, Präzisierung 235), folgert dagegen aus der Generalklausel **konkrete Verhaltensnormen** (basierend allerdings auf seiner „Fallnormenlehre", dazu ausf FIKENTSCHER, Methoden des Rechts IV Kap 31, 32, va 186 ff). Schließlich lässt sich die Auffassung von TEUBNER als **dritte Variante** verstehen, wonach sich § 242 als Generalklausel von gewöhnlichen Rechtssätzen nicht prinzipiell, sondern nur graduell unterscheide (vgl AK-BGB/TEUBNER Rn 1 ff; ders, Generalklauseln 13 ff).

bb) Differenzierungstheorien
Die zweite Hauptströmung der Lit lehnt es dagegen ab, § 242 qualitativ wie andere **116** Bestimmungen des BGB zu behandeln (daher die Namensgebung; so J SCHMIDT, Präzisierung 239). Manche ihrer Vertreter halten § 242 für eine sog **institutionelle Norm**, die gar nicht das Verhalten von Rechtssubjekten iSv „Erlaubnis" oder „Verbot" regeln solle. Andere sehen ihren Gehalt in einer sog **Ermächtigungsnorm**, die dem Richter die Rechtsgestaltung erlaube (z unterscheiden v der Ermächtigungsfunktion; vgl etwa LEHMANN JZ 1952, 10, 12 [„prozessuale Ermächtigungsnorm zur Rechtsgestaltung"]; SCHWAB, Einführung in das Zivilrecht [15. Aufl 2002] Rn 104 f; vgl dazu auch GÖLDNER, Verfassungsprinzip und Privatrechtsnorm in der verfassungskonformen Auslegung und Rechtsfortbildung [1969] 155 ff, bes 159) oder schließlich – soweit die Notwendigkeit völlig geleugnet wird – eine „**Hilfsfigur der Methodenlehre**" (so STAUDINGER/J SCHMIDT[12] Rn 155–162 im Anschluss an die Mot [Mot I 155 = MUGDAN I 437]; vgl dazu FLUME, AT II § 16, 3 a, 309; gegen diese Bewertung der Mot etwa SONNENBERGER, Verkehrssitten 169).

Andere Anhänger der Differenzierungstheorien verstehen § 242 als **Prinzip** (vgl **117** ALEXY, Zum Begriff des Rechtsprinzips, Rechtstheorie Beiheft 1 [1979] 59 ff; ders, Theorie der Grundrechte [1985] 71 ff; z Ganzen J SCHMIDT, Präzisierung 239 ff). Solche speziell verstandenen Prinzipien drücken aus, dass etwas in einem „relativ im Hinblick auf die rechtlichen und tatsächlichen Möglichkeiten möglichst hohem Maß realisiert" werden soll (ALEXY, Theorie der Grundrechte [2. Aufl 1994] 75 f). Rechtsprinzipien sind demnach **leitende Gedanken einer rechtlichen Regelung**, die zwar selbst noch nicht anwendungsfähig sind, aber in Rechtsregeln umgesetzt werden können (vgl LARENZ, Richtiges Recht 23 mwNw). Wichtig ist in Abgrenzung zum „bloßen" Verständnis der Norm als Generalklausel und zur Analogie, dass sich das Prinzip nicht aus der Verallgemeinerung von Regeln ergibt, sondern durch das „Zurück-Gehen" von einer Regelung auf den ihr zugrunde liegenden Regelungsgedanken (LARENZ, Richtiges Recht 25 f).

Schließlich versteht eine dritte Konzeption der Differenzierungstheorien § 242 als **118** eine „**Idee des Rechts**" (vgl GERNHUBER JuS 1983, 764; ferner LARENZ, Richtiges Recht 23 ff, 80 ff; ähnliche Überlegungen bei BezG Cottbus DtZ 1992, 361, 362 und KG DtZ 1992, 358, 359; z Ganzen vgl J SCHMIDT, Präzisierung 244 ff). Der Inhalt dieses rechtsethischen Prinzips müsse vom Richter durch „eigenes Wertverstehen" konkretisiert werden, wofür § 242 Leitmaßstäbe enthalte.

cc) Appellwirkung
Unabhängig von dem geschilderten Meinungsstand und ohne Bezug zum normati- **119** ven Gehalt von § 242 ist noch darauf hinzuweisen, dass manche ihm eine allgemeine „**Appellwirkung**" zumessen („Appellfunktion"; vgl zB CLEMENS, Strukturen juristischer Argumentation [1977] 69, 70; WIETHÖLTER, Rechtswissenschaft [1968] 12 ff), sich gerecht und redlich zu verhalten.

b) Stellungnahme

120 Eine Entscheidung zwischen diesen verschiedenen sich nicht ausschließenden Positionen (vgl J SCHMIDT, Präzisierung 248 ff; ähnlich allerdings nur auf [Verhaltens-]„Norm" und „Prinzip" bezogen: FASTRICH, Richterliche Inhaltskontrolle 66 f) kann deshalb nicht unterbleiben, weil die praktische Handhabung der Norm von der Einordnung ihres theoretischen Hintergrundes abhängt. Zum gegenteiligen Ergebnis gelangt wohl nur J SCHMIDT mit seiner Aussage, der Bedarf für § 242 als „institutionelle Norm" sei spätestens mit Erlass des GG weggefallen (so Rn 111, STAUDINGER/J SCHMIDT [1995] Rn 134, 181; zum Zusammenhang von § 242 und Art 20 Abs 3 GG vgl auch BGHZ 116, 319, 325 = NJW 1992, 967, 968 sowie FIKENTSCHER, Schuldrecht Rn 160, 199; ähnlich auch HARTKAMP, Einführung in das Niederländische Schuldrecht, AcP 191 [1991] 396, 399, zur Neukodifizierung im NBW der Niederlande; HÄUSER, Unbestimmte „Maßstäbe" Zusammenfassung 214 f, der darauf hinweist, dass der Richter bei Lückenhaftigkeit des Gesetzes zur Rechtsfortbildung verpflichtet sei; vermittelnd RÜSSMANN, Rezension von FIKENTSCHER, Schuldrecht [7. Aufl 1985], AcP 186 [1986] 291, 293).

121 Gegen die Annahme der völligen Funktionslosigkeit des § 242 lässt sich aber einwenden, dass es einen erheblichen und nicht nur formalen Unterschied darstellt, ob man eine Entscheidung auf eine Norm des Zivilrechts oder auf Art 20 Abs 3 GG als verfassungsrechtliche Norm stützt. § 242 steht vielmehr in einem lang tradierten **Wertungszusammenhang**, in den sich neue Entscheidungen einordnen lassen und die gleichzeitig zur weiteren Ausdifferenzierung der Vorschrift beitragen (MünchKomm/ROTH Rn 6). „Treu und Glauben mit Rücksicht auf die Verkehrssitte" setzt als Tatbestand infolge der rechtsgeschichtlichen Entwicklung speziellere Maßstäbe als die allgemeine Bindung an Recht und Gesetz in Art 20 Abs 3 GG (su Rn 207). Außerdem verpflichtet § 242 originär die am Schuldverhältnis Beteiligten, erst in zweiter Linie den Richter (su Rn 144), während Art 20 Abs 3 GG jedenfalls vorrangig Gesetzgebung und Rspr bindet. Hinzu tritt, dass eine Generalklausel das Bewusstsein dafür verschärft, dass Zukunftsentwicklungen möglich sind (zu diesem Anliegen AK-BGB/TEUBNER Rn 4 ff; BEHRENDS in seiner Verteidigung der Bedeutung des „Wertes" neben der „Struktur": Struktur und Wert. Zum institutionellen und prinzipiellen Denken im geltenden Recht, in: BEHRENDS/DIESSELHORST/DREIER, Rechtsdogmatik und praktische Vernunft, Symposion zum 80. Geburtstag von Franz Wieacker [1990] 138, 166 f; ZÖLLNER, Das Bürgerliche Recht im Spiegel seiner großen Kommentare, 3. Teil, JuS 1984, 985, 987). Zwar kann man einwenden, mit dieser Zielsetzung stünde die Norm besser im Allgemeinen Teil des BGB – wie auch Art 2 ZGB – (STAUDINGER/J SCHMIDT [1995] Rn 134, 181); Mängel ihrer systematischen Stellung begründen aber nicht ihre Entbehrlichkeit. So verstanden bildet § 242 ein unentbehrliches Instrument zur Anpassung schuldrechtlicher Pflichten an grundlegende Veränderungen der Tatsachen und Wertüberzeugungen sowie zur „gerechten" Einzelfallentscheidung (WESTERMANN/BYDLINSKI/WEBER, Schuldrecht AT Rn 3/28).

122 Die **Konkretisierung** des unbestreitbar offenen Tatbestandes (z Begriff zB SOERGEL/TEICHMANN Rn 5) erfolgt durch Beschreibung von **Funktionskreisen** und **Fallgruppen** (vgl die Nachw o Rn 109; PALANDT/HEINRICHS Rn 2). Aus Gründen der **Rechtssicherheit** und **Rechtsklarheit** (auf die Berücksichtigung dieser Gebote weisen auch SOERGEL/TEICHMANN Rn 5, 7 u Hk-BGB/SCHULZE Rn 1 hin) muss so versucht werden, den Grad der Vorausberechenbarkeit einer auf § 242 gestützten Entscheidung ständig zu erhöhen (SOERGEL/TEICHMANN Rn 7 u 29; ERMAN/HOHLOCH Rn 12 ff). Die dafür notwendige **Präzisierung** des § 242 verlangt, dass aus einer Ausgangsnorm und weiteren gesicherten normativen

Sätzen die zur Lösung des Rechtsstreits benötigte konkrete Regel abgeleitet wird (grundlegend dazu ENGISCH, Die Idee der Konkretisierung in Recht und Rechtswissenschaft unserer Zeit [1953]; FIKENTSCHER, Methoden des Rechts IV 176 ff; BYDLINSKI, Präzisierung 196 f). Dafür müssen zunächst die **Tatbestandselemente** in Form **unbestimmter Rechtsbegriffe** sowie die **Rechtsfolgen** des § 242 erläutert werden (vgl auch HÄUSER, Unbestimmte „Maßstäbe"). Da sich beides innerhalb der Norm nicht klar voneinander trennen lässt (darauf weist zB auch MEDICUS, Schuldrecht I Rn 131 hin), werden die normativen Merkmale des § 242 ausnahmsweise unter dem Oberbegriff „normativer Gehalt" erläutert (MünchKomm/ROTH Rn 8 benutzt den Begriff „Wortinterpretation"), um die Schwierigkeit einer Grenzziehung zwischen „Tatbestand" und „Rechtsfolge" zu verdeutlichen.

Zu Recht wird dieser normative Gehalt, dh das Ziel, das die Vorschrift objektiv **123** verfolgt, von ihrem **empirischen Gehalt** abgegrenzt (STAUDINGER/J SCHMIDT [1995] Rn 113), dh von ihren tatsächlichen Anwendungsfällen. Diese beiden Problemkreise unterscheidet man nicht immer klar; dies hängt weniger mit dem Normverständnis des § 242 zusammen (so aber STAUDINGER/J SCHMIDT [1995] Rn 113, der die sog Funktionstheorie [dazu u Rn 172 ff] als geradezu kennzeichnend für die Verwischung der beiden Problemkreise versteht), als mit der Schwierigkeit, das mit Hilfe von § 242 entwickelte Richterrecht systematisch und dogmatisch klar darzustellen (BYDLINSKI, Präzisierung 193 warnt vor einer bloßen Orientierung am Präjudizienrecht).

2. „Tatbestandsmerkmale"

§ 242 setzt nach seinem Wortlaut zweierlei voraus: Eine Person muss **Schuldner** sein **124** und eine **Leistung** erbringen.

a) „Schuldner"
Nach der **Wortlautauslegung** kennzeichnet den „Schuldner", dass er einer anderen **125** Person verpflichtet ist, also einen Gläubiger hat; beide werden durch das **Schuldverhältnis** miteinander verbunden, die erste „Tatbestandsvoraussetzung" des § 242. Es kann sich um ein **gesetzliches** oder **rechtsgeschäftliches Schuldverhältnis** handeln (vgl STAUDINGER/OLZEN § 241 Rn 47 ff, 383 ff).

Die **systematische** Stellung der Norm im Allgemeinen Schuldrecht bestätigt dieses **126** Ergebnis ebenso wie ihre **Entstehungsgeschichte**. Die Prot zum BGB weisen ausdrücklich darauf hin, dass man die Verweisung auf Treu und Glauben und auf die Verkehrssitte bei Schuldverhältnissen aus Verträgen, darüber hinaus aber auch bei allen Schuldverhältnissen für erforderlich erachte, um das gesamte zwischen Gläubiger und Schuldner bestehende Verhältnis seinem wahren Inhalt nach zur Anerkennung zu bringen (Prot I 608 = MUGDAN II 521; ausf zur Entstehungsgeschichte so Rn 6 ff).

Manche meinen darüber hinaus, man müsse das Schuldverhältnis in einem weiten **127** Sinne verstehen und **Sozialkontakte** ebenso wie **nichtige Rechtsgeschäfte** darunter subsumieren (PALANDT/HEINRICHS Rn 6; vgl auch STAUDINGER/OLZEN § 241 Rn 85 ff). KREBS (Sonderverbindung 47 ff; KREBS, in: DAUNER-LIEB ua, Das neue Schuldrecht § 3 B III 1 und 2 b) bb)) verwendet angelehnt an CANARIS (JZ 1965, 475 ff) den Begriff „**Sonderverbindung**" für jede Beziehung, die entweder auf eine Leistung oder Unterlassung gerichtet sei oder in der jedenfalls besondere Einwirkungsmöglichkeiten auf die Rechtsgüter eines anderen bestünden. Dieses ungeschriebene Merkmal „Sonderverbindung" wird in der Lit von anderen Stimmen auch als „weitere tatbestandliche Voraussetzung" der Norm bezeichnet (SOERGEL/TEICHMANN Rn 30; PALANDT/HEINRICHS Rn 6; CANARIS, Schutzgesetze – Verkehrspflichten – Schutzpflichten, in: FS Larenz [1983] 27, 34; FASTRICH, Richterliche Inhaltskontrolle 67 f für § 242 „als Rechtsnorm"; FIKENTSCHER, Schuldrecht Rn 160; HUBMANN, Grundsätze der Interessenabwägung, AcP 155 [1956] 85, 87; LARENZ, Schuldrecht I § 10 I, 127; SCHILLING, Wandlungen des modernen Gesellschaftsrechts, JZ 1953, 489 ff; SIEBERT, Verwirkung 118; krit ERMAN/HOHLOCH Rn 15).

128 Damit verlässt man jedoch bereits den unmittelbaren Anwendungsbereich des § 242 (KREBS weist einerseits daraufhin, dass es sich dabei um eine Rechtsfortbildung extra legem handelt, in: DAUNER-LIEB ua, Das neue Schuldrecht § 3 B III 1 und 2 b. bb., andererseits soll § 242 wegen § 241 Abs 2 alle Sonderverbindungen erfassen, AnwK-BGB/KREBS Rn 2). Der Wortlaut lässt einen solchen Schluss nicht zu; auch widerspricht dieses Verständnis der Stellung des § 242 zu Beginn des Allgemeinen Schuldrechts und überzeugt deshalb in systematischer Hinsicht nicht. Ebenso wenig deutet die Entstehungsgeschichte in diese Richtung (so Rn 6 ff; Prot I 608 = MUGDAN II 522). Schließlich ist der Zweck des § 242 zu berücksichtigen, der ua darin besteht, die Verhaltensanforderungen innerhalb von Schuldverhältnissen gegenüber denjenigen, die gegenüber jedermann bestehen, abzugrenzen (FASTRICH, Richterliche Inhaltskontrolle 67 f mwNw).

129 Einigkeit besteht wieder darin, dass die **Intensität des Schuldverhältnisses** (bzw der Sonderverbindung – soweit man sie genügen lässt) Einfluss auf die Verhaltensanforderungen der Parteien hat (vgl schon SCHNEIDER, Treu und Glauben 127 f; auch SOERGEL/TEICHMANN Rn 40; PALANDT/HEINRICHS Rn 4; ENNECCERUS/LEHMANN, Schuldrecht § 4 II 1 II; anschaulich STAUDINGER/KESSLER[12] Vorbem zu § 705 Rn 41): So besteht ein relativ **geringer Einfluss** des § 242 auf solche Rechtsverhältnisse, in denen sich **entgegengesetzte Interessen** gegenüberstehen (zB Umsatzgeschäfte), **stärkerer Einfluss** bei **fremdnützigen Betätigungen** (zB Geschäftsbesorgungen) und **stärkster Einfluss** bei Rechtsverhältnissen, die gerade auf ein **Zusammenwirken gerichtet** sind (zB Gesellschaften; hier wieder Abstufung nach dem Maße des notwendigen Zusammenwirkens zur Erreichung der „überpersönlichen Aufgabe" möglich; grundlegend BEYERLE, Die Treuhand im Grundriß des deutschen Privatrechts [1932]; vgl auch SOERGEL/SIEBERT/KNOPP[10] Rn 6, 7; EICHLER, Die Rechtslehre vom Vertrauen [1950] 27 ff). Auch stellt niemand in Frage, dass die sozialethischen Anforderungen in Sonderverbindungen jedenfalls höher sind als im allgemeinen Rechtsverkehr (LOOSCHELDERS, Schuldrecht AT Rn 64).

130 Das BGB definiert den Begriff des **„Schuldverhältnisses"** nicht allgemein (z Einzelheiten s STAUDINGER/OLZEN § 241 Rn 36 ff). In § 311 Abs 1 regelt es jedoch seit dem 1. 1. 2002 dessen Entstehung durch **Vertrag** und in § 311 Abs 2 eine weitere Entstehungsmöglichkeit durch die Aufnahme von **Vertragsverhandlungen**, die **Vertragsanbahnung** oder **ähnliche geschäftliche Kontakte** (vgl STAUDINGER/OLZEN § 241 Rn 392). Damit hat der Gesetzgeber einen großen Bereich des Kriteriums „Sonderverbindung" normiert, für den § 242 unmittelbar gilt; der oben beschriebene Konflikt (Rn 127) hat sich auf diese Weise entschärft.

131 Die Frage, ob auch **Gefälligkeitsverhältnisse** unter § 242 fallen, bleibt als Teilproblem des Fragenkreises um den „sozialen Kontakt" jedoch umstritten (ausf STAUDINGER/OLZEN § 241 Rn 396 ff). Nach der hier vertretenen Auffassung, fällt dieser Bereich unter § 311 Abs 2 und damit in den unmittelbaren Anwendungsbereich des § 242.

Ein weiterer Problemkreis betrifft das **nachbarschaftliche Gemeinschaftsverhältnis**, 132 welches hier als gesetzliches Schuldverhältnis behandelt wird (s STAUDINGER/OLZEN § 241 Rn 68 u Rn 401 ff), ebenfalls mit der Folge der unmittelbaren Anwendbarkeit des § 242.

Offen bleibt die Existenz einer Sonderverbindung in solchen juristischen Beziehun- 133 gen, die auf die Klärung der Existenz einer **Leistungs- oder Unterlassungspflicht** gerichtet sind. Darunter versteht KREBS zB das **Prozessrechtsverhältnis** sowie das **wettbewerbsrechtliche Abmahnverhältnis** (KREBS, Sonderverbindung 241 ff; KREBS, in: DAUNER-LIEB ua, Das neue Schuldrecht § 3 B III 1 und 2 b. bb.). Selbst bei Annahme entsprechender Rechtsbeziehungen zwischen den Parteien besteht aber Einigkeit darüber, dass es sich dabei jedenfalls nicht um ein Schuldverhältnis iSd BGB handelt. Deshalb wird diesem Problem erst im Rahmen des jeweiligen Rechtsgebiets bei der Prüfung einer weiteren Bedeutung des § 242 nachgegangen, also außerhalb seines unmittelbaren Anwendungsbereichs (ähnlich AnwK-BGB/KREBS Rn 1, der von einer Rechtsfortbildung ausgeht).

b) „Leistung"

Der Wortlaut des § 242 verlangt als zweite „Tatbestandsvoraussetzung" eine **Leis-** 134 **tung**; bezüglich des Leistungsbegriffes sowie des Inhalts von Leistungen genügt der Hinweis auf STAUDINGER/OLZEN § 241 Rn 134 ff. Der Frage, ob § 242 selbst Leistungspflichten begründen kann, wird später iRd umstrittenen sog **Ergänzungsfunktion** der Norm (su Rn 187 ff) nachgegangen.

c) Sonstige Merkmale

Der „Tatbestand" des § 242 kennt nach seinem Wortlaut keine weiteren Merkmale. 135 Etwas anderes gilt zum Teil für die Lit, die dann allerdings meist nicht zwischen „Tatbestand" und „Rechtsfolge" trennt. Die von den Vertretern dieser Ansicht geforderten zusätzlichen Merkmale lassen sich jedoch eher dem Bereich des „Tatbestandes" als der Rechtsfolge zuordnen, weshalb sie im Folgenden kurz dargestellt werden; praktische Relevanz kommt den Überlegungen nur in wenigen Fällen zu.

Eine **Beschränkung** des Anwendungsbereiches auf „**Gleichordnungsverhältnisse**" 136 (Bürger–Bürger) bzw die **Ausnahme staatsorganisatorischer Normen** und **Rechtsverhältnisse** würde sich lediglich im Bereich des öffentlichen Rechts auswirken, also nicht im unmittelbaren Anwendungsbereich des § 242 (zum Einfluss des Allgemeinen Schuldrechts auf das öffentliche Recht ausf STAUDINGER/OLZEN Einl 267 ff zu §§ 241 ff; zur Anwendung des § 242 im Öffentlichen Recht su Rn 1064 ff; vgl dazu HEDEMANN, Die Flucht in die Generalklauseln 48 f).

Ebenfalls ist an dieser Stelle die verbreitete Meinung nicht weiter relevant, dass zu 137 einem „Verstoß" gegen Treu und Glauben **kein Verschulden** erforderlich sei (vgl BGHZ 64, 5, 9; SOERGEL/SIEBERT/KNOPP[10] Rn 11; STAUDINGER/WEBER[11] Rn A 147; PALANDT/HEINRICHS Rn 5; ERMAN/HOHLOCH Rn 14; SIEBERT, Verwirkung 121 f; sehr vorsichtig formulierend OERTMANN [1928] Anm 2 a [„innere Absicht ... weder erforderlich noch ausreichend"]; zum schweizerischen Recht vgl Berner Kommentar/MERZ Art 2 ZGB Rn 105), da sie gerade keine Einschränkung des Tatbestandes mit sich bringt. Eine Antwort lässt sich auch nicht pauschal finden, da man nicht ausschließen kann, dass bei einzelnen aus § 242 entwickelten Rechtsinstituten Verschulden eine Rolle spielt (vgl dazu WIEACKER, Präzisierung 6, 28, 30, 34): Das Problem soll deshalb im Zusammenhang mit den Fallgruppen behandelt werden (ebenso MünchKomm/ROTH Rn 50 f; SOERGEL/TEICHMANN Rn 62 ff; su Rn 211 ff). Schließlich wird bei der Interessenabwägung (su Rn 144 ff) iRd „Rechtsfolge" des § 242 auf das Verschulden zurückzukommen sein (vgl auch MünchKomm/ROTH Rn 50 f; SOERGEL/TEICHMANN Rn 62; ERMAN/HOHLOCH Rn 14).

3. „Rechtsfolgemerkmale"

138 Im Hinblick auf die „Rechtsfolge" des § 242, also die Begriffe „Treu und Glauben" und „Verkehrssitte", stehen sich wiederum zwei Meinungen gegenüber: eA, die einen eigenen Informationsgehalt der Worte „Treu und Glauben" und „Verkehrssitte" in § 242 verneint, während die wohl hM § 242 im Wesentlichen so behandelt, als seien dort „tatbestandliche Voraussetzungen" formuliert (so PALANDT/HEINRICHS Rn 3).

139 Die zunächst genannte Ansicht wurde in der Lit schon früh nur als MM vertreten (vgl PLANCK/SIBER Anm 2; BGB-RGRK/ALFF Rn 2); ihre Vertreter meinten, Analysen des § 242 seien „müßig" und sie wiesen darauf hin, dass es leichter sei „zu empfinden als zu formulieren", was „Treu und Glauben bedeute" (OERTMANN [1928] Anm 2). Die Worte bezögen sich auf eine außerrechtliche, moralische Begriffswelt (WEBER JuS 1992, 631, 632; WEBER, Die vertrauensvolle Zusammenarbeit zwischen Arbeitgeber und Betriebsrat gemäß § 2 I BetrVG [Diss Heidelberg 1989] 184). Andere sehen Ausführungen zum Informationsgehalt für die Handhabung des § 242 als wertlos an (so MünchKomm/ROTH Rn 9). Bezeichnenderweise werde in Gesetzen auch häufig konsequenzlos auf die „Verkehrssitte" verzichtet (vgl § 9 Abs 1 AGBG aF; §§ 8 Abs 2 S 2, 39 Abs 2 UrhG – von KÖTZ jedoch in § 9 Abs 1 AGBG aF „vermisst", MünchKomm/KÖTZ[3] § 9 AGBG Rn 2 aE, allerdings mit Verw auf § 24 AGBG aF; SCHLOSSER/COESTER-WALTJEN/GRABA, Kommentar zum Gesetz zur Regelung des Rechts der Allgemeinen Geschäftsbedingungen [1997] § 9 Rn 15). Demgegenüber meint die wohl hM, dass den Begriffen ein darstellbarer Informationsgehalt zukomme (so Rn 138; vgl zB PALANDT/HEINRICHS Rn 3). Dem soll hier gefolgt werden.

a) „Treu und Glauben"
140 Den ersten wichtigen Schlüsselbegriff der „Rechtsfolge" stellt die Wortverbindung „Treu und Glauben" dar. Der unbestimmte Rechtsbegriff **„Treue"** bezeichnet eine „äußere und innere Haltung" (PALANDT/HEINRICHS Rn 3) gegenüber derjenigen Person, der sie geschuldet wird. Er ist nach heutiger Auffassung gekennzeichnet durch „selbstlose Bereitschaft zur Einhaltung der Verpflichtungen" (SOERGEL/SIEBERT/KNOPP[10] Rn 6), „Treuewahrung", „Zuverlässigkeit" (STAUDINGER/WEBER[11] Rn A 124; PALANDT/HEINRICHS Rn 3), „Aufrichtigkeit" (PALANDT/HEINRICHS Rn 3), „Rücksichtnahme" (PALANDT/HEINRICHS Rn 3), „Gewissenhaftigkeit", „Anhänglichkeit", „unerschütterliche Hingabe" (STAUDINGER/WEBER[11] Rn A 124; z diesen Elementen in der geschichtlichen Entwicklung so Rn 6 ff, ferner WEBER JuS 1992, 631, 632).

141 Der ebenfalls unbestimmte Rechtsbegriff **„Glaube"** meint das „Vertrauen" auf die Haltung des Treupflichtigen (zu bona fides so Rn 8 ff u z älteren deutschen Recht o Rn 14 ff; SOERGEL/SIEBERT/KNOPP[10] Rn 6; PALANDT/HEINRICHS Rn 3; Hk-BGB/SCHULZE Rn 12; vgl auch WEBER JuS 1992, 631, 632; WENDT, Die exceptio doli generalis im heutigen Recht oder Treu und Glauben im Recht der Schuldverhältnisse, AcP 100 [1906] 1, 4). Die Wortverbindung **„Treu**

und Glauben" hat eine lange rechtsgeschichtliche Tradition (so Rn 3 ff; Nachw z sprachwissenschaftlichen Diskussion bei WEBER JuS 1992, 631 f) und wird im BGB vielfach verwendet, vgl §§ 157, 162, 275 Abs 2, 307, 320 Abs 2, 815; daher ist ihre Auslegung von großer Bedeutung. Ihre Wurzel liegt im Römischen Recht (so Rn 6). Die Paarformel, die zwei Ausdrücke mit mehr oder weniger synonymer Bedeutung zusammenfasst (so Rn 140 f), meint in ihrer ursprünglichen Wortbedeutung das Ansehen, das jemand als Person in einer bestimmten Funktion genießt und dem er gerecht werden soll (STRÄTZ, Treu und Gauben 213 ff, 285 ff).

Insgesamt wird der Wortkombination ein Inhalt zugesprochen, der zwar die Bedeutungen der einzelnen Ausdrücke „Treue" und „Glauben" in sich aufgenommen hat, gleichzeitig aber auch „als ein Ganzes zu verstehen" ist (MünchKomm/MAYER-MALY/BUSCHE § 157 Rn 4, 8). Allgemein soll damit **„sozialethischen Wertvorstellungen"** Eingang in das Recht verschafft werden (PALANDT/HEINRICHS Rn 3; zur Bedeutung während des Nationalsozialismus vgl WALDMÜLLER, Die „königlichen Paragraphen" 157, 242 BGB [Diss Bonn 1940]; so Rn 66 ff); eine Regelung muss damit mit der in der herrschenden Wirtschafts- und Sozialordnung immanenten **Rechtsethik** verträglich sein (LG Münster NJW 1975, 2070, 2073; MünchKomm/MAYER-MALY/BUSCHE § 157 Rn 9), mit den Interessen der Allgemeinheit (RGZ 155, 148, 152; 160, 257, 268; 163, 91, 100; 170, 257, 262), mit Recht und Gerechtigkeit (PALANDT/HEINRICHS³⁹ Anm 1 c). Dabei handelt es zum Teil sich um Rechtsgedanken, die vor allem der sog „gesellschaftliche Ansatz" bereits zu Beginn des Jahrhunderts entwickelt hatte (so Rn 46 f). **142**

Gemeinsam ist allen Überlegungen, dass diese Maßstäbe aus **überrechtlichen sozialen Geboten** (WIEACKER, Präzisierung 10) und **ethischen Prinzipien** (auf den Einfluss rechtsethischer Elemente weist auch SOERGEL/TEICHMANN Rn 39 hin) zu beziehen sind, die jeder Rechtsordnung zu Grunde liegen (MünchKomm/ROTH Rn 11); so dass sie in gewisser Weise auch mit verfassungsrechtlichen Prinzipien ausgetauscht werden können. Denn darin verkörpert sich letztlich das Grundelement einer Rechtskultur, bestehend aus dem Prinzip wechselseitigen Vertrauens unter den Mitgliedern der Gesellschaft (FIKENTSCHER, Methoden des Rechts I 109, 179; MünchKomm/ROTH Rn 11; zum Vertrauensaspekt in der geschichtlichen Entwicklung so Rn 71 ff). Durch Bezugnahme darauf trägt der Gesetzgeber der Einsicht Rechnung, dass viele allgemeine Wertvorstellungen nicht seine Produkte sind, sondern Ergebnisse einer langen religiösen, philosophischen, aber auch sittlich-moralischen Entwicklung, die von Staat und Gesetzgeber bereits vorgefunden werden (vgl LOOSCHELDERS/ROTH, Methodik 198). Darin manifestieren sich gleichzeitig der Verzicht des Staates auf einen Wertemonopolismus (vgl LOOSCHELDERS/ROTH, Methodik 199) und die Anerkennung eines möglichen Wertewandels. **143**

aa) Interessenabwägung
Der Grundsatz von Treu und Glauben erfordert zunächst eine **Interessenabwägung** unter Berücksichtigung der vorgenannten Grundprinzipien (BGB-RGRK/ALFF Rn 2; SOERGEL/TEICHMANN Rn 46; MünchKomm/ROTH Rn 46 ff), deren Ausgangspunkt eine **Risikozuordnung unter den Beteiligten** ist (MünchKomm/ROTH Rn 46 ff). Jeden von ihnen trifft die Pflicht zur Berücksichtigung der Interessen und der berechtigten Erwartungen des anderen Teils (SIEBERT, Verwirkung 117 f); dabei kann uU auch das Verschulden einer Person besondere Berücksichtigung finden (so Rn 137; SOERGEL/TEICHMANN Rn 62; MünchKomm/ROTH Rn 51; ERMAN/HOHLOCH Rn 14). In zweiter Linie erst gibt **144**

§ 242 dem **Richter** auf, bei der **Entscheidungsfindung** die beiderseitigen Interessen festzustellen und mit dem Ziel eines gerechten Ergebnisses gegeneinander abzuwägen (SIEBERT, Verwirkung 118 mwNw). Schwierigkeiten bestehen bzgl der Frage, ob und inwiefern daneben Gesichtspunkte das Abwägungsergebnis beeinflussen, zB gesetzliche Wertungen wie das **Grundgesetz**, andere **öffentliche Interessen** und die **Interessen dritter Privatpersonen**.

(1) Grundgesetz und § 242

145 Der Einfluss der Verfassung auf Auslegung und Konkretisierung der Merkmale „Treu und Glauben" (dazu allg SOERGEL/TEICHMANN Rn 43; PALANDT/HEINRICHS Rn 7 ff, ERMAN/HOHLOCH Rn 29 ff; ferner MEDICUS, Schuldrecht I Rn 127) stellt einen Ausschnitt aus dem Problemkreis der Auswirkung verfassungsrechtlicher Wertungen auf das Zivilrecht im Allgemeinen dar (so STAUDINGER/OLZEN Einl 263 ff zu §§ 241 ff). Die Beeinflussung des Zivilrechtes jedenfalls durch die Grundrechte ist heute unstr, unklar bleiben deren Reichweite und die dogmatische Konstruktion (dazu vgl STAUDINGER/OLZEN Einl 267 f zu §§ 241 ff; die Klärung der dogmatischen Lösungsmöglichkeiten hat das BVerfG im Übrigen den Fachgerichten anheim gestellt, vgl BVerfG NJW 1991, 2272 f).

(a) Wirkung der Grundrechte

146 Gerade bei der Anwendung des § 242 haben die Grundrechte Bedeutung für die Interessenabwägung unter den Beteiligten (vgl auch die Bsp bei MünchKomm/ROTH Rn 55 ff; SOERGEL/TEICHMANN Rn 48 ff; für § 138 AnwK-BGB/LOOSCHELDERS § 138 Rn 40 ff; iRd einzelnen Anwendungsfälle des § 242 werden einzelne Grundrechte wieder aufgegriffen, su Rn 401 ff), da sie das Ergebnis gesellschaftlicher und gesetzgeberischer Grundentscheidungen sind (LOOSCHELDERS/ROTH, Methodik 198 f). Folgende Grundrechte sind besonders hervorzuheben: **Menschenwürde und Freiheit** in Art 1, 2 GG (vgl dazu die ausf Abwägungen im Rahmen eines „Atomstromboykott-Urteils": AG Stuttgart NJW 1980, 1108 ff; z der Frage, ob die Versorgung mit Energie zu den verfassungsrechtlich garantierten Grundbedürfnissen eines jeden Bürgers zählt, weshalb „Liefersperren" nicht zulässig sind – vgl LG Aachen NJW-RR 1987, 443, 444; LG Aachen NJW-RR 1988, 1522); **Gleichheit** gem Art 3 GG (vgl dazu va HUECK, Der Grundsatz der gleichmäßigen Behandlung im Privatrecht [Habil Münster 1958]; MEYER-CORDING, Der Gleichheitssatz im Privatrecht und das Wettbewerbsrecht, in: FS Nipperdey I [1965] 537 ff; RAISER, Der Gleichheitsgrundsatz im Privatrecht, ZHR 111 [1948] 75 ff; vHOYNINGEN-HUENE, Die Billigkeit im Arbeitsrecht [Habil München 1978] 102 ff mwNw – aus der Rspr allg zB BAG Betrieb 1993, 169 ff [ausf]); der **„arbeitsrechtliche Gleichbehandlungsgrundsatz"** wird zwar formal noch auf § 242 gestützt (vgl zB BAG NZA 1993, 171 ff, 405 f, 839 f und 991 f sowie u Rn 775), hat sich aber zu einem eigenen Rechtsinstitut entwickelt; das BVerfG hat die Rspr des BGH zum **Mieterschutz** des Untermieters bei gewerblicher Untervermietung (vgl zum früheren Meinungsstand BGH WM 1991, 902 ff) mit Hilfe von Art 3 Abs 1 GG korrigiert (vgl BVerfG NJW 1991, 2272 f; dazu KRENEK, Mieterschutz bei der gewerblichen Zwischenvermietung, Jura 1993, 79 ff; LANGENBERG, Herausgabeanspruch des Eigentümers gegen den Endmieter bei Zwischenmietverhältnissen, MDR 1993, 102 ff; MEDICUS AcP 192 [1992] 35, 64; SCHÜREN, Gewerbliche Zwischenvermietung und Bestandsschutz, JZ 1992, 79 ff; SONNENSCHEIN, Die Rechtsprechung des Bundesverfassungsgerichts zum Mietrecht, NJW 1993, 161, 170 f; s auch BVerfG NJW 1993, 2601 f; allg zum Thema GG und Arbeitsrecht, LEIBHOLZ, Verfassungsrecht und Arbeitsrecht, in: Zwei Vorträge zum Arbeitsrecht [1960] 21 ff); die Frage ist inzwischen in § 565 geregelt (vgl dazu GÄRTNER, Wohnungsmietrechtlicher Bestandsschutz auf dem Weg zu einem dinglichen Recht, JZ 1994, 440 ff mit Nachw); **Gewissensfreiheit** gem Art 4 Abs 1 GG (bes häufig erörtert; vgl zB BOSCH/HABSCHEID, Vertragspflicht und Gewissenskonflikt,

Titel 1 § 242
Verpflichtung zur Leistung

JZ 1954, 213 ff; vgl auch BRECHER, Grundrechte im Betrieb, in: FS Nipperdey II [1965] 29, 48; DENNINGER/HOHM, Arbeitsverweigerung aus Gewissensgründen. Eine grundrechtliche Untersuchung, AG 1989, 145 ff; DERLEDER, Arbeitsverhältnis und Gewissen, AuR 1991, 193 ff; DIEDERICHSEN, Gewissensnot als Schuldbefreiungsgrund?, in: FS Michaelis [1972] 36 ff; HABSCHEID, Arbeitsverweigerung aus Glaubens- und Gewissensnot, JZ 1964, 246 ff; ders, Das deutsche Zivilrecht im Dienst ethischer Gebote, in: FS Küchenhoff [1972] 221, 238 ff; HEFFTER, Auswirkung der Glaubens- und Gewissensfreiheit im Schuldverhältnis [Diss Freiburg 1968]; KONZEN/RUPP, Gewissenskonflikte im Arbeitsverhältnis [1990] [ausf und mwNw]; LARENZ, Schuldrecht I § 10 II c, bes Fn 39; LEUZE, Arbeitsverweigerung aus Gewissensgründen, RdA 1993, 16 ff; LÖWISCH, Rechtswidrigkeit und Rechtfertigung von Forderungsverletzungen, AcP 165 [1965] 421, 444; SCHESCHONKA, Arbeits- und Leistungsverweigerung aus Glaubens- oder Gewissensnot [Diss Hamburg 1972]; WIEACKER, Vertragsbruch aus Gewissensnot, JZ 1954, 466 ff; vgl auch OLG Hamm NJW 1981, 2473 ff [Atomstrom]; BAG NJW 1986, 85 ff [Druckwerk politischen Inhalts]; BAG NJW 1990, 203 ff [Atomkriegsfolgen]; ArbG Köln NJW 1991, 1006 [Irak/Jude]; LAG Düsseldorf NZA 1993, 411, 412 f [„Troubadour"]); **Meinungsfreiheit** gem Art 5 Abs 1 S 1 GG (vgl etwa BUCHER, Anm LG Essen NJW 1973, 2291 f; SÖLLNER, „Wes Brot ich eß`, des Lied ich sing`" – Zur Freiheit der Meinungsäußerung im Arbeitsverhältnis –, in: FS Herschel [1982] 389 ff; speziell zum Grundrecht auf **Informationsfreiheit**: BVerfG NJW 1992, 493 f; BVerfG NJW 1994, 1147 ff sowie EuGMR NJW 1991, 620, die Entscheidungen haben zu einer Unzahl von „Antennen-Entscheidungen" im Miet- und Wohnungseigentumsrecht geführt); **Schutz von Ehe und Familie** gem Art 6 Abs 1 GG (vgl zB: BAG VersR 1980, 468, 469; BVerfGE 78, 128 ff; BayObLG NJW 1984, 60); bzw Art 6 Abs 2 GG (vgl die ausf Erörterungen v REUTER, Elterliche Sorge und Verfassungsrecht, AcP 192 [1992] 108 ff mwNw); die Rechte des **nichtehelichen Kindes** gem Art 6 Abs 5 GG (vgl BAG MDR 1993, 247); **Schutz des Berufs** gem Art 12 Abs 1 GG (vgl zB BVerfG NJW 2003, 2815 ff [Kündigung einer Verkäuferin mit Kopftuch]; BVerfG JZ 1990, 691 ff [Wettbewerbsverbot, dazu auch STAUDINGER/OLZEN § 241 Rn 289]; OLG Düsseldorf NJW-RR 1994, 35 ff [GG Art 12; BGB §§ 138 I, 242]); Schutz des **Eigentums und Erbrechts** gem Art 14 Abs 1 GG (vgl BVerfG NJW 1994, 36 ff sowie früher schon SOERGEL/SIEBERT/KNOPP[10] Rn 30). Häufig werden auch mehrere Verfassungsvorschriften gleichzeitig herangezogen, um den Inhalt von subjektiven Rechten zu bestimmen: So sah man eine „existenzvernichtende Haftung" eines Minderjährigen im Regress über § 67 Abs 1 S 1 VVG, § 828 Abs 3 wegen Verstoßes gegen Art 1 Abs 1; 2 Abs 1; 3 Abs 1; 6 Abs 1 und 20 Abs 1 GG als rechtsmissbräuchlich an, solange der Minderjährige einkommens- und vermögenslos war (LG Bremen NJW-RR 1991, 1432, 1433 ff; vgl dazu auch den 1998 eingefügten § 1629a sowie u Rn 864 ff).

(b) Art 20 und 28 GG

Zu den genannten gesetzgeberischen Grundentscheidungen gehören ferner die in **147** den Art 20, 28 GG festgeschriebenen **Verfassungsprinzipien**. Insbesondere das **Sozialstaatsprinzip** wurde mehrfach von Rspr und Lit zur Konkretisierung des Maßstabs von „Treu und Glauben" herangezogen (vgl zur Sozialstaatsklausel BVerfGE 1, 97, 105; BAG AP Nr 1 zu § 620 BGB; AP Nr 161 zu § 242 BGB; WEITNAUER, Der Schutz des Schwächeren im Zivilrecht [1975]; WOLF, Rechtsgeschäftliche Entscheidungsfreiheit und vertraglicher Interessenausgleich [1970] 101 ff; zum Arbeitsrecht vgl bes G MÜLLER, Der Gedanke des sozialen Staates in der bisherigen Rechtsprechung des Bundesarbeitsgerichts, DB 1956, 524 ff, 549 ff; wNw bei MünchKomm/ROTH Rn 54; SOERGEL/TEICHMANN Rn 55 f; PALANDT/HEINRICHS Rn 10), und zwar in Fällen, in denen ein **unangemessenes Machtgefälle** vorlag (vgl auch REGER, Generalklauseln als Konfliktlösungsregeln? [Diss Frankfurt aM 1974] 74 ff; zur weiteren Einwirkung des GG auf das Schuldrecht s STAUDINGER/OLZEN Einl 263 ff zu §§ 241 ff).

(2) Sonstige gesetzliche Grundwertungen

148 Neben der Verfassung fließen in die bei der Ermittlung von Treu und Glauben einzubeziehenden Interessen auch **(einfach-)gesetzliche Grundwertungen** ein (BYDLINSKI, Präzisierung 203; mit Bezug auf LARENZ, Kommentar z Urt d OGH v 27. 6. 1969, ZAS 1970, 147; wNw in BYDLINSKI, Präzisierung 199 ff; für § 138 STAUDINGER/SACK [2003] § 138 Rn 41). Denn konkrete Normen sind oft Ausdruck eines allgemeineren Rechtsprinzips, welches bei der Abwägung iRv § 242 Berücksichtigung finden kann, vor allem dann, wenn sich ein Analogieschluss oder eine teleologische Reduktion aus dogmatischen Gründen im Einzelfall verbietet (z Abgrenzung des § 242 von Analogie u teleologischer Reduktion su Rn 345 ff; ähnl BYDLINSKI, Präzisierung 203 Fn 40).

149 Dieses Vorgehen ist im Hinblick auf **deutsche Normen** unproblematisch. Im Zuge der zunehmenden Europäisierung des Rechts, vor allem des Schuldrechts (ausf STAUDINGER/OLZEN Einl 276 ff zu §§ 241 ff), fragt sich, inwiefern „Treu und Glauben" auch durch **europäische Maßstäbe** beeinflusst werden (dafür bei § 138 STAUDINGER/SACK [2003] § 138 Rn 44, allerdings ohne nähere Begründung, näher dazu u Rn 1137 ff). Eine Grenze muss man beachten: Auch wenn eine deutsche Norm europarechtskonform ausgelegt wird, darf die Rspr nicht an die Stelle des nationalen Gesetzgebers treten. Sofern dieser etwa EG-Richtlinien nicht ordnungsgemäß umsetzt, liegt es nicht in der Hand des Rechtsanwenders, das Versäumnis über die europarechtskonforme Auslegung zu beheben. Vielmehr muss der Bürger die deutsche Norm beachten und kann sich grundsätzlich nicht unmittelbar auf die EG-Richtlinie berufen (vgl AnwK-BGB/LOOSCHELDERS Anh zu § 133 Rn 33 ff; speziell z Streit um die Europarechtswidrigkeit v § 357 Abs 3 DAUNER-LIEB ua, Das Neue Schuldrecht Rn 51); Schäden sind im Wege der Amtshaftungsklage geltend zu machen (zur Rechtsvergleichung su Rn 1076 ff).

(3) Sozialethische Anschauungen

150 Bereits bei der Wortlautauslegung von „Treu und Glauben" (so Rn 140 ff) wurde festgestellt, dass damit auf außerrechtliche Maßstäbe Bezug genommen wird, vor allem die **sozialethischen Anschauungen** (vgl BYDLINSKI, Präzisierung 203; z Bedeutung der Verkehrssitte su Rn 160 ff). Damit meint man rechtsethische Maximen und Standards, wie sie sich häufig in zum Teil jahrhundertealter Tradition im allgemeinen Rechtsbewusstsein verfestigt haben (BYDLINSKI, Präzisierung 201 mit Bezug auf LARENZ, Kommentar z Urt d OGH v 27. 6. 1969, ZAS 1970, 147 u wNw; zur Entwicklung von Treu und Glauben in der Rechtsgeschichte so Rn 6 ff).

(4) Sonstige Interessen Dritter oder der Allgemeinheit

151 Umstr ist, inwiefern die Interessen **Dritter** oder der **Allgemeinheit** (= öffentliche Interessen) Einfluss auf die erforderliche Abwägung im Rahmen der Anwendung des § 242 haben. Der Streit geht allerdings weniger um die Existenz eines entsprechenden Einflusses (zB MünchKomm/ROTH Rn 52), als um eine dogmatische Konstruktion, die es erlaubt, öffentliche Interessen zu berücksichtigen (dazu zB SIEBERT, Verwirkung 117 ff mwNw; zur weiteren Einwirkung des GG auf das Schuldrecht s STAUDINGER/OLZEN Einl 263 ff zu §§ 241 ff). Manche meinen, dass sich jedes Privatrechtsverhältnis als ein dreiseitiges Rechtsverhältnis darstellt, an dem der Staat neben den Privatrechtssubjekten teilnimmt, so dass seine Beteiligung auf die Gestaltung des Rechtsverhältnisses stets entscheidenden Einfluss habe (Nachw dazu bei SIEBERT, Verwirkung 119). Andere wollen in ein zweiseitiges Rechtsverhältnis den Gemeinschaftsgedanken transportieren (z Folgenden SIEBERT, Verwirkung 119 f mwNw). Diese Ansichten unterscheiden sich nicht im Ergebnis. Zunächst ist danach im Einzelfall zu prüfen, ob Drittinteressen oder solche der Allgemeinheit betroffen sind, danach muss die Gewichtung bestimmt und die Abwägung vollzogen werden (so SIEBERT, Verwirkung 119 f, der sich in der Begründung auch auf die Verkehrssitte beruft, dazu sogleich u Rn 160 ff; zum Rang der Konkretisierungsmittel u Rn 159). Zur Vorsicht veranlasst jedoch der Umstand, dass die entsprechenden Erwägungen auch bereits während der Zeit des Nationalsozialismus vertreten worden sind (so Rn 66 ff).

(5) Idee des Rechts
Die Wortverbindung „Treu und Glauben" wird schließlich als Ausdruck einer **all- 152 gemeinen Rechtsidee** iSv LARENZ (Richtiges Recht 29 ff; BYDLINSKI, Präzisierung 209; s bereits o Rn 118; eingehend J SCHMIDT, Präzisierung 247 ff) verstanden.

Auch darin liegt der Verweis auf außerrechtliche soziale und rechtethische Maßstäbe **153** und damit auf ein Grundelement der westlich-abendländischen Rechtskultur. Es besteht im wechselseitigen Vertrauen ihrer Mitglieder auf rechtmäßiges, redliches Verhalten (so Rn 143). Zentrale Gesichtspunkte der abendländischen Rechtsphilosophie sind **Rechtsfrieden** und **Gerechtigkeit** (LARENZ, Richtiges Recht 31; z Frage nach der zeitlosen Geltung dieser Rechtsidee su Rn 157). Alle Konkretisierungen des § 242 können aber niemals den Gehalt des Prinzips vollständig ausschöpfen.

bb) Einfluss der Zeit auf „Treu und Glauben"
(1) Maßgeblicher Zeitpunkt
Der maßgebliche Zeitpunkt für die Beurteilung dessen, was Treu und Glauben im **154** Einzelfall meint, war selten Gegenstand der Diskussion. Soweit er überhaupt angesprochen wird, geht man mit Bezug auf die Rspr davon aus, dass für die Bestimmung der Leistung der Zeitpunkt der **Fälligkeit** ausschlaggebend sei (ERMAN/WERNER Rn 5; RGZ 148, 81, 93), für die Auslegung von Rechtsgeschäften der **Vertragsschluss** und für das Erfordernis des schutzwürdigen Eigeninteresses oder bei Veränderungen der Leistungspflicht der Zeitpunkt der letzten **mündlichen Verhandlung** (BGHZ 12, 337, 343).

Die Festlegung des maßgeblichen Zeitpunkts im einzelnen Anwendungsfall (vgl u **155** Rn 401 ff), zeigt sich als vergleichbares Problem bei der viel häufiger diskutierten Frage des Beurteilungszeitpunktes für die **Sittenwidrigkeit** gem § 138 Abs 1 (andere Vergleiche zeigt zB MAYER-MALY JZ 1981, 801 ff; zum Verhältnis von § 138 u § 242 s im Übrigen auch u Rn 491 ff). Dafür ist der Zeitpunkt des **Vertragsschlusses**, nicht derjenige des Eintritts der Rechtswirkungen entscheidend (BGHZ 7, 111; 100, 359; 107, 96). Die Wirksamkeit eines zur Zeit seiner Vornahme gültigen Rechtsgeschäfts wird somit durch den späteren Wandel sittlicher Wertmaßstäbe nicht berührt (BGHZ 10, 391, 394; 20, 71, 73; ausf AnwK-BGB/LOOSCHELDERS § 138 Rn 122 ff; STAUDINGER/SACK [2003] § 138 Rn 77 ff, 82, speziell zu den letztwilligen Verfügungen Rn 86). Umgekehrt erscheint es unbefriedigend, ein längst zurückliegendes Geschäft, das damals sittenwidrig war, während man es heute als zulässig aussieht, nicht gelten zu lassen (MAYER-MALY JZ 1981, 801, 804). Daher entschied die Rspr in der Frage der Sittenwidrigkeit zum Teil differenziert: Die Beurteilung **tatsächlicher Verhältnisse** richte sich nach dem Zeitpunkt der **Vornahme** des Rechtsgeschäfts, für die Ermittlung der **Wertmaßstäbe** komme es dagegen auf den Zeitpunkt seiner **Beurteilung** an (zB OLG Hamm OLGZ 1979, 425, 427 f; vgl MAYER-MALY JZ 1981, 801, 804).

156 Solche Maßstäbe gelten dagegen nicht für die Beurteilung der **Gesetzeswidrigkeit** gem § 134. Die Aufhebung eines Verbotsgesetzes behebt nicht die Nichtigkeit von Geschäften, die zur Zeit seiner Geltung abgeschlossen wurden (RGZ 138, 52, 55; BGHZ 11, 59, 60; LG Hamburg MDR 1976, 402 f; AnwK-BGB/LOOSCHELDERS § 134 Rn 52 ff; STAUDINGER/ SACK [2003] § 134 Rn 56). Vielmehr bedarf es entweder einer **Bestätigung** gem § 141 (vgl BGHZ 11, 59, 60) oder einer besonderen gesetzlichen Regelung, wenn Schuldverhältnisse dem neuen Recht unterworfen werden sollen (BGHZ 10, 391, 394 mwNw; VTUHR, AT I 1 15). Einen ähnlichen Grundsatz drückt Art 170 EGBGB aus, der im Hinblick auf Schuldverhältnisse, die vor dem Inkrafttreten des BGB entstanden sind, die bisherigen Gesetze für maßgebend erklärt; vergleichbar sind die Übergangsvorschriften zur Schuldrechtsreform in Art 229 §§ 5 bis 7 EGBGB (s STAUDINGER/OLZEN Einl 199 f zu §§ 241 ff).

157 Vergleicht man beide Fragestellungen, ergibt sich Folgendes: Bei Normen, die auf die „guten Sitten" Bezug nehmen, sei es § 138 oder § 826, handelt es sich um Generalklauseln, die mit ihren unbestimmten Rechtsbegriffen auf außerrechtlichen, veränderlichen Wertvorstellungen gründen (z Abgrenzung v § 242 z § 138 su Rn 491 ff). Im Rahmen des § 134 dagegen kommt ein „Wandel mit der Zeit" deshalb nicht in Betracht, weil die Verbotsnorm konkrete Anordnungen für den Fall ihres Eingreifens trifft und keinen Spielraum lässt. § 242 mit seinem Bezug auf „Treu und Glauben" ähnelt stärker den §§ 138, 826. Darauf gegründete Entscheidungen müssen also der Veränderbarkeit der Werte Rechnung tragen. Dogmatisch erscheint es überzeugend (MAYER-MALY JZ 1981, 801, 804 f mwNw), grundsätzlich die sittlichen Maßstäbe zum Zeitpunkt der **Entstehung** des Schuldverhältnisses zugrunde zu legen, im Rahmen der **Interessenabwägung** jedoch die **Entwicklung der Wertmaßstäbe** einzubeziehen, ohne dabei das berechtigte Vertrauen der Parteien in die Bestandskraft von Rechtsakten zu erschüttern, die zur Errichtungszeit rechtmäßig waren (die konkreten Auswirkungen dieser allgemeinen Grundsätze zeigen sich im Rahmen der Fallgruppen u der Anwendungsfälle ie s dort, u Rn 401 ff; z § 138 vgl ausf STAUDINGER/SACK [2003] § 138 Rn 77 ff). Inwiefern § 242 darüber hinaus ein Rechtsprinzip ausdrückt, das **zeitlose (ideale) Geltung** beansprucht, kann an dieser Stelle nicht untersucht werden (vgl BYDLINSKI, Präzisierung 192; z Missbrauch von § 242 in der NS-Zeit so Rn 66 ff; z Idee des Rechts so Rn 152 f), da sich die Frage von der einzelnen Generalklausel löst (z „**Entwicklungsfunktion**" des § 242 und zum **Funktionswandel** zB BYDLINSKI, Präzisierung 214 ff mit Verweis auf MAYER-MALY JZ 1981, 801, 803; LARENZ, Richtiges Recht va 28 ff, 32 ff; s auch JANSEN, Die Struktur der Gerechtigkeit [Diss Kiel 1997] 276 ff z Idee einer freistehenden Prinzipienkonzeption der Gerechtigkeit, 300 ff z Abwägungskonsistenz).

(2) „Wirkungsdauer"

158 Die Veränderungen der im Rahmen der Anwendung des § 242 beachtlichen Wertungsgrundlagen des § 242 führen dazu, dass nach Auffassung mancher zB der aus der Norm abgeleitete **Rechtsmissbrauch** (ausf u Rn 214 ff) eine Rechtsausübung nicht schlechthin unzulässig werden lässt, sondern nur insoweit wirkt, wie die Gründe für die Anwendung des § 242 reichen (vgl BGH LM § 242 [Ca] Nr 13; BGH LM § 1598 Nr 2; BAG JZ 1956, 322 f; OVG Münster NJW 1992, 2245 [„Untergang"]). Aber auch hierin liegt kein spezielles Problem des § 242: Es geht darum, ob die Befugnisse des Berechtigten im Falle des Rechtsmissbrauchs **auf Zeit** oder **für immer** ausgeschlossen sind. Der Unterschied zwischen den scheinbar gegensätzlichen Meinungen, dass die Befugnis des Berechtigten entweder „untergehe" (so zB MANIGK, Das Problem der Verwirkung, DJZ 1936, 350 ff; im Regelfalle auch ESSER, Schuldrecht [2. Aufl 1960] § 34, 8 zitiert nach STAUDINGER/J SCHMIDT [1995] Rn 770) oder bei „Änderung der Umstände" die „Rechtsausübung wieder zulässig" werde (so BGHZ 52, 365, 368; BAG JZ 1956, 322 f; SIEBERT, Verwirkung 153), fällt weg, wenn man die „Befugnisse" der Berechtigten zeitlich aufspaltet. Dann kann man nach dem Grundsatz der **Wahl des mildesten Mittels** einen Ausschluss der Befugnis auf Zeit einem Ausschluss der Befugnis auf Dauer vorziehen, soweit die angestrebten Zwecke auf diese Weise erreicht werden können (ausf bei den Fallgruppen u Rn 212 ff; z ähnlich gelagerten verfahrensrechtlichen Problem, ob § 242 eine Einrede oder eine Einwendung darstellt vgl u Rn 322 ff).

cc) Rang der Konkretisierungsmittel

Im Hinblick auf die **Rangfolge der Abwägungskriterien** (zum Nachrangverhältnis von „Treu und Glauben" und „Verkehrssitte" u Rn 168) könnte man vor allem bei Interessen, die auch im GG Ausdruck finden, auf die Normenhierarchie zurückgreifen, welche die jeweiligen in Rede stehenden Interessen schützen. Danach hätten zB Grundrechte im Zweifel Vorrang vor anderen verfassungsrechtlich geschützten Werten, wie zB dem in Art 20 a GG angesprochenen Umweltschutz. Allerdings führt diese Methode selten zu handhabbaren Ergebnissen, da im Anwendungsbereich von § 242 regelmäßig grundrechtlich geschützte Interessen miteinander kollidieren (so Rn 144 ff); eine Hierarchie der einzelnen Grundrechte besteht jedoch nicht. Deshalb müssen im Rahmen eines sog **beweglichen Systems** (dazu BYDLINSKI, Präzisierung va 211 ff und 229 ff; zu § 138 auch AnwK-BGB/LOOSCHELDERS § 138 Rn 100; STAUDINGER/SACK [2003] § 138 Rn 57 ff; vgl auch STAUDINGER/SINGER [2004] § 133 Rn 63) die Abwägungskriterien zunächst festgestellt werden, um sie in einem zweiten Schritt zu bewerten. Dabei handelt es sich jedoch um ein Vorgehen, das außerhalb der anerkannten Fallgruppen nicht selten Unsicherheit hinterlassen wird, da es auf sehr allgemeine Prinzipien zurückgreift. **159**

b) „mit Rücksicht auf die Verkehrssitte"*

Der Ausdruck „Verkehrssitte" bezeichnet grundsätzlich die den Verkehr **tatsächlich beherrschende Übung** (RGZ 49, 157, 162; 55, 375, 377; 110, 47 ff; 118, 139 ff; 135, 339, 345; BGH LM § 157 [B] Nr 1; BGH NJW 1952, 257 f; BGH WM 1973, 677 ff; AnwK-BGB/LOOSCHELDERS § 133 Rn 59 ff; MünchKomm/MAYER-MALY/BUSCHE § 157 Rn 15; SOERGEL/TEICHMANN Rn 42; SOERGEL/WOLF § 157 Rn 63; PALANDT/HEINRICHS § 133 Rn 21; ERMAN/ARMBRÜSTER § 157 Rn 8 sowie ERMAN/HOHLOCH Rn 13 – vgl auch STAUDINGER/DILCHER¹² §§ 133, 157 Rn 34 ff; ausf HAGEBÖCK, Verkehrssitte) und bedarf wegen seiner sehr allgemeinen Formulierung der Konkretisierung. **160**

Die „Verkehrssitte" setzt eine **tatsächliche Übung** voraus. Sie liegt vor, wenn der **161**

---

* **Schrifttum:** CANARIS, Die Vertrauenshaftung im deutschen Privatrecht (1971); HAGEBÖCK, Die normative Bedeutung der Verkehrssitte im § 242 BGB und ihr Verhältnis zu den ergänzenden Bestimmungen des bürgerlichen Rechts (Diss Göttingen 1933); SCHLEGELBERGER/ HEFERMEHL, Kommentar zum HGB (5. Aufl 1976) § 346 Anm 1 ff; LIMBACH, Die Feststellung von Handelsbräuchen, in: FS Hirsch (1968) 77 ff; LÜDERITZ, Auslegung von Rechtsgeschäften (1966) 235 ff; PFLUG, Schecksperre und Handelsbrauch, ZHR 135 (1971) 48 ff; Großkomm-HGB/KOLLER (3. Aufl 1983 ff) § 346 Rn 1 ff; RUMMEL, Vertragsauslegung nach der Verkehrssitte (1972) 14 ff; WAGNER, Zur Feststellung eines Handelsbrauches, NJW 1969, 1282 f.

Rechtsverkehr in einer größeren Zahl von Fällen gleichartig verfährt. Andernfalls reicht die verbreitete oder allgemeine Überzeugung, eine entsprechende Übung bestehe, nicht aus (RG SeuffA 74 Nr 160). Es genügt ferner nicht (RGZ 75, 338, 340 ff; RAG 13, 190 ff; STAUDINGER/DILCHER[12] §§ 133, 157 Rn 35; SOERGEL/WOLF § 157 Rn 63; ERMAN/ ARMBRÜSTER § 157 Rn 10), dass die Übung nur regelmäßig beachtet wird (SCHLEGELBERGER/HEFERMEHL HGB § 346 Rn 9, 13). Schließlich erlischt eine Verkehrssitte, wenn eine (früher beachtete) Übung nicht länger beachtet wird.

162 Eine tatsächliche Übung setzt ein entsprechendes Verhalten über einen gewissen **Zeitraum** voraus (BGH NJW 1990, 1723, 1724; dazu ausf Großkomm-HGB/KOLLER § 346 Rn 33 mwNw; SCHLEGELBERGER/HEFERMEHL HGB § 346 Rn 9; STAUDINGER/SINGER [2004] § 133 Rn 65). Dabei ist die Art der Geschäfte für die Länge des Zeitraumes maßgebend. Bei häufig vorkommenden Geschäften oder bei Geschäften des täglichen Lebens muss man einen längeren Zeitraum fordern als bei seltenen Geschäften (vgl BGH Betrieb 1966, 29, 30; OLG Hamburg MDR 1963, 849); in Ausnahmesituationen können sogar ganz kurze Zeiträume genügen (Verkehrssitte, die vor dem Krieg bestand, wird nach dem Krieg wieder aufgenommen – eine kurze Frist genügt: BGH NJW 1952, 257 f; vgl auch RG LZ 1920, 439).

163 Die Übung braucht sich nur in **bestimmten Gruppen** gebildet zu haben, sofern die fraglichen Rechtsverhältnisse ausschließlich Gruppenangehörige betreffen (vgl RGZ 114, 9, 12; 135, 339, 345; BGH LM § 157 [B] Nr 1; MünchKomm/MAYER-MALY/BUSCHE § 157 Rn 21 ff; SOERGEL/WOLF § 157 Rn 65, 66; PALANDT/HEINRICHS § 133 Rn 21; FLUME, AT II § 16, 3 d). Dabei können die Gruppen nach **persönlichen** – insbesondere beruflichen – und nach **örtlichen Merkmalen** gebildet werden (vgl OERTMANN [1928] Anm 3; SONNENBERGER, Verkehrssitten 92 ff, der sehr weitgehend annimmt, es genüge, dass bestimmte Personen gleichartige Interessenkonstellationen auf dem gleichen Sachgebiet verwirklichen; krit LÜDERITZ, Auslegung von Rechtsgeschäften [1966] 416 f; vgl auch MünchKomm/MAYER-MALY/BUSCHE § 157 Rn 21; SOERGEL/ WOLF § 157 Rn 66; ERMAN/ARMBRÜSTER § 157 Rn 10).

164 Zu den bedeutendsten berufsspezifischen Gruppenübungen – den **Handelsbräuchen** gem § 346 HGB – vgl insbesondere SCHLEGELBERGER/HEFERMEHL HGB § 346 Rn 1 ff, 8; Großkomm-HGB/KOLLER § 346 sowie SOERGEL/WOLF § 157 Rn 65; STAUDINGER/SINGER [2004] § 157 Rn 64; zu **örtlichen Übungen** vgl OGH NJW 1951, 111 f; RGZ 97, 215 ff; SCHLEGELBERGER/HEFERMEHL HGB § 346 Rn 33; eine Erstreckung auf Nicht-Ortsansässige kommt nur in Ausnahmefällen in Betracht, wenn ein besonderer Anknüpfungspunkt vorliegt (etwa in der Form eines Markt- oder Messebrauches; vgl zum Ganzen SCHLEGELBERGER/HEFERMEHL HGB § 346 Rn 1 ff, 8 sowie SOERGEL/WOLF § 157 Rn 66, 67; ferner LOOSCHELDERS, Schuldrecht AT Rn 68).

165 Str ist, inwieweit das Merkmal der Verkehrssitte eine **subjektive Komponente** erfordert. Die hM fordert eine die Übung tragende **Überzeugung** der beteiligten Gruppen, oft auch als deren „**Zustimmung**" bezeichnet (sog „opinio necessitatis"; vgl dazu RGZ 110, 48; 118, 139, 140; 135, 339, 345; RG JW 1938, 859; BGH NJW 1957, 1105 f; BGH NJW 1990, 1723, 1724; OLG München BB 1955, 748; MünchKomm/MAYER-MALY/BUSCHE § 157 Rn 15 f; SOERGEL/WOLF § 157 Rn 63, vgl aber auch Rn 72; SCHLEGELBERGER/HEFERMEHL HGB § 346 Rn 10; LIMBACH, Handelsbräuche 77, 88; WAGNER NJW 1969, 1282 f). Dagegen verlangt die Gegenansicht **keine Kenntnis** der Parteien vom Bestand der Übung (RGZ 95, 122, 124 und 242 ff; 114, 9, 12; BGH LM § 157 [B] Nr 1; BGH NJW 1970, 1737 f; OLG Hamburg MDR 1963, 849; OLG Köln OLGZ 1972, 10, 12; MünchKomm/MAYER-MALY/BUSCHE § 157 Rn 16;

ERMAN/ARMBRÜSTER § 157 Rn 12; PALANDT/HEINRICHS § 133 Rn 21; SCHLEGELBERGER/HEFERMEHL HGB § 346 Rn 31; SONNENBERGER, Verkehrssitten 62 ff mNw). Eine vermittelnde Meinung will auf die **Freiwilligkeit** der Übung abstellen (dh: die Übung müsse „machtfrei ... spontan gewachsen" sein, dürfe nicht auf einer „manipulierten Ordnung" in dem betreffenden Verkehrskreis beruhen, Großkomm-HGB/KOLLER § 346 Rn 9 f) oder sieht in ihrem Bestand jedenfalls ein **widerlegbares Indiz** für die Überzeugung der Beteiligten (so SCHLEGELBERGER/HEFERMEHL HGB § 346 Rn 10 aE; PFLUG ZHR 135 [1971] 1, 48 ff; WAGNER NJW 1969, 1282 f). Sie verdient deshalb den Vorzug, weil sie allein praktikabel ist: Bereits die Ermittlung des objektiven Tatbestandes einer Übung bereitet – vor allem außerhalb der Handelsbräuche – erhebliche Schwierigkeiten. Darüber hinaus noch Bewusstseinslagen bei den beteiligten Kreisen verlässlich zu ermitteln und zu gewichten, würde die Anforderungen überspannen.

Unabhängig von diesem unterschiedlichen Meinungsbild besteht jedenfalls Einigkeit **166** darüber, dass die Rechtsfolgen einer bestehenden Verkehrssitte auch Personen treffen, welche sie nicht kennen oder akzeptieren (vgl nur SOERGEL/WOLF § 157 Rn 72 mwNw; missverständlich STAUDINGER/J SCHMIDT [1995] Rn 146 und 150). Alleiniges Erfordernis für die Anwendbarkeit ist die Gruppenzugehörigkeit der Betroffenen. Dies beruht auf der normativen Wirkung, die der Verkehrssitte über § 242 verliehen wird.

Die Verkehrssitte als tatsächliche Übung muss vom **Gewohnheitsrecht** abgegrenzt **167** werden, da beide sich in den Rechtsfolgen unterscheiden. Während das Gewohnheitsrecht ebenso eine **unmittelbare Rechtsquelle** darstellt wie formelles Recht (ERMAN/ARMBRÜSTER § 157 Rn 8), erlangt die Verkehrssitte nur **mittelbare Rechtsgeltung** über die Generalklauseln (ERMAN/ARMBRÜSTER § 157 Rn 8; vgl darüber hinaus ERMAN/HOHLOCH Rn 13). Soweit man mit der MM annimmt, dass die Verkehrssitte lediglich den objektiven Tatbestand der gleichmäßigen Übung unter den beteiligten Verkehrskreisen erfordert, bestehen keine Abgrenzungsprobleme. Denn die Bildung von Gewohnheitsrecht erfordert jedenfalls als subjektive Komponente die sog „opinio iuris" (RGZ 49, 157, 162; 135, 339 ff; BGH LM § 157 [B] Nr 1; BGH BB 1956, 868; SOERGEL/WOLF § 157 Rn 70; ERMAN/ARMBRÜSTER § 157 Rn 8 – **aA** DANZ, Laienverstand und Rechtsprechung, JherJb 38 [1898] 373 ff; Großkomm-HGB/KOLLER § 346 Rn 16). Für die hM aber, die für eine Verkehrssitte als subjektives Element das Bewusstsein ihrer Notwendigkeit fordert (opinio necessitatis), fällt die Differenzierung nicht leicht. Allerdings lässt sich der Unterschied doch wie folgt fixieren: Beim Gewohnheitsrecht muss die Überzeugung der beteiligten Kreise dahingehen, dass der betreffende Regelungsgegenstand durch **Recht** geregelt sei, während die Verletzung einer Verkehrssitte nur **soziale Sanktionen** nach sich zieht (Sozialnorm; vgl dazu LIMBACH, Handelsbräuche 79, 85 ff; WAGNER NJW 1969, 1282 f; demgegenüber PFLUG ZHR 135 [1971] 1, 15 ff; ferner SONNENBERGER, Verkehrssitten 67 ff; zum historischen Inhalt der Ausdrücke „opinio necessitatis" und „opinio iuris" als Synonyma vgl SONNENBERGER, Verkehrssitten 246 ff mwNw).

Die Verkehrssitte ist Treu und Glauben **nachrangig**, wie aus der Wortverknüpfung **168** „**mit Rücksicht auf**" folgt (MünchKomm/ROTH Rn 9, 13). Auch die Materialien stellen ausdrücklich klar, dass die beiden Maßstäbe nicht gleichgestellt sein sollten (Prot I 1253 = MUGDAN II 522). Im Kollisionsfalle hat deshalb grundsätzlich das von Treu und Glauben Geforderte Vorrang (RGZ 114, 9, 13; 135, 339, 340, 345; OLG Köln BB 1957, 910; STAUDINGER/DILCHER[12] §§ 133, 157 Rn 37; SOERGEL/WOLF § 157 Rn 63, 76; Hk-BGB/SCHULZE Rn 13; ERMAN/ARMBRÜSTER § 157 Rn 11; OERTMANN [1928] Anm 3; FLUME, AT II § 16, 3 d,

312 f; vgl auch HAGEBÖCK, Verkehrssitte 42; SCHNEIDER, Treu und Glauben 149 ff m Verweis auf das Römische Recht). Dies liegt darin begründet, dass sich Verkehrsanschauungen, die mit gesetzlichen Grundwertungen im Widerspruch stehen, rechtlich als Missbräuche darstellen (BYDLINSKI, Präzisierung 212).

169 Daraus könnte man allerdings schließen, die „Verkehrssitte" sei ein überflüssiges Merkmal des § 242, zumal der Begriff in § 307 Abs 1 fehlt (vgl STAUDINGER/J SCHMIDT [1995] Rn 154). Nach dem oben dargestellten Rangverhältnis müsste man stets prüfen, ob die festgestellte „Verkehrssitte" nicht gegen „Treu und Glauben" verstößt. Die Auslegung, was im konkreten Fall Treu und Glauben entspricht, führt also bei solchem Vorgehen nicht nur zu einer Art „Rahmenentscheidung", innerhalb derer sich die „Verkehrssitte" dann später doch noch entfalten kann (so klingen manche Äußerungen in der Lit, vgl: Großkomm-HGB/KOLLER § 346 Rn 14; SOERGEL/TEICHMANN Rn 42; OERTMANN [1928] Anm 3; differenzierend: SCHLEGELBERGER/HEFERMEHL HGB § 346 Rn 40 [Handelsbrauch selbst verstößt gegen „Treu und Glauben"; bei Handeln innerhalb eines „an sich" Treu-und-Glauben-gemäßen Handelsbrauches wird gegen „Treu und Glauben" verstoßen]), sondern bereits zu einer konkreten Entscheidung, mit der man eine evtl bestehende Verkehrssitte nur noch vergleicht. Zur Entscheidungsfindung – der wesentlichen Aufgabe von Tatbestandsmerkmalen – ist die Verkehrssitte nach teilweise vertretener Ansicht deshalb entbehrlich (STAUDINGER/J SCHMIDT [1995] Rn 154). Deshalb wurde schon früh darauf hingewiesen, dass die „Verkehrssitte" als Merkmal neben „Treu und Glauben" in der Praxis keine Rolle spiele (vgl schon HEDEMANN, Reichsgericht und Wirtschaftsrecht [1929] 322 ff).

170 Allerdings dient das Tatbestandserfordernis durchaus als **praktische Entscheidungshilfe** bei der Rechtsanwendung. Es fällt leichter „Treu und Glauben" zu ermitteln, wenn man sich an Verkehrssitten orientieren kann; in der Regel kommt ihr **Indizwirkung** bezüglich der Merkmale „Treu und Glauben" zu (ähnl auch MünchKomm/ROTH Rn 12; SOERGEL/TEICHMANN Rn 42; PALANDT/HEINRICHS Rn 3; ENNECCERUS/LEHMANN, Schuldrecht § 4 II 1 II; zur Verkehrssitte als Hilfsmittel der Gesetzesauslegung OERTMANN, Rechtsordnung und Verkehrssitte 369 ff). Schließlich sollte die Anwendung von Treu und Glauben auch nicht zu „verkehrsfremden" Ergebnissen führen (so bereits OERTMANN, Rechtsordnung und Verkehrssitte 310 ff, 374; SCHNEIDER, Treu und Glauben 135, 149; SIEBERT, Verwirkung 119 FN 28).

c) **„so zu bewirken"**

171 Der Schuldner ist gem § 242 zum **Bewirken** der Leistung verpflichtet. Damit begründet die Norm allerdings nichts, was nicht bereits aus § 241 Abs 1 folgen würde (zur Leistungsverpflichtung s STAUDINGER/OLZEN § 241 Rn 23 f). Deshalb genügt der Hinweis, dass es nicht auf die Vornahme der Leistungshandlung ankommt, sondern der geschuldete **Leistungserfolg** eintreten muss (ausf STAUDINGER/OLZEN [2000] § 362 va Rn 11 f; MünchKomm/ROTH Rn 8). § 242 definiert darüber hinaus (mindestens) die **Art und Weise der Leistungsbewirkung**, worauf insbesondere das Wort „so" hinweist (zur Konkretisierungsfunktion ausf u Rn 182 ff); dadurch ergänzt die Norm die folgenden §§ 243 ff (PALANDT/HEINRICHS Rn 22; Hk-BGB/SCHULZE Rn 15).

aa) **Funktionskreise – Theorie**
(1) **Meinungsstand**

172 Ob die Norm mehr als die **Art und Weise der Leistung** vorschreibt, stellt eine wesentliche Streitfrage dar, die für die Systematisierung einer umfangreichen Kommentierung der Norm ebenso wie für die Rechtsanwendung bedeutsam ist. Dazu bestehen verschiedene Auffassungen, im Vordergrund steht die sog **Funktionskreistheorie** (in einer besonderen Abwandlung, su Rn 177; zur Uneinheitlichkeit iRd hM vgl sogleich u Rn 173 ff). Sie wurde entwickelt, um die Norm zu strukturieren (vgl o Rn 122), indem man „Rechtsgebiete, Rechtsinstitute und typische Fallgruppen" herausgearbeitet hat, „die ihre Grundlage in § 242 suchen müssen" (vgl STAUDINGER/WEBER[11] Rn A 3 aE; im Übrigen dort auch Rn A 168; ein anderer Funktionsbegriff wird wieder Rn A 113 f verwandt, daneben wird von „Funktionsrichtungen, Funktionstypen, Funktionsgruppen, Funktionsbereichen, Funktionsschichten" gesprochen; Rn A 117). Eine einheitliche Theorie der „Funktionskreise" des § 242 gibt es jedoch nicht, sondern man fasst unter dieser Bezeichnung unterschiedliche Denkansätze zusammen (manche sprechen von „Wirkungsmöglichkeiten", SOERGEL/SIEBERT/KNOPP[10] Rn 43, oder „Wirkungsweisen", PALANDT/HEINRICHS[63] Rn 13).

Der ursprüngliche Ansatz von SIEBERT (vgl SOERGEL/KNOPP bis z 10. Aufl) kannte drei **173** Funktionskreise (SOERGEL/SIEBERT/KNOPP[10] Rn 34 ff, bes 43): Neben der „Erweiterung von Pflichten und Grundlage selbständiger Pflichten" standen die „Begrenzung der Rechte und Begrenzung der Normen" sowie schließlich die „Umwandlung des Inhalts von Verträgen und Rechtsstellungen zwecks Anpassung an veränderte Umstände". TEICHMANN hat im Folgenden – nach Ausschluss des Missbrauchsverbots – nur noch zwei Funktionskreise unterschieden, und zwar „Begründung und Erweiterung von Pflichten und Obliegenheiten" einerseits und deren „Eingrenzung und Veränderung" andererseits (SOERGEL/TEICHMANN Rn 58).

Eine ähnliche Konzeption, aber sogar für vier Funktionskreise, wurde früher von **174** HEINRICHS zu Grunde gelegt (vgl zB PALANDT/HEINRICHS[39] Anm 4). Er unterschied die „Regelung der Art und Weise der Leistung" von der Funktion „Rechtserzeugende Wirkung", der „Begrenzung des Umfangs der Rechte" und schließlich dem „Fehlen und Wegfall der Geschäftsgrundlage".

Dieses System hat ESSER weiter verfeinert (Schuldrecht [2. Aufl 1960] § 31). Er unter- **175** scheidet die „dispositive Normierung des „Wie" und „Was" der Schuldnerleistung" („regulative Funktion/Standardfunktion"), von der „Normierung des „wie-weit" der Leistung" („Schrankenfunktion"), einer Kontrolle der „Rechtlichkeit" der Ausübung eines Anspruchs oder einer Einrede („Sozialfunktion"). Dabei sind nach seiner Ansicht Fragen der „materialen Gerechtigkeit" zu berücksichtigen („Billigkeitsfunktion"), und der Richter habe „die dogmatischen Maßstäbe des BGB durch neue Institutionen zu verfeinern und der Zeitproblematik anzupassen" („Ermächtigungsfunktion").

Eine andere Theorie entwickelte WIEACKER (Präzisierung 20 ff; ähnl ENNECCERUS/LEH- **176** MANN, Schuldrecht § 4 II 1 II 6; wohl auch MEDICUS, Schuldrecht I Rn 132). Er versteht § 242 als Konkretisierung einer vorgegebenen gesetzlichen Regelung durch den Richter („officium iudicis"). Ferner fällt nach dieser Betrachtungsweise darunter: Die Anforderung an Parteien, sich bei Geltendmachung und Abwehr von Rechten „gerecht" und „rechtsgenössisch" zu verhalten („praeter legem") und schließlich schaffe die Norm „neues Richterrecht über die Verwirklichung eines gesetzgeberischen Entwurfs hinaus" („contra legem") (ähnl GERNHUBER JuS 1983, 764, 765 ff).

177 Die neue „Funktionskreise"-Konzeption (zur „alten" vgl o Rn 172 ff) von HEINRICHS lehnt sich an die soeben vorgestellten Theorien an, unterscheidet aber vier Funktionen (PALANDT/HEINRICHS Rn 13), und zwar die „Konkretisierungsfunktion", die „Ergänzungsfunktion", die „Schrankenfunktion" und schließlich die „Korrekturfunktion". Eine gewisse Akzentverschiebung findet sich bei TEUBNER (Generalklauseln 50 ff, Zusammenfassung 116 ff).

178 Alle Betrachtungsweisen werden von J SCHMIDT (STAUDINGER/J SCHMIDT [1995] Rn 124 ff) kritisiert: Die Unklarheit des Funktionsbegriffes trage zu seiner „Funktionslosigkeit" bei. Manche umschrieben damit die Arbeit des Rechtsanwenders (wenn man von „Ermächtigungsfunktion" des § 242 spreche), andere sähen darin einen Ausdruck für eine Systematik der Fallgruppen (SOERGEL/SIEBERT/KNOPP sowie SOERGEL/TEICHMANN zT; PALANDT/HEINRICHS). Die „Funktion" des § 242 werde aber auch für die Begründung neu geschaffener Rechtsnormen herangezogen („Billigkeitsfunktion" bei ESSER; „Standardfunktion" bei ESSER und TEUBNER). Bei ESSER entfalte der Ausdruck „Funktion des § 242" sogar mehrere Bedeutungen.

179 Entscheidend sei, dass alle Betrachtungsweisen letztlich nur empirische Analysen der Anwendung des § 242 darstellten. Sie zeigten dementsprechend nur die Anwendung des § 242 durch Rspr und Lit und systematisierten diese Fakten. Eine Umschreibung des normativen Gehalts von § 242 sei auf diese Weise nicht möglich. Dem sind andere unter Hinweis darauf gefolgt, dass zunehmend auf die „Funktionskreise"-Theorie verzichtet werde (vgl MünchKomm/ROTH Rn 41 ff; SOERGEL/TEICHMANN Rn 5 ff, 8 ff). Ihre Bedeutung bestimme nur noch die Stoffanordnung der Kommentierungen (so iE SOERGEL/TEICHMANN Rn 58 ff; zu weiteren Argumenten im Hinblick auf die rückläufige Relevanz der Funktionskreis-Theorie STAUDINGER/J SCHMIDT [1995] Rn 200 ff und 250).

(2) Stellungnahme
180 Bei aller Berechtigung dieser Argumente darf nicht unberücksichtigt bleiben, dass die Funktionskreis-Lehre über die bloße Systematisierung des Stoffes hinaus Weiteres zu leisten vermag. Mit ihrer Hilfe lassen sich die Rechtsprechungsaussagen in Zukunft prognostizieren, weil sie als **Wertentscheidung** und **Orientierungshilfe** dienen kann (in diese Richtung auch MünchKomm/ROTH Rn 28, 31), um „**gemeinsame Nenner**" zu finden (MünchKomm/ROTH Rn 42). Die Funktionskreise stellen insoweit den Ausgangspunkt dar, als sich von diesem abstrakten Anhaltspunkt iRd Kommentierung eine immer konkretere Darstellung ableiten lässt, die zur Fallgruppenbildung führt, um schließlich in einzelne Anwendungsfälle einzumünden (insoweit ähnl der Konkretisierungstheorie, s bereits o Rn 115; va EMMERICH, Schuldrecht Rn 167). Dass sich Funktionskreise nicht immer klar trennen lassen (MünchKomm/ROTH Rn 131, 132; auch ESSER, § 242 und die Privatautonomie, JZ 1956, 555, 556 mVerw auf WIEACKER), steht ihrer Berechtigung nicht entgegen. Orientierungshilfen schaffen keine unumstößlichen Kriterien, an die der Rechtsanwender gebunden wäre, sondern geben Unterstützung (dazu ausf BYDLINSKI/KREJCI/SCHILCHER/STEININGER, Das bewegliche System im geltenden und künftigen Recht [1986]; vgl auch BYDLINSKI, Präzisierung 229 ff; dazu bereits o iRd Abwägung Rn 144 ff), mit der eine Entscheidung gefunden wird, ohne sich ausschließlich an der Einzelfallbilligkeit zu orientieren (ähnl auch BYDLINSKI, Präzisierung 211).

181 Die Funktionskreis-Lehre lässt sich auch aus dem Gesetz ableiten. Neben gesetzlichen Grundwerten (zB der Verfassung, vgl o Rn 121) werden dabei rechtsethische und sozialethische Prinzipien sowie Regeln der Verkehrssitte für die Begründung der Funktionskreise und der aus ihnen entwickelten Fallgruppen (su Rn 401 ff) berücksichtigt (zum ähnlichen Aufbau bei § 138 vgl STAUDINGER/SACK [2003] § 138 Rn 37 ff). Die hier zunächst folgende Einteilung entspricht weitgehend der von HEINRICHS ausgehenden hM (so Rn 177; aber zB auch SOERGEL/TEICHMANN Rn 58 ff; ERMAN/HOHLOCH Rn 17 f; LOOSCHELDERS, Schuldrecht AT Rn 73 ff), allerdings unter Einbeziehung der von FIKENTSCHER begründeten Konkretisierungstheorie (so Rn 115). Indes trifft eine ausschließliche Ordnung der Kommentierung nach Funktionskreisen auch auf Grenzen, insbesondere im Hinblick auf die Übersichtlichkeit (su Rn 401). Sie beruhen vor allem auf den Überschneidungen und letzlich nicht zwingenden Unterscheidungskriterien zwischen den einzelnen Funktionen. Deshalb wird hier ein Mischsystem gewählt: Nach Darstellung der Funktionskreise und Fallgruppen im Allgemeinen orientiert sich die Bearbeitung an der Systematik des BGB und an anderen Rechtsgebieten.

bb) Konkretisierungsfunktion
§ 242 verpflichtet den Schuldner zur Leistung nach Treu und Glauben. Die am **182** stärksten am Wortlaut orientierte und damit unproblematische Funktion des § 242 besteht also darin, die **Art und Weise der Leistung** über die in den §§ 243 ff geregelten Einzelfragen hinaus zu konkretisieren (so Rn 113). So konkretisiert die Norm zB die in § 271 nur unzureichend geregelte **Leistungszeit** (GERNHUBER JuS 1983, 764, 766).

Folglich bewirkt § 242 in generalisierender Betrachtungsweise primär eine Konkretisierung der **Schuldnerpflichten**. Oft wird darauf hingewiesen, die Konkretisierungsfunktion betreffe „entgegen dem Gesetzeswortlaut" auch den **Gläubiger** (zB MünchKomm/ROTH Rn 156; LARENZ, Schuldrecht I § 10 II, 131; LOOSCHELDERS, Schuldrecht AT Rn 74). So dürfe er zB nicht auf dem vereinbarten Leistungsort oder der vereinbarten Leistungszeit bestehen, wenn dies den Schuldner unzumutbar belaste (LOOSCHELDERS, Schuldrecht AT Rn 74). Doch muss zur Lösung dieser Probleme der unmittelbare Anwendungsbereich des § 242 noch nicht verlassen werden: Stellt sich die Leistungserbringung am vereinbarten Ort für den Schuldner als unzumutbar dar, dann wird seine Pflicht dergestalt konkretisiert, dass sie vom vereinbarten Leistungsort unabhängig ist.

Fälle, in denen der Gläubiger **weniger fordern** darf, als ihm gesetzlich oder vertraglich zusteht, betreffen dagegen nicht die Konkretisierungsfunktion des § 242. Die Beschränkung der Gläubigerrechte steht vielmehr damit nur in mittelbarem Zusammenhang und fällt eigentlich in den Bereich der **Schrankenfunktion** (su Rn 202 ff) Daran zeigt sich bereits, dass Konkretisierungs- und Ergänzungsfunktion aus **Schuldnerperspektive**, Schranken- und Korrekturfunktion dagegen besser aus der **Gläubigerperspektive** zu verstehen und darzustellen sind.

Bsp für eine Konkretisierungsfunktion des § 242 nach dem dargestellten Verständnis **185** finden sich deshalb seltener, als man annehmen könnte. Der Schuldner hat bei seiner Leistung etwa auf folgende berechtigte Interessen des Gläubigers Rücksicht zu nehmen:

So ist ihm uU nach § 242 verwehrt, zur „**Unzeit**", zB nachts oder an einem Feiertag **186** **zu leisten**, selbst wenn ihm Tag und Stunde der Leistung an sich freigestellt sind (LARENZ, Schuldrecht I § 10 II a; vgl auch § 358 HGB). Auch verstößt eine **Teilaufrechnung** gegen § 242, wenn dadurch dem Gläubiger eine Belästigung erwächst (RGZ 79, 359, 361). Ferner ist der Schuldner dann jedem Gläubiger gegenüber zur anteilsmäßigen Befriedigung verpflichtet bzw zur verhältnismäßigen Kürzung aller Leistungen berechtigt, wenn er aus einem begrenzten **Vorrat** mehreren Gläubigern je eine bestimmte Menge schuldet, dieser Vorrat in Folge unvorhergesehener Ereignisse aber nicht zur vollen Befriedigung aller ausreicht (RGZ 84, 125; ausf dazu u Rn 576 ff).

cc) Ergänzungsfunktion

187 Jedenfalls bis zum Schuldrechtsmodernisierungsgesetz, dh bis zum 1. 1. 2002 (ie STAUDINGER/OLZEN Einl 184 ff zu §§ 241 ff), wurde § 242 auch zur **Ergänzung von Schuldverhältnissen** herangezogen, indem man mit seiner Hilfe zusätzliche Leistungs- und Rücksichtspflichten begründete, die weder Vertrag noch Gesetz ausdrücklich hergaben (zB ENNECCERUS/LEHMANN, Schuldrecht § 4 II 1 II 2, 3; LARENZ, Schuldrecht I § 10 II e, 138; OERTMANN [1928] Anm 1; Überbl auch bei GERNHUBER JuS 1983, 764, 765). Insbesondere entnahm man ihm die Verpflichtung der Parteien zur gegenseitigen Rücksichtnahme (vgl auch LARENZ, Richtiges Recht 85), die sich uU in einer Pflicht zur Aufklärung, zur Obhut und zur Fürsorge ausdrücken konnte. Die Ergänzungsfunktion wurde als eine Präzisierung des § 242 verstanden. Die Begründung „an sich" nicht bestehender Rechte durch § 242 stand dagegen nie im Vordergrund (WESTERMANN/BYDLINSKI/WEBER, Schuldrecht AT Rn 3/27), sondern wurde vielmehr im Ergebnis oft abgelehnt (BGH NJW 1954, 1524 ff; NJW 1981, 1779 f).

188 Nach der Reform des Schuldrechts stellt sich jedoch die Frage, inwiefern diese Ergänzungsfunktion des § 242 noch ihre Berechtigung findet, sei es im Hinblick auf Rücksichtspflichten, aber auch auf Leistungspflichten, wenngleich der Schwerpunkt immer in erstgenanntem Bereich lag.

189 In diesem Zusammenhang ist darauf hinzuweisen, dass sich das „Wie" (Konkretisierung) einer Leistung vom „Ob" (Ergänzung) nicht immer deutlich trennen läßt, da eine Präzisierung der Schuldnerpflichten regelmäßig eine Mehrbelastung des Schuldners im Sinne einer Ausweitung (Ergänzung) seiner Pflichten bewirkt (vgl auch LOOSCHELDERS, Schuldrecht AT Rn 75). Oft stellt sich die Abgrenzung auch nur als Formulierungsfrage dar: Ob man sagt, im Privatrechtsverkehr dürfe nur zu üblichen Stunden erfüllt werden, oder den Schuldner treffe neben seiner Erfüllungspflicht die zusätzliche Pflicht, sich an übliche Leistungszeiten zu halten, läuft inhaltlich auf das Gleiche hinaus (EMMERICH, Schuldrecht 169). Dennoch ist aus systematischen Gründen eine Trennung der beiden Funktionskreise Konkretisierung und Ergänzung wünschenswert, allerdings der Frage nachrangig, ob § 242 seine Ergänzungsfunktion verloren hat.

190 Zunächst ließe sich – sogar bereits vor dem 1. 1. 2002 – der **Wortlaut** der Norm gegen die Ergänzungsfunktion des § 242, jedenfalls in seinem unmittelbaren Anwendungsbereich, anführen: Er deutet auf eine bereits **bestehende Leistungspflicht** hin, da er Schuldner und Gläubiger voraussetzt.

191 Andere Gründe sprechen noch entscheidender gegen eine Pflichtenbegründung mit Hilfe der Norm: Zunächst hat der Gesetzgeber – wie auch die Formulierungen der §§ 282 und 324 zeigen – die **Rücksichtnahmepflichten** im Rahmen der Schuldrechtsmodernisierung eindeutig § 241 Abs 2 zugeordnet (ausf o STAUDINGER/OLZEN § 241

Rn 380 ff). Die **leistungsbezogenen Nebenpflichten** sind im Wege systematischer Auslegung heute von § 241 Abs 1 erfasst (ausf o STAUDINGER/OLZEN § 241 Rn 419). Daraus folgt, dass § 242 keine Grundlage mehr für die Entstehung der entsprechenden Pflichten bildet, sondern allein ihre Konkretisierung in seinen Anwendungsbereich fällt, und selbst diese „nur" neben § 133 und § 157 (zum Verhältnis von § 242 zu §§ 133 und 157 su Rn 354 ff)

Ob § 242 im Hinblick auf **Hauptleistungspflichten** eine Ergänzungsfunktion zukommt, wird in Anlehnung an LARENZ (Schuldrecht I § 10 II g, 142) und CANARIS (Vertrauenshaftung 372 ff) meist unter dem Begriff **„Erwirkung"** erörtert (der Terminus findet sich, soweit ersichtlich, zuerst bei SIEBERT, Verwirkung 246; vgl CANARIS, Vertrauenshaftung 372; LARENZ, Schuldrecht I § 10 II g, 142, ohne eindeutige Festlegung, ob die Pflicht aus § 242 begründet wird und daraus ein Schuldverhältnis folgt, oder ob § 242 zur Begründung des Schuldverhältnisses herangezogen wird, aus dem die entsprechende Pflicht entsteht), spiegelbildlich zur **Verwirkung** (dazu ausf u Rn 302 ff). Die **Voraussetzungen** einer „Erwirkung" sollen in einem **Vertrauenstatbestand** auf Seiten des Berechtigten und auf Seiten des Haftenden in der **Zurechnung** aufgrund des Verschuldens- oder Risikoprinzips liegen (vgl CANARIS, Vertrauenshaftung 372 f; STAUDINGER/J SCHMIDT [1995] Rn 582 ff). Als Bsp für die „Erwirkung" eines Anspruchs wird der Fall genannt (LARENZ, Schuldrecht I § 10 II g, 142), dass jemand über längere Zeit Unterhaltsbeiträge ohne rechtliche Verpflichtung erbringt, so dass der Empfänger darauf vertraut, er könne auch in Zukunft mit diesen Leistungen rechnen. **192**

Eine solche „Erwirkung" kommt an sich für alle subjektiven Rechte in Betracht (praktische Bsp aus der Rspr fehlen aber im Mietrecht, wo man sie erwarten könnte; so auch CANARIS, Vertrauenshaftung 382; zu einem Sonderfall: Anspruch auf Überlassung eines Gebäudes zu Eigentum durch Wohnungsberechtigten im Bergbau kraft Erwirkung vgl BGH NJW 1972, 536, 537; zur Erwirkung im Namensrecht vgl BayOLGZ 1971, 216; zur Erwirkung eines Rechts auf höhere Rente vgl BSG NJW 1966, 125 ff; zum jahrelangen Abweichen von einem gesellschaftsvertraglichen Gewinnverteilungsschlüssel vgl BGH WM 1966, 159). Die wichtigsten Fälle werden im Arbeitsrecht unter dem Schlagwort **betriebliche Übung** diskutiert (s dazu u Rn 824 ff), vor allem seit BAGE 5, 44, 47. Hierbei geht es (ohne Anspruch auf Vollständigkeit) zB um folgende Fallgruppen: Die jahrelange Fehlinterpretation von Ausdrücken im Arbeitsvertrag (RAG ARS 47, 221 – „Direktgeschäft" –); die Pensionszusage und Pensionsgewährung an einzelne Arbeitnehmer ohne arbeitsvertragliche Grundlage, aber entsprechend einer Betriebsübung (vgl RAG ARS 23, 37 ff; 33, 172 ff; BAG AP Nr 38 zu § 242 BGB [Betriebliche Übung]; BGH NJW 1957, 257; vgl SINGER, Neue Entwicklungen im Recht der Betriebsübung, ZfA 1993, 487 ff mit ausf Nachw); die Gratifikation (freiwillige Leistung), die dreimal gewährt worden ist, was den Arbeitgeber zur Wiederholung der Zuwendung verpflichtet (vgl insbes BAGE 5, 44, 47); sonstige freiwillige Leistungen wie zB Jubiläumsgeschenke, Ehrengaben, Prämien, Zuschläge uä mehr (vgl dazu CANARIS, Vertrauenshaftung 409 f sowie BAG NJW 1987, 2101, 2102). **193**

Unabhängig davon, wie man zu dieser Rechtsfigur steht, kommen jedenfalls dafür die Fälle der Verwirkung nicht in Betracht: Denn bei der **„Verwirkung"** eines Rechtes gewinnt der von der Verwirkung Begünstigte (zur Verwirkung ausf u Rn 302 ff) an Rechtspositionen. Wer vorher als Schuldner gebunden war, erlangt mit „Verwirkung" des Forderungsrechtes seine Handlungsfreiheit ganz oder teilweise zurück. Wer vorher durch das Recht des Eigentümers gehindert war, eine Sache zu nutzen, **194** erlangt durch die „Verwirkung" der entsprechenden Befugnisse das Nutzungsrecht. Diese Fälle sind also dadurch gekennzeichnet, dass die Freiheit des vorher Nichtberechtigten zu Lasten des vorher Berechtigten erweitert wird, **ohne** dass **neue Pflichten** des anderen **begründet** werden. Am Bsp der Forderung bedeutet dies: Zwar verliert der alte Gläubiger seinen Anspruch gegenüber dem Schuldner durch „Verwirkung", er wird aber dadurch nicht gleichzeitig zu dessen Schuldner.

195 Schwierigkeiten bereiten die Sachverhalte, in denen durch „Erwirkung" tatsächlich eine Pflicht des anderen Teils begründet werden soll. Die Frage lautet dabei, ob eine faktische Übung während eines bestimmten Zeitraumes dazu führen kann, dass die rechtliche Situation dem angepasst wird, also eine Forderung des Begünstigten entsteht. Trotz des arbeitsrechtlichen Schwerpunkts dieses Problems (so Rn 193 u u Rn 824 ff) ist es von allgemeiner Relevanz (allg Lit: MünchKomm/ROTH Rn 353 f; CANARIS, Vertrauenshaftung 372 ff; SINGER, Das Verbot widersprüchlichen Verhaltens [Diss München 1993] 223 ff).

196 Die meisten der unter diesem Oberbegriff behandelten Fälle sind ohne weiteres mit den **Vertragsschluss- und Auslegungsregeln** zu lösen (so auch häufig in Rspr und Lit, vgl RAG ARS 33, 216, 223; 37, 365 ff; 38, 252 ff; 39, 153 ff; 40, 215 ff; BAG 6, 59; BAG NJW 1987, 2101, 2102 [in einer Auslegung der konkludenten Willenserklärung „gem §§ 133, 157, 242 BGB"]; PALANDT/HEINRICHS Einf v § 116 Rn 14; RICHARDI, Die betriebliche Übung – ihre rechtliche Bedeutung – insbesondere ihr Verhältnis zur Betriebsvereinbarung, RdA 1960, 401, 403; vgl auch EBERLE, Kann aus wiederholten, gleichmäßigen, irrtümlichen Leistungen eine betriebliche Übung entstehen?, BB 1972, 1326; CANARIS, Vertrauenshaftung 372 ff, 411 ff; HANAU AcP 165 [1965] 220, 261 f; VEIT/WAAS, Die Umdeutung einer kompetenzwidrigen Betriebsvereinbarung, BB 1991, 1329; 1337; WEBER, Vertrauensschutz aus fortgesetztem Verhalten, Betrieb 1974, 709. Bedenken gegen die Annahme einer Willenserklärung auch von SIEBERT, Ruhegeldanspruch und Betriebsgemeinschaft, DR 1940, 1410 ff; ZEUNER, Zum Problem der betrieblichen Übung, BB 1957, 647 ff. – Zu einer Diskussion der „Vertrags-/Vertrauens"-Theorie vgl SINGER, Neue Entwicklungen im Recht der Betriebsübung, ZfA 1993, 487 ff mit ausf Nachw). Mit vorbehaltlosem Gewähren einer Leistung bietet jemand konkludent den Abschluss oder die Änderung eines entsprechenden Vertrages an, den der andere durch Entgegennahme der Leistung konkludent annimmt, wobei regelmäßig gem § 151 S 1 auf den Zugang der Annahmeerklärung verzichtet wird. Die Ergänzungsfunktion des § 242 mit dem Ziel der Begründung von Leistungspflichten ist dafür also nicht erforderlich. Die neuere Rspr scheint in anderem Zusammenhang ebenfalls zu diesem Ergebnis zu gelangen, wenn der BGH (NJW 2001, 3119, 3120) ausführt, dass der Gedanke von Treu und Glauben keine selbständigen Ansprüche begründe (zum nachbarlichen Gemeinschaftsverhältnisses s STAUDINGER/OLZEN § 241 Rn 401 ff).

197 Allerdings werden auch beachtliche Bedenken gegen die vertragsrechtliche Lösung angeführt (STAUDINGER/J SCHMIDT [1995] Rn 581 ff; STAUDINGER/BORK [2003] § 145 Rn 15 mwNw; iE auch MünchKomm/ROTH Rn 354): Gegen die Annahme, bei der Gratifikation solle die dreimalige Zahlung den Anspruch auf Weiterzahlung begründen, wird eingewandt, man könne kaum rechtfertigen, warum gerade die dritte Zahlung den Rückschluss auf eine entsprechende Willenserklärung des Arbeitgebers zulasse (STAUDINGER/J SCHMIDT [1995] Rn 581; so auch HANAU AcP 165 [1965] 220, 261). Eine entsprechende Übung der Pensionszusage an andere Arbeitnehmer solle uU auch einen Anspruch auf Pensionszahlung desjenigen Arbeitnehmers begründen, dem diese Zusage nicht gegeben wurde, der aber auf ihre gleichmäßige Fortsetzung vertraut hatte. Insoweit sei dem Schweigen des Arbeitgebers jedoch kein Erklärungswert beizumessen. Daraus schließt man, dass der „Erwirkung" als Rechtsbegründungstatbestand doch eigenständige Bedeutung zukomme (STAUDINGER/J SCHMIDT [1995] Rn 581). Umgekehrt erscheint aber die Lösung richtiger, dass in den Fällen, in denen mit Hilfe der Rechtsgeschäftslehre kein Vertrag begründet werden kann, eben auch keine Ansprüche entstehen, weil ein Rückgriff auf § 242 wegen des Vorrangs der §§ 145 ff (zum Verhältnis des § 242 zu anderen Vorschriften vgl ausf u Rn 334 ff) entfällt.

198 Schließlich lässt sich auch der früher unternommene Versuch, mit Hilfe des § 242 ein Schuldverhältnis „**kraft Treu und Glauben**" zu begründen (dagegen aber bereits OERTMANN [1928] Anm 1 mit Verweis auf die Spezialität von § 157) nicht länger vertreten. Im Bereich der **cic** und der **Gefälligkeiten** hat § 311 Abs 2, 3 diese Funktionen (bereits o Rn 130 f; ausf z Entstehen des Schuldverhältnisses STAUDINGER/OLZEN Einl 47 u 77 zu §§ 241 ff) übernommen. Die in der Vergangenheit ebenfalls diskutierte Fallgruppe des sog **sozialtypischen Verhaltens** wird von der hM heute zu Recht abgelehnt (STAUDINGER/OLZEN § 241 Rn 100) und schließlich auch das **nachbarliche Gemeinschaftsverhältnis** nicht mehr unter diesem Aspekt behandelt (vgl Rn 132 und STAUDINGER/OLZEN § 241 Rn 401 ff).

199 Zusammenfassend lässt sich daher feststellen, dass § 242 in seinem **unmittelbaren Anwendungsbereich** – dh iRv Schuldverhältnissen (ausf o Rn 125 ff) – **keine Ergänzungsfunktion** (mehr) zukommt (anders wohl LG Münster FamRZ 2003, 1666 ff, allerdings zum alten Recht).

d) „(nur) verpflichtet"

200 Seinem Wortlaut nach verpflichtet § 242 nur den **Schuldner**, so dass die §§ 226, 826 für den **Gläubiger** abschließende Regelungen zu treffen scheinen (vgl AnwK-BGB/KREBS Rn 1; § 226 vgl o Rn 76 sowie u Rn 214, 216, 260, 385 ff und GERNHUBER JuS 1983, 764, 765). Jede Verkürzung der Leistungspflicht des Schuldners führt aber zugleich zu einer entsprechenden Anspruchsverminderung beim Gläubiger. Dementsprechend könnte § 242 auch wie folgt lesen: „Der Schuldner ist **nur verpflichtet**, die Leistung so zu bewirken, wie Treu und Glauben mit Rücksicht auf die Verkehrssitte es erfordern."

201 Wenn ein Gläubiger nicht mehr vom Schuldner fordern darf, als Treu und Glauben mit Rücksicht auf die Verkehrssitte erlauben, so betrifft die Norm mittelbar auch ihn, weil seine Position sich aus der **Konkretisierung der Schuldnerpflichten** ergibt. Die Auslegung der Wortkombination von „Treu und Glauben" (zu deren Bedeutung o Rn 140 ff) unterstützt dieses Ergebnis: Treue und Glauben bedingen einander, weil die Treue eines Vertragsteiles ohne das entsprechende Vertrauen des anderen darauf, den Glauben, unvollständig wäre. Deshalb muss der Grundsatz für beide Partner gelten (WEBER JuS 1992, 631, 634 f). Die hM (vgl nur LARENZ, Schuldrecht I § 10 II, 131), die über § 242 ungeachtet seines Wortlauts eigene Pflichten für den Gläubiger begründet, erscheint deshalb dogmatisch zweifelhaft und auch unnötig, wenn man die Reflexwirkung der Norm auf den Gläubiger beachtet (klarer insoweit bereits OERTMANN [1928] Anm 4 b). Die sog **Schrankenfunktion** der Norm folgt vielmehr aus einer Präzisierung des Normgehalts von § 242 mit Hilfe seiner teleologischen Auslegung (zum praktisch bedeutungslosen Streit um die sog Innentheorie und Außentheorie vgl die ausf Nachw in STAUDINGER/WERNER[11] Rn 24 ff).

aa) Schrankenfunktion

202 Diese Schrankenfunktion des § 242 bildet eine der wesentlichen Grundlagen der Fallgruppenbildung (dazu u Rn 211 ff) innerhalb seines unmittelbaren Anwendungsbereiches (WESTERMANN/BYDLINSKI/WEBER, Schuldrecht AT Rn 3/1 bezeichnet Sie als dem § 242 ursprünglich zukommende Funktion). Obwohl sie oft als **Rücksichtnahmepflicht** des Gläubigers bezeichnet wird (zB BGH NJW 2001, 3119, 3120 f; MünchKomm/ROTH Rn 159 ff), folgt daraus nicht, dass sie nun ihren Platz in § 241 Abs 2 gefunden hätte (dazu s STAUDINGER/OLZEN § 241 Rn 416 ff).

203 Aus ihr gewinnt der Richter einen Spielraum bei **geringfügigen Abweichungen** von Leistung und Vereinbarung, zB bzgl des Umfangs der Leistung oder ihrer Zeit (WIEACKER, Präzisierung 26). Beides muss der Gläubiger hinnehmen (MünchKomm/ROTH Rn 159 mwBsp zu diesem Bereich in Rn 159 ff; ähnl auch BGB-RGRK/ALFF Rn 23 f mNw). Er darf auch eine fast vollständige Leistung entgegen § 266 dann nicht zurückweisen, wenn nur ein verhältnismäßig geringer Teil aussteht (LARENZ, Schuldrecht I § 10 II b). Ferner kann sich ein Gläubiger nach Treu und Glauben nicht auf eine Fristüberschreitung berufen, wenn er bei seinem Schuldner einen Vertrauenstatbestand geschaffen hat, er werde daraus nicht die vereinbarten Folgen herleiten (BGH NJW 2003, 2448 ff; im Anschluss an BGH NJW 1980, 1043, 1044; dabei könnte es sich allerdings auch um eine konkludente Vertragsänderung handeln, zum ähnl Problem der Erwirkung su Rn 319). Ebenso verbietet § 242 dem Gläubiger, vom Schuldner eine Leistung zu verlangen, die er mit seinem **Gewissen nicht zu vereinbaren** vermag (zur Abgrenzung dieses Falles von § 275 Abs 3 und § 315 Abs 1 su Rn 270, 274 ff; zur früheren Rechtslage zB LARENZ, Schuldrecht I § 10 II c; zum Einfluss des Grundrechts der Gewissensfreiheit va auf das Arbeitsrecht vgl bereits o Rn 146) oder welche ihm **wirtschaftlich unmöglich** ist (zur Abgrenzung dieses Falles von § 275 Abs 2 und § 313 su Rn 270 ff; zur alten Rechtslage zB SOERGEL/TEICHMANN Rn 61; ENNECCERUS/LEHMANN, Schuldrecht § 4 II 1 II 4).

204 Wichtige Fallgruppen, die daneben aus der Schrankenfunktion bzw dem Rechtsmissbrauchsverbot des § 242 entstanden sind, stellen zB die **unzulässige Rechtsausübung**, insbesondere die **dolo agit-Einrede** (dazu ausf su Rn 281 ff), der **Missbrauch der Vertretungsmacht** (dazu ausf su Rn 519 ff), das Verbot des **venire contra factum proprium** (dazu ausf su Rn 286 ff) und die **Verwirkung** (dazu ausf su Rn 302 ff) dar (vgl auch LOOSCHELDERS, Schuldrecht AT Rn 78 ff).

bb) Korrekturfunktion

205 Die Leseweise „nur verpflichtet" verdeutlicht schließlich die **Korrekturfunktion** des § 242. Danach ist der Schuldner zB nicht zur Leistung verpflichtet, wenn die Geschäftsgrundlage des Vertrages derart gestört ist, dass eine Vertragsanpassung verlangt werden kann. Diese Korrekturfunktion wurde erst spät entwickelt, in jüngerer Zeit jedoch besonders bedeutsam (vgl zB EICHLER, Die Rechtslehre vom Vertrauen [1950] 27 ff; ENNECCERUS/LEHMANN, Schuldrecht § 4 II 1 II 4; GERNHUBER JuS 1983, 764, 766). Ihr Bedürfnis entstand zum einen auf Grund der **Alterung des BGB** und der **Zurückhaltung der Legislative** in ihrer Reaktion darauf. Zum anderen sollte so Vertragskontrolle betrieben werden, um dem Prinzip der **ausgleichenden Vertragsgerechtigkeit** (GERNHUBER JuS 1983, 764, 766) Wirkung zu verleihen, das in der Wortverknüpfung

„Treu und Glauben" seinen Ausdruck findet. Tatbestände der Korrekturfunktion stellen daher vor allem die **Inhaltskontrolle** sowie die **Ablaufkontrolle** von Individualverträgen dar. Durch das Schuldrechtsmodernisierungsgesetz (s STAUDINGER/ OLZEN Einl 185 ff zu §§ 241 ff) wurden beide Tatbestände spezialgesetzlich im BGB geregelt. Der Wegfall bzw die Störung der **Geschäftsgrundlage** findet sich in § 313, das Recht zur **Kündigung von Dauerschuldverhältnissen** aus wichtigem Grund in § 314. Darin besteht nun die spezialgesetzliche Regelung der **Ablaufkontrolle** von Verträgen. Die **Inhaltskontrolle** findet ihren Platz in den §§ 305 ff, indem das Recht der AGB ebenfalls in das Schuldrecht integriert wurde. Sofern der Korrekturfunktion des § 242 darüber hinaus noch ein (geringer) Anwendungsbereich verbleibt, wird darauf iRd Darstellung der Fallgruppen sowie der Anwendungsfälle des § 242 Bezug genommen (vgl u Rn 211 ff und Rn 49 ff).

4. Ergebnis

Die Untersuchung des normativen Gehalts der Vorschrift hat Folgendes gezeigt: **206** Zunächst lässt sich § 242 ein sachlicher Regelungsinhalt nicht absprechen (entgegen STAUDINGER/J SCHMIDT [1995] insbes Rn 133, 153 ff, 179 ff). Dies zeigen Wortlautauslegung sowie die Berücksichtigung von Sinn und Zweck der Norm, auch unter Einbeziehung historischer und systematischer Bezüge, obwohl die beiden letztgenannten Methoden kein eindeutiges Ergebnis erbringen (s dazu aber J SCHMIDT, Präzisierung 249 f, der iRd historischen Auslegung auf § 157 Bezug nimmt). Obwohl § 242 als Generalklausel einen offenen Tatbestand mit unbestimmten Rechtsbegriffen enthält, kann er nach hier vertretener Ansicht konkretisiert und damit handhabbar gemacht werden (auch STAUDINGER/J SCHMIDT [1995] Rn 175 weist darauf hin, dass es möglich sei, § 242 auch als normativen Ausdruck mit extrem vagem „Tatbestand" und extrem vager „Rechtsfolgenanordnung" zu interpretieren, wie es etwa KOCH, Unbestimmte Rechtsbegriffe und Ermessensermächtigungen im Verwaltungsrecht [1979] versuchte; krit vOLSHAUSEN, Rezension von KOCH, Unbestimmte Rechtsbegriffe und Ermessensermächtigungen im Verwaltungsrecht [1979], NJW 1980, 113 f; krit auch HÄUSER, Unbestimmte „Maßstäbe" 214 f).

Daraus folgt, dass § 242 auch **nicht entbehrlich** ist (entgegen STAUDINGER/J SCHMIDT [1995] **207** Rn 133, 153 ff, 179 ff), sondern in seinem unmittelbaren Anwendungsbereich ein geeignetes Mittel zur Lösung vom Gesetzgeber nicht berücksichtigter Interessenkollisionen darstellt und allgemeine eine Regel der Risikoverteilung (so auch FIKENTSCHER, Schuldrecht 168; RÜSSMANN, Rezension von EMMERICH, Schuldrecht [7. Aufl 1985], AcP 186 [1986] 291, 295) enthält. „Treu und Glauben mit Rücksicht auf die Verkehrssitte" setzen engere Maßstäbe als „bloße" Bindungen des Richters an Recht und Gesetz in Art 20 Abs 3 GG (so Rn 121). Auch bindet § 242 in erster Linie die am Schuldverhältnis Beteiligten und erst danach den Richter (so Rn 144), während Art 20 Abs 3 GG vorrangig Gesetzgebung und Rspr verpflichtet.

Ferner wurde deutlich, dass der Kompromiss zwischen der herrschenden **Funktions- 208 kreislehre** (so Rn 172 ff) und der **Konkretisierungstheorie** FIKENTSCHERS (so Rn 182 ff) eine gangbare Lösung sowohl für die Rechtsanwendung als auch für die Systematisierung der Norm bildet. Er vermeidet eine Vermengung der Rechtsbereiche von Schuldner und Gläubiger (dies ist die Hauptkritik FIKENTSCHERS an der hL, vgl Schuldrecht 167) und rückt den Wortlaut der Norm in den Vordergrund, ohne andererseits so eng an ihm zu haften, dass eine Zuordnung der aus § 242 entwickelten Fallgruppen erschwert würde. Damit kann im Einzelfall weitgehend subsumiert und § 242 für eine konkrete Entscheidung eingesetzt werden, ohne sich mit einem bloßen Bezug auf die „Umstände des Einzelfalls" zu begnügen (so aber der frühere Vorwurf von STAUDINGER/J SCHMIDT [1995] Rn 156 mit Bezug auf SOERGEL/SIEBERT/KNOPP[10] Rn 10 f; vgl auch MünchKomm/ROTH Rn 41 ff; ERMAN/WERNER[9] Rn 3, 42 f; iE ebenso PALANDT/HEINRICHS Rn 2).

209 Es hat sich schließlich gezeigt, dass der Streit zwischen den sog **Gleichheits- und Differenzierungstheorien** im Hinblick auf den Rechtscharakter des § 242 (so Rn 113 ff) nicht entschieden werden muss, da beide Ansätze ihre Berechtigung haben und sich gegenseitig ergänzen und nicht ausschließen.

210 Auf eine Kurzformel gebracht, kann man damit die Bedeutung von § 242 wie folgt erfassen: Die Vorschrift enthält eine **Generalklausel** in Form einer **Verhaltensnorm**, deren normativer Gehalt feststellbar ist, so dass sie der Entwicklung von **Fallgruppen** dient, die sich aus den verschiedenen **Funktionen** des § 242 ableiten lassen. Daneben enthält § 242 ein zeitloses Bekenntnis zur situationsbezogenen **sozialen Gerechtigkeit** beim Handeln von Rechtssubjekten und bei der Urteilsfindung durch den Richter. Das Gesetz appelliert schließlich hierin an die Rechtssubjekte, redlich und gerecht zu handeln und fordert den Richter auf, darüber zu wachen (so Rn 121, 144).

C. Fallgruppen*

I. Allgemeines

211 Die Rechtspraxis hat in Anwendung des § 242 im Laufe der Zeit Fallgruppen gebildet, die eng im Zusammenhang mit dessen Funktionen stehen. Ungeachtet der Gefahr (WEBER AcP 192 [1992] 516 ff) einer schematischen Subsumtion (vgl auch Loo-

---

* **Schrifttum:** BEATER, Generalklausel und Fallgruppen, AcP 194 (1994) 82 ff; BEIER/WIECZOREK, Zur Verwirkung im Patentrecht, GRUR 1976, 566 ff; CANARIS, Verstöße gegen das verfassungsrechtliche Übermaßverbot im Recht der Geschäftsfähigkeit und im Schadensersatzrecht, JZ 1987, 993 ff; ders, Die Reform des Rechts der Leistungsstörungen, JZ 2001, 499 ff; HENSSLER, Das Leistungsverweigerungsrecht des Arbeitnehmers bei Pflichten- und Rechtsgüterkollision, AcP 190 (1990) 538 ff; GERNHUBER, § 242 BGB – Funktionen und Tatbestände, JuS 1983, 764 ff; HOHMANN, § 242 BGB und unzulässige Rechtsausübung in der Rspr des BGH, JA 1982, 112 ff; LORENZ, Der Tu-quoque-Einwand beim Rücktritt der selbst vertragsuntreuen Partei wegen Vertragsverletzung des Gegners, JuS 1972, 331; KEGEL, Verwirkung, Vertrag und Vertrauen, in: FS Pleyer [1986] 513 ff; MARTINEK, Anm z BGH JZ 1996, 469 f, JZ 1996, 470 ff; MEDICUS, Der Grundsatz der Verhältnismäßigkeit im Privatrecht, AcP 192 (1992) 35 ff; PRÖLSS, Der Einwand der „unclean hands" im Bürgerlichen Recht sowie im Wettbewerbs- und Warenzeichenrecht, ZHR 132, 35 ff; SINGER, Wann ist widersprüchliches Verhalten verboten? – Zu den Rechtsfolgen der form – und grundlosen Eigenkündigung eines Arbeitnehmers, NZA 1998, 1309 ff; SOYKA, Verteilung der Haftung unter mehreren Unterhaltspflichtigen, Zuständigkeitsprobleme bei Inanspruchnahme mehrerer Kinder auf Elternunterhalt und Verwirkung von Unterhaltsansprüchen, FPR 2003, 631 ff; TEICHMANN, Venire contra factum proprium – Ein Teilaspekt rechtsmissbräuchlichen Handelns, JA 1985, 497 ff; ders, Strukturveränderungen im Recht der Leistungsstörungen nach dem RegE eines Schuldrechtsmodernisierungsgesetzes, BB 2001, 1485 ff; TEUBNER, Gegenseitige Vertragsuntreue

Titel 1 § 242
Verpflichtung zur Leistung 212–214

SCHELDERS, Schuldrecht AT Rn 73; BROX/WALKER, Allgemeines Schuldrecht § 7 Rn 6; BEATER AcP 194 [1994] 82, 89; WEBER AcP 192 [1992] 516, 563 f; ders, Erwiderung auf BEATER, AcP 194 [1994] 90, 92) bilden sie einen wertvollen Ausgangs- und Orientierungspunkt für die Argumentation im Einzelfall (BEATER AcP 194 [1994] 82, 89).

II. Einzelne Fallgruppen

1. Randprobleme

Manche dieser Fallgruppen bedürfen keiner weiteren Begründung, manche haben durch das Schuldrechtsmodernisierungsgesetz zum 1.1.2002 ihre gesetzliche Ausformung erfahren (s z Schuldrechtsmodernisierungsgesetz STAUDINGER/OLZEN Einl 185 ff zu §§ 241 ff). So besteht zunächst kein Zweifel daran, dass § 242 im Einzelnen konkretisiert, auf welche **Art und Weise** der Schuldner die Leistung zu erbringen hat (MünchKomm/ROTH Rn 144; BAMBERGER/ROTH/GRÜNEBERG Rn 39; PALANDT/HEINRICHS Rn 22; Hk-BGB/SCHULZE Rn 1; BROX/WALKER, Allgemeines Schuldrecht § 7 Rn 8); er ergänzt damit die Sonderregelungen der §§ 243 ff (so Rn 171). Aus der Ergänzungsfunktion des § 242 wurden vor dem Schuldrechtsmodernisierungsgesetz sowohl die **Nebenleistungspflichten** als auch die **Schutzpflichten** abgeleitet (vgl zum alten Recht etwa LARENZ, Schuldrecht I § 10 II e; GERNHUBER JuS 1983, 764, 765); diese sind nun in § 241 geregelt (so Rn 187). **212**

Auch die früher über § 242 gelösten Fälle der Störung oder des Wegfalls der **Geschäftsgrundlage** (vgl zum alten Rechtszustand etwa SOERGEL/TEICHMANN Rn 199 ff; LARENZ, Schuldrecht I § 10 II d; GERNHUBER JuS 1983, 764, 767; ferner o Rn 60, 174) finden nunmehr in § 313 eine spezielle Regelung. Das Gleiche gilt für das Kündigungsrecht aus besonderem Grunde im Rahmen von Dauerschuldverhältnissen (vgl BGHZ 41, 104, 108; 82, 354, 359; 133, 316, 320; BGH NJW 1983, 749; LARENZ, Schuldrecht I § 10 II c; FIKENTSCHER, Schuldrecht Rn 188; dagegen aber GERNHUBER JuS 1983, 764, 767 f); es ist nunmehr in § 314 normiert. **213**

2. Rechtsmissbrauch

a) Rechtsmissbrauch als Unterfallgruppe des § 242?

Damit steht gegenwärtig der Gedanke des **Rechtsmissbrauchs** bzw der **unzulässigen Rechtsausübung** als Ausprägung des § 242 im Vordergrund (MünchKomm/ROTH Rn 134; AnwK-BGB/KREBS Rn 64 ff; Hk-BGB/SCHULZE Rn 21; JAUERNIG/MANSEL Rn 7; LARENZ, Schuldrecht I § 10 II b; LOOSCHELDERS, Schuldrecht AT Rn 79; ENNECCERUS/LEHMANN, Schuldrecht § 4 I 1; WESTERMANN/BYDLINSKI/WEBER, Schuldrecht AT § 3 Rn 24; BROX/WALKER, Allgemeines Schuldrecht § 7 Rn 14 f; GERNHUBER JuS 1983, 764, 765). Deren Einordnung unter die Norm wird allerdings zum Teil mit der Erwägung widersprochen, es handele sich um eine **eigenständige Rechtsfigur** (SOERGEL/TEICHMANN Rn 11 ff). Dafür lassen sich zwar Vorschriften wie §§ 226, 826 anführen, denen der Gedanke zugrunde liegt, dass das **214**

(1979); WACKE, Dolo facit, qui petit quod (statim) redditurus est, JA 1982, 477 ff; WEBER, Einige Gedanken zur Konkretisierung von Generalklauseln durch Fallgruppen, AcP 192 (1992) 516 ff; WIELING, Venire contra factum proprium und Verschulden gegen sich selbst, AcP 176 (1976) 334 ff; WOLF, Rücktritt, Vertretenmüssen und Verschulden, AcP 153 (1954) 97 ff.

Gesetz keine schrankenlose Ausübung der Rechte zulassen will. Gegen ein allgemeines Rechtsmissbrauchsverbot greift aber der Einwand durch, dass diese eher speziellen Normen dafür keine konkreten Erfordernisse enthalten.

215 Jedenfalls im Rahmen bestehender Sonderverbindungen entspricht die Ableitung des Rechtsmissbrauchs aus § 242 dessen Wortlaut. Die Frage, ob die Inanspruchnahme eines Rechts missbräuchlich ist, steht nämlich in untrennbarem Zusammenhang mit dem Gebot zur **gegenseitigen Rücksichtnahme** (so auch MünchKomm/ROTH Rn 164), welche Treu und Glauben den Parteien des Schuldverhältnisses abverlangt. Insofern treffen sich Konkretisierungs- und Beschränkungsfunktion (so Rn 182 ff und Rn 202 ff) der Norm. Die Folgen des Rechtsmissbrauchs decken sich deshalb auch in weiten Teilen mit den Sanktionen einer Nichtbeachtung des Gebots zur gegenseitigen Rücksichtnahme (vgl die Ausf bei den einzelnen Anwendungsfällen), weil der Gesetzeswortlaut so gelesen werden kann, dass § 242 den Schuldner eben **nur** verpflichtet, die Leistung entsprechend Treu und Glauben zu erbringen (so Rn 200).

216 Gegen ein von § 242 losgelöstes **allgemeines Missbrauchsverbot** spricht ferner die **Entstehungsgeschichte** des Gesetzes (so Rn 1 ff). Bei der Abfassung des BGB wurde es erwogen, letztlich aber verworfen (Prot I 477 f), weil man eine ausufernde Anwendung und somit eine Aufweichung der festen Rechtsnormen befürchtete. Man verwies dabei ausdrücklich auf den Vorläufer des § 242, den § 359 E I, der dem Zweck einer exceptio doli generalis Genüge tun sollte (Prot I 478). Die Gesetzesverfasser beschlossen als allgemeine Missbrauchsvorschrift nur den in seinen tatbestandlichen Voraussetzungen sehr engen § 226 und ließen damit erkennen, die Lösung der übrigen Fälle unter § 242 fassen zu wollen.

b) Allgemeine Voraussetzungen

217 Anders als es die Formulierung „Rechtsmissbrauch" vermuten lässt, greift diese Fallgruppe nicht nur dann ein, wenn ein Recht **bewusst zweckentfremdet** zur Schädigung der Gegenpartei eingesetzt wird, sondern schon, wenn seine Ausübung aus anderen Gründen dem Gebot von Treu und Glauben widerspricht (BAG NJW 1997, 2256, 2258; Hk-BGB/SCHULZE Rn 21; JAUERNIG/MANSEL Rn 32). Diese Rechtsprinzipien begrenzen also jedes Recht dergestalt, dass allein ihre Nichtbeachtung dazu führt, die Ausübung des Rechts als unzulässig anzusehen (sog Innentheorie, BGHZ 30, 140, 145; BAG NJW 1997, 2256, 2258; MünchKomm/ROTH Rn 176; BAMBERGER/ROTH/GRÜNEBERG Rn 47; PALANDT/HEINRICHS Rn 38; JAUERNIG/MANSEL Rn 33; HOHMANN JA 1982, 112; GERNHUBER JuS 1983, 764, 765). So kann jede atypische Interessenlage berücksichtigt werden, bei der ein Abweichen von der gesetzlichen Rechtslage zwingend geboten erscheint (MünchKomm/ROTH Rn 180, ähnl LARENZ, Schuldrecht I § 10 I).

218 Im Allgemeinen werden zwei Gruppen unterschieden: der **institutionelle** und der **individuelle Rechtsmissbrauch** (vgl etwa BAMBERGER/ROTH/GRÜNEBERG Rn 51; PALANDT/HEINRICHS Rn 40; AnwK-BGB/KREBS Rn 69). Als individuellen Rechtsmissbrauch bezeichnet man die Ausübung eines Rechtes, die nach Abwägung **im Einzelfall** gegen Treu und Glauben verstößt (AnwK-BGB/KREBS Rn 69; Hk-BGB/SCHULZE Rn 22). Dagegen liegt ein institutioneller Missbrauch vor, wenn die Rechtsfolgen, die sich an sich aus einem **Rechtsinstitut** ergeben, deshalb zurücktreten müssen, weil sie zu einem untragbaren Ergebnis führen (vgl etwa BAMBERGER/ROTH/GRÜNEBERG Rn 51; PALANDT/HEINRICHS Rn 40). Auch insofern begrenzt das Prinzip von Treu und Glauben also alle

Rechtslagen und Rechtsnormen (BAG NZA 1994, 1080, 1081; 2000, 437, 438). Der Unterschied zwischen den beiden Anwendungsfällen liegt darin, dass sich beim institutionellen Missbrauch der Vorwurf bereits aus **Sinn und Zweck des Rechtsinstituts**, beim individuellen Rechtsmissbrauch dagegen erst aus einem **Verhalten des Gläubigers** ergibt. Die Bedeutung dieser Unterscheidung sollte allerdings deshalb nicht überschätzt werden, weil in beiden Fällen erst der Bezug zum Einzelfall die Feststellung eines Rechtsmissbrauchs erlaubt.

Im Hinblick auf den **Zeitpunkt** der zur Feststellung eines missbilligten Verhaltens notwendigen Abwägungsfrage entscheidet derjenige der **Rechtsausübung** (BGHZ 13, 346, 350; BAMBERGER/ROTH/GRÜNEBERG Rn 50; PALANDT/HEINRICHS Rn 38). **219**

Zur Konkretisierung relevanter, also atypischer Interessenlagen hat die Rechtsanwendung unter Beachtung der Tatsache, dass stets eine Abwägung im Einzelfall erforderlich bleibt und entsprechend den oben heraus gearbeiteten Funktionen des § 242 (so Rn 87, 172 ff) bestimmte **Fallgruppen** gebildet, in denen ein rechtsmissbräuchliches Verhalten jedenfalls nahe liegt (wobei weder die Terminologie noch die Einteilung einheitlich ist, BAMBERGER/ROTH/GRÜNEBERG Rn 57). Dabei handelt es sich jedoch nur um **Indizien**; weitere Feststellungen werden dadurch nicht entbehrlich. Denn nicht jede Unbilligkeit darf dazu führen, gesetzlich vorgesehene Ergebnisse über § 242 zu korrigieren (BGHZ 45, 179, 182; BAMBERGER/ROTH/GRÜNEBERG Rn 49). Bei der Anwendung der Grundsätze unzulässiger Rechtsausübung ist daher Zurückhaltung geboten (BGHZ 55, 274, 279; 68, 299, 304; MünchKomm/ROTH Rn 310; ERMAN/HOHLOCH Rn 104). Es muss eine Situation bestehen, die es nach sorgfältiger Abwägung der beteiligten Interessen als **untragbar** erscheinen lässt, das aus der Gesetzesanwendung folgende Resultat zu akzeptieren. **220**

Soweit das Gesetz selbst eine Möglichkeit zur Interessenabwägung im Einzelfall bietet, kommt entsprechenden spezielleren Normen Vorrang zu (zum Verhältnis des § 242 zu anderen Normen su Rn 334 ff), es sei denn, dass das Institut des Rechtsmissbrauchs eine weniger einschneidende Lösung ermöglicht als die gesetzliche (Spezial-)Regelung (MünchKomm/ROTH Rn 198). Bei der im Übrigen notwendigen **Einzelfallprüfung** sind folgende Gesichtspunkte zu beachten. **221**

aa) Interessen der Parteien/Gesetzliche Wertungen
Die Feststellung eines Rechtsmissbrauchs verlangt die Berücksichtigung aller durch die Inanspruchnahme des Rechts objektiv betroffenen **Interessen der Parteien**. Ferner ist auf den **Sinn und Zweck der Norm**, auf die sich der rechtsmissbräuchlich handelnde Rechtsinhaber berufen will, und – wie allg im Rahmen des § 242 – auf **gesetzliche Wertungen, Interessens-** und **Risikobeurteilungen** zurückzugreifen, die in anderen Vorschriften zum Ausdruck kommen (MünchKomm/ROTH Rn 115; BROX/WALKER, Allgemeines Schuldrecht § 7 Rn 5; LOOSCHELDERS, Schuldrecht AT Rn 67). **222**

bb) Subjektive Elemente
Hinsichtlich der Frage, ob und wie stark **subjektive Elemente** Berücksichtigung finden, ist zu differenzieren, woran die Einschränkung der Rechtsausübung durch den Gläubiger angeknüpft wird. Stellt man vorwiegend auf eine **Interessenabwägung** ab, so stehen **objektive Gesichtspunkte** im Vordergrund (MünchKomm/ROTH Rn 371; aA WIEACKER, Präzisierung 35). Sofern die Beschränkung der Rechtsausübung **223**

auf ein **Verhalten** des Gläubigers gestützt wird, gewinnen dagegen subjektive Elemente im Rahmen der Interessenabwägung Bedeutung. Teilweise wird dann sogar **Zurechenbarkeit**, zumindest Fahrlässigkeit, verlangt (MünchKomm/ROTH Rn 187, der dann aber bei fehlender Zurechenbarkeit auf die Interessenabwägung zurückgreift; zum Verschulden so Rn 137). Dem steht allerdings entgegen, dass im Rahmen einer umfassenden Abwägung Verschulden nicht den einzigen zu berücksichtigenden Umstand bildet und so fehlendes Verschulden durch andere Gesichtspunkte ausgeglichen werden kann (PALANDT/HEINRICHS Rn 39; JAUERNIG/MANSEL Rn 35). Auch insoweit gilt also der Gedanke des beweglichen Systems (so Rn 159).

224 Bei den Zurechnungsaspekten stellen sich zwei Probleme: zum einen, wann eine Zurechnung **eigenen Verhaltens** erfolgt, zum anderen, wann ein Verhalten von **Hilfspersonen** iwS zugerechnet wird. In beiden Fällen sollte man danach trennen, ob **rechtsgeschäftliches Handeln** gegeben ist oder nicht, da das Gesetz auch sonst insoweit unterschiedliche Anforderungen an die Zurechnung stellt. Im erstgenannten Fall kann auf Regeln der **Geschäftsfähigkeit** einerseits und der **Stellvertretung** bei Handeln von Hilfspersonen andererseits zurückgegriffen werden, also insbesondere § 166. Handelt es sich dagegen um ein nicht rechtsgeschäftliches Handeln, so sind die §§ 827 ff für die Frage der **eigenen Zurechnungsfähigkeit** und § 278 für die Frage der **Zurechnung** des Verhaltens von **Hilfspersonen** maßgebend (MünchKomm/ROTH Rn 189).

cc) **Drittinteressen/öffentliche Interessen**

225 Auch das **Verhalten** oder die **Interessen Dritter** bzw der **Öffentlichkeit** können in die Interessensabwägung einbezogen werden (so Rn 151; MünchKomm/ROTH Rn 190). Liegt der Missbrauch im **Verhalten eines Dritten**, der dem Gläubiger nicht als Vertreter oder Gehilfe zugerechnet werden kann, ist allerdings wiederum ein Zurechnungskriterium erforderlich. Sofern Dritter und Gläubiger zur Schädigung des Schuldners **zusammenarbeiten**, liegt regelmäßig ein eigenes unredliches Handeln des Gläubigers vor (SOERGEL/TEICHMANN Rn 278), was schon für sich allein einen Rechtsmissbrauch bedeutet. Sonst ist entsprechend dem Rechtsgedanken des § 123 Abs 2 S 1 **Kenntnis** oder **Kennenmüssen** erforderlich, da sich der Gläubiger das Handeln des Dritten in einem solchen Fall zu Eigen macht bzw sich so behandeln lassen muss, als hätte er es in seinen Willen aufgenommen (aA MünchKomm/ROTH Rn 190, der Kenntnis verlangt). Auch in den Fällen, in denen allein eine **objektive Interessenabwägung** den Rechtsmissbrauch begründet, können die **Interessen Dritter** in die Abwägung eingestellt werden, wenn sie schutzwürdig erscheinen. Ebenso sind **öffentliche Interessen** in die Abwägung mit einzubeziehen (MünchKomm/ROTH Rn 192), so dass zB ein arglistiges Verursachen der Nichtigkeit eines Rechtsgeschäftes dennoch unbeachtlich bleibt, wenn die Interessen, die hinter der die Nichtigkeit anordnenden Norm stehen, überwiegen (MünchKomm/ROTH Rn 192). Deshalb kann andererseits die Nichtigkeit eines Vertrages nicht überwunden werden, wenn sie aus europarechtlichen Vorschriften zum Schutz des freien Wettbewerbs resultiert (BGH NJW 1972, 2180, 2183).

c) **Rechtsfolgen**
aa) **Grundsatz**

226 Die **Rechtsfolge** eines Rechtsmissbrauches besteht darin, dass die Ausübung des Rechts oder die Geltendmachung einer Rechtsposition durch den Gläubiger **unzulässig** ist (MünchKomm/ROTH Rn 176; BAMBERGER/ROTH/GRÜNEBERG Rn 52). Dies kann sowohl dazu führen, dass ein an sich bestehendes Recht oder eine Rechtsposition nicht geltend gemacht werden kann, als auch dazu, dass der anderen Partei ein an sich nicht zustehendes Recht durch „Ersetzung" der fehlenden Umstände zuerkannt wird (MünchKomm/Roth Rn 177, Jauernig/Mansel Rn 36; **aA** bzgl der Begründung von Rechten BGH NJW 1981, 1779). Die Übergänge sind dabei fließend, stellt sich doch die Beschränkung der einen Partei spiegelbildlich als Begünstigung der anderen dar (ferner Bamberger/Roth/Grüneberg Rn 47; Jauernig/Mansel Rn 36, vgl auch BGHZ 12, 337, 345). Aus diesem Grunde erscheint eine Beschränkung der unzulässigen Rechtsausübung allein auf eine **anspruchsausschließende Funktion** (vgl BGH NJW 1981, 1779) nicht überzeugend. Wenn zB über § 242 eine Formunwirksamkeit mit der Folge des § 125 S 1 überwunden wird (vgl dazu näher u Rn 445 ff), besteht ungeachtet der häufig verwendeten Formulierung „Versagung der Berufung auf die Formunwirksamkeit" die Folge des Rechtsmissbrauchs darin, dass ein sonst nicht gegebener Anspruch im Ergebnis gewährt wird (so Rn 199), und zwar auch ohne dass der Schuldner die mangelnde Form vorträgt.

bb) Begrenzung nach Sinn und Zweck
Die Rechtsfolgen des Rechtsmissbrauchs treten nicht ein, wenn er an ein vorwerfbares Verhalten anknüpft, die entstandenen Folgen aber auch bei ordnungsgemäßem Verhalten eingetreten wären, weil dann das Ergebnis letztlich mit der Rechtsordnung übereinstimmt (BGH MDR 1980, 561; MünchKomm/Roth Rn 198). Insoweit besteht eine Parallele zu dem aus dem Haftungsrecht bekannten Institut des rechtmäßigen **Alternativverhaltens**, so dass grundsätzlich derjenige beweisbelastet ist, der sich darauf beruft, dass die entsprechenden Folgen sich bei einem an Treu und Glauben orientierten Verhalten identisch dargestellt hätten.

227

cc) Zeitliche Reichweite
Da für die Beurteilung des Rechtsmissbrauches der **Zeitpunkt der Geltendmachung** des Rechts entscheidet (so Rn 219), müssen die Rechtsfolgen nicht für immer eintreten. Fallen die Voraussetzungen des Rechtsmissbrauches weg, so kann der Gläubiger das Recht wieder geltend machen (Soergel/Teichmann Rn 275; MünchKomm/Roth Rn 198; Bamberger/Roth/Grüneberg Rn 50; Gernhuber JuS 1983, 764, 675). Daran zeigt sich, dass der Einwand der unzulässigen Rechtsausübung nicht zu einem Untergang des Rechts oder der Rechtsposition führt, sondern nur die **Durchsetzung hemmt**.

228

dd) Persönliche Reichweite
Primär treten die Rechtsfolgen der unzulässigen Rechtsausübung zwischen den **Parteien** des entsprechenden Schuldverhältnisses ein. Steht auf einer Seite des Schuldverhältnisses eine **Personenmehrheit** und haben nicht alle Beteiligten das vorwerfbare Verhalten an den Tag gelegt, so kann der Beitrag des einen nach dem Rechtsgedanken der §§ 429 Abs 3, 425 Abs 1 den übrigen nicht ohne weiteres zugerechnet werden (BGHZ 44, 367, 370; MünchKomm/Roth Rn 201; Bamberger/Roth/Grüneberg Rn 54; Bamberger/Roth/Gehrlein § 432 Rn 7; Erman/Hohloch Rn 132; s dazu auch u Rn 726 ff). Eine Ausnahme gilt, wenn die übrigen Mitglieder der Personenmehrheit das Recht nicht wahrnehmen, sondern allein der Arglistige, so muss eine Ausnahme gelten. Andernfalls würde nämlich der arglistig Handelnde nur deshalb besser gestellt, weil formell auch noch andere die Rechtsposition innehaben, die aber an ihrer Durchsetzung kein Interesse zeigen. In einem solchen Fall greift der Einwand der unzulässigen Rechtsausübung somit auch gegenüber dem Anspruch der Personenmehrheit durch (BGHZ 44, 367, 372).

229

230 Bei Einbeziehung eines **Dritten** in den **Vertrag** (§ 328) oder auch in seinen **Schutzbereich** (vgl § 311 Abs 3 S 1) gilt die Rechtsfolge der unzulässigen Rechtsausübung auch gegenüber ihm (MünchKomm/ROTH Rn 200; BAMBERGER/ROTH/GRÜNEBERG Rn 55), da er nach dem Rechtsgedanken § 334 aus einem Schuldverhältnis nicht mehr Rechte herleiten kann als der Vertragsschließende selbst.

231 Hinsichtlich der Erstreckung einer unzulässigen Rechtsausübung auf den **Rechtsnachfolger** ist zunächst danach zu differenzieren, ob der Vorwurf des Rechtsmissbrauchs an eine **objektive Bewertung** oder ein **missbilligtes Verhalten** anknüpft. Davon zu unterscheiden sind die Fälle, in denen sich die Missbräuchlichkeit der Geltendmachung des Rechts durch den Nachfolger aus dessen **eigenem** (vergangenen) **Verhalten** ableiten lässt (BGH NJW 2001, 1859, 1863); insoweit bestehen keine Besonderheiten.

232 Wenn der Vorwurf des Rechtsmissbrauchs dagegen an eine **objektive Interessenwertung** anknüpft, muss bei seiner Geltendmachung durch den Rechtsnachfolger eine **neue Abwägung** vorgenommen werden, da in seiner Person Interessen vorliegen können, die uU zu einem anderen Ergebnis als vor Eintritt der Rechtsnachfolge führen.

233 Bei **missbilligtem Verhalten** des Rechtsvorgängers ist zwischen **Gesamt- und Einzelrechtsnachfolge** zu unterscheiden. Im Falle der **Gesamtrechtsnachfolge** treffen die Wirkungen des Rechtsmissbrauchs den Rechtsnachfolger uneingeschränkt (BGHZ 64, 5, 10; SOERGEL/TEICHMANN Rn 277; MünchKomm/ROTH Rn 207), da er in die Rechtsposition seines Vorgängers eintritt. Für die **Einzelrechtsnachfolge** existiert ein solcher Grundsatz nicht, so dass der Nachfolger die Rechtsfolgen der unzulässigen Rechtsausübung grundsätzlich nur dann gegen sich gelten lassen muss, wenn er die sie begründenden Umstände kannte (BGH NJW 1962, 1388, 1390; MünchKomm/ROTH Rn 207; BAMBERGER/ROTH/ GRÜNEBERG Rn 55). In einem solchen Fall tritt seine Schutzwürdigkeit hinter die der Gegenpartei zurück. Etwas anderes gilt allerdings für Forderungen (vgl dazu im Einzelnen u Rn 715 ff, 725).

d) Die einzelnen Fälle

234 Unter **zeitlichen Gesichtspunkten** lassen sich drei verschiedene Konstellationen unterscheiden, in denen ein rechtsmissbräuchliches Verhalten nahe liegt. Entweder knüpft der Vorwurf der Missbräuchlichkeit an ein **früheres** bzw **gegenwärtiges Verhalten** an, oder er folgt aus einer **Zusammenschau** von früherem und gegenwärtigem Verhalten (wie hier SOERGEL/TEICHMANN Rn 27, 280; iE ähnlich MünchKomm/ROTH Rn 134).

aa) Früheres Verhalten

235 Der Behandlung des Rechtsmissbrauches wegen eines **früheren Verhaltens** liegt der in § 162 verankerte Gedanke zugrunde, dass niemand sich auf den Eintritt oder Nichteintritt eines Ereignisses berufen darf, den er selbst treuwidrig herbeigeführt bzw verhindert hat (BGHZ 88, 240, 248; BGH NJW-RR 1991, 177, 178; JAUERNIG/JAUERNIG § 162 Rn 3; AnwK-BGB/KREBS Rn 75; Hk-BGB/SCHULZE Rn 26). Die genannte Vorschrift zeigt, dass das Gesetz eine treuwidrig geschaffene Position nicht als schützenswert ansieht. Hieraus folgt im Rahmen des § 242, dass die Norm der Ausübung einer Rechtsposition entgegensteht, die (gerade) entgegen den Grundsätzen von Treu und Glauben geschaffen wurde (BGH MDR 1980, 561; TEICHMANN JA 1985, 497, 499). Unterschieden wird hierbei, wie auch die verschiedenen Abs des § 162 zeigen, zwischen dem **unredlichen Erwerb** der eigenen und der **unredlichen Verhinderung** des Entstehens einer gegnerischen Rechtsposition.

Manche stützen sich in solchen Fällen allein auf eine entsprechende Anwendung des § 162 (vgl BAMBERGER/ROTH/RÖVEKAMP § 162 Rn 10). Im Rahmen eines Schuldverhältnisses fehlt allerdings die planwidrige Lücke deshalb, weil § 242 in seiner Beschränkungsfunktion eingreift (so Rn 202 ff). Darüber hinaus erscheint auch die Vergleichbarkeit der Interessenlagen zweifelhaft. Bei den von § 162 erfassten Sachverhalten geht es darum, den bereits in einem bedingten Geschäft zum Ausdruck gekommenen Regelungswillen der Parteien durchzusetzen (MünchKomm/WESTERMANN § 162 Rn 18), der in den vom Rechtsmissbrauch betroffenen Sachverhaltskonstellationen gerade fehlt. Daher ist jedenfalls im Rahmen von **Schuldverhältnissen** eine Lösung der rechtsmissbräuchlichen Situation mit Hilfe der Schrankenfunktion des § 242 vorzuziehen (MünchKomm/WESTERMANN § 162 Rn 18). 236

Über die vom Gedanken des § 162 erfassten Fälle hinaus stellt ferner sich die Frage, ob ein **vertrags- oder gesetzeswidriges Verhalten** generell die Ausübung eigener Rechte als unzulässig erscheinen lässt (vgl dazu näher u Rn 251 ff). 237

(1) Unredlicher Erwerb der eigenen Rechtsposition
Im ersten Unterfall dieser Gruppe knüpft der Vorwurf unzulässiger Rechtsausübung daran an, dass das geltend gemachte Recht bzw die Rechtsposition **unredlich erworben** wurde (BGHZ 57, 108, 111; OLG München NJW-RR 2002, 886, 88; MünchKomm/ROTH Rn 217; BAMBERGER/ROTH/GRÜNEBERG Rn 58; ERMAN/HOHLOCH Rn 108 ff; PRÖLSS ZHR 132, 35; HOHMANN JA 1982, 112, 113; TEICHMANN JA 1985, 497, 499; SINGER NZA 1998, 1309, 1312; abl STAUDINGER/J SCHMIDT [1995] Rn 667), bzw der Rechtsinhaber die tatbestandlichen Voraussetzungen des Rechts **unredlich geschaffen hat** (SOERGEL/TEICHMANN Rn 281). 238

Zum Teil wird die rechtstheoretische Begründung für den Rechtsmissbrauch hier im **Gleichheitssatz** gesehen. Zu diesem stehe es in Widerspruch, wenn das Recht dem Gläubiger die Vorteile eines rechtswidrigen Verhaltens sichere, zugleich aber verlange, dass der Gegner den Anspruch erfülle, also sich rechtstreu verhalte (PRÖLSS ZHR 132, 35, 36 f; WIEACKER, Präzisierung 31 unter Hinweis auf die „goldene Regel der ethischen Tradition: ‚was Du nicht willst, das man Dir tue, das füg auch keinem anderen zu'"). Entscheidender ist indessen der Gesichtspunkt der **Selbstbehauptung** des Rechts. Die rechtliche Negation einer rechtswidrig erlangten Position dient der Beachtung des Rechts (so auch PRÖLSS ZHR 132, 35, 37). Der Gedanke, dass die Durchsetzung eines Rechtes von seiner Entstehungsgeschichte abhängt, findet sich ua in den §§ 162 Abs 2, 241 a Abs 1, 815 2. Alt, 817 S 2, 853 wieder. 239

(a) Rechtlich missbilligter Erwerb des Rechts
Nach den gesetzlichen Wertungen der §§ 134, 138 (z Verhältnis z § 242 su Rn 364 ff) ist von einem missbilligten Verhalten beim **Erwerb des Rechts** zunächst immer dann auszugehen, wenn die Rechtsposition auf **gesetzwidrige** oder **sittenwidrige Weise** erworben wurde (SOERGEL/TEICHMANN Rn 282; PALANDT/HEINRICHS Rn 43; JAUERNIG/MANSEL Rn 44; PRÖLSS ZHR 132, 35, 38; HOHMANN JA 1982, 112, 113). In vielen Fällen sind entsprechende Rechtsgeschäfte nichtig, allerdings nicht zwingend (vgl zB BGHZ 101, 113). 240

241 Ebenfalls steht es grundsätzlich der Geltendmachung eines Rechts entgegen, wenn es auf **arglistige Weise** erlangt wurde (SOERGEL/TEICHMANN Rn 282; BAMBERGER/ROTH/GRÜNEBERG Rn 60; krit STAUDINGER/J SCHMIDT [1995] Rn 450). Demgegenüber enthält § 123 für die arglistige Täuschung eine gesetzgeberische Entscheidung dahingehend, dass eine so herbeigeführte Willenserklärung zunächst wirksam sein soll und nur durch Anfechtung beseitigt werden kann. Solange die Anfechtungsfrist läuft, ist somit das Anfechtungsrecht als spezieller Rechtsbehelf anzusehen. Aber auch danach kann der Einwand der unzulässigen Rechtsausübung nicht ausschließlich mit der arglistigen Täuschung begründet werden. Ansonsten wäre die Anfechtungsfrist bedeutungslos (BGH NJW 1969, 604 f; SOERGEL/TEICHMANN Rn 282; MünchKomm/KRAMER § 124 Rn 6; GERNHUBER JuS 1983, 764, 767; STAUDINGER/J SCHMIDT [1995] Rn 453; aA Hk-BGB/SCHULZE Rn 27). Allerdings schützt den Schuldner nach Fristablauf in vielen Fällen § 853, da eine arglistige Täuschung regelmäßig eine unerlaubte Handlung nach §§ 823 Abs 2 iVm 263 StGB, 826 darstellt (vgl dazu MünchKomm/STEIN § 853 Rn 5). Die gleichen Überlegungen gelten im Übrigen für die **widerrechtliche Drohung** (vgl STAUDINGER/J SCHMIDT [1995] Rn 453). Auch hier kommt nach Ablauf der Anfechtungsfrist eine Einrede über §§ 853, 823 Abs 2 iVm §§ 240, 253, 255 StGB, 826 in Betracht.

242 **Arglist** ist andererseits zur Begründung eines unredlichen Verhaltens aber auch **nicht erforderlich**; eine missbräuchliche Verhaltensweise braucht nicht einmal schuldhaft begangen worden zu sein (so Rn 223 f, ferner SOERGEL/TEICHMANN Rn 283; BAMBERGER/ROTH/GRÜNEBERG Rn 59; PALANDT/HEINRICHS Rn 43; JAUERNIG/MANSEL Rn 44; PRÖLSS ZHR 132, 35, 39; HOHMANN JA 1982, 112, 113; aA MünchKomm/ROTH Rn 187, 218). Die Parteien sind zur **gegenseitigen Rücksichtnahme** verpflichtet (s STAUDINGER/OLZEN § 241 Rn 413 f). Diese verletzt ein Beteiligter bereits dann, wenn er aus einem Verstoß hiergegen zum Nachteil der Gegenpartei eigene Rechte oder Rechtspositionen begründet, die bei redlichem Verhalten nicht entstanden wären. Eine solche Pflichtverletzung liegt – wie die Differenzierung in § 280 Abs 1 zeigt – unabhängig davon vor, ob der Verstoß gegen das Pflichtenprogramm verschuldet oder unverschuldet erfolgte. Auch die §§ 323 ff, 437 Nr 2 zeigen, dass an die objektive Pflichtverletzung negative Folgen für die Geltendmachung eines Gläubigerrechtes geknüpft werden. Eines Verschuldens bedarf es erst dann, wenn die Gegenpartei über die Abwehr des gegnerischen Verhaltens hinaus Schadensersatzansprüche geltend machen will.

(b) Rechtlich missbilligte Schaffung von Tatbestandsvoraussetzungen

243 Rechtsmissbrauch liegt ferner vor, wenn zwar nicht das Recht selbst, aber seine **tatbestandlichen Voraussetzungen** in missbilligenswerter Weise herbeigeführt wurden (MünchKomm/ROTH Rn 228). Eine gesetzliche Ausprägung findet dieser Grundsatz nicht nur in § 162 Abs 2, sondern auch in §§ 1579 Nr 3, 1611 Abs 1, 2339 Abs 1 Nr 1. Ebenso enthält § 254 diesen Gedanken, da er dem Gläubiger versagt, vollen Schadensersatz zu verlangen, sofern er durch Verletzung einer im eigenen Interesse bestehenden Sorgfaltsanforderung (mit) zur Entstehung des Schadens bzw zu seiner Höhe beigetragen hat.

244 Daraus folgt etwa, dass ein **Anfechtungs- oder Kündigungsrecht** ausgeschlossen sein kann, wenn der Berechtigte den Grund dafür selbst gesetzt hat (BGHZ 122, 168; MünchKomm/ROTH Rn 230 f), vor allem, wenn er dabei die Absicht verfolgte, von diesem Recht später Gebrauch zu machen (OLG Hamburg NJW-RR 1991, 673, 674). Dies hat die Rspr zB angenommen, wenn die Voraussetzungen einer Rechtsstellung vorwiegend durch nationalsozialistische Betätigung geschaffen worden waren, weil ein Ruhegeldanspruch letztlich auf der Mitgliedschaft in der NSDAP beruhte und der Betroffene ohne diese nicht in das Amt gelangt wäre (BGHZ 9, 94, 96 ff; 12, 337, 345, PRÖLSS ZHR 132, 35, 52; vgl auch BGHZ 23, 282, 286 in einer Entscheidung zu § 157).

Soweit Teile der Lit mit solchen Erwägungen sogar Schadensersatzansprüche völlig **245** ablehnen, wenn der Geschädigte in vorwerfbarer Weise die Situation geschaffen hat, aus der der Anspruch resultiert (vgl MünchKomm/ROTH Rn 235), kann dem allerdings nicht gefolgt werden. Auf das Institut der unzulässigen Rechtsausübung sollte man nicht zurückgreifen, soweit Spezialregelungen eingreifen (so Rn 224), wie hier § 254 (so auch STAUDINGER/J SCHMIDT [1995] Rn 665). Damit können die beiderseitigen Verursachungsbeiträge bis zum völligen Anspruchsausschluss gegeneinander abgewogen werden (MünchKomm/OETKER § 254 Rn 105; LARENZ, Schuldrecht I § 31 I).

(2) Unredliche Vereitelung einer Rechtsposition des anderen
Der Vorwurf des früheren missbräuchlichen Verhaltens kann auch daran anknüpfen, **246** dass das Entstehen einer **günstigen Rechtsposition** der Gegenpartei **verhindert** wurde (JAUERNIG/MANSEL Rn 46; Hk-BGB/SCHULZE Rn 28; LOOSCHELDERS, Schuldrecht AT Rn 82; PRÖLSS ZHR 132, 35, 59; TEICHMANN JA 1985, 497, 499; **aA** STAUDINGER/J SCHMIDT [1995] Rn 645 ff). Dass der treuwidrig Handelnde sich auf diese Weise seinen Pflichten nicht entziehen kann, zeigt das Gesetz in den §§ 162 Abs 1, 815. Er muss sich vielmehr so behandeln lassen, als sei das Recht entstanden (BAMBERGER/ROTH/GRÜNEBERG Rn 79; JAUERNIG/MANSEL Rn 46; MünchKomm/ROTH Rn 248). Nur insoweit und anders als bei der sog Erwirkung (so Rn 193, 203 und u Rn 319, 824 ff) kommt der unzulässigen Rechtsausübung iE eine anspruchsbegründende Funktion (so Rn 199) zu, gleich, ob das treuwidrige Verhalten den Erwerb eines Rechts oder nur seine tatsächliche Ausübung verhindert hat (BGH NJW-RR 1991, 527, 528).

Ein Anwendungsfall dieser Grundsätze liegt vor, wenn jemand mit dem Ziel, An- **247** sprüche der Gegenpartei zu vereiteln, eine bestimmte Rechtsform oder Rechtsgestaltung gewählt hat, sog **Rechtsformmissbrauch** (BAG NJW 1983, 645, 646; MünchKomm/ROTH Rn 217; zum Missbrauch gesellschaftsrechtlicher Gestaltungsmöglichkeiten su Rn 970 ff). Darin liegt meist gleichzeitig eine sittenwidrige Schädigung iSd § 826. Der Geschädigte könnte dann im Wege der Naturalrestitution gem § 249 Abs 1 verlangen, dass ihm das vorenthaltene Recht gewährt wird. Beruft sich der rechtsmissbräuchlich Handelnde auf das Nichtvorliegen der entsprechenden Rechtsposition, verstößt er gegen Treu und Glauben (vgl auch den Gedanken des dolo agit; su Rn 281 ff).

Über diese Fälle des **zielgerichteten Handelns** hinaus genügt für einen Verstoß gegen **248** Treu und Glauben, dass sich das Verhalten, das die Entstehung des Rechts verhindert, als **Pflichtverletzung** darstellt. So wird zB dem Unterhaltsverpflichteten die Berufung auf seine Leistungsunfähigkeit versagt, wenn er diese selbst herbeigeführt hat (BGH NJW 1981, 1609, 1610; 1982, 2491, 2492), zB durch grundlose Arbeitsplatzniederlegung (BGH NJW 1981, 1609, 1610; 1982, 1050, 1052; ausf dazu u Rn 923 f) oder indem er wegen Verletzung der Unterhaltspflicht gem § 170 StGB eine Haftstrafe in Kauf genommen hat (BGH NJW 1982, 2491, 2492). Sofern die Pflichtverletzung auch **schuldhaft** erfolgte, trifft den Schuldner eine Pflicht zum Schadensersatz, die darauf gerichtet ist, die betreffende Rechtsposition herzustellen. Aber selbst bei unverschuldeter Pflichtverletzung bleibt die entsprechende Partei hinter dem Pflichtenprogramm zurück, und es würde sich als Verstoß gegen das Rücksichtnahmegebot darstellen, wenn sie aus der Pflichtverletzung günstige Folgen ableiten könnte (so Rn 242). Die Berufung auf den Wegfall des Anspruchs ist deshalb missbräuchlich.

249 Die unredliche Vereitelung einer Rechtsposition liegt auch in den Fällen vor, in denen die **Formnichtigkeit** eines Vertrages gem § 242 überwunden wird, weil eine Partei die Nichteinhaltung der Form herbeigeführt hat (ausf u Rn 445 f und o Rn 218), ferner bei **Verhinderung des Zugangs** einer Willenserklärung (ausf u Rn 453 ff).

250 Fraglich ist, ob nicht nur **unmittelbare**, sondern auch **mittelbare** Beiträge zur Vereitelung einer Rechtsposition zu berücksichtigen sind, um einen Rechtsmissbrauch festzustellen. Insoweit zeigen die §§ 287 (vgl insoweit MünchKomm/Roth Rn 235), 678, 848, dass eine Haftung ohne Verschulden im Hinblick auf die unmittelbare Schadensverursachung eintreten kann, sofern ein Fehlverhalten vorangegangen ist. Allerdings muss dieses Vorverhalten – wie sich aus §§ 286 Abs 4, 678, 848 iVm 823 ff ergibt – **schuldhaft** gewesen sein. Daraus lässt sich die Wertung entnehmen, dass ein mittelbares, schuldhaftes, mit der Nichtentstehung einer Rechtsposition in Zusammenhang stehendes Verhalten des rechtsmissbräuchlich Handelnden im Rahmen der Abwägung beachtlich sein kann.

(3) Vertrags- oder gesetzwidriges Verhalten als genereller Ausschlussgrund?

251 Über die beiden geschilderten Fallgruppen hinaus stellt sich die Frage, ob ein eigenes **vertrags- oder gesetzwidriges Verhalten** die Geltendmachung von Rechten ausschließt (sog tu quoque-Einwand; s dazu auch u Rn 626, 654, 1008). Das BGB kennt keinen generellen Anspruchsausschluss aufgrund nicht rechtstreuen Verhaltens (Bamberger/Roth/Grüneberg Rn 71; Palandt/Heinrichs Rn 46), sondern nur Sanktionen für Pflichtverletzungen und Abwehrmöglichkeiten. Vorschriften wie die §§ 241a, 661a, 817 und der etwas mildere § 654, die generellen Strafcharakter haben, bilden vielmehr eine Ausnahme.

252 In diesen Zusammenhang gehören die durch das Schuldrechtsmodernisierungsgesetz zum 1.1.2002 (s Staudinger/Olzen Einl 184 ff zu §§ 241 ff) eingeführten §§ 314, 324. Sie erlauben die **Kündigung** eines Dauerschuldverhältnisses bzw einen **Rücktritt** vom gegenseitigen Vertrag aus **wichtigem Grund**. Dieser kann – wie §§ 314 Abs 2, Abs 4 zeigen – auch in einer Pflichtverletzung liegen, sei es einer Leistungs- oder einer Rücksichtspflichtverletzung gem § 241 Abs 2. Stets ist aber erforderlich, dass ein Festhalten des Gläubigers am Vertrag für ihn **unzumutbar erscheint**.

253 Soweit diese gesetzlichen Abwehrrechte gelten, bedarf es keines Rückgriffs auf die Grundsätze der unzulässigen Rechtsausübung (Jauernig/Mansel Rn 47), selbst dann nicht, wenn der Schuldner (noch) nicht von seinem Abwehrrecht Gebrauch gemacht hat. Eine Ausnahme gilt unter Berücksichtigung des Grundsatzes der **Verhältnismäßigkeit** (so Rn 158), wenn durch § 242 ein milderer und deshalb interessengerechterer Eingriff in das Schuldverhältnis erfolgen kann, als derjenige, der zur völligen Aufhebung führt (MünchKomm/Roth Rn 239, 359; so Rn 158).

254 Eine über diese Vorschriften hinausgehende Einschränkung der Gläubigerrechte gem § 242 hat man aufgrund der Unvollständigkeit des Gesetzes jedenfalls vor dem Schuldrechtsmodernisierungsgesetz (vgl Staudinger/Olzen Einl 184 ff zu §§ 241 ff) überwiegend zugelassen (vgl BGH NJW 1993, 1645, 1646; 1999, 352 f; Soergel/Teichmann Rn 288; Hohmann JA 1982, 112, 113; aA Lorenz JuS 1972, 311, 315; auch Teubner). Die gleichen Argumente gelten in eingeschränkter Form aber auch noch heute, da die §§ 314, 324 weder für nicht gegenseitige Verträge noch für gesetzliche Schuldverhältnisse eingreifen, so dass Anwendungslücken verbleiben (MünchKomm/Roth Rn 239; Bamberger/ Roth/Grüneberg Rn 71).

Die Voraussetzungen eines rechtlich missbilligten Verhaltens müssen auch hier **255** durch eine **Interessenabwägung** zwischen dem Schutzinteresse des Schuldners und dem Leistungsinteresse des Gläubigers festgestellt werden. Ergibt sie, dass ein von gesetzlichen Vorstellungen abweichendes Ergebnis vorliegt, hat das Interesse des Gläubigers zurückzustehen (BGHZ 55, 274, 280 verlangt, dass sich das treuwidrige Verhalten des Gläubigers besonders schwerwiegend auf das Unternehmen des Verpflichteten auswirkt oder auszuwirken droht und die Aberkennung des Anspruchs nicht außer Verhältnis zu Art, Ausmaß und Folgen der Verletzung stehen darf). Die Abwägung verlangt ferner eine Berücksichtigung der Wertungen der §§ 314, 324, so dass die Pflichtverletzung des Gläubigers **erhebliches Gewicht** haben muss, und eine Durchsetzung seiner Rechte den Schuldner **schwer belasten würde** (so schon Soergel/Teichmann Rn 288). Dies gilt insbesondere bei der Geltendmachung weit reichender Befugnisse (vgl etwa Jauernig/Mansel Rn 47), bei schweren Verfehlungen (MünchKomm/Roth Rn 243 f; Hohmann JA 1982, 112, 113) oder schwerwiegenden Folgen der Vertragsverletzung (BGHZ 55, 274, 280). Dem entspricht es, dass einem Gläubiger, der sich selbst nicht vertragsgemäß verhalten hat, bei Pflichtverletzungen des Schuldners zwar Schadenersatzansprüche zugesprochen werden, der weitergehende Rücktritt ihm hingegen verwehrt bleibt (vgl etwa BGH NJW 1971, 1747; MünchKomm/Roth Rn 362). Deswegen wird auch teilweise in die §§ 323 ff die **eigene Vertragstreue** des Anspruchsstellers als ungeschriebenes Tatbestandsmerkmal hineingelesen (MünchKomm/Ernst § 323 Rn 257; Bamberger/Roth/Grothe § 323 Rn 41; ferner zu §§ 325, 326 aF Hohmann JA 1982, 112, 113; vgl zum Ganzen auch u Rn 624 ff, 654, 658).

Ferner liegt eine Einschränkung der Gläubigerrechte nahe, wenn der Gläubiger **256** Rechte aus einem Verhalten des Schuldners herleitet, das er durch einen **schwerwiegenden Vertragsbruch** selbst **herbeigeführt** oder **provoziert** hat (BGH NJW 1993, 1645, 1646; Teubner Generalklauseln 29). Umgekehrt kommt der Ausschluss eines Forderungsrechts aufgrund der Interessenabwägung nur ausnahmsweise in Betracht, wenn die Position des Rechtsinhabers besonders schützenswert ist, etwa weil es sich um Ansprüche mit Versorgungscharakter handelt, zB Unterhaltsansprüche (vgl etwa BGH NJW-RR 1997, 348; BAG NJW 1981, 188). Unter Zugrundelegung der Wertung des § 324 ist es grundsätzlich nicht erforderlich, dass der Rechtsinhaber sein vertrags- oder gesetzeswidriges Verhalten gem § 276 zu vertreten hat. Dem Umstand kann allerdings im Rahmen der Interessenabwägung Bedeutung zukommen (so für § 324 auch MünchKomm/Ernst § 324 Rn 10; so Rn 255).

bb) Gegenwärtiges Verhalten

Der Vorwurf des Rechtsmissbrauchs kann auch in einem **gegenwärtigen** Verhalten **257** begründet sein, zunächst wegen der **Art und Weise der Ausübung** des Rechts (Bamberger/Roth/Grüneberg Rn 70; Gernhuber JuS 1983, 764, 767). Neben diesem eher seltenen Fall (BAG NZA 2000, 437, 438; LAG München NJW 1950, 399 mit krit Anm von Molitor; Hohmann JA 1982, 112, 113) kommt vor allem die Geltendmachung eines Rechts **zur**

Unzeit in Betracht (BAG NZA 1994, 1080, 1081; BAG NJW 2001, 2994; GERNHUBER JuS 1983, 764, 767).

258 Missbrauch liegt uU auch darin, dass ein Recht in Anspruch genommen wird, obwohl der Gläubiger **kein schützenswertes Interesse** damit verfolgt, oder darin, dass der Inanspruchnahme **überwiegende Interessen** des Schuldners oder anderer Personen **entgegenstehen** (SOERGEL/TEICHMANN Rn 290; MünchKomm/ROTH Rn 371). Aber nicht jede Ungleichverteilung der Interessen darf schon zu einer Aberkennung des Rechtes führen, sondern nur bei groben, inakzeptablen Missverhältnissen kann auf die unzulässige Rechtsausübung zurückgegriffen werden (MünchKomm/ROTH Rn 371).

259 Bei dem nachfolgenden Versuch, die verschiedenen Konstellationen darzustellen, in denen das Leistungsinteresse des Gläubigers ausnahmsweise zurückstehen muss, ist eine genaue Grenzziehung schwer möglich, aber auch nicht erforderlich, da es sich nicht um abschließende Gruppen handelt, sondern nur um Indizien, die ein Überwiegen des Schuldnerinteresses an der Nichterbringung der Leistung besonders nahe legen.

(1) Fehlendes Eigeninteresse

260 Rechtsmissbrauch liegt zunächst vor, wenn der Gläubiger mit der Geltendmachung seiner Rechtsposition **kein schutzwürdiges Eigeninteresse** verfolgt (MünchKomm/ROTH Rn 385; BAMBERGER/ROTH/GRÜNEBERG Rn 80; PALANDT/HEINRICHS Rn 50; AnwK-BGB/KREBS Rn 84; JAUERNIG/MANSEL Rn 38; LOOSCHELDERS, Schuldrecht AT Rn 79; TEICHMANN JA 1985, 497, 499; vOLSHAUSEN, Die verwechselten Grundstücke oder: § 242 BGB im Sachenrecht, JZ 1983, 288, 290). Eine Rechtsausübung (nur) zu dem Zweck, den Schuldner zu schädigen, ist bereits gem § 226 unzulässig. Zwar erfasst auch § 242 diesen Fall (vgl etwa PALANDT/HEINRICHS Rn 50), eines Rückgriffs bedarf es aber nicht. § 226 setzt allerdings voraus, dass die Rechtsausübung **allein** das Ziel verfolgt, einem anderen **Schaden zuzufügen** (RGZ 68, 424, 425; BGH NJW 1995, 1488, 1489; LG Gießen NJW-RR 2000, 1255; SOERGEL/FAHSE § 226 Rn 5; PALANDT/HEINRICHS § 226 Rn 3). Sofern dieser Ausschließlichkeitsaspekt fehlt oder nicht nachweisbar ist, greift häufig der Einwand des Rechtsmissbrauchs ein (SOERGEL/TEICHMANN Rn 291; z Verhältnis von § 226 u § 242 s auch u Rn 385 ff).

261 Das ist zB der Fall, wenn es dem Rechtsinhaber nicht um Schädigung, sondern um die Verfolgung **gesetzes- bzw vertragsfremder** oder **unlauterer Zwecke** geht (BGHZ 5, 186, 189; 30, 140, 144; 134, 325, 330; BGH NStZ 2004, 37; SOERGEL/TEICHMANN Rn 302; BAMBERGER/ ROTH/GRÜNEBERG Rn 94; JAUERNIG/MANSEL Rn 38; BROX/WALKER, Allgemeines Schuldrecht § 7 Rn 15; HOHMANN JA 1982, 112, 114), ein Grundsatz, der auch in § 24 Abs 3 S 1 BauGB seine gesetzliche Ausprägung gefunden hat. Dabei entscheidet, welche Zielsetzung die das Recht gewährende Vorschrift bzw vertragliche Vereinbarung verfolgt. Entspricht die Rechtsausübung nicht dieser Zielsetzung, so steht ein Missbrauch in Rede (BGHZ 5, 186, 189; MünchKomm/ROTH Rn 388; BAMBERGER/ROTH/GRÜNEBERG Rn 82; vgl zB BGHZ 90, 198, 204, wo ein Wandelungsrecht geltend gemacht werden sollte, nachdem der Mangel beseitigt worden war). Daneben kommen auch Fälle in Betracht, in denen der Rechtsinhaber **ausschließlich Drittinteressen** verfolgt. Fehlt ihnen der Zusammenhang mit dem Schuldverhältnis, so ist die Beanspruchung des Rechts uU missbräuchlich (vgl BGH NJW 1981, 1600; 1983, 1735 f; dort wollten Banken für ihre abgetretenen Forderungen eigene

Sicherheiten gegen die Kunden geltend machen, um dem Zedenten Deckung für seine ungesicherte Forderung zu verschaffen).

In diesen Zusammenhang gehört auch der Sachverhalt, dass eine **Rechtsposition** 262 formal noch **existiert**, aber der hinter ihr stehende materielle **Zweck** sich bereits **erledigt** hat (MünchKomm/ROTH Rn 387; BAMBERGER/ROTH/GRÜNEBERG Rn 82). Deshalb handelt es sich um eine unzulässige Rechtsausübung, wenn der verfolgte Sicherungszweck bereits hinreichend gewährleistet ist (BGHZ 100, 95, 105; vgl zu einem Bsp öffentlich-rechtlicher Natur BVerwG NJW 1989, 118, 119; BAMBERGER/ROTH/GRÜNEBERG Rn 89).

Dagegen lässt sich aus der **Geringwertigkeit des Anspruchs** allein kein mangelndes 263 oder geringfügiges Interesse des Gläubigers ableiten (SOERGEL/TEICHMANN Rn 292). Im Gegenteil lassen Vorschriften wie §§ 312 Abs 3 Nr 2, 491 Abs 2 Nr 1, 499 Abs 3 iVm 491 Abs 2 Nr 1 erkennen, dass das Gesetz von einer geringeren Schutzbedürftigkeit des Schuldners ausgeht, soweit er Bagatellforderungen ausgesetzt ist (z Problem des Rechtsschutzinteresses für entspr Klagen vgl OLZEN/KERFACK, Zur gerichtlichen Durchsetzung von Minimalforderungen, JR 1991, 133). Es wäre nicht sinnvoll, zB demjenigen, der nur einen geringen Schaden durch eine unerlaubte Handlung anrichtet, zu ermöglichen, die Schadensersatzleistung unter Hinweis darauf zu verweigern.

(2) Geringfügiges Eigeninteresse des Rechtsinhabers
(a) Allgemeine Voraussetzungen
Die Missbräuchlichkeit eines Rechts ergibt sich in anderen Situationen oft erst aus 264 einem **Interessenvergleich** (MünchKomm/ROTH Rn 408; BAMBERGER/ROTH/GRÜNEBERG Rn 80; JAUERNIG/MANSEL Rn 37; LOOSCHELDERS, Schuldrecht AT Rn 80; TEICHMANN JA 1985, 497, 499; CANARIS JZ 1987, 993, 1002). Im Gegensatz zur soeben dargestellten Fallgruppe hat der Rechtsinhaber in solchen Fällen zwar ein eigenes sachliches Interesse an der Geltendmachung seines Anspruchs, das aber nach Abwägung mit den gegnerischen Interessen deshalb zurücktreten muss, weil dessen Schutzbedürftigkeit wesentlich höher erscheint (SOERGEL/TEICHMANN Rn 293). Dabei wirkt sich erneut das Gebot zur **gegenseitigen** Rücksichtnahme aus (so Rn 215, ferner SOERGEL/TEICHMANN; GERNHUBER JuS 1983, 764, 767).

Allerdings ist insoweit mit der Annahme eines Rechtsmissbrauchs Vorsicht geboten 265 (SOERGEL/TEICHMANN Rn 47; MEDICUS AcP 192 [1992] 35, 69). Denn es gibt keinen allgemeinen Grundsatz, wonach man verpflichtet ist, seine Interessen hinter diejenigen anderer Beteiligter zurückzustellen (MünchKomm/ROTH Rn 409; JAUERNIG/MANSEL Rn 41). Ein Rechtsmissbrauch kann daher nur bei Bestehen einer **atypischen Interessenlage** angenommen werden, die über die bloße Ungleichgewichtung der beteiligten Interessen weit hinausgeht (sehr weitgehend CANARIS JZ 1987, 993, 1002 ff, der sogar bei vorsätzlichem Handeln eine Reduktion der Schadensersatzpflicht aufgrund der schlechten Vermögensverhältnisse des Schädigers zulassen will und ähnliches umgekehrt bei schlechten Vermögensverhältnissen des Versicherten auch für die Leistungsbefreiung des Versicherers nach § 61 VVG vertritt; dagegen aber zu Recht MEDICUS AcP 192 [1992] 35, 65 ff).

Bei der notwendigen Abwägung kommt den Interessen besonderes Gewicht zu, die 266 **grundrechtlich** geschützt sind (SOERGEL/TEICHMANN Rn 45; MünchKomm/ROTH Rn 412; HENSSLER AcP 190 [1990] 538, 546). Insoweit wirkt sich die mittelbare Wirkung der Grundrechte über § 242 aus (so Rn 146). Allerdings müssen sich **grundrechtlich ge-**

schützte Positionen auch nicht zwingend durchsetzen (SOERGEL/TEICHMANN Rn 51), zumal sich im Verhältnis zwischen Privatrechtssubjekten typischerweise beide Parteien auf die Grundrechte berufen können.

267 **Subjektiver Elemente** bedarf es nicht (MünchKomm/ROTH Rn 372; aA WIEACKER, Präzisierung 35 f). Der Schutz der deutlich überwiegenden Interessen der Gegenpartei kann nicht davon abhängen, ob sich die Inanspruchnahme eines Rechts „als zu missbilligende subjektive Fehlabwägung" darstellt oder nicht (so aber WIEACKER, Präzisierung 35). Dafür sprechen ua die Wertungen der § 275 Abs 2, Abs 3 (dazu u Rn 270 ff, 384, 639 ff). Schon die objektive Inanspruchnahme des Rechtes stellt also einen Verstoß gegen das Rücksichtsgebot dar (so Rn 215).

268 Schließlich sind auch die **Interessen Dritter**, die von der Rechtsstellung umfasst sind, mitzuberücksichtigen (SOERGEL/TEICHMANN Rn 295). So ist die Berufung auf einen Unterhaltsverzicht unter Ehegatten missbräuchlich, wenn dadurch eine hinreichende Versorgung der Kinder gefährdet würde (BGH NJW 1985, 1835, 1836; 1987, 776, 777; OLG Hamm FamRZ 2004, 201; s dazu auch u Rn 923 f).

(b) Anwendungsfälle
269 Als missbilligenswert wird die Inanspruchnahme eines Rechts angesehen, wenn der Schuldner durch die Geltendmachung zu einem **gesetzes- oder sittenwidrigen** Verhalten gezwungen wird (BGH NJW 1994, 728, 729; MünchKomm/ROTH Rn 221). Meist liegt dann allerdings ein Fall der rechtlichen Unmöglichkeit mit der Folge des § 275 Abs 1 vor (vgl BGH NJW 1983, 2873; Hk-BGB/SCHULZE § 275 Rn 12; BROX/WALKER, Allgemeines Schuldrecht § 22 Rn 7; su Rn 634 ff). Entsprechendes galt bis zum Schuldrechtsmodernisierungsgesetz nach dem Rechtsgedanken des § 251 Abs 2, wenn das von der Gegenpartei verlangte Verhalten mit einem unverhältnismäßig großen, ihm billigerweise **nicht zuzumutenden Aufwand** verbunden (BGHZ 62, 388, 390; BGH NJW 1988, 699, 700) oder aus anderen Gründen **unzumutbar** war (BGHZ 36, 370, 375 f; ERMAN/HOHLOCH Rn 101; LARENZ, Schuldrecht I § 10 II c; MEDICUS, Schuldrecht I Rn 133; LOOSCHELDERS, Schuldrecht AT Rn 87; WIEACKER, Präzisierung 36; HENSSLER AcP 190 [1990] 538, 542).

270 Allerdings regeln seit dem Inkrafttreten des Schuldrechtsmodernisierungsgesetzes zum 1.1.2002 die §§ 275 Abs 2, Abs 3 bestimmte Ungleichgewichtungen speziell. § 275 Abs 2 befasst sich damit, dass der Schuldner einen Leistungsaufwand erbringen muss, der in einem **groben Missverhältnis** zu dem Leistungsinteresse des Berechtigten steht. § 275 Abs 3 gibt ein Leistungsverweigerungsrecht, wenn dem Schuldner eine **persönlich zu erbringende Leistung** nicht zugemutet werden kann. Sofern sich wesentliche Umstände gegenüber der ursprünglichen Vereinbarung verändert haben oder aber sich die Vorstellung bzgl solcher Umstände als falsch erweist und dies ein Festhalten am Vertrag unzumutbar erscheinen lässt, darf jetzt jede Partei Vertragsanpassung verlangen, §§ 313 Abs 1, Abs 2.

271 Im Hinblick auf die Abgrenzung all dieser Regeln zu § 242 gilt Folgendes: Im originären Anwendungsbereich des § 275 Abs 2 kommt § 242 deshalb keine Bedeutung zu, weil bei der Feststellung, ob der vom Schuldner zu erbringende Aufwand zu dem Leistungsinteresse des Gläubigers in einem **groben Missverhältnis** steht, bereits die Gebote von Treu und Glauben zu beachten sind (vgl MünchKomm/ERNST § 275 Rn 69, der v einem Kosten-Nutzen-Kalkül spricht, u SCHULZE/EBERS, Streitfragen im neuen Schuldrecht,

Titel 1 §242
Verpflichtung zur Leistung

JuS 2004, 265, 266). Insoweit besteht also ein **Vorrang** des § 275 Abs 2 (MünchKomm/ OETKER § 251 Rn 35; TEICHMANN BB 2001, 1485, 1488; CANARIS JZ 2001, 499, 505).

Fraglich bleibt, ob **unterhalb** des groben Missverhältnisses iSd § 275 Abs 2 noch **272** Raum für die Anwendung des Rechtsgedankens der §§ 251 Abs 2, 439 Abs 3, 635 Abs 3, 651 c Abs 2 über § 242 bleibt (offen gelassen bei MünchKomm/ERNST § 275 Rn 71). Dafür lässt sich anführen, dass der Gesetzgeber mit Einführung der §§ 439 Abs 3, 635 Abs 3 neben § 275 Abs 2 zwei Fälle anerkannt hat, in denen ein bloßes Missverhältnis zur Leistungsbefreiung führen kann. Eine **allgemeine Unverhältnismäßigkeitsschranke** würde allerdings § 275 Abs 2 widersprechen. Denn die dort geregelte Anhebung gegenüber dem früher aus §§ 251 Abs 2, 651 c Abs 2 gewonnenen Rechtsgedanken auf die Schwelle eines **groben Missverhältnisses** war vom Gesetzgeber gewollt (vgl BT-Drucks 14/6040 130). §§ 251 Abs 2, 439 Abs 3, 635 Abs 3, 651 c Abs 2 stellen deshalb gesetzliche Sondervorschriften zu § 275 Abs 2 dar, die in ihrer Aussage nicht über § 242 verallgemeinert werden dürfen.

§ 275 Abs 2 stellt allerdings allein auf den **Leistungsaufwand des Schuldners** einerseits **273** und das **Leistungsinteresse des Gläubigers** andererseits ab. Die Norm ermöglicht **keine Abwägung sonstiger Umstände** (MünchKomm/ERNST § 275 Rn 69) und schließt deshalb eine Anwendung des § 242 nicht vollständig aus (TEICHMANN BB 2001, 1485, 1488). In diesem Rahmen kann auch der **Leistungsaufwand** als Abwägungskriterium Bedeutung haben, wenn er erst im Zusammenhang mit weiteren Umständen zur Begründung der Unzumutbarkeit für den Schuldner herangezogen wird.

Sofern die Befreiung des Schuldners aus anderen **persönlichen Umständen** als der **274** Belastung durch den Leistungsaufwand begründet werden soll, bedarf es einer Abgrenzung zu § 275 Abs 3. Dessen Wortlaut erlaubt, anders als § 275 Abs 2, eine **umfassende Interessenabwägung**, in der **alle negativen Folgen** für den Schuldner zu berücksichtigen sind, wie etwa die notwendige Versorgung des schwererkrankten Kindes oder sonstiger Angehöriger (MünchKomm/ERNST § 275 Rn 115; BAMBERGER/ROTH/ GRÜNEBERG § 275 Rn 43; OLZEN/WANK, Die Schuldrechtsreform Rn 139), so dass bei persönlich zu erbringenden Leistungen kein Rückgriff auf § 242 mehr erfolgen kann (vgl MünchKomm/ERNST § 275 Rn 118; AnwK-BGB/DAUNER-LIEB § 275 Rn 57; abw für die alte Rechtslage etwa SOERGEL/TEICHMANN Rn 295; vgl auch u Rn 384). Vielmehr ist § 275 Abs 3 nunmehr als **lex specialis** zu § 242 anzusehen (LOOSCHELDERS, Schuldrecht AT Rn 87; ZIMMER, Das neue Recht der Leistungsstörungen, NJW 2002, 1, 4). Dies gilt auch für die Leistungsverweigerung aus Gewissensgründen (ausf dazu u Rn 641 f).

Ein Ausschluss der Leistungspflicht wegen Unzumutbarkeit gem § 242 kommt des- **275** halb nur noch bei Leistungen, die der Schuldner **nicht persönlich** zu erbringen hat, in Betracht. Dafür spricht, dass der Schutz des Schuldners vor unzumutbaren Leistungsforderungen unabhängig davon bestehen muss, ob ein anderer für ihn eintreten kann oder nicht (MünchKomm/ERNST § 275 Rn 109 will auf § 313 oder eine analoge Anwendung des § 275 Abs 3 zurückgreifen).

Zusammenfassend lässt sich damit festhalten, dass ein Anspruchsausschluss gem **276** § 242 wegen Rechtsmissbrauchs infolge der Spezialität des § 275 Abs 2 nicht (mehr) in Frage kommt, wenn die Unzumutbarkeit der Leistung allein auf die Abwägung des **Gläubigerinteresses** gegen den **wirtschaftlichen Leistungsaufwand** des Schuldners gestützt wird. Sofern andere Umstände einen entsprechenden Schluss erlauben, ist für **persönlich zu erbringende** Leistungen § 275 Abs 3 spezieller als § 242. Für diese Norm bleibt Raum in Fällen, in denen der Anspruch auf eine **nicht in Person zu erbringende Leistung** gerichtet ist und aufgrund anderer bzw weiterer Umstände als dem erforderlichen wirtschaftlichen Aufwand als unzumutbar ausgeschlossen sein soll.

277 Jedoch ist dann unter Berücksichtigung des Rechtscharakters der §§ 275 Abs 2, Abs 3 auch im Rahmen des § 242 ausnahmsweise von einer **Einrede** auszugehen. Andernfalls würde man den Schuldner bei nicht in Person zu erbringenden Leistungen von Amts wegen, dh uU sogar gegen seinen Willen, schützen, während derjenige Schuldner, der in Person zu leisten hat, über § 275 Abs 3 ein Wahlrecht erhielte, ob er die Leistung trotz der Unzumutbarkeit erbringen will oder nicht.

278 Für Sachverhalte, in denen sich die Unzumutbarkeit der Leistung allein aus dem Verhältnis von **Leistungsaufwand** und **Gegenleistung** ergibt, stellt § 313 nach dem Willen des Gesetzgebers eine **abschließende Sondervorschrift** dar (vgl BT-Drucks 14/ 6040 130; vgl auch MünchKomm/ROTH Rn 411; MünchKomm/ERNST § 275 Rn 75; BAMBERGER/ ROTH/GRÜNEBERG Rn 91, für das alte Recht bereits SOERGEL/TEICHMANN Rn 295).

(3) Grundsatz der Verhältnismäßigkeit

279 Eine Rechtsausübung darf sich weiterhin nicht als **unverhältnismäßige Reaktion** auf das Verhalten des anderen Teils darstellen (BGHZ 88, 81, 95; BAMBERGER/ROTH/GRÜNE-BERG Rn 97; AnwK-BGB/KREBS Rn 88; MEDICUS, Schuldrecht I Rn 133; HOHMANN JA 1982, 112, 114), ein Grundsatz, der in vielen Vorschriften seine Ausprägung gefunden hat, vgl etwa die §§ 259 Abs 3, 260 Abs 3, 281 Abs 1 S 3, 320 Abs 2, 323 Abs 5 S 2, 536 Abs 1 S 3, 543 Abs 2 Nr 3 a. Der Übergang zu der soeben dargestellten Fallgruppe ist fließend. Auch hier handelt es sich um eine Folgerung aus dem Gebot zur **gegenseitigen Rücksichtnahme**. Im Vordergrund steht aber weniger die Frage, inwiefern die Interessen der Gegenpartei durch die Rechtsausübung unzumutbar benachteiligt werden, sondern es geht um die **Beziehung** zwischen **Rechtsausübung** und dem sie auslösenden **Vorverhalten des Schuldners**, so etwa wenn eine Kündigung bzw ein Rücktritt als Reaktion auf einen unerheblichen Zahlungsrückstand erfolgt (RGZ 86, 334; 169, 140, 143).

280 Eine Rechtsausübung ist danach zB unverhältnismäßig, wenn sie in einem vorausgegangenen Verhalten der Gegenpartei **keinen vernünftigen Grund findet** (Hk-BGB/SCHULZE Rn 33; HOHMANN JA 1982, 112, 114; GERNHUBER JuS 1983, 764, 766). Allerdings bedeutet es noch keinen Rechtsmissbrauch, dass an eine geringfügige Beeinträchtigung überhaupt eine Reaktion geknüpft wird (so aber BUSS NJW 1998, 337, 343, wie hier BGHZ 88, 91, 95; PALANDT/HEINRICHS Rn 53; Hk-BGB/SCHULZE Rn 33; zur Durchsetzung von Minimalforderungen s Rn 263, 1033, 1048 ff). Zwar liegt den angeführten Vorschriften der Gedanke zugrunde, dass eine Rechtsausübung nicht unverhältnismäßig zur Pflichtverletzung sein darf. Die Annahme, das Gesetz wolle aber – sogar vorsätzliche – Pflichtverletzungen deshalb evtl überhaupt nicht sanktionieren, geht zu weit. Aus dem Grundsatz der Verhältnismäßigkeit resultiert dagegen das Gebot der **schonendsten Sanktion** (SOERGEL/TEICHMANN Rn 307; MünchKomm/ROTH Rn 380; BAMBERGER/ROTH/GRÜNEBERG Rn 104; PALANDT/HEINRICHS Rn 54; LOOSCHELDERS, Schuldrecht AT Rn 80; HOHMANN JA 1982, 112, 115). Als milderes Mittel kommt uU ei-

ne Abmahnung vor der Rechtsausübung in Betracht, wie die §§ 314 Abs 2, 323 Abs 3 zeigen.

(4) Pflicht zur alsbaldigen Rückgewähr
Die Geltendmachung eines Anspruches ist ferner als missbräuchlich einzustufen, **281** wenn der geforderte **Leistungsgegenstand** alsbald wieder **zurückgegeben werden muss** und kein schutzwürdiges Interesse daran besteht, ihn zwischenzeitlich zu behalten **(dolo agit qui petit quod statim redditurus est-Einwand**; BGHZ 10, 69, 75; 74, 293, 300; 79, 201, 204; 110, 30, 34; 115, 132, 137; BGH VersR 2005, 498, 499; OLG Frankfurt NJW-RR 2004, 206; SOERGEL/TEICHMANN Rn 298; MünchKomm/ROTH Rn 373; BAMBERGER/ROTH/GRÜNEBERG Rn 84; HOHMANN JA 1982, 112, 114; WACKE JA 1982, 477; TEICHMANN JA 1985, 497, 499). So kann zB niemand etwas verlangen, was er umgehend als Schadensersatz aus einer unerlaubten Handlung oder wegen ungerechtfertigter Bereicherung wieder herauszugeben hätte (BGHZ 66, 302, 305; 116, 200, 203 f; JAUERNIG/MANSEL Rn 39; BGB-RGRK/ALFF Rn 135).

Als Begründung wird zum Teil auf den Gedanken der „Einheit der Rechtsschutz- **282** verheißung" verwiesen (so etwa WIEACKER, Präzisierung 29). Er stehe der Rechtsausübung desjenigen entgegen, der seinen Anspruch ohne Rücksicht auf eventuelle Gegenansprüche durchsetzen wolle (WACKE JA 1982, 477, 478). Entscheidender ist in einem solchen Fall aber erneut die **Interessenabwägung**. Sie ergibt, dass das Interesse des Schuldners, einen Gegenstand behalten zu dürfen, das Herausgabeinteresse des Gläubigers überwiegt, da die Gefahr besteht, dass der Gläubiger bis zur endgültigen Entscheidung über den Gegenstand verfügt, in ihn vollstreckt wird oder der Gläubiger in Insolvenz fällt (MünchKomm/ROTH Rn 373; Hk-BGB/SCHULZE Rn 32). Damit handelt es sich um einen Unterfall der Fallgruppe des **fehlenden schutzwürdigen Eigeninteresses** (PALANDT/HEINRICHS Rn 52). Dem Gläubiger ist deshalb die Durchsetzung seines Anspruchs erlaubt, wenn er seinerseits ein höherwertiges schutzwürdiges Interesse am „zwischenzeitlichen Innehaben" des geschuldeten Leistungsgegenstandes hat als der Schuldner an der Verweigerung der Herausgabe.

Als Wertungskriterium dient die Ähnlichkeit der geschilderten Situation zur Auf- **283** rechnung gem § 387 (WACKE JA 1982, 47), die als gesetzliche Ausprägung einer solchen Interessenwertung angesehen werden kann (JAUERNIG/MANSEL Rn 39). Der Unterschied liegt darin, dass in den dolo-agit-Fällen kein fälliger Gegenanspruch besteht, der dem Leistungsverlangen entgegensteht. Aufgrund der Nähe zur Aufrechnung gelten aber dennoch die Einschränkungen der Aufrechenbarkeit und die Aufrechnungsverbote entsprechend (SOERGEL/TEICHMANN Rn 299). Zum Zurückbehaltungsrecht gem § 273 Abs 1 besteht ebenfalls eine gewisse Vergleichbarkeit, wobei sich der Unterschied wiederum aus der fehlenden Fälligkeit des Gegenanspruchs ergibt.

Als Gegenanspruch kommt für den dolo-agit-Einwand **jeder Anspruch** in Betracht, **284** der sich gegen den Rechtsausübenden richtet. Rechtsmissbrauch liegt auch vor, wenn der eine Drittwiderspruchsklage gem § 771 ZPO erhebende Kläger für den vollstreckten Anspruch nur mithaftet (HansOLG Hamburg MDR 1959, 580, 581). **Ansprüche eines Dritten** gegen den Gläubiger auf den Leistungsgegenstand rechtfertigen die Leistungsverweigerung des Schuldners, sofern dieser Dritte den Leistungsgegenstand sofort an den in Anspruch genommene Schuldner herausgeben müsste (WACKE JA 1982, 477, 478). Hat der Dritte allerdings ein schutzwürdiges Interesse am zwischenzeitlichen Behalten des Leistungsgegenstandes, so scheidet der dolo-agit-Einwand genauso aus wie bei einem entsprechenden schutzwürdigen Eigeninteresse des Gläubigers.

285 Ferner kommt der dolo-agit Einwand zur Anwendung, wenn der Anspruchsinhaber dem Schuldner das von ihm Geforderte mittelbar über einen Dritten wieder zurückgewähren müsste (sog Regresskreisel; bereits RGZ 161, 94, 98; BAMBERGER/ROTH/ GRÜNEBERG Rn 108; WACKE JA 1982, 477, 478). Dementsprechend kann zB die Geltendmachung eines nach § 67 VVG übergegangenen Regressanspruches durch den Haftpflichtversicherer rechtsmissbräuchlich sein, wenn der Schuldner (Versicherungsnehmer) bei einem Mitversicherten im Umfang seiner Inanspruchnahme Regress nehmen könnte und der Versicherer für diesen einzustehen hätte (s dazu u Rn 1027).

cc) Widerspruch zwischen früherem und gegenwärtigem Verhalten
(1) Allgemeines

286 Die Unzulässigkeit einer Rechtsausübung folgt schließlich daraus, dass sich der Gläubiger in **Widerspruch** zu seinem **früheren Verhalten** setzt (sog **venire contra factum proprium-Einwand**; SOERGEL/TEICHMANN Rn 312; MünchKomm/ROTH Rn 255; HkBGB/SCHULZE Rn 36; BGB-RGRK/ALFF Rn 93; BROX/WALKER, Allgemeines Schuldrecht § 7 Rn 16; WOLF AcP 153 [1954] 97, 135).

287 Zum Teil wird angenommen, es handle sich dabei um einen **konkludenten Verzicht** (WIELING AcP 176 [1976] 334, 335; ähnl STAUDINGER/J SCHMIDT [1995] Rn 629 ff, zu entspr Überlegungen im Österreichischen Recht su Rn 1093), weshalb es keines Rückgriffs auf § 242 bedürfe. Die Annahme eines Verzichts gem § 397 setzt aber einen entsprechenden Rechtsfolgewillen voraus, der nicht selten fehlt (so auch SOERGEL/TEICHMANN Rn 312 f; TEICHMANN JA 1985, 497, 500). Die Einordnung der Fallgruppe unter § 242 ermöglicht zudem eine umfassende Berücksichtigung von **öffentlichen Interessen** und **Interessen Dritter**, während dies bei Annahme eines konkludenten Verzichtes nur in den engen Grenzen der §§ 134, 138 möglich wäre. Die gegenteilige Auffassung kann im Übrigen auch die Probleme unverzichtbarer Rechtspositionen nicht bewältigen (vgl WIELING AcP 176 [1976] 334, 339). Deshalb lässt sich das Institut des widersprüchlichen Verhaltens jedenfalls nicht insgesamt durch Rückgriff auf den Verzicht erklären (MünchKomm/ROTH Rn 259; TEICHMANN JA 1985, 497, 500) und findet immer dort Anwendung, wo keine rechtsgeschäftliche Vereinbarung vorliegt (SINGER NZA 1998, 1309, 1310).

288 Entscheidend ist meist der Aspekt des **Vertrauensschutzes** (LARENZ, Schuldrecht I § 10 II b; LOOSCHELDERS, Schuldrecht AT Rn 84; TEICHMANN JA 1985, 497, 500; MARTINEK JZ 1996, 470; SINGER NZA 1998, 1309, 1310). Er liegt vielen gesetzlichen Vorschriften zu Grunde, wie etwa den §§ 122, 170–172, 179. Sie lassen erkennen, dass sich derjenige, der ein berechtigtes Vertrauen der Gegenpartei hervorgerufen hat, daran festhalten lassen muss. Ebenso wirkt aber auch das Gebot zur **gegenseitigen Rücksichtnahme**. Es verlangt, dass man die Folgen eines gesetzten Rechtsscheins trägt, wenn sich die Gegenseite darauf eingelassen hat; die eigenen Interessen müssen dann zurückstehen.

289 Jedoch bleibt die Einordnung des widersprüchlichen Verhaltens nicht auf die Fälle enttäuschten Vertrauens beschränkt (vgl etwa BGHZ 130, 371, 375; SOERGEL/TEICHMANN Rn 315; MünchKomm/ROTH Rn 287; AnwK-BGB/KREBS Rn 92). Obwohl es das Gesetz grundsätzlich dem Rechtsinhaber überlässt, wie er von seinem Recht Gebrauch macht und damit auch widersprüchliches Verhalten grundsätzlich toleriert (BGHZ 87, 169, 177; BGH NJW 1986, 2104, 2107; OLG Köln NJW-RR 1998, 343, 344; PALANDT/HEINRICHS Rn 54; SINGER NZA 1998, 1309, 1311), folgt doch aus der **Beschränkungsfunktion** des § 242 (so Rn 202 ff), dass der Rechtsausübung Grenzen gesetzt sind. Gleichzeitig erscheint jedoch nicht jeder Wechsel des Rechtsstandpunktes bereits als missbräuchlich; vielmehr wird verlangt, dass es sich um einen **unlösbaren Widerspruch** handelt (Münch-Komm/ROTH Rn 287; su Rn 298 ff).

Lehnt man mit der hier vertretenen Ansicht ab, den venire contra factum proprium-Einwand generell als rechtsgeschäftlichen Verzicht zu werten, so hat dies zur Konsequenz, dass die Annahme eines „unlösbaren Widerspruchs" nur in Ausnahmefällen in Betracht kommt. Andernfalls könnte man die Vorschriften über das Zustandekommen von Rechtgeschäften umgehen, indem man die Bindungswirkung § 242 entnimmt (SINGER NZA 1998, 1309, 1310). Eine solche Betrachtungsweise wäre vor allem dort bedenklich, wo die fehlenden besonderen Wirksamkeitsvoraussetzungen eines Rechtsgeschäfts gerade dem Schutz desjenigen dienen, der dann über § 242 an der Durchsetzung seines Rechts gehindert werden soll, zB bei Mängeln in der Geschäftsfähigkeit. **290**

(2) Die Voraussetzungen des widersprüchlichen Verhaltens
Wann die Geltendmachung einer Rechtsposition als widersprüchlich zu bewerten ist, lässt sich nur durch **Interessenabwägung** im Einzelfall beurteilen (OLG Köln NJW-RR 1998, 343, 344; BAMBERGER/ROTH/GRÜNEBERG Rn 108). Fälle, in denen die Annahme eines widersprüchlichen Verhaltens jedenfalls nahe liegt, knüpfen an die bereits genannten Aspekte des **Vertrauensschutzes** einerseits und der **Unauflöslichkeit des Widerspruchs** im Verhalten des Rechtsträgers andererseits an. **291**

(a) Schutzwürdiges Vertrauen
Eine unzulässige Rechtsausübung kommt danach zunächst in Betracht, wenn durch ein Verhalten des Rechtsinhabers ein **schutzwürdiges Vertrauen** auf eine bestimmte Sach- oder Rechtslage bei der Gegenpartei hervorgerufen wurde (so Rn 288; BGHZ 47, 184, 189; BGH NJW-RR 1991, 1033, 1034; BGH NJW 1991, 974, 975; OLG Köln NJW-RR 1998, 343, 344; MünchKomm/ROTH Rn 264; BAMBERGER/ROTH/GRÜNEBERG Rn 110; ERMAN/HOHLOCH Rn 106; JAUERNIG/MANSEL Rn 50; LOOSCHELDERS, Schuldrecht AT Rn 84; HOHMANN JA 1982, 112, 114; SINGER NZA 1998, 1309, 1311). Der vertrauensbegründende Tatbestand kann dabei sowohl in einem **Tun** als auch in einem **gebotswidrigen Unterlassen** liegen (SOERGEL/TEICHMANN Rn 317 ff; TEICHMANN JA 1985, 497, 501). **292**

Es bedarf weder einer **Arglist** noch eines **Verschuldens** desjenigen, der sein Recht ausüben will (MünchKomm/ROTH Rn 259; AnwK-BGB/KREBS Rn 93; Hk-BGB/SCHULZE Rn 36; WIEACKER, Präzisierung 28). Gleichwohl ist, wie auch § 179 Abs 3 S 2 zeigt, **Zurechenbarkeit** des Verhaltens zu verlangen (ebenso BAMBERGER/ROTH/GRÜNEBERG Rn 109; TEICHMANN JA 1985, 497, 501). Dafür gelten allerdings nicht die rechtsgeschäftlichen Zurechnungsregeln (aA BAMBERGER/ROTH/GRÜNEBERG Rn 109, konsequenterweise auch WIELING AcP 176 [1976] 334, 342 ff, der die Verwirkung als Verzicht auffasst), da es sich bei dem Verhalten nicht zwingend um ein Rechtsgeschäft handelt. Es reicht vielmehr aus, dass der Handelnde die vertrauensbegründenden Umstände **beherrscht** und sie hätte **vermeiden können** (SOERGEL/TEICHMANN Rn 319). Darüber entscheiden **objektive Kriterien**; **293** dieselben gelten, wenn sich das Vertrauen auf das **Verhalten Dritter** stützt (MünchKomm/Roth Rn 260; Bamberger/Roth/Grüneberg Rn 109).

294 Um die Rechtsfolgen des § 242 auszulösen, ist es erforderlich, dass die Gegenpartei auf das Bestehen oder Nichtbestehen einer bestimmten Rechts- oder Tatsachenlage **vertraut** hat. Der Rechtsmissbrauch entfällt deshalb bei **Kenntnis** der wahren Sachlage. Hinzutreten muss die **Schutzwürdigkeit** des Vertrauens, wie auch §§ 122, 173, 179 Abs 3 S 1 zeigen, und zwar unter Berücksichtigung der **beiderseitigen Belange** (MünchKomm/Roth Rn 261; Teichmann JA 1985, 497, 501). Im Rahmen der Interessenabwägung kommt (auch) subjektiven Kriterien Bedeutung zu. So spricht es – wie sich aus §§ 122, 173, 179 Abs 3 S 1 ableiten lässt – gegen die Schutzwürdigkeit eines Beteiligten, wenn er sich in **fahrlässiger Weise** auf das Verhalten des Gegners verlassen hatte (Soergel/Teichmann Rn 320). Umgekehrt sind – wie § 179 Abs 2 zeigt – auch subjektive Umstände auf der Seite desjenigen zu berücksichtigen, der am gesetzten Vertrauenstatbestand festgehalten werden soll (MünchKomm/Roth Rn 259).

295 Besonders schutzwürdig erscheint, wer vertrauensvoll bereits **Dispositionen** getroffen hat (MünchKomm/Roth Rn 261; Palandt/Heinrichs Rn 56; Hk-BGB/Schulze Rn 37). Teilweise wird dieses Erfordernis sogar als unerlässliche Voraussetzung des venire contra factum proprium-Einwandes angesehen (vgl Soergel/Teichmann Rn 321; Teichmann JA 1985, 497, 501). Dem steht allerdings entgegen (MünchKomm/Roth Rn 261; Palandt/Heinrichs Rn 56), dass die Abwägung der beiderseitigen Interessen auch ohne Vermögensdisposition des Vertrauenden zur Annahme eines Rechtsmissbrauchs führen kann.

296 Probleme bereitet die Schutzwürdigkeit, wenn der vertrauensbildende Tatbestand an ein Verhalten anknüpft, das sich als **sitten- oder gesetzeswidrig** darstellt. Obwohl dadurch regelmäßig wegen §§ 138, 134 kein Recht begründet wird, kann (zumindest) eine der beteiligten Parteien in Unkenntnis der wahren Rechtslage zB an einen wirksamen Vertragsschluss geglaubt haben. Im Hinblick auf die Frage, ob § 242 die Rechtsfolgen der §§ 134, 138 verdrängt (su Rn 364 ff, 367 ff), muss nach Art des die Sitten- oder Gesetzeswidrigkeit begründenden Verhaltens differenziert werden. Bringt es (auch) Nachteile für öffentliche Interessen oder Interessen Dritter mit sich, tritt die Schutzwürdigkeit des Vertrauens zurück, da die Nichtigkeit gerade dem Schutz Dritter oder eben der Öffentlichkeit dient. Etwas anderes gilt uU, wenn die Umstände, die die Gesetzes- oder Sittenwidrigkeit begründen, ausschließlich die Beteiligten betreffen. Sofern derjenige, der durch das „Urteil" der Gesetzes- oder Sittenwidrigkeit gerade geschützt werden soll, den Vertrauenstatbestand gesetzt hat, sind an die Schutzwürdigkeit des Vertrauens der Gegenpartei jedoch hohe Anforderungen zu stellen. Denn das Gesetz bringt mit den §§ 134, 138 gerade zum Ausdruck, dass es die Rechtsposition der Gegenpartei grundsätzlich nicht als schutzwürdig bzw die Position des anderen als besonders schutzbedürftig ansieht.

297 Die **Rechtsfolge** widersprüchlichen Verhaltens liegt darin, dass sich der Handelnde an dem von ihm verursachten Vertrauen festhalten lassen muss (Teichmann JA 1985, 497, 502). Die konkreten Konsequenzen bestimmen sich nach der jeweiligen Rechtsposition, auf die sich einer der Beteiligten verlassen hat, etwa dass der Rechtsinhaber ein bestimmtes Recht nicht ausüben werde (MünchKomm/Roth Rn 264), oder dass eine bestimmte Rechts- oder Tatsachenlage geschaffen oder verstärkt wurde (BGH

NJW 1996, 2724; MünchKomm/ROTH Rn 270). Solche Situationen können sogar im Ergebnis bis zum Erfüllungsanspruch führen, etwa wenn dem Schuldner verwehrt wird, sich auf die Nichtigkeit eines Vertrages zu berufen (Anspruchsbegründung gem § 242 vgl o Rn 187 ff).

(b) Unauflöslicher Widerspruch
Wie eingangs erwähnt, liegt nach überwiegender Auffassung ein Rechtsmissbrauch **298** auch bei einem **unauflösbaren Widerspruch** zwischen dem gegenwärtigen Verhalten des Rechtsinhabers und einem früheren vor (so Rn 289; BGHZ 130, 371, 375; BAMBERGER/ ROTH/GRÜNEBERG Rn 125; PALANDT/HEINRICHS Rn 57). Mit einer entsprechenden Annahme sollte man aber deshalb äußerst zurückhaltend sein, weil sich der Nachteil des Rechtsinhabers in diesem Fall allein aus seinem **objektiven Verhalten** ableitet (so BGH NJW 1986, 2104, 2107). Dadurch besteht die bereits oben angesprochene Gefahr (so Rn 290) der Missachtung von Wirksamkeitsvoraussetzungen eines Rechtsgeschäftes. Manche lehnen die Rechtsfigur des venire contra factum proprium daher in derartigen Sachverhalten mit guten Argumenten sogar vollständig ab (SINGER NZA 1998, 1309, 1312 f; krit auch MARTINEK JZ 1996, 470, 471).

Dem steht allerdings die Auffassung des Gesetzgebers in den Gesetzesmaterialien zu **299** § 346 Abs 2 gegenüber (vgl BT-Drucks 14/6040 195). Für die Einschränkung des Rücktrittsrechts gem § 346 Abs 1 bei vorsätzlicher Zerstörung des Rückgewährgegenstands greift er auf den Einwand des Rechtsmissbrauches zurück, und zwar eben gerade unter dem Aspekt widersprüchlichen Verhaltens (vgl insofern auch die v Gesetzgeber zitierte Entscheidung OLG Düsseldorf NJW 1989, 3163 f u BGH NJW 1972, 155, wo §§ 351 ff aF als Ausprägung des venire contra factum proprium-Einwandes angesehen werden; dazu auch WOLF AcP 153 [1954] 97, 131; sowie u Rn 673), obwohl in diesem Falle keine Vertrauensschutzgesichtspunkte eingreifen. Entscheidend ist vielmehr, dass sich die Partei durch ihr späteres Verhalten objektiv in Widerspruch zu dem ursprünglich in Anspruch genommenen Rechtsstandpunkt stellt (MünchKomm/ROTH Rn 287). Damit zeigt sich, dass allein objektive Umstände den Vorwurf widersprüchlichen Verhaltens zu begründen vermögen.

Ein derartiges Handeln der Partei liegt über den genannten Fall hinaus dann vor, **300** wenn sie sich auf eine **Rechtsvorschrift beruft**, die sie selber zuvor **missachtet** hat (MünchKomm/ROTH Rn 288). Durch den früheren Rechtsverstoß zu Lasten des Gegners hat der Berechtigte zu verstehen gegeben, dass er die betreffende Vorschrift für das fragliche Rechtsverhältnis als unbeachtlich ansieht; dazu wäre es widersprüchlich, sich nun eben darauf zu berufen. Als weiteres Argument lässt sich auch der Gedanke des Verzichts heranziehen.

Weiterhin wird ein solches widersprüchliches Verhalten darin gesehen, dass eine **301** Partei ihre **Tatsachen- und Rechtsbehauptungen wechselt** (MünchKomm/ROTH Rn 289). Eine solche Annahme ist aber deshalb bedenklich, weil in der Fallkonstellation des „unauflöslichen Widerspruchs" Vertrauensgesichtspunkte gerade keine Rolle spielen. Als Äquivalent dafür ist mehr erforderlich als der bloße Standpunktwechsel, da das Gesetz keine generelle Missbilligung eines solchen Verhaltens kennt. Vielmehr müssen besondere Umstände hinzutreten (so auch BGHZ 130, 371, 375; BGH NJW 1986, 2104, 2107; OLG Köln NJW-RR 1998, 343, 344), die die Position der Gegenpartei trotz des fehlenden Vertrauenstatbestandes als schutzwürdig erscheinen lassen, zB, dass die

Partei bereits Vorteile aus ihrer ursprünglichen Behauptung gezogen hat (BAMBERGER/ ROTH/GRÜNEBERG Rn 125; PALANDT/HEINRICHS Rn 57; vgl BAG NJW 1973, 963, wo sich jemand als Erbe ausgab, den Arbeitnehmern des Erblassers gegenüber aber die Erbenstellung bestritt) oder aber der Gegenpartei aus dieser bereits Nachteile erwachsen sind (vgl BGHZ 50, 191, 196, wo eine Partei vor dem Schiedsgericht erfolgreich dessen Zuständigkeit bestritten hatte u sich danach vor dem ordentlichen Gericht auf die Schiedsvertragsklausel berufen wollte, andererseits OLG Düsseldorf OLGZ 1987, 375, 377. Dort veranlasste eine Partei die Gegenpartei unter Hinw auf eine Schiedsgerichtsklausel zur Rücknahme einer Klage vor dem ordentlichen Gericht u berief sich dann vor dem Schiedsgericht auf die Unwirksamkeit dieser Klausel, ähnl bereits RGZ 40, 401, 403).

(3) Verwirkung
(a) Allgemeines

302 Als besondere Fallgruppe widersprüchlichen Verhaltens wird allg die **Verwirkung** angesehen (MünchKomm/ROTH Rn 256; PALANDT/HEINRICHS Rn 57; LARENZ, Schuldrecht I § 10 II b; BROX/WALKER, Allgemeines Schuldrecht § 7 Rn 17; WIEACKER, Präzisierung 28; HOHMANN JA 1982, 112, 115). Darunter versteht man den Verlust eines Rechtes, das der Gläubiger einen gewissen Zeitraum nicht ausgeübt hat, so dass sich der Schuldner in schutzwürdiger Weise darauf einrichten konnte, nicht mehr in Anspruch genommen zu werden (BGHZ 25, 47, 52; 43, 289, 292; 105, 290, 298; OLG Frankfurt NJW-RR 1991, 674, 678; MünchKomm/ROTH Rn 296; BAMBERGER/ROTH/GRÜNEBERG Rn 131). Die Verwirkung ist mittlerweile durch §§ 4 Abs 4 S 2 TVG, 21 Abs 4 MarkenG gesetzlich anerkannt und auch § 15 StVG wird als eine entsprechende Sonderregelung angesehen (vgl BAMBERGER/ROTH/GRÜNEBERG Rn 137).

303 Sinn und Zweck der Verwirkung bestehen darin, dem Schuldner vor allem bei sehr langen Verjährungsfristen bereits vor deren Ablauf Leistungsfreiheit zu verschaffen, wenn besondere Umstände dazu führen, dass sich die Geltendmachung des Rechts durch den Gläubiger als widersprüchlich und missbräuchlich erweist (BGH NJW 1992, 1255, 1256; BGH NJW-RR 1992, 1240).

304 Den Gegenstand der Verwirkung bilden nicht nur Rechte, die der Verjährung unterliegen, sondern grundsätzlich **alle Rechte und Rechtspositionen**, zB auch Gestaltungsrechte (SOERGEL/TEICHMANN Rn 335; BAMBERGER/ROTH/GRÜNEBERG Rn 134; PALANDT/HEINRICHS Rn 91; AnwK-BGB/KREBS Rn 101). Im Rahmen von dinglichen Rechten, Mitgliedschaftsrechten oder Immaterialgüterrechten betrifft die Verwirkung allerdings nicht das (Stamm-)Recht, sondern nur die jeweiligen daraus fließenden (Einzel-)Ansprüche und -Rechte (MünchKomm/ROTH Rn 298; AnwK-BGB/KREBS Rn 102). Die Frage, ob Einwendungen der Verwirkung unterliegen (offen gelassen in BGH NJW 2004, 3330, 3331; vgl auch u Rn 451), ist zu verneinen, fehlt es doch an einer Frist, innerhalb derer die Einwendung geltend zu machen wäre. In Betracht kommt allerdings eine Überwindung der Einwendung aus anderen Gesichtspunkten, etwa nach den Grundsätzen des venire contra factum proprium (vgl Rn 452 u Rn 286 ff).

305 Für die Abgrenzung zum **Verzicht** entscheidet erneut ein entsprechender **Rechtsfolgewillen** (so Rn 287). Ist er vorhanden, bedarf es keines Rückgriffs auf Treu und Glauben (so in der Sache auch STAUDINGER/J SCHMIDT [1995] Rn 533); ohne Willenserklärungen muss man dagegen auf § 242 zurückgreifen (SOERGEL/TEICHMANN Rn 333).

(b) Voraussetzungen

Da die Verwirkung einen Unterfall des widersprüchlichen Verhaltens darstellt, gelten die oben (Rn 291 ff) aufgezeigten Grundsätze. Der Berechtigte muss also ein Verhalten an den Tag gelegt haben, dass bei der Gegenpartei in zurechenbarer Weise ein **schutzwürdiges Vertrauen** auf die weitere Nichtinanspruchnahme hervorgerufen hat (MünchKomm/Roth Rn 329; Palandt/Heinrichs Rn 87; Fikentscher, Schuldrecht § 27 III 5 a bb; Hohmann JA 1982, 112, 115). Zur Untätigkeit des Rechteinhabers müssen weitere **Umstände** hinzutreten, die dem Schuldner nahe legen, dass das Recht nicht ausgeübt wird (BGHZ 43, 289, 292; 105, 290, 298; BGH DB 1969, 569; OLG München FamRZ 2005, 1120, 1122 f; LAG Hamm VersR 1967, 70, 71; MünchKomm/Roth Rn 301; Enneccerus/Lehmann, Schuldrecht § 4 I 5). **306**

Eine genaue Bestimmung des erforderlichen **Zeitablaufes** erscheint aufgrund der Tatsache, dass die unzulässige Rechtsausübung eine Interessenabwägung erfordert, nicht möglich. Dies zeigt auch § 21 Abs 4 MarkenG, der neben den zeitlich fixierten Fällen der Verwirkung gem § 21 Abs 1, Abs 2 MarkenG allgemeine Grundsätze anerkennt, weil sonst nicht alle regelungsbedürftigen Fälle erfasst werden könnten (BGH NJW 1995, 2032, 2033; OLG Frankfurt NJW-RR 1991, 674, 678; Hohmann JA 1982, 112, 116; Gernhuber JuS 1983, 764, 766). Allgemein lässt sich sagen, dass im Rahmen der Interessenabwägung dem Umstand, innerhalb welchen Zeitraums ein **durchschnittlicher Rechtsinhaber** sein Recht üblicherweise geltend macht, entscheidende Bedeutung zukommt (Bamberger/Roth/Grüneberg Rn 137; Soyka FPR 2003, 631, 634; z Einfluss der Verjährungsfristen su Rn 313 ff). **307**

Der Zeitablauf reicht allein nicht aus; ansonsten würde über das Institut der Verwirkung eine Art neues Verjährungsrecht geschaffen. Vielmehr müssen als prognostisches Element Umstände hinzutreten, die den Schuldner darin bestärken, dass er weiterhin nicht mit einer Inanspruchnahme durch den Gläubiger zu rechnen hat (BAG NJW 2001, 2907, 2908; BSG NJW 1969, 767; Erman/Hohloch Rn 123; Brox/Walker, Allgemeines Schuldrecht § 7 Rn 17). Da auch dafür keine festen Kriterien gebildet werden können, formuliert man üblicherweise, dass sich die spätere Geltendmachung des Rechts als mit Treu und Glauben nicht zu vereinbarende **Illoyalität** des Berechtigten darstellen müsse (BGH NJW 1992, 1255, 1256; BSG NJW 1969, 767; Beier/Wieczorek GRUR 1976, 566; Hohmann JA 1982, 112, 115; Soyka FPR 2003, 631, 634) oder aber, dass die verspätete Inanspruchnahme des Schuldners für diesen **unzumutbar** sei (BGHZ 25, 47, 52; MünchKomm/Roth Rn 305; AnwK-BGB/Krebs Rn 109; Hohmann JA 1982, 112, 115). Letztlich kommt es darauf an, dass die konkreten Umstände zusammen mit der abgelaufenen Zeit die Folge der Verwirkung rechtfertigen (BSG NJW 1969, 767). Insofern besteht also eine Wechselwirkung zwischen beiden Faktoren (BGH GRUR 2001, 323, 327; Bamberger/Roth/Grüneberg Rn 136). Je kürzer der verstrichene Zeitraum ist, desto gravierender müssen die Umstände sein, die dem Schuldner die Annahme nahe legen, dass er nicht mehr in Anspruch genommen wird (Hk-BGB/Schulze Rn 46 f). **308**

Anhaltspunkte, auf die sich das Vertrauen stützt, können hierbei sowohl in einer Handlung des Gläubigers liegen, zB in der längeren Inanspruchnahme eines Rechts, obwohl er beabsichtigt, das Rechtsverhältnis durch Ausübung eines Gestaltungsrechts zu vernichten, als auch in seiner bloßen Untätigkeit; darauf deutet § 15 S 1 StVG hin. Eine solche Untätigkeit kommt als Anknüpfungspunkt vor allem dann in **309**

Betracht, wenn vom Berechtigten gerade die Wahrnehmung seines Rechtes erwartet wird (MünchKomm/Roth Rn 324 f).

310 Die zur Vertrauensbildung führenden Umstände müssen dem Rechtsinhaber **zurechenbar** sein, was auch § 15 S 2 StVG zum Ausdruck bringt. Dies ist der Fall, wenn der Berechtigte sie beherrscht oder jedenfalls hätte vermeiden und so die Bildung des Vertrauens hätte verhindern können (s bereits o Rn 293; Soergel/Teichmann Rn 337; aA Jauernig/Mansel Rn 60, der sogar ein Verschulden verlangt). Dafür gelten **objektive Kriterien** (so Rn 293), so dass letztlich entscheidet, ob die Nichtausübung des Rechts in die **Risikosphäre** des Berechtigten fällt.

311 Das Vertrauen des Schuldners muss schließlich **schutzwürdig** sein (Erman/Hohloch Rn 124; Kegel, Verwirkung, Vertrag und Vertrauen, in: FS Pleyer [1986] 533). Im Rahmen der dazu erforderlichen Abwägung (BGH GRUR 1966, 427, 428) sind auch **subjektive Umstände** der beteiligten Parteien beachtlich. Gegen die Schutzwürdigkeit spricht zB, wenn der Berechtigte von seinem Recht nichts weiß, insbesondere, wenn er diese Unkenntnis nicht zu vertreten hat (MünchKomm/Roth Rn 307; Beier/Wieczorek GRUR 1976, 566, 567; OLG München FamRZ 2005, 1120, 1123). Das Gleiche gilt, wenn die Gegenpartei gut oder sogar besser als der Berechtigte in der Lage ist, die Situation einzuschätzen (MünchKomm/Roth Rn 308; Palandt/Heinrichs Rn 93). Erst recht fehlt es an der Schutzwürdigkeit, wenn die Gegenpartei die Unkenntnis oder Untätigkeit auf unredliche Weise selbst verursacht hat (BGHZ 25, 47, 53; MünchKomm/Roth Rn 329; Bamberger/Roth/Grüneberg Rn 141; Jauernig/Mansel Rn 61). Für die Position des Berechtigten spricht ferner der Umstand, dass er zur Ausübung seines Rechts nicht in der Lage war (MünchKomm/Roth Rn 328). Umgekehrt erscheint das Vertrauen des Gegners schutzwürdig, wenn der Berechtigte zunächst Maßnahmen der Rechtsverfolgung einleitet, sie dann aber nicht weiterverfolgt (AG Pankow-Weißensee FÜR 2003, 679 f). Noch stärker müssen die Interessen desjenigen geachtet werden, der aufgrund des Vertrauenstatbestandes bereits Dispositionen getroffen hat (BGH MDR 1970, 486; Bamberger/Roth/Grüneberg Rn 142; Palandt/Heinrichs Rn 95; zT wird dies auch z Voraussetzung gemacht, vgl etwa Erman/Hohloch Rn 124; Larenz, Schuldrecht I § 10 II b; dagegen bereits o Rn 295).

312 Darüber hinaus sind in die Interessenabwägung auch **öffentliche Interessen** einzubeziehen (MünchKomm/Roth Rn 340), die uU einer Verwirkung entgegenstehen (AnwK-BGB/Krebs Rn 110), weil der Einzelne darüber nicht wirksam disponieren kann (Bamberger/Roth/Grüneberg Rn 143; BGB-RGRK/Alff Rn 142, vgl auch BGHZ 126, 287, 294, wo das überragende öffentliche Interesse an der ausschließlichen Verwendung des „Roten Kreuzes" z Kennzeichnung v Nonkombattanten durch die entspr Institution dem Verwirkungseinwand entgegenstand. BGH NJW 1995, 1488, 1489 lehnte die Verwirkung von Ansprüchen gem § 13 Abs 2 AGBG – vgl § 3 Abs 1 UKlaG – ab, weil dieser Anspruch nicht dem klagebefugten Verband, sondern der Allgemeinheit dient).

(c) Verhältnis zur Verjährung

313 Sowohl bei der Verwirkung als auch bei der Verjährung spielt die **Untätigkeit** des Rechtsinhabers eine erhebliche Rolle. Beide Rechtsinstitute sind aber unabhängig voneinander und schließen sich deshalb nicht aus (MünchKomm/Roth Rn 316; Hohmann JA 1982, 112, 115; Kegel, Verwirkung, Vertrag und Vertrauen, in: FS Pleyer [1986] 527). Denn die

Verwirkung erfordert über den für eine Verjährung erforderlichen bloßen Zeitablauf weitere Umstände.

Dennoch sollte man eine Verwirkung bei verjährbaren Ansprüchen nur ausnahmsweise annehmen, um dem Verjährungsrecht nicht die praktische Bedeutung zu nehmen (LOOSCHELDERS, Schuldrecht AT Rn 87; vgl auch OLG München FamRZ 2005, 1120, 1123). Deshalb kommt den **Verjährungsfristen** für die Bestimmung des Zeitraumes, ab dem eine Verwirkung in Betracht kommt, maßgebliche Bedeutung zu (OLG Frankfurt MDR 1980, 755; BAMBERGER/ROTH/GRÜNEBERG Rn 137). Denn darin hat der Gesetzgeber grundsätzlich seine Wertentscheidung zum Ausdruck gebracht, wie lange der Schuldner mit seiner Inanspruchnahme zu rechnen hat. Danach ist eine Verwirkung (zwangsläufig) zwar vor Ablauf der Verjährungsfrist möglich (BGH DB 1969, 569; BGH NJW 1992, 1255, 1256; ERMAN/HOHLOCH Rn 126; LARENZ, Schuldrecht I § 10 II b); je weiter aber die Verjährungsfrist unterschritten werden soll, desto höhere Voraussetzungen gelten für den im Übrigen erforderlichen Vertrauenstatbestand (JAUERNIG/MANSEL Rn 59), insbesondere bei kurzen Verjährungsfristen (BGH NJW 1992, 1255, 1256). Deshalb verlangt zB eine Verwirkung von Ansprüchen, die der dreijährigen Regelverjährung des § 195 unterliegen, außergewöhnliche Umstände (BGH DB 1969, 569; BGH NJW 1982, 1999; MünchKomm/ROTH Rn 302; ERMAN/HOHLOCH Rn 126; PALANDT/HEINRICHS Rn 97; BEIER/WIECZOREK GRUR 1976, 566, 567; ähnl STAUDINGER/J SCHMIDT [1995] Rn 538; vgl dazu auch u Rn 567).

Ein **Verzicht** auf die Verjährung steht der Verwirkung nicht zwingend entgegen, muss jedoch bei der Abwägung als ein sehr wesentliches Gegenindiz berücksichtigt werden. Da der Schuldner hat erkennen lassen, dass er mit einer Inanspruchnahme auch nach einem langen Zeitraum einverstanden ist, sind an seine Schützwürdigkeit besonders hohe Anforderungen zu stellen. Zwar wird vertreten, dass ungeachtet eines Verzichts die Erfordernisse einer Verwirkung geringer werden, je länger die Verjährungsfrist verstrichen ist (vgl MünchKomm/ROTH Rn 318). Aber auch nach ihrem Ablauf sollte man berücksichtigen, dass sich der Schuldner durch den Verzicht auf die Verjährungseinrede mit einer längeren Inanspruchnahme einverstanden erklärt hat.

(d) **Verhältnis zu Ausschlussfristen**
Ausschlussfristen und Verwirkung bestehen als Rechtsinstitute unabhängig voneinander (HOHMANN JA 1982, 112, 115). Kurze Ausschlussfristen, wie etwa § 626 Abs 2, können indessen zur Folge haben, dass eine Verwirkung kaum möglich ist, weil innerhalb eines solchen Zeitraums für eine Vertrauensbildung des Schuldners wenig Raum bleibt. Den Ausschlussfristen kommt im Rahmen der Verwirkung noch eine weitere Bedeutung zu. Sie zeigen nämlich, dass nach den Vorstellungen des Gesetzgebers Gestaltungsrechte im Vergleich zu Ansprüchen in einem wesentlich kürzeren Zeitraum ausgeübt werden müssen. Diese Wertung ist auf die Verwirkung zu übertragen.

(e) **Ausschluss**
Die Verwirkung ist gem § 4 Abs 4 S 2 TVG **ausgeschlossen**, soweit tarifliche Rechte betroffen sind (ausf dazu u Rn 815).

(f) Rechtsfolgen der Verwirkung

318 Ein verwirktes Recht oder eine Rechtsposition kann nicht mehr geltend gemacht werden. Offen bleibt, ob diese Wirkung nur eine **Ausübungshemmung** bedeutet (MünchKomm/ROTH Rn 311) oder zum **Untergang** des Rechtes führt (STAUDINGER/J SCHMIDT [1995] Rn 565; SOERGEL/TEICHMANN Rn 343; PALANDT/HEINRICHS Rn 96; AnwK-BGB/ KREBS Rn 111; ähnlich JAUERNIG/MANSEL Rn 62). Die speziellen Verwirkungstatbestände des § 21 MarkenG sehen vor, dass der Inhaber das entsprechende Recht nicht hat und legen damit einen Anspruchsausschluss nahe. Die Annahme einer Ausübungshemmung steht demgegenüber mit der allgemeinen Folge unzulässiger Rechtsausübung (so Rn 226 ff) besser in Einklang. Sie ermöglicht, nach dem Eintritt der Verwirkung auftretende Umstände, wie etwa eine erhöhte Bedürftigkeit des Berechtigten, in eine neue Abwägung einfließen zu lassen. Deshalb ist ihr der Vorzug zu geben.

(4) Erwirkung

319 Oft wird auch die **Erwirkung** in den Bereich des venire contra factum proprium eingeordnet (vgl etwa MünchKomm/ROTH Rn 354). Dabei handelt es sich jedoch nicht um einen Anwendungsfall des § 242, sondern um einen **konkludenten Vertragsschluss** (so Rn 196).

(5) Rechtsscheinshaftung

320 Die Haftung kraft **Rechtsscheins** stellt ebenfalls eine spezielle Ausprägung des Verbots widersprüchlichen Verhaltens dar (MünchKomm/ROTH Rn 276; BAMBERGER/ROTH/ GRÜNEBERG Rn 122). Ihre Voraussetzung besteht darin, dass in **zurechenbarer Weise** ein **Rechtsschein gesetzt** wurde, auf den die **Gegenpartei** in **schutzwürdiger Weise vertraut** hat (MünchKomm/ROTH Rn 277). Diese Erfordernisse werden oft nicht konsequent verlangt (vgl etwa die Figur des Scheinkaufmanns. Meist fehlt es an der Kausalität des Rechtsscheins für den Vertragsabschluss, krit zu Recht vOLSHAUSEN, Wider den Scheinkaufmann des ungeschriebenen Rechts, in: FS Raisch [1995] 147, 159 ff). Gesetzliche Ausprägungen dieses Prinzips finden sich etwa in §§ 171 ff, 15 Abs 1, 3 HGB. Ohne solche speziellen Regelungen kann die Berufung auf die wirkliche Rechtslage als venire contra factum proprium unbeachtlich sein (BGH BB 1976, 1479, 1480). Die Rechtsfolge besteht darin, dass sich derjenige, der den Vertrauenstatbestand gesetzt hat, entsprechend der vermeintlichen Rechtslage behandeln lassen muss. Dadurch können objektiv nicht gegebene Tatbestandsvoraussetzungen überbrückt werden. Anwendungsfälle sind etwa die Lehre von der **Scheingesellschaft** (ausf dazu STAUDINGER/HABERMEIER [2003] § 705 Rn 63 ff) sowiedie **Anscheinsvollmacht** (su Rn 517).

D. Prozessuale Probleme

321 In **verfahrensrechtlicher** Hinsicht geht es zunächst um das Problem, ob es sich bei dem Einwand treuwidrigen Verhaltens um eine **Einrede** oder eine **Einwendung** handelt (su Rn 322 ff); ferner um die **Beweislastverteilung** (su Rn 331 f) und die **Revisibilität** einer auf § 242 gestützten Entscheidung (su Rn 333).

I. Einwendung oder Einrede?

322 Ein Verstoß gegen § 242 stellt nach **hM** eine **Einwendung** dar, ist deshalb im Prozess

von Amts wegen zu berücksichtigen, also unabhängig davon, ob sich die begünstigte Partei darauf beruft (st Rspr, vgl BGHZ 3, 94, 103 f; 12, 286, 304; 31, 77, 84 f; 37, 147, 152; 54, 222; BGH NJW 1966, 343, 345; PALANDT/HEINRICHS Rn 15; ERMAN/WERNER Rn 205; SOERGEL/TEICHMANN Rn 265, 279, 343; MünchKomm/ROTH Rn 67; AnwK-BGB/KREBS Rn 37). Nur eine ältere, insbesondere von SIBER vertretenen **Gegenauffassung** (vgl PLANCK/SIBER Anm 3 c α bb; SIBER, Schuldrecht [1931] 67) sieht § 242 grds als **Einrede** an. Zu einer Einwendung gelangte diese Ansicht nur bei einer Vergleichbarkeit des Treueverstoßes mit den Wertungen des § 138 (z Verhältnis der beiden Normen su Rn 367 ff). Sie lässt jedoch außer Betracht, dass nach der sog Innentheorie (so Rn 217) die aus § 242 folgenden Begrenzungen sämtlichen subjektiven Rechten bereits immanent sind. Soweit die Anwendung der Norm also zu einer Beschränkung eines Anspruchs führt, entfallen damit seine materiellrechtlichen Voraussetzungen. Das Gericht kann sich über diesen Wegfall auch bei fehlender Berufung des Begünstigten hierauf nicht hinwegsetzen (z Ausn su Rn 324 ff).

Aber auch innerhalb der hM gibt es Vertreter, die in **Ausnahmefällen** aus der Norm eine Einrede ableiten (vgl STAUDINGER/J SCHMIDT [1995] Rn 316; MünchKomm/ROTH Rn 67; SOERGEL/SIEBERT/KNOPP Rn 185; MEDICUS, Schuldrecht I Rn 136; ROTH 254 f). **323**

Erwogen wird dies insbesondere für die **Verwirkung** (so Rn 302 ff), und zwar wegen ihrer besonderen Nähe zur Verjährung, § 214 Abs 1. Hier wie dort bestehe kein Anlass, dem Begünstigten Rechtsfolgen aufzudrängen; vielmehr solle es seiner privatautonomen Entscheidung überlassen sein, ob er sich auf den entsprechenden Tatbestand berufe (vgl STAUDINGER/J SCHMIDT [1995] Rn 568; MünchKomm/ROTH Rn 314; ROTH 263). Weniger überzeugend ist das Argument, dem Fall, dass die begünstigte Partei sich bei Vorliegen der Voraussetzungen einer Verwirkung nicht darauf berufe, komme keine praktische Bedeutung zu (so STAUDINGER/J SCHMIDT [1995] Rn 568). Denn selbst dann besteht im **Versäumnisverfahren** ein Bedürfnis für eine Berücksichtigung des Rechtsmissbrauchs von Amts wegen. Entscheidend ist jedoch, dass es sich bei der Verwirkung unbeschadet ihrer Verwandtschaft mit der Verjährung um einen Sonderfall der **unzulässigen Rechtsausübung** handelt (so Rn 302; SOERGEL/SIEBERT/KNOPP[10] Rn 336; ähnl SOERGEL/TEICHMANN Rn 343). Für eine abweichende Behandlung gegenüber deren sonstigen Ausprägungen müssten deshalb gewichtigere Gründe sprechen als die Ähnlichkeit zur Verjährungseinrede. Letztere entsteht durch bloßen Zeitablauf, während die Verwirkung verlangt, dass der Anspruchsberechtigte durch sein Verhalten bei dem anderen Teil das Vertrauen hervorgerufen hat, er werde sein Recht nicht ausüben (so Rn 308). Deshalb ist es vorzuziehen, auch die Fallgruppe der Verwirkung als **Einwendung** zu behandeln. **324**

Daneben wird zum Teil eine Einrede für den Fall der **Unzumutbarkeit** einer Leistung angenommen (vgl MEDICUS, Schuldrecht I Rn 136, 447). Unzumutbarkeit könne kaum bejaht werden, ohne dass sich ein Verpflichteter hierauf berufe (MEDICUS, Schuldrecht I Rn 136, 447). Andererseits ist jedoch auch der Vorteil einer einheitlichen Behandlung der Rechtsfolgen des § 242 nicht gering zu achten. Soweit indes die Unzumutbarkeit nach Einführung der §§ 275 Abs 2, 3 noch von § 242 erfasst wird (dazu so Rn 275), ist sie dennoch als Einrede zu behandeln, weil der Gesetzgeber für zwei ähnliche Sachverhalte eine Wertung getroffen hat, die man nicht unbeachtet lassen kann. Es wäre nicht überzeugend, dem Schuldner bei Unzumutbarkeit einer **höchstpersönlichen** Leistung eine Einrede zu gewähren und **325** ihm damit ein Wahlrecht einzuräumen, bei **vertretbaren Leistungen** hingegen **nicht**.

326 Die praktischen Auswirkungen des Meinungsstreites entschärfen sich jedoch dadurch, wenn man mit denjenigen, die in Ausnahmefällen § 242 als Einrede ansehen, eine **außerprozessuale Berufung** auf die Norm genügen lässt (vgl STAUDINGER/J SCHMIDT [1995] Rn 318; JAHR JuS 1964, 295, 304 mwN; **aA** NIKISCH, Zivilprozessrecht [1950] § 54 III 1; ROTH 134 f). Allerdings muss der notwendige **Tatsachenvortrag** auf der Grundlage der Verhandlungsmaxime (vgl BVerfG NJW 1979, 1925, 1927; BGH NJW 1990, 3151) stets in prozessrechtlich beachtlicher Weise in den Rechtsstreit eingeführt werden, wenn er dort Beachtung finden soll. Dies geschieht durch die Behauptungen der einredeberechtigten Partei, aber auch dadurch, dass die Gegenpartei die entsprechenden Tatsachen in den Prozess einbringt, sei es ausdrücklich in der mündlichen Verhandlung oder durch Bezugnahme auf einen vorbereitenden Schriftsatz gem § 137 Abs 3 S 1 ZPO (vgl BGH MDR 1981, 1012; OLG Düsseldorf NJW 1991, 2089, 2090). Dementsprechend kann selbst im Versäumnisverfahren das tatsächliche Vorbringen des erschienenen Klägers zu einer Klageabweisung durch Sachurteil führen, wenn er die außerprozessuale Berufung des Beklagten auf den **Rechtsmissbrauch** selbst in das Verfahren einführt (NIERWETBERG, Die Behandlung materiellrechtlicher Einreden, ZZP 98 [1985] 442). Somit liegt es letztlich in der Hand der Parteien, ob das Gericht den Verstoß gegen Treu und Glauben berücksichtigen kann oder nicht. Die (Zivil-)Rechtsordnung ist – wie schon WIEACKER es formuliert hat – kein System totaler Verwirklichung subjektiver Rechte, sondern auf die Realisierung durch die Parteien im Rechtsstreit angewiesen (vgl WIEACKER, Präzisierung 46).

327 Andere versuchen die prozessuale Beachtlichkeit eines treuwidrigen Verhaltens noch von einem anderen Ausgangspunkt aus zu beurteilen. Es handelt sich insbesondere um einen allgemeinen Ansatz von JAHR zu allen Einreden und Einwendungen (JAHR JuS 1964, 125, 129 ff; 294, 303 ff), der von J. SCHMIDT auf die Wirkungen eines Verstoßes gegen § 242 übertragen wurde (STAUDINGER/J SCHMIDT [1995] Rn 315 ff; vgl auch ROTH 254 f). Auf der Basis einer Unterscheidung zwischen den **materiellrechtlichen** und den **prozessualen Wirkungen** von Gegenrechten sehen die Vertreter dieser Ansicht den Unterschied zwischen Einrede und Einwendung nicht darin, dass Letztere stets von Amtswegen zu berücksichtigen sei. Vielmehr könne auch eine Einwendung lediglich eine Gestaltungsbefugnis begründen, etwa eine Aufrechnungslage oder ein Anfechtungsrecht. Dann sei das Gericht an die unterlassene Ausübung durch den Berechtigten ebenso gebunden wie bei einer nicht erhobenen Einrede (vgl JAHR JuS 1964, 294, 304). Danach stellt sich die Einordnung des § 242 als Einrede oder Einwendung in prozessrechtlicher Hinsicht als überflüssig dar. Maßgeblich für den Richter sei allein, ob ein rechtsvernichtender oder rechtshemmender Umstand **ipso iure** wirke oder lediglich ein **Gestaltungsrecht begründe**. Für den Bereich des § 242 dürfte sich der Anwendungsbereich dieser Auffassung allerdings dadurch verringert haben, dass Gestaltungsrechte als Folge eines Verstoßes gegen Treu und Glauben in erster Linie beim Wegfall der jetzt in § 313 geregelten Geschäftsgrundlage in Betracht kommen.

328 Abgesehen davon erscheint die unterschiedliche Behandlung materieller und prozessualer Wirkungen von Einrede und Einwendung jedoch zutreffend, obwohl die Begriffe nicht klar getrennt werden (ausf MEDICUS Rn 137 ff.). Jedenfalls darf man

einen wesentlichen materiellrechtlichen Unterschied zwischen Einrede und Einwendung nicht übersehen: Eine **Einrede** erzeugt bereits einige Rechtswirkungen **ab Entstehung**, und nicht erst mit ihrer Geltendmachung (vgl LARENZ/WOLF § 18 Rn 66) So ist zB die Aufrechnung mit einer einredebehafteten Forderung gem § 390 ausgeschlossen, und der Schuldner kann jedenfalls nach hM mit einer solchen Forderung auch nicht in Verzug geraten (vgl BGHZ 48, 249, 250; 104, 6, 11; BGH WM 1984, 1095, 1097; BAMBERGER/ROTH/GRÜNEBERG § 286 Rn 11; ERMAN/BATTES § 284 Rn 14). Bei **Gestaltungsrechten** tritt die materiellrechtliche Wirkung hingegen immer erst mit der **Rechtsausübung** ein; erst ab diesem Zeitpunkt stellt sich deshalb auch die Frage nach evtl prozessualen Folgen. Die Gleichsetzung nicht ausgeübter Gestaltungsrechte mit nicht erhobenen Einreden vermengt daher in unzulässiger Weise verschiedene Rechtsebenen.

II. Dauerhafte oder vorübergehende Wirkung?

Von Interesse ist ferner, ob § 242 eine **dauerhafte** oder nur eine **vorübergehende** 329
Einwendung gewährt, ob also die sich aus Treu und Glauben ergebenden Beschränkungen für immer eintreten oder Veränderungen der tatsächlichen Umstände zu ihrem nachträglichen Fortfall führen können. Eine allgemeine Antwort auf diese Frage findet sich nicht; die unterschiedlichen Ansichten beziehen sich auf einzelne Ausprägungen von Treu und Glauben und werden deshalb dort angesprochen (so Rn 228, 318; zur Wandelbarkeit der Begriffsinhalte von Treu und Glauben so Rn 154 ff).

Beim **Rechtsmissbrauch** nehmen manche an, dass die Befugnis des Berechtigten 330
untergehe. Andere vertreten, dass die Rechtsausübung bei entsprechender Änderung der Umstände wieder zulässig werden könne (so Rn 228). Nach zutreffender Ansicht sollte die Einschränkung nach Treu und Glauben stets nur soweit reichen, wie es zur Erreichung des jeweiligen Zwecks einer Beschränkung notwendig ist (so Rn 158). Diese einzelfallbezogene Betrachtung gilt als Ausprägung des **Verhältnismäßigkeitsgrundsatzes** für alle Fälle des § 242; der **Grundsatz der Wahl des mildesten Mittels** betrifft nicht nur den Rechtsmissbrauch selbst. Eine Ausnahme bildet lediglich die **Verwirkung** (so Rn 302 ff), allerdings aus tatsächlichen Gründen. Der dafür notwendige Vertrauenstatbestand kann nicht durch eine nachträgliche Veränderung der Umstände entfallen. Die Rechtfolgen der Verwirkung sind daher dauerhaft (so im Ergebnis auch STAUDINGER/J SCHMIDT [1995] Rn 566; aA H ROTH 265).

III. Beweislast

Die Verteilung der Beweislast richtet sich nach den **allgemeinen Grundsätzen**. Wer 331
sich auf einen Verstoß gegen „Treu und Glauben" beruft, muss die tatsächlichen Voraussetzungen darlegen und beweisen (vgl BVerfG NJW 1988, 2233; BGHZ 12, 154, 160; 25, 47, 55; 64, 5, 11; BGH NJW 1959, 478, 479; 1964, 1854; 1975, 827, 829; 1999, 353, 354; BGH JZ 1987, 250, 251 m Anm KUCHINKE; BAUMGÄRTEL/STRIEDER, Handbuch der Beweislast I [2. Aufl] BGB § 242 Rn 2 mwNw; ERMAN/WERNER Rn 206; BGB-RGRK/ALFF Rn 6; PALANDT/HEINRICHS Rn 15; MünchKomm/ROTH Rn 67; AnwK-BGB/KREBS Rn 38; allg ROSENBERG, Die Beweislast [5. Aufl 1965] § 9).

Im Fall der **Verwirkung** (so Rn 302 ff) ergibt sich die Besonderheit, dass der Verpflich- 332
tete eine **negative Tatsache** darlegen und beweisen müsste, nämlich die **Untätigkeit**

des Rechtsinhabers während einer gewissen Zeitdauer. Diese Schwierigkeit ist dadurch zu beheben, dass der Berechtigte nach entsprechendem Beklagtenvortrag seinerseits substantiiert darlegen muss, wann und unter welchen Umständen er sein Recht geltend gemacht hat (BGH NJW 1958, 1188, 1189; STAUDINGER/WEBER[11] Rn D 622; MünchKomm/ROTH Rn 315; BAMBERGER/ROTH/GRÜNEBERG Rn 170; ERMAN/WERNER Rn 206; PALANDT/HEINRICHS Rn 96; BAUMGÄRTEL, Anm z BGH, Urt v 13.12.1984 – III ZR 20/83, JZ 1985, 540 f, JZ 1985, 541; aA NARITOMI, Die Verteilung der Beweislast bei der Verwirkung, NJW 1959, 1419). Falls er dieser Pflicht nicht nachkommt, spricht sein Verhalten dafür, dass er es unterlassen hat, seinen Anspruch zu erheben. Andernfalls ist es wiederum Aufgabe des (ursprünglich) Beweisbelasteten, die evtl Unrichtigkeit dieses Vortrages zu beweisen (vgl SOERGEL/TEICHMANN Rn 344). Dadurch wird bewirkt, dass sich die Beweislast des Verpflichteten im Ergebnis immer nur auf eine bestimmte Anzahl konkreter Vorgänge erstreckt und sich nicht uferlos ausweitet (vgl BGH aaO; SOERGEL/SIEBERT/KNOPP[10] Rn 336).

IV. Revisibilität

333 Ein Verstoß gegen Treu und Glauben kann sowohl **Tatsachen-** als auch **Rechtsfrage** sein. Aus diesem Grund unterliegt eine Entscheidung, die sich auf § 242 stützt, im vollen Umfang der Nachprüfung der Revisionsinstanz (allgM, vgl RGZ 145, 26, 32; RG JW 1906, 457 [Nr 9]; ERMAN/WERNER Rn 49, 207; BGB-RGRK/ALFF Rn 5; AnwK-BGB/KREBS Rn 38). Bei der **Verwirkung** wird es als ausreichend erachtet, wenn sich die begünstigte Partei in der Revisionsinstanz auf § 242 beruft (vgl OGH 1, 178, 181; ERMAN/WERNER Rn 207). Dabei genügt gem § 551 Abs 2 S 1 Nr 2 lit a ZPO, wenn der Revisionskläger die **tatsächlichen Umstände**, aus denen sich der Verstoß gegen Treu und Glauben ergibt, bezeichnet. Eine konkrete Angabe der verletzten Rechtsnorm – wie es § 554 Abs 3 Nr 3 lit a ZPO aF forderte – ist nicht mehr notwendig. Damit hat sich der zum alten Recht geführte Streit, ob die bloße Angabe der Paragraphen-Nummer den Anforderungen an die Revisionsbegründung entsprach oder eine inhaltliche Umschreibung der Norm erforderlich war, erledigt (vgl dazu STAUDINGER/J SCHMIDT [1995] Rn 321).

E. Das Verhältnis des § 242 zu anderen Vorschriften und Rechtsgrundsätzen

I. Ausschluss durch andere Normen

334 Betrachtet man das Verhältnis des § 242 zu anderen Vorschriften, so stellt sich zunächst die Frage, ob die Berufung auf Treu und Glauben im Anwendungsbereich bestimmter Rechtsnormen prinzipiell ausgeschlossen ist. Man könnte das Problem auch dahingehend formulieren, ob es „**§ 242-feste**" **Rechtssätze** gibt (so STAUDINGER/J SCHMIDT [1995] Rn 252).

1. Gesetzliche Regelungen

335 Nach einer in der älteren Rspr und Lit verbreiteten Ansicht sollte die Generalklausel des § 242 **im Geltungsbereich anderer – namentlich zwingender – Rechtsnormen nicht anwendbar** sein (so insbes RGZ 52, 1, 5 [Form]; vgl auch OLG Koblenz DRZ 1949, 40; BGH WM 1966, 518, 520; für § 914 AGBG: KLANG/GSCHNITZER, AGBG Bd IV/1 [2. Aufl Wien

1968] § 914 Anm V – anders zum schweizerischen Recht: Berner Kommentar/MERZ [1962] Art 2 ZGB Rn 96 ff). Dahinter stand die Befürchtung, die in Frage stehenden Rechtsnormen könnten ansonsten bedeutungslos werden (vgl RGZ 51, 1, 5). Diese strikte Haltung wurde jedoch schon früh dahingehend eingeschränkt, dass man auch gegenüber den zwingenden Vorschriften des Privatrechts prüfen müsse, ob ihre Anwendung nicht aufgrund besonderer Umstände gegen Treu und Glauben verstoße (so schon RGZ 85, 108, 117; vgl auch BGHZ 3, 94, 104; 30, 315, 322; 58, 146, 147; BGH NJW 1960, 625, 626; 1961, 408, 410; LARENZ, Schuldrecht I § 10 I; speziell für die Vorschriften des Wechselgesetzes: D REINICKE DB 1960, 344).

Heute entspricht es der ganz **hM**, dass § 242 auch im Bereich anderer – zwingender – **336** Rechtssätze Anwendung finden kann (vgl SOERGEL/TEICHMANN Rn 117). Die Voraussetzungen sind jedoch umstritten. So wollten SIEBERT/KNOPP an der Unanwendbarkeit des § 242 festhalten, wenn die in Frage stehende Vorschrift auf „**vorrangigen Ordnungszwecken**" beruhte, also einem **übergeordneten öffentlichen Interesse** diente und nicht nur private Interessen schützen sollte (vgl SOERGEL/SIEBERT/KNOPP[10] Rn 44; grundsätzlich zustimmend SOERGEL/TEICHMANN Rn 117). Als übergeordnete Schutzzwecke wurden insbesondere die für die Funktion der Rechtsordnung wesentlichen Grundsätze wie etwa die Geltung rechtskräftiger Urteile sowie die Verwirklichung wirtschafts- und sozialpolitischer Zielsetzungen genannt. Nach Ansicht von LARENZ (Schuldrecht I § 10 I) kann die Abweichung von einer gesetzlichen Regelung nur dann auf § 242 gestützt werden, wenn der konkrete Einzelfall von den geregelten „Normalfällen" derart abweicht, dass die Nichtberücksichtigung der besonderen Situation **offenbar sachwidrig** oder **in hohem Maße unbillig** wäre. Im gleichen Sinne – wenn auch etwas entschärfend – spricht ROTH sich dafür aus, den Rückgriff auf Treu und Glauben im Anwendungsbereich anderer Vorschriften auf Fälle mit **atypischer Interessenlage** zu beschränken (MünchKomm/ROTH Rn 112a).

Eine abweichende Konzeption hat J SCHMIDT entwickelt. Hiernach soll es für die **337** Anwendbarkeit des § 242 darauf ankommen, ob die einschlägige Norm im historischen Zusammenhang noch den **Maßstäben der sozialen Gerechtigkeit** entspricht. Nur wenn die Norm diesen Anforderungen nicht mehr genüge, sei § 242 anwendbar (STAUDINGER/J SCHMIDT [1995] Rn 254). Indes kann es nicht Sache des Richters sein, die geltenden Normen auf ihre Übereinstimmung mit den Maßstäben der sozialen Gerechtigkeit zu überprüfen und sie bei etwaigen Abweichungen von diesen Maßstäben unter Rückgriff auf § 242 einer **generellen Korrektur** zu unterziehen (vgl LOOSCHELDERS/ROTH, Grundrechte und Vertragsrecht: Die verfassungskonforme Reduktion des § 565 Abs 1 S 2 BGB, JZ 1995, 1038, 1043). Im Übrigen bleibt offen, wie die Maßstäbe der sozialen Gerechtigkeit zu ermitteln sind und wie stark die Abweichung im konkreten Fall ausfallen muss, damit der **Richter** zu einer „Korrektur" der Norm mit Hilfe des § 242 legitimiert ist.

Die übrigen angeführten Ansätze gehen zu Recht davon aus, dass das Eingreifen des **338** § 242 im Regelungsbereich anderer Normen auf einer **Entscheidung im Einzelfall** beruht. Ansatzpunkt ist **nicht** der unbefriedigende **Inhalt der Norm**, sondern das unbefriedigende **Ergebnis**, welches bei strikter Anwendung der Norm zustande kommen würde (vgl LARENZ aaO). Es handelt sich also stets um die von ROTH als maßgeblich erachtete atypische Interessenlage, die den Rückgriff auf § 242 rechtfertigt. Bei der Konkretisierung dieser Überlegungen hilft der von SIEBERT/KNOPP entwickelte Lösungsansatz allein nicht weiter, weil er zu einseitig auf öffentliche Interessen abstellt. Hiergegen spricht zunächst, dass auch die Wahrung von Treu und Glauben im Rechtsverkehr der Aufrechterhaltung der öffentlichen Ordnung dient und damit im öffentlichen Interesse liegt (vgl Berner Kommentar/MERZ [1962] Art 2 ZGB Rn 96). Davon abgesehen ist nicht ersichtlich, warum man öffentlichen Interessen von vornherein einen höheren Stellenwert als privaten Interessen einräumen sollte. In neuerer Zeit wird daher zu Recht anerkannt, dass auch der Schutz **privater Interessen** des anderen Vertragspartners oder Dritter dem Rückgriff auf § 242 entgegenstehen kann (vgl SOERGEL/TEICHMANN Rn 118 ff). Man muss daher aufgrund einer **umfassenden Interessenabwägung** feststellen, ob der **individuellen Gerechtigkeit** im Einzelfall der Vorrang gegenüber den **Wertungen** einzuräumen ist, die für die unveränderte Anwendung der Norm sprechen (ähnlich SOERGEL/TEICHMANN Rn 118). Dabei kommt den Zwecken der jeweiligen Norm sowie dem Gedanken der Rechtssicherheit entscheidende Bedeutung zu.

339 Bei der **Interessenabwägung** muss berücksichtigt werden, inwieweit der jeweilige Rechtssatz bereits selbst besonderen Interessenlagen Rechnung trägt (vgl BGH NJW 1985, 2579, 2580; einschränkend MünchKomm/ROTH Rn 112a). Denn **je spezieller** eine Norm einer bestimmten Situation angepasst ist, desto eher kann davon ausgegangen werden, dass sie auch im konkreten Fall zu einem interessengerechten Ergebnis führt. Im Übrigen darf eine Generalklausel wie § 242 nicht dazu eingesetzt werden, um eine bewusste Wertentscheidung des Gesetzgebers außer Kraft zu setzen (vgl BYDLINSKI, Präzisierung 213 f).

340 In der Lit wird teilweise die Auffassung vertreten, dass das **geringe Alter eines Rechtssatzes** eine besonders zurückhaltende Anwendung des § 242 gebiete (vgl MünchKomm/ROTH Rn 112a). Dafür spricht die Funktion der Generalklauseln, dem Richter ein flexibles Instrumentarium zur Verfügung zu stellen, damit er etwaigen Änderungen der tatsächlichen und rechtlichen Verhältnisse sowie den in der Gesellschaft vorherrschenden Wertanschauungen in angemessener Weise Rechnung tragen kann (vgl LOOSCHELDERS/ROTH, Methodik 198); diese Funktion hat bei neueren Gesetzen (zunächst) keine Bedeutung. Auf der anderen Seite muss sich der Gesetzgeber bei der Ausgestaltung von Rechtsnormen in erster Linie an den typischen Fallgestaltungen orientieren; atypische Konstellationen haben ggf selbst dann außer Betracht zu bleiben, wenn sie ihm bekannt sind. Davon abgesehen zeigen die Erfahrungen mit dem Schuldrechtsmodernisierungsgesetz, dass auch bei neueren Gesetzen immer wieder Fallgestaltungen auftreten können, die vom Gesetzgeber nicht bedacht worden sind. Von daher kommt § 242 auch bei neueren Gesetzen Bedeutung zu.

341 Im Ergebnis ist damit davon auszugehen, dass es im deutschen Privatrecht **keine Rechtsnormen** gibt, die **generell** als „§ 242-fest" zu qualifizieren sind (ähnlich ERMAN/ HOHLOCH Rn 27; **aA** STAUDINGER/J SCHMIDT [1995] Rn 260). Die einzelnen Vorschriften unterscheiden sich lediglich insoweit, als dass die von ihnen geschützten Interessen dem Rückgriff auf § 242 in mehr oder weniger großem Maße entgegenstehen. Während § 242 bei einigen Vorschriften nur in extremen Ausnahmefällen anwendbar ist, lässt sich der Rückgriff auf Treu und Glauben bei anderen Vorschriften wesentlich leichter rechtfertigen. Die Einzelfragen sind deshalb im Zusammenhang mit den jeweils betroffenen Normen (su Rn 353 ff) zu erörtern.

2. Vertragliche Vereinbarungen

Im Verhältnis zu **vertraglichen Vereinbarungen** muss § 242 besonders zurückhaltend 342
angewendet werden, weil der Rückgriff auf Treu und Glauben hier zugleich einen
Eingriff in die **privatautonome Gestaltungsfreiheit der Parteien** darstellt (vgl zu dieser
Problematik insbes Esser, § 242 und die Privatautonomie, JZ 1956, 555, 556 f; ausf dazu u
Rn 456 ff).

Soweit es um die **Ergänzung** vertraglicher Vereinbarungen geht, handelt es sich 343
heute allerdings nicht mehr um ein Problem des § 242. Denn eine ergänzende
Funktion kommt dem Grundsatz von Treu und Glauben nach der Schuldrechtsreform (s Staudinger/Olzen Einl 184 ff zu §§ 241 ff) nicht mehr zu (dazu ausf o Rn 187).
Klärungsbedürftig bleibt aber, ob und unter welchen Voraussetzungen der **Inhalt**
einer vertraglichen Vereinbarung mit Hilfe von § 242 **korrigiert** werden kann (dazu u
Rn 205). Dabei ist freilich zu beachten, dass § 242 seit dem Inkrafttreten der §§ **9 ff
AGBG** bzw der §§ **307 ff** (zum Verhältnis des § 242 zu diesen Normen su Rn 471) im Allgemeinen nicht mehr zur Inhaltskontrolle von Verträgen eingesetzt werden muss.

Von der Inhaltskontrolle zu unterscheiden ist die Frage, ob die Geltendmachung 344
eines vertraglich begründeten Anspruchs aufgrund der besonderen Umstände des
Einzelfalls als **unzulässige Rechtsausübung** anzusehen ist. Bei dieser sog „**Ausübungskontrolle**" wiegt der Eingriff in die Privatautonomie weniger schwer, weil der Inhalt
der vertraglichen Vereinbarungen als solcher unberührt bleibt. Anders als bei der
Inhaltskontrolle hat § 242 bei der Ausübungskontrolle daher nach wie vor große
praktische Bedeutung.

II. Das Verhältnis zu teleologischer Reduktion und Analogie

Soweit es um die Einschränkung oder Ausdehnung einer speziellen Rechtsnorm 345
geht, stellt sich die **methodische Frage**, ob die Lösung auf der Grundlage des § 242
entwickelt oder auf eine teleologische Reduktion bzw Analogie gestützt werden
sollte.

1. Teleologische Reduktion

Bei der teleologischen Reduktion wird der **Tatbestand** einer Norm entgegen dem 346
möglichen Wortsinn **eingeschränkt**, weil der Anwendungsbereich der Norm sonst
über den Zweck der gesetzlichen Regelung hinausgehen würde (vgl BVerfGE 88, 145,
166 ff; BGHZ 4, 153, 154; AnwK-BGB/Looschelders Anh zu § 133 Rn 45 ff; Soergel/Hefermehl
Anh zu § 133 Rn 14; Looschelders/Roth, Methodik 261 ff). Eine Alternative zu einer solchen Rechtsfortbildung wäre, die notwendige Einschränkung durch Heranziehung
des Grundsatzes von Treu und Glauben zu verwirklichen (vgl Honsell, Teleologische
Reduktion versus Rechtsmissbrauch, in: FS Mayer-Maly [1996] 369; für das Bsp des § 125: Larenz,
Methodenlehre 396), dh § 242 im Geltungsbereich des vom Gesetzgeber zu weit ge-
fassten Rechtssatzes anzuwenden.

Zur Lösung des Problems bietet sich folgende Vorgehensweise an: Zunächst muss 347
geprüft werden, ob Sachverhalte der vorliegenden Art vom **Regelungszweck** der
einschlägigen Vorschrift überhaupt erfasst werden. Notfalls kommt das Instrument

der teleologischen Reduktion zum Einsatz. Da die gesetzliche Norm damit auf den ihrem Regelungszweck entsprechenden Anwendungsbereich zurückgeführt wird, ist ein Rückgriff auf § 242 nicht notwendig (zum Vorrang der teleologischen Reduktion gegenüber § 242 vgl LOOSCHELDERS/ROTH, Grundrechte und Vertragsrecht: Die verfassungskonforme Reduktion des § 565 Abs 1 S 2 BGB, JZ 1995, 1038, 1043). Sollte sich eine teleologische Reduktion nicht rechtfertigen lassen, so muss in einem zweiten Schritt geprüft werden, ob die Anwendung der Norm mit Rücksicht auf die Umstände des Einzelfalles nach § 242 einzuschränken oder zu modifizieren ist. Die Entscheidung setzt in diesem Fall eine umfassende **Interessenabwägung** voraus. Erforderlich ist, dass die im Rahmen des § 242 zu berücksichtigenden Gründe der Einzelfallgerechtigkeit die für die unveränderte Anwendung der Norm streitenden Interessen überwiegen (dazu ausf o Rn 144 ff).

2. Analogie

348 Im Vergleich mit der teleologischen Reduktion betrifft die **Analogie** den umgekehrten Fall, dass ein Rechtssatz einen Sachverhalt dem Wortlaut nach nicht erfasst, obwohl dies wegen der **Ähnlichkeit der Interessenlage geboten wäre** (vgl BVerfGE 82, 6, 12; AnwK-BGB/LOOSCHELDERS Anh zu § 133 Rn 41 ff; BYDLINSKI, Juristische Methodenlehre und Rechtsbegriff [2. Aufl 1991] 475; LARENZ, Methodenlehre 381; LOOSCHELDERS/ROTH, Methodik 304). Auch hier stellt sich die Frage, inwieweit zur Schließung der Gesetzeslücke auf § 242 zurückgegriffen werden kann.

a) Extrempositionen

349 Zum Verhältnis von Analogie und § 242 finden sich **zwei extreme Ansätze**: Nach einer Auffassung ist die Rechtsfortbildung im Wege der Analogie stets vorrangig (dafür LARENZ, Schuldrecht I § 10 I, der die Anwendung von § 242 für eine „Verlegenheitslösung" hält). Zu einem Rückgriff auf § 242 kann es hiernach nur kommen, wenn zur Lückenfüllung keine analogiefähige Rechtsnorm vorhanden ist. Nach der Gegenauffassung sind zumindest im unmittelbaren Anwendungsbereich von § 242 – also bei bestehenden Sonderbeziehungen (zum Tatbestandsmerkmal der Sonderbeziehung ausf o Rn 127 ff) – allein die Grundsätze von Treu und Glauben heranzuziehen, weil es insoweit an einer für die Analogie erforderlichen Regelungslücke fehlt (in diese Richtung wohl TERBILLE/SCHMITZ-HERSCHEID, Zur Offenbarungspflicht bei ärztlichen Behandlungsfehlern, NJW 2000, 1749, 1752 Fn 38). Beiden Ansätzen kann zugute gehalten werden, dass sie eine klare Abgrenzung ermöglichen. Letztlich ist eine **generelle Vorrangregel** jedoch zu **starr**, weil sie den Rechtsanwender zwingen würde, das präferierte Institut auf Fälle auszudehnen, für die es an sich weniger gut geeignet ist.

b) Vermittelnde Ansätze

350 Eine vermittelnde Auffassung vertritt ROTH. Seiner Ansicht nach ist bei der Abgrenzung von der Funktion des § 242 auszugehen, die individuellen Besonderheiten des Einzelfalls zur Geltung zu bringen (vgl MünchKomm/ROTH Rn 111 und Rn 23). Zu einer Heranziehung des spezielleren Rechtssatzes im Wege der Analogie soll es nur kommen, wenn die betreffende Norm dem Sachverhalt so nahe steht, dass die in ihr enthaltenen **Wertentscheidungen des Gesetzgebers** bei der Interessenabwägung über die Vornahme oder Nichtvornahme der Rechtsfortbildung verwertet werden können (vgl MünchKomm/ROTH Rn 112). Beruhe die Rechtsfortbildung hingegen eher auf einer einzelfallbezogenen Wertung, müsse § 242 die maßgebliche Grundlage darstellen.

Ein ähnlicher Ansatz findet sich bei BYDLINSKI. Hiernach kommt es bei der Abgrenzung maßgeblich auf **Zweck und Rechtsfolge der jeweiligen gesetzlichen Regelung** an. Soweit diese auf den nicht geregelten Fall passen, soll der Analogie der Vorrang zukommen. Knüpfe die Rechtsfortbildung hingegen an **allgemeine gesetzliche Grundwertungen und Rechtsprinzipien** an, so stelle die Generalklausel des § 242 das bessere „Einfallstor" dar (vgl allg zum Verhältnis von Generalklauseln und Analogie BYDLINSKI, Präzisierung 203 Fn 40). **351**

Bei der Würdigung dieser Ansätze ist zu beachten, dass die Analogie einen weiten Bereich **„ähnlicher"** Sachverhalte erfasst, in dem die Rechtsfortbildung nicht allein durch den Zweck der Norm und den Gleichheitssatz gerechtfertigt wird (ausf dazu LOOSCHELDERS/ROTH, Methodik 304 ff; zum „vieldeutige[n] Begriff der Ähnlichkeit" als „Angelpunkt" der Analogie vgl auch ENGISCH, Einführung in das juristische Denken [9. Aufl 1997] 187). Hier muss die Analogie ergänzend auf andere Gründe gestützt werden. Dabei kommt auch dem Grundsatz von Treu und Glauben mitsamt den dahinter stehenden allgemeinen Rechtsprinzipien Bedeutung zu. Umgekehrt ist anerkannt, dass im Rahmen einer Abwägung nach Treu und Glauben auch gesetzgeberische Wertungen zu berücksichtigen sind, die in einer speziellen Rechtsnorm zum Ausdruck kommen (vgl MünchKomm/ROTH Rn 112). Eine klare Abgrenzung zwischen beiden Methoden ist daher schon theoretisch nicht möglich. Bei der Entscheidung kann man sich daher nur daran orientieren, welche Argumente im Einzelfall das größere Gewicht haben: die Argumente aus dem Zweck der Norm oder aus Treu und Glauben. Dabei erscheint es aus Gründen der methodischen Klarheit gerechtfertigt, der **(Einzel-) Analogie** einen gewissen **Vorrang** einzuräumen. **352**

III. Die Abgrenzung zu anderen Normen des BGB

Zu klären bleibt noch die Frage, wie der Anwendungsbereich des § 242 vom Anwendungsbereich anderer Vorschriften des BGB abgegrenzt werden kann. **353**

1. § 157

Als besonders schwierig erweist sich die Grenzziehung zwischen § 242 und der „Auslegungsvorschrift" des § 157. Die Problematik hat ihren Ursprung im **nahezu identischen Wortlaut** beider Normen (zur Geschichte der Normen so Rn 1 ff). Zwar hat die eine Vorschrift die Auslegung von Verträgen zum Gegenstand, während die andere das Bewirken der Leistung betrifft. Den Maßstab soll jedoch in beiden Fällen das Gebot von Treu und Glauben mit Rücksicht auf die Verkehrssitte bilden. Abgrenzungsschwierigkeiten ergeben sich immer dann, wenn der Geltungsbereich beider Normen berührt ist, also bei **vertraglichen Schuldverhältnissen**. Wird die Ergänzung bzw Konkretisierung oder Korrektur einer vertraglichen Vereinbarung durch den Richter notwendig, so ist oftmals zweifelhaft, auf welcher Grundlage dies zu erfolgen hat (vgl hierzu SÜSS JZ 1958, 365 f, der im konkreten Fall eine Lösung sowohl über § 242 als auch über § 157 für möglich hält; LÜDERITZ, Auslegung von Rechtsgeschäften [1966] 416 ff; ders, Rezension zu: Otto SANDROCK, Zur ergänzenden Vertragsauslegung im materiellen und internationalen Schuldvertragsrecht, AcP 171 [1971] 160, 164 f; SONNENBERGER, Verkehrssitten 120 ff). **354**

a) Notwendigkeit der Abgrenzung

In der **Rspr** zeigt sich ein sehr uneinheitliches Bild. Vereinzelt wird auf eine klare **355**

Abgrenzung zwischen Treu und Glauben einerseits und § 157 andererseits Wert gelegt (vgl RGZ 141, 198, 201; BGHZ 9, 273, 277; 16, 4, 8; BGH JZ 1969, 70, 72; BGH WM 1969, 769, 771; WM 1971, 509), wobei die ergänzende Auslegung gegenüber der Anwendung des § 242 als vorrangig angesehen wird (vgl BGHZ 81, 135, 143; 90, 69, 74). In anderen Urteilen hingegen verwischen die Grenzen (vgl RGZ 152, 403; 160, 268; BGHZ 10, 2; 13, 346; 48, 296, 301; 77, 310, 317; 87, 309, 317, BGH NJW 1989, 2625, OLG Schleswig NJW-RR 1987, 1022; OLG Bamberg NJW-RR 1987, 1644). Die Gerichte sprechen teilweise sogar von einer „Auslegung nach § 242" (vgl RGZ 80, 27, 28; BGHZ 12, 375; 84, 1, 8; BGH NJW 1958, 1483; BGH NJW-RR 1987, 230, 231) bzw von einer Auslegung nach „§§ 133, 157, 242" (vgl OLG Frankfurt/M FamRZ 1994, 198).

356 Angesichts dieser begrifflichen Ungenauigkeiten überrascht es nicht, dass die in der **Lit** vertretenen Ansichten gleichermaßen auseinander gehen. Eine Meinung erachtet die Grenzziehung zwischen § 242 und § 157 als **unmöglich** und **überflüssig** (FLUME, AT II § 16, 3a aE; HECK, Schuldrecht § 4, 5; HENCKEL, Die ergänzende Vertragsauslegung, AcP 159 [1960/1961] 106, 121; LARENZ, Schuldrecht I § 10 I; MEDICUS, Schuldrecht I Rn 128; STUMPF, Erläuternde und ergänzende Auslegung letztwilliger Verfügungen im System privatautonomer Rechtsgestaltung [Berlin 1991] 198–201). Zur Begründung wird angeführt, dass beide Vorschriften ohnehin keinen konkreten Inhalt hätten, so dass Überschneidungen unerheblich seien (FLUME, AT II § 16, 3a aE; MEDICUS, Schuldrecht I Rn 128: „beide haben weder Tatbestand noch Rechtsfolge und eignen sich somit nicht zur Anwendung durch Subsumtion"). Auch wird mit der Gleichheit der Maßstäbe – also mit der Identität der Ergebnisse bei Anwendung beider Normen – argumentiert (so etwa STAUDINGER/J SCHMIDT [1995] Rn 266). Dem entspricht auch die Aussage von ROTH, dass es bei beiden Vorschriften letztlich um die Ermittlung der interessengerechten Rechtsfolge gehe und der Streit um die richtige Etikettierung im Einzelfall deshalb müßig sei (MünchKomm/ROTH Rn 105).

357 So verbreitet diese Sichtweise auch sein mag, so wenig kann sie doch überzeugen. Aus **dogmatischer Sicht** ist zunächst zu beachten, dass es sich bei § 242 um eine subsumtionsfähige Rechtsnorm mit konkretem Inhalt handelt. Davon abgesehen haben Treu und Glauben und die Verkehrssitte bei der Auslegung nach § 157 nicht den gleichen Stellenwert wie bei § 242. Während bei § 242 **unmittelbar** auf diese Kriterien abzustellen ist, steht bei der ergänzenden Auslegung der **hypothetische Parteiwille** im Vordergrund (zum hypothetischen Parteiwillen MAYER-MALY, Die Bedeutung des tatsächlichen Parteiwillens für den hypothetischen, in: FS Flume Bd I [1978] 621 ff). Treu und Glauben und die Verkehrssitte entfalten in diesem Bereich nur **mittelbare** Bedeutung – soweit sie nämlich Rückschlüsse auf den hypothetischen Willen der Parteien zulassen (vgl AnwK-BGB/LOOSCHELDERS § 133 Rn 15; SOERGEL/M WOLF § 157 Rn 26). Eine an Treu und Glauben orientierte Auslegung gegen den tatsächlichen oder mutmaßlichen Parteiwillen ist daher unzulässig (BGHZ 19, 269, 273; 90, 69, 77; BGH NJW 2002, 2310, 2311; STAUDINGER/ROTH [2003] § 157 Rn 39).

358 Der hier herausgearbeiteten Unterscheidung kann nicht entgegengehalten werden, dass der BGH (BGHZ 84, 1, 7) auch bei der ergänzenden Vertragsauslegung darauf abstellt, welche Vereinbarung **redliche Vertragsparteien** nach Treu und Glauben **vernünftigerweise** getroffen hätten (so aber STAUDINGER/J SCHMIDT [1995] Rn 266 gegen SOERGEL/TEICHMANN Rn 124). Denn die Maßstabsfigur der redlichen und vernünftigen Vertragspartei gilt bei § 157 nur insoweit, wie den Vereinbarungen der konkreten Parteien im Einzelfall keine abweichenden Interessenwertungen entnommen wer-

den können. Da bei der Ermittlung des hypothetischen Parteiwillens im Rahmen des § 157 auch objektive Kriterien zu berücksichtigen sind, können die ergänzende Vertragsauslegung und die Konkretisierung oder Einschränkung vertraglicher Pflichten nach § 242 in einem gewissen Grenzbereich ineinander übergehen (vgl Bamberger/Roth/Grüneberg Rn 34; Soergel/Teichmann Rn 124; Looschelders, Schuldrecht AT Rn 70). Solche **Überschneidungen** sind jedoch unschädlich, solange der Vorrang des tatsächlichen oder mutmaßlichen Parteiwillens gegenüber objektiven Kriterien gewahrt bleibt.

Auch bei der **praktischen Rechtsanwendung** ist eine rein ergebnisorientierte Betrachtung keineswegs ungefährlich. Denn sie verführt dazu, einen Eingriff in vertragliche Regelungen mit dem pauschalen Hinweis auf die §§ 242, 157 zu rechtfertigen, anstatt die Voraussetzungen der ergänzenden Vertragsauslegung oder des § 242 im Einzelfall zu prüfen. Es besteht mithin die Gefahr, dass die Lösung allein auf Billigkeitserwägungen gründet. Mit der überwiegenden Ansicht in der Lit (Erman/Hohloch Rn 21; Palandt/Heinrichs Rn 18; BGB-RGRK/Alff Rn 4; Soergel/Teichmann Rn 124; Soergel/M Wolf § 157 Rn 104 f) ist deshalb davon auszugehen, dass eine Abgrenzung von § 242 und § 157 **möglich** und **notwendig** ist. 359

b) Kriterien der Abgrenzung
Nach welchen Kriterien die Abgrenzung zwischen § 157 und § 242 zu erfolgen hat, ist umstritten. So vertritt Sonnenberger die Auffassung, dass die Überschneidungen durch **Beschränkung des Anwendungsbereiches einer der beiden Normen** zu beseitigen sind (vgl Sonnenberger, Verkehrssitten 131). Zwei Lösungen kommen hiernach in Betracht. Zum einen könnte § 157 auf die reine Ermittlung des Sinnes von Willenserklärungen beschränkt und alles darüber Hinausgehende § 242 zugeordnet werden (vgl Sonnenberger aaO; so bereits ausdrücklich befürwortet von Wieacker, Die Methode der Auslegung des Rechtsgeschäfts, JZ 1967, 385, 390). Zum anderen könnte der Auslegung nach § 157 die Aufgabe zugewiesen werden, sämtliche in einem Vertrag offen gebliebenen Fragen zu beantworten, wobei der damit in diesem Bereich eintretende Bedeutungsverlust von § 242 hinzunehmen wäre (vgl Sonnenberger aaO). Zweifellos zeugt eine solche Vorgehensweise von einer gewissen „dogmatischen Ökonomie" (vgl Wieacker JZ 1967, 385, 390). Allerdings wäre damit zwangsläufig – welche Alternative man auch bevorzugt – verbunden, dass einer der beiden Normen ein Inhalt beigelegt werden muss, den sie tatsächlich nicht hat. Weder hat § 242 die Funktion, den (empirischen oder hypothetischen) Willen der Vertragsparteien zu ermitteln (Staudinger/J Schmidt [1995] Rn 266), noch kommt § 157 die Aufgabe zu, vertragliche Vereinbarungen unabhängig vom Willen der Parteien zu konkretisieren (AnwK-BGB/Looschelders § 157 Rn 21 ff). Im Ergebnis würde diese Vorgehensweise somit auf eine analoge Anwendung der einen und eine teleologische Reduktion der anderen Vorschrift hinauslaufen. Ob die für eine solche Rechtsfortbildung erforderlichen Regelungslücken vorliegen, erscheint indes mehr als fraglich. 360

Die hM folgt der auf Oertmann zurückgehenden Abgrenzung zwischen § 157 und § 242 (sog Oertmannsche Metapher). Ausgangspunkt ist die Überlegung, dass bei der Auslegung gem § 157 der Parteiwille, dh das „rechtliche Wollen", im Rahmen des § 242 dagegen das „rechtliche Sollen" entscheidet (Oertmann, Rechtsordnung und Verkehrssitte [1914] 314). Vorrangig sei das „rechtliche Wollen" (BGHZ 16, 4, 8; AnwK-BGB/Looschelders § 133 Rn 16; Bamberger/Roth/Grüneberg Rn 34; Erman/Hohloch Rn 21; 361

MünchKomm/MAYER-MALY/BUSCHE § 133 Rn 21; BGB-RGRK/PIPER § 157 Rn 3; SOERGEL/ KNOPP[11] § 157 Rn 96; ESSER JZ 1956, 555, 557). Denn der Inhalt eines vertraglichen Schuldverhältnisses bestimme sich in erster Linie nach der Parteivereinbarung und zwar nicht allein nach ihrem Wortlaut, sondern nach ihrem durch Auslegung, also unter Heranziehung des § 157, festgestellten Sinn (vgl OERTMANN 312).

362 Dieser Ansatz entspricht dem **Grundsatz der Privatautonomie**. Entscheiden muss danach in erster Linie der Wille der Parteien. Für das Verhältnis von § 157 und § 242 bedeutet dies, dass der Richter sich bei der Ergänzung eines Vertrages solange nach § 157 zu richten hat, wie in der Vereinbarung Anhaltspunkte für den hypothetischen Willen vorhanden sind. Mit der vorrangigen Anwendung des § 157 geht zwar nicht zwangsläufig ein „Mehr an Sicherheit" einher – insoweit kann ROTH zugestimmt werden (vgl MünchKomm/ROTH Rn 106). Der von ROTH heraufbeschworenen Gefahr einer Verschleierung von Wertentscheidungen unter dem Deckmantel des § 157 (MünchKomm/ROTH aaO) kann aber dadurch begegnet werden, dass man sich bei der ergänzenden Vertragsauslegung strikt an dem konkreten Rechtsgeschäft und den darin zum Ausdruck gebrachten individuellen Zwecksetzungen und Wertungen der Parteien orientiert (AnwK-BGB/LOOSCHELDERS § 157 Rn 23; ERMAN/ARMBRÜSTER § 157 Rn 20).

363 In der Praxis stellt sich die Frage nach dem Verhältnis von ergänzender Vertragsauslegung und Vertragsergänzung nach dem Grundsatz von Treu und Glauben besonders häufig bei **Störungen der Geschäftsgrundlage** (vgl NICKLISCH, Ergänzende Vertragsauslegung und Geschäftsgrundlagenlehre – ein einheitliches Rechtsinstitut zur Lückenfüllung, BB 1980, 949). Nachdem die Grundsätze über die Störung der Geschäftsgrundlage im Zuge der Schuldrechtsreform in § 313 kodifiziert worden sind, muss diese Problematik allerdings nicht mehr im Rahmen des § 242 erörtert werden (vgl dazu AnwK-BGB/LOOSCHELDERS § 157 Rn 7).

2. § 134

364 Bei § 242 handelt es sich nach allgemeiner Ansicht **nicht um ein Verbotsgesetz** iSd § 134 (vgl STAUDINGER/J SCHMIDT [1995] Rn 267; ERMAN/HOHLOCH Rn 22). Demzufolge erfüllt nicht jeder Verstoß gegen Treu und Glauben die Voraussetzungen des § 134. Umgekehrt genügt ein Rechtsgeschäft, das unter Verletzung eines gesetzlichen Verbots zustande kommt, aber zumindest regelmäßig nicht den Anforderungen des § 242 (vgl STAUDINGER/J SCHMIDT [1995] Rn 267). Eine Ausnahme mag zwar bei Verstößen gegen bloße **Ordnungsvorschriften** in Betracht kommen, der Gesetzesverstoß führt aber in solchen Fällen im Allgemeinen auch nicht über § 134 zur Nichtigkeit des Geschäfts (vgl AnwK-BGB/LOOSCHELDERS § 134 Rn 57 ff).

365 Soweit sich die Anwendungsbereiche von § 134 und § 242 überschneiden, besteht das Problem, dass beide Vorschriften **unterschiedliche Rechtsfolgen** vorsehen. Während es bei § 134 allein um die Frage geht, ob das Rechtsgeschäft aufgrund des Gesetzesverstoßes nichtig ist (dazu ausf AnwK-BGB/LOOSCHELDERS § 134 Rn 55 ff), lassen sich im Rahmen des § 242 flexiblere Lösungen entwickeln (vgl STAUDINGER/J SCHMIDT [1995] Rn 268). Ebenso wie § 138 (su Rn 367 ff) dient § 134 also der **Wirksamkeitskontrolle**, § 242 dagegen zumindest primär der **Ausübungskontrolle**. Man kann dies auch dahingehend formulieren, dass § 134 eine Außenschranke und § 242 eine Binnen-

schranke der Rechtsausübung enthält (so PALANDT/HEINRICHS Rn 19; BAMBERGER/ROTH/ GRÜNEBERG Rn 35).

Für die praktische Rechtsanwendung bedeutet dies, dass in einem **ersten Schritt** der 366 Frage nachzugehen ist, ob das Rechtsgeschäft nach § 134 unwirksam ist. Sollte dies der Fall sein, so muss **als nächstes** das Verhältnis zu § 242 geprüft werden. Abstrakt betrachtet geht es dabei wieder um die Anwendbarkeit von Treu und Glauben im Geltungsbereich anderer Normen. Konkret stellt sich vor allem die Frage, ob die Nichtigkeitsfolge des § 134 nach Treu und Glauben einzuschränken ist (dazu su Rn 486). Auf der anderen Seite mag es in Ausnahmefällen denkbar sein, aus § 242 zusätzliche Rechtsfolgen abzuleiten, wenn die Nichtigkeitsfolge zum Schutz des Benachteiligten nicht ausreicht (ERMAN/HOHLOCH Rn 14). In der Praxis hat diese Möglichkeit bislang aber noch keine Rolle gespielt; die von ERMAN/HOHLOCH (aaO) als Beleg herangezogene Entscheidung des BGH (BGHZ 12, 286) betrifft jedenfalls die Nichtigkeit nach § 125 (vgl STAUDINGER/J SCHMIDT [1995] Rn 269). Ist das Rechtsgeschäft **nicht** nach § 134 **unwirksam**, so kann sich im Rahmen der Ausübungskontrolle die Frage stellen, ob § 242 den Begünstigten daran hindert, die aus dem Geschäft folgenden Rechte geltend zu machen (su Rn 490).

3. § 138

Konkurrenzprobleme stellen sich auch im Verhältnis von § 242 zu § 138. Genau wie 367 im Vergleich mit § 134 setzt § 242 auch im Vergleich mit **§ 138** die **strengeren Maßstäbe** (AnwK-BGB/LOOSCHELDERS § 138 Rn 17; PALANDT/HEINRICHS Rn 19; SOERGEL/TEICHMANN Rn 128; SCHAPP/SCHUR, Einführung in das Bürgerliche Recht [3. Aufl 2003] Rn 487; **aA** MEDICUS, Schuldrecht I Rn 130, der von einem Verschwimmen der Abgrenzung zwischen Treu und Glauben und den guten Sitten spricht). Im Rahmen von Sonderverbindungen gelten mit den Geboten von Treu und Glauben (§ 242) **gesteigerte sozialethische Anforderungen**. Demgegenüber geht es bei dem Merkmal der guten Sitten (§ 138 Abs 1) nur um die Einhaltung eines „**sozialethischen Minimums**" (vgl AnwK-BGB/LOOSCHELDERS § 138 Rn 89; Hk-BGB/DÖRNER § 138 Rn 3; JAUERNIG/JAUERNIG § 138 Rn 6). Ein Fall der Sittenwidrigkeit stellt somit notwendig auch einen Verstoß gegen Treu und Glauben dar, was umgekehrt nicht zutrifft (vgl BAG NJW 1964, 1542; OLG Hamburg MDR 1964, 321; OLG Hamm NJW 1981, 465, 466; ERMAN/HOHLOCH Rn 23; BAMBERGER/ROTH/GRÜNEBERG Rn 35; MünchKomm/ROTH Rn 116; PALANDT/HEINRICHS Rn 19; LARENZ, Schuldrecht I § 10 I). Dadurch entsteht bei § 138 die gleiche Überschneidungsproblematik wie bei § 134 (so Rn 364).

Bei der Abgrenzung ist davon auszugehen, dass § 138 genau wie § 134 (so Rn 365) 368 eine Außenschranke für die **Wirksamkeit von Rechtsgeschäften** darstellt (vgl BAMBERGER/ROTH/GRÜNEBERG Rn 35; PALANDT/HEINRICHS Rn 19; SCHAPP/SCHUR, Einführung in das Bürgerliche Recht [3. Aufl 2003] Rn 487). Demgegenüber lässt § 242 die Wirksamkeit des Rechtsgeschäfts grundsätzlich unberührt und begrenzt lediglich die **Ausübung** der daraus folgenden Rechte. Vorzugswürdig erscheint es daher § 138 gegenüber § 242 vorrangig anzuwenden (vgl AnwK-BGB/KREBS Rn 27; AnwK-BGB/LOOSCHELDERS § 138 Rn 18; MünchKomm/ROTH Rn 116; zur Inhaltskontrolle von Eheverträgen so jetzt auch BGH NJW 2004, 930, 935).

Ist das Rechtsgeschäft nicht nach § 138 unwirksam, so muss in einem zweiten Schritt 369 geprüft werden, ob die Geltendmachung der daraus folgenden Rechte aufgrund der

Umstände des Einzelfalls wegen **unzulässiger Rechtsausübung** nach § 242 entfällt (vgl BGH NJW 2004, 930, 935). Im umgekehrten Fall – Unwirksamkeit des Rechtsgeschäfts nach § 138 – steht der Rechtsanwender ebenso wie bei § 134 vor der Frage, ob der Begünstigte nach Treu und Glauben (§ 242) gehindert ist, sich auf die Unwirksamkeit zu berufen (su Rn 491 ff).

370 Ob das hier beschriebene Zusammenspiel von § 138 (Wirksamkeitskontrolle) und § 242 (Ausübungskontrolle) in allen Bereichen gilt, ist allerdings umstritten. In der Lit wird teilweise dafür plädiert, die Parteivereinbarungen in bestimmten Fällen einer **erweiterten Inhaltskontrolle am Maßstab des § 242** zu unterwerfen (vgl MünchKomm/ROTH Rn 425), welche an die Stelle der Wirksamkeitskontrolle nach § 138 treten soll. Die Rspr hat diese Vorgehensweise insbesondere bei vorformulierten Vertragsbedingungen praktiziert (su Rn 463). In Bezug auf AGB ist sie in den §§ 307 ff (§§ 9 ff AGBG) gesetzlich anerkannt. Im Übrigen berührt das Problem der erweiterten Inhaltskontrolle **Grundfragen der Privatautonomie** und soll daher in diesem Kontext eingehender behandelt werden (su Rn 463 ff).

371 Eine andere Frage lautet, ob die **Sittenwidrigkeit** einer Vertragsklausel durch **Anwendung des § 242** von vornherein **beseitigt** werden kann. Überwiegend wird eine solche Abänderung nach § 242 für möglich gehalten (dafür RGZ 138, 90; 152, 254; BGHZ 12, 286, 294 ff; BGH JZ 1952, 366, BGH NJW 1971, 1034, 1035; BGH WM 1977, 642; BayObLG NJW-RR 1992, 15; BAMBERGER/ROTH/WENDTLAND § 138 Rn 8; ERMAN/PALM § 138 Rn 2; PALANDT/ HEINRICHS Rn 19 und § 138 Rn 14; SOERGEL/TEICHMANN Rn 129; HÜBNER BGB AT [2. Aufl 1996] Rn 926; LINDACHER, Grundsätzliches zu § 138 BGB – Zur Frage der Relevanz subjektiver Momente, AcP 173 [1973], 124). TEICHMANN beschränkt dies jedoch auf Fälle, in denen sich die Sittenwidrigkeit nicht aus dem Verstoß gegen einen allgemeinen, für die Parteien nicht verfügbaren Wert ergibt und der benachteiligten Partei die Bindung an den veränderten Vertrag zumutbar ist (vgl SOERGEL/TEICHMANN Rn 129).

372 Bei der Würdigung dieser Ansätze ist davon auszugehen, dass § 138 als Außenschranke der Rechtsausübung grundsätzlich vor § 242 geprüft werden muss (so Rn 368). Aus dogmatischer Sicht sind Wirksamkeits- und Ausübungskontrolle daher klar voneinander getrennt. Bei der praktischen Rechtsanwendung lässt sich eine gewisse **Wechselwirkung** aber insofern nicht ausschließen, als die Sittenwidrigkeit auf der Grundlage einer umfassenden Interessenabwägung festgestellt werden muss (AnwK-BGB/LOOSCHELDERS § 138 Rn 39; SOERGEL/HEFERMEHL § 138 Rn 10); dabei kann auch berücksichtigt werden, ob die Interessen des Benachteiligten durch die Ausübungskontrolle nach § 242 hinreichend geschützt werden können. Der mit der Nichtigkeitsanordnung nach § 138 Abs 1 verbundene Eingriff in die Privatautonomie ist dann jedenfalls nicht zum Schutz des Benachteiligten erforderlich.

373 Lässt sich die Sittenwidrigkeit des Rechtsgeschäfts nicht verneinen, so kann es zu einer (faktischen) Aufrechterhaltung vertraglicher Vereinbarungen nach § 242 nur kommen, wenn die **Geltendmachung der Nichtigkeitsfolge** aus § 138 mit Treu und Glauben unvereinbar ist. Im Kern handelt es sich wieder um das Problem, inwieweit die von anderen Rechtssätzen vorgesehenen Rechtsfolgen durch Rückgriff auf § 242 eingeschränkt oder modifiziert werden können. Der Sache nach entspricht dies auch der Ansicht von TEICHMANN. Denn er verwendet mit den allgemeinen Werten und der Zumutbarkeit für die benachteiligte Partei die gleichen Kriterien wie bei der

generellen Frage nach der Anwendbarkeit von § 242 im Geltungsbereich anderer (zwingender) Rechtssätze. Eine Einschränkung der Nichtigkeitsfolge nach § 242 kommt also nur in Betracht, soweit die von § 138 Abs 1 verfolgten Schutzzwecke nicht entgegenstehen (ausf dazu u Rn 491 ff).

4. §§ 307–309

Bei den §§ 307–309 handelt es sich um eine **spezielle gesetzliche Ausgestaltung** der Grundsätze, die Rspr und Lit zur Inhaltskontrolle von AGB aus § 242 entwickelt haben. Von 1976 bis 2001 fanden sich die entsprechenden Regelungen in den **§§ 9–11 AGBG**. 374

Aus der Eigenschaft der **§§ 307–309 als leges speciales** folgt, dass in ihrem unmittelbaren Anwendungsbereich der Rückgriff auf § 242 entfällt (vgl zu den alten §§ 9–11 AGBG: BGHZ 114, 338, 340; SOERGEL/TEICHMANN Rn 126; STAUDINGER/SCHLOSSER[12] § 9 AGBG Rn 11; vHOYNINGEN-HUENE, Inhaltskontrolle nach § 9 AGBG [1992] Rn 107; WOLF, in: WOLF/HORN/LINDACHER AGBG [4. Aufl 1999] Einl 6 vor § 1 und § 9 Rn 25 – zu den neuen §§ 307–309: MünchKomm/ROTH Rn 122; BAMBERGER/ROTH/GRÜNEBERG Rn 37; PALANDT/HEINRICHS Vorb v § 307 Rn 17; JAUERNIG/MANSEL Rn 15). Daneben bleibt der allgemeine Grundsatz von Treu und Glauben aber anwendbar (vgl zum alten Recht: BGHZ 93, 391, 399; 105, 71, 88; BGH WM 1985, 522; SOERGEL/TEICHMANN Rn 126; SCHMIDT, Vertragsfolgen der Nichteinbeziehung und Unwirksamkeit von AGB [1986] 101 ff – zum neuen Recht: MünchKomm/ROTH Rn 122; BAMBERGER/ROTH/GRÜNEBERG Rn 37). So enthalten die §§ 307–309 gemäß **§ 310 Abs 4 S 1** keine Regelungen für Verträge auf dem Gebiet des Erb-, Familien- und Gesellschaftsrechts sowie für Tarifverträge, Betriebs- und Dienstvereinbarungen. Eine weitere wichtige Einschränkung des Kontrollumfangs ergibt sich aus **§ 307 Abs 3**. In diesen Bereichen wird eine Inhaltskontrolle formularmäßiger Vereinbarungen gem § 242 jedenfalls nicht durch den Vorrang der §§ 307 ff ausgeschlossen. Es bleibt jedoch die grundsätzliche Frage der Legitimität einer inhaltlichen Kontrolle vertraglichen Vereinbarungen am Maßstab von Treu und Glauben (ausf dazu u Rn 463 ff). 375

Der Vorrang der §§ 307 ff steht einer **Ausübungs- oder Missbrauchskontrolle nach** § 242 nicht entgegen (vgl dazu BRANDNER, in: ULMER/BRANDNER/HENSEN [9. Aufl 2001] AGBG § 9 Rn 34; BAMBERGER/ROTH/GRÜNEBERG Rn 37). So kann der Verwender im Einzelfall unter dem Aspekt des **Rechtsmissbrauchs** gehindert sein, sich auf eine nach §§ 307–309 an sich **wirksame Vertragsklausel** zu berufen (vgl BGHZ 105, 88; BGH NJW-RR 1986, 272; NJW 1988, 2536, 2537; NJW 1989, 582, 583; ZIP 2000, 78; WOLF, in: WOLF/HORN/LINDACHER AGBG [4. Aufl 1999] § 9 Rn 26 ff; vHOYNINGEN-HUENE, Inhaltskontrolle nach § 9 AGBG [1992] Rn 108, 109; JAUERNIG/MANSEL Rn 15). 376

Auf der anderen Seite kann auch die **Geltendmachung der** aus §§ 307–309 folgenden **Unwirksamkeit** einen **individuellen Rechtsmissbrauch** darstellen (vgl BGH NJW-RR 1998, 594; dazu BERNUTH, Die Bindung des AGB-Verwenders an unwirksame Klauseln – Grund und Grenzen, BB 1999, 1284; BRANDNER, in: ULMER/BRANDNER/HENSEN [9. Aufl 2001] AGBG § 9 Rn 37; vHOYNINGEN-HUENE, Inhaltskontrolle nach § 9 AGBG [1992] Rn 110), zB wenn der bei Vertragsschluss ausreichend informierte Kunde die Unwirksamkeit einer Klausel allein wegen Intransparenz geltend macht (vgl BGH NJW 1988, 410; BRANDNER, in: ULMER/BRANDNER/HENSEN AGBG [9. Aufl 2001] § 9 Rn 37). Nach dem Schutzzweck der §§ 307 ff 377 wird man den Grundsatz von Treu und Glauben insoweit aber zurückhaltend anwenden müssen.

378 Denkbar ist schließlich noch die Anwendung der Grundsätze über die **Verwirkung** eines Rechts als Unterfall der unzulässigen Rechtsausübung (vgl Graba, in: Schlosser/Coester-Waltjen/Graba AGBG § 9 Rn 13; Soergel/Teichmann Rn 127; zur Verwirkung so Rn 302 ff).

379 Mit Blick auf die letztgenannten Fälle hat sich J Schmidt allerdings gegen die Anwendung des § 242 ausgesprochen. Er will die einschlägigen Fragen allein auf der Grundlage des **§ 9 Abs 1 AGBG (§ 307 Abs 1 nF)** lösen, weil die Kriterien von Treu und Glauben auch hier maßgeblich seien und der Rückgriff auf § 242 im Geltungsbereich anderer Normen stets mit der Gefahr der Umgehung gesetzlicher Wertungen verbunden sei (Staudinger/J Schmidt [1995] Rn 280; ähnlich BGH NJW 1988, 410, 411; vHoyningen-Huene, Inhaltskontrolle nach § 9 AGBG [1992] Rn 110). Diese Überlegungen können indes nicht darüber hinweghelfen, dass § 307 Abs 1 allein die Kontrolle des **Vertragsinhalts** ermöglicht. Das treuwidrige **Verhalten eines Vertragspartners** bleibt dagegen grundsätzlich außer Betracht (vgl Roussos, Die Anwendungsgrenzen der Inhaltskontrolle und die Auslegung von § 9 AGBG, JZ 1988, 997, 1001 [zu § 9 Abs 1 AGBG]). Eine Ausnahme besteht zwar gem § 310 Abs 3 Nr 3 für Verträge zwischen einem Unternehmer und einem Verbraucher, bei denen auch die den Vertragsschluss begleitenden Umstände im Rahmen der Inhaltskontrolle zu beachten sind. Die Berücksichtigung nachträglich eingetretener Umstände ist aber auch hier ausgeschlossen.

5. § 313

380 Mit der **Störung der Geschäftsgrundlage** ist in § 313 eine seit langem anerkannte Fallgruppe des § 242 zu einem gesetzlichen Sondertatbestand verselbstständigt worden. Für diese Fallgruppe muss deshalb nicht mehr auf § 242 zurückgegriffen werden. Bei der praktischen Rechtsanwendung ist freilich denkbar, dass § 313 mit anderen Ausprägungen von Treu und Glauben **konkurriert** (vgl Erman/Hohloch Rn 26; MünchKomm/Roth Rn 131 ff, 429 f). So kann man bei einer Änderung der von den Parteien bei Vertragsschluss vorausgesetzten Verhältnisse eine Vertragsanpassung nach § 313 in Erwägung ziehen oder den Vertrag unverändert lassen und den Begünstigten unter dem Aspekt des Rechtsmissbrauchs daran hindern, die daraus folgenden Rechte uneingeschränkt geltend zu machen.

381 In solchen Fällen müssen zunächst die speziellen Voraussetzungen des § 313 geprüft werden. Wenn diese vorliegen, hat der Rechtsanwender sich bei der **Anpassung des Vertrages** am Ziel eines **gerechten Interessenausgleichs** zu orientieren (MünchKomm/Roth § 313 Rn 100 ff; Looschelders, Schuldrecht AT Rn 784). Da dabei alle Umstände des Einzelfalles zu berücksichtigen sind, bleibt für die Anwendung des § 242 kein Raum. Werden die strengen Voraussetzungen des § 313 – zB wegen Fehlens einer schwerwiegenden Veränderung – verneint, so bleibt der Vertrag mit seinem ursprünglichen Inhalt bestehen. Im Rahmen der **Ausübungskontrolle** (so Rn 344) muss dann aber erörtert werden, ob die Geltendmachung der aus dem Vertrag folgenden Rechte im Einzelfall rechtsmissbräuchlich erscheint.

Titel 1 § 242
Verpflichtung zur Leistung 382–385

6. §§ 314, 324

Die §§ 314, 324 stellen **Positivierungen** von Kündigungs- bzw Rücktrittsrechten dar, **382** die früher aus § 242 abgeleitet worden sind (dazu ausf u Rn 630 ff). Sie gehen § 242 grundsätzlich als **leges speciales** vor. Zu klären bleibt allerdings, ob hierdurch der Rückgriff auf § 242 generell ausgeschlossen wird. Ein Bedürfnis für die Heranziehung des § 242 im Anwendungsbereich der §§ 314, 324 könnte insbesondere bestehen, wenn sich über die allgemeinen Kriterien von Treu und Glauben eine interessengerechtere Lösung entwickeln lässt, die eine vollständige Aufhebung des Vertragsverhältnisses vermeidet (dafür ERMAN/HOHLOCH Rn 26; MünchKomm/ROTH Rn 239). Denn gemäß §§ 314, 324 hat der Berechtigte nur die Wahl zwischen einem unveränderten Festhalten am Vertrag und seiner vollständigen Aufhebung, während § 242 flexiblere Vorgehensweisen ermöglicht. In früherer Zeit war dabei insbesondere an eine Anpassung des Vertrages wegen **Störung der Geschäftsgrundlage** zu denken. Nachdem die Grundsätze über die Störung der Geschäftsgrundlage in § 313 gesondert geregelt worden sind, geht es insoweit nunmehr aber um ein Problem der Abgrenzung zu dieser Vorschrift (z Vorrang des § 313 gegenüber § 314 Begr BT-Drucks 14/6040, 177; PALANDT/HEINRICHS § 313 Rn 26; LOOSCHELDERS, Schuldrecht AT Rn 807; aA Hk-BGB/SCHULZE § 314 Rn 2; EIDENMÜLLER, Der Spinnereifall: Die Lehre von der Geschäftsgrundlage nach der Rechtsprechung des Reichsgerichts und im Lichte der Schuldrechtsmodernisierung, Jura 2001, 824, 832). Im Hinblick auf andere Ausprägungen des § 242 (zB **Rechtsmissbrauch, Verwirkung,** so Rn 214 ff und Rn 302 ff) ist das Abgrenzungsproblem damit allerdings nicht entfallen. Da das Rücktrittsrecht nach §§ 314, 324 davon abhängt, dass dem Berechtigten ein Festhalten am Vertrag **nicht zumutbar** ist, können die Kriterien der unzulässigen Rechtsausübung im Allgemeinen jedoch bereits bei der Prüfung der tatbestandlichen Voraussetzungen berücksichtigt werden. Eigenständige Bedeutung hat aber jedenfalls noch die Verwirkung (vgl STAUDINGER/OTTO [2004] § 324 Rn 75).

Zu prüfen bleibt ferner, ob § 242 außerhalb des tatbestandlichen Anwendungsbereichs der §§ 314, 324 noch zur **Begründung von Kündigungs- bzw Rücktrittsrechten** **383** herangezogen werden kann. Da der Gesetzgeber mit den §§ 314, 324 keine abschließende Regelung treffen wollte, wird man diese Frage bejahen müssen (so auch ERMAN/HOHLOCH Rn 26).

7. § 275 Abs 2 und 3

Die Regelungen des § 275 Abs 2 und 3 (s dazu u Rn 639 ff) enthalten ebenfalls eine **384** **Teilkodifikation** dessen, was vor dem Inkrafttreten des Schuldrechtsmodernisierungsgesetzes (vgl STAUDINGER/OLZEN Einl 184 ff zu §§ 241 ff) allgemein als Ausprägung von Treu und Glauben angesehen worden ist. Die damit angesprochene Fallgruppe der **Unzumutbarkeit** einer Leistung geht freilich nicht vollständig in § 275 Abs 2 und 3 auf. Zumindest in dem von § 275 Abs 3 nicht erfassten Bereich der nicht persönlichen Leistungspflichten ist kein Grund ersichtlich, warum das Problem der persönlichen Unzumutbarkeit nicht weiter über § 242 gelöst werden sollte (ausf dazu u Rn 641 ff).

8. § 226

Die unzulässige Rechtsausübung nach § 226 unterscheidet sich von derjenigen nach **385**

§ 242 in zweierlei Hinsicht (s dazu o Rn 214 ff). Auf der einen Seite stellt das **Schikaneverbot** mit dem Erfordernis, dass die Schädigung eines anderen der alleinige Zweck der Rechtsausübung sein muss, erheblich strengere Voraussetzungen auf (vgl LOOSCHELDERS, Schuldrecht AT Rn 72). Auf der anderen Seite gilt § 242 unmittelbar nur für den Bereich des Schuldrechts.

386 Aus diesen Unterschieden wurde zunächst gefolgert, bei § 242 handele es sich zumindest bei Vorliegen **schuldrechtlicher Beziehungen** um die **speziellere Vorschrift** (vgl vTUHR, AT II 2 § 93 III, 568). Im Laufe der Zeit ist diese im Wortlaut des § 242 angelegte Beschränkung allerdings mehr und mehr aufgeweicht worden, so dass für den Einwand der unzulässigen Rechtsausübung heute **jede Art von Sonderverbindung** ausreicht (zur Ausweitung der unzulässigen Rechtsausübung über § 226 hinaus: RGZ 152, 147, 150; 146, 385, 396). Der so erweiterte Anwendungsbereich des Gebots von Treu und Glauben deckt den Anwendungsbereich des § 226 nahezu vollständig ab. Aus systematischer Sicht geht § 226 gleichwohl **als die speziellere Norm** dem allgemeinen Grundsatz von Treu und Glauben vor (so auch MünchKomm/ROTH Rn 118; STAUDINGER/WEBER[11] Rn A 8). Bei jeder unzulässigen Rechtsausübung müsste damit an sich geprüft werden, ob sogar die Voraussetzungen des Schikaneverbots erfüllt sind (vgl ERMAN/HOHLOCH Rn 17). Da die subjektiven Voraussetzungen des § 226 aber nur schwer nachweisbar sind, kann dies selten bejaht werden. Bei der praktischen Rechtsanwendung spielt § 226 daher neben § 242 keine Rolle mehr (vgl STAUDINGER/J SCHMIDT [1995] Rn 272: „totes Recht"; PALANDT/HEINRICHS Rn 20; MünchKomm/GROTHE § 226 Rn 1; SOERGEL/TEICHMANN Rn 125; etwas vorsichtiger noch: SOERGEL/KNOPP[11] § 226 Rn 1; ENNECCERUS/NIPPERDEY AT § 239 IV 3d). Eine Ausnahme kommt lediglich in Betracht, wenn § 242 wegen fehlender Sonderverbindung nicht (unmittelbar) einschlägig ist (BAMBERGER/ROTH/GRÜNEBERG Rn 36; ERMAN/HEFERMEHL [10. Aufl] § 226 Rn 2; aA STAUDINGER/J SCHMIDT [1995] Rn 272, der „die aus § 242 entwickelten Rechtsnormen zum ‚Rechtsmissbrauch'" auch insoweit als lex specialis zu § 226 ansieht).

387 Aus dogmatischer Sicht hat das Schikaneverbot noch insofern Bedeutung, als es teilweise als Analogiebasis für die Fallgruppe der unzulässigen Rechtsausübung angesehen wird (vgl dazu ausf o Rn 214 ff). Schließlich dient § 226 über § 823 Abs 2 der Begründung von **Schadensersatz-** sowie deliktischen **Beseitigungs-** und **Unterlassungsansprüchen** (vgl MünchKomm/ROTH Rn 118). In den einschlägigen Fällen dürfte jedoch regelmäßig auch der Tatbestand der vorsätzlichen sittenwidrigen Schädigung (§ 826) verwirklicht sein.

9. § 826

388 Mit Blick auf das Verhältnis des § 242 zu § 826 ist zu beachten, dass der im Fall einer vorsätzlichen sittenwidrigen Schädigung nach §§ 249 ff geschuldete Schadensersatz auf **Naturalrestitution** oder auf die **Kompensation des eingetretenen Schadens in Geld** gerichtet sein kann. Diese Unterscheidung nach der Art des Schadensersatzes hat für die Frage nach dem Verhältnis zwischen beiden Vorschriften wesentliche Bedeutung.

a) Naturalrestitution

389 Soweit es um Schadensersatz durch Naturalrestitution (§ 249 Abs 1) geht, können sich die Regelungsbereiche von § 242 und § 826 überschneiden. Jedes objektiv sittenwidrige Verhalten verstößt zwangsläufig gegen Treu und Glauben. Handelt es sich bei dem in Frage stehenden sittenwidrigen Verhalten um die Wahrnehmung eines Rechts, so führt § 826 über die Herstellungspflicht aus § 249 Abs 1 zu einer Begrenzung der Rechtsausübung (vgl STAUDINGER/J SCHMIDT [1995] Rn 274; PALANDT/ HEINRICHS Rn 21). Gegenüber einem Anspruch des Schädigers kann § 826 zudem als Einrede geltend gemacht werden (SOERGEL/TEICHMANN Rn 131; STAUDINGER/J SCHMIDT [1995] Rn 274; vTUHR, AT II 2 570). In diesen Fällen besteht zu § 826 ein **ähnliches Konkurrenzverhältnis wie zu § 226**.

Aufgrund der Ähnlichkeit zwischen beiden Problemkreisen betrachtet eine in der **390** Lit verbreitete Auffassung **§ 242** – genau wie im Verhältnis zu § 226 (so Rn 385) – als **lex specialis für Sonderbeziehungen**. § 826 wäre hiernach lediglich außerhalb solcher Sonderbeziehungen anwendbar (vgl PALANDT/HEINRICHS Rn 21; CANARIS, Verlängerter Eigentumsvorbehalt und Forderungseinzug durch Banken, NJW 1981, 249, 252; in diese Richtung auch BAMBERGER/ROTH/GRÜNEBERG Rn 36; aus der älteren Lit: SOERGEL/SIEBERT/KNOPP[10] Rn 99; SIEBERT, Rechtsmissbrauch [1935] 129). In Anbetracht der starken Ausweitung des Begriffs der Sonderbeziehung wird darüber hinaus sogar die Auffassung vertreten, dass **§ 826 generell** durch die Fallgruppe der unzulässigen Rechtsausübung **verdrängt** wird (vgl STAUDINGER/J SCHMIDT [1995] Rn 274). Die Rspr geht demgegenüber davon aus, dass beide Vorschriften nebeneinander anwendbar sind (vgl RGZ 146, 385, 396; 152, 147, 150; BGHZ 19, 72, 75).

Gegen eine vollständige Verdrängung des § 826 spricht, dass das Merkmal der **391 Sonderbeziehung** durchaus noch Bedeutung hat (ausf dazu o Rn 127 ff). Der Rückgriff auf § 242 bleibt daher jedenfalls dann möglich, wenn § 242 mangels Sonderbeziehung nicht (unmittelbar) anwendbar ist. Für den Fall der **missbräuchlichen Berufung auf ein rechtskräftiges Urteil** wird die Anwendung des § 826 auch nach wie vor ganz überwiegend befürwortet (vgl RGZ 61, 359; 75, 213; 78, 389; RG JW 1926, 1148; JW 1934, 613; BGHZ 13, 71, 72; 40, 130, 133 f; 101, 380, 383 ff; 103, 44, 46; 112, 54, 57 ff; BGH NJW 1998, 2818; JAUERNIG/TEICHMANN § 826 Rn 23; MünchKomm/WAGNER § 826 Rn 128 ff; SOERGEL/TEICHMANN Rn 131).

Selbst bei Vorliegen einer Sonderbeziehung lässt sich **aus dogmatischer Sicht** aber **392** kein Anlass erkennen, dem Grundsatz von Treu und Glauben (§ 242) generellen Vorrang gegenüber § 826 einzuräumen. Denn nach allgemeinen Regeln können vertragliche und deliktische Ansprüche und Rechte grundsätzlich nebeneinander geltend gemacht werden. **In faktischer Hinsicht** besteht allerdings ein **Vorrang von § 242** (so auch BGHZ 64, 5, 9 ff; SOERGEL/TEICHMANN Rn 131), weil sich die prozessuale Darlegungs- und Beweislast hier für den Berechtigten erheblich günstiger gestaltet (vgl dazu HORN, Die Verwendung von Scheckkarten für Kreditzwecke, NJW 1974, 1484). Davon abgesehen beschränkt sich die Konkurrenzproblematik auf vorsätzliche sittenwidrige Schädigungen gerade durch **missbräuchliche Ausübung eines Rechts**; auf andere sittenwidrige Schädigungen ist § 826 ohne weiteres anwendbar (so iE auch STAUDINGER/ J SCHMIDT [1995] Rn 275; MünchKomm/ROTH Rn 119).

b) Schadenskompensation in Geld
Eine eigenständige Bedeutung kommt § 826 überdies als **Grundlage für die Schadens- 393 kompensation in Geld** zu (vgl – allerdings nicht differenzierend zwischen Naturalrestitution und Schadenskompensation in Geld – BAMBERGER/ROTH/GRÜNEBERG Rn 36; PALANDT/HEINRICHS Rn 21). Da im Rahmen des § 242 keine entsprechenden Ansprüche entwickelt wor-

den sind, scheidet eine Konkurrenz in diesem Bereich aus (STAUDINGER/J SCHMIDT [1995] Rn 275; SOERGEL/SIEBERT/KNOPP[10] Rn 99 – zum schweizerischen Recht: Berner Kommentar/MERZ [1962] Art 2 ZGB Rn 84 ff).

10. Gesetzesumgehung

394 Wollen die Parteien einen Erfolg herbeiführen, der von einer zwingenden Rechtsnorm missbilligt wird, so liegt die Wahl einer rechtlichen Gestaltungsmöglichkeit nahe, die von der Norm nicht erfasst zu sein scheint. Da es den Parteien darum geht, die Anwendung der von der Rechtsnorm angeordneten – aus ihrer Sicht unerwünschten – Rechtsfolge auszuschließen, wird dieses Vorgehen als **Gesetzesumgehung** bezeichnet (vgl dazu BGHZ 85, 39, 46; BAG NJW 1999, 2541; AnwK-BGB/LOOSCHELDERS § 134 Rn 80 ff; BAMBERGER/ROTH/WENDTLAND § 134 Rn 19; MünchKomm/MAYER-MALY/ARMBRÜSTER § 134 Rn 11; SOEGEL/HEFERMEHL § 134 Rn 37).

395 Die Gesetzesumgehung weist aus historischer Sicht über das gemeinrechtliche Institut der „**fraus legis**" eine gewisse Verwandtschaft mit dem Verbot des Rechtsmissbrauchs als besonderer Ausprägung von Treu und Glauben auf (vgl A ZIMMERMANN, Das Rechtsmissbrauchsverbot im Recht der Europäischen Gemeinschaft [2002] 78]). Im schweizerischen Recht finden sich daher Überlegungen, das Problem der Gesetzesumgehung mit Hilfe von Treu und Glauben (Art 2 ZGB) zu lösen (vgl Züricher Kommentar/EGGER Art 2 ZGB Anm 38 ff; SIEGWART, Die zweckwidrige Verwendung von Rechtsinstituten [1936] 28 ff; MADAY, Die sogenannte Gesetzesumgehung, insbesondere im schweizerischen Obligationenrecht [Diss Bern 1941] 32 ff; Berner Kommentar/MERZ [1962] Art 2 ZGB Rn 92 ff mwNw; allg zum schweizerischen Recht su Rn 1096 ff). Auch in der Rspr des EuGH zum Europäischen Gemeinschaftsrecht werden beide Institute nicht immer klar unterschieden (vgl EuGH Rs C-212/97 NJW 1999, 2027, 2028 Rn 24; A ZIMMERMANN 185 ff mwNw; krit FLEISCHER, Der Rechtsmißbrauch zwischen Gemeineuropäischem Privatrecht und Gemeinschaftsprivatrecht, JZ 2003, 865, 870).

396 Im deutschen Recht sind bislang mit Blick auf die Gesetzesumgehung **keine spezifischen Ausprägungen von § 242** entwickelt worden (vgl STAUDINGER/J SCHMIDT [1995] Rn 276). Es gibt vielmehr eine Reihe von **speziellen gesetzlichen Regelungen** (zB §§ 306a, 312 f S 2, 475 Abs 1 S 2, 487 S 2, 506 Abs 1 S 2, 655 Abs 1 S 2 BGB, 75d S 2 HGB, 8 FernUG, 6 Abs 1 StAnpG, 42 S 1 AO, 157 Abs 1 S 2 ZPO), die eine Umgehung bestimmter zwingender Vorschriften (zB durch geschickte Vertragsgestaltung) ausdrücklich verbieten. Soweit keine speziellen Regelungen eingreifen, löst die hM das Problem im Rahmen von § 134 durch extensive Auslegung oder analoge Anwendung der umgangenen Rechtsnorm (vgl BGHZ 110, 47, 64; AnwK-BGB/LOOSCHELDERS § 134 Rn 82 ff; JAUERNIG/JAUERNIG § 134 Rn 18; SOERGEL/HEFERMEHL § 134 Rn 37; FLUME, AT II § 17, 5; LARENZ/WOLF, AT § 40 Rn 31; MEDICUS, AT Rn 660; TEICHMANN, Die Gesetzesumgehung [1962] 78 ff; ders, Die „Gesetzesumgehung" im Spiegel der Rechtsprechung, JZ 2003, 761, 765 ff); die Gegenauffassung (MünchKomm/MAYER-MALY/ARMBRÜSTER § 134 Rn 11 ff) befürwortet die Bildung eines eigenständigen Instituts der Gesetzesumgehung, das auch subjektive Elemente enthält. Eine Konkurrenz mit § 242 besteht nach beiden Ansätzen nicht, so dass hierauf nicht weiter eingegangen werden muss.

397 Spezifische Probleme der Gesetzesumgehung stellen sich im Bereich des **Internationalen Privatrechts** (vgl dazu BGHZ 78, 318, 325; SOERGEL/KEGEL Vor Art 3 EGBGB Rn 132 ff).

Hier wurde früher teilweise auf den Grundsatz von **Treu und Glauben** abgestellt (so etwa RAAPE, Internationales Privatrecht [5. Aufl 1961] 132; RAAPE/STURM, Internationales Privatrecht I [6. Aufl 1977] 329). In neuerer Zeit hat sich im Internationalen Privatrecht jedoch ebenfalls die Auffassung durchgesetzt, dass die Gesetzesumgehung ein methodisches Problem ist, das mit Hilfe der erweiternden Auslegung oder der Analogie gelöst werden muss (vgl LOOSCHELDERS, Internationales Privatrecht [2004] Vorbem zu Art 3–6 EGBGB Rn 30; SOERGEL/KEGEL Vor Art 3 EGBGB Rn 143; KEGEL/SCHURIG, Internationales Privatrecht [9. Aufl 2004] § 14 IV). Konkurrenzprobleme zu § 242 ergeben sich somit auch hier nicht (vgl STAUDINGER/J SCHMIDT [1995] Rn 276).

11. Vertragshilfe

Die Vertragshilfe ist im **Vertragshilfegesetz (VHG)** vom 26. 3. 1952 (BGBl 1952 I 198, in West-Berlin übernommen durch G vom 2. 12. 1952, GVBl 1952, 1057; für das Saarland vgl das Saarländische VHG vom 30. 6. 1951 – Abl 1951, 940) geregelt, das von einigen anderen Vorschriften (§§ 87–91 AKG, BGBl 1957 I 1747; §§ 82–89 BVFG, BGBl 1961 I 1883 und 1971 I 1565 –; § 9 HäftlingshilfeG, BGBl 1957 I 168 und 1969 I 1793; § 26a HeimkG, BGBl 1950 I 221; 1951 I 875; § 20 Abs 3 FlHilfeG, BGBl 1965 I 612 und 1971 I 681) flankiert wird. Die Regelungen betreffen die Frage, was geschehen soll, wenn dem Schuldner die Leistung aufgrund von Krieg, Kriegsfolgen, Währungsumstellung und ähnlichen Notlagen bei Abwägung mit den Interessen des Gläubigers nicht oder nicht voll zugemutet werden kann. Für diese Fälle wird der Richter ermächtigt, rechtsgestaltend in das Vertragsverhältnis einzugreifen, um so die Leistungspflicht des Schuldners an seine veränderte Leistungsfähigkeit anzupassen (vgl STAUDINGER/J SCHMIDT [1995] Rn 277). Überschneidungen mit § 242 ergeben sich zum einen hinsichtlich der Fallgruppe der **Unzumutbarkeit** (so Rn 275 ff, 325), zum anderen in Bezug auf die Grundsätze über den **Wegfall der Geschäftsgrundlage** (heute § 313, vgl dazu auch o Rn 380).

398

Die hM geht vom grundsätzlichen **Vorrang des Vertragshilferechts** gegenüber § 242 aus (vgl BGHZ 2, 150; ERMAN/HOHLOCH Rn 28). Dieses gilt allerdings nur für **Verbindlichkeiten**, die **vor dem 21. 6. 1948** begründet worden sind. Da der Einigungsvertrag für die mit der Umstellung der rechtlichen und wirtschaftlichen Verhältnisse in den neuen Bundesländern verbundenen Probleme kein Vertragshilfeverfahren vorsieht (dazu STAUDINGER/J SCHMIDT [1995] Rn 278), hat sich das Problem inzwischen durch Zeitablauf erledigt (vgl BR-Drucks 605/90, 36). Für die Einzelheiten genügt daher ein Hinweis auf ältere Kommentierungen (ERMAN/WERNER[10] Rn 209; SOERGEL/SIEBERT/KNOPP[10] Rn 495 ff mwNw; STAUDINGER/WEBER[11] Rn G 391 ff mwNw; STAUDINGER/J SCHMIDT [1995] Rn 1557).

399

IV. Die Abgrenzung zu Normen in anderen Rechtsgebieten

Aufgrund der Ausweitung des Anwendungsbereiches von § 242 stellt sich heute auch die Frage, in welchem Verhältnis der allgemeine Grundsatz von Treu und Glauben zu Vorschriften außerhalb des BGB steht. Konkurrenzprobleme können insbesondere im Verhältnis zu §§ **1 KSchG, 3 BMG, 4 Abs 3 TVG, 22 GüKG, 5 GrundstückspreisVO, 1, 20 GWB, 19 GmbHG, 323 ZPO** auftreten. Im Ausgangspunkt sind hier die gleichen Überlegungen wie bei Vorschriften des BGB maßgeblich. Ein Rückgriff auf Treu und Glauben muss also ausscheiden, wenn die betreffende Norm die Proble-

400

matik abschließend regelt. Im Übrigen muss geprüft werden, ob höherrangige Normzwecke oder Rechtsprinzipien (zB Rechtssicherheit) der Anwendung des Grundsatzes von Treu und Glauben entgegenstehen. Eine sinnvolle Darstellung der Einzelheiten kann dabei nur im Zusammenhang mit den jeweiligen Normen erfolgen.

F. Die Anwendungsfälle im Einzelnen

401 Aufgrund der überragenden Bedeutung des Grundsatzes von Treu und Glauben für das Bürgerliche Recht und die Gesamtrechtsordnung finden sich in allen Rechtsgebieten Anwendungsfälle des § 242. In der Kommentarliteratur wird überwiegend eine **Systematisierung nach den einzelnen Funktionskreisen** des § 242 befürwortet (vgl MünchKomm/Roth Rn 39 ff; BGB-RGRK/Alff Rn 22 ff; Soergel/Teichmann Rn 132 ff; krit Staudinger/J Schmidt [1995] Rn 246 ff). Eine solche Systematisierung verdeutlicht, dass die einzelnen Anwendungsfälle nicht selten Konkretisierungen von allgemeinen Rechtsgedanken und Wertungen sind, die für verschiedene Regelungsbereiche Relevanz haben (MünchKomm/Roth Rn 115). Sie hat jedoch den Nachteil, dass sich die einzelnen Funktionen und Fallgruppen nicht immer klar voneinander trennen lassen (so Rn 181). Außerdem existieren bislang keine allgemein anerkannten Zuordnungskriterien (vgl MünchKomm/Roth Rn 114). Die nachfolgende Kommentierung orientiert sich deshalb an der **Systematik des BGB und der anderen Rechtsgebiete**. Die notwendige Vernetzung mit gleich gelagerten Fragen in anderen Rechtsbereichen und die Rückkoppelung an allgemeine Rechtsgedanken sollen durch entsprechende Verweisungen gewährleistet werden.

402 Der Umfang der Darlegungen zu den einzelnen Anwendungsfällen des § 242 bestimmt sich danach, inwieweit diesen Fällen **allgemeingültige Aussagen** über die Bedeutung von Treu und Glauben für den jeweiligen Problemkreis entnommen werden können. Soweit die entsprechenden Fälle an anderer Stelle des Kommentars bereits ausführlich behandelt worden sind, bleibt es zur Vermeidung von „Doppelungen" idR bei einem Verweis.

I. Innerhalb des BGB

1. Allgemeiner Teil des BGB*

403 Der Allgemeine Teil des BGB enthält sehr unterschiedliche Regelungskomplexe, so dass sich die Relevanz des § 242 in diesem Bereich nicht einheitlich beurteilen lässt. Große Bedeutung hat der Grundsatz von Treu und Glauben in der neueren Rspr und Lit bei der Begründung von **materiellen Schranken der Privatautonomie** erlangt (su

---

* **Schrifttum**: Bork, Allgemeiner Teil des Bürgerlichen Gesetzbuchs (2001); Hübner, Allgemeiner Teil des Bürgerlichen Gesetzbuches (2. Aufl 1996); Köhler, BGB Allgemeiner Teil (28. Aufl 2004); Lehmann/Hübner, Allgemeiner Teil des Bürgerlichen Gesetzbuches (15. Aufl 1966); Oertmann, Bürgerliches Gesetzbuch, Allgemeiner Teil (3. Aufl 1927);

Pawlowski, Allgemeiner Teil des BGB (7. Aufl 2003); Planck, Kommentar zum Bürgerlichen Gesetzbuch, Bd 1 (4. Aufl 1913); Schmoeckel (Hrsg), Historisch-kritischer Kommentar zum BGB, Bd 1, Allgemeiner Teil: §§ 1–240 (2003); E Wolf, Allgemeiner Teil des Bürgerlichen Gesetzbuches (3. Aufl 1982).

Rn 456 ff). Weitere Anwendungsschwerpunkte des § 242 finden sich bei der **Einschränkung der Irrtumsanfechtung** (su Rn 430 ff) sowie bei der **Zugangsvereitelung** (su Rn 455). Demgegenüber wird die Möglichkeit einer **Einschränkung der Formnichtigkeit** über § 242 traditionell eher zurückhaltend beurteilt (su Rn 445 ff).

a) Natürliche Personen, §§ 1–12

Im Recht der **natürlichen Personen** spielt § 242 nur mit Blick auf das **Namensrecht** **404** (§ 12) eine größere Rolle. Zwei Fragenkreise sind hier zu unterscheiden.

Zum einen hat die Rspr vor Inkrafttreten des MarkenG den Grundsatz entwickelt, **405** dass niemand daran gehindert werden kann, sich im geschäftlichen Verkehr unter seinem bürgerlichen Namen zu betätigen. Bei **Gleichnamigkeit** müsse der Prioritätsjüngere aber alles Erforderliche und Zumutbare tun, um eine Verwechselungsgefahr auszuschließen oder auf ein hinnehmbares Maß zu vermindern (BGH GRuR 1993, 597, 580 f = DB 1993, 1278 [„Römer GmbH"] zu § 16 UWG aF). Bei Vorliegen besonderer Beziehungen zwischen den Parteien sollte diese Verpflichtung unabhängig von den wettbewerbsrechtlichen Regelungen aus § 242 abzuleiten sein (BGH GRuR 1958, 143 [„Schwardmann"]; BAUMBACH/HEFERMEHL, Wettbewerbsrecht [22. Aufl 2001] Rn 247). Nach allgemeiner Ansicht gelten die Grundsätze des Gleichnamigenrechts auch iRd MarkenG fort (INGERL/ROHNKE, MarkenG [2. Aufl 2003] § 23 Rn 19; s auch MünchKomm/ SCHWERDTNER § 12 Rn 221 ff; STAUDINGER/WEICK/HABERMANN [1995] § 12 Rn 284 ff). Die Regeln des Wettbewerbs- und Markenrechts sowie des Namensrechts sind inzwischen aber so ausdifferenziert, dass nicht mehr auf § 242 zurückgegriffen werden muss, um die **Rücksichtspflicht des Prioritätsjüngeren** zu begründen.

Nach wie vor große Bedeutung hat im Namensrecht das Institut der **Verwirkung** (so **406** Rn 302 ff). Die Voraussetzung der Verwirkung besteht darin, dass der Verletzer an dem Namen oder der Bezeichnung einen **schutzwürdigen Besitzstand** von beachtlichem Wert erworben hat, weil der Berechtigte über einen längeren Zeitraum nicht eingeschritten ist und der Verletzer davon ausgehen durfte, die Benutzung des Namens bzw der Bezeichnung werde geduldet (BGHZ 21, 66, 78 ff; BGH NJW 1966, 343, 346; BGH NJW-RR 1989, 808, 809; 1991, 934, 936; 1993, 1387, 1388; PALANDT/HEINRICHS Rn 101). Maßgeblicher Grund für die Anwendung des § 242 ist also der Gedanke des **Vertrauensschutzes** (zu den Einzelheiten s STAUDINGER/WEICK/HABERMANN [1995] § 12 Rn 335 ff; zur Verwirkung im Marken- und Wettbewerbsrecht su Rn 989 ff).

b) Vereinsrecht, §§ 21–79

Im Vereinsrecht hat § 242 zwei hauptsächliche Anwendungsbereiche: Die **Pflicht der** **407** **Mitglieder zur Rücksichtnahme** auf die Interessen des Vereins und die **inhaltliche Kontrolle der Vereinssatzung**. Die hiermit verbundenen Fragen sollen im Zusammenhang mit dem Gesellschaftsrecht (su Rn 939 ff) näher erörtert werden.

c) Geschäftsfähigkeit, §§ 104–115
aa) Einschränkung der §§ 105 Abs 1, 108 Abs 1

Schließt ein **Minderjähriger** einen Vertrag ohne die erforderliche Einwilligung des **408** gesetzlichen Vertreters, so ist der Vertrag nach § 108 Abs 1 schwebend unwirksam. Etwas anderes gilt nur, wenn das Geschäft für den Minderjährigen lediglich einen rechtlichen Vorteil mit sich bringt. Die Willenserklärung eines **Geschäftsunfähigen** ist dagegen nach § 105 Abs 1 selbst dann nichtig, wenn das Geschäft für den Betroffenen lediglich rechtlich vorteilhaft ist (SOERGEL/HEFERMEHL § 105 Rn 1). In der Lit wird teilweise die Auffassung vertreten, dass diese Rechtsfolgen in engen Grenzen mit Hilfe des § 242 eingeschränkt werden können, wobei die Entscheidung aufgrund einer **Abwägung** zwischen der Schutzbedürftigkeit des nicht (voll) Geschäftsfähigen und den Interessen des Geschäftsgegners getroffen werden soll (MünchKomm/GITTER[3] Vorbem 11 zu § 104 unter Hinweis auf BGHZ 44, 367, 371; ähnlich BAMBERGER/ROTH/WENDTLAND § 105 Rn 13; STAUDINGER/KNOTHE [2004] Vor §§ 104–115 Rn 28; weiter einschränkend Münch-Komm/SCHMITT Vorbem 8 zu § 104). Weniger weitgehend ist bei § 105 Abs 1 vorgeschlagen worden, eine Interessenabwägung zumindest bei „**unbedeutenden Geschäften**" zuzulassen (SOERGEL/M WOLF [12. Aufl] Vor § 145 Rn 119; vgl auch schon SOERGEL/LANGE/ HEFERMEHL[11] Vorbem 95 zu § 145), um so die strikte Nichtigkeitsfolge zu beschränken. Praktische Bedeutung haben diese Überlegungen insbesondere für die Frage, ob der nicht (voll) Geschäftsfähige nach Treu und Glauben gehindert sein kann, sich auf die Nichtigkeit oder schwebende Unwirksamkeit eines Vertrages zu berufen, den er in Kenntnis seiner fehlenden bzw beschränkten Geschäftsfähigkeit abgeschlossen hat.

409 Nach allgemeinen Grundsätzen (so Rn 338 ff) hängt die Entscheidung davon ab, welches Gewicht den durch die §§ 104 ff geschützten Interessen zukommt. Im Ausgangspunkt ist hierzu festzustellen, dass die §§ 104 ff in erster Linie den Zweck haben, **nicht** oder **nicht voll geschäftsfähige Personen** vor den nachteiligen Folgen von Rechtsgeschäften zu schützen, deren rechtliche Wirkungen sie aufgrund ihrer **mangelnden Fähigkeit zur eigenverantwortlichen Willensbildung** nicht vollständig erfassen können (vgl ERMAN/H PALM Einl § 104 Rn 1; Hk-BGB/DÖRNER Vor §§ 104–113 Rn 1; MünchKomm/SCHMITT Vor § 104 Rn 2; SOERGEL/HEFERMEHL Vor § 104 Rn 10). Der Schutz von Minderjährigen und anderen nicht (voll) geschäftsfähigen Personen hat im deutschen Recht großes Gewicht. Entgegenstehende Interessen des Rechtsverkehrs müssen dahinter grundsätzlich zurücktreten (vgl RGZ 120, 170, 174; BGHZ 17, 160, 168; BGH FamRZ 1977, 44, 45; MünchKomm/SCHMITT Vor § 104 Rn 7; LARENZ/WOLF, AT § 25 Rn 10; MEDICUS, AT Rn 552). Dies zeigt sich nicht zuletzt daran, dass der gute Glaube an die Geschäftsfähigkeit nicht geschützt wird (vgl SOERGEL/HEFERMEHL Vor § 104 Rn 10).

410 Auf der anderen Seite kann den Wertungen der §§ 108 Abs 2, 109 Abs 1 und 111 entnommen werden, dass der Minderjährigenschutz **nicht grenzenlos** gewährleistet werden soll; vielmehr geht es partiell auch um den Schutz des Geschäftspartners (MünchKomm/SCHMITT Vor § 104 Rn 6). Ferner zeigt ein Vergleich zu ausländischen Rechtsordnungen, dass die strikte Rechtsfolge des § 105 Abs 1 keineswegs selbstverständlich ist (vgl ZWEIGERT/KÖTZ, Rechtsvergleichung § 25). Diese Überlegungen ändern jedoch nichts daran, dass der Schutz des Geschäftspartners nach den Wertungen des deutschen Rechts **keine Durchbrechung** der Rechtsfolgen der §§ 105 Abs 1, 108 Abs 1 **zu Lasten des nicht (voll) Geschäftsfähigen** rechtfertigt. Der Vorrang des Minderjährigenschutzes muss insoweit allgemein und ohne Ausnahmen gelten. Der Entscheidung des BGH vom 11.1.1966 (BGHZ 44, 367, 371) ist nichts anderes zu entnehmen, denn hier ist es nicht dem Geschäftsunfähigen selbst, sondern dessen Sohn als Erben nach § 242 verwehrt worden, sich auf die Nichtigkeit des Geschäfts zu berufen. Aber selbst insoweit muss § 242 zurückhaltend gehandhabt werden. So kann dem Erbe grundsätzlich nicht entgegengehalten werden, er hätte den Geschäftspartner über den Geisteszustand des Erblassers aufklären müssen (BGH ZEV 1994, 242, 243).

Nicht ganz so problematisch wie Einschränkungen des Minderjährigenschutzes sind **411**
Einschränkungen der Nichtigkeitsfolge **zu Gunsten des nicht (voll) Geschäftsfähigen**
(vgl dazu STAUDINGER/KNOTHE [2004] Vorbem 28 zu §§ 104–115 und § 105 Rn 7; ENNECCERUS/
NIPPERDEY AT § 150 IV Fn 5; BUCHER, Für mehr Aktionendenken, AcP 186 [1986] 1, 40). Bei der
Abwägung muss allerdings berücksichtigt werden, dass die Interessen des Geschäftspartners nach den Wertungen der §§ 104 ff keineswegs irrelevant sind (so Rn 410).
Dies gilt insbesondere unter dem Aspekt der Rechtssicherheit. Soweit die Schutzwürdigkeit des Geschäftspartners nicht im Einzelfall aus besonderen Gründen zu verneinen ist, wird ihm daher ebenfalls nicht nach § 242 verwehrt werden können, sich auf die Nichtigkeit des Geschäfts zu berufen. Bei beschränkt Geschäftsfähigen ist dies schon deshalb hinzunehmen, weil der gesetzliche Vertreter ein für den Betroffenen günstiges Geschäft nachträglich genehmigen kann.

Bei **volljährigen Geschäftsunfähigen** ist schließlich der durch das OLGVertrÄndG **412**
vom 23. 7. 2002 (BGBl I 2850) eingefügte § 105a zu beachten. Der Gesetzgeber hat damit dem Gedanken Rechnung getragen, dass eine strikte Anwendung des § 105 Abs 1 bei Geschäften des täglichen Lebens unverhältnismäßig sein kann (vgl die diesbezügliche Kritik an der damaligen Rechtslage bei CANARIS JZ 1987, 993, 996 ff). Für weitergehende Einschränkungen des § 105 Abs 1 nach Maßgabe des § 242 ist daher auch bei „unbedeutenden Geschäften" kein Raum mehr.

Bei **Minderjährigen** bleibt zu klären, ob der **gesetzliche Vertreter** im Einzelfall nach **413**
§ 242 gehalten sein kann, das Geschäft gem § 108 Abs 1 zu **genehmigen**. Auch hier ist große Zurückhaltung geboten. Nach dem Willen des Gesetzgebers soll die Entscheidung über die Genehmigung als Ausfluss der elterlichen Sorge ausschließlich dem gesetzlichen Vertreter zustehen. Der Geschäftspartner und der Minderjährige selbst haben daher keinen Anspruch auf Erteilung der Genehmigung (MünchKomm/SCHMITT § 108 Rn 14 ff; SOERGEL/HEFERMEHL § 108 Rn 4; vgl auch BGHZ 54, 71, 73 ff = NJW 1970, 1414: keine Pflicht des gesetzlichen Vertreters zur Herbeiführung einer vormundschaftsgerichtlichen Genehmigung nach § 1829). Diese Entscheidungsfreiheit des gesetzlichen Vertreters darf nicht durch Rückgriff auf § 242 eingeschränkt werden. Nach der Wertung des § 107 kann dem gesetzlichen Vertreter insbesondere nicht entgegengehalten werden, die Verweigerung der Genehmigung sei missbräuchlich, weil der Vertrag bei objektiver Betrachtung für den Minderjährigen **wirtschaftlich vorteilhaft** ist.

bb) Nichtigkeit nach § 105 Abs 2

Hat der Erklärende sich **schuldhaft in den Zustand einer Störung nach § 105 Abs 2** **414**
versetzt und dann in diesem Zustand eine rechtsgeschäftliche Erklärung abgegeben, so soll die Erklärung nach hM (OLG Nürnberg NJW 1977, 1496; ERMAN/H PALM § 105 Rn 5; PALANDT/HEINRICHS § 105 Rn 2; SOERGEL/HEFERMEHL § 105 Rn 6) gleichwohl gem § 105 Abs 1, 2 nichtig sein. Dafür spricht, dass eine dem § 827 S 2 entsprechende Sonderregelung in § 105 Abs 2 fehlt. Es erscheint indes zweifelhaft, ob die Rechtsfolge der Nichtigkeit in solchen Fällen stets sachgemäß ist. Im Unterschied zu einem Geschäftsunfähigen kann derjenige, der sich schuldhaft in den Zustand des § 105 Abs 2 versetzt, die Folgen seiner rechtsgeschäftlichen Handlungen grundsätzlich durchaus abschätzen. Hat der Betreffende sich im **Wissen** oder sogar in der **Absicht**, ein bestimmtes Rechtsgeschäft abzuschließen, in den **Zustand der Störung versetzt**, so verstößt er deshalb gegen das **Verbot widersprüchlichen Verhaltens**, wenn er sich später auf dessen Nichtigkeit beruft. Die Nichtigkeitsfolge ist somit über § 242

einzuschränken. Demgegenüber muss es bei der Nichtigkeit bleiben, wenn der Betreffende Art und Inhalt des im Zustand der Störung abgeschlossenen Rechtsgeschäftes nicht überblicken konnte, als er sich in den Zustand einer Störung versetzt hat.

cc) Eintritt der Volljährigkeit nach § 108 Abs 3

415 Gem § 108 Abs 3 kann ein Minderjähriger nach Eintritt der unbeschränkten Geschäftsfähigkeit einen vorher geschlossenen, schwebend unwirksamen Vertrag **nachträglich genehmigen**. Die Genehmigung kann auch konkludent erteilt werden. Dies setzt aber voraus, dass der Betroffene die schwebende Unwirksamkeit des Vertrages kennt oder zumindest Zweifel an dessen Wirksamkeit hat (s BGHZ 2, 150; 47, 341, 352; 53, 174, 178; OLG Düsseldorf NJW-RR 1995, 755, 757; BGB-RGRK/KRÜGER-NIELAND § 108 Rn 11; krit ERMAN/H PALM § 108 Rn 3, 8). Führt der Minderjährige den schwebend unwirksamen Vertrag **nach Eintritt** der **Volljährigkeit** trotz Kenntnis der Unwirksamkeit oder Zweifeln an der Wirksamkeit **effektiv fort**, ohne dass von einer (zumindest konkludenten) Genehmigung auszugehen ist, so kann er sich mit Rücksicht auf den Einwand der **unzulässigen Rechtsausübung** nach § 242 nicht „unbeschränkt lange" auf die Ungültigkeit des Vertrages berufen (SOERGEL/HEFERMEHL § 108 Rn 9). Die Rspr hat hierzu ausgeführt, es könne rechtsmissbräuchlich sein, wenn jemand über einen langen Zeitraum an einem schwebend unwirksamen Vertrag festhalte und sich erst dann auf die Nichtigkeit berufe, wenn das Geschäft für ihn Nachteile bringe. Diese Judikatur betrifft insbesondere den Fall, dass der Schwebezustand auf der Minderjährigkeit einer Partei beruht, welche nach Eintritt der Volljährigkeit am Vertrag festgehalten hat (BGH LM § 1829 BGB Nr 3 = BGH NJW 1961, 216; LG Frankfurt r + s 1998, 270; LG Wuppertal NJW-RR 1995, 152, 153; LG Verden NJWE-VHR 1998, 5). Der Einwand der unzulässigen Rechtsausübung soll jedoch nur durchgreifen, wenn dem Vertragspartner die mangelnde Geschäftsfähigkeit weder bei Vertragsschluss noch bei Eintritt der Volljährigkeit bekannt war. Denn anderenfalls wird er durch die Möglichkeit der Beendigung des Schwebezustands nach § 108 Abs 2 ausreichend geschützt.

dd) Erweiterung des § 110 durch § 242?

416 Eine ältere Auffassung hat § 242 zur Erweiterung des § 110 für den Fall herangezogen, dass ein Minderjähriger einen Vertrag durch Leistungen erfüllt hat, die wegen ihrer Natur nicht mehr rückgängig gemacht werden können, zB durch Einsatz der Arbeitskraft (RIEZLER, Venire contra factum proprium [1912] 134 ff). In neuerer Zeit wird in solchen Fällen dagegen häufig für eine **unmittelbare** (so PALANDT/HEINRICHS § 110 Rn 3; LARENZ/WOLF, AT § 25 Rn 43; WEIMAR, Die frei verfügbare Arbeitskraft als Mittel im Sinne des § 110 BGB, JR 1973, 143) oder zumindest **analoge** (Hk-BGB/DÖRNER § 110 Rn 2; BGB-RGRK/ KRÜGER-NIELAND § 110 Rn 9; STAUDINGER/DILCHER[12] § 110 Rn 13) **Anwendung des § 110** plädiert.

417 In erster Linie geht es bei diesem Streit um die Frage, ob die **Arbeitskraft** eines Minderjährigen als **Mittel iSd § 110** anzusehen ist. Dagegen spricht, dass die Arbeitskraft als solche dem Minderjährigen schon begrifflich nicht durch den gesetzlichen Vertreter „überlassen" werden kann (BAMBERGER/ROTH/WENDTLAND § 110 Rn 11; MünchKomm/SCHMITT § 110 Rn 20; SOERGEL/HEFERMEHL § 110 Rn 6). § 110 ist damit zumindest nicht unmittelbar anwendbar. Eine Analogie zu § 110 kommt ebenfalls nicht in Betracht, weil es an der dafür erforderlichen (planwidrigen) Regelungslücke fehlt (vgl BAMBERGER/ROTH/WENDTLAND § 110 Rn 11; MünchKomm/SCHMITT § 110 Rn 20; SOERGEL/

Titel 1 § 242
Verpflichtung zur Leistung 418–420

HEFERMEHL § 110 Rn 6; aA LARENZ/WOLF, AT § 25 Rn 39). Bei Einverständnis des gesetzlichen Vertreters mit dem Einsatz der Arbeitskraft des Minderjährigen lassen sich die meisten Fälle über § 107 bzw § 113 lösen; im Übrigen können die Interessen des Minderjährigen durch die Grundsätze über das **fehlerhafte Arbeitsverhältnis** gewahrt werden (BAMBERGER/ROTH/WENDTLAND § 110 Rn 11; MünchKomm/SCHMITT § 110 Rn 20; SOERGEL/HEFERMEHL § 110 Rn 6; STAUDINGER/KNOTHE [2004] § 110 Rn 12; vgl ferner § 241 Rn 105). Ein Rückgriff auf § 242 ist somit erst recht entbehrlich.

d) Willensmängel, §§ 116–124, 142*

Der Grundsatz von Treu und Glauben (§ 242) hat im Zusammenhang mit der **418** rechtlichen Beurteilung von Willensmängeln große Bedeutung. Dabei ist allerdings zu beachten, dass in diesem Bereich eine angemessene Lösung oft schon durch **Auslegung nach §§ 133, 157** gefunden werden kann (zum Verhältnis von § 157 zu § 242 so Rn 354 ff).

aa) Mangel der Ernstlichkeit, § 118

Ein erster Schwerpunkt der Argumentation mit Treu und Glauben (§ 242) im Bereich von Willensmängeln liegt bei der Nichtigkeit der Erklärung wegen mangelnder Ernstlichkeit (§ 118). Zwei Problemkreise sind zu unterscheiden. **419**

(1) Ausschluss des § 118 bei notariell beurkundeten Verträgen

Nach einer in Rspr und Lit verbreiteten Auffassung, die auf eine Entscheidung des **420** RG aus dem Jahre 1941 zurückgeht (RGZ 168, 204, 206 m Anm FRIESECKE ZAkDR 1942, 140), ist der Erklärende mit Rücksicht auf „Treu und Glauben und die Bedürfnisse des redlichen Geschäftsverkehrs" daran gehindert, sich auf die Nichtigkeit nach § 118 zu berufen, wenn über die Erklärung eine **notarielle Urkunde errichtet** worden ist, aus der die Nichternstlichkeit nicht hervorgeht (vgl OLG München NJW-RR 1993, 1168, 1169 f; Hk-BGB/DÖRNER § 118 Rn 4; MünchKomm/KRAMER § 118 Rn 7; PALANDT/HEINRICHS § 118 Rn 2; BGB-RGRK/KRÜGER-NIELAND § 118 Rn 2; SOERGEL/HEFERMEHL § 118 Rn 8). Dem hat der BGH in neuerer Zeit zu Recht entgegengehalten, dass der Gedanke von Treu und Glauben im Fall der Errichtung einer notariellen Urkunde keinen generellen Ausschluss des § 118 rechtfertigt. Erforderlich sei vielmehr eine **Einzelfallbetrachtung**, wobei insbesondere berücksichtigt werden müsse, ob der Erklärende die nicht ernst gemeinte Erklärung zu Täuschungszwecken verwenden wollte (BGHZ 144, 331, 334 = NJW 2000, 3127, 3128; ebenso ERMAN/H PALM § 118 Rn 1; THIESSEN, Scheingeschäft, Formzwang und Wissenszurechnung, NJW 2001, 3025 ff; vgl auch AnwK-

---

* **Schrifttum**: BROX, Einschränkung der Irrtumsanfechtung (1966); KINDL, Der Kalkulationsirrtum im Spannungsfeld von Auslegung, Irrtum und unzulässiger Rechtsausübung, WM 1999, 2198; LOBINGER, Irrtumsanfechtung und Reurechtsausschluß, AcP 195 (1995), 274; PAWLOWSKI, Die Kalkulationsirrtümer: Fehler zwischen Motiv und Erklärung, JZ 1997, 741; PICKER, Die Anfechtung von Arbeitsverträgen – Theorie und Praxis der höchstrichterlichen Judikatur, ZfA 1981, 1; SINGER, Der Kalkulationsirrtum – ein Fall für Treu und Glauben?,

JZ 1999, 342; SPIESS, Zur Einschränkung der Irrtumsanfechtung, JZ 1985, 593; THIESSEN, Scheingeschäft, Formzwang und Wissenszurechnung, NJW 2001, 3025; VOLKMANN, Irrtum und Reurecht, Göttingen 1924; WAAS, Der Kalkulationsirrtum zwischen Anfechtung und unzulässiger Rechtsausübung – BGHZ 139, 177, JuS 2001, 14; WIESER, Der Kalkulationsirrtum, NJW 1972, 708; WILHELM, Anfechtung und Reurecht, Versuch einer Problemlösung (Diss Tübingen 1990).

BGB/Feuerborn § 118 Rn 12; Bamberger/Roth/Wendtland § 118 Rn 8; Staudinger/Singer [2004] § 118 Rn 7).

(2) Pflicht zur Aufklärung über die mangelnde Ernstlichkeit

421 Bemerkt der Erklärende nach Abgabe der Erklärung, dass der Erklärungsempfänger den Mangel der Ernstlichkeit nicht erkannt hat, so ist er nach allgemeiner Ansicht dazu verpflichtet, den anderen Teil unverzüglich aufzuklären; kommt er dieser Pflicht nicht nach, so muss er die Willenserklärung als von Anfang an gültig gegen sich gelten lassen (aA insoweit Staudinger/J Schmidt [1995] Rn 365: Haftung aus § 122 genügt). Dieses Ergebnis wird überwiegend auf § 242 gestützt (so etwa AnwK-BGB/Feuerborn § 118 Rn 11; Erman/H Palm § 118 Rn 2; H-BGB/Dörner § 118 Rn 4; Palandt/Heinrichs § 118 Rn 2; Soergel/Hefermehl § 118 Rn 6; Staudinger/Dilcher[12] § 118 Rn 7; Brox AT Rn 401; Canaris, Vertrauenshaftung § 26 I 3 Fn 16; Larenz AT [7. Aufl 1989] § 20 Ib; mit etwas anderer Begründung auch Larenz/Wolf, AT § 35 Rn 17; Bamberger/Roth/Wendtland § 118 Rn 7). Die Gegenauffassung geht davon aus, dass der „**gute Scherz**" sich in einem solchen Fall in einen „**bösen Scherz**" umwandele, womit die Erklärung gem § 116 wirksam sei (so MünchKomm/Kramer § 118 Rn 8; Flume, AT II § 20, 3; Medicus, AT Rn 604). Dem ist jedoch entgegenzuhalten, dass es für die Abgrenzung von § 116 und § 118 auf die Vorstellungen des Erklärenden bei **Abgabe der Willenserklärung** ankommt (vgl AnwK-BGB/Feuerborn § 118 Rn 11). Zutreffend ist dagegen der Hinweis auf § 242: Es handelt sich in der Tat um einen Fall **widersprüchlichen Verhaltens** (so Rn 286 ff).

bb) Anfechtbarkeit wegen Irrtums, § 119

422 Ein zweiter wichtiger Anwendungsbereich des § 242 ist die Anfechtbarkeit wegen Irrtums (§ 119). Drei Fragen stehen hier im Vordergrund:

(1) Gemeinsamer Irrtum

423 Zu beachten ist zunächst, dass die §§ 119, 142 Abs 1 an die Fehlerhaftigkeit einer **einzelnen** Willenserklärung anknüpfen. Bei Verträgen kann aber das Problem auftreten, dass der Fehler nicht nur einer, sondern **beiden** bzw **allen** Willenserklärungen anhaftet. Die hM löst dieses Problem traditionell über das auf der Grundlage des § 242 entwickelte Institut des **Fehlens der Geschäftsgrundlage** (vgl Staudinger/J Schmidt [1995] Rn 370 ff mwNw). Da dieses Institut inzwischen in § 313 Abs 2 eine eigenständige Regelung gefunden hat, muss hierauf im Rahmen des § 242 nicht weiter eingegangen werden.

(2) Ausweitung der Beachtlichkeit von Irrtümern

424 Im Zusammenhang mit § 119 stellt sich des Weiteren die Frage, ob der Kreis der beachtlichen Irrtümer mit Hilfe von Treu und Glauben ausgeweitet werden kann. Besonders umstritten ist insoweit die Behandlung des **einseitigen Kalkulationsirrtums**. Nach allgemeinen Grundsätzen handelt es sich bei dem Kalkulationsirrtum um einen unbeachtlichen Motivirrtum (vgl BGH NJW 2002, 2312 f; Erman/H Palm § 119 Rn 38; Staudinger/Singer [2004] § 119 Rn 51). Das gilt sowohl für den **verdeckten** als auch für den **offenen** Kalkulationsirrtum (BGHZ 139, 177, 180 f; Erman/H Palm § 119 Rn 38; Palandt/Heinrichs § 119 Rn 18 f; AnwK-BGB/Feuerborn § 119 Rn 55; Brox AT Rn 426; anders noch für den offenen Kalkulationsirrtum RGZ 64, 266; 90, 268; 101, 107; 116, 15, 17; 149, 235, 239; 162, 198, 201; BGB-RGRK/Krüger-Nieland § 119 Rn 69 f: erweiterter Inhaltsirrtum).

425 Hat der Erklärungsempfänger den Kalkulationsirrtum **erkannt** oder hätte er ihn

zumindest **erkennen müssen**, so wird dem Erklärenden teilweise ein **Anfechtungsrecht nach § 119 (analog)** zugebilligt (so etwa MünchKomm/KRAMER § 119 Rn 121; STAUDINGER/SINGER [2004] § 119 Rn 62 ff; PAWLOWSKI JZ 1997, 741 ff; SINGER JZ 1999, 342 ff; WIESER NJW 1972, 708 ff). Der BGH lehnt diese Lösung indes kategorisch ab. Eine Anfechtung nach § 119 soll bei einem Kalkulationsirrtum auch dann nicht in Betracht kommen, wenn der Erklärungsempfänger den Irrtum **erkannt** oder die **Kenntnisnahme treuwidrig vereitelt** hat. In einem solchen Fall könne der Erklärungsempfänger jedoch unter dem Aspekt der **unzulässigen Rechtsausübung** gehindert sein, den Erklärenden an dem Vertrag festzuhalten (BGHZ 139, 177, 184 ff; auf § 242 abstellend auch OLG München NJW 2003, 367; AnwK-BGB/FEUERBORN § 119 Rn 59; PALANDT/HEINRICHS § 119 Rn 18, 21b; SOERGEL/HEFERMEHL § 119 Rn 29; STAUDINGER/DILCHER[12] § 119 Rn 69; FLUME, AT II § 25; LARENZ/WOLF, AT § 36 Rn 67 ff; KINDL WM 1999, 2198, 2206; WAAS JuS 2001, 14, 18 ff). Dass der Erklärungsempfänger den Kalkulationsirrtum erkannt hat, rechtfertigt nach Ansicht des BGH aber für sich genommen noch nicht den Vorwurf der unzulässigen Rechtsausübung; vielmehr sei darüber hinaus erforderlich, dass die Vertragsdurchführung für den Erklärenden **schlechthin unzumutbar** sei, etwa weil er dadurch in erhebliche wirtschaftliche Schwierigkeiten geriete, und dass der Empfänger bei Vertragsschluss auch die für die Unzumutbarkeit maßgeblichen Gründe gekannt habe (BGHZ 139, 177, 185).

Bei der Würdigung der Rspr zum Kalkulationsirrtum sind zwei Aspekte auseinander zu halten. Zum einen stellt sich aus **dogmatischer Sicht** die Frage, ob die Lösung der Problematik bei § 119 oder bei § 242 anzusiedeln ist. Gegen eine entsprechende Anwendung des § 119 spricht zum einen, dass der Gesetzgeber sich klar gegen die Beachtlichkeit von Motivirrtümern entschieden hat. Außerdem sind die für die Lösung maßgeblichen Kriterien im Rahmen des Irrtumsrechts Fremdkörper. Eine analoge Anwendung oder teleologische Extension des § 119 ist daher methodisch schwer begründbar (WAAS JuS 2001, 14, 15 ff). Davon abgesehen ermöglicht der Rückgriff auf § 242 (sowie auf die Grundsätze der culpa in contrahendo) flexiblere Lösungen (LARENZ/WOLF, AT § 36 Rn 69). **426**

Eine andere Frage lautet, unter welchen Voraussetzungen der Einwand der unzulässigen Rechtsausübung durchgreifen soll. Die restriktive Auffassung des BGH, wonach die Vertragsdurchführung für den Erklärenden **schlechthin unzumutbar** sein muss und die erforderliche Kenntnis des Erklärungsempfängers auch die insoweit maßgeblichen Umstände zu umfassen hat, stößt in der Lit auf erhebliche Kritik (vgl STAUDINGER/SINGER [2004] § 119 Rn 64; BERGER Anm zu BGH LM Nr 36 zu § 119 BGB; KINDL WM 1999, 2198, 2206; MEDICUS EWiR 1998, 871, 872; SINGER JZ 1999, 342, 348). Dabei wird darauf hingewiesen, dass das Merkmal der Unzumutbarkeit der Vertragsdurchführung seinen Platz beim Institut des **Fehlens der Geschäftsgrundlage** habe. Bei genauerer Betrachtung zeigt sich jedoch, dass die Voraussetzungen der unzulässigen Rechtsausübung und des Fehlens der Geschäftsgrundlage hier keineswegs in unsachgemäßer Weise zum Nachteil des Erklärenden kumuliert werden. Es geht allein um die Frage, unter welchen Voraussetzungen die bewusste Ausnutzung eines Kalkulationsirrtums unter dem Aspekt der **unzulässigen Rechtsausübung** zu missbilligen ist. Ausgangspunkt muss die Feststellung sein, dass die Kalkulation des Angebots grundsätzlich im alleinigen Risikobereich des Auftragnehmers liegt. Von daher kann es für die rechtliche Missbilligung nicht genügen, dass der Auftraggeber den Irrtum bewusst ausnutzt; der Auftraggeber muss vielmehr zusätzlich erkennen, dass die **427** unveränderte Durchführung des Vertrages für den Auftragnehmer mit schwerwiegenden Belastungen verbunden wäre. Da die für die Missbilligung maßgeblichen Elemente iS eines beweglichen Systems zusammenspielen (vgl WAAS JuS 2001, 14, 18 f), ist eine abstrakte Festlegung des erforderlichen Maßes der Belastungen nicht möglich. Im Allgemeinen dürften an die Unzumutbarkeit aber geringere Anforderungen als bei § 313 Abs 1 zu stellen sein.

428 Ein Kalkulationsirrtum kann auch unter dem Aspekt des **Fehlens der Geschäftsgrundlage** relevant werden (vgl etwa BGH NJW-RR 1995, 1360). Dies gilt insbesondere bei beiderseitigem Irrtum über die Berechnungsgrundlage (vgl AnwK-BGB/FEUERBORN § 119 Rn 58; STAUDINGER/SINGER [2004] § 119 Rn 60). Darüber hinaus kommt im Einzelfall auch ein Schadensersatzanspruch aus culpa in contrahendo (§§ 280 Abs 1, 311 Abs 2, 241 Abs 2) in Betracht (vgl BGHZ 139, 177, 184; STAUDINGER/SINGER [2004] § 119 Rn 58; LARENZ/WOLF, AT § 36 Rn 67).

429 Das Problem der bewussten Ausnutzung einer nach § 119 an sich nicht relevanten Fehlvorstellung kann sich auch bei **anderen Motivirrtümern** stellen. Hier wird man im Allgemeinen von den gleichen Grundsätzen wie bei den Kalkulationsirrtümern ausgehen können (so auch LARENZ/WOLF, AT § 36 Rn 68; BERGER Anm zu BGH LM Nr 36 zu § 119 BGB).

(3) Einschränkung oder Ausschluss der Irrtumsanfechtung

430 Im Einzelfall kann die Anfechtung wegen Irrtums mit Rücksicht auf Treu und Glauben einzuschränken oder ganz auszuschließen sein. Hierher gehörte früher der Grundsatz, dass die Anfechtung bei in Vollzug gesetzten **Dauerschuldverhältnissen** entgegen § 142 Abs 1 keine ex tunc-Wirkung hat, sondern nur die Möglichkeit zur Auflösung des Rechtsgeschäfts für die Zukunft (ex nunc) besteht (RGZ 165, 193; BGHZ 3, 285 = NJW 1952, 97 m Anm WOLFF 500; 55, 5, 8; std Rspr; zum aktuellen Meinungsstand AnwK-BGB/FEUERBORN § 142 Rn 7 ff; ERMAN/H PALM § 142 Rn 10; STAUDINGER/SINGER [2004] § 119 Rn 108 ff). Da diese Einschränkung der Anfechtungswirkung heute nicht mehr auf § 242 gestützt wird, muss hierauf aber nicht weiter eingegangen werden.

431 Nach der Rspr verstößt die Anfechtung wegen Irrtums gegen Treu und Glauben, wenn der bei Abgabe der Willenserklärung vorhandene **Anfechtungsgrund bei Abgabe der Anfechtungserklärung seine Bedeutung verloren** hat (MünchKomm/KRAMER § 119 Rn 145; SOERGEL/HEFERMEHL § 119 Rn 76; STAUDINGER/SINGER [2004] § 119 Rn 99 und § 123 Rn 86; zum maßgeblichen Zeitpunkt – Abgabe und nicht Zugang der Anfechtungserklärung BGH NJW 2000, 2894 [zu § 123]). Im Mittelpunkt dieser Rspr stehen wiederum Dauerschuldverhältnisse (vgl für das Arbeitsverhältnis: BAG AP Nr 17 zu § 123 BGB = NJW 1970, 1565; BAG NZA 1988, 731; GAMILLSCHEG, Zivilrechtliche Denkformen und die Entwicklung des Individualarbeitsrechts, AcP 176 [1976] 197, 217; WOLF/GANGEL, Anfechtung und Kündigungsschutz, AuR 1982, 273 f; **aA** PICKER ZfA 1981, 64 ff mwNw – Für das Gesellschaftsrecht: BGHZ 13, 322, 324; 55, 5, 9; BGH DB 1976, 861; HUECK/WINDBICHLER, Gesellschaftsrecht [20. Aufl 2003] § 13 III 2 b, bb). Zu denken ist etwa an den Fall, dass sich der Arbeitgeber bei Vertragsschluss über bestimmte tatsächlich nicht vorhandene Fertigkeiten des Arbeitnehmers irrte, die dieser zwischenzeitlich in Abendkursen erworben hat (vgl STAUDINGER/J SCHMIDT [1995] Rn 438). Nach der Rspr soll es in solchen Fällen keine Rolle spielen, ob die Anfechtung schon zu einem früheren Zeitpunkt möglich war oder unverzüglich nach Kenntniserlangung erfolgt ist; entscheidend sei allein der objektive Wegfall der Bedeutung des Anfechtungsgrundes (so BAG AP Nr 17 zu § 123 BGB = NJW 1970, 1565). Dieser Ansicht ist zuzustimmen. Da der Irrende bei Ausübung des Gestaltungsrechts kein schutzwürdiges Interesse daran hat, von seiner Willenserklärung abzurücken, verstößt die Anfechtung gegen das Verbot rechtsmissbräuchlichen Verhaltens.

Die Rspr hat § 242 auch bei **Versicherungsverträgen** herangezogen, um die in § 142 **432** Abs 1 statuierte **Rückwirkung** der Anfechtung im Einzelfall **auszuschließen**. So ist das OLG Nürnberg der Auffassung, bei Anfechtung eines Versicherungsvertrages wegen arglistiger Täuschung sei die Nichtigkeit nach § 242 auf die Zeit nach der Anfechtungserklärung zu begrenzen, wenn die vom Versicherungsnehmer verschwiegenen Gefahrumstände sich bislang nicht ausgewirkt haben (OLG Nürnberg VersR 1998, 217 = NJW-RR 1998, 535, 536; VersR 2000, 437; 2001, 1368 m Anm TECKLENBURG; vgl auch STAUDINGER/ SINGER [2004] § 123 Rn 86). Dem ist indes entgegenzuhalten, dass die Einführung eines Kausalitätserfordernisses mit Hilfe des § 242 den Wertungen der §§ 21, 22 VVG widerspricht, wonach die Kausalität nur im Fall des Rücktritts, nicht aber im Fall der Arglistanfechtung erforderlich ist (so überzeugend OLG Saarbrücken VersR 2001, 751; vgl auch OLG Köln NVersZ 2001, 500; LG Berlin VersR 2001, 177; Berliner Kommentar/VOIT VVG [1999] § 22 Rn 46; PRÖLSS/MARTIN/PRÖLSS VVG [27. Aufl 2004] § 22 Rn 15).

Die Irrtumsanfechtung ist auch dann ausgeschlossen, wenn sich der Anfechtungs- **433** gegner bereit erklärt, den Vertrag so gelten zu lassen, wie er den **subjektiven Fehlvorstellungen** des Anfechtenden entspricht. Diese in Art 25 Abs 2 schweizOR, Art 3.13 der UNIDROIT Principles of International Commercial Contracts sowie Art 4.105 der Principles of European Contract Law ausdrücklich angeordnete Einschränkung ist heute auch im deutschen Recht weitgehend anerkannt (vgl BAMBERGER/ ROTH/WENDTLAND § 119 Rn 46; ERMAN/H PALM § 119 Rn 7; MünchKomm/KRAMER § 119 Rn 145; PALANDT/HEINRICHS § 119 Rn 2; SOERGEL/HEFERMEHL § 119 Rn 76; STAUDINGER/SINGER [2004] § 119 Rn 100; BROX AT Rn 363; FLUME, AT II § 21, 6; LARENZ/WOLF, AT § 36 Rn 113; MEDICUS, AT Rn 781; LOBINGER AcP 195 [1995], 274, 278 f; **aA** in neuerer Zeit nur noch SPIESS JZ 1985, 593 ff). Streitig bleibt jedoch die dogmatische Begründung. Während einige Autoren durch **Auslegung** oder **Umdeutung** den Inhalt des wirklich Gewollten ermitteln wollen (für Umdeutung nach § 140: VOLKMANN 25 ff; für Auslegung: BROX, Einschränkung der Irrtumsanfechtung 175 ff), stützt sich die hM auf § 242 (vgl ERMAN/H PALM § 119 Rn 7; BROX AT Rn 363; LARENZ/WOLF, AT § 36 Rn 113; MEDICUS, AT Rn 781; zu den einz Lösungsansätzen vgl auch WILHELM, Anfechtung und Reurecht 64–93). Dabei wird teilweise darauf abgestellt, dass der Anfechtende sich rechtsmissbräuchlich oder widersprüchlich verhalte (vgl ERMAN/ H PALM § 119 Rn 7; MünchKomm/KRAMER § 119 Rn 145; MünchKomm/ROTH Rn 236; FLUME, AT II § 21, 6; dazu auch WILHELM, 81 ff), andere Autoren ziehen allgemein den Grundsatz von Treu und Glauben heran (vgl LARENZ/WOLF, AT § 36 Rn 113; MEDICUS, AT Rn 781). Der richtige Ansatzpunkt liegt in der ratio des § 119: Diese erfasst den vorliegenden Fall nicht. Denn der Erklärende muss nur vor den Folgen irrtümlicher Willenserklärungen geschützt werden; ihm soll aber keine Gelegenheit gegeben werden, „sich von dem, was er wirklich gewollt hat, aus anderen Motiven loszusagen" (VTHUR AT II 1, 592). Aus methodischer Sicht handelt es sich damit um einen Fall der **teleologischen Reduktion** (so schon STAUDINGER/J SCHMIDT [1995] Rn 439; desgleichen STAUDINGER/SINGER [2004] § 119 Rn 100; zum Verhältnis des § 242 zur teleologischen Reduktion s allg Rn 346 f).

Nach Ansicht von HEFERMEHL ist die Anfechtung auch dann unter dem Gesichts- **434** punkt des venire contra factum proprium (so Rn 286 ff) ausgeschlossen, wenn die **irrende Partei ein grobes Verschulden** an der Fehlvorstellung trifft und der Vertragsgegner im Vertrauen auf die Wirksamkeit der Erklärung bereits Vermögensdispositionen vorgenommen hat, die durch den Ersatz des negativen Interesses nach § 122 Abs 1 nicht ausgeglichen werden können (SOERGEL/HEFERMEHL § 119 Rn 76; dagegen STAUDINGER/J SCHMIDT [1995] Rn 440). Diese Auffassung verstößt jedoch gegen den Grundsatz, dass die Anfechtung selbst durch ein grobes Verschulden des Irrenden nicht ausgeschlossen wird (dazu STAUDINGER/DILCHER[12] § 119 Rn 76).

435 Das Anfechtungsrecht kann nach allgemeinen Grundsätzen auch unter dem Aspekt der **Verwirkung** (so Rn 302 ff) ausgeschlossen sein (vgl MünchKomm/KRAMER § 119 Rn 144; SOERGEL/HEFERMEHL § 121 Rn 11; STAUDINGER/SINGER [2004] § 119 Rn 102). Neben der kurzen Ausschlussfrist des § 121 Abs 1 kommt der Verwirkung aber kaum praktische Bedeutung zu.

cc) Schadensersatzpflicht des Anfechtenden, § 122

436 Im Rahmen des § 122 ist streitig, ob die Beschränkung des Anspruchs auf Ersatz des negativen Interesses nur dann sachgerecht ist, wenn der Erklärungsgegner die Anfechtbarkeit kannte oder kennen musste (§ 122 Abs 2), oder ob **weitere Beschränkungen** aus dem Grundsatz von Treu und Glauben (§ 242) abgeleitet werden können.

437 Ist ein **gemeinsamer Irrtum** der Parteien gegeben, so wurde dass Problem bis zur Schuldrechtsreform (STAUDINGER/OLZEN, Einl 176 ff zu §§ 241 ff) über § 242 mit Hilfe des Instituts des Fehlens der Geschäftsgrundlage bewältigt. Die Problematik ist daher bei der Kommentierung von § 313 nF zu erörtern.

438 Das RG hatte angenommen, dass eine Ersatzpflicht nach § 122 Abs 1 ausscheiden müsse, wenn der Irrtum, den der Erklärungsempfänger nicht kannte oder kennen musste, von diesem **(mit)veranlasst** war (RGZ 81, 395, 398 f). Dem Erklärenden wurde eine auf § 242 zu stützende exceptio doli generalis gewährt, da die Geltendmachung des Ersatzanspruches als missbräuchliche Ausnutzung einer formalen Rechtsstellung anzusehen sei.

439 Ein Teil der neueren Lit stimmt dem Ausschluss der Ersatzpflicht gem § 122 Abs 1 zu. Dabei wird über die Stellungnahme des RG hinaus damit argumentiert, dass sich die grundsätzliche Relevanz der Veranlassung aus der **ratio legis** des § 122 Abs 1 ergebe, wonach eine Haftung nicht eingreifen könne, wenn der Anfechtungsgrund nicht oder nicht alleine aus der Sphäre des Irrenden stamme. Da § 254 Abs 1 durch § 122 Abs 2 als lex specialis verdrängt werde und § 122 Abs 2 auch bei fahrlässiger Unkenntnis des Irrtums keine Abwägung nach der Intensität des beiderseitigen Verschuldens zulasse, müsse die Veranlassung des Irrtums ebenfalls zu einem völligen **Ausschluss der Haftung** führen (so MünchKomm/KRAMER § 122 Rn 12; s auch STAUDINGER/SINGER [2004] § 122 Rn 21; FLUME, AT II § 21, 7). Nach richtiger Ansicht kann die bloße (Mit-) Veranlassung des Irrtums jedoch nicht genügen, um den Schadensersatzanspruch aus § 122 Abs 1 nach Treu und Glauben auszuschließen. Es müssen vielmehr weitere Umstände hinzukommen, welche im Einzelfall den Vorwurf rechtsmissbräuchlichen Verhaltens rechtfertigen (so auch AnwK-BGB/FEUERBORN § 122 Rn 15).

440 Eine andere Frage lautet, ob die bloße (Mit-)Veranlassung des Irrtums durch den

Erklärungsempfänger die (entsprechende) Anwendung des **§ 254 Abs 1** rechtfertigt. Dies wird von der hM bejaht (vgl BGH NJW 1969, 1380; AnwK-BGB/Feuerborn § 122 Rn 15; Hk-BGB/Dörner § 122 Rn 4; Hkk/Schermaier §§ 116–124 Rn 98; Soergel/Hefermehl § 122 Rn 6; Staudinger/Dilcher¹² § 122 Rn 13; Enneccerus/Nipperdey BGB AT § 171 II 5; Hübner AT § 36 C Rn 818; Köhler AT § 7 Rn 36; Larenz/Wolf, AT § 36 Rn 115; einschränkend Medicus, AT Rn 786; aA Staudinger/J Schmidt [1995] Rn 448). Dafür lässt sich anführen, dass der vollständige Ausschluss des Ersatzanspruches nach dem Alles- oder Nichts-Prinzip unangemessen ist, wenn der Irrtum durch den Erklärungsempfänger nur (mit-)veranlasst wurde, der Erklärende aber selbst schuldhaft gehandelt hat. Entgegen der hM genügt die schuldlose Mitveranlassung des Irrtums durch den Erklärungsempfänger aber nicht für die entsprechende Anwendung des § 254. Dass der Anspruch aus § 122 Abs 1 kein Verschulden des Erklärenden voraussetzt, bleibt dabei außer Betracht. Die verschuldensunabhängige Einstandspflicht aus § 122 Abs 1 ist nämlich der Preis dafür, dass der Erklärende seinen wahren Willen gegen den objektiven Erklärungswert zur Geltung bringen kann. Auf Seiten des Erklärungsempfängers gibt es dagegen keine entsprechenden Gründe, die den Verzicht auf das Verschuldenserfordernis rechtfertigen (ausf dazu Looschelders, Mitverantwortlichkeit 424 ff).

dd) Anfechtung nach § 123

Auch im Zusammenhang mit der Anfechtung wegen arglistiger Täuschung oder **441** widerrechtlicher Drohung können sich Fragen von Treu und Glauben (§ 242) stellen. Drei Problemkreise sind hier zu unterscheiden:

(1) Ausnutzung rechtsmissbräuchlich erworbener Rechtspositionen

Nach Rspr und hL kann der Ausnutzung einer rechtsmissbräuchlich erworbenen **442** Rechtsposition der Einwand der unzulässigen Rechtsausübung (§ 242) entgegengehalten werden (vgl RGZ 130, 215, 216; BGHZ 57, 108, 111; BGH LM Nr 18 zu 2. WoBauG; BGH NJW 1993, 593, 594; MünchKomm/Roth Rn 219; Palandt/Heinrichs Rn 43; Soergel/Siebert/Knopp¹⁰ Rn 193; differenzierend Soergel/Teichmann Rn 282; so Rn 214 ff). Da arglistige Täuschung und widerrechtliche Drohung Sonderfälle des missbräuchlichen Rechtserwerbs darstellen, führt dies zu **Spannungen mit § 123**. Zum einen soll für den Einwand der unzulässigen Rechtsausübung ein **objektiv** unredliches Verhalten genügen; Arglist ist jedenfalls nicht erforderlich (vgl BGH LM Nr 5 zu § 242 [Cd]; BGH NJW 1993, 593, 594; Palandt/Heinrichs Rn 43; so Rn 242). Zum anderen besteht die Gefahr, dass die **Ausschlussfrist des § 124** durch Rückgriff auf den Einwand der unzulässigen Rechtsausübung obsolet wird. Vorzugswürdig erscheint daher die Auffassung, dass § 123 als lex specialis den Rückgriff auf den allgemeinen Einwand der unzulässigen Rechtsausübung grundsätzlich ausschließt (so Staudinger/J Schmidt [1995] Rn 450; speziell zu § 124 BGH NJW 1969, 604; BGB-RGRK/Krüger-Nieland § 124 Rn 10). Eine praktisch sehr wichtige Ausnahme muss jedoch für den Fall anerkannt werden, dass die arglistige Täuschung bzw die widerrechtliche Drohung die Voraussetzungen einer culpa in contrahendo (§§ 280 Abs 1, 311 Abs 2, 241 Abs 2) oder einer unerlaubten Handlung (§§ 823 Abs 2 iVm § 263 StGB, § 826) erfüllt. Hier steht dem Geschädigten nach § 249 Abs 1 nicht nur ein Leistungsverweigerungsrecht, sondern darüber hinaus auch ein Anspruch auf Rückabwicklung des Vertrages zu, der nicht an die Voraussetzungen der §§ 123, 124 gebunden ist (vgl Palandt/Heinrichs § 124 Rn 1; Staudinger/Singer/vFinckenstein [2004] § 123 Rn 95 f; speziell zur culpa in contrahendo BGH NJW 1979, 1883, 1884; NJW 1998, 302, 303 ff; BGH NJW-RR 2002, 308, 309; Looschelders, Schuldrecht AT Rn 196; krit MünchKomm/Kramer § 123 Rn 35; Erman/H Palm § 123 Rn 8; zur deliktischen Haftung vgl BGH

NJW 1969, 604). Soweit das unredliche Verhalten sich auf einen Realakt bezieht, bleibt § 123 unberührt. Hier kann daher uneingeschränkt auf § 242 zurückgegriffen werden.

(2) Täuschung durch Dritte

443 Der BGH geht im Zusammenhang mit der Anfechtung wegen arglistiger Täuschung davon aus, dass als **„Dritter"** iSd § 123 Abs 2 auch der nicht angesehen werden könne, dessen „Verhalten dem des Anfechtungsgegners gleichzusetzen" sei (BGH WM 1980, 1452, 1453; 1986, 1032, 1034; BGH NJW 1990, 1661, 1662; 1996, 1051; BGH NJW-RR 1992, 1005, 1006). Eine solche Gleichsetzung sei insbesondere geboten, wenn der „Erklärungsempfänger sich die Täuschung durch eine andere Person nach Billigkeitsgesichtspunkten unter Berücksichtigung der Interessenlage zurechnen lassen muss" (so BGH NJW 1990, 1661, 1662; ähnlich BGH WM 1986, 1032, 1034; 1989, 1368, 1370; BGH NJW 1996, 1051; AnwK-BGB/FEUERBORN § 123 Rn 66). Um hier zu sachgemäßen Ergebnissen zu gelangen, genügt jedoch eine teleologische Auslegung des § 123 Abs 2; ein Rückgriff auf allgemeine Billigkeitserwägungen ist nicht erforderlich (so schon STAUDINGER/J SCHMIDT [1995] Rn 451).

(3) Einschränkung der Anfechtung nach § 123

444 Wird die Rechtslage des Getäuschten durch die arglistige Täuschung nicht oder nicht mehr beeinträchtigt, so soll eine Anfechtung nach § 123 mit Rücksicht auf Treu und Glauben (§ 242) als **unzulässige Rechtsausübung** ausgeschlossen sein (vgl RGZ 128, 116, 121; BGH LM § 417 BGB Nr 2 = WM 1976, 111, 113; LM § 123 BGB Nr 48 = WM 1977, 343, 344 = BB 1977, 515 = JA 1977, 255; BGH WM 1983, 1055, 1056; BGH NJW 1992, 2346 = LM H. 19/1992 § 123 BGB Nr 74 = ZIP 1992, 775, 777; dazu EWiR 1992, 959; BGH NJW-RR 1993, 948, 949; 1998, 904; BGH NJW 2000, 2894 = ZIP 2000, 1674, 1675; BAG NJW 1999, 3653, 3655; ERMAN/H PALM § 123 Rn 45; MünchKomm/KRAMER § 123 Rn 23; SOERGEL/HEFERMEHL § 123 Rn 24; SOERGEL/ TEICHMANN Rn 304; LARENZ/WOLF, AT § 37 Rn 47; allg zur unzulässigen Rechtsausübung so Rn 214 ff). Eine solche Einschränkung des Anfechtungsrechts kommt zunächst für den Fall in Betracht, dass ein verständiger Erklärender die Willenserklärung auch abgegeben hätte, wenn keine Täuschung erfolgt wäre. Rechtfertigen lässt sich dies mit einer sachgerechten Auslegung der Merkmale „durch ... bestimmt worden ist" in § 123 Abs 1. Die gleiche Einschränkung greift aber auch dann ein, wenn die Beeinträchtigung bei Abgabe der Willenserklärung vorlag, im Zeitpunkt der Anfechtung aber entfallen ist (BGH WM 1977, 343, 344; 1983, 1055, 1056; BGH NJW 2000, 2894; BAG BB 1984, 533, 534; BAG JuS 1989, 242; OLG Frankfurt/M NJW-RR 1986, 1205, 1206; SOERGEL/HEFERMEHL § 123 Rn 24; STAUDINGER/SINGER [2004] § 123 Rn 86; zu der entsprechenden Problematik bei § 119 so Rn 431). Da § 123 Abs 1 für solche Fälle keinen Ansatzpunkt zur Einschränkung des Anfechtungsrechts enthält, muss auf das Verbot rechtsmissbräuchlichen Verhaltens zurückgegriffen werden (so Rn 214 ff). Liegt der Anfechtungsgrund sowohl bei Vertragsschluss als auch in dem für die Entscheidung über die Anfechtung maßgeblichen Zeitpunkt vor, so reicht ein zeitweiliger Wegfall der Beeinträchtigung dagegen nicht aus, um eine entsprechende Einschränkung zu begründen (BGH ZIP 1992, 775, 777; BGH NJW 1992, 2346 = WM 1992, 1071; ERMAN/H PALM § 123 Rn 45; STAUDINGER/ SINGER [2004] § 123 Rn 86).

e) Formverstöße, § 125

445 Bei Formverstößen stellt sich die Frage, inwieweit die in § 125 S 1 bestimmte **Nichtigkeitsfolge** mit Rücksicht auf die besonderen Umstände des Falles nach dem

Titel 1 § 242
Verpflichtung zur Leistung 446, 447

Grundsatz von Treu und Glauben (§ 242) **eingeschränkt** werden kann. Grundsätzlich ist die Einhaltung von Formvorschriften sowohl im **Interesse der Rechtssicherheit** (BGHZ 116, 251, 257; BGH NJW 1975, 43; 1977, 2072; BGH ZIP 1996, 1174; OLG Celle NJW 2001, 607; MünchKomm/ROTH Rn 271; ERMAN/HOHLOCH Rn 117) als auch im **Interesse der Parteien** (Schutz vor Übereilung) unerlässlich (BGHZ 23, 249, 254). Daher sieht der Wortlaut des § 125 S 1 keine Ausnahmen von der Nichtigkeitsfolge vor. Streitig ist aber, ob und unter welchen Voraussetzungen eine Partei durch das Verbot der **unzulässigen Rechtsausübung** daran gehindert sein kann, sich auf die Formnichtigkeit eines Rechtsgeschäfts zu berufen.

Nach der **Rspr des BGH** kann ein an sich formnichtiges Rechtsgeschäft aus Gründen **446** der Rechtssicherheit **nicht** schon aufgrund von **bloßen Billigkeitserwägungen** als wirksam behandelt werden. Denn andernfalls würde der **Schutzzweck** der einzelnen Formvorschriften **ausgehöhlt** (vgl BGHZ 140, 167, 173; 121, 224, 233; 92, 164, 171 f; 85, 315, 318 f; 45, 179, 182; BGH NJW 1996, 1467, 1469; vgl auch BAG v 16. 9. 2004 – 2 AZR 659/03; OLG Düsseldorf MDR 2004, 1179; AnwK-BGB/NOACK § 125 Rn 45; BAMBERGER/ROTH/WENDTLAND § 125 Rn 24; ERMAN/H PALM § 125 Rn 23; STAUDINGER/HERTEL [2004] § 125 Rn 111; LARENZ, Schuldrecht I § 10 III; LARENZ/WOLF AT § 27 Rn 67). Für die Nichtbeachtung eines Formverstoßes soll es daher nicht ausreichen, dass ein Vertragsteil durch die Nichtigkeitsfolge hart getroffen wird. Vielmehr müsse das **Ergebnis schlechthin untragbar sein** (BGHZ 16, 334, 337; 23, 249, 255 f; 26, 142, 151; 29, 6, 10; 45, 179, 184; 48, 396, 398; 85, 315, 318; 92, 164, 172; 121, 224, 233; 138, 339, 348 = NJW 1998, 2350; BGHZ 140, 167, 173 = NJW 1999, 950, 952; BGH WM 1964, 828, 829; BGH NJW 1968, 39, 42; 1969, 1167, 1169; 1975, 43 f; 1984, 606, 607; 1985, 1778, 1780; 1987, 1069, 1070; 1996, 1960; 1996, 2503, 2504; 1998, 3058, 3060; 2002, 1050; 2004, 1960, 1961; 2004, 3330, 3331). Als mögliche Anwendungsfälle des § 242 hat die Rspr insbesondere die **Existenzgefährdung** einer Vertragspartei sowie die **besonders schwere Treuepflichtverletzung** des anderen Teils anerkannt (BGHZ 12, 286; 16, 334, 337 f; 23, 249, 255; 48, 396; 85, 315, 318 f; 87, 237; 92, 164, 172 f; BGH NJW 1989, 166, 167; 1975, 43; 1983, 563; 2004, 3330, 3331; s auch AnwK-BGB/NOACK § 125 Rn 47; PALANDT/HEINRICHS § 125 Rn 23 ff; STAUDINGER/HERTEL [2004] § 125 Rn 112 ff). Wer einen Vertrag in Kenntnis der Formbedürftigkeit abschließt, ohne die Formvorschriften einzuhalten, soll sich dagegen grundsätzlich nicht auf § 242 berufen können. Denn in einem solchen Fall sei der durch die Formnichtigkeit Benachteiligte im Allgemeinen nicht schutzwürdig (vgl RGZ 117, 124; BGH WM 1965, 482; BGH NJW 1961, 180; 1969, 1167; 1973, 1456; MünchKomm/EINSELE § 125 Rn 57). In besonders gelagerten Ausnahmefällen lässt die Rspr jedoch auch hier eine Durchbrechung der Nichtigkeitsfolge zu (vgl BGHZ 16, 334, 337; 23, 249, 255 f; 48, 396, 398; krit MEDICUS BR Rn 181).

In der **Lit** ist diese Rspr wegen der daraus resultierenden **Rechtsunsicherheit** auf **447** **Kritik** gestoßen (SOERGEL/TEICHMANN § 242 Rn 325; ESSER/SCHMIDT AT § 10 2 c; KIPP/COING, Erbrecht § 19 III, IV; MEDICUS BR Rn 180 ff; E WOLF, AT 318 ff; GERNHUBER, in: FS Schmidt-Rimpler [1957] 151 ff). Teilweise wird darüber hinaus geltend gemacht, die Einhaltung der gesetzlichen Formvorschriften sei als **konstitutives Element** eines Rechtsgeschäfts unabdingbare Voraussetzung für dessen rechtliche Anerkennung; hiervon könnten keine Ausnahmen anerkannt werden (FLUME, AT II § 15 III; HÄSEMEYER, Die gesetzliche Form der Rechtsgeschäfte [1971] 47 ff, 287 ff, 294 ff; vgl auch CANARIS, Vertrauenshaftung 274 ff). Beanstandet wird außerdem, dass die Kriterien der Rspr nicht subsumtionsfähig seien (so COESTER, Die Zahlungszusage auf der Baustelle – OLG Hamm NJW 1993, 2625, JuS 1994, 370, 372), so dass die Entscheidungen letztlich nach **subjektivem Billigkeitsempfinden**

– und mithin **willkürlich** – getroffen würden (so E Wolf, AT 320). Insbesondere sei die Unterscheidung zwischen „nur harten" und „schlechthin untragbaren" Ergebnissen (BGHZ 23, 255; 48, 398) nicht praktikabel (Canaris, Vertrauenshaftung 289; Larenz, Schuldrecht I § 10 III; Medicus, AT Rn 630; E Wolf, AT 320; Soergel/Teichmann Rn 325).

448 Bei der **Würdigung** des Meinungsstreits ist davon auszugehen, dass den gesetzlichen Formvorschriften aus Gründen der **Rechtssicherheit** und der **Rechtsklarheit** großes Gewicht zukommt. Dies heißt aber nicht, dass die durch die Formvorschriften geschützten Interessen einer Abwägung mit entgegenstehenden Gerechtigkeitserwägungen generell unzugänglich wären (so auch Larenz, Schuldrecht I § 10 III). Denn anders als beim Schutz von Minderjährigen und anderen nicht (voll) geschäftsfähigen Personen (dazu so Rn 408 ff) handelt es sich hier **nicht** um einen **Selbstzweck**, der ohne Rücksicht auf die Umstände des Einzelfalls zu verwirklichen ist. Es sind vielmehr durchaus Fälle denkbar, in denen der Schutzzweck der Formvorschriften nicht zutrifft oder gegenüber höherrangigen Interessen zurücktreten muss. Der Rspr ist daher insofern zuzustimmen, als § 242 bei Formverstößen **prinzipiell anwendbar** ist, hier aber **besonders restriktiv gehandhabt** werden muss (so auch Palandt/Heinrichs § 125 Rn 16 ff; AnwK-BGB/Noack § 125 Rn 45 ff; Bamberger/Roth/Grüneberg Rn 117; MünchKomm/Roth Rn 271; Hk-BGB/Schulze Rn 40; Larenz/Wolf, AT § 27 Rn 67; Hagen, Formzwang, Formzweck, Formmangel und Rechtssicherheit, in: FS Schippel [1996] 173, 178). Demgegenüber kann die Unterscheidung zwischen „nur harten" und „schlechthin untragbaren" Ergebnissen in der Tat nicht überzeugen. Dem Grundsatz nach muss immer eine Interessenabwägung im Einzelfall entscheiden; wichtigste Maßstäbe sind der Zweck der jeweiligen Formvorschrift und das Gewicht der hierdurch geschützten Interessen (ähnlich MünchKomm/Einsele § 125 Rn 63).

449 Da dem Gedanken der Rechtssicherheit bei Formverstößen besonders große Bedeutung zukommt, kann man es mit einer solchen allgemeinen Leitlinie aber nicht bewenden lassen. Zur Konkretisierung ist vielmehr die Bildung von **Fallgruppen** erforderlich, in denen eine Durchbrechung der Nichtigkeitsanordnung des § 125 S 1 in Betracht kommt (vgl dazu AnwK-BGB/Noack § 125 Rn 48 ff; Palandt/Heinrichs § 125 Rn 21 ff; Larenz/Wolf, AT § 27 Rn 70 ff; Medicus BR Rn 181 ff). Ausnahmen von der Nichtigkeitsfolge sollten hiernach jedenfalls in den von Rspr und Lit herausgearbeiteten Fällen zugelassen werden, dass dem durch die Nichtigkeit begünstigten Teil ein **grob treuwidriges Verhalten** zur Last fällt oder die **wirtschaftliche Existenz** des benachteiligten Teils **gefährdet** wird (vgl BGHZ 92, 164, 171 ff; Staudinger/Hertel [2004] § 125 Rn 112 ff; Brox/Walker, Schuldrecht AT § 4 Rn 20 ff; Larenz, Schuldrecht I § 10 III; Looschelders, Schuldrecht AT Rn 133; Medicus BR Rn 180 ff). Bei **bewusster Außerachtlassung der Form** durch beide Parteien ist eine Durchbrechung der Nichtigkeitsfolge dagegen im Allgemeinen nicht gerechtfertigt (AnwK-BGB/Noack § 125 Rn 46). Indes sind auch hier Fälle denkbar, in denen die durch die Nichtigkeit benachteiligte Partei aufgrund einer spezifischen Unterlegenheitssituation ausnahmsweise doch schutzwürdig ist (vgl Larenz/Wolf, AT § 27 Rn 73).

450 Der hier befürworteten Anwendung des § 242 im Rahmen des § 125 S 1 lässt sich nicht entgegenhalten, dass die Nichtigkeit des Vertrages wegen Verletzung einer Formvorschrift eine **Einwendung** darstellt, die **von Amts wegen** berücksichtigt werden muss. Streng genommen ist zwar die Formulierung, die durch die Nichtigkeit begünstigte Partei sei aufgrund des **Verbots rechtsmissbräuchlichen Verhaltens** (so

Rn 214 ff) gehindert, sich auf die Nichtigkeit zu berufen, deshalb unzutreffend, weil die Nichtigkeitsfolge bei § 125 S 1 unabhängig davon eintritt, ob eine Partei sich darauf beruft. Die Angreifbarkeit der Formulierung entwertet jedoch nicht die dahinter stehende Erwägung, dass der Eintritt der Nichtigkeitsfolge im Einzelfall aufgrund übergeordneter Gerechtigkeitserwägungen unbillig erscheinen kann.

Ob der Eintritt einer von Amts wegen zu berücksichtigenden Nichtigkeitsfolge auch unter dem Aspekt der **Verwirkung** (so Rn 302 ff) außer Acht gelassen werden kann, ist noch nicht abschließend geklärt. Der BGH hat hierzu aber festgestellt, dass die für die Einschränkung der Nichtigkeitsanordnung des § 125 S 1 entwickelten restriktiven Kriterien (vgl Rn 445 ff) jedenfalls nicht durch den Rückgriff auf die weniger strengen Voraussetzungen der Verwirkung umgangen werden dürfen (BGH NJW 2004, 3330, 3331 f). Bei Formverstößen kann der Einwand der Verwirkung damit im Ergebnis nicht durchgreifen (vgl zur Verwirkung auch BGH MDR 2004, 1231 f). **451**

Die Geltendmachung von Formfehlern verstößt uU auch bei **rechtsgeschäftlich vereinbarten Formerfordernissen** gegen Treu und Glauben (BGH NJW-RR 1987, 1073, 1074; AnwK-BGB/Noack § 125 Rn 69). So kann einer Partei das Verbot des venire contra factum proprium (so Rn 286 ff) entgegengehalten werden, wenn sie sich auf den Formfehler beruft, nachdem sie den Vertrag zunächst als wirksam behandelt hat (BGH NJW-RR 1987, 1073, 1074). In solchen Fällen wird häufig aber schon eine stillschweigende Aufhebung des Formerfordernisses anzunehmen sein (vgl Erman/H Palm § 125 Rn 9; MünchKomm/Einsele § 125 Rn 66; Palandt/Heinrichs § 125 Rn 14). **452**

f) Zugang von Willenserklärungen, § 130*

Verzögert oder verhindert der Adressat den Zugang einer **empfangsbedürftigen Willenserklärung**, zB indem er ein bei der Post niedergelegtes Einschreiben verspätet oder überhaupt nicht abholt, so kann nach Treu und Glauben (§ 242) unter bestimmten Voraussetzungen doch vom rechtzeitigen Zugang einer wiederholten oder zu spät zugegangenen Erklärung auszugehen sein (so grdl RGZ 58, 406, 408; aus neuerer Zeit vgl nur BGHZ 137, 205, 209; BAG NJW 1987, 146, 147; NZA 2003, 719, 723; krit Staudinger/Singer/Benedict [2004] § 130 Rn 84 ff). Die Einzelheiten sind zwar umstritten; überwiegend wird aber zwischen der bloßen Zugangsverzögerung und der gänzlichen Zugangsvereitelung differenziert. **453**

Bei der **Zugangsverzögerung** stellt sich zunächst das Problem, ob der Adressat geltend machen kann, dass in der Zeit zwischen der ersten Abholmöglichkeit und der tatsächlichen Abholung eine Frist abgelaufen ist, die der Absender bei der Erklärung einzuhalten hatte. Nach **hM** kann der Adressat sich nach Treu und Glauben nicht auf den Fristablauf berufen, wenn er die Verzögerung wegen einer in seinem Verantwortungsbereich liegenden Ursache selbst zu vertreten hat (vgl RGZ 58, 406, **454**

---

* **Schrifttum:** Brinkmann, Der Zugang von Willenserklärungen (Berlin 1984); Dilcher, Der Zugang von Willenserklärungen, AcP 154 (1955) 120; Franzen, Zugang und Zugangshindernisse bei eingeschriebenen Briefsendungen, JuS 1999, 429; John, Grundsätzliches zum Wirksamwerden empfangsbedürftiger Willenserklärungen, AcP 184 (1984) 385; Looschelders, Das Wirksamwerden empfangsbedürftiger Willenserklärungen bei Übermittlung per Einschreiben, VersR 1998, 1198; Schwarz, Kein Zugang bei Annahmeverweigerung des Empfangsboten?, NJW 1994, 891.

408; 95, 315, 317; 97, 336, 339; RG HRR 1928 Nr 1397; BGHZ 57, 108, 111; 64, 5, 8; 67, 271, 277 f; BGH LM Nr 1 zu § 130; BGH NJW 1952, 1169; BGH VersR 1971, 262 f; BGH NJW 1983, 929, 930; BGH WM 1987, 1496, 1497; BAG AP Nr 5 zu § 130; BAG NJW 1984, 1651, 1652; 1985, 823, 824; 1987, 1508; 1997, 146, 147; BAG NZA 2003, 719, 723; OLG Frankfurt/M VersR 1982, 790; OLG Hamm VersR 1982, 1070; KG WM 1989, 669; BAMBERGER/ROTH/GRÜNEBERG Rn 79; PALANDT/ HEINRICHS § 130 Rn 18; SOERGEL/TEICHMANN Rn 282; SOERGEL/HEFERMEHL § 130 Rn 24 f; BRINKMANN 164 ff; DILCHER AcP 154 [1955] 120, 132 f; ENNECCERUS/NIPPERDEY BGB AT § 158 II A 3; FLUME, AT II § 14, 3e; HÜBNER AT § 34 II 3 Rn 739 f; MEDICUS, AT Rn 277 ff; FRANZEN JuS 1999, 429, 432; HERBERT, Zugangsverzögerung einer Kündigung per Einschreiben und der Lauf der Klagefrist des § 4 KSchG, NJW 1997, 1829, 1830; JOHN AcP 184 [1984], 385, 411; LOOSCHELDERS VersR 1998, 1198, 1200). Der Grundsatz von Treu und Glauben ist in diesem Zusammenhang jedoch für sich genommen zu unspezifisch, um die zum Schutz des Absenders erforderliche Einschränkung der Rechtsposition des Adressaten zu rechtfertigen (krit insoweit auch BRINKMANN 164 f). Da dem Empfänger nicht immer ein rechtsmissbräuchliches Verhalten (so Rn 214 ff) vorzuwerfen ist, können die Grundsätze der Zugangsverzögerung auch nicht generell aus dem Verbot unzulässiger Rechtsausübung abgeleitet werden (auf den Gedanken des Rechtsmissbrauchs abstellend aber MünchKomm/ROTH Rn 249). Letztlich handelt es sich um eine **Zurechnungsfrage**, die durch eine sorgfältige Abgrenzung der Risikosphären nach den Wertungen des § 130 Abs 1 beantwortet werden muss. Wenn das Wirksamwerden einer Willenserklärung unter Abwesenden voraussetzt, dass die Erklärung in den Herrschaftsbereich des Adressaten gelangt, so folgt hieraus, dass jeder Beteiligte die aus seiner Sphäre hervorgehenden Risiken zu tragen hat (vgl LOOSCHELDERS VersR 1998, 1198, 1201). Wer mit dem Zugang rechtserheblicher Erklärungen rechnen muss, hat daher geeignete Vorkehrungen zu treffen, damit diese Erklärungen ihn rechtzeitig erreichen können (RGZ 110, 34, 36; BGH VersR 1971, 262, 263; BGHZ 67, 271, 278; 137, 205, 208 = NJW 1998, 976, 977; LG Hamburg NJW-RR 2001, 586; MünchKomm/EINSELE § 130 Rn 36; aA STAUDINGER/SINGER/BENEDICT [2004] § 130 Rn 88). Verletzt der Empfänger diese Obliegenheit, so kann er sich nicht auf die Verspätung berufen.

455 Im Fall der **Zugangsvereitelung** kann man es nicht damit bewenden lassen, dem Adressaten die Berufung auf einen Fristablauf zu verwehren. Zwei Lösungsmöglichkeiten kommen hier in Betracht: Zum einen könnte dem Erklärenden zugemutet werden, einen **wiederholten Zustellungsversuch** zu unternehmen; zum anderen könnte im Wege einer **Zugangsfiktion** von vornherein auf den tatsächlichen Zugang verzichtet werden (vgl RGZ 58, 406, 408; 95, 315, 317; 110, 34, 36; BGH NJW 1983, 929, 930 f; BAG NJW 1993, 1093, 1094; Hkk/OESTMANN §§ 130–132 Rn 36; SCHWARZ NJW 1994, 891 f). Die neuere Rspr verlangt grundsätzlich einen wiederholten Zustellungsversuch. Eine Ausnahme wird aber anerkannt, wenn der Adressat den Zugang arglistig vereitelt oder die Annahme einer an ihn gerichteten schriftlichen Mitteilung grundlos verweigert, obwohl er mit dem Eingang rechtserheblicher Mitteilungen seines Vertragsoder Verhandlungspartners rechnen muss (BGHZ 137, 205, 209 f; zustimmend zB AnwK-BGB/FAUST § 130 Rn 70; LOOSCHELDERS VersR 1998, 1198, 1202 f; anders noch BGHZ 67, 271, 275). Diese Lösung schützt nicht nur die Interessen des Adressaten. Sie wahrt vielmehr auch die Dispositionsfreiheit des Erklärenden, der nach dem Scheitern des ersten Zustellungsversuchs selbst darüber entscheiden kann, ob er an dem Geschäft festhalten will.

g) Materielle Schranken der Privatautonomie, §§ 134, 138*

Die Rechtsgeschäftslehre des BGB wird durch den **Grundsatz der Privatautonomie** beherrscht (s Staudinger/Olzen Einl 49 ff zu §§ 241 ff), die es dem Einzelnen überlässt, seine rechtlichen Verhältnisse in freier Selbstbestimmung zu gestalten (vgl Flume, AT II § 1; Larenz/Wolf, AT § 2 Rn 17). Wichtigster Ausdruck dieses Gedankens ist die **Vertragsfreiheit**. Weitere Erscheinungsformen sind die Vereinigungsfreiheit, die Eigentumsfreiheit und die Testierfreiheit (Larenz/Wolf, AT § 2 Rn 18). Verfassungsrechtlich sind all diese Freiheiten durch Grundrechte geschützt (vgl Art 2 Abs 1, 9 Abs 3, 14 Abs 1 GG).

Die Privatautonomie ist nicht schrankenlos. Nach der Grundkonzeption des BGB werden die **materiellen Schranken** vor allem durch die **§§ 134, 138** konstituiert. Darüber hinaus hat die Rspr in einigen Fällen auf § 242 zurückgegriffen, um eine inhaltliche Kontrolle von Rechtsgeschäften zu verwirklichen (vgl Larenz/Wolf, AT § 42 Rn 17; zur Zulässigkeit einer Inhaltskontrolle am Maßstab des § 242 s auch Heinrich, Formale Freiheit und materiale Gerechtigkeit [2000] 303 f, 392 ff). Welche Bedeutung § 242 in diesem Zusammenhang hat, ist im Einzelnen aber unsicher und soll daher nachfolgend eingehender behandelt werden.

aa) Vertragsfreiheit und Vertragsgerechtigkeit

Die **Vertragsfreiheit** steht in einem natürlichen Spannungsverhältnis zur **Vertragsgerechtigkeit**. Dieses Spannungsverhältnis ist darin angelegt, dass der Vertrag auf dem Konsens der Parteien beruht. Bei Verträgen ist also nicht der Wille des **Einzelnen** ausschlaggebend; der Einzelne kann seinen Willen vielmehr nur im **Zusammenwirken mit anderen Privatrechtssubjekten** verwirklichen (vgl Larenz, Schuldrecht I § 4; Looschelders, Schuldrecht AT Rn 50). Nach dem Gedanken der ausgleichenden Gerechtigkeit sollte der Vertrag daher idealiter zu einem Ergebnis führen, das den Interessen beider Parteien gleichermaßen gerecht wird (s Staudinger/Olzen Einl 66 zu §§ 241 ff: Äquivalenzprinzip). Bei der Definition des „gerechten" Ergebnisses besteht indes das Problem, dass es für die Angemessenheit des Vertragsinhalts **keinen allgemeingültigen Maßstab** gibt (Ritgen JZ 2002, 114). Davon abgesehen kann es in einer

---

* **Schrifttum:** Becker, Der unfaire Vertrag (2003); ders, Vertragsfreiheit, Vertragsgerechtigkeit und Inhaltskontrolle, WM 1999, 709; Canaris, Verfassungs- und europarechtliche Aspekte der Vertragsfreiheit in der Privatrechtsgesellschaft, in: FS Lerche (1993); ders, Wandlungen des Schuldvertragsrechts – Tendenzen zu seiner „Materialisierung", AcP 200 (2000) 273 ff; ders, Grundrechtswirkungen und Verhältnismäßigkeitsprinzip in der richterlichen Anwendung und Fortbildung des Privatrechts, JuS 1989, 161; Coester-Waltjen, Die Inhaltskontrolle von Verträgen außerhalb des AGBG, AcP 190 (1990) 1 ff; Däubler/Dorndorf, AGB-Kontrolle im Arbeitsrecht (2004); Drexl, Verbraucherrecht – allgemeines Privatrecht – Handelsrecht, in: Schlechtriem (Hrsg), Wandlungen des Schuldrechts (2002) 97 ff; Fastrich, Richterliche Inhaltskontrolle im Privatrecht (1992); Heinrich, Formale Freiheit und materiale Gerechtigkeit (2000); Looschelders/Roth, Grundrechte und Vertragsrecht: Die verfassungskonforme Reduktion des § 565 Absatz 2 Satz 2 BGB, JZ 1995, 1034 ff; Oechsler, Gerechtigkeit im modernen Austauschvertrag (Habil 1997); Ritgen, Vertragsparität und Vertragsfreiheit, JZ 2002, 114; Schmidt-Rimpler, Zum Vertragsproblem, in: FS Raiser (1974); ders, Grundfragen der Erneuerung des Vertragsrechts, AcP 147 (1941) 3; Thüsing, Inhaltskontrolle von Formulararbeitsverträgen nach neuem Recht, BB 2002, 2666.

freiheitlichen Gesellschaftsordnung auch **nicht Sache des Staates** sein, den Parteien vorzuschreiben, welcher Vertragsinhalt angemessen ist (CANARIS, in: FS Lerche [1993] 873, 884; vgl auch LOOSCHELDERS, Schuldrecht AT Rn 51). Das Spannungsverhältnis zwischen Vertragsfreiheit und Vertragsgerechtigkeit lässt sich daher nur durch die Annahme auflösen, dass die Vertragsparteien im Regelfall durch das freie Aushandeln der Vertragsbedingungen in einem Prozess des wechselseitigen Gebens und Nehmens zu einem Ergebnis gelangen, welches den Anforderungen der ausgleichenden Gerechtigkeit zumindest nicht krass widerspricht (CANARIS, in: FS Lerche [1993] 873, 884; RITGEN JZ 2002, 114, 117). In diesem Sinne kommt dem Vertragsmechanismus also eine gewisse „**Richtigkeitsgewähr**" zu (grundlegend SCHMIDT-RIMPLER AcP 147 [1941] 130 ff und in: FS Raiser [1974] 3 ff, der sogar von einer positiven Richtigkeitsgewähr ausgeht; krit OECHSLER, Gerechtigkeit im modernen Austauschvertrag [1997] 125 ff; vgl auch MünchKomm/ROTH Rn 424; LOOSCHELDERS, Schuldrecht AT Rn 51).

459 Der Vertragsmechanismus bietet indes nur dann eine (begrenzte) Richtigkeitsgewähr, wenn sich beim Vertragsschluss **gleichberechtigte Partner** gegenüberstehen (vgl FLUME, AT II § 1, 7; LARENZ/WOLF, AT § 42 Rn 1 ff; STAUDINGER/J SCHMIDT [1995] Rn 467). In der Praxis zeigt sich jedoch, dass die **Vertragsparität** aus verschiedenen Gründen **gestört** sein kann. Dies heißt nicht, dass jede Störung der Vertragsparität eine richterliche Inhaltskontrolle des Vertrages rechtfertigt; die entscheidende Frage ist vielmehr, welche Störungen so schwerwiegend sind, dass die Richtigkeitsgewähr entfällt (vgl ZÖLLNER, Regelungsspielräume im Schuldvertragsrecht – Bemerkungen zur Grundrechtsanwendung im Privatrecht und zu den sogenannten Ungleichgewichtslagen, AcP 196 [1996] 1, 24 f; CANARIS AcP 200 [2000] 273, 278 ff). Im Ausgangspunkt ist dabei daran festzuhalten, dass der Ausgleich von wirtschaftlichen Ungleichgewichten in einer marktwirtschaftlichen Ordnung primär dem Wettbewerb überlassen bleiben muss (RITTNER, Über das Verhältnis von Vertrag und Wettbewerb, AcP 188 [1988] 101, 126 ff). Aus verfassungsrechtlicher Sicht geht es um die Konkretisierung staatlicher **Schutzpflichten**. Der an die Grundrechte gebundene Zivilrichter (Art 1 Abs 3 GG) muss verhindern, dass der Vertrag von einem Mittel der beiderseitigen Selbstbestimmung zu einem solchen der **Fremdbestimmung** der schwächeren durch die stärkere Partei wird (vgl BVerfGE 81, 242, 255 f; 89, 214, 233; MünchKomm/ROTH Rn 428; CANARIS AcP 184 [1984] 201, 225 ff; ders JuS 1989, 161, 163; HAGER, Grundrechte im Privatrecht, JZ 1994, 373, 374 ff; LOOSCHELDERS/ROTH JZ 1995, 1034, 1041; BECKER, Der unfaire Vertrag [2003] 8 ff; ders WM 1999, 709 ff; ähnlich schon FLUME, AT II § 1, 7; LIEB, Sonderprivatrecht für Ungleichgewichtslagen?, AcP 178 [1978] 196, 212; LIMBACH, Forum: Das Rechtsverständnis in der Vertragslehre, JuS 1985, 10 ff; krit ZÖLLNER AcP 196 [1996] 1, 15 ff).

460 Das BVerfG hat die Verpflichtung des Zivilrichters zur inhaltlichen Kontrolle von Verträgen zunächst in mehreren Aufsehen erregenden Entscheidungen für die **Bürgschaft naher Familienangehöriger** herausgestellt (BVerfGE 89, 214, 229 ff; BVerfG NJW 1994, 2749, 2750; 1996, 2021; dazu W ROTH, Die Grundrechte als Maßstab der Vertragsinhaltskontrolle in WOLTER/RIEDEL/TAUPITZ [Hrsg], Einwirkungen der Grundrechte auf das Zivilrecht, Öffentliche Recht und Strafrecht [1999] 229 ff). In neuerer Zeit wurden diese Grundsätze auf die Kontrolle von **Eheverträgen** übertragen, die nicht auf einer gleichberechtigten Partnerschaft beruhen, sondern „eine auf ungleichen Verhandlungspositionen basierende Dominanz eines Ehegatten" widerspiegeln (BVerfGE 103, 89 = NJW 2001, 957, 958; BVerfG NJW 2001, 2248; hieran anknüpfend BGH NJW 2004, 930; ausf z Ganzen DAUNER-LIEB, Reichweite und Grenzen der Privatautonomie im Ehevertragsrecht, AcP 201 [2001] 295 ff;

näher dazu su Rn 921). Dies zeigt, dass sich das Problem der gestörten Vertragsparität nicht auf das Schuldrecht beschränkt.

Die Rückbindung der Inhaltskontrolle von Verträgen an die Grundrechte stößt in **461** der Lit zum Teil auf heftige Kritik (vgl JAUERNIG/JAUERNIG § 138 Rn 12; ADOMEIT, Die gestörte Vertragsparität ein Trugbild, NJW 1994, 2467 ff; DIEDERICHSEN, Das Bundesverfassungsgericht als oberstes Zivilgericht – ein Lehrstück der juristischen Methodenlehre, AcP 198 [1998] 171, 247 f; MEDICUS AcP 192 [1992] 35, 62; ZÖLLNER AcP 196 [1996] 1, 24 ff; ders, Privatrechtsgesellschaft [1996] 37). In neuerer Zeit mehren sich jedoch die Stimmen, die sich bei einer grundsätzlichen Billigung der Rspr des BVerfG für eine stärkere **Integration der Inhaltskontrolle** von Verträgen **in die zivilrechtliche Dogmatik** aussprechen (so etwa CANARIS AcP 200 [2000] 273 ff; DREXL, in: SCHLECHTRIEM, Wandlungen des Schuldrechts [2002] 97, 114 ff; BECKER WM 1999, 709, 718; ders, Der unfaire Vertrag [2003] 73). Dabei wird zu Recht darauf hingewiesen, dass der Gedanke der Inhaltskontrolle von Verträgen bei gestörter Vertragsparität dem BGB keineswegs fremd ist. Dies zeigt **§ 138 Abs 2**, der mit den Kriterien der Zwangslage, der Unerfahrenheit, des Mangels an Urteilsvermögen und der erheblichen Willensschwäche typische Fälle der **gestörten Vertragsparität** nennt (CANARIS AcP 200 [2000] 273, 280 ff, 296 ff; DREXL, in: SCHLECHTRIEM, Wandlungen des Schuldrechts [2002] 97, 114; MünchKomm/ROTH Rn 425; STAUDINGER/J SCHMIDT [1995] Rn 467; AnwK-BGB/LOOSCHELDERS § 138 Rn 105 ff). § 138 Abs 2 lässt darüber hinaus erkennen, dass eine Störung der Vertragsparität für sich genommen unschädlich ist; hinzukommen muss ein „**auffälliges Missverhältnis**" von Leistung und Gegenleistung" (CANARIS AcP 200 [2000] 273, 280; MünchKomm/ROTH Rn 425; vgl auch BECKER, Der unfaire Vertrag [2003] 52). Hier findet sich eine deutliche Parallele zur Auffassung des BVerfG, das neben der Störung der Vertragsparität eine „**besonders einseitige Verteilung der Lasten**" verlangt (BVerfGE 89, 214, 232; vgl auch RITGEN JZ 2002, 114, 119).

Zusammenfassend ist festzustellen, dass die Rspr des BVerfG zu einem **materiellen** **462** **Verständnis der Privatautonomie** zwingt. Letztlich handelt es sich dabei aber um die notwendige Weiterentwicklung von Gedanken, die schon im BGB angelegt sind. Für die Zukunft ist zu erwarten, dass die „Materialisierung" der Privatautonomie durch die bei der Schuldrechtsreform erfolgte Integration der Verbraucherschutzgesetze in das BGB gestärkt wird (DREXL, in: SCHLECHTRIEM, Wandlungen des Schuldrechts [2002] 97, 117).

bb) Der Maßstab der Inhaltskontrolle
Nach welchem Maßstab die Inhaltskontrolle von Verträgen bei gestörter Vertrags- **463** parität zu erfolgen hat, ist streitig. Während ein Teil der Lit es grundsätzlich mit der Anwendung des § 138 bewenden lassen will (COESTER-WALTJEN AcP 190 [1990] 1, 15; WACKERBARTH, Unternehmer, Verbraucher und die Rechtfertigung der Inhaltskontrolle vorformulierter Verträge, AcP 200 [2000] 45, 68 ff; ZÖLLNER, Privatrechtsgesellschaft [1996] 41), spricht sich ein anderer Teil der Lit für eine „**erweiterte Inhaltskontrolle**" (STAUDINGER/J SCHMIDT [1995] Rn 458 ff) am Maßstab des § 242 aus (so etwa BECKER, Der unfaire Vertrag [2003] 11; grundsätzlich auch MünchKomm/ROTH Rn 425). Der Meinungsstreit hat nicht nur dogmatische Bedeutung, da der Maßstab des § 242 wesentlich strenger als jener des § 138 ist (so Rn 367 ff). Außerdem führt § 138 – vorbehaltlich einer zulässigen „geltungserhaltenden Reduktion" – notwendig zur Nichtigkeit des Geschäfts (vgl AnwK-BGB/ LOOSCHELDERS § 138 Rn 129 ff). Demgegenüber ermöglicht § 242 flexiblere Reaktionen (MünchKomm/ROTH Rn 425; BECKER, Der unfaire Vertrag [2003] 11).

464 Bei der Würdigung des Meinungsstreits ist davon auszugehen, dass die inhaltliche Kontrolle der Parteivereinbarungen aus Gründen der **Verhältnismäßigkeit** so zurückhaltend wie möglich ausgeübt werden muss. Diese Überlegung spricht dafür, die Kontrolle grundsätzlich auf die Einhaltung des von § 138 Abs 1 geschützten „**sozialethischen Mindeststandards**" (Hk-BGB/Dörner § 138 Rn 3) zu beschränken. Eine richterliche **Angemessenheitsprüfung** greift demgegenüber tief in die Gestaltungsfreiheit der Parteien ein und kann deshalb nur unter besonderen Voraussetzungen gerechtfertigt werden (s dazu Rn 342). Eine andere Beurteilung ist auch nicht deshalb geboten, weil die Anwendung des § 138 grundsätzlich zur Nichtigkeit des Geschäfts führt (so aber Becker, Der unfaire Vertrag [2003] 11). Denn die richterliche Modifikation des Vertrages stellt uU einen noch schwereren Eingriff in die Gestaltungsfreiheit der Parteien dar als die bloße Nichtigkeitsanordnung (zutreffend Zöllner, Privatrechtsgesellschaft [1996] 41). Im Übrigen hat die Rspr auf der Grundlage des § 138 verschiedene Möglichkeiten entwickelt, um das Verdikt der vollständigen Nichtigkeit aus Gründen der Verhältnismäßigkeit zu vermeiden (vgl dazu AnwK-BGB/Looschelders § 138 Rn 133 ff; Staudinger/Sack [2003] § 138 Rn 92 ff). Der Vorrang des § 138 Abs 1 hat zwar zur Folge, dass die Vorschrift auch Fälle betrifft, in denen dem Einzelnen **keine sittlich verwerfliche Gesinnung** angelastet werden kann (krit deshalb Zöllner, Privatrechtsgesellschaft [1996] 28). Dies ist jedoch unbedenklich, weil die sittlich verwerfliche Gesinnung bei § 138 Abs 1 kein notwendiges Element der Sittenwidrigkeit darstellt (AnwK-BGB/Looschelders § 138 Rn 93 ff).

465 Auch wenn das Rechtsgeschäft inhaltlich nicht zu beanstanden ist, kann die Geltendmachung der daraus folgenden Rechte aufgrund der Umstände des Einzelfalls als **unzulässige Rechtsausübung** (so Rn 214 ff) zu qualifizieren sein. Hier muss daher gegebenenfalls im Wege der **Ausübungskontrolle** (so Rn 344) zusätzlich auf § 242 zurückgegriffen werden.

cc) Erweiterte Inhaltskontrolle bei gestörter Vertragsparität?
466 In Rspr und Lit haben sich einige Fallgruppen herausgebildet, in denen der Vertragsmechanismus typischerweise **keine hinreichende Richtigkeitsgewähr** bietet. Hier kommt daher in besonderem Maße eine erweiterte Inhaltskontrolle in Betracht.

(1) Miet- und Arbeitsrecht
467 Zu nennen sind zunächst einmal solche Fälle, in denen eine Partei **existenziell auf den Vertragsgegenstand angewiesen** ist (vgl Schmidt-Rimpler, in: FS Raiser [1974] 3, 6; M Wolf, Rechtsgeschäftliche Entscheidungsfreiheit und vertraglicher Interessenausgleich [1970] 180). Diese Situation besteht vor allem bei der Wohnraummiete sowie im Arbeitsrecht (vgl Larenz/Wolf, AT § 42 Rn 20 ff; Wellenhofer-Klein, Strukturell ungleiche Verhandlungsmacht und Inhaltskontrolle von Verträgen, ZIP 1997, 774, 775; speziell zur Wohnraummiete BVerfGE 68, 361, 370; 85, 219, 224; Fastrich, Richterliche Inhaltskontrolle [1992] 109 ff; Looschelders/Roth JZ 1995, 1034, 1039; zum Arbeitsrecht BVerfGE 98, 365, 395 ff; Thüsing BB 2002, 2666 ff; z Bedeutung dieses Aspekts im Versicherungsvertragsrecht su Rn 1012). In diesen Bereichen wird der Schutz der schwächeren Partei zwar bereits weitgehend durch zwingendes oder halbzwingendes Recht gewährleistet. Gleichwohl besteht ein besonderes Bedürfnis nach einer inhaltlichen Kontrolle der Verträge.

468 Im **Arbeitsrecht** hat sich deshalb schon früh eine auf § 242 bzw § 315 Abs 3 gestützte **Angemessenheitskontrolle** entwickelt (vgl dazu MünchKomm/Roth Rn 435; Staudinger/

RIEBLE [2004] § 315 Rn 43; FASTRICH, Richterliche Inhaltskontrolle [1992] 159 ff; HEINRICH, Formale Freiheit und materiale Gerechtigkeit [2000] 487 ff; LIEB AcP 178 [1978] 196, 207 ff; BECKER WM 1999, 709, 715; THÜSING BB 2002, 2666 ff). Diese Kontrolle bezog sich vor allem auf Fälle, in denen der Arbeitgeber aufgrund der gestörten Vertragsparität in der Lage war, **vorformulierte Vertragsbedingungen** durchzusetzen, die einseitig seinen Interessen dienten (vgl MünchKomm/BASEDOW § 310 Rn 88; STAUDINGER/J SCHMIDT [1995] Rn 472). Der Rückgriff auf § 242 blieb hier auch nach Inkrafttreten des AGBG notwendig, weil dieses Gesetz auf dem Gebiet des Arbeitsrechts nicht anwendbar war (§ 23 Abs 1 AGBG). Nach § 310 Abs 4 S 2 fallen Arbeitsverträge nunmehr grundsätzlich unter die **Inhaltskontrolle nach §§ 307 ff**. Die hier auftretenden Probleme sind daher nicht mehr im Rahmen des § 242 zu erörtern. Ausnahmen gelten nur noch für Tarifverträge sowie Betriebs- und Dienstvereinbarungen, auf welche das AGB-Recht gem § 310 Abs 4 S 1 weiter nicht anwendbar ist (s dazu u Rn 480).

Für **Mietverträge** galt schon bislang die inhaltliche Kontrolle Allgemeiner Geschäftsbedingungen nach §§ 9 ff AGBG. Im Übrigen wird die Vertragsfreiheit durch die §§ 134, 138 begrenzt (s dazu STAUDINGER/EMMERICH [2003] Vorbem 114 ff zu § 535). Eine Inhaltskontrolle nach § 242 findet also nicht statt. **469**

(2) Vorformulierte Vertragsbedingungen
Eine weitere wichtige Fallgruppe gestörter Vertragsparität sind Verträge unter Verwendung von **vorformulierten Vertragsbedingungen**, insbesondere **Allgemeinen Geschäftsbedingungen** (AGB). Da solche Bedingungen der anderen Partei einseitig auferlegt („gestellt") werden (vgl § 305 Abs 1 S 1), liegt eine „Fremdbestimmung" besonders nahe. Davon abgesehen kann der Wettbewerb hier nicht als „Garant" für einen angemessenen Vertragsinhalt (so Rn 458) angesehen werden, weil die andere Partei die Tragweite der einzelnen Klauseln häufig nur schwer abschätzen und den Verwender im Allgemeinen auch nicht zu einer abweichenden Individualvereinbarung bewegen kann (vgl MünchKomm/BASEDOW Vor § 305 Rn 4 ff; STAUDINGER/J SCHMIDT [1995] Rn 462; COESTER-WALTJEN AcP 190 [1990] 1, 23 ff; FASTRICH, Richterliche Inhaltskontrolle [1992] 229 ff; WACKERBARTH AcP 200 [2000] 45, 68 ff). **470**

(a) AGB-Recht
Da der Vertragsmechanismus bei der Verwendung von AGB in besonderem Maße gestört ist, ist eine **erweiterte Inhaltskontrolle am Maßstab von Treu und Glauben** gerechtfertigt. Vor Inkrafttreten des AGBG hatte die Rspr die Inhaltskontrolle auf der Grundlage des § 242 verwirklicht (vgl BGHZ 22, 90, 94 ff; 51, 55, 58; 75, 15, 20; für Altfälle noch BGH NJW 1991, 2141, 2142; NJW 1998, 2206). Nach geltendem Recht gehen die §§ 307 ff (§§ 9 ff AGBG) jedoch vor (so Rn 374 f). Daneben bleibt aber eine **Ausübungskontrolle** nach § 242 (vgl dazu bereits o Rn 344) möglich. Hier muss geprüft werden, ob der Verwender aufgrund der besonderen Umstände des Einzelfalls gegen Treu und Glauben verstößt, wenn er sich auf eine an sich wirksame Klausel beruft (BGHZ 105, 71, 88; BGH ZIP 2000, 78 f; OLG Nürnberg NJW 1997, 2186; ERMAN/ROLOFF Vor §§ 307–309 Rn 12; MünchKomm/BASEDOW Vor § 8 AGBG Rn 11; PALANDT/HEINRICHS Vorbem v § 307 Rn 17). Da bei der AGB-Kontrolle nach §§ 307 ff – vorbehaltlich des § 310 Abs 3 Nr 3 – ein **generalisierender Maßstab** gilt (dazu PALANDT/HEINRICHS § 307 Rn 4; speziell mit Blick auf die Kontrolle von AVB PRÖLSS/MARTIN/PRÖLSS, VVG [27. Aufl 2004] Vorbem I Rn 64 ff), kommt der auf die **individuellen Umstände** bezogenen Ausübungskontrolle nach § 242 eine wichtige Ergänzungsfunktion zu. **471**

(b) Die ausgenommenen Bereiche

472 Es bleiben jedoch einige Gebiete, in denen die §§ 307 ff nicht anwendbar sind (so Rn 374 ff). Hier stellt sich die Frage, ob die Inhaltskontrolle auf § 242 gestützt werden kann.

(aa) Deklaratorische Klauseln, Leistungsbeschreibungen und Preisvereinbarungen

473 Nach § 307 Abs 3 S 1 (§ 8 AGBG) sind deklaratorische Klauseln sowie formularmäßige Vereinbarungen über den **Gegenstand der Leistung** und die **Höhe der Gegenleistung** grundsätzlich von der AGB-Kontrolle nach §§ 307 ff (§§ 9 ff AGBG) ausgeschlossen (z den Einzelheiten ERMAN/ROLOFF § 307 Rn 38 ff; MünchKomm/BASEDOW § 307 Rn 6 ff; speziell zur Kontrolle von AVB LOOSCHELDERS, Die Kontrolle Allgemeiner Versicherungsbedingungen nach dem AGBG, JR 2001, 397 ff); eine Ausnahme gilt nach § 307 Abs 3 S 2 iVm § 307 Abs 1 S 1 nur für Verstöße gegen das Transparenzgebot (dazu Münch-Komm/BASEDOW § 307 Rn 20; LOOSCHELDERS Anm JR 2001, 504 ff). In der Lit wird teilweise die Auffassung vertreten, dass auch solche Klauseln einer Inhaltskontrolle nach § 242 zu unterziehen sind (so STAUDINGER/J SCHMIDT [1995] Rn 286; SOERGEL/TEICHMANN Rn 126 aE; GRABA, in: SCHLOSSER/COESTER-WALTJEN/GRABA AGBG § 9 Rn 12). Dem steht jedoch entgegen, dass die dem § 307 Abs 3 S 1 zugrunde liegenden Erwägungen in beiden Bereichen auch gegen den Rückgriff auf § 242 sprechen.

474 Die grundsätzliche Unanwendbarkeit der §§ 307 ff auf Klauseln über das **Preis-/Leistungsverhältnis** beruht auf dem Gedanken, dass es in diesem Bereich **keinen rechtlichen Maßstab zur Kontrolle der Angemessenheit** gibt (WOLF, in: WOLF/HORN/LINDACHER AGBG [4. Aufl 1999] § 8 Rn 1). Davon abgesehen sollen der Gegenstand der Leistung und die Höhe der Gegenleistung als Kernbereich der verfassungsrechtlich gewährleisteten **Vertragsfreiheit** unterhalb der Schwelle des § 138 keiner generellen Kontrolle unterworfen werden (vgl BGH NJW 1991, 832, 833; PALANDT/HEINRICHS § 307 Rn 54; LOOSCHELDERS JR 2001, 397). Diese Zwecke darf man nicht durch Rückgriff auf den allgemeinen Grundsatz von Treu und Glauben unterlaufen (so auch BGH NJW 1991, 832, 833; WOLF, in: WOLF/HORN/LINDACHER AGBG [4. Aufl 1999] § 8 Rn 1, jeweils zu § 315).

475 Mit dem grundsätzlichen Ausschluss der §§ 307 ff bei **deklaratorischen Klauseln** will der Gesetzgeber verhindern, dass andere gesetzliche Vorschriften einer mittelbaren richterlichen Inhaltskontrolle am Maßstab von Treu und Glauben unterzogen werden (vgl BAMBERGER/ROTH/SCHMIDT § 307 Rn 44; WOLF, in: WOLF/HORN/LINDACHER AGBG [4. Aufl 1999] § 8 Rn 1). Diese Erwägung steht auch der Anwendung des § 242 entgegen.

(bb) Vorformulierte Individualverträge

476 Die Rspr hat früher oft auf § 242 zurückgegriffen, wenn **vorformulierte Vertragsbedingungen** von einem **neutralen Dritten** – namentlich einem Notar – in einen **Individualvertrag** eingeführt werden (vgl MünchKomm/ROTH Rn 436; COESTER-WALTJEN AcP 190 [1990] 1, 11 f). Im Vordergrund stand der **formelhafte Ausschluss der Gewährleistung** beim Erwerb neu errichteter oder noch zu errichtender Eigentumswohnungen und Häuser; hier hat der BGH in stRspr eine Inhaltskontrolle nach § 242 durchgeführt (vgl BGH NJW 1984, 2094, 2095; BGH NJW-RR 1986, 1026, 1027; BGHZ 101, 350, 354 ff; 108, 164, 168 ff; zust zB STAUDINGER/PETERS [2003] § 639 Rn 60; EMMERICH JuS 1988, 311; SCHLOSSER JR 1988, 329; vHOYNINGEN-HUENE, Inhaltskontrolle nach § 9 AGB-Gesetz [1992] Rn 64 ff; vgl u Rn 905). Maßgeblich war die Erwägung, die „Richtigkeitsgewähr des Vertrags" sei in solchen Fällen typischerweise beeinträchtigt, weil die entsprechenden Klauseln den Anschein der Rechtmäßigkeit, Vollständigkeit und Ausgewogenheit weckten und die Beteiligten sich die damit verbundenen Nachteile deshalb nicht ausreichend bewusst machten (so BGHZ 101, 350, 354 im Anschluss an KRAMER, Nichtausgehandelter Individualvertrag, notariell beurkundeter Vertrag und AGBG, ZHR 146 [1982] 105, 111).

Die Rspr zur inhaltlichen Kontrolle notarieller Verträge nach § 242 ist teilweise auf **477** heftige **Kritik** gestoßen (vgl etwa MEDICUS, Zur gerichtlichen Inhaltskontrolle notarieller Verträge [1989]; BRAMBRING DNotZ 1988, 296; HABERSACK, Richtigkeitsgewähr notariell beurkundeter Verträge, AcP 189 [1989] 401, 415 ff; MICHALSKI/RÖMERMANN, Inhaltskontrolle von Einzelvereinbarungen anhand des AGB-Gesetzes, ZIP 1993, 1434 ff; H ROTH, Die Inhaltskontrolle nichtausgehandelter Individualverträge im Privatrechtssystem, BB 1987, 977, 982; ZÖLLNER, Die politische Rolle des Privatrechts, JuS 1988, 329, 333). In neuerer Zeit hat die Problematik indes ihre praktische Bedeutung weitgehend verloren (PALANDT/HEINRICHS Vorbem v § 307 Rn 5/6), vor allem, weil der Anwendungsbereich des AGB-Rechts bei **Verbraucherverträgen** durch § 310 Abs 3 (§ 24a AGBG) erheblich ausgeweitet worden ist. Nach hM (PALANDT/HEINRICHS § 310 Rn 16; MünchKomm/BASEDOW § 310 Rn 58, 64 f) unterliegen damit nicht nur **notarielle Standardverträge**, sondern auch **notarielle Einzelverträge** der Kontrolle nach §§ 307 ff. Außerhalb von Verbraucherverträgen bleibt § 242 zwar anwendbar. Nach der Rspr des BGH ist die Klausel jedoch nur dann gem § 242 unwirksam, wenn der Notar die benachteiligte Partei nicht ausreichend über die einschneidenden Folgen des Gewährleistungsausschlusses **aufgeklärt** hat (BGHZ 101, 350, 355 f; 108, 164, 169 ff). Da die Notare dieser Aufklärungspflicht heute meist nachkommen, ist eine richterliche Inhaltskontrolle nach § 242 im Regelfall nicht mehr notwendig.

(cc) Gesellschaftsverträge und Vereinssatzungen
Im Gesellschaftsrecht ist die Anwendung der §§ 307 ff gem § 310 Abs 4 ausgeschlos- **478** sen (vgl MünchKomm/ROTH Rn 432). Dies führt bei **Gesellschaftsverträgen von Publikumsgesellschaften** zu Problemen. Nach der Rspr ist der Vertragsmechanismus hier so ineffektiv, dass die Gesellschafter durch eine erweiterte Inhaltskontrolle nach § 242 geschützt werden müssen (BGHZ 64, 238 ff = NJW 1975, 1318; ausf dazu u Rn 954).

Die Ausschlussregelung für „Verträge auf dem Gebiet des Gesellschaftsrechts" **479** (§ 310 Abs 4) erfasst auch **Vereinssatzungen** (MünchKomm/BASEDOW § 310 Rn 80). Diese unterliegen damit ebenfalls nicht der Kontrolle nach §§ 307 ff. Hat der Verein im wirtschaftlichen oder sozialen Bereich eine überragende Rolle, so nimmt die Rspr jedoch auch hier eine Angemessenheitskontrolle nach Treu und Glauben (§ 242) vor (vgl BGHZ 105, 306; 128, 93; MünchKomm/ROTH Rn 433). Dies gilt sowohl im Verhältnis zu den Mitgliedern des Vereins als auch im Verhältnis zu Dritten (vgl MünchKomm/ BASEDOW § 310 Rn 81; s auch u Rn 956).

(dd) Tarifverträge, Betriebsvereinbarungen, Dienstvereinbarungen
Im Arbeitsrecht erfasst die AGB-Kontrolle nach §§ 307 ff weder Tarifverträge noch **480** Betriebs- oder Dienstvereinbarungen (§ 310 Abs 4). Bei **Tarifverträgen** erklärt sich dies daraus, dass sie mit Rücksicht auf die Tarifautonomie keiner gerichtlichen Angemessenheitskontrolle unterliegen sollen (DÄUBLER, in: DÄUBLER/DORNDORF § 310 Rn 25). Eine Inhaltskontrolle nach § 242 muss daher ebenfalls ausscheiden. Entsprechende Überlegungen gelten nach Ansicht der Bundesregierung auch für Betriebs- und Dienstvereinbarungen (BT-Drucks 14/6857, 54). Indessen sind **Betriebsvereinbarun-**

gen nach der Rspr des BAG nicht im gleichen Maße wie Tarifverträge der gerichtlichen Inhaltskontrolle entzogen. Das Gericht praktiziert hier vielmehr eine Billigkeitskontrolle (vgl RICHARDI, Betriebsverfassungsgesetz [9. Aufl 2004] § 77 Rn 117 mwNw; THÜSING BB 2002, 2666, 2669). Gerechtfertigt wird dies mit der Abhängigkeit der Betriebsratsmitglieder als Arbeitnehmer (vgl BAGE 22, 252, 267 = AP Nr 142 zu § 242 Ruhegehalt; GK-BetrVG/KREUTZ [7. Aufl 2002] § 77 Rn 302: „Übermachtkontrolle"). Als Maßstab der Billigkeitskontrolle dienten zunächst „Treu und Glauben unter besonderer Berücksichtigung des Vertrauensschutzgedankens" (BAGE 22, 252, 267 = AP Nr 142 zu § 242 BGB Ruhegehalt). In neuerer Zeit werden mit dem Grundsatz der Gleichbehandlung aus § 75 BetrVG und dem Verhältnismäßigkeitsprinzip aber spezifischere Kriterien herangezogen (vgl BAGE 37, 237, 242; BAG AP Nr 17 zu § 77 BetrVG 1972 [unter C II 5]; DÄUBLER, in: DÄUBLER/DORNDORF § 310 Rn 33; GK-BetrVG/KREUTZ [7. Aufl 2002] § 77 Rn 305 ff). Dies zeigt, dass die Billigkeitskontrolle von Betriebsvereinbarungen sich vom Maßstab des § 242 gelöst hat (vgl RICHARDI § 77 Rn 118: nicht Billigkeit iS von Einzelfallgerechtigkeit, sondern Rechtskontrolle). Zur Inhaltskontrolle von **Dienstvereinbarungen** vgl DÄUBLER, in: DÄUBLER/DORNDORF § 310 Rn 37.

(ee) Familien- und Erbrecht

481 Eine Inhaltskontrolle nach §§ 307 ff scheidet gem § 310 Abs 4 auch im Familien- und Erbrecht aus. In der Lit wird indes teilweise angenommen, dass eine auf § 242 gestützte Inhaltskontrolle auch bei **erbrechtlichen Verträgen** zulässig sei, wenn darin vorformulierte Klauseln verwendet werden (so etwa ULMER, in: ULMER/BRANDNER/HENSEN AGBG [9. Aufl 2001] § 23 Rn 15; STAUDINGER/J SCHMIDT [1995] Rn 472). Diese Situation kann insbesondere bei Beteiligung eines Notars eintreten (vgl MünchKomm/BASEDOW § 310 Rn 78). Die Rspr hat sich im Erbrecht bislang allerdings mit einer Inhaltskontrolle nach § 138 Abs 1 begnügt (vgl AnwK-BGB/LOOSCHELDERS § 138 Rn 195 ff; ERMAN/H PALM § 138 Rn 105 mwNw). Für diese Praxis spricht, dass die Ausweitung der Angemessenheitskontrolle auf vorformulierte Vertragsbedingungen außerhalb des AGB-Rechts auf die besonderen Gefahren des Gewährleistungsausschlusses bei Immobilien zurückzuführen ist (vgl dazu o Rn 477). Im Übrigen muss das Interesse an der Verwirklichung eines gerechten Interessenausgleichs im Erbrecht grundsätzlich hinter der **Testierfreiheit** des Erblassers (Art 14 Abs 1 GG) zurücktreten (allg dazu o Rn 456).

482 Die gleiche Problematik wie im Erbrecht kann sich auch bei **familienrechtlichen Verträgen** (insbesondere Eheverträgen) stellen, in welche der Notar vorformulierte Klauseln eingeführt hat. In der Lit wird auch hier eine Inhaltskontrolle nach § 242 befürwortet (so ULMER, in: ULMER/BRANDNER/HENSEN AGBG [9. Aufl 2001] § 23 Rn 16; STAUDINGER/J SCHMIDT [1995] Rn 472; für eine generelle Inhaltskontrolle von Eheverträgen nach § 242: SCHWENZER, Vertragsfreiheit im Ehevermögens- und Scheidungsfolgenrecht, AcP 196 [1996] 88, 103). Rspr und hL orientieren sich dagegen am Maßstab des § 138 Abs 1 (ausf dazu u Rn 921 f). Auch hier sind in der Tat keine Gründe ersichtlich, die eine erweiterte Inhaltskontrolle rechtfertigen. Insbesondere kann dem Schutzbedürfnis des schwächeren Ehepartners auf der Grundlage des § 138 Abs 1 ausreichend Rechnung getragen werden.

(3) Verbraucherschutzrecht

483 Der Gedanke der gestörten Vertragsparität liegt darüber hinaus zahlreichen Vorschriften zugrunde, die in neuerer Zeit unter dem Einfluss der europäischen Ver-

braucherschutzrichtlinien für **Verträge zwischen Verbrauchern** (§ 13) **und Unternehmern** (§ 14) erlassen worden sind (vgl DREXL, Die wirtschaftliche Selbstbestimmung des Verbrauchers [1998] 282 ff; ders, in: SCHLECHTRIEM, Wandlungen des Schuldrechts [2002] 97, 114 ff; HÜBNER AT Rn 607; LARENZ/WOLF, AT § 39 Rn 10 ff; § 42 Rn 25 ff; in der älteren Lit: LIEB AcP 178 [1978] 196, 202 ff; DAUNER-LIEB, Verbraucherschutz durch Ausbildung eines Sonderprivatrechts für Verbraucher [1983] 66 f). Die Inhaltskontrolle von Verträgen hat in diesem Bereich indes keine über das AGB-Recht hinausgehende Bedeutung. Die Entscheidungsfreiheit des Verbrauchers wird nämlich in erster Linie durch **Widerrufsrechte** geschützt (vgl §§ 312, 312d, 485, 495). Daneben gibt es zahlreiche zwingende oder halbzwingende Vorschriften, welche die Privatautonomie zum Schutz des Verbrauchers begrenzen (vgl insbes §§ 312 f, 475, 487, 506, 655e).

(4) Störung der Vertragsparität im Einzelfall
Soweit diese gesetzlich anerkannten Fallgruppen nicht einschlägig sind, muss die **484** Störung der Vertragsparität auf der Grundlage **sämtlicher Umstände des Einzelfalls** festgestellt werden (vgl LARENZ/WOLF, AT § 42 Rn 16; LOOSCHELDERS, Schuldrecht AT Rn 57). Praktische Bedeutung hat dies vor allem bei **Bürgschaften naher Familienangehöriger** sowie bei **Eheverträgen** (so Rn 460). Ob die Inhaltskontrolle in diesen Fällen nach § 138 Abs 1 oder nach § 242 zu erfolgen hat, ist umstritten (vgl MünchKomm/ROTH Rn 116 f; BECKER, Der unfaire Vertrag [2003] 11). Das BVerfG hat die Frage bewusst offen gelassen (BVerfGE 89, 214, 229 ff). Der BGH stellt in beiden Bereichen auf § 138 Abs 1 ab (vgl zur Bürgschaft u Rn 842; zu den Eheverträgen Rn 921). Bei Eheverträgen wird darüber hinaus aber auch eine **Ausübungskontrolle** nach § 242 vorgenommen. Dieser zweistufigen Konzeption ist zuzustimmen. Die Anwendung des § 138 Abs 1 gewährleistet, dass die Kontrolle des **Vertragsinhalts** auf das notwendige Maß begrenzt bleibt (so Rn 368 f). Durch den ergänzenden Rückgriff auf § 242 wird gleichzeitig sichergestellt, dass es nicht im Einzelfall aufgrund besonderer Umstände zu unangemessenen **Ergebnissen** kommt.

(5) Fazit
Die **inhaltliche Kontrolle** von Rechtsgeschäften bei gestörter Vertragsparität richtet **485** sich grundsätzlich nach § 138 Abs 1. Eine Ausnahme gilt nur bei vorformulierten Vertragsbedingungen. Soweit diese Fälle nicht von den §§ 307 ff erfasst werden, kommt eine Inhaltskontrolle nach § 242 in Betracht. Im Übrigen beschränkt sich die Funktion des § 242 in den Fällen gestörter Vertragsparität auf die Verhinderung **unzulässiger Rechtsausübung**.

dd) Zusammenspiel von § 134 und § 242
(1) Einschränkung der Nichtigkeitsfolge
Ist ein Rechtsgeschäft wegen eines Gesetzesverstoßes nach § 134 nichtig, so stellt **486** sich die Frage, ob die Beteiligten unter dem Aspekt des § 242 gehindert sein können, sich auf die Nichtigkeit zu berufen. Die Rspr hat diese Frage zunächst verneint (vgl OLG Hamburg MDR 1962, 213). In der Entscheidung vom 23.9.1982 hat der BGH jedoch klargestellt, dass „der das gesamte Rechtsleben beherrschende Grundsatz von Treu und Glauben" auch im Rahmen von Rechtsgeschäften gilt, die nach § 134 nichtig sind; „in besonders gelagerten Ausnahmefällen" könne die Berufung auf die Nichtigkeit eine **unzulässige Rechtsausübung** darstellen (BGHZ 85, 39, 48 = BGH NJW 1983, 109 – Schwarzarbeit; krit TIEDTKE, Baubetreuungsvertrag und Schwarzarbeit, NJW 1983, 713; KÖHLER Anm JR 1983, 106). Dies entspricht heute der hM (vgl BGHZ 111, 308, 311 –

Schwarzarbeit; 118, 182, 191 = NJW 1992, 2557, 2559; OLG Frankfurt/M NJW-RR 1991, 243, 245 – Kontaktanzeigen –; AnwK-BGB/Looschelders § 134 Rn 79; Erman/Hohloch Rn 22; Palandt/Heinrichs § 134 Rn 13; Soergel/Hefermehl § 134 Rn 30; Staudinger/Sack [2003] § 134 Rn 188; aA Jauernig/Jauernig § 134 Rn 17; MünchKomm/Mayer-Maly/Armbrüster § 134 Rn 112). Wie die besonders gelagerten Ausnahmefälle beschaffen sein müssen, um einen Rückgriff auf § 242 zu rechtfertigen, bleibt aber ungeklärt (vgl Staudinger/J Schmidt [1995] Rn 456).

487 Bei der Anwendung des § 242 im Rahmen von § 134 ist zu beachten, dass ein Gesetzesverstoß nach dieser Vorschrift – anders als etwa ein Formverstoß nach § 125 – keineswegs notwendig zur Nichtigkeit des Rechtsgeschäfts führt; entscheidend ist vielmehr, ob **Sinn und Zweck der verletzten Rechtsnorm** den Eintritt der Nichtigkeitsfolge gebieten. Da diese Frage auf der Grundlage einer umfassenden **Interessenabwägung** beantwortet werden muss (dazu AnwK-BGB/Looschelders § 134 Rn 58 ff), bleibt für die ergänzende Anwendung des § 242 kaum Raum. Sind Erwägungen der Einzelfallgerechtigkeit nach dem Zweck der Norm irrelevant, so darf diese Wertung nicht etwa mit Hilfe von § 242 überspielt werden. Auch dem Gedanken des **Vertrauensschutzes** kann in diesem Zusammenhang keine große Bedeutung zukommen (hierauf abstellend aber BGHZ 118, 182, 192). Denn das Vertrauen auf die Wirksamkeit eines gesetzwidrigen Rechtsgeschäfts ist grundsätzlich nicht schutzwürdig (so zutreffend MünchKomm/Mayer-Maly/Armbrüster § 134 Rn 112).

488 Ein Rückgriff auf § 242 kommt damit wohl nur in Betracht, wenn die Nichtigkeitsfolgen im Einzelfall eine Partei entgegen dem Schutzzweck der verletzten Norm **unerträglich benachteiligen**. Diese Situation kann vor allem bei Verträgen über **Schwarzarbeit** eintreten (vgl BGHZ 85, 39, 49; 111, 308, 313). Die Zwecksetzung des SchwarzArbG gebietet es zwar, die entsprechenden Verträge für nichtig zu erachten. Hat der Schwarzarbeiter aber seine Leistung bereits erbracht, so widerspräche es der Billigkeit, den Auftraggeber von jeder Entgeltpflicht freizustellen. Zur Verwirklichung eines angemessenen Interessenausgleichs ist es hier freilich nicht erforderlich, den vertraglichen Gegenleistungsanspruch mit Rücksicht auf § 242 aufrechtzuerhalten. Es genügt vielmehr, dem Schwarzarbeiter einen **bereicherungsrechtlichen Wertersatzanspruch** (§ 818 Abs 2) zuzubilligen und dem Auftraggeber nach § 242 die Berufung auf den Ausschlusstatbestand des § 817 S 2 zu versagen (BGHZ 111, 308, 312 f; AnwK-BGB/Looschelders § 134 Rn 115 ff).

489 Eine großzügigere Handhabung des § 242 ist geboten, wenn die **Gesetzwidrigkeit nachträglich entfällt**. Das nach § 134 nichtige Rechtsgeschäft wird in diesem Fall zwar nicht automatisch „geheilt" (AnwK-BGB/Looschelders § 134 Rn 54; Staudinger/Sack [2003] § 134 Rn 56). Die Geltendmachung der Nichtigkeit kann aber rechtsmissbräuchlich sein.

(2) Rückgriff auf § 242 bei Wirksamkeit des Rechtsgeschäfts
490 Führt der Gesetzesverstoß nach dem Zweck des verletzten Gesetzes nicht zur Nichtigkeit des Rechtsgeschäfts, so kann die Geltendmachung der aus dem Geschäft folgenden Ansprüche und Rechte im Einzelfall doch nach § 242 wegen unzulässiger Rechtsausübung ausgeschlossen sein (so Rn 222 ff). Da § 134 die strengeren Voraussetzungen aufstellt, stellen sich dabei im Allgemeinen keine spezifischen Konkurrenzprobleme. Eine Ausnahme kommt allerdings in Betracht, wenn die Nichtigkeit

daran scheitert, dass das **Verbotsgesetz** erst **nach Vornahme des Rechtsgeschäfts in Kraft getreten** ist. Soweit das Gesetz keine Rückwirkung entfaltet, wird das Rechtsgeschäft grundsätzlich nicht im Nachhinein gem § 134 nichtig (MünchKomm/Mayer-Maly/Armbrüster § 134 Rn 20; Palandt/Heinrichs § 134 Rn 12b; Staudinger/Sack [2003] § 134 Rn 55; AnwK-BGB/Looschelders § 134 Rn 52; zu den Besonderheiten bei Dauerschuldverhältnissen BGH NVwZ 2003, 1140, 1142 = NJW 2003, 3055 [LS]: Nichtigkeit ex nunc). Im Einzelfall können die Wertungen des Verbotsgesetzes jedoch herangezogen werden, um den Verstoß gegen Treu und Glauben zu begründen. Denn die Ausübungskontrolle nach § 242 bezieht sich allein auf die Frage, ob die Geltendmachung des Rechts nach den **aktuell gültigen Maßstäben** mit Treu und Glauben vereinbar ist.

ee) **Zusammenspiel von § 138 und § 242**
Im Verhältnis des § 242 zu § 138 können die gleichen Probleme auftreten wie im Verhältnis zu § 134. Damit sind auch hier **zwei Fragenkreise** zu unterscheiden. **491**

(1) **Einschränkung der Nichtigkeitsfolge**
(a) **Grundlagen**
Die hM geht davon aus, dass der benachteiligte Teil unter dem Aspekt des § 242 gehindert sein kann, die Sittenwidrigkeit (und damit die Nichtigkeit) eines Rechtsgeschäfts nach § 138 geltend zu machen (vgl BGH NJW 1981, 1439, 1440; NJW 1986, 2944, 2945; Palandt/Heinrichs § 138 Rn 21; Staudinger/Sack [2003] § 138 Rn 156 ff; aA RGZ 150, 181, 186; 160, 52, 56; Jauernig/Jauernig § 138 Rn 27; MünchKomm/Mayer-Maly/Armbrüster § 138 Rn 155; Staudinger/J Schmidt [1995] Rn 480). Ebenso wie bei § 134 wird diese Möglichkeit jedoch auf „**besonders gelagerte Ausnahmefälle**" beschränkt (so BGH NJW 1981, 1439, 1440). Maßgeblich ist die Erwägung, dass sittenwidrige Geschäfte nicht auf dem Umweg über § 242 wirksam werden dürfen. Eine Aufrechterhaltung des Rechtsgeschäfts für die Zukunft soll deshalb von vornherein ausscheiden (BGH aaO). **492**

Gegen die Einschränkung der Nichtigkeitsfolge des § 138 über § 242 wird eingewandt, dass die Sittenwidrigkeit als **Einwendung** von Amts wegen zu beachten sei. Die Geltendmachung der Sittenwidrigkeit könne daher auch nicht treuwidrig sein (vgl BAG NJW 1976, 1758, 1759; MünchKomm/Mayer-Maly/Armbrüster § 138 Rn 155). Dem ist insofern zuzustimmen, als es bei der Prüfung des § 242 nicht darauf ankommt, ob der Betreffende sich auf die Nichtigkeit des Rechtsgeschäfts beruft; entscheidend ist vielmehr, ob die Nichtigkeit zu Ergebnissen führt, welche der Billigkeit (iSv Individualgerechtigkeit) widersprechen. Es geht also ebenso wie bei § 125 (so Rn 445) darum, die Unwirksamkeit eines Rechtsgeschäfts mit Rücksicht auf Treu und Glauben zu überwinden und dem Gläubiger auf diese Weise einen an sich nicht gegebenen Anspruch zu gewähren (allg dazu o Rn 217 ff). **493**

Nach allgemeinen Grundsätzen (so Rn 334 ff) scheidet ein Rückgriff auf § 242 im Anwendungsbereich anderer Normen aus, wenn die für deren unveränderte Anwendung sprechenden Belange dem Interesse an einer gerechten Einzelfallentscheidung vorgehen. In der Vorauflage hat J Schmidt einen solchen Ausschluss des § 242 im Verhältnis zu § 138 generell bejaht, weil die Nichtigkeitsanordnung im Fall der Sittenwidrigkeit nicht allein individuelle Interessen, sondern in erster Linie die **öffentliche Ordnung** schützen solle; dieser Zweck dürfe nicht dadurch vereitelt werden, dass man das Rechtsgeschäft unter Berufung auf Individualinteressen aufrechterhalte (Staudinger/J Schmidt [1995] Rn 480). Die **individuellen Interes- 494** sen des Benachteiligten haben jedoch auch bei § 138 eigenständige Bedeutung (vgl AnwK-BGB/LOOSCHELDERS § 138 Rn 4). Dies zeigt nicht zuletzt die Rspr des BVerfG zur verfassungsrechtlichen Notwendigkeit eines Schutzes der strukturell schwächeren Partei (BVerfGE 89, 214, 229 ff), die von den Zivilgerichten auf der Grundlage des § 138 Abs 1 umgesetzt wird (so Rn 367). Man muss daher unterscheiden: Verletzt das sittenwidrige Rechtsgeschäft öffentliche Interessen oder Interessen Dritter, kann die Nichtigkeitsfolge nicht nach § 242 eingeschränkt werden (so Rn 225). Steht der Schutz des Benachteiligten im Vordergrund, so kommt ein Rückgriff auf § 242 in Betracht. Da die Nichtigkeitsfolge auch hier auf einem **gesteigerten Unwerturteil** beruht, müssen die für die Außerachtlassung der Nichtigkeit streitenden Gründe aber besonders schwerwiegend sein. Außerdem ist zu prüfen, ob die Einzelfallgerechtigkeit nicht schon durch sachgemäße Anwendung der §§ 817–820, 823 ff gewährleistet werden kann (vgl STAUDINGER/J SCHMIDT [1995] Rn 480).

(b) Fallgruppen
495 Unter welchen Voraussetzungen § 242 im Rahmen des § 138 ausnahmsweise zur Einschränkung der Nichtigkeitsfolge herangezogen werden kann, hat der BGH bislang nicht näher umschrieben. Es lassen sich jedoch einige Fallgruppen unterscheiden, in denen die Rspr den Rückgriff auf § 242 zugelassen hat.

(aa) Einseitige Sittenverstöße
496 Den wichtigsten Anwendungsbereich hat § 242 bei **einseitigen Sittenverstößen**. Dem Grundsatz nach ist zwar anerkannt, dass die Nichtigkeit auch von dem selbst sittenwidrig handelnden Vertragsteil geltend gemacht werden kann (vgl RGZ 150, 181, 186; 160, 52, 56; BGHZ 27, 172, 180; 60, 102, 105; BAG NJW 1976, 1959; SOERGEL/HEFERMEHL § 138 Rn 61). Eine Ausnahme soll aber für den Fall gelten, dass dieser dadurch einen ungerechtfertigten Vorteil zu Lasten des anderen Teils erlangen würde (so BGH Betrieb 1957, 843; BGH WM 1957, 1118, 1121 und 1155, 1158; 1972, 486, 488; PALANDT/HEINRICHS § 138 Rn 21; BGB-RGRK/KRÜGER-NIELAND/ZÖLLER § 138 Rn 40; STAUDINGER/SACK [2003] § 138 Rn 157; aA STAUDINGER/DILCHER[12] § 138 Rn 107). Zur Begründung wird ausgeführt, die Nichtigkeit diene vor allem dem Schutz des redlichen Teils (so schon vTUHR, AT II 2 § 70 IV, bes Fn 136; heute vor allem SOERGEL/HEFERMEHL § 138 Rn 61). Dem ist iE zuzustimmen. Aus methodischer Sicht sollte aber vorrangig geprüft werden, ob sich diese Fälle nicht bereits über eine **teleologische Reduktion der Nichtigkeitsfolge des § 138** lösen lassen (vgl AnwK-BGB/LOOSCHELDERS § 138 Rn 20; z Verhältnis zwischen § 242 und teleologischer Reduktion so Rn 346). Denn die Anwendung einer Vorschrift darf nicht zu einem Ergebnis führen, das ihrem Schutzzweck geradezu widerspricht (vgl allg LOOSCHELDERS/ROTH Juristische Methodik 261 ff).

(bb) Beiderseitige Sittenverstöße
497 Bei **beiderseitigen Sittenverstößen** ist die hM mit dem Rückgriff auf § 242 noch zurückhaltender (vgl BGH NJW 1986, 2944, 2945; SOERGEL/HEFERMEHL § 138 Rn 61; gegen Anwendung des § 242 in diesen Fällen BGB-RGRK/KRÜGER-NIELAND/ZÖLLER § 138 Rn 40). Eine Ausnahme wird aber für den Fall erwogen, dass jemand die **Vorteile eines nichtigen Geschäfts in Anspruch nimmt** und sich auf dessen Nichtigkeit erst dann beruft, wenn er seine Gegenleistung erbringen soll. Die Rspr hat hier Erfüllungsansprüche bejaht (vgl BGH NJW 1981, 1439, 1440 – Vorführung pornographischer Filme; OLG Celle BB 1968, 642, 643 – Bierlieferung); die Lit ist dem zum Teil gefolgt (BAMBERGER/ROTH/WENDTLAND § 138

Rn 31; STAUDINGER/SACK [2003] § 138 Rn 157; vgl auch DRESSEL und WITTMANN in Anm zu OLG Celle BB 1968, 643). Andere Autoren wollen § 242 dagegen nur anwenden, wenn die eine Partei von vornherein darauf aus war, zunächst „die Vorteile einzuheimsen und sich dann auf die Nichtigkeit zu berufen" (so SOERGEL/HEFERMEHL § 138 Rn 61). Der Sache nach besteht eine deutliche Parallele zu den Schwarzarbeitsfällen bei § 134 (so Rn 364). In beiden Fallgruppen ist es nicht erforderlich, den Vertrag zur Vermeidung unangemessener Ergebnisse aufrechtzuerhalten. Es genügt vielmehr, dem Leistenden einen **Wertersatzanspruch nach § 818 Abs 2** zuzubilligen und die **Sperre des § 817 S 2** zu Lasten der treuwidrig handelnden Partei **auszuschalten** (AnwK-BGB/LOOSCHELDERS § 138 Rn 21).

(cc) Wegfall der Sittenwidrigkeit nach Vornahme des Rechtsgeschäfts
Nach hM kann § 242 schließlich anwendbar sein, wenn die Sittenwidrigkeit aufgrund **498** einer Änderung der tatsächlichen Verhältnisse oder der Wertanschauungen nach Vornahme des Rechtsgeschäfts entfallen ist (vgl STAUDINGER/SACK [2003] § 138 I Rn 85; SCHMOECKEL, Der maßgebliche Zeitpunkt zur Bestimmung der Sittenwidrigkeit nach § 138 I BGB, AcP 197 [1997] 1, 23). Dieser Auffassung ist für den Fall einer **Änderung der tatsächlichen Verhältnisse** zu folgen. Haben sich die **Wertanschauungen geändert**, so erscheint es dagegen zumindest im Hinblick auf **letztwillige Verfügungen** vorzugswürdig, den neuen Maßstab bereits bei der Entscheidung über die Sittenwidrigkeit zu berücksichtigen (so auch ERMAN/H PALM § 138 Rn 60; MünchKomm/MAYER-MALY/ARMBRÜSTER § 138 Rn 137; SOERGEL/HEFERMEHL § 138 Rn 44; HÜBNER AT Rn 895; ausf z Ganzen AnwK-BGB/LOOSCHELDERS § 138 Rn 122 ff, vgl ferner u Rn 500 ff). Ein Rückgriff auf § 242 ist damit entbehrlich.

(2) Anwendung des § 242 bei Wirksamkeit des Rechtsgeschäfts
Ist das Rechtsgeschäft nicht nach § 138 nichtig, so kann die Geltendmachung der **499** daraus folgenden Rechte im Einzelfall immer noch nach § 242 als unzulässige Rechtsausübung (so Rn 369) anzusehen sein. Insoweit kann auf die allgemeinen Überlegungen zum Verhältnis von **Wirksamkeits-** und **Ausübungskontrolle** (so Rn 370) verwiesen werden.

Spezifische Fragen des Zusammenwirkens von § 138 und § 242 stellen sich, wenn die **500** **Sittenwidrigkeit** nicht schon im Zeitpunkt des Vertragsschlusses, sondern erst **im Zeitpunkt der Erfüllung des Vertrages** gegeben ist. Die hM stellt in diesen Fällen bei der Beurteilung der Sittenwidrigkeit auf die Vornahme des Rechtsgeschäfts ab. Führt eine Änderung der tatsächlichen Verhältnisse oder der Wertanschauungen dazu, dass das Rechtsgeschäft im Zeitpunkt der Erfüllung als sittenwidrig anzusehen ist, so soll der Schuldner dem Erfüllungsanspruch des Gläubigers jedoch den Einwand der unzulässigen Rechtsausübung entgegensetzen können (vgl BGH NJW 1983, 2692; NJW 1996, 990, 991; ERMAN/H PALM § 138 Rn 59; MünchKomm/MAYER-MALY/ARMBRÜSTER § 138 Rn 136, 138; PALANDT/HEINRICHS § 138 Rn 9 f; SOERGEL/HEFERMEHL § 138 Rn 40 ff; STAUDINGER/SACK [2003] § 138 Rn 80, 82; LARENZ/WOLF, AT § 41 Rn 28; aA STAUDINGER/DILCHER[12] § 138 Rn 19; PAWLOWSKI AT Rn 499b; BUNTE, Rechtsanwendungsprobleme im Bereich des Konsumentenkredits, NJW 1985, 705, 706 [Nichtigkeit]; s ferner o Rn 373).

Mit Blick auf den **Wandel der Wertanschauungen** hat J SCHMIDT dieser Konzeption **501** entschieden widersprochen. Maßgeblich ist die Erwägung, dass der Bereich der Sittenwidrigkeit ganz überwiegend zum deutschen **ordre public** gehört. Im Rahmen des § 138 sei es daher aufgrund überwiegender öffentlicher Interessen geboten, die im Zeitpunkt der Entscheidung geltenden Maßstäbe anzuwenden. Der Rückgriff auf § 242 liege in diesem Zusammenhang somit „völlig neben der Sache" (STAUDINGER/ J SCHMIDT [1995] Rn 476).

502 Gegen eine **generelle** Berücksichtigung des Wertungswandels zu Lasten der Wirksamkeit von Rechtsgeschäften spricht der Gedanke des **Vertrauensschutzes**. Ist ein Rechtsgeschäft im Zeitpunkt seiner Vornahme wirksam, so darf seine Gültigkeit im Nachhinein grundsätzlich nicht wieder in Frage gestellt werden (vgl BGH NJW 1983, 2692; AnwK-BGB/LOOSCHELDERS § 138 Rn 125; MAYER-MALY JZ 1981, 801, 804; STAUDINGER/ SACK [2003] § 138 Rn 82; SCHMOECKEL AcP 197 [1997] 1, 41 ff). Etwas anderes lässt sich auch nicht mit dem Hinweis auf „überwiegende öffentliche Interessen" rechtfertigen. Denn der Gedanke des Vertrauensschutzes gehört zu den wesentlichen Grundsätzen des deutschen Rechts (vgl Art 20 Abs 3 GG) und ist also keineswegs nachrangig. Es bleibt damit nur die Möglichkeit, dem Gläubiger **im Einzelfall** die Geltendmachung der aus dem Geschäft folgenden Rechte zu verwehren. Hierfür ist § 242 aber die geeignete Grundlage.

h) Teilnichtigkeit, § 139
aa) Allgemeines

503 Im Rahmen des § 139 hat die Rspr verschiedene Konstellationen anerkannt, in denen es einer Partei mit Rücksicht auf Treu und Glauben verwehrt sein kann, die **Gesamtnichtigkeit** eines Rechtsgeschäfts **geltend zu machen** (vgl dazu zB RGZ 153, 59; BGH LM Nr 36 zu § 139; BGH WM 1959, 566; BGH NJW 1967, 245; BGH WM 1971, 99; BGHZ 112, 288, 296 = NJW 1991, 105, 107; BGH NJW 1993, 1587, 1589; BGH NJW-RR 1997, 684, 686; aus der Lit: ERMAN/H PALM § 139 Rn 35; PALANDT/HEINRICHS § 139 Rn 16; SOERGEL/HEFERMEHL § 139 Rn 44 ff; LARENZ/WOLF, AT § 45 Rn 33 ff). In konstruktiver Hinsicht kann dem zwar entgegengehalten werden, dass die Geltendmachung der Gesamtnichtigkeit als solche nicht zu missbilligen ist (vgl etwa SOERGEL/HEFERMEHL § 139 Rn 45, 47; ausf dazu STAUDINGER/J SCHMIDT [1995] Rn 483). Letztlich handelt es sich dabei jedoch um eine terminologische Frage. Es kommt auch hier allein darauf an, ob die (Gesamt-)Nichtigkeit des Geschäfts Konsequenzen hat, die mit der Einzelfallgerechtigkeit unvereinbar erscheinen (s dazu auch Rn 507 und Rn 510).

504 Die Tragweite des § 242 wird bei § 139 dadurch gemindert, dass die Gesamtnichtigkeit ohnedies nicht eintritt, wenn der wirksame Teil des Rechtsgeschäfts nach dem wirklichen oder hypothetischen Willen der Parteien aufrechterhalten werden soll. In vielen Fällen wird sich daher schon durch eine **sachgemäße Bestimmung des hypothetischen Parteiwillens** eine interessengerechte Lösung finden lassen (ERMAN/H PALM § 139 Rn 35; vgl auch BGH NJW 1993, 1587, 1588 f). Die partielle Aufrechterhaltung des Rechtsgeschäfts muss freilich dem hypothetischen Willen **beider Parteien** im **Zeitpunkt des Vertragsschlusses** entsprechen (vgl LARENZ/WOLF, AT § 45 Rn 24). Ist anzunehmen, dass (mindestens) eine Partei das Rechtsgeschäft nicht ohne den nichtigen Teil vorgenommen hätte, so ist das ganze Rechtsgeschäft nach § 139 nichtig. Unbillige Ergebnisse lassen sich hier nur auf der Grundlage des § 242 vermeiden.

bb) Die einzelnen Fallgruppen
505 Rspr und Lit haben im Rahmen des § 139 einige Fallgruppen entwickelt, in denen

die Geltendmachung der Gesamtnichtigkeit mit Treu und Glauben unvereinbar erscheint.

(1) Irrelevanz des nichtigen Teils bei der Vertragsdurchführung
Die erste Fallgruppe ist dadurch gekennzeichnet, dass der nichtige Teil des Rechtsgeschäfts – namentlich eine nichtige Vertragsklausel – **bei der Durchführung des Geschäfts bedeutungslos** blieb (vgl RGZ 153, 59; RG SeuffA 77 Nr 114; BGHZ 112, 288, 296; FLUME, AT II § 32, 7; LARENZ/WOLF, AT § 45 Rn 34; AnwK-BGB/FAUST § 139 Rn 50; SOERGEL/ HEFERMEHL § 139 Rn 44 ff; PIERER V ESCH, Teilnichtige Rechtsgeschäfte [1968] 90; STEINDORFF, Teilnichtigkeit kartellrechtswidriger Vereinbarungen in der Rechtssprechung des Bundesgerichtshofs, in: FS Hefermehl [1971], 177, 183). Ein praktisches Bsp liefert der sog „Bäckereifall" (RGZ 153, 59): In einem Pachtvertrag wurde dem Pächter ein Vorkaufsrecht eingeräumt und ein nachvertragliches Wettbewerbsverbot auferlegt; die Einräumung des Vorkaufsrechts war wegen Formmangels nichtig. Nachdem die Pachtzeit ohne Eintritt des Vorkaufsfalls abgelaufen war, machte der Pächter geltend, das Wettbewerbsverbot sei wegen der Nichtigkeit des Vorkaufsrechts nach § 139 unwirksam. Nach dem hypothetischen Willen der Parteien **im Zeitpunkt des Vertragsschlusses** ist nicht davon auszugehen, dass der Pächter das Wettbewerbsverbot ohne das Vorkaufsrecht auf sich genommen hätte (aA offenbar STEINDORFF 183). Da der Vorkaufsfall aber nicht eingetrat, stand der Pächter iE nicht schlechter als bei wirksamer Einräumung des Vorkaufsrechts (ähnlich das „Relevanzkriterium" von FLUME, AT II § 32, 8). Er musste sich daher nach Treu und Glauben das Wettbewerbsverbot entgegenhalten lassen.

(2) Ungerechtfertigter Vorteil für eine Partei
In der zweiten Fallgruppe soll durch Anwendung des § 242 verhindert werden, dass eine Partei durch die Gesamtnichtigkeit des Rechtsgeschäfts einen **ungerechtfertigten Vorteil** erlangen würde. Hierher gehört zunächst der Fall, dass die nichtige Vertragsklausel **ausschließlich den Interessen einer Vertragspartei** dient und diese an dem Vertrag festhalten will; hier soll sich die **andere Partei** unter bestimmten Voraussetzungen nicht auf die Nichtigkeit des gesamten Vertrages berufen können (vgl dazu RG JW 1916, 390; RGZ 86, 323, 326; 91, 359 ff; 121, 80, 84; BGH WM 1959, 566; NJW 1967, 245; WM 1971, 99; 1983, 267; ZIP 1985, 668; GRUR 1991, 558, 559; NJW 1993, 1587, 1589; NJW-RR 1997, 684, 686; AnwK-BGB/FAUST § 139 Rn 50; MünchKomm/MAYER-MALY/BUSCHE § 139 Rn 33; SOERGEL/HEFERMEHL § 139 Rn 46; LARENZ/WOLF, AT § 45 Rn 36). Nach der **Rspr des RG** galt § 139 in diesen Fällen allerdings nur, wenn die durch die Klausel nicht begünstigte Vertragspartei sich lediglich ihrer Verpflichtung entziehen wollte, obwohl sie die Gegenleistung bereits erhalten hatte (so RGZ 86, 323, 326; 121, 80, 84; RG JW 1916, 390; deshalb wurde in RGZ 91, 359, 361 die Anwendung des § 242 abgelehnt; zustimmend LARENZ AT [7. Aufl 1989] § 23 IIe). Der **BGH** wendet § 242 dagegen schon dann an, wenn die nichtige Klausel einseitig eine Vertragspartei begünstigt; dass die begünstigte Partei die Gegenleistung bereits erbracht habe, sei nicht erforderlich (BGH NJW 1967, 245; zustimmend ERMAN/H PALM § 139 Rn 35; SOERGEL/HEFERMEHL § 139 Rn 46; FLUME, AT II § 32, 8). Dafür spricht, dass die Interessen der nicht begünstigten Partei durch die Nichtigkeit der Klausel nicht berührt werden. Könnte sie den Gesamtvertrag gleichwohl nach § 139 zu Fall bringen, so würde sie einen ungerechtfertigten Vorteil erlangen, weil die Rechtsordnung damit letztlich dem Fortfall ihres Interesses an den übrigen Vertragsbestimmungen Rechnung tragen würde; ein solches „Reuerecht" kommt aber nicht in Betracht. Da diese Erwägungen unabhängig davon gelten, ob der

Vertrag vom Begünstigten bereits erfüllt ist, kann diesem Umstand keine Bedeutung beigemessen werden.

508 Eine andere Frage ist, ob die Teilnichtigkeit in den eben beschriebenen Fällen **ipso iure** eintreten soll (so wohl die hM) oder ob der durch die Klausel begünstigten Partei ein **Wahlrecht** (in Form eines Gestaltungsrechts) zuzubilligen ist (so SOERGEL/ HEFERMEHL § 139 Rn 46; STAUDINGER/ROTH [2003] § 139 Rn 89; FLUME, AT II § 32, 8; für analoge Anwendung der §§ 108 Abs 2, 177 Abs 2, 1366 Abs 3 AnwK-BGB/FAUST § 139 Rn 50). Für die letztere Auffassung spricht, dass es keinen Grund gibt, einer Partei die Wirksamkeit des Vertrages aufzudrängen, obwohl eine für sie günstige Klausel nichtig ist. Dies gilt umso mehr, als die andere Partei durch das Wahlrecht nicht benachteiligt wird, weil sie bei uneingeschränkter Anwendung des § 139 ohnehin nicht besser stünde (ähnlich FLUME aaO). Für die praktische Rechtsanwendung hat die Frage freilich keine große Bedeutung. Denn auch die hM verlangt, dass die begünstigte Partei an dem Vertrag festhalten will. Da dieser Wille in irgendeiner Form geäußert werden muss, geht es vor allem darum, ob diese Äußerung als – grundsätzlich unwiderrufliche – **Gestaltungserklärung** zu qualifizieren ist, was aus Gründen der Rechtssicherheit vorzugswürdig erscheint. Darüber hinaus sollte die andere Partei die Möglichkeit haben, dem Begünstigten eine angemessene Frist für die Abgabe einer solchen Erklärung zu setzen. Gibt der Begünstigte innerhalb der Frist keine Erklärung ab, so bleibt es bei der Rechtsfolge des § 139 (so auch SOERGEL/HEFERMEHL § 139 Rn 46).

509 In den eben beschriebenen Fällen ist der Anwendungsbereich des § 242 teilweise dahingehend erweitert worden, dass auch die von der nichtigen Klausel **begünstigte Partei** sich unter bestimmten Voraussetzungen nicht auf die Gesamtnichtigkeit (§ 139) berufen könne (so OLG Frankfurt/M NJW 1974, 2239; PALANDT/HEINRICHS § 139 Rn 16). Dem wird zu Recht entgegengehalten, dass niemand unter dem Aspekt des § 242 gehindert werden darf, sich auf die Verschlechterung seiner Rechtsposition zu berufen (so ULMER NJW 1974, 2240; STAUDINGER/J SCHMIDT [1995] Rn 489). Es gibt jedoch auch Ausnahmen. So kann die Gesamtnichtigkeit **unverhältnismäßig** sein, wenn die Nichtigkeit der Klausel den durch sie Begünstigten nur unerheblich belastet, während die andere Partei ihre Leistungen bereits erbracht hat und eine Rückabwicklung nicht möglich ist (vgl ERMAN/H PALM § 139 Rn 35). Die Einschränkung des § 139 beruht auch hier auf dem Gedanken, dass keine Partei durch die Gesamtnichtigkeit einen **ungerechtfertigten Vorteil** erlangen soll. Die durch die nichtige Klausel begünstigte Partei kann sich schließlich auch dann nicht auf die Gesamtnichtigkeit berufen, wenn der andere Teil sich zu einer erneuten – wirksamen – Vereinbarung der in Frage stehenden Klausel bereit erklärt (AnwK-BGB/FAUST § 139 Rn 51; FLUME, AT II § 32, 8).

510 Führt die Anwendung des § 139 zur **Teilnichtigkeit** des Rechtsgeschäfts, so kann ein Rückgriff auf § 242 ebenfalls gerechtfertigt sein. Viel diskutiert wird der Fall, dass ein Rechtsanwalt für seine Tätigkeit ein **Erfolgshonorar** verlangt (vgl LARENZ/WOLF, AT § 45 Rn 39; MEDICUS, AT Rn 515; s auch STAUDINGER/J SCHMIDT [1995] Rn 481). Eine solche Vereinbarung war früher nach § 138 Abs 1 nichtig (vgl BGHZ 34, 66, 71; 39, 142, 148; 51, 290, 294; BGH NJW 1981, 197, 199; 1992, 681, 682; 1996, 2499, 2500); nach geltendem Recht ergibt sich die Nichtigkeit aus § 134 iVm § 49b Abs 2 BRAO (vgl AnwK-BGB/LOO-SCHELDERS § 134 Rn 200 mwNw). Nach der Rspr führt die Unwirksamkeit einer Gebührenvereinbarung jedoch nicht über § 139 zur Gesamtnichtigkeit des Anwaltsvertrages; dieser wird vielmehr zum Schutz des Mandanten aufrechterhalten (vgl BGHZ 18, 340, 348; BGH JR 1962, 369; OLG München NJW 2002, 3641, 3642). Zur Lückenfüllung kann auf die Sätze des RVG (früher: der BRAGO) abgestellt werden (vgl § 612 Abs 2). Nach Ansicht des BGH wird der Rechtsanwalt jedoch durch § 242 daran gehindert, nachträglich eine erfolgsunabhängige oder eine höhere als die vereinbarte Vergütung zu verlangen. Maßgeblich ist die Erwägung, dass der Anwalt aus der Nichtigkeit der Honorarabrede keinen Vorteil ziehen dürfe. Denn der Mandant habe sich darauf verlassen dürfen, das Honorar nur im Erfolgsfall und nur in einer bestimmten Höhe zahlen zu müssen (BGHZ 18, 340, 348 ff; ähnlich RG SeuffA 77, 181; BGH NJW 1980, 2407). Letztlich soll also auch hier mit Hilfe von § 242 vermieden werden, dass eine Partei aufgrund der (Teil-)Nichtigkeit des Rechtsgeschäfts einen **ungerechtfertigten Vorteil** erlangt (vgl Larenz/Wolf, AT § 45 Rn 38). Ob man das gleiche Ergebnis auch durch eine am **Zweck der Verbotsnorm** orientierte Auslegung erreichen kann (für eine solche Lösung Staudinger/J Schmidt [1995] Rn 481), erscheint zweifelhaft. Denn das Verbot der Vereinbarung von Erfolgshonoraren schützt nicht nur die Interessen der Mandanten. Im Vordergrund steht vielmehr die Erwägung, dass das finanzielle Interesse des Rechtsanwalts am Prozessausgang dessen Unabhängigkeit und Stellung als Organ der Rechtspflege gefährden könnte (vgl Palandt/Heinrichs § 138 Rn 58).

i) Vertrag, §§ 145–157

511 Im Zusammenhang mit den Vorschriften dieses Titels kommt § 242 keine große Bedeutung zu, weil sich unangemessene Ergebnisse im Allgemeinen schon durch eine **interessengerechte Auslegung** nach §§ 133, 157 (dazu AnwK-BGB/Looschelders § 133 Rn 53 ff und § 157 Rn 21 ff) vermeiden lassen. Eine gewisse Ausnahme gilt im Anwendungsbereich des § 154. Nach dieser Auslegungsregel ist bei einem **offenen Einigungsmangel** im Zweifel davon auszugehen, dass kein Vertrag geschlossen wurde. Nach hM ist die Geltendmachung des Einigungsmangels jedoch rechtsmissbräuchlich, soweit der Betreffende sich nur seiner eigenen Verpflichtung entziehen, die durch die einvernehmliche Ausführung des Vertrages bereits erlangten Vorteile aber behalten will. Dies soll jedenfalls dann gelten, wenn die andere Partei bereit ist, die offen gebliebenen Punkte im Sinne der bisherigen Vorschläge dessen zu regeln, der sich auf den Einigungsmangel beruft (so BGH MDR 1954, 217 = LM Nr 2 zu § 154; Staudinger/Bork [2003] § 154 Rn 10; Erman/Armbrüster § 154 Rn 9; Flume, AT II § 34, 6e).

512 Der hM ist zuzustimmen. Durch die Mitwirkung an der Durchführung des Vertrages haben beide Parteien zu erkennen gegeben, dass sie den Vertrag grundsätzlich nicht scheitern lassen wollen (Flume, AT II § 34, 6e). Es erscheint damit **widersprüchlich**, wenn eine Partei sich auf den offenen Einigungsmangel beruft, obwohl sich die andere Partei mit ihren bisherigen Vorschlägen einverstanden erklärt. Dies gilt umso mehr, wenn die andere Partei im **Vertrauen auf das Zustandekommen des Vertrages** Leistungen erbracht hat, deren Rückabwicklung nicht in Betracht kommt. Hier muss verhindert werden, dass eine Partei den offenen Einigungsmangel nutzt, um für sich einen **ungerechtfertigten Vorteil** zu erzielen.

513 Bei der **ergänzenden Vertragsauslegung** besteht in der Rspr eine gewisse Neigung, neben § 157 auch § 242 mitzuzitieren (vgl etwa OLG Frankfurt/M FamRZ 1994, 198). Nach der hier vertretenen Ansicht sind beide Vorschriften jedoch klar voneinander zu unterscheiden (so Rn 362), damit der nach § 157 maßgebliche hypothetische Parteiwille nicht unter Rückgriff auf die objektiven Kriterien des § 242 überspielt wird.

k) Bedingung und Zeitbestimmung, §§ 158–163

514 Im Rahmen der §§ 158–163 ist ein Rekurs auf § 242 im Allgemeinen nicht erforderlich, weil unangemessene Ergebnisse mit Hilfe des **§ 162 als besonderer Ausprägung des Grundsatzes von Treu und Glauben** (Jauernig/Jauernig § 162 Rn 3; Staudinger/Bork [2003] § 162 Rn 2) vermieden werden können. Von § 242 unterscheidet sich § 162 durch seine spezifische Rechtsfolgenanordnung: die Fiktion des Eintritts bzw Nichteintritts der Bedingung (vgl Erman/Armbrüster § 162 Rn 1).

515 § 162 ist Ausdruck des **allgemeinen Rechtsgedankens**, dass niemand aus seinem eigenen treuwidrigen Verhalten Vorteile erlangen darf (BGHZ 88, 240, 248; BGH NJW-RR 1991, 177, 178; Hk-BGB/Dörner § 162 Rn 1; Palandt/Heinrichs § 162 Rn 1). Außerhalb des Rechts der Bedingung wird dieser Rechtsgedanke teilweise auf eine **Analogie zu § 162** gestützt (vgl Erman/Armbrüster § 162 Rn 7 und Palandt/Heinrichs § 162 Rn 6 mwNw). Vorzugswürdig erscheint jedoch, in solchen Fällen vornehmlich den **allgemeinen Grundsatz von Treu und Glauben** (§ 242) heranzuziehen, weil hieraus die flexibleren Rechtsfolgen abgeleitet werden können (so auch MünchKomm/Westermann § 162 Rn 18; Staudinger/Bork [2003] § 162 Rn 15).

516 Auf **Rechtsbedingungen** (zB behördliche Genehmigungen) ist § 162 jedenfalls nicht unmittelbar anwendbar. Nach der Rspr kann der Rechtsgedanke des § 162 hier auch „nur ausnahmsweise gem dem allgemeinen Grundsatz von Treu und Glauben (§ 242) herangezogen werden" (BGH NJW 1996, 3338, 3340). Dies bedeutet, dass der Eintritt einer Rechtsbedingung **nicht nach § 162 fingiert** werden kann. Die Parteien sind aber aufgrund des Schuldverhältnisses verpflichtet, nach Treu und Glauben (§ 242) auf die Erfüllung der Rechtsbedingung hinzuwirken (vgl Erman/Armbrüster § 162 Rn 1; Staudinger/Bork [2003] § 162 Rn 14; allg zu solchen Mitwirkungspflichten Staudinger/Olzen § 241 Rn 172 ff).

l) Vertretungsmacht, §§ 164–181
aa) Rechtsscheinvollmacht (Duldungs- und Anscheinsvollmacht)

517 **Duldungs- und Anscheinsvollmacht** wurden früher teilweise auf § 242 gestützt (vgl Staudinger/Dilcher[12] § 167 Rn 32). Da beide Rechtsinstitute sich inzwischen durch eigenständige Tatbestandsvoraussetzungen und Rechtsfolgen von § 242 emanzipiert haben, werden sie in diesem Zusammenhang nicht mehr behandelt (so bereits Staudinger/J Schmidt [1995] § 242 Rn 497; ausf zu beiden Instituten Staudinger/Schilken [2004] § 167 Rn 28 ff).

bb) Kollusion

518 Im Falle der **Kollusion**, also des einverständlichen und bewussten Zusammenwirkens zwischen dem Vertreter und dem Geschäftsgegner zum Nachteil des Vertretenen, ist das Rechtsgeschäft sittenwidrig und somit schon nach **§ 138 Abs 1 nichtig** (vgl RGZ 9, 148; 58, 356; 145, 311, 315; BGH NJW 1954, 1159; 1966, 1911; BGH WM 1980, 953, 954 f; BGH MDR 1984, 646, 647; BGH NJW 1989, 26, 27; 1999, 2882, 2883; 2002, 1497, 1498; OLG Hamm WM 1984, 1445, 1446; Erman/H Palm § 167 Rn 47; Jauernig/Jauernig § 164 Rn 8; Bork AT Rn 1575; Brox AT Rn 580; Flume, AT II § 45 II 3; Köhler AT § 11 Rn 63; Larenz/Wolf, AT § 46 Rn 143; Medicus, AT Rn 966). Auf den Einwand der unzulässigen Rechtsausübung muss daher nicht abgestellt werden. Darüber hinaus haften regelmäßig sowohl der Vertreter als auch der Geschäftsgegner dem Vertretenen auf Schadensersatz nach § 826. Schließlich können dem Vertretenen gegen den Vertreter Ansprüche aus § 280 Abs 1 wegen

Verletzung der Pflichten aus dem Innenverhältnis zustehen (s MünchKomm/Schramm § 164 Rn 107; Larenz/Wolf, AT § 46 Rn 144).

cc) Missbrauch der Vertretungsmacht*
(1) Problemstellung und Meinungsstand

Von der Kollusion abzugrenzen ist der „gewöhnliche" Missbrauch der Vertretungsmacht durch pflichtwidrige Überschreitung der sich aus dem Innenverhältnis ergebenden Grenzen (MünchKomm/Schramm § 164 Rn 106; Soergel/Leptien § 177 Rn 15). Den Ausgangspunkt der Überlegungen bildet der Grundsatz, dass der **Vertretene** nach der gesetzlichen Wertung das **Risiko eines Vollmachtsmissbrauchs** zu tragen hat (BGHZ 127, 239, 241; BGH NJW-RR 1992, 1135, 1136; NJW 1994, 2082, 2083; 1995, 250, 251; 1999, 2883; MünchKomm/Schramm § 164 Rn 106; 115; Larenz/Wolf, AT § 46 Rn 139). Die damit verbundene Belastung des Vertretenen wird zum Schutz des redlichen Rechtsverkehrs in Kauf genommen. Deshalb trifft den **Geschäftsgegner** im Hinblick auf den Umfang der Vertretungsmacht grundsätzlich **keine Prüfungspflicht** (s BGH NJW-RR 1992, 1135, 1136; BGH NJW 1994, 2082, 2083; 1995, 250, 251; Palandt/Heinrichs § 164 Rn 14; Soergel/Leptien § 177 Rn 18).

519

Die einseitige Risikobelastung des Vertretenen wird jedoch durchbrochen, wenn der Geschäftsgegner den Missbrauch der Vertretungsmacht **erkennt** oder der Missbrauch **evident** ist. Dann treten die Interessen des Vertretenen in den Vordergrund. Die Grundsätze über den Missbrauch der Vertretungsmacht schränken somit den Verkehrsschutz ein, der durch die Abstraktion der Vertretungsmacht von dem zugrunde liegenden Innenverhältnis bezweckt wird (so MünchKomm/Schramm § 164 Rn 111; Staudinger/Schilken [2004] § 167 Rn 95; vgl auch Frotz, Verkehrsschutz im Vertretungsrecht [1972], 609, 615 f, 621 f; Flume, AT II § 45 II 3).

520

Im Unterschied zur Anscheins- und Duldungsvollmacht sowie zu den Kollisionsfällen wird der Missbrauch der Vertretungsmacht von **Rspr und hL** bis heute als Anwendungsfall der **unzulässigen Rechtsausübung** nach § 242 angesehen (vgl RGZ 136, 356, 359; 145, 311; BGHZ 50, 112, 114; 113, 315, 320; BGH WM 1976, 658, 659; WM 1981, 66, 67; BGH NJW 1984, 1461, 1462; 1988, 3012, 3013; 1990, 384, 385; NJW-RR 1992, 1135; 1136; NJW 1999,

521

---

* **Schrifttum**: Deggau, § 174 BGB – eine ungenutzte Vorschrift, JZ 1982, 796; Drexl/Mentzel, Handelsrechtliche Besonderheiten der Stellvertretung (Teil I), Jura 2002, 289; Frotz, Verkehrsschutz im Vertretungsrecht (1972) 518; Gessler, Zum Missbrauch organschaftlicher Vertretungsmacht, in: FS vCaemmerer (1978) 532; Heckelmann, Mitverschulden des Vertretenen bei Missbrauch der Vertretungsmacht, JZ 1970, 62; Hübner, Die Prokura als formalisierter Vertrauensschutz, in: FS Klingmüller (1974), 173; H H Jakobs, Verfügung eines Nichtberechtigten durch Verfügungsmachtmissbrauch, JZ 2000, 28; John, Der Missbrauch organschaftlicher Vertretungsmacht, in: FS Mühl (1981) 349; Kipp, Zur Lehre von der Vertretung ohne Vertretungsmacht, RG-Praxis II (1929) 273; Mertens, Die Schranken gesetzlicher Vertretungsmacht im Gesellschaftsrecht, Jura 1970, 466; Pawlowski, Die gewillkürte Stellvertretung, JZ 1996, 125; Petersen, Bestand und Umfang der Vertretungsmacht, Jura 2003, 310; Prölss, Vertretung ohne Vertretungsmacht, JuS 1985, 577; K Schmidt, Liquidationszweck und Vertretungsmacht der Liquidatoren, AcP 174 (1974) 55; Schott, Der Missbrauch der Vertretungsmacht, AcP 171 (1971) 385; Tietz, Vertretungsmacht und Vertretungsbefugnis im Recht der BGB-Vollmacht und der Prokura (1990); H P Westermann, Missbrauch der Vertretungsmacht, JA 1981, 521.

2883; BAG NJW 1997, 1940, 1942; BAUMBACH/HOPT § 50 HGB Rn 6; ERMAN/H PALM § 167 Rn 48; MünchKomm/SCHRAMM § 164 Rn 111, 121; MünchKommHGB/LIEB/KREBS Vor § 48 Rn 69; PALANDT/HEINRICHS § 164 Rn 14; BGB-RGRK/STEFFEN § 167 Rn 24; SOERGEL/LEPTIEN § 177 Rn 15; STAUB/JOOST, Großkommentar HGB [4. Aufl 1983] § 50 Rn 45, 51; CANARIS, Handelsrecht [23. Aufl 2000] § 14 Rn 40; LARENZ/WOLF, AT § 46 Rn 141; H P WESTERMANN, Mißbrauch der Vertretungsmacht, JA 1981, 521, 525; dazu ausf o Rn 214 ff). Dies hat zur Folge, dass das Rechtsgeschäft trotz des evidenten Missbrauchs der Vertretungsmacht zunächst wirksam ist. Der Geschäftsgegner darf sich aber nach Treu und Glauben nicht auf die Vertretungsmacht des Vertreters berufen. Freilich steht es im Belieben des Vertretenen, das Geschäft trotz des pflichtwidrigen Vertreterhandelns aufrechtzu-erhalten, indem er den Einwand der unzulässigen Rechtsausübung nicht erhebt.

522 Demgegenüber vertritt ein beachtlicher Teil der **neueren Lit** die Auffassung, dass den schutzwürdigen Interessen des Vertretenen durch einen **Rückgriff** auf die **Regelungen des Stellvertretungsrechts** (insbes § 177 ff) Rechnung zu tragen ist (vgl AnwK-BGB/STOFFELS § 164 Rn 88; STAUDINGER/SCHILKEN [2004] § 167 Rn 95; BORK AT Rn 1578; ENNECCERUS/NIPPERDEY BGB AT§ 185 I, 5; FLUME, AT II § 45 II 3; HÜBNER AT Rn 1298; BROX AT Rn 581; K SCHMIDT Handelsrecht [5. Aufl 1999] § 16 III 4 b aa; ders, Gesellschaftsrecht [4. Aufl 2002] § 10 II 2 d; ders, Liquidationszweck und Vertretungsmacht der Liquidatoren, AcP 174 [1974] 55, 60; H H JAKOBS JZ 2000, 28, 30; PAWLOWSKI JZ 1996, 125, 129; PRÖLSS, Vertretung ohne Vertretungsmacht, JuS 1985, 577, 577 f; wohl auch MEDICUS, AT Rn 967). Danach hält sich der Vertreter in den Fällen des evidenten Missbrauchs gerade nicht im Rahmen seiner Vertretungsmacht. Somit ist ein solches Geschäft nicht von der Vertretungsmacht gedeckt und gem § 177 schwebend unwirksam.

(2) Praktische Konsequenzen

523 Die praktischen Konsequenzen des Meinungsstreits sind gering. Denn die **Voraussetzungen** für die Verlagerung des Missbrauchsrisikos auf den Geschäftsgegner des Vertretenen werden unabhängig von der dogmatischen Einordnung des Problems weitgehend einheitlich beurteilt (zu den einzelnen Voraussetzungen s STAUDINGER/SCHILKEN [2004] § 167 Rn 91 ff).

524 Für die **Rechtsfolgen** sind die unterschiedlichen Begründungen ebenfalls nicht entscheidend. Geht man mit der neueren Lit davon aus, dass der Vertreter bei einem evidenten oder dem Geschäftsgegner bekannten Missbrauch der Vertretungsmacht die Stellung eines **falsus procurator** hat, so sind die **§§ 177 ff unmittelbar anwendbar** (vgl AnwK-BGB/STOFFELS § 164 Rn 88; FLUME, AT II § 45 II 3; BROX AT Rn 581; K SCHMIDT, Handelsrecht [5. Aufl 1999] § 16 III 4 b aa; ders, Gesellschaftsrecht [4. Aufl 2002] § 10 II 2 d; MEDICUS, AT Rn 967). Wenn man mit der hM auf § 242 abstellt, scheidet ein unmittelbarer Rückgriff auf die §§ 177 ff zwar aus; eine **Analogie** kommt jedoch durchaus in Betracht (vgl ERMAN/H PALM § 167 Rn 50; MünchKomm/SCHRAMM § 164 Rn 111, 121; MünchKommHGB/LIEB/KREBS [2002] Vorbem 70 zu § 48; BGB-RGRK/STEFFEN § 177 Rn 2; SOERGEL/LEPTIEN § 177 Rn 15; CANARIS, Handelsrecht [23. Aufl 2000] § 14 Rn 41; LARENZ/WOLF, AT § 46 Rn 141; ausf zum Ganzen STAUDINGER/SCHILKEN [2004] § 167 Rn 100 ff).

525 Sofern der Vertretene den Missbrauch der Vertretungsmacht schuldhaft ermöglicht hat (zB durch unzureichende Kontrolle des Vertreters), will der BGH den **Erfüllungsanspruch** des Geschäftsgegners nicht vollständig ausschließen, sondern **nach § 254 herabsetzen**. Maßgeblich ist die Erwägung, dass § 254 nur „eine besondere

Ausprägung des Gedankens von Treu und Glauben" sei (BGHZ 50, 112, 115; dem folgend OLG Hamm WM 1976, 140; BGB-RGRK/STEFFEN § 167 Rn 24). Dem ist jedoch entgegenzuhalten, dass die Voraussetzungen des § 254 nicht durch den pauschalen Verweis auf § 242 unterlaufen werden dürfen (vgl STAUDINGER/SCHILKEN [2004] § 167 Rn 104 mwNw; LOOSCHELDERS, Mitverantwortlichkeit 262 ff; zum Verhältnis von § 242 und § 254 s auch Rn 589 ff). Bei evidentem Missbrauch der Vertretungsmacht steht dem Geschäftsgegner schon gar kein Erfüllungsanspruch gegen den Vertretenen zu; er ist vielmehr auf einen Schadensersatzanspruch gegen den Vertretenen aus culpa in contrahendo (§§ 280 Abs 1, 311 Abs 2, 241 Abs 2) verwiesen (vgl SOERGEL/LEPTIEN § 177 Rn 19). Auch dieser Einwand gilt unabhängig davon, ob man die Lehre vom Missbrauch der Vertretungsmacht auf die §§ 164 ff oder auf § 242 stützt (vgl LOOSCHELDERS, Mitverantwortlichkeit 264 f).

(3) Stellungnahme

Die Regeln über die Verlagerung des Missbrauchsrisikos auf den Geschäftsgegner **526** sind im Rahmen der Generalklausel des § 242 herausgearbeitet worden. Die aktuelle Diskussion wird jedoch entscheidend durch die Wertungen des Stellvertretungsrechts geprägt; die allgemeinen Kriterien des rechtsmissbräuchlichen Verhaltens treten demgegenüber in den Hintergrund. Diese Entwicklung beruht auf der zutreffenden Erkenntnis, dass die Verlagerung des Missbrauchsrisikos eine **Durchbrechung des Abstraktionsprinzips** beinhaltet, die aus dem **spezifischen Zweck dieses Prinzips im Stellvertretungsrecht** heraus legitimiert werden muss. Dient das Abstraktionsprinzip dem Schutz des Geschäftsgegners, so ist seine Durchbrechung gerechtfertigt, wenn der Geschäftsgegner nicht schutzwürdig ist, weil er die Abweichung des Vertreters von der Bindung im Innenverhältnis kennt oder weil diese evident ist (so schon STAUDINGER/J SCHMIDT [1995] Rn 508). Da hiernach bereits die vorrangige Frage nach der Wirksamkeit der Vertretung verneint werden muss, kommt es auf die allgemeinen Kriterien der unzulässigen Rechtsausübung nicht mehr an.

dd) Missbrauch von treuhänderischer Macht*

Ähnliche Probleme wie beim Missbrauch der Vertretungsmacht können sich auch **527** beim Missbrauch treuhänderischer Macht stellen. Die **hM** lehnt eine Übertragung der zum Missbrauch der Vertretungsmacht entwickelten Grundsätze hierauf ab (vgl RGZ 99, 142; BGH NJW 1968, 1471 mit abl Anm KÖTZ = JZ 1968, 791 mit zust Anm U HUBER; BGH WM 1977, 525, 527; BGH NJW-RR 1998, 1057, 1058 f; AnwK-BGB/LOOSCHELDERS § 137 Rn 13; PALANDT/HEINRICHS § 166 Rn 14a; STAUDINGER/SCHILKEN [2004] § 167 Rn 99; SOERGEL/ LEPTIEN § 177 Rn 20; MEDICUS BR Rn 502; HENSSLER AcP 196 [1996] 37, 67); eine beachtliche **Mindermeinung** in der Lit plädiert demgegenüber für Gleichbehandlung (so insbes MünchKomm/ROTH Rn 223; MünchKommHGB/K SCHMIDT [2002] Vor § 230 Rn 69; K SCHMIDT, Gesellschaftsrecht [4. Aufl 2002] § 61 III 3; COING, Die Treuhand kraft privaten Rechtsgeschäfts [1973] 163 ff; KÖTZ, Trust und Treuhand [1963] 141; GRUBER AcP 202 [2002] 435, 444 ff; TIMM JZ 1989, 13, 22 ff; differenzierend WANK JuS 1979, 402, 407).

Für eine Gleichbehandlung spricht, dass es in beiden Fällen um die Verletzung des **528**

---

* **Schrifttum**: GRUBER, Der Treuhandmissbrauch, AcP 202 (2002) 435; HENSSLER, Treuhandgeschäft – Dogmatik und Wirklichkeit, AcP 196 (1996) 37; TIMM, Außenwirkungen vertraglicher Verfügungsverbote?, JZ 1989, 13; WANK, Mißbrauch der Treuhandstellung und der Vertretungsmacht – BGH, WM 1977, 529, JuS 1979, 402.

rechtlichen „Dürfens" im Rahmen des rechtlichen „Könnens" geht; überdies erscheint der Geschäftsgegner bei evidentem Missbrauch hier wie dort nicht schutzwürdig. Auf der anderen Seite ist jedoch zu beachten, dass der Treuhänder **im eigenen Namen** handelt (hierauf abstellend BGH NJW 1968, 1471; STAUDINGER/SCHILKEN [2004] § 167 Rn 99). Der Unterschied zur Vertretung ist insoweit nicht bloß formaler Natur (so aber MünchKommHGB/K SCHMIDT [2002] Vor § 230 Rn 69). Nach **§ 137 S 1** sind dingliche Einschränkungen der Verfügungsmacht des Berechtigten generell ausgeschlossen (HENSSLER AcP 196 [1996], 37, 67); diese Wertentscheidung darf nicht durch „analoge Anwendung" der Grundsätze über den Missbrauch der Vertretungsmacht oder durch sonstige allgemeine Gerechtigkeitserwägungen im Rahmen des § 242 unterlaufen werden. Davon abgesehen können die Interessen des Treugebers bei beweglichen Sachen auch gegenüber Dritten durch Zuerkennung eines Anwartschaftsrechts sowie die Vorschriften über den gutgläubigen Erwerb („Wegerwerb" des Anwartschaftsrechts durch den Dritten nur bei Gutgläubigkeit) geschützt werden (STAUDINGER/J SCHMIDT [1995] Rn 510). Bei Grundstücken besteht für den Treugeber die Möglichkeit, sich einen durch die vertragswidrige Veräußerung bedingten Rückauflassungsanspruch einräumen zu lassen, der sich durch eine Vormerkung sichern lässt (vgl AnwK-BGB/LOOSCHELDERS § 137 Rn 21). Eine „Analogie" zum Missbrauch der Vertretungsmacht ist somit auch nicht zum Schutz des Treugebers erforderlich.

ee) Zurückweisung gem § 174

529 Bei einem einseitigen Rechtsgeschäft ist die Zurückweisung gem § 174 nach § 242 unzulässig, wenn dem Geschäftspartner die Vollmacht bekannt war (KG NJWE-WettbR 1998, 110, 111 f; ERMAN/H PALM § 174 Rn 7). Das Gleiche gilt, wenn der Geschäftspartner den Vertreter **während längerer geschäftlicher Beziehungen** stets ohne Vorlage der Vollmachtsurkunde anerkannt hat (vgl OLG München NJW-RR 1997, 904; LG Aachen NJW 1978, 1387; SOERGEL/LEPTIEN § 174 Rn 5). Dem Geschäftspartner ist die Aufklärung der Rechtslage in diesem Fall zumutbar, so dass sein Zurückweisungsrecht aus § 174 eingeschränkt wird. Eine andere Betrachtung kann indes gerechtfertigt sein, sofern neue Tatsachen Zweifel an der Vertretungsmacht des Handelnden begründen (ebenso MünchKomm/SCHRAMM § 174 Rn 9). Davon abgesehen stehen längere geschäftliche Beziehungen der Zurückweisung auch dann nicht entgegen, wenn die Rechtshandlungen des Vertreters den Rahmen der bisherigen Übung überschreiten (so zutreffend DEGGAU JZ 1982, 796, 798).

ff) Pflicht zur Genehmigung des Vertretergeschäfts aus Treu und Glauben

530 Der Vertretene kann frei darüber entscheiden, ob er das durch den vollmachtlosen Vertreter geschlossene Geschäft nach **§ 177 Abs 1** genehmigt. Diese Entscheidungsfreiheit darf nicht dadurch ausgehöhlt werden, dass man aus Treu und Glauben eine Genehmigungspflicht ableitet (STAUDINGER/SCHILKEN [2004] § 177 Rn 17 und § 181 Rn 48; FLUME, AT II § 48, 1 Fn 11). Eine Ausnahme gilt allerdings, wenn der Vertreter aus einem besonderen Rechtsgrund zum Abschluss eines entsprechenden Vertrages verpflichtet ist. Der Vertretene verstößt daher gegen das Verbot **rechtsmissbräuchlichen Verhaltens**, wenn er den vom vollmachtlosen Vertreter geschlossenen Hauptvertrag nicht genehmigt, obwohl er sich in einem **Vorvertrag** zum Abschluss verpflichtet hat (BGHZ 108, 380, 385 = NJW 1990, 508, 509; Hk-BGB/SCHULZE Rn 40; MünchKomm/SCHRAMM § 177 Rn 44; STAUDINGER/SCHILKEN [2004] § 177 Rn 17; SCHMIDT, Zur Durchsetzung vorvertraglicher Pflichten, DNotZ 1990, 708). Aus den Vorschriften über die **Geschäftsführung ohne Auftrag** lässt sich dagegen über § 679 hinaus keine Pflicht zur

Genehmigung des vom vollmachtlosen Vertreter geschlossenen Geschäfts ableiten (BGH LM Nr 1 zu § 177 = NJW 1951, 398).

In den Fällen des § 181 stellt sich ebenfalls die Frage, ob der Vertretene nach Treu und Glauben verpflichtet sein kann, ein (hier wegen **unzulässigen Selbstkontrahierens**) schwebend unwirksames Rechtsgeschäft zu genehmigen. Die hM bejaht eine Genehmigungspflicht, wenn die Verweigerung der Genehmigung gegen Treu und Glauben verstoßen würde oder arglistig wäre (RGZ 64, 366, 373; erwogen auch in RGZ 110, 214, 216; ferner AnwK-BGB/Stoffels § 181 Rn 53; MünchKomm/Schramm § 181 Rn 41; Soergel/Leptien § 181 Rn 45; Erman/H Palm § 181 Rn 22; Staudinger/Dilcher[12] § 181 Rn 32; Enneccerus/Nipperdey BGB AT § 181 Fn 26). Die Gegenauffassung lehnt eine solche Pflicht mit der Erwägung ab, die Genehmigung müsse der **freien Entscheidung des Vertretenen** überlassen bleiben (so insbes Flume, AT II § 48, 1 Fn 11; dem folgend Staudinger/Schilken [2004] § 181 Rn 48). Dieser Einwand ist berechtigt. Zu beachten ist zunächst, dass zahlreiche Insichgeschäfte schon nach dem Wortlaut des § 181 zulässig sind. Dazu gehört insbesondere der Fall, dass der Vertretene aus einem besonderen Rechtsgrund zur Vornahme des Geschäfts verpflichtet ist; ein Rückgriff auf § 242 ist hier also – anders als bei § 177 (so Rn 524) – entbehrlich. Ist eine Interessenkollision aus sonstigen Gründen ausgeschlossen, kommt eine teleologische Reduktion des § 181 in Betracht (zu den einschlägigen Fällen vgl AnwK-BGB/Stoffels § 181 Rn 21 ff), so dass § 242 wieder nicht angewendet werden muss (zum Vorrang der teleologischen Reduktion so Rn 346 f). Bei Gefahr einer Interessenkollision darf die Entscheidungsfreiheit des Vertretenen aber auch nicht unter Berufung auf Treu und Glauben eingeschränkt werden. Für § 242 bleibt damit kein praktischer Anwendungsbereich. Die hM verweist zwar auf Ausnahmefälle. In der Rspr findet sich indes nur eine ältere einschlägige Entscheidung (RGZ 64, 366, 373), deren Begründung überdies zweifelhaft ist (Flume, AT II § 48, 1 Fn 11 spricht von einer „skurrilen Konstruktion").

gg) Einschränkung von § 179 Abs 3 S 1
Unter Berufung auf § 242 hat die Rspr dem Vertreter die Möglichkeit versagt, sich auf § 179 Abs 3 S 1 zu berufen, wenn er für eine **noch nicht entstandene GbR** aufgetreten ist (BGHZ 105, 285 = NJW 1989, 894, 895; ebenso OLG Frankfurt/M BB 1984, 692; OLG Köln WM 1987, 1081; OLG Hamm BauR 1987, 592). In der von den Gerichten jeweils in Bezug genommenen Leitentscheidung des BGH zur entsprechenden Problematik bei Handeln für eine **noch nicht entstandene GmbH & Co KG** (BGHZ 63, 45, 48 ff = NJW 1974, 1905) wurde § 242 noch nicht herangezogen. Der BGH hat hier vielmehr damit argumentiert, dass § 179 auf das Handeln für eine nicht existente Person nur entsprechend anwendbar sei (vgl dazu allg Erman/H Palm § 179 Rn 19 mwNw); eine analoge Anwendung des § 179 Abs 3 S 1 auf diesen Fall könne aber mit dem „Sinngehalt der Vorschrift" nicht vereinbart werden. Aus methodischer Sicht ist dieser Ansatz dem Rückgriff auf die allgemeinen Kriterien des § 242 vorzuziehen.

m) Verjährung*
aa) Überblick
Das Recht, von einem anderen ein Tun oder Unterlassen zu verlangen, unterliegt

---

* **Schrifttum**: Birr, Verjährung und Verwirkung, (2003); Mansel, Die Neuregelung des Verjährungsrechts, NJW 2002, 89; Spiro, Die Begrenzung privater Rechte durch Verjährungs-, Verwirkungs- und Fatalfristen (2 Bände) (Bern 1975); Windeknecht, Die Verjährung des ge-

gem § 194 der Verjährung. Nach deren Eintritt ist der Schuldner berechtigt, die Leistung zu verweigern (§ 214); die Forderung bleibt aber erfüllbar. Sinn und Zweck dieser Regelung liegen zunächst im **Schuldnerschutz**: Der Schuldner soll nicht zeitlich unbegrenzt Ansprüchen ausgesetzt sein. Die Notwendigkeit zur Bildung von Rücklagen über einen langen Zeitraum hinweg würde seine Dispositionsfreiheit in unangemessener Form einschränken. Zugleich dient die Verjährung dem Schutz des Schuldners vor der „verdunkelnden Wirkung der Zeit" (Mot I 512), die zu einer Verschlechterung seiner Beweisposition führen kann und damit die Gefahr einer unberechtigten Inanspruchnahme birgt. Ein weiterer Zweck der Verjährung ist die Schaffung von **Rechtssicherheit** und **Rechtsfrieden**. Die Verjährung dient damit dem öffentlichen Interesse an dem Bestand und der rechtlichen Wirkung von tatsächlichen Zuständen, die über einen langen Zeitraum unangefochten bestanden haben (vgl BGH NJW-RR 1993, 1059, 1060 mwNw).

534 Die Überlegungen zum Zweck der Verjährung verdeutlichen, dass das Verjährungsrecht in besonderem Maße dem Prinzip von Treu und Glauben unterworfen ist. Das Spannungsfeld zwischen dem Interesse des Gläubigers an der Durchsetzbarkeit seiner Forderung einerseits und dem Interesse des Schuldners an einem Schutz vor der Inanspruchnahme andererseits verlangt nämlich geradezu nach einem angemessenen Ausgleich. Diesem Verlangen ist der Gesetzgeber bereits selbst durch eine **differenzierte Gestaltung von Hemmungs- und Unterbrechungstatbeständen** nachgekommen. Besonders durch das Schuldrechtsmodernisierungsgesetz sind wichtige Lösungsansätze, die früher aus § 242 abgeleitet wurden, als konkrete gesetzliche Regelungen in das BGB aufgenommen worden (vgl dazu noch Rn 539 ff).

535 Trotz der Präzisierung und Ergänzung der gesetzlichen Regelungen besteht nach wie vor ein Bedürfnis für die Anwendung des § 242. Im Vordergrund steht die Überlegung, dass die schuldnerschützende Wirkung der Verjährung im Einzelfall aufgrund eines **treuwidrigen Verhaltens des Schuldners** oder aufgrund der **besonderen Umstände des Lebenssachverhalts** ungerechtfertigt erscheinen kann. Erfasst werden sollen vor allem die Fälle, in denen der Schuldner den Gläubiger veranlasst hat, von der rechtzeitigen Durchsetzung des Anspruchs abzusehen. Die Korrektur über § 242 ist abhängig von der Wirkung des Verjährungseintritts: Sind an den Verjährungseintritt ipso iure Konsequenzen geknüpft, wie zB bei den sachenrechtlichen Verjährungstatbeständen der §§ 901, 1028 Abs 1 S 2, 1090 Abs 2, so richtet sich die Anwendung des § 242 auf die **Beseitigung des Verjährungseintritts**. In den häufigeren Fällen des § 214, in denen der Verjährungseintritt zu einem Leistungsverweigerungsrecht des Schuldners und damit zur Undurchsetzbarkeit der Forderung des Gläubigers führt, soll die Erhebung der **Verjährungseinrede** mit Hilfe des § 242 überwunden werden (zu den Rechtsfolgen der Anwendung des § 242 vgl noch u Rn 557 ff).

536 Der Grundsatz von Treu und Glauben kann auch **zugunsten des Schuldners** eingreifen. Zögert beispielsweise der Gläubiger treuwidrig den Beginn der Verjährungsfrist durch **verspätete Rechnungsstellung** hinaus, so muss er sich uU so behandeln lassen, als sei die Rechnung innerhalb einer angemessenen Frist erteilt worden (BGH NJW-RR 1986, 1279; NJW-RR 2000, 386 zu § 8 HOAI; vgl aber auch LG Berlin NZBau 2004, 220;

gen den Rechtsanwalt gerichteten Schadensersatzanspruchs (1990).

LG München I NJW-RR 2003, 311 zu § 12 GOÄ). Unter Geltung des **§ 852 Abs 2 aF** wurde der Beginn der Verjährungsfrist nach Treu und Glauben bejaht, wenn sich der Gläubiger der notwendigen positiven Kenntnis von der Person des Schädigers verschloss und es versäumte, „eine gleichsam auf der Hand liegende Erkenntnismöglichkeit wahrzunehmen" (vgl BGHZ 133, 192, 198 ff; BGH VersR 1990, 539; 1998, 378, 380; 2002, 869, 870; 2003, 75). Aufgrund der Gleichstellung von positiver Kenntnis und grob fahrlässiger Unkenntnis in der Neuregelung des § 199 ist ein Rekurs auf § 242 nicht mehr notwendig (vgl PALANDT/HEINRICHS § 199 Rn 37).

Im Hinblick auf den Zweck der Verjährung, im öffentlichen Interesse Rechtssicherheit und Rechtsfrieden zu gewährleisten, muss § 242 im Verjährungsrecht besonders restriktiv angewendet werden. Die Einschränkung der Verjährung setzt daher einen **groben Verstoß gegen Treu und Glauben** voraus (stRspr: BGH VersR 1969, 857, 858 f; 1972, 394, 396; NJW 1988, 2247; BGH NJW-RR 1989, 215, 217; BGH NJW 1996, 1895, 1897; 1998, 1488, 1490; PALANDT/HEINRICHS Vor § 194 Rn 17; MünchKomm/GROTHE Vor § 194 Rn 16; BIRR Rn 126). **537**

bb) Ausprägungen des Grundsatzes von Treu und Glauben im Verjährungsrecht

Die Anwendung des Grundsatzes von Treu und Glauben wird bei der Verjährung in verschiedenen Ausprägungen relevant, wobei es häufig zu Überschneidungen kommt. So wurde zugunsten des Gläubigers die Wirkung der Verjährung bzw der Verjährungseinrede unter dem Gesichtspunkt der **unzulässigen Rechtsausübung** bzw des **Rechtsmissbrauchs** (RGZ 115, 139; 144, 378, 383 f; 145, 244; 153, 101, 111; RG JW 1938, 1592; BGH NJW 1988, 265; NZG 2002, 815), der **Arglist** (BGH NJW-RR 1991, 1033) oder des **widersprüchlichen Verhaltens** (BGH MDR 1981, 737; WM 1982, 403; NJW 1985, 2411; 1991, 974; BAG NJW 1997, 3461; BVerwG DVBl 1995, 627) ausgeschlossen. Schließlich kann die Verjährungseinrede auch der **Verwirkung** unterliegen (OLG Frankfurt/M NJW-RR 1990, 574, 575; OLG Celle NJW-RR 1993, 559). Die unterschiedlichen Einordnungen sind Folge unterschiedlicher Anknüpfungspunkte bei der Beurteilung des Schuldnerverhaltens. Wird an die Erhebung der Verjährungseinrede angeknüpft, so ergibt sich ein anderer Blickwinkel, als wenn man auf das der Verjährungseinrede vorangehende Verhalten des Schuldners abstellt, durch welches der Gläubiger von der rechtzeitigen Geltendmachung des Anspruchs abgehalten wird. Im Interesse einer einheitlichen Handhabung erscheint ein Abstellen auf das **vorangegangene Verhalten des Schuldners** vorzugswürdig. Diese Sichtweise passt auch für die Vorschriften, nach denen die Wirkung der Verjährung unabhängig von der Erhebung der Einrede eintritt. Die Anknüpfung an das Vorverhalten trägt außerdem der Erkenntnis Rechnung, dass die Erhebung der Verjährungseinrede als solche grundsätzlich nicht zu missbilligen ist (su Rn 544). Der Konstruktion „negativer Tatbestandsmerkmale" (STAUDINGER/J SCHMIDT [1995] Rn 590 ff) bedarf es somit nicht. **538**

cc) Vorrangige gesetzliche Regelungen

Die Anwendung des § 242 kommt dort nicht in Betracht, wo **spezielle gesetzliche Vorschriften** bereits eine Bewertung des relevanten Schuldnerverhaltens enthalten. Aufgrund der durch das Schuldrechtsmodernisierungsgesetz eingefügten Neuregelungen ist der Anwendungsbereich der Generalklausel daher stark eingeschränkt worden. **539**

Die wohl wichtigste Ergänzung der gesetzlichen Regelung stellt **§ 203** dar. Nach altem Recht führten **Verhandlungen** über das Bestehen des Anspruchs oder die den **540**

Anspruch begründenden Umstände nur im Fall des § 852 Abs 2 aF zu einer Hemmung der Verjährung. Im Werkvertragsrecht enthielt § 639 Abs 2 aF einen vergleichbaren Hemmungstatbestand bei Mängelprüfung oder -beseitigung. In allen anderen Bereichen konnte eine entsprechende Hemmung der Verjährung nur im Einzelfall über § 242 begründet werden (vgl BGH NJW 1999, 1101, 1103 f; OLG Düsseldorf NJW 1983, 1434, 1435). Demgegenüber schreibt § 203 generell vor, dass die Verjährung durch Verhandlungen zwischen den Parteien gehemmt wird (vgl auch MANSEL NJW 2002, 89, 98; zur Rechtslage vor Inkrafttreten des § 203 nF ERMAN/WERNER[10] Rn 156). Der Begriff der „Verhandlungen" ist weit auszulegen; für eine Beurteilung des Schuldnerverhaltens am Maßstab des § 242 bleibt daneben grundsätzlich kein Raum mehr (PALANDT/HEINRICHS Vor § 194 Rn 16; MünchKomm/GROTHE § 203 Rn 4).

541 Dem Anwendungsbereich des § 242 ebenfalls weitgehend entzogen sind die mit dem Verbot einer **vertraglichen Verjährungserschwerung** verbundenen Probleme. Nach **§ 225 S 2 aF** war eine entsprechende Vereinbarung über den (auch befristeten) Verzicht auf die Verjährung unwirksam. Entgegen der gesetzlichen Regelung wurde einer solchen Vereinbarung aber über § 242 Wirksamkeit beigemessen: Da der Schuldner durch die Verzichtserklärung einen Vertrauenstatbestand gesetzt habe, dass er dem Anspruch nur sachliche Einwendungen entgegensetzen werde, könne er sich nicht auf die Verjährung berufen (RG JW 1937, 27; BGH NJW 1974, 1285; 1976, 2344; 1978, 1256; 1991, 974, 975; 1998, 902, 903; BGH VersR 1963, 145; 1974, 862; 1977, 617; 1984, 689, 690; vgl auch BGH NJW-RR 2004, 109, 111 zum Verjährungsverzicht im Teilungsabkommen zwischen Haftpflichtversicherer und Krankenkasse; ausf STAUDINGER/J SCHMIDT [1995] Rn 598, 608). Nach der Neuregelung in **§ 202 Abs 2** sind solche Konstruktionen entbehrlich (PALANDT/HEINRICHS Vor § 194 Rn 16). Dies gilt jedenfalls, soweit keine Verjährungsfrist von über **30 Jahren** vereinbart worden ist. Wird diese zeitliche Obergrenze überschritten, so ist die Vereinbarung allerdings nach wie vor unwirksam. Maßgeblich ist dann die gesetzliche Verjährungsfrist. Der Schuldner kann aber nach Treu und Glauben (§ 242) gehindert sein, sich innerhalb der nach § 202 Abs 2 zulässigen 30-Jahresfrist auf die Verjährung zu berufen (AnwK-BGB/MANSEL/STÜRNER § 202 Rn 39).

542 Die Anwendung von § 242 ist auch entbehrlich, wenn zwischen den Parteien ein **pactum de non petendo** vorliegt. In diesem Fall droht dem Gläubiger aufgrund der Hemmung der Verjährung gem § 205 im Hinblick auf die Verjährungswirkungen kein Nachteil. Gleiches gilt für den Fall des **Anerkenntnisses** gem § 212, weil hier die Verjährung erneut beginnt (vgl STAUDINGER/J SCHMIDT [1995] Rn 598, 608; SOERGEL/NIEDENFÜHR § 214 Rn 12).

543 Bei der Haftung von **Rechtsanwälten** und **Steuerberatern** hat die Rspr die Verjährung ebenfalls nicht über § 242 erschwert, sondern eine abweichende Konstruktion entwickelt, um dem Mandaten eine „faire Chance" (BGH NJW 2003, 822, 823) zur Durchsetzung seiner Regressansprüche zu verschaffen: den sog **Sekundäranspruch**. Ausgangspunkt war die Erwägung, dass ein Rechtsanwalt oder Steuerberater verpflichtet sei, den Mandanten auf die drohende Verjährung der gegen sich selbst gerichteten Ersatzansprüche hinzuweisen. Andernfalls stehe dem Mandaten ein Schadensersatzanspruch zu, wobei er gem § 249 Abs 1 so gestellt werden müsse, als wenn der Anspruch nicht verjährt wäre (vgl BGHZ 83, 17, 19 ff; 94, 380; BGH NJW 1964, 1023; 1975, 1655; 1978, 1313; BGH VersR 1967, 979; 1970, 816; BGH Betrieb 1977, 2443; BGH NJW-RR 1987, 86; BGH NJW 1987, 326; BGH NJW-RR 1991, 92; BGH ZIP 1991, 592; BGH NJW 1996,

2797, 2798; OLG Braunschweig MDR 1972, 324; OLG Stuttgart VersR 1980, 54, 55; OLG Düsseldorf NJW-RR 2005, 648, 649; ausf WINDEKNECHT Verjährung. – Kein Sekundäranspruch bestand allerdings, wenn der Gläubiger rechtzeitig vor Ablauf der Verjährung für den Schuldner erkennbar anwaltlich beraten wurde: BGH NJW 1987, 326; 1999, 2183; 2001, 3543; 2003, 822, 823). Nach der neueren Rspr handelte es sich hierbei um keinen Schadensersatzanspruch ieS, sondern um eine „im Wege der Rechtsfortbildung ... geschaffene(n) Rechtsfigur zum Ausgleich unerträglicher, verfassungsrechtlich bedenklicher Rechtsfolgen einer wortlautgetreuen Auslegung der Verjährungsvorschrift des § 51b BRAO" (BGH NJW 2002, 1117, 1120; krit dazu BRUNS, Der „Schutzzweck der Sekundärhaftung" des Rechtsanwalts – kenntnisunabhängiger Wegfall der sekundären Hinweispflicht, NJW 2003, 1498 ff) bzw des § 68 StBerG. Die Notwendigkeit einer Einschränkung der Verjährung beruhte darauf, dass der Beginn der Verjährung bei diesen Vorschriften nach objektiven Kriterien unabhängig von der Kenntnis des Mandanten festgelegt war. Nach dem Inkrafttreten des Verjährungsanpassungsgesetzes vom 9.12.2004 (BGBl I 2004, 3214) am 15.12.2004 richtet sich die Verjährung von Ansprüchen gegen Rechtsanwälte und Steuerberater aber nach den allgemeinen Regeln der §§ 195, 199. Da der Beginn der Verjährung nunmehr von der Kenntnis des Mandanten abhängt, besteht für eine Einschränkung der Verjährungseinrede über die Figur des Sekundäranspruchs kein Bedarf mehr (vgl BT-Drucks 15/3653, 14; MANSEL/BUDZIKIEWICZ, Verjährungsanpassungsgesetz: Neue Verjährungsvorschriften, insbesondere für die Anwaltshaftung und im Gesellschaftsrecht, NJW 2005, 321, 325; SONTHEIMER, Die neuen Verjährungsvorschriften für die StB- und RA-Haftung und im Gesellschaftsrecht, DStR 2005, 834, 835). Ein Rückgriff auf § 242 ist damit im Einzelfall zwar nicht ausgeschlossen, darf jedoch nicht dazu führen, dass die Rspr zum Sekundäranspruch im Ergebnis beibehalten wird.

dd) Keine Treuwidrigkeit der Verjährungseinrede per se

Die **Erhebung der Verjährungseinrede** ist für sich genommen **nicht zu missbilligen**. **544** Denn der Schuldner macht damit eine Einrede geltend, die ihm das Gesetz ausdrücklich zubilligt (vgl STAUDINGER/PETERS [2001] § 214 Rn 18; MünchKomm/GROTHE Vor § 194 Rn 15). Die Anwendung des § 242 muss daher auf zusätzliche Umstände gestützt werden, welche die Erhebung der Verjährungseinrede ausnahmsweise treuwidrig erscheinen lassen.

Ebenfalls keine Rückschlüsse auf eine Treuwidrigkeit lassen sich aus dem **Ansehen** **545** **oder der Stellung des Schuldners** im öffentlichen Leben ziehen (MünchKomm/GROTHE Vor § 194 Rn 15). Auch wenn die Erhebung der Verjährungseinrede gegenüber berechtigten Ansprüchen im Geschäftsverkehr heute noch missbilligt und als „anstößig" betrachtet werden mag, führt dies nicht zu einer unzulässigen Rechtsausübung (vgl SPIRO I § 23, 31). Daher können auch der **Staat** oder sonstige **öffentlich-rechtliche Körperschaften** (vgl BAG NJW 1967, 174; BVerwGE 23, 166, 172; BVerwG NVwZ 1983, 740, 741), **Kaufleute** oder Personen, die dem Standesrecht unterliegen, die Verjährungseinrede erheben (SOERGEL/NIEDENFÜHR § 214 Rn 17). **Rechtsanwälte** und **Steuerberater** sind ebenfalls grundsätzlich nicht gehindert, sich auf die Verjährung der gegen sie gerichteten Ansprüche zu berufen (BGH VersR 1965, 1000, 1001; OLG Hamburg VersR 1976, 1071; MünchKomm/GROTHE Vor § 194 Rn 15). Für „Altfälle" ist aber die Rspr zum sog Sekundäranspruch (so Rn 527) zu beachten.

Ferner bleibt der **Gegenstand des Anspruchs** grundsätzlich ohne Auswirkung auf die **546** Zulässigkeit der Verjährungseinrede. Sie kann daher nach der Rspr auch bei Ansprüchen „aus den denkbar schlimmsten und scheußlichsten Delikten" erhoben werden, ohne dass dies dem Schuldner als unzulässige Rechtsausübung anzulasten wäre (OLG Stuttgart NJW 2000, 2680, 2683 – Zwangsarbeiterentschädigung; vgl auch BGHZ 48, 125, 133 – Ansprüche eines ehemaligen KZ-Häftlings gegen eine frühere Rüstungsfirma; OLG Köln NJW-RR 2000, 558 – Verletzung des sexuellen Selbstbestimmungsrechts). Das Gesetz schafft hier allerdings selbst teilweise Abhilfe. So wird der erhöhten Schutzwürdigkeit des Gläubigers bei einer Verletzung der zentralen Rechtsgüter Leben, Körper, Gesundheit und Freiheit durch die Verlängerung der absoluten (kenntnisunabhängigen) Höchstfrist Rechnung getragen (§ 199 Abs 2). In den besonders problematischen Fällen des sexuellen Missbrauchs Minderjähriger soll der Hemmungstatbestand des § 208 unbefriedigende Ergebnisse verhindern.

547 Eine für die Anwendung der Generalklausel unbeachtliche Tatsache stellt auch der **Zeitpunkt der Erhebung der Verjährungseinrede** dar. Der Schuldner kann die Verjährungseinrede somit zu dem von ihm bevorzugten Zeitpunkt erheben, ohne sich dem Vorwurf der unzulässigen Rechtsausübung ausgesetzt zu sehen (allgM; vgl BGH NJW-RR 1988, 1195; OLG Braunschweig NJW-RR 1989, 799, 800; s auch PALANDT/HEINRICHS Vor § 194 Rn 21). Dies schließt die Erhebung der Einrede erst im Prozess, ja sogar erst in der Berufungsinstanz oder im Nachverfahren mit ein (OLG Frankfurt/M MDR 1981, 228; OLG Celle NJW-RR 1993, 559; PALANDT/HEINRICHS Vor § 194 Rn 18; SOERGEL/NIEDENFÜHR § 214 Rn 17). Die Grenze bildet allein die Verwirkung (STAUDINGER/J SCHMIDT [1995] Rn 597; vgl dazu o Rn 538).

ee) Berücksichtigung des Schuldnerverhaltens

548 Die Begründung für eine Einschränkung der Verjährungswirkungen zu Lasten des Schuldners darf sich nicht in der wenig aussagekräftigen Berufung auf „Treu und Glauben" erschöpfen; erforderlich ist vielmehr eine Konkretisierung dieses Grundsatzes mit Blick auf die spezifische **Risikoverteilung**. Ausgangspunkt ist die Feststellung, dass das Risiko des Verjährungseintritts im Normalfall allein vom Gläubiger getragen werden muss. Dieser verliert das Recht auf Durchsetzung seines Anspruchs, weil er objektiv über den Zeitpunkt des Verjährungseintritts hinaus mit der Durchsetzung des Anspruchs zugewartet hat. Dem Gläubiger wird dabei kein Verschulden gegen sich selbst vorgeworfen; der Zurechnungsgrund liegt allein in der **Veranlassung** des Verjährungseintritts durch Untätigkeit (STAUDINGER/J SCHMIDT [1995] Rn 596; vgl auch SPIRO I 16 ff, 24 ff). Unkenntnis von Beginn und Dauer der Verjährung gehen daher grundsätzlich zu Lasten des Gläubigers (OLG Stuttgart NJW 2000, 2680, 2683 – Zwangsarbeiterentschädigung).

549 Die einseitige Risikoverteilung zu Lasten des Gläubigers ist nicht immer interessengerecht. Auch aus der Sphäre des Schuldners können Umstände herrühren, die einen Verjährungseintritt begründen. Diese Umstände müssen nach allgemeiner Auffassung bei der **Risikoverteilung** berücksichtigt werden. Für eine Reihe von Situationen hat der Gesetzgeber diesem Gedanken mit der Schaffung von Hemmungs- und Neubeginnsregelungen selbst Rechnung getragen (su Rn 558). Solche gesetzlichen Regelungen können aber nicht jedes mit Blick auf die Verjährung relevante Verhalten des Schuldners erfassen. Für die verbleibenden Fälle bedarf es eines Rückgriffs auf § 242, um eine gerechte Risikoverteilung zu erzielen.

550 Damit eine Vergleichbarkeit der aus Gläubiger- und Schuldnersphäre stammenden

Umstände gewährleistet wird, dürfen auf Gläubiger- und Schuldnerseite nur **gleichartige Zurechnungsgründe** berücksichtigt werden. Da die Zurechnung auf Gläubigerseite allein auf die Veranlassung des Verjährungseintritts beschränkt ist (so Rn 548), kommt auch für den Schuldner nur der Gesichtspunkt der **Veranlassung als Zurechnungsgrund** in Betracht. Dagegen ist – wie beim Gläubiger – kein Verschulden erforderlich, sondern es reicht aus, dass der Schuldner den Gläubiger unabsichtlich an der Verjährungsunterbrechung gehindert hat (stRspr; vgl RGZ 115, 135, 137; 142, 280, 284; 144, 378, 381; 145, 239, 244; 153, 101; BGHZ 9, 1, 5; 71, 96; BGH VersR 1977, 617, 619; BGH NJW 1990, 1231, 1232; BGH NJW-RR 1991, 1033, 1034; BGH NJW 2002, 3110, 3111; OLG Hamm NZG 2002, 1064, 1065).

Eine relevante Veranlassung des Verjährungseintritts ist danach gegeben, wenn der **551** Schuldner durch sein Verhalten eine adäquate (Mit-)Ursache dafür gesetzt hat, dass die Verjährungsfrist verstrichen ist, ohne dass der Anspruch vom Gläubiger geltend gemacht wurde. Das (mit-)ursächliche Verhalten des Schuldners kann in einem positiven Tun oder in einem Unterlassen bestehen, wobei letzteres nur dann relevant ist, wenn für den Schuldner nach allgemeinen Regeln eine Rechtspflicht zum Handeln (zB aus rechtsgeschäftlicher Übernahme, sozialem Kontakt oder Ingerenz) besteht (Staudinger/J Schmidt [1995] Rn 596). **Bloßes Ausweichen, Ablenken** oder **Schweigen** begründet dagegen keine unzulässige Rechtsausübung (BGH NJW 1988, 2245, 2247; vgl auch 1988, 265, 266; 1990, 1231, 1232). Nicht ausreichend ist auch, wenn der Gläubiger „des Glaubens war, ... noch zuwarten zu können", ohne dass der Schuldner dies veranlasst hat (BGH NJW-RR 1993, 1060, 1061).

Aus der unüberschaubaren Vielzahl an einschlägigen Urteilen sollen nur einige Bsp **552** herausgegriffen werden. Eine adäquate (Mit-)Verursachung des Verjährungseintritts durch **aktives Tun des Schuldners** wird von der Rspr in folgenden Fällen bejaht: Erwecken der Annahme, der Schuldner werde dem Anspruch nur sachliche Gründe entgegenhalten (BGH VersR 1977, 617; 1982, 444, 445; BGH NJW 1990, 1231, 1232; BGH Betrieb 1991, 593; BGH FamRZ 1992, 926, 927; BGH MDR 1993, 654; OLG Koblenz WM 1991, 1399, 1400); Behinderung der rechtzeitigen Geltendmachung des Anspruchs (BVerwG NVwZ 1983, 740); Abhalten von einer gerichtlichen Geltendmachung des Anspruchs (RGZ 57, 372, 376; BGH VersR 1966, 536; 1971, 439, 440; BGH NJW-RR 1989, 215, 217; 1991, 1033, 1034; BGH WM 1992, 1080, 1081; OLG Düsseldorf VersR 1978, 377, 378; OLG Frankfurt/M NJW 1980, 2531, 2532); Anregung, den Ausgang eines Rechtsstreites in einer gleich gelagerten Sache abzuwarten (OLG Düsseldorf MDR 1984, 843, 844); Vergleichsverhandlungen (RGZ 57, 372); Erklärung, auf die Verjährung eventuell verzichten zu wollen, auch soweit kein pactum de non petendo vorliegt (BGH VersR 1960, 517; BGH NJW 1959, 96); falsche polizeiliche Anmeldung, um den Gläubiger über den eigenen Wohnort im Unklaren zu lassen (RG HRR 1941 Nr 111; BGH ZIP 2004, 2273; – dagegen genügt das Unterlassen der Mitteilung einer neuen Wohnadresse an den Gläubiger bei ordnungsgemäßer An- und Abmeldung bei der Meldebehörde nicht, vgl OLG Stuttgart WM 1992, 864, 867; ferner LG München I DAR 2002, 130); ständiger Aufenthaltswechsel, um zeitliche Verzögerung zu verursachen (BGH MDR 1987, 924; nicht gegeben, wenn in 14 Jahren fünfmal die Wohnung aus persönlichen und beruflichen Gründen gewechselt wird: LG München I WM 1993, 1674, 1676); Falschbelehrung des Arbeitnehmers durch seinen Arbeitgeber (BAGE 3, 253, 258; 8, 279, 284); Anfordern von Unterlagen und Hinweis auf längere Untersuchungen (BGH MDR 1973, 562); Erwecken oder Verstärken von (unberechtigten) Zweifeln an der Haltereigenschaft (OLG Hamburg MDR 1972, 515); Herbeiführen oder Bestärken der

Fehlannahme des Gläubigers, es gelte eine längere Verjährungsfrist (BGH NJW-RR 1989, 1270, 1271).

553 Ein **Abhalten des Gläubigers von der Geltendmachung des Anspruchs** (so Rn 538) kann auch darin bestehen, dass der Schuldner „um Geduld" bittet (vgl dazu BGH NJW 1959, 96; OLG Karlsruhe MDR 1972, 150, 151) oder durch eigene Äußerungen den Anschein erweckt, es werde „zu einem gütlichen Schadensausgleich" kommen (BGH NJW 1985, 2411, 2412). Das Gleiche gilt, wenn die wegen eines Beratungsfehlers in Anspruch genommene Rechtsanwaltskanzlei dem Mandanten mitteilt, mit Rücksicht auf die zwischenzeitlich erfolgte Einschaltung ihrer Haftpflichtversicherung halte sie es für sachgerecht, „auf Weiterungen zunächst zu verzichten" (OLG Düsseldorf VersR 2003, 1047); ebenso, wenn der Schuldner zusagt, er werde Mängel bis zu einem bestimmten Zeitpunkt (= Fristende) beheben (OLG Koblenz CR 1994, 210, 211). Eine relevante (Mit-)Veranlassung ist auch anzunehmen, wenn der Schuldner gegenüber dem Gläubiger arglistig falsche Angaben über das Entstandensein des Anspruchs macht (BGH MDR 1977, 468) oder ihn über den Verpflichteten täuscht (OLG Düsseldorf OLGZ 1972, 205 f). Falsche Informationen über den Anspruchsgegner können aber auch bei Fehlen einer Täuschungsabsicht die Anwendung des § 242 rechtfertigen (BGH NJW-RR 1991, 1034; OLG München BB 1992, 1742, 1743; LG Frankfurt/M NJW-RR 2001, 1423, 1425).

554 Eine relevante (Mit-)Veranlassung durch **aktives Handeln** ist dagegen **abzulehnen**, wenn der Schuldner lediglich erklärt, für den Schaden aufzukommen (OLG Karlsruhe BB 1970, 147, 148), denn eine solche Erklärung enthält nicht notwendig einen Bezug zur Verjährungsfrist. Das Gleiche gilt, wenn der Schuldner in einem Schreiben an den Gläubiger zwar von einem „eventuellen Anspruch auf Karenzentschädigung" spricht, gleichzeitig aber Nachweise zur Prüfung und Berechnung von Entschädigungsleistungen verlangt (BAG WM 1985, 37, 38), oder wenn der Schuldner gegenüber einem Zugewinnausgleichsanspruch nach § 1371 Abs 2 erklärt, er könne sich erst nach Kenntnis der Testaments- und Erbscheinsakten dazu äußern (BGH NJW 1984, 2935, 2937). Dem Schuldner ist es auch ohne Nachteile gestattet, sich nach einer Änderung der Rspr auf die nunmehr maßgebliche (kürzere) Verjährungsfrist zu berufen (vgl BGH NJW 1964, 1022, 1023). Keine relevante (Mit-)Veranlassung durch den Schuldner wird schließlich angenommen, wenn die Verjährung nur aufgrund einer in den „Verantwortungsbereich des Gläubigers fallenden ... unvollständigen Abfassung der Klageschrift" eintritt (BGH Betrieb 1980, 1255, 1256), wenn der Schuldner den Gläubiger im Prozess gegen andere potenzielle Schuldner (hier: Architekt einerseits, Bauhandwerker andererseits) unterstützt hat (OLG Köln VersR 1971, 378, 380) oder wenn der Schuldner (Versicherer) nach Fristablauf noch ein Gutachten einholt (OLG Hamm VersR 1992, 1255). Durch ein Geständnis im Strafverfahren und die dort erfolgten Reuebekundungen schafft der Schuldner keinen Vertrauenstatbestand, der ihn im Zivilprozess an der Geltendmachung der Verjährung hindert (OLG Köln NJW-RR 2000, 558; dazu Birr Rn 126; vgl jetzt aber § 208 nF).

555 Der Schuldner kann auch durch **Unterlassen** eine adäquate Ursache für den Verjährungseintritt setzen. Hieran ist etwa zu denken, wenn der Schuldner dem Gläubiger einen Umwandlungsvorgang pflichtwidrig verschweigt und die zur Unterbrechung der Verjährung erhobene Klage deshalb gegen den falschen Schuldner gerichtet wird (BGH NJW 2002, 3110, 3111). Weitere Beispiele sind die Nichtangabe von

Daten über Baumassen (BGH WM 1978, 1298), die Nichtunterrichtung des Arbeitnehmers über einen ihm eingeräumten Anspruch (BAG NJW 1957, 558) sowie die Verzögerung notwendiger Mitwirkungshandlungen durch den Schuldner (RGZ 87, 281, 282 f; BAG BB 1972, 222).

Die adäquate Kausalität fehlt regelmäßig, wenn Schuldner und Gläubiger sich in einem **gemeinsamen Irrtum** über die Verjährungsfristen befinden (vgl OLG Celle VersR 1975, 250; PALANDT/HEINRICHS Vor § 194 Rn 19; anders aber OLG Köln FamRZ 1982, 1071, 1072). **556**

ff) Rechtsfolgen
Ein relevanter (Mit-)Verursachungsbeitrag des Schuldners führt zu der Frage, welche Auswirkungen der Grundsatz von Treu und Glauben (§ 242) auf die Verjährung hat. Dabei ist unbestritten, dass die **Verjährung nicht völlig ausgeschlossen** werden darf. Andernfalls entstünden unverjährbare Forderungen, was schon aus Gründen der Rechtssicherheit nicht zu rechtfertigen ist (BGH NJW 1993, 1004, 1005; vgl auch SOERGEL/TEICHMANN Rn 324; STAUDINGER/J SCHMIDT [1995] Rn 603); nach hM widerspricht die Existenz einer unverjährbaren Forderung sogar dem deutschen ordre public (vgl bereits RGZ 106, 82, 85 f; ferner LOOSCHELDERS, Internationales Privatrecht [2004] Art 6 EGBGB Rn 32). Zur Lösung bieten sich drei Wege an: **557**

In Betracht käme ein **Neubeginn** der Verjährung analog § 212, eine **Hemmung** der Verjährung analog § 209 oder eine **Rechtsfolge sui generis** (vgl STAUDINGER/J SCHMIDT [1995] Rn 603). Der Vorteil der beiden erstgenannten Lösungen liegt in der Konsistenz mit den übrigen Verjährungsvorschriften. Durch Einbindung in die Systematik des Verjährungsrechts würde eine verlässliche Vorhersage der Ergebnisse, dh eine genaue Bestimmung des (neu berechneten) Ablaufes der Verjährungsfrist ermöglicht. Bei Anwendung des § 212 begänne nach Wegfall der den Einwand der unzulässigen Rechtsausübung begründenden Umstände eine neue Verjährungsfrist zu laufen; gem § 209 würde der Zeitraum, in dem diese Umstände vorlagen, nicht in die Verjährungsfrist eingerechnet (für diesen Ansatz STAUDINGER/J SCHMIDT [1995] Rn 606). Zu berücksichtigen ist jedoch, dass die Anwendung des § 212 den Schuldner massiv benachteiligt. Gerade bei langen Verjährungsfristen kann der Neubeginn der Verjährung mit Rücksicht auf das im Einzelfall vielleicht nur geringe Gewicht des rechtsmissbräuchlichen Verhaltens unverhältnismäßig sein. Die Anwendung der **Hemmungsvorschriften** verlagert das Problem der Unbestimmbarkeit letztlich nur auf eine andere Ebene. Denn häufig wird unklar bleiben, über welchen Zeitraum hinweg die Voraussetzungen für den Einwand der unzulässigen Rechtsausübung vorlagen. Zudem passt die Hemmung nicht, wenn die Gründe für die Unzulässigkeit der Verjährungseinrede bereits vor Verjährungseintritt wieder entfallen sind. Da der Gläubiger den Anspruch durchaus noch rechtzeitig geltend machen kann, bleibt für eine Verlängerung der Verjährung kein Raum. **558**

Zu bevorzugen ist daher die Annahme einer **Rechtswirkung sui generis**, die sich jeweils an den Anforderungen des redlichen Geschäftsverkehrs und den Umständen des Einzelfalles orientiert (stRspr und hM; vgl bereits RGZ 115, 135, 139; BGH NJW 1998, 1488, 1490; PALANDT/HEINRICHS Vor § 194 Rn 20; SOERGEL/NIEDENFÜHR § 214 Rn 16). Dem Gläubiger ist aufgegeben, den Anspruch nach Wegfall der für den Vorwurf der unzulässigen Rechtsausübung maßgeblichen Umstände zügig geltend zu machen; anderenfalls tritt die Verjährung ein (BGH NJW 1991, 974; 1993, 1004, 1005). **559**

560 In der Rspr hat sich die Auffassung herauskristallisiert, dass eine **Frist von vier Wochen bzw einem Monat** in „durchschnittlichen" Fällen für den Gläubiger ausreichend sei, um seinen Anspruch geltend zu machen oder zumindest die Hemmung bzw den Neubeginn der Verjährung zu bewirken (BGH Betrieb 1991, 593, 594 mwNw; OLG Düsseldorf NJW 1983, 1434, 1435; OLG Koblenz WM 1991, 1399, 1400). Dabei handelt es sich aber um keine starre Grenze. Im Einzelfall kann die Frist für den Gläubiger auch (deutlich) darüber hinausgehen (BGH WM 1977, 870; OLG Düsseldorf NJW 1983, 1434, 1435 – 6 Wochen; vgl auch OLG Düsseldorf VersR 1978, 377 – 5^1/$_2$ Monate bei einem Gläubiger aus der Schweiz; zweifelhaft). Umgekehrt wurde ein Zeitraum von mehr als sechs Wochen (BGH VersR 1964, 66, 68) bzw von knapp drei Monaten (RGZ 128, 211, 214; BGH NJW 1955, 1834; 1959, 96; 1978, 1256; 1991, 975; OLG Düsseldorf NJW 1983, 1434, 1435; OLG Koblenz WM 1991, 1399, 1400; OLG Koblenz NJW-RR 1993, 413, 414 – 4 Monate) als zu lang angesehen, um die Verjährungseinrede des Schuldners zu überwinden.

gg) Ausschlussfristen

561 Im Gegensatz zu den Verjährungsvorschriften fehlt für die sog Ausschlussfristen jedwede gesetzliche Regelung von Hemmungs- und Neubeginnstatbeständen (zur Diskussion über die Anwendbarkeit der Verjährungsvorschriften auf Ausschlussfristen vgl PALANDT/HEINRICHS Vor § 194 Rn 14; SOERGEL/NIEDENFÜHR Vor § 194 Rn 25). Es stellt sich daher die Frage, ob die zum **Einwand der unzulässigen Rechtsausübung gegenüber der Verjährungseinrede** entwickelten Grundsätze auf die entsprechenden Probleme bei Ausschlussfristen **übertragbar** sind. Dabei muss zunächst zwischen den vertraglichen (insbesondere tarifvertraglichen) und den gesetzlichen Ausschlussfristen (vgl zB §§ 121, 124, 626 Abs 2, 651g) differenziert werden.

562 Bei **vertraglichen Ausschlussfristen** wird die Anwendung der für den Einwand der unzulässigen Rechtsausübung gegenüber der Verjährungseinrede maßgeblichen Grundsätze allgemein befürwortet. Die Interessenlage entspricht im Wesentlichen der Situation bei der Verjährung; erleichternd tritt der Umstand hinzu, dass – anders als bei der Verjährung – regelmäßig keine öffentlichen Interessen (zB Rechtssicherheit und Rechtsfrieden) tangiert werden. Trägt der Schuldner durch sein Verhalten dazu bei, dass der Gläubiger seinen Anspruch nicht rechtzeitig geltend macht, so kann die Geltendmachung des Anspruchs also dennoch über § 242 zugelassen werden (RG Recht 1925 Nr 909; RGZ 142, 280, 285; 148, 298, 301; BGHZ 31, 77, 83; 43, 237; BGH NJW-RR 1987, 157; NJW-RR 1991, 949; BAGE 14, 140, 145 f; BAG Betrieb 1985, 659; PALANDT/HEINRICHS Rn 62; SOERGEL/NIEDENFÜHR Vor § 194 Rn 26; zu vertraglichen Ausschlussfristen im Arbeitsrecht su Rn 785).

563 Nicht so eindeutig stellt sich die Situation bei **gesetzlichen Ausschlussfristen** dar. Hier ist nach dem Zweck der Frist zu differenzieren, ob und inwieweit § 242 über deren Versäumung hinweghelfen kann (BGHZ 31, 77, 83). Die Rspr hat dies für eine beamtenrechtliche Klagefrist verneint (BGHZ 14, 122, 128); ebenso für die Ausschlussfrist nach § 27 PatG aF (BPatG GRUR 1971, 569; vgl jetzt § 41 PatG). Entscheidend bleibt letztlich, welches Gewicht den für die strikte Anwendung der Ausschlussfrist streitenden Gründen im Einzelfall zukommt.

564 Zur Anwendung des § 242 auf Ausschlussfristen findet sich in der **Rspr** eine reichhaltige Kasuistik. Keine Mitveranlassung liegt danach vor, wenn das Recht nur deshalb nicht geltend gemacht wurde, weil die Rechtslage zweifelhaft war (BAG AP

Nr 34 zu § 4 TVG – Ausschlussfrist) oder weil der Berechtigte einseitig annahm, der Gegner werde sich nicht auf die Frist berufen (BAG BB 1971, 309). Dagegen hat man eine Mitveranlassung bejaht, wenn der Gegner den Anschein erweckt hatte, er werde sich nicht auf die Ausschlussfrist berufen (RGZ 148, 300; 150, 257; 155, 106; RG DR 1940, 736; BGH VersR 1963, 640; VersR 1985, 439, 440; BAG NJW 1963, 1566; BAG Betrieb 1970, 688; Betrieb 1972, 1300; Betrieb 1985, 659; OLG Köln VersR 1963, 568); wenn ein Reiseveranstalter beim Reiseteilnehmer den Eindruck hervorgerufen hatte, er werde die angemeldeten Gewährleistungsansprüche inhaltlich prüfen (LG Frankfurt/M NJW 1987, 132; NJW-RR 1987, 567, 568); wenn der Gegner (Versicherer) dem Gläubiger nach Fristablauf anheim stellt, den Anspruch durch ein ärztliches Gutachten zu begründen und dadurch der Eindruck entstand, er werde den Fristablauf nicht geltend machen (BGH VersR 1985, 439, 440).

Eine **Mitveranlassung durch Unterlassen** wurde angenommen, als der Verpflichtete **565** dem Berechtigten bei einem Vorkaufsrecht die Besichtigung der Sache verweigerte (RG DR 1941, 1461; BGH MDR 1972, 128); der Gläubiger von dem Anspruch nichts wusste, weil der Schuldner ihm die geschuldete Abrechnung oder Auskunft nicht erteilt hatte (BAG AP Nr 41 zu § 4 TVG – Ausschlussfrist); als ein Kunde den Irrtum eines Energieversorgungsunternehmens über den Umfang des Strombezugs ausnutzte, obwohl er den Berechnungsfehler bemerkt hatte. Dagegen hinderte ein fahrlässig fehlerhaftes Ablesen des Zählerstandes (Versehen beim Ablesen der Zehntel-Stelle) durch den Schuldner das Eingreifen der Ausschlussfrist nicht (KG NJW-RR 1988, 1524 mwNw; aA zB LG Weiden RdE 1986, 122, 123; LG Bad Kreuznach RdE 1961, 29). Zur Versäumnis von Ausschlussfristen im **Versicherungsrecht** su Rn 1020 ff.

hh) Verjährung und Verwirkung

Die **Verwirkung** (vgl dazu Rn 302 ff) hat mit der Verjährung gemein, dass die Ausübung **566** eines Rechts bzw die Durchsetzung eines Anspruchs mit Rücksicht auf den Ablauf einer gewissen Zeit entfällt. In der Vorauflage (STAUDINGER/J SCHMIDT [1995] Rn 516 ff) ist die Verwirkung deshalb als besondere Ausprägung der Veränderung subjektiver Rechte durch **Zeitablauf** im Zusammenhang mit den §§ 186–225 aF behandelt worden. Während es bei der Verjährung aber allein auf den Ablauf der vertraglich oder gesetzlich vorgesehenen Frist ankommt, setzt die Verwirkung neben dem – unbestimmten – Zeitablauf voraus, dass der Verpflichtete sich mit Rücksicht auf das Verhalten des Berechtigten auf die Nichtausübung des Rechts einrichten durfte und eingerichtet hat. Aufgrund dieses **Vertrauenstatbestands** muss es mit Treu und Glauben unvereinbar sein, wenn der Berechtigte das in Frage stehende Recht später doch ausübt (vgl BGHZ 25, 47, 52; 43, 289, 292; 105, 290, 298; BGH NJW-RR 1992, 1240, 1241; MünchKomm/ROTH Rn 296; dazu auch SPIRO Bd II § 371, 931 ff; ausf o Rn 306 ff; vgl auch STAUDINGER/PETERS [2001] Vorbem 17 zu § 194). Ein weiterer Unterschied liegt in der Geltendmachung: Während die **Verjährung als Einrede** ausgestaltet ist, muss die **Verwirkung von Amts wegen** berücksichtigt werden (STAUDINGER/PETERS [2001] Vorbem 20 zu § 194). Praktische Bedeutung hat dies, falls der Schuldner die Einrede der Verjährung (zB aus Unkenntnis) nicht erhebt oder wirksam hierauf verzichtet hat (vgl dazu o Rn 541). Verjährung und Verwirkung sind damit **eigenständige Rechtsinstitute** mit unterschiedlichen Voraussetzungen (vgl BGH NJW-RR 1992, 1240, 1241; MünchKomm/GROTHE § 194 Rn 14; KEGEL, Verwirkung, Vertrag und Vertrauen, in: FS Pleyer [1986] 513, 527).

Aus der Eigenständigkeit der beiden Rechtsinstitute folgt, dass die **Verwirkung** schon **567** vor der **Verjährung** eintreten kann; in der Praxis wird gerade darin die besondere Bedeutung der Verwirkung gesehen (vgl BGH NJW 1984, 1684; 1992, 1755, 1756). Um die differenzierten Voraussetzungen der Verjährung nicht auszuhöhlen, muss die Verwirkung aber auf Ausnahmefälle beschränkt bleiben. Dabei gilt: Je kürzer die Verjährungsfrist ist, umso weniger kommt eine Verwirkung in Betracht. Angesichts der Verkürzung der Regelverjährung durch das Schuldrechtsmodernisierungsgesetz wird somit künftig ein höherer Begründungsaufwand für die Verwirkung erforderlich sein (zum Ganzen auch BIRR Rn 276 ff).

568 Die **allgemeinen Grundsätze** der Verwirkung sind bereits bei den verschiedenen Fallgruppen des § 242 erörtert worden (so Rn 302 ff). Auf die **einzelnen Anwendungsfälle** wird im Zusammenhang mit den jeweiligen Regelungsbereichen eingegangen.

2. Schuldrecht: Allgemeiner Teil*

a) Allgemeine Tendenzen im Schuldrecht

569 Das Schuldrecht bildet traditionell einen **Anwendungsschwerpunkt** des § 242. Das kann schon aufgrund des Wortlauts und der systematischen Stellung des § 242 nicht verwundern. Die Gründe liegen aber auch in der Sache: Denn in **schuldrechtlichen Sonderverbindungen** haben die gegenseitigen Rücksichts- und Treuepflichten typischerweise einen besonders hohen Stellenwert. Hinzu kommt, dass die Tendenzen zu einer „**Materialisierung**" der Privatautonomie dort besonders ausgeprägt sind (vgl CANARIS, Wandlungen des Schuldvertragsrechts – Tendenzen zu seiner „Materialisierung", AcP 200 [2000] 273 ff); neben der Generalklausel des § 138 Abs 1 ist § 242 aber das zweite wichtige Medium zur Verwirklichung dieser Tendenzen (ausf dazu o Rn 456 ff).

570 Schließlich weist das Schuldrecht einen unmittelbaren Bezug zu den jeweiligen wirtschaftlichen und sozialen Verhältnissen auf, weil hier das rechtliche Instrumentarium zur Lösung wesentlicher Probleme aus dem Bereich des Güteraustauschs und der Güterverteilung angesiedelt ist (vgl ESSER/E SCHMIDT, Schuldrecht AT § 1 I; ausf dazu REBE, Privatrecht und Wirtschaftsordnung [1978]; aus Sicht der Theorie von der „ökonomischen Analyse des Rechts" SCHÄFER/OTT, Lehrbuch der ökonomischen Analyse des Rechts [2. Aufl 1995]). Infolgedessen schlagen **Änderungen der wirtschaftlichen und sozialen Verhältnisse** unmittelbar auf die schuldrechtlichen Interessenwertungen durch. Soweit der Gesetzgeber auf solche Änderungen nicht selbst reagiert, müssen sie von der Rspr in Anwendung der zivilrechtlichen Generalklauseln abgefangen werden. So haben Krieg und Inflation zur Entwicklung der Lehre vom Wegfall der Geschäftsgrundlage geführt (STAUDINGER/OLZEN Einl 218 zu §§ 241 ff); die Inhaltskontrolle von AGB nach § 242 war eine Reaktion auf die Ausbreitung formularmäßiger Vereinbarungen im Wirtschaftsleben (so Rn 470 ff).

571 In einigen Bereichen des Schuldrechts hat das **Tätigwerden des Gesetzgebers** in neuerer Zeit allerdings zu einer deutlichen „Entlastung" des § 242 geführt. Zu nennen sind insbesondere die Inhaltskontrolle von AGB nach §§ 307 ff (§§ 9 ff AGBG) sowie die Kodifizierung der Lehre von der Störung der Geschäftsgrundlage in § 313 und der Kündigung aus wichtigem Grund bei Dauerschuldverhältnissen in

---

* **Schrifttum**: SCHLECHTREIM, Schuldrecht Allgemeiner Teil (5. Aufl 2003).

§ 314 (vgl Staudinger/Olzen Einl 218, 221 f zu §§ 241 ff). Darüber hinaus sind im allgemeinen Leistungsstörungsrecht einige Detailfragen geregelt worden, die vor der Reform auf der Grundlage des § 242 bewältigt werden mussten. So stellen sich etwa die Regelungen der §§ 281 Abs 2, 286 Abs 2 Nr 3 und 4, 323 Abs 2 Nr 1 und 3 über die Entbehrlichkeit der Fristsetzung bzw der Mahnung als gesetzliche Ausprägungen des Grundsatzes von Treu und Glauben dar (s dazu u Rn 648). Schließlich dürften auch die Reform des Mietrechts von 2001 sowie die Einführung der verschiedenen Sonderregelungen zum Verbraucherschutz mit einer gewissen Entlastung des § 242 einhergegangen sein. Denn je genauer das Gesetz auf aktuelle Entwicklungen eingeht, desto weniger ist ein Rückgriff auf § 242 erforderlich (so Rn 339). Dh freilich nicht, dass § 242 in diesen Bereichen künftig irrelevant wäre.

b) Inhalt der Leistungspflicht
aa) Überblick
Eine wesentliche Funktion des § 242 besteht in der Beantwortung der Frage, auf welche Weise der Schuldner die Leistung zu erbringen hat (so Rn 182). § 242 dient insofern der **Konkretisierung der Rechte und Pflichten** der Parteien (vgl Staudinger/Olzen § 241 Rn 409 ff). Diese Konkretisierungsfunktion betrifft zum einen die für die Erbringung der **Hauptleistung** relevanten Modalitäten. Die damit verbundenen Fragen sind zwar im Wesentlichen schon in den §§ 266–272 geregelt; daneben kann aber ergänzend auf § 242 zurückgegriffen werden (s Rn 182 ff). Zum anderen dient § 242 der **Konkretisierung der Nebenpflichten** von Gläubiger und Schuldner. Dabei geht es zum einen um **leistungsbezogene Nebenpflichten** (insbesondere Auskunfts- und Rechenschaftspflichten, Mitwirkungs-, Unterstützungs- sowie Leistungssicherungspflichten), zum anderen um die **Verpflichtung zur Rücksichtnahme** auf die Rechtsgüter, Rechte und Interessen des anderen Teils (vgl Looschelders, Schuldrecht AT Rn 75). Vor Inkrafttreten der Schuldrechtsreform wurden diese Pflichten im Allgemeinen bei § 242 behandelt (vgl etwa Soergel/Teichmann Rn 134 ff; Staudinger/J Schmidt [1995] Rn 836 ff). Da die Nebenpflichten nach der Reform **systematisch bei § 241 anzusiedeln** sind (su Rn 729), kann auf die einschlägigen Darlegungen bei dieser Vorschrift verwiesen werden (vgl Staudinger/Olzen § 241 Rn 148 ff).

In einem engen Zusammenhang mit § 242 stehen auch die Vorschriften, die sich auf **typische Gegenstände der Leistungspflicht** (Gattungsschuld, Wahlschuld, Geldschuld) beziehen oder den **Inhalt einzelner Ansprüche oder Rechte** (zB Schadensersatz, Aufwendungsersatz, Wegnahmerecht, Auskunft) konkretisieren. Die betreffenden Regelungen gehen dem allgemeinen Grundsatz von Treu und Glauben zwar an sich vor; im Einzelfall kann aber dennoch auch hier auf § 242 zurückgegriffen werden. Darüber hinaus kann § 242 schließlich auch im Anwendungsbereich der Vorschriften über die **Leistungsverweigerungsrechte des Schuldners** (§§ 273, 274, 320–322) Bedeutung erlangen.

bb) Typische Gegenstände der Leistung
(1) Gattungsschuld
Im Zusammenhang mit **§ 243** wird dem Grundsatz von Treu und Glauben in drei Fallgruppen Bedeutung beigemessen:

(a) Abweichender Qualitätsstandard
In der älteren Lit wurde zum Teil die Auffassung vertreten, aus Treu und Glauben

könne im Einzelfall folgen, dass eine vom Standard des § 243 Abs 1 **abweichende** (bessere oder schlechtere) **Qualität** geschuldet sei; das sollte zB bei preisentsprechender Ware gelten (FISCHER, Konzentration und Gefahrtragung bei Gattungsschulden, JhJb 51 [1907] 159, 182; vgl auch LABAND AcP 73 [1888], 161, 177). Heute ist allgemein anerkannt, dass Vereinbarungen über den Preis nicht erst bei der Auswahl der konkret zu leistenden Sache, sondern schon bei der **Bestimmung der Gattung** zu berücksichtigen sind (vgl STAUDINGER/SCHIEMANN [2005] § 243 Rn 21). Im Übrigen ist es den Parteien unbenommen, im Rahmen der Gattung eine höhere oder niedrigere Qualität zu vereinbaren (MünchKomm/EMMERICH § 243 Rn 19), auch konkludent, zB durch Festlegung eines besonders hohen oder besonders niedrigen Preises (Hk-BGB/SCHULZE § 243 Rn 5). Dabei handelt es sich jedoch um kein Problem des § 242, sondern um eine Frage der **Auslegung** nach §§ 133, 157.

(b) Repartierungspflicht des Schuldners

576 Insbesondere (aber nicht nur) bei Vorratsschulden kann sich die Frage stellen, ob der Schuldner nach Treu und Glauben berechtigt oder sogar verpflichtet ist, die **vorhandene Warenmenge gleichmäßig auf alle Gläubiger aufzuteilen**, wenn sie aufgrund eines vom Schuldner nicht zu vertretenden Umstands nicht mehr zur vollständigen Befriedigung aller Gläubiger ausreicht. In der älteren Rspr wurde diese Frage häufig bejaht (vgl RGZ 84, 125, 128 f; 91, 312, 313; 100, 134, 137). Dem ist ein großer Teil der Lit gefolgt (vgl GERNHUBER, Schuldverhältnis § 10 IV 8; LARENZ, Schuldrecht I § 10 IIa und § 11 I; MEDICUS BR Rn 256; grundsätzlich auch ERMAN/WESTERMANN § 243 Rn 12). Es gibt jedoch auch kritische Stimmen (ablehnend etwa MünchKomm/EMMERICH § 243 Rn 17; LESSMANN, Grundprobleme der Gattungsschuld, JA 1982, 280, 285; E WOLF, Anleitung zum Lösen zivilrechtlicher Fälle, JuS 1962, 103 ff; zweifelnd STAUDINGER/SCHIEMANN [2005] § 243 Rn 20), die insbesondere darauf hinweisen, dass das Kartellrecht (§ 20 Abs 2 GWB) eine Repartierungspflicht nur in eng begrenzten Ausnahmefällen kennt (MünchKomm/EMMERICH § 243 Rn 17).

577 Zur Würdigung des Meinungsstreits ist Folgendes zu sagen: Kann der Schuldner nicht alle von ihm übernommenen Leistungspflichten voll erfüllen, so steht es ihm nach den Wertungen des Schuldrechts grundsätzlich frei, welche Verpflichtung er in welchem Umfang erfüllt. Dieser Grundsatz gilt auch, wenn der Schuldner nicht in der Lage ist, mit den vorhandenen Gegenständen alle Gläubiger vollständig zu befriedigen (zutreffend insoweit E WOLF JuS 1962, 103). Aus Treu und Glauben können sich zwar **im Einzelfall** Einschränkungen ergeben, so dass der Schuldner nach § 242 gehalten sein kann, einen bestimmten Gläubiger vorrangig zu befriedigen, weil dieser ein besonders schutzwürdiges Interesse an der Leistung hat (ERMAN/WESTERMANN § 243 Rn 12). Sofern alle Gläubiger in besonderem Maße auf den Erhalt der Leistung angewiesen sind (was in Notzeiten durchaus denkbar ist), kann der Schuldner uU zu einer gleichmäßigen Verteilung der vorhandenen Güter verpflichtet sein. Eine **generelle** Verpflichtung zur gleichmäßigen Befriedigung aller Gläubiger lässt sich außerhalb des Anwendungsbereichs von § 20 Abs 2 GWB aber nicht begründen.

578 Von dem Problem der **Repartierungspflicht** muss die Frage unterschieden werden, ob der Schuldner sich in einem „Mangelfall" für die gleichmäßige Befriedigung aller Gläubiger entscheiden darf, so dass der einzelne Gläubiger nicht mit Erfolg die volle Leistung verlangen kann. Ein solches **Repartierungsrecht** ist zu bejahen. Dies ergibt sich indes weder aus dem Vorliegen einer **Interessen- oder Gefahrengemeinschaft**

zwischen den einzelnen Gläubigern (so aber RGZ 84, 125, 128; MEDICUS BR Rn 259) noch aus einer **Rücksichtspflicht der Gläubiger** gegenüber dem Schuldner (so aber GERN-HUBER, Schuldverhältnis § 10 IV 8); soweit der Schuldner die anderen Gläubiger befriedigt, entfällt seine Leistungspflicht vielmehr aufgrund von **Unmöglichkeit** nach § 275 Abs 1 (so auch MünchKomm/EMMERICH § 243 Rn 17).

(c) Recht des Schuldners zur „Rekonzentration"
Für den Schuldner, der nach Eintritt der **Konkretisierung** über den betreffenden Gegenstand verfügt, stellt sich die Frage, ob er die Konkretisierung rückgängig machen und mit einem anderen Gegenstand aus der Gattung erfüllen darf. Diese Möglichkeit wird ihm zum Teil ganz allgemein eingeräumt, freilich um den Preis, dass er ab Rückgängigmachung der Konkretisierung auch wieder die volle Leistungsgefahr trägt (so etwa MEDICUS BR Rn 262; ders, Schuldrecht I Rn 262; ders, Die konkretisierte Gattungsschuld, JuS 1966, 297, 303 ff; vgl auch SOERGEL/TEICHMANN § 243 Rn 1; ESSER/SCHMIDT, Schuldrecht I § 13 I 2c; FIKENTSCHER, Schuldrecht Rn 206; HAGER, Rechtsfragen des Finanzierungsleasing von Hard- und Software, AcP 190 [1990] 324, 332 mit Fn 51; LARENZ, Schuldrecht I § 11 I; grundsätzlich auch STAUDINGER/SCHIEMANN [2005] § 243 Rn 43). Maßgeblich ist die Erwägung, dass die Konkretisierung in erster Linie dem Schutz des Schuldners dient. Demgegenüber misst die hM der Konkretisierung grundsätzlich **Bindungswirkung** zu. Im Einzelfall soll der Gläubiger jedoch nach **Treu und Glauben** daran gehindert sein, einen anderen (gleichwertigen) Gegenstand abzulehnen (vgl RGZ 91, 110, 112 f; 108, 184, 187; RG Recht 1906 Nr 2075; BGH WM 1964, 1023, 1024 f = BB 1965, 349; BGH NJW 1982, 873; OLG Köln NJW 1995, 3128, 3129; ERMAN/WESTERMANN § 243 Rn 19; MünchKomm/EMMERICH § 243 Rn 34; PALANDT/HEINRICHS § 243 Rn 7; BGB-RGRK/ALFF § 243 Rn 12; BROX/WALKER, Allgemeines Schuldrecht § 8 Rn 6 f; LOOSCHELDERS, Schuldrecht AT Rn 297; FISCHER, Konzentration und Gefahrtragung bei Gattungsschulden, JhJb 51 [1907], 159, 202 ff; U HUBER, Zur Konzentration beim Gattungskauf, in: FS Ballerstedt [1975] 327, 339 ff; VAN VENROOY, Konzentration zu Lasten des Schuldners, WM 1981, 890 ff). Dafür lässt sich anführen, dass die Verfasser des BGB die Konkretisierung mit Bindungswirkung ausstatten wollten, um dem Gläubiger schon vor der vollständigen Erfüllung des Vertrages Dispositionen über die Ware zu ermöglichen und den Schuldner an Spekulationen auf Kosten des Gläubigers zu hindern (vgl Mot II 12, 74; Prot I 287 f).

Geht man mit dem historischen Gesetzgeber davon aus, dass der Gläubiger **im Regelfall** ein schutzwürdiges Interesse daran hat, sich auf die einmal erfolgte Konkretisierung einrichten zu können (so etwa ERMAN/WESTERMANN § 243 Rn 19; aA STAUDINGER/SCHIEMANN [2005] § 243 Rn 43), so hat der Schuldner nur dann ein Recht zur „Rekonzentration", wenn diesem Interesse **im Einzelfall** lediglich ein geringeres Gewicht zukommt. Erforderlich ist also eine Interessenabwägung auf der Grundlage des § 242.

Nach der Rspr kann die Bindungswirkung der Konkretisierung in Anwendung des § 242 durchbrochen werden, wenn der Gläubiger die ordnungsgemäß angebotene Sache zurückgewiesen (vgl RGZ 91, 110, 112; 108, 184, 187; OLG Bremen MDR 1958, 919) oder eine andere gleichwertige Sache bereits angenommen hat (BGH WM 1964, 1023, 1024 f). Dann verstößt er gegen das **Verbot widersprüchlichen Verhaltens**, indem er sich auf die Konkretisierung beruft. Darüber hinaus ist dem Schuldner ein Recht zur Rekonzentration zuzubilligen, wenn sich im Einzelfall feststellen lässt, dass der Gläubiger kein Interesse am Erhalt der Ware hat, auf die das Schuldverhältnis zunächst beschränkt war (vgl RGZ 91, 110, 112; OLG Bremen MDR 1958, 919). Maßgeblich ist hier der Gedanke des **fehlenden schutzwürdigen Eigeninteresses** (so Rn 260).

(2) Wahlschuld und Ersetzungsbefugnis

582 Bei der Wahlschuld (§§ 262 ff) steht es dem Berechtigten grundsätzlich frei, welche der alternativ geschuldeten Leistungen er fordern bzw erbringen will. Rspr und Lit erkennen jedoch an, dass der **Grundsatz von Treu und Glauben** die **Ausübung des Wahlrechts begrenzt** (vgl BGH NJW 1983, 2701, 2703 = WM 1983, 926, 928; BGH NJW-RR 2003, 45, 46; STAUDINGER/BITTNER [2004] § 263 Rn 4). Der Berechtigte hat hiernach auf die Interessen des anderen Teils Rücksicht zu nehmen. So muss eine Bank bei der Entscheidung über die Frage, welche von mehreren Sicherheiten sie freigibt, die Belange des Sicherungsgebers berücksichtigen (BGH NJW 1983, 2701). Entscheidet sie sich dafür, ihre Forderung nicht über die vorrangige Sicherheit abzudecken, so ist dies aber **nicht** per se **rechtsmissbräuchlich** (BGH NJW-RR 2003, 45, 46; AnwK-BGB/ LOOSCHELDERS § 138 Rn 261). Die Bank kann nämlich ein schutzwürdiges Interesse an der Verwertung der nachrangigen Sicherheit haben, zB weil die Verwertung der rangersten Sicherheit mit einem höheren Aufwand verbunden wäre.

583 Allgemein anerkannt wird, dass der Berechtigte die Wahlerklärung ohne Einwilligung des anderen Teils nicht widerrufen kann (vgl STAUDINGER/BITTNER [2004] § 263 Rn 2). Demgegenüber ist die Bindungswirkung der Ersetzungserklärung bei der gesetzlich nicht geregelten **Ersetzungsbefugnis** streitig. Die hM verneint aus Gründen der Rechtssicherheit zutreffend eine **Widerrufsmöglichkeit** (vgl OLG Celle NJW 1949, 223; SOERGEL/WOLF § 263 Rn 7; SCHLECHTRIEM, Schuldrecht AT Rn 178; **aA** MünchKomm/KRÜGER § 263 Rn 10; LARENZ, Schuldrecht I § 11 IIIa; MEDICUS, Schuldrecht I Rn 189). Die **Auslegung** der vertraglichen oder gesetzlichen Regelung, auf der die Ersetzungsbefugnis beruht, kann aber eine abweichende Lösung rechtfertigen (vgl OLG Brandenburg VIZ 1997, 697, 701; BAMBERGER/ROTH/GRÜNEBERG § 262 Rn 7; PALANDT/HEINRICHS § 262 Rn 7). Im Übrigen ist der andere Teil nach **Treu und Glauben** daran gehindert, den Berechtigten an dessen Entscheidung festzuhalten, wenn er kein schutzwürdiges Interesse daran hat, anstelle der an sich geschuldeten Leistung die Ersatzleistung erbringen zu dürfen oder zu erhalten (vgl LOOSCHELDERS, Schuldrecht AT Rn 309).

cc) Inhalt einzelner Ansprüche oder Rechte
(1) Schadensersatz*

584 Im Schadensrecht (§§ 249–254) wird § 242 besonders oft erwähnt. Manche sprechen sogar davon, dass das gesamte Schadensrecht von Treu und Glauben beherrscht wird (so etwa ERMAN/KUCKUK § 254 Rn 4). In der Rspr hat der Rückgriff auf § 242 insbesondere die Funktion, einen **der Billigkeit entsprechenden Interessenausgleich** zwischen Schädiger und Geschädigtem zu verwirklichen, indem die Haftung des Schädigers teils erweitert, teils aber auch beschränkt wird (vgl BGHZ 60, 353, 358; ausf dazu MEDICUS VersR 1981, 593 ff). Folgende Problemkreise sind besonders hervorzuheben:

(a) Ausweitung des Schadensersatzanspruchs

585 Zur Ausweitung des Schadensersatzanspruchs hat der BGH im Zusammenhang mit dem umstrittenen Anspruch auf **Ersatz von Vorhaltekosten** auf § 242 zurückgegriffen.

---

* **Schrifttum**: DEUTSCH, Allgemeines Haftungsrecht (2. Aufl 1996); ESSER, § 242 und die Privatautonomie, JZ 1956, 555; MEDICUS, Schadensersatz und Billigkeit, VersR 1981, 593 ff.

Maßgeblich war die Erwägung, dass es mit Treu und Glauben unvereinbar sei, wenn der Schädiger dem Geschädigten für die vorsorgliche Bereithaltung von Reservefahrzeugen keinen Ausgleich zahlen müsse, obwohl der Geschädigte ihm hierdurch die höheren Kosten für die Anmietung eines Ersatzfahrzeugs erspart habe (BGHZ 32, 280, 285; hieran anknüpfend BGHZ 70, 199, 201; vgl auch LG Offenburg VersR 1967, 242; FRANKE, Die Substantiierungs- und Beweispflicht bei der Verfolgung von Vorhaltungskosten [Fahrzeugausfälle durch Unfälle bei Straßenbahnen], VersR 1961, 966). Dem wird zu Recht entgegengehalten, dass § 242 keine geeignete Grundlage ist, um das **Kausalitätserfordernis** aus Billigkeitsgründen zu überspielen (STAUDINGER/SCHIEMANN [2005] § 249 Rn 117). Davon abgesehen erscheint es zweifelhaft, ob die Verneinung der Ersatzpflicht wirklich zu einer **unbilligen Entlastung des Schädigers** führt (so aber MünchKomm/OETKER § 249 Rn 195). Hiergegen spricht nämlich die Erwägung, dass dem Schädiger die geringere Schadensanfälligkeit des Geschädigten ebenso zugute kommen muss, wie dessen besondere Anfälligkeit ihn belasten würde (so LANGE/SCHIEMANN, Schadensrecht [3. Aufl 2003] § 6 VIII 4b; LARENZ, Schuldrecht I § 29 II f; NIEDERLÄNDER, Schadensersatz bei Aufwendungen des Geschädigten vor dem Schadensereignis, JZ 1960, 617, 619; vgl auch LOOSCHELDERS, Mitverantwortlichkeit 496 ff; ders, Schuldrecht AT Rn 995). Der Rückgriff auf allgemeine Billigkeitsüberlegungen hilft hier also nicht weiter.

(b) Einschränkung des Schadensersatzanspruchs
Auf der anderen Seite ist § 242 auch herangezogen worden, um Einschränkungen **586** des Schadensersatzanspruchs zu begründen. So hat die ältere Rspr die **Adäquanztheorie** auf § 242 gestützt (vgl BGHZ 3, 261, 267; BGH NJW 1952, 1010, 1011; OLG Düsseldorf NJW 1957, 1153; vgl auch RG HRR 1933 Nr 398; LINDENMAIER, Adäquate Ursache und nächste Ursache, ZHR 113 [1950], 207 ff). Dabei wurde darauf abgestellt, ob „dem Urheber einer Bedingung eine Haftung ... billigerweise zugemutet werden kann" (BGHZ 3, 261, 267). Dahinter steht die richtige Erkenntnis, dass man sich bei der objektiven Zurechnung von Schäden nicht auf die Kausalität im naturwissenschaftlichen Sinne beschränken darf, sondern darüber hinaus eine wertende Betrachtung vornehmen muss. Die notwendige **Begrenzung der objektiven Zurechnung** lässt sich jedoch **nicht** auf der Grundlage des § 242 durch **allgemeine Billigkeits- und Zumutbarkeitserwägungen** im Einzelfall verwirklichen; notwendig ist vielmehr die Entwicklung spezifischer Kriterien, welche am **Schutzzweck der jeweiligen Haftungsnorm** orientiert sind. Nach entsprechender Kritik in der **Lit** (ENNECCERUS/LEHMANN, Schuldrecht § 15 III; LARENZ, Tatzurechnung und „Unterbrechung des Kausalverlaufs", NJW 1955, 1009, 1011 ff; ESSER JZ 1956, 555, 557) wird dieser Ansatz heute deshalb zu Recht nicht mehr vertreten, während die Adäquanz als Zurechnungskriterium nach wie vor zahlreiche Anhänger hat (z Verhältnis des Adäquanzkriteriums zur Lehre vom Schutzzweck der Norm vgl etwa MünchKomm/OETKER § 249 Rn 113; DEUTSCH, Allgemeines Haftungsrecht Rn 145; LOOSCHELDERS, Schuldrecht AT Rn 905).

Eine **anspruchsbegrenzende Wirkung** ist § 242 auch bei der **Ersatzfähigkeit entgan- 587 genen „Dirnenlohns"** beigemessen worden. Nach Ansicht des BGH ging es hier nämlich „um den berechtigten Einwand des Schädigers, es könne ihm billigerweise (§ 242) nicht zugemutet werden, einen durch sittenwidriges Tun geprägten Erwerb zu substituieren" (BGHZ 67, 119, 126; dazu MEDICUS VersR 1981, 593 ff). Der Rückgriff auf **allgemeine Billigkeits- und Zumutbarkeitserwägungen** wirkt jedoch auch hier zu unspezifisch. Entscheidend ist, ob die Ersatzfähigkeit von entgangenem Gewinn (§ 252) nach den **Wertungen der §§ 138 Abs 1, 817 S 2** eingeschränkt werden muss, wenn der Gewinn durch eine sittenwidrige Tätigkeit erlangt worden wäre (vgl dazu MünchKomm/OETKER § 252 Rn 9 ff). Da den Prostituierten nach Inkrafttreten des ProstG vom 20.12.2001 (BGBl I 3983) ein wirksamer Entgeltanspruch zusteht (dazu AnwK-BGB/LOOSCHELDERS Anh zu § 138 Rn 8), kommt eine Einschränkung des Anspruchs auf Ersatz von entgangenem Gewinn in diesem Bereich allerdings nicht mehr in Frage (so auch MünchKomm/OETKER § 252 Rn 9; MEDICUS, Schuldrecht I Rn 653).

588 Auch die Lehre von der **Vorteilsausgleichung** hat man auf § 242 gestützt (zB BGHZ 8, 325, 329; 60, 353, 358; BGH NJW 1984, 2457, 2458; 1984, 2520, 2521; 1987, 2741; BGH WM 1989, 857, 859 und 898, 899; BGH NJW 1993, 593, 594; OLG Karlsruhe NJW-RR 1988, 370, 372), obwohl Kriterien für die Entscheidung von Einzelfragen daraus nicht abgeleitet werden können (vgl zum Ganzen STAUDINGER/SCHIEMANN [2005] § 249 Rn 132 ff; LOOSCHELDERS, Schuldrecht AT Rn 929 ff).

(c) Insbesondere: Mitverschulden

589 Einen besonderen Schwerpunkt der Argumentation mit Treu und Glauben bildet die **Mitverantwortlichkeit des Geschädigten** nach § 254 (vgl BGHZ 34, 355, 363 f; 74, 25, 35 f; 76, 216, 217; 96, 98, 100; 119, 268, 271; 135, 235, 240; BGH NJW 1972, 334, 335; 1978, 2024, 2025; 1997, 2234, 2235; 1999, 3627, 3628; ERMAN/KUCKUK § 254 Rn 4; PALANDT/HEINRICHS § 254 Rn 2; BGB-RGRK/ALFF § 254 Rn 1; EMMERICH, Schuldrecht Rn 570). Das reicht hin bis zu der Annahme, dass § 254 einen **„kodifizierten Unterfall des § 242"** darstellt (so BGHZ 76, 216, 217). Der Schädiger soll hiernach in dem Maße entlastet werden, „in dem der Schaden **billigerweise** dem eigenen Verhalten des Geschädigten zugerechnet werden muss" (BGHZ 96, 98, 100). Der Hinweis auf § 242 hat in diesem Zusammenhang nicht nur rhetorische Bedeutung; die hM versucht vielmehr, hieraus Konsequenzen für das dogmatische Verständnis und die Auslegung des § 254 abzuleiten. Folgende Fragenkreise sind dabei zu unterscheiden:

(aa) Rechtfertigung der Anspruchskürzung

590 Die Rückbindung des § 254 an § 242 hat zunächst den Zweck, die **Anspruchskürzung** in Fällen des Mitverschuldens **zu rechtfertigen**. Manche verstehen diese als Ausfluss des allgemeinen Billigkeitsgedankens; überwiegend wird aber etwas konkreter damit argumentiert, der Geschädigte verstoße gegen das Verbot widersprüchlichen Verhaltens, wenn er den Schädiger auf vollen Schadensersatz in Anspruch nehme, obwohl er den Schaden mitverschuldet habe (vgl zB BGHZ 34, 355, 363 f; 63, 140, 144; ERMAN/KUCKUK § 254 Rn 4; MünchKomm/ROTH Rn 267; PALANDT/HEINRICHS § 254 Rn 2; BGB-RGRK/ALFF § 254 Rn 1; SOERGEL/TEICHMANN § 254 Rn 315; DUNZ, „Eigenes Mitverschulden" und Selbstwiderspruch, NJW 1986, 2234 ff; krit MünchKomm/OETKER § 254 Rn 4; DETTE, Venire contra factum proprium [1985] 99 ff; GREGER, Mitverschulden und Schadensminderungspflicht – Treu und Glauben im Haftungsrecht?, NJW 1985, 1130 ff).

591 Daran ist richtig, dass man § 254 als **Ausfluss des Billigkeitsgedankens** verstehen kann. Die Vorschrift konkretisiert diesen Gedanken aber durch eigenständige Kriterien – nämlich das **Verantwortlichkeitsprinzip** sowie den Gedanken der **Gleichbehandlung** von Schädiger und Geschädigtem (vgl LOOSCHELDERS, Mitverantwortlichkeit 115 ff). Im Übrigen mag es zwar Parallelen zum **Verbot widersprüchlichen Verhaltens** (so Rn 286 ff) geben. Warum die Geltendmachung des vollen Schadensersatzanspruchs indessen widersprüchlich wäre, kann nur aus den spezifischen Wertungen

des § 254 abgeleitet werden. Der Hinweis auf das Prinzip des venire contra factum proprium hat hier also keinen eigenständigen Begründungswert.

(bb) Konkretisierung der tatbestandlichen Voraussetzungen
Die Rspr hat § 242 ferner herangezogen, um die **tatbestandlichen Voraussetzungen** des § 254 zu **konkretisieren**, und dabei zum Teil darauf abgestellt, ob es „gerade im Verhältnis zwischen Schädiger und Geschädigtem unbillig erscheinen (würde), wenn der Geschädigte seinen Anspruch in vollem Umfang liquidieren will" (BGH NJW 1982, 168). Dies birgt jedoch die Gefahr, dass § 254 als Grundlage für reine Billigkeitslösungen missbraucht wird, obwohl die Vorschrift mit der Mitverantwortlichkeit und dem Gleichbehandlungsgrundsatz wesentlich präzisere Kriterien enthält, die nicht durch Rückgriff auf § 242 relativiert werden dürfen (so auch MünchKomm/OETKER § 254 Rn 4; LARENZ, Schuldrecht I § 31 Ia mit Fn 3b; ausf dazu LOOSCHELDERS, Mitverantwortlichkeit 145 ff). Soweit die Widersprüchlichkeit des Verhaltens auf die Mitverantwortlichkeit des Geschädigten gestützt werden soll, ist für eine ergänzende Anwendung des § 242 daher kein Raum (zutreffend BGH NJW 1999, 3627, 3628).

(cc) Anspruchskürzung außerhalb des Schadensrechts
In Rspr und Lit wird auf § 242 außerdem abgestellt, um eine **Anspruchskürzung wegen Mitverschuldens außerhalb des Schadensrechts** zu begründen. Die Argumentation ist häufig freilich nicht konsequent. So geht die hM einerseits davon aus, dass § 254 auf **Bereicherungsansprüche** (vgl BGHZ 14, 7, 10; 37, 363, 370; 57, 137, 151 f = JZ 1972, 441 f mit Anm LIEB; ERMAN/KUCKUK § 254 Rn 19; BGB-RGRK/ALFF § 254 Rn 11; SOERGEL/MERTENS § 254 Rn 16) und auf **Gewährleistungsansprüche** (BGH NJW 1972, 447 [VOB]; NJW 1978, 2240 [§ 459 aF]; BGHZ 90, 344, 348 = NJW 1984, 1676, 1677; OLG Bremen NJW 1963, 495; OLG Koblenz NJW-RR 1996, 919 [§ 633 aF]; OLG Düsseldorf NJW-RR 2003, 59, 61; LG Hannover NJW-RR 1986, 1055, 1056 [§ 651c]; ERMAN/KUCKUK § 254 Rn 19) nicht anwendbar sei; andererseits wird § 242 aber ein entsprechender Regelungsinhalt entnommen (für Bereicherungsansprüche BGHZ 14, 7, 10; 57, 137, 151 f; für Gewährleistungsansprüche BGH NJW 1972, 447; BGHZ 90, 344, 348; OLG Düsseldorf NJW-RR 2003, 59, 61; OLG Koblenz NJW-RR 1996, 919; LG Hannover NJW-RR 1986, 1055, 1056; PALANDT/HEINRICHS § 254 Rn 9). Bei **Erfüllungsansprüchen** wird sogar „die Anwendung des § 254 BGB entsprechend § 242 BGB" erwogen (so OLG Koblenz WM 1989, 1278, 1280; vgl dazu auch H ROTH, Ansprüche auf Rechtsfortsetzung und Mitverschulden, AcP 180 [1980] 263, 294 ff). In all diesen Fällen ist es aus methodischer Sicht vorzugswürdig, die Voraussetzungen für eine **analoge Anwendung des § 254** zu prüfen (vgl LOOSCHELDERS, Mitverantwortlichkeit 255 ff; die Rspr nimmt eine solche Prüfung bei Beseitigungsansprüchen nach § 1004 vor, vgl etwa BGHZ 135, 235, 239 ff); die hierfür notwendige Begründung darf nicht durch den formalen Hinweis auf § 242 ersetzt werden. Ist eine analoge Anwendung des § 254 ausgeschlossen, kann dieses Ergebnis auch nicht über § 242 korrigiert werden (so auch MünchKomm/OETKER § 254 Rn 4).

(dd) Schadensminderungspflicht
Entgegen einer in Rspr und Lit verbreiteten Auffassung (RGZ 154, 236, 240; BGHZ 4, 170, 173 ff; BGH NJW 1985, 2639; BGH NJW-RR 1986, 1400, 1402; 1989, 730, 731; ERMAN/KUCKUK § 254 Rn 53; PALANDT/HEINRICHS § 254 Rn 36, 38) hilft der Rückgriff auf § 242 auch im Zusammenhang mit der Schadensminderungspflicht aus § 254 Abs 2 S 1 nicht weiter. Missverständlich ist insbesondere die Formulierung, das Unterlassungsverschulden iSd § 254 setze nicht die Verletzung einer besonderen Rechtspflicht voraus, sondern

umfasse **jeden Verstoß gegen Treu und Glauben** (BGHZ 4, 170, 174). Auch im Rahmen des § 254 Abs 2 S 1 geht es nämlich nicht um reine Billigkeitsentscheidungen; Bezugspunkt des Verschuldens ist vielmehr die Verletzung einer **Obliegenheit** des Geschädigten gegenüber dem Schädiger. Der Umfang dieser Obliegenheit ergibt sich nicht aus § 242, sondern muss aufgrund einer sorgfältigen Abwägung zwischen den Interessen von Schädiger und Geschädigtem bestimmt werden (vgl LOOSCHELDERS, Mitverantwortlichkeit 459 ff; ders, Schuldrecht AT Rn 1030 ff).

(ee) **Die Rechtsfolgen des Mitverschuldens**

595 Der Grundsatz von Treu und Glauben hat auch auf der Rechtsfolgenseite des § 254 keine eigenständige Bedeutung (in diesem Sinne auch SOERGEL/MERTENS § 254 Rn 114; aA wohl DEUTSCH, Allgemeines Haftungsrecht Rn 563). Insbesondere wäre es unangebracht, die **Verteilung des Schadens** zwischen dem Schädiger und dem Geschädigten mit Hilfe allgemeiner Billigkeits- oder Zumutbarkeitserwägungen vorzunehmen. Maßgeblich bleibt vielmehr das jeweilige **Gewicht der Zurechnungsfaktoren**, aus denen sich die Verantwortlichkeit des Schädigers und des Geschädigten für den Schaden ergibt (vgl PALANDT/HEINRICHS § 254 Rn 49; LOOSCHELDERS, Schuldrecht AT Rn 1037; ausf dazu ders, Mitverantwortlichkeit 154 f, 564 ff).

(ff) **Einschränkung des § 254**

596 Der Schädiger kann im Einzelfall nach Treu und Glauben gehindert sein, sich auf ein Mitverschulden zu berufen. Nach Ansicht des BGH verstößt er zB gegen das **Verbot widersprüchlichen Verhaltens**, wenn er den Einwand des Mitverschuldens darauf stützt, der Geschädigte habe sich auf seine Bitte um Hilfeleistung hin freiwillig in Gefahr begeben (BGH NJW 2005, 419, 421). Der Rückgriff auf § 242 ist hier jedoch entbehrlich. Kommt der Geschädigte einer solchen Bitte nach, so kann dies schon gar nicht als **Obliegenheitsverletzung gegenüber dem Schädiger** angesehen werden.

(d) **Handeln auf eigene Gefahr**

597 Einen weiteren Schwerpunkt der Argumentation mit § 242 bildet das sog Handeln auf eigene Gefahr (grundlegend dazu STOLL, Das Handeln auf eigene Gefahr [1961]; vgl auch LOOSCHELDERS, Mitverantwortlichkeit 62 ff, 440 ff; STAUDINGER/SCHIEMANN [2005] § 254 Rn 62 ff). Der Ausschluss bzw die Einschränkung der Haftung wird hier auf die Erwägung gestützt, der Geschädigte verstoße gegen das Verbot des **venire contra factum proprium**, wenn er den Schädiger auf (vollen) Schadensersatz in Anspruch nehme, obwohl er die Gefahr einer Schädigung bewusst auf sich genommen habe (so BGHZ 34, 355, 363; vgl auch BGHZ 63, 140, 144; 154, 316, 323). Die Rspr zieht hieraus freilich unterschiedliche Konsequenzen. Besteht das Handeln auf eigene Gefahr darin, dass der Geschädigte **in Kenntnis gefahrerhöhender Umstände** (zB Trunkenheit des Fahrers) in einem fremden Kfz **mitgefahren** ist, so belässt sie es bei der Anwendung des § 254 (so BGHZ 34, 355, 363 f). Der Schadensersatzanspruch wird also nach dem Maß der jeweiligen Verantwortlichkeit **gekürzt**. Hat der Geschädigte **an einer gefährlichen Sportart** (Fußball, Boxen, Autorennen) oder an einer „freundschaftlichen Rangelei" (LG Tübingen NJW-RR 1993, 1498) teilgenommen, so greift sie dagegen unmittelbar auf das Verbot widersprüchlichen Verhaltens zurück (vgl BGHZ 63, 140, 145; 154, 316, 323; OLG Celle NJW 1980, 874; für Anwendung von § 254 MünchKomm/OETKER § 254 Rn 67; krit gegenüber der Differenzierung STAUDINGER/SCHIEMANN [2005] § 254 Rn 66). Der damit verbundene **Ausschluss** des Schadensersatzanspruchs sei deshalb gerechtfertigt, weil das

Titel 1 § 242
Verpflichtung zur Leistung 598–602

Verbot des Selbstwiderspruchs keinen Raum für Abwägungen lasse (so BGHZ 63, 140, 145; OLG Celle NJW 1980, 874). In der Lit wird darin teilweise eine „Ausschaltung des § 254 nach Treu und Glauben" gesehen (so MünchKomm/Roth Rn 267; krit Staudinger/ J Schmidt [1995] Rn 826).

Bei genauerer Betrachtung zeigt sich, dass der Rückgriff auf den Grundsatz von Treu **598** und Glauben bzw das Verbot widersprüchlichen Verhaltens auch in den Fällen des Handelns auf eigene Gefahr entbehrlich ist. Bei regelgerechtem Verhalten (zB im **Sport**) verletzt der Schädiger schon gar keine haftungsbegründende Norm (vgl Looschelders, Mitverantwortlichkeit 446 ff; ders, Die haftungsrechtliche Relevanz außergesetzlicher Verhaltensregeln im Sport, JR 2000, 265, 269 ff), so dass sich die Frage des Mitverschuldens gar nicht erst stellt. In den **Mitfahrt-Fällen** kann die Verantwortlichkeit des Schädigers dagegen nicht verneint werden. Deshalb bleibt nur der Rückgriff auf **§ 254** (Looschelders, Mitverantwortlichkeit 444; ders, Schuldrecht AT Rn 1040).

(e) Sonstiges
Neben § 254 werden im Schadensrecht einige weitere Vorschriften auf § 242 zurück- **599** geführt, insbesondere **§ 251 Abs 2** (OLG Hamm NJW 1981, 827; OLG Köln NJW-RR 1993, 1492; OLG München VersR 1980, 878; OLG Nürnberg NJW-RR 1986, 1346, 1348) und **§ 255** (BGH NJW 1993, 593, 594), wobei es sich aber um **eigenständige Ausprägungen** des Grundsatzes von Treu und Glauben handelt.

(f) Ergebnis
Die vorstehenden Überlegungen zeigen, dass § 242 im Schadensrecht wesentlich **600** geringere Bedeutung hat, als Rspr und Lit weithin annehmen. Das Schadensrecht soll zwar einen „billigen" Ausgleich der Interessen von Schädiger und Geschädigtem herbeiführen. Für einen Rückgriff auf allgemeine Billigkeitserwägungen bleibt jedoch nur wenig Raum, weil die Billigkeit meist durch **spezifischere Vorschriften oder Kriterien** konkretisiert wird.

(2) Aufwendungsersatz
Bei Sachaufwendungen stellt sich die Frage, ob der Berechtigte **Ersatz in Natur** **601** verlangen kann. Die hM leitet aus § 256 ab, dass der Anspruch grundsätzlich auf **Geld** gerichtet ist (BGHZ 5, 197, 199; Palandt/Heinrichs § 256 Rn 2). Wird dies den Interessen des Berechtigten nicht gerecht, so soll ihm nach **Treu und Glauben** ein Anspruch auf Ersatz in Natur zustehen (so Bamberger/Roth/Grüneberg § 256 Rn 7; Soergel/Wolf § 256 Rn 8; Staudinger/Bittner [2004] § 256 Rn 8; Larenz, Schuldrecht I § 13 I; auf den Rechtsgedanken des § 249 abstellend OLG Braunschweig MDR 1948, 112, 113). Der Rückgriff auf § 242 wirkt aber auch hier zu unspezifisch. Präziser erscheint der Hinweis auf den Zweck des § 256, dem Berechtigten einen möglichst vollwertigen Ersatz seiner Aufwendungen zu verschaffen (so Erman/Kuckuk § 256 Rn 6; MünchKomm/ Krüger § 256 Rn 8; vgl auch Looschelders, Schuldrecht AT Rn 321).

(3) Wegnahmerecht
Bei Ausübung eines Wegnahmerechts muss der Berechtigte die Sache gem § 258 auf **602** seine Kosten wieder in den vorigen Stand setzen. Ist eine Wiederherstellung nicht oder nur mit unverhältnismäßigen Aufwendungen möglich, steht dem Duldungspflichtigen ein Schadensersatzanspruch in Geld analog § 251 zu (Palandt/Heinrichs § 258 Rn 3). Wenn dessen Interessen hierdurch nicht hinlänglich gewahrt werden

können, ist der Berechtigte idR nach **Treu und Glauben** daran gehindert, das Wegnahmerecht auszuüben (STAUDINGER/BITTNER [2004] § 258 Rn 5; LARENZ, Schuldrecht I § 13 II; LOOSCHELDERS, Schuldrecht AT Rn 326).

(4) Auskunft

603 Das BGB sieht in einer **Vielzahl von Einzelregelungen** für bestimmte Situationen Auskunftspflichten vor (zB §§ 402, 666, 675, 740 Abs 2, 799 Abs 2, 1042, 1214, 1379, 1435; 1605, 1978 Abs 1, 2003 Abs 2, 2057, 2218). Daneben finden sich in den §§ 259–261 **allgemeine Regeln** für den Fall, dass Auskunft und Rechenschaft aufgrund einer anderen Vorschrift geschuldet sind. Eine allgemeine Auskunftspflicht ist dem BGB aber an sich fremd (RGZ 102, 336; BGH NJW 1981, 1783; LOOSCHELDERS, Schuldrecht AT Rn 327). Gleichwohl hat die Rspr einen Auskunftsanspruch unter Berufung auf § 242 gewährt, wenn eine „besondere rechtliche Beziehung zwischen dem Auskunftsfordernden und dem Inanspruchgenommenen" besteht und es das „Wesen des Rechtsverhältnisses mit sich bringt, dass der Berechtigte in entschuldbarer Weise über Bestehen und Umfang seiner Rechte im Ungewissen, der Inanspruchgenommene aber in der Lage ist, die verlangte Auskunft unschwer zu erteilen" (so BGH NJW 1980, 2463 in fast noch gleicher Formulierung wie RGZ 158, 377, 379; ferner BGHZ 97, 188, 192; BGH NJW 1986, 1244, 1245; BGH NJW-RR 1987, 1521; BGH NJW 1995, 386, 387; 2001, 821, 822; 2002, 3771; stRspr – vgl dazu auch STAUDINGER/OLZEN § 241 Rn 169; zu den Einzelfällen STAUDINGER/BITTNER [2004] § 260 Rn 22 ff).

604 In der neueren Lit dringt die Auffassung vor, dass der allgemeine Auskunftsanspruch aus Treu und Glauben inzwischen zu **Gewohnheitsrecht** erstarkt sei (so etwa MünchKomm/KRÜGER § 260 Rn 12; PALANDT/HEINRICHS §§ 259–261 Rn 8; STAUDINGER/BITTNER [2004] § 260 Rn 19; GERNHUBER, Schuldverhältnis § 24 III 2a; S LORENZ, Auskunftsansprüche im Bürgerlichen Recht, JuS 1995, 569, 573). Die Rspr bleibt insoweit zurückhaltend (für Herleitung aus § 242 zB noch BGH NJW 1988, 1906; 1993, 2737; BGH BB 1993, 1612; BGH NJW-RR 1994, 454, 455; BGH NJW 1995, 386, 387; 2001, 821, 822; 2002, 3771; für Gewohnheitsrecht BGH DB 1980, 682 betr Schadensersatzanspruch). Dies ändert jedoch nichts daran, dass die **allgemeinen Kriterien des § 242** bei der Prüfung des Auskunftsanspruchs auch in der Rspr **keine Rolle** mehr spielen.

605 Im Zusammenhang mit der Loslösung des Auskunftsanspruchs von der Vorschrift des § 242 wird zum Teil die Auffassung vertreten, dass das Merkmal des „**Rechtsverhältnisses**" entbehrlich sei (so STAUDINGER/SCHMIDT [1995] Rn 829), während die hM hieran festhält (vgl BGH NJW 1995, 386, 387; 1986, 1244, 1245; ERMAN/KUCKUK § 260 Rn 4; MünchKomm/KRÜGER § 260 Rn 13). Da der Begriff des Rechtsverhältnisses iwS (unter Einschluss gesetzlicher Schuldverhältnisse etc) verstanden wird, führt dies in der Praxis jedoch zu keinen allzu großen Beschränkungen (vgl GERNHUBER, Schuldverhältnis § 24 III 2c).

606 Der allgemeine Auskunftsanspruch aus Treu und Glauben wird seinerseits – wie jeder andere Auskunftsanspruch – durch § 242 begrenzt (vgl MünchKomm/KRÜGER § 260 Rn 45). Er kann daher nach allgemeinen Regeln **verwirkt** sein (zB BGHZ 39, 87, 92 f). Außerdem besteht die Möglichkeit, dass seine Geltendmachung **rechtsmissbräuchlich** erscheint, zB wenn die Auskunft für den in Frage stehenden Anspruch unter keinem Aspekt relevant ist (BGH NJW 1985, 384, 385; 1982, 2771; OLG Düsseldorf NJW 1988, 2389) oder wenn der Gläubiger sie zu „sachwidrigen Zwecken" begehrt (RGZ 127, 243, 245;

Titel 1 § 242
Verpflichtung zur Leistung 607–609

BGHZ 10, 385, 387; Palandt/Heinrichs §§ 259–261 Rn 24; Soergel/M Wolf § 260 Rn 61 ff; vgl dazu Gernhuber, Schuldverhältnis § 24 VI 1 und 2).

dd) Modalitäten der Leistung
(1) Teilleistungen, § 266*

Dem Grundsatz von Treu und Glauben wird im Anwendungsbereich des § 266 **607** traditionell große Bedeutung beigemessen (vgl schon RGZ 161, 58; Hamburger, Treu und Glauben im Verkehr [1930] 62 ff). Im Einzelnen geht es um folgende Fragenkreise:

(a) Recht des Schuldners zu Teilleistungen

Rspr und Lit erkennen an, dass dem Gläubiger die **Ablehnung von Teilleistungen** **608** nach Treu und Glauben entgegen § 266 **verwehrt** bleibt, wenn ihm die Annahme bei verständiger Würdigung der Lage des Schuldners und seiner eigenen schutzwürdigen Interessen zuzumuten ist (so BGH VersR 1954, 297; BGH NJW 1965, 1763, 1764; OLG Stuttgart VersR 1972, 448, 449; OLG Karlsruhe FamRZ 1985, 955, 956; Bamberger/Roth/Grüneberg § 266 Rn 14; Jauernig/Stadler § 266 Rn 10; MünchKomm/Roth Rn 160; Soergel/Wolf § 266 Rn 11; Rother NJW 1965, 1749 ff). Dabei soll „eine feste Regelung, wann dem [Gläubiger] die Annahme zumutbar ist, nicht auf[zu]stellen" sein; es komme vielmehr „auf die Umstände des Einzelfalles an" (so BGHZ 61, 240, 246 = NJW 1973, 2202; vgl auch Baumgärtel, Das Problem der „Klageveranlassung" [§ 93 ZPO] bei Teilleistungen [§ 266 BGB] in Kraftfahrzeug-Haftpflichtprozessen, VersR 1970, 971; OLG Hamm VersR 1957, 824; LG Augsburg VersR 1968, 1152). In der Praxis haben sich aber einige Fallgruppen herausgebildet, in denen § 266 durch § 242 eingeschränkt wird (ausf dazu Staudinger/Bittner [2004] § 266 Rn 30 ff). Nach allgemeinen Grundsätzen (so Rn 144 ff) ist dabei jeweils entscheidend, welches Gewicht den von § 266 geschützten Interessen im Vergleich mit den für die Zumutbarkeit sprechenden Gründen zukommt.

§ 266 hat den Zweck, den Gläubiger vor **Belästigungen durch Teilleistungen** zu **609** schützen (so schon RGZ 79, 359, 361 – unstr; vgl aus neuerer Zeit nur Jauernig/Stadler § 266 Rn 1; Looschelders, Schuldrecht AT Rn 258). Eine Durchbrechung kommt daher nur dann in Betracht, wenn die **Interessen des Gläubigers** durch die Teilleistung **weder in rechtlicher noch in wirtschaftlicher oder faktischer Hinsicht beeinträchtigt** werden. Deshalb ist eine Teilleistung unzulässig, wenn ihre Annahme als **Verzicht** auf weitergehende Ansprüche gedeutet werden könnte (rechtlicher Nachteil; vgl zB OLG München VersR 1959, 550; OLG Düsseldorf VersR 1966, 1055; KG VersR 1971, 966; Bamberger/Roth/Grüneberg § 266 Rn 16; Rother NJW 1965, 1749, 1751; Schmalzl, Die vom Haftpflichtversicherer ohne nähere Bestimmungen an den Geschädigten gezahlten Vorschüsse und ihre Verrechnung auf den Schaden, VersR 1965, 423), wenn eine Pachtsache nur teilweise zurückgegeben wird (wirtschaftlicher Nachteil; vgl LG Mannheim MDR 1965, 140) oder wenn dem Gläubiger durch die ratenweise Leistung faktische Unannehmlichkeiten entstehen. Demgegenüber hat die Teilleistung für den Gläubiger keine Nachteile, wenn er – ebenso wie der Schuldner – nicht weiß, dass es sich um eine Teilleistung handelt (BGH VersR 1954, 297, 298 f; Jauernig/Stadler § 266 Rn 10), wenn der Schuldner nach Maßgabe seiner finanziellen Leistungsfähigkeit Abschlagszahlungen erbringt (Palandt/Heinrichs § 266 Rn 9) oder wenn der Schuldner den unstreitigen Teil des Anspruchs bezahlt und sich zur Zahlung des streitigen Teils bereit erklärt, sobald

---

* **Schrifttum**: Rother, Zur Zulässigkeit von Teilleistungen, NJW 1965, 1749 ff.

dieser bewiesen ist (OLG Nürnberg VersR 1965, 1185; BAMBERGER/ROTH/GRÜNEBERG § 266 Rn 15).

610 Unabhängig davon, ob eine Belästigung eintritt, darf der Gläubiger die Leistung nach Treu und Glauben nicht wegen Fehlens **unbedeutender Leistungsrückstände** (sog „Spitzen") ablehnen (RG Recht 1906 Nr 602; RG SeuffA 61 Nr 149; SeuffA 77 Nr 22; OLG Schleswig FamRZ 1984, 187; OLG Karlsruhe FamRZ 1985, 955, 956; OLG Bremen NJW-RR 1990, 6; LG Nürnberg-Fürth VersR 1965, 1060, 1061; MünchKomm/KRÜGER § 266 Rn 14; PALANDT/ HEINRICHS § 266 Rn 9; SOERGEL/WOLF § 266 Rn 13). Dies folgt aus dem Gedanken der **Verhältnismäßigkeit**.

611 Die größte praktische Bedeutung haben solche Fragen für **Leistungen von Haftpflichtversicherern** (OLG Hamm VersR 1957, 824; OLG Nürnberg VersR 1964, 834 und VersR 1965, 1184; OLG Düsseldorf NJW 1965, 1763 und VersR 1966, 1055 mit Anm H W SCHMIDT VersR 1967, 45; OLG München VersR 1962, 673; LG Ausgburg VersR 1968, 1152; RUHKOPF, Zur Problematik der Klaglosstellung, VersR 1960, 13 und ders, Nochmals: Teilleistung und Klaglosstellung, VersR 1967, 927; H W SCHMIDT, Zur Teilleistung des Haftpflichtversicherers, VersR 1966, 226; JAUERNIG/STADLER § 266 Rn 10; PRÖLSS/MARTIN/VOIT/KNAPPMANN, VVG [27. Aufl 2004] § 5 AHB Rn 31 mwNw; sehr restriktiv ROTHER NJW 1965, 1749; ROIDL, Teilleistung, Teilanerkenntnis, Teilerledigung, NJW 1968, 1865; BOETZINGER, Pflicht zur Annahme von Teilleistungen bei Unfallschäden, VersR 1968, 1124) und für **Unterhaltsansprüche** (OLG Karlsruhe FamRZ 1985, 955; 956; OLG Schleswig FamRZ 1984, 187; OLG Bremen NJW-RR 1990, 6; STAUDINGER/BITTNER [2004] § 266 Rn 33). Im Übrigen gilt, dass die Zulässigkeit von **Teilhinterlegungen** nach den gleichen Grundsätzen zu beurteilen ist (BGH WM 1961, 1376).

(b) Recht des Gläubigers zu Teilforderungen

612 § 266 hindert den Gläubiger nach allgM nicht, Teilleistungen zu fordern. Grenzen ergeben sich auch hier aus dem Grundsatz von Treu und Glauben (ERMAN/KUCKUK § 266 Rn 7; MünchKomm/KRÜGER § 266 Rn 21). Da § 266 nicht eingreift, bestehen aber **keine spezifischen Kollisionsprobleme**. Ist die **Höhe des Anspruchs streitig**, kann der Schuldner aus § 266 iVm § 242 nicht das Recht ableiten, die Leistung auch „in dem mindestens geschuldeten Umfange" zu verweigern (BGHZ 80, 269, 278).

(2) Leistung durch Dritte, § 267
(a) Nachträgliche Änderung der Tilgungsbestimmung

613 Mangels persönlicher Leistungspflicht darf die Leistung gem § 267 Abs 1 auch durch einen Dritten bewirkt werden, ohne dass der Schuldner einwilligen muss. Voraussetzung ist allerdings, dass der Dritte mit **Fremdtilgungswillen** handelt und dies auch zum Ausdruck bringt. Bei Leistung auf eine vermeintlich eigene Schuld soll es ihm aber in den **Grenzen des § 242** erlaubt sein, die Tilgungsbestimmung nachträglich zu ändern (vgl BGH NJW 1964, 1898; 1983, 812, 814; 1986, 2700; PALANDT/HEINRICHS § 267 Rn 3; LOOSCHELDERS, Schuldrecht AT Rn 263; von BGHZ 137, 90, 95 offen gelassen). Dieser Lösung wird in der Lit teilweise entgegengehalten, sie führe zu einer ungerechtfertigten Privilegierung des sog Putativschuldners (so insbes STAUDINGER/BITTNER [2004] § 267 Rn 45; MEDICUS BR Rn 951; W LORENZ, Gläubiger, Schuldner, Dritte und Bereicherungsausgleich, AcP 168 [1968], 286, 306 ff). Richtig ist hieran jedenfalls, dass die Stellung des wirklichen Schuldners durch das **Wahlrecht des Putativschuldners** nicht verschlechtert werden darf (W LORENZ AcP 168 [1968], 286, 310). Dies lässt sich jedoch schon dadurch gewährleisten, dass die Ausübung des Wahlrechts unter dem Vorbe-

halt des § 242 steht. Umgekehrt würde der wirkliche Schuldner gegen Treu und Glauben verstoßen, wenn er sich auf das Fehlen des Fremdtilgungswillens im Zeitpunkt der Leistung beriefe, obwohl seine Interessen durch die nachträgliche Änderung der Tilgungsbestimmung unberührt bleiben (vgl LARENZ/CANARIS, Schuldrecht II/2 § 69 III 2c).

(b) Ablehnung der Leistung
Gem § 267 Abs 2 ist der Gläubiger nur dann berechtigt, die Leistung des Dritten **614** abzulehnen, wenn der Schuldner widerspricht. Nach Treu und Glauben kann dem Gläubiger in Ausnahmefällen aber auch **ohne Widerspruch des Schuldners** ein Ablehnungsrecht zustehen, zB wenn ihm die Person des Leistenden nicht zumutbar ist (MünchKomm/KRÜGER § 267 Rn 16; PALANDT/HEINRICHS § 267 Rn 5; STAUDINGER/BITTNER [2004] § 267 Rn 47).

(3) Leistungsort und Leistungszeit
Im Anwendungsbereich des § 269 besteht Raum für den Rückgriff auf § 242, wenn **615** die **Leistung am ursprünglichen Erfüllungsort unmöglich** oder (mindestens) einer Partei **unzumutbar** ist; in diesem Fall wird nach Treu und Glauben ein anderer – angemessener – Erfüllungsort festgelegt (vgl RGZ 107, 121, 122; OGH MDR 1949, 289; BGH BB 1955, 844; OLG Celle NJW 1953, 1831; MünchKomm/ROTH Rn 157; LOOSCHELDERS, Schuldrecht AT Rn 74).

Im Zusammenhang mit der **Leistungszeit** (§ 271) lässt sich dem § 242 entnehmen, **616** dass der **Gläubiger** seine Rechte nicht zur Unzeit in Anspruch nehmen bzw ausüben darf (RG DR 1943, 1220; OGH NJW 1950, 503; BGH NJW 1977, 761; LG Düsseldorf FamRZ 1955, 503; speziell zur Kündigung von Arbeitsverträgen su Rn 795 f). Umgekehrt ist es dem **Schuldner** nach Treu und Glauben verwehrt, seine Leistung zur Unzeit zu erbringen (RGZ 91, 67; ERMAN/HOHLOCH Rn 63; JAUERNIG/MANSEL Rn 17; MünchKomm/ROTH Rn 157 – Für Handelsgeschäfte vgl § 358 HGB).

ee) Rechte des Schuldners zur Leistungsverweigerung
(1) Allgemeines
Die Regelungen über Zurückbehaltungsrechte iwS (§§ 273, 274, 320–322) werden **617** oft als **Ausprägungen des Grundsatzes von Treu und Glauben** bezeichnet (so für § 273 das RG und der BGH in stRspr: RGZ 68, 32, 34; 126, 383, 385; 152, 71, 73; RG DR 1940, 795; BGH LM Nr 7 zu § 273; BGHZ 91, 73, 83 = NJW 1984, 2151, 2154; BGH NJW 1990, 1171, 1172; 2000, 948, 949; 2004, 3484, 3485; vgl auch Hk-BGB/SCHULZE § 273 Rn 1; MünchKomm/KRÜGER § 273 Rn 2; PALANDT/HEINRICHS § 273 Rn 1; SOERGEL/WOLF § 273 Rn 2; LOOSCHELDERS, Schuldrecht AT Rn 334. – Zu § 320 vgl etwa BGH WM 1974, 369, 371; SOERGEL/WIEDEMANN § 320 Rn 11). Dies ist keineswegs nur ein entbehrlicher Hinweis auf den eigenen Gerechtigkeitsgehalt der Vorschriften (so aber STAUDINGER/J SCHMIDT [1995] Rn 891); vielmehr wirkt sich der Grundsatz von Treu und Glauben auch in vielfältiger Weise bei der praktischen Rechtsanwendung aus. Meist geht es um eine **Einschränkung des Leistungsverweigerungsrechts**. § 320 Abs 2 enthält hierzu eine Sonderregelung, die selbst den Grundsatz von Treu und Glauben in Bezug nimmt. Ein Rückgriff auf § 242 erübrigt sich insoweit also (vgl BGH WM 1989, 1574, 1578).

(2) Zurückbehaltungsrecht, §§ 273, 274
(a) Konnexität

618 Das Zurückbehaltungsrecht nach §§ 273, 274 beruht auf dem Gedanken, dass es im Rahmen eines **einheitlichen Rechtsverhältnisses** mit Treu und Glauben nicht vereinbar wäre, wenn der Gläubiger die ihm zustehende Leistung verlangen könnte, ohne den Gegenanspruch des Schuldners zu erfüllen (vgl STAUDINGER/BITTNER [2004] § 273 Rn 8). Die Rückbindung an Treu und Glauben führt zu einer weiten Auslegung des Merkmals „aus demselben rechtlichen Verhältnis". Anspruch und Gegenanspruch müssen nicht auf demselben Schuldverhältnis beruhen; es genügt vielmehr ein innerlich zusammengehörendes **einheitliches Lebensverhältnis**. Entscheidend ist, dass beide Ansprüche in einem engen natürlichen, wirtschaftlichen und inhaltlichen Zusammenhang stehen und es deshalb treuwidrig wäre, wenn der eine Anspruch ohne Rücksicht auf den anderen durchgesetzt werden könnte (so schon RGZ 134, 144, 146; 158, 6, 14 – stdRspr; BGHZ 47, 157, 167; 64, 122, 125; 92, 194, 196; 115, 99, 103 f; BGH NJW 2004, 3084, 3085; ausf zum Ganzen STAUDINGER/BITTNER [2004] § 273 Rn 38 ff).

(b) Erweiterung des Zurückbehaltungsrechts
619 Über die Vorschrift des § 273 hinaus kann der Schuldner **unmittelbar aus Treu und Glauben** ein Zurückbehaltungsrecht haben, insbesondere nach dem **dolo agit-Grundsatz**, wonach arglistig handelt, wer fordert, was er sofort wieder zurückgeben muss (vgl BGHZ 38, 122, 126; PALANDT/HEINRICHS § 273 Rn 1; zum dolo agit-Grundsatz so Rn 281 ff). Daneben hat die **Rspr** vereinzelt geprüft, ob dem Schuldner „in entsprechender Anwendung des § 273 Abs 1 eine Art Zurückbehaltungsrecht" (BGH NJW 1984, 1676, 1678) oder ein „Zurückbehaltungsrecht ... unter dem Gesichtspunkt von Treu und Glauben" (BGH WM 1987, 878, 880; vgl auch LG Dortmund NJW 1981, 764: „Zurückbehaltungsrecht ... gem § 242 iVm Art 4 Abs 1, 5 Abs 1, 20 Abs 4 GG" [Atomstromboykott]) zusteht. Unter welchen Voraussetzungen ein solches Zurückbehaltungsrecht entstehen soll, bleibt dabei jedoch unklar. In den einschlägigen Entscheidungen wurde es stets abgelehnt. Die diesbezüglichen Überlegungen führen also nicht weiter.

(c) Ausschluss oder Einschränkung des Zurückbehaltungsrechts
620 § 273 schränkt das Zurückbehaltungsrecht für den Fall ein, dass sich aus dem Schuldverhältnis etwas anderes ergibt. In Betracht kommen hiernach insbesondere Einschränkungen aufgrund vertraglicher Vereinbarungen, besonderer gesetzlicher Regelungen (zB § 175) oder der Natur des Schuldverhältnisses (vgl LOOSCHELDERS, Schuldrecht AT Rn 339 ff). Darüber hinaus kann die Geltendmachung des Zurückbehaltungsrechts wegen **unzulässiger Rechtsausübung** ausgeschlossen sein (vgl BGH NJW 2004, 3084, 3085; MünchKomm/ROTH Rn 246; PALANDT/HEINRICHS § 273 Rn 18; zu den Einzelfällen STAUDINGER/BITTNER [2004] § 273 Rn 100 ff). Dabei kommt dem Gedanken der Verhältnismäßigkeit große Bedeutung zu (vgl LOOSCHELDERS, Schuldrecht AT Rn 342). Umgekehrt kann der Gläubiger nach Treu und Glauben aber auch gehindert sein, sich auf eine vertragliche oder gesetzliche Einschränkung des Zurückhaltungsrechts zu berufen (BGHZ 48, 264, 268 ff; STAUDINGER/BITTNER [2004] § 273 Rn 75).

(3) Einrede des nicht erfüllten Vertrages, §§ 320–322
(a) Funktionelles Synallagma und Treu und Glauben
621 Die Einrede des nicht erfüllten Vertrages (§§ 320–322) wird in Rspr und Lit mit dem Gedanken des **funktionellen Synallagma** gerechtfertigt (vgl BAMBERGER/ROTH/GROTHE § 320 Rn 1; JAUERNIG/VOLLKOMMER § 320 Rn 2; PALANDT/HEINRICHS § 320 Rn 1). Die dogmati-

schen Überlegungen zum „Wesen des Synallagma" dürfen jedoch nicht darüber hinwegtäuschen, dass es den §§ 320 ff nicht (nur) um die Verwirklichung eines formalen Prinzips geht; dahinter steht vielmehr auch hier der Grundsatz von **Treu und Glauben**. Insofern besteht zwischen § 273 und § 320 also kein Gegensatz (Soergel/Wiedemann § 320 Rn 11; **aA** BGB-RGRK/Ballhaus § 320 Rn 2; allg z Verhältnis zwischen § 273 und § 320 MünchKomm/Krüger § 273 Rn 101).

(b) Ausschluss des Leistungsverweigerungsrechts nach § 320 Abs 2
Bei **Teilleistungen** ist das Leistungsverweigerungsrecht der anderen Partei gem § 320 Abs 2 insoweit ausgeschlossen, als die Verweigerung nach den Umständen, insbesondere wegen verhältnismäßiger Geringfügigkeit des rückständigen Teils, gegen Treu und Glauben verstoßen würde. Gernhuber (Schuldverhältnis § 14 IV 1) hält diese Regelung für entbehrlich, weil das gleiche Ergebnis „jederzeit auch unmittelbar § 242 ... entnommen werden" könne. Dem hat J Schmidt entgegnet, § 320 Abs 2 sei wegen des Kriteriums der Verhältnismäßigkeit eine „etwas informationsreichere Vorschrift" als § 242 (Staudinger/J Schmidt [1995] Rn 898). Die eigentliche Bedeutung des § 320 Abs 2 liegt indessen darin, für Teilleistungen klarzustellen, dass **grundsätzlich die ganze Gegenleistung verweigert** werden darf. Einschränkungen des Leistungsverweigerungsrechts müssen also **im Einzelfall** mit den Kriterien von Treu und Glauben gerechtfertigt werden (MünchKomm/Emmerich § 320 Rn 53). 622

(c) Sonstige Fälle des Rechtsmissbrauchs
Die Geltendmachung des Zurückbehaltungsrechts kann auch **außerhalb der Fälle der Teilleistung** wegen **missbräuchlicher Rechtsausübung** ausgeschlossen sein. Da § 320 Abs 2 hier nicht anwendbar ist, muss die Problematik nach den allgemeinen Grundsätzen des § 242 behandelt werden. Zu den Einzelheiten s Staudinger/Otto (2004) § 320 Rn 51. 623

(d) Eigene Vertragstreue als Voraussetzung des Leistungsverweigerungsrechts
Nach Rspr und hL soll die Einrede des nicht erfüllten Vertrages nur dem zustehen, der selbst vertragstreu ist. Die eigene Vertragstreue sei jedenfalls dann zu verneinen, wenn die betreffende Partei die **Erbringung der geschuldeten Leistung** ihrerseits **ernsthaft und endgültig verweigert** und sich **vom Vertrag losgesagt** habe (in diesem Sinne schon RGZ 58, 173, 176; RGZ 171, 287, 301; RG WarnR 1908 Nr 296; aus neuerer Zeit BGHZ 50, 175, 177; 88, 91, 96; BGH WM 1976, 964, 966; 1978, 731, 733; BGH NJW 1982, 874, 875; 1989, 3222, 3224; BGH NJW-RR 1995, 564, 565; BGH ZIP 1999, 367, 369; BGH NJW 2002, 3541, 3542; OLG Hamm NJW-RR 1986, 1179, 1180; OLG Düsseldorf NJW-RR 1993, 1207, 1208; Erman/Westermann § 320 Rn 6 f; Hk-BGB/Schulze § 320 Rn 6; MünchKomm/Emmerich § 320 Rn 37; Staudinger/Otto [2004] § 320 Rn 39; Looschelders, Schuldrecht AT Rn 352; **aA** Hüffer, Leistungsstörungen 197, 206 ff; Gernhuber, Schuldverhältnis § 14 III 5a; vermittelnd Soergel/Wiedemann § 320 Rn 58). 624

Die **dogmatische Einordnung** der eigenen Vertragstreue ist umstritten. Nach hM handelt es sich um ein **ungeschriebenes Tatbestandsmerkmal** des § 320 (vgl Bamberger/Roth/Grüneberg § 320 Rn 5; Hk-BGB/Schulze § 320 Rn 6; MünchKomm/Emmerich § 320 Rn 37; Staudinger/Otto [2004] § 320 Rn 39). Demgegenüber will Heinrichs (in Palandt § 320 Rn 6) nach Inkrafttreten des Schuldrechtsmodernisierungsgesetzes auf den **Rechtsmissbrauch als Ausschlussgrund** abstellen, weil man die eigene Vertragstreue bei den §§ 281, 323 – anders als bei § 326 aF – nicht als Voraussetzung des Anspruchs 625 auf Schadensersatz statt der Leistung bzw des Rücktritts ansehen könne (su Rn 625, 654); dies müsse auf § 320 übertragen werden, um eine einheitliche Einordnung des Merkmals zu ermöglichen.

626 Das Erfordernis der eigenen Vertragstreue hängt entstehungsgeschichtlich eng mit dem **Tu-quoque-Einwand** zusammen (vgl STAUDINGER/OTTO [2004] § 281 Rn B 84 und § 323 Rn B 84 mwNw). Es gilt damit die Feststellung, dass das BGB **keinen eigenständigen Ausschlussgrund** des nicht rechtstreuen bzw nicht vertragstreuen Verhaltens kennt. Es muss daher bei jeder einzelnen Vorschrift geprüft werden, welche Bedeutung der eigenen Vertragstreue zukommt. Einheitliche Lösungen verbieten sich. Insbesondere erscheint es nicht angemessen, das Problem ausschließlich beim Einwand des Rechtsmissbrauchs anzusiedeln. So kann die eigene Vertragsuntreue beim Anspruch auf Schadensersatz statt der Leistung aus §§ 280 Abs 1, 3, 281 Abs 1 S 1 Alt 1 und beim Rücktrittsrecht aus § 323 Abs 1 Alt 1 schon die Pflichtverletzung des Schuldners ausschließen (su Rn 654).

627 Bei § 320 ist daran festzuhalten, dass die eigene Vertragstreue ein **ungeschriebenes Tatbestandmerkmal** darstellt. Die **Funktion des § 320**, den anderen Teil zur Erbringung der Gegenleistung anzuhalten, verbietet es nämlich, dem Schuldner das Leistungsverweigerungsrecht einzuräumen, obwohl er selbst nicht am Vertrag festhalten will (so BGH NJW 2002, 3541, 3542; Hk-BGB/SCHULZE § 320 Rn 6; JAUERNIG/STADLER § 320 Rn 13). Der Einwand des Tu-quoque oder des Rechtsmissbrauchs muss damit nicht herangezogen werden.

(e) **Ausschluss der Vorleistungspflicht bei fehlender Vertragstreue des anderen Teils**

628 Die Vorleistungspflicht einer Partei entfällt nach Treu und Glauben bei **ernsthafter Erfüllungsverweigerung** durch die andere Partei, und zwar mit der Folge, dass wieder die Grundregel des § 320 gilt (RG WarnR 1908 Nr 451; RG SchlHAnz 1918, 102; RG JW 1924, 1141; RG SeuffA 81 Nr 25; BGHZ 88, 240, 247 f = NJW 1984, 230; BGH WM 1964, 1247; 1978, 731, 733; BGH NJW 1983, 2437; BGH NJW-RR 1987, 1159; BGH NJW 1994, 2025, 2026; NJW 1997, 938, 939; BGH BB 1995, 1209; MünchKomm/EMMERICH § 320 Rn 27; STAUDINGER/OTTO [2004] § 320 Rn 7). Die **grundlose und endgültige** Verweigerung der Erfüllung schließt darüber hinaus nach allgemeinen Regeln (so Rn 624) das Leistungsverweigerungsrecht des § 320 aus (BGHZ 50, 175, 177; BGH WM 1986, 73, 74; BGH NJW 1990, 3008, 3009; aA HÜFFER, Leistungsstörungen 209 ff; GERNHUBER, Schuldverhältnis § 15 V 1; differenzierend SOERGEL/WIEDEMANN § 320 Rn 79, 80). Der Wegfall der Vorleistungspflicht erklärt sich aus dem **Verbot des venire contra factum proprium** (vgl ERNST, Die Gegenseitigkeit im Vertragsvollzug, AcP 199 [1999] 485, 503; dazu o Rn 286 ff). Wer selbst nicht am Vertrag festhalten will, verhält sich widersprüchlich, wenn er den anderen Teil auf Vorleistung in Anspruch nimmt.

(f) **Unsicherheitseinrede**
629 Die Unsicherheitseinrede nach § 321 wird überwiegend als besondere Ausprägung der **clausula rebus sic stantibus** bzw der **Störung der Geschäftsgrundlage** (jetzt § 313) verstanden (vgl etwa RGZ 50, 255, 257 f; Hk-BGB/SCHULZE § 321 Rn 1; JAUERNIG/STADLER § 321 Rn 1; PALANDT/HEINRICHS § 321 Rn 2; STAUDINGER/OTTO [2004] § 321 Rn 4); sie weist damit einen engen Bezug zum Grundsatz von Treu und Glauben auf. Umgekehrt kann der Vorleistungspflichtige nach § 242 im Einzelfall aber auch an der Geltendmachung der Unsicherheitseinrede gehindert sein (vgl dazu STAUDINGER/OTTO [2004] § 321 Rn 30).

Vor Inkrafttreten des Schuldrechtsmodernisierungsgesetzes bestand das Problem, **630** dass die Erhebung der Einrede zu einem **unbegrenzten Schwebezustand** führen konnte, wenn die andere Partei hierauf nicht reagierte. Die Rspr billigte dem Vorleistungspflichtigen deshalb über § 242 ein **Rücktrittsrecht** zu, sobald eine der anderen Partei gesetzte angemessene Frist zur Leistung Zug um Zug oder zur Sicherheitsleistung fruchtlos verstrichen war (vgl BGHZ 11, 80, 85; 112, 279, 287). Dieses Rücktrittsrecht hat nun § 321 Abs 2 ausdrücklich geregelt. Ein Rückgriff auf Treu und Glauben ist insoweit also nicht mehr erforderlich.

c) Leistungsstörungen*
aa) Allgemeines
Das Schuldrechtsmodernisierungsgesetz hat das **Leistungsstörungsrecht** völlig **neu** **631** **strukturiert**. Dabei sind einige Institute, die bislang auf § 242 gestützt wurden, ausdrücklich geregelt worden (so Rn 100), namentlich die Störung der Geschäftsgrundlage (§ 313), das Kündigungsrecht aus wichtigem Grund bei Dauerschuldverhältnissen (§ 314) sowie die pFV (§ 280 Abs 1) und die cic (§§ 280 Abs 1, 311 Abs 2, 241 Abs 2), wobei die beiden letzteren Institute sich aber schon vor der Reform von § 242 emanzipiert hatten (s STAUDINGER/OLZEN Einl 209 ff zu § 241; vgl zur pFV auch STAUDINGER/J SCHMIDT [1995] Rn 940). Im Detail finden sich verschiedene weitere neue Regelungen, die den Rückgriff auf § 242 entbehrlich machen (s Rn 571), nicht selten freilich auf Kosten von Abgrenzungsproblemen. Schließlich gibt es auch im neuen Leistungsstörungsrecht Fragen, die mit Hilfe des § 242 gelöst werden müssen.

Zentrales Element des neuen Leistungsstörungsrechts ist die **Pflichtverletzung** (vgl **632** § 280 Abs 1 S 1). Vier **Fallgruppen** lassen sich unterscheiden: die **Verzögerung** der Leistung (insbesondere Verzug), die **Schlechtleistung**, die Verletzung von **Rücksichtspflichten** sowie die **nachträgliche Unmöglichkeit** (vgl LOOSCHELDERS, Schuldrecht AT Rn 484 ff). Für die **anfängliche Unmöglichkeit** gilt die Sonderregelung des § 311a. Außerhalb dieser Konzeption steht die **Unmöglichkeit als Ausschlussgrund für die primäre Leistungspflicht** (§ 275). Hier hat die Unmöglichkeit nach wie vor eigenständige Bedeutung; ob eine Pflichtverletzung vorliegt, ist irrelevant. Zu den Leistungsstörungen iwS zählt außerdem der **Gläubigerverzug** (§§ 293–304), der ebenfalls keine Pflichtverletzung voraussetzt.

bb) Unmöglichkeit
Im Zusammenhang mit der Unmöglichkeit kann der Grundsatz von Treu und Glau- **633** ben an verschiedenen Stellen Bedeutung erlangen. Folgende Punkte erscheinen besonders wichtig:

(1) Zeitweilige Unmöglichkeit
Nach § 275 Abs 1 erlischt die primäre Leistungspflicht des Schuldners nur bei **dau- 634**

---

* **Schrifttum**: CANARIS, Die Neuregelung des Leistungsstörungs- und des Kaufrechts – Grundstrukturen und Problemschwerpunkte, in: E LORENZ (Hrsg), Karlsruher Forum 2002: Schuldrechtsmodernisierung (2003) 5; FINN, Kann der Gläubiger die (Nach-)Erfüllung zwischen Fristablauf und Schadensersatzverlangen zurückweisen?, ZGS 2004, 32; RAMMING, Wechselwirkungen bei den Voraussetzungen der gesetzlichen Kündigungs- und Rücktrittsrechte nach allgemeinem Schuldrecht (§§ 314, 323, 324 BGB), ZGS 2003, 113; SCHWAB, Schadensersatzverlangen und Ablehnungsandrohung nach der Schuldrechtsreform, JR 2003, 133.

ernder **Unmöglichkeit**; bei zeitweiliger Unmöglichkeit lebt die Leistungspflicht nach Beseitigung des Leistungshindernisses wieder auf (so schon RGZ 117, 127, 130 zu § 275 aF; vgl jetzt STAUDINGER/LÖWISCH [2004] § 275 Rn 42; LOOSCHELDERS, Schuldrecht AT Rn 470).

(a) Abgrenzung von dauernder und zeitweiliger Unmöglichkeit

635 Nach **stRspr** soll die Abgrenzung zwischen zeitweiliger und dauernder Unmöglichkeit nach **Treu und Glauben** unter Abwägung der Belange beider Parteien vorgenommen werden. Ein vorübergehendes Leistungshindernis steht hiernach einem dauernden gleich, wenn es die Erreichung des Vertragszwecks in Frage stellt und der anderen Partei das Festhalten am Vertrag nach Treu und Glauben nicht mehr zugemutet werden kann (so schon RGZ 5, 279 – aus neuerer Zeit vgl BGH LM Nr 4 zu § 275; BGHZ 47, 48, 50; 83, 197, 200; PALANDT/HEINRICHS § 275 Rn 11; MEDICUS, Bemerkungen zur „vorübergehenden Unmöglichkeit", in: FS Heldrich [2005] 347, 351 ff; ausf zum Ganzen STAUDINGER/LÖWISCH [2004] § 275 Rn 43 ff; für Lösung über § 313: AnwK-BGB/DAUNER-LIEB § 275 Rn 68; ARNOLD, Die vorübergehende Unmöglichkeit nach der Schuldrechtsreform, JZ 2002, 866, 871). Dies kommt zB für den Fall in Betracht, dass sich die nach der Grundstücksverkehrsordnung erforderliche **Genehmigung** des Vertrags **um fast acht Jahre verzögert** und der Abschluss des verwaltungsgerichtlichen Verfahrens nicht absehbar ist (so iE auch LG Konstanz NJW-RR 2004, 91, das sich allerdings für eine Rückabwicklung nach §§ 812 ff analog ausspricht).

(b) Wiederaufleben der Leistungspflicht bei dauernder Unmöglichkeit

636 Stellt sich die Unmöglichkeit bei Eintritt des Leistungshindernisses als eine dauernde dar, so wird der Schuldner von seiner Leistungspflicht frei; diese Rechtsfolge bleibt bestehen, wenn die Leistung dem Schuldner bis zur letzten mündlichen Verhandlung wieder möglich werden sollte (vgl BGH LM Nr 4 zu § 275). Vor Inkrafttreten des Schuldrechtsmodernisierungsgesetzes wurde teilweise die Auffassung vertreten, der Schuldner könne sich in einem solchen Fall nach Treu und Glauben **nicht auf die Unmöglichkeit berufen**, wenn er das Leistungshindernis – etwa nach § 287 – zu vertreten habe (so BGB-RGRK/ALFF § 275 Rn 23; PALANDT/HEINRICHS[62] § 275 Rn 19). Dies erscheint jedoch zu weitgehend. Denn auch im Fall des Vertretenmüssens darf es für den Schuldner nicht bis zuletzt ungewiss bleiben, ob er die Leistung zu erbringen hat oder nicht. In Ausnahmefällen können die Parteien aber nach Treu und Glauben zum **Abschluss einer neuen Vereinbarung** (ggf mit geänderten Konditionen) verpflichtet sein (vgl RGZ 158, 321, 331; JAUERNIG/STADLER § 275 Rn 10; PALANDT/HEINRICHS § 275 Rn 12).

(2) Rechtliche Unmöglichkeit

637 Bei **genehmigungspflichtigen Rechtsgeschäften** sind die Parteien gehalten, sich um die erforderlichen Genehmigungen zu bemühen und das Bemühen des anderen Teils nach Kräften zu unterstützen sowie – als Kehrseite – alles zu unterlassen, was die Erteilung der Genehmigung verhindern könnte (vgl RGZ 115, 35, 38; 129, 357, 376; BGHZ 14, 1, 2; 67, 34, 35; PALANDT/HEINRICHS Rn 33; zur dogmatischen Einordnung STAUDINGER/OLZEN § 241 Rn 181 ff).

638 Bei rechtlicher Unmöglichkeit wegen **Versagung einer erforderlichen behördlichen Genehmigung** kann der Schuldner nach Treu und Glauben zur Mitwirkung an einer **Vertragsänderung** verpflichtet sein, um die Genehmigungsbedürftigkeit zu beseitigen. Voraussetzung ist, dass der Gläubiger ein besonderes Interesse an der Durch-

führung des Vertrages hat und die berechtigten Belange des Schuldners durch die Änderung des Vertrages nicht beeinträchtigt werden (BGHZ 67, 34, 36 f; STAUDINGER/ LÖWISCH [2004] § 275 Rn 35).

(3) Praktische Unmöglichkeit
Die Regelung des § 275 Abs 2 über die praktische Unmöglichkeit stellt eine besondere Ausprägung des Grundsatzes von Treu und Glauben dar. Dies zeigt sich schon äußerlich daran, dass § 275 Abs 2 ausdrücklich auf die Gebote von Treu und Glauben verweist. Es geht dabei um Fälle, in denen das Erfüllungsverlangen aufgrund **grober Unverhältnismäßigkeit** rechtsmissbräuchlich erscheint, weil kein vernünftiger Gläubiger unter den gegebenen Umständen auf Leistung bestehen würde (CANARIS JZ 2001, 499, 504; LOOSCHELDERS, Schuldrecht AT Rn 475; zur Abgrenzung gegenüber § 242 so Rn 271 ff).

639

§ 275 Abs 2 weist erhebliche Berührungspunkte zur **Störung der Geschäftsgrundlage** (§ 313) auf. Zur Abgrenzung vgl STAUDINGER/LÖWISCH (2004) § 275 Rn 94 ff.

640

(4) Persönliche Unmöglichkeit
Für Schuldverhältnisse, bei denen der Schuldner die **Leistung persönlich zu erbringen** hat (zB Arbeitsverträge), enthält § 275 Abs 3 eine Sonderregelung zu § 275 Abs 2. Der wichtigste Unterschied besteht darin, dass das Leistungsverweigerungsrecht in den Fällen des Abs 3 auch auf Leistungshindernisse gestützt werden kann, die in den persönlichen Verhältnissen des Schuldners wurzeln (vgl BT-Drucks 14/6040 130). § 275 Abs 3 enthält in seinem Anwendungsbereich eine **abschließende Sonderregelung** zu § 242. Muss die Leistung nicht persönlich erbracht werden, so kann dagegen auf § 242 abgestellt werden (so Rn 275 f). In diesen Zusammenhang gehört etwa der Fall, dass Kernkraftgegner unter Berufung auf ihre **Gewissensfreiheit** (Art 4 GG) die Stromrechnung nicht bezahlen wollen (dazu OLG Hamm NJW 1981, 2473; LG Dortmund NJW 1981, 764; PALANDT/HEINRICHS Rn 9), wobei ein Leistungsverweigerungsrecht hier aber nach allgemeiner Ansicht nicht anzuerkennen ist.

641

Nach einer in der Lit vertretenen Auffassung beurteilt sich die **Leistungsverweigerung aus Gewissensgründen** auch **bei persönlichen Leistungspflichten** nicht nach § 275 Abs 3, sondern nach § 242 oder § 313 (so etwa WESTERMANN/BYDLINSKI/WEBER, Schuldrecht AT Rn 7/31 f; zur Rechtslage vor Inkrafttreten des Schuldrechtsmodernisierungsgesetzes [Lösung über § 242] vgl STAUDINGER/J SCHMIDT [1995] Rn 1196 ff mwNw). Dabei wird auf die Gesetzesbegründung verwiesen, wonach sich auch Fälle der Leistungsverweigerung aus Gewissensgründen „nicht über § 275 Abs 2 S 1 RE, sondern nur über § 313 oder über die Anwendung von Treu und Glauben lösen" lassen (BT-Drucks 14/6040, 130). Für die vorliegende Frage ist diese Passage jedoch wenig aussagekräftig, weil sie sich allein auf § 275 Abs 2 (= § 275 Abs 2 S 1 RE) bezieht, nicht aber auf § 275 Abs 3 (= § 275 Abs 2 S 2 RE). Aus sachlichen Gründen besteht kein Anlass, die Leistungsverweigerung aus Gewissensgründen bei persönlichen Leistungspflichten aus dem Anwendungsbereich des § 275 Abs 3 auszunehmen. Es ist daher mit der hM (Hk-BGB/ SCHULZE § 313 Rn 9; MünchKomm/ERNST § 275 Rn 118; STAUDINGER/LÖWISCH [2004] § 275 Rn 90; STAUDINGER/OTTO [2004] § 283 Rn 36; BROX/WALKER, Allgemeines Schuldrecht § 22 Rn 30; LOOSCHELDERS, Schuldrecht AT Rn 482; OTTO, Die Grundstrukturen des neuen Leistungsstörungsrechts, Jura 2002, 1, 4) davon auszugehen, dass § 242 und § 313 auch insoweit durch § 275 Abs 3 verdrängt werden. Auch das Leistungsverweigerungsrecht aus Gewissengrün-

642

den richtet sich somit nur dann nach § 242 (bzw § 313), wenn es nicht um persönliche Leistungspflichten geht (so Rn 275 f).

cc) Verzögerung der Leistung (insbesondere Verzug)

643 Bei bloßer Verzögerung der (möglichen) Leistung kann der Gläubiger den **Ersatz des Verzögerungsschadens** nach §§ 280 Abs 1, 2, 286 nur unter den (zusätzlichen) Voraussetzungen des Verzugs verlangen. Dagegen setzt der Anspruch auf **Schadensersatz statt der Leistung** nach §§ 280 Abs 1, 3, 281 an sich keinen Verzug voraus; wegen des Fristsetzungserfordernisses in § 281 ist es aber praktisch ausgeschlossen, dass der Gläubiger Schadensersatz statt der Leistung erhält, obwohl der Schuldner sich nicht in Verzug befindet (vgl LOOSCHELDERS, Schuldrecht AT Rn 606). Das **Rücktrittsrecht** des Gläubigers ergibt sich in den Verzögerungsfällen aus § 323, der im Wesentlichen die gleiche Struktur wie § 281 aufweist.

(1) Ersatz des Verzögerungsschadens

644 Nach §§ 280 Abs 1, 2, 286 setzt der Anspruch auf Ersatz des Verzögerungsschadens grundsätzlich eine **Mahnung** voraus. Ob die Mahnung auch dann wirksam ist, wenn der Gläubiger damit eine größere Leistung einfordert, als sie vom Schuldner (ggf noch) geschuldet wird (sog **Zuvielforderung**), hängt nach hM ua davon ab, ob der Schuldner die Erklärung unter Berücksichtigung der Umstände des Einzelfalls nach **Treu und Glauben** als Aufforderung zur Bewirkung der tatsächlich geschuldeten Leistung verstehen musste (BGH NJW 1999, 3115, 3116; ausf dazu STAUDINGER/LÖWISCH [2004] § 286 Rn 36).

645 § 286 Abs 2 regelt einige Fälle, in denen eine Mahnung ausnahmsweise entbehrlich ist. **Abs 2 Nr 3** kodifiziert die Rspr zum alten Recht, wonach eine Mahnung nach Treu und Glauben (Gedanke des venire contra factum proprium) entbehrlich ist, wenn der Schuldner die **Leistung ernsthaft und endgültig verweigert** (vgl schon RGZ 119, 1, 5; aus neuerer Zeit BGHZ 2, 310, 312; 65, 372, 377; STAUDINGER/J SCHMIDT [1995] Rn 921; PALANDT/HEINRICHS § 286 Rn 24).

646 Nach **§ 286 Abs 2 Nr 4** ist die Mahnung auch dann entbehrlich, wenn der sofortige Eintritt des Verzugs **aus besonderen Gründen** unter Abwägung der beiderseitigen Interessen gerechtfertigt ist. Die Regelung erfasst ua alle sonstigen Fälle, in denen die Mahnung nach **Treu und Glauben** verzichtbar erscheint (STAUDINGER/LÖWISCH [2004] § 286 Rn 87). In diesem Rahmen muss nunmehr auch die Frage diskutiert werden, ob und unter welchen Voraussetzungen die sog **Selbstmahnung** der Mahnung gleichsteht (vgl dazu OLG Köln NJW-RR 2000, 73; STAUDINGER/J SCHMIDT [1995] Rn 922; PALANDT/HEINRICHS § 286 Rn 25).

(2) Schadensersatz statt der Leistung und Rücktritt
(a) Fristsetzung

647 Nach § 281 Abs 2 bzw § 323 Abs 1 setzen der Anspruch auf Schadensersatz statt der Leistung und der Rücktritt im Fall der Verzögerung grundsätzlich voraus, dass der Gläubiger dem Schuldner erfolglos eine **angemessene Frist** zur Leistung oder Nacherfüllung gesetzt hat. Eine **Zuvielforderung** schließt auch hier uU nach Treu und Glauben die Wirksamkeit der Fristsetzung aus (PALANDT/HEINRICHS § 281 Rn 9a; s dazu auch o Rn 644).

Die **Fristsetzung** ist gem § 281 Abs 1 bzw § 323 Abs 2 Nr 1 und 3 **entbehrlich**, wenn **648**
der Schuldner die Leistung ernsthaft und endgültig verweigert oder besondere Umstände vorliegen, die unter Abwägung der beiderseitigen Interessen die sofortige Geltendmachung des Schadensersatzanspruchs bzw den sofortigen Rücktritt rechtfertigen. Ebenso wie bei den entsprechenden Regelungen des § 286 Abs 2 Nr 3 und 4 (so Rn 645 f) handelt es sich auch hier um besondere Ausprägungen des Grundsatzes von Treu und Glauben, die früher ebenfalls aus § 242 abgeleitet worden sind (vgl dazu STAUDINGER/J SCHMIDT [1995] Rn 928).

(b) Das Wahlrecht des Gläubigers nach Fristablauf
Der (Nach-)Erfüllungsanspruch erlischt nicht schon mit fruchtlosem Ablauf der **649**
Frist, sondern erst dann, wenn der Gläubiger Schadensersatz statt der Leistung **verlangt** (§ 281 Abs 4) oder den Rücktritt **erklärt**. Bis dahin kann der Gläubiger den Erfüllungsanspruch geltend machen oder die Leistung zurückweisen und auf Schadensersatz statt der Leistung bzw Rücktritt übergehen (PALANDT/HEINRICHS § 281 Rn 50; STAUDINGER/OTTO [2004] § 281 Rn D8; LOOSCHELDERS, Schuldrecht AT Rn 624; CANARIS Karlsruher Forum 2002 [2003] 49; FINN ZGS 2004, 32 ff; SCHWAB JR 2003, 133, 134; ebenso für den Nachbesserungsanspruch nach § 633 Abs 3 aF BGH NJW 2003, 1526, 1527; **aA** JAUERNIG/STADLER § 281 Rn 15; MünchKomm/ERNST § 281 Rn 79). Dies führt für den Schuldner zu einem misslichen **Schwebezustand**. Es stellt sich die Frage, ob § 242 Abhilfe schafft.

In Betracht kommt zunächst, das **Recht** des Gläubigers **auf Zurückweisung der** **650**
(Nach-)Erfüllung nach Treu und Glauben **einzuschränken**, jedenfalls dann, wenn die Fristüberschreitung unter Berücksichtigung der beiderseitigen Interessen so geringfügig ist, dass der Übergang auf Schadensersatz statt der Leistung bzw Rücktritt unverhältnismäßig wäre (vgl STAUDINGER/OTTO [2004] § 281 Rn B 81 ff, D 9). Das Gleiche gilt, wenn der Gläubiger bei der Fristsetzung den Eindruck erweckt hat, er werde auch nach Ablauf der Frist nicht sogleich Schadensersatz statt der Leistung verlangen oder vom Vertrag zurücktreten (vgl Beschlussempfehlung des Rechtsausschusses BT-Drucks 14/7052, 185; BROX/WALKER, Schuldrecht BT § 4 Rn 68). Hat der Gläubiger den Schuldner nach Fristablauf zu weiteren Leistungsanstrengungen ermuntert oder ihm sonst zu erkennen gegeben, dass er am Vertrag festhalten will, so ist er unter dem Aspekt des widersprüchlichen Verhaltens (so Rn 286 ff) an der Zurückweisung der verspäteten Leistung gehindert (vgl MünchKomm/ERNST § 281 Rn 101 und § 323 Rn 150; STAUDINGER/OTTO [2004] § 281 Rn D 9; FINN ZGS 2004, 32, 36).

Auf der anderen Seite ist auch die **Geltendmachung des Erfüllungsanspruchs** durch **651**
Treu und Glauben **begrenzt**. Der Gläubiger verstößt deshalb gegen das Verbot widersprüchlichen Verhaltens, wenn er Erfüllung verlangt, nachdem er die Annahme der Leistung zuvor wegen des Fristablaufs abgelehnt hat (vgl CANARIS, Karlsruher Forum 2002 [2003] 49; FINN ZGS 2004, 32, 37).

Soweit § 242 das Wahlrecht nicht einschränkt, wollen einige Autoren dem Schuldner **652**
das Recht einräumen, dem Gläubiger für dessen Ausübung analog § 264 Abs 2 **eine Frist zu setzen**. Dabei wird darauf verwiesen, dass § 264 Abs 2 als Ausprägung des § 242 zu verstehen sei (so PALANDT/HEINRICHS § 262 Rn 6 und § 281 Rn 50b; für analoge Anwendung des § 264 Abs 2 auch SCHWAB JR 2003, 133, 134 ff; eine analoge Anwendung des § 350 befürwortet STAUDINGER/OTTO [2004] § 281 Rn D 8). Dem steht aber entgegen, dass der Gesetzgeber eine solche Lösung ausdrücklich abgelehnt hat, weil er verhindern

wollte, „dass ausgerechnet der vertragsbrüchige Schuldner dem Gläubiger eine ihm ungünstige Lösung aufzwingen kann" (BT-Drucks 14/6040, 140); diese klare Wertentscheidung darf nicht durch analoge Anwendung des § 264 Abs 2 unterlaufen werden (so auch ERMAN/WESTERMANN § 281 Rn 19; MünchKomm/ERNST § 281 Rn 70).

653 Ein anderer Teil der Lit will den Schwebezustand dadurch begrenzen, dass der Gläubiger den Anspruch auf Schadensersatz statt der Leistung – ebenso wie das Rücktrittsrecht – nach Treu und Glauben innerhalb einer **angemessenen Frist** geltend zu machen habe; ansonst bleibe er auf den Erfüllungsanspruch verwiesen (so MünchKomm/ERNST § 281 Rn 99 und § 323 Rn 150; RAMMING ZGS 2003, 113, 117 f [§ 314 Abs 3 analog]; ERMAN/WESTERMANN § 281 Rn 19). Dafür spricht der Gedanke der Rechtssicherheit. Da der Schuldner sich nicht selbst durch Fristsetzung Klarheit darüber verschaffen kann, ob er die Leistung noch erbringen kann bzw muss, handelt der Gläubiger rechtsmissbräuchlich, wenn er seine Entscheidung länger hinauszögert, als dies zur Wahrung seiner eigenen berechtigten Interessen notwendig ist (vgl z Rücktrittsrecht nach altem Recht BGH NJW 2002, 669, 670; s auch u Rn 675 ff).

(c) Eigene Vertragstreue des Gläubigers

654 Nach § 326 aF konnte der Gläubiger nur dann Schadensersatz wegen Nichterfüllung verlangen oder vom Vertrag zurücktreten, wenn er sich selbst vertragstreu verhalten hatte (vgl PALANDT/HEINRICHS[61] § 326 Rn 10 ff). Die **eigene Vertragstreue** des Gläubigers wurde dabei überwiegend als **ungeschriebenes Tatbestandsmerkmal** des § 326 aF aufgefasst, welches seine Grundlage in § 242 hatte (vgl STAUDINGER/J SCHMIDT [1995] Rn 930; so Rn 625). Nach Inkrafttreten des Schuldrechtsmodernisierungsgesetzes wird zu Recht darauf hingewiesen, dass die eigene Vertragstreue sich nicht generell als ungeschriebenes Tatbestandsmerkmal des § 281 (und damit wegen des sachlichen Zusammenhangs auch nicht des § 323) verstehen lässt, weil die Vorschrift nicht nur für gegenseitige Verträge, sondern für **sämtliche Schuldverhältnisse** gilt (JAUERNIG/STADLER § 281 Rn 13; PALANDT/HEINRICHS § 281 Rn 35; STAUDINGER/OTTO [2004] § 281 Rn B 85 und § 323 Rn E 11; zur abweichenden Rechtslage bei § 320 s Rn 625 ff). Mittelbar kann das Fehlen der eigenen Vertragstreue bei gegenseitigen Verträgen dennoch im Tatbestand der §§ 281, 323 relevant werden, indem es die **Pflichtverletzung** des Schuldners ausschließt (PALANDT/HEINRICHS § 281 Rn 8 und § 323 Rn 11; STAUDINGER/OTTO [2004] § 281 Rn B 87 ff und § 323 Rn E 13 ff). Im Übrigen muss die Lösung auf der Grundlage des § 242 entwickelt werden. Der Gläubiger verhält sich nämlich **rechtsmissbräuchlich**, wenn er trotz eigener Vertragsuntreue Schadensersatz statt der Leistung verlangt oder zurücktritt (PALANDT/HEINRICHS § 281 Rn 35; vgl auch STAUDINGER/OTTO [2004] § 281 Rn B 85 und § 323 Rn E 11).

dd) Schlechtleistung

655 Im Fall der Schlechtleistung haben der Anspruch auf Schadensersatz statt der Leistung und das Rücktrittsrecht des Gläubigers nach §§ 280 Abs 1, 3, 281 bzw § 323 ähnliche Voraussetzungen wie bei der Verzögerung der Leistung. Insbesondere sind die auf Treu und Glauben beruhenden **Ausnahmen vom Fristsetzungserfordernis** (so Rn 648) anwendbar. Für eine mögliche **Begrenzung des Schwebezustands** nach Fristablauf gelten ebenfalls die gleichen Grundsätze (so Rn 649 ff). Zur Bedeutung der **eigenen Vertragstreue** in Fällen der Schlechtleistung vgl STAUDINGER/OTTO (2004) § 281 Rn C 81 und § 323 Rn C 13.

Die Fallgruppe der Schlechtleistung erfasst nicht nur die Schlechterfüllung der **656** Hauptleistungspflicht, sondern auch die Verletzung **leistungsbezogener Nebenpflichten**. Vor Inkrafttreten des Schuldrechtsmodernisierungsgesetzes gingen Rspr und hL davon aus, dass der Gläubiger sich wegen der Verletzung einer Nebenpflicht nur dann vom Vertrag lösen kann, wenn ihm dessen Fortsetzung **nach Treu und Glauben nicht zuzumuten** ist (vgl BGHZ 11, 80, 83 ff; 59, 104, 105 ff; BGH NJW 1978, 260; BGB-RGRK/ BALLHAUS § 326 Rn 44; vgl auch STAUDINGER/OTTO [2004] § 281 Rn C 13 und § 323 Rn C 12 mwNw). Diese einschränkende Voraussetzung ist in den §§ 281, 323 – anders als bei der Verletzung nicht leistungsbezogener Nebenpflichten in den §§ 282, 324 – entfallen. Inwieweit dies durch das Erfordernis der Fristsetzung bzw der Abmahnung kompensiert wird, ist fraglich. Es erscheint daher geboten, das Merkmal der **Erheblichkeit** (§§ 281 Abs 1 S 3, 323 Abs 5 S 2) bei der Verletzung leistungsbezogener Nebenpflichten grundsätzlich nur dann zu bejahen, wenn dem Gläubiger die Fortsetzung des Vertrages nach Treu und Glauben nicht mehr zuzumuten ist (vgl STAUDINGER/OTTO [2004] § 281 Rn C 33 und § 323 Rn C 30).

ee) Verletzung von Rücksichtspflichten

Für den Fall der Verletzung nicht leistungsbezogener Nebenpflichten iSd § 241 Abs 2 **657** (dazu allg STAUDINGER/OLZEN § 241 ff Rn 379 ff) sehen die §§ 282, 324 vor, dass der Gläubiger nur dann Schadensersatz statt der Leistung verlangen bzw vom Vertrag zurücktreten kann, wenn ihm die Leistung durch den Schuldner nicht mehr zuzumuten ist. Dies entspricht der hM zum alten Recht, wonach der Gläubiger bei einer pFV nur dann Schadensersatz wegen Nichterfüllung verlangen oder sich vom Vertrag lösen konnte, wenn dessen Fortsetzung ihm **nach Treu und Glauben nicht zumutbar** war (vgl STAUDINGER/OTTO [2004] § 282 Rn 49 und § 324 Rn 50 mwNw).

Welche Auswirkungen die **eigene Vertragstreue** auf den Schadensersatzanspruch bzw **658** das Rücktrittsrecht des Gläubigers hat, ist nach altem Recht auch mit Blick auf die Verletzung von Rücksichtspflichten meist unter dem Aspekt von Treu und Glauben erörtert worden (vgl BGH NJW 1958, 177; STAUDINGER/J SCHMIDT [1995] Rn 689 mwNw: Haftung aus pFV). Auf der Grundlage der §§ 282, 324 erscheint es dagegen sachgerecht, die eigene Vertragsuntreue bereits im Zusammenhang mit der Unzumutbarkeit der Vertragsfortsetzung zu würdigen (vgl STAUDINGER/OTTO [2004] § 282 Rn 61 ff und § 324 Rn 62 ff).

Der **Erfüllungsanspruch** des Gläubigers erlischt auch in den Fällen der §§ 282, 324 **659** nicht automatisch; erforderlich ist vielmehr, dass der Gläubiger Schadensersatz statt der Leistung **verlangt** (§ 281 Abs 4 analog) oder den Rücktritt **erklärt** (zur analogen Anwendbarkeit des § 281 Abs 4 STAUDINGER/OTTO [2004] § 282 Rn 66; LOOSCHELDERS, Schuldrecht AT Rn 638). Dies führt zu einem ähnlichen **Schwebezustand** wie bei §§ 281, 323; deshalb kann man sich an den dort entwickelten Grundsätzen (so Rn 649 ff) orientieren. In einem ersten Schritt ist also zu prüfen, ob Treu und Glauben den Gläubiger an der Geltendmachung von Schadensersatz statt der Leistung bzw der Ausübung des Rücktrittsrechts hindern, etwa weil er sich vom Vertrag lösen will, obwohl er in Kenntnis der Pflichtverletzung noch Leistungen entgegen genommen hat. Denn in einem solchen Fall wird regelmäßig widersprüchliches Verhalten vorliegen (Münch-Komm/ERNST § 324 Rn 14; PALANDT/HEINRICHS § 324 Rn 5). Steht dem Gläubiger das Wahlrecht (noch) zu, so muss er es nach Treu und Glauben innerhalb einer angemessenen Frist ausüben; ansonsten ist ihm die Fortsetzung des Vertrages nach dem Rechtsgedanken des § 314 Abs 3 zumutbar (MünchKomm/ERNST § 324 Rn 14; RAMMING ZGS 2003, 117 f; ähnlich JAUERNIG/STADLER § 324 Rn 6; STAUDINGER/OTTO [2004] § 324 Rn 75).

ff) Gläubigerverzug

660 Die Vorschriften über den Gläubigerverzug (§§ 293–304) weisen ebenfalls vielfältige Berührungspunkte zum Grundsatz von Treu und Glauben auf. So wird die Regelung des **§ 299** als „eine besondere Ausformung des § 242" verstanden (PALANDT/HEINRICHS § 299 Rn 1; ähnlich MünchKomm/ERNST § 299 Rn 1). Das Gleiche lässt sich auch über die **Entbehrlichkeit des tatsächlichen Angebots bei Ablehnung der Annahme** durch den Gläubiger (§ 295 Abs 1 S 1 Alt 1) sagen. Davon abgesehen kann der Grundsatz von Treu und Glauben im Zusammenhang mit dem Gläubigerverzug bei folgenden Fragen relevant werden.

661 Der Annahmeverzug setzt nach § 294 voraus, dass die Leistung dem Gläubiger **in der geschuldeten Art und Weise** tatsächlich angeboten wird (vgl PALANDT/HEINRICHS § 294 Rn 3). Der Gläubiger muss die Leistung daher nicht annehmen, wenn deren Entgegennahme ihm an dem in Frage stehenden **Ort** oder zu der in Frage stehenden **Zeit** unzumutbar ist. **Teilleistungen** dürfen nach § 266 zurückgewiesen werden, sofern sich aus Treu und Glauben nichts anderes ergibt (so Rn 608 ff). Wird dem Gläubiger mehr als die geschuldete Leistung angeboten (sog **Mehrangebot**), so liegt ebenfalls kein ordnungsgemäßes Angebot vor. Eine Ausnahme gilt nach Treu und Glauben, falls sich die mit der Aussortierung der geschuldeten Leistung verbundenen Belastungen für den Gläubiger in einem verkehrsüblichen Rahmen halten (RGZ 23, 126, 128; vgl zum Ganzen auch STAUDINGER/LÖWISCH [2004] § 294 Rn 3).

662 Im Rahmen des § 295 kann auch das an sich erforderliche **wörtliche Angebot** nach Treu und Glauben (§ 242) **entbehrlich** sein, wenn der Gläubiger die Annahme eindeutig und bestimmt verweigert hat und im Einzelfall keine Zweifel daran bestehen, dass er an seiner Weigerung festhalten wird (so BGH NJW 2001, 287, 288; Hk-BGB/ SCHULZE § 295 Rn 6; JAUERNIG/STADLER § 295 Rn 1; PALANDT/HEINRICHS § 295 Rn 4; Larenz, Schuldrecht I § 25 Ib; LOOSCHELDERS, Schuldrecht AT Rn 751; **aA** STAUDINGER/LÖWISCH [2004] § 295 Rn 2).

663 Im Unterschied zum Schuldnerverzug (§ 286 Abs 4) setzt der Gläubigerverzug **kein Verschulden** voraus (vgl BGHZ 24, 91, 96; PALANDT/HEINRICHS § 293 Rn 10). Diese gesetzgeberische Wertentscheidung darf nicht mit Hilfe des Grundsatzes von Treu und Glauben in Frage gestellt werden. § 242 kann daher nicht entnommen werden, der Gläubiger gerate nur dann in Annahmeverzug, wenn er die Nichtannahme der Leistung **zu vertreten habe** oder wenn sie ihm sonst **zurechenbar** sei (zu ähnlichen Gedankengängen vgl BAG AP Nr 5 zu § 9 MutterSchG m Anm HUECK). Hat der Schuldner die Nichtannahme der Leistung in zurechenbarer Weise (mit-)verursacht, so wird er uU durch Treu und Glauben gehindert, sich auf den Eintritt des Gläubigerverzugs zu berufen (vgl LARENZ, Schuldrecht I § 25 Id; LOOSCHELDERS, Schuldrecht AT Rn 757; **aA** bei bloßer Fahrlässigkeit des Schuldners: STAUDINGER/LÖWISCH [2004] § 293 Rn 18; WERTHEIMER, Der Gläubigerverzug im System der Leistungsstörungen, JuS 1993, 646, 650; vgl auch FEUERBORN, Der Verzug des Gläubigers – Allgemeine Grundsätze und Besonderheiten im Arbeitsverhältnis, JR 2003, 177, 180).

664 Der Gläubiger kann sich nach Treu und Glauben nicht auf ein **Annahmehindernis iSv**

§ 299 berufen, das er selbst **absichtlich herbeigeführt** hat, um den Schuldner an der Leistung zu hindern (MünchKomm/Ernst § 299 Rn 4; Soergel/Wiedemann § 299 Rn 2). Umgekehrt tritt trotz rechtzeitiger Ankündigung der Leistung durch den Schuldner kein Annahmeverzug ein, sofern dem Gläubiger die **Annahme nach Treu und Glauben nicht zumutbar** ist (MünchKomm/Ernst § 299 Rn 5; Palandt/Heinrichs § 299 Rn 3).

Gem § 302 muss der Schuldner im Annahmeverzug nur die **tatsächlich gezogenen Nutzungen** herausgeben oder ersetzen. Bei grobem Verstoß gegen Treu und Glauben hat er nach hM darüber hinaus aber auch die **schuldhaft nicht gezogenen Nutzungen** zu ersetzen (so Erman/Hager § 302 Rn 1; Palandt/Heinrichs § 302 Rn 1; BGB-RGRK/Alff § 302 Rn 2). 665

gg) Vertragsstrafe
In engem funktionellen Zusammenhang mit dem Leistungsstörungsrecht steht das Institut der Vertragsstrafe (§§ 339–345). Die hM geht davon aus, dass dem Grundsatz von Treu und Glauben in diesem Bereich besonders große Bedeutung zukommt (vgl LG Berlin NJW 1996, 1142; MünchKomm/Gottwald § 339 Rn 41; Gernhuber, Schuldverhältnis § 34 III 5; krit Staudinger/Rieble [2001] § 339 Rn 133). So haben Rspr und Lit verschiedene Fallgruppen anerkannt, in denen der Gläubiger durch das **Verbot rechtsmissbräuchlichen Verhaltens** gehindert wird, den Anspruch auf die Vertragsstrafe geltend zu machen (ausf dazu Köhler, Vereinbarung und Verwirkung der Vertragsstrafe, in: FS Gernhuber [1993] 207, 220 ff). Hierher gehört ua der Fall, dass der Gläubiger die Vertragsstrafe verlangt, obwohl er sich **selbst** in erheblichem Maße **vertragswidrig verhalten**, insbesondere die Pflichtverletzung des Schuldners durch einen eigenen Vertragsbruch provoziert hat (vgl RGZ 147, 228, 233; BGH NJW 1971, 1126; 1984, 919, 920; BGH NJW-RR 1991, 568, 569; Palandt/Heinrichs § 343 Rn 5; MünchKomm/Gottwald § 339 Rn 44; Looschelders, Schuldrecht AT Rn 819; zum Erfordernis der eigenen Vertragstreue s auch Rn 624 ff). 666

Unter dem Aspekt der **Unverhältnismäßigkeit** kann ferner ein Rechtsmissbrauch vorliegen, wenn der Gläubiger die Vertragsstrafe nach einer geringfügigen Pflichtverletzung fordert (so schon RG JW 1904, 139; 1923, 825; aus neuerer Zeit LG Berlin NJW 1996, 1142; Bamberger/Roth/Janoschek § 339 Rn 6). Dass die Interessen des Gläubigers durch die Pflichtverletzung weder beeinträchtigt noch ernsthaft gefährdet worden sind, steht der Geltendmachung des Anspruchs auf die Vertragsstrafe allerdings nicht entgegen (BGH NJW 1984, 919, 920; **aA** Palandt/Heinrichs § 343 Rn 5). 667

Nach hM verbieten Treu und Glauben dem Gläubiger, die verwirkte Vertragsstrafe einzufordern, wenn der Schuldner die Leistung nachträglich erbringt oder tatsächlich anbietet, bevor der Gläubiger die Vertragsstrafe verlangt, sog „**Versfallbereinigung**" (vgl dazu Knütel, Verfallsbereinigung, nachträglicher Verfall und Unmöglichkeit bei der Vertragsstrafe, AcP 175 [1975] 44 ff; ferner LG Berlin NJW 1996, 1142; MünchKomm/Gottwald § 339 Rn 43; Soergel/Lindacher § 339 Rn 22; Larenz, Schuldrecht I § 24 IIa). Dies erscheint jedoch zu weitgehend. Wenn die Voraussetzungen erfüllt sind, hat der Gläubiger grundsätzlich das Recht, die Zahlung der Vertragsstrafe zu verlangen (so auch Staudinger/Rieble [2001] § 340 Rn 21; BGB-RGRK/Ballhaus § 340 Rn 7). Bei geringfügigen Verzögerungen kann die Geltendmachung des Anspruchs auf die Vertragsstrafe allerdings wegen **Unverhältnismäßigkeit** ausgeschlossen sein (vgl Gernhuber, Schuld- 668 verhältnis § 34 III 4; ferner MünchKomm/GOTTWALD § 339 Rn 43; aA STAUDINGER/RIEBLE [2001] § 339 Rn 99).

669 Im Bereich der Vertragsstrafe führt § 242 nach hM nicht nur zu Einschränkungen. Vielmehr sollen Treu und Glauben im Einzelfall auch eine ausdehnende Auslegung von Vertragsstrafevereinbarungen auf **Umgehungsversuche** rechtfertigen (so LG Berlin NJW 1996, 1142; MünchKomm/GOTTWALD § 339 Rn 42). Ob § 242 in diesen Fällen eigenständige Bedeutung zukommt, ist jedoch zweifelhaft, weil sich die Umgehungsproblematik durch eine an Sinn und Zweck der jeweiligen Vereinbarung orientierte Auslegung nach §§ 133, 157 lösen lässt (allg zum Verhältnis zwischen § 242 und der Gesetzesumgehung s Rn 394 ff).

670 Aus Treu und Glauben folgt nicht, dass der Anspruch auf Entrichtung der Vertragsstrafe bei einem Verstoß gegen **Unterlassungspflichten** (§ 339 S 2) von einem **Verschulden** abhängt (anders noch RGZ 152, 251, 258). Die Erstreckung des Verschuldenserfordernisses auf Unterlassungspflichten wird vielmehr durch die Erwägung gerechtfertigt, dass Unterlassungspflichten nicht strenger behandelt werden können als Handlungspflichten (vgl MünchKomm/GOTTWALD § 339 Rn 37; LARENZ, Schuldrecht I § 24 IIa mwNw).

d) Begründung von Schuldverhältnissen
671 Das der Haftung aus culpa in contrahendo zugrunde liegende **vorvertragliche Schuldverhältnis** ist schon vor der Schuldrechtsreform nicht mehr auf § 242 gestützt worden (vgl STAUDINGER/J SCHMIDT [1995] Rn 1454 mwNw). Nachdem die Entstehung vorvertraglicher Schuldverhältnisse nunmehr in § 311 Abs 2 ausdrücklich geregelt ist, besteht für einen Rückgriff auf § 242 erst recht kein Bedarf mehr (vgl dazu STAUDINGER/OLZEN § 241 Rn 58).

672 Demgegenüber ist das Institut des **Vertrages mit Schutzwirkung für Dritte** vor Inkrafttreten des Schuldrechtsmodernisierungsgesetzes in der Lit häufig auf § 242 gestützt worden (vgl insbes LARENZ, Schuldrecht I § 14 II; ferner MünchKomm/GOTTWALD[4] § 328 Rn 102). Die Rspr stellt dagegen auf eine ergänzende Vertragsauslegung gem §§ 133, 157 ab (vgl BGHZ 56, 269, 273; 123, 378, 380; PALANDT/HEINRICHS § 328 Rn 14; krit AnwK-BGB/LOOSCHELDERS § 157 Rn 65). Auf der Grundlage des neuen Rechts zieht die Lit zunehmend § 311 Abs 3 S 1 heran (so etwa BROX/WALKER, Allgemeines Schuldrecht § 5 Rn 13; LORENZ/RIEHM, Schuldrecht Rn 376; LOOSCHELDERS, Schuldrecht AT Rn 202; SCHLECHTRIEM, Schuldrecht AT Rn 36). Einigkeit besteht aber darüber, dass sich die genauen Kriterien des Vertrages mit Schutzwirkung für Dritte weder aus dem hypothetischen Parteiwillen (§§ 133, 157) noch aus § 311 Abs 3 S 1 noch aus § 242 (GERNHUBER, Schuldverhältnis § 21 II 6) ableiten lassen (vgl MünchKomm/GOTTWALD § 328 Rn 101).

e) Rücktritt
aa) Rücktrittsregelungen, §§ 346–353
673 **Vor der Schuldrechtsreform** spielte der Grundsatz von Treu und Glauben im Zusammenhang mit den §§ 350–353 aF eine wichtige Rolle (vgl STAUDINGER/J SCHMIDT [1995] Rn 1467). Denn der Ausschluss des Rücktrittsrechts bei schuldhafter Zerstörung oder Verschlechterung des empfangenen Gegenstands durch den Rücktrittsberechtigten beruhte nach hM auf dem **Verbot widersprüchlichen Verhaltens** (vgl BGH NJW 1984,

1525, 1526; MünchKomm/JANSSEN [4. Aufl 2001] § 351 Rn 5 und § 352 Rn 1; s dazu auch o Rn 286 ff).

Nach **geltendem Recht** schließen der Untergang oder die Verschlechterung des Leistungsgegenstands den Rücktritt auch bei Verschulden des Berechtigten nicht mehr aus. Dem anderen Teil steht vielmehr ein Anspruch auf **Wertersatz** zu (§ 346 Abs 2). Diese gesetzgeberische Wertentscheidung darf nicht dadurch korrigiert werden, dass man dem Berechtigten die Ausübung des Rücktrittsrechts unter dem Aspekt des widersprüchlichen Verhaltens verwehrt, wenn er den empfangenen Gegenstand schuldhaft zerstört oder wesentlich verschlechtert hat (so überzeugend MünchKomm/ GAIER § 346 Rn 14; GAIER, Das Rücktritts(folgen)recht nach dem Schuldrechtsmodernisierungsgesetz, WM 2002, 1, 3; zu möglichen Ausnahmen „in krass liegenden Fällen" [zB bei vorsätzlicher Zerstörung des empfangenen Gegenstands] vgl Begr BT-Drucks 14/6040, 195). Soweit in der Lit für den Bereich der **kaufrechtlichen Gewährleistung** ein weitergehender Ausschluss des Rücktrittsrechts des Käufers bei schuldhafter Zerstörung der Kaufsache befürwortet wird (so etwa BAMBERGER/ROTH/FAUST § 437 Rn 33; MünchKomm/WESTERMANN § 437 Rn 14; KOHLER, Rücktrittsausschluss im Gewährleistungsrecht bei nachträglicher Erfüllungsunmöglichkeit, AcP 203 [2003] 539 ff; S LORENZ, Rücktritt, Minderung und Schadensersatz wegen Sachmängeln im neuen Kaufrecht: Was hat der Verkäufer zu vertreten?, NJW 2002, 2497, 2499), geht es nicht um Treu und Glauben, sondern um die Frage, unter welchen Voraussetzungen der Rücktritt nach § 326 Abs 6 Fall 1 ausgeschlossen ist. **674**

Im **Kaufrecht** kann das Rücktrittsrecht damit auch nicht mehr wegen widersprüchlichen Verhaltens oder Verwirkung verneint werden, wenn der Käufer die Kaufsache in Kenntnis des Mangels weiter benutzt (ERMAN/GRUNEWALD § 437 Rn 9; STAUDINGER/ KAISER [2004] § 349 Rn 45; zur Rechtslage vor Inkrafttreten des SMG BGH NJW 1958, 1773, 1774; NJW 1992, 170, 171; SOERGEL/HUBER § 467 Rn 71 ff; zu weiteren möglichen Einschränkungen des Rücktrittsrechts im Kaufrecht s Rn 626, 655 ff). Der Rücktritt ist nach hM aber weiter nach § 242 ausgeschlossen, sofern der Berechtigte die selbst empfangenen Leistungen ganz oder teilweise behalten will (BGH NJW 1972, 155; AnwK-BGB/HAGER § 349 Rn 7; PALANDT/HEINRICHS § 349 Rn 1; BGB-RGRK/BALLHAUS § 346 Rn 8; krit STAUDINGER/KAISER [2004] § 349 Rn 43). **675**

Das Rücktrittsrecht unterliegt nach allgemeinen Grundsätzen der **Verwirkung** (vgl PALANDT/HEINRICHS § 349 Rn 1; zur Verwirkung so Rn 302 ff). Der BGH hat hierzu in neuerer Zeit klargestellt, dass es beim Rücktritt ebenso wie bei anderen Gestaltungsrechten keinen allgemeinen Grundsatz gibt, wonach die Verwirkung bereits nach einem kurzen Zeitraum eintritt (BGH NJW 2002, 669, 670; vgl auch MünchKomm/ GAIER § 349 Rn 7). Der Berechtigte könne im Einzelfall aber nach Treu und Glauben gehalten sein, dem anderen Teil möglichst schnell Klarheit darüber zu verschaffen, ob er seine Rechte ausüben wolle oder nicht. **676**

Die Erwägungen des BGH zur Verwirkung des Rücktrittsrechts haben nach der Schuldrechtsreform an Gewicht gewonnen. Nach früherem Recht war ein Schutz des Rücktrittsgegners über die Grundsätze der Verwirkung weniger dringlich, weil er sich durch **Fristsetzung** nach § 355 aF selbst Klarheit darüber verschaffen konnte, ob er mit der Ausübung des Rücktrittsrechts rechnen muss (vgl dazu BGH NJW 2002, 669, 670). Diese Möglichkeit ist nach neuem Recht (§ 350 nF) nur noch für **vertragliche Rücktrittsrechte** gegeben. Da diese Wertentscheidung nicht durch die entsprechende **677**

Anwendung des § 264 Abs 2 auf **gesetzliche Rücktrittsrechte** unterlaufen werden darf (STAUDINGER/KAISER [2004] § 350 Rn 8; aA PALANDT/HEINRICHS § 350 Rn 1; SCHWAB JR 2003, 133, 136), dürfte der Verwirkung in solchen Fällen künftig größere Bedeutung beizumessen sein (vgl RAMMING ZGS 2003, 113, 117 f [§ 314 Abs 3 analog]; aA STAUDINGER/KAISER [2004] § 349 Rn 40, wonach die gesetzlichen Rücktrittsrechte wegen Leistungsstörungen nicht vor Ablauf der Frist aus § 218 verwirken können).

bb) Verwirkungsklausel, § 354

678 Bei **geringfügigen Fristüberschreitungen** oder anderen **unbedeutenden Pflichtverletzungen** kann die Ausübung des Rücktrittsrechts gem § 242 auch im Fall einer Verwirkungsklausel (§ 354) ausgeschlossen sein (vgl RGZ 117, 354, 356; KG OLGE 22, 162; AnwK-BGB/HAGER § 354 Rn 2; MünchKomm/GAIER § 354 Rn 2; für ergänzende Auslegung STAUDINGER/KAISER [2004] § 354 Rn 7). Dahinter steht der Gedanke der Unverhältnismäßigkeit, so wie er für andere Rücktrittsrechte in § 323 Abs 5 S 2 und § 324 konkretisiert wird (für analoge Anwendung dieser Vorschriften Hk-BGB/SCHULZE § 354 Rn 2).

679 **Eigene Vertragsuntreue** schließt die Ausübung des Rücktrittsrechts wegen Rechtsmissbrauchs aus (vgl BGH WM 1968, 1299, 1301 f; ERMAN/BEZZENBERGER § 354 Rn 2; SOERGEL/HADDING § 360 Rn 4). Das Gleiche gilt, wenn die Ausübung des Rücktrittsrechts im Einzelfall rücksichtslos erscheint (RG HRR 1931 Nr 732).

680 Nach der Rspr des RG war der Rücktritt gem § 360 aF in **angemessener Frist** nach Entstehung des Rücktrittsrechts zu erklären; anderenfalls nahm das RG **Verwirkung** an, da ein längerer Schwebezustand treuwidrig (§ 242) wäre (RG WarnR 1908 Nr 283; RG JW 1912, 385; RG WarnR 1913 Nr 223; RG JW 1915, 573; RG WarnR 1918 Nr 201; WarnR 1920 Nr 192; RG Recht 1924 Nr 635; vgl auch BGB-RGRK/BALLHAUS § 360 Rn 6; SOERGEL/HADDING § 360 Rn 6). Im Interesse der Rechtssicherheit ist hieran auf der Grundlage des § 354 nF festzuhalten (so auch Hk-BGB/SCHULZE § 354 Rn 3; PALANDT/HEINRICHS § 354 Rn 5). Da der andere Teil sich bei vertraglichen Rücktrittsrechten durch Fristsetzung gem § 350 Klarheit verschaffen kann, erscheint eine zeitliche Begrenzung zwar weniger dringlich als bei gesetzlichen Rücktrittsrechten (s dazu o Rn 677). Eine treuwidrige Verzögerung der Entscheidung kann aber keinesfalls erlaubt werden.

f) Erlöschen der Schuldverhältnisse, §§ 362–397

681 Im Zusammenhang mit dem Erlöschen der Schuldverhältnisse durch Erfüllung, Hinterlegung, Aufrechnung und Erlass hat der Grundsatz von Treu und Glauben (§ 242) **vergleichsweise geringe Bedeutung**. Die hiermit verbundenen Fragen werden zudem bei den Erläuterungen zu §§ 362–397 umfassend behandelt (vgl STAUDINGER/OLZEN [2000] Einl 69 ff zu §§ 362 ff). Deshalb soll hier nur auf einige besonders wichtige Aspekte hingewiesen werden.

aa) Erfüllung, §§ 362–371

682 Hat ein **minderjähriger Schuldner** dem Gläubiger zur Erfüllung eines wirksamen Vertrages ohne Zustimmung seines gesetzlichen Vertreters eine Sache übereignet, so ist das Verfügungsgeschäft wegen des damit verbundenen Rechtsverlusts nach §§ 107, 108 unwirksam. Dem gesetzlichen Vertreter kann jedoch nach dem „**dolo agit-Grundsatz**" (§ 242) die Rückforderung der Sache verwehrt sein, wenn dem Gläubiger ein Anspruch gegen den Minderjährigen auf deren Übereignung zusteht (vgl STAUDINGER/OLZEN [2000] § 362 Rn 6).

Nach hM erlischt die Verpflichtung des Schuldners nicht gem § 362 Abs 1, wenn **683** der **minderjährige Gläubiger** die Leistung ohne Zustimmung seines gesetzlichen Vertreters angenommen hat, weil ihm insoweit die Empfangszuständigkeit fehlt (vgl STAUDINGER/OLZEN [2000] § 362 Rn 37 ff; LOOSCHELDERS, Schuldrecht AT Rn 402; MEDICUS, AT Rn 566; aA SOERGEL/ZEISS Vor § 362 Rn 8; LARENZ/WOLF, AT § 25 Rn 21). Mit Rücksicht auf das **Verbot widersprüchlichen Verhaltens** soll aber Erfüllung eintreten, wenn der gesetzliche Vertreter zwar die Genehmigung verweigert, die Leistung aber endgültig behalten will (vgl MünchKomm/WENZEL § 362 Rn 15). In solchen Fällen lässt sich die Inanspruchnahme der Leistung indes meist schon als konkludente Genehmigung deuten; die Verweigerung der Genehmigung stellt dann eine unbeachtliche protestatio facto contraria dar (vgl STAUDINGER/J SCHMIDT [1995] Rn 1480).

Tritt der Leistungserfolg aufgrund der vorgenommenen **Leistungshandlung** nicht ein, **684** so kann der Schuldner zu deren Wiederholung verpflichtet sein (PALANDT/HEINRICHS § 362 Rn 1; MünchKomm/WENZEL § 362 Rn 2). Diese Verpflichtung wird teilweise auf § 242 gestützt (so BGH LM Nr 25 zu § 157 [D]; STAUDINGER/J SCHMIDT [1995] Rn 1481). Da die Erfüllungswirkung nach § 362 Abs 1 erst eintritt, wenn der Schuldner den **Leistungserfolg** bewirkt hat, ist der Rückgriff auf § 242 hier jedoch entbehrlich (STAUDINGER/OLZEN [2000] § 362 Rn 11).

Bei Annahme einer **Leistung erfüllungshalber** muss der Gläubiger zunächst aus dem **685** erfüllungshalber angenommenen Gegenstand Befriedigung suchen (vgl BGHZ 96, 182, 193; 116, 278, 282; ERMAN/WESTERMANN § 364 Rn 12; LOOSCHELDERS, Schuldrecht AT Rn 406). Diese Verpflichtung folgt nicht unmittelbar aus § 242, sondern aus dem zwischen den Parteien bestehenden auftragsähnlichen Rechtsverhältnis (dazu STAUDINGER/OLZEN [2000] § 364 Rn 25; zu abweichenden Auffassungen STAUDINGER/KADUK[12] § 364 Rn 26 mwNw). Sie ist jedoch nach **Treu und Glauben** auf das zumutbare Maß begrenzt. Erhebt der Drittschuldner ernsthafte Einwendungen, so muss der Gläubiger sich daher nicht darauf verweisen lassen, zunächst die erfüllungshalber angenommene Forderung auf eigenes Risiko und eigene Kosten einzuklagen (STAUDINGER/OLZEN [2000] § 364 Rn 24 mwNw).

Im Rahmen von Kleingeschäften des täglichen Lebens schließt § 157 oder § 242 den **686** Anspruch auf Erteilung einer **Quittung** (§ 368) uU aus (vgl ERMAN/WESTERMANN § 368 Rn 4; PALANDT/HEINRICHS § 368 Rn 6). Dies gilt insbesondere, wenn das Verlangen nach einer Quittung als bloße Schikane (§ 226) zu werten ist (MünchKomm/WENZEL § 368 Rn 8). Auch bei Kleingeschäften muss der Schuldner dem Gläubiger aber eine Quittung erteilen, wenn dieser ein berechtigtes Interesse hieran geltend machen kann (STAUDINGER/OLZEN [2000] § 368 Rn 14).

bb) Hinterlegung, §§ 372–386

Im Fall des **rechtmäßigen Selbsthilfeverkaufs** tritt der Verkaufserlös nach dem **687** Rechtsgedanken des § 1247 an die Stelle des ursprünglich geschuldeten Gegenstands. Der Schuldner braucht den Erlös daher nicht zu hinterlegen, sondern kann ihn auch an den Gläubiger auszahlen oder gegen dessen Auszahlungsanspruch mit eigenen Geldforderungen aufrechnen (vgl MünchKomm/WENZEL § 383 Rn 8; STAUDINGER/OLZEN [2000] § 383 Rn 16; LARENZ, Schuldrecht I § 18 Va; LOOSCHELDERS, Schuldrecht AT Rn 432). Ein Rückgriff auf § 242 ist zur Begründung dieses Ergebnisses nicht mehr erforderlich (auf § 242 abstellend aber noch RGZ 64, 366, 368 ff; vgl auch BGB-RGRK/WEBER § 383 Rn 8; STAUDINGER/J SCHMIDT [1995] Rn 1485).

cc) Aufrechnung, §§ 387–396

688 Die Aufrechnung bildet im 4. Abschnitt des Rechts der Schuldverhältnisse den Schwerpunkt des § 242. Im Einzelnen geht es um folgende drei Problemkreise:

(1) Durchbrechungen des Gegenseitigkeitserfordernisses

689 Die Aufrechnung setzt nach § 387 die **Gegenseitigkeit** der Forderungen voraus. Einige Ausnahmen sind im BGB ausdrücklich geregelt (vgl etwa §§ 406, 409, 566d, 1056 Abs 1, 2135). Weitere **Ausnahmen** können sich **aus Treu und Glauben** ergeben (vgl Hk-BGB/SCHULZE § 387 Rn 6; ERMAN/WESTERMANN § 387 Rn 9; PALANDT/HEINRICHS § 387 Rn 7; LOOSCHELDERS, Schuldrecht AT Rn 415).

(a) Treuhandverhältnisse und Strohmannfälle

690 Ist der Inhaber der Hauptforderung ein **Treuhänder** und stehen dem Schuldner nur Gegenforderungen gegen den Treugeber zu, so fehlt es an sich an der Gegenseitigkeit. Der Treuhänder soll jedoch nach Treu und Glauben daran gehindert sein, sich auf das Fehlen der Gegenseitigkeit zu berufen, wenn die Ausgestaltung des Treuhandverhältnisses ihm eine so geringe Selbstständigkeit gegenüber dem Treugeber einräumt, dass er wirtschaftlich gesehen nur dessen Vermögen verwaltet (vgl BGHZ 25, 360, 367; 110, 47, 81; BGH NJW 1968, 594 f; BGH WM 1975, 79 f; BGH NJW 1989, 2386, 2387; 1990, 982, 990; OLG Hamm Rpfleger 1965, 174; STAUDINGER/GURSKY [2000] § 387 Rn 34). Dahinter steht die Erwägung, dass dem Schuldner aus der formalen Rechtsinhaberschaft des Treuhänders kein Nachteil entstehen darf, wenn die Forderung wirtschaftlich betrachtet weiter dem Treugeber zuzurechnen ist (BGHZ 110, 47, 81). Diese Voraussetzung trifft jedenfalls auf **Umgehungsfälle** zu, in denen sich die Rechtsinhaberschaft des Treuhänders als vorgeschobene, zweckwidrige Ausnutzung einer Gestaltungsmöglichkeit darstellt (STAUDINGER/J SCHMIDT [1995] Rn 1488). Darüber hinaus sind aber weitere Fälle denkbar, in denen die formale Rechtsinhaberschaft des Treuhänders nach Treu und Glauben außer Betracht bleiben muss. Letztlich entscheidet eine **Interessenabwägung**, bei der dem Maß der Abhängigkeit des Treuhänders und den von den Parteien verfolgten Absichten besondere Bedeutung zukommt (vgl MünchKomm/SCHLÜTER § 387 Rn 15). Zur Aufrechnungsmöglichkeit des Schuldners bei der **Inkassozession** vgl BGHZ 25, 360, 367; SOERGEL/ZEISS § 387 Rn 2; STAUDINGER/GURSKY (2000) § 387 Rn 30.

691 Aus den vorstehenden Erwägungen folgt, dass dem Schuldner eines **Strohmannes** nach Treu und Glauben uU auch die Aufrechnung mit Gegenforderungen gegen den Hintermann des Strohmanns gestattet werden muss (BGH WM 1962, 1174, 1175; BGH NJW 1989, 2386, 2387; MünchKomm/SCHLÜTER § 387 Rn 27; STAUDINGER/GURSKY [2000] § 387 Rn 37).

(b) Durchgriffshaftung bei juristischen Personen

692 Steht die Hauptforderung einer juristischen Person zu, so ist eine Aufrechnung mit Forderungen gegen die Gesellschafter nur unter den Voraussetzungen der **Durchgriffshaftung** (s Rn 961 ff) zulässig (vgl BGHZ 26, 31, 33; LG Bonn WM 2003, 780, 783; ERMAN/WAGNER § 387 Rn 9; PALANDT/HEINRICHS § 387 Rn 7).

Über die allgemeinen Kriterien der Durchgriffshaftung hinaus hat die Rspr aber in **693** der Nachkriegszeit den Schuldnern von sog „**Reichs-**" oder „**Kriegsgesellschaften**", die vom Deutschen Reich zu kriegswirtschaftlichen Zwecken in der Form von juristischen Personen gegründet worden waren, nach § 242 die Möglichkeit zugebilligt, trotz fehlender Gegenseitigkeit mit Forderungen gegen das Reich oder andere Reichsstellen aufzurechnen (vgl STAUDINGER/GURSKY [2000] § 387 Rn 57 mwNw). Diese Problematik hat heute jedoch keine praktische Bedeutung mehr. Da die einschlägigen Erwägungen der Rspr weder auf andere gesellschaftsrechtliche Konstellationen im Allgemeinen (BGHZ 26, 31, 36) noch auf die Durchbrechung des Gegenseitigkeitserfordernisses bei sonstigen Staatsunternehmen im Besonderen (LG Bonn WM 2003, 780, 783 betr irakische Zentralbank und Staat Irak) übertragen werden können, muss hierauf nicht weiter eingegangen werden.

(c) Sonstige Fälle
Nach einer älteren Entscheidung des BGH kommt es auf die Gegenseitigkeit nicht **694** an, wenn die Hauptforderung der Generalvertreterin einer staatlichen Handelsorganisation zusteht, während die Gegenforderung sich gegen die Handelsorganisation selbst richtet. Dabei hat das Gericht maßgeblich darauf abgestellt, der Schuldner müsste seine Gegenforderung sonst vor Gerichten geltend machen, die nicht nach rechtsstaatlichen Grundsätzen urteilten (BGH BB 1959, 1041 f: DDR). Die Entscheidung mag sich mit der **engen Verflechtung** zwischen der Generalvertreterin und der Handelsorganisation rechtfertigen lassen. Dass die für die Gegenforderung zuständigen Gerichte **nicht nach rechtsstaatlichen Grundsätzen** entscheiden, kann dagegen keine Durchbrechung der Gegenseitigkeit rechtfertigen, weil dies dem Gläubiger nicht zurechenbar ist (missverständlich MünchKomm/SCHLÜTER § 387 Rn 27). § 242 greift also nur ein, wenn das Fehlen der Gegenseitigkeit auf einer **formalen Aufspaltung der Rechtspositionen** beruht, die den wirtschaftlichen Verhältnissen widerspricht.

(2) Einschränkungen der Aufrechnung
In der Rspr hat die Einschränkung der Aufrechnung nach Treu und Glauben (§ 242) **695** eine besonders große Bedeutung. Dabei lassen sich folgende Ansätze unterscheiden:

(a) Ausweitung der gesetzlichen Aufrechnungsverbote
In einigen Fällen hat die Rspr die in §§ 390–395 geregelten Aufrechnungsverbote **696** mit Hilfe von Treu und Glauben auf andere, ähnlich gelagerte Fälle ausgeweitet. Da die Wertungen der jeweiligen Vorschriften dabei eine entscheidende Rolle spielen, besteht aus methodischer Sicht eine enge **Verwandtschaft mit der Analogie** (zur Abgrenzung so Rn 348 ff).

(aa) Vorsätzlich begangene unerlaubte Handlung, § 393
§ 393 schließt nur die Aufrechnung **gegen** eine **Forderung aus einer vorsätzlich be- 697 gangenen unerlaubten Handlung** aus. Nach einer Entscheidung des RG (RG JW 1939, 355: unzulässige Rechtsausübung) sollen Treu und Glauben aber auch der Aufrechnung **mit** einer solchen Forderung entgegenstehen, soweit die der unerlaubten Handlung zugrunde liegenden Tatsachen vom Gläubiger selbst verursacht, wenn auch nicht verschuldet worden sind. Einer solchen Ausweitung des § 393 steht jedoch entgegen, dass die **Mitverursachung** des Schadens durch den Gläubiger zu einer Kürzung des Schadensersatzanspruchs gem § 254 führen kann. Warum der Gläubiger mit dem verbleibenden Anspruch nicht aufrechnen darf, ist nicht ersichtlich (so auch STAU-

DINGER/GURSKY [2000] § 393 Rn 28). Sollten die Voraussetzungen des § 254 mangels Verschuldens fehlen, entfällt zwar eine Anspruchskürzung gem § 254. Dann besteht jedoch erst recht kein Anlass, die Mitverursachung des Schadens über die entsprechende Anwendung des § 393 zu sanktionieren, zumal der **Zweck des § 393** – Abschreckung von der Begehung unerlaubter Handlungen zur Erlangung einer Befriedigungsmöglichkeit für ansonsten uneinbringliche Forderungen (dazu SOERGEL/ZEISS § 393 Rn 1) – auf Fälle des Mitverschuldens und der Mitverursachung nicht zutrifft.

(bb) Unpfändbare Forderungen, § 394

698 § 394 schließt die Aufrechnung nur bei **unpfändbaren Forderungen** aus. Der Wortlaut erfasst daher nicht den Fall, dass die **Pfändung vom Vollstreckungsgericht** auf Antrag des Schuldners zum Schutz bestimmter Verwendungszwecke **aufgehoben wird**, wie insbesondere bei Miet- und Pachtzinsforderungen gem § 851b ZPO. Nach hM ist die Aufrechnung auch hier unzulässig, und zwar wegen Verstoßes gegen Treu und Glauben (vgl LG Aachen ZMR 1953, 151; OLG Köln ZMR 1954, 44; AG Freiburg NJW 1956, 1717; LG Lüneburg MDR 1968, 667; PALANDT/HEINRICHS § 394 Rn 3; BGB-RGRK/WEBER § 394 Rn 18; STAUDINGER/KADUK[12] § 394 Rn 49; WIECZOREK/SCHÜTZE/LÜKE, Zivilprozessrecht [3. Aufl 1999] Bd IV/1§ 851b Rn 7). Dem wird zum Teil entgegengehalten, dass § 394 den Pfändungsschutz nach § 851b ZPO gerade nicht erfasse; diese Rechtslage dürfe nicht über § 242 konterkariert werden (so STAUDINGER/GURSKY [2000] § 394 Rn 39). Der enge Wortlaut des § 394 beruht indes nicht darauf, dass der Gesetzgeber die Aufrechnung bei Miet- und Pachtzinsforderungen zulassen wollte. § 851b ZPO stammt aus dem Jahre 1953 und konnte daher bei der Formulierung des § 394 nicht berücksichtigt werden (STAUDINGER/J SCHMIDT [1995] Rn 1495). Entscheidend ist die vergleichbare sozialpolitische Zielsetzung des Pfändungsschutzes; demgegenüber müssen die verfahrensmäßigen Unterschiede (Unpfändbarkeit – Aufhebung der Pfändung durch das Vollstreckungsgericht) zurücktreten.

(b) Natur des Rechtsverhältnisses und Zweck der Leistung

699 Rspr und Lit erkennen an, dass die Aufrechnung über den Kreis ausdrücklich vereinbarter und gesetzlich geregelter Aufrechnungsverbote hinaus unzulässig ist, wenn nach dem Inhalt des Schuldverhältnisses von einem **stillschweigenden Ausschluss** auszugehen ist (§ 157) oder wenn die Aufrechnung nach der **Natur des Rechtsverhältnisses** oder dem **Zweck der geschuldeten Leistung** mit Treu und Glauben unvereinbar wäre (vgl BGHZ 73, 380, 383; 95, 109, 113; 113, 90, 93; BGH NJW 1995, 1425, 1426; 2003, 140, 142; OLG Düsseldorf NJW-RR 1999, 1040, 1042; PALANDT/HEINRICHS § 387 Rn 15). Die **Abgrenzung** zwischen § 157 und § 242 bleibt dabei zum Teil unklar. Wegen des Vorrangs der ergänzenden Auslegung (so Rn 357) muss zunächst der stillschweigende Ausschluss der Aufrechnung geprüft werden. § 242 ist erst anwendbar, wenn der nach § 157 maßgebliche hypothetische Parteiwille nicht weiter hilft.

700 In der Rspr finden sich zahlreiche Bsp, in denen die Unzulässigkeit der Aufrechnung mit Hilfe von Treu und Glauben (§ 242) aus der **Natur des Rechtsverhältnisses** oder dem **Zweck der geschuldeten Leistung** abgeleitet wird. So kann der **fremdnützige Treuhänder** nach dem Zweck des Treuhandverhältnisses gegenüber dem Anspruch des Treugebers auf Herausgabe des Erlangten (§§ 667, 675) nicht mit Gegenforderungen aufrechnen, deren Grund außerhalb des Treuhandverhältnisses liegt (BGHZ 95, 109, 113; BGH NJW 1993, 2041, 2042; 1994, 2885, 2886; 2003, 140, 142). Ebenso verbieten Sinn und Zweck eines **Auftrags** dem Beauftragten nach Treu und Glauben, gegen den

Anspruch des Geschäftsherrn auf Herausgabe des Erlangten mit Gegenforderungen aufzurechnen, die nicht aus dem Auftrag und den damit verbundenen Aufwendungen herrühren (BGHZ 54, 244, 247; 71, 380, 383; BGH NJW 2003, 140, 142). Beim **Geldwechseln** widerspricht es dem Zweck der geschuldeten Leistung, dass der Wechsler mit einer Gegenforderung aufrechnet, statt das Wechselgeld herauszugeben (Soergel/Zeiss § 387 Rn 13). Im Fall einer **Hinterlegung** ist die hinterlegte Summe voll auszuzahlen und darf nicht vom Fiskus mit Steuerrückständen (BGHZ 95, 109, 113) oder anderen dem Hinterlegungsverhältnis fremden Forderungen (OLG Karlsruhe VersR 1991, 334: Hinterlegung zur Aussetzung des Vollzugs eines Haftbefehls) aufgerechnet werden. Gegen den Anspruch auf Rückzahlung eines **Soforthilfedarlehens** kann nicht mit anderen Forderungen aufgerechnet werden, weil die Mittel nach der Natur des Rechtsverhältnisses in den Soforthilfefonds zurückfließen müssen (BGHZ 25, 211, 214 ff).

(c) Unzulässige Rechtsausübung

In anderen Fällen hat die Rspr den Ausschluss der Aufrechnung nicht auf die Natur 701 des Rechtsverhältnisses oder den Zweck der geschuldeten Leistung gestützt, sondern unmittelbar mit **unzulässiger Rechtsausübung** (Arglist, venire contra factum proprium, Verwirkung etc) argumentiert (vgl BGHZ 139, 325, 332; Erman/Westermann § 387 Rn 37; Staudinger/Gursky [2000] § 387 Rn 251; so Rn 214 ff). In diesem Sinne geht der BGH davon aus, dass die treuhänderische Bindung des Sicherungsnehmers bei **Nichtigkeit der Sicherungsabrede** einer Aufrechnung gegen den Anspruch des Sicherungsgebers auf Auskehrung des bei der Verwertung des Sicherungsguts erlangten Mehrerlöses mit anderen, ungesicherten Ansprüchen nicht entgegensteht; der Sicherungsnehmer verhalte sich jedoch widersprüchlich, wenn er sich nach der Verwertung des Sicherungsguts im Zusammenhang mit der Aufrechnung auf die Nichtigkeit der Sicherungsabrede berufe, obwohl er deren Nichtigkeit von Anfang an gekannt habe (BGH NJW 1994, 2885, 2886). Verschafft sich der Aufrechnende die Aufrechnungslage dadurch, dass er bei seinem Schuldner Ware bestellt, so ist die Aufrechnung nach § 242 unzulässig, wenn der Aufrechnende weiß, dass an der Ware ein **verlängerter Eigentumsvorbehalt** besteht und dass der Schuldner aufgrund seiner schlechten wirtschaftlichen Verhältnisse nicht in der Lage sein wird, seine Verpflichtungen gegenüber dem Warenlieferanten zu erfüllen. Da die Aufrechnung hier allein zu Lasten des Warenlieferanten geht, steht diesem der Einwand der Arglist zu (BGH LM Nr 48 zu § 387).

Hat der Aufrechnende sich bei einem vor der Aufrechnung geschlossenen **Vergleich** 702 weder die Aufrechnung vorbehalten noch zu erkennen gegeben, dass ihm eine Gegenforderung zusteht, so verstößt die Aufrechnung jedenfalls dann gegen Treu und Glauben, wenn der Aufrechnende sich die Gegenforderung eigens zum Zweck der Aufrechnung gegen die Vergleichsforderung verschafft hat (BGH NJW 1993, 1396, 1398). Desgleichen kann die Aufrechnung gegen eine sonst entscheidungsreife Klageforderung nach § 242 unzulässig sein, wenn der Beklagte über die Gegenforderung **pflichtwidrig keine Abrechnung erteilt** hat und die Entscheidung über die Gegenforderung deshalb mit einer langwierigen und schwierigen Beweisaufnahme verbunden wäre (BGH WM 1963, 509, 510).

Treu und Glauben stehen der Aufrechnung schließlich auch dann entgegen, wenn die 703 Aufrechnungslage nur dadurch entstehen konnte, dass der Schuldner bei Fälligkeit seiner Gegenforderung bereits **längere Zeit in Verzug** war (so OLG Bremen NJW 1968,

1139; PALANDT/HEINRICHS § 387 Rn 15; aA STAUDINGER/GURSKY [2000] § 387 Rn 251). Denn der Schuldner soll aus seinem eigenen vertragswidrigen Verhalten keinen Vorteil erlangen. Insbesondere darf ihm kein Anreiz gegeben werden, seine Leistung pflichtwidrig zu verzögern.

(3) Einschränkung von Aufrechnungsverboten
704 Bei der Einschränkung von Aufrechnungsverboten muss zwischen vertraglichen und gesetzlichen Aufrechnungsverboten unterschieden werden:

(a) Vertragliche Aufrechnungsverbote
705 Bei vertraglichen Aufrechnungsverboten ergeben sich zunächst Einschränkungen aus § 309 Nr 3. Da diese Vorschrift als „konkretisierte Ausgestaltung" des § 307 auch im Geschäftsverkehr zwischen Kaufleuten zu beachten ist (BGHZ 92, 312, 316; PALANDT/HEINRICHS § 309 Rn 21; LOOSCHELDERS, Schuldrecht AT Rn 422), sind **formularmäßige Aufrechnungsverbote** bei unbestrittenen oder rechtskräftig festgestellten Forderungen grundsätzlich unwirksam. Darüber hinaus sind mit Hilfe des § 242 folgende Einschränkungen entwickelt worden:

706 Ein vertragliches Aufrechnungsverbot tritt nach Treu und Glauben zurück, wenn die Gefahr besteht, dass die betroffene Partei ohne die Aufrechnung überhaupt nicht mehr befriedigt wird. Dahinter steht die Erwägung, dass vertragliche Aufrechnungsverbote im Zweifel nur die Befriedigung **durch Aufrechnung** ausschließen sollen, nicht aber die **Befriedigung als solche**. Das Aufrechnungsverbot greift daher nicht ein, wenn über das Vermögen der anderen Partei das **Konkurs- bzw Insolvenzverfahren** eröffnet wurde (RGZ 60, 356; 124, 8, 9 f; BGH NJW 1975, 442; 1981, 762; 1984, 357; PALANDT/HEINRICHS § 387 Rn 17; ERMAN/WESTERMANN § 387 Rn 43; SOERGEL/ZEISS § 387 Rn 14 f; LARENZ, Schuldrecht I § 18 VI b4) oder die Erfüllung der Gegenforderung aus **anderen Gründen** (zB Vermögensverfall) nicht mehr gewährleistet ist (BGHZ 23, 17, 26; 35, 248, 254; BGH NJW 1975, 442 = WM 1975, 134; BGH WM 1975, 614, 616; 1978, 620 f; 1991, 731, 733; BGH NJW-RR 1987, 883, 884; BGH MDR 1989, 44, 45; BGH NJW 2003, 140, 142; OLG Frankfurt WM 1984, 1021, 1022; OLG Köln NJW-RR 1995, 566; STAUDINGER/GURSKY [2000] § 387 Rn 243; LOOSCHELDERS, Schuldrecht AT Rn 423). Eine Ausnahme soll allerdings bei einer **Forderungsabtretung** gelten, sofern der Neugläubiger auf das Aufrechnungsverbot vertraut hat (BGHZ 14, 61, 62 f; BGH NJW-RR 1989, 124, 125; OLG Hamm ZIP 2000, 925). Dies widerspricht indes der Wertung des § 406, wonach die Rechtsstellung des Schuldners durch die Abtretung auch im Hinblick auf eine mögliche Aufrechnung nicht verschlechtert werden darf (krit auch STAUDINGER/GURSKY [2000] § 387 Rn 245). Die **Auslegung** der Parteivereinbarungen kann aber ergeben, dass das Aufrechnungsverbot auch für Fälle der Insolvenz und der Vermögensverschlechterung gelten soll.

707 Dient ein vertragliches Aufrechnungsverbot der **zügigen Abwicklung der Forderungen**, so kann es nach Treu und Glauben nicht geltend gemacht werden, wenn dieses Ziel durch die Aufrechnung nicht in Frage gestellt wird, zB weil im Fall der Prozessaufrechnung die Entscheidung über die Gegenforderung den Rechtsstreit nicht verzögert (BGHZ 12, 136, 143; BGH NJW 1960, 859; BGH WM 1972, 73; 1975, 614, 616; 1978, 620 f; OLG Köln BB 1987, 432, 433; MünchKomm/SCHLÜTER § 387 Rn 61).

708 Ein vertragliches Aufrechnungsverbot bleibt schließlich nach Treu und Glauben auch dann außer Acht, wenn die zur Aufrechnung gestellte Gegenforderung auf

einer **vorsätzlichen unerlaubten Handlung**, einer **vorsätzlichen Vertragsverletzung** oder einer **vorsätzlichen Verletzung vorvertraglicher Rücksichtspflichten** beruht (vgl RGZ 60, 294, 296; BGH LM Nr 20 zu § 387 = WM 1956, 563; LM Nr 42 zu § 387 = NJW 1966, 1452; BGH WM 1976, 1332, 1333; BGH Betrieb 1977, 993; BGH ZIP 1985, 921, 926; OLG Nürnberg WM 1972, 264; MünchKomm/SCHLÜTER § 387 Rn 61; STAUDINGER/GURSKY [2000] § 387 Rn 248; GERNHUBER, Erfüllung und ihre Surrogate § 12 VI 8d; LARENZ, Schuldrecht I § 18 VI b4). Die Rspr stellt auf die **Umstände des Einzelfalles** ab. Ein Verstoß gegen § 242 liegt dabei nahe, wenn die vorsätzliche Pflichtverletzung erwiesen ist und in engem Zusammenhang mit der Hauptforderung steht (vgl BGH LM Nr 20 zu § 387; LM Nr 42 zu § 387). Umgekehrt erscheint die Geltendmachung des Aufrechnungsverbots idR nicht treuwidrig, wenn die Überprüfung der Gegenforderung langwierige und umfangreiche Beweisaufnahmen erfordern würde (RGZ 142, 143, 144; BGH WM 1976, 1332, 1333; 1977, 311, 312; PALANDT/HEINRICHS § 387 Rn 17; SOERGEL/ZEISS § 387 Rn 14). Das heißt aber nicht, dass der Einwand der unzulässigen Rechtsausübung auf die Aufrechnung mit liquiden (GERNHUBER, Erfüllung und ihre Surrogate § 12 VI 8d) oder konnexen Gegenforderungen aus vorsätzlichen Pflichtverletzungen (STAUDINGER/J SCHMIDT [1995] Rn 1502) beschränkt wäre (so auch STAUDINGER/GURSKY [2000] § 387 Rn 248).

(b) Gesetzliche Aufrechnungsverbote
Ob das Aufrechnungsverbot des **§ 393** auch dann gilt, wenn **beide Forderungen** auf einer **vorsätzlichen unerlaubten Handlung** beruhen, ist umstritten. Das RG hat es unter Hinweis auf Treu und Glauben abgelehnt, die Aufrechnung in solchen Fällen zuzulassen (RGZ 123, 6, 8; für Einzelfallentscheidungen nach § 242 dagegen GLÖTZNER, Zum Aufrechnungsverbot des § 393, MDR 1975, 718, 720 f). Dem ist der überwiegende Teil von Rspr und Lit gefolgt (vgl OLG Celle NJW 1981, 766; MünchKomm/SCHLÜTER § 393 Rn 5; PALANDT/HEINRICHS § 393 Rn 4). Nach der Gegenauffassung soll § 393 nicht eingreifen, wenn die Ansprüche auf demselben Lebensvorgang beruhen (so LG Stade MDR 1958, 99; BGB-RGRK/WEBER § 393 Rn 7; SOERGEL/ZEISS § 393 Rn 5; Hk-BGB/SCHULZE § 393 Rn 1; JAUERNIG/STÜRNER § 393 Rn 1; BROX/WALKER, Allgemeines Schuldrecht § 17 Rn 15; weitergehend LARENZ, Schuldrecht I § 18 VI b1). Die Einschränkung des § 393 wird jedoch nicht auf § 242 gestützt, sondern auf die Erwägung, der Zweck des § 393 treffe in solchen Fällen nicht zu. Methodisch handelt es sich damit um eine **teleologische Reduktion**.

Anders als bei § 393 spielen Einschränkungen des Aufrechnungsverbots nach § 242 bei **§ 394** eine große Rolle. Dies gilt insbesondere mit Blick auf den Einwand der **Arglist** bei Ansprüchen aus **vorsätzlichen unerlaubten Handlungen** und anderen **vorsätzlichen Schädigungen** (ausf dazu MünchKomm/SCHLÜTER § 394 Rn 14 ff; STAUDINGER/GURSKY [2000] § 394 Rn 54 ff). So geht die hM seit langem davon aus, dass der Arbeitgeber in bestimmten Grenzen auch gegen unpfändbare Lohn- und Gehaltsansprüche des Arbeitnehmers mit Gegenforderungen aus vorsätzlichen Vertragsverletzungen aufrechnen kann (vgl BAG AP Nr 8 zu § 394 BGB m Anm POHLE; PALANDT/HEINRICHS § 394 Rn 7). Hieran anknüpfend ist dem Unterhaltsschuldner das Recht zugebilligt worden, gegen eine an sich unpfändbare Unterhaltsforderung mit Ansprüchen aus einer im Rahmen des Unterhaltsverhältnisses begangenen vorsätzlichen unerlaubten Handlung aufzurechnen (BGHZ 123, 49).

Anders als bei vertraglichen Aufrechnungsverboten (so Rn 705 ff) sollen der reine **Vermögensverfall** und die damit verbundene Gefährdung der Einbringlichkeit der Forderungen das gesetzliche Aufrechnungsverbot nach **§ 394** nicht ausschließen (so

BGH JZ 1978, 799). Dem ist angesichts der sozialpolitischen Zielsetzung des § 394 zuzustimmen.

712 Auch das aus der Natur des Rechtsverhältnisses nach § 242 abgeleitete **Aufrechnungsverbot bei Treuhandverhältnissen** (so Rn 700) kann im Einzelfall unter dem Aspekt des **Rechtsmissbrauchs** einzuschränken sein (vgl dazu BGH NJW 1993, 2041, 2042).

dd) Erlass, § 397

713 Im Zusammenhang mit dem Erlass (§ 397) stellen sich keine spezifischen Fragen des § 242. Bedeutung haben aber auch hier die allgemeinen Institute des § 242, insbesondere das **Verbot rechtsmissbräuchlichen Verhaltens** (so Rn 214 ff). So kann der durch den Erlass begünstigte Teil nach Treu und Glauben gehindert sein, sich auf den Erlass zu berufen, soweit davon auch Forderungen erfasst werden, die der Begünstigte bei Abschluss der Vereinbarung arglistig verschwiegen hat (vgl BAG AP Nr 1 zu § 397 BGB m Anm BRECHER = BB 1961, 567; BGB-RGRK/WEBER § 397 Rn 29). In solchen Fällen wird man bei einer an Treu und Glauben orientierten **Auslegung** (§§ 133, 157) allerdings meist zu dem Ergebnis kommen, dass die betreffenden Forderungen vom Erlass nicht erfasst werden (vgl BGH BB 1960, 754, 755).

ee) Erlöschen des Schuldverhältnisses nach § 242

714 Neben den gesetzlich geregelten Formen des Erlöschens von Schuldverhältnissen werden in der Lit teilweise einige auf der Grundlage des § 242 entwickelte Institute genannt, nach denen das Schuldverhältnis erlischt. Dies betrifft neben der **Verwirkung** (dazu oben Rn 302 ff) insbesondere auch den **Wegfall des Gläubigerinteresses** und die **Zweckerreichung** (ERMAN/WESTERMANN Vor § 362 Rn 3). In der neueren Rspr und Lit wird jedoch überwiegend dafür plädiert, die Zweckerreichung und den Wegfall des Gläubigerinteresses infolge Zerstörung des Leistungssubstrats (sog Zweckverfehlung) nach den Regeln der **Unmöglichkeit** zu behandeln (vgl STAUDINGER/LÖWISCH [2004] § 275 Rn 20 ff; STAUDINGER/OLZEN [2000] Einl 68 zu §§ 362 ff; aA STAUDINGER/J SCHMIDT [1995] Rn 1213); in den sonstigen Fällen des Wegfalls des Gläubigerinteresses (sog Zweckstörung) kommt allenfalls ein Rückgriff auf § 313 in Betracht (vgl LOOSCHELDERS, Schuldrecht AT Rn 460 f).

g) Übertragung von Forderungen*

715 Im Zusammenhang mit der Übertragung von Forderungen (§§ 398–413) hat § 242 bislang **keine große Bedeutung** erlangt. Folgende Fälle sind aber doch nennenswert:

aa) Ausschluss der Abtretung, §§ 399, 400

716 Der Grundsatz von Treu und Glauben führt uU zu einer **Erweiterung des Abtretungsausschlusses**. Unzulässig ist insbesondere eine Abtretung, die für den Schuldner unzumutbare Belastungen begründet. Nach hM können dabei sowohl wirtschaftliche als auch ideelle Belastungen relevant werden (STAUDINGER/BUSCHE [1999] Einl 45 zu §§ 398 ff).

---

* **Schrifttum**: BAUMGÄRTEL, Die Unzumutbarkeit der Forderungsabtretung, AcP 156 (1957) 265.

Eine **unzumutbare wirtschaftliche Belastung** kann vorliegen, wenn die Forderung 717 durch Teilabtretungen so zerstückelt wird, dass dem Schuldner zur Erfüllung der einzelnen Teilforderungen Mehrkosten entstehen, die im Verhältnis zum Umfang der Forderung unangemessen sind. Dies gilt jedoch nur in extremen Ausnahmefällen (zB: eine Forderung über 1000 Euro wird in hundert Teilforderungen zu 10 Euro zerlegt). Eine gewisse Mehrarbeit ist dem Schuldner dagegen zumutbar (vgl BGHZ 23, 53, 56; BGH NJW 1967, 388, 389; OLG Düsseldorf MDR 1981, 669; PALANDT/HEINRICHS Rn 59; SOERGEL/ZEISS § 399 Rn 7; BAUMGÄRTEL AcP 156 [1957] 265, 281). Die Abtretung von **Lohn- und Gehaltsforderungen** verstößt deshalb nicht allein wegen des Mehraufwands für den Arbeitgeber gegen Treu und Glauben (BGHZ 23, 53, 56; unklar RGZ 146, 398, 402). Dies gilt umso mehr, als der Arbeitgeber sich durch Vereinbarung eines Abtretungsausschlusses mit dem Arbeitnehmer hinreichend schützen kann (vgl zum Ganzen MünchArbR/HANAU [2. Aufl] § 73 Rn 9).

Unzumutbarkeit ideeller Art wird zum Teil angenommen, wenn dem Schuldner auf- 718 grund der Abtretung ein Neugläubiger gegenübertritt, an den zu leisten für ihn aus persönlichen Gründen (Feindschaft, vorausgegangener Ehebruch etc) eine übergroße psychische Belastung mit sich bringen würde (STAUDINGER/J SCHMIDT [1995] Rn 1508). Unzumutbarkeit aus persönlichen Gründen kommt indes vor allem bei **höchstpersönlichen Ansprüchen** in Betracht. Hier greift aber schon § 399 Alt 1 ein (vgl MünchKomm/ROTH § 399 Rn 23 ff; STAUDINGER/BUSCHE [1999] § 399 Rn 5 ff). Für die verbleibenden Fälle ist zu beachten, dass die Verkehrsfähigkeit von Forderungen durch persönliche Beziehungen zwischen den Parteien und subjektive Befindlichkeiten grundsätzlich nicht in Frage gestellt werden darf. Der Einwand des § 242 muss daher auf Ausnahmefälle begrenzt bleiben (STAUDINGER/BUSCHE [1999] Einl 45 zu §§ 398 ff), in denen die für die persönliche Unzumutbarkeit maßgebenden Umstände nach außen erkennbar (BAUMGÄRTEL AcP 156 [1957] 265, 288) oder dem Zessionar positiv bekannt sind.

Auf der anderen Seite kann ein Abtretungsausschluss nicht durchgreifen, soweit die 719 Berufung auf die Unabtretbarkeit der Forderung eine **unzulässige Rechtsausübung** (s Rn 214 ff) darstellt (vgl BGHZ 56, 173, 176; OLG Hamburg VersR 1972, 631; PALANDT/HEINRICHS § 399 Rn 11). Ein Verstoß gegen Treu und Glauben kommt hiernach zB in Betracht, wenn der Schädiger durch Geltendmachung des Abtretungsverbots die Verwirklichung eines Schadensersatzanspruchs erschwert, obwohl er kein schutzwürdiges Interesse an der Durchsetzung des Verbots vorweisen kann und den Schaden grob fahrlässig verursacht hat (BGH NJW-RR 1996, 1313). Ist die **Wirksamkeit der Abtretung** nach den AGB des Schuldners von dessen **Zustimmung** abhängig, so darf der Schuldner die Zustimmung nach Treu und Glauben nicht verweigern, wenn er an dem Verbot kein schutzwürdiges Interesse mehr hat oder wenn die berechtigten Interessen des Vertragspartners an der Abtretbarkeit der Forderung überwiegen (BGH NJW ZIP 2000, 78, 79; BAMBERGER/ROTH/ROHE § 399 Rn 18; vgl auch BGH NJW 1995, 665, 666).

Nach Rspr und hL greift das **Abtretungsverbot des § 400** nicht ein, sofern der Zedent 720 vom Zessionar eine wirtschaftlich gleichwertige Leistung erhält (vgl BGHZ 4, 153, 156; 59, 109, 115; PALANDT/HEINRICHS § 400 Rn 3; STAUDINGER/BUSCHE [1999] § 400 Rn 11 ff). Diese Einschränkung beruht jedoch nicht auf Treu und Glauben, sondern auf dem Zweck des § 400. Aus methodischer Sicht handelt es sich also um eine **teleologische Reduk-**

tion (LARENZ, Methodenlehre 393 f; LOOSCHELDERS/ROTH, Juristische Methodik 262; allg zur Abgrenzung s Rn 346 f).

bb) Einwendungen des Schuldners, § 404

721 Nach allgemeiner Ansicht ist der Begriff der Einwendungen bei § 404 in einem weiten Sinne zu verstehen und erfasst daher auch die **unzulässige Rechtsausübung** (vgl BAMBERGER/ROTH/ROHE § 404 Rn 5; OLG Frankfurt WM 1997, 609, 610). Gleichwohl kann eine Forderung, deren Durchsetzung durch den Altgläubiger nach § 242 unzulässig wäre, vom Neugläubiger geltend gemacht werden und umgekehrt (BGH NJW 2001, 1859, 1862; BGH BB 2002, 1829, 1830; OLG München NJW 1970, 663, 664; MünchKomm/ROTH Rn 207 und § 404 Rn 9; PALANDT/HEINRICHS § 404 Rn 1; STAUDINGER/BUSCHE [1999] § 404 Rn 18; aA BAMBERGER/ROTH/GRÜNEBERG Rn 55; allg zur persönlichen Reichweite der unzulässigen Rechtsausübung s Rn 229 ff), sofern der Einwand des Rechtsmissbrauchs maßgeblich auf die Person des Anspruchstellers gestützt wird.

cc) Abtretung unter Urkundenvorlegung, § 405

722 Das RG hat § 405 auf die **Scheinabtretung** erweitert. Der Gläubiger kann sich hiernach gegenüber einem gutgläubigen Zweiterwerber der Forderung nicht darauf berufen, die Abtretung an den Ersterwerber sei ein Scheingeschäft, wenn der Ersterwerber die Forderung unter Vorlage einer über die Scheinabtretung ausgestellten Urkunde abgetreten hat (RGZ 90, 273, 275 f; 115, 303, 308; MünchKomm/ROTH § 405 Rn 14; PALANDT/HEINRICHS § 405 Rn 5; STAUDINGER/BUSCHE [1999] § 405 Rn 15; LOOSCHELDERS, Schuldrecht AT Rn 122). Die Ausweitung des Gutglaubensschutzes wird häufig damit begründet, die Geltendmachung der Nichtigkeit durch den Gläubiger sei in einem solchen Fall **arglistig** (so RGZ 115, 303, 308; BGB-RGRK/WEBER § 405 Rn 2). Methodisch ist die entsprechende Anwendung des § 405 aber vorzugswürdig (so auch BAMBERGER/ROTH/ROHE § 405 Rn 7; ERMAN/WESTERMANN § 405 Rn 5; aA MünchKomm/ROTH § 405 Rn 13 f: Rechtsscheinhaftung als Ausprägung des venire contra factum proprium-Grundsatzes).

dd) Rechtshandlungen gegenüber dem bisherigen Gläubiger, § 407

723 Bei § 407 ist anerkannt, dass der Schuldner sich nur **positive Kenntnis** der Abtretung entgegenhalten lassen muss (RGZ 135, 247, 251; BGHZ 135, 39, 42). Dies gilt selbst bei Zugang einer Abtretungsanzeige. Nach **Treu und Glauben** kann der Schuldner aber nicht geltend machen, er habe die Anzeige nicht (rechtzeitig) zur Kenntnis genommen, sofern er seine Unkenntnis zu vertreten hat (vgl RGZ 135, 244, 251; BGHZ 135, 39, 42 ff; BGH NJW 1977, 581, 582; MünchKomm/ROTH § 407 Rn 18; STAUDINGER/BUSCHE [1999] § 407 Rn 39: Rechtsmissbrauch). Nach der Rspr kommen vor allem Versäumnisse der zuständigen Angestellten und eigenes Organisationsverschulden in Betracht; für Zufall, höhere Gewalt oder das Verhalten Außenstehender besteht keine Einstandspflicht (BGHZ 135, 39, 44).

ee) Aushändigung der Abtretungsurkunde, § 410

724 Nach § 410 muss der Schuldner die Leistung gegenüber dem neuen Gläubiger nur gegen Aushändigung einer vom bisherigen Gläubiger ausgestellten Abtretungsurkunde erbringen. Dies gilt auch dann, wenn die Beschaffung der Urkunde für den neuen Gläubiger mit Schwierigkeiten verbunden ist. Eine Grenze ergibt sich aus dem Verbot **rechtsmissbräuchlichen Verhaltens** (so Rn 214 ff): Wenn der neue Gläubiger die Abtretungsurkunde nicht oder nur mit völlig unverhältnismäßigem Aufwand beschaffen könnte, muss der Schuldner sich uU mit einem anderen Nachweis

über die Abtretung (zB Vorlage des Sparbuchs) zufrieden geben (vgl BGH WM 1969, 598, 599; WM 1982, 706; MünchKomm/ROTH § 410 Rn 6; STAUDINGER/BUSCHE [1999] § 410 Rn 7).

ff) Gesetzlicher Forderungsübergang, § 412
In der **Lit** wird zum Teil darauf hingewiesen, dass auch die Geltendmachung einer gem § 412 übergegangenen Forderung **rechtsmissbräuchlich** sein kann (vgl SOERGEL/ ZEISS § 412 Rn 5; R SCHMIDT, Regreßprobleme der Sachversicherung, NJW 1956, 1055, 1056). Praktische Bedeutung hat dieses Problem vor allem für den **Regressanspruch des Versicherers** nach § 67 VVG (su Rn 1027). Im Übrigen kann es dem Schuldner auch bei gesetzlichem Forderungsübergang nach Treu und Glauben verwehrt sein, sich im Rahmen des § 407 auf seine **Unkenntnis** zu berufen (BGH VersR 1962, 515, 516). 725

h) Mehrheit von Schuldnern und Gläubigern
§ 242 ist auch für Schuldverhältnisse mit Gläubiger- und Schuldnermehrheiten von Bedeutung. Spezifische Probleme treten hier im Allgemeinen nicht auf. Folgende Punkte sind aber zu beachten: 726

Nach § 421 steht es dem Gläubiger im Fall der **Gesamtschuld** grundsätzlich frei, welchen Schuldner er in Anspruch nehmen will. Die **Wahlfreiheit des Gläubigers** wird jedoch nach § 242 durch das **Verbot unzulässiger Rechtsausübung** begrenzt (BGH NJW 1983, 1423, 1424; STAUDINGER/NOACK [1999] § 421 Rn 114). So kann die Inanspruchnahme eines bestimmten Gesamtschuldners rechtsmissbräuchlich sein, wenn der Gläubiger aus missbilligenswerten Motiven gerade diesen Schuldner mit dem Regressrisiko belasten will (BGH NJW 1991, 1289; BGH WM 1984, 906). Ähnliches gilt in dem Fall, dass eine Bank einen Gesamtschuldner in Anspruch nimmt und auf die Rechte aus der Übertragung der Forderung gegen den Ersteher nach § 118 Abs 2 S 2 ZVG verzichtet (BGH NJW 1983, 1423, 1424) oder dass der Gläubiger gegenüber einem im Innenverhältnis allein haftenden Gesamtschuldner eine dingliche Sicherheit verschlechtert (OLG Hamm NJW-RR 1993, 1071, 1072). Allerdings wird der (Darlehens-) Gläubiger idR nicht durch § 242 daran gehindert, einen Gesamtschuldner in Anspruch nehmen, von dem er weiß, dass dieser im Innenverhältnis von einem anderen Gesamtschuldner von der Verbindlichkeit freigestellt werden muss (BGH NJW 1991, 232). Im Fall einer Gesamtschuld ist die Inanspruchnahme eines bestimmten Grundstücks rechtsmissbräuchlich, sofern sie nicht im eigenen Interesse des Grundschuldgläubigers, sondern rein willkürlich zum Nachteil des Schuldners erfolgt (BGH WM 1987, 356, 358). 727

Einwendungen aus § 242 haben nach der Grundregel des § 425 **Einzelwirkung**. Dies hat der BGH für die **Verwirkung** in neuerer Zeit ausdrücklich festgestellt (BGH NJW-RR 2002, 478, 479). Ist die Inanspruchnahme eines Gesamtschuldners rechtsmissbräuchlich, so können die anderen Gesamtschuldner sich hierauf im Allgemeinen nicht berufen. Umgekehrt wirkt das rechtsmissbräuchliche Verhalten eines **Gesamtgläubigers** sich grundsätzlich auch nicht zu Lasten der anderen Gesamtgläubiger aus (RGZ 132, 81, 87; BGHZ 44, 367, 370; anders für Miteigentümer BGH NJW 1992, 1095, 1096). Die persönliche Reichweite der unzulässigen Rechtsausübung ist also auch insoweit beschränkt (s Rn 229 ff). 728

3. Schuldrecht: Besonderer Teil*

a) Kaufvertrag, §§ 433–479
aa) Allgemeines

729 Im Rahmen von Kaufverträgen wurde der Grundsatz von Treu und Glauben in der Vergangenheit vor allem für die **Begründung von Nebenpflichten** herangezogen. Diese Funktion kommt jetzt dem neu gestalteten § 241 zu; die zu § 242 entwickelten Grundsätze finden insoweit aber uneingeschränkt weiter Anwendung (vgl Staudinger/Olzen § 241 Rn 381, 384 ff; ausf zu den einzelnen Nebenpflichten im Kaufrecht Staudinger/Beckmann [2004] § 433 Rn 90 ff; 178 ff).

730 Des Weiteren können bei Kaufverträgen auch die übrigen aus § 242 entwickelten Rechtsinstitute relevant werden, so das Verbot der unzulässigen Rechtsausübung (so Rn 281 ff), die Verwirkung (so Rn 302 ff) und das Verbot widersprüchlichen Verhaltens (so Rn 286 ff). Die hier auftretenden Konstellationen werden aber idR nicht durch **spezifisch kaufrechtliche Fragen** geprägt; es handelt sich vielmehr um bloße „Anwendungsfälle" des § 242. Die einschlägigen Fälle sind daher oft schon bei der Erörterung der einzelnen Institute des § 242 angeführt oder im Zusammenhang mit dem Allgemeinen Teil des BGB bzw dem Allgemeinen Schuldrecht behandelt worden. Ein gewisser Schwerpunkt von Treu und Glauben liegt allerdings bei der kaufrechtlichen **Gewährleistung**. Auf die damit verbundenen Probleme soll daher etwas ausführlicher eingegangen werden.

bb) Zustandekommen und Erfüllung des Vertrages

731 Der Käufer kann nach Treu und Glauben gehindert sein, sich auf die **Nichtigkeit des Vertrages** zu berufen, zB wenn er die Bezahlung für eine (verzögerte) Lieferung von Einkaufswagen-Chips unter Berufung auf die Nichtigkeit des Vertrages (§ 1 VO über die Herstellung und den Vertrieb von Medaillen und Marken vom 13. 12. 1974 [MedVO]) verweigert, obwohl er zuvor auf mögliche Probleme „durch Zoll und Bundesbank wegen Geldgesetz" hingewiesen worden ist und die vorherige (rechtzeitige) Teillieferung umgehend bezahlt hat (BGH NJOZ 2004, 1353; allgemein zur Einschränkung des § 134 über § 242 so Rn 486 ff).

732 Bei Kaufverträgen über Grundstücke zieht die Rspr § 242 in Ausnahmefällen zur **Einschränkung der Formnichtigkeit** aus §§ 311b Abs 1 S 1, 125 heran (vgl dazu Reinicke/Tiedtke, Kaufrecht [7. Aufl 2004] Rn 88 ff sowie allg Rn 445 ff). Ist der Kaufvertrag über ein Grundstück nach §§ 311b Abs 1 S 1, 125 formnichtig, so handelt der Erwerber **nicht rechtsmissbräuchlich**, wenn er gleichwohl die Grundbucheintragung erwirkt. Denn § 311b Abs 1 S 2 führt hier zur Heilung des Formmangels (vgl MünchKomm/Roth Rn 374).

733 Keinen Fall rechtsmissbräuchlichen Verhaltens stellt auch das Erfüllungsverlangen des Käufers dar, der eine Sache über eine **Internet-Auktionsplattform** zu einem außergewöhnlich günstigen Preis erstanden hat, und zwar selbst dann nicht, wenn dieser Preis nur aufgrund eines Versehens des Verkäufers im Internet erschien (AG

---

* **Schrifttum**: Brox/Walker, Besonderes Schuldrecht (30. Aufl 2005); Emmerich, BGB-Schuldrecht Besonderer Teil (10. Aufl 2003); Oetker/Maultzsch, Vertragliche Schuldverhältnisse (2. Aufl 2004); Schlechtriem, Schuldrecht Besonderer Teil (6. Aufl 2003).

Titel 1 § 242
Verpflichtung zur Leistung 734–736

Moers MMR 2004, 563 – PKW-Anhänger für 1 EUR aufgrund versehentlicher Einstellung des Artikels mit der „Sofort-Kaufen"-Option; vgl auch AG Hamburg-Barmbek MMR 2004, 772 – zwei Handys zum Kaufpreis von 14,95 EUR [durchgestrichener Neupreis je 699,- EUR]; offen gelassen von LG Hamburg NJW-RR 2004, 1569 in der Berufungsinstanz, da das Vorliegen eines wirksamen Vertragsschlusses verneint wurde). Der Verkäufer wird hier durch die Möglichkeit einer Anfechtung nach § 119 Abs 1 Alt 2 ausreichend geschützt.

cc) Gewährleistung des Verkäufers für Sach- und Rechtsmängel

Für die **Gewährleistungsrechte des Käufers** verweist § 437 in weitem Umfang auf die Vorschriften des allgemeinen Leistungsstörungsrechts. Die diesbezüglichen Überlegungen zum Einfluss des § 242 (so Rn 631 ff) sind daher auch hier relevant. Darüber hinaus gibt es im Kaufrecht einige Sonderregeln, die als Ausfluss von Treu und Glauben verstanden werden können. Zu nennen sind insbesondere die **Begrenzung des Nacherfüllungsanspruchs** gem § 439 Abs 3 unter dem Aspekt der Unverhältnismäßigkeit (dazu KIRSTEN, Die Unverhältnismäßigkeit der Nacherfüllung im Kaufrecht, ZGS 2005, 66 ff) sowie die ergänzenden Regeln zur **Entbehrlichkeit der Fristsetzung** in § 440. Soweit diese Vorschriften eingreifen, bleibt für § 242 kein Raum. **734**

Mit Blick auf den Nacherfüllungsanspruch steht dem **Käufer** gem § 439 Abs 1 die **Wahl zwischen Nachbesserung und Nachlieferung** zu. Bei der Ausübung des Wahlrechts ist der Käufer grundsätzlich nicht nach Treu und Glauben gehalten, die Interessen des Verkäufers zu berücksichtigen (PALANDT/PUTZO § 439 Rn 5). Denn die Interessen des Verkäufers werden durch § 439 Abs 3 (so Rn 272) hinreichend geschützt. Hat der Käufer das Wahlrecht ausgeübt, so stellt sich die Frage, ob er sich hierdurch bindet. In der Lit wird eine solche Bindungswirkung überwiegend verneint. Bis zur Vornahme der verlangten Nacherfüllung durch den Verkäufer soll dem Käufer vielmehr ein durch den Grundsatz von Treu und Glauben (§ 242) begrenztes **ius variandi** zustehen (so etwa BAMBERGER/ROTH/FAUST § 439 Rn 10; DERLEDER, Das ius variandi des Käufers bei Sach- und Rechtsmängeln, in: DAUNER-LIEB/KONZEN/K SCHMIDT, Das neue Schuldrecht in der Praxis [2003] 411, 424; JACOBS, Die kaufrechtliche Nacherfüllung, in: DAUNER/LIEB/KONZEN/K SCHMIDT 371, 377; PALANDT/PUTZO § 439 Rn 8; SPICKHOFF, Der Nacherfüllungsanspruch des Käufers: Dogmatische Einordnung und Rechtsnatur, BB 2003, 589, 593). Diese Auffassung wird jedoch weder den Interessen des Verkäufers noch den Erfordernissen der Rechtssicherheit gerecht. Vorzugswürdig erscheint es daher, der Erklärung des Käufers ab Zugang beim Verkäufer **Bindungswirkung** beizumessen (so auch ERMAN/GRUNEWALD § 439 Rn 6; JAUERNIG/BERGER § 439 Rn 9). Der Verkäufer kann aber im Einzelfall nach Treu und Glauben (§ 242) gehindert sein, den Käufer an seiner Wahl festzuhalten. Entsprechende Probleme stellen sich im Verhältnis von **Rücktritt** und **Minderung**. Auch hier ist die Entscheidung des Käufers grundsätzlich bindend; der Verkäufer verstößt aber uU gegen Treu und Glauben, wenn er sich auf die Bindungswirkung beruft (vgl WERTENBRUCH, Die eingeschränkte Bindung des Käufers an Rücktritt und Minderung, JZ 2002, 862 ff). **735**

Ob das **Rücktrittsrecht des Käufers bei Sach- oder Rechtsmängeln** nach § 242 eingeschränkt werden kann, ist zweifelhaft. In der Lit wird teilweise die Auffassung vertreten, der Rücktritt des Käufers verstoße gegen Treu und Glauben, wenn die Rückabwicklung des Vertrages für den Verkäufer mit erheblichen Belastungen verbunden wäre, während es für den Käufer mit Rücksicht auf das geringe Gewicht des (freilich nicht unerheblichen) Mangels zumutbar erscheint, sich mit der Minde- **736** rung zu begnügen (vgl ERMAN/GRUNEWALD § 437 Rn 9; aA MünchKomm/WESTERMANN § 437 Rn 15; SOERGEL/U HUBER § 462 Rn 4 [zu § 462 aF]). Ansatzpunkt der Überlegungen ist also der Gedanke der **Unverhältnismäßigkeit**. Ob § 242 hier wirklich einen praktischen Anwendungsbereich erhält, hängt jedoch davon ab, nach welchen Kriterien man die Unerheblichkeit der Pflichtverletzung bzw des Mangels in § 323 Abs 5 S 2 bestimmt. Beschränkt man die Unerheblichkeit im Einklang mit der hM zu § 459 Abs 1 S 2 aF auf Bagatellfälle (so etwa AnwK-BGB/DAUNER-LIEB § 281 Rn 17; BAMBERGER/ROTH/FAUST § 437 Rn 26; BROX/WALKER, Schuldrecht BT § 4 Rn 61 ff), so dürfte dem Grundsatz von Treu und Glauben eigenständige Bedeutung zukommen. Sieht man die Pflichtverletzung dagegen mit einer im Vordringen befindlichen Auffassung schon dann als unerheblich an, wenn die Rückabwicklung des Vertrages bei Abwägung aller Interessen unverhältnismäßig wäre (so etwa BAMBERGER/ROTH/GRÜNEBERG § 281 Rn 67; MünchKomm/ ERNST § 281 Rn 147; PALANDT/HEINRICHS § 281 Rn 48; LOOSCHELDERS, Schuldrecht AT Rn 628), so ist der Rücktritt in den einschlägigen Fällen bereits nach § 323 Abs 5 S 2 ausgeschlossen; ein Rückgriff auf § 242 wird damit entbehrlich.

737 Nach früherem Recht war es dem Käufer unter dem Aspekt der **unzulässigen Rechtsausübung** verwehrt, das Wandelungsrecht auszuüben, wenn der bei Gefahrübergang vorhandene **Mangel zwischenzeitig beseitigt** worden war (vgl BGHZ 90, 198, 204 = NJW 1984, 2287; LARENZ, Schuldrecht I § 10 IIb; krit SOERGEL/U HUBER § 462 Rn 4). Auf der Grundlage des neuen Rechts entfällt dieses Problem weitgehend, weil der Verkäufer bei behebbaren Sachmängeln nach §§ 437 Nr 2, 323 Abs 1 grundsätzlich ein Recht zur „zweiten Andienung" hat (vgl AnwK-BGB/HAGER § 349 Rn 8; MünchKomm/GAIER § 349 Rn 7). Zum möglichen Ausschluss des Rücktrittsrechts bei Weiterbenutzung der Kaufsache so Rn 675.

738 Die Reform des Kaufrechts führte zu einer Diskussion über die Frage, ob dem Käufer zum Ausgleich für die Ausweitung der Gewährleistungsrechte eine **Obliegenheit zur Anzeige** von festgestellten Mängeln auferlegt werden soll (vgl STAUDINGER/ MATUSCHE-BECKMANN [2004] Vorbem 19 ff zu §§ 474 ff). Da der Gesetzgeber dies letztlich abgelehnt hat, findet sich eine solche „Rügepflicht" nach wie vor nur beim Handelskauf (§ 377 HGB). In der Lit wird jedoch teilweise die Auffassung vertreten, die Nichtanzeige eines festgestellten Mangels könne unter dem Aspekt des Rechtsmissbrauchs zum Ausschluss von Mängelrechten führen (so SCHLECHTRIEM, Schuldrecht BT Rn 70; vgl auch STAUDINGER/MATUSCHE-BECKMANN [2004] § 434 Rn 187: Untersuchungspflicht des Käufers aus Treu und Glauben). In Anbetracht der klaren Wertentscheidung des Gesetzgebers beschränken sich solche Fälle aber auf besonders gelagerte Ausnahmen.

739 Die Gewährleistungsrechte des Käufers sind nach § 442 S 1 ausgeschlossen, wenn er den **Mangel** bereits **bei Vertragsschluss gekannt** hat. Die Vorschrift beruht auf dem Verbot widersprüchlichen Verhaltens (vgl AnwK-BGB/BÜDENBENDER § 442 Rn 1, 4; STAUDINGER/MATUSCHE-BECKMANN [2004] § 442 Rn 1). Sie ist daher nicht anwendbar, wenn dieser Gedanke trotz Kenntnis des Mangels nicht zutrifft (vgl BGH NJW 1989, 2050, 2051).

740 Für den Fall der **grob fahrlässigen Unkenntnis des Mangels** trifft § 442 S 2 eine differenzierte Regelung, die nicht durch Rückgriff auf § 254 oder das Verbot widersprüchlichen Verhaltens (so Rn 281 ff) unterlaufen werden darf (vgl BGHZ 110, 196, 202 ff; STAUDINGER/MATUSCHE-BECKMANN [2004] § 442 Rn 45). Dennoch kommt dem Grund-

satz von Treu und Glauben auch hier durchaus Bedeutung zu. So wird in der Lit darauf hingewiesen, dass der Käufer im Einzelfall nach Treu und Glauben verpflichtet sein könne, die Kaufsache bei Vertragsschluss zu untersuchen; verletze der Käufer diese Verpflichtung, so könne die Annahme grober Fahrlässigkeit gerechtfertigt sein (STAUDINGER/MATUSCHE-BECKMANN [2004] § 442 Rn 26).

Der Grundsatz von Treu und Glauben ist auch beim **Verbrauchsgüterkauf** zu beachten. So kann sich Käufer nach einer neueren Entscheidung des BGH (BGH NJW 2005, 1045, 1046 = JR 2005, 284 m Anm LOOSCHELDERS; vgl auch MünchKomm/S LORENZ § 474 Rn 23; zu den gemeinschaftsrechtlichen Implikationen su Rn 1139) wegen des Verbots widersprüchlichen Verhaltens nicht auf die Schutzvorschriften über den Verbrauchsgüterkauf berufen, wenn er gegenüber dem Verkäufer einen gewerblichen Verwendungszweck vorgetäuscht hat. Bestimmt man die Verbrauchereigenschaft mit der hM (Hk-BGB/ DÖRNER §§ 13, 14 Rn 3; JAUERNIG/BERGER § 474 Rn 3; MünchKomm/S LORENZ § 474 Rn 23; PALANDT/HEINRICHS § 13 Rn 4; SOERGEL/PFEIFFER § 13 Rn 28; MÜLLER, Die Umgehung des Rechts des Verbrauchsgüterkaufs im Gebrauchtwagenhandel, NJW 2003, 1975, 1978; ebenso zu Art 1 Verbr-Kauf-RL AnwK-BGB/PFEIFFER [2002] Art 1 Kauf-RL Rn 18; aA STAUDINGER/MATUSCHE-BECKMANN [2004] § 474 Rn 9; LAWS, Strukturen des Kauf-, Werkvertrags- und Werklieferungsvertragsrechts nach der Schuldrechtsreform, MDR 2002, 320, 321; von BGH NJW 2005, 1045 offen gelassen) nach den Erkenntnismöglichkeiten des Unternehmers, so sind die §§ 474 ff hier aber schon tatbestandlich nicht anwendbar; der Rückgriff auf § 242 wird damit entbehrlich. 741

Zur Anwendbarkeit des § 242 gegenüber **formularmäßigen Haftungsausschlüssen** bei Kaufverträgen über **neu errichtete** oder **noch zu errichtende Immobilien** vgl STAUDINGER/MATUSCHE-BECKMANN (2004) § 444 Rn 29 f sowie Rn 476 f; zur parallelen Problematik im Werkvertragsrecht su Rn 829. 742

b) Darlehensvertrag, §§ 488–498

Die Bedeutung des Grundsatzes von Treu und Glauben erschöpft sich beim Darlehensvertrag weitgehend in **praktischen Ausformungen** der einzelnen Fallgruppen des § 242 (dazu Rn 211 ff). Weitere Einzelheiten sind daher bei den Kommentierungen zum Darlehensvertrag zu finden. Im Folgenden soll nur ein kurzer Überblick über die bislang von der Rspr behandelten Problemkreise gegeben werden. 743

Das **Verlangen der sofortigen Rückzahlung** des ausstehenden Darlehenskapitals kann gegen Treu und Glauben verstoßen, wenn der Darlehensvertrag zwar eine Verfallklausel für den Fall des Zahlungsrückstands enthält, der aufgelaufene Rückstand aber allein darauf beruht, dass der Schuldner – ebenso wie der Gläubiger – die vereinbarte Verdoppelung der Tilgungsrate nach 15 Jahren während mehrerer Jahre übersehen hat (OLGReport Düsseldorf 2000, 392). 744

Die Kündigung eines Darlehens zur Unzeit ist nach § 242 unzulässig. Ebenso führt die Vernachlässigung der dem Gläubiger erkennbaren Interessen des Schuldners uU nach § 242 zum **vorübergehenden Ausschluss des Kündigungsrechts**. So darf der Schuldner bei einem langfristigen Darlehen idR darauf vertrauen, dass der Gläubiger sein ordentliches Kündigungsrecht nicht ohne ernstlichen Anlass ausübt (BGH NJW 1981, 1363; NJW 1986, 1928, 1930; vgl aber auch OLG Hamm NJW-RR 1991, 242). Dass eine Bank über längere Zeit die Überziehung des Kreditrahmens geduldet hat, macht die 745

Kündigung allein aber noch nicht rechtsmissbräuchlich (BGH NJW 1998, 602, 603). Bei Verbraucherdarlehen ist zudem § 498 zu beachten.

746 Aus § 242 lässt sich keine Verpflichtung des Kreditinstituts ableiten, sich um den **Verwendungszweck eines Darlehens** zu kümmern oder den Kreditnehmer vor diesbezüglichen Risiken zu warnen (BGH BGHReport 2003, 963; vgl auch KG NJOZ 2002, 961).

747 Bei einer engen Verknüpfung von Darlehen und finanziertem Geschäft kann die Sittenwidrigkeit des finanzierten Geschäfts gem § 242 auch dem Darlehensanspruch entgegengehalten werden (LG Nürnberg Fürth NJW-RR 1998, 1519 – Schneeballsystem).

748 Die **Verwirkung** von Darlehensrückzahlungsansprüchen kommt nach allgemeinen Regeln (so Rn 302 ff) in Betracht. In der **Rspr** werden die Voraussetzungen der Verwirkung idR bejaht, wenn die Bank mehr als acht Jahre lang keine Zwangsvollstreckungsmaßnahmen gegen den Darlehensschuldner durchgeführt hat (LG Trier NJW-RR 1993, 55; AG Worms NJW-RR 2001, 415; vgl auch OLG Frankfurt/M BKR 2003, 200 – 16 Jahre zurückliegender Vollstreckungsversuch); umgekehrt kann dem Anspruch des Darlehensnehmers auf Anpassung der Zinsen an ein niedrigeres Zinsniveau die Verwirkung entgegenstehen, wenn dieser Anspruch mehr als 6 Jahre nicht geltend gemacht worden ist (OLG Köln NJW-RR 1993, 1459).

c) Schenkung, §§ 516–534

749 Der Grundsatz von Treu und Glauben ist auch im Schenkungsrecht zu berücksichtigen. In der Vergangenheit wurde § 242 dort vor allem unter dem Aspekt des **Wegfalls der Geschäftsgrundlage** im Zusammenhang mit den §§ 527, 528, 530 relevant. Nach geltendem Recht sind diese Fälle indes im Rahmen des § 313 zu behandeln.

750 Auch die anderen Ausprägungen des § 242 können bei Schenkungsverträgen aber zu beachten sein. So stellt sich die **Berufung auf die eigene Bedürftigkeit** (§ 529 Abs 2) uU als unzulässige Rechtsausübung dar, wenn der Beschenkte bzw dessen Erbe Kenntnis vom Notbedarf des Schenkers hatte und die eigene Bedürftigkeit gleichwohl mutwillig herbeigeführt hat (BGH NJW 2001, 1207, 1208; ERMAN/HERRMANN § 529 Rn 2).

751 Auch das **Rückforderungsrecht des verarmten Schenkers** aus § 528 kann über § 242 ausgeschlossen sein, zB wenn der verschenkte Gegenstand keinen Wert hat und sich deshalb nicht zur Sicherung des Unterhalts einsetzen lässt (OLG München HRR 1938 Nr 1327).

752 Das Verbot widersprüchlichen Verhaltens kann bei der Frage relevant werden, ob der Schenker dem Beschenkten eine Verfehlung iSd § 530 verziehen hat. Bei der **Verzeihung** handelt es sich um einen inneren Vorgang. Der Schenker kann sich jedoch nach Treu und Glauben nicht darauf berufen, er habe dem Beschenkten nicht verzeihen wollen, wenn eine Verzeihung aufgrund seines äußeren Verhaltens anzunehmen ist (vgl STAUDINGER/VOLSHAUSEN [1998] § 2337 Rn 21). Im Allgemeinen wird in solchen Fällen aber bereits eine konkludente Verzeihung vorliegen (für analoge Anwendung von § 116 BGH FamRZ 1957, 208, 209). Die verbale Verweigerung der Verzeihung stellt dann eine unbeachtliche protestatio facto contraria dar.

d) Mietvertrag*
aa) Allgemeines

Dem Grundsatz von Treu und Glauben (§ 242) kommt im Mietrecht besondere **753** Bedeutung zu. Dies beruht zunächst auf dem Charakter des Mietvertrags als **Dauerschuldverhältnis** (MünchKomm/SCHILLING § 535 Rn 14). Bei der Wohnraummiete hat § 242 zusätzliches Gewicht, weil die Wohnung für den Mieter von **existenzieller Bedeutung** ist (su Rn 467). Schließlich berührt der Mietvertrag sowohl auf Vermieter- als auch auf Mieterseite **Grundrechte**, deren Drittwirkung im Rahmen des § 242 berücksichtigt werden muss (dazu allg Rn 146). Dabei ist insbesondere zu beachten, dass das Besitzrecht des Mieters an der Wohnung nach der Rspr des BVerfG (BVerfGE 89, 1, 5 ff = NJW 1993, 2035; BVerfG NJW 2000, 2658, 2659) ebenso wie das Eigentumsrecht des Vermieters durch **Art 14 Abs 1 GG** geschützt wird. Die hierauf beruhende Kollisionslage muss im Einzelfall mit Hilfe einer Interessenabwägung nach dem Grundsatz der praktischen Konkordanz aufgelöst werden (vgl LOOSCHELDERS/ROTH, Grundrechte und Vertragsrecht: Die verfassungskonforme Reduktion des § 565 Abs 2 S 2 BGB, JZ 1995, 1034, 1040 ff).

bb) Erweiterung der Rechte und Pflichten der Parteien

§ 242 dient im Mietrecht traditionell als Anknüpfungspunkt für die Erweiterung der **754** Rechte und Pflichten von Mieter und Vermieter über das gesetzlich normierte bzw vertraglich vereinbarte Maß hinaus, wobei der Grundsatz von Treu und Glauben streng genommen aber auch hier nur zur **Konkretisierung** der aus dem Schuldverhältnis folgenden Rechte und Pflichten herangezogen werden kann (allg dazu Rn 182 ff). Beispielsweise hat der Vermieter unter bestimmten Voraussetzungen das Anbringen einer **Satellitenempfangsantenne** außerhalb der eigentlichen Mieträume zu dulden, weil das durch Art 5 Abs 1 HS 2 GG gewährleistete Informationsrecht des Mieters den Empfang allgemein zugänglicher Fernseh- und Rundfunkprogramme sowie die Errichtung der zu einem solchen Empfang erforderlichen technischen Anlagen umfasst; demgegenüber muss das Eigentumsrecht des Vermieters aus Art 14 Abs 1 GG im Einzelfall zurücktreten (grundlegend BVerfGE 90, 27, 32 f = NJW 1994, 1147; vgl auch BVerfG NJW 1992, 493; OLG Karlsruhe NJW 1993, 2815; OLG Frankfurt/Main NJW 1992, 2490; STAUDINGER/EMMERICH [2003] § 535 Rn 45 ff).

Mit Rücksicht auf das Besitzrecht des Mieters (Art 14 Abs 1 GG) hatte die Rspr **755** dem Vermieter ferner über § 242 die Pflicht auferlegt, den **Einbau eines Treppenhausliftes** zu dulden, wenn der Mieter oder ein Angehöriger seines Haushalts aufgrund einer Behinderung für den Zugang zur Wohnung hierauf angewiesen war (BVerfG NJW 2000, 2658; LG Duisburg ZMR 2000, 463). In der Zwischenzeit hat diese Problematik in § 554a eine ausdrückliche Regelung erfahren, bei deren Konkretisierung die im Rahmen von § 242 entwickelten Grundsätze aber weiter zu berücksichtigen sind (s im Einzelnen STAUDINGER/ROLFS [2003] § 554a Rn 4 ff).

---

* **Schrifttum**: BLANK/BÖRSTINGHAUS, Miete (2. Aufl 2004); KANDELHARD, Verwirkung im laufenden Mietverhältnis – Rechtsverlust durch Unterlassen?, NZM 2005, 43; SCHMIDT-FUTTERER (Hrsg), Mietrecht (8. Aufl 2003); TIMME, Rechtsfolgen vorbehaltloser Mietzahlung in Mangelkenntnis – Mehr als bloß eine Etappe beim BGH?, NJW 2003, 3099; ders, Minderungsrechtsausschluss und spiegelbildliche Verwirkung des Mietnachforderungsrechts, NZM 2003, 508; VENTSCH/STORM, Verwirkung des Anspruchs auf die Miete, NZM 2003, 577.

756 Auf der anderen Seite wird dem Vermieter für besonders gelagerte Fälle nach Treu und Glauben das Recht zugebilligt, die **vermieteten Räume** während des andauernden Mietverhältnisses zu **besichtigen**. Ein allgemeines Besichtungsrecht des Vermieters ist dagegen nicht anzuerkennen (zu den Einzelheiten STAUDINGER/EMMERICH [2003] § 535 Rn 97 ff mwNw).

cc) Begrenzung der Rechte und Pflichten der Parteien

757 Bei der Ausübung bestehender Rechte werden den Vertragsparteien auch im Mietrecht über § 242 Grenzen gezogen. So ist es im Einzelfall als **rechtsmissbräuchlich** zu betrachten, wenn der Vermieter **bauliche Veränderungen** an seinem Haus untersagt, obwohl diese ihn nur unwesentlich beeinträchtigen und zu keiner Verschlechterung der Mietsache führen (BGH NJW 1963, 1539, 1540; BayOLG NJW 1981, 1275, 1276 f; MünchKomm/ROTH Rn 404; vgl auch SCHMIDT-FUTTERER/EISENSCHMID § 535 Rn 347, 354; zu einem Sonderfall – Einbau eines Treppenhauslifts – so Rn 755).

758 § 242 begründet auch unter Berücksichtigung des Gleichheitssatzes (Art 3 Abs 1 GG) **keine allgemeine Gleichbehandlungspflicht** des Vermieters gegenüber seinen Mietern (BayOLG NJW 1981, 1275, 1277; MünchKomm/SCHILLING § 535 Rn 16; PALANDT/HEINRICHS Rn 10; SCHMIDT-FUTTERER/EISENSCHMID § 535 Rn 81; STERNEL, Mietrecht [3. Aufl 1988] II Rn 113; WALLERATH ZMR 1969, 159; WEIMAR, Trifft den Vermieter eine Pflicht zur Gleichbehandlung der Mieter?, MDR 1971, 108, 109 f; aA RATHJEN, Gleichbehandlung und Mietrecht, MDR 1980, 713; wohl auch SOERGEL/TEICHMANN Rn 49; allg dazu Rn 146). Der Vermieter darf daher dem Grundsatz nach mit den einzelnen Mietern unterschiedliche Vereinbarungen zB über die Höhe des Mietzinses und das Recht zur **Tierhaltung** treffen (MünchKomm/ SCHILLLING § 535 Rn 23). Unzulässige Rechtsausübung kann aber vorliegen, wenn der Vermieter einzelnen Mietern unter Verweis auf ein entsprechendes Verbot oder einen Genehmigungsvorbehalt im Mietvertrag die weitere **Hundehaltung** verbietet, obwohl er dies anderen Mietern in vergleichbarer Lage gestattet hat und für das konkrete Verbot keine sachlichen Gründe bestehen (LG Berlin WuM 1987, 213; ZMR 1999, 28; NZM 1999, 455; LG Hamburg MDR 1986, 937; AG Frankfurt/M NZM 1998, 758, 759; MünchKomm/ROTH Rn 404; SCHMIDT-FUTTERER/EISENSCHMID § 535 Rn 474; zur Tierhaltung in der Wohnung s auch STAUDINGER/EMMERICH [2003] § 535 Rn 52 ff).

759 Der Vermieter verhält sich auch dann rechtsmissbräuchlich, wenn er einen vom Mieter gestellten, grundsätzlich zumutbaren **Ersatzmieter** ohne Angabe sachlicher Gründe ablehnt (OLG Frankfurt/Main NZM 2001, 586; BLANK/BÖRSTINGHAUS § 542 Rn 164; MünchKomm/ROTH Rn 405) oder eine **Eigenbedarfskündigung** ausspricht, obwohl der Eigenbedarf schon bei Begründung des Mietverhältnisses vorhanden bzw absehbar war (LG Berlin NJW-RR 1993, 661, 662; LG Hamburg ZMR 1975, 121; NJW-RR 1994, 465, 466; LG Karlsruhe WuM 1988, 276; LG Paderborn WuM 1994, 331; LG Trier NJW-RR 1992, 718; AG Köln WuM 1988, 70; MünchKomm/ROTH Rn 405; weiterführend STAUDINGER/ROLFS [2003] § 573 Rn 83 ff). Bei Verlust eines **Haustürschlüssels** durch den Mieter darf der Vermieter nach Treu und Glauben nicht die Kosten für die Auswechselung der gesamten Schließanlage eines Mehrfamilienhauses geltend machen, sofern eine missbräuchliche Verwendung des Schlüssels im Einzelfall ausgeschlossen ist (vgl LG Berlin ZMR 2000, 535; LG Mannheim WuM 1977, 121; RUTHE, Der „verlorene" Haustürschlüssel, NZM 2000, 365).

760 Trägt der Mieter nach dem Mietvertrag die (anteiligen) Kosten der **Gebäudever-**

sicherung, so muss der Vermieter sich bei einem Schadensfall nach Treu und Glauben grundsätzlich an den Versicherer halten (BGH VersR 2005, 498, 499; zum Ausschluss des Regressanspruchs des Versicherers gegen den Mieter vgl BGHZ 145, 393, 398 ff; AnwK-BGB/ LOOSCHELDERS § 157 Rn 63 f). Vom Mieter darf Schadensersatz nur verlangt werden, sofern der Vermieter ausnahmsweise ein besonderes Interesse an einem Schadensausgleich durch den Mieter hat.

Eine **Verwirkung** von Rechten kommt im Mietrecht insbesondere im Zusammenhang mit Nachzahlungsansprüchen des Vermieters und Rückzahlungsansprüchen des Mieters in Betracht (vgl BGH MDR 1965, 902; für Indexmiete OLG Düsseldorf NZM 2001, 892; ERMAN/HOHLOCH Rn 140; BAMBERGER/ROTH/GRÜNEBERG Rn 158 mwNw). Nach der Neufassung der §§ 536b, 536c bei der Mietrechtsreform von 2001 erlangt die Verwirkung daneben auch wieder für die Frage Bedeutung, inwieweit Gewährleistungsrechte bei weiterer Mietzahlung trotz Mängelanzeige bestehen. Denn der BGH hat eine entsprechende Anwendung des § 536b auf diese Problematik abgelehnt, den Rückgriff auf § 242 aber zugelassen (BGH NJW 2003, 2601, 2602 f = NZM 2003, 679, 680 f; vgl auch BLANK/BÖRSTINGHAUS § 536b Rn 20 f; MünchKomm/SCHILLING § 536b Rn 20; PALANDT/ WEIDENKAFF § 536b Rn 8; TIMME NZM 2003, 508 f; ders NJW 2003, 3099 ff; VENTSCH/STORM NZM 2003, 577 ff). Die früher befürwortete Analogie zu § 539 aF (§ 536b nF) (zB BGH NJW 2000, 2663, 2664) kommt damit nicht mehr in Betracht (so auch BLANK/BÖRSTINGHAUS § 536b Rn 21; MünchKomm/SCHILLING § 543 Rn 31; KANDELHARD NZM 2005, 43, 44; VENTSCH/ STORM NZM 2003, 577, 578 f; anders TIMME, Mietminderung wegen Mängeln trotz Weiterzahlung der Miete?, NZM 2002, 685 ff; ders NZM 2003, 508 f; ders NJW 2003, 3099 ff). **761**

Im Einzelfall kann auch das **Recht zur außerordentlichen Kündigung** des Mietverhältnisses nach §§ 543, 569 verwirkt werden, wenn der Berechtigte trotz Vorliegens eines wichtigen Grundes mit dem Ausspruch der Kündigung zuwartet (BGH WM 1967, 515, 517; BGH NJW 2000, 2663, 2664; LG Berlin NZM 2002, 214; MünchKomm/SCHILLING § 543 Rn 30; KANDELHARD, NZM 2005, 43, 45 f). **762**

e) Dienstvertrag, §§ 611–630

Dienstverträge werden in besonderem Maße durch das Gebot von Treu und Glauben geprägt, da der Dienstverpflichtete regelmäßig eng mit Rechtsgütern und Interessen des Dienstberechtigten in Berührung kommt (ERMAN/HOHLOCH Rn 89). Aus diesem Grund haben sich umfangreiche **Nebenpflichten** herausgebildet. Dabei sind die Aufklärungspflichten für Rechtsanwälte (ausf STAUDINGER/OLZEN § 241 Rn 460; MünchKomm/ MÜLLER-GLÖGE § 611 Rn 121) und Ärzte (ausf STAUDINGER/OLZEN § 241 Rn 461 ff; ERMAN/ HOHLOCH Rn 95; MünchKomm/MÜLLER-GLÖGE § 611 Rn 90) an besonders strengen Maßstäben zu messen. **763**

Einen weiteren Schwerpunkt des § 242 bildet im Dienstvertragsrecht der Einwand **unzulässiger Rechtsausübung** (so Rn 281 ff). Dem **Vergütungsanspruch des Dienstverpflichteten** kann dieser Einwand aber nur unter strengen Voraussetzungen entgegengehalten werden. Der Verstoß gegen ein Wettbewerbsverbot reicht deshalb idR nicht aus, um den Vergütungsanspruch des Dienstverpflichteten zu verneinen (BGH NJW-RR 1988, 352, 353); vielmehr muss es sich um einen besonders krassen Verstoß mit schwerwiegenden Folgen für den Dienstberechtigten handeln (BGHZ 55, 274, 279 f; BGH NJW-RR 1988, 352, 353). Besondere praktische Relevanz hat schließlich die **Ver-** **764** wirkung (so Rn 302 ff), insbesondere bei Kündigungsrechten (vgl BGH DStR 2001, 861, 862 m Anm Goette [zu § 626]; z Verwirkung so Rn 302 ff).

f) Insbesondere: Arbeitsvertrag*
aa) Allgemeines

765 Eine herausragende Bedeutung genießt § 242 im **Arbeitsrecht**. Dies beruht vor allem darauf, dass es sich bei Arbeitsverhältnissen um **Dauerschuldverhältnisse** handelt, die aufgrund der persönlichen Leistungspflicht (§ 613) und der oftmals gegebenen Eingliederung des Arbeitnehmers in den Betrieb des Arbeitgebers einen starken **personalen Charakter** aufweisen (vgl ErfK/Preis § 611 Rn 8; Dütz, Arbeitsrecht

---

* **Schrifttum**: Ascheid/Preis/Schmidt, Kündigungsrecht (2. Aufl 2004); Beckschulze, Der Wiedereinstellungsanspruch nach betriebsbedingter Kündigung, DB 1998, 417; Boewer, Der Wiedereinstellungsanspruch – Teil 1, NZA 1999, 1121; ders, Der Wiedereinstellungsanspruch – Teil 2, NZA 1999, 1177; Clemens, Entgeltumwandlung zur betrieblichen Altersversorgung (Diss Berlin 2005); Dütz, Arbeitsrecht (9. Aufl 2004); Eberle, Geltendmachung der Unwirksamkeit der mündlichen Kündigung, NZA 2003, 1121; Erfurter Kommentar zum Arbeitsrecht (5. Aufl 2005); Ertl, Der Wiedereinstellungsanspruch bei Abschluss eines Abfindungsvergleichs im zu Grunde liegenden Kündigungsschutzprozess, DStR 2001, 442; Feuerborn, Sachliche Gründe im Arbeitsrecht (Habil München 2003); Gemeinschaftskommentar zum Kündigungsschutzgesetz und zu sonstigen kündigungsrechtlichen Vorschriften (7. Aufl 2004); Henssler/Willemsen/Kalb (Hrsg), Arbeitsrecht Kommentar (2004); vHoyningen-Huene/Linck, Kündigungsschutzgesetz (13. Aufl 2002); Hromadka, Zur betrieblichen Übung, NZA 1984, 241; Kaiser, Wegfall des Kündigungsgrundes – Weder Unwirksamkeit der Kündigung noch Wiedereinstellungsanspruch, ZfA 2000, 205; Kettler, Vertrauenstatbestände im Arbeitsrecht, NZA 2001, 928; Kontusch, Der Wiedereinstellungsanspruch des Arbeitnehmers (Diss Berlin 2004); Krenz, Zur Sozialauswahl in Kleinbetrieben (Diss Aachen 2001); Lettl, Der arbeitsrechtliche Kündigungsschutz nach den zivilrechtlichen Generalklauseln, NZA-RR 2004, 57; Löwisch, Grenzen der ordentlichen Kündigung in kündigungsschutzfreien Betrieben, BB 1997, 782; Luke, Gilt die dreiwöchige Klagefrist des § 4 KSchG auch für den Wiedereinstellungsanspruch?, NZA 2005, 92; Meinel/Bauer, Der Wiedereinstellungsanspruch, NZA 1999, 575; Münchener Handbuch zum Arbeitsrecht (2. Aufl 2000); Nädler, Der Wiedereinstellungsanspruch des Arbeitnehmers nach Wegfall des Kündigungsgrundes (Diss Frankfurt/Main 2004); Nicolai/Noack, Grundlagen und Grenzen des Wiedereinstellungsanspruchs nach wirksamer Kündigung des Arbeitsverhältnisses, ZfA 2000, 87; Oetker, Die Ausprägung der Grundrechte des Arbeitnehmers in der Arbeitsrechtsordnung der Bundesrepublik Deutschland, RdA 2004, 8; ders, Der Wiedereinstellungsanspruch des Arbeitnehmers bei nachträglichem Wegfall des Kündigungsgrundes, ZIP 2000, 643; ders, Gibt es einen Kündigungsschutz außerhalb des Kündigungsschutzgesetzes?, AuR 1997, 41; Preis, Der Kündigungsschutz außerhalb des Kündigungsschutzgesetzes, NZA 1997, 1256; Schaub/Koch/Linck, Arbeitsrechts-Handbuch (11. Aufl 2005); Raab, Der Wiedereinstellungsanspruch des Arbeitnehmers bei Wegfall des Kündigungsgrundes, RdA 2000, 147; Singer, Wann ist widersprüchliches Verhalten verboten? – Zu den Rechtsfolgen der form- und grundlosen Eigenkündigung eines Arbeitnehmers, NZA 1998, 1309; Söllner/Waltermann, Grundriss des Arbeitsrechts (13. Aufl 2003); Stahlhacke, Grundrechtliche Schutzpflichten und allgemeiner Kündigungsschutz, in: FS Wiese (Neuwied 1998) 513; ders/Preis/Vossen, Kündigung und Kündigungsschutz im Arbeitsverhältnis (8. Aufl 2002); Wank, Die Kündigung außerhalb des Kündigungsschutzgesetzes, in: FS Hanau (Köln 1999) 295; Zwanziger, Neue Tatsachen nach Zugang einer Kündigung, BB 1997, 42.

Rn 137; ferner BAMBERGER/ROTH/GRÜNEBERG Rn 8; MünchKomm/ROTH Rn 82). Davon abgesehen gilt es zu beachten, dass der Arbeitsplatz für den Arbeitnehmer von **existenzieller Bedeutung** ist. Das hierdurch verursachte Ungleichgewicht der Vertragsparteien führt auch dazu, dass die Wertordnung des Grundgesetzes in besonderer Weise als Maßstab für die Konkretisierung von Treu und Glauben dient (OETKER RdA 2004, 8, 9 ff; zur Bedeutung der Grundrechte so Rn 146).

Diese Überlegungen ändern indes nichts daran, dass der Arbeitsvertrag zu den **schuldrechtlichen Austauschverträgen** gehört; die früher verbreitete Einordnung als „personenrechtliches Gemeinschaftsverhältnis" (so noch BAGE 2, 221, 224 = AP Nr 2 zu § 611 BGB Beschäftigungspflicht; HUECK/NIPPERDEY, Lehrbuch des Arbeitsrechts I [7. Aufl 1967] 129) wird heute zu Recht allgemein abgelehnt (vgl ErfK/PREIS § 611 Rn 7; ERMAN/EDENFELD § 611 Rn 69; MünchKomm/MÜLLER-GLÖGE § 611 Rn 161 f). Die besondere Bedeutung von Treu und Glauben kann damit im Arbeitsrecht auch nicht mehr auf diesen Gedanken gestützt werden. 766

Bei der Anwendung des § 242 im Arbeitsrecht stehen die Konkretisierung der arbeitsvertraglichen Pflichten und die Begrenzung von Rechten unter dem Gesichtspunkt rechtsmissbräuchlichen Verhaltens im Vordergrund. Für eine **Inhaltskontrolle** von Arbeitsverträgen anhand des § 242 bleibt seit der Neuregelung des AGB-Rechts durch das Schuldrechtsmodernisierungsgesetz kein Raum mehr. Aus der Existenz des § 310 Abs 4 folgt nämlich, dass nur vorformulierte Arbeitsverträge einer Inhaltskontrolle nach den Maßstäben der §§ 305 ff unterworfen sein sollen (ErfK/PREIS §§ 305–310 Rn 27; GOTTHARDT, Arbeitsrecht nach der Schuldrechtsreform [2. Aufl 2003] Rn 234; THÜSING, Inhaltskontrolle von Formulararbeitsverträgen nach neuem Recht, BB 2002, 2666, 2667; zur Inhaltskontrolle so auch Rn 343, 374 ff). 767

(1) Bedeutung des § 242 für die arbeitsvertraglichen Pflichten
§ 242 dient unter anderem dazu, die **Art und Weise der Leistung** außerhalb des gesetzlich normierten Bereichs zu konkretisieren (so Rn 182 ff). Die konkrete Gestalt der arbeitsvertraglichen **Hauptleistungspflichten** kann allerdings nicht pauschal festgelegt werden, sondern hängt entscheidend vom Einzelfall ab und richtet sich nach den Gepflogenheiten der Branche, des Betriebs und des Ortes der Leistungserbringung (MünchKomm/MÜLLER-GLÖGE § 611 Rn 1011). Dementsprechend umfasst die Arbeitspflicht eines Kraftfahrers nicht nur den Fahrdienst, sondern auch die Wartung und Pflege des Fahrzeugs und die Durchführung kleinerer Reparaturen (BAG AP Nr 2 zu § 21 MTL II; MünchKomm/MÜLLER-GLÖGE § 611 Rn 1011 Fn 2037 mwBsp). 768

(2) Konkretisierung von Nebenpflichten
Im Bereich des Arbeitsrechts hat sich eine Vielzahl von **Nebenpflichten** herausgebildet. Es handelt sich dabei im Allgemeinen um die notwendige Konkretisierung des durch die besondere Nähebeziehung zwischen den Parteien geprägten Arbeitsverhältnisses (vgl nur ErfK/PREIS § 611 Rn 870; STAUDINGER/RICHARDI [1999] § 611 Rn 382, 807). Die Verletzung von Nebenpflichten aus dem Arbeitsverhältnis kann zu Schadensersatzansprüchen nach § 280 Abs 1 sowie zu Kündigungsrechten führen; auf Arbeitnehmerseite kommen darüber hinaus Leistungsverweigerungsrechte in Betracht (allg zu den Rechtsfolgenmerkmalen so Rn 138 ff). 769

(a) Rücksichtspflichten

770 Die Rücksichtspflichten werden traditionell als Ausfluss der **Fürsorgepflicht** des Arbeitgebers und der **Treuepflicht** des Arbeitnehmers verstanden (vgl ERMAN/EDENFELD § 611 Rn 483; SOERGEL/TEICHMANN Rn 67; zu den Begriffen MünchKomm/MÜLLER-GLÖGE § 611 Rn 984, 1074; STAUDINGER/RICHARDI [1999] § 611 Rn 382, 807). In neuerer Zeit wird jedoch zu Recht betont, dass die Fürsorgepflicht des Arbeitgebers und die Treuepflicht des Arbeitnehmers keine selbständigen Rechtsgrundlagen darstellen. Die Rücksichtspflichten iSd § 241 Abs 2 ergeben sich allerdings auch hier nach allgemeinen Regeln (dazu STAUDINGER/OLZEN § 241 Rn 379 ff) aus dem Arbeitsvertrag, wobei zur Konkretisierung auf § 242 abgestellt werden kann (vgl ErfK/PREIS § 611 Rn 760; ERMAN/EDENFELD § 611 Rn 482 ff; MünchKomm/MÜLLER-GLÖGE § 611 Rn 986, 1074; DÜTZ, Arbeitsrecht Rn 153, 174; SÖLLNER/WALTERMANN, Arbeitsrecht Rn 755; eingehend dazu BRORS, Die Abschaffung der Fürsorgepflicht [Habil 2002]; zur Konkretisierungsfunktion des § 242 so Rn 182 ff). Die Begriffe der Fürsorge- und der Treuepflicht haben damit aus dogmatischer Sicht keine eigenständige Bedeutung; sie machen lediglich deutlich, dass die gegenseitigen Rücksichtspflichten aufgrund des personalen Charakters von Arbeitsverhältnissen (so Rn 765) im Einzelfall besonders intensiv sein können (ErfK/PREIS § 611 Rn 8; ERMAN/EDENFELD § 611 Rn 482).

771 Bei den **Rücksichtspflichten im Arbeitsrecht** ist nach allgemeinen Grundsätzen zwischen den Informationspflichten einerseits und den Obhuts- und Fürsorgepflichten andererseits zu unterscheiden; hinzu treten die leistungsunabhängigen Treuepflichten (zu dieser Einteilung STAUDINGER/OLZEN § 241 Rn 426 ff). Da viele Rücksichtspflichten für das Gebiet des Arbeitsrechts **gesetzlich normiert** worden sind, erübrigt sich allerdings häufig ein Rückgriff auf § 241 Abs 2 bzw § 242. Beispielsweise findet sich eine Informationspflicht des Arbeitgebers in § 613a Abs 5 (ausf FRANZEN, Informationspflichten und Widerspruchsrecht beim Betriebsübergang nach § 613a Abs 5 und 6, RdA 2002, 258 ff; WILLEMSEN/LEMBKE, Die Neuregelung von Unterrichtung und Widerspruchsrecht der Arbeitnehmer beim Betriebsübergang, NJW 2002, 1159 ff). Für den arbeitsunfähigen Arbeitnehmer ergeben sich aus § 5 EFZG Anzeige- und Nachweispflichten. §§ 617–619 legen ausdrücklich Obhuts- und Fürsorgepflichten des Arbeitgebers für das Leben und die Gesundheit des Arbeitnehmers fest (vgl KORT, Inhalt und Grenzen der arbeitsrechtlichen Personenfürsorgepflicht, NZA 1996, 854 ff). § 2 Abs 1 BeschSchG regelt die Pflicht des Arbeitgebers, die Beschäftigten vor sexueller Belästigung am Arbeitsplatz zu schützen (vgl OETKER RdA 2004, 8, 16).

(aa) Informationspflichten

772 Die Informationspflicht umfasst die **Aufklärung und Beratung** des anderen Vertragsteils über die für das Vertragsverhältnis relevanten Umstände (z Arbeitsrecht bereits STAUDINGER/OLZEN § 241 Rn 464 f; vgl auch MünchKomm/ROTH § 241 Rn 161). Sie besteht bereits bei Abschluss des Vertrages und betrifft hier in erster Linie den Arbeitnehmer. Dieser ist nämlich verpflichtet, auf Fragen des Arbeitgebers wahrheitsgemäß zu antworten, soweit ein berechtigtes Interesse des Arbeitgebers vorliegt und das Persönlichkeitsrecht des Arbeitnehmers nicht verletzt wird. Ungefragt muss der Arbeitnehmer aber nur in Ausnahmefällen Einzelheiten über seine Person offenbaren, etwa wenn er zur Ausübung der Tätigkeit generell nicht geeignet ist (Einzelheiten bei ERMAN/PALM § 123 Rn 21; MünchKomm/ROTH § 241 Rn 150; SCHAUB § 26 Rn 10 ff; BRAUN, Fragerecht und Auskunftspflicht – Neue Entwicklungen in Gesetzgebung und Rechtsprechung, MDR 2004, 64 ff). Auf der anderen Seite hat der Arbeitgeber den Arbeitnehmer zu infor-

mieren, wenn der Kündigungsgrund nach Ausspruch der Kündigung vor Ablauf der Kündigungsfrist entfällt (BAG BB 2002, 2335, 2337; APS/KIEL § 1 KSchG Rn 816; HWK/ QUECKE § 1 KSchG Rn 85; BOEWER NZA 1999, 1177, 1180 f; NÄDLER, Wiedereinstellungsanspruch 151 ff), da der Arbeitnehmer im Einzelfall einen Wiedereinstellungsanspruch hat (su Rn 802 ff).

Große Bedeutung hat die Pflicht des Arbeitgebers, den Arbeitnehmer über **betrieb- 773 liche Sozialleistungen** zu informieren (ERMAN/EDENFELD § 611 Rn 489; MünchKomm/MÜLLER-GLÖGE § 611 Rn 1008; KURSAWE, Die Aufklärungspflicht des Arbeitgebers bei Abschluss von Arbeitsverträgen, NZA 1997, 245, 248). Allerdings muss der Arbeitgeber den Arbeitnehmer nicht ohne weiteres unaufgefordert über die Auswirkungen der Beendigung des Arbeitsverhältnisses auf die betriebliche Altersversorgung unterrichten; entsprechende Hinweis- und Aufklärungspflichten können sich nur aus den Umständen des Einzelfalles aufgrund einer Interessenabwägung ergeben (BAG AP Nr 2 zu § 1 BetrAVG Auskunft; AP Nr 3 zu § 1 BetrAVG Auskunft; ausf CLEMENS 116 ff). Eine erhöhte Informationspflicht besteht zB, wenn der Arbeitnehmer offensichtlich mit der Zusatzversorgung nicht vertraut ist und ihm daher hohe Vermögenseinbußen drohen (vgl BAG AP Nr 32 zu § 242 BGB Auskunftspflichten).

(bb) Obhutspflichten des Arbeitgebers
Die Obhutspflichten des Arbeitgebers betreffen vor allem das **Eigentum** und die 774 sonstigen **Vermögensinteressen** des Arbeitnehmers (ausf STAUDINGER/OLZEN § 241 Rn 500; STAUDINGER/RICHARDI [1999] § 611 Rn 845 ff mwNw) sowie dessen **Persönlichkeitsrecht** (vgl im Einzelnen ErfK/PREIS § 611 Rn 765 ff; STAUDINGER/OLZEN § 241 Rn 499; STAUDINGER/RICHARDI [1999] § 611 Rn 848 ff mwNw). Beim Persönlichkeitsschutz geht es insbesondere um die Pflicht des Arbeitgebers, den Arbeitnehmer vor fortgesetzten Anfeindungen oder Diskriminierungen durch Vorgesetzte oder andere Arbeitnehmer (Mobbing) zu schützen (LAG Hamm AP Nr 3 zu § 611 BGB Mobbing = NZA-RR 2003, 8; LAG Rheinland-Pfalz NZA-RR 2004, 232; 233; LAG Thüringen NZA-RR 2001, 347, 356 ff; PALANDT/PUTZO § 611 Rn 99a; HILLE, Rechte und Pflichten beim Mobbing, BC 2003, 81, 82; vgl allg BENECKE, „Mobbing" im Arbeitsrecht, NZA-RR 2003, 225 ff).

Der allgemeine arbeitsrechtliche **Gleichbehandlungsgrundsatz** wird außerhalb des 775 gesetzlich normierten Bereichs (insbesondere §§ 611a, 611b, 612 Abs 3 sowie RL 2000/43/EG, ABl EG Nr L 180, 22 und RL 2000/78/EG, ABl EG Nr L 303, 21) ebenfalls oft aus dem Arbeitsverhältnis iVm §§ 241 Abs 2, 242 abgeleitet (vgl PALANDT/PUTZO § 611 Rn 111; zu anderen rechtsdogmatischen Modellen STAUDINGER/RICHARDI [1999] § 611 Rn 280 ff). Danach ist die sachfremde Schlechterstellung einzelner Arbeitnehmer gegenüber anderen Arbeitnehmern in vergleichbarer Lage ebenso verboten wie die sachfremde Unterscheidung zwischen verschiedenen Arbeitnehmergruppen (BAG AP Nr 23 zu § 1 BetrAVG Gleichbehandlung; AP Nr 211 zu § 611 BGB Gratifikation; AP Nr 184 zu § 242 BGB Gleichbehandlung; Einzelheiten bei ERMAN/EDENFELD § 611 Rn 219 ff; MünchKomm/MÜLLER-GLÖGE § 611 Rn 1121 ff; SCHAUB § 112 Rn 11 ff; STAUDINGER/RICHARDI [1999] § 611 Rn 287 ff).

(cc) Leistungsunabhängige Treuepflichten des Arbeitnehmers
Zu den **leistungsunabhängigen Treuepflichten** gehören Wettbewerbsverbote (zur Ab- 776 grenzung von den Leistungssicherungspflichten vgl STAUDINGER/OLZEN § 241 Rn 509), Geheimhaltungspflichten und sonstige Unterlassungspflichten des Arbeitnehmers. Sie können im Einzelfall auch nach Beendigung des Arbeitsverhältnisses fortbestehen; hier

ist aber mit Rücksicht auf die Berufsfreiheit des ehemaligen Arbeitnehmers (Art 12 GG) Zurückhaltung geboten, da dessen berufliches Fortkommen nicht übermäßig beschränkt werden darf.

(α) Wettbewerbsverbote

777 **Während des Arbeitsverhältnisses** ist dem Arbeitnehmer eine Konkurrenztätigkeit untersagt; es besteht also ein Wettbewerbsverbot (ausf STAUDINGER/RICHARDI [1999] § 611 Rn 391 ff). Dies ergibt sich für Handlungsgehilfen aus § 60 Abs 1 HGB, für andere Arbeitnehmer aus dem Arbeitsverhältnis (§ 241 Abs 2) iVm dem Grundsatz von Treu und Glauben (vgl BAG AP Nr 7, 8 und 10 zu § 611 BGB Treuepflicht; ErfK/PREIS § 611 Rn 882; SÖLLNER/WALTERMANN, Arbeitsrecht Rn 758). Maßgeblich ist dabei die Erwägung, dass die konkurrierende Tätigkeit mit der Rücksichtspflicht des Arbeitnehmers aus dem Arbeitsverhältnis kollidiert (BAG AP Nr 10 zu § 611 BGB Treuepflicht). **Nach Beendigung des Arbeitsverhältnisses** sind dem Arbeitnehmer konkurrierende Tätigkeiten grundsätzlich nur bei Vorliegen einer entsprechenden vertraglichen Vereinbarung und gegen Leistung einer Karenzentschädigung durch den Arbeitgeber verboten (BAG AP Nr 11 zu § 611 BGB Treuepflicht; MünchKomm/ROTH § 241 Rn 89; Einzelheiten bei STAUDINGER/OLZEN § 241 Rn 290, 511; STAUDINGER/RICHARDI [1999] § 611 Rn 400 ff).

(β) Geheimhaltungspflichten

778 Der Arbeitnehmer hat **während des Arbeitsverhältnisses** Betriebs- und Geschäftsgeheimnisse zu wahren (HWK/QUECKE § 1 KSchG Rn 248). Darüber hinaus darf er keine persönlichen Tatsachen über den Arbeitgeber oder andere Arbeitnehmer preisgeben, die er anlässlich seiner Tätigkeit im Betrieb erfahren hat (MünchArbR/BLOMEYER § 53 Rn 64; Einzelheiten bei STAUDINGER/RICHARDI [1999] § 611 Rn 409 ff).

779 **Nach Beendigung des Arbeitsverhältnisses** ist der Arbeitnehmer dagegen nur in engen Grenzen zur Verschwiegenheit verpflichtet (Einzelheiten bei STAUDINGER/RICHARDI [1999] § 611 Rn 416 ff). Eine Geheimhaltungspflicht besteht grundsätzlich nur bei einer besonderen tarif- oder individualvertraglichen Abrede (BAG AP Nr 1 und 5 zu § 611 BGB Betriebsgeheimnis; MünchArbR/BLOMEYER § 53 Rn 75; STAUDINGER/RICHARDI [1999] § 611 Rn 417) oder soweit die Preisgabe der Informationen gegen gesetzliche Vorschriften wie §§ 17 Abs 2, 1 UWG verstoßen würde (BAG AP Nr 11 zu § 17 UWG; MünchKomm/MÜLLER-GLÖGE § 611 Rn 1219; STAUDINGER/RICHARDI [1999] § 611 Rn 416). In Ausnahmefällen, zB bei besonders wichtigen Geheimnissen, kann der Arbeitnehmer aber auch darüber hinaus zur Verschwiegenheit verpflichtet sein (BAG AP Nr 1 zu § 611 BGB Betriebsgeheimnis; ERMAN/EDENFELD § 611 Rn 500; MünchArbR/BLOMEYER § 51 Rn 55). Auf der anderen Seite darf es dem Arbeitnehmer grundsätzlich nicht verwehrt werden, betriebliche Missstände, die für die Öffentlichkeit von besonderem Interesse sind, zu offenbaren (BAG AP Nr 4 zu § 611 BGB Schweigepflicht m krit Anm BETTERMANN NJW 1981, 1065 ff; ERMAN/EDENFELD § 611 Rn 507; SCHAUB/LINCK § 54 Rn 5; PALANDT/PUTZO § 611 Rn 41). Im Einzelfall ist deshalb eine Abwägung zwischen den Interessen des Arbeitnehmers, insbesondere an seinem beruflichen Fortkommen (Art 12 GG) und an der Meinungsäußerung (Art 5 GG), und dem Interesse des Arbeitgebers an der Geheimhaltung von betrieblichen oder persönlichen Informationen erforderlich (OETKER RdA 2004, 8, 18).

(γ) Sonstige Unterlassungspflichten

780 Der Arbeitnehmer hat alle Handlungen und Äußerungen zu unterlassen, die mit

seiner Arbeitsverpflichtung und seiner Rücksichtspflicht **unvereinbar** sind. In diesem Rahmen trifft ihn insbesondere die Pflicht zur Unterlassung einer Nebentätigkeit (dazu ERMAN/EDENFELD § 611 Rn 491; ausf STAUDINGER/RICHARDI [1999] § 611 Rn 406 ff mwNw). Von besonderer Bedeutung ist in diesem Zusammenhang auch die Pflicht, sich gegenüber dem Arbeitgeber loyal zu verhalten (Einzelheiten bei STAUDINGER/RICHARDI [1999] § 611 Rn 388 mwNw). So darf der Arbeitnehmer sich bei Tendenzbetrieben nicht in Widerspruch zu der grundsätzlichen Zielsetzung des Arbeitgebers setzen (STAUDINGER/RICHARDI [1999] § 611 Rn 389 f).

(b) Leistungsbezogene Nebenpflichten
Von den leistungsbezogenen Nebenpflichten haben die Pflichten zur Leistungssicherung sowie die Auskunfts- und Rechenschaftspflichten im Arbeitsrecht die größte Bedeutung (vgl allg zu diesen Pflichten STAUDINGER/OLZEN § 241 Rn 261 ff). Zur **Leistungssicherungpflicht** des Arbeitgebers gehört etwa die richtige Lohnberechnung (MünchKomm/MÜLLER-GLÖGE § 611 Rn 986). Außerdem hat er dafür Sorge zu tragen, dass Lohnsteuer und Sozialversicherungsabgaben in zutreffender Höhe abgeführt werden (STAUDINGER/RICHARDI [1999] § 611 Rn 846 f mwNw). 781

Nach ständiger Rspr sind die Arbeitsvertragsparteien einander nach Treu und Glauben zur **Auskunft** verpflichtet, wenn der Auskunftsberechtigte über Bestehen und Umfang von Rechten im Ungewissen ist und der Auskunftsverpflichtete unschwer Auskunft erteilen kann (BAG AP Nr 24 zu § 242 BGB Auskunftspflicht; AP Nr 25 zu § 242 BGB Auskunftspflicht; MünchKomm/MÜLLER-GLÖGE § 611 Rn 1111; allg zu Auskunftspflichten so Rn 167 ff). So muss der **Arbeitnehmer** eine Nebentätigkeit anzeigen bzw genehmigen lassen, soweit dadurch Interessen des Arbeitgebers beeinträchtigt werden (BAG AP Nr 25 zu § 242 BGB Auskunftspflicht; MünchKomm/MÜLLER-GLÖGE § 611 Rn 1113; HUNOLD, Rechtsprechung zur Nebentätigkeit des Arbeitnehmers, NZA-RR 2002, 505, 506; zur Unterlassungspflicht so Rn 780). Der **Arbeitgeber** ist zB bei Zahlungsansprüchen wegen Arbeitnehmererfindungen zu Auskunft und Rechnungslegung verpflichtet (BGH NJW 1995, 368, 387 f; NJW 1998, 3492, 3493 f; NJW-RR 2002, 978 f [zu § 16 Abs 1 ArbNErfG]; NJW-RR 2003, 1710, 1711 [zu § 9 ArbNErfG; vgl auch ROSENBERGER, Zur Auskunftspflicht des Arbeitgebers gegenüber dem Arbeitnehmer-Erfinder im Hinblick auf die Kriterien für den Erfindungswert, GRUR 2000, 25 ff]). In engem Zusammenhang mit der Auskunftspflicht des Arbeitgebers steht das Recht des Arbeitnehmers auf Einsicht in seine Personalakten (dazu ausf STAUDINGER/RICHARDI [1999] § 611 Rn 851 ff). 782

bb) Rechtsmissbräuchliches Verhalten der Arbeitsvertragsparteien
Eine wichtige Fallgruppe des § 242 ist auch im Arbeitsrecht der **Rechtsmissbrauch**. Folgende Problemkreise haben dabei besondere Bedeutung. 783

(1) Arbeitsvertragliche Forderungen
Im Einzelfall kann es einer Arbeitsvertragspartei verwehrt sein, sich auf die **Nichtigkeit des Arbeitsvertrages** zu berufen. Dies kommt auch bei Nichtigkeit des Arbeitsvertrages wegen **Schwarzarbeit** nach § 134 in Betracht (LAG Berlin BB 2003, 1569, 1570; ERMAN/HOHLOCH Rn 143; zur Einschränkung der Nichtigkeitsfolge des § 134 in Fällen der Schwarzarbeit vgl auch BGHZ 85, 39, 47 ff = NJW 1983, 109; BGHZ 111, 308, 313 = NJW 1990, 2524; AnwK-BGB/LOOSCHELDERS § 134 Rn 117 sowie o Rn 488). Der Arbeitgeber ist deshalb nach Treu und Glauben gehindert, dem Vergütungsanspruch des Arbeitnehmers die Nichtigkeit des Vertrages entgegenzuhalten, wenn er ihm bei Abschluss des Vertra- 784

ges bewusst unzutreffend versichert hat, das Arbeitsverhältnis sei legal (LAG Berlin BB 2003, 1569, 1570). § 242 schließt auch die **Anfechtung** des Arbeitsvertrages wegen arglistiger Täuschung (§ 123) aus, wenn der Arbeitgeber bei Abgabe der Anfechtungserklärung nicht mehr durch die Täuschung beeinträchtigt wird (BAG AP Nr 32 zu § 123 BGB; allg dazu Rn 444).

785 Die Durchsetzung arbeitsvertraglicher Ansprüche kann sich auch unter dem Gesichtspunkt des **venire contra factum proprium** (allg o Rn 286 ff) als treuwidrig darstellen. Hat der Arbeitgeber den Arbeitnehmer zB daran gehindert, einen Anspruch innerhalb einer gesetzlichen oder tariflichen **Ausschluss- oder Verfallfrist** geltend zu machen, so verstößt er gegen das Verbot widersprüchlichen Verhaltens, wenn er dem Arbeitnehmer später den Ablauf der Frist entgegenhält (BAG NJOZ 2004, 1270, 1272 = ZTR 2003, 626; BAG AP Nr 27 zu BAT § 70; AP Nr 5 und 6 zu § 626 BGB Ausschlussfrist; BAMBERGER/ROTH/GRÜNEWALD Rn 113; ErfK/SCHAUB § 4 TVG Rn 108; allg zur Anwendung des § 242 gegenüber Ausschlussfristen so Rn 561 ff). Umgekehrt handelt der Arbeitnehmer rechtsmissbräuchlich, sofern er sich nach der **deklaratorischen Anerkennung** einer Forderung aus dem Arbeitsverhältnis auf bestehende Ausschluss- oder Verfallfristen beruft (BAG AP Nr 169 zu § 4 TVG Ausschlussfristen = NZA 2003, 329; ERMAN/HOHLOCH Rn 146).

(2) Beendigung des Arbeitsverhältnisses, insbesondere Kündigung
786 Im Bereich des Kündigungsrechts hat der Rechtsmissbrauch im Wesentlichen zwei Anwendungsgebiete: Zum einen dient er als **Inhaltsbegrenzung** der Kündigung, wobei die Berücksichtigung grundrechtlich geschützter Werte eine besondere Rolle spielt. Zum anderen schützt er das von dem einen Vertragspartner geschaffene Vertrauen des anderen Vertragspartners in den **Fortbestand des Verhaltens**.

787 Besonderheiten bestehen bei der **Darlegungs- und Beweislast**. Da die Beweisregel des § 1 Abs 2 S 4 KSchG außerhalb des KSchG nicht anwendbar ist, trüge der Arbeitnehmer nach allgemeinen Regeln insgesamt die Darlegungs- und Beweislast für die Unwirksamkeit der Kündigung. Bei treuwidrigen Kündigungen gilt aber nach Rspr und Lit eine abgestufte Darlegungs- und Beweislast (BAG AP Nr 30 zu § 23 KSchG 1969; AP Nr 12 und 17 zu § 242 BGB Kündigung; AP Nr 37 zu § 1 KSchG 1969 Krankheit; MünchArbR/WANK § 122 Rn 42; LETTL NZA-RR 2004, 57, 64 f; PREIS NZA 1997, 1256, 1270; Gleiches gilt für den Wiedereinstellungsanspruch des Arbeitnehmers APS/KIEL § 1 KSchG Rn 820 f; dazu Rn 802 ff). Danach genügt es, wenn der Arbeitnehmer einen Sachverhalt behauptet, der die Treuwidrigkeit der Kündigung **indiziert**. Der Arbeitgeber hat diesen Vortrag gem § 138 Abs 2 ZPO qualifiziert zu bestreiten. Entkräftet er das Vorbringen des Arbeitnehmers nicht, so gelten die vom Arbeitnehmer vorgetragenen Tatsachen nach § 138 Abs 3 ZPO als zugestanden. Anderenfalls obliegt es dem Arbeitnehmer, die Tatsachen zu beweisen, die die Treuwidrigkeit der Kündigung begründen.

(a) § 242 als Inhaltsbegrenzung des Kündigungsrechts
788 Das KSchG stellt eine **Konkretisierung** des Gebotes von Treu und Glauben dar und ist daher in seinem Regelungsbereich abschließend (BAG AP Nr 12 zu § 242 BGB Kündigung; vgl KR/FRIEDRICH § 13 KSchG Rn 232; FEUERBORN 84 ff). Soweit aber das KSchG die in Frage stehenden Umstände nicht erfasst oder von vornherein keine Anwendung findet, schützen die zivilrechtlichen Generalklauseln den Arbeitnehmer (vgl im Einzelnen BAG NJW 1995, 275, 276; auch BAG v 19. 9. 2004 – 2 AZR 447/03; MünchArbR/WANK § 122 Rn 33; SCHAUB/LINCK § 123 Rn 80; LETTL NZA-RR 2004, 57, 58 f; LÖWISCH BB 1997, 782, 785 f).

Hier muss aber ein strengerer Maßstab als nach dem KSchG gelten, so dass letztlich nur **willkürliche Kündigungen** durch § 242 bzw § 138 verboten sind (BVerfGE 97, 169, 179 = NJW 1998, 1475; BAG AP Nr 30 zu § 23 KSchG 1969; AP Nr 12 zu § 242 BGB Kündigung; AnwK-BGB/LOOSCHELDERS § 138 Rn 149 ff; ERMAN/HOHLOCH Rn 38; PALANDT/HEINRICHS Rn 61).

Das **Verhältnis zwischen § 138 Abs 1 und § 242** ist im Bereich des Kündigungsrechts **789** unklar. Die Rspr bejaht die Sittenwidrigkeit der Kündigung nach § 138 Abs 1 nur „in besonders krassen Fällen" (BAG NZA 2001, 834, 835; eingehend AnwK-BGB/LOOSCHELDERS § 138 Rn 149 ff mwNw; vgl auch u Rn 793 f) und greift im Übrigen auf § 242 zurück. Mitunter wird die Frage der Sittenwidrigkeit auch offen gelassen, weil jedenfalls die weniger strengen Voraussetzungen des § 242 erfüllt sind (vgl BAG NJW 1995, 275, 276).

(aa) Kündigungsgrund
(α) Treuwidrige Auswahlentscheidung bei betriebsbedingter Kündigung
In einem Kleinbetrieb mit bis zu fünf bzw zehn Arbeitnehmern (§ 23 Abs 1 S 2–4 **790** KSchG) ist der Arbeitgeber bei der Auswahlentscheidung zwischen austauschbaren Arbeitnehmern im Zuge einer betriebsbedingten Kündigung nach Treu und Glauben iVm Art 12 GG verpflichtet, ein **Mindestmaß an sozialer Rücksichtnahme** zu beachten (BVerfGE 97, 169, 179 = NJW 1998, 1475 m Anm GRAGERT/WIEHE, Das Aus für die freie Auswahl in Kleinbetrieben – § 242 BGB!, NZA 2001, 934 ff; BAG AP Nr 30 zu § 23 KSchG 1969 = NJW 2003, 2188; AP Nr 12 zu § 242 BGB Kündigung; vgl auch MünchArbR/WANK § 122 Rn 14 ff; KRENZ, Sozialauswahl 92 ff; FEUERBORN EzA § 242 BGB 2002 Kündigung Nr 1). Nach der **Rspr** sind nicht die Maßstäbe des § 1 Abs 3 KSchG heranzuziehen (BVerfGE 97, 169, 178 f; BAG AP Nr 30 zu § 23 KSchG 1969; AP Nr 12 zu § 242 BGB Kündigung), sondern es erfolgt eine **Abwägung der Interessen** des Arbeitnehmers am Erhalt seines Arbeitsplatzes und der Interessen des Arbeitgebers an der Beendigung des Arbeitsverhältnisses. Der Berufsfreiheit des Arbeitnehmers (Art 12 GG) stehen dabei die Berufsfreiheit sowie die wirtschaftliche Betätigungsfreiheit (Art 2 Abs 1 GG) des Arbeitgebers gegenüber (BVerfGE 97, 169, 177 f). Hierbei sind die betrieblichen, persönlichen und sonstigen Beweggründe des Arbeitgebers ebenso zu berücksichtigen wie die Dauer der Betriebszugehörigkeit, das Alter und etwaige Unterhaltspflichten des Arbeitnehmers (BAG AP Nr 30 zu § 23 KSchG 1969 = NJW 2003, 2188; AP Nr 12 zu § 242 BGB Kündigung).

Mit der Dauer der Betriebszugehörigkeit, dem Lebensalter, den Unterhaltspflichten **791** des Arbeitnehmers etc bezieht die Rspr die **Auswahlkriterien des § 1 Abs 3 KSchG** in die Abwägung ein, obwohl diese Vorschrift bei Kleinbetrieben gerade nicht gelten soll. Hierin ist aber kein Widerspruch zu sehen (krit aber PREIS NZA 1997, 1256, 1268; RICHARDI/KORTSTOCK Anm zu AP Nr 12 zu § 242 BGB Kündigung). Denn die Interessen der Arbeitsvertragsparteien sind im Rahmen des § 1 KSchG anders zu bewerten als im Rahmen des § 242. Während im Rahmen des KSchG die Interessen des Arbeitnehmers im Vordergrund stehen, muss bei der Abwägung im Rahmen des § 242 die Entscheidungsfreiheit des Arbeitgebers in betrieblichen Angelegenheiten stärker gewichtet werden (vgl MünchArbR/WANK § 122 Rn 23; LETTL NZA-RR 2004, 57, 63). Die Anwendung des § 242 führt also nicht dazu, dass der spezifische Schutz des KSchG auf Arbeitnehmer ausgedehnt wird, die nicht in dessen Geltungsbereich fallen.

Die vorgenannten Grundsätze gelten nicht für Arbeitnehmer **während der sechs- 792**

monatigen Wartezeit nach § 1 Abs 1 KSchG. Während dieses Zeitraums kann einem Arbeitnehmer somit auch dann gekündigt werden, wenn eine nach § 242 durchzuführende Sozialauswahl zu seinen Gunsten verliefe (BAG AP Nr 9, 10 und 13 zu § 242 BGB Kündigung). Denn anderenfalls könnte der Zweck der Probezeit, die Eignung des Arbeitnehmers zu überprüfen, nicht erreicht werden (BAG AP Nr 10 und 13 zu § 242 BGB Kündigung; KRENZ, Sozialauswahl 160 ff; WANK, in: FS Hanau [1999] 295, 314). Eine **willkürliche Kündigung** ist aber auch während der Wartezeit unzulässig (BAG AP Nr 9, 10, 13 und 19 zu § 242 BGB Kündigung; dazu sogleich Rn 793 f).

(β) **Erfordernis eines Sachgrundes bei personen- oder verhaltensbedingter Kündigung**

793 Außerhalb des KSchG kann eine personen- oder verhaltensbedingte Kündigung auch dann unzulässig sein, wenn sie sich nicht auf einen im Zusammenhang mit dem Arbeitsverhältnis stehenden **Sachgrund** bezieht (vgl OETKER AuR 1997, 41, 51 f; ihm folgend MünchArbR/WANK § 122 Rn 35; KITTNER, Das neue Recht der Sozialauswahl bei betriebsbedingten Kündigungen und die Ausdehnung der Kleinbetriebsklausel, AuR 1997, 182, 190; LAKIES, Änderung des Kündigungsschutzgesetzes und allgemeiner Kündigungsschutz nach § 242 BGB – Verfassungsrechtliche Fragen, DB 1997, 1078, 1081). Da der Arbeitgeber dann gerade nicht den Schranken des KSchG unterliegen soll, ist eine **generelle Rechtfertigungspflicht** für personen- und verhaltensbedingte Kündigungen abzulehnen (ebenso APS/PREIS, Grundlagen J Rn 51 ff; vHOYNINGEN-HUENE/LINCK KSchG § 13 Rn 92; LÖWISCH BB 1997, 782, 786; STAHLHACKE/PREIS/VOSSEN Rn 307; STAHLHACKE, in: FS Wiese [1998] 513, 523 f; WANK, in: FS Hanau [1999] 295, 306; anders MünchArbR/WANK § 122 Rn 35; OETKER AuR 1997, 41, 51 f). In besonders gelagerten Einzelfällen kommt eine Kontrolle des Kündigungsgrundes aber in Betracht. Dabei erlangt die **objektive Wertordnung der Grundrechte** besondere Bedeutung. Dogmatisch handelt es sich allerdings um eine Problematik, die eher zu § 138 Abs 1 gehört. Denn die Kündigung ist sittenwidrig, wenn dadurch die Grundrechte des Arbeitnehmers verletzt werden (AnwK-BGB/LOOSCHELDERS § 138 Rn 152; vHOYNINGEN-HUENE/LINCK KSchG § 13 Rn 92 f; PREIS NZA 1997, 1256, 1266; anders MünchArbR/WANK § 122 Rn 34; OETKER AuR 1997, 41, 52). Eine Kündigung etwa, die nur wegen der **sexuellen Ausrichtung** des Arbeitnehmers ausgesprochen wird, verletzt dessen Persönlichkeitsrecht (Art 2 Abs 1, 1 Abs 1 GG) und stellt überdies eine unzulässige **Diskriminierung** dar (BAG NJW 1995, 275 = AP Nr 9 zu § 242 BGB Kündigung). Sie ist daher nicht nur rechtsmissbräuchlich, sondern sittenwidrig (ebenso PREIS NZA 1997, 1256, 1266). Das Gleiche gilt für Kündigungen, die eine andere nach Art 3 Abs 1 oder Abs 3 GG verbotene Diskriminierung enthalten (für § 242 BAG NJOZ 2004, 1258, 1263). Bei **geschlechtsbezogener Diskriminierung** ist die Kündigung allerdings schon nach § 134 iVm § 611a nichtig (vgl ERMAN/PALM § 138 Rn 76). Nach Umsetzung der **Antidiskriminierungsrichtlinien** (dazu STAUDINGER/OLZEN Einl 281 ff zu §§ 241 ff) wird die Anwendung der §§ 138 Abs 1, 242 auch bei Diskriminierungen wegen der sexuellen Ausrichtung entfallen.

794 Wird die Kündigung allein auf das **Tragen eines Kleidungsstücks** aus religiösen Motiven (islamisches Kopftuch) gestützt, so kommt ein Verstoß gegen die Glaubens- und Bekenntnisfreiheit des Arbeitnehmers (Art 4 GG) in Betracht, der nach § 138 Abs 1 zur Nichtigkeit führt (für Anwendung des § 242 aber LETTL NZA-RR 2004, 57, 61; vgl auch BVerfG NJW 2003, 1908 ff; BAG AP Nr 44 zu § 1 KSchG 1969 m Anm ADAM; BAG NJOZ 2004, 1258, 1263). Allerdings ist eine **Interessenabwägung** erforderlich. Sofern der Arbeitgeber nachweist, dass das Tragen des Kleidungsstücks zu betrieblichen Störun-

gen oder wirtschaftlichen Nachteilen führt, liegt kein Verstoß gegen die guten Sitten oder Treu und Glauben vor (vgl AnwK-BGB/LOOSCHELDERS § 138 Rn 55 mwNw). Nach Umsetzung der **Antidiskriminierungsrichtlinien** wird auch diese Problematik auf der Grundlage einer besonderen gesetzlichen Regelung zu erörtern sein.

(bb) Ausübung des Kündigungsrechts
Die Kündigung kann sich aufgrund der Modalitäten der Ausübung als treuwidrig erweisen (krit SCHAUB/LINCK § 123 Rn 81). So muss ein Arbeitnehmer die **Kündigung zur Unzeit** nicht gegen sich gelten lassen (BAG NZA 2000, 437, 438; BAG AP Nr 5 zu § 242 BGB Kündigung; PALANDT/HEINRICHS Rn 61; STAHLHACKE/PREIS/VOSSEN Rn 312). Die Rspr legt hier aber strenge Maßstäbe an. So soll eine Kündigung nicht schon deshalb treuwidrig sein, weil sie in unmittelbarem zeitlichen Zusammenhang mit dem Tod eines nahen Angehörigen (BAG AP Nr 13 zu § 242 BGB Kündigung; ErfK/ASCHEID § 13 KSchG Rn 30) oder einer Fehlgeburt steht (BAG AP Nr 87 zu § 613a BGB; LETTL NZA-RR 2004, 57, 64). Auch eine Kündigung am 24. 12. ist nicht ohne weiteres rechtsmissbräuchlich (BAG AP Nr 88 zu § 626 BGB; LETTL NZA-RR 2004, 57, 64). Im Einzelfall müssen dafür vielmehr weitere Umstände hinzu treten. Besondere Bedeutung erlangt dabei der Anspruch des Arbeitnehmers auf **Achtung seiner Persönlichkeit** (BAG AP Nr 87 zu § 613a BGB; AP Nr 88 zu § 626 BGB; AP Nr 13 zu § 242 BGB Kündigung; HWK/PODS § 13 KSchG Rn 26). Beispielsweise hat das LAG Bremen eine Kündigung als treuwidrig erachtet, die dem Arbeitnehmer nach einem schweren Arbeitsunfall am gleichen Tag unmittelbar vor der aufgrund des Unfalls notwendigen Operation erklärt wurde (LAGE BGB § 242 Nr 2; APS/PREIS, Grundlagen J Rn 47). Eine **Kündigung in verletzender Form** (zB unter Verwendung von beleidigenden Worten oder unter herabsetzenden Umständen) verstößt ebenfalls gegen Treu und Glauben (KR/FRIEDRICH § 13 KSchG Rn 247; LETTL NZA-RR 2004, 57, 64).

Ob die Treuwidrigkeit einer Kündigung in einem betriebsratslosen Unternehmen darauf gestützt werden kann, dass der **Arbeitnehmer nicht vorher angehört** wurde, ist streitig. Nach der Rspr des BAG gibt es keinen allgemeinen Grundsatz, dass der Arbeitnehmer vor einer außerordentlichen Kündigung nach § 626 stets anzuhören wäre (BAG AP Nr 138 zu § 626 BGB; AP Nr 63 zu § 626 BGB m zust Anm HERSCHEL). Etwas anderes gilt nur bei Kündigungen, die mit dem schwerwiegenden Verdacht einer Straftat oder einer sonstigen Verfehlung begründet werden – sog **Verdachtskündigungen** (BAG AP Nr 25 zu § 626 BGB Verdacht strafbarer Handlungen; AP Nr 39 zu § 102 BetrVG 1972; ErfK/MÜLLER-GLÖGE § 626 Rn 213; allg zu Verdachtskündigungen BAG AP Nr 24 zu § 626 BGB Verdacht strafbarer Handlungen m Anm BELLING/KÜNSTER; zum Wiedereinstellungsanspruch su Rn 802 ff). Die Notwendigkeit der Anhörung dient hier als Ausgleich dafür, dass ein bloßer Verdacht als Kündigungsgrund ausreicht (BAG AP Nr 138 zu § 626 BGB; AP Nr 25 zu § 626 BGB Verdacht strafbarer Handlung). Da es in allen anderen Fällen auf den subjektiven Kenntnisstand des Kündigenden nicht ankommt, ist vor der Kündigung keine Anhörung erforderlich (BAG AP Nr 138 zu § 626 BGB; APS/PREIS, Grundlagen J Rn 48 f). Dies gilt umso mehr, als der Arbeitnehmer in einem möglichen Kündigungsrechtsstreit zu der Kündigung Stellung nehmen kann. Eine andere Beurteilung wird auch nicht durch die Grundrechte geboten, weil das Fehlen der Anhörung den Arbeitnehmer weder in seiner Menschenwürde (Art 1 Abs 1 GG) noch in seinem Persönlichkeitsrecht (Art 2 Abs 1 GG) oder seiner Berufsfreiheit (Art 12 GG) verletzt (so aber AG Gelsenkirchen NZA-RR 1999, 134, 136; NZA-RR 1999, 137, 138 ff; ERMAN/HOHLOCH Rn 143).

(b) Widersprüchliches Verhalten einer Vertragspartei

797 Im Bereich des Kündigungsrechts erlangt § 242 unter dem Gesichtspunkt des **widersprüchlichen Verhaltens** in zweierlei Hinsicht Bedeutung: Zum einen kann ein Vertragspartner wegen Verstoßes gegen das Verbot des venire contra factum proprium gehindert sein, sich auf Form- und Fristerfordernisse oder das Bestehen eines Kündigungsgrundes zu berufen. Zum anderen besteht bei betriebsbedingten Kündigungen uU ein Wiedereinstellungsanspruch des Arbeitnehmers.

(aa) Überwindung von Wirksamkeitserfordernissen der Kündigung

798 Das Kündigungsrecht ist weitgehend reglementiert. Beispielsweise müssen aus Gründen der Rechtsklarheit bestimmte **Form- und Fristerfordernisse** beachtet werden. Zudem bedarf es im Anwendungsbereich des KSchG eines **Kündigungsgrundes**. Allerdings ist es rechtsmissbräuchlich, sich auf das Fehlen einer Wirksamkeitsvoraussetzung zu berufen, wenn dadurch das berechtigte Vertrauen des anderen Vertragspartners enttäuscht wird (Singer NZA 1998, 1309, 1310; so Rn 286 ff). Da das KSchG hierzu keine Regelungen enthält, kommt es dabei nicht darauf an, ob die in Frage stehende Kündigung in den Anwendungsbereich des KSchG fällt oder nicht (vgl nur APS/Preis, Grundlagen D Rn 101).

799 Erklärt der **Arbeitnehmer** mehrfach und mit besonderer Verbindlichkeit und Endgültigkeit die außerordentliche Kündigung des Arbeitsvertrages ohne Einhaltung der Form und ohne Vorliegen eines Kündigungsgrundes, so handelt er nach Ansicht des BAG widersprüchlich und damit treuwidrig, wenn er sich anschließend auf das Fehlen des Kündigungsgrundes oder die Formnichtigkeit der Kündigung beruft (BAG DB 2005, 232; AP Nr 141 zu § 626 BGB = NJW 1998, 1659; Erman/Hohloch Rn 106, 120). Dies lässt sich mit Blick auf den **Kündigungsgrund** damit rechtfertigen, dass es primär um den Schutz des Kündigungsempfängers geht. Demgegenüber dienen **Formerfordernisse** im Allgemeinen auch dem Schutz des Erklärenden vor Übereilung (einschränkend daher Singer NZA 1998, 1309, 1310). Aus diesem Grund kann die Entscheidung darüber, ob widersprüchliches Verhalten vorliegt, bei formwidrigen Kündigungen nur anhand der Umstände des Einzelfalles getroffen werden. Um die Formerfordernisse nicht auszuhöhlen, müssen an deren Durchbrechung strenge Anforderungen gestellt werden (BAG DB 2005, 232; Preis/Gotthardt, Schriftformerfordernis für Kündigungen, Aufhebungsverträge und Befristungen nach § 623 BGB, NZA 2000, 348, 353).

800 Widersprüchlich verhält sich ein **Arbeitgeber**, der zunächst ausdrücklich oder konkludent erklärt, er werde einen bestimmten Umstand nicht als Kündigungsgrund verwenden, und sich schließlich doch auf eben diesen Umstand beruft (APS/Preis, Grundlagen D Rn 103). Gleiches gilt, wenn er an der Entstehung des Kündigungsgrundes maßgeblich mitgewirkt hat (Bamberger/Roth/Grüneberg Rn 67; MünchKomm/Roth Rn 230). Die Kündigung darf auch nicht auf eine Pflichtverletzung des Arbeitnehmers gestützt werden, die der Arbeitgeber bei einem zuvor ausgestellten Zeugnis bewusst außer Betracht gelassen hat (BGH NJW 1972, 1214, 1215; Bamberger/Roth/Grünewald Rn 127). Denn in diesem Fall darf der Arbeitnehmer mangels gegenteiliger Anhaltspunkte darauf vertrauen, dass der Arbeitgeber ihm die in Frage stehende Pflichtverletzung nicht mehr entgegenhalten werde.

801 Im Einzelfall kann es treuwidrig sein, sich auf eine gesetzliche (zB § 626 Abs 2) oder tarifvertragliche **Ausschlussfrist** zu berufen. Hindert ein Vertragsteil den anderen

daran, seinen Anspruch innerhalb einer Ausschlussfrist geltend zu machen, so verhält er sich widersprüchlich, wenn er sich später auf den Fristablauf stützt (BAG NJOZ 2004, 1270, 1272 = ZTR 2003, 626; BAG AP Nr 27 zu BAT § 70; AP Nr 5 und 6 zu § 626 BGB Ausschlussfrist; BAMBERGER/ROTH/GRÜNEWALD Rn 113; ErfK/SCHAUB § 4 TVG Rn 108; allg zur Einschränkung von Ausschlussfristen über § 242 so Rn 561 ff). Ein Arbeitnehmer, der den **Zugang einer Kündigung bewusst vereitelt**, muss sich uU so behandeln lassen, wie wenn die Kündigung rechtzeitig zugegangen wäre (BAG AP Nr 19 zu § 620 BGB Kündigungserklärung; ErfK/MÜLLER-GLÖGE § 620 Rn 50; KR/FRIEDRICH § 4 KSchG Rn 125; HERBERT, Zugangsverzögerung einer Kündigung per Einschreiben und der Lauf der Klagefrist des § 4 KSchG, NJW 1997, 1829, 1831; Einzelheiten zum Zugang o Rn 453 ff).

(bb) Wiedereinstellungsanspruch
(α) Allgemeines
Der Kündigungsgrund beruht immer auf einer Prognoseentscheidung. Falls diese **802** sich **nachträglich nicht bestätigt**, so entstehen im Einzelfall unbillige Ergebnisse. Denn für die Beurteilung der Kündigung ist der Zeitpunkt ihres Zugangs maßgeblich (BAG AP Nr 74 zu § 613a BGB; AP Nr 1 zu § 1 KSchG Wiedereinstellung; KAISER ZfA 2000, 205, 209 mwNw). Soweit sich die Prognose innerhalb der Kündigungsfrist zugunsten des Arbeitnehmers verändert, steht diesem daher nach überwiegender Meinung ein **Anspruch auf Fortsetzung des Arbeitsverhältnisses** zu (abl aber FEUERBORN S 239 ff; KAISER ZfA 2000, 205 ff).

Praktisch relevant wird der Wiedereinstellungsanspruch vor allem bei **betriebsbe- 803 dingten Kündigungen** (vgl BAG AP Nr 1, 2, 4 und 5 zu § 1 KSchG 1969 Wiedereinstellung; BECKSCHULZE DB 1998, 417 ff; RICKEN, Grundlagen und Grenzen des Wiedereinstellungsanspruchs, NZA 1998, 460, 461 ff; anders als nach LAG Hamm NZA-RR 2004, 76 ff kommt es nicht darauf an, ob das KSchG anwendbar ist, da auch im Rahmen des § 242 soziale Gesichtspunkte zu prüfen sind, vgl Rn 790 f) sowie bei **unerwartetem Betriebsübergang** (ausf dazu APS/KIEL § 1 KSchG Rn 806 f; KONTUSCH, Wiedereinstellungsanspruch 59 ff; NICOLAI/NOACK ZfA 2000, 96 ff; RAAB RdA 2000, 147, 158 ff), aber auch bei **Verdachtskündigungen** (vgl BAG AP Nr 3 und 27 zu § 626 BGB Verdacht strafbarer Handlung; ErfK/MÜLLER-GLÖGE § 626 Rn 219; LUKE NZA 2005, 92) und **personenbedingten Kündigungen** (BAG AP Nr 37 zu § 1 KSchG 1969 Krankheit = NJW 2000, 2762; RAAB RdA 2000, 147, 153; RICKEN 464; anders LAG Berlin NZA-RR 2003, 66, 67; vgl ausf LEPKE, Zum Wiedereinstellungsanspruch bei krankheitsbedingter Kündigung, NZA-RR 2002, 617 ff). Bei **verhaltensbedingten Kündigungen** ist für einen solchen Anspruch dagegen regelmäßig kein Raum (HWK/QUECKE § 1 KSchG Rn 82; KR/ETZEL § 1 KSchG Rn 740; MünchArbR/BERKOWSKY § 134 Rn 93; MEINEL/BAUER NZA 1999, 575, 577; RAAB RdA 2000, 147, 153; anders BOEWER NZA 1999, 1121, 1123).

Inhaltlich richtet sich der Wiedereinstellungsanspruch auf die Abgabe eines Ange- **804** bots zur Fortsetzung des Arbeitsverhältnisses durch den Arbeitgeber (HWK/QUECKE § 1 KSchG Rn 84; RAAB RdA 2000, 147, 157, zur prozessualen Durchsetzung 158; offen gelassen von BAG AP Nr 1 zu § 1 KSchG 1969 Wiedereinstellung). Zum Wiedereinstellungsanspruch nach Aufhebungsvertrag bei Weiterbeschäftigungsmöglichkeit in einem anderen Konzernunternehmen BAG BB 2002, 2335; zu betriebsverfassungsrechtlichen Fragen BOEWER NZA 1999, 1177, 1181 f.

(β) Dogmatische Herleitung
Rspr und Lit stützen den Wiedereinstellungsanspruch meist auf § 242; die genaue **805**

Einordnung ist aber umstritten (zum Meinungsstand vgl APS/KIEL § 1 KSchG Rn 801 ff). Zum Teil wird der Anspruch aus dem Verbot widersprüchlichen Verhaltens (BAG AP Nr 1 zu § 1 KSchG 1969 Wiedereinstellung; BOEWER NZA 1999, 1121, 1128) abgeleitet. Es finden sich jedoch auch Stimmen, die auf eine nachvertragliche Fürsorge- bzw Interessenwahrungspflicht (BAG AP Nr 6 zu § 1 KSchG 1969 Wiedereinstellung; BB 2002, 2335; OETKER ZIP 2000, 643, 646 f), eine systemimmanente Rechtsfortbildung (RAAB RdA 2000, 147, 152) oder – für die betriebsbedingte Kündigung – eine erweiterte Auslegung des § 1 Abs 3 KSchG (ZWANZIGER BB 1997, 42, 43) zurückgreifen.

(γ) Voraussetzungen

806 Der Wiedereinstellungsanspruch kann nur geltend gemacht werden, wenn der Arbeitnehmer allgemeinem oder besonderem Kündigungsschutz unterliegt (APS/KIEL § 1 KSchG Rn 803; BECKSCHULZE DB 1998, 417, 418; OETKER ZIP 2000, 643, 647; für Anwendbarkeit des KSchG BOEWER NZA 1999, 1121, 1130). Für die **Voraussetzungen** des Anspruchs gilt Folgendes:

807 Zunächst muss sich die Prognoseentscheidung **innerhalb der Kündigungsfrist** wegen eines nach Ausspruch der wirksamen Kündigung eingetretenen Umstands als falsch herausstellen (BAG AP Nr 2 und 6 zu § 1 KSchG 1969 Wiedereinstellung; KR/ETZEL § 1 KSchG Rn 733; BOEWER NZA 1999, 1177, 1178; OETKER ZIP 2000, 643, 649; für Anwendbarkeit auch bei Änderung der Umstände nach Beendigung des Arbeitsverhältnisses MünchArbR/BERKOWSKY § 134 Rn 85 f; RAAB RdA 2000, 147, 154 f mwNw; ausf zum Meinungsstand NÄDLER, Wiedereinstellungsanspruch 127 ff). **Nach Beendigung des Arbeitsverhältnisses** ist zu differenzieren: Bei **betriebsbedingten Kündigungen** kommt ein Wiedereinstellungsanspruch aus Gründen der Rechtssicherheit und des Rechtsfriedens nur in besonders gelagerten Ausnahmefällen in Betracht (BAG AP Nr 2 und 6 zu § 1 KSchG 1969 Wiedereinstellung). Bei **Verdachtskündigungen** ist dagegen ein Ausräumen des Verdachts wegen des Rehabilitierungsinteresses des Arbeitnehmers auch nach Ablauf der Kündigungsfrist zu berücksichtigen (BAG AP Nr 2 zu § 611 BGB Fürsorgepflicht m Anm HUECK = NJW 1957, 1513; AP Nr 24 zu § 626 BGB Verdacht strafbarer Handlungen m Anm BELLING/KÜNSTER; OETKER ZIP 2000, 643, 649); hierzu reicht die Einstellung des Ermittlungsverfahrens nach § 170 Abs 1 StPO aber nicht aus (BAG AP Nr 27 zu § 626 BGB Verdacht strafbarer Handlungen). Bei einem **Betriebsübergang** gelten ebenfalls Besonderheiten; hier kommt es für den Wiedereinstellungsanspruch gegenüber dem neuen Arbeitgeber nicht auf die Beendigung des Arbeitsverhältnisses an (vgl BAG AP Nr 169 zu § 613a BGB; APS/KIEL § 1 KSchG Rn 806 f).

808 Des Weiteren muss die Weiterbeschäftigung für den Arbeitgeber **zumutbar** sein. Nicht zumutbar ist die Weiterbeschäftigung beispielsweise, wenn der Arbeitgeber nach der Kündigung bereits Dispositionen über den Arbeitsplatz getroffen hat (BAG AP Nr 1 zu § 1 KSchG 1969 Wiedereinstellung); allerdings darf er den Weiterbeschäftigungsanspruch hierdurch nicht treuwidrig vereiteln (BAG AP Nr 6 zu § 1 KSchG 1969 Wiedereinstellung). Es ist eine umfassende Interessenabwägung vorzunehmen (BAG AP Nr 6 zu § 1 KSchG 1969 Wiedereinstellung; OETKER ZIP 2000, 643, 646; ausf RAAB RdA 2000, 147, 155 f); bei krankheitsbedingten Kündigungen bedarf es zudem einer entsprechenden Prognose (BAG AP Nr 1 zu § 1 KSchG 1969 Wiedereinstellung; AP Nr 37 zu § 1 KSchG 1969 Krankheit; ERTL DStR 2001, 442, 443; NICOLAI/NOACK ZfA 2000, 87, 101).

809 Der Arbeitnehmer hat sein Interesse an der Fortsetzung des Arbeitsverhältnisses

dem Arbeitgeber **unverzüglich** mitzuteilen, wobei eine an §§ 4, 7 KSchG orientierte dreiwöchige Frist der Praxis als Anhaltspunkt dient (BAG AP Nr 5 zu § 1 KSchG 1969 Wiedereinstellungsanspruch [bezogen auf Betriebsübergang]; APS/KIEL § 1 KSchG Rn 819a; BOEWER NZA 1999, 1177, 1180; MEINEL/BAUER NZA 1999, 575, 580; RAAB RdA 2000, 147, 156). Nach Ablehnung des Begehrens muss der Arbeitnehmer seinen Wiedereinstellungsanspruch innerhalb von drei Wochen (§§ 4, 7 KSchG) gerichtlich verfolgen (APS/KIEL § 1 KSchG Rn 819a; LUKE NZA 2005, 92, 93; MEINEL/BAUER NZA 1999, 575, 580; krit BOEWER NZA 1999, 1177, 1183; OETKER ZIP 2000, 643, 651; RAAB RdA 2000, 147, 154; insg gegen eine zeitliche Begrenzung KR/ETZEL § 1 KSchG Rn 742; ZWANZIGER BB 1997, 42, 45); im Übrigen gelten die Grundsätze der Verwirkung (BOEWER NZA 1999, 1177, 1183; RAAB RdA 2000, 147, 154; Einzelheiten zur Verwirkung u Rn 814 ff und allg o Rn 302 ff).

(δ) **Auswahl unter mehreren Arbeitnehmern bei betriebsbedingter Kündigung**
Machen mehrere Arbeitnehmer einen Weiterbeschäftigungsanspruch nach betriebsbedingter Kündigung geltend, so ist die Auswahl durch den Arbeitgeber anhand betrieblicher Belange und sozialer Gesichtspunkte durchzuführen (BAG AP 6 zu § 1 KSchG 1969 Wiedereinstellung; BOEWER NZA 1999, 1177, 1179; RAAB RdA 2000, 147, 157), und zwar aufgrund einer **umfassenden Interessenabwägung** (BAG AP Nr 66 zu § 1 KSchG 1969 Betriebsbedingte Kündigung; APS/KIEL § 1 KSchG Rn 813). Als Indizien haben die Maßstäbe des § 1 Abs 3 KSchG dabei ebenso Bedeutung (BAG AP Nr 6 zu § 1 KSchG 1969 Wiedereinstellung; BECKSCHULZE DB 1998, 417, 420; KONTUSCH, Wiedereinstellungsanspruch 143 ff; NICOLAI/NOACK ZfA 2000, 87, 107 f; OETKER ZIP 2000, 643, 651; krit MünchArbR/BERKOWSKY § 134 Rn 89 ff) wie das unternehmerische Interesse des Arbeitgebers an der Wiedereinstellung eines bestimmten Arbeitnehmers (ERTL DStR 2001, 442, 447). Auch der Abschluss eines Abfindungsvergleichs kann zu Lasten des Arbeitnehmers in die Abwägung einfließen (BAG AP Nr 6 zu § 1 KSchG 1969 Wiedereinstellung; APS/KIEL § 1 KSchG Rn 816a; ERTL DStR 2001, 442, 448). Sollte der Vergleich das Arbeitsverhältnis endgültig beenden, besteht idR kein Wiedereinstellungsanspruch (BAG AP Nr 6 zu § 1 KSchG 1969 Wiedereinstellung; NICOLAI/NOACK ZfA 2000, 87, 111; ZWANZIGER BB 1997, 42, 45).

(ε) **Befristete Arbeitsverhältnisse**
Die Rspr zum Wiedereinstellungsanspruch ist nicht auf **befristete Arbeitsverhältnisse** übertragbar, da der Arbeitnehmer dort nicht auf das Fortbestehen des Vertrages vertrauen darf (BAG AP Nr 11 zu § 1 KSchG 1969 Wiedereinstellung; MEINEL/BAUER NZA 1999, 575, 577 f; LUKE NZA 2005, 92). Es erscheint deshalb nur in eng begrenzten Ausnahmefällen treuwidrig, sich auf eine wirksame Befristung des Arbeitsverhältnisses zu berufen. Der Verstoß gegen Treu und Glauben setzt dabei voraus, dass der Arbeitnehmer aufgrund objektiver Anhaltspunkte davon ausgegangen ist und ausgehen durfte, das Arbeitsverhältnis werde über den Befristungszeitpunkt hinaus fortgesetzt (BAG AP Nr 9 zu § 57c HRG; AP Nr 4 zu § 91 AFG; ErfK/MÜLLER-GLÖGE § 15 TzBfG Rn 11; BOEWER NZA 1999, 1177, 1180).

(3) **Versorgungsansprüche**
Der Arbeitnehmer kann **Versorgungsansprüche** unter dem Aspekt der unzulässigen Rechtsausübung verlieren, wenn er die durch das Versorgungsversprechen abgegoltene Betriebstreue **nachhaltig entwertet**, indem er durch schwere Verfehlungen einen existenzbedrohenden Schaden für den Betrieb verursacht (BAG AP Nr 1 und 12 zu § 1 BetrAVG Treuebruch; AP Nr 22 zu § 7 BetrAVG Widerruf; BGH NJW 2000, 1197, 1198; NJW 1984, 1529). Wegen der belastenden Folgen für den Arbeitnehmer wird die Aberken-

nung der Versorgungsbezüge aber an strenge Voraussetzungen geknüpft (BAMBERGER/ ROTH/GRÜNEBERG Rn 72; MünchKomm/ROTH Rn 244). Entscheidend ist eine Interessenabwägung, bei der die Schwere der Verfehlung und ihre Folgen auf der einen Seite und die Dauer der Betriebszugehörigkeit, das Lebensalter und die weiteren Erwerbsaussichten auf der anderen Seite zu bewerten sind (BAG AP Nr 12 zu § 1 BetrAVG Treuebruch; BGH NJW 1984, 1529 f; BAMBERGER/ROTH/GRÜNEBERG Rn 72). Die Zulässigkeit einer fristlosen Kündigung kann allenfalls als Indiz für den Verlust der Versorgungsbezüge dienen (BAG AP Nr 1 und 7 zu § 1 BetrAVG Treuebruch; MünchKomm/ROTH Rn 244).

813 Bejaht wurde der Ausschluss von Versorgungsbezügen bei Annahme von **Schmiergeldern** in erheblichem Umfang (BGH NJW 1984, 1529 f; PALANDT/HEINRICHS Rn 46), bei einer laufenden Erpressung (BAG AP Nr 5 zu § 1 BetrAVG Treuebruch = NJW 1983, 2048; BAMBERGER/ROTH/GRÜNEBERG Rn 72; PALANDT/HEINRICHS Rn 46) und bei Gefährdung der wirtschaftlichen Grundlagen des Unternehmens durch **fortgesetzte Schädigungen** (BGH AP Nr 12 zu § 1 BetrAVG Treuebruch = NJW-RR 1997, 348; BAG NJW 2000, 1197, 1198; MünchKomm/ROTH Rn 244). Die **Unterschlagung von Geld** in den letzten Monaten des Arbeitsverhältnisses ist dagegen bei langer Betriebszugehörigkeit nicht ausreichend (BAG AP Nr 7 zu § 1 BetrAVG Treuebruch = NJW 1984, 141). Anwartschaften aus **Entgeltumwandlung** bleiben dem Arbeitnehmer auch bei schweren Verfehlungen erhalten, da es sich dabei um eine arbeitnehmerfinanzierte Altersvorsorge handelt (CLEMENS, Strukturen juristischer Argumentation [1977] 308). Zur Verwirkung von Versorgungsansprüchen su Rn 815.

cc) **Verwirkung**

814 Ein Recht ist verwirkt, wenn es der Gläubiger längere Zeit nicht ausgeübt hat und der Schuldner nach Treu und Glauben davon ausgehen darf, dass es nicht mehr geltend gemacht wird (BAG AP Nr 46 zu § 242 BGB Verwirkung = NJW 2001, 2907, 2908; NJOZ 2003, 1522, 1523 f; BAMBERGER/ROTH/GRÜNEBERG Rn 141). Die Verwirkung beinhaltet demnach **ein Zeit- und ein Umstandsmoment** (zu Einzelheiten zu den Voraussetzungen der Verwirkung so Rn 302 ff).

(1) Ausschluss der Verwirkung im Arbeitsrecht

815 Einige Rechte und Ansprüche des Arbeitnehmers sind kraft **ausdrücklicher gesetzlicher Anordnung** von der Verwirkung ausgenommen, zB tarifliche Rechte gem § 4 Abs 4 S 2 TVG. Gleiches gilt nach § 77 Abs 4 S 3 BetrVG für Rechte, die durch Betriebsvereinbarungen eingeräumt wurden, und nach § 19 Abs 3 S 4 HAG für Ansprüche aus bindenden Festsetzungen nach dem HAG. Zum Schutz des Arbeitnehmers unterliegen außerdem weder Lohn- und Gehaltsansprüche (BAG BB 1958, 117; BAMBERGER/ROTH/GRÜNEBERG Rn 145; MünchKomm/ROTH Rn 298) noch der gesetzliche Urlaubsanspruch (BAG DB 1970, 787; PALANDT/HEINRICHS Rn 98) der Verwirkung (anders KETTLER NZA 2001, 928, 931 f). Der Anspruch auf Versorgungsbezüge ist für den Arbeitnehmer von so existenzieller Bedeutung, dass er grundsätzlich ebenfalls nicht verwirken kann (BAG AP Nr 11 zu § 9 BetrAVG = ZIP 1990, 735; BAG AP § 1 BetrAVG Gleichberechtigung Nr 1; BAMBERGER/ROTH/GRÜNEBERG Rn 145). Der allgemeine Rechtsmissbrauchseinwand bleibt aber in jedem Fall unberührt (MünchArbR/HANAU § 75 Rn 11; dazu Rn 286 ff).

816 Bei **kurzen gesetzlichen Fristen** wie der zweiwöchigen Kündigungsfrist nach § 626 Abs 2 S 1 kommt eine Verwirkung regelmäßig nicht in Betracht (BAG AP § 626 BGB

Nr 160; MünchKomm/Roth Rn 299; aA Palandt/Heinrichs Rn 64; so Rn 316). Denn innerhalb kurzer Zeiträume kann das für die Verwirkung erforderliche Vertrauen des Gläubigers nicht gebildet werden (zum Verhältnis von Verjährung und Verwirkung o Rn 313 ff). Zudem stellen die kurzen Ausschlussfristen eine Konkretisierung der Verwirkungsregeln dar (BAG AP Nr 20 zu § 626 BGB Ausschlussfrist; APS/Preis, Grundlagen D Rn 108).

Nach der Rspr ist die Verwirkung auch bei Schadensersatzansprüchen wegen **vorsätzlicher unerlaubter Handlung** grundsätzlich ausgeschlossen (BAG AP Nr 17 zu § 242 BGB Verwirkung; AP Nr 36 zu § 242 BGB Verwirkung; krit Kettler NZA 2001, 928, 932). Dem ist insoweit zuzustimmen, als dass das Vertrauenselement bei vorsätzlichen deliktischen Schädigungen nur unter besonderen Voraussetzungen vorliegt. Ein genereller Ausschluss der Verwirkung erscheint aber nicht gerechtfertigt. **817**

(2)   Der Verwirkung unterliegende Ansprüche und Rechte
Alle übrigen Rechte und Ansprüche aus dem Arbeitsverhältnis unterliegen grundsätzlich der Verwirkung. So kann der Anspruch des **Arbeitnehmers** auf Arbeitnehmererfindervergütung (BAG NZA-RR 2003, 253; AP Nr 3 zu § 9 ArbNErfG) und Urlaubsentgelt (BAG AP Nr 7 zu § 11 BUrlG = DB 1970, 787; Bamberger/Roth/Grüneberg Rn 145; wegen der kurzen Verjährungsfrist offen gelassen von BAG AP Nr 34 zu § 11 BUrlG) ebenso verwirken wie der Anspruch auf Entfernung von Abmahnschreiben aus den Personalakten (BAG NJW 1989, 2562, 2564), der Anspruch nach § 613a Abs 1 S 1 (BAG AuA 2002, 408), der Anspruch auf Zeugniserteilung (BAG AP Nr 17 zu § 630 BGB = NJW 1988, 1616; LAG Hamm NZA-RR 2003, 73 f) und der Anspruch auf Ersatz von Umschulungskosten (LAG Schleswig-Holstein BB 1976, 1418). Mit Blick auf die Ansprüche des Arbeitnehmers ist bei der Verwirkung aber besondere Zurückhaltung geboten (Bamberger/Roth/Grüneberg Rn 145; MünchKomm/Roth Rn 342). **818**

Für die Verwirkung von **Ansprüchen und Rechten des Arbeitgebers** gelten die allgemeinen Grundsätze (vgl BAG AP Nr 8 zu § 1 HausarbTagsG Nds = BAGE 6, 166 [Schadensersatz]; BAG AP Nr 3 zu § 818 BGB = DB 1994, 1039 [Lohnüberzahlung]; BAG AP Nr 9 zu § 79 LPVG Baden-Württemberg = BAGE 89, 279 [Anpassung von Ruhegehalt]; zur Verwirkung des Abmahnungsrechts vgl Brill, Verwirkung und Wirkungslosigkeit von Abmahnungen, NZA 1985, 109 ff). Insbesondere kann der Arbeitgeber sein Kündigungsrecht bei längerem Untätigbleiben verwirken, wenn hierdurch beim Arbeitnehmer ein schutzwürdiges Vertrauen begründet worden ist (vgl nur BAG AP Nr 42 zu § 1 KSchG 1969 Verhaltensbedingte Kündigung = NZA 2003, 795; AP Nr 9 zu § 242 BGB Verwirkung; ZTR 1998, 565), beispielsweise bei wiederholt folgenlosen Abmahnungen. Eine Regel, dass bei drei aufeinander folgenden Abmahnungen die dritte bereits unwirksam ist, gibt es aber nicht (BAG AP Nr 50 zu § 1 KSchG 1969 Verhaltensbedingte Kündigung = NZA 2005, 459). **819**

In **welchem Zeitraum** ein Recht verwirkt, lässt sich nur anhand der Umstände des Einzelfalles beurteilen (vgl nur MünchArbR/Hanau § 75 Rn 11; Eberle, NZA 2003, 1121, 1123). Für einzelne Ansprüche und Rechte gibt es allerdings gewisse Anhaltspunkte. So soll das Zeitelement (so Rn 794) bei einem Zeugnisberichtigungsanspruch nach ungefähr einem Jahr erfüllt sein (BAG AP Nr 17 zu § 630 BGB – 10 Monate; LAG Hamm NZA-RR 2003, 73 f – 15 Monate; LAG Köln NZA-RR 2001, 130, 131 – 12 Monate). Das Zeitmoment kann allerdings nicht unabhängig vom Umstandsmoment (so Rn 794) beurteilt werden. Die Verwirkungsfrist ist vielmehr umso kürzer, je schwerer das Umstandsmoment wiegt (LAG Baden Württemberg AP Nr 40 zu § 242 BGB Verwirkung; **820**

MünchKomm/ROTH Rn 301). Als weiterer Anhaltspunkt kann die Verjährungsfrist herangezogen werden: Je kürzer diese ist, desto strengere Anforderungen gelten für die Verwirkung (BAG AP Nr 44 zu § 242 BGB Verwirkung; vgl Rn 314).

(3) Insbesondere: Verwirkung zu Lasten des Arbeitnehmers bei Beendigung des Arbeitsverhältnisses

821 Das Recht des Arbeitnehmers, sich gerichtlich gegen die Beendigung des Arbeitsverhältnisses zu wehren, unterliegt ebenfalls der Verwirkung (BAG AP Nr 1 und 5 zu § 242 BGB Prozessverwirkung; AP Nr 71 zu § 620 BGB Befristeter Arbeitsvertrag), sofern der Arbeitnehmer erst nach Ablauf eines längeren Zeitraumes klagt und der Arbeitgeber darauf vertraut hat, nicht mehr gerichtlich in Anspruch genommen zu werden (vgl nur BAG AP Nr 5 zu § 242 BGB Prozessverwirkung). Die Rspr misst der Verwirkung in diesen Fällen prozessuale Wirkung bei (**sog prozessuale Verwirkung**) mit der Folge, dass die Klage unzulässig ist (vgl nur BAG AP Nr 54 zu § 620 BGB Befristeter Arbeitsvertrag; für materielle Verwirkung – Unbegründetheit der Klage – hingegen APS/ASCHEID § 7 KSchG Rn 34; EBERLE NZA 2003, 1121, 1123). Ob die prozessuale Verwirkung eingreift, hängt von einer Einzelfallbetrachtung ab. Konkrete Zeiträume dienen nur als Orientierungshilfe (BAG AP Nr 5 zu § 242 BGB Prozessverwirkung). Das Zeitmoment der Verwirkung ist im Allgemeinen jedenfalls nach mehr als 12 Monaten erfüllt (BAG AP Nr 1, 5 und 6 zu § 242 BGB Prozessverwirkung); in der Rspr werden oft aber auch wesentlich kürzere Verwirkungsfristen von 2–4 Monaten angenommen (vgl die Bsp bei BAG AP Nr 5 zu § 242 Prozessverwirkung; APS/ASCHEID § 7 KSchG Rn 36; EBERLE NZA 2003, 1121, 1123 f).

822 Bei **Kündigungen** kommt der prozessualen Verwirkung nur noch eingeschränkte Bedeutung zu. Denn seit der Änderung des KSchG durch das Gesetz zu Reformen am Arbeitsmarkt vom 24. 12. 2003 (BGBl I 3002) gilt die dreiwöchige Klagefrist des § 4 KSchG auch für die Geltendmachung der Unwirksamkeit einer außerordentlichen Kündigung seitens des Arbeitgebers (vgl § 13 Abs 1 S 2 KSchG). Da § 4 KSchG auf den Zugang der **schriftlichen** Kündigung abstellt, wird der Verstoß gegen das Schriftformerfordernis des § 623 allerdings nicht erfasst (vgl MünchKomm/HERGENRÖDER § 13 KSchG Rn 60: sonstiger Mangel iSd § 13 Abs 3 KSchG). Bei **mündlichen** Kündigungen muss daher nach wie vor auf die prozessuale Verwirkung zurückgegriffen werden (ausf dazu EBERLE NZA 2003, 1121, 1122 ff).

823 Nach **Anfechtung** eines Aufhebungsvertrages wegen widerrechtlicher Drohung seitens des Arbeitgebers (§ 123) kann der Arbeitnehmer sein Klagerecht nur in besonders gelagerten Fällen verwirken. Da der Arbeitgeber nicht schutzwürdig ist, muss er damit rechnen, dass der Arbeitnehmer die Nichtigkeit noch einige Monate nach der Anfechtung geltend macht (BAG AP Nr 45 zu § 242 BGB Verwirkung = DB 1998, 521; ERMAN/HOHLOCH Rn 127).

dd) Erwirkung von Rechten

824 Im Gegensatz zur Verwirkung hat die Erwirkung zur Folge, dass ein Recht nach einem gewissen Zeitablauf aufgrund gebildeten Vertrauens entstehen soll (so Rn 192 ff, 319). Im Arbeitsrecht erlangt in diesem Zusammenhang der allgemein anerkannte Grundsatz der **betrieblichen Übung** Bedeutung (so Rn 193; Einzelheiten zur betrieblichen Übung bei MünchArbR/RICHARDI § 13; MünchKomm/MÜLLER-GLÖGE § 611 Rn 411 ff; STAUDINGER/RICHARDI [1999] § 611 Rn 259 ff; HROMADKA NZA 1984, 241 ff; KETTLER NZA 2001, 929 ff). Es geht dabei darum, dass der Arbeitgeber durch regelmäßige

Wiederholung bestimmter Verhaltensweisen beim Arbeitnehmer den berechtigten Eindruck erweckt, die betreffenden Leistungen oder Vergünstigungen würden auch in Zukunft gewährt (stRspr; vgl nur BAG AP Nr 63 zu § 242 BGB Betriebliche Übung; AP Nr 100 zu § 315 BGB). Das BAG deutet das Verhalten des Arbeitgebers als **konkludente Willenserklärung**, die der Arbeitnehmer nach § 151 S 1 annimmt (sog Vertragstheorie; vgl aus neuerer Zeit BAG AP Nr 43, 46, 50, 53, 55 und 63 zu § 242 BGB Betriebliche Übung); in der Lit wird dagegen überwiegend eine aus § 242 abgeleitete **Vertrauenshaftung** befürwortet (STAUDINGER/RICHARDI [1999] § 611 Rn 262; HROMADKA NZA 1984, 241, 244; KETTLER NZA 2001, 929; differenzierend ErfK/PREIS § 611 Rn 262; MünchKomm/MÜLLER-GLÖGE § 611 Rn 418; zu weiteren Ansätzen vgl MünchArbR/RICHARDI § 13 Rn 5 ff).

Für den Standpunkt der hL scheint zu sprechen, dass der **Verpflichtungswille** des **825** Arbeitgebers **nicht fingiert** werden muss (ErfK/PREIS § 611 Rn 262; MünchArbR/RICHARDI § 13 Rn 16; STAUDINGER/RICHARDI [1999] § 611 Rn 262; HROMADKA NZA 1984, 241, 244; KETTLER NZA 2001, 928, 930). Denn die Abweichung von der betrieblichen Übung wird allein wegen der Schaffung eines Vertrauenstatbestands als widersprüchlich angesehen, ohne dass es auf den Willen des Arbeitgebers ankommt. Auf der anderen Seite ist jedoch zu beachten, dass die Vertragstheorie ebenfalls auf die Fiktion eines Verpflichtungswillens des Arbeitgebers verzichten kann. Denn nach der neueren Rspr ist eine Willenserklärung bereits dann anzunehmen, wenn der Erklärende bei Anwendung der im Verkehr erforderlichen Sorgfalt hätte erkennen und vermeiden können, dass seine Äußerung bzw sein Verhalten nach Treu und Glauben und der Verkehrssitte als (konkludente) Willenserklärung aufgefasst werden durfte (BGHZ 91, 324, 330; 109, 171, 177; 149, 129, 136; MünchKomm/MÜLLER-GLÖGE § 611 Rn 414). Aus Sicht der Vertragstheorie geht es also um die **Zurechnung eines Verhaltens als Willenserklärung** (vgl zu diesem Verständnis allg PAWLOWSKI, BGB AT [7. Aufl 2003] Rn 442 ff). Da die Besonderheiten des Arbeitsrechts dabei über die Kriterien von Treu und Glauben und der Verkehrssitte (§ 157) berücksichtigt werden können, ermöglicht die Vertragstheorie sachgemäße Ergebnisse. Ein Rückgriff auf die zweifelhafte Figur der „Erwirkung" (allg dazu Rn 192 ff, 319) ist damit entbehrlich.

Zur betrieblichen Übung **zulasten des Arbeitnehmers** vgl BAG AP Nr 50 zu § 242 **826** BGB Betriebliche Übung; MünchArbR/RICHARDI § 13 Rn 29; SPEIGER, Die Reduzierung von Gratifikationsleistungen durch betriebliche Übung, NZA 1998, 510 ff.

g) Werkvertrag
Ähnlich wie beim Dienstvertrag (vgl Rn 763 f) besteht auch beim Werkvertrag ein **827** **besonderes Vertrauensverhältnis** zwischen den Parteien, bedingt durch die Einwirkungsmöglichkeiten des Werkunternehmers auf die Rechtsgüter und Interessen des Bestellers (ERMAN/HOHLOCH Rn 89). Daher wird das Vertragsverhältnis durch zahlreiche Nebenpflichten des Werkunternehmers geprägt. Dazu gehören neben Aufklärungs- und Beratungspflichten (ausf STAUDINGER/OLZEN § 241 Rn 466 f, 476) vor allem besondere Obhuts- und Aufbewahrungspflichten (ausf STAUDINGER/OLZEN § 241 Rn 502).

Ebenso wie bei anderen Schuldverträgen gilt auch bei Werkverträgen das **Verbot der 828 unzulässigen Rechtsausübung** (so Rn 281 ff; z Architektenvertrag u Rn 832), einschließlich der Grundsätze über die Verwirkung (allg dazu o Rn 302 ff; zu Einwendungen bzgl der Schlussrechnung Rn 832 f). Ein Fall widersprüchlichen Verhaltens liegt etwa vor, wenn ein Unternehmer den Werkvertrag über mehrere Jahre selbstständig abwickelt, sich im Mängelprozess dann aber darauf beruft, ein namensgleiches Unternehmen der gleichen Unternehmensgruppe sei richtiger Klagegegner (BGH DB 1987, 628 f). Besondere wirtschaftliche Bedeutung kommt Werkverträgen über die Errichtung von Bauwerken zu. Hier finden sich die meisten Anwendungsfälle des § 242.

829 Die hM geht davon aus, dass der Werkvertrag zur Vermeidung unbilliger Ergebnisse auch außerhalb der §§ 305 ff einer **gesteigerten Inhaltskontrolle** unterliegen muss (ausf STAUDINGER/PETERS [2003] § 639 Rn 59 ff; BAMBERGER/ROTH/VOIT § 639 Rn 20 ff). Bei individualvertraglichen Vereinbarungen ist ein formelhafter Ausschluss der Gewährleistung für Sachmängel daher gem § 242 unwirksam, wenn der Besteller über die Folgen der Freizeichnung nicht ausführlich belehrt worden ist (BGHZ 101, 350, 353 ff = NJW 1988, 17 mwNw; BGH NJW 1984, 2094 f; BGH DB 1986, 1215 f; OLG Celle MDR 1997, 1008; OLG Schleswig NJW-RR 1995, 590, 591). Nachdem die AGB-Kontrolle nach den §§ 307 ff (§§ 9 ff AGBG) für Verbraucherverträge durch § 310 Abs 3 (§ 24a AGBG) auf notarielle Individualverträge ausgedehnt wurde, hat diese Rspr ihre praktische Bedeutung jedoch verloren (so Rn 477 mwNw).

830 **Entzieht** der Besteller dem Werkunternehmer den **Auftrag** gem § 8 Nr 3 VOB/B, so kann er nach Treu und Glauben gehalten sein, hergestellte, aber noch nicht eingebaute Bauteile zu übernehmen und angemessen zu vergüten, sofern dies zumutbar erscheint (BGH NJW 1995, 1837, 1838; STAUDINGER/PETERS [2003] § 649 Rn 60). Dabei müssen die für die Entziehung des Auftrags maßgeblichen Gründe ebenso berücksichtigt werden wie die Verwendbarkeit der betreffenden Teile für die Weiterführung des Bauvorhabens (BGH NJW 1995, 1837, 1838).

831 § 242 wird im Bereich des Werkvertragsrechts auch herangezogen, um die nach § **648** erforderliche Identität von Grundstückseigentümer und Besteller für die Einräumung einer Sicherungshypothek zu überwinden, wenn sich die Berufung auf die Verschiedenheit der Personen (zB bei Auftreten juristischer Personen) als treuwidrig darstellt (BGHZ 102, 95, 99, 102 ff = NJW 1988, 255; OLG Düsseldorf BauR 1985, 337, 338; OLG Köln NJW-RR 1986, 960, 961; BAMBERGER/ROTH/VOIT § 648 Rn 12; MünchKomm/SOERGEL § 648 Rn 21; offen gelassen von OLG Bremen NJW 1976, 1320, 1321; vgl z Ganzen STAUDINGER/PETERS [2003] § 648 Rn 21 ff). Dies gilt zB für den Fall, dass der Grundstückseigentümer die Vorteile aus der Werkleistung des Unternehmers an dem Grundstück zieht, weil die Bestellerin eine Gesellschaft ist, die von ihm wirtschaftlich und tatsächlich vollständig beherrscht wird (BGHZ 102, 95, 104 f).

832 Von besonderer praktischer Relevanz sind Fragen, die die **Honorarforderung des Architekten** nach der Honorarordnung für Architekten und Ingenieure (HOAI) betreffen. Nach hM kommt der **Schlussrechnung** als solcher zwar keine **Bindungswirkung** zu; etwas anderes muss aber nach Treu und Glauben gelten, wenn der Auftraggeber in schutzwürdiger Weise darauf vertraut hat, dass es sich um eine abschließende Berechnung der Leistungen handelt (BGHZ 120, 133, 135 ff; BGH NJW-RR 1990, 725, 726; NJW-RR 1998, 952, 953; OLG Düsseldorf NJW-RR 1995, 340, 341; ERMAN/HOHLOCH Rn 106; MünchKomm/ROTH Rn 272). Allerdings ist in besonderen Ausnahmefällen eine Nachforderung zulässig, insbesondere wenn das Vertrauen des Bestellers in die Endgültigkeit der Rechnung nicht schutzwürdig erscheint. Erforderlich ist eine umfassende Abwägung der Interessen des Architekten und des Bestellers, wobei man berücksichtigen muss, inwieweit der Besteller sich bereits auf die abschließende

Rechnung eingestellt hat (BGHZ 120, 133, 139 f; BGH NJW-RR 1998, 952, 953). Widersprüchliches Verhalten kann im Einzelfall auch vorliegen, wenn der Architekt nach Mindestsätzen abrechnet, obwohl zuvor ein Honorar vereinbart wurde, das die **Mindestsätze unterschreitet** (BGHZ 136, 1, 9 f).

In Bezug auf die **Verwirkung von Einwendungen gegen die Schlussrechnung** ist zu **833** beachten, dass der Ablauf der zweimonatigen Prüfungsfrist nach § 16 Nr 3 Abs 1 VOB/B allein nicht den Einwand der Verwirkung rechtfertigt (BGH NJW 2001, 1649; OLG Nürnberg NJW-RR 1999, 1619; anders OLG Düsseldorf NJW-RR 1991, 278; NJW-RR 1998, 376, 377 = BauR 1997, 1052 m krit Anm WELTE, Verwirkung von Einwendungen gegen die Schlußrechnung nach Ablauf der Prüfungszeit von 2 Monaten oder beweisrechtliche Konsequenzen?, BauR 1998, 384 ff). Vielmehr gelten die allgemeinen Grundsätze (so Rn 302 ff), wonach es neben dem Zeitablauf besonderer Umstände bedarf, die bei dem Werkunternehmer das Vertrauen begründet haben und begründen durften, dass der Besteller seine Rechte nicht mehr geltend machen wird (BGH NJW 2001, 1649; OLG Nürnberg NJW-RR 1999, 1619 [bewusstes Hinauszögern des Fälligkeitstermins]).

h) Maklervertrag*

Nach Rspr und hL besteht zwischen dem Makler und dem Auftraggeber ein **beson- 834 deres Treueverhältnis**, das den Makler verpflichtet, bei seiner Tätigkeit im Rahmen des Zumutbaren das Interesse des Auftraggebers zu wahren (vgl BGH NJW 1968, 150, 151; 1985, 2595; 2000, 3642; OLG Düsseldorf NJW-RR 1996, 1012; OLG Karlsruhe NJW-RR 1995, 500; JAUERNIG/MANSEL § 654 Rn 3; PALANDT/SPRAU § 652 Rn 13; SOERGEL/MORMANN [11. Aufl 1980] § 652 Rn 30). Aus diesem Treueverhältnis wird eine Vielzahl von **Nebenpflichten** (insbesondere Aufklärungs- und Beratungspflichten) abgeleitet, für deren Konkretisierung auf § 242 verwiesen wird (so PALANDT/SPRAU § 652 Rn 14; SOERGEL/MORMANN[11] § 652 Rn 30).

Aus dogmatischer Sicht ist der hM entgegenzuhalten, dass die in Frage stehenden **835** Nebenpflichten nach allgemeinen Regeln unmittelbar aus dem **Schuldverhältnis** abgeleitet werden können; die Konstruktion eines besonderen Treueverhältnisses ist also nicht erforderlich (vgl MünchKomm/ROTH § 652 Rn 260a; STAUDINGER/REUTER [2003] Vorbem 9 zu §§ 652 ff; zur parallelen Problematik im Arbeitsrecht so Rn 766). Davon abgesehen helfen die Grundsätze des § 242 bei der Konkretisierung der Nebenpflichten im Maklerrecht kaum weiter. Entscheidend ist vielmehr die Ausgestaltung des jeweiligen Maklervertrages (ERMAN/WERNER § 652 Rn 57; vgl auch BGH NJW 1985, 2595 betr Versicherungsmakler). Wichtige Abwägungsfaktoren bilden außerdem die wirtschaftliche Bedeutung des Geschäfts und das Maß der geschäftlichen Erfahrenheit des Auftraggebers (OLG Karlsruhe NJW-RR 1995, 500). Es handelt sich damit um spezifische Fragen des Maklerrechts, die hier nicht weiter vertieft werden können.

Ein Sonderfall des **treuwidrigen Verhaltens auf Seiten des Maklers** wird in § 654 **836** geregelt. Danach steht dem Makler kein Anspruch auf Zahlung des Maklerlohns zu, wenn er dem Inhalt des Vertrages zuwider auch für den anderen Teil tätig geworden ist (unerlaubte Doppeltätigkeit). Die amtliche Überschrift des § 654 be-

---

* **Schrifttum:** PAULY, Zur Frage der treuwidrigen Vereitelung des Hauptvertrages beim Maklervertrag, JR 1998, 353; SCHEIBE, Der Provisionsanspruch des Maklers beim Vertragsschluss durch einen mit dem Auftraggeber nicht identischen Dritten, BB 1988, 849.

zeichnet dies zwar als **„Verwirkung des Lohnanspruchs"**; nach allgemeiner Ansicht handelt es sich jedoch um keinen Fall der Verwirkung im rechtstechnischen Sinne (vgl MünchKomm/ROTH § 652 Rn 1).

837 Auf der anderen Seite stellt sich die Frage, ob der **Provisionsanspruch des Maklers** mit Hilfe des § 242 **begründet** werden kann, wenn der Auftraggeber das Zustandekommen oder die Durchführung des Hauptvertrages **treuwidrig vereitelt** hat. Dagegen spricht, dass die Entscheidungsfreiheit des Auftraggebers grundsätzlich nicht durch die Annahme einer Pflicht zum Abschluss des Hauptvertrages entwertet werden darf (vgl ERMAN/WERNER § 652 Rn 41). Davon abgesehen erscheint es aus dogmatischer Sicht nicht überzeugend, das Fehlen einer Anspruchsvoraussetzung mit Hilfe von Treu und Glauben zu überspielen (vgl PAULY JR 1998, 353, 355; für Anwendung des § 242 aber SCHEIBE BB 1988, 849, 856). Die hM geht deshalb zu Recht davon aus, dass dem Makler idR nur Schadensersatzanspüche aus § 280 Abs 1 gegen den Auftraggeber zustehen (so BGH LM Nr 28 zu § 652 BGB; OLG Köln MDR 1993, 1175, 1176; MünchKomm/ROTH § 652 Rn 114 und § 654 Rn 27). In extremen Ausnahmefällen wird zwar die entsprechende Anwendung des § 162 Abs 1 befürwortet (vgl BGH LM Nr 28 zu § 652 BGB; OLG Köln MDR 1993, 1175, 1176; ERMAN/WERNER § 652 Rn 41). Die hierfür erforderliche Regelungslücke lässt sich in Anbetracht der Existenz des Schadensersatzanspruchs aus § 280 Abs 1 jedoch nicht feststellen (vgl dazu PAULY JR 1998, 353, 355; SCHEIBE BB 1988, 849, 856).

i)   Auftrag, entgeltliche Geschäftsbesorgung und Geschäftsführung ohne Auftrag
aa)   Allgemeines
838 Der Auftrag (§§ 662–674), der entgeltliche Geschäftsbesorgungsvertrag (§ 675 Abs 1) und die Geschäftsführung ohne Auftrag (§§ 677–687) weisen eine wesentliche **Gemeinsamkeit** auf: Sie beziehen sich allesamt auf **Tätigkeiten in fremdem Interesse** (STAUDINGER/WITTMANN [1995] Vorbem 3 zu §§ 662–676). Dies hat zur Folge, dass der Beauftragte bzw der (berechtigte) Geschäftsführer zu **besonderer Rücksicht auf die Interessen des Auftraggebers** (Geschäftsherrn) verpflichtet ist (vgl zum Auftrag MünchKomm/SEILER § 662 Rn 36; zur GoA BGB-RGRK/STEFFEN § 677 Rn 4). Für die Geschäftsführung ohne Auftrag schreibt § 677 vor, dass der Geschäftsführer das Geschäft so zu führen hat, wie das Interesse des Geschäftsherrn mit Rücksicht auf dessen wirklichen oder mutmaßlichen Willen es erfordert. Beim Auftrag ergibt sich die „Treuepflicht" des Beauftragten unmittelbar aus dem Auftragsverhältnis (MünchKomm/SEILER § 677 Rn 36; LARENZ, Schuldrecht II/1 § 56 II). Der Grundsatz von Treu und Glauben kann also auch hier nur zur **Konkretisierung** und **Begrenzung** der einzelnen Pflichten herangezogen werden (vgl LARENZ, Schuldrecht II/1 § 56 II).

bb)   Einzelfragen
839 Der Beauftragte darf nach **§ 665** nur unter bestimmten Voraussetzungen von den **Weisungen** des Auftraggebers abweichen. Anderenfalls muss der Auftraggeber das weisungswidrig durchgeführte Geschäft nicht als Erfüllung des Auftrags gelten lassen (PALANDT/SPRAU § 665 Rn 8). Die Zurückweisung des Geschäfts verstößt jedoch gegen Treu und Glauben, wenn die Abweichung geringfügig und unbedeutend ist (RGZ 106, 26, 29 f; MünchKomm/SEILER § 665 Rn 31) oder die Interessen des Auftraggebers aus sonstigen Gründen in keiner Weise beeinträchtigt (vgl BGH LM Nr 5 zu § 665 BGB = NJW 1969, 320; BGH ZIP 1983, 781, 782 f; STAUDINGER/WITTMANN [1995] § 665 Rn 13), zB weil der vom Auftraggeber verfolgte Zweck trotz der Abweichung erreicht wurde (BGHZ 130, 87, 96; BGH NJW 1991, 3208, 3209; JAUERNIG/MANSEL § 665 Rn 8) oder auch ohne die

Abweichung nicht erreicht worden wäre (AnwK-BGB/Schwab § 665 Rn 12). Macht der Auftraggeber sich die weisungswidrige Ausführung nachträglich zu Eigen, so kann er unter dem Aspekt des venire contra factum proprium an der Geltendmachung von Schadensersatzansprüchen wegen der Abweichung gehindert sein (vgl RGZ 57, 392, 394; BGH VersR 1968, 792, 794; MünchKomm/Seiler § 665 Rn 32). Im Allgemeinen liegt in solchen Fällen allerdings schon eine stillschweigende Genehmigung der Abweichung vor (vgl BGB-RGRK/Steffen § 665 Rn 8), so dass der Rückgriff auf § 242 entfällt.

Nach § 666 trifft den Beauftragten eine **Auskunfts- und Rechenschaftspflicht**, die 840 durch den Grundsatz von Treu und Glauben begrenzt wird. Der Beauftragte kann hiernach die Auskunft verweigern, wenn der Auftraggeber daran kein vernünftiges Interesse hat oder wenn das Gewicht seines Interesses in keinem angemessenen Verhältnis zu dem mit der Erteilung der Auskunft verbundenen Aufwand steht (vgl BGH NJW 1998, 2969; KG NJW-RR 2002, 708). Anders als die aus § 242 abgeleitete Auskunftspflicht (vgl Staudinger/Olzen § 241 Rn 167 ff) setzt die Auskunftspflicht aus § 666 aber nicht voraus, dass der Auftraggeber sich die erforderlichen Informationen nicht selbst auf zumutbare Weise beschaffen kann (BGH NJW 1998, 2969, 2970; KG NJW-RR 2002, 708).

Der Grundsatz von Treu und Glauben gilt auch bei der **Geschäftsführung ohne** 841 **Auftrag** (RGZ 63, 280, 285). Der Geschäftsführer ist hiernach zwar nicht verpflichtet, die übernommene Geschäftsführung zu Ende zu führen (RGZ 63, 280, 283; Palandt/Sprau § 677 Rn 16); er darf sie aber nicht „zur Unzeit" abbrechen (BGB-RGRK/Steffen § 677 Rn 4; MünchKomm/Seiler § 677 Rn 53; Soergel/Mühl § 677 Rn 12; für entsprechende Anwendung des § 671 Abs 2 Erman/Ehmann § 677 Rn 19; Jauernig/Mansel § 678 Rn 9; Larenz, Schuldrecht II/1 § 57 Ib).

k) **Bürgschaft***
aa) **Bürgschaften vermögensloser Familienangehöriger**
Im Bürgschaftsrecht wird die Bedeutung von Treu und Glauben (§ 242) vor allem bei 842 Bürgschaften **vermögensloser Familienangehöriger** diskutiert (vgl aus der Rspr BVerfGE 89, 214 229 ff = NJW 1994, 36; BVerfG NJW 1994, 2749; NJW 1996, 2021; BGH NJW-RR 1996, 1262; 1997, 684; BGH NJW 1995, 592; 1996, 2088; 1999, 55; 2000, 362; 2001, 1859; aus der Lit Grün WM 1994, 713 ff; Heinrichsmeyer FamRZ 1994, 129 ff; Honsell NJW 1994, 565 ff; Reinicke/Tiedtke NJW 1995, 1449 ff; Tonner ZIP 1999, 901, 911; vWestphalen MDR 1994, 5 ff). Umstritten ist

---

* **Schrifttum**: Grün, Die Generalklauseln als Schutzinstrumente der Privatautonomie am Beispiel der Kreditmithaftung von vermögenslosen nahen Angehörigen, WM 1994, 713 ff; Heinrichsmeier, Die Einbeziehung einkommens- und vermögensloser Familienangehöriger in die Haftung für Bankkredite: eine unendliche Geschichte?, FamRZ 1994, 129 ff; Honsell, Bürgschaft und Mithaftung einkommens- und vermögensloser Familienmitglieder, NJW 1994, 565 ff; Horn, Bürgschaften und Garantien zur Zahlung auf erstes Anfordern, NJW 1980, 2153 ff; Kupisch, Bona fides und Bürgschaft auf erstes Anfordern, WM 2002, 1626 ff; Reinicke/Tiedtke, Bürgschaft und Wegfall der Geschäftsgrundlage, NJW 1995, 1449 ff; Tonner, Die Haftung vermögens- und einkommensloser Bürgen in der neueren Rechtsprechung, ZIP 1999, 901 ff; Graf von Westphalen, Das Recht des Stärkeren und seine grundgesetzliche Beschränkung, MDR 1994, 5 ff; ders, Ist das rechtliche Schicksal der „auf erstes Anfordern" zahlbar gestellten Bürgschaft besiegelt?, BB 2003, 116 ff.

dabei insbesondere, ob der verfassungsrechtlich gebotene Schutz des Bürgen über § 138 Abs 1 oder § 242 verwirklicht werden kann.

843 Nach allgemeinen Grundsätzen kommt ein Rückgriff auf § 242 in Betracht, wenn das Rechtsgeschäft nicht nach § 138 Abs 1 nichtig ist, dem Begünstigten aber im Einzelfall aus sozialethischen Gründen die Ausübung der daraus folgenden Rechte verwehrt werden muss (so Rn 367 ff; vgl auch AnwK-BGB/LOOSCHELDERS § 138 Rn 17 f). Bei Bürgschaften vermögensloser Familienangehöriger hatte der **IX. Senat des BGH** die Anwendbarkeit des § 242 bejaht, wenn die Bürgschaft vor allem den Zweck hatte, den Gläubiger vor künftigen Vermögensverlagerungen vom Hauptschuldner auf den Bürgen zu schützen oder ihm den Zugriff auf eine in Aussicht stehende Erbschaft des Bürgen zu ermöglichen. In diesen Fällen wurde die Bürgschaft nicht für sittenwidrig erachtet; der Gläubiger sollte jedoch nach Treu und Glauben an der Inanspruchnahme des Bürgen gehindert sein, solange dessen Einkommens- und Vermögensverhältnisse sich nicht verbessert hatten. Eine endgültige Befreiung von der Bürgschaft wurde dem Bürgen nur zugebilligt, wenn die Gefahr künftiger Vermögensverschiebungen – zB aufgrund einer Ehescheidung – ausgeschlossen war. Der IX. Senat des BGH argumentierte hier mit dem **Wegfall der Geschäftsgrundlage** (so vor allem BGHZ 128, 230, 233 ff = NJW 1995, 592, 594; BGHZ 134, 325, 328 f = NJW 1997, 1003; vgl auch OLG Köln WM 1996, 2052 f; BAMBERGER/ROTH/ROHE § 765 Rn 67; MünchKomm/ROTH Rn 117; krit BGH Vorlagebeschluss des XI. Senats NJW 1999, 2584 ff und REINICKE/TIEDTKE NJW 1995, 1449 ff).

844 Nach der Rspr des nunmehr allein für das Bürgschaftsrecht zuständigen **XI. Senats des BGH** schließt das berechtigte Interesse des Gläubigers an der Vermeidung von Vermögensverlagerungen oder am Zugriff auf eine zu erwartende Erbschaft die Sittenwidrigkeit nur dann aus, wenn dieser **Zweck im Bürgschaftsvertrag ausdrücklich vereinbart** worden ist (BGHZ 151, 34, 37 ff = NJW 2002, 2228, 2229 f; BGH NJW 1999, 2584, 2585; NJW 2002, 2230, 2231 f; BGH ZIP 2003, 796, 798; AnwK-BGB/LOOSCHELDERS § 138 Rn 244; ERMAN/HERRMANN § 765 Rn 13; MünchKomm/HABERSACK § 765 Rn 28; ebenso für ab dem 1.1.1999 geschlossene Bürgschaftsverträge BGH [IX. Senat] NJW 1999, 58, 60). Solange es weder zu einer Vermögensverlagerung noch zu einer Erbschaft kommt, wird der Gläubiger schon durch diese Vereinbarung an der Inanspruchnahme des Bürgen gehindert; ein Rückgriff auf § 242 entfällt damit (OETKER/MAULTZSCH 660).

845 Gerade bei Bürgschaften vermögensloser Familienangehöriger können den Gläubiger überdies **vorvertragliche Aufklärungspflichten** treffen, deren Umfang sich im Einzelfall nach Treu und Glauben beurteilt (vgl ERMAN/HERRMANN § 765 Rn 13; MünchKomm/ROTH Rn 132; STAUDINGER/OLZEN § 241 Rn 434 ff). Entsprechende Grundsätze gelten im Verhältnis zu ausländischen oder geschäftlich sehr unerfahrenen Bürgen (vgl BGH NJW 1997, 3230, 3231; 1999, 2814). Hier muss eine Bank den Bürgen uU über die finanziellen Verhältnisse des Hauptschuldners und das Haftungsrisiko aufklären (MünchKomm/ROTH § 241 Rn 145).

846 Auch den Bürgen kann der Vorwurf rechtsmissbräuchlichen Verhaltens treffen: Ist der Bürgschaftsvertrag wegen krasser finanzieller Überforderung des Bürgen sittenwidrig, so darf sich der Bürge nach Treu und Glauben uU nicht auf die Nichtigkeit der Bürgschaft berufen, wenn inzwischen bei ihm ein **deutlicher Vermögenszuwachs**

eingetreten ist (AnwK-BGB/LOOSCHELDERS § 138 Rn 244; STAUDINGER/SACK [2003] § 138 Rn 317).

bb) Bürgschaft auf erstes Anfordern

Bei einer „**Bürgschaft auf erstes Anfordern**" erklärt sich der Bürge bereit, auf Verlangen des Bürgschaftsgläubigers sofort zu leisten, auch wenn der Hauptschuld Einwendungen oder Einreden entgegenstehen (BGH NJW 1999, 55, 57; STAUDINGER/ HORN [1997] Vorbem 24, 29 zu §§ 765 ff; BROX/WALKER, Schuldrecht BT § 32 Rn 50; EMMERICH, Schuldrecht BT § 14 Rn 38). Trotz des Garantiecharakters dieser Abrede hat der Gläubiger nach Treu und Glauben keinen Anspruch auf sofortige Befriedigung durch den Bürgen, wenn der Gläubiger seine formale Rechtsposition **offensichtlich missbraucht**, insbesondere weil sich die Einwände des Bürgen gegen die Hauptforderung schon aufgrund des unstreitigen Sachverhalts oder des Inhalts der vorliegenden Vertragsurkunden als berechtigt erweisen (BGHZ 143, 381, 383; 147, 99, 102; BGH NJW 1992, 1881, 1883; 1994, 380, 381; 2002, 1493; BGH NJW-RR 2003, 14; ERMAN/HOHLOCH Rn 150; JAUERNIG/ STADLER Vor § 765 Rn 10; BROX/WALKER, Schuldrecht BT § 32 Rn 50; EMMERICH, Schuldrecht BT § 14 Rn 39; ausf hierzu STAUDINGER/HORN [1997] Vorbem 32, 309 ff zu §§ 765; HORN NJW 1980, 2153, 2156; KUPISCH WM 2002, 1626 ff; zur Übertragbarkeit dieser Grundsätze auf die Bankgarantie auf erstes Anfordern VWESTPHALEN BB 2003, 116 ff). **847**

cc) Sonstige Fälle

Hat der Gläubiger den **Bürgschaftsfall selbst ausgelöst**, so verstößt er gegen das **Verbot widersprüchlichen Verhaltens**, sofern er gleichwohl gegen den Bürgen vorgehen will (vgl BGH MDR 1966, 498; BGH BB 1968, 853; BGH WM 1984, 586; BGH ZIP 1987, 1065; OLG Bamberg NJW 1956, 1240, 1241; ERMAN/HOHLOCH Rn 150; MünchKomm/ROTH Rn 247). Dies gilt insbesondere, wenn der Bürgschaftsgläubiger den Hauptschuldner zur Nichtleistung veranlasst (BGH MDR 1966, 498) oder dessen wirtschaftlichen Zusammenbruch schuldhaft herbeigeführt hat (OLG Naumburg EWiR 2003, 905; JAUERNIG/ STADLER § 765 Rn 20). **848**

Der Bürgschaftsgläubiger handelt auch dann **rechtsmissbräuchlich**, wenn er sich nur auf die Bürgschaft beruft, um dem Bürgen **Schaden** zuzufügen (BGH NJW 1984, 2455, 2456). **849**

Der Anspruch aus der Bürgschaft unterliegt nach allgemeinen Regeln der **Verwirkung** (JAUERNIG/STADLER § 765 Rn 20; vgl auch BGH ZIP 2004, 1589, 1591; allg z Verwirkung o Rn 302 ff). In der Rspr finden sich hierzu allerdings nur Extremfälle. So soll die Inanspruchnahme des Bürgen ausgeschlossen sein, wenn der Bürgschaftsgläubiger sich nahezu **40 Jahre** nicht auf die Bürgschaft berufen hat (so OLG Frankfurt/M MDR 1978, 52; vgl auch BAMBERGER/ROTH/GRÜNEBERG Rn 149). **850**

Hat die Ehefrau des Schuldners eine Bürgschaft übernommen, um eine **Strafanzeige** gegen ihren Mann **abzuwenden**, so verstößt die Geltendmachung des Bürgschaftsanspruchs nach Ansicht des BGH (BGH WM 1973, 36) gegen das Verbot widersprüchlichen Verhaltens, wenn die Anzeige doch erfolgt ist. Bei genauerer Betrachtung erscheint der Rückgriff auf § 242 hier jedoch entbehrlich. Sofern die Bürgschaft nicht schon nach §§ 123, 142 oder § 138 Abs 1 nichtig ist, kann sie wegen Zweckverfehlung nach § 812 Abs 1 S 2 Alt 2 kondiziert werden. Der Inanspruchnahme der **851**

Ehefrau durch den Gläubiger steht dann die Einrede der Bereicherung (§ 821) entgegen (so bereits STAUDINGER/J SCHMIDT [1995] Rn 685).

l) Ungerechtfertigte Bereicherung*

852 Der Grundsatz von Treu und Glauben (§ 242) kann auch im Bereicherungsrecht (§§ 812–822) relevant werden (grundlegend RGZ 159, 99, 105; 161, 52, 58). Dies gilt insbesondere für den Einwand der **unzulässigen Rechtsausübung** und die **Verwirkung** (vgl BGB-RGRK/HEIMANN-TROSIEN vor § 812 Rn 43 f; STAUDINGER/W LORENZ [1999] Vorbem 32 zu §§ 812 ff mwNw; speziell zur Verwirkung RGZ 159, 99, 105). In Rspr und Lit wird darüber hinaus oft davon gesprochen, dass Bereicherungsansprüche dem **Billigkeitsrecht** angehören und daher in besonderem Maße unter den Geboten von Treu und Glauben stehen (BGHZ 36, 232, 235; ähnlich BGHZ 55, 128, 134; 111, 308, 312; 132, 198, 215; BGH WM 1978, 708, 711; PALANDT/SPRAU Einf v § 812 Rn 2; zum geschichtlichen Hintergrund STAUDINGER/W LORENZ [1999] § 818 Rn 1). Dies ist insofern zutreffend, als der Zweck des Bereicherungsrechts – der Ausgleich ungerechtfertigter Vermögensverschiebungen – der Billigkeit entspricht (vgl LARENZ/CANARIS, Schuldrecht II/2 § 67 I 1d: „iustitia commutativa"). Die zur Verwirklichung dieses Zwecks entwickelten gesetzlichen Regeln sind indes so differenziert, dass der Versuch einer Rückbindung an allgemeine Billigkeitserwägungen von vornherein zum Scheitern verurteilt wäre (so auch AnwK-BGB/vSACHSEN GESSAPHE Vor §§ 812 ff Rn 2; BAMBERGER/ROTH/WENDEHORST vor § 812 Rn 2; ERMAN/WESTERMANN vor § 812 Rn 2; MünchKomm/LIEB § 812 Rn 22).

853 Die praktische Bedeutung des § 242 wird im Bereicherungsrecht dadurch geschmälert, dass die §§ 812 ff zahlreiche spezifische Ausformungen des Grundsatzes von Treu und Glauben enthalten. So mag die Geltendmachung eines bereicherungsrechtlichen Anspruchs für den Bereicherungsschuldner im Einzelfall eine besondere Härte beinhalten, welche nach allgemeinen Grundsätzen die Anwendung des § 242 nahe legen würde. Der notwendige Vertrauensschutz wird hier jedoch im Allgemeinen bereits dadurch gewährleistet, dass der Bereicherungsschuldner sich nach **§ 818 Abs 3** auf den **Wegfall der Bereicherung** berufen kann, so dass ein Rückgriff auf § 242 regelmäßig ausscheidet (BGH VersR 1977, 471, 474; PALANDT/HEINRICHS Rn 66). Bei **aufgedrängter Bereicherung** kommt die Anwendung des § 242 dagegen grundsätzlich in Betracht (vgl BGH NJW 1965, 816), doch dürften sich auch hier meist spezifischere Lösungen entwickeln lassen (allg zum Problem der aufgedrängten Bereicherung LARENZ/CANARIS, Schuldrecht II/2 § 72 IV).

854 Mit den **Kondiktionssperren der §§ 814, 815** enthält das Bereicherungsrecht darüber hinaus spezielle Ausprägungen des Verbots unzulässiger Rechtsausübung, welche die allgemeine Vorschrift des § 242 verdrängen (vgl MünchKomm/ROTH Rn 120; STAUDINGER/W LORENZ [1999] Vorbem 32 zu §§ 812 ff). So beruhen die §§ 814 Alt 1, 815 Alt 1 auf dem Gedanken des venire contra factum proprium (vgl BGHZ 73, 202, 205; STAUDINGER/W LORENZ [1999] § 814 Rn 2 und § 815 Rn 1; MEDICUS, Schuldrecht II Rn 656, 658; REUTER/MARTINEK § 6 I 1 und § 15 III 2a), während § 815 Alt 2 den Wertungen des § 162 Abs 1 entspricht (vgl PALANDT/SPRAU § 815 Rn 3; STAUDINGER/W LORENZ [1999] § 815 Rn 2; REUTER/MARTINEK § 6 IV 1).

---

* **Schrifttum**: KERN, Die zivilrechtliche Beurteilung von Schwarzarbeitsverträgen, in: FS Gernhuber (1993) 191; REUTER/MARTINEK, Ungerechtfertigte Bereicherung (1983).

Ob die **Konditionssperre des § 817 S 2** ebenfalls eine besondere Ausprägung des 855
Verbots unzulässiger Rechtsausübung darstellt (so grundsätzlich MünchKomm/ROTH
Rn 120; aA BGB-RGRK/HEIMANN-TROSIEN § 817 Rn 22, wonach der Gesetzgeber den Gedanken
eines gerechten Ausgleichs zwischen den Parteien bei § 817 S 2 bewusst zurückgestellt hat), hängt
von der umstrittenen Frage nach der ratio der Vorschrift ab (dazu STAUDINGER/W
LORENZ [1999] § 817 Rn 4 f; REUTER/MARTINEK § 6 V 1b). Weitgehend anerkannt ist heute
jedenfalls, dass die unveränderte Anwendung des **§ 817 S 2** bei der Rückabwicklung
von gesetz- oder sittenwidrigen Verträgen nicht selten zu unbilligen Ergebnissen
führt (vgl BGHZ 75, 299, 305; STAUDINGER/W LORENZ [1999] § 817 Rn 5). Die hM geht davon
aus, dass der Konditionsschuldner in solchen Fällen unter dem Aspekt der **unzulässigen Rechtsausübung** gehindert sein kann, sich auf den Ausschluss des Bereicherungsanspruchs nach § 817 S 2 zu berufen (vgl BGHZ 85, 39; 111, 308, 312 f; BGH NJW
1990, 2542; OLG Kön NJW-RR 2002, 1630; MünchKomm/ROTH Rn 120; PALANDT/SPRAU § 817
Rn 20; STAUDINGER/SACK [2003] § 134 Rn 191; LARENZ/CANARIS, Schuldrecht II/2 § 68 III 3g; aA
KERN, in: FS Gernhuber [1993] 191, 204). Aus methodischer Sicht erscheint die Argumentation mit dem **Schutzzweck** der verletzten Gesetzes- oder Sittennorm aber vorzugswürdig (so auch AnwK-BGB/vSACHSEN GESSAPHE § 817 Rn 23; MünchKomm/LIEB § 817 Rn 13).

Besondere Bedeutung hat die Einschränkung des § 817 S 2 bei Verträgen, die wegen 856
eines **beiderseitigen Verstoßes gegen das SchwArbG** nach § 134 nichtig sind. Wegen
der Nichtigkeit des Vertrages stehen dem Auftragnehmer in diesem Fall zwar keine
vertraglichen Vergütungsansprüche zu. Die Rspr billigt ihm jedoch einen **Wertersatzanspruch** aus §§ 812 Abs 1, 818 Abs 2 zu. Der Anspruch werde nicht durch § 817 S 2
ausgeschlossen, weil der Auftraggeber sich **treuwidrig** verhalte, wenn er sich unter
Berufung hierauf der Wertersatzpflicht entziehen wolle (BGHZ 111, 208, 312 f; dem
folgend MünchKomm/ROTH Rn 226; SOERGEL/HEFERMEHL § 134 Rn 55; Köhler, Schwarzarbeitsverträge: Wirksamkeit, Vergütung, Schadensersatz, JZ 1990, 466, 467; krit STAUDINGER/SACK [2003]
§ 134 Rn 278; STAUDINGER/W LORENZ [1999] § 817 Rn 10; LARENZ/CANARIS, Schuldrecht II/2 § 68
III 3g; KERN, in: FS Gernhuber [1993] 191, 204 ff). Dieser Rspr ist iE zuzustimmen. Der
Schutzzweck des SchwArbG rechtfertigt es nämlich nicht, dem Auftraggeber die
Arbeitsleistung des Auftragnehmers unentgeltlich zugute kommen zu lassen, wenn
dem Auftraggeber selbst ein Verstoß gegen das SchwArbG zur Last fällt (vgl AnwK-BGB/LOOSCHELDERS § 134 Rn 117).

Auf Fälle der **Nichtleistungskondiktion** ist § 817 S 1 nicht anwendbar (MünchKomm/ 857
LIEB § 817 Rn 15). Hat der Bereicherungsgläubiger sich rechts- oder sittenwidrig verhalten, so kann er aber unter dem Aspekt der unzulässigen Rechtsausübung an der
Geltendmachung des Anspruchs gehindert sein (BAMBERGER/ROTH/WENDEHORST § 817
Rn 2).

Nach der Rspr bildet die Kürzung von Bereicherungsansprüchen wegen **Mitverschul-** 858
dens einen wichtigen Anwendungsfall des § 242 (vgl BGHZ 14, 7, 10; 37, 363, 370; 57, 137,
151 f). Vorzugswürdig erscheint aber die entsprechende Anwendung des § 254 (so
Rn 593).

Zusammenfassend lässt sich damit feststellen, dass die **praktische Bedeutung des** 859
§ 242 im Bereicherungsrecht **gering** ist. Eine Ausnahme gilt zwar im Anwendungsbereich des § 817 S 2 (so Rn 855 f); dessen rechtspolitischer Sinn erscheint aber ohnehin zweifelhaft.

m) Unerlaubte Handlungen*
aa) Allgemeines

860 Im Recht der unerlaubten Handlungen (§§ 823–853) kommt dem Grundsatz von Treu und Glauben (§ 242) keine besondere Bedeutung zu. Dies gilt insbesondere für die **Tatbestandsseite** der Haftungsvorschriften. Hier haben sich mit der **Adäquanz** und dem **Schutzzweck der Norm** spezifische Zurechnungskriterien entwickelt, die eine angemessene Risikoverteilung ermöglichen (zur Loslösung dieser Kriterien von Treu und Glauben so Rn 586). Auf der **Rechtsfolgenseite** wird zwar häufiger mit Treu und Glauben argumentiert. Die einschlägigen Probleme sind aber bereits im Zusammenhang mit dem **allgemeinen Schadensrecht** (§§ 249–255) erörtert worden (so Rn 58 ff).

861 Die vorstehenden Überlegungen ändern nichts daran, dass die **allgemeinen Grundsätze** von Treu und Glauben auch im Deliktsrecht zu beachten sind (vgl ERMAN/HOHLOCH Rn 43). So kann die Geltendmachung von Schadensersatzansprüchen aus unerlaubter Handlung im Einzelfall **rechtsmissbräuchlich** sein (vgl PALANDT/SPRAU Einf v § 823 Rn 38). Auf der anderen Seite muss der Schädiger bzw dessen Versicherer den Geschädigten nach Treu und Glauben uU über Zweifel an der eigenen Passivlegitimation **aufklären**, damit dieser sich noch vor Eintritt der Verjährung an den richtigen Anspruchsgegner halten kann (BGH NJW 1996, 2724).

862 Bei der **Verwirkung** von Schadensersatzansprüchen aus Delikt war die Rspr bislang besonders zurückhaltend. Maßgeblich war die Erwägung, dass die Frist von 3 Jahren ab Kenntniserlangung dem Verletzten nach der Wertung des § 852 aF grundsätzlich ungeschmälert erhalten bleiben soll (BGH NJW 1992, 1755, 1756; JAHNKE, Verjährung und Verwirkung im Schadensersatzrecht [Teil 2], VersR 1998, 1473, 1480). Nachdem der Gesetzgeber Schadensersatzansprüche aus unerlaubter Handlung der Regelverjährung (§§ 195, 199) unterstellt hat, erscheint eine Sonderbehandlung unter dem Aspekt der Verwirkung indes nicht mehr gerechtfertigt. Eine Ausnahme gilt lediglich für den **Herausgabeanspruch nach Eintritt der Verjährung** aus § 852 S 1 (dazu OLG Köln VersR 1996, 239, 240; MünchKomm/WAGNER § 852 Rn 7). Denn der Schutzzweck der Vorschrift – Aufrechterhaltung der Herausgabepflicht des Schädigers trotz Verjährung des Schadensersatzanspruchs – darf nicht durch Rückgriff auf das Institut der Verwirkung unterlaufen werden. Davon abgesehen ist die Verwirkung auch bei Ansprüchen wegen **vorsätzlicher unerlaubter Handlung** nicht generell ausgeschlossen; das für die Verwirkung notwendige Vertrauenselement liegt hier aber nur in Ausnahmefällen vor (vgl zur entsprechenden Problematik im Arbeitsrecht Rn 817).

863 Einen **Sonderfall der unzulässigen Rechtsausübung** regelt § 853 (zur dogmatischen Ein-

---

* **Schrifttum**: CANARIS, Verstöße gegen das Übermaßverbot im Recht der Geschäftsfähigkeit und im Schadensrecht, JZ 1987, 993; ders, Die Verfassungswidrigkeit von § 828 II BGB als Ausschnitt aus einem größeren Problemfeld, JZ 1990, 679; GOECKE, Die unbegrenzte Haftung Minderjähriger im Deliktsrecht (1997); ders, Unbegrenzte Haftung Minderjähriger?, NJW 1999, 2305; KUHLEN, Strafrechtliche Grenzen der zivilrechtlichen Deliktshaftung Minderjähriger?, JZ 1990, 273; LOOSCHELDERS, Verfassungsrechtliche Grenzen der deliktischen Haftung Minderjähriger – Grundsatz der Totalreparation und Übermaßverbot, VersR 1999, 141; ROLFS, Neues zur Deliktshaftung Minderjähriger, JZ 1999, 233; SIMON, „Grundrechtstotalitarismus" oder „Selbstbehauptung des Zivilrechts", AcP 204 (2004) 264.

ordnung vgl AnwK-BGB/KATZENMEIER § 853 Rn 1; MünchKomm/WAGNER § 853 Rn 1; LARENZ/ CANARIS, Schuldrecht II/2 § 83 VI 3). Hat der Schädiger durch eine unerlaubte Handlung (zB § 263 StGB) eine Forderung gegen den Geschädigten erlangt, so steht diesem hiernach auch dann ein Leistungsverweigerungsrecht zu, wenn der Anspruch auf Aufhebung der Forderung verjährt ist. Bei Geltendmachung des Leistunsgverweigerungsrechts muss der Geschädigte dem Schädiger aber im Rahmen von gegenseitigen Verträgen nach Treu und Glauben zurückgeben, was er aufgrund des Vertrages selbst erhalten hat (vgl RGZ 60, 294, 295 f; 130, 215, 216; MünchKomm/WAGNER § 853 Rn 3; PALANDT/SPRAU § 853 Rn 1).

bb) Einschränkung der Haftung Minderjähriger über § 242

Sehr umstritten ist in Rspr und Lit die Frage, ob der Geschädigte bzw sein Versicherer nach § 242 gehindert sein kann, einen **minderjährigen Schädiger** auf Ersatz des gesamten Schadens in Anspruch zu nehmen, wenn dessen wirtschaftliche Existenz hierdurch vernichtet würde (für Anwendung des § 242 insbes CANARIS JZ 1987, 993, 1001 f; ders JZ 1990, 679, 680; dem folgend LG Bremen NJW-RR 1991, 1432; ROLFS JZ 1999, 233, 237 f; grundsätzlich auch PALANDT/SPRAU § 828 Rn 8; LOOSCHELDERS VersR 1999, 141 ff; **aA** MünchKomm/WAGNER § 828 Rn 12 ff; SOERGEL/ZEUNER § 828 Rn 4; STAUDINGER/OECHSLER [2003] § 828 Rn 41 ff; SIMON AcP 204 [2004] 264, 277 ff; von BVerfG NJW 1998, 3557 = VersR 1998, 1289 und OLG Celle VersR 2002, 241 offen gelassen). Die Problematik entsteht vor dem Hintergrund, dass eine **existenzvernichtende Haftung** gerade bei Minderjährigen mit dem allgemeinen Persönlichkeitsrecht des Betroffenen (Art 1 Abs 1 iVm Art 2 Abs 1 GG) unvereinbar ist (vgl BVerfGE 72, 155, 171 ff zur vertraglichen Haftung von Minderjährigen; ausf zum Ganzen GOECKE 46 ff; vgl auch ders NJW 1999, 2305).

864

Für die **vertragliche Haftung** von Minderjährigen hat der Gesetzgeber die Problematik durch Einfügung des § 1629a BGB gelöst. Demgegenüber fehlt bei **deliktischen Ansprüchen** eine entsprechende Regelung. Dies mag man damit rechtfertigen, dass die deliktische Haftung auf Umständen beruht, die der Minderjährige selbst – und nicht sein gesetzlicher Vertreter – zu verantworten hat (vgl AHRENS, Existenzvernichtung durch Deliktshaftung? – Zu einer Fehlentscheidung des LG Dessau, VersR 1997, 1064, 1065). Auf der anderen Seite ist jedoch zu beachten, dass die in § 828 enthaltenen Kriterien für die Verantwortlichkeit von Minderjährigen der heutigen „sozialen Konzeption und Realität der Kindheit" in Deutschland nicht gerecht werden (so überzeugend KUHLEN JZ 1990, 273, 276; vgl auch LG Bremen NJW-RR 1991, 1431, 1432). Hieran hat auch die Heraufsetzung der generellen Altersgrenze bei Unfällen im Straßen- und Bahnverkehr auf 10 Jahre (§ 828 Abs 2 nF) nichts geändert. In neuerer Zeit kreist der Meinungsstreit daher vor allem um die Frage, mit welchen rechtstechnischen Mitteln Abhilfe zu schaffen ist (ausf dazu SIMON AcP 204 [2004] 264 ff). Das BVerfG hat hierzu in seinem Beschluss vom 13. 8. 1999 (BVerfG NJW 1998, 3557, 3558) verschiedene Möglichkeiten aufgezeigt. Dabei hat das Gericht ua dargelegt, dass ein Rückgriff auf § 242 aus verfassungsrechtlicher Sicht nicht zu beanstanden wäre.

865

Gegen die Anwendbarkeit des § 242 wird indessen eingewandt, dass die Geltendmachung von exorbitant hohen Schadensersatzansprüchen gegen Minderjährige von keiner anerkannten Fallgruppe des Rechtsmissbrauchs erfasst wird. Letztlich gehe es nicht um Treu und Glauben, sondern um spezifisch verfassungsrechtliche Erwägungen (so SIMON AcP 204 [2004] 264, 277 f). Dem ist jedoch entgegenzuhalten, dass die Funktion des § 242 als **„Einbruchstelle" für grundrechtliche Wertungen** heute kaum

866

noch bestritten wird (so Rn 146). Davon abgesehen kann man an das **Verhältnismäßigkeitsprinzip** als anerkannte Ausprägung von Treu und Glauben anknüpfen (so Rn 279 f). Ein allgemeines Verbot der Geltendmachung exorbitanter Forderungen lässt sich hieraus zwar nicht ableiten. Ein Rückgriff auf § 242 kommt aber in Betracht, wenn der Anspruchsteller keine realistische Aussicht auf die Verwirklichung seiner Forderung hat und der Anspruchsgegner aufgrund spezifischer Wertungen besonders schutzwürdig erscheint.

867 Dass **billigkeitsorientierte Korrekturen** dem Deliktsrecht trotz aller Gefahren für die Rechtssicherheit nicht völlig fremd sind, zeigt ein Blick auf § 829. Ist der Schädiger nach den §§ 827, 828 nicht für den Schaden verantwortlich, so hat er dem Geschädigten den Schaden nach dieser Vorschrift gleichwohl insoweit zu ersetzen, als die Billigkeit nach den Umständen, insbesondere nach den Verhältnissen der Beteiligten, eine Schadloshaltung erfordert und ihm nicht die Mittel entzogen werden, deren er zum angemessenen Unterhalt sowie zur Erfüllung seiner gesetzlichen Unterhaltspflichten bedarf. Wenn die Billigkeit eine Ausweitung der Haftung gegenüber einem nicht deliktsfähigen Schädiger rechtfertigen kann, dann ist nicht ersichtlich, warum es im umgekehrten Fall ausgeschlossen sein soll, die Billigkeit zur Einschränkung der Haftung von Minderjährigen heranzuziehen.

868 Der Ersatzanspruch gegen einen minderjährigen Schädiger, der nach § 828 Abs 3 für den Schaden verantwortlich ist, kann somit nach § 242 herabgesetzt werden, soweit die **Billigkeit** nach den Umständen, insbesondere nach den Verhältnissen der Beteiligten, **eine Einschränkung der Ersatzpflicht erfordert** (vgl LOOSCHELDERS, Schuldrecht AT Rn 875; ders VersR 1999, 141, 149 ff). Eine Herabsetzung des Anspruchs muss aber entfallen, wenn der Geschädigte selbst existenziell auf die Ersatzleistung angewiesen ist. Im Ergebnis wird eine Herabsetzung des Anspruchs daher im Allgemeinen nur dann in Betracht kommen, wenn der Schaden durch eine Versicherung des Geschädigten abgedeckt wird.

4. Sachenrecht*

a) Grundsätzliches

869 In Rspr und Lit war lange Zeit **umstritten**, ob § 242 im Sachenrecht Anwendung findet (vgl hierzu etwa STAUDINGER/WEBER[11] Rn A 29 ff; MÜHL NJW 1956, 1657 und auch bei G SCHMIDT 184 ff). So wollte das **RG** zunächst die Grundsätze von Treu und Glauben

---

* **Schrifttum**: BÄRMANN/PICK/MERLE, Wohnungseigentumsgesetz (9. Aufl 2003); BAUR/STÜRNER, Sachenrecht (17. Aufl 1999); BÜLOW, Recht der Kreditsicherheiten (6. Aufl 2003); CANARIS, Die Problematik der Sicherheitenfreigabeklauseln im Hinblick auf § 9 AGBG und § 138 BGB, ZIP 1996, 1109 ff; ders, Deckungsgrenze und Bewertungsmaßstab beim Anspruch auf Freigabe von Sicherheiten gemäß § 242 BGB, ZIP 1996, 1577 ff; ders, Voraussetzungen und Inhalt des Anspruchs auf Freigabe von Globalsicherheiten gemäß § 242 BGB, ZIP 1997, 813 ff; LIEB, Schutzbedürftigkeit oder Eigenverantwortlichkeit?, DNotZ 1989, 274 ff; MÜHL, Treu und Glauben im Sachenrecht, NJW 1956, 1657 ff; MÜLLER, Sachenrecht (4. Aufl 1997); G SCHMIDT, Die Anpassung von Grunddienstbarkeiten an entwicklungsbedingte Veränderungen. Ein Beitrag zur Präzisierung von Treu und Glauben im Sachenrecht (Diss München 1970); VIEWEG/WERNER, Sachenrecht (2003); WEITNAUER, Wohnungseigentumsgesetz (8. Aufl 1995); H WESTERMANN, Sachenrecht (5. Aufl 1980); HP WESTERMANN/GURSKY/

nur im Rahmen von Vertragsverhältnissen oder bei Erfüllung sonstiger schuldrechtlicher Verpflichtungen anwenden (RGZ 92, 8, 11; 93, 100, 105; 108, 83.85; 131, 158, 178; RG JW 1904, 17; RG WarnR 1910 Nr 271). In der **Lit** wiederum ging man zunächst überwiegend davon aus, dass der Rechtsgedanke des § 242 zumindest im Rahmen der gesetzlichen Schuldverhältnisse des Sachenrechts, insbesondere des Eigentümer-Besitzer-Verhältnisses, herangezogen werden müsse (BALLERSTEDT SJZ 1948, 389, 390 Anm zu OLG Frankfurt SJZ 1948, 398; H WESTERMANN Sachenrecht § 2 III 4). Dieser Ansatz wurde später dahingehend modifiziert, dass § 242 über die dinglichen gesetzlichen Schuldverhältnisse hinaus auch für die „rein dinglichen Ansprüche aus dem Eigentum (§§ 985, 1004, 894, 1005)" und die Ansprüche „aus den beschränkten dinglichen Rechten" (§§ 1027, 1065, 1090, 1094 ff, 1227) gelte. Allein dingliche Rechte könnten Billigkeitserwägungen nicht unterzogen werden (STAUDINGER/WEBER[11] Rn A 29). Dem hat sich iE auch der BGH angeschlossen (vgl nur BGHZ 79, 201, 210 [Herausgabeanspruch]; BGH NJW 1969, 673 [Grunddienstbarkeit]; BGH NJW 1979, 1656 [Grundbuchberichtigungsanspruch]; zu den verschiedenen Ansätzen vgl im Einzelnen STAUDINGER/J SCHMIDT [1995] Rn 1517 ff).

Gegen die generelle Anwendbarkeit des § 242 im Sachenrecht wird eingewandt, dass **870** es sich um eine besondere juristische Materie „stricti juris" handele. Die **eindeutige Struktur dinglicher Rechte** und die dadurch gewährleistete **Rechtssicherheit** dürften nicht durch allgemeine Überlegungen aufgeweicht werden (vgl HP WESTERMANN/ GURSKY/EICKMANN, Sachenrecht § 2 III 3). Dem ist aber entgegenzuhalten, dass Billigkeitserwägungen die gesamte Rechtsordnung durchdringen (so auch MÜLLER, Sachenrecht Rn 448). Angesichts der relativ starren Regelungen des Sachenrechts bietet § 242 im Übrigen nicht selten die einzige Möglichkeit, um neueren Entwicklungen und geänderten Wertvorstellungen Rechnung zu tragen und unbillige Ergebnisse im Einzelfall zu vermeiden (idS bereits STAUDINGER/J SCHMIDT [1995] Rn 1526, 1534). § 242 ist somit grundsätzlich auch **im Sachenrecht anwendbar** (vgl BAMBERGER/ROTH/GRÜNEBERG Rn 5; MünchKomm/ROTH Rn 79 f; WOLF Sachenrecht Rn 96; ferner STAUDINGER/SEILER [2000] Einl 86 zum SachenR mit Hinweis auf die römisch-gemeinrechtliche Tradition).

Die prinzipielle Anwendbarkeit des Grundsatzes von Treu und Glauben darf jedoch **871** nicht den Blick darauf verstellen, dass die **spezifischen Grundsätze des Sachenrechts im Einzelfall** der Berücksichtigung von Billigkeitserwägungen entgegenstehen können (hierzu BAMBERGER/ROTH/GRÜNEBERG Rn 5; MünchKomm/ROTH Rn 80; SOERGEL/TEICHMANN Rn 72; ähnlich STAUDINGER/SEILER [2000] Einl zum SachenR Rn 86). So darf die dingliche Zuordnung eines Rechts aus Gründen der Rechtssicherheit grundsätzlich nicht unter Rückgriff auf § 242 in Frage gestellt werden (vgl PALANDT/HEINRICHS Rn 79; SOERGEL/ TEICHMANN Rn 70, 72). Dingliche Rechte unterliegen als solche auch nicht der Verwirkung, sondern nur die daraus resultierenden Ansprüche (vgl auch BGH WM 1973, 82, 83; WM 1979, 644, 646; BAMBERGER/ROTH/GRÜNEBERG Rn 163; ERMAN/HOHLOCH Rn 151; ähnlich MünchKomm/ROTH Rn 80, 298, 312). § 242 beschränkt damit nur die **Ausübung** des dinglichen Rechts (BGHZ 122, 308, 314; BayObLG NJW-RR 1991, 1041; OLG Köln NJW-RR 1995, 851; NJW-RR 1997, 14). Im Vergleich mit anderen Rechtsgebieten spielt § 242 im Sachenrecht daher eine untergeordnete Rolle (ähnlich SOERGEL/TEICHMANN Rn 72). Eine

---

EICKMANN, Sachenrecht Band I (7. Aufl 1998);
WILHELM, Sachenrecht (2. Aufl 2002); WOLF,
Sachenrecht (21. Aufl 2005).

größere Relevanz haben Billigkeitserwägungen zwar im nachbarlichen Gemeinschaftsverhältnis. Hier sind die wichtigsten Fallgestaltungen aber inzwischen spezialgesetzlich geregelt (su Rn 877 und STAUDINGER/OLZEN § 241 Rn 401 ff).

b) Besitz, §§ 854–872

872 Das Besitzrecht kann als dingliches Recht nicht verwirkt werden (PALANDT/HEINRICHS Rn 92, 107), wohl aber das Recht zur Ausübung der **Besitzschutzansprüche nach §§ 861, 862** oder das **Verfolgungsrecht** des Besitzers **aus § 867** (BGH NJW 1978, 2157, 2158; ERMAN/HOHLOCH Rn 151). Um nicht die Wertung des § 863 zu unterlaufen, wonach die Geltendmachung von Besitzschutzrechten nicht durch petitorische Einwendungen erschwert werden soll, darf aber nur in Extremfällen mit Treu und Glauben argumentiert werden (vgl AnwK-BGB/HOEREN § 863 Rn 11), zB wenn bei Wiederherstellung der ursprünglichen Besitzlage Gewalttätigkeiten des rechtmäßigen Mitbesitzers gegen den eigenmächtigen Mitbesitzer zu erwarten sind (BGH NJW 1978, 2157, 2158, PALANDT/HEINRICHS Rn 79; vgl hierzu auch WOLF, Sachenrecht Rn 165).

c) Allgemeines Grundstücksrecht, §§ 873–902

873 Im allgemeinen Grundstücksrecht kann § 242 der Geltendmachung von **Grundbuchberichtigungsansprüchen aus § 894** entgegenstehen (vgl BGHZ 122, 309, 314; BGH WM 1999, 91, 94; ERMAN/HOHLOCH Rn 153; MünchKomm/WACKE § 894 Rn 30; PALANDT/HEINRICHS Rn 79; SOERGEL/TEICHMANN Rn 78; STAUDINGER/J SCHMIDT[12] Rn 1359 ff; WOLF, Sachenrecht Rn 520; hierzu ausf STAUDINGER/GURSKY [2002] § 894 Rn 137). Besondere Bedeutung hat dabei der **„dolo-agit-Einwand"** (so Rn 281 ff). Der Berechtigte kann hiernach keine Berichtigung des Grundbuchs verlangen, wenn er schuldrechtlich zur Bestellung des eingetragenen Rechts verpflichtet ist (vgl BGH NJW 1974, 1651; AnwK-BGB/KRAUSE § 894 Rn 49; MünchKomm/WACKE § 894 Rn 30).

874 Darüber hinaus ist auch das **Verbot widersprüchlichen Verhaltens** bei § 894 zu beachten: Hatte der Erbe eines Grundstücks in der DDR als Vertreter ohne Vertretungsmacht auf das Eigentum des Erblassers an dem Grundstück verzichtet und sich auch nach dem Erbfall hierzu bekannt, so ist er deshalb nach der Wiedervereinigung daran gehindert, den Grundbuchberichtigungsanspruch geltend zu machen (BGH WM 1999, 91, 94).

875 Demgegenüber wird der Rückgriff auf das Institut der **Verwirkung** beim Grundbuchberichtigungsanspruch zT mit der Begründung abgelehnt (vgl AnwK-BGB/KRAUSE § 894 Rn 50; WIELING, Sachenrecht § 20 II 1a cc), dass dies zu einem dauerhaften Auseinanderfallen von materieller Rechtslage und formellem Grundbuchinhalt führe. Die Verwirkung habe insofern ähnliche Konsequenzen wie die Verjährung, die für den Anspruch aus § 894 mit Rücksicht auf die **Publizität des Grundbuchs** ausgeschlossen sei (§ 898). Der Hinweis auf die **Parallele zur Verjährung** ist indes nicht zwingend, weil der bloße Zeitablauf für die Verwirkung gerade nicht ausreicht. Erforderlich sind vielmehr **zusätzliche Umstände**, welche die Geltendmachung des Anspruchs treuwidrig erscheinen lassen (so Rn 313 f). Sofern diese Umstände ein hinreichendes Gewicht haben, muss das Interesse an der Vermeidung von Divergenzen zwischen materieller und formeller Rechtslage im Einzelfall zurücktreten (so schon RG JW 1934, 3054 m Anm SIEBERT; OGH NJW 1949, 182 = MDR 1949 161 f m Anm BEITZKE; vgl auch ERMAN/HOHLOCH Rn 153; MünchKomm/WACKE § 898 Rn 1; SOERGEL/TEICHMANN Rn 78).

d) Inhalt des Eigentums, insbesondere nachbarrechtliche Verhältnisse (§§ 903–924)

876 Auch aus dem Eigentum können Pflichten erwachsen, zu deren Konkretisierung der Grundsatz von Treu und Glauben eingreift. Neben **öffentlich-rechtlichen Pflichten** der Allgemeinheit gegenüber – namentlich der Sozialbindung nach Art 14 Abs 2 GG (dazu AnwK-BGB/Keukenschrijver § 1004 Rn 133) und deren gesetzliche Konkretisierungen im Öffentlichen Recht (Baur/Stürner, Sachenrecht § 26 Rn 1 ff) – bestehen **privatrechtliche Verpflichtungen zur Rücksichtnahme** auf die Interessen anderer. Dies ergibt sich bereits aus § 903 S 1, wonach die Befugnisse des Eigentümers durch die Gesetze und die Rechte Dritter beschränkt werden („soweit"). Die wichtigsten Beschränkungen des Eigentums sind in den §§ 904–906 und in landesrechtlichen Vorschriften (su Rn 877) ausdrücklich geregelt; darüber hinaus kann im Einzelfall aber auch auf § 242 (sowie die §§ 226, 826) zurückgegriffen werden (Palandt/Bassenge § 903 Rn 12). Dies gilt insbesondere im Rahmen des nachbarlichen Gemeinschaftsverhältnisses, welches ein gesetzliches Schuldverhältnis mit Rücksichtspflichten nach § 241 Abs 2 darstellt (vgl Staudinger/Olzen § 241 Rn 401 ff).

877 Das **nachbarschaftliche Gemeinschaftsverhältnis** kann Grundlage für die Entstehung von Rechtspflichten sein (BGHZ 113, 384, 389; AnwK-BGB/Ring § 903 Rn 135 ff; Staudinger/Seiler [1996] § 903 Rn 15; aA Soergel/Teichmann Rn 74 und krit Wolf, Sachenrecht Rn 355). Viele Fallgestaltungen, die früher unter dem Gesichtspunkt des nachbarlichen Gemeinschaftsverhältnisses diskutiert worden sind, werden heute allerdings durch die Landesimmissionsschutzgesetze und die Nachbargesetze der Länder geregelt (Erman/Hohloch Rn 187; Staudinger/Olzen § 241 Rn 408). Bei der praktischen Rechtsanwendung kann das Institut des nachbarlichen Gemeinschaftsverhältnisses daher nur noch in Ausnahmefällen bei atypischen nachbarlichen Interessenkonflikten relevant werden, für die es keine spezialgesetzlichen Regelungen gibt (vgl BGHZ 113, 384, 389 ff; BGH NJW-RR 2001, 232, 233; BGH NJW 2003, 1392; ähnlich bereits BGB-RGRK/Alff Rn 8). Das erforderliche besondere Vertrauensverhältnis zwischen den Nachbarn beruht auf dem Gedanken, dass dauerhaftes Zusammenleben auf engem Raum ein gesteigertes Bedürfnis nach gegenseitiger Rücksichtnahme begründet (BGH NJW-RR 2003, 1313, 1314; MünchKomm/Roth Rn 194; Palandt/Bassenge § 903 Rn 13; s auch Staudinger/Seiler [1996] § 903 Rn 15). Hieraus resultieren zB Duldungspflichten bei Nutzung von Industrie- oder Chemieparks durch mehrere Unternehmen, welche die Infrastruktur des Parks (Schienenanlagen, Entsorgungssysteme, Abwasserkanäle etc) gemeinsam benutzen (hierzu Schlemminger/Fuder, Der Verzicht auf nachbarrechtliche Abwehransprüche im Industrie- und Chemiepark, NVwZ 2004, 129).

878 **Nachbarliche Abwehransprüche** gegenüber ungenehmigten Bauvorhaben können verwirkt werden, wenn der beschwerte Nachbar nicht innerhalb einer angemessenen Frist Widerspruch eingelegt hat (BVerwG NJW 1974, 1260, 1262; NVwZ 1991, 1182, 1183; BVerwG NJW 1998, 329; OVG Greifswald NVwZ-RR 2003, 15; MünchKomm/Roth Rn 294). Dies gilt auch dann, wenn der Nachbar vom Bauvorhaben nicht amtlich, sondern auf sonstige Weise Kenntnis erlangt (vgl Troidl, Verwirkung von Nachbarrechten im öffentlichen Baurecht, NVwZ 2004, 315, 317).

879 Die Geltendmachung eines Beseitigungsanspruchs aus § 1004 ist wegen **Unverhältnismäßigkeit** treuwidrig, wenn die Beeinträchtigung geringfügig ist und die Beseitigung den Nachbarn mit unzumutbaren Kosten oder sonstigen Nachteilen belasten

würde (BGHZ 62, 388, 390 ff; BGH MDR 1977, 568; VGH Mannheim NVwZ 1989, 76, 78; vgl auch A Lorenz, Zu den privatrechtlichen Folgen der nachbarrelevanten Baulast, NJW 1996, 2612, 2614). Die Rspr hat sich in diesen Fällen bislang auf die Wertungen der §§ 633 Abs 2 S 2 aF (§ 635 Abs 3 nF), 251 Abs 2 gestützt. Nach Inkrafttreten des Schuldrechtsmodernisierungsgesetzes kann außerdem auf den Rechtsgedanken des § 275 Abs 2 abgestellt werden (vgl MünchKomm/Medicus § 1004 Rn 80). **Mangels schutzwürdiger Eigeninteressen** ist die Geltendmachung eines Wegerechts rechtsmissbräuchlich, wenn dem Berechtigten gleichwertige andere, für den Verpflichteten weniger beeinträchtigende Zufahrtsmöglichkeiten zur Verfügung stehen (so bereits RGZ 169, 180, 183; vgl auch BGH WM 1974, 429; MünchKomm/Roth Rn 194).

e) Eigentumserwerb, §§ 925–984

880 Beim Eigentumserwerb nimmt der Grundsatz von Treu und Glauben angesichts der strengen gesetzlichen Regelungen, die Ausfluss des **Trennungs-** und **Abstraktionsprinzips** und des **Offenkundigkeitsgrundsatzes** sind, eine untergeordnete Rolle ein. Es gibt jedoch zwei Fallgruppen, in denen § 242 eine gewisse Bedeutung hat.

aa) Rückerwerb vom Nichtberechtigten

881 In der Lit wird das Problem des „**Rückerwerbs vom Nichtberechtigten**" zT unter dem Gesichtspunkt von Treu und Glauben diskutiert. Hat ein bösgläubiger Nichtberechtigter eine Sache zunächst nach § 932 wirksam an einen gutgläubigen Dritten veräußert und dann von diesem nach §§ 929 ff zurückerworben, so wird ein wirksamer Eigentumserwerb durch den Nichtberechtigten verneint, wenn der Rückerwerb allein der Rückabwicklung der ursprünglichen Veräußerung diente (sog **Innenverkehrsgeschäft**) oder von vornherein geplant war (sog **mittelbarer bösgläubiger Erwerb**); das Eigentum soll dann automatisch an den früheren Eigentümer zurückfallen (so Erman/Michalski § 932 Rn 14; Soergel/Mühl § 932 Rn 5; Baur/Stürner, Sachenrecht § 52 Rn 34 ff; HP Westermann/Gursky/Eickmann, Sachenrecht § 47 II 3; Wilhelm, Sachenrecht Rn 921 ff; aA BGH NJW-RR 2003, 170, 171; AnwK-BGB/Schilken § 932 Rn 38; Jauernig/Jauernig § 932 Rn 2; MünchKomm/Quack § 932 Rn 62 ff; Palandt/Bassenge § 932 Rn 17; Soergel/Henssler § 932 Rn 40 f; Staudinger/Wiegand [1995] § 932 Rn 116 ff). Dies wird meist mit einer teleologischen Einschränkung des gutgläubigen Erwerbs oder den Grundsätzen über das „Geschäft für den, den es angeht" begründet (vgl Vieweg/Werner, Sachenrecht § 5 Rn 14 mwNw). Bei mittelbarem bösgläubigem Erwerb kommt aber auch ein Rückgriff auf das **Rechtsmissbrauchsverbot** in Betracht (Soergel/Teichmann Rn 76; Soergel/Mühl § 932 Rn 5).

882 All diese Ansätze zur Verhinderung eines wirksamen Erwerbs durch den Nichtberechtigten verstoßen jedoch gegen den Grundsatz, dass die dingliche Zuordnung einer Sache mit Rücksicht auf das **Abstraktionsprinzip** und den Gedanken der **Rechtssicherheit** nicht unter Berufung auf Treu und Glauben in Frage gestellt werden darf (so Rn 871; zur Kritik vgl ausf Wiegand, Der Rückerwerb des Nichtberechtigten, JuS 1971, 62 ff; ferner Soergel/Henssler § 932 Rn 40; Staudinger/Wiegand [1995] § 932 Rn 120 ff). Der frühere Eigentümer ist daher verwiesen, schuldrechtliche Ansprüche gegen den Nichtberechtigten auf Rückübertragung der Sache oder Schadensersatz geltend zu machen (so auch BGH NJW-RR 2003, 170, 171).

bb) Sicherungsübereignung

883 Bei der **Sicherungsübereignung** (§ 930) tritt das Problem der **Übersicherung** auf,

sofern dem Kreditgeber erheblich mehr Sicherheiten zur Verfügung stehen, als zur Kreditsicherung notwendig sind (BÜLOW, Kreditsicherheiten Rn 1106). Nach hM kann der Grundsatz von Treu und Glauben allerdings nur bei nachträglicher Übersicherung eingreifen, weil die Sicherungsübereignung bei anfänglicher Übersicherung bereits nach § 138 Abs 1 nichtig ist (vgl BGHZ 137, 212, 223; BGH NJW 1998, 2047; BGH NJW-RR 2003, 1490, 1492; AnwK-BGB/LOOSCHELDERS § 138 Rn 256 mwNw; VIEWEG/WERNER, Sachenrecht § 12 Rn 26).

Zu einer nachträglichen Übersicherung kann es bei revolvierenden Globalsicherheiten kommen (vgl BÜLOW, Kreditsicherheiten Rn 1107; VIEWEG/WERNER, Sachenrecht § 12 Rn 27), zB wenn ein Warenlager mit ständig wechselndem Bestand zur Sicherheit übereignet wurde und im Laufe der Zeit deutlich an Wert gewinnt (vgl CANARIS ZIP 1996, 1109, 1123). In diesem Fall ist die Sicherungsübereignung als solche nicht sittenwidrig; vielmehr hat der Sicherungsgeber bei Überschreiten der Deckungsgrenze selbst bei Fehlen einer entsprechenden ausdrücklichen Vereinbarung einen **Freigabeanspruch** gegen den Sicherungsnehmer, der auf die Rückübereignung des Sicherungsguts gerichtet ist (grundlegend BGHZ 137, 212; anders noch BGHZ 124, 371, 376 ff, wonach der Sicherungsvertrag bei Fehlen einer „qualifizierten Freigabeklausel" auch im Fall nachträglicher Übersicherung nach § 138 Abs 1 nichtig ist; ausf dazu AnwK-BGB/LOOSCHELDERS § 138 Rn 259 ff mwNw). Zur Konkretisierung der Deckungsgrenze wird auf § 237 S 1 abgestellt. Beträgt der Schätzwert der bestellten Sicherheiten 150% der gesicherten Forderungen, so besteht die widerlegliche Vermutung, dass die Deckungsgrenze erreicht ist (BGHZ 137, 212, 233; BAUR/STÜRNER, Sachenrecht § 57 Rn 28; BÜLOW, Kreditsicherheiten Rn 1124 ff). **884**

Die hM leitet den Freigabeanspruch mittels **ergänzender Vertragsauslegung** aus der Sicherungsabrede ab (BGHZ 137, 212, 218 ff; AnwK-BGB/SCHILKEN § 930 Rn 70; ERMAN/MICHALSKI Anh §§ 929–931 Rn 16; HP WESTERMANN/GURSKY/EICKMANN, Sachenrecht § 44 VI 2b; WOLF, Sachenrecht Rn 716); dabei werden die §§ 157, 242 zT nebeneinander zitiert (vgl etwa WOLF, Sachenrecht Rn 716). Ob der hypothetische Wille der Parteien ein sachgemäßer Anknüpfungspunkt ist, erscheint indes zweifelhaft. Man kann diesen Ansatz zwar damit rechtfertigen, dass es bei der ergänzenden Auslegung von AGB **nicht** auf den hypothetischen Willen der **konkreten Parteien** ankommt (so STAUDINGER/ROTH [2003] § 157 Rn 48; ROTH JZ 1998, 462, 463). Letztlich handelt es sich aber um eine **objektive Rechtsfortbildung**, die auf dem Treuhandgedanken beruht (vgl AnwK-BGB/LOOSCHELDERS § 157 Rn 58; krit gegenüber der Begründung der hM auch CANARIS ZIP 1997, 813, 815). **885**

Bei der Erfüllung des Freigabeanspruchs unterliegt es gem § 262 der Entscheidung des Sicherungsnehmers, welche Sachen er zurückübereignen will (BGHZ 137, 212, 219). Das **Wahlrecht** wird durch Treu und Glauben beschränkt (vgl BGH NJW-RR 2003, 45; AnwK-BGB/LOOSCHELDERS § 138 Rn 261; WOLF, Sachenrecht Rn 788). Im Übrigen muss der Sicherungsnehmer das Sicherungsgut nach Treu und Glauben wirtschaftlich vernünftig verwerten (vgl MünchKomm/ROTH § 241 Rn 80) und darf es nicht zu einem Zweck ausnutzen, der vom Sicherungsvertrag nicht gedeckt wird (vgl BGH WM 1983, 1049; BGH NJW 1991, 1946, 1947; BAMBERGER/ROTH/GRÜNEBERG Rn 83). **886**

f) Ansprüche aus dem Eigentum, §§ 985–1007
Der Grundsatz von Treu und Glauben begrenzt auch die Ausübung von Ansprüchen **887**

aus dem Eigentum (RGZ 133, 293, 296; 169, 180, 182; BGHZ 10, 69, 75; 47, 184, 189; 79, 201, 210), zB die Geltendmachung des **Herausgabeanspruchs aus** § 985 (vgl AnwK-BGB/ SCHANBACHER § 985 Rn 37 ff; ERMAN/HOHLOCH Rn 152; MünchKomm/MEDICUS § 985 Rn 46; SOERGEL/TEICHMANN Rn 78; SOERGEL/MÜHL § 986 Rn 8; STAUDINGER/GURSKY [1999] § 985 Rn 94). Besondere Bedeutung kommt dabei dem **Verbot widersprüchlichen Verhaltens** (so Rn 286 ff) zu. Der Eigentümer kann hiernach keine Herausgabe der Sache verlangen, wenn er zuvor das Vertrauen des Besitzers geweckt hat, er werde den Herausgabeanspruch nicht geltend machen, und der Besitzer daraufhin bestimmte Dispositionen (RGZ 133, 293, 296: Bebauung des Grundstücks; BGHZ 47, 184, 189: Mitarbeit im landwirtschaftlichen Betrieb des Eigentümers) getroffen hat. In solchen Fällen sollte indes nicht davon gesprochen werden, dass der Besitzer ein Recht zum Besitz „**erwirke**" (so aber STAUDINGER/J SCHMIDT[12] Rn 1369). Denn der Einwand der unzulässigen Rechtsausübung vermag **kein Recht zum Besitz** zu begründen (STAUDINGER/GURSKY [1999] § 985 Rn 95).

888 Ein Verstoß gegen den **dolo agit-Grundsatz** (dazu allg o Rn 281 ff) liegt vor, wenn der Eigentümer von einem Anwartschaftsberechtigten Herausgabe der Sache verlangt, obwohl er zur alsbaldigen Rückgewähr verpflichtet sein wird (BAMBERGER/ROTH/GRÜNEBERG Rn 85), weil der Eigentumserwerb des Anwartschaftsberechtigten durch Kaufpreiszahlung unmittelbar bevorsteht (vgl BGHZ 10, 69, 75; AnwK-BGB/SCHANBACHER § 985 Rn 39; ERMAN/HOHLOCH Rn 152).

889 Der Grundsatz von Treu und Glauben steht uU auch der Geltendmachung von **Beseitigungs- und Unterlassungsansprüchen aus** § 1004 entgegen (vgl RGZ 133, 293, 296; BGHZ 62, 388, 391; BGH WM 1979, 644, 646), insbesondere im Rahmen des nachbarlichen Gemeinschaftsverhältnisses (AnwK-BGB/KEUKENSCHRIJVER § 1004 Rn 134; s dazu o Rn 877 ff). Praktische Bedeutung gewinnt dabei namentlich die **Verwirkung**. Nach allgemeinen Grundsätzen (so Rn 308 ff) genügt der bloße Zeitablauf nicht; es müssen vielmehr besondere Umstände hinzukommen, welche die Geltendmachung des Anspruchs treuwidrig erscheinen lassen (OLG Köln NJW 1995, 3319, 3321; AnwK-BGB/KEUKENSCHRIJVER § 1004 Rn 149 f; MünchKomm/MEDICUS § 1004 Rn 83; STAUDINGER/GURSKY [1999] § 1004 Rn 200; vornehmlich auf das Zeitmoment abstellend aber BayObLG NJW 1993, 1165; z w Bsp STAUDINGER/J SCHMIDT[12] Rn 1377 ff).

890 Auf der anderen Seite handelt es sich beim Eigentümer-/Besitzerverhältnis um ein **gesetzliches Schuldverhältnis**, aus dem sich **Rücksichtspflichten** iSd § 241 Abs 2 ableiten lassen, für deren Konkretisierung § 242 gilt. Zu denken ist insbesondere an **Auskunftsansprüche**. Kann zB der gutgläubige Besitzer eine gestohlene Sache nicht herausgeben, weil er sie inzwischen weiterveräußert hat, so muss er den Eigentümer über die Person des Erwerbers informieren (OLG Hamm NJW 1993, 2623, 2624).

g) Miteigentum, §§ 1008–1011

891 Bei einer Bruchteilsgemeinschaft gem § 1008 verstößt ein Miteigentümer gegen den dolo agit-Grundsatz, wenn er gegen den anderen Miteigentümer die **Zwangsversteigerung zur Aufhebung der Gemeinschaft** betreibt, obwohl er vertraglich zur baldigen Übertragung seines Bruchteils auf den anderen verpflichtet ist (vgl MünchKomm/ROTH Rn 374). In einem Schadensersatzprozess wegen **Beschädigung des gemeinschaftlichen Eigentums** dürfen die Miteigentümer nach Treu und Glauben nicht den gesamten Schaden geltend machen, ohne zu berücksichtigen, dass einer von ihnen den Schaden schuldhaft mit verursacht hat (BGH NJW 1992, 1095, 1096; NJW 1997, 3026, 3027; MünchKomm/BYDLINSKI § 432 Rn 10).

h) Dienstbarkeiten, §§ 1018–1093

Der Grundsatz von Treu und Glauben (§ 242) erlangt auch bei der **Grunddienstbarkeit** Bedeutung, weil die in § 1020 statuierte Pflicht zur schonenden Ausübung der Grunddienstbarkeit nach ganz hM ein **gesetzliches Schuldverhältnis** zwischen den jeweiligen Eigentümern begründet (BGHZ 95, 144, 146 ff = NJW 1985, 2944; BGHZ 106, 348, 351; AnwK-BGB/OTTO § 1020 Rn 1 ff; MünchKomm/FALCKENBERG § 1018 Rn 9; STAUDINGER/RING [1994] § 1020 Rn 1; anders noch BGH LM § 242 [D] Nr 31 = BB 1959, 360; BGH NJW 1960, 673). Der Berechtigte muss dementsprechend nach Treu und Glauben Sorge tragen, dass die Ausübung der Grunddienstbarkeit keine übermäßigen Gefahren für das dienende Grundstück mit sich bringt (BGH LM § 242 [D] BGB Nr 31; SOERGEL/TEICHMANN Rn 73). Der **Ausübung der Grunddienstbarkeit** steht uU der Einwand der unzulässigen Rechtsausübung entgegen (BGH NJW 1960, 673; ERMAN/HOHLOCH Rn 153; PALANDT/HEINRICHS Rn 80; MÜHL NJW 1956, 1657 f). Kann die Dienstbarkeit deshalb auf Dauer nicht ausgeübt werden, so soll der Berechtigte sogar analog § 1169 gehalten sein, auf die Dienstbarkeit zu verzichten (RGZ 169, 180, 183; ERMAN/HOHLOCH Rn 153; vgl auch BGH NJW-RR 2003, 733, 734; einschränkend BayObLG NZM 2000, 358, 359).

Die häufig sehr langfristigen Bindungen von herrschendem und dienendem Grundstück lassen mitunter das Problem auftreten, dass die bei der Bestellung der Grunddienstbarkeit gegebenen tatsächlichen Verhältnisse sich zwischenzeitig **verändern** (PALANDT/HEINRICHS Rn 80; SOERGEL/TEICHMANN Rn 73). Der Inhalt der Grunddienstbarkeit muss dann uU nach Treu und Glauben an die geänderten Verhältnisse **angepasst** werden (vgl BGH LM § 242 [D] Nr 31; BGHZ 44, 171, 175; 106, 348, 351; AnwK-BGB/OTTO § 1018 Rn 75 ff; MünchKomm/FALCKENBERG § 1018 Rn 51 ff; PALANDT/HEINRICHS Rn 80; G SCHMIDT 194; ähnl HP WESTERMANN/GURSKY/EICKMANN Sachenrecht § 2 III 3). Eine Ausweitung des Umfangs der Dienstbarkeit ist hiernach aber nur möglich, wenn sie sich in den Grenzen einer der Art nach gleich bleibenden Benutzung des dienenden Grundstücks hält und nicht auf einer unvorhersehbaren willkürlichen Änderung in der Benutzung des herrschenden Grundstücks beruht (BGHZ 106, 348, 350). Aus diesem Grund kann ein für private oder landwirtschaftliche Zwecke eingeräumtes Wegerecht grundsätzlich nicht auf gewerbliche Nutzungen erstreckt werden (BGH MDR 1961, 672; BGH NJW 1963, 1247; MünchKomm/FALCKENSTEIN § 1018 Rn 54; zu weiteren Bsp G Schmidt 199 ff; aA SOERGEL/TEICHMANN Rn 73; vgl auch MÜHL NJW 1956, 1657 f).

Der **Nießbrauch an Sachen** (§§ 1030 ff) **und Rechten** (§§ 1068 ff) begründet ebenso wie die Grunddienstbarkeit ein **gesetzliches Schuldverhältnis** (vgl BGHZ 95, 144, 147; AnwK-BGB/LEMKE § 1030 Rn 23; MünchKomm/POHLMANN vor § 1030 Rn 16 ff). Hieraus folgen für beide Teile Rechte und Pflichten, zu deren Konkretisierung § 242 uneingeschränkt anwendbar ist.

i) Vorkaufsrechte, §§ 1094–1104

Bei einem dinglichen Vorkaufsrecht findet der Grundsatz von Treu und Glauben (§ 242) im Verhältnis zwischen dem Vorkaufsverpflichteten und dem Vorkaufsberechtigten Anwendung (BGH DNotZ 1992, 414, 416). Der Verpflichtete ist daher nach Treu und Glauben gehindert, sich auf den Ablauf der **Frist zur Ausübung des Vorkaufsrechts** zu berufen, sofern er dem Berechtigten die Besichtigung der Sache verweigert (RG DR 1941, 1461; BGB-RGRK/Mezger § 510 Rn 4). Hat der Verpflichtete zur **Vereitelung des Vorkaufsrechts** mit dem Dritten eine Gestaltung vereinbart, die formell keinen Kaufvertrag darstellt, inhaltlich einem solchen aber sehr nahe kommt, so verstößt er uU gegen Treu und Glauben, wenn er sich gegenüber dem Berechtigten auf die formale Rechtslage beruft (BGH DNotZ 1992, 414, 417).

896 Die Ausübung des Vorkaufsrechts verstößt gegen das Verbot widersprüchlichen Verhaltens, wenn der Vorkaufsberechtigte **offenkundig nicht in der Lage ist**, seine Verpflichtungen aus dem Kaufvertrag zu erfüllen (BGH LM § 505 Nr 3). Das Gleiche gilt in dem Fall, dass der Berechtigte die Erfüllung der Pflichten aus dem Kaufvertrag **ernsthaft und endgültig ablehnt** oder durch Vorschützen von Hindernissen **unbillig verzögert** (vgl BGH LM § 505 Nr 6). Der Grundsatz von Treu und Glauben steht der Ausübung des Vorkaufsrechts schließlich auch dann entgegen, wenn der Berechtigte schuldrechtlich verpflichtet ist, vom Vorkaufsrecht keinen Gebrauch zu machen (BGHZ 37, 147, 152; AnwK-BGB/Reetz § 1098 Rn 16).

k) Reallasten, §§ 1105–1112
897 Bei Reallasten ist der Grundsatz von Treu und Glauben in der Vergangenheit öfter im Zusammenhang mit der Abänderung von Altenteilsleistungen wegen **veränderter Lebensverhältnisse** herangezogen worden (vgl RGZ 147, 94, 100; BGH NJW 1957, 1798 f). Der durch Art 11a EuroEG v 9.6.1998 eingefügte § 1105 Abs 1 S 2 stellt nunmehr klar, dass als Inhalt der Reallast auch die automatische Anpassung der Leistungen an veränderte Verhältnisse in Betracht kommt, wenn Art und Umfang der Belastung des Grundstücks sich anhand der in der Vereinbarung festgelegten Voraussetzungen bestimmen lassen. Zur Konkretisierung kann auf die frühere Rspr zurückgegriffen werden, da eine inhaltliche Änderung nicht bezweckt war (BT-Drucks 13/10334, 42; vgl auch MünchKomm/Joost § 1105 Rn 31).

l) Hypotheken, Grundschulden, Rentenschulden, §§ 1113–1203
898 Im **Hypothekenrecht** hat die Rspr früher bei sog „Ost-Enteignungen" auf § 242 zurückgegriffen, um den Schuldner bei Auseinanderfallen von Hypothek und Forderung vor doppelter Inanspruchnahme zu schützen (vgl BGHZ 12, 79, 86; Erman/Hohloch Rn 154). Diese dogmatisch nicht unumstrittene Lösung hat heute keine praktische Bedeutung mehr. Es sei deshalb auf Staudinger/Schmidt[12] Rn 1397 verwiesen.

899 Davon abgesehen gelten für die Anwendbarkeit des § 242 in Bezug auf Grundpfandrechte die gleichen Grundsätze wie hinsichtlich anderer dinglicher Rechte. Der dolo agit-Einwand hindert den Inhaber einer Grundschuld deshalb an deren Verwertung, wenn er aufgrund des Sicherungsvertrags zur **Rückübertragung der Grundschuld** auf den Eigentümer verpflichtet ist (BGHZ 19, 205, 206; vgl auch Bamberger/Roth/Grüneberg Rn 85).

900 Bei **nachträglicher Übersicherung** steht dem Eigentümer ein Anspruch auf Rückübertragung der Grundschuld zu, selbst wenn der Sicherungsvertrag keine Freigabeklausel enthält (ausf dazu Staudinger/Wolfsteiner [1996] Vorbem 74 zu §§ 1191 ff). Dieser Anspruch wird zumeist aus der Sicherungsabrede iVm §§ 133, 157 oder § 242 abgeleitet. Wegen der Einzelheiten vgl die Ausführungen zum parallelen Problem bei der Sicherungsübereignung (so Rn 883 ff).

m) Pfandrechte an beweglichen Sachen und Rechten, §§ 1204–1296

Bei Pfandrechten an beweglichen Sachen kann der Gläubiger nach Treu und Glauben gehindert sein, die Rückgabe einzelner Sachen zu verweigern, wenn er auf andere Weise ausreichend gesichert erscheint (vgl BGH WM 1966, 115; BGHZ 128, 295, 300; MünchKomm/DAMRAU § 1218 Rn 4 und § 1222 Rn 2; PALANDT/HEINRICHS Rn 80). Diese Problematik stellt sich insbesondere im Fall der **nachträglichen Übersicherung bei Verpfändung mehrerer Sachen** (zB eines Warenlagers). Trotz der Parallele zur nachträglichen Übersicherung bei der Sicherungsübereignung (s dazu o Rn 883) lehnt es die hM ab, die dort entwickelten Grundsätze auf das Pfandrecht an mehreren Sachen zu übertragen, weil der Verpfänder durch den Grundsatz der Akzessorietät und die dingliche Surrogation nach § 1247 S 2 hinreichend geschützt sei (vgl ERMAN/MICHALSKI § 1222 Rn 2; MünchKomm/DAMRAU § 1255 Rn 1; SOERGEL/HABERSACK § 1222 Rn 3; aA AnwK-BGB/BÜLOW § 1222 Rn 4). Die dogmatischen Unterschiede ändern jedoch nichts daran, dass der Rückgabeanspruch des Verpfänders bei nachträglicher Übersicherung letztlich auf den gleichen Erwägungen wie der Freigabeanspruch des Sicherungsgebers im Fall der Sicherungsübereignung beruht (STAUDINGER/WIEGAND [2002] § 1222 Rn 2), so dass beide Konstellationen nach den gleichen Kriterien zu beurteilen sind (so auch RIMMELSPACHER JZ 1995, 678, 680; WIEGAND/BRUNNER, Übersicherung und Freigabeanspruch, NJW 1995, 2513, 2520). Im Ergebnis bedeutet dies, dass man sich bei der Konkretisierung des Rückgabeanspruchs des Verpfänders ebenfalls an den Kriterien des § 237 S 1 orientieren kann (so auch AnwK-BGB/BÜLOW § 1222 Rn 4). **901**

n) Verordnung über das Erbbaurecht

Anders als Grunddienstbarkeit und Nießbrauch (so Rn 892 ff) begründet das Erbbaurecht nach hM **kein gesetzliches Schuldverhältnis** (vgl AnwK-BGB/HELLER § 2 ErbbauVO Rn 1; STAUDINGER/RAPP [2002] § 1 ErbbauVO Rn 1 und § 2 ErbbauVO Rn 1). Soweit die Beteiligten den Inhalt des Erbbaurechts durch Vertrag regeln, ist § 242 jedoch uneingeschränkt anwendbar. Praktische Bedeutung hat dies insbesondere für sog **Kaufzwangklauseln**, welche den Erbbauberechtigten verpflichten, das Grundstück nach einer gewissen Zeit anzukaufen. Solche Klauseln sind zwar nicht prinzipiell nach § 138 Abs 1 nichtig; die Ausübung der daraus folgenden Rechte kann aber im Einzelfall nach § 242 unzulässig sein (vgl BGHZ 68, 1, 5; 75, 15, 18 ff; AnwK-BGB/HELLER § 2 ErbbauVO Rn 20; WOLF, Sachenrecht Rn 142). Maßgeblich ist die Erwägung, dass der Eigentümer in Anbetracht der **sozialpolitischen Zielsetzung der ErbbauVO** bei der Ausübung seiner Rechte nach Treu und Glauben auf die Interessen des Erbbauberechtigten Rücksicht zu nehmen hat (BGHZ 68, 1, 5; ERMAN/HOHLOCH Rn 160). **902**

o) Gesetz über das Wohnungseigentum und das Dauerwohnrecht

Mit dem WEG verfolgt der Gesetzgeber das **sozialpolitische Ziel**, weniger begüterten Personen den Erwerb eigenen Wohnraums zu ermöglichen (vgl BGHZ 75, 26, 29 = NJW 1979, 2101; BGH NJW 1959, 2160, 2162; NJW 1977, 44, 45; ERMAN/GRZIWOTZ Vorbem WEG Rn 1). Auch wenn die Verhältnisse auf dem Wohnungsmarkt sich seit Inkrafttreten des WEG erheblich verändert haben, muss diese Zielsetzung auch heute noch bei der Konkretisierung des Grundsatzes von Treu und Glauben Berücksichtigung finden. **903**

aa) Inhaltskontrolle der Gemeinschaftsordnung und des Kaufvertrages

Die Rspr trägt dem **Schutzbedürfnis der Wohnungseigentümer** dadurch Rechnung, dass sie die vom teilenden Eigentümer einseitig gesetzte **Teilungserklärung** (§ 8 WEG) mitsamt der darin enthaltenen **Gemeinschaftsordnung** einer Inhaltskontrolle **904** nach § 242 unterzieht (BGHZ 99, 90, 94; BGH NJW 1994, 2950, 2952; BayObLG NJW-RR 1996, 1037). Die Anwendung der §§ 307 ff wird dagegen überwiegend abgelehnt (so etwa AnwK-BGB/HEINEMANN § 8 WEG Rn 4; PALANDT/BASSENGE § 8 WEG Rn 1; STAUDINGER/RAPP[12] § 7 WEG Rn 35; aA SOERGEL/STÜRNER § 8 WEG Rn 3; von BGHZ 99, 90, 94 offen gelassen).

905 Nach ständiger Rspr des BGH ist der **formelhafte Ausschluss der Gewährleistung für Sachmängel in einem notariellen Individualvertrag** beim Erwerb einer neu errichteten Eigentumswohnung nach § 242 unwirksam, wenn der Erwerber über die rechtlichen Konsequenzen einer solchen Freizeichnung nicht eingehend belehrt worden ist (vgl BGH NJW-RR 1987, 1035 f; NJW 1988, 135; 1988, 1972; 1989, 2748, 2749). Da aus dem WEG insoweit keine Besonderheiten folgen, kann für die Einzelheiten auf die Ausführungen zur Inhaltskontrolle notarieller Individualverträge (so Rn 476 f) verwiesen werden.

bb) Das gesetzliche Schuldverhältnis zwischen den Wohnungseigentümern
906 Treu und Glauben entfalten auch im Verhältnis zwischen den einzelnen Wohnungseigentümern Bedeutung. Denn zwischen diesen besteht ein **gesetzliches Schuldverhältnis** mit gegenseitigen Rechten und Pflichten (insbesondere Rücksichtspflichten), zu deren Konkretisierung und Begrenzung § 242 herangezogen werden kann (vgl BGH NJW 1999, 2108, 2109; BayObLG NJW 2002, 71, 72; AnwK-BGB/SCHULTZKY § 10 WEG Rn 5; PALANDT/BASSENGE Überbl v § 1 WEG Rn 5; STAUDINGER/KREUZER[12] § 10 WEG Rn 7; WEITNAUER/LÜKE § 10 WEG Rn 12). Folgende Problemkreise stehen dabei im Vordergrund.

907 Nach der Veräußerung der Wohnungseigentumsrechte bedürfen **Änderungen der Teilungserklärung und der Gemeinschaftsordnung** grundsätzlich der Zustimmung aller Wohnungseigentümer (BGHZ 145, 133, 136; STAUDINGER/KREUZER[12] § 10 WEG Rn 63). Ein Miteigentümer kann jedoch nach Treu und Glauben (§ 242) einen **Anspruch** gegen die anderen Miteigentümer **auf Erteilung der Zustimmung** haben, wenn deren Verweigerung im Einzelfall aufgrund außergewöhnlicher Umstände grob unbillig wäre (OLG Düsseldorf FGPRax 2003, 115; AnwK-BGB/SCHULTZKY § 10 WEG Rn 19; vgl jetzt auch BGH NJW 2004, 1798, 1799 f).

908 Aus dem Gemeinschaftsverhältnis kann sich nach Treu und Glauben die Pflicht der Wohnungseigentümer ergeben, der **Änderung des Kostenverteilungsschlüssels** (§ 16 Abs 2 WEG) auf Verlangen eines Wohnungseigentümers zuzustimmen, sofern der geltende Kostenverteilungsschlüssel zu grob unbilligen Ergebnissen führt (vgl BGHZ 130, 304, 312 = NJW 1995, 2791; BGHZ 156, 192, 196, 202 = NJW 2003, 3476; BGH NJW 2004, 3413, 3414; AnwK-BGB/SCHULTZKY § 10 WEG Rn 19). Ob grobe Unbilligkeit vorliegt, beurteilt die Rspr anhand eines strengen Maßstabs aufgrund einer Interessenabwägung im Einzelfall. Die Zustimmungspflicht entfällt, wenn die Ursachen für die Mehrbelastung im alleinigen Risikobereich des benachteiligten Wohnungseigentümers liegen (BGH NJW 2004, 3413, 3415).

cc) Sonstige Fälle
909 Ein wichtiger Grund zur **Abberufung des Verwalters** nach § 26 Abs 1 S 3 WEG liegt nach Treu und Glauben vor, wenn das Vertrauensverhältnis zu den Eigentümern derart gestört ist, dass diese ihre Interessen nicht mehr gewahrt sehen (vgl BGH NJW 2002, 3240, 3243; AnwK-BGB/SCHULTZKY § 26 WEG Rn 22; BÄRMANN/PICK/MERLE § 26 WEG Rn 159 f). Eine zukünftige Zusammenarbeit ist zB dann nicht mehr zumutbar, wenn

über einen längeren Zeitraum ohne nachvollziehbare Gründe weder Wirtschaftspläne erstellt noch Jahresabrechnungen vorgelegt und dringend erforderliche Eigentümerversammlungen nicht rechtzeitig einberufen worden sind (BGH NJW 2002, 3240, 3243). Der Anspruch des einzelnen Wohnungseigentümers auf eine ordnungsgemäße Verwaltung, der nach der Rspr Treu und Glauben entspringt (BGH NJW 2002, 3704, 3707), ist in § 21 Abs 4 WEG ausdrücklich festgeschrieben. Die **Kündigung des Verwaltervertrages** aus wichtigem Grund richtet sich nach § 626 Abs 1 (vgl AnwK-BGB/ SCHULTZKY § 26 WEG Rn 25), der § 314 (dazu o Rn 382 f) verdrängt.

Wer als **Treuhänder** die Vermietung, Verwaltung und Finanzierung des Wohneigentums übernommen hat, muss auch **nach Auflösung des Treuhandverhältnisses** im Rahmen des Zumutbaren Sorge tragen, dass der Treugeber keine unverhältnismäßigen Schäden erleidet, die im Zusammenhang mit der vorherigen Treuhandtätigkeit stehen (BGH NJW-RR 1990, 141, 142). Es handelt sich um eine **nachvertragliche Rücksichtspflicht** (§ 241 Abs 2), zu deren Konkretisierung § 242 herangezogen werden kann. 910

5. Ehe- und Familienrecht

a) Allgemeines
Im Ehe- und Familienrecht spielt § 242 nur eine **untergeordnete Rolle**. Seine Funktion wird ganz überwiegend durch entsprechende familienrechtliche Vorschriften wahrgenommen. Ein Rückgriff auf § 242 ist nur in den Bereichen möglich und notwendig, in denen spezialgesetzliche Regelungen fehlen. 911

Im Familienrecht nimmt das **Rücksichtnahmegebot** aufgrund der besonderen Treueprägung der Rechtsbeziehungen eine herausragende Stellung ein (BAMBERGER/ROTH/ GRÜNEBERG Rn 6). Für das Verhältnis zwischen Eltern und Kindern ist die Pflicht zu Beistand und Rücksichtnahme in § 1618a geregelt; für das Verhältnis zwischen Ehegatten ergibt sich eine entsprechende Pflicht aus § 1353 Abs 1 S 2 (vgl PALANDT/BRUDERMÜLLER § 1353 Rn 9 ff). Besondere Ausgestaltungen des Rücksichtnahmegebots finden sich darüber hinaus für die elterliche Sorge (§§ 1626 ff) sowie für die Unterhaltspflicht (§§ 1601, 1610 ff). Spezielle **Auskunftspflichten** sind in §§ 1361 Abs 4 S 4, 1580 und § 1605 vorgesehen; im Übrigen kann ergänzend auf § 1353 Abs 1 S 2 und § 1618a zurückgegriffen werden (vgl ERMAN/MICHALSKI § 1618a Rn 15 und PALANDT/BRUDERMÜLLER § 1353 Rn 13; vgl aber auch BGH FamRZ 2003, 1836, 1837). Das familienrechtliche **Missbrauchsverbot** ist in den §§ 1315, 1353 Abs 2, 1381, 1568, 1577 Abs 3, 1579, 1587c, 1666 geregelt. Soweit es um spezifisch familienrechtliche Fragen geht, sind diese Vorschriften abschließend. Der Grundsatz von Treu und Glauben kann lediglich zur Auslegung und Konkretisierung herangezogen werden (MünchKomm/ROTH Rn 208; SOERGEL/TEICHMANN Rn 80). Einen eigenständigen Anwendungsbereich hat § 242 dagegen dort, wo die Entscheidung in erster Linie auf die allgemeinen Kriterien von Treu und Glauben gestützt wird und familienrechtliche Aspekte nur am Rande einfließen (SOERGEL/TEICHMANN Rn 80; vgl zB OLG München FamRZ 2004, 1874 f). 912

b) Aufhebung der Ehe und Heilung von Nichtehen
Für die Aufhebung der Ehe enthält § 1315 spezielle Ausschlussgründe. Daneben kann in Ausnahmefällen der Gedanke der **unzulässigen Rechtsausübung** (dazu allg o Rn 214 ff) herangezogen werden (vgl AnwK-BGB/FINGER § 1315 Rn 1). 913

914 Besonders große Bedeutung hat der Einwand der unzulässigen Rechtsausübung in neuerer Zeit bei der Geltendmachung von Verstößen gegen das Verbot der **Doppelehe** (§ 1306) erlangt. Vor der Reform des Eheschließungsrechts von 1998 ging die Rspr davon aus, dass die für die Erhebung der Nichtigkeitsklage maßgeblichen Beweggründe wegen des **öffentlichen Interesses an der Durchsetzung des Verbots der Doppelehe** grundsätzlich unerheblich seien, so dass die sittliche Rechtfertigung nur unter ganz besonderen Umständen entfalle (vgl BGHZ 30, 140, 143; 37, 51, 56; BGH NJW 1986, 3083; ERMAN/HOHLOCH Rn 157).

915 Bei der Reform des Eheschließungsrechts wurde die **ex tunc** wirkende Nichtigerklärung durch die **ex nunc** wirkende Aufhebung der zweiten Ehe ersetzt. Dies hat zur Folge, dass der Antrag auf Aufhebung einer Zweitehe sich nicht mehr allein mit dem öffentlichen Interesse an der Durchsetzung des Verbots der Doppelehe rechtfertigen lässt, wenn die Erstehe zwischenzeitig geschieden worden ist. Denn aufgrund der Scheidung der Erstehe ist dieses Interesse **für die Zukunft** irrelevant; **für die Vergangenheit** kann dem Vorrang der Erstehe aber durch eine ex nunc wirkende Aufhebung der Zweitehe keine Geltung mehr verschafft werden. Der Einwand des rechtsmissbräuchlichen Verhaltens entfällt jedoch, wenn der Antragsteller aus anderen Gründen ein schutzwürdiges Interesse an der Aufhebung der Zweitehe hat. In Betracht kommen dabei insbesondere renten- und versorgungsrechtliche Belange (BGH NJW 2002, 1268, 1269; vgl auch NJW 2001, 2394).

916 Nach der Rspr des BGH zum EheG lag ein Fall der unzulässigen Rechtsausübung auch dann vor, wenn der Ehegatte die Nichtigerklärung seiner Zweitehe nur deshalb begehrte, weil er eine dritte Ehe eingehen wollte (BGHZ 30, 140, 142 ff). Maßgeblich war die Erwägung, dass die Nichtigkeitsklage in einem solchen Fall auf **sittlich verwerflichen Gründen** beruht. In neuerer Zeit wird diese Rspr überwiegend als überholt angesehen (vgl OLG Düsseldorf NJW-RR 1993, 135, 136; PALANDT/HEINRICHS Rn 69; aA MünchKomm/ROTH Rn 214). Dies mag zwar für die Argumentation mit der sittlichen Verwerflichkeit zutreffen. Ist die Erstehe bereits geschieden, so kann das zwischenzeitige Nebeneinander beider Ehen nach geltendem Recht aber nicht mehr durch die Aufhebung beseitigt werden. Der Antragsteller muss daher andere schutzwürdige Interessen geltend machen, die eine Aufhebung der Zweitehe rechtfertigen (so Rn 915). Die **Wiedererlangung der Eheschließungsfreiheit** stellt kein solches Interesse dar, weil die Möglichkeit einer Scheidung der Zweitehe insoweit ausreichend erscheint.

917 Der **lange Bestand der zweiten Ehe** führt allein nicht dazu, dass der Aufhebungsantrag missbräuchlich erscheint (vgl BGH NJW 2001, 2394, 2395 [39 Jahre]; BGH NJW-RR 1994, 264, 265 [35 Jahre]; BGH NJW 1986, 3083 [40 Jahre]; PALANDT/HEINRICHS Rn 69). Besteht die erste Ehe nicht mehr, so kann die Dauer der zweiten Ehe aber die Prüfung beeinflussen, ob das Interesse des Antragstellers an der Aufhebung der Ehe schutzwürdig ist (so Rn 915).

918 Der Antrag auf Aufhebung der Ehe wegen **arglistiger Täuschung** (§ 1314 Abs 2 Nr 3) ist nicht allein deshalb rechtsmissbräuchlich, weil der Antragsteller schon vor der Aufdeckung der Täuschung die Absicht hatte, sich von der Ehe zu lösen (BGHZ 29, 265, 269) oder sich einem anderen Partner zuzuwenden (PALANDT/HEINRICHS Rn 69; aA BGHZ 5, 186, 188 f; ERMAN/HOHLOCH Rn 157; STAUDINGER/KLIPPEL [2000] § 1315 Rn 11). Die arglistige Täuschung darf zwar nicht als **Vorwand** für die Aufhebung der Ehe genutzt werden (zutreffend insoweit BGHZ 5, 186, 189). Ein solcher Missbrauch wird jedoch schon dadurch ausgeschlossen, dass die Täuschung sich nach § 1314 Abs 2 Nr 3 auf Umstände beziehen muss, die den Antragsteller „bei Kenntnis der Sachlage und bei richtiger Würdigung des Wesens der Ehe" von der Eingehung der Ehe abgehalten hätten. Gegenüber dem Aufhebungsgrund der **fehlenden Ehemündigkeit** (§ 1303) ist der Einwand der unzulässigen Rechtsausübung ausgeschlossen, weil der Schutz des nicht ehemündigen Partners vorgeht (STAUDINGER/KLIPPEL [2000] § 1315 Rn 9).

Gem § 1310 Abs 3 kann eine Ehe, die im Inland nicht vor dem Standesbeamten oder einer nach Art 13 Abs 3 S 2 EGBGB ordnungsgemäß ermächtigten Person geschlossen worden ist (sog **Nichtehe**), nur unter engen Voraussetzungen geheilt werden, die nicht durch Rückgriff auf § 242 oder Art 6 Abs 1 GG umgangen werden dürfen (vgl BGH NJW-RR 2003, 852; krit *Pfeiffer* LMK 2003, 128 ff; vgl auch PALANDT/HEINRICHS Rn 68 mwNw). Diese Überlegung steht jedoch nur der **vollständigen Heilung** fehlerhafter Ehen entgegen. Bei langjährigem gutgläubigem Zusammenleben als Ehegatten ist es dagegen möglich, der fehlerhaften Ehe in Bezug auf **einzelne Rechtsfolgen** (zB Erbrecht) nach § 242 iVm Art 6 Abs 1 GG Wirkungen beizumessen. Dies gilt insbesondere, wenn das gemeinsame Heimatrecht der Ehegatten die Ehe als wirksam ansieht (vgl LOOSCHELDERS, Internationales Privatrecht [2004] Art 13 EGBGB Rn 82).

c) Abwendung von steuerlichen Nachteilen
Nach stRspr des BGH ist ein Ehegatte während der bestehenden Ehe nach § **1353 Abs 1 S 2** verpflichtet, einer vom anderen Ehegatten zur Abwendung steuerlicher Nachteile gewünschten **gemeinsamen Veranlagung zur Einkommensteuer** zuzustimmen, wenn für ihn selbst daraus keine höheren Belastungen resultieren oder der andere Ehegatte zum Ausgleich solcher Belastungen bereit ist (vgl BGH NJW 1977, 378; 1988, 2032; 2003, 2982, 2983; ERMAN/HECKELMANN § 1353 Rn 13). Nach einer Scheidung soll der unterhaltsberechtigte Ehegatte dagegen im Rahmen des Unterhaltsverhältnisses **gem § 242** gehalten sein, dem **begrenzten Realsplitting** zuzustimmen (BGH NJW 1983, 1545). Dahinter steht aber letztlich ebenfalls die aus dem Wesen der Ehe folgende Pflicht der Ehegatten, die finanziellen Lasten des anderen Teils im Rahmen des Zumutbaren zu mindern; diese Pflicht setzt sich nach der Scheidung als **Nachwirkung der Ehe** fort (vgl BGH NJW-RR 1998, 1153).

d) Inhaltliche Kontrolle von Eheverträgen
Nach der Rspr des BVerfG sind die Zivilgerichte gem Art 2 Abs 1 GG iVm Art 6 GG gehalten, Eheverträge einer inhaltlichen Kontrolle zu unterziehen, um eine unangemessene Benachteiligung des schwächeren Ehegatten zu verhindern (vgl BVerfGE 103, 89 = NJW 2001, 957, 958; BVerfG NJW 2001, 2248; AnwK-BGB/LOOSCHELDERS § 138 Rn 188). In Rspr und Lit ist teilweise dafür plädiert worden, diese Kontrolle mit Hilfe des § 242 zu verwirklichen (so insbes OLG München FamRZ 2003, 35; DAUNER-LIEB, Reichweite und Grenzen der Privatautonomie im Ehevertragsrecht, AcP 201 [2001], 295 ff; vgl auch Hk-BGB/KEMPER § 1408 Rn 7). Der BGH hat sich jedoch für eine **Wirksamkeitskontrolle** nach § 138 Abs 1 entschieden (BGHZ 158, 81, 93 ff = NJW 2004, 930, 935 = FamRZ 2004, 601; BGH NJW 2005, 137, 138 = FamRZ 2005, 26, 27; BGH NJW 2005, 139, 140; NJW 2005, 2386, 2387 ff; NJW 2005, 2391; für Anwendung des § 138 Abs 1 auch OLG Düsseldorf NJW-RR 2005, 1, 2; BAMBERGER/ROTH/MAYER § 1408 Rn 47; PALANDT/BRUDERMÜLLER § 1408 Rn 8 ff; SCHWAB Anm FamRZ 2001, 349, 350; krit GRZIWOTZ, Ehevertragsranking oder Ehevertragsgerechtigkeit?, MDR

2005, 73, 75; ausf dazu bereits o Rn 367 ff). Bezugspunkt der Wirksamkeitsprüfung sind die Verhältnisse bei **Abschluss des Ehevertrages**. Ist der Vertrag danach nicht per se unwirksam, so kann der begünstigte Ehegatte aber noch gem § 242 an der **Ausübung** der daraus folgenden Rechte gehindert sein, wenn dies nach den **Verhältnissen bei Scheitern der Ehe rechtsmissbräuchlich** erscheint (vgl BGHZ 158, 81, 100; BGH NJW 2005, 2386, 2390; NJW 2005, 2391, 2392 f; OLG Düsseldorf NJW-RR 2005, 1, 2; AnwK-BGB/LOOSCHELDERS § 138 Rn 190).

922 Auch nach der neueren Rspr ist ein **Unterhaltsverzicht** nach § 1585c nicht von vornherein unzulässig. Dies gilt auch mit Blick auf den Betreuungsunterhalt nach § 1570 (BGHZ 158, 81, 97; AnwK-BGB/LOOSCHELDERS § 138 Rn 191; ERMAN/GRABA § 1570 Rn 19). An die Wirksamkeit eines solchen Verzichts sind jedoch besonders strenge Anforderungen zu stellen. Im Übrigen geht die Rspr schon seit längerem davon aus, dass der unterhaltspflichtige Ehegatte sich nach § 242 nicht auf einen an sich wirksamen Unterhaltsverzicht des anderen Ehegatten berufen kann, wenn **schutzwürdige Interessen der Kinder** aufgrund einer nachträglichen Entwicklung die Unterhaltszahlung gebieten (BGH NJW 1985, 1833; 1985, 1836; 1991, 913, 914; 1992, 3164; 1995, 1148; AnwK-BGB/ LIER § 1585c Rn 9).

e) **Unterhaltsrecht**

923 Für den **Unterhaltsanspruch des geschiedenen Ehegatten** ist die Beschränkung oder der Wegfall aus Billigkeitsgründen in § 1579 ausdrücklich geregelt (zur dogmatischen Einordnung vgl MünchKomm/MAURER § 1579 Rn 2: „Ausprägung des Grundsatzes von Treu und Glauben"; vgl auch BGH MDR 2004, 689 ff; OLG Koblenz NJW-RR 2004, 1373 ff; OLG Köln MDR 2004, 1003; OLG Schleswig FPR 2004, 610 ff). Im Hinblick auf den Unterhaltsanspruch bei **Getrenntlebenden** verweist § 1361 Abs 3 auf § 1579 Nr 2 bis 7. Für den **Verwandtenunterhalt** findet sich eine dem § 1579 entsprechende Billigkeitsklausel in § 1611 (dazu BGH NJW 1998, 1555, 1556; BREIHOLDT, Zur Verwirkung von Kindesunterhalt, NJW 1993, 305 ff). Im Anwendungsbereich dieser Vorschriften kommt ein Rückgriff auf den allgemeinen Grundsatz von Treu und Glauben regelmäßig nicht in Betracht (MünchKomm/ BORN § 1611 Rn 4; vgl BGH FamRZ 2004, 1559 ff m Anm BORN; aber auch OLG Hamm NJW-RR 2004, 1229, 1230; FamRZ 2004, 1968). Es gibt aber auch Ausnahmen. So muss ein geschiedener Ehegatte dem anderen Ehegatten nach § 242 iVm §§ 1569 ff **Unterhaltsleistungen erstatten**, wenn sein Unterhaltsanspruch sich aufgrund der nachträglichen Bewilligung einer Erwerbsunfähigkeitsrente ermäßigt hat (BGH NJW 1989, 1990, 1991; zum Fall der Verwirkung OLG Brandenburg FamRZ 2004, 972). Im Übrigen kann die Geltendmachung von Unterhaltsansprüchen auch unter dem Aspekt der **Verwirkung** ausgeschlossen sein (BGH NJW 2003, 128; OLG Oldenburg FamRZ 2005, 722, 723).

924 Dem Unterhaltsschuldner ist es nach Treu und Glauben verwehrt, sich auf die eigene Leistungsunfähigkeit (§ 1603) zu berufen, wenn er dieselbe durch **unterhaltsbezogene Mutwilligkeit** selbst herbeigeführt hat (BGH NJW 2000, 2351, 2352; MünchKomm/LUTHIN § 1603 Rn 31 ff). Die wichtigsten Bsp bilden der Verlust und die Aufgabe des Arbeitsplatzes. Der Unterhaltsschuldner kann dem Berechtigten daher auch nicht entgegenhalten, er sei aufgrund einer Erkrankung **arbeitsunfähig**, wenn er zuvor leichtfertig eine versicherungspflichtige Arbeit verloren oder ausgeschlagen hat, durch welche er einen Anspruch auf Lohnfortzahlung im Krankheitsfall erworben hätte (BGH NJW 1988, 2239, 2240).

6. Erbrecht*

a) Allgemeines

Im Erbrecht ist bei Anwendung des § 242 zu beachten, dass dem **Willen des Erblassers** – vorbehaltlich der Einschränkungen durch das Pflichtteilsrecht – absoluter Vorrang gegenüber den Interessen der Angehörigen oder sonstiger potentieller Erben zukommt (BROX, Erbrecht Rn 3; LANGE/KUCHINKE, Erbrecht § 2 IV; OLZEN, Erbrecht Rn 52). Da die Aussicht der potentiellen Erben auf die Erbschaft keinen rechtlichen Schutz genießt, findet eine Abwägung zwischen den Interessen des Erblassers und denen der Erbschaftsanwärter grundsätzlich nicht statt. Dies führt zu einer deutlichen Einschränkung der Anwendbarkeit des § 242 im Erbrecht. **925**

Auch zur Verwirklichung des Erblasserwillens ist ein Rückgriff auf § 242 im Allgemeinen nicht erforderlich. Denn den Interessen des Erblassers lässt sich bei Verfügungen von Todes wegen meist schon im Rahmen der **Auslegung** Rechnung tragen (vgl AnwK-BGB/LOOSCHELDERS § 133 Rn 38 ff). Soweit dies mit Rücksicht auf die **Formbedürftigkeit** der Verfügung von Todes wegen nicht möglich ist, kann der „bessere Erblasserwille" grundsätzlich auch nicht mit Hilfe des § 242 verwirklicht werden (vgl BGH NJW 1981, 1900, 1901; aA KEGEL, Die lachenden Doppelerben: Erbfolge bei Versagen von Urkundspersonen, in: FS Flume [1978] 545, 555; zur Einschränkung der Formnichtigkeit durch § 242 so Rn 249). **926**

Demgegenüber begründet das **Vermächtnis** ein Schuldverhältnis zwischen Erben und Vermächtnisnehmer; der Grundsatz von Treu und Glauben gilt daher uneingeschränkt (BGHZ 37, 233, 240 f; MünchKomm/SCHLICHTING § 2174 Rn 5). **927**

Inhaltliche Schranken der Testierfreiheit ergeben sich aus § 138 Abs 1 (ausf AnwK-BGB/LOOSCHELDERS § 138 Rn 194 ff). Eine darüber hinausgehende Inhaltskontrolle nach den Maßstäben des § 242 ist auch bei vorformulierten Erbverträgen abzulehnen (so Rn 343). **928**

In formeller Hinsicht ist zu beachten, dass die allgemeinen Regeln über die **Aufrechterhaltung eines formungültigen Rechtsgeschäfts** gem § 242 (so Rn 445 ff) grundsätzlich auch im Erbrecht anwendbar sind. Da die für die Nichtigkeitsfolge im Erbrecht streitenden Erwägungen großes Gewicht haben, müssen diese Regeln hier jedoch besonders restriktiv gehandhabt werden (vgl BROX, Erbrecht Rn 260; LANGE/ KUCHINKE, Erbrecht § 16 V 6; gegen Anwendung der allgemeinen Regeln zur Einschränkung des § 125 S 1 im Erbrecht KIPP/COING § 19 III). Besonderheiten gelten nach der Rspr im **Höferecht**, wo formlose Vereinbarungen über die Hoferbnachfolge sowohl bei **Übergabeverträgen** unter Lebenden als auch bei **Erbverträgen** für rechtswirksam erachtet werden (BGHZ 12, 286, 303 ff; 23, 249, 252 ff; 47, 184, 186 ff; 73, 324, 329; 87, 237; 119, 387, 388 ff; krit STAUDINGER/KANZLEITER [1998] § 2276 Rn 16; MEDICUS BR Rn 192). Diese Rspr ist bei der Reform des Höferechts von 1976 in die §§ 6 Nr 1 und 2, 7 Abs 2 HöfeO aufgenommen worden. Soweit die gesetzlichen Regelungen im Höferecht Lücken lassen, kann weiter auf die von der Rspr entwickelten Grundsätze zurückgegriffen **929**

---

* **Schrifttum:** BROX, Erbrecht (21. Aufl 2004); GIMPLE, § 242 BGB als Zuordnungsnorm im Erbrecht? (München 2003); LANGE/KUCHINKE, Erbrecht (5. Aufl 2002); OLZEN, Erbrecht (2. Aufl 2005).

werden (ERMAN/SCHMIDT § 2276 Rn 8). Da die Entscheidungen stark durch die Besonderheiten des Höferechts geprägt sind, können sie jedoch nicht auf andere Bereiche (zB Unternehmensnachfolge) übertragen werden (BGHZ 47, 184, 186 ff; 87, 237, 238; LANGE/KUCHINKE, Erbrecht § 16 IV 6).

930 Nach der Rspr vermag § 242 auch im Erbrecht einen über die spezialgesetzlichen Bestimmungen (§§ 2027, 2028, 2057, 2127, 2314) hinausgehenden **Auskunftsanspruch** zu begründen (vgl BGHZ 61, 180, 184; BGH NJW 1984, 487; 1986, 1755; OLZEN Erbrecht Rn 1110; allg zur Bedeutung von § 242 für Auskunftsansprüche so Rn 603 ff). Voraussetzung für einen solchen Anspruch ist, dass der Berechtigte einen dem Grunde nach feststehenden Leistungsanspruch hat und sich die nötigen Informationen nicht ohne Mitwirkung des anderen Teils verschaffen kann (BGH NJW 1979, 1832; 1981, 1738). Aus der **Miterbenstellung** alleine folgt nach hM noch keine für die Bejahung einer Auskunftspflicht ausreichende Sonderbeziehung (BGH NJW-RR 1989, 450 = JR 1990, 16 m Anm WASSERMANN; PALANDT/EDENHOFER § 2038 Rn 13; LANGE/KUCHINKE Erbrecht § 43 II 7c; OLZEN Erbrecht Rn 980; **aA** ERMAN/SCHLÜTER § 2038 Rn 10; MünchKomm/HELDRICH § 2038 Rn 48; BROX Erbrecht Rn 497). Folglich kann ein Miterbe nicht schon deshalb Auskunft über die Testierfähigkeit des Erblassers verlangen, weil ihm bei Testierunfähigkeit möglicherweise ein Anspruch aus § 2018 zusteht (BGH NJW-RR 1989, 450).

b) Einwand des Rechtsmissbrauchs

931 Besondere Bedeutung hat im Erbrecht der Einwand rechtsmissbräuchlichen Verhaltens (so Rn 214 ff). Der Erblasser wird dadurch gehindert, einen **Erbvertrag** nach §§ 2078, 2281 **anzufechten**, wenn er die Anfechtungsvoraussetzungen durch sein eigenes treuwidriges Verhalten (zB mutwillige Herbeiführung eines Zerwürfnisses) selbst geschaffen hat (BGHZ 4, 91, 96). Das Gleiche gilt für die rechtsmissbräuchliche Anfechtung eines wechselbezüglichen **Ehegattentestaments** durch den längstlebenden Ehegatten (BGH FamRZ 1962, 428).

932 Bei einem nach § 2271 Abs 2 **bindenden gemeinschaftlichen Testament** sind spätere Verfügungen von Todes wegen des überlebenden Ehegatten insoweit unwirksam, als sie die Stellung der durch das gemeinschaftliche Testament Bedachten beeinträchtigen (vgl BROX Erbrecht Rn 195; OLZEN Erbrecht Rn 462). Nach hM können die Bedachten aber gem § 242 gehindert sein, sich auf die Unwirksamkeit einer späteren Verfügung von Todes wegen zu berufen, wenn sie an dieser Verfügung mitgewirkt oder ihr zugestimmt haben (vgl BGH LM § 2271 BGB Nr 7 = MDR 1958, 490; LG Düsseldorf FamRZ 1988, 661, 662; ERMAN/HOHLOCH Rn 161; PALANDT/HEINRICHS Rn 70; vgl auch BGHZ 108, 252, 255). Nach allgemeinen Kriterien geht es hier um einen Verstoß gegen das **Verbot widersprüchlichen Verhaltens** (allg dazu Rn 286 ff). Da man durch den Rückgriff auf Treu und Glauben nicht die für den Erb- oder Zuwendungsverzicht geltenden **Formerfordernisse** (§§ 2348, 2352) aushöhlen darf, muss § 242 in solchen Fällen aber besonders zurückhaltend angewendet werden (so auch MünchKomm/MUSIELAK § 2271 Rn 16).

933 Der Wirksamkeit des **Widerrufs eines wechselbezüglichen gemeinschaftlichen Testaments durch öffentliche Zustellung** steht nicht entgegen, dass letztere vom Erblasser durch arglistige Täuschung erschlichen worden ist. Allerdings kann dem durch ein späteres Testament Begünstigten der Einwand der unzulässigen Rechtsausübung entgegengehalten werden, wenn der Erblasser die öffentliche Zustellung des Widerrufs herbeigeführt hat, obgleich ihm der Aufenthaltsort seines Ehegatten bekannt war (BGHZ 64, 5, 8; MünchKomm/MUSIELAK § 2271 Rn 8; LANGE/KUCHINKE, Erbrecht § 24 VI 2b). Dies gilt nach Ansicht des BGH auch dann, wenn der Begünstigte an der Bewirkung der öffentlichen Zustellung nicht beteiligt wird (BGHZ 64, 5, 10). Hier zeigt sich besonders deutlich, dass die Interessen der (potenziellen) Erben grundsätzlich keinen rechtlichen Schutz genießen (so Rn 925).

Hat sich der Erblasser in einem **Erbvertrag vorbehalten**, bei pflichtwidrigem Verhalten des anderen Teils vom Vertrag **zurückzutreten**, so muss er doch wegen der einschneidenden Wirkungen des Rücktritts nach Treu und Glauben zunächst versuchen, seine Interessen im Rahmen des Zumutbaren mit dem milderen Mittel der Abmahnung zu wahren (BGH LM § 242 [Cd] Nr 118 = MDR 1967, 993; LOOSCHELDERS, Schuldrecht AT Rn 80). Maßgeblich ist der Gedanke der **Unverhältnismäßigkeit** (so Rn 279 ff). Die Schwere der Pflichtwidrigkeit kann daher in Ausnahmefällen einen Verzicht auf die Abmahnung rechtfertigen (BGH DNotZ 1983, 118). **934**

Das Verlangen des **Pflichtteilsberechtigten** nach einem **amtlichen Verzeichnis** gem § 2314 Abs 1 S 3 ist grundsätzlich nicht schon deshalb rechtsmissbräuchlich, weil der Erbe bereits durch ein Privatverzeichnis Auskunft erteilt hat (RGZ 72, 379, 384; BGHZ 33, 373, 380; OLG Oldenburg FamRZ 2000, 62; ERMAN/SCHLÜTER § 2314 Rn 6). Die Umstände des Einzelfalles können zwar eine andere Beurteilung gebieten. Zeitablauf oder wesentliche Veränderungen des Nachlassbestandes sollen hierfür aber nicht ausreichen (BGHZ 33, 373, 380). **935**

Eine besondere Ausprägung des Verbots **rechsmissbräuchlichen Verhaltens** findet sich in § 2339. Die Vorschrift nennt einige Fälle, in denen ein Erbe gerichtlich für **erbunwürdig** erklärt werden kann. Nicht erfasst wird die **treuwidrige Herbeiführung des Nacherbfalles** bei vorsätzlicher Tötung des Vorerben durch den Nacherben. Die hM lehnt eine analoge Anwendung des § 2339 Abs 1 Nr 1 wegen des Ausnahmecharakters der Norm ab. Stattdessen wird teilweise auf § 242 abgestellt (so PALANDT/HEINRICHS Rn 70). Vorzugswürdig erscheint jedoch die Anwendung des § 162 Abs 2 (so BGH NJW 1968, 2051, 2052; MünchKomm/HELMS § 2339 Rn 9; BROX, Erbrecht Rn 276; LANGE/KUCHINKE, Erbrecht § 6 II 1a Fn 26; GIMPLE 170 ff; zum Verhältnis zwischen § 162 Abs 2 und § 242 so Rn 239). **936**

Die Gründe des § 2339 Abs 1 gelten nicht nur für die Erbunwürdigkeit, sondern auch für die **Vermächtnis- und Pflichtteilsunwürdigkeit** (§ 2345). Für die Begünstigung durch eine **Auflage** fehlt dagegen eine entsprechende Regelung. Hier muss daher auf den Einwand des Rechtsmissbrauchs (so Rn 214 ff) zurückgegriffen werden (LANGE/KUCHINKE, Erbrecht § 6 I 2 Fn 12). **937**

Handeln einzelne Miterben einer **Miterbengemeinschaft** rechtsmissbräuchlich, so wird dies den anderen Miterben grundsätzlich nicht zugerechnet (RGZ 132, 81, 87; bestätigt durch BGHZ 44, 367 für den Fall, dass ein Miterbe ein Rechtsgeschäft des geschäftsunfähigen Erblassers ausdrücklich billigt, sich dann jedoch als Erbe auf die Unwirksamkeit des Vertrages beruft; vgl auch BGHZ 29, 6, 12; allg z Rechtsmissbrauch bei mehreren Beteiligten o Rn 229 ff). Etwas anderes gilt allerdings, wenn allein diejenigen Miterben, die sich rechtsmissbräuchlich verhalten haben, das Recht in Anspruch nehmen (MünchKomm/ROTH Rn 201). Hier kann der Einwand der unzulässigen Rechtsausübung das Pro- **938** zessführungsrecht der betreffenden Miterben aus § 2039 S 1 beschränken, wenn die anderen Miterben widersprechen (BGHZ 44, 367; ERMAN/HOHLOCH Rn 161).

II. Außerhalb des BGB liegende zivilrechtliche Anwendungsbereiche

1. Gesellschaftsrecht*

a) Allgemeines

939 Der Inhalt von Treu und Glauben variiert nach Art des Schuldverhältnisses. Eine Bedeutung, die über das allgemeine Gebot billiger Rücksichtnahme auf die Belange des Anderen und das Festhalten am gegebenen Wort hinausgeht, findet sich bei

---

* **Schrifttum:** vARNIM, US Korporation und Aktiengesellschaft im Rechtsvergleich – Haftungsdurchgriff im deutschen Kapitalgesellschaftsrecht und Piercing the corporate Veil im Recht der US-amerikanischen Corporation, NZG 2000, 1001 ff; BANERJEA, Haftungsfragen in Fällen materieller Unterkapitalisierung und im qualifiziert faktischen Konzern, ZIP 1999, 1153; BAUMS, Bericht der Regierungskommission Corporate Governance (2001); BUNGARD, Die Förder- und Treupflicht des Alleingesellschafters einer GmbH, ZIP 2002, 827 ff; DREHER, Treuepflichten zwischen Aktionären und Verhaltenspflichten bei der Stimmrechtsbündelung, ZHR 157 (1993) 150; ERMAN, Zwangsweise Durchsetzung von Ansprüchen aus einem Stimmbindungsvertrag im Aktienrecht, AG 1959, 267, 300; FLUME, Die Rechtsprechung des II Zivilsenats des BGH zur Treuepflicht des GmbH-Gesellschafters und des Aktionärs, ZIP 1996, 161 ff; GEHRLEIN, Der Anspruch auf Einsicht in ein Hauptversammlungsprotokoll – eine gesetzesferne, aber interessengerechte Rechtsschöpfung, WM 1994, 2054; GRUNEWALD, Gesellschaftsrecht (5. Aufl 2005); HABERSACK, Die Mitgliedschaft – subjektives und „sonstiges" Recht (Habil Tübingen 1996); HENNRICHS, Treupflichten im Aktienrecht, AcP 195 (1995) 221; HENSSLER, Die Haftung des Stimmrechtsvertreters – zugleich eine Anmerkung zur Entscheidung des BGH vom 20. 3. 1995 – II ZR 205/94, DZWir 1995, 430; ders, Verhaltenspflichten bei der Ausübung von Aktienstimmrechten durch Bevollmächtigte, ZHR 157 (1993) 91; HENZE, Die Treupflicht im Aktienrecht, BB 1996, 489 ff; HIRTE, Kapitalgesellschaftsrecht (4. Aufl 2003); HUECK, Der Treuegedanke im modernen Privatrecht (1947); HÜFFER, Aktiengesetz (6. Aufl 2004); JAQUES, Börsengang und Führungskontinuität durch die kapitalistische KGaA, NZG 2000, 401 ff; LIEB, Sonderprivatrecht für Ungleichgewichtslagen? Überlegungen zum Anwendungsbereich der sogenannten Inhaltskontrolle privatrechtlicher Verträge, AcP 178 (1978) 196; LUTTER, Das Girmes-Urteil, JZ 1995, 1053; ders, Die Haftung des herrschenden Unternehmens im GmbH-Konzern, ZIP 1985, 1425; ders, Die Treuepflicht des Aktionärs, Bemerkung zur Linotype-Entscheidung des BGH, ZHR 153 (1989) 446; ders, Treuepflichten und ihre Anwendungsprobleme, ZHR 162 (1998) 164; ders, Theorie der Mitgliedschaft – Prolegomena zu einem Allgemeinen Teil des Korporationsrechts, AcP 180 (1980) 84, 120; ders, Zur Treuepflicht des Großaktionärs, JZ 1976, 225; LUTTER/HOMMELHOFF, GmbH-Gesetz (16. Aufl 2004); MARSCH-BARNER, Treuepflichten zwischen Aktionären und Verhaltenspflichten bei der Stimmrechtsbündelung, ZHR 157 (1993) 172; MARTENS, Allgemeine Gesellschaftsvertragsbedingungen auf dem Prüfstand der Privatautonomie, JZ 1976, 511, 513; MÖSCHEL, Monopolverband und Satzungskontrolle (1978); NICKLISCH, Inhaltskontrolle von Verbandsnormen (1992); NODOUSHANI, Die Treuepflicht der Aktionäre und ihrer Stimmrechtsvertreter (Diss Tübingen 1997); PICOT, Mehrheitsrechte und Minderheitenschutz in der Personengesellschaft unter besonderer Berücksichtigung der PublikumsKG, BB 1993, 13; PRIESTER, Die Kommanditgesellschaft auf Aktien ohne natürlichen Komplementär, ZHR 160 (1996) 250; ders, Die eigene GmbH als fremder Dritter – Eigensphäre der

fremdnützigen Tätigkeiten sowie **Dauerschuldverhältnissen** (ERMAN/WERNER Rn 2; Hk-BGB/SCHULZE Rn 14; ENNECCERUS/LEHMANN, Schuldrecht § 4 II 1 II). Da gesellschaftsrechtliche Beziehungen in die letztgenannte Kategorie fallen, besteht in Gesellschaften eine **umfassende Treuepflicht** (BGHZ 129, 142; BGH JZ 1995, 1064, 1065; LG Wiesbaden SpuRt 1996, 64; LUTTER, Das Girmes-Urteil, JZ 1995, 1053; K SCHMIDT, Gesellschaftsrecht § 10 IV; krit FLUME ZIP 1996, 161), die über eine bloße Schutzpflicht hinausgewachsen ist und als fundamentales Prinzip der Gesellschafterstellung bezeichnet wird (MünchKomm/ROTH Rn 153).

Die dogmatische Grundlage der Treuepflicht bleibt bislang höchstrichterlich ungeklärt. Das Schrifttum vertritt unterschiedliche Ansätze (vgl Großkomm-AktG/HENZE/NOTZ Anh § 53a Rn 14 ff). So wird im Recht der Personengesellschaften teilweise auf das von gegenseitigem Vertrauen geprägte **Gemeinschaftsverhältnis** abgestellt (HUECK, Der Treuegedanke im modernen Privatrecht [1947] 12, 18), andere sehen die Grundlage in **Treu und Glauben** (BUNGARD ZIP 2002, 827, 834; HENNRICHS, Treupflichten im Aktienrecht, AcP 195 [1995] 221, 228; NODOUSHANI, Die Treuepflicht der Aktionäre und ihrer Stimmrechtsvertreter [Diss Tübingen 1997] 94 ff) oder in **§ 705** (LUTTER AcP 180 [1980] 84, 102 f) bzw sie greifen je nach Art der Pflicht auf die eine oder die andere Vorschrift zurück

940

940

Gesellschaft und Verhaltenspflichten ihrer Gesellschafter, ZGR 1993, 512; ROTH, Unterkapitalisierung und persönliche Haftung, ZGR 1993, 170; SCHANZE, Einmanngesellschaft und Durchgriffshaftung als Konzeptionalisierungsprobleme gesellschaftsrechtlicher Zurechnung (Diss Frankfurt aM 1975); K SCHMIDT, Gesellschafterhaftung und Konzernhaftung bei der GmbH, NJW 2001, 3577; ders, Gesellschaftsrecht (4. Aufl 2002); ders, Zur Durchgriffsfestigkeit bei der GmbH, ZIP 1994, 837; SCHNEIDER, Die Inhaltskontrolle von Gesellschaftsverträgen, ZGR 1978, 1 ff; SERICK, Rechtsform und Realität juristischer Personen (Habil Tübingen 1955); ULMER, Der Gläubigerschutz im faktischen GmbH-Konzern beim Fehlen von Minderheitsgesellschaftern, ZHR 148 (1984) 391; ders, Von „TBB" zu „Bremer Vulkan" – Revolution oder Evolution? Zum Bestandsschutz der abhängigen GmbH gegen existenzgefährdende Eingriffe ihres Alleingesellschafters, ZIP 2001, 2021; UNGER, Unterkapitalisierung in Frankreich und Belgien (Diss Bonn 1987); VONNEMANN, Haftung der GmbH-Gesellschafter bei materieller Unterkapitalisierung (Diss Berlin 1990); WEITBRECHT, Haftung der Gesellschafter bei materieller Unterkapitalisierung der GmbH (Diss München 1989); H P WESTERMANN, Kautelarjurisprudenz, Rechtsprechung und Gesetzgebung im Spannungsfeld zwischen Gesellschafts- und Wirtschaftsrecht, AcP 175 (1975) 375; vWESTPHALEN, Vertragsrecht und AGB-Klauselwerke (12. Lieferung 2003, Stand November 2002); WIEDEMANN, in: FS H Westermann (1974) 585; ders, Grenzen der Bindung bei langfristigen Kooperationen, ZIP 1999, 1; ders, Minderheitsrechte ernst genommen, ZGR 1999, 857; ders, Reflexionen zur Durchgriffshaftung, ZGR 2003, 283; WINDBICHLER, Schadensersatzansprüche stiller Gesellschafter, ZGR 1989, 434; WINTER, Eigeninteresse und Treupflicht bei der Einmann-GmbH in der neueren BGH-Rechtsprechung, ZGR 1994, 570; ders, Mitgliedschaftliche Treuebindungen im GmbH-Recht (Diss Heidelberg 1988); WÜST, Das Problem des Wirtschaftens mit beschränkter Haftung, JZ 1992, 710; ders, Die unzureichende Eigenkapitalausstattung bei Beschränkthaftern, JZ 1995, 990; ZIEMONS, Die Haftung der Gesellschafter für Einflussnahmen auf die Geschäftsführung der GmbH (Diss Bonn 1996); ZÖLLNER, Die Schranken mitgliedschaftlicher Stimmrechtsmacht bei den privatrechtlichen Personenverbänden (Habil München 1963); ders, Treupflichtgesteuertes Aktienkonzernrecht, ZHR 162 (1998) 235; vgl weiterführende Schrifttumsnachweise in HOPT/GADOW, Großkommentar Aktiengesetz Band 1 (4. Aufl 2004) § 53a (89).

(WINTER, Mitgliedschaftliche Treubindungen im GmbH-Recht 13). Als **Substrat richterlicher Rechtsfortbildung** wird die Treuepflicht schließlich auch auf eine **Vielzahl von Einzelnormen** gestützt (vgl BGHZ 70, 331, 335; 89, 162, 165) oder als verbandsübergreifendes **übergesetzliches Rechtsprinzip** verstanden (vgl Großkomm-AktG/HENZE/NOTZ Anh § 53a Rn 18 f mwNw). Die Gesetzessystematik spricht seit dem Inkrafttreten des Schuldrechtsmodernisierungsgesetzes am 1.1. 2002 (z Entstehungsgeschichte STAUDINGER/OLZEN Einl 185 ff zu §§ 241 ff) für eine nach Art der jeweiligen Pflicht differenzierte Anbindung an das Schuldverhältnis iVm § 241 Abs 1, Abs 2, nicht mehr an § 242 (z Entstehung der Pflichten vgl STAUDINGER/OLZEN § 241 Rn 113 ff).

941 Die Treuepflicht besteht grds sowohl gegenüber der **Gesellschaft** als auch gegenüber den **Mitgesellschaftern**. Sie ist ihrem Inhalt und Umfang nach von der **Gesellschaftsform** sowie der **personalen Struktur** der Gesellschaft abhängig, so dass sich insbesondere im Verhältnis der Gesellschafter untereinander erhebliche Unterschiede ergeben (BGHZ 65, 15; 98, 276; BGH NJW 1989, 166; MünchKomm/ROTH Rn 167). Eine stark **personalistisch** strukturierte Gesellschaftsform erzeugt umfassende Treuepflichten (HIRTE, Kapitalgesellschaftsrecht Rn 534; LUTTER AcP 180 [1980] 84, 120).

942 Die Gesellschafter werden durch die Treuepflicht bei der Wahrnehmung ihrer Rechte in der Weise beschränkt, dass sie ihre eigenen Interessen sowie die Interessen Dritter gegenüber den Interessen der Gesellschaft zurückzustellen haben (BGH NJW 1986, 584; 1989, 2687; GmbHR 1998, 89; OLG München NZG 1999, 294). Die **Grenze** der Treuepflicht bildet aber stets die **Wahrung eigener berechtigter Interessen** (so schon OHG MDR 1950, 541, 543). Einen Alleingesellschafter (BGH NJW 1993, 193) sowie eine einstimmig handelnde Gesellschaftergesamtheit treffen gegenüber der Gesellschaft grds keine Treuepflichten; sie kommen in solchen Fällen nur aufgrund von **Gläubiger-** und **Drittinteressen** in Betracht (LUTTER/HOMMELHOFF GmbH-Gesetz § 14 Rn 24; LUTTER, Die Haftung des herrschenden Unternehmens im GmbH-Konzern, ZIP 1985, 1425, 1428; WINTER, Eigeninteresse und Treupflicht bei der Einmann-GmbH in der neueren BGH-Rechtsprechung, ZGR 1994, 570, 593; aA PRIESTER, Die eigene GmbH als fremder Dritter – Eigensphäre der Gesellschaft und Verhaltenspflichten ihrer Gesellschafter, ZGR 1993, 512; ZIEMONS, Die Haftung der Gesellschafter für Einflussnahmen auf die Geschäftsführung der GmbH [Diss Bonn 1996] 97; differenzierend ULMER, Der Gläubigerschutz im faktischen GmbH-Konzern beim Fehlen von Minderheitsgesellschaftern, ZHR 148 [1984] 391, 418 f).

943 Insgesamt haben Treuebindungen sowie der Gedanke des Rechtsmissbrauchs im Gesellschaftsrecht, einschließlich des Rechts der Kapitalgesellschaften, in den letzten Jahrzehnten wachsende Bedeutung erlangt, sich andererseits aber auch von der allgemeinen Vorschrift des § 242 fortentwickelt (MünchKomm/ROTH Rn 82).

aa) Personengesellschaften
944 Bei **Personengesellschaften** bestehen Treuepflichten aufgrund des engen Kontaktes zwischen den Gesellschaftern (ERMAN/WERNER Rn 131) sowohl in der **GbR** (SOERGEL/HADDING § 705 Rn 58) als auch in der **OHG** (BGHZ 20, 201; 44, 40; 64, 257; 68, 82; GRUNEWALD, Gesellschaftsrecht 1 B Rn 9), der **KG** (BGH NJW 1995, 194, 195), der **Stillen Gesellschaft** (BGHZ 3, 75, 81; BGH WM 1963, 1209; BGH ZIP 1987, 1316; WINDBICHLER, Schadensersatzansprüche stiller Gesellschafter, ZGR 1989, 434, 436) und der **Partnerschaftsgesellschaft** (GRUNEWALD, Gesellschaftsrecht 1 F Rn 7). Die meist dem **Gesellschaftsvertrag** im Wege der **Auslegung** entnommene Treuepflicht (SOERGEL/HADDING § 705 Rn 58; GRUNEWALD,

Gesellschaftsrecht 2 C Rn 35) besteht sowohl **zwischen den Gesellschaftern** als auch **gegenüber der Gesellschaft** selbst (LUTTER AcP 180 [1980] 84, 120).

bb) Körperschaften
(1) Vereinsrecht

Das **Vereinsrecht** untersteht ebenfalls dem Gebot von Treu und Glauben (BGHZ 129, **945** 142; GRUNEWALD, Gesellschaftsrecht 2 A Rn 13). Ähnlich wie bei den Personengesellschaften wird die Pflicht der Mitglieder zur Rücksichtnahme auf die Vereinsinteressen meist aus der **Satzung** begründet. Eine weitere Vergleichbarkeit mit den Personengesellschaften liegt in deren Rechtswirkungen zwischen den einzelnen Mitgliedern einerseits und den Mitgliedern im Verhältnis zu ihrem Verein andererseits (BGH RdL 1983, 317).

(2) Aktiengesellschaft

Eine allgemeine Treuepflicht wird auch für die **Aktiengesellschaft** generell anerkannt **946** (BGHZ 103, 184), wobei teilweise auf die **Satzung** als Entstehungsgrund abgestellt (HENZE BB 1996, 489, 492; WINTER, Mitgliedschaftliche Treuebindungen im GmbH-Recht 63), teilweise an die **Mitgliedschaft** angeknüpft (LUTTER AcP 180 [1980] 84, 105) oder die Treuepflicht als Korrelat der besonderen **verbandstypischen Macht** begriffen wird, in fremde Interessen einzugreifen (ZÖLLNER, Die Schranken mitgliedschaftlicher Stimmrechtsmacht bei den privatrechtlichen Personenverbänden [Habil München 1963] 343). Im Sinne einer **Förderpflicht**, die auf Erreichung des Gesellschaftszwecks gerichtet ist, ist sie von der allgemeinen Treuepflicht aus § 242 zu unterscheiden, wobei die Übergänge fließend sind. Letztere gilt bereits aufgrund des zwischen Aktionär und Gesellschaft bestehenden Schuldverhältnisses, da der Grundsatz von Treu und Glauben auf sämtliche Schuldverhältnisse anzuwenden ist (GRUNEWALD, Gesellschaftsrecht 2 C Rn 35; LUTTER AcP 180 [1980] 84, 103; ZÖLLNER, Die Schranken mitgliedschaftlicher Stimmrechtsmacht bei den privatrechtlichen Personenverbänden [Habil München 1963] 335; vgl z Anwendbarkeit der Norm auf vertragliche u gesetzliche Schuldverhältnisse o Rn 125 ff).

Problematischer als die dogmatische Grundlage der Treuepflichten ist ihr jeweiliger **947** **Umfang**. Während das RG einerseits eine Treuepflicht des Aktionärs gegenüber der AG bejahte (RGZ 146, 71, 76; 146, 385, 395; 158, 248, 254), stand es andererseits einer Treuepflicht der Aktionäre untereinander eher ablehnend gegenüber (RGZ 158, 248, 254). Dagegen hat der BGH in der sog „Linotype-Entscheidung" – wenn auch nach längerem Zögern – eine Treuepflicht der **Aktionäre untereinander** angenommen (BGHZ 103, 184; 129, 136; so auch HENZE BB 1996, 489; MünchKomm/ROTH Rn 158; anders noch BGH WM 1967, 449; differenzierend BGH ZIP 1992, 1464). Er befürwortete deshalb die **Anfechtbarkeit eines Hauptversammlungsbeschlusses** wegen eines Verstoßes gegen diese gegenseitige Treuepflicht. Die Gesellschafter hatten die Auflösung der Gesellschaft beschlossen, nachdem von einem Mehrheitsgesellschafter bereits Absprachen über die Übernahme wesentlicher Teile des Unternehmens getroffen worden waren (vgl dazu LUTTER, Die Treuepflicht des Aktionärs, Bemerkung zur Linotype-Entscheidung des BGH, ZHR 153 [1989] 446). In der Lit wird zum Teil eine allgemeine Treuepflicht gegenüber der Gesellschaft und den Aktionären auch heute noch für zu weitgehend gehalten (MünchKomm/REUTER § 34 Rn 22; FLUME ZIP 1996, 161) oder allenfalls für **Familiengesellschaften** mit wenigen Aktionären vorgeschlagen (K SCHMIDT, Gesellschaftsrecht § 20 IV 2 d).

948 Wie weit etwaige Treuepflichten der Aktionäre untereinander reichen, hängt jedenfalls auch von der Struktur der AG ab (LUTTER AcP 180 [1980] 84, 105; K SCHMIDT, Gesellschaftsrecht § 20 IV 2 d). Die Treuepflicht hat vor allem für **Mehrheitsaktionäre** zur Folge, dass sie auf die Belange der Minderheit Rücksicht zu nehmen hat (BGHZ 103, 184, 195; HIRTE, Kapitalgesellschaftsrecht Rn 449; LUTTER, Zur Treuepflicht des Großaktionärs, JZ 1976, 225). Ausnahmsweise können aber auch Treuepflichten der **Minderheit** relevant werden, wenn diese über eine kontrollfähige Einflussposition verfügt (BGH NJW 1995, 1739).

(3) GmbH

949 Bereits lange vor den höchstrichterlichen Entscheidungen zur AG hat der BGH für die GmbH eine **Treuepflicht** der **Mehrheit** gegenüber der **Minderheit** der Gesellschafter angenommen (BGHZ 65, 15, 18; vgl ferner BGH ZIP 2005, 985). Mittlerweile ist sie **innerhalb der GmbH** allgemein anerkannt (BAUMBACH/HUECK/FASTRICH, GmbH-Gesetz [17. Aufl 2000] § 13 Rn 21 mwNw; WINTER, Mitgliedschaftliche Treuebindungen im GmbH-Recht 43). Da die Bindungen der Gesellschafter an die Gesellschaft idR durch Mitwirkung in der Geschäftsführung stärker ausgeprägt sind als in der Aktiengesellschaft, wird im Verhältnis der Gesellschafter zur GmbH sogar eine gesteigerte Treuepflicht iSe **Pflicht zum tätigen Einsatz** für die Gesellschaftsinteressen bejaht. Eine Ausnahme gilt lediglich für die sog Einmann-GmbH, die kein vom Gesellschafterinteresse unabhängiges Gesellschaftsinteresse kennt (BGH ZIP 1992, 1734).

(4) Genossenschaft

950 Gesteigerte Treuepflichten gelten wegen des besonderen **personenrechtlichen Einschlages** für die Genossenschaft (BGH ZIP 1996, 674, 677; ENNECCERUS/LEHMANN, Schuldrecht § 4 II 1 II; z den Grenzen der Treuepflicht BGH ZIP 1993, 384).

b) Einzelfälle

951 Im Gesellschaftsrecht beschränkt sich – jedenfalls seit dem Schuldrechtsmodernisierungsgesetz (s STAUDINGER/OLZEN Einl 185 ff zu §§ 241 ff) – die Bedeutung von § 242 auf dessen **Schranken-** und **Konkretisierungsfunktion** (so Rn 202 ff u 182 ff), während früher auch die Pflichtenbegründung zu den Funktionen der Norm zählte. Davon kann seit dem 1.1.2002 nicht mehr ausgegangen werden; Grundlage von schuldrechtlichen Verpflichtungen ist vielmehr das Schuldverhältnis selbst iVm § 241 Abs 1 oder § 241 Abs 2 (vgl z Pflichtenbegründung STAUDINGER/OLZEN § 241 Rn 113 ff u z den Funktionen des § 242 o Rn 172 ff). Im Interesse einer einheitlichen Darstellung der zu § 242 vorhandenen Judikatur, die sich vor der Schuldrechtsreform nicht im Einzelnen mit der Abgrenzung zwischen § 241, insbesondere Abs 2, und § 242 befassen musste, werden im Folgenden dennoch alle Fälle aufgeführt, auch die, in denen der Norm pflichtenbegründende Funktion beigemessen wurde.

aa) Unterlassungspflichten

952 Die Treuepflicht verbietet dem Gesellschafter jedes **Verhalten**, das sich für die Gesellschaft **nachteilig auswirkt**. Einer GmbH wurde deshalb ein Schadensersatzanspruch gegen ihren Gesellschafter zuerkannt, der den Geschäftsführer zu einem aussichtslosen Prozess gegenüber einem Mitgesellschafter veranlasst und damit gegen die entsprechende Unterlassungspflicht verstoßen hatte (OLG Düsseldorf ZIP 1994, 619).

bb) Mitwirkungspflichten

Aus der Treuepflicht kann eine **Stimmpflicht** resultieren, wenn dies unter Abwägung 953
mit den schutzwürdigen Belangen des widersprechenden Gesellschafters im Gesellschaftsinteresse geboten erscheint (BGHZ 44, 40, 41 für die OHG; 64, 253, 257 für die KG; 98, 276, 279 für die personalistisch strukturierte GmbH; für eine Übertragung auch auf die personalistisch strukturierte AG Großkomm-AktG/WIEDEMANN § 179 Rn 157). Hieraus folgt zum einen, dass der treuwidrig handelnde Gesellschafter keine Möglichkeit hat, sich auf die Unwirksamkeit der ohne seine Zustimmung getroffenen Maßnahme zu berufen (BGH NJW 1960, 434). Zum anderen kann die Stimmpflicht aber auch selbständig durchgesetzt werden (OLG München NJW-RR 1998, 174, 175). Für das **Aktienrecht** entnimmt man einem **Stimmbindungsvertrag** eine einklagbare **Vorbereitungspflicht**, um die Erfüllung der gefährdeten Hauptleistung zu sichern (ERMAN, Zwangsweise Durchsetzung von Ansprüchen aus einem Stimmbindungsvertrag im Aktienrecht, AG 1959, 267 u 300). Ein Gesellschafter wurde ferner als verpflichtet angesehen, der Fortsetzung einer durch einen Privatgläubiger eines Mitgesellschafters gekündigten Gesellschaft zuzustimmen, nachdem der Gläubiger befriedigt worden war (RGZ 169, 153, 155; vgl auch OGH MDR 1950, 541). Ein Kommanditist ist ausnahmsweise gezwungen, einem Wechsel in der Person des Komplementärs zuzustimmen (OLG München NJW-RR 1997, 611). Mitwirkungspflichten treffen auch den geschäftsführenden Gesellschafter einer GbR (BGH NJW 1960, 91).

cc) Inhaltskontrolle

Gesellschaftsverträge, auf die die Vorschriften über die Kontrolle Allgemeiner Ge- 954
schäftsbedingungen wegen § 310 Abs 4 keine Anwendung finden, unterliegen grds auch keiner **Inhaltskontrolle** nach Treu und Glauben, damit die Gesellschafter ihre Autonomie beim Zusammenschluss voll entfalten können (OLG Hamburg WM 1994, 499; vgl grundlegend LIEB, Sonderprivatrecht für Ungleichgewichtslagen? Überlegungen zum Anwendungsbereich der sogenannten Inhaltskontrolle privatrechtlicher Verträge, AcP 178 [1978] 196). Allerdings erkennt die Rspr seit Mitte der 70er Jahre Zulässigkeit und Notwendigkeit einer Inhaltskontrolle über § 242 für **Publikumsgesellschaften** einhellig an (BGH NJW 1975, 1318; 1977, 2311; 1978, 425; 1981, 2565; 1982, 2303; 1991, 2906; BGH BB 1984, 169, 170; FURMANS, Immobilienfonds Rn 8, in: vWESTPHALEN, Vertragsrecht und AGB-Klauselwerke), und zwar für die **Publikums-KG** (BGHZ 64, 238, 241; 84, 11, 14; 104, 50; OLG Düsseldorf DB 1991, 1274; LG Wiesbaden SpuRt 1996, 64; vgl PICOT, Mehrheitsrechte und Minderheitenschutz in der Personengesellschaft unter besonderer Berücksichtigung der PublikumsKG, BB 1993, 13; für eine Inhaltskontrolle des Gesellschaftsvertrages einer Familien-KG WIEDEMANN, in: FS H Westermann [1974] 585, 589; dagegen H P WESTERMANN, Kautelarjurisprudenz, Rechtsprechung und Gesetzgebung im Spannungsfeld zwischen Gesellschafts- und Wirtschaftsrecht, AcP 175 [1975] 375, 407 f; MARTENS, Allgemeine Gesellschaftsvertragsbedingungen auf dem Prüfstand der Privatautonomie, JZ 1976, 511, 513), die **GbR** (BGH NJW 1982, 877; 1982, 2495; 1983, 2498; BGHZ 102, 172) und die **Stille Gesellschaft** (BGHZ 127, 182; BGH NJW 2001, 1271).

Gleiches gilt aber auch für **Kapitalgesellschaften** wie die (seltene) **Publikums-GmbH** 955
(LG Münster NJW-RR 1996, 676). Bei der **KGaA** stellt sich ebenfalls die Frage einer Satzungskontrolle aufgrund der gesellschaftsrechtlichen Treuepflicht. Für die **gesetzestypische KGaA**, die in ihrer **personalistischen Struktur** Gemeinsamkeiten mit der **Publikums-KG** ausweist, hat die Rspr eine Satzungskontrolle bislang dennoch nicht in Erwägung gezogen. Für die **kapitalistische KGaA** wurde demgegenüber erwogen, Satzungsgestaltungen in engeren Grenzen zuzulassen als bei der gesetzestypischen

KGaA, wobei als Richtlinie möglicherweise die zur Publikums-KG entwickelten Grundsätze herangezogen werden können (BGHZ 134, 392, 400).

956 Bezogen auf **Genossenschaften** wurde die Zulässigkeit einer Satzungskontrolle teilweise offen gelassen (BGH WM 1988, 707, 709), im Fall eines genossenschaftlichen Bankenverbandes aber bejaht (OLG Köln ZIP 1992, 1617). Im **Vereinsrecht** hat die Rspr eine Satzungskontrolle gem § 242 jedenfalls dann befürwortet, wenn der Verein im wirtschaftlichen oder sozialen Bereich eine überragende Machtstellung innehat und das Mitglied auf die Mitgliedschaft angewiesen ist (BGHZ 105, 306, 316; OLG Oldenburg NJW-RR 1999, 422; OLG Hamm NJW-RR 1992, 1211; Palandt/Heinrichs § 25 Rn 9; Möschel, Monopolverband und Satzungskontrolle [1978] 13 f). Vor allem **Regelwerke** für die Ausübung von **Sport**, denen sich auch Nichtmitglieder des erlassenden Verbandes unterwerfen, sind einer Inhaltskontrolle nach § 242 zugänglich (BGHZ 128, 93, 103).

957 Der Zulässigkeit einer **Inhaltskontrolle von Gesellschaftsverträgen** könnte § 310 Abs 4 entgegenstehen, sofern man diese Vorschriften als spezielle Ausformung des Treuegedankens versteht (so auch Bamberger/Roth/Grüneberg Rn 37). Dann würde diese Bereichsausnahme eine Inhaltskontrolle von Satzungen gänzlich verbieten. Der Wille des Gesetzgebers spricht jedoch gegen eine solche Betrachtungsweise: § 310 Abs 4 diente danach der Klarstellung, dass die bisherige Rechtsprechungspraxis von einer Inhaltskontrolle über § 242 nicht berührt werden sollte. Dabei wurde gerade die Satzungskontrolle bei Publikumskommanditgesellschaften exemplarisch aufgeführt (BT-Drucks 7/5422 13 z gleichlautenden § 23 AGBG).

958 Begegnet die Inhaltskontrolle über § 242 also keinen grundsätzlichen Bedenken (so auch MünchKomm/Basedow AGBG § 23 Rn 11), so bleibt fraglich, bei welchen Gesellschaftsformen sie angezeigt ist. Im **Aktienrecht** dürfte ihr deshalb geringe Bedeutung zukommen, weil die meisten Normen zwingend und Abweichungen in der Satzung deshalb nur begrenzt zulässig sind, § 23 Abs 5 AktG. Im Übrigen wird die Inhaltskontrolle nach Treu und Glauben dadurch eingeschränkt, dass sie üblicherweise **Austauschverträge** mit **gegenläufigen Interessen** betrifft, während **Gesellschaftsverträge** durch das **gleichgerichtete Interesse** der Gesellschafter am Erfolg ihrer Gesellschaft gekennzeichnet sind (Jaques NZG 2000, 401 Fn 87 mit eingehender Krit an der Übertragung der Grundsätze der Publikums-KG auf die kapitalistische KGaA). Eine Inhaltskontrolle läge deshalb näher, wenn der Vertrag der Gesellschaft mit einem Gesellschafter überprüft würde, nicht der Gesellschaftsvertrag selbst. Jedenfalls in einer personalistisch strukturierten Gesellschaft sprechen somit die verbandsspezifischen Gegebenheiten dagegen, die Autonomie der Gesellschafter über § 242 zu beschneiden. Satzungsgestaltungen sind jedenfalls nicht schon deshalb unzulässig, weil sie vom gesetzlichen Leitbild abweichen (BGHZ 134, 392, 396).

959 Deshalb wird eine Satzungskontrolle auch nur überwiegend für **Publikumsgesellschaften** gefordert und damit begründet, dass den Gesellschaftsvertrag wenige Gründer entwerfen und nachfolgende Gesellschafter, die lediglich über den Kapitalmarkt beteiligt sind, auf dessen Ausgestaltung keinen Einfluss haben (für die Publikums-KG BGHZ 64, 238, 241; Furmans, Immobilienfonds Rn 8, in: vWestphalen, Vertragsrecht und AGB-Klauselwerke; MünchKomm/Roth Rn 615). Dies gilt unabhängig davon, ob die Gesellschaft eigene Geschäftsanteile vergibt oder ob Treuhandmodelle vereinbart werden (vgl Grunewald, Gesellschaftsrecht Rn 12 f u 35 f). Bei solchen Publikumsgesellschaften ist die Satzung mit Allgemeinen Geschäftsbedingungen zu vergleichen, weil in beiden Fällen eine Vertragsbeziehung einseitig für eine Mehrzahl von Vertragspartnern vorgegeben wird, so dass hier in der Tat gewichtige Argumente für eine Inhaltskontrolle sprechen.

Hinsichtlich der **Rechtsfolgen** ist zu bedenken, dass der vollständige Verband von der 960 Inhaltskontrolle betroffen ist, also einschließlich derjenigen Gesellschafter, die an der Abfassung des Vertrages nicht beteiligt waren. Da der Gesellschaftsvertrag auch nicht in Teilverträge aufgespalten werden kann, lässt sich dieses Problem nicht durch eine relative Unwirksamkeit lösen (SCHNEIDER, Die Inhaltskontrolle von Gesellschaftsverträgen, ZGR 1978, 1, 12). Eine solche Aufspaltung verstieße im Übrigen gegen das aus § 248 Abs 1 AktG resultierende Prinzip, einander widersprechende Entscheidungen zu vermeiden.

dd) Haftung

Im Gesellschaftsrecht stellt sich ferner die Frage, ob der Berufung auf die **Selbstän-** 961 **digkeit juristischer Personen** nach Treu und Glauben Grenzen zu setzen sind – ein Gedanke, der sich in der angelsächsischen Rechtsordnung unter dem Stichwort „piercing the corporate veil" findet (MünchKomm/ROTH Rn 205; rechtsvergleichend v ARNIM NZG 2000, 1001). Sowohl der **Schutz des Gesellschafters** (BGHZ 91, 380) als auch der **Schutz des Rechtsverkehrs** (z Durchgriffshaftung s auch o Rn 692 f) können im Einzelfall dazu führen, dass eine Berufung auf die Selbständigkeit rechtsmissbräuchlich erscheint.

Deshalb können Gesellschafter in solchen Fällen gegenüber den Ansprüchen Dritter 962 nicht die förmliche Selbständigkeit einer von ihnen beherrschten juristischen Person geltend machen (RGZ 99, 232, 234, 242; 129, 50, 53; 169, 240, 248; BGHZ 20, 4; 22, 226, 230; 26, 31, 33; 54, 222, 224; 68, 312, 314; 78, 318, 333). Ungeachtet der grundsätzlichen Haftungsbegrenzung einer juristischen Person auf ihr Gesellschaftsvermögen kommt vielmehr dann eine **Durchgriffshaftung** auf das Privatvermögen in Betracht (SCHANZE, Einmanngesellschaft und Durchgriffshaftung 56 f; SERICK, Rechtsform und Realität juristischer Personen 5 f; PALANDT/HEINRICHS Rn 71; K SCHMIDT ZIP 1994, 837). Im Hinblick darauf, dass der Gesetzgeber die Haftungsbeschränkung durch Wahl entsprechender Gesellschaftsformen grds erlaubt hat, bleibt eine persönliche Inanspruchnahme der Gesellschafter allerdings die Ausnahme. Ein **Minderheitsaktionär**, der keinen wesentlichen Einfluss auf die Geschäftsführung nehmen kann, muss daher auch keinen Haftungsdurchgriff befürchten. Demgegenüber haftet derjenige, der über eine Vielzahl von Anteilen und entsprechenden Einfluss verfügt, uU persönlich (v ARNIM NZG 2000, 1001, 1004).

Dogmatisch wird die Durchgriffshaftung teilweise an den **Missbrauch** der juristischen 963 Person, also an § 242 angeknüpft (SERICK, Rechtsform und Realität juristischer Personen 203; krit HÜFFER, AktG § 1 Rn 17 f). Andere sehen juristische Personen als funktionsgebundene Rechtsfiguren an und wollen die Haftungsfreistellung der Gesellschafter auf die Fälle beschränken, die der **gesetzlichen Zielvorstellung** entsprechen (sog Normzwecktheorie, vgl LUTTER/HOMMELHOFF, GmbHG § 13 Rn 5; SCHANZE, Einmanngesellschaft und Durchgriffshaftung 102), so dass im Falle eines Haftungsdurchgriffs die haftungsbeschränkende Norm **teleologisch reduziert** wird. Ein Haftungsdurchgriff wird in folgenden **Fallgruppen** diskutiert, oft aber auch wegen des Ausnahmecharakters verneint.

964 Die **Unterkapitalisierung** betrifft Sachverhalte, in denen eine Gesellschaft für einen bestimmten Zweck gegründet und mit einem Stammkapital ausgestattet wird, das zur Erreichung dieses Zwecks nicht ausreicht (BANERJEA, Haftungsfragen in Fällen materieller Unterkapitalisierung und im qualifiziert faktischen Konzern, ZIP 1999, 1153; LUTTER/ HOMMELHOFF, GmbHG § 13 Rn 6; WÜST, Das Problem des Wirtschaftens mit beschränkter Haftung, JZ 1992, 710; ders, Die unzureichende Kapitalausstattung bei Beschränkthaftern [1995] 990). Das Schrifttum steht einer persönlichen Einstandspflicht in solchen Fällen tendenziell positiv gegenüber (LUTTER/HOMMELHOFF, GmbHG § 13 Rn 6 mwNw); die Rspr schwankt hingegen in der Bewertung (gegen einen Durchgriff BGHZ 68, 312; BAG ZIP 1999, 878 m Anm ALTMEPPEN; zögernd BGH WM 1977, 845; BGH NJW 1981, 2810; bejahend BGHZ 54, 222, 224; BGH ZIP 1996, 1135; z Gerichtsstand OLG Köln, NZG 2004, 1009). Für sich genommen begründet die Unterkapitalisierung meist noch keine persönliche Einstandspflicht des Gesellschafters gegenüber Dritten (BGH NJW 1977, 1449, 1450; BAG ZIP 1999, 878, 879; s aber Rn 965). So konnte sich ein Kommanditist auf die Haftungsbeschränkung berufen, obwohl er wirtschaftlich Inhaber einer KG war und eine mittellose Person als Komplementär eingesetzt hatte (BGHZ 45, 204, 207).

965 Eine Diskussion über den Haftungsdurchgriff gibt es grds auch in **Abhängigkeits- und Konzernverhältnissen** (HÜFFER, AktG § 1 Rn 21; K SCHMIDT NJW 2001, 3577). Der dogmatische Ansatz der Durchgriffshaftung wird dort allerdings in zunehmendem Maße durch den Gedanken der **Verlustdeckungspflicht** der Gesellschafter gegenüber der Gesellschaft verdrängt. Nachdem hierfür zeitweilig in entsprechender Anwendung von §§ 303, 322 Abs 2 und 3 AktG beim **qualifiziert faktischen Konzern** eine **verschuldensunabhängige Einstandspflicht** angenommen wurde (BGHZ 95, 330; 107, 7; 115, 187; BAG NJW 1991, 2923), hat sich die Rspr zwischenzeitlich unter Beibehaltung der konzernrechtlichen Betrachtungsweise (BGHZ 122, 123) für eine **verschuldensabhängige Einstandspflicht** oder **Bestandsgarantie** im Hinblick auf eine hinreichende Kapitalisierung der Gesellschaft entschieden. Daraus ergibt sich uU eine Haftung des Gesellschafters wegen **schuldhafter Existenzvernichtung** seiner Gesellschaft, wenn er auf deren Eigeninteresse an ausreichender Liquidität **keine angemessene Rücksicht** nimmt (BGHZ 149, 10, 15 f; 142, 92; BGH ZIP 2002, 1578; BUNGEROTH ZIP 2002, 827; K SCHMIDT NJW 2001, 3577; ULMER, Von „TBB" zu „Bremer Vulkan" – Revolution oder Evolution? Zum Bestandsschutz der abhängigen GmbH gegen existenzgefährdende Eingriffe ihres Alleingesellschafters, ZIP 2001, 2021). Allein der Umstand der **Beherrschung** durch einen Gesellschafter begründet also keine persönliche Haftung mehr (BSG NJW-RR 1997, 94, 95; BGH NJW 1977, 1449, 1451; MünchKomm/ROTH Rn 205). Dies gilt sowohl für den beherrschenden **Mehrheitsgesellschafter** (BGHZ 102, 95, 102) als auch für den **Einmanngesellschafter** (BGHZ 68, 312, 320).

966 Eine persönliche Haftung der Gesellschafter gegenüber Gläubigern wird hingegen in den Fällen der **Vermögensvermischung** erwogen, wenn also aufgrund fehlender oder undurchsichtiger Buchführung die Vermögensgegenstände weder dem persönlichen noch dem Gesellschaftsvermögen eindeutig zuzuordnen sind (LUTTER/HOMMELHOFF GmbHG § 13 Rn 10). Für die **GmbH** ist ein Haftungsdurchgriff insoweit anerkannt (BGH ZIP 1994, 867; 1985, 31; BGH DB 1994, 1354; BGH WM 1958, 463; BGHZ 125, 366, 368; 95, 330, 333; BSG NJW-RR 1995, 730, 731; OLG Nürnberg WM 1955, 1566, 1567; K SCHMIDT ZIP 1994,

837), allerdings nicht für den Minderheitsgesellschafter, der die Vermögensvermischung nicht zu verantworten hat (BGH ZIP 1994, 867). Für die **AG** fehlen entsprechende Entscheidungen. Eine Übertragung der Judikatur zur GmbH kann nicht ohne weiteres erfolgen, da im Gegensatz zur GmbH jede Entnahme des Aktionärs über den Bilanzgewinn gegen das Gesetz verstößt und zur Rückzahlung verpflichtet (HÜFFER, AktG § 1 Rn 20). Anders als der GmbH fehlt der AG außerdem eine dem Weisungsrecht des Gesellschafters gem § 37 GmbHG vergleichbare Einflussmöglichkeit der Aktionäre auf die Geschäftsführung. Eine persönliche Einstandspflicht kommt daher nur ganz ausnahmsweise in Betracht, etwa bei manipulativer Einwirkung auf den Vorstand oder kollusivem Zusammenwirken mit diesem (MünchKomm/HEIDER AktG § 1 Rn 66 f). Der Vermögensvermischung verwandt ist die **Sphärenvermischung** (LUTTER/HOMMELHOFF, GmbHG § 13 Rn 11), die zB mittels ähnlicher Firmierung den Unterschied zwischen Gesellschafter und juristischer Person verschleiert (BGH WM 1958, 463).

Der Durchgriffshaftung verwandt ist der **Zurechnungsdurchgriff**, bei dem entgegen dem Trennungsprinzip Wissen, Eigenschaften oder Handlungen der juristischen Person dem Anteilseigner zugerechnet werden. Eine Durchbrechung der rechtlichen Selbständigkeit findet ferner insoweit statt, als **Unterlassungspflichten** uU auch die vom Schuldner beherrschte Person treffen (BGH DB 1988, 701).

Eine Haftung kraft **Rechtsscheins** hat im Gesellschaftsrecht in erster Linie dann Bedeutung, wenn die Gesellschafter den Eindruck unbeschränkter persönlicher Haftung erwecken (BGHZ 22, 226, 230). Dementsprechend haften Gesellschafter, deren Firmierung die Beschränkung der Haftung entgegen § 19 Abs 2 HGB nicht deutlich werden lässt, mit ihrem Eigenvermögen (BGHZ 62, 226; 64, 11; 71, 354; BGH WM 1990, 600). Gleiches gilt für den persönlich haftenden Gesellschafter, der in eine Kommanditistenstellung überwechselt, ohne dies gegenüber seinen Geschäftspartnern kenntlich zu machen, soweit seine Berufung auf die Eintragung dieser Tatsache in das Handelsregister gem § 15 Abs 2 HGB und der Verweis auf die nunmehr bestehende Haftungsbeschränkung im Widerspruch zu seinem Geschäftsgebaren steht (BGH DB 1976, 1479). Dies gilt allerdings nicht, wenn der Geschäftspartner die wahre Rechtslage zumindest hätte erkennen müssen (BGH JZ 1971, 334). Wer schriftlich den Anschein erweckt, eine selbständige GmbH werde als Zweigniederlassung betrieben, muss sich diesen Anschein ebenfalls zurechnen lassen (BGH ZIP 1987, 1167).

ee) Auskunfts- und Rechenschaftspflichten

Die Rspr hat früher aus § 242 auch im Gesellschaftsrecht **Auskunfts- und Rechenschaftspflichten** begründet (BGHZ 14, 53, 58, 60). Mittlerweile finden sich aber **spezialgesetzliche Regelungen** in den §§ 118, 166, 325 f HGB, § 131 AktG und in § 51a GmbHG. Für den Rückgriff auf § 242 verbleibt damit nur wenig Raum. Die Rspr hat eine darauf gestützte Auskunftspflicht erwogen, als ein Verband die Grundlage für eine gegen ein Mitglied zu verhängende Verbandsstrafe ermitteln sollte. Im Ergebnis wurde die Heranziehung des § 242 aber abgelehnt (BGH ZIP 2003, 343). Der Auskunftsanspruch richtet sich gegen die **Gesellschaft** (MünchKomm/KUBIS AktG § 131 Rn 16; LUTTER/HOMMELHOFF, GmbHG § 51a Rn 5; BAUMBACH/HOPT/MERKT, HGB [31. Aufl 2003] § 118 Rn 1), bei der Personengesellschaft ferner gegen den **geschäftsführenden Gesellschafter** (BGHZ 23, 302, 306). Aus der Treuepflicht der Gesellschaft gegenüber ihren Aktionären resultiert das Recht eines **jeden Aktionärs**, gegen Kostenerstattung Kopien von Aufzeichnungen bzw Protokollen der Hauptversammlungen zu verlangen, zumindest insoweit, wie eigene Redebeiträge einschließlich der Reaktionen anderer Verwaltungsmitglieder betroffen sind (BGHZ 127, 107). Auskunftsansprüche finden aber auch heute noch ihre Grenze im Grundsatz von Treu und Glauben, wenn der Anspruch lediglich als Vorwand für die Erlangung von **Geschäftsgeheimnissen** dient (so bereits BGHZ 10, 387). Insgesamt muss der Gesellschafter bei der Ausübung des Auskunfts- und Einsichtsrechts das schonendste Mittel zur Erfülluung seines Informationsbedürfnisses wählen (vgl OLG Jena ZIP 2004, 2003 f).

ff) Gesellschafterbeschlüsse

970 Aus einem Gesellschafterbeschluss, der unter **Machtmissbrauch** zustande gekommen ist, können keine Rechte hergeleitet werden (RGZ 167, 65, 76), da hierin eine unzulässige Rechtsausübung zu sehen wäre. Sie liegt mangels schutzwürdigem Eigeninteresse auch bei **Missbrauch eines Stimmrechts** vor, zB weil ein Gesellschafter aus eigennützigen Motiven die Interessen der Gesellschaft verletzt (BGHZ 14, 25, 38; BGH ZIP 1991, 1427; OLG Nürnberg MDR 1975, 761; ROTH/ALTMEPPEN, GmbHG § 47 Rn 43), nicht zustimmt, die Versagung der Zustimmung zu einer Gefährdung von Bestand oder Funktionsfähigkeit der Gesellschaft führen könnte (OLG München NJW-RR 2004, 192, 193), einer ihn nicht belastenden, im Interesse der Gesellschaft aber erforderlichen Maßnahme widerspricht, obwohl er den Gesellschaftsvertrag bereits gekündigt hat (BGHZ 88, 320, 328), für die Berufung eines Geschäftsführers stimmt, in dessen Person wichtige Gründe gegen eine solche Berufung liegen (BGH WM 1988, 23, 25; WM 1991, 97; MDR 1993, 1067, 1068), eine in italienischer Sprache vorgelegte Teilnahmevollmacht eines italienischen Gesellschafters zurückweist (OLG Brandenburg NZG 1998, 909) oder einem Beschluss über die Ausgliederung zur Aufnahme zustimmt, wenn er nicht dafür Sorge trägt, dass der Gesellschaft ein angemessener Gegenwert für das übertragene Vermögen zukommt (OLG Stuttgart ZIP 2004, 1145). Ein solcher Missbrauch führt dazu, dass die abgegebene Stimme unberücksichtigt bleibt (MünchKomm/ROTH Rn 391).

971 Auch die **Anfechtung eines Hauptversammlungsbeschlusses** kann sich als Rechtsmissbrauch darstellen, wenn sie allein durch eigensüchtige Motive bestimmt war (vgl RGZ 146, 385, 395; BGH NJW-RR 1990, 350; 1991, 358, 360). Eine sachlich begründete Anfechtung, die schutzwürdigen Zwecken dient, wird aber nicht schon dadurch rechtsmissbräuchlich, dass damit gleichzeitig eigene Motive verfolgt werden (MünchKomm/ROTH Rn 390). Da das Gesetz dem Aktionär das Anfechtungsrecht zugesteht, handelt dieser in seiner Ausübung jedenfalls nicht grds rechtsmissbräuchlich (RGZ 146, 385, 396).

972 Einer Klage mit der Zielsetzung, sich das **Anfechtungsrecht „abkaufen" zu lassen** oder die Anfechtungsposition als Druckmittel in Vergleichsverhandlungen um einen Schadensersatzanspruch zu verwenden, kann der Einwand des individuellen Rechtsmissbrauchs entgegengehalten werden. Die Voraussetzungen sind bereits dann gegeben, wenn die Klage das Ziel verfolgt, die Gesellschaft in grob eigennütziger Weise zu einer Leistung zu veranlassen, auf die kein Anspruch besteht, die aber zur Abwendung der mit einem Anfechtungsprozess verbundenen Nachteile dennoch erbracht wird (BGHZ 107, 296, 308, 310; BGH NJW 1993, 2181; BGH NJW-RR 1991, 358, 360; 1990, 350; OLG Stuttgart NJW-RR 2001, 970; OLG Frankfurt ZIP 1996, 379; OLG Köln ZIP 1988, 1391; anders noch OLG Hamm ZIP 1988, 1051; LG Kassel ZIP 1989, 306; z Schadensersatzpflicht

des beratenden Anwalts vgl BGH WM 1992, 1184). Ebenso sah die Rspr einen Verstoß gegen § 242 darin, dass der Kläger zwar keine Sonderzahlungen für sich forderte, aber an Verhandlungen beteiligt war, in denen ein weiterer Anfechtungskläger solche Forderungen durch einen Bevollmächtigten erheben ließ (OLG Karlsruhe ZIP 1992, 401, 402). Einen Treueverstoß nahm der BGH auch an, als der Entschluss zum Missbrauch des Anfechtungsrechts erst nach Klageerhebung gefasst worden war (BGH ZIP 1991, 1577; BGH NJW 1992, 569, 570). Schließlich wird es als rechtsmissbräuchlich erachtet, wenn sich die Anfechtung auf einen Beschlussmangel stützt, den der Kläger selbst treuwidrig herbeigeführt hatte (OLG Hamburg NJW-RR 1991, 673).

Rechtsmissbräuchlich ist schließlich die **Nichtigkeitsklage**, die der Kläger ohne Rücksicht auf die Interessen der Gesellschaft betreibt (OLG Düsseldorf ZIP 1997, 1153, 1157). Sie wird wegen fehlenden Rechtsschutzbedürfnisses als unzulässig abgewiesen (OLG Frankfurt ZIP 1991, 657).

gg) Gesellschafterstellung und Geschäftsführung
Die Rspr leitet bei einer KGaA aus der gesellschaftsrechtlichen Treuepflicht eine **Pflicht der Komplementär-GmbH** ab, bei der **Bestellung ihrer Geschäftsführer** auf die Kommanditaktionäre Rücksicht zu nehmen (BGHZ 134, 392, 398; ebenso PRIESTER, Die Kommanditgesellschaft auf Aktien ohne natürlichen Komplementär, ZHR 160 [1996] 250, 261; krit JAQUES NZG 2000, 401, 406).

Der **Ausschluss eines Gesellschafters** (RGZ 107, 386, 388; 146, 169, 180; 169, 330, 334; BGHZ 6, 113, 117; 16, 117, 122; 16, 317, 322 für die GmbH; BGH WM 1971, 20, 22 für OHG u KG; OLG Celle NJW-RR 1998, 175; ERMAN/WERNER Rn 28, 131) oder die **Entziehung der Geschäftsführungsbefugnis** (BGHZ 51, 203) ist unzulässig, wenn mildere Maßnahmen möglich und zumutbar erscheinen.

Dass der **Alleingesellschafter einer GmbH** sein Amt als **Geschäftsführer** ohne wichtigen Grund **niederlegt**, ohne einen neuen Geschäftsführer zu bestellen, macht die Amtsniederlegung rechtsmissbräuchlich iSd § 242 und daher unwirksam (BayObLG DB 1981, 2219). Ferner wurde es im Rahmen einer Satzungskontrolle als unzulässig angesehen, die Abberufung eines Geschäftsführers durch qualifizierte Mehrheiten zu erschweren (BGHZ 102, 172, 175).

Die **Kündigung eines Gesellschafters** kann rechtsmissbräuchlich sein, wenn dieser nur vorübergehend an der Wahrnehmung seiner Pflichten gehindert ist (OHG NJW 1950, 503). Wird ein Gesellschafter bei Eintritt in die Gesellschaft **getäuscht**, so verstößt seine spätere Inanspruchnahme gegen Treu und Glauben (BGH NJW 1973, 1604; BGH GmbHR 1976, 108, 109). Die Täuschung berechtigt ihn uU auch zur Kündigung (ERMAN/WERNER Rn 131). Wer den Privatgläubiger eines Mitgesellschafters zur Kündigung der Gesellschaft veranlasst, darf sich unter dem Aspekt des Rechtsmissbrauchs nicht auf dessen Ausschluss nach vertraglich vorgesehener Fortsetzung der Gesellschaft berufen, wenn der haftende (frühere) Mitgesellschafter den Gläubiger alsbald befriedigt und der Zwangsvollstreckung dadurch die Grundlage entzieht (BGHZ 30, 195, 201). Die §§ 723, 733 enthalten für die **Kündigung der Gesellschaft** aus wichtigem Grund und den Ausschluss eines Gesellschafters eine abschließende gesetzliche Regelung. Für eine Rechtsfortbildung gem § 242 dahin, dass sich ein Gesellschafter trotz fehlender Ausschlussgründe wegen persönlicher Differenzen zwischen den

Gesellschaftern nicht auf den Fortbestand der Gesellschaft berufen darf, bleibt daher kein Raum (BGH NZG 1998, 984).

978 **Ausgeschiedene Gesellschafter** haben jede Beeinträchtigung des Unternehmens zu unterlassen. Einem früheren Gesellschafter einer GbR ist zB nach Treu und Glauben verwehrt, die Zahlung der ihm vertraglich zustehenden **Abfindungssumme** zu verlangen, wenn er seine Treuepflicht nachträglich verletzt hat und dem Nachfolger infolgedessen die Fortführung des Betriebes nicht mehr zuzumuten ist (BGH NJW 1960, 718 f).

hh) Auflösung der Gesellschaft

979 Die **Auflösung** einer Gesellschaft kommt stets nur als ultima ratio in Betracht (BGH ZIP 1988, 301; BGH NJW 1980, 1278). Einem Gesellschafter kann die Erhebung der **Auflösungsklage** deshalb nach Treu und Glauben verwehrt sein, wenn er den Auflösungsgrund selbst verschuldet hat (RGZ 164, 257, 263).

ii) Übertragung von Gesellschaftsanteilen

980 Der Grundsatz von Treu und Glauben entfaltet bzgl der Übernahme von Gesellschaftsanteilen folgende Wirkung: Das **Übernahmerecht** eines Gesellschafters im Hinblick auf Geschäftsanteile entfällt, wenn der Berechtigte das Unternehmen nicht erhalten, sondern nur einen Liquidationsgewinn erzielen will (BGH NJW 1959, 432). Das Gleiche gilt, wenn die Kündigung eines anderen Gesellschafters durch vertragswidriges Verhalten bewirkt wurde (RGZ 162, 388, 394). Dem Ehemann steht kein Übernahmerecht zu, wenn er seine Frau aus einem Unternehmen drängen will, welches ihren räumlich gegenständlichen Lebensbereich darstellt (BGHZ 34, 80, 88). Aus der gesellschaftsrechtlichen Treuebindung kann sich ferner die Pflicht eines GmbH-Gesellschafters ergeben, bei drohender Insolvenz der GmbH seinen Geschäftsanteil auf einen Dritten oder einen Mitgesellschafter zu übertragen, wenn dieser hierdurch von der drohenden Inanspruchnahme durch einen Gläubiger befreit wird (OLG Köln NZG 1999, 1166).

kk) Verwirkung

981 Die Grundsätze der Verwirkung (so Rn 302 ff) gelten auch im Gesellschaftsrecht. Verwirkung kann, da es sich insoweit um Ansprüche aus Dauerschuldverhältnissen mit enger persönlicher Treuebindung handelt, sogar schon kurzfristig eintreten (HK-BGB/SCHULZE Rn 46; MünchKomm/ROTH Rn 346). Dies gilt vor allem für besondere Rechtsbehelfe wie die **außerordentliche Kündigung** (BGH BB 1966, 876; RG JW 1936, 2546). Der Verwirkung unterliegt auch die Möglichkeit der **Anfechtung von Gesellschafterbeschlüssen** (BGH ZIP 1999, 1391; z verwirkten Klage vgl OLG Hamm NJW-RR 1997, 989) bzw die Berufung auf deren **Nichtigkeit** (BGH DB 1973, 467). Hierbei gilt auch für die GmbH das Leitbild der einmonatigen aktienrechtlichen Anfechtungsfrist (BGHZ 111, 224; BGH NJW 1993, 129), für die Feststellungsklage bei Personengesellschaften dagegen eine deutlich längere Frist (BGHZ 112, 339; BGH NJW 1999, 3183). Verwirkt werden können das **Kaduzierungsverfahren** (OLG Hamburg NJW-RR 1994, 1528), der Anspruch auf **Änderung des Gesellschaftsvertrages** (BGH WM 1969, 688), das Recht zur **Abberufung des Geschäftsführers** (BGH NJW-RR 1992, 292), das **Kündigungsrecht** (RG JW 1936, 2546, 2547), das **Zustimmungsrecht** (BGH NJW 1972, 862, 863), der **Aufwendungsersatzanspruch** eines Vereinsmitglieds gem § 27 Abs 3, 670 (LG Mosbach MDR 1989, 993) sowie der Anspruch auf bare **Zuzahlung** oder **Berichtigung des Geschäftsanteils**

nach identitätswahrender Umwandlung (OLG Jena OLG-NL 1999, 43; BGH WM 1999, 190 sah in der Zustimmung einen konkludenten Verzicht). Die **Stellung als Gesellschafter** unterliegt dagegen nicht der Verwirkung (BGH LM § 242 [Cc] Nr 58 Bl 1; PALANDT/HEINRICHS Rn 100).

Einer Verwirkung können jedoch vorrangige schutzwürdige **Gläubiger-** und **Gesell-** 982 **schafterinteressen** entgegenstehen. So scheidet eine Verwirkung von Schadensersatzansprüchen gegen einen geschäftsführenden Gesellschafter uU aus, wenn dieser den anspruchsbegründenden Sachverhalt verheimlicht und damit eine frühere Geltendmachung verhindert hat (BGHZ 25, 47, 53; BGH BB 1966, 474).

Eine **Erwirkung** wurde jedenfalls früher bei jahrelangem Abweichen von der gesell- 983 schaftsvertraglich geregelten Gewinnverteilung als möglich angesehen (BGH WM 1966, 159). Diese Betrachtungsweise lässt sich nach der Schuldrechtsreform nicht mehr aufrechterhalten (z Krit an der sog „Erwirkungslehre" so Rn 195 ff).

2. Handelsrecht

a) Allgemeines

Auch die dem Handelsrecht zugehörigen Rechtsverhältnisse unterstehen dem 984 Grundsatz von Treu und Glauben (RGZ 152, 403, 404). Bei seiner Anwendung ist stets das Einzelinteresse gegen den Verkehrs- und Vertrauensschutz abzuwägen (ERMAN/WERNER Rn 28; MünchKomm/ROTH Rn 85). An die Stelle der Verkehrssitte tritt unter Kaufleuten der **Handelsbrauch**, § 346 HGB, der Treu und Glauben untergeordnet ist und im Falle einer Kollision deshalb unbeachtlich bleibt (ERMAN/WERNER Rn 9 f). Die Vereinbarkeit von Handelsbrauch und Treu und Glauben bedarf besonderer Beachtung, weil Handelsbräuche nicht der einseitigen Interessendurchsetzung dienen dürfen.

b) Einzelfälle

Zu den Treuepflichten durch Zusammenschluss in einer handelsrechtlichen Gesell- 985 schaftsform so Rn 944.

Ein **Kommissionär** ist einerseits bereits vor Übernahme des Kommissionsgeschäftes verpflichtet, den Kommittenten zu beraten und vor etwaigen Risiken zu warnen (BGHZ 8, 222, 235; vgl auch RGZ 83, 201, 204). Andererseits darf der Kommittent die Mängelanzeige bei Erhalt beschädigten Kommissionsgutes nicht ungebührlich verzögern (BGH MDR 1958, 774).

Den **Handlungsgehilfen** trifft eine allgemeine Treuepflicht gegenüber seinem Arbeit- 986 geber aus § 242 (BAGE 26, 232) bzw § 241 (z Anwendung des § 242 im Arbeitsrecht so Rn 765 ff). So muss er auf irrtümliche Überzahlung (BAG NJW 1981, 366) oder auf den begründeten Verdacht einer Unterschlagung (BAG 1970, 1861) hinweisen und bei Stellenvakanz in zumutbarem Umfang aushelfen (BAG 1973, 293).

Den Unternehmer trifft eine Treuepflicht gegenüber dem **Handelsvertreter** (BAUM- 987 BACH/HOPT/MERKT, HGB [31. Aufl 2003] § 86a Rn 1; vgl auch HABERKORN, Nebenpflichten des Handelsmaklers, MDR 1960, 93). Er hat alles zu unterlassen, was diesen ungerechtfertigt benachteiligt oder gefährdet (BGH BB 1982, 1626), auch den Einsatz von Untervertretern (BGHZ 42, 61). Aus Handelsvertreter-, Vertragshändler- oder Franchiseverträgen entsteht eine gegenseitige Pflicht zur Rücksichtnahme (BGHZ 136, 295, 298). Auf § 242 wurden auch der Auskunftsanspruch des **Maklers** wegen seines **Provisionsanspruches** (BGH NJW-RR 1990, 1370) sowie der Auskunftsanspruch des **Vertragshändlers** gegen den **Hersteller** über verbundene Unternehmen gestützt (BGH NJW 2002, 3771).

3. Gewerblicher Rechtsschutz und Urheberrecht*

988 Die Anforderungen an das Gebot von Treu und Glauben bestimmen sich auch im Bereich des gewerblichen Rechtsschutzes sowie des Urheberrechts grundsätzlich nach allgemeinen Gesichtspunkten (BGHZ 21, 66, 80). Aus § 242 wird zB im **Urheber- und Markenrecht** die Verpflichtung entnommen, auch nach Beendigung des Vertragsverhältnisses Handlungen zu unterlassen, die dem Vertragspartner Vorteile aus einem Vertrag wieder entziehen oder wesentlich schmälern (BGHZ 16, 4, 10; BGH MDR 1967, 109). Im Rahmen der Interessenabwägung ist neben den Belangen des Verletzten und des Verletzers häufig das **Interesse der Allgemeinheit** zu berücksichtigen (BGHZ 5, 189, 196). So kann ein öffentliches Interesse an **Rechtsklarheit** und der Erhaltung des **Rechtsfriedens** zum Ausschluss späterer Auseinandersetzungen über das Bestehen eines Rechts führen (vgl dazu auch MünchKomm/Roth Rn 340). Überragende Bedeutung erlangen die **Aspekte der Verwirkung** sowie der **Auskunft** bei etwaigen Verletzerhandlungen.

a) Verwirkung

989 Die älteste Tradition, vor allem im **Marken- und Wettbewerbsrecht**, hat jedoch der **Verwirkungseinwand** (grundlegend Klaka, Erschöpfung und Verwirkung im Licht des Markenrechtsreformgesetzes, GRUR 1994, 321; ders GRUR 1970, 265; Knochendörfer, Die Rechtsprechung zur Verwirkung nach § 21 Markengesetz, WRP 2005, 157; ders, Die Verwirkung des Unterlassungsanspruchs im Markenrecht [Diss Frankfurt 2000]; ders, Die Verwirkung des Unterlassungsanspruchs nach § 21 Markengesetz, WRP 2001, 1040), etwa dann, wenn jemand, der

---

* **Schrifttum**: Beier/Wieczorek, Zur Verwirkung im Patentrecht, GRUR 1976, 566 ff; Berlit, Zur Frage der Einräumung einer Aufbrauchsfrist im Wettbewerbsrecht, Markenrecht und Urheberrecht, WRP 1998, 250; Gamerith, Die Verwirkung im Urheberrecht, WRP 2004, 75; vGamm, Verwirkung im Urheberrecht, NJW 1956, 1780; Klaka, Erschöpfung und Verwirkung im Licht des Markenrechtsreformgesetzes, GRUR 1994, 321; ders, Zur Verwirkung im gewerblichen Rechtsschutz, GRUR 1970, 265; Hoppe, Privatrechtliche und öffentlich-rechtliche Ausschließlichkeitsrechte von Energieversorgungsunternehmen und ihre Wirksamkeit gegenüber Erdgas, MDR 1965, 954; Jung, Zum Begriff des „Mißbrauchs" im Kartellrecht, NJW 1965, 1117; Kleine, Zum Einwand der Verwirkung, insbesondere im Wettbewerbs- und Urheberrecht, JZ 1951, 9; Knochendörfer, Die Rechtsprechung zur Verwirkung nach § 21 Markengesetz, WRP 2005, 157; ders, Die Verwirkung des Unterlassungsanspruchs im Markenrecht (Diss Gießen 2000); ders, Die Verwirkung des Unterlassungsanspruchs nach § 21 Markengesetz, WRP 2001, 1040; Lüderitz, Ausforschungsverbot und Auskunftsanspruch bei Verfolgung privater Rechte (1966); Oppermann, Der Auskunftsanspruch im gewerblichen Rechtsschutz und Urheberrecht (1997); Ring, Das Rechtsinstitut der Verwirkung nach dem Markengesetz sowie nach allgemeinem Recht, DZWiR 1995, 494; Stauder, Umfang und Grenzen der Auskunftspflicht im Gewerblichen Rechtsschutz und Urheberrecht, GRUR-Int 1982, 226.

jahrelang eine Marke genutzt hat, sich unerwartet Unterlassungsansprüchen des Verletzten ausgesetzt sieht. Der Ausschluss der Rechte durch Verwirkung liegt besonders nahe, wenn der Anspruchsinhaber aus einem Recht vorgeht, das er selbst noch nicht genutzt hat. Nachdem zunächst die Verwirkung von Rechten aus unbenutzten sog **Vorrats- und Defensivzeichen** anerkannt worden war (RGZ 111, 192; RGZ 114, 360; BGH MDR 1966, 575, vgl nunmehr auch § 49 MarkenG), hat die Rspr später auch der Geltendmachung von Rechten aus **benutzten Warenzeichen** bzw Marken (RGZ 134, 38, 40) unter Verwirkungsgesichtspunkten Grenzen gesetzt.

Inzwischen regelt **§ 21 Abs 1–3 MarkenG**, dass der Berechtigte nach fünf Jahren **990** wissentlicher Duldung der Benutzung seiner Marke durch einen Gutgläubigen alle Ansprüche gegen diesen verwirkt (ausf RING, Das Rechtsinstitut der Verwirkung nach dem Markengesetz sowie nach allgemeinem Recht, DZWiR 1995, 494). Daneben bleiben jedoch nach Abs 4 die **allgemeinen Grundsätze** der Verwirkung unberührt. Die durch Schrifttum und Rspr entwickelten Prinzipien behalten daher ihre Geltung, so dass unabhängig vom Ablauf einer bestimmten Frist Verwirkung dann eintritt, wenn durch **länger andauernde, redliche und ungestörte Benutzung** ein **wertvoller Besitzstand** geschaffen wurde (RGZ 171, 159, 162; BGHZ 5, 189, 195; 21, 66, 78; BGH GRUR 1970, 308; BGH DB 1974, 2147; BGH NJW-RR 1989, 809; NJW-RR 1993, 1387; BGH NJW 1974, 2282; NJW 1988, 2470; NJW 1993, 920; BGH GRUR 2001, 323; OLG Frankfurt Mitteilungen 2003, 314; OLG Karlsruhe Mitteilungen 2004, 316) und das **Vertrauen des Verletzers schutzwürdig** erscheint (BGH GRUR 1989, 449, 451, 452; 1993, 913, 915; OLG Hamburg GRUR-RR 2004, 5, 7; 2004, 71; OLG München GRUR-RR 2004, 14, 15; allgem z Verwirkung so Rn 302 ff).

Umstr bleibt, welche Anforderungen an die Annahme eines **wertvollen Besitzstandes** **991** zu stellen sind. Während das RG noch forderte, das Zeichen des Verletzers müsse zumindest örtlich beschränkte **Verkehrsgeltung** iSd § 25 WZG aF erlangt haben (RG JW 1931, 878, 879; RGZ 143, 157, 190; 167, 171, 181; 167, 190), wurde in späteren Entscheidungen (RGZ 171, 159, 163; RG GRUR 1942, 560; GRUR 1943, 345), denen sich der BGH angeschlossen hat (BGHZ 5, 189, 195; 21, 66, 80; BGH GRUR 1957, 25 „Hausbücherei-Entscheidung"; GRUR 1981, 60; aM KLEINE JZ 1951, 9), auf dieses Erfordernis verzichtet. Heute verlangt die Rspr, dass der Verletzer infolge der Benutzung **beachtliche wirtschaftliche Werte** erlangt hat, deren Entziehung eine **fühlbare Einbuße** bedeutet (BGHZ 5, 189, 195; 21, 66, 78; BGH NJW-RR 1989, 809; NJW-RR 1993, 1387; BGH GRUR 1957, 25; 1970, 308; BGH DB 1974, 2147; BGH NJW 1974, 2282; NJW 1988, 2470; NJW 1993, 920). Das Markenrecht misst damit der **aktiven Tätigkeit des Verletzers** bei der Verwirkung besondere Bedeutung zu (KLAKA GRUR 1970, 265, 268).

Ein wertvoller Besitzstand kann im Einzelfall bereits vor Ablauf der Frist des § 21 **992** Abs 1–3 MarkenG entstehen (BGH DB 1991, 2650); bei Gutgläubigkeit des Verletzers genügen uU schon wenige Monate (vgl RGZ 127, 321, 323; z den Anforderungen an die Darlegung BGH NJW 1974, 2282). Im Falle eines unbenutzten Zeichens hat die (ältere) Rspr einen Zeitraum von acht Monaten als ausreichend angesehen (RGZ 114, 360 „Grammofox/Vox"). Ferner entsteht nach ständiger Rspr ein schutzwürdiger Besitzstand, wenn ein anfänglich unredlicher Verletzer durch eigenen Gebrauch und Untätigkeit des Verletzten später dadurch redlich wird, dass er auf das Einverständnis des Verletzten vertraut (BGH GRUR 1989, 449, 453). In diesen Fällen verlängert sich allerdings die erforderliche Benutzungsdauer (BGHZ 21, 66, 83; BGH DB 1991, 2650; BGH NJW-RR 1991, 935 [50 Jahre]; BEIER/WIECZOREK GRUR 1976, 566, 568 mwNw; KLAKA GRUR

1970, 265, 268 mwNw). Verwirkung kann uU auch eintreten, obwohl der Verletzte von der Verletzung keine Kenntnis hat (RGZ 134, 38, 41; BGHZ 1, 31, 33; BGH NJW 1966, 343, 346; OLG Stuttgart GRUR-RR 2004, 8, 13).

993 Die mit der Entwicklung des Kriteriums des „wertvollen Besitzstandes" einhergehende Betonung des **Zeitmoments** gegenüber dem **Umstandsmoment** hat eine ständige Erweiterung des Anwendungsbereiches von § 242 mit sich gebracht, die unter Rechtssicherheitsaspekten problematisch erscheint (BOEHMER, Grundlagen der Bürgerlichen Rechtsordnung Band 2, 2 [1951] § 27 B III 2a; KLEINE JZ 1951, 10). So ließ die Rspr im Wettbewerbsrecht bereits ein bloßes **Unterlassen** als Umstandsmoment ausreichen, und zwar aufgrund der geschuldeten Rücksichtnahme (BGH GRUR 1990, 381, 382) und der aus einer Vertragsstrafevereinbarung resultierenden Verpflichtung des Gläubigers, das Verhalten des Schuldners zu beobachten (BGH NJW 1998, 1144; ERMAN/ WERNER Rn 86).

994 Bei Ansprüchen aus dem **Wettbewerbsrecht** können der Verwirkung auch **Allgemeininteressen** entgegenstehen (BGH WM 1984, 1549; 1985, 1153; BGH NJW-RR 1993, 1129; BGH NJW 1985, 1488; OLG Frankfurt NJW-WettbR 1996, 283). Verbindet der Rechtsverkehr zB eine besondere Gütevorstellung mit einer Ware, die unter einem bestimmten Zeichen vertrieben wird, so führt die Verwendung einer verwechslungsfähigen Bezeichnung die Allgemeinheit in die Irre (BGHZ 5, 189, 196; 16, 82, 93). An eine solche Irreführung sind allerdings strenge Anforderungen zu stellen; allein die Verwechselbarkeit des Zeichens reicht dafür nicht aus. An einer ernstlichen Gefährdung der Belange der Allgemeinheit fehlt es auch dann, wenn sich der Rechtsverkehr an die parallele Verwendung eines Kennzeichens so gewöhnt hat, dass nur noch ein kleiner Kreis dem Irrtum unterliegt (BGH GRUR 1958, 444 „Emaillelack"; KLAKA GRUR 1970, 265, 271).

995 Aus der Verwirkung der Ansprüche eines Verletzten folgt das Recht des Verletzers, die Marke ungestört nutzen zu dürfen. Da die Verwirkung weder ein absolutes Recht voraussetzt noch ein solches entstehen lässt, kann er sie allerdings nicht schützen lassen oder dem Berechtigten die Nutzung untersagen (BGH NJW 1969, 1485; BGH NJW-RR 1992, 172; für das Firmenrecht BGH NJW-RR 1993, 1129); vielmehr bleibt dessen Recht bestehen (KLAKA GRUR 1970, 265, 271). Der Verletzer ist schließlich nicht befugt, sich auszudehnen oder sich durch Eintragung weitergehende Rechte zu verschaffen (BGHZ 16, 82, 92; RG GRUR 1943, 345 „Goldsonne"). Dementsprechend kann zwar der Unterlassungsanspruch wegen Verletzung eines Namensrechts verwirkt werden (BGHZ 119, 237; BayObLGZ 1971, 216), nicht aber das Recht zur Namensführung selbst (MünchKomm/ROTH Rn 347).

996 Die Verwirkung von **Schadensersatzansprüchen** setzt keinen schutzwürdigen Besitzstand voraus (BGHZ 26, 52, 64; BGH NJW 1988, 2269, 2470; BGH ZIP 2001, 670 [9 Jahre]; OLG Frankfurt BB 1996, 2165), sondern es genügt, dass der Schuldner sich bei seinen wirtschaftlichen Dispositionen darauf eingerichtet hat und einrichten durfte, keine Zahlungen an den Gläubiger mehr leisten zu müssen (BGH GRUR 2001, 323, 325; allgem z Verwirkung so Rn 302 ff).

997 Ebenso wie im Marken- und Wettbewerbsrecht gilt auch im **Urheber-, Erfinder- und Verlagsrecht** grds der Grundsatz von Treu und Glauben und damit auch die

Verwirkung (RGZ 129, 252; 139, 327, 339; grundlegend dazu GAMERITH WRP 2004, 75 ff, insbes 77 ff).

Er wird ferner auch bei **Patent- und Gebrauchsmusterstreitigkeiten** grds für zulässig erachtet (RG GRUR 1932, 718; GRUR 1938, 778, 780; BGH GRUR 1953, 29, 31; GRUR 1976, 579, 581; BGHZ 68, 90; BGH NJW 1997, 3377; BGH GRUR 2001, 323, 324; BEIER/WIECZOREK GRUR 1976, 566, 572; KLAKA GRUR 1970, 265, 271; ders, Zur Verwirkung im Patentrecht, GRUR 1978, 70 ff).

In der Vergangenheit hat die Rspr allerdings im **Urheber- und Patentrecht** an die **998** Voraussetzungen der Verwirkung wesentlich **strengere Anforderungen** gestellt als im **Marken- und Wettbewerbsrecht** (RGZ 129, 252, 258 „Operettenbibliothek"; RG GRUR 1932, 718, 721; KLEINE JZ 1951, 9, 11; GAMERITH WRP 2004, 75, 79 f). So hat sich die höchstrichterliche Rspr mit dem Verwirkungseinwand im **Urheberrecht** zwar mehrfach auseinandergesetzt, ihn aber regelmäßig verneint (RGZ 129, 252, 258 „Operettenbibliothek"; 139, 328 „Wilhelm Busch"; 153, 1 „Schallplattensendung"; BGHZ 11, 135 „Lautsprecherübertragung"; 18, 44 „Photokopie"; BGH GRUR 1960, 253 „Autoscooter"; bejahend aber bereits OLG München OLGZ 5, 1, 3). Ähnlich zurückhaltend entschied die Rspr im **Patentrecht** (RG GRUR 1932, 718, 721; GRUR 1935, 39, 43; GRUR 1935, 948, 950; GRUR 1936, 912, 914; BGH GRUR 1950, 70 „Holzverwertung"; GRUR 1953, 29, 31 „Plattenspieler").

Bejaht wurde der Verwirkungseinwand allerdings in der sog **„Temperaturwächter- 999 Entscheidung"** (BGH GRUR 2001, 323). Der BGH knüpft in dieser **patentrechtlichen Angelegenheit** ausdrücklich an die Rspr zum Markenrecht an und wendet sich damit gegen eine Sonderbehandlung des Verwirkungseinwandes im Patentrecht. Eine restriktive Behandlung des Verwirkungseinwandes bedarf vielmehr nach seiner Ansicht der Rechtfertigung durch die besondere Interessenlage der Parteien (BGH GRUR 2001, 323, 327). Das aus einem Urheber- oder Patentrecht resultierende **Nutzungsrecht** des Berechtigten als solches unterliegt hingegen in keinem Fall der Verwirkung (BGH JZ 1976, 722; BGH ZIP 2001, 670; GAMERITH WRP 2004, 74, 80).

b) Auskunft
Jenseits der gesetzlich geregelten Fälle der §§ 19 MarkenG, 101 UrhG stellt § 242 die **1000** Grundlage für ein **Auskunftsbegehren** der Parteien bei Schutzrechtsverletzungen oder unlauteren Wettbewerbshandlungen dar (vgl dazu im Einzelnen EMMERICH, Unlauterer Wettbewerb 490 ff; STAUDER GRUR-Int 1982, 226 ff), sofern sich der Berechtigte entschuldbar über den Bestand und den Umfang seines Rechts im Ungewissen befindet, während der Anspruchsgegner unschwer Auskunft erteilen kann und diese ihm nach den Umständen des Einzelfalls auch zuzumuten ist, insbesondere weil das berechtigte Interesse des Anspruchstellers dasjenige des Verletzers an der Geheimhaltung deutlich überwiegt (BGHZ 10, 385, 387; 148, 26, 30 ff; NJW-RR 2002, 1119).

Als **unselbständiger Hilfsanspruch** zur Durchsetzung eines **eigenen Unterlassungs- 1001 oder Schadensersatzbegehrens** beschränkt sich die Auskunftspflicht jeweils auf ein konkretes Verhalten des Anspruchsgegners, betrifft hingegen keine weiteren Wettbewerbsverstöße (BGHZ 148, 26, 35 f; NJW-RR 2001, 620, 623; EMMERICH, Unlauterer Wettbewerb 491). Der Anspruch umfasst dementsprechend auch nur Posten, die zur Berechnung oder zur Geltendmachung des jeweiligen Hauptanspruchs erforderlich sind (BGHZ 125, 322, 331; NJW-RR 1987, 876; NJW-RR 1994, 944; OLG Hamburg GRUR

1995, 432). Das gilt in der Regel nicht für Auskünfte über Geschäftsgeheimnisse wie Umsätze, Preise oder Lieferanten und Abnehmer (EMMERICH, Unlauterer Wettbewerb 491). Im Einzelfall behilft sich die Praxis bei gleichwohl betroffenen Betriebsgeheimnissen durch einen sog **"Wirtschaftsprüfervorbehalt"**, so dass der Verletzer nur gegenüber einem zur Verschwiegenheit verpflichteten Sachverständigen Auskunft erteilen muss, welcher dann die erforderlichen Daten „ausfiltert" (vgl EMMERICH, Unlauterer Wettbewerb 492 mwNw). Hingegen sind Aussagen über Umfang und Intensität der Verletzungshandlung selbst (zB Höhe der Auflage, Verbreitungsgebiet, uU Berechnungsmethode, vgl im Einzelnen BGH NJW-RR 1987, 1521; EMMERICH Unlauterer Wettbewerb 491) regelmäßig unbeschränkt Gegenstand entsprechender Ansprüche.

1002 Die beschriebenen Einschränkungen macht die Rspr (unter Orientierung am Vorbild des § 19 Abs 2 MarkenG) allerdings dann nicht, wenn durch Geltendmachung selbstständiger Auskunftsansprüche **Abwehransprüche gegen Dritte** ermöglicht werden sollen (vgl BGHZ 125, 322, 328 ff; BGHZ 148, 26, 30 ff; BGH NJW-RR 2002, 1119), so dass dann uU auch Auskünfte über Lieferanten und Abnehmer und über den Umfang von Lieferungen des Auskunftspflichtigen zu erteilen sind, im Einzelfall sogar die Vorlage von Belegen geschuldet sein kann (so nunmehr BGHZ 148, 26, 30 ff; im Einzelnen dazu EMMERICH, Unlauterer Wettbewerb 491 f, insbes kritisch zu etwaigen Drittauskünften gegenüber sog Außenseitern in selektiven Vertriebssystemen; dazu auch JACOBS GRUR 1994, 634 f). Der „Wirtschaftsprüfervorbehalt" (vgl o Rn 1001) wird von den Gerichten bei selbstständigen Auskunftsansprüchen über die Beziehungen zu Dritten aber regelmäßig nicht akzeptiert (vgl BGH NJW-RR 2002, 1119; kritisch EMMERICH, Unlauterer Wettbewerb 492 f).

c) Sonstige Bedeutung

1003 Unabhängig von Verwirkung und Auskunft hat der Grundsatz von Treu und Glauben in verschiedenen Ausprägungen die Rspr zum gewerblichen Rechtsschutz und Urheberrecht als **Einzelfallkorrektiv** beschäftigt. Im Folgenden seien dazu beispielhaft einige Entscheidungen angeführt.

1004 Wer **markenrechtlich** ein neues **Zeichen** gebraucht, muss nachforschen, ob alte Schutzrechte seinem Verhalten entgegenstehen (BGH MDR 1960, 201). Der Anmelder einer Marke kann den Einwand des Rechtsmissbrauchs erheben, wenn der Inhaber eines eingetragenen Abwehrzeichens ihn mit seinem Widerspruch unangemessen behindert (BGHZ 52, 365). UU kann sich aus Treu und Glauben eine sog **Aufbrauchsfrist** für die Vernichtung markenrechtswidriger Produkte ergeben (ausf dazu BERLIT WRP 1998, 250 ff).

1005 Im **Patentrecht** ergibt sich uU aus dem Grundsatz von Treu und Glauben eine im **Einspruchsverfahren** zu berücksichtigende **Nichtangriffspflicht** (BPatG GRUR 1991, 748). Erklärt der Patentanmelder dort, für eine bestimmte Ausführungsform keinen Patentschutz zu begehren, und macht er im späteren Verletzungsstreitverfahren gleichwohl Ansprüche aus dem Patent gerade wegen dieser Ausführungsform geltend, so verstößt er gegen Treu und Glauben (BGH NJW 1997, 3377). Der Inhaber eines Patents kann sich auch nach Treu und Glauben durch **Rücktritt** von einem über das Patent geschlossenen Auswertungsvertrag lösen, wenn das Patent teilweise oder völlig **vernichtet** wird (BGH NJW 1957, 1317 f). Dagegen wurde einem **Werkunternehmer**, der von einem Patentinhaber mit der Herstellung patentgeschützter Gegenstände beauftragt worden war, ohne dass dieser ihm eine über den Werklieferungsvertrag hinausgehende Herstellungslizenz eingeräumt hatte, nach Kündigung des Vertrages und Geltendmachung von Schutzrechten durch den Patentinhaber der Einwand des § 242 verwehrt, obwohl er bereits erhebliche Kosten für die Herstellung aufgewendet hatte (BGH MDR 1959, 549).

Ein **Lizenznehmer** verstößt gegen Treu und Glauben, wenn er ein ihm im Rahmen einer sog **Verbesserungsklausel** unentgeltlich zur Benutzung überlassenes Patent mit der **Nichtigkeitsklage** angreift (BGH GRUR 1957, 485). Der durch eine sog **Meistbegünstigungsklausel** gebundene Lizenzgeber einer einfachen Lizenz an einem Patent ist regelmäßig auch ohne vertragliche Regelung im Lizenzvertrag verpflichtet, gegen fortgesetzte Verletzungshandlungen Dritter vorzugehen. Schreitet der Lizenzgeber gegen den Verletzer nicht ein, kann sein Bestehen auf Lizenzzahlungen unter dem Gesichtspunkt der Unzumutbarkeit gegen Treu und Glauben verstoßen (BGH GRUR 1965, 591). Schließlich wird ein Unterlassungsanspruch rechtsmissbräuchlich geltend gemacht, der nur noch als Druckmittel zur Erzielung unverdienter Vorteile dient (BGH WM 1972, 882, 883). **1006**

Im Rahmen zulässiger **Preisbindungsverträge** verpflichtet ein gem § 15 GWB oder nach dem BuchPrG wirksamer **Preisbindungsvertrag** den preisbindenden Hersteller, alles zu unterlassen, was die Bindung der Endverkaufspreise untergräbt; andernfalls kann der gebundene Händler dem Hersteller den Einwand unzulässiger Rechtsausübung entgegenhalten (BGHZ 53, 76, 85 für Schallplatten). Das Recht auf Bestätigung einer Preisbindungsanmeldung beim Bundeskartellamt ist ebenfalls Treu und Glauben unterworfen (BGHZ 61, 1, 5); ein entsprechendes Verlangen des Anmelders kann sich als Rechtsmissbrauch darstellen. **1007**

Im **Wettbewerbsrecht** hat § 242 – neben der Verwirkung und den bereits in anderem Zusammenhang besprochenen Wettbewerbsverboten (s STAUDINGER/OLZEN § 241 Rn 289 ff, 509 ff) – eine weitere Bedeutung im Hinblick auf die Versagung von Unterlassungs- und Schadensersatzansprüchen bei **eigenem wettbewerbswidrigem Verhalten** in Form des sog „unclean-hands-Einwandes" (BGH NJW 1971, 1749). Ansprüche können danach versagt werden, sofern die beiderseitigen unzulässigen Wettbewerbsmaßnahmen in wechselseitiger Abhängigkeit stehen bzw gleichzeitig erfolgen und so gleichartig sind, dass der in Anspruch genommene keinen unzulässigen Wettbewerbsvorsprung erlangt (BGH LM § 242 [Cd] Nr 148 aE; BGH NJW 1971, 1749). Der **abgemahnte Verletzer** ist bei einem Wettbewerbsverstoß verpflichtet, den Abmahnenden und die nach § 8 Abs 3 UWG klagebefugten Verbände darüber aufzuklären, ob er wegen derselben Verletzungshandlung bereits eine Unterwerfungserklärung gegenüber einem Dritten abgegeben hat (BGH MDR 1988, 933). Schließlich kann sich aus dem Grundsatz von Treu und Glauben auch der generelle **Verzicht auf ein Abmahnerfordernis** ergeben, wenn – etwa bei schweren und vorsätzlichen Wettbewerbsverstößen – eine Abmahnung von Vornherein offenkundig zwecklos oder sonst unzumutbar erscheint (OLG Düsseldorf GRUR 1979, 191; NJW-RR 1997, 1064 f; dagegen aber OLG Oldenburg NJW-RR 1990, 1330; vgl auch zur Mehrfachverfolgung von Wettbewerbsverstößen unter dem Aspekt des Rechtsmissbrauchs ULRICH WRP 1998, 826, 829). **1008**

4. Wertpapierrecht*

a) Allgemeines

1009 Bei der Berücksichtigung von Treu und Glauben im Wertpapierrecht ist einschränkend neben der besonderen Bedeutung der **Rechtssicherheit** auch die **Formstrenge** zu beachten, die für die Begründung und Geltendmachung von verbrieften Rechten gilt (ERMAN/WERNER Rn 31; BAUMBACH/HEFERMEHL, Wechselgesetz und Scheckgesetz [21. Aufl 1999] Einl vor § 2 WG Rn 57). Dennoch verbleibt ein Anwendungsbereich des § 242, insbesondere bei Einwendungen gegen das wertpapierrechtliche Abstraktionsprinzip (BGHZ 57, 292, 300).

b) Einzelfälle

1010 Die **bezogene Bank** ist nur unter ganz besonderen Umständen verpflichtet, das anfragende Kreditinstitut zu unterrichten, wenn nach erteilter Scheckauskunft Gründe eintreten, weshalb sie den Scheck nicht einlösen will (BGHZ 61, 176). Eine Offenbarungspflicht des **Überbringers eines Barschecks** gegenüber der Bank bei irrtümlicher Zahlung eines überhöhten Betrages besteht grds nicht (OLG Düsseldorf NJW 1969, 623 mit Anm DEUBNER).

1011 Bei abredewidriger Ausfüllung eines **Blanketts** haftet der **Aussteller** gegenüber dem redlichen Inhaber des Wertpapiers bzw der Urkunde analog § 172 Abs 2. Dies gilt aber nur, wenn sich der Adressat einer formwirksamen Urkunde gegenübersieht. Andernfalls kann sich der Verpflichtete ohne Verstoß gegen § 242 auf die Formunwirksamkeit berufen (vgl BGH WM 1973, 750; BGH NJW 1996, 1467, jedoch für die Blankobürgschaft).

5. Versicherungsvertragsrecht**

a) Allgemeines

1012 Dem Grundsatz von Treu und Glauben kommt im Versicherungsvertragsrecht besonders große Bedeutung zu (treffend E LORENZ, in: BECKMANN/MATUSCHE-BECKMANN, Versicherungsrechts-Handbuch § 1 Rn 96: Treu und Glauben als „Leitstern des Versicherungsvertragsrechts"; vgl dazu auch RGZ 124, 343, 345; 146, 221, 224; 148, 298, 301; BGHZ 40, 387, 388; 47, 101, 107; 107, 368, 373; BGH VersR 1985, 943, 944; BRUCK/MÖLLER Einl Rn 67; PRÖLSS/MARTIN/ PRÖLSS Vorbem II Rn 6; LOOSCHELDERS VersR 2000, 23). Denn der Versicherungsvertrag begründet ein **Dauerschuldverhältnis**, bei dem jede Partei in besonderem Maße auf

---

* **Schrifttum**: STÖTTER, Die Wechselforderung und die Einwendungen des Wechselschuldners aus dem Grundgeschäft, NJW 1971, 359.

** **Schrifttum**: BECKMANN/MATUSCHE-BECKMANN (Hrsg), Versicherungsrechts-Handbuch (2004); Berliner Kommentar zum Versicherungsvertragsgesetz, Kommentar zum deutschen und österreichischen VVG (1999); BRUCK/MÖLLER, Versicherungsvertragsgesetz Bd I (8. Aufl 1961); DEUTSCH, Versicherungsvertragsrecht (4. Aufl 2000); HEISS, Treu und Glauben im Versicherungsvertragsrecht (2. Aufl 1989); JUNG, Privatversicherungsrechtliche Gefahrengemeinschaft und Treupflicht des Versicherers, VersR 2003, 282; LOOSCHELDERS, Ausschluß der Klagebefugnis des Mitversicherten und Teilklageobliegenheit des VN in der Rechtsschutzversicherung nach den ARB 75, VersR 2000, 23; PRÖLSS/MARTIN, Versicherungsvertragsgesetz (27. Aufl 2004); RÖMER/ LANGHEID, Versicherungsvertragsgesetz (2. Aufl 2003); SCHIMIKOWSKI, Versicherungsvertragsrecht (3. Aufl 2004); WEYERS/WANDT, Versicherungsvertragsrecht (3. Aufl 2003).

die Unterstützung und Loyalität der anderen angewiesen ist (vgl BGHZ 47, 101, 107; HEISS 20 f; JUNG VersR 2003, 282). Auf Seiten des **Versicherungsnehmers** ergibt sich dies daraus, dass es sich bei dem Vertragsgegenstand um ein höchst komplexes – und damit sehr erläuterungsbedürftiges – „Rechtsprodukt" (DREHER, Die Versicherung als Rechtsprodukt [1991] 145) handelt (vgl WEYERS/WANDT Rn 8). Die Rspr hat daher mit Hilfe von Treu und Glauben zahlreiche **Aufklärungs-** und **Informationspflichten** entwickelt (vgl dazu PRÖLSS/MARTIN/PRÖLSS Vorbem II Rn 10 ff mwNw; KIENINGER, Informations-, Aufklärungs- und Beratungspflichten beim Abschluß von Versicherungsverträgen, AcP 199 [1999], 190 ff), die heute in § 241 zu verankern sind (so auch PRÖLSS/MARTIN/PRÖLSS Vorbem II Rn 9; allg zu den Aufklärungs- und Informationspflichten STAUDINGER/OLZEN § 241 Rn 167 ff). Aus dem gleichen Grunde findet eine strenge **Inhaltskontrolle der AVB** nach § 307 statt, die sich am Maßstab des durchschnittlichen Versicherungsnehmers orientiert (vgl dazu PRÖLSS/MARTIN/PRÖLSS Vorbem I Rn 45 ff mwNw; LOOSCHELDERS, Die Kontrolle Allgemeiner Versicherungsbedingungen nach dem AGBG, JR 2001, 397 ff; allg zur Inhaltskontrolle von Verträgen so Rn 343). Daneben gibt es auch bei AVB eine **Ausübungskontrolle** gem § 242 (vgl PRÄVE, in: BECKMANN/MATUSCHE-BECKMANN § 10 Rn 277 mwNw; allg zur Ausübungskontrolle so Rn 344). Es handelt sich um einen Ausfluss der **Schrankenfunktion des § 242** (so Rn 202 ff). Da der Versicherungsnehmer oft existenziell auf den Versicherungsschutz angewiesen ist, spielt diese Funktion im Versicherungsvertragsrecht seit langem eine große Rolle (vgl RGZ 150, 147, 151), insbesondere bei Geltendmachung von Ausschlusstatbeständen durch den Versicherer (su Rn 1020 ff).

Auf der anderen Seite ist auch der **Versicherer** auf ein loyales Verhalten des Versicherungsnehmers angewiesen. Denn zum einen verfügt allein der Versicherungsnehmer über zahlreiche für die Kalkulation der Versicherungsprämie und die Abwicklung des Versicherungsfalls relevante Informationen. Der Versicherer muss sich daher auf dessen Erklärungen und Mitteilungen verlassen (BGH VersR 1985, 943, 945). Zum anderen besteht die Gefahr, dass der Versicherungsnehmer sich in Bezug auf die versicherte Sache allzu achtlos verhält, weil der Eintritt des Versicherungsfalls für ihn selbst keine wirtschaftlichen Nachteile mit sich bringt. Es ist daher zu Recht anerkannt, dass auch der Versicherungsnehmer den Grundsatz von Treu und Glauben gegen sich gelten lassen muss (vgl RGZ 156, 378, 382; BGH VersR 1985, 943, 945; PRÖLSS/ MARTIN/PRÖLSS Vorbem II Rn 6). **1013**

In Rspr und Lit wird teilweise die Auffassung vertreten, der Grundsatz von Treu und Glauben sei im Versicherungsvertragsrecht nur eingeschränkt anwendbar, weil eine an der **Einzelfallgerechtigkeit** orientierte Betrachtung dem versicherungsrechtlichen Grundsatz der **Gleichbehandlung** aller Versicherungsnehmer (dazu PRÖLSS/MARTIN/ PRÖLSS Vorbem II Rn 2a; WEYERS/WANDT Rn 102 ff) zuwiderliefe (so insbes DEUTSCH Rn 17; vgl auch BGHZ 65, 142, 144 ff). Der Gleichbehandlungsgrundsatz verbietet indes nur, dem einzelnen Versicherungsnehmer ungerechtfertigte Vorteile zukommen zu lassen; eine sachgemäße Berücksichtigung des Einzelfalls wird dadurch nicht ausgeschlossen (so auch JUNG VersR 2003, 282). **1014**

b)   Einschränkung der Rechtsfolgen von Obliegenheitsverletzungen
Der Versicherer wird in der Ausübung seiner Rechte insbesondere durch den **Grundsatz der Verhältnismäßigkeit** beschränkt (vgl JUNG, Privatversicherungsrechtliche Gefahrengemeinschaft und Treuepflicht des Versicherers, VersR 2003, 282), wonach die Ausübung eines Rechts keine unverhältnismäßige Reaktion auf das Verhalten des anderen Teils **1015**

darstellen darf. Ein wichtiger Anwendungsbereich dieses Grundsatzes sind **Obliegenheitsverletzungen** (allg z Obliegenheiten STAUDINGER/OLZEN § 241 Rn 121 ff). Hintergrund ist das **Alles oder Nichts-Prinzip**, demzufolge eine Obliegenheitsverletzung unter den durch Gesetz oder AVB statuierten Voraussetzungen nicht zur anteiligen Kürzung, sondern zum vollständigen Ausschluss des Anspruchs auf die Versicherungsleistung führt (vgl PRÖLSS/MARTIN/PRÖLSS § 6 Rn 98 ff). Aus rechtspolitischer Sicht ist das Alles oder Nichts-Prinzip sehr umstritten (vgl SCHIMIKOWSKI Rn 231; WEYERS/ WANDT Rn 419). Die Kommission zur Reform des Versicherungsvertragsrechts hat sich daher für die grundsätzliche Einführung des Proportionalitätsprinzips ausgesprochen (VVG-Kommission Abschlussbericht [2004] [VersR-Schriften 25] 43). De lege lata lassen sich Härten nur durch Rückgriff auf § 242 vermeiden. In der Rspr haben sich hierzu folgende Grundsätze entwickelt.

1016 Verletzt der Versicherungsnehmer **vorsätzlich** eine **vertragliche Obliegenheit**, die **nach dem Eintritt des Versicherungsfalls** zu erfüllen ist, so entfällt sein Anspruch auf die Versicherungsleistung nach § 6 Abs 3 VVG auch dann vollständig, wenn die Verletzung weder die Feststellung des Versicherungsfalls noch die Feststellung der Leistungspflicht des Versicherers oder deren Umfang beeinflusst hat. Diese Regelung wurde unter Rückgriff auf Treu und Glauben und den Grundsatz der Verhältnismäßigkeit erheblich eingeschränkt. Nach der sog **Relevanzrechtsprechung** tritt die Leistungsfreiheit bei folgenlosen Obliegenheitsverletzungen nur dann ein, wenn der Verstoß **objektiv generell geeignet** war, die berechtigten Interessen des Versicherers in ernsthafter Weise zu gefährden, und den Versicherungsnehmer **subjektiv ein erhebliches Verschulden** trifft (vgl BGHZ 53, 160, 164; 84, 84, 87; BGH VersR 1998, 446, 447; BK/ SCHWINTOWSKI § 6 Rn 163 ff; PRÖLSS/MARTIN/PRÖLSS § 6 Rn 101; RÖMER/LANGHEID/RÖMER § 6 Rn 51 ff; HEISS 53 ff). Bei **Auskunftsobliegenheiten** muss der Versicherer den Versicherungsnehmer außerdem darüber **belehrt** haben, dass der Anspruch auf die Versicherungsleistung im Fall einer vorsätzlichen Obliegenheitsverletzung unabhängig von deren konkreten Folgen vollständig entfällt (BGHZ 47, 101, 107 ff; 48, 7, 9; BGH VersR 1973, 174, 175 = NJW 1973, 365; BGH VersR 1998, 447; OLG Düsseldorf VersR 2001, 888; PRÖLSS/ MARTIN/PRÖLSS § 34 Rn 22; WEYERS/WANDT Rn 442; zur Entbehrlichkeit einer solchen Belehrung bei Anzeigepflichtverletzungen vgl OLG Düsseldorf VersR 1990, 411 m Anm SPÄTH; OLG Saarbrücken VersR 1991, 872; BK/SCHWINTOWSKI § 6 Rn 183). Selbst bei Vorliegen dieser Voraussetzungen soll die Leistungsfreiheit nach Treu und Glauben nicht eintreten, wenn der Versicherungsnehmer den wahren Sachverhalt **nachträglich** aus eigenem Antrieb vollständig und unmissverständlich **offenbart** und die falschen Angaben noch nicht zu einem Nachteil für den Versicherer geführt haben (BGH VersR 2002, 173; PRÖLSS/ MARTIN/PRÖLSS § 34 Rn 11a; WEYERS/WANDT Rn 441). Einen Sonderfall der nachvertraglichen Obliegenheiten bildet die sog **Rettungspflicht** nach § 62 VVG, die als spezielle Ausprägung von Treu und Glauben angesehen wird (vgl SCHIMIKOWSKI Rn 237). Einschränkungen gem § 242 zugunsten des Versicherungsnehmers ergeben sich auch hier aus der **Relevanzrechtsprechung** (BGH VersR 1972, 363; RÖMER/LANGHEID/RÖMER § 62 Rn 13).

1017 Für **vorvertragliche Anzeigepflichten** ist das Kausalitätserfordernis in § 21 VVG ausdrücklich geregelt. Hat sich der nicht angezeigte Umstand auf den Eintritt des Versicherungsfalls oder auch nur auf den Umfang der Leistung des Versicherers ausgewirkt, so entfällt dessen Leistungspflicht grundsätzlich vollständig. Einschränkungen nach § 242 kommen nur in Ausnahmefällen in Betracht (vgl KNAPPMANN, in:

BECKMANN/MATUSCHE-BECKMANN, Versicherungsrechts-Handbuch § 14 Rn 84). Dem Versicherer obliegt im vorvertraglichen Bereich aber eine **ordnungsgemäße Risikoprüfung**. Dazu gehören auch **Nachfragen** an den Versicherungsnehmer, wenn dessen Angaben erkennbar unvollständig, unklar oder missverständlich sind. Kommt der Versicherer dem nicht nach, so ist er nach Treu und Glauben daran gehindert, gem §§ 16, 17 VVG zurückzutreten oder den Vertrag wegen arglistiger Täuschung anzufechten (BGH VersR 1992, 603; VersR 1993, 817 m Anm E LORENZ; VersR 1995, 80; OLG Stuttgart VersR 2005, 819, 820; KNAPPMANN, in: BECKMANN/MATUSCHE-BECKMANN Versicherungsrechts-Handbuch § 14 Rn 50 ff; PRÖLSS/MARTIN/PRÖLSS §§ 16, 17 Rn 25 mwNw).

Über diese beiden wichtigen Bereiche hinaus gibt es einige weitere Fallgruppen, in **1018** denen der Versicherer sich bei Obliegenheitsverletzungen nach Treu und Glauben nicht auf den vollständigen Wegfall der Leistungspflicht berufen kann. So ist die Geltendmachung der Leistungsfreiheit durch den Versicherer **rechtsmissbräuchlich**, wenn der Verlust des Versicherungsschutzes für den Versicherungsnehmer aus besonderen Gründen eine **übermäßige Härte** darstellt. Die Rspr bejaht diese Voraussetzung, wenn die Obliegenheitsverletzung nur einen geringen Teil des Schadens betrifft und weitere Billigkeitsgesichtspunkte zugunsten des Versicherungsnehmers hinzutreten, namentlich wenn der Versicherungsnehmer bei Verlust des Versicherungsschutzes in seiner Existenz bedroht wäre (BGH VersR 1993, 1351; BK/SCHWINTOWSKI § 6 Rn 70 ff; SCHIMIKOWSKI Rn 234). Ein Rückgriff auf § 242 kommt ferner auch dann in Betracht, wenn der Versicherer das **Vertrauensverhältnis** gegenüber dem Versicherungsnehmer **selbst in schwerwiegender Weise** verletzt hat (BGHZ 107, 368, 373 ff; RÖMER/LANGHEID/RÖMER § 6 Rn 132) oder wenn die Geltendmachung der Leistungsfreiheit gegen das Verbot des **venire contra factum proprium** (allg dazu o Rn 286 ff) verstößt (vgl OLG Frankfurt VersR 1992, 1458; BK/SCHWINTOWSKI § 6 Rn 69).

c) Leistungsfreiheit bei Nichtzahlung der Erstprämie
§ 38 Abs 2 VVG befreit den Versicherer von der Leistungspflicht, wenn die sog **1019 Erstprämie** bei Eintritt des Versicherungsfalls noch nicht gezahlt war. Beruht die Nichtzahlung der Erstprämie auf Umständen, die der Versicherer selbst zu vertreten hat, so kann er sich darauf jedoch nach Treu und Glauben nicht berufen (vgl LG Osnabrück VersR 1987, 62; BK/RIEDLER § 38 Rn 75; PRÖLSS/MARTIN/KNAPPMANN § 38 Rn 28; ebenso in der österr Rspr OGH VersR 1984, 1199). Das Gleiche gilt, wenn der Versicherer den Anspruch auf Zahlung der Erstprämie durch Aufrechnung mit höheren Gegenansprüchen des Versicherungsnehmers durchsetzen kann (BGH VersR 1985, 877 m Anm HOFMANN; OLG Koblenz VersR 1995, 527; OLG Hamm VersR 1996, 1408; BK/RIEDLER § 38 Rn 74; PRÖLSS/MARTIN/KNAPPMANN § 38 Rn 28; ebenso OGH VersR 1985, 652).

d) Versäumnis von Ausschlussfristen
Nach Treu und Glauben ist der Versicherer uU daran gehindert, sich auf die Ver- **1020** säumnis einer **Ausschlussfrist** zu berufen (allg z Bedeutung des § 242 bei Versäumnis einer Ausschlussfrist so Rn 561 ff). Die Wirkungen der Ausschlussfrist treten insbesondere dann nicht ein, wenn den Versicherungsnehmer **kein Verschulden** an der Versäumnis der Frist trifft (vgl dazu RGZ 62, 191; BGHZ 9, 208 – vertragliche Ausschlussfrist – und RGZ 88, 295; 150, 186; BGHZ 43, 235, 236 – gesetzliche Ausschlussfrist in § 12 Abs 3 VVG; BGH NJW 1992, 2233; NJW 1995, 598, 600; NJW 1995, 2854; zur dogmatischen Einordnung dieser Rspr als Anwendungsfall des § 242: PRÖLSS/MARTIN/PRÖLSS, VVG § 12 Rn 50 Fn 1; krit STAUDINGER/J SCHMIDT [1995] Rn 615). Dem Versicherer ist ferner nach Treu und Glauben verwehrt, sich auf

den Ablauf der 6-monatigen **Klagefrist des § 12 Abs 3 VVG** zu berufen, wenn er in den Verhandlungen mit dem Versicherungsnehmer den Eindruck erweckt hat, die Ablehnung des Versicherungsschutzes und die damit verbundene Fristsetzung seien wieder hinfällig (BGH VersR 1988, 1013; OLG Karlsruhe VersR 1992, 1205, 1206; OLG Düsseldorf NJW-RR 2001, 1039; Prölss/Martin/Prölss § 12 Rn 52; Römer/Langheid/Römer § 12 Rn 87; vgl auch BGH VersR 2005, 629, 631), oder wenn er den Versicherungsnehmer hinsichtlich des Laufs der Frist verwirrt hat (BGH VersR 2005, 1225, 1226).

1021 Das BVerfG hat darüber hinaus in neuerer Zeit betont, dass der **verfassungsrechtlich gebotene Rechtsschutz** (Art 2 Abs 1 iVm Art 20 Abs 3 GG) durch die Auslegung und Anwendung des § 12 Abs 3 VVG nicht verkürzt werden dürfe. Habe das Gericht es aufgrund eines Fehlers unterlassen, den Versicherungsnehmer rechtzeitig auf einen formellen Mangel der fristgerecht eingegangenen Klage (hier: fehlende Unterschrift) hinzuweisen, so müsse es „die Anforderungen an die Anwendung des § 242 mit besonderer Fairness ... handhaben" (BVerfG VersR 2004, 1585, 1586; Verfassungsbeschwerdeentscheidung zu BGH VersR 2004, 629 = NJW-RR 2004, 755). Ob den Auswirkungen eines Verfahrensfehlers über den Grundsatz von Treu und Glauben Rechnung getragen werden kann, erscheint jedoch zweifelhaft, weil der Versicherer sich einen solchen Fehler nicht zurechnen lassen muss. Aus dogmatischer Sicht sind die beiden anderen vom BVerfG in Erwägung gezogenen Lösungsmöglichkeiten (teleologische Reduktion des § 12 Abs 3 VVG bei „unmissverständlicher" Klageerhebung, Wiedereinsetzung in den vorigen Stand) daher besser geeignet, um eine verfassungskonforme Anwendung des § 12 Abs 3 VVG zu gewährleisten.

1022 Die vielfältigen Überlegungen zu einer billigkeitsorientierten Einschränkung des § 12 Abs 3 VVG zeigen, dass der **Gerechtigkeitsgehalt der Vorschrift zweifelhaft** geworden ist. Die Kommission zur Reform des Versicherungsvertragsrechts hat daher in ihrem Abschlussbericht zu Recht vorgeschlagen, auf eine solche Sonderregelung zu verzichten (vgl VVG-Kommission Abschlussbericht 2004 [VersR-Schriften 25] 48).

1023 Lebhaft diskutiert wird die Möglichkeit einer Einschränkung von Ausschlussfristen in der **Unfallversicherung**. Nach § 7 (I) Abs 1 AUB 94 hat der Versicherte nur dann einen Anspruch auf Invaliditätsleistungen, wenn die Invalidität innerhalb eines Jahres nach dem Unfall eingetreten sowie spätestens vor Ablauf einer Frist von weiteren drei Monaten ärztlich festgestellt und geltend gemacht worden ist. Ebenso wie bei § 12 Abs 3 geht die hM davon aus, dass der Versicherer nach Treu und Glauben an der Geltendmachung der Fristversäumnis gehindert ist, wenn sie ausreichend **entschuldigt** werden kann (BGH VersR 1995, 1179; Prölss/Martin/Knappmann § 7 AUB 94 Rn 21). Bloße Unkenntnis von der Frist entschuldigt zwar nicht (OLG Köln VersR 1995, 907; OLG Düsseldorf VersR 2001, 449). Liegt nach dem Inhalt der Schadensanzeige oder den sonstigen Umständen eine Invalidität nahe, so ist der Versicherer aber nach Treu und Glauben gehalten, den Versicherungsnehmer auf die Frist hinzuweisen. Verletzt der Versicherer diese **Pflicht**, so verstößt er gegen Treu und Glauben, sofern er sich später auf die Versäumnis der Frist beruft (OLG Hamm VersR 1995, 1181; OLG Köln VersR 1995, 907; OLG Düsseldorf VersR 2001, 449; Prölss/Martin/Knappmann § 7 AUB 94 Rn 22 mwNw; Mangen, in: Beckmann/Matusche-Beckmann, Versicherungsrechts-Handbuch § 47 Rn 174). Im Übrigen verhält er sich **widersprüchlich**, wenn er sich auf die Fristversäumnis beruft, obwohl er beim Versicherungsnehmer zuvor das berechtigte Vertrauen erweckt hat, die Beachtung der 15-Monatsfrist sei entbehrlich

Titel 1 § 242
Verpflichtung zur Leistung 1024–1027

(vgl MANGEN § 47 Rn 170). Dass der Versicherer seine Leistungspflicht vor Fristablauf endgültig abgelehnt hat, ist aber nicht ausreichend (vgl BGH VersR 2002, 472; VersR 2002, 1181; aA OLG Hamm VersR 1995, 1181; OLG Köln VersR 1995, 907). Denn bei Ablehnung der Leistungspflicht kann ein entsprechendes Vertrauen des Versicherungsnehmers gerade nicht entstehen (MANGEN Rn 171).

e) Versicherung für fremde Rechnung

Bei der Versicherung für fremde Rechnung (§§ 74 ff VVG) ist der Versicherte – **1024** sofern er nicht im Besitz eines Versicherungsscheins ist (§ 75 Abs 2 VVG) – grundsätzlich nicht berechtigt, ohne Zustimmung des Versicherungsnehmers den Anspruch auf die Versicherungsleistung gegenüber dem Versicherer geltend zu machen. Nach hM kann es dem Versicherer jedoch nach Treu und Glauben verwehrt sein, sich auf die fehlende Klagebefugnis des Versicherten zu berufen, insbesondere wenn der Versicherungsnehmer für die Verweigerung der Zustimmung **keine billigenswerten Gründe** hat (vgl BGHZ 41, 327, 329 ff; BGH VersR 1995, 332; VersR 1998, 1016, 1017; OLG Stuttgart r+s 1992, 331; OLG Karlsruhe VersR 1995, 1352; OLG Karlsruhe VersR 1997, 104; OLG Hamm VersR 1999, 964, 965; PRÖLSS/MARTIN/PRÖLSS § 75 Rn 10; RÖMER/LANGHEID/RÖMER §§ 75, 76 Rn 14 ff).

Dass der **Versicherungsnehmer** seine Zustimmung aus nicht billigenswerten Gründen **1025** verweigert, kann allein indes nicht genügen, um das Verhalten des **Versicherers** als rechtsmissbräuchlich zu qualifizieren. Darüber hinaus darf der Versicherer vielmehr selbst **kein schutzwürdiges Interesse** daran haben, die fehlende Klagebefugnis des Versicherten geltend zu machen (RÖMER/LANGHEID/RÖMER §§ 75, 76 Rn 16). Der Versicherer handelt daher nicht rechtsmissbräuchlich, wenn er nicht zuverlässig weiß, ob der Kläger zum Kreis der Versicherten gehört, oder wenn er befürchten muss, sich wegen des Anspruchs mit weiteren Personen, etwa dem Versicherungsnehmer selbst, auseinander setzen zu müssen (vgl LOOSCHELDERS VersR 2000, 23 ff mwNw; ausf z Ganzen NIESSEN, Die Rechtswirkungen der Versicherung für fremde Rechnung unter besonderer Berücksichtigung des Innenverhältnisses zwischen Versichertem und Versicherungsnehmer [2004] 88 ff). In diesen Fällen ist der Versicherte darauf verwiesen, sich wegen der Verweigerung der Zustimmung an den Versicherungsnehmer zu halten.

f) Sonstige Fälle

Die Rspr hat § 242 in zahlreichen weiteren Fällen angewandt, um die Rechte des **1026** Versicherers nach Treu und Glauben zu beschränken. So handelt der Versicherer rechtsmissbräuchlich, wenn er sich auf ein **vertragliches Abtretungsverbot** (zB § 7 Nr 3 AHB) beruft, obwohl ihm im Einzelfall ein schutzwürdiges Interesse an dessen Einhaltung fehlt (BGHZ 41, 327, 329 ff; BGH VersR 1983, 823; VersR 1983, 945; BGH NJW-RR 1987, 856; OLG Saarbrücken VersR 2002, 351; PRÖLSS/MARTIN/VOIT/KNAPPMANN § 7 AHB Rn 10; RÖMER/LANGHEID/RÖMER § 15 Rn 6). Vor dem Hintergrund dieser Rspr hat die VVG-Reformkommission vorgeschlagen, ein Abtretungsverbot in AVB generell auszuschließen (VVG-Kommission Abschlussbericht 2004 [VersR-Schriften 25] 80). Dagegen spricht jedoch, dass der Versicherer idR durchaus ein berechtigtes Interesse an dem Abtretungsverbot haben wird (vgl BGH VersR 1997, 1088, 1090 m Anm E LORENZ; krit auch MACK/TERRAHE, Der Abschlussbericht der VVG-Reformkommission: Auswirkungen auf die Haftpflichtversicherung [Teil 1], PHI 2005, 28, 30 ff).

Der dolo agit-Grundsatz (so Rn 281 ff) steht der Geltendmachung eines **gesetzlichen** **1027**

Forderungsübergangs nach § 67 VVG entgegen, wenn der Dritte im Umfang seiner Inanspruchnahme einen Rückgriffsanspruch gegen einen Mitversicherten hat, für den wiederum der Versicherer einstehen muss. Denn der Versicherer müsste dem Dritten in diesem Fall mittelbar genau das zurückgewähren, was er aufgrund des gesetzlichen Forderungsübergangs von ihm verlangt (vgl RGZ 161, 94, 98; BGH VersR 1972, 166; BGH NJW 1992, 1508, 1509 = VersR 1992, 485; PRÖLSS/MARTIN/PRÖLSS § 67 Rn 44). Auf der anderen Seite ist die **Geltendmachung der Versicherungsleistung** aus einer Aussteuerversicherung durch den Versicherungsnehmer **rechtsmissbräuchlich**, wenn die von dem Versicherten geschlossene Ehe nur „auf dem Papier" bestehen sollte (OLG Düsseldorf VersR 2002, 1092).

6. Verfahrensrecht*

a) Allgemeines

1028 Der Grundsatz von Treu und Glauben gilt auch im Verfahrensrecht (BGH VersR 1995, 362; KG ZEV 1997, 247; ERMAN/WERNER Rn 33; Hk-BGB/SCHULZE Rn 4), insbesondere im **Zivilprozessrecht** (RGZ 102, 217, 222; 161, 350, 359; BGHZ 20, 198, 206; 43, 289, 292; 57, 111; 69,

---

* **Schrifttum**: BAMBERG, Die missbräuchliche Titulierung von Ratenkreditschulden mit Hilfe des Mahnverfahrens (Diss Bremen 1986); BAUMGÄRTEL, Die Verwirkung prozessualer Befugnisse im Bereich der ZPO und des FGG, ZZP 67 (1954) 423; ders, Treu und Glauben, gute Sitten und Schikaneverbot im Erkenntnisverfahren, ZZP 69 (1956) 89; ders, Die Unverwirkbarkeit der Klagebefugnis, ZZP 75 (1962) 385; ders, Treu und Glauben im Zivilprozess, ZZP 86 (1973) 353; BELTZ, Treu und Glauben und die guten Sitten nach neuer Rechtsauffassung und ihre Geltung in der ZPO (Diss Köln 1937); BERGES, Der Prozess als Gefüge, NJW 1965, 1505; BERNHARDT, Auswirkungen von Treu und Glauben im Prozess und in der Zwangsvollstreckung, ZZP 66 (1953) 77 f; BITTMANN, Treu und Glauben in der Zwangsvollstreckung, ZZP 97 (1984) 32; BRAUN, Die Vollstreckung von Minimalforderungen – ein Verstoß gegen Treu und Glauben?, DGVZ 1979, 109, 129; BUSS, De minimis non curat lex, NJW 1998, 337; DAHNS, Die Unmöglichkeit der Klageverwirkung im deutschen Recht (Diss Hamburg 1966); DÖLLE, Pflicht zur redlichen Prozessführung, in: FS Riese (1964) 279; EICKMANN ua, Heidelberger Kommentar zur Insolvenzordnung (3. Aufl 2003); FASCHING, Die Bedachtnahme auf Treu und Glauben im österreichischen Zivilprozess, in: FS Fasching (1993) 45; GAUL, Treu und Glauben sowie gute Sitten in der Zwangsvollstreckung oder Abwägung nach Verhältnismäßigkeit als Maßstab der Härteklausel des § 765a ZPO, in: FS Baumgärtel (1990) 75; GRIEBELING, Die Verwirkung Prozessualer Befugnisse (Diss Frankfurt aM 1966); HILL, Zur Frage der Verwirkung des Vollstreckungsschutzes und der Ersatzraumbeschaffung im Falle des § 30 Abs 1 S 1 WBG, MDR 1958, 647; HOPFGARTEN, Die materielle Rechtskraft im Zivilprozess – eine Frage der Verwirkung? (Diss Münster 1978); JAUERNIG, Auswirkungen von Treu und Glauben im Prozess und in der Zwangsvollstreckung, ZZP 66 (1953) 398; KOHTE, Rechtsschutz gegen die Vollstreckung des wucherähnlichen Rechtsgeschäfts nach § 826, NJW 1985, 2217; LICHTENBERGER, Die Auflassungsvormerkung – auch künftig unverzichtbares Sicherungsmittel beim Kauf vom Bauträger, NJW 1977, 519; LIERMANN, Ruhen des Verfahrens als Verwirkungsgrund (Diss Bonn 1997); OLZEN/KERFACK, Zur gerichtlichen Durchsetzung von Minimalforderungen, JR 1991, 133 ff; PFISTER, Die neuere Rechtsprechung zu Treu und Glauben im Zivilprozess (Diss Regensburg 1996); PLEYER, Schallaufnahmen als Beweismittel im Zivilprozess, ZZP 69 (1956) 321; POHLE, Zur Verwirkung von Verfassungsbeschwerden, in „Bemerkungen über Verfassungsbeschwerde und Normenkontrolle" (1953) 96; RÜBEN, Die Geltung des Grundsatzes von Treu und Glauben zwi-

37, 43; 112, 345, 349; BGH VersR 1995, 362; ROSENBERG/SCHWAB/GOTTWALD, Lehrbuch des deutschen Zivilprozessrechts [16. Aufl 2004] § 65 VII; BAUMGÄRTEL, Treu und Glauben, gute Sitten und Schikaneverbot im Erkenntnisverfahren, ZZP 69 [1956] 89; ders, Treu und Glauben im Zivilprozess, ZZP 86 [1973] 353) und im **Zwangsvollstreckungsrecht** (BGHZ 1, 181; 57, 111; BITTMANN ZZP 97 [1984] 32). Es verpflichtet jede Partei zu **redlicher Prozessführung**; prozessuale Befugnisse dürfen zB nicht für verfahrensfremde Zwecke missbraucht werden (SCHENKEL, Berufungsrecht – Erklärungspflicht des Prozessgegners über unzulässiges neues Vorbringen, MDR 2004, 121, 124). Diese Gebote treffen aber auch das Gericht. Demgemäß ist ein Ausschluss vom Tatsachenvortrag allein zu dem Zweck, die Sachverhaltsaufklärung zu ersparen, unzulässig (BVerfGE 75, 190; BGHZ 98, 368, 374).

Abgrenzungsprobleme zu § 241 ergeben sich im Zivilverfahrensrecht nicht, da die Norm nur für Schuldverhältnisse, nicht aber für andere rechtliche Sonderverbindungen wie das **Prozessrechtsverhältnis** gilt.

Die Anwendung des § 242 muss den Eigenheiten des Verfahrensrechts Rechnung tragen (ERMAN/WERNER Rn 33; PALANDT/HEINRICHS Rn 82; Hk-BGB/SCHULZE Rn 4). So können insbesondere das vorherrschende **öffentliche Interesse** (ERMAN/WERNER Rn 33; SOERGEL/TEICHMANN Rn 84) sowie dessen **Formstrenge** die Wertungsmöglichkeiten einschränken, die die Anwendung von Treu und Glauben an sich eröffnet (MünchKomm/ROTH Rn 89). § 242 ist im Prozessrecht daher grds nur mit großer Zurückhaltung anzuwenden (BGHZ 67, 160, 165). Dabei ist die prozessuale Beachtlichkeit einer Rechtshandlung unabhängig von ihrer materiellrechtlichen Wirksamkeit zu bewerten (OLG Köln MDR 1972, 332).

b) Einzelfälle
aa) Prozesskostenhilfeverfahren
Rechtsmissbräuchlich kann zudem der im Vorfeld einer Klage gestellte **Prozesskostenhilfeantrag** sein, bei dem ein Hilfsbedürftiger als Antragsteller vorgeschoben wird, um Prozesskosten zu sparen (OLG Köln VersR 1989, 277; OLG München FamRZ 1994, 1531, 1533), zB bei einer Abtretung (BGHZ 47, 289, 292). In diesem Falle ist der Prozesskostenhilfeantrag unbegründet, weil die angestrebte Rechtsverfolgung wegen der Sittenwidrigkeit der zugrunde liegenden Abtretung keine Aussicht auf Erfolg hat (ZÖLLER/PHILIPPI, ZPO § 114 Rn 9).

bb) Erkenntnisverfahren
(1) Einschränkungen der Klagbarkeit
Einen Ausfluss des Grundsatzes von Treu und Glauben bildet das Erfordernis des **Rechtsschutzbedürfnisses**, das der Klagbarkeit materiell-rechtlich gegebener Positionen Grenzen setzt. Unter diesem Gesichtspunkt kann sich bereits die Frage stellen, ob das Gericht sich mit der anhängigen Sache beschäftigen muss, wenn es sich bei

---

schen Gericht und Partei im Zivilprozess (Diss Köln 1980); SCHENKEL, Berufungsrecht – Erklärungspflicht des Prozessgegners über unzulässiges neues Vorbringen, MDR 2004, 121; SCHNEIDER, Problemfälle aus der Prozesspraxis, MDR 1990, 893 ff; SIBBEN, Die Vollstreckung von Minimalforderungen – ein Verstoß gegen Treu und Glauben?, DGVZ 1988, 180, 181; THEUERKAUF, Beweislast, Beweisführungslast und Treu und Glauben, MDR 1962, 449; WERNER, Verwertung rechtswidrig erlangter Beweismittel, NJW 1988, 993; ZEISS, Die arglistige Prozesspartei (Habil Mainz 1967); ZÖLLER, Zivilprozessordnung (25. Aufl 2005).

dem Streitgegenstand um eine **Bagatelle** handelt. Sie wurde von einem Gericht verneint, als ein Rechtssuchender Ende der 80er Jahre einen Betrag von 41 Pfennigen eingeklagt hatte. Der Richter hielt es im Hinblick auf die wirtschaftlich geringe Bedeutung des eingeklagten Betrages und unter Berücksichtigung der dem Steuerzahler durch ein etwaiges Verfahren entstehenden Kosten für rechtsmissbräuchlich, den Rechtsweg zu beschreiten (AG Stuttgart NJW 1990, 1054; SCHNEIDER, Problemfälle aus der Prozesspraxis, MDR 1990, 893, 895).

1033 Die Urteilsbegründung trägt die Entscheidung aber nicht (BUSS NJW 1998, 337; OLZEN/ KERFACK, Zur gerichtlichen Durchsetzung von Minimalforderungen, JR 1991, 133; ERMAN/WERNER Rn 33). Gerichte haben die Aufgabe, der objektiven Rechtsordnung Geltung zu verschaffen, unabhängig von der Höhe der geltend gemachten Forderung. Hinzu kommt, dass sich bei Geschäften im Massenverkehr, zB bei Mobilfunkverträgen, eine Vielzahl von Bagatellbeträgen zu Millionensummen addieren kann. Ferner bestünde die Gefahr, die auch das Amtsgericht erkannte, dass Schuldner stets den Betrag von der Forderungssumme abziehen, der isoliert eine Bagatelle und damit nicht einklagbar wäre (BUSS NJW 1998, 337, 338). Allein die geringe Höhe rechtfertigt Einschränkungen der Klagbarkeit daher nicht (s dazu auch o Rn 214 ff z Rechtsmissbrauch).

1034 Allerdings kann ein geringer Forderungsbetrag **Indiz** für eine **schikanöse Rechtsverfolgung** sein, die prozessfremden Zielen dient und deshalb keines Schutzes bedarf. Neben diese indizierende Wirkung einer Bagatellforderung müssen aber weitere Faktoren treten, die eine Schädigungsabsicht nahe legen, zB die Vorgeschichte des Verfahrens, das Verhältnis der Parteien zueinander oder ihr Verhalten in vorangegangenen Prozessen (LG Köln DGVZ 1991, 75; BUSS NJW 1998, 337).

1035 Das Rechtsschutzbedürfnis entfällt auch dann, wenn **einfachere Wege der Rechtsverfolgung** vorhanden sind (MünchKomm/ROTH Rn 90). Im Hinblick auf Art 19 Abs 4 GG ist jedoch Zurückhaltung geboten. Selbst ein einfacherer und billigerer Weg der Rechtsverfolgung schließt das Rechtsschutzinteresse nicht aus, wenn an seinem Erfolg nicht unerhebliche Zweifel bestehen (BGH NJW 1994, 1351, 1352). Deshalb ist es grds nicht unzulässig, einen Gegenanspruch in einem selbständigen Verfahren statt im Wege der Widerklage geltend zu machen (BGH NJW 1994, 3107). Ebenso ergeben sich nur ausnahmsweise Einschränkungen der Klagbarkeit bei **Mutwilligkeit** oder **Aussichtslosigkeit** der Rechtsverfolgung (AG Stuttgart NJW 1999, 1054; Ausnahme BGH JZ 1986, 1058).

1036 Rechtsmissbräuchlich ist ferner eine Klage, die **entgegen** einer vorher **getroffenen Vereinbarung** und **nach Abstandszahlungen** des Schuldners erfolgt (OLG Frankfurt WM 1992, 784). Die Entgegennahme von Teilleistungen und verspäteten Leistungen hindert die Klagbarkeit allerdings grds nicht (BGH NJW-RR 1988, 715). Auch die Verweigerung der Zustimmung zur Klageänderung kann rechtsmissbräuchlich sein (BGH JZ 1956, 761). Verstößt der Kläger gegen die Verpflichtung, nicht im Urkundsprozess zu klagen oder keine Patentnichtigkeitsklage zu erheben, ist seine dennoch erhobene Klage aus den gleichen Erwägungen unzulässig (RGZ 160, 241, BGHZ 10, 21).

1037 Auch die Einrede, auf Rechtsmittel sei wirksam **verzichtet** worden, kann durch den Einwand der unzulässigen Rechtsausübung entkräftet werden (RGZ 161, 350, 359).

Eine Partei, die sich zur Zurücknahme einer Klage (RGZ 159, 186, 190, 192; OLG Frankfurt WM 1991, 682) bzw eines Rechtsmittels verpflichtet hatte (BGHZ 28, 52; NJW 1984, 805), verstößt durch die Fortsetzung des Rechtsstreits ebenfalls gegen Treu und Glauben. Dieser Verpflichtung kann indessen die replicatio doli entgegenstehen, wenn der Rechtsmittelverzicht auf einer schwerwiegenden Beeinträchtigung der freien Willensentschließung beruht (BGH NJW 1968, 794; vgl für den ausnahmsweise zulässigen Widerruf einer Berufungsrücknahme LG Hannover NJW 1973, 1757).

(2) Partei
Rechtsmissbräuchlich ist ferner die Vereinbarung einer **Prozessstandschaft** mit dem Zweck, das Prozesskostenrisiko auf eine vermögenslose Person zu verlagern oder um andere prozesstaktische Vorteile zu erlangen (BGHZ 96, 151; 100, 217; OLG Hamm WM 1988, 1543; WM 1992, 1649). Der Vorwurf ist hier ähnlich wie im Prozesskostenhilfeverfahren (so Rn 1031). **1038**

(3) Zuständigkeit
Auf eine durch unwahre Angaben erschlichene **Zuständigkeit** des Gerichts kann sich eine Partei gleichfalls nicht berufen (RGZ 154, 299, 302). Dem Grundsatz von Treu und Glauben kommt dabei insbesondere dann Bedeutung zu, wenn die manipulative Begründung des Gerichtsstands zugleich die örtliche und die internationale Zuständigkeit betrifft, wie zB bei arglistigen Vermögensverschiebungen im Rahmen von § 23 ZPO (Münch/Komm/Patzina § 23 Rn 3, 5 mwNw). Treuwidrig ist uU auch die stückweise Geltendmachung eines Anspruchs vor Gericht, wenn nur durch die Zerlegung der Klageforderung die sachliche Zuständigkeit des AG begründet werden kann. Ein solches Vorgehen widerspricht dem Grundsatz der Prozesswirtschaftlichkeit und ist als objektive Erschleichung des Gerichtsstandes nicht durch etwaige Kosteninteressen des Klägers gerechtfertigt (Baumbach/Lauterbach/Albers/Hartmann, ZPO § 2 Rn 7). **1039**

(4) Beweisführung
Treu und Glauben können sich ferner auf die Verteilung der **Beweislast** auswirken (BGH NJW 1958, 1188; Theuerkauf, Beweislast, Beweisführungslast und Treu und Glauben, MDR 1962, 449; z Beweislast bei Berufung auf die Vertragsuntreue der anderen Partei BGH DB 1999, 797), indem sie – entsprechend der allgemeinen Begründung von Aufklärungs- und Auskunftspflichten – **Darlegungs- und Beweispflichten** für eine an sich nicht beweisbelastete Partei begründen (BGH ZIP 1988, 1399). So ist in der Rspr seit langem anerkannt, dass sich aus Treu und Glauben eine Verpflichtung der nicht beweisbelasteten Partei ergeben kann, dem Prozessgegner **Informationen** zur Erleichterung seiner Beweisführung zu geben, die diesem nicht oder nur unter unverhältnismäßigen Erschwerungen zugänglich sind, während ihre Offenlegung durch die beweisbelastete Partei ohne weiteres möglich und zumutbar erscheint (BGH BlPMZ 2004, 116; krit z dieser Dogmatik MünchKomm/Peters ZPO § 138 Rn 22). **1040**

Auch für die dogmatische Begründung von **Beweisverwertungsverboten** greift man teilweise auf den Grundsatz von Treu und Glauben zurück (LG Frankfurt NJW 1982, 1056; LAG Berlin ZZP 96 [1983] 113, 114; Baumgärtel, Treu und Glauben, gute Sitten und Schikaneverbot im Erkenntnisverfahren, ZZP 69 [1956] 89, 104; Pleyer, Schallaufnahmen als Beweismittel im Zivilprozess, ZZP 69 [1956] 321, 334; krit Werner, Verwertung rechtswidrig erlangter Beweismittel, NJW 1988, 993, 999). **1041**

(5) Fristen

1042 Die Berufung auf den Ablauf einer **Ausschlussfrist** kann dem Begünstigten unter dem Gesichtspunkt der unzulässigen Rechtsausübung verwehrt sein, zB wenn er durch sein Verhalten dazu beigetragen hat, dass der Berechtigte die Frist nicht einhalten konnte (BGH NJW-RR 1987, 158). Für prozessuale Fristen lassen sich allerdings aus § 242 keine Einschränkungen herleiten (Hk-BGB/SCHULZE Rn 39), da deren Einhaltung nicht allein im Parteiinteresse liegt. Den Parteien ist die Berufung auf **Präklusionsvorschriften** im Interesse einer materiell richtigen Entscheidung in der Regel nach Treu und Glauben verwehrt (BGHZ 91, 293, 298).

(6) Vergleich

1043 Haben die Parteien einen gerichtlichen **Vergleich mit Widerrufsvorbehalt** geschlossen, und teilt eine Partei der anderen vor Ablauf der Widerrufsfrist mit, sie sei mit dem Vergleich nicht einverstanden, ohne ihn aber rechtzeitig beim Gericht zu widerrufen, so ist es dem Vertragspartner nicht nach Treu und Glauben verwehrt, sich auf die Bestandskraft des Vergleichs zu berufen (BAG NJW 1998, 2844). Gegenüber dem Einwand, der Gegner habe die Frist zum Widerruf eines Prozessvergleichs versäumt, ist eine Berufung auf die Grundsätze von Treu und Glauben allerdings nicht allein deshalb gerechtfertigt, weil die Fristversäumung schuldlos erfolgte (LG Stuttgart NJOZ 2001, 673).

(7) Prozesssicherheit

1044 Wer **Prozesssicherheit** zu leisten hat, kann von dem Gläubiger für die Zukunft gem § 242 den Austausch einer Prozessbürgschaft gegen eine gleichwertige fordern, wenn ihm dies schutzwürdige Vorteile und dem Gläubiger im Einzelfall keine messbaren Nachteile bringt (BGH NJW 1994, 1351, 1352).

(8) Verwirkung

1045 **Prozessuale Rechtspositionen** können verwirkt werden (BGHZ 97, 220). Der bloße Zeitablauf allein bildet auch hier keine hinreichende Grundlage (BGHZ 43, 289, 292; KG ZEV 1997, 247; z Verwirkung allg so Rn 302 ff). Dies gilt zB für die **Klagebefugnis**, und zwar auch im Hinblick auf Art 19 Abs 4 GG, wenn der Kläger längere Zeit untätig geblieben ist, obwohl er den Umständen nach hätte tätig werden müssen (BVerfGE 32, 305, 308). Dabei ist die Verwirkung der Klagebefugnis von der Verwirkung des materiellen Rechts zu unterscheiden (z Verwirkung so Rn 302 ff). Auch das **Beschwerderecht** unterliegt grds der Verwirkung (vgl insofern z alten Rechtslage für die unbefristete Beschwerde BGHZ 20, 198, 206; BayObLG NJW-RR 1997, 389; OLG Hamm MDR 1952, 172 [z weiteren Beschwerde im Sorgerechtsverfahren]; in Ausnahmefällen wurde dies sogar schon für die befristete Beschwerde bejaht: BGHZ 43, 289, 292). Aufgrund der nunmehr geltenden generellen Befristung der Beschwerde, §§ 569 Abs 1 S 1, 575 Abs 1 S 1, kommt eine Verwirkung aber wohl nur noch in Fällen in Betracht, in denen die kurze Notfrist mangels Zustellung nicht in Gang gesetzt wird (vgl ZÖLLER/GUMMER, ZPO § 567 Rn 10 u § 575 Rn 2). Der Verwirkung unterliegen der **Einspruch** gegen ein **Versäumnisurteil** (BGH NJW 1963, 155), der **Widerspruch** gegen eine **einstweilige Verfügung** (OLG Frankfurt ZZP 69 [1956] 459; OLG Saarbrücken NJW-RR 89, 1513), der **Kostenfestsetzungsanspruch** (OLG Karlsruhe FamRZ 1994, 55; aA MünchKomm/BELZ § 104 Rn 36), der **Kostenzahlungsanspruch** im Prozesskostenhilfeverfahren gem § 125 ZPO (KG Rpfleger 1977, 415), der **Erstattungsanspruch** gegen Sachverständige (OLG Frankfurt NJW 1975, 705) und das **Antragsrecht** gem § 23 Abs 4 S 2 WEG (KG FGPrax 1997, 174, OLG Düsseldorf NJW-RR

1998, 14). Auch der Anspruch auf **Vollstreckungsschutz**, der selbst eine Ausprägung des Grundsatzes unzulässiger Rechtsausübung darstellt (vgl MünchKomm/HESSLER § 765a Rn 1), kann verwirkt werden (OLG Karlsruhe NJW 1954, 1206; aA HILL, Zur Frage der Verwirkung des Vollstreckungsschutzes und der Ersatzraumbeschaffung im Falle des § 30 Abs 1 S 1 WBG, MDR 1958, 647).

Die Verwirkung ist ausgeschlossen, wenn ihr überwiegende öffentliche Interessen **1046** entgegenstehen (BGHZ 16, 82, 93; 126, 287, 295; STAUDINGER/J SCHMIDT [1995] Rn 558; Münch-Komm/ROTH Rn 506). **Rechtskräftig festgestellte Ansprüche** unterliegen deshalb nur unter ganz besonderen Umständen der Verwirkung, weil durch das Urteil grds Rechtssicherheit eintreten soll (BGHZ 5, 189, 194).

cc) Schiedsverfahren

Die im Zivilprozess erhobene **Rüge der Schiedsvereinbarung** verstößt gegen Treu und **1047** Glauben, wenn der Beklagte im Schiedsverfahren dessen Unzulässigkeit eingewandt (BGHZ 50, 191, 193; BGH MDR 1968, 751; BGH NJW 1988, 1215; NJW 1999, 647 für das Schlichtungsverfahren; aA OLG Frankfurt NJW-RR 1998, 778) oder dessen Durchführung durch Nichtleistung seines Kostenanteils verhindert hatte (BGHZ 102, 199, 202). Dies gilt auch für den umgekehrten Fall, dass also die Zuständigkeit des Schiedsgerichts bestritten wird, nachdem zuvor im staatlichen Prozess die Schiedseinrede erhoben wurde (BGH NJW-RR 1987, 1195). Die Parteien trifft im Schiedsverfahren eine **Prozessförderungspflicht** (BGHZ 23, 198, 200); auf **Schlichtungsverfahren** sind diese Grundsätze ebenfalls übertragbar (BGH NJW 1999, 647; aA OLG Frankfurt NJW-RR 1998, 778; PALANDT/HEINRICHS Rn 57).

dd) Zwangsvollstreckung
(1) Einzelzwangsvollstreckung
(a) Vollstreckung von Bagatellforderungen

Das oben (Rn 1032 ff) angesprochene Problem des fehlenden Rechtsschutzbedürfnis- **1048** ses bei **Bagatellforderungen** setzt sich in der Zwangsvollstreckung fort, wenn Vollstreckungsmaßnahmen zur Beitreibung eingeleitet werden. Die Doppelnatur des Zwangsvollstreckungsverfahrens als öffentlich-rechtliches Rechtsverhältnis, das aber gleichzeitig als Fortsetzung des zwischen Schuldner und Gläubiger bestehenden Rechtsverhältnisses und damit als Parteiverfahren gedacht werden muss, wirft allerdings im Hinblick auf den **Verhältnismäßigkeitsgrundsatz** weitere Fragen auf. Sowohl das Schrifttum als auch die Rspr sind in dieser Frage uneinig. Teilweise wird die Vollstreckung wegen Bagatellforderungen unter Hinweis auf **rechtsmissbräuchliches Verhalten** (AG Monschau MDR 1963, 226 [0,10 DM]; AG Bad Hersfeld DGVZ 1970, 78 [1,58 DM]; LG Lübeck DGVZ 1974, 77 [0,05 DM] aufgegeben in DGVZ 1979, 73; AG Braunschweig DGVZ 1975, 12 [0,01 DM]; AG Dortmund DGVZ 1978, 121 [1,23 DM]; AG Tostedt DGVZ 1978, 171 [0,50 DM]; AG Kamen DGVZ 1983, 190 [2,16 DM]) oder **fehlendes Rechtsschutzbedürfnis** (AG Nordhorn DGVZ 1970, 60 [0,63 DM]; AG Hagen DGVZ 1973, 122; AG Ludwigshafen DGVZ 1974, 47 [0,21 DM]) abgelehnt (vgl auch SCHNEIDER, Vollstreckungsmissbrauch bei Minimalforderungen, DGVZ 1978, 166, 168). Andere halten dagegen Einschränkungen nicht für geboten (LG Aachen DGVZ 1987, 139 [0,11 DM]; LG Lübeck DGVZ 1979, 73 [0,56 DM]; LG Wuppertal NJW 1980, 297 [2,37 DM]; AG Siegen DGVZ 1970, 60 [0,63 DM]; AG Gelsenkirchen-Buer DGVZ 1971, 43 [3 DM]; AG Jever DGVZ 1972, 121 [4,90 DM]; AG München DGVZ 1975, 190 [5,80 DM]; AG Staufen DGVZ 1978, 189 [0,71 DM]; AG Braunschweig DGVZ 1981, 186 [0,83 DM]; AG Dinslaken DGVZ 1982, 159 [2,93 DM]; AG Bergheim DGVZ 1983, 29

[2,58 DM]; AG Karlsruhe DGVZ 1986, 92 [4,20 DM]; AG Fürstenfeldbruck DGVZ 1987, 93 [2,90 DM]; BRAUN, Die Vollstreckung von Minimalforderungen – ein Verstoß gegen Treu und Glauben?, DGVZ 1979, 109, 129; SIBBEN, Die Vollstreckung von Minimalforderungen – noch nicht gelöste Probleme, DGVZ 1988, 180, 181).

1049 Die Lösung des Problems hängt davon ab, in welchem Umfang der **Verhältnismäßigkeitsgrundsatz** das Zwangsvollstreckungsverfahren beherrscht. Die Doppelnatur dieses Verfahrens findet Ausdruck darin, dass der Gläubiger keinen direkten Anspruch gegen den Schuldner auf Duldung der Zwangsvollstreckung hat, sondern lediglich vom Staat die Durchsetzung seiner titulierten Forderungen verlangen kann. In Erfüllung dieser Pflicht hat der Staat seinerseits einen Anspruch auf Duldung der Zwangsvollstreckung gegen den Schuldner. Eine unmittelbare Geltung des Verhältnismäßigkeitsgrundsatzes kommt deshalb nur im Hinblick auf diesen hoheitlichen Anspruch in Betracht, also bei der Beitreibung der entsprechenden Forderung. Das Rechtsschutzbedürfnis für die Vollstreckbarkeit von Bagatellforderungen betrifft hingegen die Frage, ob überhaupt vollstreckt wird, und damit den Anspruch des Gläubigers gegen den Staat. In diesem Verhältnis wirken die Grundrechte aber lediglich mittelbar über Generalklauseln (BUSS NJW 1998, 337, 340). Insofern ist die Entscheidung des Gesetzgebers zu respektieren, der im Zwangsvollstreckungsrecht für geringwertige Forderungen keine ausdrücklichen Ausnahmen vorsieht.

1050 Zwar kennt § 765a ZPO Ausnahmen zugunsten des Schuldners bei „besonderer Härte". Eine „besondere Härte" dürfte die Vollstreckung geringwertiger Forderungen aber selbst unter Berücksichtigung der im Verhältnis zur Forderung hohen Vollstreckungskosten nicht darstellen (OLG Düsseldorf NJW 1980, 1171). Zu weitgehend erscheint auch die Annahme, dass der Gläubiger den Schuldner vor Einleitung der Zwangsvollstreckung noch einmal ausdrücklich zur Zahlung auffordern müsse (LG Aachen DGVZ 1987, 139 [0,11 DM]; LG Lübeck DGVZ 1979, 73 [0,56 DM]; LG Wuppertal NJW 1980, 297 [2,37 DM]). Bagatellforderungen bringen also weder im Erkenntnis- noch im Vollstreckungsverfahren Besonderheiten mit sich, so „unwirtschaftlich" diese Betrachtungsweise auch sein mag.

(b) Titelmissbrauch

1051 Bei **missbräuchlicher Ausnutzung rechtskräftiger Urteile** gebietet das öffentliche Interesse ebenfalls, den Grundsatz unzulässiger Rechtsausübung nur einschränkend anzuwenden (MünchKomm/ROTH Rn 92). In der Praxis wird eine Durchbrechung der Rechtskraft überwiegend an den Voraussetzungen des § 826 gemessen und für den Fall bejaht, dass der Titel entweder bereits arglistig erschlichen oder zumindest arglistig genutzt wird. Dies ist der Fall, wenn das Urteil durch unrichtigen Tatsachenvortrag erwirkt wurde oder in Kenntnis seiner Unrichtigkeit vollstreckt werden soll (RGZ 155, 55, 58; 156, 70, 78; BGHZ 101, 380). Man verlangt damit neben dem objektiven Erfordernis der **Unrichtigkeit des Urteils** stets ein **subjektives Element**, das nicht bereits den Streitgegenstand des Vorprozesses betraf (BGHZ 40, 130, 134; 50, 115; BGH NJW 1986, 1751 u 2041; MünchKomm/ROTH Rn 233).

1052 Viel diskutiert wurde die Frage der Rechtskraftdurchbrechung bei **sittenwidrigen Kreditverträgen** (BAMBERG, Die missbräuchliche Titulierung von Ratenkreditschulden mit Hilfe des Mahnverfahrens [Diss Bremen 1986]; KOHTE, Rechtsschutz gegen die Vollstreckung des wucherähnlichen Rechtsgeschäfts nach § 826, NJW 1985, 2217), aber ebenfalls unter dem Aspekt des

§ 826. Dagegen ließ die Rspr keine Rechtskraftdurchbrechung bei einem unredlich erschlichenen DDR-Urteil zu (BGH ZIP 1995, 685), ebenso wenig bei späterer Rechtsprechungsänderung (BGH ZIP 2002, 1615, 1619; OLG Köln ZIP 1999, 1707), wohl aber, wenn ein Urteil durch Beeinflussung einer Amtspflichtverletzung zustande kam (BGH NJW 1993, 3204). Vollstreckungstitel aus Urkunden oder Mahnverfahren sind einer Rechtskraftdurchbrechung unter erleichterten Voraussetzungen zugänglich (MünchKomm/ROTH Rn 233).

Die Zwangsvollstreckung aus einer **vollstreckbaren Urkunde** wird als unzulässige **1053** Rechtsausübung angesehen, wenn dadurch mittels einer formalen Rechtsposition ein Anspruch durchgesetzt werden soll, der in Wirklichkeit nicht besteht (BGHZ 1, 181, 185; 57, 108, 111; BITTMANN ZZP 97 [1984] 32; ERMAN/WERNER Rn 35). Einer **Drittwiderspruchsklage** steht der Arglisteinwand entgegen, sofern der Kläger sich auf ein formales Recht stützt, obwohl er materiell verpflichtet ist, die Zwangsvollstreckung zu dulden (RGZ 134, 121, 124; 143, 275, 277), oder wenn er den Gläubiger bewusst über die Vermögenszugehörigkeit des Vollstreckungsgegenstandes getäuscht bzw diese verschleiert hat (MünchKomm/K SCHMIDT ZPO § 771 Rn 51). Andererseits kann die Einrede des Rechtsmissbrauchs in bestimmten Fällen den Bestand der zu vollstreckenden Forderung betreffen und somit zur Begründetheit einer Vollstreckungsgegenklage führen (vgl die Nachweise bei ZÖLLER/HERGET, ZPO § 767 Rn 12).

(c) Missbrauch von Sicherheiten
Es stellt weiterhin einen Rechtsmissbrauch dar, wenn ein **Sicherungseigentümer** der **1054** Vollstreckung eines Vermieters in die persönliche Forderung widerspricht, obwohl dem Vermieter ein ranghöheres Vermieterpfandrecht zusteht (RGZ 143, 275, 277). Bei **nichtiger Globalzession** darf die Bank Gelder, die ihr aufgrund einer Zahlstellenklausel zugegangen sind, nicht für sich in Anspruch nehmen (BGHZ 72, 316, 320). Rechtsmissbräuchlich werden Sicherheiten auch dann genutzt, wenn der **übersicherte Sicherungsnehmer** die Kenntnis über die wirtschaftlich schlechte Situation des Sicherungsgebers ausnutzt, indem er Forderungen eines Dritten gegen den Sicherungsgeber erwirbt, weil sie unter die Sicherungsabrede fallen (BGH NJW 1975, 122; 1981, 1600; 1983, 1735; aA BGH NJW 1981, 756).

(d) Weitere Anwendungsfälle
Rechtsmissbräuchlich stellt sich der **Antrag auf Teilungsversteigerung** dar, wenn eine **1055** Realteilung möglich und zumutbar ist, auch wenn die Voraussetzungen des § 752 vorliegen (BGHZ 58, 146; 63, 348, 352; 68, 299, 304). Einem Darlehensnehmer, der sich im Darlehensvertrag wirksam verpflichtet hat, sich der sofortigen Zwangsvollstreckung in sein gesamtes Vermögen zu unterwerfen, kann nach Treu und Glauben verwehrt sein, sich auf die Unwirksamkeit der Abgabe der prozessualen Unterwerfungserklärung durch einen Vertreter ohne Vertretungsmacht zu berufen (vgl BGH VersR 2004, 918, 920). Nach Ehescheidung steht dem Antrag auf Zwangsversteigerung zur Aufhebung der Bruchteilsgemeinschaft die Einrede des Rechtsmissbrauchs entgegen, sofern einer der Ehegatten nach Treu und Glauben verpflichtet ist, dem anderen seinen Miteigentumsanteil zu übertragen (BGHZ 68, 299, 304; 82, 237). Materiell wirksame Übertragungsakte des Schuldners, die zum Zweck der **Vollstreckungsvereitelung** vorgenommen werden, können ebenfalls vollstreckungsrechtlich unter dem Aspekt des Rechtsmissbrauchs unbeachtlich sein (OLG Köln MDR 1972, 332). Wer ein **Pfändungspfandrecht** durch unredliche Erschleichung der Zustellung eines Vollstre-

ckungstitels erwirbt, kann sich im Vollstreckungsverfahren darauf nicht berufen (BGHZ 57, 108, 111). Unzulässig ist eine Vollstreckungsmaßnahme schließlich dann, wenn sich der Gläubiger von ihrer Möglichkeit in missbilligenswerter Weise Kenntnis verschafft hat (BGH LM § 242 [Cd] Nr 166 dort aber mangels Zurechenbarkeit verneint).

(2) Insolvenz

1056 § 242 gilt grds auch im **Insolvenzverfahren** (ERMAN/WERNER Rn 35). Der Eröffnungsantrag eines Gläubigers verstößt aber nicht allein gegen § 242, weil die ausstehende Forderung einen bestimmten Betrag – zB 500 € – nicht übersteigt (BGH NJW-RR 1986, 1188 f). Etwas anderes gilt uU, wenn er aus unlauteren Motiven gestellt wird. Rechtsmissbräuchlich ist ferner (str LG Würzburg BB 1984, 95; BRAUN, Die Vollstreckung von Minimalforderungen – ein Verstoß gegen Treu und Glauben?, DGVZ 1979, 109) die Klage auf **Feststellung einer Forderung zur Tabelle**, nachdem der Kläger den Insolvenzverwalter veranlasst hat, dieselbe Forderung für einen anderen Gläubiger anzuerkennen (BGH NJW 1970, 810). Wer die **Liquidation** in diesem Verfahren absichtlich verzögert, kann gegenüber dem Schadensersatzanspruch der Mitgesellschafter nicht nach Treu und Glauben einwenden, ein solcher Anspruch sei ein bloßer Rechnungsposten (BGH NJW 1968, 2005). Die **Anfechtung** der Übertragung von Gesellschaftervermögen auf die Insolvenzmasse des Gesellschafters verstößt uU ebenfalls gegen § 242 (BGHZ 121, 179, 193). Gleiches gilt für die **Ablehnung** eines beiderseits noch nicht erfüllten Vertrages durch den Insolvenz- bzw Konkursverwalter (RGZ 140, 156, 162; LICHTENBERGER, Die Auflassungsvormerkung – auch künftig unverzichtbares Sicherungsmittel beim Kauf vom Bauträger, NJW 1977, 519, 522). In der Insolvenz (Konkurs) des Treugebers kann sich der **Widerspruch** des Verwalters gegen eine beim Treunehmer vorgenommene Pfändung als unzulässige Rechtsausübung darstellen (BGH NJW 1959, 1223, 1225).

ee) Sonstiges: Zustellungen

1057 Der Einwand unzulässiger Rechtsausübung ist ferner gegenüber demjenigen begründet, der Rechte aus einem Testament ableitet, das nach öffentlicher **Zustellung** des Widerrufs eines wechselbezüglichen gemeinsamen Testaments errichtet wurde. Dies gilt, wenn die öffentliche Zustellung bewirkt wurde, obwohl der Erblasser den Aufenthaltsort seines Ehegatten kannte (BGHZ 64, 5, 9; s dazu auch o Rn 933). Wird ein **Empfangsbekenntnis** lediglich paraphiert und nicht unterschrieben, ist dem Empfänger die Berufung auf die Unwirksamkeit der Zustellung verwehrt (BGHZ 57, 165). Die **arglistige Vereitelung der Zustellung** setzt keine Notfrist in Lauf (BGH NJW 1978, 426).

III. Sonstige Rechtsgebiete

1. Straf- und Strafprozessrecht*

a) Materielles Strafrecht

1058 Im Bereich des materiellen Strafrechts hat der Grundsatz von Treu und Glauben nur geringe Bedeutung, am ehesten noch bei **Aufklärungs- und Offenbarungspflichten**. So soll die für die Strafbarkeit des Unterlassens erforderliche **Garantenpflicht** (§ 13

---

* **Schrifttum**: BRUNS, Venire contra factum proprium im Strafrecht?, JZ 1956, 147 ff; FAHL, Rechtsmißbrauch im Strafprozeß (Habil Heidelberg 2004); HAMM, Kann der Verstoß gegen Treu und Glauben strafbar sein?, NJW 2005, 1993; HERDEGEN, Das Beweisantragsrecht – Zum Rechtsmissbrauch – Teil III, NStZ 2000, 1 ff; JAHN, Rechtsmissbrauch im Strafverfahren

StGB) beim Betrug im Einzelfall aus dem Grundsatz von Treu und Glauben hergeleitet werden können (vgl MünchKomm/ROTH Rn 94; SCHÖNKE/SCHRÖDER/CRAMER § 263 Rn 23 mwNw; krit KAMBERGER, Treu und Glauben [§ 242 BGB] als Garantenstellung im Strafrecht? [Diss Frankfurt/Main 1996] 182 ff, 204 ff). Treu und Glauben reichen indes allein nicht zur Begründung einer Garantenpflicht aus (so aber noch BGHSt 6, 198, 199); als Grundlage muss vielmehr eine **besondere Vertrauensbeziehung** zwischen den Beteiligten – zB durch langjährige Geschäftsbeziehungen (BGH wistra 1988, 262, 263; BGHSt 39, 392, 400 f = NJW 1994, 950) – bestehen (vgl BAUMANN, Betrug durch vom Geschäftspartner nicht verstandene Vertragsformulierung, JZ 1957, 367, 369; außerdem BGH wistra 1988, 262; BGH NJW 1994, 950, 951; SCHÖNKE/SCHRÖDER/CRAMER § 263 Rn 23 mwNw; zur Irrelevanz des § 242 im Rahmen von § 266 StGB vgl HAMM NJW 2005, 1993 ff).

Grundsätze des **Rechtsmissbrauchs** werden im materiellen Strafrecht durch das Verbot, sich missbräuchlich auf das Notwehrrecht zu berufen, und durch die Rechtsfigur der actio libera in causa relevant (BRUNS JZ 1956, 147, 152; ausf FAHL 21 ff, 31 ff mwNw). Insoweit handelt es sich um spezifische Auformungen des Rechtsmissbrauchsverbots, die in Rspr und Lit seit langem anerkannt sind. Hiervon abgesehen kann rechtsmissbräuchliches Verhalten des Täters wegen des nulla poena sine lege-Grundsatzes nicht zur Ausweitung der Strafbarkeit führen. Dies gilt insbesondere auf der Tatbestandsebene (BRUNS JZ 1956, 147, 151; vgl HAMM NJW 2005, 1993). **1059**

b) Strafprozessrecht
Im Strafprozessrecht wird der **Missbrauch prozessualer Rechte** vor dem Hintergrund des § 242 diskutiert. Die Problematik ist Gegenstand einiger Vorschriften der StPO (zB ausdrücklich §§ 138a Abs 1 Nr 2, 241 Abs 1 StPO, aber auch §§ 26a Abs 1 Nr 3, 29 Abs 2, 137 Abs 1 S 2, 244 Abs 3 S 2, 245 Abs 2 S 3 StPO; vgl ABDALLAH, Die Problematik des Rechtsmißbrauchs im Strafverfahren [Diss Berlin 2002] 159 ff; FAHL 43 ff; KÜHNE Rn 291 mwBsp; MEYER JR 1980, 219; NIEMÖLLER StV 1996, 501). Nach der Rspr und einem Teil der Lit gilt darüber hinaus ein **allgemeines Rechtsmissbrauchsverbot** mit der Folge, dass es dem Angeklagten versagt ist, sich auf Verfahrensrechte zu berufen, wenn damit gezielt verfahrensfremde oder verfahrenswidrige Zwecke verfolgt werden (BGHSt 38, 111, 113 = NJW 1992, 1245; BGHSt 40, 287, 289 f = NJW 1995, 603; OLG Hamburg NStZ 1998, 586, 587 m Anm KUDLICH; ERMAN/HOHLOCH Rn 55; BEULKE Strafprozessrecht [7. Aufl 2004] 70 mwNw; NIEMÖLLER StV 1996, 501, 505; SENGE, Missbräuchliche Inanspruchnahme verfahrensrechtlicher Gestaltungsmöglichkeiten – wesentliches Merkmal der Konfliktverteidigung? Abwehr der Konfliktverteidigung, NStZ 2002, 225 ff). **1060**

Neben den Spezialvorschriften besteht im Strafprozessrecht für ein ungeschriebenes Rechtsmissbrauchsverbot zulasten des Angeklagten kein Raum (ebenso JAHN, Rechtsmissbrauch im Strafverfahren bei Verweigerung notwendiger Mitwirkungshandlungen?, wistra 2001, 328, 331 f; KÜHNE Rn 293; WEBER GA 1975, 289, 292, 304 f; für die Schaffung einer gesetzlichen **1061**

bei Verweigerung notwendiger Mitwirkungshandlungen?, wistra 2001, 328 ff; KINDHÄUSER, Rügepräklusion durch Schweigen im Strafverfahren, NStZ 1987, 529 ff; KUDLICH, Strafprozeß und allgemeines Mißbrauchsverbot (Diss Berlin 1998); KÜHNE, Strafprozessrecht (6. Aufl 2003); MEYER, Anmerkung zu BGH v 6. 2. 1979

– 5 StR 713/78, JR 1980, 219 f; NIEMÖLLER, Rechtsmissbrauch im Strafprozeß, StV 1996, 501 ff; SCHÖNKE/SCHRÖDER, Strafgesetzbuch (26. Aufl 2001); WEBER, Der Mißbrauch prozessualer Rechte im Strafverfahren, GA 1975, 289 ff.

allgemeinen Missbrauchsklausel bereits REBMANN, Terrorismus und Rechtsordnung, DRiZ 1979, 363, 369; außerdem KUDLICH 113 f; KRÖPIL, Zur Behandlung von prozessualen Missbrauchsfällen in Strafverfahren, DRiZ 2001, 335, 338 f; abl MEYER JR 1980, 219, 220; NIEMÖLLER StV 1996, 501, 502; SCHLÜCHTER, Beschleunigung des Strafprozesses und insbesondere der Hauptverhandlung ohne Rechtsstaatsverlust, GA 1994, 397, 417; WEBER GA 1975, 289, 299). Gegen die Anwendung des § 242 spricht bereits, dass das Strafverfahren **keine** von gegenseitigem Vertrauen geprägte **Sonderverbindung** begründet, welche den Angeklagten zu besonderer Rücksichtnahme verpflichtet (HERDEGEN NStZ 2000, 1, 3; KEMPF, Rechtsmissbrauch im Strafprozeß, StV 1996, 507, 509; KINDHÄUSER NStZ 1987, 529, 532 bezeichnet es als „schlicht normativ unzumutbar, vom Angeklagten loyale Kooperation zu erwarten"; ausf FAHL 79 ff). Außerdem darf dem Angeklagten der durch Verfahrensvorschriften bezweckte Schutz nicht durch ungeschriebene Grundsätze entzogen werden (JAHN wistra 2001, 328, 331 f; WEBER GA 1975, 289, 292).

1062 Aus den gleichen Gründen kann auch die im Revisionsrecht weitgehend anerkannte **Verwirkung von Verfahrensrechten** zulasten des Angeklagten durch Rügepräklusion (dazu BVerfGE 32, 305, 309 f; KUDLICH 53 ff) nicht mit dem rechtsmissbräuchlichen Verhalten des Angeklagten begründet werden (EBERT, Zum Beanstandungsrecht nach Anordnungen des Strafrichters gemäß § 238 Abs 2 StPO, StV 1997, 269, 272; KINDHÄUSER NStZ 1987, 529, 532 f; MOMSEN, Verfahrensfehler und Rügeberechtigung im Strafprozeß [Diss Frankfurt/Main 1997] 112 ff; krit zur Rügepräklusion im Allg HERDEGEN NStZ 2000, 1, 4 ff; ausf dazu FAHL 81, 156 ff, 163 ff mwNw).

1063 Das Gebot von Treu und Glauben wirkt sich im Strafprozess aber uU **zugunsten des Angeklagten** aus, etwa wenn es um die Verwirkung des staatlichen Strafanspruchs wegen Verbrechensprovokation (ausf FAHL 94, 150 ff mwNw; KATZORKE, Die Verwirkung des staatlichen Strafanspruches [Diss Frankfurt/Main 1989] 75 ff) geht.

2. Öffentliches Recht*

a) Bedeutung von Treu und Glauben im öffentlichen Recht

1064 Während dem Grundsatz von Treu und Glauben im Strafrecht kaum Bedeutung zukommt (so Rn 1058 ff), ist seine Geltung in den übrigen Bereichen des Öffentlichen Rechts anerkannt. Dies gilt insbesondere für das **Verwaltungsrecht** (zu Treu und Glauben als allg Grundsatz des Verwaltungsrechts vgl BVerwGE 55, 337, 339; 111, 162, 172; BVerwG NVwZ-RR 2003, 874, 875; zu den völkerrechtlichen Grundsätzen der bona fides vgl IPSEN, Völkerrecht [5. Aufl 2004] § 11 Rn 20; VERDROSS/SIMMA, Universelles Völkerrecht [3. Aufl 1984] § 60 ff; Nachw z älterem Schrifttum bei STAUDINGER/WEBER[11] Rn A 67). Dabei geht es zum einen um **Vertrauensschutz** zugunsten des Bürgers. Da hiermit eine Bindung der öffentlichen Gewalt angesprochen ist, können Treu und Glauben insoweit als besondere Aus-

---

* **Schrifttum:** FIEDLER, Allgemeines Verwaltungsrecht und Steuerrecht – Probleme der offenen und verdeckten „Harmonisierung" nach dem Inkrafttreten der AO 1977, NJW 1981, 2093 ff; KOPP/RAMSAUER, Verwaltungsverfahrensgesetz (8. Aufl 2003); KREIBICH, Der Grundsatz von Treu und Glauben im Steuerrecht (Diss Augsburg 1992); MATTERN, Grundsätzliches zu Treu und Glauben im Steuerrecht, in: FS Küchenhoff (Göttingen 1967) 39 ff; OFFERHAUS, Von Strohmännern und Strohfrauen – Steuerrechtliche Gedanken zum Rechtsmißbrauch, MDR 1993, 925 ff; DE WALL, Die Anwendbarkeit privatrechtlicher Vorschriften im Verwaltungsrecht (Habil Tübingen 1999).

prägungen des **Rechtsstaatsprinzips** (Art 20 Abs 3 GG) aufgefasst werden (BVerfGE 59, 128, 167; BVerwGE 8, 261, 269; 19, 188, 189; auf das Rechtsstaatsprinzip abstellend auch MATTERN, in: FS Küchenhoff [1967] 39, 42; MUCKEL, Kriterien des verfassungsrechtlichen Vertrauensschutzes bei Rechtsänderungen [Diss Berlin 1989] 30 f mwNw; zu Recht verweist DE WALL 242 ff auf die „argumentative Beliebigkeit" der Ableitung des Vertrauensschutzes; vgl auch MünchKomm/ROTH Rn 98; KREIBICH 17 ff; allg z Verhältnis von Art 20 Abs 3 GG und § 242 so Rn 111 f). Zum anderen ist auch das Handeln des Bürgers an Treu und Glauben zu messen, was sich etwa bei der Verwirkung von Rechten zeigt. Im Übrigen ist das gesamte Verwaltungsrechtsverhältnis von dem Gebot gegenseitiger Rücksichtnahme und dem Verbot widersprüchlichen Verhaltens geprägt.

Letztlich stellen sich **ähnliche Rechtsprobleme** wie im Zivilrecht, wobei den betroffenen öffentlichen Interessen im Einzelfall stärkere Bedeutung zukommt (Münch-Komm/ROTH Rn 96). Handelt die öffentliche Hand privatrechtlich, so gilt der Grundsatz von Treu und Glauben ohne Einschränkung (BAMBERGER/ROTH/GRÜNEBERG Rn 12; ERMAN/HOHLOCH Rn 57; MünchKomm/ROTH Rn 102; vgl aus der älteren Lit NIPPERDEY, Formmängel, Vertretungsmängel, fehlende Genehmigung bei Rechtsgeschäften der öffentlichen Hand und Treu und Glauben, JZ 1952, 577 ff; SCHOLZ, Treu und Glauben bei Privatrechtsgeschäften der öffentlichen Hand, NJW 1953, 961 ff). **1065**

b) Fallgruppen
Im Rahmen öffentlich-rechtlicher Rechtsverhältnisse werden die §§ 241 Abs 2, 242 ergänzend zur **Begründung von Nebenpflichten oder Obliegenheiten** herangezogen (BVerwGE 31, 190, 191 [Mitwirkung im Prüfungsverfahren]; 99, 185, 192 = NJW 1996, 2670; BVerwG NJW 1998, 323, 326 f; BFH NVwZ-RR 2000, 295, 299 [alle betr Hinweispflichten der Prüfungsbehörde]; VG Mainz AuAS 1999, 244 f [Mitwirkung eines Ausländers bei der Identitätsfeststellung]). Für öffentlich-rechtliche Verträge ordnet § 62 S 2 VwVfG die Geltung des BGB ausdrücklich an. Da viele Nebenpflichten gesetzlich normiert sind, erübrigt sich aber häufig ein Rückgriff auf die zivilrechtliche Generalklausel (DE WALL 276 ff). So findet sich die **beamtenrechtliche Treue- und Fürsorgepflicht** in §§ 54 f, 79 BBG; das SGB I sieht in §§ 60–67 umfassende Mitwirkungspflichten des Leistungsberechtigten vor (vgl LÖWER, Rechtsverhältnisse in der Leistungsverwaltung, NVwZ 1986, 793, 795 ff). **Auskunftspflichten** der Behörde sind zB in § 25 S 2 VwVfG normiert. Sind die gesetzlichen Vorgaben abschließend, so ist ein Rückgriff auf § 242 ausgeschlossen (vgl VG Potsdam LKV 2003, 149, 150 [betr Recht auf Akteneinsicht]). **1066**

Das **Verbot rechtsmissbräuchlichen Verhaltens** wirkt sich bei behördlichem Handeln vor allem in Gestalt der **Bindungswirkung von Zusagen und Auskünften** aus (ausf DE WALL 260 ff, 265 ff mwNw). Treuwidriges Verhalten des Bürgers liegt insbesondere in dem aus dem Zivilrecht (so Rn 455) bekannten Fall der Zugangsvereitelung (BVerwGE 85, 213, 217 ff mwNw; VG Berlin NVwZ-RR 2002, 586, 587 ff; vgl KOPP/RAMSAUER § 41 Rn 21). Darüber hinaus kommt § 242 unter dem Gesichtspunkt **widersprüchlichen Verhaltens** (so Rn 286 ff) in vielen Einzelfällen Bedeutung zu. So kann der Kläger sich nicht auf das nachbarliche Abwehrrecht berufen, wenn er zuvor eine Entschädigung zur Beilegung des Nachbarstreits angenommen hat (OVG NRW BauR 2004, 62, 64). Die Geltendmachung eines Folgenbeseitigungsanspruches ist rechtsmissbräuchlich, wenn der beanstandete rechtswidrige Zustand sogleich wieder rechtmäßig hergestellt werden könnte (BVerwG NJW 1989, 118, 119; DE WALL 275). **1067**

1068 Der **Verwirkung** unterliegen auch verwaltungsrechtliche Rechte des Bürgers oder der Verwaltung (allg dazu DE WALL 251 ff), zB Abwehrrechte bei Bauvorhaben im Nachbarverhältnis (dazu BVerwG BauR 2003, 22 f; NVwZ 1991, 1182 ff; OVG Münster NVwZ-RR 1993, 397 ff; OVG Greifswald NVwZ-RR 2003, 15 ff; DE WALL 278; TROIDL, Verwirkung von Nachbarrechten im öffentlichen Baurecht, NVwZ 2004, 315 ff; ausf o Rn 878), das Recht zur Rücknahme eines Verwaltungsakts (BVerwGE 110, 226, 236 = NJW 2000, 1512), Rechte aus dem Steuerschuldverhältnis (ausf KREIBICH 158 ff; BFH NVwZ 1987, 631; NVwZ-RR 1988, 58, 59 f; MünchKomm/ROTH Rn 351; s dazu auch u Rn 1071), im Sozialversicherungsrecht (BSGE 50, 227, 230; 80, 41, 43 f; BVerwGE 52, 16, 25; BGH NJW 1958, 1607 f; ERMAN/HOHLOCH Rn 193) und im Beamtenrecht (BVerwG NJW 1997, 1321, 1322; VGH Kassel ZBR 2000, 55, 57; OVG Münster ZBR 1995, 50 f; MünchKomm/ROTH Rn 344), nicht jedoch beim disziplinarrechtlichen Verfolgungsanspruch (BVerwGE 76, 176, 180 f = NJW 1985, 215). Auch die Ausübung prozessualer Rechte kann unter denselben Voraussetzungen wie im Zivilrecht verwirkt werden (so Rn 302 ff): Neben dem Zeitmoment müssen also besondere Umstände vorliegen, die die verspätete Geltendmachung des Rechts treuwidrig erscheinen lassen (BVerwGE 44, 339, 343 f; 52, 16, 25; BVerwG NVwZ 1991, 1182, 1183; BVerwG NVwZ-RR 2004, 314, 315; BVerwG BauR 2003, 22 f; allg dazu o Rn 308).

c) Ausgewählte Bereiche des Verwaltungsrechts
aa) Öffentlich-rechtlicher Erstattungsanspruch

1069 Bei der Rückabwicklung eines nichtigen öffentlich-rechtlichen Vertrages sind die Grundsätze des Erstattungsrechts zu beachten, die die §§ 812 ff partiell modifizieren (BVerwG NVwZ 2003, 993, 994 f [zu § 817 S 2]; BVerwGE 71, 85, 89 [zu §§ 818 Abs 3, 4, 819]; vgl KOPP/RAMSAUER § 59 Rn 31). Der **Erstattungsanspruch** wird durch Treu und Glauben begrenzt (BVerwG NJW 1998, 3135). Dem Bürger ist es aber nur in Ausnahmefällen verwehrt, sich auf die Nichtigkeit des Vertrages zu berufen (z Erstattungsanspruch zwischen Hoheitsträgern vgl BVerwGE 112, 351, 358 ff; OVG Weimar NVwZ-RR 2003, 830 ff). Erforderlich ist das Vorliegen besonderer Umstände, welche die Geltendmachung des Erstattungsanspruchs als treuwidrig erscheinen lassen (BVerwGE 111, 162, 174; BVerwG NVwZ-RR 2003, 874, 875; BVerwG NVwZ 2003, 993, 994 f).

1070 Ist ein öffentlich-rechtlicher Vertrag wegen Verstoßes gegen das **Koppelungsverbot** (§§ 59 Abs 2 Nr 4, 56 Abs 1 VwVfG) nichtig, so findet eine Rückabwicklung gem §§ 62 VwVfG, 812 ff BGB statt. Dabei stellt sich vor dem Hintergrund des § 242 die Frage, ob der Bürger seine (Geld-)Leistung zurückfordern kann, obwohl die Rückabwicklung der von der Behörde erbrachten Leistung (zB Ernennung zum Beamten) aus rechtlichen oder tatsächlichen Gründen unmöglich ist. Nach der Rspr wird der Bürger in einem solchen Fall nicht durch Treu und Glauben an der Geltendmachung des Erstattungsanspruchs gehindert. Denn anderenfalls bliebe die gesetzlich angeordnete Nichtigkeitsfolge wirkungslos (BVerwGE 111, 162, 173; BVerwG NVwZ-RR 2003, 874, 875). Ähnliche Erwägungen gelten bei Verstößen gegen **gesetzliche Verbote**. So handelt der Bürger nicht allein deshalb rechtsmissbräuchlich, weil er sich auf die Nichtigkeit eines Vertrages beruft, der auf seinen Wunsch hin abgeschlossen und von der Behörde bereits erfüllt wurde (BVerwG NVwZ 2003, 993, 994 f).

bb) Steuerrecht

1071 Eine spezielle Vorschrift betreffend die Verwendung **rechtsmissbräuchlicher Gestaltungsmöglichkeiten** durch den Steuerpflichtigen findet sich in § 42 Abs 1 AO (dazu OFFERHAUS MDR 1993, 925, 926 f). Auch darüber hinaus ist das Steuerschuldverhältnis als Verwaltungsrechtsverhältnis von **Treu und Glauben** geprägt (vgl ERMAN/HOHLOCH Rn 58; FIEDLER NJW 1981, 2093, 2096 f; MATTERN, Treu und Glauben im Steuerrecht [1958]; VOGEL, Treu und Glauben im Steuer- und Zollrecht [1961]; z Vertrauensschutz gegenüber dem Steuergesetzgeber SPINDLER, Vertrauensschutz im Steuerrecht, DStR 2001, 725 ff; z Vergleich mit dem frz Recht HAHN, Vertrauensschutz im französischen Steuerrecht, IStR 2003, 593 ff). Im Steuerrecht gilt daher wie im übrigen Verwaltungsrecht das Gebot, auf die Belange des anderen Teils Rücksicht zu nehmen und sich nicht widersprüchlich zu verhalten (vgl BFH DStR 1996, 1201; MünchKomm/ROTH Rn 103; OFFERHAUS MDR 1993, 925, 926 f; ausf KREIBICH 186 ff; zu einem Teilaspekt VÖLKER/ARDIZZONI, Rechtsprechungsbrechende Nichtanwendungsgesetze im Steuerrecht – neue bedenkliche Gesetzgebungspraxis, NJW 2004, 2413, 2418 f). Beispielsweise muss der Steuerschuldner einen geänderten, materiellrechtlich zutreffenden Steuerbescheid gegen sich gelten lassen, wenn er die nach § 172 Abs 1 S 1 Nr 2a AO erforderliche Zustimmung zur Berichtigung treuwidrig verweigert (BFH DStR 1996, 1201, 1202 m Anm WOHLSCHLEGEL; BFH NVwZ 1999, 919, 920 mwNw).

Der Gesichtspunkt des **Vertrauensschutzes** bei der Änderung und Aufhebung von **1072** Steuerbescheiden findet sich neben der ausdrücklichen Regelung in § 176 AO (ausf dazu TIEDTKE/SZCZESNY, Gesetzlicher Vertrauensschutz und Billigkeitsregelungen der Finanzverwaltung, NJW 2002, 3733 ff) in der Rspr des BFH wieder. Danach ist die Änderung eines Steuerbescheides wegen nachträglich bekannt gewordener Tatsachen (§ 173 Abs 1 Nr 1 AO) nach Treu und Glauben ausgeschlossen, wenn die Finanzbehörde bei Erlass des zu ändernden Steuerbescheids ihre Ermittlungspflicht verletzt hat (BFH NVwZ-RR 1990, 119, 121; BFH NVwZ 2002, 1404). Außerdem können Zusagen und Auskünfte der Finanzbehörden ebenso wie im allgemeinen Verwaltungsrecht (so Rn 1067) einen Vertrauenstatbestand bilden (BFH NVwZ 1990, 1110, 1111; NVwZ 2000, 596, 598; DStRE 2000, 276, 278; DStR 2002, 1662, 1665; FIEDLER NJW 1981, 2093, 2098 ff; MATTERN, in: FS Küchenhoff [1967] 39, 52 ff; MELCHIOR/TSCHIRNER, Erzeugen Auskünfte einer übergeordneten Behörde in einem Einzelfall Bindungswirkung im Besteuerungsverfahren?, DStR 1997, 844, 845 f; WESSLING, Betriebsprüfung und § 242 BGB, BB 1987, 1083, 1084 f [betr § 204 AO u § 42e EStG]).

cc) **Verwaltungsprozessrecht**
Im Verwaltungsprozessrecht kommt § 242 vor allem unter dem Gesichtspunkt der **1073** **unzulässigen Rechtsausübung** Bedeutung zu. So kann die Ausübung prozessualer Rechte auch hier durch verzögerte Geltendmachung **verwirkt** werden (BVerwGE 44, 294, 298 [betr Widerspruchsrecht]; BVerwG NVwZ 2001, 206 mwNw [betr Klagerecht]; 1990, 554, 555; 1992, 974, 975; OVG Münster NVwZ-RR 1996, 623, 624 [betr Antragsrecht bei § 47 VwGO]; allg z Verwirkung o Rn 302 ff).

Außerdem gilt das **Verbot rechtsmissbräuchlichen Verhaltens**. Widersprüchlich ver- **1074** hält sich etwa ein Antragsteller, der die ihm ungünstigen Festsetzungen eines Bebauungsplans erst angreift, nachdem er die ihm günstigen Festsetzungen bereits ausgenutzt hat (OVG Lüneburg BRS 44 Nr 31). Gleiches gilt für einen Antragsteller, der sich zunächst nicht gegen die im Bebauungsplan vorgesehene unzureichende Erschließung wehrt, nach Errichtung seines Gebäudes aber eine ausreichende Erschließung fordert. Rechtsmissbräuchliches Verhalten setzt aber voraus, dass der Antragsteller bewusst treuwidrig handelt (BVerwG NVwZ 1992, 974, 975; vgl auch BVerwG BRS 63 Nr 50).

Unter dem Aspekt des **Rechtsmissbrauchs** wird auch die Problematik der sog **Sperr- 1075** grundstücke diskutiert. Nach der Rspr kann die Klagebefugnis nicht auf das Eigentum an einem Grundstück gestützt werden, wenn der Eigentumserwerb lediglich den Zweck hatte, die formalen Voraussetzungen für einen Prozess zu schaffen, ohne dass dem Erwerber eine materielle Rechtsposition zukommen sollte. Diese Voraussetzung kann insbesondere vorliegen, wenn der Veräußerer sich das lebenslange Nutzungsrecht an dem Grundstück vorbehalten hat (BVerwGE 112, 135, 137 ff = NVwZ 2001, 427; CLAUSING, Aktuelles Verwaltungsprozessrecht, JuS 2001, 998, 1001; krit MASING, Relativierung des Rechts durch Rücknahme verwaltungsgerichtlicher Kontrolle – Eine Kritik anlässlich der Rechtsprechungsänderung zu den „Sperrgrundstücken", NVwZ 2002, 810, 813 ff).

IV. Ausländische Rechtsordnungen und internationale Regelwerke*

1. Einleitung

1076 Der **Begriff** „Treu und Glauben" ist in fast allen kontinentaleuropäischen Zivilrechtskodifikationen vorhanden (so in den Zivilgesetzbüchern Frankreichs [Art 1134 Abs 3 Code Civil], der Schweiz [Art 2 ZGB], Italiens [Art 1175, 1375 Codice Civile], Griechenlands [Art 281, 288 ZGB], Portugals [Art 762 Abs 2 Código Civil] und der Niederlande [Art 6:2, 6:248 NBW]; vgl auch LANDO/BEALE 116 ff). Im US-amerikanischen Recht findet er sich vor allem in Section 1–203 UCC (su Rn 1121). Aus rechtsvergleichender Sicht handelt es sich jedoch um kein klar definiertes, exakt abgrenzbares Rechtsinstitut (treffend ZIMMERMANN/WHITTAKER 690: „The notion of good faith [or its equivalents in the various languages used by the legal systems ...] actually means different things both within a particular legal system and between the legal systems"; vgl auch STAPLETONN 3, 7).

1077 Bei der vergleichenden Untersuchung eines Instituts ist von dessen **Funktion** auszugehen (vgl allg ZWEIGERT/KÖTZ 33). Dabei besteht allerdings das Problem, dass dem Grundsatz von Treu und Glauben in den verschiedenen Rechtsordnungen nicht per se eine einheitliche Funktion zukommt (zu dieser Problematik ZIMMERMANN/WHITTAKER 12 f; zur Diskussion über die Funktion des § 242 im deutschen Recht so Rn 172 ff).

1078 Aus rechtsvergleichender Sicht können dem Grundsatz von Treu und Glauben zwei wesentliche Funktionen beigemessen werden: Auf der einen Seite steht die **inhalt-**

---

* **Schrifttum**: vBAR/ZIMMERMANN, Grundregeln des europäischen Vertragsrechts (2002); FLEISCHER, Der Rechtsmißbrauch zwischen Gemeineuropäischem Privatrecht und Gemeinschaftsprivatrecht, JZ 2003, 865; HESSELINK, Good Faith, in: HARTKAMP, HESSELINK, HONDIUS, JOUSTRA, DU PERRON, Towards a European Civil Code (2. Aufl The Hague, London, Boston 1998) 285 ff; LANDO/BEALE, Principles of European Contract Law Parts I & II (The Hague 2000); RANIERI, Bonne foi et exercice du droit dans la tradition du civil law, in: Revue internationale de droit comparé 1998, 1055; ders, Europäisches Obligationenrecht (2. Aufl 2003); RIESENHUBER, Europäisches Vertragsrecht (2003); STAPELTON, Good Faith in Private Law, Current Legal Problems 1999, 1 ff; STORME, Good Faith and the Contents of Contracts in European Private Law, Electronic Journal of Comparative Law Bd 7. 1, März 2003 (http://www.ejcl.org/71/art71-1.html); A ZIMMERMANN, Das Rechtsmissbrauchsverbot im Recht der Europäischen Gemeinschaft (2002); ZIMMERMANN, Konturen eines Europäischen Vertragsrechts, JZ 1995, 477; ZIMMERMANN/ WHITTAKER, Good Faith in European Contract Law (Cambridge 2000); ZWEIGERT/KÖTZ, Einführung in die Rechtsvergleichung (3. Aufl 1996).

liche Funktion von Treu und Glauben iS einer **Verhaltensnorm für die Parteien**. Hierher gehören alle Fälle, in denen dem Grundsatz eine Pflicht zu redlichem und loyalem Verhalten sowie zur Rücksichtnahme auf die berechtigten Interessen des anderen Teils entnommen wird (so ZIMMERMANN/WHITTAKER 31; vgl auch PALANDT/HEINRICHS Rn 3). Davon zu unterscheiden ist die **formale Funktion** von Treu und Glauben als **Ermächtigungsnorm für den Richter** (vgl STORME 4: „rule of behaviour" und „rule of construction"; s auch die Diskussion der Funktionen des § 242 nach SIEBERT und WIEACKER, in: HESSELINK 290 ff, ausf zu den Funktionen des § 242 so Rn 172 ff). Diesem Bereich sind alle Mechanismen zuzuordnen, die dem Richter im Einzelfall erlauben, die Regeln des „strengen Rechts" mit Hilfe von Billigkeits- und Gerechtigkeitserwägungen zu durchbrechen.

Die nachfolgende Kommentierung beschäftigt sich mit der Frage, auf welche Weise diese beiden Funktionen in den einzelnen Rechtsordnungen verwirklicht werden. Der Blick gilt dabei zunächst einigen weiteren Vertretern des **kontinentaleuropäischen Rechtskreises** (Frankreich, Österreich, Schweiz, Italien, Niederlande). Im Anschluss hieran werden mit England und den USA zwei wichtige Repräsentanten des **anglo-amerikanischen Rechtskreises** behandelt. Schließlich soll auf die Bedeutung von Treu und Glauben in **internationalen Regelwerken** (UN-Kaufrecht, Principles of European Contract Law, UNIDROIT-Principles) sowie im **Privatrecht der EU** eingegangen werden.

2. Kontinentaleuropäischer Rechtskreis*

a) Frankreich
aa) Begriff und Bedeutung der bonne foi

In **Frankreich** bestimmt Art 1134 Abs 3 CC: „Elles [les conventions] doivent être executées de bonne foi." Trotz dieser dem § 242 sehr ähnlichen Formulierung besteht einer der charakteristischen Unterschiede zwischen dem französischen und dem deutschen Zivilrecht darin, dass die „bonne foi" in Frankreich nie eine so herausragende Stellung wie das Prinzip von „Treu und Glauben" im deutschen

---

* **Schrifttum**: F BYDLINSKI, Juristische Methodenlehre und Rechtsbegriff (2. Aufl 1991); P BYDLINSKI, Bürgerliches Recht I, Allgemeiner Teil (2. Aufl Wien 2002); CIAN/TRABUCCI, Commentario Breve al Codice Civile (6. Aufl Padua 2002); EHRENZWEIG, System des österreichischen allgemeinen Privatrechts: Das Recht der Schuldverhältnisse, Allgemeine Lehren (3. Aufl Wien 1986), bearbeitet von H MAYRHOFER; FERID/SONNENBERGER, Das französische Zivilrecht, Bd 1/1 (2. Aufl 1994); GUTZWILLER (Hrsg), Schweizerisches Privatrecht, Bd II, Einleitung und Personenrecht (Basel 1967); HÜBNER/CONSTANTINESCO, Einführung in das französische Recht (4. Aufl 2001); KLANG, Kommentar zum Allgemeinen bürgerlichen Gesetzbuch, Bd. 4/1 (2. Aufl Wien 1968); KOZIOL/WELSER, Grundriss des Bürgerlichen Rechts I (12. Aufl Wien 2002); MADER, Rechtsmißbrauch und unzulässige Rechtsausübung (Wien 1994); MINCKE, Einführung in das niederländische Recht (2002); RUMMEL, Kommentar zum Allgemeinen Bürgerlichen Gesetzbuch (3. Aufl Wien 2000 ff); SCHWIMANN, Praxiskommentar zum Allgemeinen Bürgerlichen Gesetzbuch (2. Aufl Wien 1997 ff); SONNENBERGER, Treu und Glauben – ein supranationaler Ansatz?, in: FS Odersky (1996) 702 ff;, SONNENBERGER/AUTEXIER, Einführung in das französische Recht (3. Aufl 2000); TERRÉ/SIMLER/LEQUETTE, Droit civil, Les obligations (8. Aufl 2002); TUOR/SCHNYDER/SCHMID/RUMO-JUNGO, Das Schweizerische Zivilgesetzbuch (12. Aufl Zürich 2002).

Recht erlangt hat (vgl dazu HÜBNER/CONSTANTINESCO 176; SONNENBERGER/AUTEXIER 127; STAUDINGER/J SCHMIDT [1995] Rn 111 mwNw). Der Grundsatz der „bonne foi" galt lange Zeit als „concept mort", und es ist von einer „geradezu gegenläufigen Entwicklung der Funktionen des Art 1134 Abs 3 CC und § 242 BGB" gesprochen worden (SONNENBERGER, in: FS Odersky [1996] 703, 705 f mwNw). In neuerer Zeit hat die Bedeutung der „bonne foi" im französischen Vertragsrecht aber deutlich zugenommen (vgl zu dieser Entwicklung TERRÉ/SIMLER/LEQUETTE Rn 41 ff).

1081 Warum dem Grundsatz von Treu und Glauben im französischen Zivilrecht anders als im BGB nicht der Rang einer „Königsregel" zukommt, liegt in der **naturrechtlichen Tradition des Code Civil** begründet (vgl RANIERI, in: Revue internationale de droit comparé 1998, 1055, 1058). In diesem Zusammenhang spielt der Grundsatz der **Gewaltenteilung** eine wichtige Rolle. Der Richter soll nicht über Generalklauseln wie „bonne foi" an die Stelle des Gesetzgebers treten und den Parteien seine eigenen Gerechtigkeitsvorstellungen vorgeben können (vgl den Einwand gegen die wachsende Bedeutung der „bonne foi" bei TERRÉ/SIMLER/LEQUETTE Rn 42: „ce n'est plus, comme dans la conception antérieure, le législateur mais le juge qui sait mieux que les parties ce qui est bon pour elles"). Auf dieser Linie liegt auch, dass Erwägungen der Vertragsgerechtigkeit traditionell dem Grundsatz der Privatautonomie untergeordnet worden sind (vgl STAUDINGER/J SCHMIDT [1995] Rn 111). Hier zeigen sich deutliche Parallelen zu den Vorstellungen des Common Law, wonach ein Vertrag in erster Linie als Werkzeug einer „justice of exchange" zu sehen ist, dem Gesichtspunkte einer „contractual justice" fremd sind (su Rn 1108 ff).

1082 Trotz dieser grundsätzlichen Unterschiede greift auch die französische Rspr inzwischen in einigen Bereichen auf „bonne foi" zurück, insbesondere für die Begründung **vorvertraglicher Aufklärungs- und Informationspflichten** („obligations d'information") (su Rn 1083) und **vertraglicher Nebenpflichten** (su Rn 1084).

1083 Der Grundsatz der „bonne foi" gilt auch für den **Zeitraum der Vertragsanbahnung** (TERRÉ/SIMLER/LEQUETTE Rn 43, 185). Vorvertragliche Pflichten werden in Frankreich zwar nicht als Ausdruck eines quasivertraglichen Schuldverhältnisses angesehen – eine der culpa in contrahendo (§§ 311 Abs 2, 241 Abs 2, § 280 Abs 1) vergleichbare Haftung bleibt vielmehr dem Deliktsrecht vorbehalten. Bei der Ausgestaltung der verletzten Pflicht und der Frage der faute spielt der Grundsatz der „bonne foi" jedoch eine wichtige Rolle (SONNENBERGER, in: FS Odersky [1996] 703, 713; FERID/SONNENBERGER Rn 1 F 276). So kommt es für die Haftung wegen Abbruchs von Vertragsverhandlungen entscheidend darauf an, ob der Abbruch böswillig („avec mauvaise foi") war (vgl zB Cass Com, 8.11.1983, Bull civ IV Nr 298; TERRÉ/SIMLER/LEQUETTE Rn 185; s auch HESSELINK 293 mwNw).

1084 Bei der Begründung **vertraglicher Nebenpflichten** wird Art 1135 CC oft neben Art 1134 Abs 3 CC genannt (Art 1135 CC: „Les conventions obligent non seulement à ce qui y est exprimé, mais encore, à toutes les suites que l'équité, l'usage ou la loi donnent à l'obligation d'après sa nature"; vgl dazu HÜBNER/CONSTANTINESCO 177). Das Verhältnis zwischen beiden Vorschriften und den darin verwendeten Begriffen der **„bonne foi"** und der **„équité"** ist unklar und wurde von der französischen Rspr bislang offen gelassen (vgl SONNENBERGER, in: FS Odersky [1996] 703, 709 ff; TERRÉ/SIMLER/LEQUETTE Rn 442).

In der neueren französischen Lit ist die Auffassung verbreitet, dass Verträge durch **1085** eine **allgemeine Loyalitäts- und Kooperationspflicht** („devoir de loyauté et de coopération") beherrscht werden, aus der verschiedene konkrete Nebenpflichten („obligations") abgeleitet werden können (vgl TERRÉ/SIMLER/LEQUETTE Rn 43, 440 f; SONNENBERGER/AUTEXIER 127; SONNENBERGER, in: FS Odersky [1996] 703, 714 f mwNw). Nach den Kategorien des deutschen Rechts geht es dabei sowohl um Nebenleistungs- als auch um Rücksichtspflichten. Zu den **Nebenleistungspflichten** (STAUDINGER/OLZEN § 241 Rn 162 ff) könnte man etwa die Pflicht des Gläubigers zählen, den Schuldner bei der Erbringung der Leistung zu unterstützen und keine Handlungen vorzunehmen, welche die ordnungsgemäße Durchführung des Schuldverhältnisses beeinträchtigen (vgl TERRÉ/SIMLER/LEQUETTE Rn 440). Als Bsp lässt sich die Pflicht des Bauherrn anführen, die Arbeiten des Unternehmers nicht zu behindern und alles zu unterlassen, was deren Unterbrechung zur Folge haben könnte (Cass Com, 31.5.1994, Rev trim dr civ 1995, 105). Bei den **Rücksichtspflichten** (STAUDINGER/OLZEN § 241 Rn 153 ff) haben die „obligation d'information et de renseignement" und die „obligation de sécurité" in der Praxis besonders große Bedeutung erlangt (SONNENBERGER, in: FS Odersky [1996] 703, 716; s auch die zahlreichen Beispiele in TERRÉ/SIMLER/LEQUETTE Rn 441, 568 f). So hat die Cour de Cassation dem Schuldner nach Treu und Glauben die Pflicht auferlegt, die korrekte Inrechnungstellung der vom Gläubiger erbrachten Dienstleistungen zu überprüfen und diesen von einer fehlerhaften Rechnung zu unterrichten (C Cass, 23.1.1996, Bull civ I Nr 36; krit TERRÉ/SIMLER/LEQUETTE Rn 441).

bb) Rückgriff auf andere Institute

In vielen Fällen gelangt die französische Rspr auch **ohne Bezugnahme auf Treu und** **1086** **Glauben** zu Ergebnissen, die in Deutschland auf § 242 gestützt werden.

(1) Stillschweigender Verzicht

Mit der Annahme bzw Fiktion eines **stillschweigenden Verzichts** hat die französische **1087** Rspr eine auch in Österreich (su Rn 1090 ff) und im Common Law (su Rn 1108 ff) verbreitete Alternative genutzt, um dem Rechtsinhaber die Durchsetzung seines Rechts in Fällen zu versagen, die in Deutschland über § 242 gelöst werden. Ein stillschweigender Verzicht soll zB dann in Betracht kommen, wenn der Gläubiger wissentlich sein Recht über einen so langen Zeitraum nicht einfordert, dass das Vertrauen des Schuldners auf die Nichtgeltendmachung des Rechts schutzwürdig erscheint (RANIERI, Obligationenrecht 691 f; ders, in: Revue internationale de droit comparé 1998, 1055, 1082 f mwNw). Aus Sicht des deutschen Rechts handelt es sich hier um einen Fall der **Verwirkung** (so Rn 302 ff).

(2) Abus de droit

Große praktische Bedeutung kommt im französischen Recht dem **„abus de droit"** zu **1088** (vgl TERRÉ/SIMLER/LEQUETTE Rn 739 ff; ZIMMERMANN/WHITTAKER 675; A ZIMMERMANN 94 ff; FLEISCHER JZ 2003, 865 ff; ferner STAUDINGER/WEBER[11] Rn D 6 ff mwNw zur älteren Lit). Obwohl es um „Rechtsmissbrauch" geht, ist der „abus de droit" kein Unterfall der „bonne foi", sondern eine eigenständige Rechtsfigur (vgl RANIERI, in: Revue internationale de droit comparé 1998, 1055, 1082, wonach der „abus de droit" insbes nicht mit der exceptio doli des römischen Rechts gleichzusetzen ist), die ihre Grundlage in der schuldhaften Verletzung subjektiver Rechte nach Art 1382 CC findet (TERRÉ/SIMLER/LEQUETTE Rn 739). Der Herkunft nach handelt es sich also um ein deliktsrechtliches Institut (SONNENBERGER, in: FS Odersky [1996] 703, 711; ZWEIGERT/KÖTZ 623). Der „abus de droit" spielt heute aber auch im französischen Vertragsrecht eine wichtige Rolle (Hübner/Constantinesco 177; Terré/Simler/Lequette Rn 743).

1089 Inhaltlich ist der „abus de droit" ebenfalls nur bedingt mit dem deutschen Institut des **Rechtsmissbrauchs** (so Rn 214 ff) vergleichbar. Die Voraussetzung, dass „eine Person in Ausübung eines ihr zustehenden Rechts einem anderen einen Schaden zufügt" (Ferid/Sonnenberger Rn 1 C 149), führt zB dazu, dass die missbräuchliche Berufung auf Formvorschriften kein Fall des „abus de droit" ist, sondern mit Hilfe anderer Rechtsinstitute, namentlich durch Annahme eines **stillschweigenden Verzichts** (so Rn 1087), gelöst wird (Ferid/Sonnenberger Rn 1 C 147). Auf der anderen Seite gibt es gerade im Vertragsrecht aber auch Anwendungsfälle des „abus de droit", die im deutschen Recht mit § 242 in Verbindung gebracht werden. So ist es dem Vermieter unter dem Aspekt der „abus de droit" verboten, dem Mieter eine vertraglich an sich unzulässige Veränderung der Mietsache zu untersagen, wenn damit für ihn keine Nachteile verbunden sind (vgl Ferid/Sonnenberger Rn 1 C 163 mwNw; zur entspr Problematik im deutschen Recht so Rn 754 ff).

b) Österreich
aa) Begriff und Bedeutung von Treu und Glauben

1090 Im österreichischen Recht gibt es **keine** dem § 242 vergleichbare **Generalklausel**. Dies erkärt sich aus der naturrechtlichen Herkunft des Gesetzes (Ranieri Revue internationale de droit comparé 1998, 1055, 1074). Die Verfasser der 3. Teilnovelle von 1916 haben sich bei der Reform des ABGB zwar gerade mit Blick auf den Grundsatz von Treu und Glauben durch die „suggestive Kraft mancher Sätze des DBGB" (namentlich der §§ 133, 157, 242) beeinflussen lassen (vgl Klang/Gschnitzer AGBG § 914 Anm I). Letztlich ist dieser Gedanke jedoch nur in Bezug auf die **Auslegung von Willenserklärungen** in § 914 AGBG verankert worden, der seit der 3. Teilnovelle den §§ 133, 157 BGB weitgehend entspricht („Bei Auslegung von Verträgen ist nicht an dem buchstäblichen Sinne des Ausdrucks zu haften, sondern die Absicht der Parteien zu erforschen und der Vertrag so zu verstehen, wie es der Übung des redlichen Verkehrs entspricht"). Daneben gewinnt § 863 Abs 2 ABGB Bedeutung, wonach „in Bezug auf die Bedeutung und Wirkung von Handlungen und Unterlassungen ... auf die im redlichen Verkehr geltenden Gewohnheiten und Gebräuche Rücksicht zu nehmen" ist.

1091 Die Erstreckung des Grundsatzes von Treu und Glauben auf die **Erfüllung von Verträgen** wurde von den Verfassern der 3. Teilnovelle bewusst abgelehnt, weil eine die Rechtssicherheit gefährdende „Überspannung von Treu und Glauben" verhindert werden sollte (Klang/Gschnitzer ABGB § 914 Anm II 4). Heute ist jedoch anerkannt, dass Treu und Glauben und die Übung des redlichen Verkehrs auch bei der Erfüllung berücksichtigt werden müssen (vgl Rummel/Rummel ABGB § 914 Rn 17; Ehrenzweig/Mayrhofer 20). Die neuere Rspr geht darüber hinaus davon aus, dass jedes Schuldverhältnis nach Treu und Glauben „je nach der Intensität der Sonderverbindung in verschiedenem Maße und Umfang **Pflichten zur gegenseitigen Rücksichtnahme** und zur Beachtung der berechtigten Belange des anderen" begründet (OGH SZ 57 Nr 46; vgl auch Ehrenzweig/Mayrhofer 20 f). Das Fehlen einer entsprechenden Generalklausel wird als unschädlich betrachtet, weil die Grundsätze von Treu und Glauben und von dem Vertrauen auf die Übung im redlichen Verkehr „als sittliche Grundsätze so allgemein anerkannt (§§ 863, 914) [seien], daß es zur Anwendung dieser Grundsätze keiner besonderen Gesetzesbestimmungen in jedem einzelnen

Fall bedarf" (OGH SZ 38 Nr 72 = JBl 1967, 144, 146; Schwimann/Binder ABGB § 914 Rn 41; vgl auch Lando/Beale 118: Grundsatz von Treu und Glauben als „generally acknowledged ethical rule"). Andere Entscheidungen verweisen auf die „allgemeinen Grundsätze der Gerechtigkeit", die Abs 1 des kaiserlichen Kundmachungspatents vom 1. 6. 1811 in Bezug nimmt (so OGH SZ 47 Nr 104).

bb) Dogmatische Einordnung
Entsprechend der systematischen Stellung des § 914 ABGB setzt die österreichische **1092** Rspr traditionell bei der **Auslegung von Willenserklärungen** an, um „dem unser bürgerliches Recht beherrschenden Grundsatz von Treu und Glauben zum Durchbruch zu verhelfen" (OGH JBl 1953, 625; vBar/Zimmermann 116; vgl auch Ranieri, Obligationenrecht 682 mwNw). Daneben findet sich mitunter der Hinweis auf die **allgemeinen Grundsätze der Gerechtigkeit** in Abs 1 des kaiserlichen Kundmachungspatents (so Rn 1092). Demgegenüber wird die **Rechtsanwendungsregel des § 7 ABGB** („Läßt sich ein Rechtsfall weder aus den Worten, noch aus dem natürlichen Sinne eines Gesetzes entscheiden, so muß auf ähnliche, in den Gesetzen bestimmt entschiedene Fälle, und auf die Gründe anderer damit verwandten Gesetze Rücksicht genommen werden. Bleibt der Rechtsfall noch zweifelhaft; so muß solcher mit Hinsicht auf die sorgfältig gesammelten und reiflich erwogenen Umstände nach den natürlichen Rechtsgrundsätzen entschieden werden.") nur selten zur Verwirklichung des Grundsatzes von Treu und Glauben eingesetzt (vgl Ranieri Revue internationale de droit comparé 1998, 1055, 1075 und Obligationenrecht 680). Aus Sicht des österreichischen Rechts ist die Berücksichtigung von Treu und Glauben damit vor allem ein Problem der Rechtsgeschäftslehre (vgl Rummel/Rummel ABGB § 914 Rn 17; zur systematischen Unterscheidung zwischen §§ 863, 914 ABGB und §§ 6 ff AGBG: F Bydlinski, Methodenlehre 465).

Als Beispiel für den subjektiven Ansatz der österreichischen Rspr bei der Berück- **1093** sichtigung von Treu und Glauben lässt sich die **Verwirkung** anführen. Aus Sicht des österreichischen Rechts handelt es sich hier um kein eigenständiges Rechtsinstitut; im Einzelfall kommt aber die Annahme eines **stillschweigenden Verzichts** nach § 863 ABGB in Betracht (vgl OGH SZ 49 Nr 127; SZ 74 Nr 201; Rummel/Rummel ABGB § 863 Rn 24; Schwimann/Mader ABGB § 1451 Rn 15; P Bydlinski Rn 3/48; Koziol/Welser 201). Mit ähnlichen Erwägungen werden im österreichischen Recht Fälle gelöst, die man in Deutschland unter dem Aspekt des **venire contra factum proprium** (so Rn 286 ff) erörtert. So entnimmt die österreichische Rspr dem Führen von Vergleichsverhandlungen die konkludente Zusicherung, die Einrede der Verjährung nicht zu erheben (Schwimann/Mader ABGB Vor §§ 1494–1496 Rn 3 mwNw; P Bydlinski Rn 3/39; Koziol/Welser 208; Ranieri, Obligationenrecht 679 ff mwNw; zur Lösung der Problematik im deutschen Recht so Rn 292). Zur Begründung wird auf die §§ 863, 914 ABGB verwiesen. Eine solche rechtsgeschäftliche Lösung ist allerdings problematisch, weil die Regeln der Verjährung nach § 1502 ABGB nicht dispositiv sind (krit deshalb F Bydlinski, Vergleichsverhandlungen und Verjährung, JBl 1967 130, 134, der „objektive ungeschriebene Normen" auf der Grundlage der §§ 7, 1295 Abs 2, 879 heranziehen will; vgl auch Ranieri, Obligationenrecht 684). Die Rspr behilft sich mit der Annahme, der Schuldner müsse sich den **Arglisteinwand** entgegenhalten lassen, wenn er sich entgegen seiner (konkludenten) Zusicherung auf Verjährung berufe (OGH SZ 47 Nr 104; SZ 48 Nr 67; Koziol/Welser 209 mwNw). Aus methodischer Sicht erscheint eine teleologische Reduktion des § 1502 ABGB indes vorzugswürdig (für eine solche Lösung Schwimann/Mader, ABGB § 1502 Rn 1).

cc) Rechtsmissbrauch

1094 Ein **allgemeines Verbot des Rechtsmissbrauchs** ist dem ABGB traditionell ebenfalls fremd. Erst bei der 3. Teilnovelle von 1916 (so Rn 1090) wurde § 1295 Abs 2 ABGB eingefügt (zu den Hintergründen FLOSSMANN, Österreichische Privatrechtsgeschichte [1983] 287), der den Inhalt von § 226 BGB und § 826 BGB miteinander kombiniert (vgl SCHWIMANN/HARRER ABGB § 1295 Rn 123). Die Vorschrift regelt die Schadensersatzpflicht bei absichtlicher sittenwidriger Schädigung. Der zweite Halbsatz macht dabei eine Einschränkung für den Fall, dass eine solche Schädigung in Ausübung eines Rechtes erfolgt. Hier soll die Ersatzpflicht nur eingreifen, „wenn die Ausübung des Rechtes offenbar den Zweck hatte, den anderen zu schädigen". Die Bedeutung dieses Zusatzes ist umstritten (vgl dazu SCHWIMANN/HARRER ABGB § 1295 Rn 142). Die Rspr hat daraus zunächst ein **Schikaneverbot** abgeleitet (vgl OGH SZ 28 Nr 133; MADER 181 ff mwNw), das nur eingriff, wenn die Schädigungsabsicht den **einzigen** Grund der Rechtsausübung bildete (so noch OGH SZ 56 Nr 46). Dem ist in der Lit entgegengehalten worden, die Schädigung eines anderen müsse nach § 1295 Abs 2 ABGB „offenbar" – und nicht wie nach § 226 BGB „nur" – den Zweck haben, einen anderen zu schädigen (vgl F BYDLINSKI, Methodenlehre 497 Fn 244). Vor dem Hintergrund dieser Kritik lässt es die neuere Rspr ausreichen, dass das unlautere Motiv der Rechtsausübung das lautere **eindeutig überwiegt** (OGH ÖJZ 2005, 384, 385; ÖJZ 2004, 102, 104; JBl 2003, 375, 376; OGH SZ 63 Nr 49). Eine missbräuchliche Rechtsausübung ist danach anzunehmen, wenn zwischen den vom Handelnden verfolgten Interessen und den beeinträchtigten Interessen des anderen Teils ein krasses Missverhältnis besteht (OGH SZ 63 Nr 49; OGH WBl 1987, 37, 38) oder wenn der Schädigungszweck so sehr im Vordergrund steht, dass andere Ziele völlig in den Hintergrund treten (OGH ÖJZ 2004, 102, 104; JBl 2003, 375, 376; RUMMEL/REISCHAUER, ABGB [2. Aufl Wien 1992] § 1295 Rn 59 mwNw; krit SCHWIMANN/HARRER, ABGB § 1295 Rn 154). Der OGH mahnt hierbei zwar auch in neuerer Zeit noch zur Zurückhaltung. So sollen „selbst geringe Zweifel am Rechtsmissbrauch" den Ausschlag zu Gunsten des Rechtsinhabers geben (OGH ÖJZ 2004, 102, 104). Entscheidend ist aber, dass es im österreichischen Recht neben den reinen Schikanefällen eine **zweite Fallgruppe des § 1295 Abs 2** gibt, die den im deutschen Recht diskutierten Erscheinungsformen der **unzulässigen Rechtsausübung** weitgehend entspricht (ausf dazu MADER 183 ff, 321; ders, Neuere Judikatur zum Rechtsmissbrauch, JBl 1998, 677 ff; vgl auch P BYDLINSKI Rn 3/19; HARRER, Schadensersatzrecht [1999] 22).

dd) Zusammenfassung

1095 Zusammenfassend bleibt festzustellen, dass die österreichische Rspr trotz Fehlens einer dem § 242 vergleichbaren Generalklausel häufig zu den **gleichen Ergebnissen** wie die deutsche Rspr gelangt. Dabei darf auch der Einfluss der deutschen Rspr und Lit nicht unterschätzt werden (sehr deutlich etwa OGH SZ 57 Nr 46 mit Bezugnahme auf LARENZ). Dies heißt aber nicht, dass alle zu § 242 entwickelten Grundsätze auf das österreichische Recht übertragen werden können (vgl RUMMEL/RUMMEL, ABGB § 863 Rn 2). Insgesamt lässt sich vielmehr immer noch eine viel restriktivere Tendenz bei der Handhabung von Treu und Glauben ausmachen.

c) Schweiz

1096 Das schweizerische Zivilrecht regelt den Grundsatz von Treu und Glauben im **Einleitungstitel des ZGB** (Art 2). Aus systematischer Sicht hätte sich zwar auch das Obligationenrecht (OR) angeboten. Die Gesetzesverfasser haben jedoch erkannt, dass der Grundsatz von Treu und Glauben nicht nur im Schuldrecht Bedeutung erlangt (vgl DESCHENAUX, in: GUTZWILLER, Schweizerisches Privatrecht II [1967] § 17 I).

Art 2 Abs 1 ZGB bestimmt, dass „Jedermann ... in der Ausübung seiner Rechte und in der Erfüllung seiner Pflichten nach **Treu und Glauben** zu handeln" hat. Durch die allseitige, nicht nur den Schuldner in Bezug nehmende Formulierung wollten die Verfasser des ZGB die Notwendigkeit **wechselseitiger Rücksichtnahme** zum Ausdruck bringen. Gläubiger und Schuldner müssen also den gleichen Standard einhalten (Berner Kommentar/MERZ [1962] Art 2 ZGB Rn 17; DESCHENAUX, in: GUTZWILLER, Schweizerisches Privatrecht II [1967] § 17 II). In Verbindung mit Art 1 Abs 2 ZGB („Kann dem Gesetz keine Vorschrift entnommen werden, so soll das Gericht nach Gewohnheitsrecht und, wo auch ein solches fehlt, nach der Regel entscheiden, die es als Gesetzgeber aufstellen würde") ergibt sich hieraus eine dem französischen Code Civil geradezu entgegengesetzte Konzeption: Dem Richter wird ausdrücklich die Schaffung von Rechtsnormen erlaubt, welche die Rücksichtnahme auf die schutzwürdigen Interessen des Vertragspartners sicherstellen (STORME 5; zum inneren Zusammenhang zwischen Art 1 und Art 2 ZGB vgl auch Berner Kommentar/MEIER-HAYOZ Art 1 Rn 295 ff; TUOR/SCHNYDER/SCHMID § 6 I). Art 2 Abs 2 ZGB stellt darüber hinaus klar, dass der offenbare **Missbrauch eines Rechts** keinen Rechtsschutz findet. 1097

Das **Verhältnis zwischen den beiden Absätzen** des Art 2 ZGB ist umstritten. Die Rspr geht traditionell davon aus, dass Abs 2 lediglich eine besondere Ausprägung des in Abs 1 verankerten Grundprinzips regelt. Abs 2 kommt hiernach keine eigenständige Bedeutung zu. Nach der Gegenauffassung stellt Abs 2 die alleinige Ermächtigungsgrundlage für den Richter zu normberichtigenden Eingriffen dar. Der bloße Verstoß gegen Treu und Glauben soll solche Eingriffe nicht rechtfertigen. Vielmehr sei ein „offenbarer" Rechtsmissbrauch erforderlich (so Berner Kommentar/MERZ [1962] Art 2 ZGB Rn 22 ff, 39 ff mwNw; vgl auch DESCHENAUX, in: GUTZWILLER, Schweizerisches Privatrecht II [1967] § 17 III; TUOR/SCHNYDER/SCHMID § 6 IIIa; ZELLER, Treu und Glauben und Rechtsmißbrauchsverbot [Zürich 1981] 145 ff). 1098

Ähnlich wie in Deutschland dient der Grundsatz von Treu und Glauben auch in der Schweiz als Grundlage für eine **Vielzahl von Rechtsinstituten**, die es dem Richter ermöglichen, ein vertraglich oder gesetzlich begründetes Ergebnis zu korrigieren. Hierzu zählen insbesondere die Berücksichtigung veränderter Umstände (clausula rebus sic stantibus), die Begründung und Konkretisierung von Nebenpflichten, die Verwirkung sowie das Verbot widersprüchlichen oder sonst rechtsmissbräuchlichen Verhaltens (ausf dazu Berner Kommentar/MERZ [1962] Art 2 ZGB Rn 181 ff; DESCHENAUX, in: GUTZWILLER, Schweizerisches Privatrecht II [1967] § 18; TUOR/SCHNYDER/SCHMID § 6 IIIb). Zum Einfluss der deutschen auf die schweizerische Rspr bei diesen Fragen vgl RANIERI Revue internationale de droit comparé 1998, 1055, 1073 f; ders, Obligationenrecht 677 f mwNw. 1099

Nach einer in der Schweiz sehr verbreiteten Auffassung stellt die **Gesetzesumgehung** einen Sonderfall des Rechtsmissbrauchs dar. Dem wird jedoch zu Recht entgegengehalten, dass das Merkmal der Sonderverbindung in den Fällen der Gesetzesumgehung – anders als bei Art 2 ZGB – keine Rolle spielt (vgl Berner Kommentar/MERZ [1962] Art 2 Rn 92 ff; DESCHENAUX, in: GUTZWILLER, Schweizerisches Privatrecht II [1967] § 17 VI; TUOR/SCHNYDER/SCHMID § 6 IIIb (6); zur Abgrenzung s auch Rn 395 f). 1100

d) Italien

1101 Der italienische Codice Civile kodifiziert den Grundsatz von Treu und Glauben in **Art 1375 CC** („Il contratto deve essere eseguito secondo buona fede" – Der Vertrag ist nach Treu und Glauben auszuführen). Gleichwohl haben Treu und Glauben ebenso wie in Frankreich erst in den letzten Jahrzehnten größere Bedeutung erlangt (vgl Ranieri, Obligationenrecht 687, 696 ff mwNw). Zuvor hatte man auch in Italien auf verschiedene andere Institute (Auslegung von Willenserklärungen, Annahme eines stillschweigenden Verzichts etc) zurückgegriffen, um unangemessene Ergebnisse im Einzelfall zu vermeiden. In neuerer Zeit ist dagegen anerkannt, dass der Grundsatz von Treu und Glauben eine **allgemeine Grenze der Privatautonomie** aufstellt und die Parteien zur **Rücksichtnahme** auf die Interessen des jeweils anderen Teil verpflichtet (Cian/Trabucchi/Zaccaria Art 1375 Rn 10 f).

1102 Soweit es im Vertragsrecht um die Berücksichtigung rechtsethischer Prinzipien geht, hat **Art 1175 CC** neben Art 1375 CC große Bedeutung erlangt. Die Vorschrift bestimmt, dass Gläubiger und Schuldner sich bei der Ausübung ihrer vertraglichen Rechte „secondo le regole della correttezza" zu verhalten haben. In der Lit wird dies als spezielle Ausformung des Grundsatzes von Treu und Glauben bei der Ausübung vertraglicher Rechte verstanden, die mit der schweizerischen Vorschrift des Art 2 ZGB (dazu o Rn 1096 ff) vergleichbar sei (so Cian/Trabucchi/Zaccaria Art 1175 Rn I 1). Die Regeln der „correttezza" nehmen auf die in den Gesetzen (insbesondere der Verfassung) verankerten Wertungen sowie die Verkehrssitten Bezug (Cian/Trabucchi/Zaccaria Art 1175 Rn II 1). Sie dienen der Schaffung und Konkretisierung vertraglicher **Nebenpflichten** (Schutz-, Kooperations- und Informationspflichten) sowie der Begrenzung der Pflichten nach den Grundsätzen des **Rechtsmissbrauchs** und der **Verwirkung** (Cian/Trabucchi/Zaccaria Art 1175 Rn I 2, III).

1103 Der Codice Civile statuiert – ebenso wie das österreichische ABG – kein allgemeines Verbot des Rechtsmissbrauchs. **Art 833 CC** sieht lediglich ein Schikaneverbot vor, dass zudem auf die Ausübung des Eigentumsrechts begrenzt ist (vgl dazu A Zimmermann 82 ff). In der Lit finden sich zwar Ansätze, aus Art 833 CC ein **allgemeines Verbot des Rechtsmissbrauchs** (abuso del diritto) abzuleiten. Die Rspr ist dem aber bislang nicht gefolgt (vgl Cian/Trabucchi/Belloni Peressutti Art 833 Rn II 1). Im Vertragsrecht ist dies indes unproblematisch, weil hier auf Art 1175 CC (o Rn 1102) zurückgegriffen werden kann.

e) Niederlande

1104 Das alte niederländische Burgerlijk Wetboek von 1838 enthielt in Art 1374 Abs 3 und Art 1375 Vorschriften, die auf die **„goede trouw"** und die **„billijkheid"** Bezug nahmen (vgl Minke Rn 86). Entsprechend der romanischen Tradition des niederländischen Rechts wurden diese Vorschriften lange Zeit sehr restriktiv angewendet (vgl Ranieri Revue internationale de droit comparé 1998, 1055, 1076).

1105 Im Nieuw Burgerlijk Wetboek (NWB) – insoweit in Kraft seit dem 1. 1. 1992 – wird die Bedeutung von Treu und Glauben sehr viel stärker herausgestellt. So findet sich schon am Anfang der „algemene bepalingen" für Schuldverhältnisse in Art 6:2 NWB eine allgemeine Vorschrift über Treu und Glauben. Abs 1 schreibt zunächst vor, dass die **Parteien** sich gegenüber dem jeweils anderen Teil nach den Geboten von „redelijkheid en billijkheid" zu **verhalten** haben. Abs 2 enthält eine ausdrückliche Ermächtigung für den Richter, eine aufgrund von Gesetz, Gewohnheitsrecht oder rechtsgeschäftlicher Regelung zwischen den Parteien geltende Regelung nicht anzuwenden, wenn dies unter den gegebenen Umständen mit den Geboten von „redelijkheid en billijkheid" unvereinbar wäre (vgl dazu RANIERI Obligationenrecht 686; ZIMMERMANN JZ 1995, 477, 490). Darüber hinaus stellt Art 6: 248 NWB für **Verträge** klar, dass deren **Rechtswirkungen** sich nicht nur aus den Vereinbarungen der Parteien, sondern auch aus Gesetz, Gewohnheitsrecht und den Geboten von „redelijkheid en billijkheid" ergeben können. Im neuen niederländischen Recht kommt dem Grundsatz von Treu und Glauben somit eine überragende Bedeutung zu, die vielleicht sogar über die Bedeutung von § 242 im deutschen Recht hinausgeht (vgl LANDO/ BEALE 118).

Der Begriff von „**redelijkheid en billijkheid**" wird im dritten Buch des NWB erläutert, das die allgemeinen Regeln des Vermögensrechts enthält. Art 3: 12 NWB schreibt vor, dass man sich bei der Feststellung der Anforderungen von „redelijkheid en billijkheid" an den allgemein anerkannten Rechtsgrundsätzen, den in den Niederlanden lebendigen Rechtsüberzeugungen und den im Einzelfall betroffenen gesellschaftlichen und persönlichen Interessen zu orientieren hat (vgl dazu MINCKE Rn 86, 88; STAUDINGER/J SCHMIDT [1995] Rn 44). **1106**

Art 3: 13 statuiert schließlich ein allgemeines Verbot des **Rechtsmissbrauchs**, das ebenfalls für das gesamte Vermögensrecht (und auch darüber hinaus) gilt. Rechtsmissbrauch ist hiernach ua anzunehmen, wenn die Rechtsausübung den alleinigen Zweck hat, einem anderen zu schaden, wenn das Recht mit einem Ziel ausgeübt wird, zu dem es nicht verliehen worden ist, oder wenn eine Abwägung der beiderseitigen Interessen ergibt, dass das Recht redlicherweise nicht ausgeübt werden kann (vgl MINCKE Rn 86, 89). **1107**

3. Anglo-Amerikanischer Rechtskreis*

a) England
aa) Begriff und Bedeutung des good faith im englischen Common Law
Das **englische Common Law** hat ebenso wenig wie das schottische Recht (speziell zum schottischen Recht vgl aber LANDO/BEALE 118 mwNw) einen übergreifenden Grundsatz von Treu und Glauben entwickelt (vgl RIESENHUBER Rn 571 mwNw). Bis heute betrachten **1108**

---

* **Schrifttum**: ATIYAH, An Introduction to the Law of Contract (5. Aufl Oxford 1995); BEALE (Hrsg), Chitty on Contracts, Volume I – General Principles (29. Aufl London 2004); BEALE/BISHOP/FURMSTON, Contract, Cases and Materials (4. Aufl London 2001); CALAMARI/PERILLO, The Law of Contracts (5. Aufl St Paul, Minn 2003); FURMSTON, Cheshire, Fifoot and Furmston's law of contract (14. Aufl London 2001); GIESEN, Zur Konstruktion englischer Vertragsvereinbarungen, JZ 1993, 16; PALMIERI, Good Faith Disclosures Required During Precontractual Negotiations, 24 Seton Hall L Rev (1993) 70; REIMANN, Einführung in das US-amerikanische Privatrecht (2. Aufl 2004); ROHWER/SKROCKI, Contracts (5. Aufl St Paul, Minn 2000); STEYN, Contract law: Fulfilling the Reasonable Exptectations of Honest Men, Law Quarterly Review (1997) 446; TEUBNER, Legal Irritants: Good Faith in British Law or How Unifying Law Ends up in New Divergences, The Modern Law Review (1998) 11; TREITEL, The Law of Contract (10. Aufl London 2001); VORPEIL, Englisches Sachmängelrecht bei Warenlieferung, ZVglRWiss 103 (2004) 432.

die englischen Gerichte eine allgemeine Doktrin des **„good faith"** als „inherently repugnant to the adversarial position of the parties" und als „unworkable in practice" (Walford v Miles [1992] 1 AC 128, 138; s zu dieser Entscheidung FURMSTON 73 ff). Die ablehnende Haltung beruht darauf, dass im Common Law aus Gründen der **Gewaltenteilung** große Scheu gegenüber umfassenden Generalklauseln besteht (vgl ATIYAH 213; ZIMMERMANN/WHITTAKER 688). Damit einher geht ein grundsätzlicher **Vorrang der Rechtssicherheit** gegenüber der Einzelfallgerechtigkeit (STAPELTON 13 m Verweis auf GOODE, The concept of „Good Faith" in English Law).

1109 Die geringe Bedeutung der Einzelfallgerechtigkeit lässt sich auf die angelsächsische Sichtweise der **Funktion von Verträgen** zurückführen. Zwei Konzeptionen stehen sich dabei gegenüber: Auf der einen Seite wird darauf verwiesen, dass der Vertrag der Ermöglichung eines „market-individualism" dient, wobei der (vertrags-)rechtliche Rahmen nur den „competitive exchange" gewährleisten soll. Auf der anderen Seite finden sich aber auch Stimmen, nach denen der Vertrag (auch) die Sicherstellung eines „consumer-welfarism" bezweckt; die Aufgabe des Vertragsrechts wird dabei vornehmlich darin gesehen, Vertragsgerechtigkeit herzustellen (ausf dazu ADAMS/ BROWNSWORD, The Ideologies of Contract Law [1987] 7 Legal Studies 205 ff). In dieser Diskussion haben die englischen Richter sich lange Zeit für die Konzeption des „market individualism" entschieden, womit es keinen Anlass gab, eine übergreifende Pflicht zum Handeln nach Treu und Glauben zu konstruieren (zu dieser Auffassung zumindest mit Blick auf das heutige Common Law krit: ZIMMERMANN/WHITTAKER 698 f).

1110 Ob sich die gegenwärtige Praxis in England auf lange Sicht halten lässt, erscheint fraglich. So erklärt ATIYAH das Fehlen eines allgemeinen bona fides-Grundsatzes damit, dass dieses Konzept für die englischen Richter des 19. Jahrhunderts auf eine generelle rechtliche Anerkennung von moralischen Vorstellungen und Billigkeitserwägungen hinauslief, was mit den Anforderungen des Geschäftsverkehrs unvereinbar wäre; solche **Vorbehalte** hätten in neuerer Zeit ihre **Bedeutung verloren** (ATIYAH 213). Die wachsende „Verrechtlichung" von Treu und Glauben in den kontinentaleuropäischen Rechtsordnungen scheint die Akzeptanz des Instituts in England also zu fördern. Darüber hinaus wird zunehmend anerkannt, dass ein allgemeiner Grundsatz von Treu und Glauben ein hilfreiches „Korrekturwerkzeug" wäre (vgl STAPELTON 30). Dass ein solcher Grundsatz mit der Struktur des Common Law vereinbart werden kann, zeigt die Entwicklung in den **USA** (su Rn 1121 ff). Im Übrigen sind auch im **australischen** Common Law Bestrebungen erkennbar, einen allgemeinen Grundsatz von Treu und Glauben anzuerkennen (hierzu FURMSTON 28 und STAPELTON 34 f).

1111 Für eine stärkere Bedeutung von Treu und Glauben im künftigen englischen Common Law sprechen auch der **Einfluss des Gemeinschaftsrechts** sowie das wachsende Interesse an einem „European Contract Law". So hat der Begriff des „good faith" durch die Umsetzung der Richtlinie 93/13/EWG des Rates vom 5. 4. 1993 über missbräuchliche Klauseln in Verbraucherverträgen (dazu u Rn 1137) in das englische Recht Einzug gehalten, was dort eine lebhafte Diskussion ausgelöst hat (hierzu TEUBNER 11 ff, COLLINS, Good Faith in European Contract Law, Oxford Journal of Legal Studies [1994] 229; 249 ff; zum Verständnis von „good faith" in der Richtlinie vgl die Entscheidung des House of Lords vom 25. 10. 2001 in der Rechtssache The Director General of Fair Trading v First National Bank plc [2001] UKHL 52, abgedruckt in: ZEuP 2003, 865 ff m Anm MICKLITZ). Auch die

„Grundregeln des Europäischen Privatrechts" sehen in Art 1:201 Abs 1 vor, dass „jede Partei im Einklang mit den Geboten von Treu und Glauben und des redlichen Geschäftsverkehrs zu handeln" hat. In Bezug auf das englische Recht stellen die „Grundregeln" insoweit also nicht nur ein „restatement", sondern eine Weiterentwicklung dar (vBar/Zimmermann 116).

bb) Rückgriff auf andere Institute
(1) Historische Entwicklung: Die Equity-Rspr als Korrektiv
Anders als in Frankreich hat sich im Common Law auch kein allgemeines Rechtsinstitut des „abuse of rights" herausgebildet (Zimmermann/Whittaker 696). Die Zulässigkeit der Rechtsausübung hängt grundsätzlich nicht von den Motiven des Rechtsinhabers ab. So wurde in dem Fall **Chapmann v Honig** ([1963] 3 WLR 19, 32 [CA]) entschieden: „A person who has a right under a contract or other instruments is entitled to exercise it and can effectively exercise it for a good reason or a bad reason or no reason at all."

Historisch gesehen hat jedoch die sich parallel zum Common Law entwickelnde **Equity-Rspr** die Aufgabe übernommen, bestimmte nach den starren Regeln des Common Law erzielte Ergebnisse zugunsten einer „gerechteren" Entscheidung abzuändern (vgl Zimmermann/Whittaker 675; Zweigert/Kötz 184 ff). Die englische Rspr betont heute noch, dass eine der traditionellen Aufgaben der Equity-Rspr darin bestand, im Rahmen bestimmter Rechtsverhältnissen eine mit den Anforderungen von „good faith" unvereinbare Ausübung des „strikten Rechts" zu beschränken (O'Neill v Phillips [1999] 1 WLR 1092, 1098).

Die Prinzipien der englischen Equity-Rspr haben im Laufe der Zeit, ganz ähnlich wie die deutsche Rspr zu § 242, ein „Eigenleben" entwickelt, das sich nur in **Fallgruppen** darstellen lässt (vgl dazu Hesselink 305). Zwar wurden die Equity-Gerichte bereits 1873 mit den Common Law-Gerichten zusammengeführt, womit in der Folgezeit auch die Prinzipien von Common Law und Equity verschmolzen sind (vgl zu dieser Entwicklung Zweigert/Kötz 195 f). Jedoch sind einige der nachfolgend dargestellten Rechtsfiguren (zB „estoppel", „specific performance") nur vor dem Hintergrund der früheren Equity-Rspr zu verstehen.

(2) Die einzelnen Rechtsinstitute
Auch wenn das Common Law nach wie vor keinen allgemeinen Grundsatz von Treu und Glauben kennt, gibt es im englischen Recht doch eine Vielzahl von spezifischen Rechtsinstituten, mit deren Hilfe das **Ergebnis** aus Gründen der Fairness **im Einzelfall korrigiert** werden kann (vgl Interfoto Picture Library Ltd v Stiletto Visual Programmes Ltd [1989] QB 433, 439 [CA]: „piecemeal solutions"; vgl auch Lando/Beale 117 f; Zimmermann/ Whittaker 676). Einige besonders wichtige Institute sollen im Folgenden kurz dargestellt werden.

Wie keine andere europäische Rechtsordnung hat das Common Law Grundsätze der **Auslegung von Willenserklärungen** entwickelt, um unangemessene Ergebnisse unter Berücksichtigung der berechtigten Erwartungen des Vertragspartners zu vermeiden. Regeln von „fairness", „reasonableness" sowie der Satz „a party in default under a contract cannot take advantage of his own wrong" werden häufig durch Auslegung oder „implied terms" in Vertragsbeziehungen durchgesetzt (vgl die Darstellung der Rspr in BEALE Rn 1-025 ff). Zur Begründung von **„implied terms"** wendet die Rspr den „officious bystander-test" an: Bei einer Vertragslücke wird die Auslegung gewählt, welcher die Vertragsparteien bei den Verhandlungen sicherlich zugestimmt hätten, wenn ihnen eine solche Lösung vorgeschlagen worden wäre (grundlegend dazu Shirlaw v Southern Foundries [1939] 2 KB 206, 277). Mit einer solchen ergänzenden Auslegung wurden auch die frühen Fälle der „hardship" (des „Wegfalls der Geschäftsgrundlage") gelöst (hierzu ZIMMERMANN/WHITTAKER 681; ZWEIGERT/KÖTZ 530). In Anwendung dieser Auslegungstechniken hat sich inzwischen eine Rspr herausgebildet, zu der ein hoher englischer Richter geschrieben hat: „there is not a world of a difference between the objective requirement of good faith and the reasonable expectations of the parties" (STEYN 450).

1117 Im **Leistungsstörungsrecht** hat der englische Richter zu entscheiden, ob eine verletzte Pflicht eine „condition" (die zum Rücktritt berechtigt) oder eine „warranty" (die nur Schadensersatzansprüche begründet) ist. Der Begriff der „condition" umfasst nach der englischen Rspr alle Vertragspflichten, die für die Durchführung des Vertrages von wesentlicher Bedeutung sind (s Couchman v Hill [1947] KB 554 [CA]; zur Abgrenzung von „condition" und „warranty" vgl auch TREITEL 731 ff; aus der deutschen Lit ZWEIGERT/KÖTZ 504 f; GIESEN JZ 1993, 16, 19 ff; NICKEL/SAENGER, Die warranty-Haftung des englischen Rechts, JZ 1991, 1050, 1051; zu den mit der Umsetzung der Verbrauchsgüterkaufrichtlinie verbundenen Ergänzungen des englischen Rechts vgl VORPEIL ZVglRWiss 103 [2004], 432, 434 ff). In der Entscheidung **Hong Kong Fir Shipping Co Ltd v Kawasaki Kisen Kaisha Ltd** ([1962] 1 All ER 474 [CA]) wurde jedoch klargestellt, dass eine „condition" nicht anzunehmen ist, wenn dem Gläubiger wegen des geringen Schadens zugemutet werden kann, sich auf Schadensersatzansprüche zu beschränken, und es Anzeichen dafür gibt, dass der Gläubiger sich letztlich nur wegen gesunkener Gewinnaussichten vom Vertrag lösen will. In diesem Sinne lassen sich einige weitere Präzedenzfälle (zB Cehave NV v Bremer Handelsgesellschaft mbH, The Hansa Nord [1975] 3 All ER 739 [CA]; vgl auch BEALE/BISHOP/ FURMSTON 501 f) auf die Gedanken zurückführen, dass die Ausübung des Rücktrittsrechts wegen **Unerhältnismäßigkeit** unzulässig sein kann (vgl GIESEN JZ 1993, 16, 20). Inzwischen wird in der englischen Rspr und Lit überwiegend davon ausgegangen, dass es neben „conditions" und „warranties" eine dritte Art der Vertragspflichten („intermediate terms") gibt, deren Verletzung nur unter bestimmten zusätzlichen Voraussetzungen zum Rücktritt berechtigt (vgl ATIYAH 176 f; TREITEL 739 ff, 320).

1118 Ein anderes wichtiges Instrument zur Verwirklichung gerechter Ergebnisse ist der im Equity-Recht des 19. Jahrhunderts entwickelte **„promissory estoppel".** Das englische Vertragsrecht verlangt für die Wirksamkeit von Rechtsgeschäften eine Gegenleistung („consideration") (hierzu ZWEIGERT/KÖTZ 384 ff). In **Central London Property Trust v High Trees House Ltd** ([1974] KB 130) stellte sich die Frage, ob der Vermieter fünf Jahre nach einem (ohne Gegenleistung erfolgten) Mietnachlass unter Verweis auf die fehlende „consideration" wieder den ursprünglichen Mietzins verlangen konnte. In einem obiter dictum, das Grundlage für die neuere promissory-estoppel-Rspr wurde (s die Darstellung in FURMSTON 100 ff), machte Richter DENNING klar, dass der Vermieter für den zurückliegenden fünfjährigen Zeitraum von der Geltendmachung des ursprünglichen Mietzinses „estopped" war. Die Rechtsfigur des „promissory estoppel" dient hier also zur Rechtfertigung eines Ergebnisses, das man durchaus auch mit einer übergreifenden Treu und Glauben-Regel hätte begründen können (vgl zu dieser Parallele STAPELTON 15; ZIMMERMANN/WHITTAKER 692).

Dasselbe gilt mit Blick auf die Rechtsfigur der „**economic duress**". Danach ist ein **1119** Vertrag unwirksam, der von einer Vertragspartei unter Ausübung wirtschaftlichen Drucks erzwungen wurde. Leading case ist **North Ocean Shipping Co Ltd v Hyundai Construction Ltd** ([1979] QB 705): Hier erzwang eine Werft eine Zahlungserhöhung von 10 Prozent, obwohl sie wusste, dass der Besteller das Schiff bereits verchartert hatte und deshalb unter beträchtlichem wirtschaftlichen Druck stand. Die Richter bejahten die Voraussetzungen der „economic duress". Im Anschluss an diese Entscheidung wird in der Lit darüber diskutiert, ob ein Teil der bislang unter dem Gesichtspunkt der „estoppel"-Doktrin erörterten Fälle nicht letztlich auf dem Gedanken der „economic duress" beruht (vgl BEALE Rn 7–016).

Schließlich stehen dem englischen Richter bei der Frage, ob der Gläubiger Erfüllung **1120** in natura („**specific performance**") fordern kann, Instrumentarien zur Verfügung, die einer Anwendung von Treu und Glauben funktional nahe kommen. Im englischen Recht ist specific performance die Ausnahme, Schadensersatz in Geld dagegen der Regelfall (hierzu ZWEIGERT/KÖTZ 477 ff; zu den Besonderheiten beim Verbrauchsgüterkauf VORPEIL ZVglRWiss 103 [2004] 432, 435 ff). Jedoch hat der englische Richter die von der Equity-Rspr entwickelte Möglichkeit, nach seinem Ermessen „specific performance" anzuordnen. Bei der Ausübung des Ermessens kommt es entscheidend darauf an, ob die Zuerkennung von Schadensersatz in Geld „adäquat" ist. Dabei spielen Fragen der Einzelfallgerechtigkeit und der Fairness eine immer wichtigere Rolle (vgl Evans Marshall & Co Ltd v Bertola [1973] WLR 349, 379; BEALE Rn 27–031).

b) USA

Dem **US-amerikanischen Common Law** war ein allgemeiner Grundsatz von Treu und **1121** Glauben lange Zeit ebenfalls fremd. Seit Mitte des 20. Jahrhunderts ist eine allgemeine Pflicht, im Rahmen von **Verträgen** nach Treu und Glauben zu handeln, dem Grundsatz nach aber weitgehend anerkannt (vgl CALAMARI/PERILLO 457; ROHWER/SKROCKI 262; SUMMERS, in: ZIMMERMANN/WHITTAKER 118 ff; PALMIERI 24 Seton Hall L Rev [1993] 70, 84 ff), insbesondere für den Bereich des Warenkaufs. Prägende Bedeutung kommt dem Uniform Commercial Code (UCC) zu, der in allen US-amerikanischen Bundesstaaten – in Louisianna freilich mit gewissen Einschränkungen – übernommen worden ist (allg z UCC BURNHAM, Introduction to the Law and Legal System of the United States [2. Aufl St Paul, Minn 1999] 384 ff; REIMANN 24; ZWEIGERT/KÖTZ 247; zu neueren Entwicklungen FLECHTNER, Substantial Revisions to US Domestic Sales Law [Article 2 of the Uniform Commercial Code], IHR 2004, 225 ff). So heißt es in Section 1–203 UCC: „Every contract or duty within this Act imposes an obligation of good faith in its performance or enforcement." Eine entsprechende Bestimmung findet sich für Verträge in **Section 205 des Restatement (Second) of Contracts von 1979**: „Every contract imposes upon each party a duty of good faith and fair dealing in its performance and its enforcement" (ausf dazu PALMIERI 24 Seton Hall L Rev [1993] 70, 95 ff; allg zu den Restatements of Law REIMANN 6 f; ZWEIGERT/KÖTZ 246).

Nach dem in den USA vorherrschenden Verständnis beruht die „duty of good faith" **1122** auf dem Vertrag. Im **vorvertraglichen Stadium** wird eine entsprechende Pflicht daher abgelehnt (vgl CALAMARI/PERILLO 460; ROHWER/SKROCKI 262 ff, 431 f). Es gilt vielmehr der Grundsatz des „caveat emptor". In der neueren Lit finden sich aber Ansätze, den Parteien gewisse vorvertragliche Aufklärungspflichten aufzuerlegen (PALMIERI 24 Seton Hall L Rev [1993] 70, 181 ff).

1123 Die neuere amerikanischen Lit misst dem Grundsatz des „good faith" verschiedene Funktionen bei. Neben der **Auslegung von Verträgen** geht es vor allem um die **Konkretisierung und Ausweitung** vertraglicher Rechte und Pflichten bis hin zur **Schaffung neuer Rechte und Pflichten,** selbst gegen die ausdrücklichen oder stillschweigenden Vereinbarungen der Parteien (vgl Rohwer/Skrocki 268 ff). Dem Grundsatz von Treu und Glauben kommt damit im amerikanischen Recht eine gewisse Konkretisierungs- und Ergänzungsfunktion zu, deren Grenzen noch ungeklärt sind.

1124 Aus rechtspolitischer Sicht stößt die wachsende Bedeutung des „good faith" in den USA unter dem Aspekt der **„Sozialisierung des Vertragsrechts"** zum Teil auf Bedenken. Dabei wird ebenso wie in Frankreich (so Rn 1081) geltend gemacht, dass solche Einschränkungen der Vertragsfreiheit nur dem Gesetzgeber und nicht dem Richter zustehen (s Rohwer/Skrocki 271).

1125 Neben dem Gebot des „good faith" hat sich im amerikanischen Recht mit gewissen Überschneidungen ein eigenständiges Verbot des **„abuse of rights"** entwickelt. Repräsentativ ist der Fall, dass der Eigentümer auf seinem Grundstück einen Zaun errichtet, um dem Nachbarn Licht und Luft zu entziehen. Das Verbot des „abuse of rights" geht aber über solche „klassischen" Schikanekonstellationen hinaus und erfasst alle Fälle, in denen ein Recht aus böswilligem Beweggrund („malicious motive"), ohne vernünftiges Eigeninteresse oder zu einem unzulässigen Zweck ausgeübt wird (ausf dazu Calamari/Perillo 461 ff).

4. Internationale Regelwerke*

a) UN-Kaufrecht

1126 Der Grundsatz von Treu und Glauben findet sich auch in **Staatsverträgen** schuldrechtlichen Inhalts, an denen die Bundesrepublik Deutschland beteiligt ist. Im Vordergrund steht das **UN-Kaufrecht (CISG),** das für die Bundesrepublik am 1.1.1991 in Kraft getreten ist (allg dazu Staudinger/Olzen Einl 305 f zu §§ 241 ff). Das UN-Kaufrecht hat die beiden **Haager Kaufrechtsübereinkommen** von 1964 abgelöst, die durch das Einheitliche Gesetz über den internationalen Kauf beweglicher Sachen **(EKG)** vom 17.7.1973 (BGBl I 856) und das Einheitliche Gesetz über den Abschluss von internationalen Kaufverträgen über bewegliche Sachen **(EAG)** vom 17.7.1973 (BGBl I 868) umgesetzt worden waren (zur Bedeutung von Treu und Glauben in diesen Gesetzen Staudinger/J Schmidt [1995] Rn 38).

---

* **Schrifttum**: Bonell, UNIDROIT Principles 2004 – The New Edition of the Principles of International Commercial Contracts adopted by the International Institute for the Unification of Private Law, Uniform Law Review 9 (2004) 5, abrufbar unter http://www.unidroit.org/english/principles/contracts/principles2004/2004-1-bonell.pdf; Keinath, Der gute Glauben im UN-Kaufrecht (1997); Schilf, UNIDROIT-Principles 2004 – Auf dem Weg zu einem Allgemeinen Teil des internationalen Einheitsprivatrechts, IHR 2004, 236; Schlechtriem, Internationales UN-Kaufrecht (3. Aufl 2005); Schlechtriem/Schwenzer, Kommentar zum Einheitlichen UN-Kaufrecht – CISG (4. Aufl 2004); Zimmermann, Die Unidroit-Grundregeln der internationalen Handelsverträge in vergleichender Perspektive, ZEuP 2005, 264; ders, Die Principles of European Contract Law als Ausdruck und Gegenstand europäischer Rechtswissenschaft (Teil 1), Jura 2005, 289.

Art 7 Abs 1 schreibt ua vor, bei der Auslegung des CISG die Notwendigkeit zu **1127** berücksichtigen, seine einheitliche Anwendung und die **Wahrung des guten Glaubens im internationalen Handel** zu fördern. Nach der Terminologie des deutschen Rechts ist die Bezugnahme auf den guten Glauben missverständlich; die englische und französische Fassung („good faith", „bonne foi") zeigen aber, dass es hier (auch) um Treu und Glauben geht. Rspr und Lit erkennen daher zu Recht an, dass der Begriff des „guten Glaubens" im CISG auch typische Ausprägungen von Treu und Glauben wie das **Verbot des venire contra factum proprium** und das **Verbot missbräuchlicher Rechtsausübung** erfasst (vgl OLG München ZIP 2005, 175 [L] = OLG-Report München 2004, 452; OLG Karlsruhe BB 1998, 392, 395; Melis, in: Honsell [Hrsg] Kommentar zum UN-Kaufrecht [1996] Art 7 CISG Rn 13; MünchKomm/Westermann Art 7 CISG Rn 6; Schlechtriem/Schwenzer/Ferrari Art 7 CISG Rn 50; Staudinger/Magnus [2005] Art 7 CISG Rn 25).

Art 7 Abs 1 betrifft unmittelbar nur die **Auslegung des CISG**. Ob die Geltung von **1128** Treu und Glauben als **Verhaltensnorm für die Parteien** auf diese Vorschrift gestützt werden kann, bleibt daher streitig (dafür zB OLG München ZIP 2005, 175 [LS] = OLG-Report München 2004, 452; Staudinger/Magnus [2005] Art 7 CISG Rn 10, 29; dagegen MünchKomm/Westermann Art 7 CISG Rn 6; Soergel/Lüderitz/Fenge Art 7 CISG Rn 8; ausf dazu Keinath 195 ff mwNw). Anerkannt ist jedoch, dass Treu und Glauben zu den **allgemeinen Grundsätzen des CISG** gehören und somit im Verhältnis zwischen den Parteien jedenfalls über Art 7 Abs 2 CISG zu beachten sind (Soergel/Lüderitz/Fenge Art 7 CISG Rn 8; vgl auch Schlechtriem/Schwenzer/Ferrari Art 7 CISG Rn 49 ff; Staudinger/Magnus [2005] Art 7 CISG Rn 43; Schlechtriem, UN-Kaufrecht Rn 44).

b) Principles of European Contract Law

Bei den **Vorarbeiten** zu den Principles of European Contract Law (PECL) (allg dazu **1129** Staudinger/Olzen Einl 291 f zu §§ 241 ff) war die Aufnahme einer „offenen Norm" von Treu und Glauben strittig. Manche lehnten dies mit der Erwägung ab, dass die unter Verweis auf die jeweilige nationale Regelung von Treu und Glauben entwickelten Rechtsinstitute auch ohne eine solche „offene Norm" entstanden wären (vgl Hesselink 304). Dabei wurde insbesondere auf das englische Common Law verwiesen, das ohne Rückgriff auf Treu und Glauben oftmals ähnliche Rechtsinstitute hervorgebracht habe (Hesselink 308 mit Beispielen).

Die Verfasser der PECL haben den Grundsatz von Treu und Glauben trotz dieser **1130** Bedenken an zwei Stellen aufgegriffen: Während Treu und Glauben gem Art 1:106 bei der **Auslegung der Principles** „gefördert" werden sollen, bestimmt Art 1:201 Abs 1, dass jede Partei „in Einklang mit den Geboten von Treu und Glauben und des redlichen Geschäftsverkehrs" („in accordance with good faith and fair dealing") zu handeln hat (vgl vBar/Zimmermann 110; Lando/Beale 113; Ranieri, Obligationenrecht 688; Zimmermann Jura 2005, 289, 295). Dem Grundsatz von Treu und Glauben kommt somit nicht nur eine formale Funktion iS einer **Ermächtigungsnorm für den Richter**, sondern auch eine inhaltliche Funktion iS einer **Verhaltensnorm für die Parteien** zu (vgl Zimmermann JZ 1995, 477, 491; zu den verschiedenen Funktionen von Treu und Glauben aus rechtsvergleichender Sicht so Rn 1078). Die Kommentierung stellt klar, dass es den Verfassern um die Statuierung eines **allgemeinen Rechtsprinzips** ging (Lando/Beale 113). Nach Art 1:201 Abs 2 PECL handelt es sich dabei um zwingendes Recht.

Welche Bedeutung der Unterscheidung von „good faith" und „fair dealing" in **1131**

Art 1:201 Abs 1 PECL zukommen soll, lässt sich der Kommentierung entnehmen: Während der Begriff des **"good faith"** sich auf subjektive Elemente („honesty and fairness in mind") beziehe, verweise der Begriff des **"fair dealing"** auf objektive Anforderungen. Letztlich gehe es um die gleichen Inhalte, die durch den französischen Begriff der „bonne foi" und den deutschen Begriff von „Treu und Glauben" umschrieben werden (LANDO/BEALE 115 f).

1132 Die Kommentierung zu Art 1:201 PECL hebt ferner hervor, dass die Einschränkung bzw Korrektur einer gesetzlichen Vorschrift oder einer an sich gültigen Vertragsklausel aus Gründen der **Einzelfallgerechtigkeit** dem Gedanken der **Rechtssicherheit** widersprechen kann (allg zu dieser Problematik o Rn 122). Ob dann der Einzelfallgerechtigkeit Vorrang zukommt, soll ua davon abhängen, in welchem Maße Rechtssicherheit und Vorhersehbarkeit der Ergebnisse beeinträchtigt würden (LANDO/BEALE 116; vBAR/ZIMMERMANN 113). Ebenso wie im deutschen Recht muss also eine Interessenabwägung im Einzelfall den Ausschlag geben.

1133 Als besonders wichtige Ausprägung von Treu und Glauben haben die Verfasser der PECL das **Verbot widersprüchlichen Verhaltens** angesehen. Anders als in den neuen UNIDROIT-Principles (su Rn 1135 f) wurde diese Fallgruppe in den PECL zwar nicht gesondert geregelt. Die Kommentierung stellt aber klar, dass Art 1:201 PECL auch in dieser Hinsicht ein allgemeines Rechtsprinzip statuiere, das über die in den PECL ausgeformten Einzelfälle widersprüchlichen Verhaltens (zB Art 2:202 Abs 3) hinausgehe (LANDO/BEALE 114 f).

1134 Demgegenüber hat die **Kooperationspflicht der Parteien** in Art 1:202 PECL eine gesonderte Regelung erfahren. Die Kommentierung weist zutreffend darauf hin, dass diese Pflicht in den meisten europäischen Rechtsordnungen als Ausfluss von Treu und Glauben angesehen werde (vgl LANDO/BEALE 121 mwNw).

c) UNIDROIT-Principles of International Commercial Contracts

1135 Die 1994 vom Römischen Institut für die Vereinheitlichung des Privatrechts (UNIDROIT) veröffentlichten **"Principles of International Commercial Contracts"** (PICC) (dazu STAUDINGER/OLZEN Einl 298 zu §§ 241 ff) regeln den Grundsatz von Treu und Glauben in **Art 1.7**. Die Grundregel findet sich in Abs 1: „Every party must act in accordance with good faith and fair dealing in international trade." Von Art 1:201 Abs 1 PECL unterscheidet die Vorschrift sich somit nur durch die Bezugnahme auf den **internationalen Handelsverkehr**. Nach der Begründung zu Art 1.7 Abs 1 PICC hat dies zur Folge, dass die Begriffe des **"good faith"** und des **"fair dealing"** nicht nach den gewöhnlichen Standards der einzelnen nationalen Rechtsordnungen auszulegen sind. Diese Standards seien vielmehr nur insoweit maßgeblich, wie sie in den verschiedenen Rechtsordnungen allgemein anerkannt wären. Auch dann müssten aber die spezifischen Anforderungen des internationalen Handelsverkehrs berücksichtigt werden. Art 1.7 Abs 2 PICC stellt in Übereinstimmung mit Art 1:201: Abs 2 PECL klar, dass die Pflicht aus Abs 1 weder ausgeschlossen noch eingeschränkt werden kann.

1136 Das Römische Institut für die Vereinheitlichung des Privatrechts hat **2004** eine **überarbeitete und erweiterte Fassung der UNIDROIT-Principles** veröffentlicht (abgedruckt in IHR 2004, 257 ff; deutsche Übersetzung in ZEuP 2005, 470 ff; ausf dazu BONELL Uniform

Law Review 9 [2004] 5 ff; SCHILF IHR 2004, 236 ff; ZIMMERMANN ZEuP 2005, 264 ff). Während Art 1.7 unverändert blieb, hat eine besondere Ausprägung von Treu und Glauben – nämlich das **Verbot widersprüchlichen Verhaltens** („principle of the prohibition of inconsistent behaviour") – in Art 1.8 eine ausdrückliche Regelung gefunden: „A party cannot act inconsistently with an understanding it has caused the other party to have and upon which that other party reasonably has acted in reliance to its detriment." Den Verfassern ging es dabei um eine genaue Definition der Voraussetzungen des venire contra factum proprium (vgl ZIMMERMANN ZEuP 2005, 264, 285). Als Rechtsfolgen kommen die Schaffung, der Verlust oder die Abänderung eines Rechts in Betracht (vgl BONELL Uniform Law Review 9 [2004] 5 [unter II 2 b]; SCHILF IHR 2004, 236, 239).

5. Treu und Glauben im Gemeinschaftsprivatrecht*

Der Grundsatz von **Treu und Glauben** hat auch im Privatrecht der Europäischen Union (zum Begriff HEIDERHOFF XI) Niederschlag gefunden (vgl RIESENHUBER Rn 541 ff mwNw; ferner FLEISCHER JZ 2003, 865, 871, der den Grundsatz von Treu und Glauben sogar zu den „gemeinschaftsrechtlichen Fixsternen" zählt), insbesondere in Art 3 Abs 1 der Klauselrichtlinie (93/13/EWG), Art 3 Abs 1 der Handelsvertreterrichtlinie (86/653/EWG) und Art 6 Abs 1 lit a der Datenschutzrichtlinie (95/46/EG). Darüber hinaus finden sich in einigen Richtlinien spezifische Ausprägungen von Treu und Glauben. So wird die Begrenzung des Wahlrechts des Käufers zwischen Nachbesserung und Nachlieferung unter dem Aspekt der Verhältnismäßigkeit in Art 3 Abs 3 der Verbrauchsgüterkaufrichtlinie (1999/44/EG) als Ausfluss dieses Prinzips verstanden (BIANCA, in: GRUNDMANN/BIANCA, EU-Kaufrechts-Richtlinie [2002] Art 3 Rn 56; RIESENHUBER Rn 561). Ein **eigenständiger gemeinschaftsprivatrechtlicher Begriff** von Treu und Glauben hat sich jedoch noch nicht entwickelt (so auch HEIDERHOFF 123 f; RIESENHUBER Rn 572; A ZIMMERMANN 190), zumal der EuGH insoweit sehr zurückhaltend ist. So hat das Gericht mit Blick auf Art 3 Abs 1 der Klauselrichtlinie ausgeführt, es könne zwar die darin verwendeten allgemeinen Kriterien (wie insbesondere Treu und Glauben) auslegen; ob eine bestimmte Klausel rechtsmissbräuchlich sei, müsse aber das zuständige nationale Gericht unter Berücksichtigung der Besonderheiten des jeweiligen Rechtssystems feststellen (EuGH Rs C-237/02 NJW 2004, 1647 = ZIP 2004, 1053 [Freiburger Kommunalbauten]; dazu HEIDERHOFF 124; MARKWARDT, Inhaltskontrolle von AGB-Klauseln durch den EuGH, ZIP 2005, 152 ff; ROSENFELD Anm GPR 2005, 71 ff; RÖTHEL, Missbräuchlichkeitskontrolle nach der Klauselrichtlinie: Aufgabenteilung im supranationalen Konkretisierungsdialog, ZEuP 2005, 418, 421 ff).

Wesentlich größere Bedeutung als der allgemeine Grundsatz von Treu und Glauben hat im Gemeinschaftsprivatrecht das **Verbot des Rechtsmissbrauchs** (vgl HEIDERHOFF 122 f; RIESENHUBER Rn 573 ff; A ZIMMERMANN 199 ff; FLEISCHER JZ 2003, 865 ff; speziell mit Blick auf das Gesellschaftsrecht SCHÖN, Der „Rechtsmissbrauch" im Europäischen Gesellschaftsrecht, in: FS Wiedemann [2002] 1271 ff). So geht der EuGH in stRspr davon aus, dass eine missbräuchliche oder betrügerische Berufung auf Gemeinschaftsrecht unzulässig sei (vgl EuGH Rs C-367/96 Slg 1998 I-2843 Rn 20 ff [Kefalas]; Rs C-212/97 Slg 1999 I-1459 Rn 24 = NJW 1999, 2027 [Centros]). Das Gericht hat bislang aber kein eigenständiges gemeinschafts-

---

* **Schrifttum**: HEIDERHOFF, Gemeinschaftsprivatrecht (2005).

rechtliches Institut des Rechtsmissbrauchs entwickelt, sondern den nationalen Gerichten den Rückgriff auf die einschlägigen innerstaatlichen Vorschriften erlaubt, soweit die volle Wirksamkeit und die einheitliche Anwendung des Gemeinschaftsrechts in den Mitgliedsstaaten nicht beeinträchtigt werden (EuGH Rs C-367/96 aaO; vgl hierzu RIESENHUBER Rn 573 ff; LOOSCHELDERS Anm JR 2005, 286, 287). Der EuGH konkretisiert damit nicht den Inhalt des Rechtsmissbrauchsverbots, sondern dessen Grenzen. In der Lit wird das Verbot des Rechtsmissbrauchs gleichwohl bereits zu den **allgemeinen Rechtsgrundsätzen des Gemeinschaftsrechts** gezählt. Die Rechtsquelle soll aber nicht das Gemeinschaftsrecht selbst bilden; vielmehr seien die in den mitgliedsstaatlichen Privatrechten verankerten Missbrauchsverbote in das Gemeinschaftsprivatrecht „hinüber gewachsen" (so HEIDERHOFF 122; iE auch FLEISCHER JZ 2003, 865, 871). Eine ähnliche Entwicklung zeichnet sich für den **Grundsatz von Treu und Glauben** ab. Mit Blick auf das Ziel eines Europäischen Zivilgesetzbuchs lassen sich in der europäischen Rechtswissenschaft jedenfalls immer weniger Vorbehalte gegenüber einer „offenen Norm" von Treu und Glauben ausmachen.

1139 Da das Verbot rechtsmissbräuchlichen Verhaltens im Gemeinschaftsrecht anerkannt ist, kann es bei der Anwendung des inländischen Rechts auch dann herangezogen werden, wenn die in Frage stehende Vorschrift auf einer **EG-Richtlinie** beruht. So hat der BGH in einer neueren Entscheidung dargelegt, dass der Käufer unter dem Aspekt des **venire contra factum proprium** (so Rn 286 ff) gehindert sei, sich auf die in Umsetzung der Verbrauchsgüterkaufrichtlinie erlassenen Vorschriften über den Verbrauchsgüterkauf (§§ 474 ff) zu berufen, wenn er gegenüber dem Verkäufer einen gewerblichen Verwendungszweck vorgetäuscht hat (BGH NJW 2005, 1045, 1046 = JR 2005, 284 m Anm LOOSCHELDERS; MünchKomm/BASEDOW § 310 Rn 48 zu § 310 Abs 3; s dazu auch o Rn 741).

6. Zusammenfassung

1140 Im Ergebnis bleibt festzuhalten, dass alle dargestellten Rechtsordnungen und Regelwerke Institute entwickelt haben, um den berechtigten Interessen der anderen Partei im Einzelfall gegenüber den Regeln des „strengen Rechts" Rechnung tragen zu können (vgl ZIMMERMANN/WHITTAKER 679). Dogmatisch geht der Weg allerdings nicht immer über eine objektive Klausel von **„Treu und Glauben", „good faith"** oder **„bonne foi"**, obwohl eine solche Begrifflichkeit in fast allen untersuchten Rechtsordnungen vorhanden ist.

1141 Besonders große Bedeutung kommt dem Grundsatz von Treu und Glauben im deutschen Recht zu; er wird hier sogar als **„stilbildendes Element"** angesehen (LANDO/BEALE 116; allg zum Stil der Rechtskreise ZWEIGERT/KÖTZ 62 ff). Im schweizerischen und neuen niederländischen Recht nimmt der Grundsatz von Treu und Glauben ebenfalls eine herausragende Stellung ein. In vielen anderen Rechtsordnungen lässt sich eine zunehmende Bedeutung verzeichnen. Dies spiegelt sich in den neueren internationalen Regelwerken (UN-Kaufrecht, PECL, UNIDROIT-Principles) sowie im europäischen Gemeinschaftsprivatrecht wieder. Die damit einhergehende **Einschränkung der Vertragsfreiheit** wird zwar in vielen Rechtsordnungen kritisch betrachtet (so Rn 1124). Die in der deutschen Lit entwickelten Ansätze zu einem **materiellen Verständnis der Privatautonomie** machen jedoch deutlich, dass eine stärkere Berücksichtigung von Treu und Glauben mit dem Gedanken der Vertragsfreiheit in

Einklang gebracht werden kann. Vorbehalte bestehen häufig auch mit Blick auf den Grundsatz der **Gewaltenteilung** (so Rn 1081 und 1108). Weiterführend ist hier aber der Gedanke, dass der Richter sich bei der Konkretisierung von Treu und Glauben nicht an den eigenen Wertvorstellungen orientieren darf, sondern die in der Rechtsordnung verankerten Wertungen des Gesetzgebers zugrunde legen muss.

§ 243
Gattungsschuld

(1) Wer eine nur der Gattung nach bestimmte Sache schuldet, hat eine Sache von mittlerer Art und Güte zu leisten.

(2) Hat der Schuldner das zur Leistung einer solchen Sache seinerseits Erforderliche getan, so beschränkt sich das Schuldverhältnis auf diese Sache.

Materialien: E I §§ 213, 214; II § 207; III § 237; Mot II 10 ff = MUGDAN II 6 f; Prot I 285 ff = MUGDAN II 505 ff; JAKOBS/SCHUBERT I 49 ff.

Schrifttum

ADAM, Die Entwicklung der Gattungsschuld im gemeinen Recht (Diss Würzburg 1960)
AMEND, Schuldrechtsreform und Mängelhaftung beim Gattungsvermächtnis, ZEV 2002, 227
BALLERSTEDT, Zur Lehre vom Gattungskauf, in: (1.) FS Nipperdey (1955) 261
BERNDORFF, Die Gattungsschuld (1900)
A BLOMEYER, Studien zur Bedingungslehre I 87
BUCK, Die Gattungsschuld im deutschen, franz. und schweiz. Recht, eine vergleichende Darstellung (Diss Tübingen 1935)
vCAEMMERER, Anleiheschulden und Einlösungsmittel, JZ 1951, 740
CASPER, Beschlagnahme und Gefahrtragung beim Versendungskauf, JW 1925, 589
DOERNER, Kaufrechtliche Sachmängelhaftung und Schuldrechtsreform, ZIP 2001, 2264
ERNST, Die Konkretisierung in der Lehre vom Gattungskauf, in: GS Knobbe-Keuk (1997) 49
ders, Das Lieferungsgeschäft als Vertragstyp seit dem Preußischen Allgemeinen Landrecht, in: FS Zöllner (1999) 1097
ders, Kurze Rechtsgeschichte des Gattungskaufs, ZEuP 1999, 583
ders, Der Erfüllungszwang bei der Gattungsschuld in der Prozessrechtsgeschichte des 19. Jahrhunderts, in: FS Nörr (2003) 219
EISSER, Die Gefahrtragung beim Kaufvertrag (1927)
FAUST, Grenzen des Anspruchs auf Ersatzlieferung bei der Gattungsschuld, ZGS 2004, 252
H A FISCHER, Konzentration und Gefahrtragung bei Gattungsschulden, JherJb 51 (1907) 159
GRAWERT, Die Konzentration der Gattungsschuld (Diss Köln 1932)
GRUBER, Das drohende Ende der Stückschuld, JZ 2005, 707
GSELL, Beschaffungsnotwendigkeit und Leistungspflicht (1998)
G HAGER, Die Gefahrtragung beim Kauf (1982)
HAMMEN, Die Gattungshandlungsschulden (1995)
HAVENSTEIN, Die Gattung, Gruchot 55 (1911) 449
HOLLÄNDER, Die Haftung des Verkäufers und Vermieters einer Gattungssache bei mangelhafter Vertragserfüllung, AcP 113 (1915) 124
HÖNN, Zur Dogmatik der Risikotragung im Gläubigerverzug bei Gattungsschulden, AcP 177 (1977) 385

U Huber, Zur Konzentration beim Gattungskauf, in: FS Ballerstedt (1975) 327
Jahnke, Die Durchsetzung von Gattungsschulden, ZZP 93 (1980) 43
Jhering, Beiträge zur Lehre von der Gefahr beim Kaufcontracte, JherJb 4 (1861) 366
W Kisch, Gattungsschuld und Wahlschuld (1912)
I Koller, Unvorhergesehener Aufwand bei der Lagerung von Gütern, VersR 1995, 1385
Lemppenau, Gattungsschuld und Beschaffungspflicht (1972)
Lessmann, Grundprobleme der Gattungsschuld, JA 1982, 280
Marburger, Technische Normen, Gattungsbegriff und Rügelast (§§ 377, 378 HGB), JuS 1976, 638
Medicus, Die konkretisierte Gattungsschuld, JuS 1966, 297
ders, Modellvorstellungen im Schuldrecht, in: FS Felgentraeger (1969) 309
Mischke, Die Rechtsnatur des Nachlieferungsanspruchs beim Gattungskauf (Diss Köln 1963)
Ramnitz, Speziesschuld, Gattungsschuld, Wahlschuld, eine rechtspolitische Betrachtung (Diss Breslau 1938)
Riemenschneider, Die Stellung des Gattungsschuldners und Gattungsgläubigers (Diss Göttingen 1936)
Schlangen, Die Konkretisierung der Gattungsschuld (Diss Köln 1930)
Schollmeyer, Erfüllungspflicht und Gewährleistung, JherJb 49 (1905) 93
J Schröder, Zur Auslegung des § 300 Abs 2 BGB, MDR 1973, 466
U Seibert, Gattung und Güte, MDR 1983, 177
van Venrooy, Konzentration zu Lasten des Schuldners, WM 1981, 890
Wank, Lieferung von Glykolwein als Falschlieferung, JuS 1990, 95
Weissmann, Die Abgrenzung zwischen Gattungs- und Wahlschuld (1907)
H P Westermann, Die Konzernverschaffungsschuld als Beispiel einer beschränkten Gattungsschuld, JA 1981, 599
Wilms, Bewirkt Konzentration Umwandlung der Gattungsschuld in eine Speziesschuld? (Diss Breslau 1931).

Systematische Übersicht

I. Allgemeines
1. Bedeutung der Vorschrift ___ 1
2. Weitere Vorschriften über die Gattungsschuld ___ 4

II. Die Gattungsschuld
1. Definition ___ 6
2. Gattungsmerkmale ___ 8
3. Vorratsschuld ___ 10
4. Abgrenzung ___ 12
5. Beschaffungsschuld ___ 19

III. Der Inhalt der Gattungsschuld (Abs 1)
1. Der allgemeine Qualitätsmaßstab ___ 21
2. Vereinbarung über die Qualität ___ 23
3. Qualitätsabweichungen ___ 24

IV. Die Konkretisierung der Gattungsschuld (Abs 2)
1. Die durch die Konkretisierung zu verändernde Rechtslage ___ 27
2. Zuständigkeit für die Konkretisierung ___ 28
3. Voraussetzungen der Konkretisierung ___ 29
4. Rechtsfolgen der Konkretisierung ___ 38

V. Übertragung auf andere als Sachschulden ___ 44
1. Rechte ___ 45
2. Dienst- oder Werkleistungen ___ 46

VI. Prozessuales
1. Beweislast ___ 50
2. Vollstreckung ___ 53

I. Allgemeines

1. Bedeutung der Vorschrift

„Jede Leistung bedarf eines bestimmten Gegenstandes" (GERNHUBER, Schuldverhältnis **1**
§ 9, 1). Daran fehlt es – zunächst – bei der Gattungsschuld wie bei der Wahlschuld
(§§ 262 ff) und bei dem Schuldverhältnis mit einem Leistungsbestimmungsrecht
(§§ 315 ff). Eine relative **Unbestimmtheit der Leistung** kennzeichnet ferner die im
Gesetz nicht allgemein geregelte Ersetzungsbefugnis; jedoch liegt dort die Unbestimmtheit allein in der Möglichkeit, statt eines von vornherein bestimmten Leistungsgegenstandes einen anderen, ebenso bestimmten zu wählen. Liegt keine dieser
Modalitäten zur Bestimmung des Leistungsgegenstandes vor, ist das Schuldverhältnis wegen seines unbestimmten Inhalts unwirksam; insbesondere eine vertragliche
Einigung ohne bestimmten oder bestimmbaren Schuldinhalt ist wegen Fehlens eines
essentiale negotii unwirksam. Vor Annahme der Unwirksamkeit ist jedoch stets
sorgfältig zu prüfen, ob der Vertrag durch eine (ergänzende) Auslegung im Sinne
der Bestimmbarkeit der Leistung zu retten ist (GERNHUBER, Schuldverhältnis § 9, 1 mwNw
aus der Rspr zu Unterrichtsverträgen).

Die **systematische Stellung** der Regelung der Gattungsschuld im Gesetz erklärt sich **2**
daraus, dass der Gesetzgeber die Stückschuld als Modell des Schuldinhalts zugrundegelegt hat. Die Gattungsschuld war demgegenüber bis zum SMG nur anhangsweise (MünchKomm/EMMERICH Rn 1) geregelt, wobei obendrein auch bloß die gattungsmäßig bestimmte Sachschuld von § 243 unmittelbar erfasst wird (zur Frage der entsprechenden Anwendung auf andere Schuldinhalte unten Rn 44 ff). § 480 aF für den
Gattungskauf, der zugleich das Muster für die Gattungsschuld überhaupt bildete,
ist freilich ersatzlos weggefallen. Stattdessen sieht § 439 nunmehr einen Nacherfüllungsanspruch des Käufers unabhängig davon vor, ob Stück- oder Gattungskauf
vereinbart worden ist (zu den dennoch auch jetzt notwendigen Differenzierungen FAUST ZGS
2004, 252 ff; AnwKomm/TETTINGER Rn 6; in Richtung einer „Einheitslösung" aber OLG Braunschweig NJW 2003, 1053). Charakteristisch für das Verhältnis der Gattungsschuld zur
Stückschuld ist die – im Wortlaut nicht ganz deutlich zum Ausdruck gebrachte –
Tendenz des Gesetzgebers, die Gattungsschuld nach § 243 Abs 2 in eine Stückschuld
zu überführen („Transmutationstheorie", vgl Mot II 12 und dazu GERNHUBER, Schuldverhältnis § 10 III 1). Schon HECK (Schuldrecht § 9, 6) hat jedoch gelehrt, dass der eigentliche Regelungsgegenstand des § 243 Abs 2 – die Gefahrtragung – nicht durch eine
strukturelle oder gar begriffliche Einordnung erfasst werden kann, sondern nur
durch eine Bewertung der Interessenlage (vgl unten Rn 36 f).

§ 243 ist die **allgemeinste Vorschrift** über die Gattungsschuld. Sie regelt in Abs 1 den **3**
Qualitätsstandard, den der Schuldner einhalten muss, in Abs 2 die sonstigen Anforderungen, die er in der Regel zu erfüllen hat, um nicht entweder erneut die
Primärleistung erbringen oder Schadensersatz wegen Nichterfüllung leisten zu müssen.

2. Weitere Vorschriften über die Gattungsschuld

Neben § 243 bringen Vorschriften über die Gattungsschuld (früher auch: Genuss- **4**
schuld) **im BGB** noch: im Allgemeinen Schuldrecht § 300 Abs 2 zum Übergang der

Leistungsgefahr auf den Gläubiger bei Annahmeverzug, im Besonderen Schuldrecht nur § 524 Abs 2 für die Gattungsschenkung. Die ehemals wichtigsten weiteren schuldrechtlichen Vorschriften – § 279 aF zur Haftung bei Unvermögen des Gattungsschuldners und § 480 aF zum Gattungskauf – sind ebenso wie §§ 481, 491 aF für den Unterfall des Gattungsviehkaufs, § 493 aF für kaufähnliche Verträge durch die Schuldrechtsmodernisierung mit Wirkung vom 1.1.2002 weggefallen. Die durch § 279 aF mindestens bekräftigte weitreichende Beschaffungspflicht (dazu zuletzt krit GSELL 115 ff) kann sich aber auch nach jetzt geltendem Recht aus § 276 Abs 1 gemäß dem dort erwähnten „Inhalt des Schuldverhältnisses" ergeben (ERMAN/WESTERMANN Rn 9, 10); und die in § 480 aF enthaltene Nachlieferungspflicht ist nunmehr bei Kaufverträgen in § 439 Abs 1 generell vorgesehen (zum Streit, wie dies wiederum eingeengt werden kann, zuletzt GRUBER JZ 2005, 707 ff mNw 708 Fn 3 ff). Zu den noch geltenden Sondervorschriften des Schuldrechts treten im Erbrecht die §§ 2155, 2182 Abs 1, 2183 über das Gattungsvermächtnis (dazu AMEND ZEV 2002, 227 ff). Eine Gattungsschuld kann aber auch bei solchen Rechtsverhältnissen vorliegen, bei denen das Gesetz es nicht erwähnt, etwa bei Leasingverträgen über vertretbare bewegliche Sachen (BGH LM § 242 [Cd] Nr 238 = NJW 1982, 873). Zu anderen Gattungsschulden und zur Frage der entsprechenden Anwendung des § 243 vgl unten Rn 44 ff.

5 § 360 HGB enthält für das **Handelsrecht** denselben Standard wie § 243 Abs 1 BGB. Dies geht bereits auf Art 335 ADHGB zurück. In den handelsrechtlichen Vorschriften über Waren, Wertpapiere und „Güter" (§§ 373, 381, 383, 407 ff HGB) ist keine Unterscheidung nach Stück- oder Gattungsschuld erkennbar. Tatsächlich steht im Handelsrecht schon traditionell die Gattungsschuld im Vordergrund.

II. Die Gattungsschuld

1. Definition

6 Merkmal der Gattungsschuld ist die fehlende Bestimmtheit des einzelnen Leistungsgegenstandes, während die Merkmale dieses Gegenstandes, ihre natürlichen, technischen und wirtschaftlichen Eigenschaften (MünchKomm/EMMERICH Rn 5) ebenso wie etwa Menge und Gewicht festgelegt sind. Die Auswahl des konkreten **Leistungsstückes** bleibt dem Schuldner überlassen. Nach entsprechender vertraglicher Abrede kann die Wahl aber auch dem Gläubiger zustehen.

7 Ob überhaupt eine Gattungsschuld vorliegt, ergibt sich zuerst **aus dem Schuldvertrag** (oder etwa beim Gattungsvermächtnis aus der letztwilligen Verfügung). Manche Schuldverhältnisse sind jedoch nach Gesetz oder Denknotwendigkeit Gattungs- oder Stückschulden. So ist bei zurechenbarer Zerstörung einer vertretbaren Sache die Lieferung einer gleichartigen Sache Naturalrestitution gemäß § 249 Abs 1 (BGH NJW 1985, 2413; dazu genauer STAUDINGER/SCHIEMANN [2005] § 249 Rn 184); die Schadensersatzpflicht ist in solchen Fällen somit eine Gattungsschuld. Andererseits kann die Pflicht zur Rückgabe einer gemieteten Sache allein durch diese Sache, also als Stückschuld, erfüllt werden (GERNHUBER, Schuldverhältnis § 10 I 1 b).

2. Gattungsmerkmale

Wie das Vorliegen einer Gattungsschuld von der Parteiabrede abhängig ist, können **8** auch die Gattungsmerkmale **von den Parteien** festgelegt werden (BGH NJW 1975, 2011; NJW 1986, 659 zum „aliud"). Insbesondere sind die Parteien nicht an die Unterscheidung von vertretbaren und unvertretbaren Sachen oder Sachteilen gebunden: Das Schuldverhältnis kann irgendeine Parzelle aus einem Grundstück oder irgendein Bild eines bestimmten Malers (MünchKomm/EMMERICH Rn 6; SOERGEL/TEICHMANN Rn 2) zum Gegenstand haben. Anders als bei der Abgrenzung zwischen vertretbaren und unvertretbaren Sachen kommt es für die Gattungsschuld daher auch nicht auf die Verkehrsauffassung an (GERNHUBER, Schuldverhältnis § 10 I 2; MünchKomm/EMMERICH Rn 6 gegen BGH NJW 1975, 2011; NJW 1984, 1955 u MARBURGER JuS 1976, 638 ff). Fehlt eine Abrede, kann freilich auf die Verkehrsanschauung als Grundlage der ergänzenden Auslegung und Lückenfüllung der Parteivereinbarung zurückgegriffen werden. Dieselbe Funktion können industrielle oder technische Normen und gesetzlich bestimmte Qualitätsstandards erfüllen (BGH NJW 1986, 659 und MünchKomm/EMMERICH Rn 5). Unverzichtbar für die Gattungsschuld ist, dass der Gattung mehr Stücke angehören, als geschuldet werden, weil andernfalls eine Stückschuld vorläge (MünchKomm/EMMERICH Rn 6).

Die Leistung ist auch dann noch nach § 243 Abs 1 bestimmbar, wenn die Parteien die **9** Gattung nur **ganz abstrakt** benennen. Auch „ein Tier" oder „ein Buch" kann hiernach die Gattung (ausnahmsweise) bezeichnen (GERNHUBER, Schuldverhältnis § 10 Fn 6), wenn es dem Gläubiger erkennbar wirklich nur auf irgendein Tier oder ein beliebiges Buch ankommt. Je ungenauer die Gattungsmerkmale beschrieben werden, um so mehr Spielraum bleibt dem Schuldner. Weitere (und realistischere) Beispiele für solche allgemeinen Merkmale sind Beschaffenheitsangaben (die nach § 434 Abs 1 S 1 freilich ebenso der Qualität einer Stückschuld gelten können), Herstellungsjahr (Kraftfahrzeuge, Wein), Herkunft (Kohle, Bier, Wein), Fabrikmarke, Leistungsfähigkeit, aber auch der Preis (Wein zu 10 € die Flasche; ein Doppelzimmer zu 120 €).

3. Vorratsschuld

Da die Parteien über das Vorliegen einer Gattungsschuld entscheiden, können sie **10** auch aus der Gesamtgattung einen engeren Kreis leistungstauglicher Gegenstände durch eine begrenzende Herkunftsangabe bestimmen, so aus einem vorhandenen **Vorrat**, aus (künftiger) eigener Produktion des Schuldners oder aus den Beständen eines bestimmten Lieferanten. Auch bei solchen Vereinbarungen liegt Gattungsschuld vor (Mot II 11 gegenüber früheren Zweifeln). Vielfach wird sie begrenzte oder beschränkte Gattungsschuld genannt. Beschränkt ist aber nicht die Schuld, sondern allein die Gattung (GERNHUBER, Schuldverhältnis § 10 I 3 a, relativierend GSELL 203 Fn 375); und eine gewisse Beschränkung liegt in jeder Gattung (MEDICUS, SchuldR I Rn 180). Das Besondere dieser Schuld liegt darin, dass der (sonstigen) Gattungsbeschreibung auch Gegenstände entsprechen, die sich der Schuldner nach dem Vertrag nicht beschaffen muss, um seine Verpflichtung zu erfüllen. Vielfach wird dies durch eine Vorrats- oder Produktionsklausel kenntlich gemacht sein, sofern solche Hinweise nicht bereits in der Aufforderung zum Angebot (zB einem Prospekt) enthalten sind. Es kann aber auch auf dem Interesse des Gläubigers, zB an einer besonders hohen Qualität, beruhen, wenn der Schuldner nur aus eigener Produktion liefern darf. Ausnahmsweise kann auch einmal die Verbindung zwischen der Pflicht und dem Recht zur Beschaffung aufgehoben sein, so dass der Schuldner zwar andere Stücke beschaffen darf, das aber nicht zu tun braucht. Dann liegt zwar weiterhin Vorratsschuld (und nicht: unbeschränkte Gattungsschuld) vor, aber verbunden mit der Ersetzungsbefugnis, den Gläubiger aus einem anderen Bestand zu befriedigen (GERNHUBER, Schuldverhältnis § 10 I 3 d). Dies kommt insbesondere in Betracht, wenn der Gläubiger keinerlei Interesse an Stücken gerade aus dem Vorrat hat, die Vorratsklausel also nur dem Schuldner dienen sollte. Häufiger behält sich der Schuldner die Lieferung von vorratsfremder Ersatzware ausdrücklich vor, doch stellt die Rspr insoweit strenge Anforderungen (vgl BGH NJW 1970, 992; OLG Karlsruhe JZ 1972, 120).

11 **Beispiele** für Beschränkung der Gattungsschuld auf einen Vorrat oder eine bestimmte Produktion sind etwa: die Benennung von Kohlenzechen (RGZ 28, 220; OLG Karlsruhe JZ 1972, 120) oder eines Schiffes, aus dem geliefert werden soll (RG WarnR 1918 Nr 45; 217; BGH WM 1973, 363). Doch kann sich die Beschränkung auch sonst durch Auslegung ergeben. Sie kommt insbes in Betracht, wenn der Schuldner Ware verspricht, die er – dem Gläubiger erkennbar – selbst herstellt. So RGZ 88, 287, 288: „Verkauft ein Fabrikant Ware, die er selbst herstellt, so werden, auch ohne dass es besprochen wird, die Umstände nicht selten die Annahme nahe legen, dass nur die Erzeugnisse der eigenen Fabrik den Vertragsgegenstand bilden sollen". Ebenso liegt es, wenn ein Landwirt Agrarprodukte verkauft (zB bei Rübensamen nach RGZ 84, 125. Es ging aber um die Bestellung einer bestimmten Sorte beim einzigen Züchter, daher um eine reine Gattungsschuld, GERNHUBER, Schuldverhältnis § 10 I 3 a m Fn 9. Vgl für landwirtschaftliche Vorratsschuld auch schon RGZ 57, 138, ferner RG JW 1918, 130). Hier soll der Schuldner sogar für sich behalten dürfen, was er zur Befriedigung des eigenen Bedarfs benötigt (RGZ 91, 312 f). Im Ergebnis schrumpft die Gattung so um die für den Eigenbedarf erforderliche Menge. Die Annahme einer besonderen Beschränkung macht aber keinen Sinn, wenn der Schuldner ohnehin der einzige Produzent ist (vgl den Fall von OLG München OLGZ 1973, 454: Verpflichtung zur Lieferung von 100 hl Bier einer bestimmten Brauerei). Nach RGZ 108, 419, 420 soll der Hinweis auf einen bestimmten Lagerplatz die Schuld auf die dort lagernde Ware beschränken können. Doch ist das allgemein sicher nicht richtig: Der Hinweis kann auch nur den Erfüllungsort meinen (krit auch MünchKomm/EMMERICH Fn 45; GERNHUBER, Schuldverhältnis § 10 Fn 10). Näher liegt die Annahme einer Beschränkung dagegen, wenn die Parteien die Ware auf dem Lagerplatz besichtigt haben (RG HansGZ 1930 B 38). Ein Sonderfall der beschränkten Gattungsschuld ist die Konzernverschaffungsschuld (dazu grundlegend WESTERMANN JA 1981, 599): Will sich ein Konzernunternehmen erkennbar nur verpflichten, die Leistung aus der Produktion des Gesamtkonzerns zu erbringen, liegt im Zweifel eine Vorratsschuld vor. Dies kann zB bedeutsam sein, wenn der Konzern eine Produktion ins Ausland verlagert hatte, den dortigen Betrieb aber aus politischen Gründen aufgeben musste (vgl WESTERMANN JA 1981, 603 ff und MünchKomm/EMMERICH Rn 14). Zu einer (uU auch nachträglich, MünchKomm/EMMERICH Rn 13) vertraglich vereinbarten Zwischenphase, in der die Gattungsschuld auf einen Vorrat beschränkt ist, kommt es im Fall der mehrstufigen Konkretisierung (dazu unten Rn 33).

4. Abgrenzungen

12 Bei einer **Stückschuld** (Speziesschuld) im Gegensatz zur Gattungsschuld ist der Schuldgegenstand so genau bestimmt, dass dem Schuldner keine Auswahlmöglichkeit bleibt. Das liegt insbes vor, wenn statt **aus** einem Vorrat (oben Rn 10 f) der **ganze**

Vorrat (zB auch eine ganze Schiffsladung wie die volle Tranausbeute eines Dampfers, RGZ 91, 260) versprochen wird. Dieselbe Situation kann nachträglich eintreten, wenn sich die Gattung auf die geschuldete Menge vermindert (zB der überschießende Teil des Vorrats wird an andere Gläubiger geliefert). Bereits der Verkauf eines Teils der Produktion soll nach RGZ 92, 369, 371 eine Stückschuld begründen, wenn sich die Parteien beim Vertragsabschluß „die den Gegenstand des Vertrags bildenden Sachen als konkrete Sachen vorgestellt haben". Doch ist dieses Kriterium wenig klar; entscheidend dürfte gewesen sein, dass der Schuldner nicht auswählen konnte (es waren die nächsten 35 t Erz verkauft, die in einer bestimmten Grube erzeugt werden würden). Überflüssig ist eine Auswahl durch den Schuldner, wenn der Gläubiger die Sache bereits ausgewählt hat, ohne doch ein Interesse gerade an bestimmten Stücken (und nicht einfach an mangelfreier Ware) zu haben. Dies ist etwa beim Kauf verpackter Ware in **Selbstbedienungsläden** (richtig: bedienungslosen Läden) der Fall. Hier muss der Gläubiger auch dann einzelne Stücke wählen, wenn ihm alle Stücke gleich lieb sind. In solchen Fällen ist die Konkretisierung trotz der notwendigen Mitwirkungshandlung des Gläubigers, zB der Auswahl der Ware und ihrer Vorlage an der Kasse, allein noch nicht eingetreten. Die Regeln über die Gattungsschuld bleiben anwendbar (nicht nur: entspr, so noch die Voraufl; wie hier insbes FAUST ZGS 2004, 255 mNw Fn 23). In Betracht kommt vor allem der Anspruch auf Nachlieferung fehlerfreier Ware nach § 439 Abs 1 aE (ebenso GERNHUBER, Schuldverhältnis § 10 I 1 c).

Bei der **Wahlschuld** (§§ 262–265) bedarf es zur endgültigen Bestimmung des Leistungsgegenstandes wie bei der Gattungsschuld entweder noch einer Wahl oder sie ist doch jedenfalls möglich. Kaum Abgrenzungszweifel zur Gattungsschuld entstehen hier, wenn das Wahlrecht beim Gläubiger liegt (was bei der Wahlschuld trotz § 262 überwiegt): Dann kommt Gattungsschuld meistens (vgl aber oben Rn 6) nicht in Betracht. Als Kriterium für die Wahlschuld wird vielfach angenommen, dass die Wahl nur zwischen einer geringen Zahl von Stücken besteht und die Parteien sich diese einzelnen Stücke beim Vertragsabschluß konkret vorstellen (so STAUDINGER/MEDICUS[12] Rn 14 mwNw). Dieses Kriterium kann aber auch bei der Gattungsschuld (Beschaffung eines von nur wenigen, bekannten Sammlerstücken) erfüllt sein, während zB Wahlvermächtnisse über je ein etwa gleichwertiges, vom Erben zu bestimmendes Bild aus der durch Ein- und Verkäufe wechselnden Sammlung des Erblassers erst im Zeitpunkt des Erbfalles oder der Wahl individualisiert werden (vgl KISCH 172 ff; GERNHUBER, Schuldverhältnis § 11 Fn 9 mwNw). Die dann ausgewählten Bilder können (im Gegensatz zu § 243 Abs 1) die geringwertigsten der Sammlung sein. Nur als Indizien für Wahlschuld kommen in Betracht: geringe Anzahl der möglichen Leistungsobjekte, ihre individuelle Bezeichnung und der Umstand, dass sie einander nicht vertreten können (§ 91) (nach GERNHUBER, Schuldverhältnis § 11 I 3). 13

Möglich ist auch eine **Kombination von Wahlschuld und Gattungsschuld**: Es kann zunächst zwischen mehreren Gattungen gewählt werden und dann innerhalb der gewählten Gattung zwischen mehreren Stücken. Dahin gehört der Fall von BGH NJW 1960, 674: Verpflichtung zur Abnahme einer bestimmten Gesamtmenge von Öl, wobei der Käufer zwischen verschiedenen Arten (ua Autoöle, Getriebeöle, Schmierfette) wählen durfte (ebenso GERNHUBER, Schuldverhältnis § 11 Fn 11; Münch-Komm/EMMERICH Rn 8; LARENZ I § 11 II; ESSER/SCHMIDT § 14 II 1). Dann sind für die Wahl **der** Gattung die §§ 262 ff und für die Wahl **aus** der Gattung ist § 243 anzuwenden. 14

15 Bei der **Ersetzungsbefugnis** des Schuldners ist die primär geschuldete Leistung vollkommen bestimmt. Der Schuldner kann jedoch an die Stelle dieser geschuldeten Leistung eine andere setzen, die dann die einzig geschuldete ist. Der Unterschied zur Gattungsschuld liegt darin, dass bei der Ersetzungsbefugnis jeweils nur eine bestimmte Leistung geschuldet wird, während diese Bestimmtheit bei der Gattungsschuld anfänglich fehlt. Freilich ist auch hier wie bei der Wahlschuld (vgl oben Rn 14) eine **Kombination mit der Gattungsschuld** denkbar: nämlich wenn der Schuldner die Gattung, aus der er primär leisten muss, durch eine andere ersetzen kann (zB 2 t Kohle statt 1000l Heizöl).

16 Das Schuldverhältnis mit einem **Leistungsbestimmungsrecht** steht der Gattungsschuld vor allem dann nahe, wenn das Bestimmungsrecht dem Schuldner zusteht. Dieser kann im Zweifel im Rahmen der Billigkeit bestimmen (§ 315 Abs 1, 3), also mit einem weiteren Spielraum als nach § 243 Abs 1. Doch wird man § 243 für die Auswahl von Stücken aus der Gattung als Spezialregelung aufzufassen haben: Insoweit ist § 315 dann unanwendbar.

17 Der BGH (BGHZ 28, 123; 83, 293, krit dazu MEDICUS JuS 1993, 705, 709) hat auch die **Geldschuld** mehrfach als Gattungsschuld behandelt (ebenso E WOLF, SchuldR I § 4 D I, II a, d; ähnlich FIKENTSCHER, SchuldR Rn 216: „Gattungsschulden besonderer Art"). In der Lit wird hingegen der Charakter der Geldschuld als Gattungsschuld teilweise deshalb verneint, weil sie keine Sachschuld sei (LARENZ I § 12 3; für Sachschuld besonderer Art aber FÜLBIER NJW 1990, 2797 f; insgesamt wohl überholt durch den modernen bargeldlosen Zahlungsverkehr, ERMAN/WESTERMANN § 244 Rn 2). Aber auch andere als Sachschulden können gattungsmäßigen Charakter haben (vgl unten Rn 44 ff). Größeres Gewicht hat daher das Argument, dass die meisten Vorschriften über die Gattungsschuld für Geldschulden nicht passen (MEDICUS JuS 1966, 297, 305; ausf GERNHUBER, Schuldverhältnis § 10 I 6 b mwNw Fn 23, 24): § 243 Abs 1 ist für die Geldschuld offenbar sinnlos, und Abs 2 wird weithin durch § 270 Abs 1 verdrängt (zur entspr Anwendung von § 243 Abs 2 auf die Verspätungsgefahr bei Geldschulden vgl unten Rn 35). § 279 aF passte gleichfalls nicht, weil sich bei der Geldschuld die Unbeachtlichkeit des Unvermögens aus dem Prinzip der unbeschränkten Vermögenshaftung ergibt (grundlegend MEDICUS AcP 188 [1988] 501; ebenso jetzt auch FIKENTSCHER aaO). Daran hat sich durch die Aufnahme des Beschaffungsrisikos in das Vertretenmüssen nach § 276 Abs 1 S 1 nichts geändert (STAUDINGER/LÖWISCH [2004] § 275 Rn 63 f; § 276 Rn 158 f). Nur für § 300 Abs 2 kommt eine entspr Anwendung bei der Geldschuld in Betracht (MEDICUS JuS 1966, 297, 305; GERNHUBER, Schuldverhältnis § 10 I 6 b; ERMAN/J HAGER § 300 Rn 5).

18 Wenn Geld **nicht als Zahlungsmittel** erworben wird sondern etwa als Goldmünzen zur Kapitalanlage, so dass es auf eine bestimmte Menge von Geldzeichen einer bestimmten Sorte statt auf einen bestimmten Geldwert ankommt, dann liegt eine „eigentliche Geldsortenschuld" vor, die echte Gattungsschuld ist. Hier gilt insbes auch § 243 Abs 1: Schadhafte Geldzeichen sind i d R nicht erfüllungstauglich. Die in § 245 geregelte „uneigentliche Geldsortenschuld" jedoch, bei der es primär um die Übertragung eines Geldwerts geht, ist echte Geldschuld und daher keine Gattungsschuld.

5. Beschaffungsschuld

Als Folge der Gattungsschuld, die nicht auf einen Vorrat oder eine Produktion **19** beschränkt ist (oben Rn 10 f), wird meist eine **Beschaffungspflicht** angenommen (STAUDINGER/MEDICUS[12] Rn 10 im Anschluss an BALLERSTEDT [vgl Schrifttum]). Dies ist jedoch doppelt ungenau (GERNHUBER, Schuldverhältnis § 10 II 1; vgl auch MEDICUS, SchuldR I Rn 349): Zum einen können Schuldverhältnisse mit Beschaffungspflichten auch für Stückschulden begründet werden (zB ein bestimmtes Kunstwerk zu ersteigern). Dies gilt vor allem, wenn man mit der wohl hM (PALANDT/PUTZO § 439 Rn 4; MünchKomm/WESTERMANN § 439 Rn 11; CANARIS JZ 2003, 831 ff) eine Nachlieferungspflicht des Verkäufers bei Stückschulden nach § 439 Abs 1 annimmt. Zum andern kann zwar der Schuldner aus eigenem Interesse, um den Vertrag uU in „zweiter Andienung" erfüllen zu können, zur Beschaffung eines erfüllungstauglichen Gegenstandes gehalten sein; dies begründet aber vor einer entsprechenden Wahl des Käufers nach § 439 Abs 1 keine selbständige, etwa neben die Übereignungspflicht beim Gattungskauf tretende Verpflichtung des Verkäufers. Es geht allein darum, ob der Schuldner ein Unvermögen zur Leistung zu vertreten hat (vgl dazu auch STAUDINGER/LÖWISCH [2004] § 275 Rn 15, 63 ff). GERNHUBER (aaO) spricht in diesem Zusammenhang von einer Beschaffungslast. Sie ergibt sich aus besonderen Vertragsklauseln oder aus der typischen Risikozuweisung des Vertrages wie beim „marktbezogenen Handelskauf": Liegt er vor, braucht der Schuldner für erfüllungstaugliche Ware nur solange zu sorgen, wie solche Ware „am Markt" ist und ihn kein Vorwurf (insbes wegen Verzuges) dafür trifft, dass zu dem Zeitpunkt, in dem er der Beschaffungslast nachzukommen sucht, keine Ware mehr auf dem Markt vorhanden ist (vgl RGZ 57, 116; 88, 172; 95, 264; 107, 156). Die wohl gebräuchlichste Klausel zur Einschränkung der Beschaffungslast ist die Klausel „Selbstbelieferung vorbehalten" (vgl BGHZ 92, 396; hierzu und zu weiteren Klauseln GERNHUBER, Schuldverhältnis § 10 II 3).

Ist der Schuldner mehreren Gläubigern gegenüber zur Leistung verpflichtet und **20** genügen die nach dem eben Ausgeführten beschaffbaren Waren nicht zur Befriedigung aller Gläubiger, stellt sich die Frage einer Pflicht zur anteiligen Befriedigung (**Repartierung**). Sie ist vom RG für Vorratsschulden mehrfach im Sinne einer par conditio creditorum beantwortet worden (RGZ 84, 125; 91, 312; 100, 134; MEDICUS BR Rn 256; STAUDINGER/LÖWISCH [2004] § 275 Rn 16; zustimmend für die Fälle unverschuldeter Unzulänglichkeit des Vorrats GSELL 169 ff). Ein Sachgrund zur Beschränkung auf Vorratsschulden besteht freilich nicht (so zutreffend G HUECK, Der Grundsatz der gleichmäßigen Behandlung im Privatrecht [1958] 143 f). Gestützt hat das RG die Repartierung auf § 242. Ob dies unter der Geltung des § 20 Abs 2 GWB (mangelbedingte Abhängigkeit der Gläubiger von einem marktstarken Lieferanten) jenseits des dort geregelten Falles noch aufrechterhalten werden kann, ist zweifelhaft (ablehnend MünchKomm/EMMERICH Rn 17, vgl auch schon GERNHUBER, Schuldverhältnis § 10 IV 8 b u E zu den praktischen Schwierigkeiten bei der Durchführung einer solchen Repartierung; hiergegen aber GSELL 183 ff). In Zeiten funktionierender Märkte dürfte die Frage ohne größere praktische Bedeutung sein.

III. Der Inhalt der Gattungsschuld (Abs 1)

1. Der allgemeine Qualitätsmaßstab

§ 243 Abs 1 und ebenso der daneben heute überflüssige (K SCHMIDT, HandelsR [4. Aufl **21**

1994] § 18 III 1 e) § 360 HGB schreiben die Lieferung von Sachen (in § 360 HGB: Handelsgut) **mittlerer Art und Güte** vor. Einen etwas anderen Maßstab sieht § 2155 Abs 1 für das Gattungsvermächtnis vor: Dort kommt es auf die Verhältnisse des Bedachten an, was milder oder strenger als der „mittlere" Standard sein kann. Alle diese Regelungen setzen voraus, dass die Gattung aus Stücken unterschiedlicher Qualität besteht. Für die heute typische Gattungsschuld aus industrieller Massenproduktion ist eine solche Voraussetzung i d R nicht zu unterstellen. Es wäre vielmehr sehr merkwürdig, wenn hinsichtlich der Lieferung von Produkten an den Käufer insoweit geringere Anforderungen bestünden als hinsichtlich des Sicherheitsstandards gegenüber den Nutzern nach dem ProdHG und nach deliktischen Verkehrspflichten (sehr weitgehend im Sinne einer „Sekuritäts- und Qualitätssteuerung" durch § 243 Abs 1 Esser/Schmidt § 13 I 2 a). Daher ist nach § 243 Abs 1 ein den Fertigungsnormen der Serie voll entsprechendes Produkt zu liefern, nicht ein Produkt mit „durchschnittlichen" Abweichungen (Gernhuber, Schuldverhältnis § 10 III 4 a; Erman/Westermann Rn 8; MünchKomm/Emmerich Rn 19). Dies folgt nicht erst aus einer Begrenzung der Gattung auf normgemäße Stücke durch entsprechende Parteivereinbarung (so aber BGH NJW 1975, 2011 und Staudinger/Medicus[12] Rn 20). Vielmehr sind normgerechte Produkte durch die Normfestlegungen selbst gattungsmäßig bestimmt (Marburger JuS 1976, 638, 640). Wenn aber die Parteien zB einen höheren Standard vereinbaren, führt dies zu einer speziellen privatautonomen Fixierung. Dann gehören Stücke, die nur den allgemeinen Standards entsprechen, gar nicht zur Gattung. Nur im Ergebnis stimmt hiermit überein, dass nach RGZ 69, 407, 409, wenn für die geschuldete Sache noch besondere Eigenschaften innerhalb der Gattung vereinbart sind, eine Sache mit diesen Eigenschaften auszuwählen sein soll (ebenso Soergel/Teichmann Rn 5 im Anschluss an OLG Zweibrücken WM 1985, 237). Doch dürfte auch diese Vereinbarung besonderer Eigenschaften schon die Grenzen der Gattung bestimmen (vgl zur Abgrenzung Seibert nach Schrifttum). Ebenso dürften Vereinbarungen über den Verwendungszweck oder den Preis regelmäßig schon für die Bestimmung der Gattung und nicht erst für die geschuldete Auswahl Bedeutung haben.

22 Was i e dem Maßstab „mittlere Art und Güte" entspricht, ergibt sich demnach aus der **Gattung** so, **wie sie für das Schuldverhältnis maßgeblich** ist. Insbes bei der Vorratsschuld (vgl oben Rn 10 f) knüpft der „mittlere" Standard an die Qualität des konkreten Vorrats an. Beim Kauf auf Besichtigung muss der Verkäufer dem Käufer Sachen mittlerer Art und Güte zur Auswahl stellen (RGZ 93, 254).

2. Vereinbarungen über die Qualität

23 Abweichend von § 243 Abs 1 kann der Schuldner durch Vereinbarung berechtigt werden, auch schlechtere als mittlere Qualität zu liefern, oder er kann zur Lieferung besserer Qualität verpflichtet sein, ohne dass hierdurch die geschuldete Gattung selbst wie in den Rn 21 f genannten Fällen eingeengt wird. Infolgedessen bleibt dem Schuldner insbes bei der Vereinbarung eines minderen Standards die Lieferung besserer Qualität (zum selben Preis) unbenommen. Solche Abreden sind vor allem als Klauseln im kaufmännischen Geschäftsverkehr gebräuchlich. Die Klauseln „wie besehen" oder „wie besichtigt" haben im Rahmen der §§ 377 HGB, 434 ff BGB die Wirkung, dass die Gewährleistung wegen aller erkennbarer Qualitätsminderungen ausgeschlossen ist (vgl RG WarnR 1919 Nr 114), die Klausel „wie die Ware steht und liegt" sogar, dass auch verborgene Mängel hingenommen werden müssen (vgl RG

SeuffA 87 [1933] Nr 39; zu Widersprüchen in der Handhabung beider Klauseln durch die Rspr STAUDINGER/MATUSCHE-BECKMANN § 444 Rn 18, 21 mNw). Die tel quel-(auch: telle quelle-) Klausel berechtigt den Schuldner, ausschließlich schlechteste Qualität zu liefern (BGH LM § 346 D Nr 5). RGZ 19, 30, 31 hat die Klausel auch bei Verkauf schwimmender Ware in diesem Sinne angewendet. Doch liegt, wenn die ganze Ladung geschuldet wird, überhaupt Stückschuld vor (vgl oben Rn 12). Und wenn ein Teil davon geschuldet wird, handelt es sich um eine Vorratsschuld (vgl oben Rn 10); in den Grenzen des Vorrats kann dann wieder § 243 Abs 1 gelten (vgl oben Rn 22).

3. Qualitätsabweichungen

Liefert der Schuldner **schlechtere Ware** als er nach Abs 1 (oben Rn 21 f) oder nach den abweichenden Vereinbarungen (oben Rn 23) schuldet, hat er regelmäßig noch nicht erfüllt. In Konsequenz dieser Annahme müsste der Erfüllungsanspruch bestehen bleiben, und der Gläubiger hätte die Ware nach § 812 Abs 1 S 1 Alt 1 herauszugeben (condictio indebiti). Für den praktisch weitaus wichtigsten Fall, den **Gattungskauf** (und bei Erstreckung der Nachlieferungspflicht auf den Stückkauf auch für diesen), trifft § 439 Abs 4 die Regelung, dass stattdessen auf die Rückgewähr der mangelhaften Leistung Rücktrittsrecht (§§ 346 ff) anzuwenden ist. Nach dem Wortlaut der Vorschrift gilt dies unabhängig davon, ob die Nachlieferung auf Verlangen des Käufers zur Erfüllung der Gewährleistungspflicht erfolgt oder auf Initiative des Verkäufers in Ausübung seines Rechts zur „zweiten Andienung". **24**

Bessere Ware als die nach § 243 Abs 1 (vgl oben Rn 21 f) oder den abweichenden Vereinbarungen (vgl oben Rn 23) geschuldete **darf** der Schuldner in aller Regel liefern (LARENZ I § 11 I; MünchKomm/EMMERICH Rn 22; ERMAN/WESTERMANN Rn 8). Nur wenn der Gläubiger ausnahmsweise, weil er sonst gezwungen wäre, seinerseits einen höheren Preis zu nehmen, ein nachvollziehbares Interesse an bloß mittelguter Ware hat, käme eine andere Lösung in Betracht. In einer solchen Lage bliebe es jedoch dem Gläubiger unbenommen, sein Interesse durch die Vereinbarung einer entsprechenden Begrenzung der Gattung selbst wahrzunehmen (GERNHUBER, Schuldverhältnis § 10 III 4 c). **25**

Fraglich ist, ob der Schuldner bessere Ware auch als indebitum **kondizieren** kann, wenn er sie versehentlich (sonst schon § 814!) statt mittelguter geliefert hat. Das wird überwiegend verneint (LARENZ I § 11 I; MünchKomm/EMMERICH Rn 22; ERMAN/WESTERMANN Rn 8). Jedoch kann ein beachtlicher Irrtum (zB Vergreifen) bei einer der Erfüllung dienenden Willenserklärung vorliegen, insbes bei der Übereignung. Beispiel: S schuldet dem F mittelgute und dem G beste Ware; die für G bestimmte Ware wird irrtümlich an F geliefert: Hier kann die Übereignung an F nach § 119 Abs 1 angefochten und dann die Ware vindiziert werden; in einem solchen Fall dürfte der F auch kein Recht zum Besitz aus dem Kauf haben. Dagegen fehlt es schon an einem zur Anfechtung berechtigenden Irrtum, wenn der Schuldner nur über den Inhalt seiner Pflicht geirrt hat. Eine Anfechtung kommt ferner nicht in Betracht, wenn der Erfüllung keine Willenserklärung zugrunde liegt. Schließlich stellt die bessere Qualität kaum eine wesentliche Eigenschaft der Ware iS von § 119 Abs 2 dar, da eine solche Leistung jedenfalls ihren wesentlichen Zweck, die Erfüllungswirkung nach § 362 Abs 1, erreicht (zweifelnd noch die Vorauﬂ). Demnach kann der Schuldner bei einem bloßen Qualitätsirrtum nicht anfechten. **26**

IV. Die Konkretisierung der Gattungsschuld (Abs 2)

1. Die durch die Konkretisierung zu verändernde Rechtslage

27 Die Rechtslage vor der Konkretisierung (Konzentration) ist durch die Beschaffungslast des Gattungsschuldners (vgl oben Rn 19) bestimmt: Dieser müsste bis zur Erschöpfung der beschränkten (oben Rn 10 f) wie der unbeschränkten Gattung immer neue Erfüllungsversuche unternehmen, wenn die früheren nicht zur Erfüllung geführt haben; er trüge also die **Leistungsgefahr**. § 300 Abs 2 verbessert die Lage des Schuldners durch die Anordnung, die Gefahr (= Leistungsgefahr, heute unbestritten; zu früheren Deutungen GERNHUBER, Schuldverhältnis § 10 Fn 67) solle schon beim Eintritt des Annahmeverzugs auf den Gläubiger übergehen. § 243 Abs 2 verlegt den Gefahrübergang auf den Gläubiger nochmals vor, so dass für den nach hM regelmäßig erst später einsetzenden § 300 Abs 2 nur eine geringe Bedeutung bleibt (vgl MEDICUS JuS 1966, 297, 302 f; noch enger GERNHUBER, Schuldverhältnis § 10 III 5 i). Die Gegenleistungsgefahr (Preisgefahr, Vergütungsgefahr) ist nicht in §§ 243 Abs 2, 300 Abs 2 geregelt, sondern in §§ 323 Abs 6, 326 Abs 2, 446 f (wobei § 447 für den Verbrauchsgüterkauf nach § 474 Abs 2 nicht gilt), 640, 644 Abs 1 S 2 u Abs 2, 646.

2. Zuständigkeit für die Konkretisierung

28 Für die Konkretisierung ist nach § 243 Abs 2 in aller Regel der **Schuldner** zuständig. Sowohl die Konzentration selbst als auch die Zuständigkeit für sie kann aber vertraglich herbeigeführt (zu den Konstruktionsfragen GERNHUBER, Schuldverhältnis § 10 III 3 c mwNw Fn 51) oder geregelt werden. Wählt der Gattungskäufer nach § 439 Abs 1 statt der Nachlieferung die Nachbesserung (Beseitigung des Mangels), nimmt er als Gläubiger die Konkretisierung vor, obwohl die Leistung den Anforderungen des § 243 Abs 1 nicht entspricht (ERMAN/WESTERMANN Rn 14). Allerdings ist der Käufer wie beim Stückkauf an seine Wahl der Nacherfüllungsalternative so lange nicht gebunden, bis der Verkäufer die Nachbesserung vorgenommen oder den Käufer in Annahmeverzug gesetzt hat (STAUDINGER/MATUSCHE-BECKMANN [2004] § 439 Rn 7; PALANDT/PUTZO § 439 Rn 5, 8; BAMBERGER/ROTH/FAUST § 439 Rn 9 f; aA ERMAN/GRUNEWALD § 439 Rn 6: Bindung mit Zugang der Wahlerklärung). Auch beim Gattungsvermächtnis sieht § 2155 Abs 2 die Möglichkeit der Konkretisierung durch den Gläubiger vor. Dort findet sich außerdem ein Fall möglicher Konkretisierung durch einen Dritten, zB einen Sachverständigen.

3. Voraussetzungen der Konkretisierung

29 Erste Voraussetzung der Konkretisierung ist nach dem Wortlaut des § 243 Abs 2 eine „solche Sache". Demnach ist eine Konkretisierung durch den Schuldner nur mit einer nach Abs 1 oder abweichender Vereinbarung (oben Rn 23) **erfüllungstauglichen Sache** möglich (RGZ 69, 407, 409; BGH NJW 1967, 33). Im wichtigsten Anwendungsfall der Gattungsschuld, im Gattungskauf, kann der Käufer die Konkretisierung freilich trotz einer mangelhaften Lieferung herbeiführen (dazu oben Rn 28).

30 Eine allseits überzeugende allgemeine Formel, die das **„seinerseits Erforderliche"** konkreter bestimmt, ist bisher nicht gefunden worden. Die Rspr hält das Erforderliche für getan, wenn der Schuldner alles zum Leistungserfolg vorbereitet habe, so dass es nur noch am Gläubiger liege, ob er die Sache in Empfang nehmen wolle oder nicht (vgl insbes RGZ 57, 402, 403 f; BGH WM 1975, 917, 920). EMMERICH (MünchKomm Rn 26) formuliert im selben Sinne, der Schuldner müsse so weit „angeleistet" haben, wie es ihm jeweils ohne Mitwirkung des Gläubigers möglich sei, er müsse also die Voraussetzungen erfüllt haben, um den Gläubiger nach § 294 in Annahmeverzug zu setzen (ähnl ERNST, in: GS Knobbe-Keuk 80 ff). Aber dies trifft etwa für die Holschuld keineswegs immer zu: Hier mag es dem Schuldner sehr wohl möglich sein, die Sache zum Gläubiger zu bringen; dennoch muss er eben dies nach vorzugswürdiger Ansicht (vgl unten Rn 37) zur Konkretisierung gerade nicht. Es kommt nicht darauf an, was dem Schuldner möglich ist, sondern allein darauf, was er schuldet: Nur dies ist das „zur Leistung seinerseits" (und nicht etwa: alles) „Erforderliche". Insbes besteht keinerlei Veranlassung, dem Schuldner das Risiko vorübergehender Annahmehindernisse beim Gläubiger (§ 299) aufzubürden (GERNHUBER, Schuldverhältnis § 10 III 5 b). Für bestimmtere Aussagen ist daher nach der Art der Schuld zu unterscheiden (iE verfährt so auch MünchKomm/EMMERICH Rn 28 ff):

Bei der Bringschuld, also wenn Leistungs- und Erfolgsort beim Gläubiger liegen, muss der Schuldner die erfüllungstaugliche (oben Rn 29) Sache aussondern, sie zum Gläubiger bringen und sie ihm termingerecht (vgl unten Rn 37) anbieten (tatsächliches Angebot nach § 294). Hier gerät der Gläubiger zugleich (oder doch mit der folgenden Ablehnung, vgl MEDICUS JuS 1966, 297, 302) in Annahmeverzug; die Leistungsgefahr geht dann auch nach § 300 Abs 2 auf ihn über. Aussonderung und Bereitstellung des erfüllungstauglichen Gutes sowie Mitteilung davon an den Gläubiger genügen jedoch, wenn der Gläubiger zuvor erklärt, dass er nicht annehmen werde (wörtliches Angebot nach § 295): Hier wäre es sinnlos, das Gut dem Gläubiger noch zu bringen (GERNHUBER, Schuldverhältnis § 10 III 5 e). **31**

Bei der Schickschuld (Leistungsort beim Schuldner, Erfolgsort beim Gläubiger) braucht der Schuldner die erfüllungstaugliche (oben Rn 29) Sache regelmäßig nur auszusuchen und sie ordentlich (also richtig adressiert und in geschuldeter Weise freigemacht, nötigenfalls auch nach Einholung erforderlicher Genehmigungen) an den Gläubiger abzusenden. Hier wird die Schuld schon mit dieser Absendung konkretisiert, also idR bevor Annahmeverzug eintreten und daher § 300 Abs 2 wirken kann. Von da an trägt der Gläubiger die Leistungsgefahr. Dies gilt selbst dann, wenn die Preisgefahr (wie im Fall der Versendung beim Verbrauchsgüterkauf, § 474 Abs 2) noch nicht auf ihn übergegangen ist (BAMBERGER/ROTH/FAUST § 474 Rn 21; STAUDINGER/MATUSCHE-BECKMANN [2004] § 474 Rn 62). Für den Fall, dass der Gläubiger die Ablehnung der Lieferung erklärt, gilt dasselbe wie bei der Bringschuld (oben Rn 31). **32**

Möglich ist insbes bei der Schickschuld auch eine **mehrstufige Konkretisierung** (GERNHUBER, Schuldverhältnis § 10 III 6): Auf einer ersten Stufe wird bereits der Kreis möglicher Leistungsgegenstände ähnlich wie bei einer Vorratsschuld (oben Rn 10) beschränkt, ohne dass hiermit schon die Konkretisierung abgeschlossen wäre. Paradebeispiel hierfür ist die Sammelsendung, wenn sie für Geschäfte der fraglichen Art üblich oder dem Schuldner besonders erlaubt ist: Mit der Absendung beschränkt sich das Schuldverhältnis bereits auf die Sammelladung, wenn diese für ganz bestimmte Gläubiger zB durch Konnossement oder Verladeanzeige (RGZ 88, 389, 391) dokumentiert (hiermit aber noch nicht notwendigerweise Miteigentum der Gläubi- **33** ger) wird. Dann geht mit dem Sammelversand die Leistungsgefahr auf die Gläubiger als Gefahrengemeinschaft über (dazu genauer J SCHRÖDER MDR 1973, 466 ff; HÖNN AcP 177 [1977] 385, 396 ff; vgl ferner MünchKomm/EMMERICH Rn 30; GERNHUBER, Schuldverhältnis § 10 III 6 b mwNw Fn 84). Entsprechendes muss auch für die Sammellagerung sowie dann gelten, wenn der Schuldner bei der Einzelversendung versehentlich mehr als die geschuldete Menge abgeschickt hat.

34 Für Verkäufe im kaufmännischen Versand (insbes See- und Luftfracht) enthalten die gängigen Incoterms (Übersicht bei STAUDINGER/BECKMANN [2004] § 447 Rn 46 f) neben der Kostentragung Regelungen zum Übergang der Leistungsgefahr und somit zu den Voraussetzungen des § 243 Abs 2. Die Klauseln **fob** (auch: fob Flughafen) und **cif** führen zum Gefahrübergang erst, wenn die Ware die Schiffsreling überschritten hat oder dem Luftfrachtführer übergeben worden ist (vgl RGZ 106, 212, 213; MünchKomm/ EMMERICH Rn 29; GERNHUBER, Schuldverhältnis § 10 III 5 g; HUBER JZ 1974, 433, 436). Ist die Ware zu diesem Zeitpunkt nicht bereits eindeutig dem Vertrag mit dem Käufer zugeordnet, bedarf es zur Konkretisierung zusätzlich der Absendung des Konnossements oder der Verladeanzeige an den Käufer. Nach Handelsbrauch ist dann die Konkretisierung rückwirkend mit der Verschiffung oder der Übergabe an den Frachtführer bewirkt.

35 Auch die **Geldschuld** ist zwar nach §§ 270, 269 Schickschuld (nach anderen modifizierte Bringschuld, STAUDINGER/BITTNER [2004] § 270 Rn 3 mNw), aber eben keine Gattungsschuld (vgl oben Rn 17). Eine wenigstens entspr Anwendung von § 243 Abs 2 scheitert regelmäßig an § 270 Abs 1, nach dem der Schuldner die Gefahr bis zur Ankunft beim Gläubiger tragen muss. Für § 243 Abs 2 kommt daher nur der von § 270 Abs 1 nicht erfasste Bereich in Betracht: Dies ist erstens der Fall von § 270 Abs 3, nämlich wenn der Gläubiger nach der Entstehung des Schuldverhältnisses durch einen Umzug die Gefährlichkeit der Versendung erhöht hat. Zweitens geht es um die Verspätungsgefahr, also die Gefahr, dass das rechtzeitig abgesendete Geld verspätet ankommt. Denn für sie gilt § 270 Abs 1 nicht (RGZ 78, 137, 139 f, 142; 99, 258; LARENZ I § 14 IV c). Drittens endlich gilt § 270 Abs 1 nicht für bestimmte auf Geld bezogene Herausgabepflichten, insbes des Geschäftsführers (Beauftragten) und des Kommissionärs (so etwa BGHZ 28, 123, 128; BGH NJW 2003, 743; STAUDINGER/BITTNER [2004] § 270 Rn 6) sowie des Schuldners aus ungerechtfertigter Bereicherung (BGHZ 83, 293; STAUDINGER/BITTNER [2004] § 270 Rn 7). In allen drei Fallgruppen paßt § 243 Abs 2 in dem Sinn entspr, dass er den spätesten Zeitpunkt bezeichnet, zu dem die (Verlust- oder Verspätungs-)Gefahr auf den Gläubiger übergeht (MEDICUS JuS 1966, 297, 305). Bei den Herausgabepflichten der letzten Fallgruppe kann freilich der Gläubiger die Verlustgefahr schon vor der Absendung tragen, weil der Schuldner für das Gelingen der Leistung nur nach §§ 276, 278 haftet (vgl SOERGEL/WOLF § 270 Rn 4 f; ERMAN/ KUCKUK § 270 Rn 1; PALANDT/HEINRICHS § 270 Rn 2).

36 Hinsichtlich der **Holschuld** (Leistungs- und Erfolgsort beim Schuldner) herrscht bereits seit dem 19. Jahrhundert Streit (vgl insbes ERNST, in: GS Knobbe-Keuk 77 ff). Die hM läßt sich mindestens bis zu THÖL (Das Handelsrecht [6. Aufl 1879] §§ 262–264) zurückverfolgen. Nach ihr genügt für die Konkretisierung die Aussonderung und Bereitstellung der Sache sowie eine Mitteilung hierüber an den Gläubiger („**modifizierte Ausscheidungstheorie**", vgl RGZ 57, 402, 404 f; ESSER/SCHMIDT § 13 I 2 c; BGB-RGRK/ ALFF Rn 10; PALANDT/HEINRICHS Rn 5; MünchKomm/EMMERICH Rn 31; GERNHUBER, Schuldver-

hältnis § 10 III 5 d, weit Ang bei HÖNN AcP 177 [1977] 385, 390 Fn 22). Dieser Ansicht steht seit JHERING (vgl Schrifttum) die **Lieferungstheorie** gegenüber, nach der Konkretisierung auch bei der Holschuld erst mit Übergabe der Sache an den Gläubiger oder Begründung von Annahmeverzug herbeigeführt werde (vCAEMMERER JZ 1951, 740, 744 und HUBER, in: FS Ballerstedt 327, 339). Wie sich der Gesetzgeber zwischen diesen Theorien entschieden hat, ist wiederum str: Während HUBER (329 f) aus der Entstehungsgeschichte entnimmt, beide Kommissionen hätten die Sach- und Preisgefahr (§§ 324 Abs 2 aF, 446 f) gleich behandeln wollen und sich somit für die Lieferungstheorie entschieden, nimmt GERNHUBER (Schuldverhältnis § 10 Fn 62) an, das BGB habe sich mit der Formulierung „das seinerseits Erforderliche getan" keiner gemeinrechtlichen Konkretisierungstheorie angeschlossen. Undeutlich ist die hM hinsichtlich des Zeitpunktes der Konkretisierung: Manche verlangen Zugang der Mitteilung an den Gläubiger, andere begnügen sich mit deren Absendung (vgl GERNHUBER, Schuldverhältnis § 10 Fn 69 mwNw). LARENZ (I § 11 I Fn 5) schließlich läßt es genügen, dass die für den Gläubiger bestimmten Stücke unzweideutig kenntlich seien und der Schuldner den Gläubiger zur Abholung aufgefordert habe.

Stellungnahme: Letztlich nicht ergiebig genug ist die Entstehungsgeschichte des Gesetzes: Dass der Gesetzgeber Leistungs- und Preisgefahr gleichzeitig übergehen lassen wollte, ergibt deshalb kein überzeugendes Argument, weil er (wie anfangs bisweilen auch das RG) beide Arten der Gefahr überhaupt noch nicht klar unterschieden hat. Auch ist die Gesetz gewordene Formulierung der 2. Kommission (das „seinerseits Erforderliche") nicht identisch mit der JHERINGschen Formel für die Lieferungstheorie, dass der Schuldner „Alles getan" haben müsse, „was ihm oblag" (JherJb 4 [1861] 366; vgl bereits oben Rn 30). Es ist durchaus sinnvoll, den Schuldner zunächst bloß von seiner Beschaffungspflicht zu befreien (Sachgefahr) und ihm erst in einem späteren Stadium den Anspruch auf die Gegenleistung zu sichern (Preisgefahr). Bei der Stückschuld gehen Sach- und Preisgefahr ohnehin verschiedene Wege, und wenn der Gläubiger den Schuldner für längere Zeit mit der Sach- und Konkretisierungsgefahr belasten will, bleibt es ihm ja möglich, auf eine Schick- oder sogar Bringschuld zu dringen. Entscheidend ist vielmehr die Risikoverteilung nach der konkreten Abrede der Parteien oder des sonstigen Schuldverhältnisses (zB die Wertung des § 818 Abs 3 bei der Rückgewähr der Zuvielleistung aus einer Gattungsschuld). Daraus erklärt sich auch, dass ein etwa **vereinbarter Zeitpunkt für die Abholung** (ebenso wie bei oben Rn 31 für das Angebot bei der Bringschuld) bei der Holschuld berücksichtigt werden muss: Früher kann die Konkretisierung nicht eintreten (ebenso MünchKomm/EMMERICH Rn 31 aE; GERNHUBER, Schuldverhältnis § 10 III 5 d). Andererseits darf dem Schuldner der Vorteil der Konkretisierung nicht wegen eines Hindernisses auf der Gläubigerseite vorenthalten werden. Daher muss die Konkretisierung auch während der in § 299 bezeichneten Zeitspanne möglich sein (so schon STAUDINGER/ MEDICUS[12] Rn 36 gegen vCAEMMERER und HUBER aaO, nachdem die Frage bei MEDICUS JuS 1966, 303 noch offengeblieben war). Gewahrt wird das Interesse des Gläubigers an der Erkennbarkeit der Konkretisierung (mit LARENZ aaO) bereits dann, wenn die Sache unzweideutig ausgesondert und der Gläubiger zur Abholung aufgefordert wird. Die ausgesonderte Sache muss nicht als solche angeboten, also schon dem Gläubiger gegenüber bestimmt bezeichnet werden. Die Bezeichnung der Sache schon dem Gläubiger gegenüber kommt aber stets als Hilfe zum Beweis der Aussonderung (vgl unten Rn 52) in Betracht.

4. Rechtsfolgen der Konkretisierung

38 Nach der Konkretisierung trägt der Gläubiger die **Leistungsgefahr**. Der Schuldner braucht sich von der Beschränkung des Schuldverhältnisses „auf diese Sache" iSd § 243 Abs 2 an also – wie bei der Stückschuld – im Falle des Untergangs oder der Beschädigung dieser Sache regelmäßig nicht mehr um Ersatz zu bemühen; die Rechtsfolgen aus der Beeinträchtigung der Sache ergeben sich aus den §§ 275 ff, 323 ff. Der Schuldner hat jetzt insbes eine Ersatzsache nur noch nach Wahl der Ersatzlieferung durch den Käufer gemäß § 439 Abs 1 zu beschaffen; sonst haftet er nach §§ 276, 278 allein aus Verschulden oder Garantieübernahme.

39 Zu differenzieren ist hinsichtlich der Frage, ob **der Schuldner an die** einmal bewirkte **Konkretisierung gebunden** ist: Für den Gattungskauf enthält das Gesetz eine klare Regelung in § 439 Abs 1 und 3. Nach ihr kann der Verkäufer, wenn der Käufer durch das Nachbesserungsverlangen die Konkretisierung vorgenommen hat, seinerseits nur unter den engen Voraussetzungen des § 439 Abs 3 S 1 und 2 zur Nachlieferung mit einer anderen Sache aus der Gattung übergehen. Über die Behandlung anderer Fälle, zB der Konkretisierung durch Absendung beim Versendungskauf (oben Rn 32), herrscht Streit. Nach Meinung des Gesetzgebers (Mot II 12, 74; Prot I 287 f) sollte die vom Schuldner vollzogene Auswahl aus der Gattung unwiderruflich sein. Hiermit sollte dem Gläubiger die Möglichkeit gegeben werden, schon vor der vollständigen Erfüllung über die Sache weiter disponieren zu können. Auch meinte man, der Schuldner solle nicht auf Kosten des Gläubigers spekulieren können. Freilich war schon in der 2. Kommission gesehen worden, dass dem Schuldner (Verkäufer) in Fällen, in denen der Gläubiger (Käufer) kein vernünftiges Interesse gerade an der zunächst für ihn vorgesehene Sache habe, die exceptio doli zustehen könne (Prot I 257 f). Als Verstoß gegen Treu und Glauben oder als Verzicht auf die Konzentration wurde es auch angesehen, wenn der Käufer die zunächst angebotene erfüllungstaugliche Sache grundlos verweigere.

40 Die **Rspr** ist dem Ansatz des Gesetzgebers stets gefolgt, hat aber in den meisten entschiedenen Fällen im Ergebnis die Bindung des Schuldners nach §§ 157, 242 verneint (RGZ 91, 110, 112; RG Recht 1906 Nr 2075; OLGE 10, 165 f [Marienwerder]; 17, 374 [Königsberg]; 41, 103 f [Hamburg]; offengeblieben ist die Frage in RGZ 108, 184, 187; BGH BB 1965, 349; von einer Bindung ausgehend BGH NJW 1982, 873; OLG Köln NJW 1995, 3128; eingehende Analyse der Rspr bei HUBER, in: FS Ballerstedt 340 ff). Methodisch sind diese Entscheidungen und die gesetzgeberischen Motive wenig überzeugend: Zu Recht hat GERNHUBER (Schuldverhältnis § 10 III 2 a) darauf hingewiesen, dass eine ergänzende Vertragsauslegung nach § 157 eine Regelungslücke voraussetze, die sich überhaupt erst ergebe, wenn der Wortlaut des § 243 Abs 2 bereits eingeschränkt sei. Und gegen die Anwendung des § 242 spreche, dass über die Reichweite einer Norm zu befinden sei und nicht über einen ungebärdigen Gläubiger, der in bestimmter Situation ein subjektives Recht in unzulässiger Manier ausübt. Die Argumentation damit, dass der Schuldner nicht auf Kosten des Gläubigers spekulieren dürfe, enthält eine petitio principii, da sie den Leistungsgegenstand bereits in irgendeiner Weise der Sphäre des Gläubigers zurechnet, was doch gerade erst zu begründen wäre (GERNHUBER 2 c).

41 Dennoch hat der Grundsatz, von dem historischer Gesetzgeber und Rspr ausgehen, in der **Lit** weitgehend Zustimmung gefunden, wobei freilich die Grenzen der Bindung teilweise weiter gezogen werden als in der Rspr. So betonen die Bindung vor allem PLANCK/SIBER (Anm 5 b; ebenso HUBER 340 ff; VAN VENROOY WM 1981, 890 ff; ERMAN/ WESTERMANN Rn 19; vgl auch STAUDINGER/LÖWISCH [2004] § 300 Rn 20 mNw). Wenigstens vom Grundsatz der Gebundenheit geht EMMERICH (MünchKomm Rn 34 f) aus. Für Gebundenheit des Schuldners, wenn er die Konzentration dem Gläubiger angezeigt hat, hat sich GERNHUBER (Schuldverhältnis § 10 III 2 e) ausgesprochen (zustimmend ESSER/SCHMIDT § 13 I 2 c bei Fn 52; ERNST, in: GS Knobbe-Keuk 102 ff).

Vor allem MEDICUS (JuS 1966, 297, 300 ff) hat die **Gegenposition** begründet, dass der Schuldner regelmäßig die Konkretisierung rückgängig machen dürfe mit der Folge, dass die Gattungsschuld in den Zustand zurückfällt, in dem sie sich vor der Konkretisierung befunden hat (zu dieser Rechtsfolge auch ERNST, in: GS Knobbe-Keuk 97; JAUERNIG/MANSEL Rn 11): Wenn die Preisgefahr noch nicht auf den Gläubiger übergegangen sei, werde der Schuldner häufig mit anderer Ware erfüllen wollen, um die Gegenleistung noch verdienen zu können. Auch müsste die Notwendigkeit, die ausgesonderten Stücke vielleicht über lange Zeit bis zur Abnahme oder zum Selbsthilfeverkauf getrennt aufzubewahren, dem Schuldner erhebliche Kosten verursachen, die ihm der Gläubiger nur unter den zusätzlichen Voraussetzungen des Gläubigerverzugs nach § 304 zu ersetzen hätte. Dem steht regelmäßig kein Interesse des Gläubigers gerade an den ausgesonderten Stücken gegenüber: Bei Vorliegen eines solchen Interesses hätte von vornherein ein Stückkauf nahe gelegen (iE ebenso LARENZ I § 11 I; FIKENTSCHER Rn 206; weitgehend auch ESSER/SCHMIDT bei Fn 53; ERNST, in: GS Knobbe-Keuk 97, 102 ff; ferner entschieden SOERGEL/TEICHMANN Rn 12; JAUERNIG/MANSEL Rn 11 m d zutr Hinw auf mögliche Schadensersatzpflichten des Schuldners; J HAGER AcP 190 [1990] 324, 332 mit Fn 51). 42

Stellungnahme: In den Ergebnissen besteht mehr Übereinstimmung, als die Verschiedenheit der Ausgangspunkte vermuten läßt. Denn allerdings muss die Konkretisierung den Schuldner binden, wenn der Gläubiger ein Interesse gerade an der ausgesonderten Sache hat. So liegt es insbes, wenn er an der Auswahl der Sache mitgewirkt (vgl GERNHUBER; ESSER/SCHMIDT beide wie Rn 41 aE) oder diese sonst schon geprüft hat: Dann soll er Auswahl oder Prüfung nicht bei einer anderen Sache wiederholen müssen. Ebenso verhält es sich, wenn der Gläubiger schon über die Stücke soll verfügen können (insbes beim **Überseekauf**, dazu HUBER 345 ff): Dann darf der Schuldner solche Verfügungen nicht vereiteln. Aber in solchen Fällen ist die Bindung an die Konkretisierung auch für die Theorie der Dispositionsfreiheit (Rn 42) begründbar: Hier ist das Änderungsrecht des Schuldners durch Vereinbarung ausgeschlossen. Umgekehrt macht auch die Bindungstheorie bedeutsame Ausnahmen von der Bindung des Schuldners. Es geht also nur darum, welche der beiden Ansichten **eher den Regelfall trifft** (so dass die Ausnahme einer besonderen Begründung bedarf). So gesehen ist mit MEDICUS (JuS 1966, 297, 300 ff; BürgR Rn 262) regelmäßig eine Bindung des Schuldners an die Konkretisierung zu verneinen. Denn der Schuldner kann kaum die negative Tatsache behaupten und beweisen, der Gläubiger habe kein besonderes Interesse an dem ausgesonderten Stück. Dagegen fallen dem Gläubiger Behauptung und Beweis hinsichtlich eines solchen Interesses wie auch hinsichtlich eines anderen den Schuldner etwa an die Konkretisierung bindenden Umstandes wohl erheblich leichter. 43

V. Übertragung auf andere als Sachschulden

44 § 243 regelt in beiden Absätzen Gattungsschulden an „Sachen". Der klassische Fall, an den der Gesetzgeber denkt, ist also offenbar die Sachübereignung. Eine Sachleistungsschuld ist aber außer dem Sachkauf etwa auch die **Miete** (zB eines Hotelzimmers; zum **Leasing** vgl NJW 1982, 873 und dazu schon oben Rn 4). Ausdrücklich werden freilich in den Materialien (Mot II 10 f) die „generischen Obligationen, deren Gegenstand eine Handlung ist", erwähnt. Diese seien jedoch äußerst selten. Auch hätten sie „einen so eigentümlichen Charakter, dass sie sich nicht unter allgemeine Regeln subsumieren lassen, bei ihrer Beurteilung vielmehr die besonderen Umstände des einzelnen Falles den Ausschlag geben müssen". Soweit nicht Sonderregelungen in den einzelnen Schuldvertragstypen den Weg zur richtigen Risikoverteilung weisen (vgl unten Rn 48 zu § 644 sowie schon oben Rn 27 zur Preisgefahr), kommt im Einzelnen eine Analogie zu § 243 (und den übrigen Vorschriften über die Gattungsschuld) wie folgt in Betracht:

1. Rechte

45 § 243 paßt regelmäßig für der Gattung nach bestimmte Rechte, etwa bei der Verpflichtung zur Abtretung von Forderungen oder zur Leistung von Kundenakzepten (MünchKomm/EMMERICH Rn 2; GERNHUBER, Schuldverhältnis § 10 I 5 c; SOERGEL/TEICHMANN Rn 4; ERMAN/WESTERMANN Rn 2). Dann müssen diese Rechte insbes von mittlerer Art und Güte sein, § 243 Abs 1. MEDICUS (STAUDINGER/MEDICUS[12] Rn 44) hat die Auffassung vertreten, bei der sicherungsweisen Abtretung von Kundenforderungen handele es sich um eine beschränkte Gattungsschuld (vgl oben Rn 10), nämlich beschränkt auf diejenigen Forderungen, die der Zedent hat oder in seinem Geschäftsbetrieb erwirbt. Daher beurteile sich die mittlere Qualität auch nur nach dieser Menge (vgl oben Rn 22). Hier werden die einzelnen Forderungen jedoch idR bereits mit dem Kauf oder in der Sicherungsabrede auch abgetreten. Dies wiederum setzt eine Art von Bestimmbarkeit voraus, die bei der Vereinbarung bloßer Gattungsschulden nicht erreicht werden kann. Überhaupt keine Gattungsschuld liegt jedenfalls vor, wenn die abzutretenden Forderungen genau (etwa durch die Anfangsbuchstaben der Schuldnernamen oder durch die Geschäfte, aus denen sie herrühren) bestimmt sind: Dann kommt § 243 nicht in Betracht.

2. Dienst- oder Werkleistungen

46 Denkbar ist die entspr Anwendung von § 243 auch auf gattungsmäßig bestimmte Dienst- oder Werkleistungen (vgl MünchKomm/EMMERICH Rn 2 mNw; zum Vertrag über die Lagerhaltung KOLLER VersR 1995, 1386 f). Dann bedeutet **§ 243 Abs 1**, dass die Leistung von mittlerer Art und Güte sein muss. Dies hat in neuerer Zeit der BGH zB für Reiseleistungen (BGHZ 100, 157, 174) und für die Verpflichtung des Mieters zu Schönheitsreparaturen (BGHZ 105, 71, 78) ausgesprochen. Freilich ist hier wieder eine etwa durch Auslegung zu gewinnende Beschränkung der Gattung zu beachten, die nach oben Rn 22 auch den Qualitätsmaßstab bestimmt. Zudem wird § 243 Abs 1 bei Werkverträgen neben der Inhaltsbestimmung durch § 631 Abs 1 vielfach entbehrlich sein (MEDICUS, in: FS Felgentraeger [1969] 309, 313). Innerhalb der Dienstverträge ist eine (entspr) Anwendung des § 243 Abs 1 vor allem auf **Arbeitsverhältnisse** erwägenswert. Die hM betrachtet die Erfüllung der Arbeitspflicht freilich als eine ganz von der Person und dem individuellen Leistungsvermögen des einzelnen Arbeitnehmers geprägte Verpflichtung und lehnt daher die Orientierung an einer „Normalleistung" nach dem Modell des § 243 Abs 1 ab (STAUDINGER/RICHARDI [1999] § 611 Rn 330 f mNw). Dies passt aber schlecht dazu, dass die Gegenleistung des Arbeitgebers – der Lohn – gewöhnlich gerade nicht nach der individuellen Leistung des Arbeitnehmers bemessen wird (HAMMEN 312 f). Auch § 613 zwingt nicht dazu, der hM zu folgen, weil diese Vorschrift nur für die Person selbst des Leistenden gilt, nicht für den Inhalt seiner Leistung. Daher spricht mehr dafür, die Leistung des Arbeitnehmers beim Fehlen spezieller Vereinbarungen nach „mittlerer Art und Güte" zu bestimmen, den Arbeitsvertrag also als Vertrag über eine Gattungshandlungsschuld dem Grundsatz des § 243 Abs 1 zu unterwerfen (ebenso ERMAN/EDENFELD § 611 Rn 283; für die Gattungshandlungsschuld im allg auch MEDICUS SchuldR I Rn 175). Darin liegt allerdings eine Fortbildung des Gesetzesrechts. Denn der historische Gesetzgeber hat sich bei der Regelung der Gattungsschuld am Modell einer auf Übergabe gerichteten (Sach-)Schuld, nicht einer Handlungsschuld orientiert (ERNST, in: FS Nörr 235, ders, in: FS Zöllner 1115 ff; GSELL 12 ff – jeweils zur „Beschaffung" als Handlungspflicht).

Umstritten ist ferner die entsprechende Anwendung des § **243 Abs 2** mit der Folge, **47** dass die Leistungsgefahr auf den Gläubiger übergeht. Beim einfachen **Dienstvertrag** wird freilich idR die Leistung der Dienste bereits die Erfüllung bedeuten, so dass für eine Konkretisierung kein Raum bleibt. Anders ist dies beim Dienstverschaffungsvertrag oder bei Dienstverschaffungselementen innerhalb eines Werkvertrages (Beispiel nach GERNHUBER, Schuldverhältnis § 10 I 5 a: Bereitstellung mehrerer Ziehleute für einen Umzug durch eine Spedition mit größerem Personalbestand). Beim **Werkvertrag** hat MEDICUS (JuS 1966, 297, 306; in: FS Felgentraeger 313 f) die analoge Anwendung des § 243 Abs 2 entwickelt (ebenso LARENZ I § 11 Fn 2; allg auch PALANDT/HEINRICHS Rn 1; ERMAN/WESTERMANN Rn 2). Andere (insbes GERNHUBER, Schuldverhältnis § 10 I 5 c) vertreten jedoch die Ansicht, die werkvertraglichen Vorschriften, insbes § 644, verdrängten § 243 Abs 2.

Der Streit hat **geringe praktische Bedeutung**. Denn unzweifelhaft geht die Leistungs- **48** gefahr spätestens dann auf den Besteller über, wenn dieser nach § 644 sogar die Preisgefahr zu tragen hat (vgl unten Rn 49). Und das geschieht nach § 644 Abs 1 S 2 insbes, wenn der Besteller in Annahmeverzug gerät. Hierhin gehört auch der Verzug mit der Abnahme (STAUDINGER/PETERS [2003] § 644 Rn 25). Ebenso wie bei der auf eine Sache gerichteten Holschuld der Schuldner den Gläubiger zur Abholung auffordern muss (vgl oben Rn 36 f), dürfte regelmäßig auch beim Werkvertrag eine Aufforderung des Bestellers zur Abnahme zu dem gehören, was der Unternehmer seinerseits zur Erfüllung tun muss. Vor einer solchen Aufforderung kann also auch § 243 Abs 2 nicht eingreifen; danach wird häufig schon § 644 Abs 1 S 1 vorliegen. Diese Vorschrift trifft nur dann nicht zu, wenn der Besteller trotz der Aufforderung wegen § 299 nicht in Annahmeverzug kommt.

Es geht also beim Werkvertrag ebenso wie bei der Holschuld (vgl oben Rn 43) um die **49** Frage, ob der Übergang der Leistungsgefahr auf den Gläubiger durch ein auf seiner Seite bestehendes **Annahmehindernis** soll verzögert werden können. Das ist (mit STAUDINGER/MEDICUS[12] Rn 48) zu verneinen und daher § 243 Abs 2 entspr anzuwenden. § 644 regelt demgegenüber ebenso wie § 447, auf den § 644 Abs 2 verweist, in erster Linie die Preisgefahr (so etwa LARENZ II 1 § 53 III a; PALANDT/SPRAU §§ 644/645 Rn 1; ERMAN/

SCHWENKER § 644 Rn 2). Zwar muss man aus dieser Regelung folgern, dass spätestens mit den in § 644 genannten Zeitpunkten auch die Leistungsgefahr auf den Besteller übergeht. Aber § 644 ergibt keineswegs, die Leistungsgefahr könne nicht schon vorher auf den Besteller übergehen: Zwischen der Konzentration und dem frühesten der in § 644 genannten Zeitpunkte passt also § 243 Abs 2 auch für gattungsmäßig bestimmte Werkleistungen.

VI. Prozessuales

1. Beweislast

50 Im Rahmen von **§ 243 Abs 1** trifft die Beweislast **zunächst** den Schuldner: Er muss insbes beweisen, dass die von ihm ausgesuchten Stücke zur Gattung gehören und von mindestens (vgl oben Rn 26) mittlerer Art und Güte sind. Will der Schuldner mit schlechteren Stücken erfüllen, hat er eine von Abs 1 abweichende Vereinbarung zu beweisen (vgl oben Rn 23); umgekehrt muss das der Gläubiger, wenn er bessere als mittelgute Ware fordert.

51 Die Beweislast hinsichtlich der Qualität geht nach § 363 auf den Gläubiger über, wenn er die gelieferten Stücke einmal als Erfüllung angenommen hat. Davon macht § 476 eine Ausnahme zugunsten des **Käufers** bei einem Verbrauchsgüterkauf. Sonst muss auch der Käufer nach Annahme der Leistung deren Fehlerhaftigkeit darlegen und beweisen (PALANDT/PUTZO § 434 Rn 59; STAUDINGER/MATUSCHE-BECKMANN [2004] § 434 Rn 192 mNw).

52 Bei § 243 Abs 2 gilt hinsichtlich der Beweislast für die Erfüllungstauglichkeit der Sache dasselbe (oben Rn 50 f). Im Übrigen muss der Schuldner beweisen, er habe das zur Erfüllung seinerseits Erforderliche getan, so dass die Schuld sich konkretisiert habe.

2. Vollstreckung

53 Für die Zwangsvollstreckung der Gattungsschuld besteht eine Schwierigkeit insofern, als § 883 ZPO die Herausgabe bestimmter und § 884 ZPO die Leistung einer bestimmten Mengen vertretbarer Sachen regelt (die Konkretisierung erfolgt hier also durch den Gerichtsvollzieher). Darin spiegelt sich die nicht durchweg bis zu einem klaren Ergebnis gelangte Diskussion im 19. Jahrhundert über die richtige Art der Vollstreckung von Gattungsschulden (dazu ERNST, in: FS Nörr 228 ff). Nicht direkt erfasst ist von den genannten Vorschriften die Gattungsschuld über unvertretbare Sachen (vgl oben Rn 8). Für sie wird daher vielfach die direkte Vollstreckbarkeit geleugnet (Belege bei JAHNKE ZZP 93 [1980] 43, 45 Fn 6), Abhilfemöglichkeiten sind die analoge Erstreckung von § 884 ZPO auf unvertretbare Sachen (vgl JAHNKE 53 f), die Erweiterung von § 883 ZPO auf die Vorratsschuld (vgl JAHNKE 54 ff) sowie ein Druck nach § 888 ZPO zur Konkretisierung auf den Schuldner (vgl JAHNKE 58). JAHNKE (63 ff) schlägt mit einleuchtenden Gründen eine Analogie zu § 264 Abs 1 vor: Dadurch wird dem Schuldner sein Auswahlrecht so lange als möglich erhalten.

Sachregister

Die fetten Zahlen beziehen sich auf
die Paragraphen, die mageren Zahlen auf
die Randnummern.

Abdingbares Recht
Richtlinien- und Leitfunktion
Einl 241 ff 332
Treu und Glauben/Fallgruppen **242** 109
Treu und Glauben/unabdingbares
Redlichkeitsgebot **242** 108
Abhängigkeits- und Konzernverhältnisse
und gesellschaftsrechtliche Durchgriffshaftung **242** 965
Abschöpfungsfunktion
des Bereicherungsrechts **Einl 241 ff** 88
Absolute Rechte
Dingliche Rechte/Abgrenzung zu relativen Forderungsrechten **241** 299 ff
Forderung/Rechtszuständigkeit des Gläubigers **241** 309 ff
Garantie der Absolutheit **241** 313
Negatorische/quasinegatorische Ansprüche **241** 137
Abstraktionsprinzip
Abstraktes und kausales Geschäft/Unterscheidung **Einl 241 ff** 28
Ausnahmen/Bedingungszusammenhang
Einl 241 ff 36
Ausnahmen/Fehleridentität **Einl 241 ff** 35
Ausnahmen/Geschäftseinheit
Einl 241 ff 37
und Bereicherungsrecht **Einl 241 ff** 87
Dingliches Geschäft/Typenzwang
Einl 241 ff 29
Historische Entwicklung **Einl 241 ff** 27
Kausales Geschäft/Vertragsfreiheit
Einl 241 ff 29
Mißbrauch der Vertretungsmacht **242** 526
Römisches Recht **Einl 241 ff** 27
und Teilnichtigkeit **Einl 241 ff** 34
und Trennungsprinzip **Einl 241 ff** 26, 32
und Treu und Glauben-Relevanz **242** 882
Umgehung, unzulässige **Einl 241 ff** 37
Verkehrsschutz als Zweck **Einl 241 ff** 33
Verpflichtungs- und Verfügungsgeschäft
Einl 241 ff 28
Abtretung
Abtretungsausschluß/Treu und Glauben-Relevanz **242** 716 ff
Abtretungsverpflichtung/der Gattung nach bestimmte Rechte **243** 45
und Aufrechnungsverbot/vertragliches
242 706
Gesetzlicher Forderungsübergang/Treu und Glauben-Relevanz **242** 725
und Gläubigerschutz **241** 314
Gläubigerwechsel **241** 329
Leistungssicherungspflicht **241** 274

Abtretung (Forts.)
Mitwirkung und Unterstützung gegenüber Dritten **241** 256
Mitwirkungspflichten **241** 193, 203
Rechtshandlungen ggü bisherigem Gläubiger/Treu und Glauben-Relevanz
242 723
Schuldnereinwendungen/Treu und Glauben-Relevanz **242** 721
Urkundenaushändigung/Rechtsmißbrauchsverbot **242** 724
Urkundenvorlegung/Erweiterung der Scheinabtretung **242** 722
als Verfügung **Einl 241 ff** 5
Abzahlungsgesetz (früheres)
Schuldrecht außerhalb des BGB
Einl 241 ff 140, 144
Ähnliche geschäftliche Kontakte
Rücksichtspflichten **241** 392, 398
Schuldverhältnis/Entstehung **242** 130
Vertragsnichtigkeit/bestehende **241** 400
Äquivalenzprinzip
und Aufklärungspflichten **241** 436
Geld als Nominalgut **Einl 241 ff** 66
und Gewährleistungsrecht **Einl 241 ff** 73
Gleichwertigkeit Leistung/Gegenleistung
Einl 241 ff 66 ff
Hauptleistung/Nebenleistung
Einl 241 ff 67
und Integritätsinteresse/Abgrenzung
241 419
Obhuts- und Fürsorgepflichten **241** 480
Störung der Vertragsgerechtigkeit
Einl 241 ff 68
und Synallagma **Einl 241 ff** 69
und Wegfall der Geschäftsgrundlage
Einl 241 ff 69
Aktiengesellschaft
Treuepflicht der Gesellschafter/besondere
s. Gesellschaftsrecht
Allgemeine Geschäftsbedingungen
AGBGB-Integration in das BGB
Einl 241 ff 198
Arbeitsverträge/Inhaltskontrolle **242** 468, 767
Aufrechnungsverbote **242** 705
Ausübungs- oder Mißbrauchskontrolle/
Treu und Glauben **242** 376
Bereichsausnahmen/Frage einer Treu und Glauben-Relevanz
— Deklaratorische Klauseln/Leistungsbeschreibungen/Preisvereinbarungen
242 473 ff
— Familienrecht/Erbrecht **242** 481 f

Allgemeine Geschäftsbedingungen (Forts.)
— Gesellschaftsverträge/Vereinssatzungen **242** 478 f
— Individualverträge/vorformulierte **242** 476 f
— Tarifverträge/Beriebsvereinbarungen/ Dienstvereinbarungen **242** 480
Dispositives Recht/Richtlinien- und Leitbildfunktion **Einl 241 ff** 332
Gesellschaftsverträge/Inhaltskontrolle **242** 957
Treu und Glauben
— Erweiterte Inhaltskontrolle am Maßstab **242** 471
— Frühere Kontrollgrundlage **242** 97
— Korrekturfunktion **242** 205
— Leges speciales **242** 375
Unwirksamkeit/Geltendmachung als Rechtsmißbrauch **242** 377
Versicherungsvertragsrecht/Inhaltskontrolle der AVB **242** 1012
Vertragsparität/gestörte **242** 470
Werkvertrag **242** 829

Altenteilsleistungen
Treu und Glauben-Relevanz wegen veränderter Lebensverhältnisse **242** 897

Alter
und Antidiskriminierungsrecht **Einl 241 ff** 283

Anbahnung eines Vertrages
Rücksichtspflichten **241** 392, 398
Schuldverhältnis/Entstehung **242** 130

Anfechtung
Beschlußfassung im Gesellschaftsrecht/ Macht- und Rechtsmißbrauch **242** 970 ff
Dauerschuldverhältnisse/Wirkung ex nunc **241** 105 f
Gesellschaftsverhältnisse **241** 107
Irrtumsanfechtung/Treu und Glauben-Relevanz s. dort

Anlageberatung/Anlagevermittlung
Aufklärungspflichten/Integritätsschutz **241** 472, 476
Beratungspflichten/begrenzte **241** 478

Annahme
der Leistung als Obliegenheit **241** 121
Zusendung unbestellter Leistungen/erforderliche ausdrückliche – **241a** 32

Anspruch
Fehlendes allgemeines Anspruchsrecht **241** 114
und Forderung **241** 114
Gefälligkeitsverhältnisse **241** 89
und Schuldverhältnis **241** 43 ff

AntidiskriminierungsRL
und Gesetzgebungsverfahren zum AntidiskriminierungsG **Einl 241 ff** 282

Antwort
als Obliegenheit **241** 121

Anzeigen
als Obliegenheit **241** 121

Arbeitsrecht
AGB-Inhaltskontrolle **242** 468, 767
Angemessenheitskontrolle **242** 468
Arbeitnehmer-Eigentum/Schutz **241** 500
Arbeitnehmer-Persönlichkeitsrecht **241** 499; **242** 795
Arbeitnehmerschutz/aktiver **241** 499
Arbeitnehmer/Verhaltenspflichten **241** 517
Arbeitsrechtlicher Gleichbehandlungsgrundsatz **242** 146
Aufklärung und Beratung/Informationspflichten **242** 772 f
Aufklärungspflicht/Arbeitgeber-Fragerecht **241** 445
Aufklärungspflicht/Integritätsschutz **241** 464 f
Ausschlußfristen/Verfallfristen **242** 785
Austauschvertrag/schuldrechtlicher **242** 766
Befristeter Arbeitsvertrag **242** 811
Betriebliche Altersversorgung **241** 275
Betriebliche Sozialleistungen/Informationspflicht **242** 773
Betriebliche Übung/Erwirkung von Rechten **242** 193, 824 ff
Betriebsübergang/Arbeitnehmerschutz **241** 332; **242** 807
Betriebsvereinbarungen/Verwirkungsausschluß **242** 815
Dauerschuldverhältnis **242** 765
Deliktische Ansprüche/Verwirkungsausschluß bei Vorsatztaten **242** 817
und Dienstvertragsrecht/Entwicklung seit 1900 **Einl 241 ff** 166
DiskriminierungsRL **Einl 241 ff** 281; **242** 793
Europäisches Recht/Angleichungsbemühungen **Einl 241 ff** 280
Existenzielle Bedeutung **242** 765
Fehlerhafte Arbeitsverhältnisse/Aufhebung vollzogener Verträge **241** 108
Fürsorgepflicht/allgemeine **241** 484
Fürsorgepflicht/nachvertragliche **241** 275
Gattungsmäßig bestimmte Leistungen **243** 46
Geheimhaltungspflichten/nichtleistungsbezogene Treuepflicht **241** 514; **242** 778, 779
Gewissensfreiheit **242** 146
Gleichbehandlung von Männern und Frauen **Einl 241 ff** 281
Gleichbehandlungsgrundsatz/arbeitsrechtlicher **242** 775
Haftung im Arbeitsverhältnis **Einl 241 ff** 225 f
Hauptleistungspflichten/Konkretisierung **242** 768
Inhaltskontrolle **242** 767
Kollektives Arbeitsrecht/Treu und Glauben-Inhaltskontrolle **242** 480

Arbeitsrecht (Forts.)
KSchG/kodifikatorische Ersetzung von
 Treu und Glauben **242** 96, 400, 788
Kündigung und Rechtsmißbrauch s.unter
 Treu und Glauben
Leistungssicherungspflicht **241** 275;
 242 781
Minderjährigkeit/fehlerhaftes Arbeitsverhältnis **242** 417
Mitwirkung und Unterstützung gegenüber
 Dritten **241** 256
Mitwirkungspflichten des Gläubigers
 241 213, 219, 225 f
Nebenpflichten/Konkretisierung **242** 769
Nebenpflichten/leistungsbezogene
 242 781 f
Nichtiger Arbeitsvertrag/rechtsmißbräuchliche Berufung hierauf **242** 784
Obhuts- und Fürsorgepflichten/Integritätsschutz **241** 499 f
Persönliche Unmöglichkeit der Leistungserbringung **242** 641
Persönlichkeitsrecht des Arbeitnehmers
 242 795
Personaler Charakter **242** 765
Rauchfreie Arbeitsplätze **241** 499
Rechtsentwicklung außerhalb des BGB
 Einl 241 ff 9
Richterliche Rechtsfortbildung
 Einl 241 ff 223 ff
Rückabwicklung nach Anfechtung/fehlerhafter Arbeitsvertrag **Einl 241 ff** 224
Rücksichtspflichten **242** 770 f
Schwarzarbeit **242** 784
Sexuelle Ausrichtung/Diskriminierungsschutz **242** 793
Sittenwidrigkeit und Kündigungsrecht
 242 789, 793
Tarifvertrag/Verwirkungsausschluß
 242 815
Treu und Glauben/Bedeutung **242** 62
Treu und Glauben/Erwirkung
— Betriebliche Übung **242** 824 ff
Treu und Glauben/Konkretisierungsfunktion
— Art und Weise der Hauptleistungspflichten **242** 768
— Betriebliche Sozialleistungen/Information **242** 773
— Geheimhaltungspflichten **242** 778, 779
— Gleichbehandlungsgrundsatz/arbeitsrechtlicher **242** 775
— Informationspflichten/Aufklärung und
 Beratung **242** 772
— Nebenpflichten **242** 769
— Nebenpflichten/leistungsbezogene
 242 781 f
— Obhutspflichten des Arbeitgebers
 242 774 f
— Rücksichtspflichten **242** 770 f

Arbeitsrecht (Forts.)
— Treuepflichten/leistungsunabhängige
 des Arbeitnehmers **242** 776 ff
— Unterlassungspflichten/sonstige des
 Arbeitnehmers **242** 780
— Wettbewerbsverbot des Arbeitnehmers
 242 777
Treu und Glauben/Rechtsmißbrauch
— Anspruchsdurchsetzung **242** 785
— Ausschlußfristen/Verfallfristen **242** 785
— Kündigung/Ausübung des Kündigungsrechts **242** 795 ff
— Kündigung/Sachgrunderfordernis bei
 personen-/verhaltensbedingter
 Kündigung **242** 793 f
— Kündigung/Treu und Glauben als
 Inhaltsbegrenzung **242** 788, 789
— Kündigung/treuwidrige Auswahlentscheidung **242** 790 ff
— Kündigung/widersprüchliches Verhalten **242** 797 ff
— Nichtigkeit/Berufung hierauf **242** 784
— Schmiergeldannahme **242** 813
— Unterschlagungen **242** 813
— Versorgungsansprüche/nachhaltige
 Entwertung **242** 812
— Wiedereinstellungsanspruch s.unten
Treu und Glauben/Verwirkung
— Arbeitgeberansprüche/Beispiele
 242 819
— Arbeitnehmeransprüche/Beispiele
 242 818
— Arbeitnehmerrechte im Beendigungsfall **242** 821 ff
— Ausschluß der Verwirkung/gesetzliche
 Fälle **242** 815 f
— Zeitelement **242** 820
Treuepflichten **241** 506; **242** 776 ff
Unterlassungspflichten als Treuepflichten
 242 780
Vertragsparität und Inhaltskontrolle
 242 467 f
Wettbewerbsverbote/leistungsunabhängige Treuepflicht **241** 511; **242** 777
Wettbewerbsverbot/nachvertragliches
 241 290; **242** 777
Wiedereinstellung nach Kündigung
— Abgabe eines Fortsetzungsangebots
 242 804
— Arbeitnehmerinteresse/Mitteilung
 242 809
— Befristeter Arbeitsvertrag **242** 811
— Betriebsbedingte Kündigung **242** 803, 807
— Betriebsbedingte Kündigung/Auswahl
 242 810
— Betriebsübergang **242** 807
— Kündigungsarten/Relevanz der –
 242 803
— Kündigungsschutz/erforderliche
 Voraussetzungen **242** 806 ff

Arbeitsrecht (Forts.)
— Personenbedingte Kündigung 242 803
— Treu und Glauben-Grundlage 242 805
— Verdachtskündigung 242 803, 807
— Verhaltensbedingte Kündigung 242 803
— Zumutbarkeit für den Arbeitgeber 242 808

Architektenvertrag
Architektenwettbewerb 241 88
Aufklärungspflichten/Integritätsschutz 241 475
Beratungpflicht 241 478
Honorarforderung/Schlußrechnung und Bindungswirkung 242 832

Arglist
Anfechtung als unzulässige Rechtsausübung 242 444
Aufrechnungsausschluß 242 701 ff
Ausnutzung rechtsmißbräuchlich erworbener Rechtspositionen/Treu und Glauben-Relevanz 242 442
Eheaufhebung/Treu und Glauben-Relevanz 242 918
Täuschung durch Dritte/Treu und Glauben-Relevanz 242 443
Zivilprozeßrecht **Einl 241 ff** 274

Arzneimittelrecht
Auskunftsanspruch/Beweislastumkehr **Einl 241 ff** 155

Arztvertrag
Aufklärungspflicht bezüglich Körper und Gesundheit 241 463
Aufklärungspflicht als wirtschaftliche Aufklärung 241 462
Einsicht in Krankenunterlagen 241 276
Obhutspflichten/Integritätsschutz 241 503

Aufklärungspflicht
Abgrenzung zu den Informationspflichten/Unterfall der – 241 434
Abhalten vom Vertragsabschluß 241 444
Abwägung der Risikoverteilung 241 446
Äquivalenzinteresse (Leistungsinteresse)/Integritätsinteresse 241 436
Anlageberatung 241 476
Arbeitsvertrag 241 464 f
Architektenvertrag 241 476
Arztvertrag 241 461 ff
Außergesetzliche/gesetzliche 241 435 ff, 438 ff
Automatenaufstellung 241 476
Banken 241 440, 471 f
Behinderungen/persönliche 241 440
Beratungspflichten/abzugrenzende 241 429
Beratungspflichten/weitergehende 241 477
Bürgschaft 241 476; 242 845
Dauerrechtsverhältnisse 241 447
Dienstvertrag 241 459 f
Eigene Person/Aufklärung hierüber 241 453
Eigenes Fehlverhalten 241 446

Aufklärungspflicht (Forts.)
Eigenverantwortlichkeitsprinzip/Zumutbarkeit der Haftung 241 446
Entscheidungserheblichkeit 241 444
Ernstlichkeitsmangel/Treu und Glauben-Relevanz 242 421
Falschinformation ohne Aufklärungspflicht 241 451
Franchisesystem 241 476
Gastwirt 241 476
Gefahrenlage/für Vertragspartner geschaffene 241 448
Gegenstand der Aufklärungspflicht 241 452 ff
Gesellschaftsvertrag 241 476
Heilpraktiker 241 476
Informationsbeschaffungspflicht/vorgeschaltete 241 441
Informationsgefälle als Voraussetzung 241 439 ff
Informationsgefälle/Erkennbarkeit 241 442 f
Inhalt/Informationsdefizit als Maßstab 241 452 ff
und Integritätsinteresse 241 430
Irrtumsveranlassung 241 448
Kaufvertrag 241 457
Krankenhausaufnahme 241 476
Leasing 241 476
als leistungsbezogene Nebenpflicht 241 431
Leistungsgegenstand/Gegenleistung/Leistungshindernisse als Aufklärungsgegenstand 241 453
Maklervertrag 241 476; 242 834
Mietvertrag 241 458
Mitverschulden des zu Schützenden 241 449
Nachvertragliche Pflichten 241 444
Näheverhältnis der Parteien 241 447
Pachtvertrag 241 476
Rat/Empfehlung 241 476
Rechts- und Sprachunkenntnis 241 440
Rechtsanwalt 241 476
Reisevertrag 241 469 f
Risiken/übliche Geschäftsrisiken 241 446
Sachkunde und Informationsgefälle 241 440
Schadensersatzansprüche/Anspruchsgrundlage 241 455
Schenkung 241 476
Schutzwürdigkeit 241 445
Strukturelle Unterlegenheit 241 440
Unerfahrenheit/schichtenspezifische 241 440
Versicherungsvertragsrecht 242 1012
Vertragsabschluß/nähere Umstände 241 448
Vorsatzerfordernis 241 450
Vorvertragliche Pflichten 241 444
Waffengleichheit/Fairness 241 446

Aufklärungspflicht (Forts.)
  Werkvertrag 242 827
  Zumutbarkeit der Informationsweitergabe
    241 446
Aufnahme von Vertragsverhandlungen
  Rücksichtspflichten 241 392, 398
  Schuldverhältnis/Entstehung 242 130
Aufrechnung
  Einschränkung von Aufrechnungsverboten/Treu und Glauben-Grundlage
  — Gesetzliche Aufrechnungsverbote/
      Ausweitung 242 696 ff
  — Gesetzliche Aufrechnungsverbote/
      vorsätzlich unerlaubte Handlungen
      242 697, 709 ff
  — Natur des Rechtsverhältnisses/Zweck
      geschuldeter Leistung 242 699 f
  — Unpfändbare Forderungen 242 698
  — Unzulässige Rechtsausübung 242 701 ff
  — Vertragliche Aufrechnungsverbote/
      Gläubigergefährdung 242 705 ff
  Gegenseitigkeitserfordernis/Treu und
    Glauben-Ausnahmen
  — Formale Aufspaltung der Rechtspositionen 242 694
  — Juristische Personen/Durchgriffshaftung 242 692 f
  — Treuhandverhältnisse/Strohmannfälle
      242 690 f
  und Verwaltungsrechtsverhältnis
    Einl 241 ff 272
Auftragsverhältnis
  Auskunfts- und Rechenschaftspflicht
    242 840
  Mitwirkungspflichten 241 197
  Obhuts- und Fürsorgepflichten/Integritätsschutz 241 503
  Treu und Glauben-Relevanz 242 838 ff
  Weisungen des Auftraggebers 242 839
Aufwendungsersatz
  Rücksichtspflichten/verletzte 241 542
  Treu und Glauben-Relevanz/Ersatz in
    Natur 242 601
Aufwertungsrechtsprechung
  Treu und Glauben/Anpassung von
    Schuldverträgen 242 55 ff
Ausgleichsordnung
  und gesetzliche Schuldverhältnisse
    Einl 241 ff 77
Auskunft
  Auflärungspflicht/verletzte und
    Auskunftsvertrag 241 455
  Bestehende Geschäftsverbindung/
    unverbindliche – 241 398
  Haftung für Rat und Auskunft 241 88
Auskunfts-/Rechenschaftspflichten
  Abgrenzung allgemeine Rechtspflichten/
    nicht bestehende – 241 167; 242 603
  Abgrenzung zu den Informationspflichten
    als Rücksichtspflichten 241 431
  Arbeitsverhältnis 242 782

Auskunfts-/Rechenschaftspflichten (Forts.)
  Auftragsverhältnis 242 840
  Ehe- und Familienrecht/spezielle Regelungen 242 912
  Eigentümer-Besitzer-Verhältnis 242 890
  Erbrecht/Fälle 241 169
  Erbrechtlicher Anspruch 242 930
  Familienrecht/Fälle 241 169
  Fremde Angelegenheiten/Besorgung
    241 170
  Gesellschaftsrecht/Fälle 241 169
  Gesellschaftsrecht/gesetzliche Regelungen
    242 969
  Gesetzliche Einzelregelungen 242 603
  Gewerbliche Schutzrechte 242 1000 ff
  Gewohnheitsrechtliche Anerkennung
    242 604
  Irrtum des Berechtigten über den Rechtsumfang 241 170
  Klagbarer Anspruch 241 171
  Nebenleistungspflichten 241 168, 431
  Rechtsmißbrauch 242 606
  Rechtsverhältnis/Erforderlichkeit 242 605
  Sachenrecht/Fälle 241 169
  Schuldrecht/Fälle 241 169
  Treu und Glauben/Begrenzung 242 606
  Treu und Glauben/Begründung 242 60,
    603 ff
  Treu und Glauben/kodifikatorische Ersetzung 242 99
  Treu und Glauben/veränderte systematische Einordnung 242 90
  Vereinbarung 241 170
  Versicherungsrecht/Fälle 241 169
  Verwirkung 242 606
  Wechsel- und Scheckrecht/Fälle 241 169
  Wirtschaftsprüfervorbehalt 242 1001 f
Auslegung des Gesetzes
  und richterliche Rechtsfortbildung
    Einl 241 ff 263 ff
Auslobung
  Abgabe eines Angebots/Bindungswirkung
    Einl 241 ff 47
  Handelndenverteilung 241 119
  Obhuts- und Fürsorgepflichten/Integritätsschutz 241 503
Ausschlußfristen
  Treu und Glauben-Relevanz/unzulässige
    Rechtsausübung 242 562 ff, 785
  und Verjährungsvorschriften/Vergleich
    242 561
Automatenaufstellungsvertrag
  Aufklärungspflichten/Integritätsschutz
    241 476
  Mitwirkungspflicht des Gläubigers
    241 243

Bahnverkehr
  Rechtsstellung von Kindern
    Einl 241 ff 153; 242 865

Bankrecht
Aufklärungspflicht und Bankgeheimnis
  241 445
Aufklärungspflichten/Integritätsschutz
  241 440, 447, 471
Beratungpflicht 241 478
Berufshaftung 241 472
Einlagengeschäft 241 472
Entwicklung/deutschrechtliche Prinzipien
  Einl 241 ff 103
Geheimhaltungspflichten/nichtleistungs-
  bezogene Treuepflicht 241 514
Gesamtschuldnerinanspruchnahme/Treu
  und Glauben-Beschränkung 242 727
Kapitalanlagevermittlung 241 472
Kreditaufnahme 241 472
Mitwirkungspflicht des Gläubigers
  241 243
Obhutspflichten/Integritätsschutz 241 503
Optionsgeschäfte/Beratungspflicht
  241 478
Terminoptionen 241 472
Wertpapierrecht/Treu und Glauben-Rele-
  vanz 242 1009 ff
Bedingung
und Treu und Glauben-Relevanz
  242 514 ff
Bedingungszusammenhang
Abstraktionsprinzip/Ausnahme
  Einl 241 ff 36
Befristung
und Treu und Glauben-Relevanz
  242 514 ff
Behinderte Menschen
und Antidiskriminierungsrecht
  Einl 241 ff 283
Benachteiligungsverbote
aufgrund europäischen Diskriminierungs-
  rechts **Einl 241 ff** 281 ff
Beratungspflichten
und Aufklärungspflichten/
  abzugrenzende – 241 429
und Aufklärungspflichten/
  weitergehende – 241 477
Banken/Versicherungen 241 478
und Integritätsinteresse 241 430
Kapitalanlagegesellschaften 241 478
Kaufvertrag 241 478
Maklervertrag 242 834
Nebenpflicht/Hauptleistungspflicht
  241 477 f
Rechtfertigung/besondere der Pflicht
  241 477
Vertrauenspersonen/besondere Berufe
  241 478
Werkvertrag 242 827
Bergrecht
Entwicklung/deutschrechtliche Prinzipien
  Einl 241 ff 103

Berufshaftung
Aufklärungspflichten/Integritätsinteressen
  241 472
Beschaffungsrisiko
Vertretenmüssen 243 17
Beschaffungsschuld
und Gattungsschuld 243 19
Beschlußfassung
Gesellschaftsrecht/Machtmißbrauch
  242 970 ff
als mehrseitiges Rechtsgeschäft 241 57
Beseitigungsanspruch
und Antidiskriminierungsrecht
  Einl 241 ff 283
Nachbarschaftliches Gemeinschaftsver-
  hältnis 242 879, 889
Unmöglichkeitsregeln **Einl 241 ff** 16
Besitz
Treu und Glauben-Relevanz/Ausübung
  der Besitzschutzrechte 242 872
Bestätigung
Verstoß gegen Verbotsgesetz/Aufhebung
  des Gesetzes und erforderliche –
  242 156
Bestellung
Unbestellte Leistungen
  s. dort
Betreuungsvertrag
Obhutspflichten/Integritätsschutz 241 503
Betriebsvereinbarungen
AGB-Bereichsausnahme/Treu und Glau-
  ben-Inhaltskontrolle 242 480
BGB-Gesellschaft
Inhaltskontrolle von Gesellschaftsverträ-
  gen 242 954
Treuepflicht der Gesellschafter/besondere
  s. Gesellschaftsrecht
Billigkeit
Mitverschulden 242 591
Schadensersatzansprüche/Interessenaus-
  gleich 242 584 ff
Ungerechtfertigte Bereicherung 242 852
Börsengesetz
Schuldrecht außerhalb des BGB
  Einl 241 ff 142
Bringschuld
Gattungsschuld/Konkretisierung 243 31
Leistungs- und Erfolgsort beim Gläubiger
  Einl 241 ff 62
Bügerrecht
Schuldrechtszerlegung/Systemveränderun-
  gen **Einl 241 ff** 327 f
Bürgerliches Gesetzbuch
Pandektenwissenschaften/Abschnittsglie-
  derung **Einl 241 ff** 111 ff, 134 f
Schuldrecht/Entstehungsgeschichte
  Einl 241 ff 121 ff
Treu und Glauben/Auswirkungen auf die
  Regelungskomplexe
  – Allgemeiner Teil 242 403 ff
  – Ehe- und Familienrecht 242 911 ff

Sachregister Bürgerliches Gesetzbuch

Bürgerliches Gesetzbuch (Forts.)
— Erbrecht **242** 925 ff
— Sachenrecht **242** 869 ff
— Schuldrecht/Allgemeiner Teil
  242 569 ff
— Schuldrecht/Besonderer Teil **242** 729 ff
Bürgschaft
  Aufklärungspflichten/Integritätsschutz
  241 476; **242** 845
  Ehegattenübernahme zwecks Abwendung
  einer Strafanzeige **242** 851
  auf erstes Anfordern/Mißbrauch formaler
  Rechtsposition **242** 847
  Familienangehörige, vermögenslose/Treu
  und Glauben-Relevanz **242** 842 ff
  Inhaltskontrolle/verfassungsrechtliche
  Grundlage **242** 460 ff, 484
  Mitwirkung und Unterstützung gegenüber
  Dritten **241** 256
  Rechtsmißbrauch/Bürgschaft auf erstes
  Anfordern **242** 847
  Rechtsmißbrauch/Gläubigerauslösung des
  Bürgschaftsfalls **242** 848
  Rechtsmißbrauch/Schadenszufügungs-
  zweck **242** 849
  Sittenwidrigkeit **Einl 241 ff** 233; **242** 842 ff
  Verwirkung **242** 850

Chefarztvertrag
  Leistungssicherungspflicht nach Ausschei-
  den **241** 278
CISG
  Rechtsmißbrauchsverbot **242** 1127
  venire contra factum proprium **242** 1127
  Vereinheitlichung des Kaufrechts
  Einl 241 ff 305
Clausula sic rebus stantibus
  Bedeutung in der älteren Kommentarlite-
  ratur **242** 64
  Pflichtenänderung und Vertragsanpas-
  sung/Zeit des 1.Weltkrieges **242** 54
  Treu und Glauben-Grundlage **242** 1099
  Unsicherheitseinrede als besondere
  Ausprägung **242** 629
Common Core of European Private Law
  Grundtatbestand gemeinsamer Rechts-
  sätze **Einl 241 ff** 296
Common Law
  US-amerikanisches/englisches Recht
  Einl 241 ff 315 ff
Corpus academicum pro codificatione europea
  Entwurf einer europäischen Zivilrechtsko-
  difikation **Einl 241 ff** 298
Culpa in contrahendo
  Richterliche Rechtsfortbildung
  Einl 241 ff 209 f
  Schuldrechtsmodernisierung
  Einl 241 ff 193
  Treu und Glauben/kodifikatorische Erset-
  zung der Begründung **242** 100, 672

Culpa in contrahendo (Forts.)
  und Verwaltungsrechtsverhältnis
  Einl 241 ff 272

Darlehensvertrag
  Mitwirkungspflichten des Gläubigers
  241 194, 234
  Obhuts- und Fürsorgepflichten/Integri-
  tätsschutz **241** 495
  Treu und Glauben-Relevanz **242** 743 ff
  Verbraucherverträge/Immobiliardarlehen
  Einl 241 ff 159
Daseinsvorsorge
  und Lehre vom faktischen Vertrag
  241 98 ff
Dauerschuldverhältnisse
  Anfechtungs- und Nichtigkeitsgründe/
  Wirkung ex nunc **241** 105 f
  Arbeitsrecht
  s. dort
  Aufklärungspflichten/Integritätsinteresse
  241 447
  Begriff im engeren Sinne/im weiteren
  Sinne **241** 358
  Begriff als Sammelbegriff **241** 357
  Dogmatische Kategorie/Abgrenzungsver-
  suche **241** 352 ff
  und einmalige Leistungspflicht/Abgren-
  zung **241** 353
  Erfüllung **241** 375 ff
  Fehlerhafte – **241** 105 f, 378
  Gesellschaftsrecht
  s. dort
  Gesetzlicher Terminus **241** 350 f
  Kündigung **241** 370 ff, 543; **242** 205
  Leistungsaustausch/bloßer **241** 365
  Mitwirkungspflichten des Gläubigers
  241 213, 234
  Obhuts- und Fürsorgepflichten/Integri-
  tätsschutz **241** 490
  Personenrechtlicher Einschlag/Interes-
  sengleichrichtung **241** 365 ff
  Relationale Verträge **241** 366 ff
  Risikoverteilung **241** 355
  Rücktritt **241** 373 f
  Schuldrechtsmodernisierung
  Einl 241 ff 222
  Schuldrechtsmodernisierung/Übergangs-
  regelung **Einl 241 ff** 199
  Ständige Pflichtenanspannung **241** 356
  Sukzessivlieferungsvertrag/Abgrenzung
  zum Wiederkehrschuldverhältnis
  241 359 ff
  Treu und Glauben-Relevanz **242** 939
  Treuepflichten **241** 506
  Vertrauensgrundlage/Störung **241** 518
  Wiederkehrschuldverhältnisse **241** 363 f
DDR
  Schuldrechtsentwicklung/Gesetzesüber-
  sicht **Einl 241 ff** 177

DDR (Forts.)
Treu und Glauben/Deutsche Wiedervereinigung **242** 81
Dienstbarkeiten
Treu und Glauben-Relevanz/schonende Ausübung **242** 892 f
Dienstvereinbarungen
AGB-Bereichsausnahme/Treu und Glauben-Inhaltskontrolle **242** 480
Dienstvertrag
s. a. Arbeitsrecht
und Arbeitsrecht/Rechtsentwicklung seit 1900 **Einl 241 ff** 166
Aufklärungspflichten/Integritätsschutz **241** 459
Gattungsmäßig bestimmte Leistung/Gefahrtragung **243** 46 f
Mitwirkungspflichten des Gläubigers **241** 213, 219, 227
Obhuts- und Fürsorgepflichten/Integritätsschutz **241** 499 f
Rückabwicklung unwirksamer Verträge **241** 109
Treu und Glauben-Relevanz **242** 763 f
Dingliche Ansprüche
Absolut wirkende dingliche Rechte/Relativität der Forderung **241** 299 ff
Dingliche Verwertungsrechte/Haftung ohne Schuld **Einl 241 ff** 249
und Forderungsrecht **241** 114
und Recht zur Sache als Forderungsrecht **241** 19 ff
Schuldrechtsanwendung **Einl 241 ff** 12 ff
Treu und Glauben-Relevanz bei der Ausübung **242** 871
Unbestellte Leistung **241a** 35 ff
Dingliches Rechtsgeschäft
s. Verfügung
Diskriminierung
Europäisches Recht/Gesetzgebungsverfahren zum AntidiskriminierungsG **Einl 241 ff** 282
Kündigung des Arbeitsvertrages als – **242** 793
Dolo agit-Einrede
Eigentumsherausgabeanspruch **242** 888
Erfüllung durch minderjährigen Schuldner **242** 682
Fall unzulässiger Rechtsausübung **242** 281 ff
Grundbuchberichtigungsanspruch **242** 873
Treu und Glauben/Schrankenfunktion **242** 204
Doppelnatur
des Prozeßvergleichs **Einl 241 ff** 275
Dritte/Dritter
Deliktsrecht/Risikoverlagerung bei Einbeziehung Dritter **Einl 241 ff** 85
Drittbeteiligung ohne Zurechnung **241** 326 ff
Forderung/Einwirkungen Dritter **241** 307

Dritte/Dritter (Forts.)
Fremdzurechnung/berechtigter Dritter **241** 334 ff
Fremdzurechnung/verpflichteter Dritter **241** 331 ff
Haftungsbegrenzungen zugunsten, zu Lasten Dritter **241** 343 ff
Interessen Dritter/richterliche Rechtsfortbildung **Einl 241 ff** 212
Leistungen Dritter/Ablehnung der Leistung **242** 614
Leistungen Dritter/nachträgliche Änderung der Tilgungsbestimmung **242** 613
Schuldverhältnis/Berechtigung Dritter **241** 334 ff
Schuldverhältnis/Mitwirkung und Unterstützung gegenüber Dritten **241** 253 ff
Schuldverhältnis/Relativität der Forderung **241** 293
Schuldverhältnis/Tatbestandswirkungen auf Dritte **241** 322 ff
Schuldverhältnis/Verpflichtung Dritter **241** 331 ff
Täuschung durch Dritte **242** 443
Treu und Glauben/Interessen Dritter **242** 151
Unbestellte Leistung/Ansprüche gegen Dritte **241a** 46 ff
Drittschadensliquidation
Anwendungsbereich **241** 328; **Einl 241 ff** 214
Richterliche Rechtsfortbildung **Einl 241 ff** 213 f
Unbestellte Leistungen/Beschädigung, Zerstörung durch Dritte **241a** 51
und Vertrag mit Schutzwirkungen zugunsten Dritter/Abgrenzung **Einl 241 ff** 215
Duldung
als Leistung/Schuldnerverhalten **241** 134
als Leistungssicherungspflicht **241** 269
Nachbarschaftliches Gemeinschaftsverhältnis **241** 406
Durchgriffshaftung
Aufrechnungslage/Durchgriffshaftung aufgrund Treu und Glauben **242** 692 f
bei juristischen Personen/bei Verbandsorganisationen **Einl 241 ff** 229; **242** 961 ff

Eheliche Lebensgemeinschaft
als gesetzliches Schuldverhältnis **241** 64
Eherecht
Arglistige Täuschung/Rechtsmißbrauch **242** 918
Aufhebung der Ehe/spezielle Ausschlußgründe **242** 913
Auskunftspflichten **242** 912
Doppelehe/Einwand unzulässiger Rechtsausübung **242** 914 ff
Nichtehe/langjähriges gutgläubiges Zusammenleben **242** 919

Eherecht (Forts.)
Rücksichtnahmegebot **242** 912
Steuerliche Nachteile/Abwendungspflicht **242** 920
Treu und Glauben-Rückgriff/Ausnahmefälle **242** 911
Eheverträge
Ehegattenunterhalt/Wegfall aus Billigkeitsgründen **242** 923
Inhaltskontrolle/verfassungsrechtliche Grundlage **242** 460, 484
Inhaltskontrolle/Wirksamkeitskontrolle **242** 921
Unterhaltsverzicht entgegen schutzwürdiger Interessenlage **242** 922
Eigentümer-Besitzer-Verhältnis
Besitzer/Schutz gegen Herausgabeansprüche/Recht zum Besitz **241** 305
Dingliche Ansprüche/Schuldrechtsregeln **Einl 241 ff** 14 f
Gesetzliches Schuldverhältnis/Rücksichtspflichten **242** 890
Haupt- und Nebenleistungspflichten **241** 66
Schadensersatzanspruch gegen den mittelbaren Besitzer/Ausnahme von der Relativität der Forderung **241** 342
Eigentum
und Forderung **241** 308
Nachbarschaftliches Gemeinschaftsverhältnis
s. dort
Eigentumsansprüche
Treu und Glauben-Relevanz **242** 887 ff
Eigentumserwerb
Treu und Glauben-Relavanz/Rückerwerb vom Nichtberechtigten **242** 881
Eigentumsvorbehalt
Bedingungszusammenhang/Ausnahme vom Abstraktionsprinzip **Einl 241 ff** 36
und Lieferung unbestellter Leistungen **241a** 19
Einreden/Einwendungen
dolo agit-Einrede **242** 204, 281 ff
Nichterfüllter Vertrag/Treu und Glauben-Ausprägung **242** 621
Schuldverhältnis/Einwendungen Dritter **241** 333
Treu und Glauben/Verstöße **242** 321 ff
Unsicherheitseinrede **242** 629 f
Verbundenes Geschäft/Einwendungsdurchgriff **242** 98
Verjährungseinrede/Treu und Glauben-Relevanz **242** 535
Einseitiges Rechtsgeschäft
Zurückweisung/unzulässige aufgrund Treu und Glauben **242** 529
Elektronischer Geschäftsverkehr
E-Commerce-RL/Umsetzung **Einl 241 ff** 184

Empfängnisverhütung
Absprachen hierzu/rechtliche Bedeutung **241** 88
England
Abuse of rights **242** 1112
Economic duress **242** 1119
Equity **242** 1113
Good faith **242** 1108
Implied terms **242** 1116
Promissory estoppel **242** 1118
Specific performance **242** 1120
Entwicklungsauftrag
Konkurrenzverbot/nachvertragliches **241** 291
Erbbaurecht
ErbbauVO/sozialpolitische Zielsetzung **242** 902
Inhalt des Erbbaurechts/Treu und Glauben-Relevanz **242** 902
Wettbewerbsverbote/leistungsunabhängige Treuepflicht **241** 511
Erbfolge
Erbenhaftung/beschränkte **Einl 241 ff** 242
Erbrecht
AGB-Bereichsausnahme/Treu und Glauben-Inhaltskontrolle **242** 481
und Antidiskriminierungsrecht **Einl 241 ff** 283
Auskunftsanspruch/Treu und Glauben-Erweiterung **242** 930
Auskunftspflichten **241** 169
Einwand rechtsmißbräuchlichen Verhaltens
— Anfechtungsvoraussetzungen/Herbeiführung durch eigenes Verhalten **242** 931
— Erbunwürdigkeitsfälle **242** 936
— Gemeinschaftliches Testament/spätere Verfügungen **242** 932
— Gemeinschaftliches Testament/Widerruf wechselbezüglicher Verfügung **242** 933
— Miterbengemeinschaft/mißbräuchliches Handeln einzelner **242** 938
— Nacherbfall/treuwidrig herbeigeführter **242** 936
— Pflichtteilsberechtigter/Verlangen amtlichen Verzeichnisses **242** 935
— Rücktritt vom Erbvertrag **242** 934
— Vermächtnis- und Pflichtteilsunwürdigkeit **242** 937
Erblasserwille/Verwirklichung durch Auslegung **242** 926
Erblasserwille/Vorrang **242** 925
Formungültiges Rechtsgeschäft/Treu und Glauben-Relevanz **242** 929
Gattungsvermächtnis **243** 4, 7, 21, 28
Testierfreiheit/inhaltliche Schranken **242** 928
Treu und Glauben **242** 61

Erbrecht (Forts.)
Vermächtnis als Schuldverhältnis/Treu und Glauben-Relevanz **242** 927
Erfinderrecht
Treu und Glauben-Relevanz/Verwirkung **242** 997
Erfolgsort
Holschuld/Bringschuld/Schickschuld **Einl 241 ff** 62
Erfüllung/Erfüllungsanspruch
s. a. Leistung/Leistungspflichten
Äquivalenzprinzip und Gewährleistungsrecht **Einl 241 ff** 73
Anfechtung **243** 26
Dauerschuldverhältnisse **241** 375 ff
Drittleistung **241** 327
Durchlieferungsfälle **241** 336
Erfüllungs- oder Erhaltungsinteresse **241** 539
Erzwingbarkeit **241** 25
Forderung/Schutzformen **241** 304
Gattungsschuld **243** 24, 29 ff
Gefälligkeit und Schuldverhältnis/Abgrenzung **241** 74
Geltendmachung des Erfüllungsanspruchs/Treu und Glauben-Relevanz **242** 651
Leistungsannahme erfüllungshalber/Befriedigungspflicht des Gläubigers **242** 685
Leistungserfolg, unterbliebener/Wiederholungspflicht aufgrund Treu und Glauben **242** 684
Minderjähriger Schuldner/dolo agit-Grundsatz **242** 682 f
Mitwirkungs- und Unterstützungspflichten
s. dort
Nichterfüllung/Rechtsfolgen **241** 25 ff
Obliegenheiten **241** 124
Rechts- und sachmängelfreie Erfüllung **Einl 241 ff** 194, 197
Unterlassungsansprüche **241** 140
Vertragstreueprinzip **Einl 241 ff** 65
Zivilprozeßrechtliche Verbindungen **Einl 241 ff** 273
Erfüllungsverweigerung
und Vorleistungspflicht/Treu und Glauben-Relevanz **242** 628
Erlaß
Rechtsmißbrauchsfälle **242** 713
Ermächtigung
Vertrag zugunsten Dritter **241** 336
Ernstlichkeitsmangel
Nichtigkeit der Erklärung/Treu und Glauben-Relevanz **242** 419 ff
Ersetzungsbefugnis
Abgrenzung zur Gattungsschuld **243** 15
Kombination mit einer Gattungsschuld **243** 15

Ersetzungsbefugnis (Forts.)
Treu und Glauben-Relevanz/Ausübungsbegrenzung **242** 583
Unbestimmtheit der Leistung **243** 1
Erwirkung von Rechten
Vertrauensgrundlage/Gegensatz zur Verwirkung **242** 192 ff, 824, 3190
Ethnische Herkunft/Rasse
und Antidiskriminierungsrecht **Einl 241 ff** 283
Europäischer Gerichtshof
Auslegungszuständigkeit **Einl 241 ff** 280
Europäisches Recht
s. a. Rechtsvereinheitlichung
Arbeitsrecht/Angleichungsbemühungen **Einl 241 ff** 280
Arbeitsrecht/Gleichbehandlungsgrundsatz **242** 775
Common Principles of European Private Law/Bewilligung als Forschungsnetzwerk **Einl 241 ff** 277
DiskriminierungsRL **Einl 241 ff** 281
E-CommerceR **Einl 241 ff** 184
Europäisches Zivilgesetzbuch/Kompetenzmangel **Einl 241 ff** 279
Gesellschaftsrecht/Angleichungsbemühungen **Einl 241 ff** 280
PauschalreisenRL **Einl 241 ff** 168
Rechtsmißbrauchsverbot **242** 1138
Schuldrecht/Kodifikationsgedanke **Einl 241 ff** 278
Schuldrecht/Richtlinien/EuGH-Auslegungszuständigkeit **Einl 241 ff** 280
Subsidiaritätsprinzip/Wettbewerb der Rechtsordnungen **Einl 241 ff** 278
Treu und Glauben/Beeinflussung **242** 149
Treu und Glauben/kein gemeinschaftsbezogener Begriff **242** 1137
Unbestellte Leistungen **241a** 2
Venire contra factum proprium **242** 1139
VerbrauchsgüterkaufRL **Einl 241 ff** 184
Vereinheitlichungsprobleme/Funktionieren eines Gemeinsamen Marktes **Einl 241 ff** 285
Versicherungsrecht/Angleichungsbemühungen **Einl 241 ff** 280
VO-Vorschlag über das auf außervertragliche Schuldverhältnisse anzuwendende Recht **Einl 241 ff** 256
Völkerrechtlicher Vertrag **Einl 241 ff** 279
ZahlungsverzugsRL **Einl 241 ff** 184
European Group on Tort Law
Ausarbeitung europäischen Deliktsrechts **Einl 241 ff** 293 f
EVÜ
Römisches EWG-Übk über das auf vertragliche Schuldverhältnisse anzuwendende Recht **Einl 241 ff** 255

Factoring
  Vermögenswert der Forderung 241 318
Fahrgemeinschaften
  Rechtliche Bedeutung 241 88
Faktischer Vertrag
  Abkehr vom klassischen Vertragsbegriff 241 95 f
  Arbeitsverhältnisse und Dienstverträge/ nichtige, anfechtbare 241 108 f
  Fallgruppen/erörterte 241 97 ff
  Fehlerhafte Dauerschuldverhältnisse 241 105 ff
  Gesellschaftsverhältnisse/Nichtigkeit, Anfachtbarkeit 241 107
  kraft sozialen Kontakts 241 112
  Miet- und Pachtverträge/fehlerhafte 241 111
  und Schuldrechtseinteilung 241 50
  Sozialtypisches Verhalten/Massenverkehr/Daseinsvorsorge 241 98 ff
  Wohnungseigentümergemeinschaft 241 110
Familienheim
  Absprachen zur Errichtung/rechtliche Bedeutung 241 88
Familienrecht
  AGB-Bereichsausnahme/Treu und Glauben-Inhaltskontrolle 242 482
  und Antidiskriminierungsrecht Einl 241 ff 283
  Auskunftspflichten 241 169
  Auskunftspflichten/Regelung spezieller 242 912
  Eherecht
  s. dort
  Mißbrauchsverbot 242 912
  Rücksichtspflichten 242 912
  Treu und Glauben 242 61
  Unterhaltsrecht
  s. dort
Fehlerhafte Rechtsverhältnisse
  Arbeitsrecht/Rückabwicklung Einl 241 ff 224
  Gesellschaftsrecht/Bestandsschutzgedanke Einl 241 ff 227
Fehleridentität
  Abstraktionsprinzip/Ausnahme Einl 241 ff 35
Fernabsatzgesetz
  FernabsatzG-Integration in das BGB Einl 241 ff 198
Fernabsatzverträge
  Finanzdienstleistungen Einl 241 ff 160
Forderung
  s. a. Schuldrechtliche Verpflichtung
  s. a. Schuldverhältnis
  Abgrenzung zu Obligationen 241 121 ff
  Absolute Rechtszuständigkeit des Gläubigers/Meinungsstreit 241 309 ff
  und Anspruch 241 114
  Begriff 241 113 f

Forderung (Forts.)
  Deliktischer Rechtsgüterschutz 241 316
  Dingliche Ansprüche 241 114
  Dingliche Rechte, absolut wirkende/Relativität der – 241 299
  als Eigentumsrecht 241 308
  Einzelnes Forderungsrecht/BGB-Terminologie 241 36
  Entstehung 241 113 ff
  Forderungsentstehung/Schuldverhältnis 241 113 ff
  Gutglaubensschutz 241 305
  Kollisionen 241 116 ff
  Lehre von der absoluten Rechtszuständigkeit 241 309 ff
  Leistungsgegenstand/Recht zur Sache 241 19 ff
  Mehrheit von Forderungen/BGB-Terminologie 241 36
  Obliegenheiten/Abgrenzung 241 121
  Pandektistik 241 37 f
  Präventionsgrundsatz 241 117
  Recht zum Besitz 241 305
  relatives Forderungsrecht/Schuldverhältnis Einl 241 ff 63
  Relativität 241 299 ff
  Richterliche Rechtsfortbildung Einl 241 ff 211
  als Schuldverhältnis im engeren Sinne 241 36 ff; Einl 241 ff 271
  und Schuld/Verpflichtung/Verbindlichkeit 241 113
  Schutzformen und Verdinglichung 241 304
  Subjektives Recht im Außenverhältnis 241 311
  und Summe aller Einzelforderungen/ Schuldverhältnis 241 42
  Tatbestandswirkungen auf Dritte 241 322 ff
  Unvollkommene Verbindlichkeiten/ Schuld ohne Haftung Einl 241 ff 244 ff
  Verdinglichung durch Abtretbarkeit Einl 241 ff 5
  Verdinglichung obligatorischer Rechte/ Ausnahmen von der Relativität der Forderung 241 302 ff, 332
  Verjährte Forderungen Einl 241 ff 245
  Vermögensbestandteil 241 318
  Vertrag zugunsten Dritter/eigenes Forderungsrecht des Dritten 241 337
  und Verwaltungsrechtsverhältnis Einl 241 ff 271
Form
  Formnichtigkeit und Mitwirkungspflicht 241 185
  Formnichtigkeit/Grundstücksverträge 242 732
  Formnichtigkeit/Treu und Glauben-Relevanz 242 445 ff, 929

Form (Forts.)
Formnichtigkeit/Vereitelung einer Rechtsposition 242 249
Gesetzliche Formvorschriften/Formzweck 242 448 ff
Frachtvertrag
Mitwirkungspflichten des Gläubigers 241 239
Franchising
Aufklärungspflichten/Integritätsschutz 241 476
Mitwirkung und Unterstützung gegenüber Dritten 241 256
Mitwirkungspflichten des Gläubigers 241 229
Frankreich
Abus de droit 242 1088
Bonne foi 242 1080 ff
Code civil 1804 241 8, 26, 296; **Einl 241 ff** 108, 310; 242 19
Equite 242 1084
Loyalitäts- und Kooperationspflichten 242 1085
Nebenpflichten 242 1082, 1084 f
Verzicht 242 1087
Vorvertragliche Pflichten 242 1082 f
Fremdnützige Tätigkeiten
Treu und Glauben-Relevanz 242 939
Fristsetzung/Nacherfüllung
Schadensersatz statt der Leistung und Rücktrittsmöglichkeit/Fristsetzungserfordernis und Treu und Glauben-Relevanz 242 647 f, 655, 734
Fürsorgepflichten
s. Obhuts- und Fürsorgepflichten

Gastwirt
Aufklärungspflichten/Integritätsschutz 241 476
Obhutspflichten/Integritätsschutz 241 486, 503
Raumüberlassung durch – 241 88
Tischreservierung 241 88
Übereinkommen über die Haftung der Gastwirte Einl 241 ff 169
Gattungsschuld
Abgrenzung zum unbestimmten/unbestimmbaren Schuldverhältnis 243 1
Abstrakte Bezeichnung der Gattung 243 9
Abtretungsverpflichtung 243 45
Annahmeverzug 243 4, 27, 30 ff, 49
Arbeitsverhältnisse 243 46
aufgrund Gesetzes/Denknotwendigkeit 243 7
Auswahl/Wahlrecht 243 6, 12
Begriff 243 6 f
Beschaffenheitsangaben 243 9
Beschaffungsschuld/Beschaffungslast 243 19, 27

Gattungsschuld (Forts.)
Beschränkte Gattungsschuld/verhältnismäßige Gläubigerbefriedigung 241 119
Beweislast 243 50 ff
BGB-Regelungen 243 3 f
Bringschuld/Konkretisierung 243 31
Definition 243 5 f
Dienstleistungen 243 46 ff
Erfüllungsortbezeichnung/Abgrenzung zur Vorratsschuld 243 11
Ersetzungsbefugnis/Abgrenzung 243 15
Gattungshandlungsschuld 243 46
Gattungskauf 243 4, 24, 28 f
Geldschuld/Abgrenzung 243 17
Geldschuld/Gefahrübergang auf den Gläubiger 243 35
Geldsortenschuld 243 18
Handelsrecht 243 5
Holschuld/Konkretisierung 243 30, 36 f, 43, 49
Incoterms 243 34
Industrielle Massenproduktion 243 21
Kaufmännischer Versand/See- und Luftfracht 243 34
Kaufvertrag/Mängelbeseitigung 243 28
Klauseln wie besehen/wie besichtigt/wie die Ware steht und liegt 243 23
Kondiktion besserer Ware 243 26
Konkretisierung/Bindungsfrage 243 39 ff
Konkretisierung/Leistungsgefahr für den Gläubiger 243 38
Konkretisierung/seinerseits Erforderliche 243 30 ff
Konkretisierung/Zuständigkeit 243 28
Konzernverschaffungsschuld 243 11
Leasing 243 4, 44
Leistungsbestimmungsrecht des Schuldners/Verhältnis 243 16
Leistungsgefahr nach Konkretisierung 243 38
Leistungsgefahr vor Konkretisierung 243 27
Leistungsgegenstand/festgelegte Merkmale 243 6
Leistungsunvermögen/Einstehenmüssen 243 19
Lieferung besserer Ware/Anfechtungsfrage, Konditionsmöglichkeit 243 26
Marktbezogener Handelskauf 243 19
Mehrheit von Gläubigern/Repartierung 243 20
Merkmale der Gattung/Parteivereinbarung 243 8
Miete 243 44
Naturalrestitution 243 7
Normgerechte Produkte 243 21
Qualitätsabweichungen/schlechtere, bessere Ware 243 24 ff
Qualitätsmaßstab/allgemeiner 243 21
Qualitätsmaßstab/Vereinbarung höherer Standards 243 21

Gattungsschuld (Forts.)
Qualitätsvereinbarungen 243 23
Rechte 243 45
Repartierung 243 20
Risikozuweisung und Beschaffungslast 243 19
Sachen/Sachübereignung/Sachleistungsschulden 243 44
Schenkung 243 4
Schickschuld/Konkretisierung 243 32 ff
Schuldrechtsmodernisierung 243 2, 4
Selbstbedienungsladen/Kauf verpackter Ware 243 12
Selbstbelieferung vorbehalten 243 19
Sicherheitsstandard/Qualitätsbedeutung 243 21
Spielraum für den Schuldner 243 9
Stückschuld/Abgrenzung 243 12
Stückschuld/Verhältnis 243 2
Systematische Stellung/Stückschuld als Modell 243 2
Transmutationstheorie 243 2
Treu und Glauben-Relevanz/abweichender Qualitätsstandard 242 575
Treu und Glauben-Relevanz/Rekonzentration als Schuldnerbefugnis 242 579 ff
Treu und Glauben-Relevanz/Repartierungspflicht des Schuldners 242 576 ff
Überseekauf 243 34, 43
Unbestimmtheit der Leistung/Fälle des Gesetzes 243 1
Verkehrsauffassung/unbeachtliche 243 8
Vermächtnis 243 4, 7, 21, 28
Vorratsschuld/begrenzte Gattungsschuld 243 10
Vorratsschuld/Beispiele 243 11
Vorratsschuld/mit Ersetzungsbefugnis verbundene 243 10
Vorratsschuld/Qualitätsstandard 243 22
Vorratsschuld/Vereinbarung, Klauseln 243 10
Wahlschuld/Abgrenzung 243 13
Wahlschuld/Kombination mit der Gattungsschuld 243 14
Werkleistungen 243 46 ff
Zwangsvollstreckung 243 53

Gebrauchsgewährung
Mitwirkungspflichten des Gläubigers 241 219

Gefährdungshaftung
Neuregelungen/Gesetzeshinweise **Einl** 241 ff 149

Gefälligkeiten
Abgrenzung zum Schuldverhältnis 241 76 ff
Abladen von Transportgut 241 88
Begriff/uneinheitliche Terminologie 241 72
Culpa in contrahendo/ähnliche geschäftliche Kontakte 241 393, 396 ff

Gefälligkeiten (Forts.)
Ehegattenabsprachen zur Familienplanung 241 88
Ehegattengesellschaft 241 88
Einzelfallbezogene Betrachtung 241 76
Empfängnisverhütung/Absprache 241 88
Fahrgemeinschaften 241 88
Fahrzeugüberführung 241 88
Ferienhütte/Überlassung 241 88
Fluchthilfe 241 88
Gastwirt 241 88
Gefälligkeitsfahrt 241 88, 534
Gefälligkeitsflug 241 88
Gefälligkeitsverträge/abzugrenzende 241 72
Gefahrenlage 241 86
Gentlemens agreement 241 90 ff
Haftungsmodifikationen und Rücksichtspflichten 241 94, 527 ff, 533
Haus/Beaufsichtigung 241 88
Hauserrichtung/Absprachen 241 88
Indizien/Willensermittlung 241 84 ff
Interessenlage der Parteien 241 86
Kellerräumung 241 88
Kfz-Aufstellung 241 88
Kinder/Beaufsichtigung 241 88
Klagbarer Leistungsanspruch/Rechtsbindungswille 241 74, 78
Klinikchef-Absprachen zur Vergütung 241 88
Kulanzregelung/Zusage 241 88
Leistungsart/Leistungszweck/Umstände der Leistungserbringung 241 86
Lotto- oder Tippgemeinschaft 241 88
Merkmale für Nicht-Rechtsverhältnis 241 77 ff
Mietvereinbarung 241 88
Objektiver Ansatz 241 79
und Obliegenheiten 241 123
Politische Widerstandstätigkeit 241 88
Rechtsgeschäftliches Verständnis 241 80 ff
Rechtsgrund zum Behaltendürfen 241 74
Reisende/Weckangebot 241 88
Reitpferdüberlassung 241 88
Rücksichtspflichten 241 67, 94, 393, 396 ff, 527 ff
Schiffsnutzung 241 88
Schuldnerbelieben 241 77
Sozialer Kontakt als Grundlage 241 73
Starthilfegewährung 241 88
Straßenverkehr/Winkzeichen 241 88
Subjektiver Ansatz 241 80 ff
Tatsächliche Grundlagen/Verhaltensweisen 241 75
Tischreservierung 241 88
Treibjagd 241 88
Treu und Glauben 241 82; 242 131
Uneigennützigkeit 241 85
Unentgeltlichkeitsmerkmal 241 73, 85
Vermögensinteresse 241 79
Verwandtenaufnahme 241 88

Gefälligkeiten (Forts.)
  Wert anvertrauter Sachen 241 86
  Willensermittlung 241 84 ff
Gefahrtragung
  Dienstvertrag 243 47
  Gattungsschuld 243 27, 38
  Geldschuld als Schickschuld 243 35
  Verbrauchsgüterkauf als Versendungskauf
    Einl 241 ff 214
  Werkvertrag 243 48 f
Geheimhaltungspflichten
  Arbeitnehmer 241 514; 242 778 f
  Außergesetzliche Pflichten/Obhutspflichtenvergleich 241 514
  Bank 241 514
  Gesellschafter 241 514
  Gesellschaftsrecht 241 513
  Gesetzlich normierte – 241 513
  als nichtleistungsbezogene Treuepflichten 241 512
Geld
  als Nominalgut/Bedeutung für das Äquivalenzprinzip **Einl 241 ff** 66
Geldschuld
  Beschleunigung fälliger Zahlungen
    Einl 241 ff 156
  und Gattungsschuld 243 17 f, 35
  Prinzip unbeschränkter Vermögenshaftung 243 17
  als Schickschuld/Gefahrübergang auf den Gläubiger 243 35
Geldwert der Leistung
  Schuldverhältnis/Frage geldwerter Leistung 241 14 ff
Genehmigungserfordernisse
  Mitwirkungspflichten vor Vertragsabschluß 241 181 ff
  Rechtliche Unmöglichkeit der Leistung/Mitwirkungsverpflichtung an Vertragsänderung 242 638
  Rechtsbedingungen und Treu und Glauben-Relevanz 242 516
Generalklauseln
  und Äquivalenzprinzip **Einl 241 ff** 66
  Außerrechtliche/veränderliche Wertvorstellungen (§§ 138, 826) 242 157
  Gefahren 242 110
  Grundrechte/Drittwirkung im Privatrecht
    Einl 241 ff 265
  und Privatautonomie **Einl 241 ff** 49
  und schuldrechtliche Grundprinzipien
    Einl 241 ff 75
  Unerläßlichkeit 242 110
  Würdigung/Einschätzung 242 1 ff
  Zukunftsentwicklungen 242 121
Genossenschaft
  Treuepflicht der Gesellschafter/besondere s. Gesellschaftsrecht
Gentlemens agreement
  Ausschluß eines Leistungsanspruchs
    241 90 ff

Gentlemens agreement (Forts.)
  Betriebliche Übung/Abgrenzung 241 93
  Kartellrechtliche Übereinkünfte 241 92
  Klagbarkeitsausschluß/Abgrenzung
    241 91
  Leistungsansprüche aufgrund widerholter Freiwilligkeit/Abgrenzung 241 93
  Scheingeschäft/Abgrenzung 241 91
  Vertrauensschutz des Empfängers 241 93
Gesamtschuld
  Wahlfreiheit des Gläubigers/Treu und Glauben-Begrenzung 242 727
Geschäftsbesorgung
  Obhutspflichten/Integritätsschutz 241 503
Geschäftseinheit
  Abstraktionsprinzip/Ausnahme
    Einl 241 ff 37
Geschäftsfähigkeit
  Treu und Glauben-Relevanz 242 408 ff
Geschäftsführung ohne Auftrag
  Anspruchsgrundlagen/Übersicht
    Einl 241 ff 80
  Ausgleichsordnung **Einl 241 ff** 79
  Gesetzliches Schuldverhältnis
    Einl 241 ff 78
  Haupt- und Nebenleistungspflichten
    241 66
  Obhutspflichten/Integritätsschutz 241 503
  Rechtsgüterschutz **Einl 241 ff** 202
  und Schuldrechtseinteilung 241 51
  Treu und Glauben-Relevanz 242 841
  Unbestellte Leistung 241a 33 f
  und Verwaltungsrechtsverhältnis
    Einl 241 ff 271
Geschlecht
  und Antidiskriminierungsrecht
    Einl 241 ff 283
Gesellschaftliche Wertungen
  Schuldrechtseinbezug, verstärkter –
    Einl 241 ff 330
Gesellschaftlicher Maßstab
  Treu und Glauben/Rechtssatzbildung
    242 46 f, 79
Gesellschaftsanteile
  Übertragung/Übernahme und Treu und Glauben-Grundsatz 242 980
Gesellschaftsrecht
  AGB-Bereichsausnahme/Treu und Glauben-Inhaltskontrolle 242 478
  Anfechtungs- und Nichtigkeitsvorschriften/Auflösung für die Zukunft 241 107
  Aufklärungspflichten/Integritätsschutz
    241 447, 472
  Auskunftspflichten 241 169
  Ausscheiden aus der Gesellschaft/Leistungssicherungspflicht 241 279
  Durchgriffshaftung bei juristischen Personen **Einl 241 ff** 229
  Europäisches Recht/Angleichungsbemühungen **Einl 241 ff** 280
  Fehlerhafte Gesellschaft **Einl 241 ff** 227

Sachregister Gesellschaftsrecht

Gesellschaftsrecht (Forts.)
Geheimhaltungspflichten/nichtleistungsbezogene Treuepflicht 241 513
Mitwirkungspflichten des Gläubigers 241 232
Nicht-rechtsfähiger Verein/Rechtsstellung **Einl 241 ff** 228
Obhutspflicht/Integritätsinteresse 241 486
Richterliche Rechtsfortbildung **Einl 241 ff** 227 ff
als Sonderprivatrecht **Einl 241 ff** 22
Treu und Glauben/Bedeutung 242 62, 940
Treuepflicht/umfassende
— Abhängigkeits- und Konzernverhältnisse/Haftungsdurchgriff 242 965
— Aktiengesellschaft 242 946 f
— Aktiengesellschaft/Inhaltskontrolle 242 958
— Aktionäre untereinander 242 947
— Aktionärsstimmrecht/Stimmbindungsvertrag 242 953
— Alleingesellschafter 242 949, 976
— Alleingesellschafterstellung 242 942
— Anfechtbarkeit eines Beschlusses wegen Verletzung der – 242 947
— Anfechtung einer Beschlußfassung als Rechtsmißbrauch 242 971 ff
— Anfechtungsrecht/Verwirkung 242 981
— Anteilsübertragung/Übernahme von Anteilen 242 980
— Auflösung der Gesellschaft 242 979
— Auseinandersetzung der BGB-Gesellschaft 241 506
— Ausgeschiedene Gesellschafter 242 978
— Auskunfts- und Rechenschaftspflichten 242 969
— Auslegung des Gesellschaftsvertrages 242 944
— Ausschluß eines Gesellschafters 242 975
— Beschlußfassung/Machtmißbrauch 242 970
— BGB-Gesellschaft 242 944
— Dogmatische Grundlage 242 940
— Erwirkung 242 983
— Familiengesellschaften 242 947
— Förderpflicht 242 946
— Genossenschaft 242 950
— Genossenschaften/Inhaltskontrolle 242 956
— der Gesellschaft/den Mitgesellschaftern gegenüber 242 941
— Gesellschafterstellung/Geschäftsführung 242 974 ff
— Gläubiger- und Drittinteressen 242 942
— GmbH 242 949, 968
— GmbH als Publikumsgesellschaft 242 955
— GmbH-Gesellschafter 242 949

Gesellschaftsrecht (Forts.)
— Inhaltskontrolle von Gesellschaftsverträgen 242 954 ff
— Juristische Personen/Durchgriffshaftung 242 961 ff
— Kapitalgesellschaften/Inhaltskontrolle 242 955
— KGaA 242 955, 974
— Körperschaften/einzelne Gesellschaftsformen 242 945 ff
— Kommanditgesellschaft 242 944, 968
— Kündigung der Gesellschaft 242 977
— Kündigung eines Gesellschafters 242 977
— Kündigungsrecht/Verwirkung 242 981
— Mehrheitsaktionäre 242 948
— Minderheitsaktionäre 241 506; 242 948, 962
— Mißbrauch der Rechtsform 242 963
— Mitwirkungspflichten 242 953
— Nichtigkeitsfolge/Verwirkung 242 981
— Nichtigkeitsklage als Rechtsmißbrauch 242 973
— Offene Handelsgesellschaft 242 944
— Partnerschaftsgesellschaft 242 944
— Personale Struktur/Inhalt und Umfangsbestimmung 242 941
— Personengesellschaften/enger Gesellschafterkontakt 242 944
— Pflichtenbegründende Funktion 242 951
— Publikums-KG/Inhaltskontrolle 242 954, 958 f
— Rechtsscheinhaftung 242 968
— Schranken- und Konkretisierungsfunktion 242 951
— Schutzpflichten/weitergehende – 242 939
— Stille Gesellschaft 242 944
— Stimmpflicht 242 953
— Unterkapitalisierung und Haftungsdurchgriff 242 964
— Unterlassungspflichten 242 952
— Verbandstypische Macht/Korrelat 242 946
— Vereinsrecht 242 945
— Vermögensvermischung und Haftungsdurchgriff 242 966
— Verwirkungen von Rechten 242 981
— Wahrung eigener berechtigter Interessen 242 942
— Weisungsrecht des Gesellschafters 242 966
— Zurechnungsdurchgriff 242 967
Unterlassungspflicht/nicht leistungsbezogene Treuepflicht 241 516
Vertreterhandeln für noch nicht entstandene Gesellschaft/Treu und Glauben-Relevanz 242 532
Wettbewerbsverbote 241 199

Gesellschaftsrecht (Forts.)
  Wettbewerbsverbote/leistungsunabhängige Treuepflicht **241** 510
  Zustimmungspflichten zu Vertragsänderungen **241** 251
Gesetz
  Kodifikationsbewegung **Einl 241 ff** 109
  Ordnungsfunktion dispositiven Rechts **Einl 241 ff** 332
  Rechtsordnung als Reserveordnung **Einl 241 ff** 332
  Treu und Glauben/kodifikatorische Ersetzung **242** 96 ff
  Treu und Glauben/Vorrangfrage **242** 63
  Treu und Glauben/zwingende andere Rechtsvorschriften **242** 335 ff
Gesetzesumgehung
  Gesetzliche Regelungen/spezielle **242** 396
  Internationales Privatrecht **242** 397
  und Treu und Glauben-Anwendung **242** 394 ff
  und Verbotsgesetze **242** 396
Gesetzesvorbehalt
  Öffentliches Recht/Anwendung privatrechtlicher Normen **Einl 241 ff** 270
Gesetzliche Anordnung
  und Verwaltungsrechtsverhältnis **Einl 241 ff** 271
Gesetzliche Verbote
  und Gesetzesumgehung **242** 396
  Gesetzeswidrigkeit/Beurteilungszeitpunkt **242** 156
  Gesetzwidriges Verhalten/Rechtsmißbrauchsfrage **242** 251 ff, 269
  Ordnungsvorschriften **242** 364
  Privatautonomie/Schranken **242** 457
  Schwarzarbeitsfälle **242** 497, 856
  und Treu und Glauben/Ausübungskontrolle **242** 365
  und Treu und Glauben/Einschränkung der Nichtigkeitsfolge **242** 486 ff
  und Treu und Glauben/Prüfungsschema **242** 366
  und Treu und Glauben/Rückgriff bei Wirksamkeit des Geschäfts **242** 490
  und Treu und Glauben/Überschneidungen **242** 365
  Verfolgung gesetzeswidriger Zwecke/Rechtsmißbrauchsfrage **242** 261
  Wirksamkeitskontrolle aufgrund – **242** 365
Gesetzliche Vertragsübernahme
  und Verdinglichung des Schuldverhältnisses **241** 303
Gesetzliche Vertretung
  Minderjährigenschutz und Treu und Glauben-Relevanz **242** 413
Gesetzliches Schuldverhältnis
  Abgrenzung zum rechtsgeschäftlichen Schuldverhältnis **Einl 241 ff** 77
  Abgrenzung der Schuldverhältnisse **241** 47 ff

Gesetzliches Schuldverhältnis (Forts.)
  Ausgleichsordnung **241** 63; **Einl 241 ff** 77
  Ehegatten/eheliche Lebensgemeinschaft **241** 64
  Eigentümer-Besitzer-Verhältnis s. dort
  Entstehung/Abgrenzung (Negativabgrenzung) **241** 62
  Geschäftsführung ohne Auftrag s. dort
  Grunddienstbarkeit **242** 892
  Güterschutzgedanke **Einl 241 ff** 77
  Haupt- und Nebenleistungspflichten **241** 65 ff
  IPR-Recht für außervertragliche Schuldverhältnisse und für Sachen **Einl 241 ff** 256
  Leistungssicherungspflichten **241** 268
  Mitwirkungspflichten des Gläubigers **241** 257 ff
  Nachbarschaftliches Gemeinschaftsverhältnis **241** 401, 406, 407
  Nießbrauch an Sachen/an Rechten **242** 894
  Obhutspflichten/Integritätsschutz **241** 503
  Rechtsgüterschutz **Einl 241 ff** 202
  Rücksichtspflichten/Integritätsschutz im – **241** 67, 391, 407
  Rücksichtspflichten/Zuordnung zu einem eigenständigen – **241** 387
  Sondergesetze/Entwicklung nach 1900 **Einl 241 ff** 148
  Treu und Glauben **242** 42, 125
  Unbestellte Leistung/Unternehmeransprüche **241a** 54 f
  Unerlaubte Handlung s. dort
  Ungerechtfertigte Bereicherung s. dort
  Vermögensverschiebung/Schadenszufügung **241** 63
  Wohnungseigentümer **242** 906
Gewährleistungsrecht
  und Äquivalenzprinzip **Einl 241 ff** 73
  Kaufvertrag/Treu und Glauben-Relevanz bei Sach- und Rechtsmängeln **242** 734 ff
  Rechts- und sachmängelfreie Erfüllung **Einl 241 ff** 194, 197
  Schuldrechtsmodernisierung/Kaufvertrag **Einl 241 ff** 194 ff
  Schuldrechtsmodernisierung/Werkvertrag **Einl 241 ff** 197
Gewerbebetrieb
  Unternehmensrecht als absolutes Recht/deliktischer Schutz **Einl 241 ff** 231
Gewerbeordnung
  und arbeitsrechtliche Grundsätze **Einl 241 ff** 166
Gewerberecht
  Entwicklung/deutschrechtliche Prinzipien **Einl 241 ff** 103

Gewerbliche Schutzrechte
  Leistungssicherungspflicht nach
    Nutzungsbeendigung 241 280
Gewerblicher Rechtsschutz
  Wettbewerbsrecht
    s. dort
Gewissensfreiheit
  Persönliche Unmöglichkeit der Leistungs-
    erbringung 242 641
Gewohnheitsrecht
  Auskunftsanspruch 242 604
  Positive Forderungsverletzung
    Einl 241 ff 211; 242 95
  und richterliche Rechtsfortbildung
    Einl 241 ff 205
  und Verkehrssitte/Abgrenzung 242 167
Gläubiger
  und Forderung/fehlendes Eigentumsrecht
    241 308
  und Forderung/Lehre von der absoluten
    Rechtszuständigkeit 241 309 ff
  Rechtsmißbrauch
    s. dort
  Rücksichtspflicht 241 412
  Wechsel 241 329
GmbH
  Inhaltskontrolle von Gesellschaftsverträ-
    gen 242 955
  Treuepflicht der Gesellschafter/besondere
    s. Gesellschaftsrecht
Grundbuchberichtigungsanspruch
  Dolo agit-Einwand 242 873
  Verbot widersprüchlichen Verhaltens
    242 874
  Verwirkung 242 875
Grunddienstbarkeit
  Obhutspflicht/Integritätsinteresse 241 486
  Treu und Glauben-Relevanz/schonende
    Ausübung 242 892 f
Grundpfandrechte
  Treu und Glauben-Relevanz 242 898 ff
Grundschuld
  Treu und Glauben-Relevanz 242 898 ff
Grundstücksrecht
  Treu und Glauben-Relevanz 242 873 ff
Grundstücksverträge
  Formnichtigkeit 242 732
  Kaufvertrag/formularmäßiger Haftungs-
    ausschluß 242 742
  Leistungssicherungspflichten 241 282
  Mitwirkungspflichten des Gläubigers
    241 237

Haftpflichtgesetz
  als Gefährdungshaftung Einl 241 ff 149
  Gläubigerbefriedigung 241 119
  Schuldrecht außerhalb des BGB
    Einl 241 ff 141, 145
Haftpflichtrecht
  Sondergesetze/Nebengesetze Einl 241 ff 24

Haftpflichtversicherung
  Mitwirkung und Unterstützung gegenüber
    Dritten 241 256
  und Teilleistungen 242 611
Haftung
  Schuld und Haftung
    s. Schuldrechtliche Verpflichtung
Haftungsbeschränkungen
  zu Lasten Dritter 241 346
  als Schuldrechtliche Verpflichtung ohne
    Haftung Einl 241 ff 240 ff
  zugunsten Dritter 241 343 ff
Haftungsmilderungen/Rücksichtspflichten
  und Deliktische Haftung 241 530 ff
  Gefälligkeitsverhältnis 241 527 ff
  Nichtiger Vertrag 241 525 f
  Vertrag/bestehender 241 520 ff
Haftungsverträge
  Schuldrechtliche Verpflichtung ohne
    Haftung Einl 241 ff 243
Handeln auf eigene Gefahr
  Haftungseinschränkung/Treu und Glau-
    ben-Argumentation 242 597 f
Handelsgesetzbuch
  Schuldrecht außerhalb des BGB
    Einl 241 ff 139
Handelsrecht
  Entwicklung/deutschrechtliche Prinzipien
    Einl 241 ff 103
  Stückschuld/Gattungsschuld 243 5
  Treu und Glauben/Bedeutung 242 62,
    984 ff
Handelsverträge
  UNIDROIT-Prinzipien/Grundregeln
    internationaler – Einl 241 ff 304
Handelsvertreter
  Treu und Glauben-Relevanz 242 987
Handlungsgehilfe
  Treu und Glauben-Relevanz 242 986
  Wettbewerbsverbote/leistungsunabhängi-
    ge Treuepflicht 241 510
Hauptleistungspflichten
  und Ergänzungsfunktion des § 242
    242 192 ff
  und gesetzliche Schuldverhältnisse
    241 65 ff
  Gläubiger-Schuldner-Beziehung 241 163
  und Nebenleistungspflichten 241 145 f
  Schuldverhältnis/Entstehung, Kennzeich-
    nung 241 147
Haustürgeschäfte
  HausTWG-Integration in das BGB
    Einl 241 ff 198
  und Widerrufsrecht Einl 241 ff 159
Herausgabeanspruch
  Drittwirkung/belastende 241 332
  Eigentumsherausgabeanspruch/Dolo agit-
    Grundsatz 242 888
  Eigentumsherausgabeanspruch/Verbot
    widersprüchlichen Verhaltens 242 887
  Unbestellte Leistung 241a 5, 38 ff

Hinterlegung
Fürsorgepflicht 241 484, 503
Obhutspflicht 241 486, 503
Selbsthilfeverkauf/rechtmäßiger 242 687
Teilhinterlegung 242 611
Historische Rechtsschule
und Bedeutung des römischen Rechts
Einl 241 ff 110
Holschuld
Gattungsschuld/Konkretisierung 243 36 f
Leistungs- und Erfolgsort beim Schuldner
Einl 241 ff 62
Hypothek
Treu und Glauben-Relevanz 242 898 ff

Immissionsschutzgesetzgebung
und nachbarschaftliches Gemeinschaftsverhältnis 241 405, 408
Individualverträge
Treu und Glauben-Inhaltskontrolle
242 476 f
Informationsgefälle
Aufklärungspflicht/Integritätsinteresse
241 439 ff
Obhuts- und Fürsorgepflichten/Integritätsschutz 241 488
Informationspflichten
Abgrenzung zu den Auskunftspflichten
als leistungsbezogene Nebenpflichten
241 431
Arbeitsverhältnis 242 772
Aufklärungspflicht
s. dort
Begriff/Oberbegriff für Aufklärung und
Beratung 241 429; 242 772
Beratungspflichten
s. dort
Informationsbeschaffungspflicht/der
Aufklärungspflicht vorgeschaltete
241 441
und Integritätsinteresse 241 430
Klage/Klagbarkeit 241 431
als Leistungspflichten/Haupt- und
Nebenleistungspflichten 241 432
Retrospektivität/spontane Erfüllung als
Eigenart 241 431
Rücksichtspflicht/eigene Kategorie der –
241 433
Wissensgefälle 241 433
Inhaltskontrolle
Allgemeine Geschäftsbedingungen
s. dort
Arbeitsverträge 242 767
Eheverträge
s. Eherecht
Gesellschaftsverträge 242 954 ff
Treu und Glauben-Relevanz/Korrekturfunktion 242 205
Treu und Glauben-Relevanz/Maßstabsfrage 242 463 ff

Inhaltskontrolle (Forts.)
Versicherungsvertragsrecht 242 1012
Vertragsfreiheit und Vertragsgerechtigkeit/Grundrechte als Maßstab
242 458 ff
Werkvertrag/Frage gesteigerter – 242 829
Insolvenz
und Aufrechnungsverbot/vertragliches
242 706
Treu und Glauben-Relevanz 242 1056
Verhältnismäßige Gläubigerbefriedigung
241 119
Integritätsinteresse
und Äquivalenzinteresse/Abgrenzung
241 419
und Aufklärungspflichten 241 436
und Nebenleistungspflichten/Abgrenzung
241 152, 480
Obhuts- und Fürsorgepflichten
s. dort
Rücksichtspflichten
s. dort
Schutzumfang 241 430
Sicherung durch Informationspflichten
241 430
Störung der Vertrauensgrundlage 241 518
Interessen
Äquivalenzinteresse
s. Äquivalenzprinzip
Aufklärungspflicht/Integritätsschutz
241 446 ff
Dauerschuldverhältnisse/fehlerhafte
241 106
Gefälligkeitsverhältnisse 241 79 ff
Gesellschaftsrechtliche Treuepflicht
242 942
Gläubigerinteresse/Wegfall 242 714
Integritätsinteresse
s. dort
Leistungsgegenstand/Frage erforderlichen
Vermögenswertes 241 14 ff
Obhuts- und Fürsorgepflichten/Integritätsschutz 241 489 ff
Rücksichtspflichten/geschützte – 241 415
Schadensersatzansprüche/Interessenausgleich 242 584 ff
Schuldrechtliche Wertungen/Änderung
wirtschaftlicher und sozialer Verhältnisse 242 570
Treu und Glauben/Risikozuordnung und
Interessenabwägung 242 144 ff
Treu und Glauben/Rücksichtspflichtenjeweils berücksichtigte – 241 423
Wille und Entscheidungsfreiheit 241 415,
480
Interlokales Privatrecht
Rechtsordnungen innerhalb eines Staates
Einl 241 ff 253
Internationales Privatrecht
Gesetzesumgehung 242 397

Internationales Privatrecht (Forts.)
Gesetzliche Schuldverhältnisse
  Einl 241 ff 256 f
Treu und Glauben/räumlicher Anwendungsbereich **242** 106
Vertragliche Schuldverhältnisse
  Einl 241 ff 255
Internationales Schuldrecht
UN-Kaufrecht (CISG)/Haager Kaufrecht
  Einl 241 ff 305 f
UNIDROIT-Prinzipien **Einl 241 ff** 304
Internetauktion
Erfüllungsverlangen/Rechtsmißbrauchsfrage **242** 733
Nachvertragliche Pflichten **241** 281
Intertemporales Recht
BGB-Inkrafttreten **Einl 241 ff** 258 f
Schuldrechtsmodernisierung/Übergangsrecht **Einl 241 ff** 199 f
Wiedervereinigung Deutschlands
  Einl 241 ff 258, 260
Inventarerrichtung
als Obliegenheit **241** 121
Irrtumsanfechtung/Treu und Glauben-Relevanz
Ausschluß/Einschränkung der Anfechtung **242** 430 ff
Ausweitung beachtlicher Irrtümer
  242 424 ff
Gemeinsamer Irrtum/fehlende Geschäftsgrundlage **242** 423
Gemeinsamer Irrtum/Schadensersatzpflicht **242** 437
Kalkulationsirrtum/einseitiger **242** 424 ff
Kalkulationsirrtum/Geschäftsgrundlage
  242 428
Kalkulationsirrtum/Rechtsmißbrauchsfrage **242** 427
Motivirrtümer **242** 429
Schadensersatzpflicht des Anfechtenden
  242 436 ff
Venire contra factum proprium **242** 433 f
Versicherungsvertrag/Rückwirkung der Anfechtung **242** 432
Italien
Rechtsmißbrauch **242** 1102 f
Schikaneverbot **242** 1103
Treu und Glauben **242** 1101

Juristische Personen
Aufrechnungslage/Durchgriffshaftung aufgrund Treu und Glauben **242** 692 f
Durchgriffshaftung **Einl 241 ff** 229; **242** 961 ff

Kapitalanlagevermittlung
Aufklärungspflichten/Integritätsschutz
  241 472
Kapitalgesellschaften
s. Gesellschaftsrecht

Kartellrecht
Preisbindungsverträge/Treu und Glauben-Relevanz **242** 1007
Schuldverhältnis/Tatbestandswirkungen auf Dritte **241** 323
Kaufleute
und Sonderprivatrecht **Einl 241 ff** 22
Kaufvertrag
Anzeige von Mängeln/Obliegenheitsfrage
  242 738
Aufklärungspflichten/Integritätsschutz
  241 437, 457
Fürsorgepflicht/Integritätsschutz **241** 484
Gattungsschuld
  s. dort
Gewährleistungsrecht/Treu und Glauben-Relevanz **242** 676 f, 734 ff
Leistungssicherungspflichten/nachvertragliche **241** 282
Mitwirkung und Unterstützung gegenüber Dritten **241** 256
Mitwirkungspflichten **241** 216
Nacherfüllungsanspruch/Nachbesserung und Nachlieferung, Wahlrechtsausübung **242** 735; **243** 19, 28
Nebenpflichtenbegründung/Treu und Glauben **242** 729 f
Nichtigkeitsgründe/Treu und Glauben-Beschränkung **242** 731 ff
Obhuts- und Fürsorgepflichten/Integritätsschutz **241** 485, 493 f
Schuldrechtsmodernisierung
  Einl 241 ff 194 ff
und steuerliche Gestaltungsmöglichkeiten
  241 478
Unternehmensverkauf/nachvertragliches Wettbewerbsverbot **241** 292
Vereinheitlichung/CISG und Haager Kaufrecht **Einl 241 ff** 305 f
Verkehrssicherungspflicht **241** 493
Wiederholter Verkauf/Forderungsschutz
  241 320
Kinder
Beaufsichtigung/rechtliche Bewertung
  241 88
Unfälle im Straßen- und Bahnverkehr
  242 865
Klage/Klagbarkeit
Auskunfts- und Rechenschaftspflicht
  241 171, 431
Beschlußanfechtung im Gesellschaftsrecht
  242 970 ff
Beweislast/Treu und Glauben-Relevanz
  242 1040 f
Beweisverwertungsverbote **242** 1041
Erfüllungsanspruch **241** 25
Fristen/unzulässige Rechtsausübung
  242 1042
Gefälligkeit und Schuldverhältnis/Abgrenzung **241** 74
Gentlemens agreement **241** 91

Klage/Klagbarkeit (Forts.)
Gesellschaftsauflösung **242** 979
Informationspflichten **241** 431
Leistungsinhalt/Schuldnerverhalten **241** 134
Mitwirkungspflichten **241** 188
Mutwilligkeit **242** 1035
Nebenleistungspflichten/nichtleistungsbezogene Rücksichtspflichten **241** 158, 431
Nichtigkeitsklage/Verletzung einer Leistungssicherungspflicht **241** 283
Obliegenheiten **241** 124
Prozeßrechtsverhältnis und Aufklärungserfordernis **241** 474
Prozeßrecht/Treu und Glauben **242** 62
Prozeßsicherheit **242** 1044
Prozeßstandschaft/rechtsmißbräuchliche **242** 1038
Prozeßvergleich/Rechtsnatur **Einl 241 ff** 275
Rechtshängigkeit/Bezugnahmen im Schuldrecht **Einl 241 ff** 273
Rechtskraft und Verwirkung **242** 1046
Rechtsmißbräuchliche Klageerhebung **Einl 241 ff** 274; **242** 1036
Rechtsschutzbedüfnis/Klagbarkeitseinschränkung **242** 1032 ff
Rücksichtspflichten **241** 544 ff
Rüge der Schiedsvereinbarung **242** 1047
Schikanöse Rechtsverfolgung **242** 1035
Schuldrecht und Zivilprozeß/Verzahnungen **Einl 241 ff** 273 ff
Treu und Glauben-Relevanz **Einl 241 ff** 274; **242** 322 ff
Unterlassungsansprüche **241** 139
Urteilsmißbrauch **Einl 241 ff** 274
Vergleich mit Widerrufsvorbehalt **242** 1043
Verwirkung prozessualer Rechtspositionen **242** 1045
Zivilprozeßrecht/Treu und Glauben-Relevanz **242** 1028 ff
Zuständigkeitserschleichung **242** 1039

Kommanditgesellschaft
Durchgriffshaftung **Einl 241 ff** 229
Kommanditistenhaftung/Haftungsbeschränkung **Einl 241 ff** 241
Treuepflicht der Gesellschafter/besondere
s. Gesellschaftsrecht

Kommissionsgeschäft
Treu und Glauben-Relevanz **242** 985

Konkretisierung
der Gattungsschuld
s. dort

Konzernverhältnisse
und gesellschaftsrechtliche Durchgriffshaftung **242** 965
Konzernverschaffungsschuld **243** 11

Krankenhausaufnahmevertrag
Aufklärungspflichten/Integritätsschutz **241** 476
Obhutspflichten/Integritätsschutz **241** 503

Kreditgewährung
Mitwirkungspflichten des Gläubigers **241** 234

Kreditkartenorganisation
Einziehungsversuche **241** 256

Kreditsicherung
Richterliche Rechtsfortbildung **Einl 241 ff** 233 f
Übersicherungsprobleme **Einl 241 ff** 234

Kündigung
Arbeitsrecht
s. dort
Darlehensvertrag **242** 745
Dauerschuldverhältnisse/auf unbestimmte Zeit eingegangene **241** 370 ff, 543; **242** 205, 252
Gesellschafterkündigung/Gesellschaftskündigung als Rechtsmißbrauch **242** 977
Treu und Glauben/Verhältnis **242** 380 f

Kulanzregelung
Rechtliche Bedeutung **241** 88

Lando-Kommission
Arbeitfortgang/Ergebnisse **Einl 241 ff** 291 f

Leasing
Aufklärungspflichten/Integritätsschutz **241** 476
Gattungsschuld **243** 4

Legalzession
Treu und Glauben-Relevanz **242** 725

Leistung/Gegenleistung
Äquivalenzprinzip **Einl 241 ff** 66 ff
AGB-Bereichsausnahme/Treu und Glauben-Inhaltskontrolle **242** 473 ff
und Aufklärungspflicht **241** 453
Einrede des nichterfüllten Vertrages **242** 621
Gefahrtragung **243** 27
Mißverhältnis und Inhaltskontrolle **242** 458 ff
Teilleistungen und Leistungsverweigerungsrecht **242** 622
Unbestellte Leistungen **241a** 4, 11

Leistung/Leistungspflichten
s. a. Erfüllung/Erfüllungsansprüche
Ambivalenz des Leistungsbegriffs **241** 136
Andere Pflichten als Leistungspflichten **241** 153
Art und Weise der Leistung/Konkretisierung **242** 182 ff, 768
aufgrund von Schuldverhältnissen
s. Schuldrechtliche Verpflichtung
aufgrund von Schuldverhältnissen
s. Schuldverhältnis
Begriff der Leistung **241** 134 ff

Leistung/Leistungspflichten (Forts.)
Begriff der Leistung/Schuldnerverhalten 241 134
Bewirken der Leistung/Eintreten des Leistungserfolges 242 171
Dauerschuldverhältnisse
s. dort
Drittleistungen und Tilgungsbestimmung 242 613
Drittleistungen/Ablehnung durch den Gläubiger 242 614
Einmalige Leistungserbringung 241 348
Einteilung der Leistungspflichten 241 142 ff
Gattungsschuld
s. dort
Haftungsmodifikationen/Reichweite 241 520 ff
Hauptleistungspflichten 241 145 ff
Integritätsinteresse/Abgrenzung 241 160
Klärung ihres Vorliegens 242 133
Leistung durch Dritte/Leistungsbestimmung durch Dritte 241 327
als Leistungs- und Rücksichtspflichten zugleich 241 539
Leistungsabweichungen/geringfügige 242 203
Leistungshandlung/Leistungserfolg 241 136
Lückenhaftigkeit der Leistungspflicht 242 42 f, 51
Mitwirkung zur Durchführung
s. Mitwirkungs- und Unterstützungspflichten
Nebenleistungspflichten
s. dort
Nebenleistungspflichten/nicht leistungsbezogene
s. dort
Primärpflichten/Sekundärpflichten 241 143 f
Risikobereich des Schuldners 241 209
und Rücksichtspflichten/erforderliche für die Leistung 241 157
und Rücksichtspflichten/Unterscheidung 241 380 ff
Schuld als "leisten müssen" Einl 241 ff 235 f
Schuldverhältnis/Vorteilssicherung 241 289
Sekundärpflichten 241 143 ff
Sicherung erbrachter Leistung 241 261 ff
Teilleistung
s. dort
Treu und Glauben/Leistung als Tatbestandsmerkmal 241 505; 242 134
Unbestellte Leistungen
s. dort
Unterlassung 241 137 ff
Unwirksamkeit des Schuldverhältnisses wegen unbestimmten Inhalts 243 1

Leistung/Leistungspflichten (Forts.)
Zielsetzung 241 160
Leistungsannahme
als Obliegenheit 241 121
Leistungsaustausch
und Vertragsschuldverhältnis Einl 241 ff 61
Leistungsbestimmung
Gesetzliche Regelungen Einl 241 ff 64
Leistungs- und Erfüllungsort Einl 241 ff 62
Leistungsbestimmungsrecht
und Gattungsschuld/Verhältnis 243 16
Leistungsgegenstand
AGB-Bereichsausnahme/Treu und Glauben-Inhaltskontrolle 242 473 ff
und Aufklärungspflicht 241 453
und Fürsorge- und Obhutspflicht 241 480
Gattungsschuld
s. dort
Gefälligkeitsverhältnisse 241 89
und geldwerter Vermögenswert 241 14 ff
Mitwirkungspflichten des Gläubigers 241 214 ff
und Recht zur Sache 241 19 ff
Sachleistungsschuld 243 44
und Schuldner-Handlungspflicht 241 23 f
Stückschuld als Modell des Schuldinhalts 243 2
Unbestimmtheit der Leistung/Fälle 243 1
Leistungsort
Holschuld/Bringschuld/Schickschuld Einl 241 ff 62
Unbestellte Leistungen 241a 6
Unmöglichkeit am ursprünglichen Erfüllungsort/Treu und Glauben-Relevanz 242 615
Leistungssicherungspflichten
s. a. Mitwirkungs- und Unterstützungspflichten
Abgrenzung zu Rücksichtspflichten 241 270 f
Außergesetzliche – 241 268 f
Gesetzliche – 241 266 f
Leistungsstörungsrecht
Gewährleistungsrecht
s. dort
Leistungspflichten/Rücksichtspflichten, erforderliche/Unterscheidung 241 157
Pflichtverletzung als zentrales Element 242 632
Richterliche Rechtsfortbildung/positive Forderungsverletzung Einl 241 ff 211
Schuldrechtsmodernisierung/Neustrukturierung Einl 241 ff 191 ff; 242 631
Unmöglichkeit
s. dort
Unterlassungspflichten 241 141
Verzug
s. dort
Leistungsverweigerungsrecht
Deliktische Forderung 242 863

Leistungsverweigerungsrecht (Forts.)
Eigene Vertragstreue als Voraussetzung **242** 624 ff
Gewissensfreiheit/persönliche Unmöglichkeit der Leistungserbringung **242** 642
und Mahnungserfordernis/Treu und Glauben-Relevanz **242** 645
Mißverhältnisfrage/Rechtsmißbrauchsfrage **242** 269 ff
Teilleistungen/Treu und Glauben-Relevanz des – **242** 622
Treu und Glauben **242** 64, 617
Zurückbehaltungsrecht
s. dort
Leistungszeit
Treu und Glauben/Konkretisierung **242** 186, 616
Leistungszweck
Natur des Rechtsverhältnisses und Zweck der Leistung/Aufrechnungsausschluß nach Treu und Glauben **242** 699 f
Leitbildfunktion
des dispositiven Rechts **Einl 241 ff** 332
Lieferung
Unbestellte Leistungen
s. dort
Lizenzvertrag
Treu und Glauben-Relevanz **242** 1006
Lotto- oder Tippgemeinschaft
Rechtliche Bedeutung **241** 88
Loyalitätspflichten
als Treuepflichten **241** 506
Lückenfüllung
im öffentlichen Recht durch Privatrechtsnormen **Einl 241 ff** 268
durch richterliche Rechtsfortbildung **Einl 241 ff** 206 f
Treu und Glauben/lückenhafte Leistungsverpflichtung **242** 42 f

Mahnung
und Verzögerungsschaden/Treu und Glauben-Relevanz **242** 644 ff
Makler
Aufklärungspflichten/Integritätsschutz **241** 476
Doppeltätigkeit/unerlaubte als treuwidriges Verhalten **242** 836
Mitwirkungspflichten des Gläubigers **241** 230
Obhutspflichten/Integritätsschutz **241** 503
Provisionsanspruch/treuwidrige Vereitelung **242** 837
Treu und Glauben/Nebenpflichtenkonkretisierung **242** 834 f
Markenrecht
Nachvertragliche Pflichten **242** 988
Treu und Glauben-Relevanz **242** 988 ff
Verwirkungseinwand **242** 989

Markenrecht (Forts.)
Wertvoller Besitzstand nach wissentlicher Duldung/Verwirkung **242** 990 ff
Massenverkehr
und Lehre vom faktischen Vertrag **241** 98 ff
Mietrecht
Aufklärungspflichten/Integritätsschutz **241** 437, 458, 476
Fehlerhafte Mietverhältnisse **241** 111
Gesetzliche Vertragsübernahme **241** 303
Miete als Sachleistungsschuld **243** 44
Mieterschutz/Entwicklung der Wohnraummiete **Einl 241 ff** 161 ff
Mieterschutz/Grundrechtswirkung **242** 146
MietrechtsreformG 2001 **Einl 241 ff** 164
Mitwirkungspflichten **241** 195
Obhuts- und Fürsorgepflichten/Integritätsschutz **241** 496 ff
Obhutspflichten **241** 485
Rückgabepflicht **243** 7
Schönheitsreparaturen/Leistung von mittlerer Art und Güte **243** 46
Treu und Glauben/Begrenzungsfunktion **242** 757 ff
Treu und Glauben/Konkretisierungsfunktion **242** 754 ff
Unbestellte Leistung/Vermietung **241a** 49
Vermieterschutz/Integritätsinteresse **241** 485
Vertragsparität und Inhaltskontrolle **242** 467, 469
Verwirkung von Rechten **242** 761
Wettbewerbsverbote/leistungsunabhängige Treuepflicht **241** 511
Minderjährigkeit
Arbeitskräfteeinsatz/Anwendung des Taschengeldparagraphen **242** 416 f
Deliktische Haftung/Einschränkung aufgrund Treu und Glauben **242** 864 ff
und Erfüllung **242** 682 f
Minderjährigenschutz und Treu und Glauben-Relevanz **242** 408 ff
Unfälle im Straßen- und Bahnverkehr **242** 865
Mißbrauch
Rechtsmißbrauch
s. dort
Miteigentum
Treu und Glauben-Relevanz/Schadensersatzansprüche **242** 891
Treu und Glauben-Relevanz/Zwangsversteigerung zur Aufhebung **242** 891
Mitteilungen
als Obliegenheit **241** 121
Mitverschulden
Aufklärungspflicht/Integritätsinteresse **241** 449
Handeln auf eigene Gefahr **242** 597 f
Irrtumsanfechtung **242** 440

Mitverschulden (Forts.)
Konkretisierung tatsbestandlicher Voraussetzungen 242 592
Schadensfernhaltung als Obliegenheit 241 121
Treu und Glauben-Hinderung der Berufung hierauf 242 596
Treu und Glauben-Rechtfertigung 242 589 ff
Treu und Glauben-Relevanz/Anspruchskürzung außerhalb des Schadensersatzrechts 242 593
Widersprüchliches Verhalten 242 596
Mitwirkungs- und Unterstützungspflichten
Abgrenzung einseitigen Risikobereichs 241 174
Abgrenzung Rücksichtspflichten/Leistungssicherungspflichten 241 270 f
Abtretung/Erfüllungshindernisse 241 203
Abtretung/Leistungssicherungspflicht 241 274
Abtretung/Unterstützung gegenüber Dritten 241 256
Abtretung/Urkundenerfordernis 241 193
Abwicklung des Schuldverhältnisses/Leistungssicherungspflichten 241 266 ff
Änderungen am Rechtsgeschäft/zumutbare 241 184, 250, 251; 242 638
Altenteilsrecht 241 260
Anforderungen an Perteiverhalten/Nähebeziehung 241 172
Anspruchsverfolgung 241 263
Anwendungsbereich/Vertragsvorfeld, Vertragsdurchführung, außerhalb vertraglichen Bereichs 241 176
Arbeitsvertrag/allgemein 241 225, 255, 256
Arbeitsvertrag/Leistungssicherungspflicht 241 275
Arbeitsvertrag/nachvertragliches Wettbewerbsverbot 241 290
Arztvertrag/allgemein 241 256
Arztvertrag/Krankenunterlagen 241 248
Arztvertrag/nachvertragliche Nebenleistungspflicht 241 276
Atypische Vertragsverhältnisse 241 235
Auftragsrecht 241 197
Auslandsleistungen 241 204
Austauschverhältnis/Leistungssicherungspflichten 241 269
Austauschverhältnis/Schutz und Obhut für den Leistungsgegenstand 241 214 ff
Automatenaufstellungsvertrag 241 243
Bankverbindung/Wechsel 241 205
Bankvertrag/Kreditlinienerhöhung 241 243
Bedingte Rechtsgeschäfte 241 178
Besichtigung einer Sache 241 258
BGB-Gesellschaft 241 197
Bürgschaft 241 256
Chefarztvertrag/abgelaufener 241 278

Mitwirkungs- und Unterstützungspflichten (Forts.)
Darlehensgewährung 241 194
Darlehensvertrag/Einsichtspflicht 241 245
Dauerschuldverhältnisse 241 225, 234
Dauerschuldverhältnisse/Leistungssicherungspflichten 241 269
Dienstvertrag 241 225
Dritte/Mitwirkung und Unterstützung ihnen gegenüber 241 253 ff
Duldungspflichten zur Leistungssicherung 241 269
Durchsetzung des Erfüllungsinteresses/Grundgedanke 241 175
Einzelfallbetrachtung 241 201
Entwicklungsauftrag/nachvertragliches Konkurrenzverbot 241 291
Erfüllungsdurchführung/Mitwirkung als Mehrleistung 241 242 f
Erfüllungsgeschäft/genehmigungsbedürftiges 241 191
Erfüllungshindernisse 241 181, 202 ff
Erteilung von Bescheinigungen/Informationen 241 210
Fachkunde/überlegene 241 172
Familienrecht 241 258
Fluchthilfe 241 243
Forderung/Geltendmachung unberechtigter 241 249
Form trotz Formfreiheit 241 246
Formnichtiges Rechtsgeschäft 241 185
Frachtvertrag 241 239
Franchising 241 229, 256
Gebrauchsgewährung/Schuldnermitwirkung 241 219 ff
Genehmigungserfordernisse/Parteipflichten zur Herbeiführung 241 181 ff
Genehmigungsfähigkeit/fehlende 241 207
Geschäftsbesorgungsabreden 241 225
Gesellschafterausscheiden 241 279
Gesellschaftsrecht 241 199, 232, 251, 255
Gesetzliche Leistungssicherungspflichten 241 266 ff
Gesetzliche Schuldverhältnisse 241 257 ff
Gewerbliche Schutzrechte/nachvertragliches Konkurrenzverbot 241 280
Grundstücksverkauf/Löschungsbewilligung 241 237
Haftpflichtversicherung 241 256
Handelsvertreter 241 227
Hinterlegung 241 258
Inhaberschuldverschreibung 241 198
Interessenverfolgung zugunsten anderer Partei/keine allgemeine Rechtspflicht 241 254
Internetauktionen 241 281
Kaufvertrag über fremde Sachen 241 206
Kaufvertrag/nachvertragliche Nebenleistungspflichten 241 282
Kaufvertrag/Schutz für den Vertragsgegenstand 241 214 ff

Mitwirkungs- und Unterstützungspflichten
(Forts.)
Kaufvertrag/Unterstützung gegenüber Dritten **241** 256
Klagbarkeit **241** 175, 188
Klarstellungen/Richtigstellungen **241** 247
Korrektur von Parteiabreden/ergänzende Vertragsauslegung **241** 184
Kreditkartenorganisation/Einziehungsversuche **241** 256
Kreditkündigung **241** 234
Leistungsdurchführung/Gläubigerpflichten **241** 211 ff, 236 ff
Leistungsdurchführung/Schuldnerpflichten **241** 209 f
Leistungssicherungspflichten/Abgrenzung gegenüber Rücksichtspflichten **241** 270 f
Leistungssicherungspflichten/dauerhafter Erhalt des Leistungserfolges **241** 261 ff
Leistungstreuepflichten/Sonderfall **241** 175
Makler **241** 230
Mietvertrag, Pachtvertrag/Schuldnerpflichten **241** 219 ff
Mietvertrag, Pachtvertrag/Zurückgabepflicht **241** 195, 223
Miterbengemeinschaft/Auseinandersetzungsvertrag **241** 178
Nähebeziehung **241** 172, 212, 213, 236, 255, 269
Neuvornahme eines Geschäfts als Naturalrestitution **241** 187
Nichtigkeitsklage als verletzte Leistungssicherungspflicht **241** 283
Obliegenheiten/Abgrenzung **241** 211
Parteienverbundenheit in Schuldverhältnissen **241** 255
Pfändungs- und Überweisungsbeschluß **241** 260
Pfandgläubigerstellung **241** 240
Praxistausch und Rückkehrverbot **241** 284
Quittungserteilung **241** 272
Ratenlieferungsverträge **241** 234
Rechtsanwalt **241** 228, 256
Rechtsbehelfe/Einlegung **241** 186
Rechtsgüterschutz und Leistungssicherungspflichten **241** 270
Rechtssicherheit/Mitwirkung zur Schaffung **241** 244 ff
Reisevertrag/nachvertragliche Leistungspflichten **241** 285
Reisevertrag/Sicherungsgedanke **241** 196
Risiko der Leistungsbewirkung **241** 209, 236
Sachenrecht **241** 258
Sicherheitsleistung **241** 252
Sicherungs- und Treuhandschuldverhältnisse/Schuldnerpflichten **241** 224
Sicherungsschuldverhältnis/Sicherungsnehmerpflichten **241** 241

Mitwirkungs- und Unterstützungspflichten
(Forts.)
Sicherungsverhältnisse/Unterstützung gegenüber Dritten **241** 256
Steuervorteile/Ausnutzung **241** 238
Störung der Geschäftsgrundlage **241** 250
Subunternehmer **241** 231, 286
Sukzessivlieferungsverträge **241** 233
Treu und Glauben **241** 172, 259, 268
Treuhandvereinbarungen **241** 225, 256
Übergangsphase/leistungssichernde Nebenleistungspflichten **241** 264
Unterlassungspflichten als Leistungssicherungspflichten **241** 269
Unternehmensverkauf/nachvertragliches Wettbewerbsverbot **241** 292
Urkundeneinsicht **241** 258
Vermögensschutz oder Leistungssicherung **241** 271, 289
Versicherungsvertrag **241** 256
Vertragsdurchführung/außergesetzliche Pflichten **241** 201 ff
Vertragsdurchführung/gesetzliche Pflichten **241** 192 ff
Vertragshändler **241** 256
Vertreterstellung **241** 287
Verwahrungsvertrag **241** 197, 256
Vorfeld des Vertragsabschlusses/Ausnahmefälle des Vertragszustandekommens als Pflicht **241** 178
Vorfeld des Vertragsabschlusses/außergesetzliche Mitwirkungspflichten **241** 181 ff
Vorfeld des Vertragsabschlusses/Cic-Haftung **241** 177
Vorfeld des Vertragsabschlusses/gesetzliche Mitwirkungspflichten **241** 179 f
Vormundschaft **241** 260
Vorvertrag/Erfüllungsverweigerung **241** 178
Werkvertrag/Abnahmepflicht **241** 196
Werkvertrag/Gläubigermitwirkung **241** 239
Werkvertrag/Mitwirkung als Mehrleistung **241** 243
Werkvertrag/nachvertragliche Nebenleistungspflicht **241** 277, 288
Werkvertrag/Schutz für den Vertragsgegenstand **241** 217
Wertbriefe **241** 256
Wertpapierhandelsrecht **241** 180
Wertsicherungsklauseln/nicht genehmigungsfähige **241** 184
Wettbewerbsunterlassung/nachvertragliche **241** 289 ff
Wettbewerbsverbote des Handelsrechts **241** 199, 272
Wohnrecht **241** 243
Wohnsitzverlegung des Gläubigers **241** 243

Mitwirkungs- und Unterstützungspflichten
(Forts.)
Wohnungseigentümergemeinschaft
241 260
Zahlungsform 241 252
Zeugniserteilung 241 272
Zwischenhändler 241 256

Nachbarschaftliches Gemeinschaftsverhältnis
Abwehransprüche/ungenehmigte Bauvorhaben 242 878
Beaufsichtigung von Kindern 241 88
Beseitigungsanspruch/treuwidriger 242 879
Duldungs- und Unterlassungspflichten 241 406
als gesetzliches Schuldverhältnis 241 401, 406, 407
Grenzmauer/gemeinschaftliche 241 404
Immissionsschutzgesetzgebung/Bedeutung 241 405, 408; 242 877
Nachbarrecht der Länder/Bedeutung 241 405
Obhutspflichten/Integritätsschutz 241 503
Rechtsverhältnisbegründende Wirkung 241 68, 406
Rücksichtspflichten 241 68, 401, 403, 407; 242 876
als sachenrechtliche Beziehung 241 401
Treu und Glauben 242 132, 198
Treu und Glauben-Relevanz 242 876 ff
Umweltschutzgesetzgebung/Bedeutung 241 405
Namensrecht
Treu und Glauben-Relevanz 242 404 ff
und Verwirkung 242 406
Nationalsozialismus
Schuldrechtsreformpläne/Entindividualisierung des Rechtslebens
Einl 241 ff 172 ff
Treu und Glauben/Politisierung der Grundsätze 242 66 ff
Volksgesetzbuch-Entwürfe 241 33; 242 67 ff
Naturalobligationen
und Obligationen/Abgrenzung 241 130
Unvollkommene Verbindlichkeiten/
Schuld ohne Haftung **Einl 241 ff** 244 ff
Naturrecht
und Kodifikationsbewegung
Einl 241 ff 109
Nebenleistungspflichten
Abgrenzung ggü Rücksichtspflichten/
Rechtsgüterschutz oder Leistungsinteresse 241 162, 431, 480, 505, 518
Abzugrenzender Integritätsschutz
s. Integritätsinteressen
Arbeitsverhältnis 242 781 f
Arten/Übersicht 241 162

Nebenleistungspflichten (Forts.)
Auskunfts- und Rechenschaftspflicht
s. dort
Begriff/fehlende einheitliche Terminologie 241 148
und Ergänzungsfunktion des § 242
242 191
Erheblichkeit der Verletzung 242 656
Forderungsbezug 241 152
und gesetzliche Schuldverhältnisse
241 65 ff
und Hauptleistungspflichten 241 145 f
und Hauptleistungspflichten/Abhängigkeitsfrage 241 149
als Leistungs- und Rücksichtspflichten zugleich 241 539
und nicht leistungsbezogene Nebenpflichten/Verletzungsfolgen, Treu und Glauben-Relevanz 242 656
Leistungsbezogene/nicht leistungsbezogene Treuepflichten 241 505 ff
und Leistungserfolg 241 152
als Leistungssicherungspflichten 242 781
Mitwirkungs- und Unterstützungspflichten
s. dort
Obhuts- und Fürsorgepflichten/leistungs- und nicht leistungsbezogene Pflichten 241 480
Schlechtleistung als Verletzung 242 656
Sorgfalts- oder Diligenzpflichten 241 151
Störung der Vertrauensgrundlage 241 518
Verhaltenspflichten/Terminologie 241 148
Nebenpflichten/nicht leistungsbezogene
Leistungspflichten/Abgrenzung 241 157
Obhuts- und Fürsorgepflichten
s. dort
Rücksichtspflichten
s. dort
Schuldverhältnis als Grundlage
241 153 ff, 391
Terminologie 241 154
Nichterfüllter Vertrag
Einrede/Treu und Glauben-Ausprägung
242 621
Nichtigkeit
Arbeitsverhätnis 242 784
Beiderseitige Sittenverstöße/eingeschränkte Nichtigkeitsfolge 242 497
Eheaufhebung, Nichtehe/Treu und Glauben-Relevanz 242 913 ff
Einseitige Sittenverstöße/Einschränkung der Nichtigkeitsfolge 242 496
Ernstlichkeitsmangel/Treu und Glauben-Relevanz 242 419 ff
Formnichtigkeit/Treu und Glauben-Relevanz 241 445 ff
Formnichtigkeit/Vereitelung einer Rechtsposition 242 249
Gesetzliche Verbote/Zusammenspiele §§ 134, 242 242 486 ff

Nichtigkeit

Nichtigkeit (Forts.)
  Nichtige Bestellung **241a** 27
  Nichtige Sicherungsabrede/Aufrechnung als Treu und Glauben-Anwendungsfall **242** 701
  Nichtige Willenserklärung/Treu und Glauben-Relevanz **242** 414
  Nichtigkeitsklage im Gesellschaftsrecht/ Rechtsmißbrauch **242** 973
  Schwarzarbeit **242** 784, 856
  Sicherungsabrede/Aufrechnungsausschluß **242** 701
  Sittenwidrigkeit/Treu und Glauben-Relevanz **242** 492 ff
  Vertragsnichtigkeit/ähnlicher geschäftlicher Kontakt **241** 400
  Vertragsnichtigkeit/Haftungsmodifikationen **241** 525 f
  Vertragsnichtigkeit/Rücksichtspflichten **241** 382, 394, 399 f
Niederlande
  Burgerlijk Wetboek **Einl 241 ff** 312 f
  Rechtsmißbrauch **242** 1107
  Treu und Glauben **242** 1104
Nießbrauch
  Obhutspflicht/Integritätsinteresse **241** 486
  Treu und Glauben-Relevanz **242** 894
Notarielle Urkunde
  Ernstlichkeitsmangel/Treu und Glauben-Relevanz **242** 420
  Inhaltliche Kontrolle notarieller Verträge **242** 477
Nutzungsansprüche
  Unbestellte Leistung **241a** 45

Obhuts- und Fürsorgepflichten
  Abgrenzung von Obhut und Fürsorge **241** 479
  Aktive Schutzpflicht/Unterlassung von Schädigungen **241** 481
  Aktiver Schutz gegen Drittgefahren **241** 490
  Arbeitsvertrag/gesetzliche Fürsorgepflicht **241** 484, 491; **242** 774 f
  Arbeitsvertrag/Rechtsprechungshinweise **241** 499 f
  Arztvertrag **241** 503
  Auftraggeber/Schutzmaßnahmen **241** 503
  Auslobung **241** 503
  Außergesetzliche Pflichten/erforderliches Parteiengefälle **241** 488
  Außergesetzliche Pflichten/Interessenabwägung **241** 489 ff
  Banken **241** 503
  Betreuungsvertrag **241** 503
  Darlehensvertrag/Rechtsprechungshinweise **241** 495
  Dienstvertrag/Rechtsprechungshinweise **241** 499 f
  Erhaltungspflichten **241** 479

Obhuts- und Fürsorgepflichten (Forts.)
  Gastwirt/gesetzliche Obhutspflicht **241** 486, 503
  Gefährdung und Risikobeseitigungsaufwand/Abwägung **241** 490
  Geschäftsbesorgung **241** 503
  Geschäftsführung ohne Auftrag **241** 503
  Gesellschafter/gesetzliche Obhutspflicht **241** 486
  Gesetzliche Pflichten **241** 483 ff
  Gesetzliche Schuldverhältnisse/erforderliche besondere Anhaltspunkte **241** 503
  Grunddienstbarkeit/gesetzliche Obhutspflicht **241** 486
  Hinterlegung/gesetzliche Fürsorgepflicht **241** 484, 504
  Hinterlegung/gesetzliche Obhutspflicht **241** 486
  Kaufvertrag/gesetzliche Fürsorgepflicht **241** 484
  Kaufvertrag/gesetzliche Obhutspflicht **241** 485
  Kaufvertrag/Rechtsprechungshinweise **241** 493 f
  Leistungsgegenstand betreffende/Integritätsinteresse **241** 480
  Makler **241** 503
  Mietvertrag/gesetzliche Obhutspflicht **241** 485
  Mietvertrag/Rechtsprechungshinweise **241** 496 ff
  Nachbarschaftsverhältnis **241** 503
  Netzbetreiber **241** 503
  Nießbrauch/gesetzliche Obhutspflicht **241** 486
  Pachtvertrag **241** 503
  Reiseveranstalter **241** 503
  Risikoerhöhendes Verhalten/vorangegangenes **241** 490
  Sorgfaltspflichten **241** 479
  Telefondienstanbieter **241** 503
  Turnierveranstalter **241** 503
  Unterlassung von Schädigungen/aktive Schutzpflicht **241** 481
  und Verkehrssicherungspflichten/Verhältnis **241** 482, 493, 496
  Vermögen/Schutzbereich **241** 481
  Verwahrungsvertrag **241** 503
  Vorvertraglicher Bereich **241** 482
  Werkvertrag **242** 828
  Werkvertrag/Fürsorgepflicht **241** 491
  Werkvertrag/Rechtsprechungshinweise **241** 501 f
  Wettkampfanlagen **241** 503
  Wille/Entscheidungsfreiheit einer Person **241** 480
  Zumutbarkeit auferlegter Pflicht **241** 490
Obliegenheiten
  Abgrenzung zur Verbindlichkeit **241** 129 ff
  Allgemeine schuldrechtliche Regeln/ Anwendbarkeitsfrage **241** 133

Obliegenheiten (Forts.)
Begriff **241** 121
Erfüllung/fehlende Erzwingbarkeit
  241 124, 130, 132
Gesetzliche Hinweise **241** 121
Interessenausgleich/Ziel eines gerechten
  241 131
Kaufrecht/Anzeige festgestellter Mängel
  242 738
Leistungserbringung und Gläubigermitwirkung **241** 211
Nachteilsfolge bei Nichtbeachtung
  241 132
und Naturalobligationen **241** 130
Rechtsnatur/Theorien **241** 125 ff
Schuldverhältnisse/Gefälligkeiten/deliktische Haftungsregeln **241** 123
Sinn und Zweck des jeweiligen Verhaltens
  241 131
Versicherungsvertragsrecht **241** 122, 133
Versicherungsvertragsrecht/Einschränkung der Rechtsfolgen **241** 1015 ff
und vertragliche Nebenpflichten/Verhältnis **241** 123
Öffentlich-rechtliche Verwahrung
Verwahrungsvorschriften des Privatrechts
  Einl 241 ff 272
Öffentlich-rechtlicher Erstattungsanspruch
und Verwaltungsrechtsverhältnis
  Einl 241 ff 272
Öffentlich-rechtlicher Vertrag
BGB-Verweisung **Einl 241 ff** 7
Privatrechtsanwendung/ergänzende
  Einl 241 ff 272
als Verwaltungsrechtsverhältnis
  Einl 241 ff 271
Öffentliche Interessen
Rechtsmißbrauch **242** 225
Treu und Glauben/Berücksichtigung
  242 151
Verwirkung/Einbeziehung auch – **242** 312
Öffentliches Recht
Anwendbarkeit privatrechtlicher
  Vorschriften **Einl 241 ff** 267 ff
Eigenarten im Vergleich zum Privatrecht
  Einl 241 ff 269
Lückenfüllung durch Privatrecht
  Einl 241 ff 268
Schuldrechtliche Vorschriften
  Einl 241 ff 271 f
Treu und Glauben-Relevanz
— Beamtenrechtliche Treue- und Fürsorgepflicht **242** 1066
— Bedeutung **242** 62
— Bindungswirkung **242** 1067
— Erstattungsanspruch/öffentlich-rechtlicher **242** 1069 f
— Koppelungsverbot **242** 1070
— Nebenpflichtenbegründung/Obliegenheiten **242** 1066
— Öffentlich-rechtlicher Vertrag **242** 1070

Öffentliches Recht (Forts.)
— Privatrechtliches Behördenhandeln
  242 1065
— Rechtsmißbrauchsverbot **242** 1067
— Rechtsstaatsprinzip **242** 1064
— Sperrgrundstücke **242** 1075
— Steuerrecht **242** 1071 f
— Vertrauensschutz zugunsten des
  Bürgers **242** 1064, 1072
— Verwaltungsprozeß/unzulässige
  Rechtsausübung **242** 1073 ff
— Verwirkung **242** 1068, 1073
— Widersprüchliches Verhalten **242** 1067
Verwaltungsrechtsverhältnisse/Begründung **Einl 241 ff** 271
Ökonomische Analyse des Rechts
Schuldverhältnis/Einzelbefugnisse
  241 115
Veränderungen des Zivilrechts
  Einl 241 ff 325
Österreich
ABGB-Kodifikation 1811 **241** 9;
  Einl 241 ff 108, 311
Arglisteinwand **242** 1093
Auslegung von Willenserklärungen
  242 1092
Rechtsmißbrauch **242** 1094
Unbestellte Leistung **241a** 69
Verwirkung/Verzicht **242** 1093
Offene Handelsgesellschaft
Durchgriffshaftung **Einl 241 ff** 229
Treuepflicht der Gesellschafter/besondere
  s. Gesellschaftsrecht
OLG-Vertretungsänderungsgesetz
Verbrauchervertragsrecht/Reform
  Einl 241 ff 158

Pachtvertrag
Aufklärungspflichten/Integritätsschutz
  241 476
Fehlerhaftes Vertragsverhältnis **241** 111
Obhutspflichten/Integritätsschutz **241** 503
Wettbewerbsverbote/leistungsunabhängige Treuepflicht **241** 511
Pandektenwissenschaften
und BGB-Systematik **Einl 241 ff** 111
und bona fides im Römischen Recht
  242 11
Pandektistik/System der Rechte, System
  der Rechtsverhältnisse **241** 37 f
Pnadektistik/System der Rechte, System
  der Rechtsverhältnisse **241** 37 f
Schuldverhältnis **241** 6
Trennung von Sachenrecht/Schuldrecht
  Einl 241 ff 117
Partnerschaftsgesellschaft
Treuepflicht der Gesellschafter/besondere
  s. Gesellschaftsrecht
Patentrecht
Treu und Glauben-Relevanz **242** 1005

Patentrecht (Forts.)
Verwirkung 242 998
Persönlichkeitsrecht
Arbeitnehmer-Persönlichkeitsrecht/Schutz 241 499; 242 795
Aufklärungspflicht und Schutzwürdigkeit 241 445
Deliktischer Schutz **Einl 241 ff** 230
Ersatz immateriellen Schadens **241a** 13
Grundrechte/Drittwirkung im Privatrecht **Einl 241 ff** 266
Personengesellschaften
Treuepflicht der Gesellschafter/besondere s. Gesellschaftsrecht
Pfandrecht
Aufrechung bei unpfändbaren Forderungen 242 698
an Forderungen 241 317
Schuldrecht/sachenrechtliche Vorschriften zum – **Einl 241 ff** 5
Treu und Glauben-Relevanz/Übersicherungsproblem 242 901
Pflichten
Leistungspflichten
s. dort
Pflichtverletzung
Fallgruppen 242 632
Schuldrechtsmodernisierung/Einführung allgemeinen Pflichtverletzungstatbestandes **Einl 241 ff** 191; 242 632
Schuldrechtsmodernisierung/Fallgruppen positiver Forderungsverletzung **Einl 241 ff** 211
Positive Forderungsverletzung
Gewohnheitsrechtliche Begründung 242 95
Richterliche Rechtsfortbildung **Einl 241 ff** 211
Schuldrechtsmodernisierung/einheitlicher Haftungstatbestand **Einl 241 ff** 193, 211
Schuldrechtsmodernisierung/gesetzliche Regelung 242 95
Treu und Glauben als Grundlage 242 80
und Verwaltungsrechtsverhältnis **Einl 241 ff** 272
Präventionsgrundsatz
Forderungskollision 241 117
Preisvereinbarungen
AGB-Bereichsausnahme/Treu und Glauben-Inhaltskontrolle 242 473 ff
Principles of European Contract Law
Lando-Kommission **Einl 241 ff** 291 f
Privatautonomie
Begriff/verfassungsrechtlicher Schutz **Einl 241 ff** 49
und Ehevertragsrecht 242 921
Erscheinungsformen 242 456
Gefälligkeitsverhältnisse 241 81
und gesellschaftliche Wertungen 242 47
Gleichberechtigung handelnder Personen **Einl 241 ff** 50

Privatautonomie (Forts.)
Grundsätze der Privatautonomie/Treu und Glauben 242 44, 342 ff
Materielle Schranken/Treu und Glauben-Relevanz 242 456 ff
und öffentliches Recht/Vergleich **Einl 241 ff** 269
und Relativität des Schuldverhältnisses 241 298
Privatrecht
Sonderprivatrecht
s. dort
Zivilrecht
s. dort
Protestatio facto contraria
Widerspruch gegen Leistungsinanspruchnahme 241 102
Prozeßrechtsverhältnis
s. Klage/Klagbarkeit
Publikumsgesellschaften
Inhaltskontrolle von Gesellschaftsverträgen 242 954 ff

Qualitätsvereinbarungen
bei einer Gattungsschuld 243 23
Quittungserteilung
Treu und Glauben-Relevanz 242 686
Quotenvorrechte
Durchbrechung des Präventionsgrundsatzes 241 118

Räumlicher Anwendungsbereich
s. Internationales Privatrecht
Rasse/ethnische Herkunft
und Antidiskriminierungsrecht **Einl 241 ff** 283
Realexekution
und Recht zur Sache 241 20
Reallasten
Treu und Glauben-Relevanz 242 897
Rechenschaftspflichten
s. Auskunfts-/Rechenschaftspflichten
Recht zur Sache
Leistungsgegenstand/Forderungsrecht des Gläubigers als – 241 19 ff
Rechte
der Gattung nach bestimmte – 243 45
Rücksichtnahmepflichten/geschützte – 241 415
Rechtsanwalt
Aufklärungspflichten/Integritätsschutz 241 460, 476
Erfolgshonorar/Nichtigkeitsfolge 242 510
Mitwirkung und Unterstützung gegenüber Dritten 241 256
Mitwirkungspflichten des Gläubigers 241 228

Rechtserwerb
Rechtlich mißbilligte Schaffung von Tatbestandsvoraussetzungen/Rechtsmißbrauchsfrage **242** 243 ff
Rechtlich mißbilligter Rechtserwerb/ Rechtsmißbrauchsfrage **242** 240 ff
Unredlicher Erwerb eigener Rechtsposition/Rechtsmißbrauchsfrage **242** 238 f
Rechtsform
und Rechtsformmißbrauch **242** 247
Rechtsgeschäft
Beschlußfassung **241** 57
und Rechtsgeschäftsordnung **Einl 241 ff** 48
und Rechtsgeschäftsordnung/Privatautonomie, Vertragstreue, Äquivalenzprinzip **Einl 241 ff** 48 ff
und Schuldrechtssystematik **241** 54 f
Schuldverhältnis
s. dort
Rechtsgeschäftsähnliches Schuldverhältnis
Rücksichtspflichten **241** 67, 395
Schuldrechtsmodernisierung/Anerkennung **241** 48
Rechtsgüterschutz
Absolute Rechte
s. dort
Forderungsrechte **241** 316
Rechtshängigkeit
Schuldrechtliche Bezüge **Einl 241 ff** 273
Rechtsidee
Treu und Glauben/Verständnis von einer allgemeinen – **242** 152 f
Rechtsinstitut
und Rechtsmißbrauch/institutioneller **242** 218
Rechtskraft
Urteilsmißbrauch **Einl 241 ff** 274
Rechtsmißbauch
Dolo agit-Einrede
s. dort
Rechtsmißbrauch
Änderungen systematischer Fallzuordnung **242** 91
AGB-Unwirksamkeit/Geltendmachung als – **242** 377
Allgemeine Voraussetzungen **242** 217 ff
Alternativverhalten/rechtmäßiges **242** 227
Anfechtung und Schadensersatzpflicht **242** 438
Anfechtung als unzulässige Rechtsausübung **242** 444
Anspruch/geringwertiger **242** 263
Anwendungsfälle **242** 269 ff
Arglisterwerb **242** 242
Atypische Interessenlage **242** 265
Aufrechnungsausschluß **242** 701 ff
Auskunftsanspruch **242** 606
Ausschlußfristen **242** 561 ff
Beschlußanfechtung im Gesellschaftsrecht **242** 970 ff

Rechtsmißbrauch (Forts.)
Bürgschaft
s. dort
Dauerhafte/vorübergehende Wirkung **242** 330
Dolo agit **242** 281
Dritte/in den Vertrag einbezogene **242** 230
und Eheaufhebung/Nichtehe **242** 913 ff
Eigeninteresse/fehlendes schutzwürdiges **242** 282
Eigeninteresse/geringwertiges des Rechtsinhabers **242** 264 ff
Einwendung **242** 450
Erbrecht
s. dort
Erlaßfälle **242** 713
Familienrecht/geregelte Mißbrauchsverbote **242** 912
Fehlendes Eigeninteresse des Gläubigers **242** 260 ff
Formale Existenz einer Rechtsposition **242** 262
Formnichtigkeit/Berufung hierauf **241** 445 ff
Früheres Verhalten als Anknüpfung **242** 235
Gegenseitige Rücksichtnahme, erforderliche **242** 215, 288
Gegenwärtiges Verhalten **242** 257 ff
Gesamtschuldnerinanspruchnahme **242** 727
Gesellschafterkündigung **242** 977
Gesetzes- oder sittenwidriges Verhalten/ Vertrauenstatbestand **242** 296
Gesetzes- oder sittenwidriges Verhalten/ Zwang hierzu **242** 269
Gesetzliche Verbote/Einschränkung der Nichtigkeitsfolge **242** 486 ff
Grunddienstbarkeit/Ausübung **242** 892 f
Grundgesetzlich geschützte Interessen **242** 266
Institutioneller/individueller Rechtsmißbrauch **242** 218
Interessen Dritter, öffentliche Interessen/ Berücksichtigung **242** 225, 287
Interessen der Parteien/Berücksichtigung **242** 222 ff
Kalkulationsirrtum/einseitiger **242** 425
Mißbrauch der Vertretungsmacht **242** 521 ff
Mißverhältnisse/grobe **242** 270 ff
Persönliche Reichweite **242** 229 ff
Rechtlich mißbilligte Tatbestandsvoraussetzungen **242** 243 ff
Rechtlich mißbilligter Rechtserwerb **242** 240 ff
Rechtsformmißbrauch **242** 247, 963
Rechtsnachfolge **242** 233
Rechtsposition/unredliche Vereitelung **242** 246 ff

Rechtsmißbrauch (Forts.)
RG/BGH-Rechtsprechungskontinuität 242 79
Rückerwerb vom Nichtberechtigten 242 881
und Rücksichtspflichten 241 420 ff
Rücktrittsrecht 242 675
Schadenszufügung als alleiniges Ziel 242 260
und Schikaneverbot 242 385 ff
und sittenwidrige Schädigung 242 390
Stellvertretung/Genehmigungspflicht 242 530
Treu und Glauben-Fallgruppe/eigenständige Rechtsfigur 242 214 ff
Treu und Glauben/Schrankenfunktion 242 204
Ungerechtfertigte Bereicherung s. dort
Ungleichgewichtungen 242 269 ff
Unredlichkeit eines Erwerbs/unredliche Verhinderung 242 235 ff
Unzulässige Rechtsausübung als Rechtsfolge 242 226
venire contra factum proprium-Einwand 242 286 ff
Verbrauchsgüterkauf/Schutzvorschriften 242 741
Verhältnismäßigkeitsgrundsatz/Ausschluß unverhältnismäßiger Reaktion 242 279 f
Verjährung/Schuldner-Mitherbeiführung s. Verjährung
Vernünftige Grundlage/fehlende 242 280
Vertrags- oder gesetzeswidriges Verhalten/Frage generellen Ausschlußgrundes 242 251 ff
Vertragsstrafenforderung 242 666 ff
Vertrauensschutz 242 288
Verwirkung s. dort
Volljährigkeitseintritt/nachträgliche Genehmigung 242 415
Werkvertrag 242 828
und Wirkungsdauer 242 158
Zeitpunkt/maßgeblicher der Rechtsausübung 242 219, 228
Zivilprozeßrecht **Einl 241 ff** 274
Zurückbehaltungsrecht 242 620, 623
Zweckverfolgung/rechtswidrige 242 261
Rechtsnachfolge
und Rechtsmißbrauch 242 233
Wirkung eines Schuldverhältnisses 241 303
Rechtsordnungen
Wettbewerb europäischer – **Einl 241 ff** 278
Rechtspositionen
Aufrechnungslage und Gegenseitigkeitserfordernis/formale Aufspaltung von – 242 694
Unredliche Vereitelung/Rechtsmißbrauchsfrage 242 246 ff

Rechtsschein
Rechtsscheinhaftung/Verbot widersprüchlichen Verhaltens 242 320, 968
Rechtssicherheit
Gläubigermitwirkung zur Schaffung von – 241 244 ff
Rechtsvereinheitlichung
Acquis-Gruppe **Einl 241 ff** 301
Aktionsplan der Europäischen Kommission **Einl 241 ff** 302
Casebooks for the Common Law of Europe **Einl 241 ff** 300
Common Core of European Private Law **Einl 241 ff** 296
Common Law of European Private Law **Einl 241 ff** 277
Corpus academicum pro codificatione europea **Einl 241 ff** 298
DiskriminierungsRL **Einl 241 ff** 281
European Group on Tort Law **Einl 241 ff** 293 f
Lando-Kommission **Einl 241 ff** 291 f
Principles of European Contract Law **Einl 241 ff** 292
Project Group Restatement of European Insurance Contract Law **Einl 241 ff** 295
Study Group on an European Civil Code **Einl 241 ff** 297
Rechtsverhältnis
und Auskunftsanspruch 242 605
Rechtszuständigkeit
Absolute Rechte s. dort
Forderung/Lehre von der absoluten Gläubiger – 241 312 ff
Reisevertrag
Aufklärungspflichten/Integritätsschutz 241 469 f
Gattungsmäßig bestimmte Leistungen 243 46
Leistungssicherungspflichten 241 285
Mitwirkungspflichten 241 196
Obhutspflichten/Integritätsschutz 241 503
Pauschalreise/ReisevertragsG 1979 **Einl 241 ff** 168
Relativ dingliches Recht
Forderungsrecht am Leistungsgegenstand/Recht zur Sache 241 19 ff
Relativität des Schuldverhältnisses s. Schuldverhältnis
Religion/Weltanschauung
und Antidiskriminierungsrecht **Einl 241 ff** 283
Rentenschuld
Treu und Glauben-Relevanz 242 898 ff
Restatement of European Insurance Contract Law
Versicherungsvertragsrecht/funktionierender Versicherungsbinnenmarkt **Einl 241 ff** 295

Sachregister

Richterliche Rechtsfortbildung
Arbeitsrecht **Einl 241 ff** 223 ff
und Auslegung/Verhältnis **Einl 241 ff** 203
Culpa in contrahendo **Einl 241 ff** 209 f
Drittschadensliquidation **Einl 241 ff** 213 f
Forderungsverletzung/positive Vertragsverletzung **Einl 241 ff** 211
Gerechtigkeitsgedanke **Einl 241 ff** 204
Gesellschaftsrecht **Einl 241 ff** 227 ff; **242** 940
und Gewohnheitsrecht **Einl 241 ff** 205
Interessen Dritter **Einl 241 ff** 212
Kreditsicherung **Einl 241 ff** 233 f
Lückenschließung **Einl 241 ff** 204, 206
Schadensbegriff/Normativierung **Einl 241 ff** 220
Treu und Glauben als Ermächtigungsnorm **242** 116
Unerlaubte Handlung **Einl 241 ff** 230 ff
Verfassungsrechtliche Normen **242** 121
Vertrag mit Schutzwirkungen zugunsten Dritter **241** 339; **Einl 241 ff** 215 ff
Verwirkung **Einl 241 ff** 219
Wegfall der Geschäftsgrundlage **Einl 241 ff** 218
Richtlinien- und Leitbildfunktion
des dispositiven Rechts **Einl 241 ff** 332
Risiko
Grundsatz casum sentit dominus **Einl 241 ff** 39, 91
Versicherbarkeit/Schuldrechtsauswirkungen **Einl 241 ff** 91 ff
Römisches EWG-Übereinkommen
auf vertragliche Schuldverhältnisse anzuwendendes Recht **Einl 241 ff** 255
Römisches Recht
Abstraktionsprinzip **Einl 241 ff** 27
actiones als Streitformulare **Einl 241 ff** 107
aequitas **242** 12 f, 15
Erfüllungsanspruch **241** 25
fides/bona fides **242** 8 ff, 15
Formularprozeß und Typenzwang **242** 8
und historische Rechtsschule **Einl 241 ff** 110
Institutionen des Gaius **Einl 241 ff** 106
und Panedktistik/Gliederungsschema **Einl 241 ff** 114
Rezeption **Einl 241 ff** 102, 106
Rezeption und Naturrechtsbewegung **Einl 241 ff** 109
Schuldrecht/Einfluß auf Entwicklung **Einl 241 ff** 102
Schuldrechtseinteilung **241** 49
Schuldverhältnis (obligatio) **241** 4; **Einl 241 ff** 25
Trennung von Sachenrecht/Schuldrecht **Einl 241 ff** 117
Rücksichtspflichten
Abgrenzung gegenüber Leistungspflichten/Leistungssicherungspflichten **241** 154 ff

Rücksichtspflichten (Forts.)
Ähnliche geschäftliche Kontakte **241** 392
Äquivalenzinteresse/abzugrenzendes **241** 419
Anbahnung eines Vertrages **241** 392
Arbeitsverhältnis **242** 770 ff
Arten/unterschiedliche Einteilungen **241** 426 ff
Aufklärungspflichten/auf das Integritätsinteresse bezogene
s. Aufklärungspflicht
Aufklärungspflichten/auf Leistungsinteresse, auf Integritätsinteresse bezogene **241** 436
Aufnahme von Vertragsverhandlungen **241** 392
Begriff/Kritik an der Formulierung **241** 552 f
Begriffsvielfalt **241** 154
Bewahrung gegenwärtiger Güterlage/Schadensabwendung **241** 156, 160
Beweislast **241** 422
Eigentümer-Besitzer-Verhältnis **242** 890
Entstehung
– Aufnahme von Vertragsverhandlungen **241** 392
– Gefälligkeiten s.dort
– Geschäftliche Kontakte/ähnliche **241** 392
– durch gesetzliches/durch rechtsgeschäftliches Schuldverhältnis **241** 384 ff
– Nachbarschaftliches Gemeinschaftsverhältnis s.dort
– Nichtige Verträge **241** 399 f
– im Schuldverhältnis/bestehendes gesetzliches, rechtsgeschäftliches **241** 391
– Vertragsanbahnung **241** 392
Entwicklung **241** 379
Erfüllungs- oder Erhaltungsinteresse **241** 539
und Ergänzungsfunktion des § 242 **242** 191
Familienrecht **242** 912
Gesetzliches Schuldverhältnis/rechtsgeschäftliches Schuldverhältnis als Grundlage **241** 67, 391
Gesetzliches Schuldverhältnis/Zuordnung zu einem eigenständigen **241** 387
Gläubigerperspektive/Schuldnerperspektive **241** 417
Gläubigerrücksichtnahme/Schrankenfunktion von Treu und Glauben **242** 202
Gläubiger/Schuldner-Stellungen **241** 412
Grundlage/Inhalt **241** 409 f
Haftungsmilderungen
– und deliktische Haftung **241** 530 ff
– Gefälligkeitsverhältnis **241** 527 f

Rücksichtspflichten (Forts.)
— Leistungspflichten und Haftungsmodifikationen/Folgen für Rücksichtspflichten 241 520 ff
— Vertragliche/gesetzliche Haftungsbeschränkungen 241 520 ff
— Vertragsnichtigkeit 241 525 f
Hauptleistungsbezug 241 162
Informationspflichten
s. dort
Inhalt des Schuldverhältnisses/bestimmender 241 410
Integritätsinteresse statt Äquivalenzinteresse 241 153, 160 f, 413, 419, 428
Interessenabwägung/einzubeziehende Interessen 241 424, 446 ff, 489 ff
Jeder Teil/der andere Teil/Bedeutung der Terminologie 241 412, 417
Klagbarkeit der Rücksichtspflichten
— Differenzierungsmerkmal/untaugliches 241 158 f, 546
— Gerichtsstandfrage 241 549 f
— Gesetzliche Pflichten/einklagbare 241 545
— untaugliches Abgrenzungsmerkmal 241 158 f, 346
— Vereinbarte Pflichten/besonderes Präventionsinteresse 241 547
Kritik an der Regelung 241 551
als Leistungs- und Rücksichtspflichten zugleich 241 539
Leistungsbezug/fehlender 241 153
und Leistungssicherungspflichten/Abgrenzung am Beispiel nachvertraglichen Wettbewerbsverbots 241 289
Leistungsvollzug/Sicherung eines ungestörten 241 156
Nebenleistungspflichten/nicht leistungsbezogene Rücksichtspflichten 241 157
Nebenpflichten/Terminologie 241 154
Normierung 241 380
Obhuts- und Fürsorgepflichten
s. dort
Rechte/Rechtsgüter/Interessen als Schutzgüter 241 415
Rechtsfolgen von Leistungsstörungen/Abgrenzung ggü Leistungspflichten 241 157
Rechtsgrundlage/dogmatische Begründung nichtleistungsbezogener Pflichten 241 384 ff
Rechtsmißbrauch 241 416 ff
Rücktrittsrecht 241 543
Schadensabwendung/Bewahrung gegenwärtiger Güterlage 241 156
Schadensersatzansprüche wegen Pflichtverletzung
— Aufwendungsersatz 241 542
— Einfacher Schadensersatz 241 540
— Schadensersatz statt der Leistung 241 541

Rücksichtspflichten (Forts.)
— Schadensersatzansprüche statt der ganzen Leistung/Rücktritt und Treu und Glauben-Relevanz 242 657 ff
Schuldverhältnis als Grundlage 241 153 ff, 391
Schutzpflichtenbezeichnung 241 154, 155
Sorgfaltspflichten/Terminologie 241 154
status quo (Rücksichtspflichten)/status ad quem (Leistungspflichten) 241 160 f
Treu und Glauben/Schrankenfunktion 242 202
Treu und Glauben/Verhältnis 241 422, 423
Treuepflichten/leistungsunabhängige
s. dort
Verhaltenspflichten/Terminologie 241 154
und Verkehrssicherungspflichten/Abgrenzung 241 414
Vermögensschutz 241 289, 415
Vertrag mit Schutzwirkungen zugunsten Dritter 241 339
Wettbewerbsverbot 241 289
Zielsetzung der Pflicht/Abgrenzung zu den Leistungspflichten 241 160 f

Rücktritt
Dauerschuldverhältnisse 241 252, 373 f
Eigene Vertragstreue als Voraussetzung 242 626, 654, 679
Entstehung des Rücktrittsrechts/Erklärungsfrist 242 680
Gegenseitiger Vertrag/wichtiger Grund 242 252
Kaufvertrag/Treu und Glauben-Relevanz 242 674 f
Leistungsverzögerung und Fristablauf/Gläubiger-Wahlrecht und Treu und Glauben-Relevanz 242 649 ff
Leistungsverzögerung und Fristsetzung zur Nacherfüllung/Treu und Glauben-Relevanz 242 648
Nebenleistungspflichten/nichtleistungsbezogene Rücksichtspflichten 241 157
Rücksichtspflichten/Verletzung 242 543, 657 ff
Sach- und Rechtsmängel/Treu und Glauben-Relevanz bei Unverhältnismäßigkeit 242 736
Schuldrechtsmodernisierung
Einl 241 ff 192
Treu und Glauben/Verhältnis 242 380 f
Vertragliche Rücktrittsrechte/Fristsetzungsmöglichkeit 242 677
Verwirkung 242 676 f
Verwirkungsklausel/Treu und Glauben-Relevanz 242 678 ff

Sachenrecht
Auskunftspflichten 241 169

Sachenrecht (Forts.)
Common Core of European Private Law
Einl 241 ff 296
Nachbarliches Gemeinschaftsverhältnis
241 401
und Schuldrecht/Verhältnis **Einl 241 ff** 3 f
Treu und Glauben-Relevanz/spezifische
Grundsätze des Sachenrechts **242** 61,
869 ff
Sachkunde und Informationsgefälle
Aufklärungspflicht/Integritätsinteresse
241 440
Sachverständiger
Haftung für unrichtige Gutachten
Einl 241 ff 154
Sächsisches BGB 1863/65
Zivilrechtssystematik **Einl 241 ff** 115
Schaden
Deliktsrecht/vertragliche Schuldverhältnisse, unterschiedliche Wertbemessung
Einl 241 ff 81
Normativierung des Schadensbegriffs/
richterliche Rechtsfortbildung
Einl 241 ff 220
Schadensersatzansprüche
s. a. Mitverschulden
Änderung schadensersatzrechtlicher
Vorschriften/2. Gesetz **Einl 241 ff** 150 ff
Anspruch und Schaden/Auseinanderfallen **Einl 241 ff** 213
Art und Umfang **Einl 241 ff** 43 ff
Aufklärungspflicht/verletzte 241 455
Billigkeits- und Zumutbarkeitserwägungen
242 584 ff
Einstehenmüssen **Einl 241 ff** 38 ff
Erfüllungs- oder Erhaltungsinteresse
241 539
Haftungsbegrenzungen zugunsten/zu
Lasten Dritter 241 343 ff
Haftungshöchstbeträge **Einl 241 ff** 46
Integritätsinteressen und deliktische
Handlungen/Vergleich 241 430
Irrtumsanfechtung **242** 436 ff
Maklervertrag/treuwidrige Provisionsvereitelung **242** 837
Mitwirkungspflicht, verletzte/Geschäftsneuvornahme als Naturalrestitution
241 187
Naturalrestitution/Gattungsschulden
243 7
Nebenleistungspflichten/nichtleistungsbezogene Rücksichtspflichten 241 157
Persönlichkeitsrecht/Verletzung
Einl 241 ff 230
Pflichtverletzungstatbestand/Einführung
eines allgemeinen **Einl 241 ff** 191
Rechtsposition/unredliche Vereitelung
242 248
Risiko-Versicherbarkeit/schuldrechtliche
Auswirkungen **Einl 241 ff** 91 ff
Rücksichtspflichten/verletzte 241 540

Schadensersatzansprüche (Forts.)
Sittenwidrige Schädigung/Verhältnis zu
Treu und Glauben **242** 389 ff
Totalrestitution/Naturalrestitution
Einl 241 ff 42
Treu und Glauben-Relevanz/Anspruchsausweitung **242** 585
Treu und Glauben-Relevanz/Anspruchseinschränkung **242** 586 ff
Treu und Glauben-Relevanz/deliktische
Ansprüche **242** 861 f
Treu und Glauben-Relevanz/entgangener
Gewinn **242** 587
Treu und Glauben-Relevanz/Schadensminderungspflicht **242** 594
Unbestellte Leistung **241a** 44
Unbestellte Leistungen **241a** 8
Vertragsverletzung und immaterieller
Schäden **Einl 241 ff** 152
Verzögerungsschaden/Treu und Glauben-
Relevanz **242** 644 ff
Vorteilsausgleichung/Rechtsgrundlage
242 588
Schadensersatzansprüche statt der Leistung
Eigene Vertragstreue als Voraussetzung
242 626, 654
Leistungsverzögerung und Fristablauf/
Gläubiger-Wahlrecht und Treu und
Glauben-Relevanz **242** 649 ff
Leistungsverzögerung und Fristsetzung
zur Nacherfüllung/Treu und Glauben-
Relevanz **242** 648
Rücksichtspflichten/Verletzung **242** 541,
657 ff
Scheckrecht
Auskunftspflichten 241 169
Treu und Glauben-Relevanz **242** 1009 ff
Schenkung
Aufklärungspflichten/Integritätsschutz
241 437, 476
Gesetzliche Haftungsbeschränkung/
Reichweite 241 523
Treu und Glauben-Relevanz **242** 749 ff
Schickschuld
Gattungsschuld/Konkretisierung **243** 32 ff
Geldschuld/Gefahrübergang auf den
Gläubiger **243** 35
Leistungsort beim Schuldner/Erfolgsort
beim Gläubiger **Einl 241 ff** 62
Schiffahrtsrecht
Entwicklung/deutschrechtliche Prinzipien
Einl 241 ff 103
Schikaneverbot
Treu und Glauben/Verhältnis **242** 385 ff
Schlechtleistung
und ergebnislose Nachfristsetzung/Treu
und Glauben-Relevanz **242** 655 f
Schlichtes Verwaltungshandeln
und Verwaltungsrechtsverhältnis
Einl 241 ff 271

Schuld
s. Schuldrechtliche Verpflichtung
Schuldner
Rücksichtspflicht 241 412
Wechsel 241 329
Schuldrecht
Abstraktionsgrad/Kritik des Schuldrechts
 Einl 241 ff 319
Abstraktionsprinzip
 s. dort
Änderungen zum AT/zum BT
 Einl 241 ff 148 ff
Änderungsvorschläge und Sozialstaatsgebot **Einl 241 ff** 324
Äquivalenzprinzip **Einl 241 ff** 66 ff
Allgemeine Prinzipien **Einl 241 ff** 25 ff
Allgemeiner Teil/Besonderer Teil
 Einl 241 ff 1
Aufklärung und Naturrecht **Einl 241 ff** 109
Auskunftspflichten 241 169
BGB-Bücher, sonstige und Schuldrechtsnormen **Einl 241 ff** 10 ff, 138 ff
BGB-Inkrafttreten/Entwicklung zuvor
 Einl 241 ff 96 ff
BGB-Kommissionen **Einl 241 ff** 120 ff
DDR-Sonderentwicklungen **Einl 241 ff** 175
Deutschrechtliche Grundlage
 Einl 241 ff 100 ff
Dingliche Ansprüche/Schuldrechtsanwendung **Einl 241 ff** 12 ff
Dresdner Entwurf eines Obligationenrechts **Einl 241 ff** 126 ff
Drittbeteiligung **Einl 241 ff** 71 f
Einteilung des Besonderen Schuldrechts/
 aufgegebenes justinianischen Systems
 241 49
Entstehung **Einl 241 ff** 3
Europäisches Recht
 s. dort
Formfreiheit als Grundsatz
 Einl 241 ff 57 ff
Geltungsbereich **Einl 241 ff** 6 ff, 251 ff
Generalklauseln und Grundprinzipien
 Einl 241 ff 75 f
Gesellschaftliche Wertungen/Forderung
 verstärkter **Einl 241 ff** 330
Gesetzgeber-Tätigkeit/Entlastung von
 Treu und Glauben 242 571
Gewährleistung **Einl 241 ff** 73 f
Grundprinzipien **Einl 241 ff** 47 ff
Grundprinzipien/praktische Bedeutung
 Einl 241 ff 75 f
Handels- und Bankrecht **Einl 241 ff** 103, 139
Historische Rechtsschule **Einl 241 ff** 110
Innere Gliederung **Einl 241 ff** 136
Institute (Normengruppen)/Umgestaltungsforderung **Einl 241 ff** 331 f
Institutionen des Gaius **Einl 241 ff** 106
Institutionen/Veränderungsvorschläge
 Einl 241 ff 331 f

Schuldrecht (Forts.)
Interlokales Privatrecht **Einl 241 ff** 253
Internationales Privatrecht
 s. dort
Kontrahierungszwang **Einl 241 ff** 55 f
Kreuzeinteilung des BGB **Einl 241 ff** 116
Kritik des Schuldrechts **Einl 241 ff** 318 ff
Lando-Kommission **Einl 241 ff** 291 f
Leistungsbestimmung **Einl 241 ff** 61 ff
Modellcharakter/Vorschriften mit universeller Geltung **Einl 241 ff** 9
Nationalsozialismus **Einl 241 ff** 172, 320
Öffentliches Recht/schuldrechtliche
 Vorschriften **Einl 241 ff** 271 f
Ökonomische Analyse des Rechts
 Einl 241 ff 325
Pandektensystem **Einl 241 ff** 3
Pandektistik **Einl 241 ff** 3, 11 ff
Personaler Anwendungsbereich
 Einl 241 ff 261 ff
Privatrechtsentwicklung/Schuldrechtsentwicklung **Einl 241 ff** 334
Privatsphäre und Antidiskriminierungsrecht **Einl 241 ff** 283
Rechtsgeschäftsordnung/Privatautonomie,
 Vertragstreue, Äquivalenzprinzip
 Einl 241 ff 48 ff
Rechtsvereinheitlichung
 s. dort
Rechtsvergleichung **Einl 241 ff** 301
Richterliche Rechtsfortbildung
 s. dort
Römisches Recht/Rezeption
 Einl 241 ff 102, 106 ff
und Sachenrecht/Aufteilung **Einl 241 ff** 4
Sachenrechtliche Verpflichtungen/Verfügungen des – **Einl 241 ff** 5
Sächsisches BGB 1863/1865, Bedeutung
 Einl 241 ff 115
Schuld und Haftung
 s. dort
Schuldrechtsmodernisierung
 s. dort
Schuldrechtsreform/grundlegende
 Reformpläne **Einl 241 ff** 176 ff
Sondergesetze und Schuldrechtsanwendung **Einl 241 ff** 21 ff
Sondergesetze/BGB-Integration
 Einl 241 ff 198
Sozialmodell **Einl 241 ff** 321, 330
Systematik, innere **Einl 241 ff** 118
Systematische Stellung in der Gesamtkodifikation **Einl 241 ff** 104 ff, 134 f
Systemveränderungen/Pläne hierzu
 Einl 241 ff 327 ff
und Treu und Glauben/Anwendungsschwerpunkt 242 569
Typenzwang, fehlender **Einl 241 ff** 53 f
Verfassungsrecht/Verfassungsmäßigkeit
 s. dort

674

Schuldrecht (Forts.)
Verschulden/Vertretenmüssen
s. dort
Vertragstreue **Einl 241 ff** 65, 73
Verweisungen auf das – **Einl 241 ff** 7 f
Zeitlicher Anwendungsbereich
Einl 241 ff 258 ff
und Zivilprozeßrecht **Einl 241 ff** 273 ff
Zivilrechtliches Gesamtsystem/Bedeutung
Einl 241 ff 104 ff
Schuldrechtliche Verpflichtung
Abstrakte Verpflichtungen **Einl 241 ff** 30
Abstraktionsprinzip
s. dort
und Forderung/Verhältnis der Begriffe
241 113
und Haftung ohne Schuld/dingliche
Verwertungsrechte **Einl 241 ff** 249
und Haftung ohne Schuld/vollstreckungs-
erweiternde Verträge **Einl 241 ff** 250
und Haftung/Gleichsetzung, als Gegensatzpaar **Einl 241 ff** 235 f
und Haftung/Haftungsobjekt
Einl 241 ff 237 f
und Haftung/Leistungspflicht und
Erzwingungsmöglichkeit **Einl 241 ff** 236
als "leisten müssen" **Einl 241 ff** 235 f
Leistung/Leistungspflichten
s. dort
Obliegenheiten/Abgrenzung **241** 129 f
ohne Haftung/Haftungsbeschränkungen
Einl 241 ff 240 ff
ohne Haftung/unvollkommene Verbindlichkeiten **Einl 241 ff** 244 ff
als Rechtsgrund sachenrechtlicher Verfü-
gung **Einl 241 ff** 4
und Schuldverhältnis als Begründung
242 951
Vertragsfreiheit als Grundsatz
Einl 241 ff 29
Schuldrechtsmodernisierung
BGB-Integration von Sondergesetzen
Einl 241 ff 198
Culpa in contrahendo **Einl 241 ff** 193;
242 100
Dauerschuldverhältnisse **Einl 241 ff** 222
Diskussionsentwurf der BR **Einl 241 ff** 185
Europäisches Recht/Umsetzungszweck
Einl 241 ff 184
Gattungsschuld/Regelung **243** 2, 4
Gesetzesentwurf zur Schuldrechtsmo-
dernisierung **Einl 241 ff** 186 ff
Kaufrecht **Einl 241 ff** 194 ff
Kritik **Einl 241 ff** 201
Leistungs- und Rücksichtspflichten/
Unterscheidung **241** 380
Leistungsstörungsrecht **Einl 241 ff** 191 ff
Positive Forderungsverletzung
Einl 241 ff 193, 211; **242** 95, 100
Rechtsgeschäftsähnliches Schuldverhält-
nis/Anerkennung **241** 48

Schuldrechtsmodernisierung (Forts.)
Rücksichtpflichten/dogmatische Begrün-
dung **241** 389 ff
Rücktrittsrecht **Einl 241 ff** 192
Schuldrechtliche Sondergesetze/BGB-
Integration **Einl 241 ff** 21
Schuldrechtliche Verpflichtung/Schuld-
verhältnis als Grundlage **242** 951
Schuldverhältnis/Anerkennung anderer
Pflichten als nur Leistungspflichten
241 153
Schutz- und Treuepflichten/Begriff der
Rücksicht **241** 504 ff
Schutz- und Verhaltenspflichten/Bedeu-
tung der Normierung **241** 45
Treu und Glauben/gesetzliche Ausfor-
mungen **242** 100
Übergangsregeln **Einl 241 ff** 199
Verjährungsrecht **Einl 241 ff** 190
Verjährungsrecht/Übergangsregelung
Einl 241 ff 200
Vertrag mit Schutzwirkungen zugunsten
Dritter **Einl 241 ff** 217
Wegfall der Geschäftsgrundlage
Einl 241 ff 218
Werkvertrag **Einl 241 ff** 197
Wesentliche Änderungen **Einl 241 ff** 189 ff
Schuldübernahme
Schuldnerwechsel **241** 329
Schuldverhältnis
s. a. Forderung
Abgabe eines Angebots/Bindungswirkung
Einl 241 ff 47
Abgrenzung nach der Beteiligtenanzahl
241 54 ff
Abgrenzung nach der Forderungsver-
knüpfung **241** 59 ff
Abgrenzung der Schuldverhältnisse
241 47 ff
Abstraktionsprinzip
s. dort
Anspruch/Forderung **241** 114
als anspruchserzeugender Tatbestand
241 43
Begriff/Enstehungsgründe (Übersicht)
242 130
Begriff/im engeren Sinne, im weiteren
Sinne **241** 36 ff; **Einl 241 ff** 119, 271
Begriffsbildung/Streitpunkte und Sach-
probleme **241** 40 ff
Beschlußfassung **241** 57
BGB-Inkrafttreten/weitere Entwicklung
241 32 ff
BGB-Inkrafttreten/Vor- und Entstehungs-
geschichte **241** 2 ff
Doppelsprachgebrauch/Abgrenzung ieS
und iwS **241** 46
Dritte als Berechtigte/als Verpflichtete
241 331 ff
Einseitig verpflichtendes –/zwei- und
mehrseitig verpflichtendes – **241** 59 ff

Schuldverhältnis (Forts.)
Einwirkungsmöglichkeiten der Parteien **241** 52
Einzelbefugnisse/Bündel- oder Komplextheorie **241** 115
Entstehung durch Vertrag/durch einseitiges Angebot **Einl 241 ff** 47
Erlöschen/Treu und Glauben-Relevanz **242** 681 ff
und Forderung/Schuldverhältnis im engeren Sinne **241** 36 ff; **Einl 241 ff** 271
und Forderungsentstehung **241** 113 ff
und Forderung/Summe aller Einzelforderungen **241** 42
Gesetzliche Regelung/ungeregelte Schuldverhältnisse **241** 58
Gesetzliches Schuldverhältnis
s. dort
Integritätsinteresse
s. dort
Interessenlage/berechtigte und rechtlich schutzwürdige **241** 16 ff
Leistung/Leistungspflichten
s. dort
und Leistungsbegriff **241** 135
Natur des Schuldverhältnisses/Inhalt des Schuldverhältnisses **241** 409; **242** 699
Pandektistik/System der Rechte, System der Rechtsverhältnisse **241** 6, 37 f
Rechtsgeschäftliches/rechtsgeschäftsähnliches **241** 47 ff, 395
und Rechtsnachfolge **241** 303
Rechtswissenschaft **241** 35
Reichsgerichtliche Rechtsprechung **241** 34
Relatives Forderungsrecht **Einl 241 ff** 4, 63
Relativitätswirkung
— und Absolutheit dinglicher Positionen/Gegensatz **241** 293, 299 ff
— Begriffinhalt/personales Gläubiger-Schuldner-Element **241** 294
— Begriffsinhalt/Inhalt des Forderungsrechts **241** 294
— Drittwirkung von Schuldverhältnisses/Ausnahmen vom Relativitätserfordernis **241** 322 ff
— Forderung/absolute Rechtszuständigkeit **241** 309 ff
— Forderung/absolute Rechtszuständigkeit und deliktischer Rechtsschutz **241** 316 ff
— Forderungseinwirkung Dritter/Ausnahmen vom Relativitätserfordernis **241** 307 ff
— Forderungsrecht/absolut wirkende dingliche Rechte **241** 299 ff
— Gesetzliches Schuldverhältnis **241** 295
— Privatautonomie/Grenzziehung **241** 298
— Rechtsgeschäftliches Schuldverhältnis **241** 296 ff
— und Selbstverantwortlichkeit **241** 293

Schuldverhältnis (Forts.)
— Verdinglichung obligatorischer Rechte/Ausnahmen vom Relativitätsgrundsatz **241** 302 ff
— Vertragsverhältnis/Relativität der Rechtsgeschäftswirkungen **241** 297
Rezeption/obligatio **241** 4
Rücksichtspflicht
s. dort
als Sammelbezeichnung **241** 42
Schuld und Haftung
s. Schuldrechtliche Verpflichtung
und schuldrechtliche Pflichtenbegründung **242** 951
und Schutzpflichtverhältnis/parallel verlaufendes **241** 69
Sittenwidrige Schädigung/Eindringen in das – **241** 320
Sozialer Vorgang **241** 52
und Synallagma **241** 61
Systematik **241** 54 ff
Tatbestandswirkungen auf Dritte **241** 322 ff
Treu und Glauben/fehlende Ergänzungsfunktion **242** 198 f
Treu und Glauben/unmittelbarer Anwendungsbereich **242** 127
Unwirksamkeit wegen Unbestimmtheit **243** 1
Verhaltensbezug/Erfolgsbezug **241** 136
Vermögenswert der Leistung/Geldwertfrage **241** 14 ff
Vertrag/Vertragsrecht
s. dort
Vollkommen verpflichtendes/unvollkommen verpflichtendes – **241** 61
Wesen und Inhalt **241** 13 ff
Zentralbegriff des Schuldrechts **241** 113
Schutzpflichten
s. Rücksichtspflichten
Schuldrechtsmodernisierung/Bedeutung des Inkrafttretens **241** 504
Schutzrechte
Treu und Glauben-Relevanz/Auskunft
— Abwehransprüche gegen Dritte **242** 1002
— bei Schutzrechtsverletzungen **242** 1000 f
Treu und Glauben-Relevanz/Einzelfallkorrektiv
— Lizenznehmerpflichten **242** 1006
— Markenrecht **242** 1004
— Patentrecht/Nichtangriffspflicht **242** 1005
— Preisbindungsverträge **242** 1007
Treu und Glauben-Relevanz/Verwirkungsfälle
— Marken- und Wettbewerbsrecht **242** 989 ff
— Patent- und Gebrauchsmusterstreitigkeiten **242** 997

Schutzrechte (Forts.)
— Urheber-, Erfinder- und Verlagsrecht
  242 997
Schweiz
  Clausula sic rebus stantibus **242** 1099
  Gesetzesumgehung **242** 1100
  Obligationenrecht **241** 10; **Einl 241 ff** 308 f
  Rechtsmißbrauch **242** 1097
  Treu und Glauben **242** 1097
  Unbestellte Leistung **241a** 68
Sexuelle Identität
  und Antidiskriminierungsrecht
  Einl 241 ff 283
Sicherungsschuldverhältnisse
  Mitwirkung und Unterstützung gegenüber
  Dritten **241** 256
  Mitwirkungspflichten des Gläubigers
  241 213, 219, 224, 241
  Nichtige Sicherungsabrede/Aufrechnungsausschluß als Treu und Glauben-Anwendung **242** 701
Sicherungsübereignung
  Übersicherungsproblem/Sittenwidrigkeit,
  Treu und Glauben-Relevanz **242** 883 ff
Sittenwidrigkeit
  Beurteilungszeitpunkt **242** 155, 500
  Bürgschaften vermögensloser Familienangehöriger **Einl 241 ff** 233; **242** 842 ff
  und deliktischer Schutz **241** 321
  Einhaltung sozialethischen Minimums
  242 367
  Ersatzfähigkeit entgangenen Dirnenlohns
  242 587
  Forderungsrecht/Schutz **241** 319
  Geltendmachung der Nichtigkeitsfolge/
  Vereinbarkeit mit Treu und Glauben
  242 373
  und Privatautonomie **Einl 241 ff** 49
  Privatautonomie/Schranken **242** 457
  Rechtsgeschäft-Wirksamkeit/Fälle unzulässigen Rechtsmißbrauchs **242** 499 ff
  Sicherungsübereignung/Übersicherungsproblem **242** 883 ff
  Stellvertretung/Kollusion **242** 518
  Testierfreiheit/inhaltliche Schranken
  242 928
  Treu und Glauben-Relevanz/Einschränkung der Nichtigkeitsfolge **242** 492 ff
  und Treu und Glauben/bloße Ausübungskontrolle **242** 368
  und Treu und Glauben/Konkurrenzprobleme **242** 367
  und Treu und Glauben/Prüfungsschema
  242 372
  und unzulässige Rechtsausübung **242** 369
  und UWG-Unlauterkeit **241** 321
  einer Vertragsklausel/Beseitigung durch
  Treu und Glauben **242** 371
  Wandel der Wertanschauungen **242** 501

Sittenwidrigkeit (Forts.)
  Wegfall nach Vornahme des Rechtsgeschäfts/Treu und Glauben-Relevanz
  242 498
  Wiederholter Verkauf/Forderungsschutz
  241 320
  Wirksamkeitskontrolle **242** 368
Sonderprivatrecht
  Personaler Anwendungsbereich
  Einl 241 ff 261
  Schuldrechtssystem/Änderungsvorschläge
  Einl 241 ff 329
  Übersicht über Rechtsgebiete
  Einl 241 ff 22
Sorgfaltspflichten
  s. Rücksichtspflichten
Sozialer Kontakt
  Faktische Vertragsverhältnisse **241** 112
  und Gefälligkeitsverhältnisse **241** 73
Sozialethik
  Treu und Glauben und Sittenwidrigkeit/
  Vergleich **242** 367
  Treu und Glauben/Konkretisierung
  242 150
Sozialrecht
  Schuldrechtszerlegung/Systemveränderungen **Einl 241 ff** 327 f
Sozialstaatsprinzip
  Treu und Glauben/Konkretisierung
  242 147
Sozialtypisches Verhalten
  und Lehre vom faktischen Vertrag
  (Haupt) **241** 98 ff; **242** 198
Sportveranstaltungen
  Handeln auf eigene Gefahr **242** 597 f
  Obhutspflichten/Integritätsschutz **241** 503
Stellvertretung
  als Drittbeteiligung ohne Zurechnung
  241 326
  Genehmigungspflicht aufgrund Treu und
  Glauben **242** 530
  Leistungssicherungspflichten **241** 287
  Mißbrauch der Vertretungsmacht/Fall
  unzulässiger Rechtsausübung **242** 521 ff
  Mißbrauch der Vertretungsmacht/Schrankenwirkung von Treu und Glauben
  242 204, 518
  Rechtsscheinvollmacht **242** 517
  Selbstkontrahieren, unzulässiges/Genehmigungspflicht aufgrund Treu und
  Glauben **242** 531
Steuerberater
  Beratungpflicht **241** 478
Steuerliche Gestaltung
  und Beratungspflichten/begrenzte **241** 478
Steuerliche Nachteile
  Ehegattenpflicht zur Abwendung **242** 920
Steuervorteile
  Mitwirkungspflichten des Gläubigers
  241 238

Stiftungsgeschäft
Abgabe eines Angebots/Bindungswirkung **Einl 241 ff** 47
Stille Gesellschaft
Inhaltskontrolle von Gesellschaftsverträgen **242** 954
Treuepflichten/besondere **242** 944
Störung der Geschäftsgrundlage
Dauerschuldverhältnisse **241** 372
und praktische Unmöglichkeit der Leistung **242** 640
Treu und Glauben/Verhältnis **242** 380 f
Strafprozeßrecht
Treu und Glauben-Relevanz **242** 1060 ff
Strafrecht
Treu und Glauben-Relevanz **242** 1058 f
Straßenverkehr
Rechtsstellung von Kindern **Einl 241 ff** 153; **242** 865
StVG-Haftung/Wegfall bei höherer Gewalt **Einl 241 ff** 155
Strohmannverhältnisse
Aufrechnungslage und Gegenseitigkeitserfordernis/Treu und Glauben-Durchbrechung **242** 691
Study Group on an European Civil Code
Weiterentwicklung der Lando-Kommission/rechtsvergleichende Arbeiten **Einl 241 ff** 297
Stückschuld
Abgrenzung zur Gattungsschuld **243** 12
und Beschaffungspflicht **243** 19
Leistungsgegenstand/Modell des Schuldinhalts **243** 2
Überführung der Gattungsschuld/Transmutationstheorie **243** 2
Subunternehmer
Leistungssicherungspflichten **241** 286
Mitwirkungspflichten des Gläubigers **241** 231
Sukzessivlieferungsverhältnisse
Abgrenzung zum Wiederkehrschuldverhältnis **241** 359
Bezugs- oder Dauerlieferungsvertrag **241** 361
Mitwirkungspflichten des Gläubigers **241** 233
als Ratenlieferungsvertrag **241** 359 f
Surrogationserwerb
Schuldrecht/sachenrechtliche Vorschriften zum – **Einl 241 ff** 5
Synallagma
s. a. Leistung/Gegenleistung
und Äquivalenzprinzip **Einl 241 ff** 69
und Einrede des nichterfüllten Vertrages **242** 621
Forderungsverknüpfung **241** 61

Tarifvertragsrecht
AGB-Bereichsausnahme/Treu und Glauben-Inhaltskontrolle **242** 480
Teilleistungen
Anspruchshöhe/streitige **242** 612
und ausgeschlossenes Leistungsverweigerungsrecht bei Treu und Glauben-Verstoß **242** 622
als Belästigungen/Durchbrechungen des Zwecks **242** 609
Gläubigerrecht/Forderung von – **242** 612
Haftpflichtversicherer/Leistungen **242** 611
Teilhinterlegungen **242** 611
Treu und Glauben/Schuldnerrecht zur Erbringung **242** 608 ff
Unterhaltsansprüche **242** 611
Verzicht auf weitergehende Ansprüche/auszuschließender **242** 609
Teilnichtigkeit
Geltendmachung der Gesamtnichtigkeit/Treu und Glauben-Relevanz **242** 503 ff
Nichtiger Teil/für die Vertragsdurchführung irrelevante **242** 506
Ungerechtfertigter Vorteil durch Gesamtnichtigkeit **242** 507 f
Telefondienstanbieter
Obhutspflichten/Integritätsschutz **241** 503
Testament/Testierfreiheit
s. Erbrecht
Transportrecht
Haftungsbegrenzungen zugunsten/zu Lasten Dritter **241** 343 ff
Trennungsprinzip
s. Abstraktionsprinzip
Treu und Glauben
s. a. Hinweise zu den einzelnen Rechtsinstituten des Zivilrechts
s. a. Staatenhinweise
Abdingbares Recht/stärkere Einbeziehung **242** 94
Abdingbarkeit/Abdingbarkeitsausschluß **242** 107 ff
Ablaufkontrolle/Korrekturfunktion **242** 205
Abstufung/Zusammenwirken der Parteien **242** 129
Aktuelle Anwendungsfelder **242** 102 f
Allgemeine Geschäftsbedingungen s. dort
Allgemeine Rechtsidee **242** 152 f
Andere Rechtsgebiete/Normenabgrenzung **242** 400
Anwendungsbereich/unmittelbarer und weitergehende Bedeutung **242** 105
Appellwirkung **242** 119
Arbeitsrecht s. dort
Art und Weise der Leistung/Konkretisierung **242** 182 ff
Aufwertungsrechtsprechung **242** 55 ff

Treu und Glauben (Forts.)
Auskunfts- und Rechenschaftspflicht
s. dort
Auskunftspflicht/veränderte Systematik
242 90
Ausländische Rechtsordnungen/internationale Regelwerke
— Anglo-amerikanischer Rechtskreis/
Staatenhinweise **242** 1108 ff
— Begriff/verbreiteter **242** 1076 ff
— Europäisches Recht/kein eigenständiger Begriff **242** 1137
— Europäisches Recht/Rechtsmißbrauchsverbot **242** 1138 f
— Funktion in rechtsvergleichender Sicht
242 1077
— Kontinentaleuropa/Staatenhinweise
242 1080 ff
— Principles of European Contract Law
242 1129 ff
— Richtlerliche Ermächtigungsnorm
242 1078
— UN-Kaufrecht **242** 1126 ff
— UNIDROIT-Principles of International Commercial Contracts **242** 1135 f
Auslegungsansatz/historischer **242** 6 ff
Auslegungsprobleme
— Analogie **242** 348 ff
— teleologische Reduktion **242** 346 f
und Auslegungsvorschrift § 157 **242** 354 ff
Auslegung/Untersuchung des normativen
Gehalts **242** 206 ff
Ausübungskontrolle **242** 365
Badisches Landrecht **242** 19
Berufsspezifische Gruppenübungen
242 164
Besitzschutzrechte **242** 872
Beurteilungszeitpunkt/maßgeblicher
242 154 ff
Bewegliches System **242** 159
Beweislastfrage **242** 331 f
Bewirken der Leistung/Eintreten des
Leistungserfolgs **242** 171 ff
BGB-Gesetzgebungsverfahren **242** 25 ff
BGB-Inkrafttreten/weitere Entwicklung
242 38 ff
BGB-Regelungskomplexe/Übersicht
s. Bürgerliches Gesetzbuch
bona fides **242** 8 ff
Clausula sic rebus stantibus
s. dort
Dauerhafte/vorübergehende Wirkung
242 329 f
Deutsche Wiedervereinigung als neues
Anwendungsfeld **242** 81
Deutsches Privatrecht/Einfluß **242** 14 ff
Dispositives Recht/Leitbildfunktion und
Inhaltskontrolle **Einl 241 ff** 332
dolo agit-Einrede
s. dort
Durchgriffshaftung **Einl 241 ff** 229

Treu und Glauben (Forts.)
Einwendung oder Einrede bei Verstößen
242 321 ff
Entbehrlichkeitsfrage/Rechtsstaatsprinzip
242 111 f
Erbrecht **242** 61
Ergänzungsfunktion als Funktionskreis
242 46, 134, 187 ff
Ergänzungsfunktion/fehlende Bedeutung
im unmittelbaren Anwendungsbereich
242 187 ff
Ermächtigungsnorm **242** 116
Ersetzung durch andere Rechtsinstitute
242 94 ff
Erwirkung von Rechten **242** 192 ff, 824,
3190
Erwirkungsfälle/vertragsrechtliche
Lösung **242** 196 f
Ethische Prinzipien/überrechtliche soziale
Gebote **242** 143
Europäische Maßstäbe **242** 149
exceptio doli generalis **242** 64, 216, 438
Fallgruppen/abdingbares Recht **242** 109
Fallgruppen/Konkretisierung **241** 122
Fallgruppen/System als Gliederungssystem **242** 86
Familienrecht **242** 61
Formmißbrauch/systematische Stellung
242 91
Fremdnützige Tätigkeiten **242** 939
Funktionsanalyse **242** 87
Funktionskreise/Ergänzungsfunktion
242 46, 134, 187 ff
Funktionskreise/Fallgruppenbildung
242 180
Funktionskreise/Konkretisierung **241** 122;
242 122
Funktionskreise/Korrekturfunktion
242 205
Funktionskreise/Schrankenfunktion
242 202 ff
Funktionskreislehre und Konkretisierungstheorie/Kompromißlösung
242 208
Gefälligkeitsverhältnisse **241** 82; **242** 131
Geltung/universelle **Einl 241 ff** 9
Generalklausel/offene Norm **242** 114,
206
Generalklauselproblematik/Unbestimmtheit und Weite **242** 111
Gerechtigkeit/Rechtsfrieden **242** 153
Gesellschaftlicher Maßstab/objektiver
Maßstab **242** 46 f, 79
Gesellschaftsrecht
s. dort
Gesetzesumgehung/spezielle gesetzliche
Regelungen **242** 394 ff
und Gesetzesvorschriften/Verhältnis
242 63
Gesetzeswidrigkeit/Beurteilungszeitpunkt
242 156

Treu und Glauben (Forts.)
Gesetzgeber-Tätigkeit/Entlastung von –
242 571
Gesetzliche Regelungen/Geltungsbereich
anderer Rechtsnormen 242 335 ff
Gesetzliche Verbote
s. dort
Gesetzliches Schuldverhältnis 242 125
Gewaltenteilung 242 104, 1081, 1108, 1141
Gewerbliche Schutzrechte
s. dort
Gewissensgründe 242 203, 274, 641 f
Gewohnheitsrecht und Verkehrssitte/
Abgrenzung 242 167
Gewohnheitsrechtliche Ersetzung des
Verweises auf – 242 95
Gläubigerperspektive/Schranken und
Korrekturfunktion 242 184
Grundrechte/Bedeutung 242 145, 146
Gruppenbildung/tatsächliche Übung
242 163
Handeln auf eigene Gefahr 242 597 ff
Handelsbräuche 242 164
Handelsrecht
s. dort
Hauptleistungspflichten 242 192 ff
Idee des Rechts 242 118
Indizwirkung der Verkehrssitte 242 170
Inhaltskontrolle
s. dort
Institutionelle Norm 242 116
Interessenabwägung/anderes zwingendes
Recht 242 338
Interessenabwägung/Rang der Konkretisierungsmittel 242 159
Interessenabwägung/Risikozuordnung als
Grundlage 242 144
Internationales Privatrecht/Gesetzesumgehung 242 397
Internationales Privatrecht 242 106
Kaufvertrag
s. dort
Klage/Klagbarkeit
s. dort
Kodifikatorische Ersetzung des Verweises
auf – 242 96 ff
Konkretisierung familienrechtlicher Beziehungen 242 912
Konkretisierung gesellschaftsrechtlicher
Treuepflicht 242 951
Konkretisierung vertraglicher Pflichten
242 51, 115, 122
Kontrollfunktion 242 46
Korrekturfunktion/Bedürfnis, Anwendungsfälle 242 205
Kündigung im Arbeitsrecht
s. Arbeitsrecht
Kündigung von Dauerschuldverhältnisse
242 205

Treu und Glauben (Forts.)
Kündigungsrechte/Positivierungen
242 382
Leistungsabweichungen/geringfügige
242 203
Leistungsbewirken/Funktionskreistheorie
242 171 ff
Leistungsbezogene Nebenpflichten/Rücksichtspflichten 242 191
Leistungsverweigerungsrecht 242 64
Leistungszeit 242 186
Lückenhaftigkeit der Leistungspflicht
242 42, 51
Machtgefälle/unangemessenes 242 147
Methodenlehre/Hilfsfigur 242 116
Mitverschulden
s. dort
Nachbarschaftliches Gemeinschaftsverhältnis 242 132, 198, 877
Namensrecht 242 404 ff
Nationalsozialismus 242 66 ff
Nebenleistungspflichten 242 191, 212
Nichtleistungsbezogene Pflichten 241 390;
242 212
Normativer Gehalt
— Abgrenzung zum empirischen Gehalt/
tatsächlichen Anwendungsfällen
242 123
— Appelwirkung 242 119
— und Argument völliger Funktionslosigkeit 242 121
— Differenzierungstheorien 242 116 ff
— Gleichheitstheorien 242 114 f
— Konkretisierung offenen Tatbestandes
242 122
— und praktische Handhabung der Norm
242 120
— Wertungszusammenhang 242 121
Öffentliche Interessen/Berücksichtigung
242 151
Öffentliches Recht
s. dort
Örtliche Übungen 242 164
Positive Forderungsverletzung 242 80, 95, 100, 631
Präzisierungsgebot 242 122
Principles of European Contract Law
242 1129 ff
als Prinzip 242 117
Privatautonome Gestaltungsfreiheit
242 342 ff, 456 ff
Privatrechtsgeltung **Einl 241 ff** 5
Prozeßkostenhilfe/Rechtsmißbrauch
242 1031
Prozeßrecht
s. Klage/Klagbarkeit
Rechtsethik 242 142
Rechtsfolgemerkmale
— mit Rücksicht auf die Verkehrssitte
242 160 ff
— so zu bewirken 242 171 ff

Treu und Glauben (Forts.)
— Treu und Glauben 242 140 ff
Rechtsfrieden/Gerechtigkeit 242 153
Rechtsinstitute/Ersetzung durch andere 242 94 ff
Rechtsmißbrauch
s. dort
Rechtsprechung/bis 1914 242 50 ff
Rechtsprechung/Nationalsozialismus 242 77
Rechtsprechung/seit 1945 242 78 ff
Rechtsprechung/1914–1918 242 53 f
und Rechtssätze/gewöhnliche 242 115
Rechtsscheinhaftung 242 320
Rechtsstaatsprinzip und Entbehrlichkeitsfrage 242 111 f
Rechtswissenschaft 242 40 ff
Redlichkeitsgebot/unabdingbares 242 108
Revisibilität 242 333
als Risikoverteilungsregelung 242 207
Risikozuordnung und Interessenabwägung 242 144 ff
Römisches Recht 242 7 ff
Rücksichtspflichten/leistungsbezogene Nebenpflichten 242 191
und Rücksichtspflichten/Unterscheidung, Vergleich 241 420 ff; 242 212
Rücktrittsrechte/Positivierungen 242 382 f
Sachenrecht 242 61
Schikaneverbot/Abgrenzung 242 385 ff
Schrankenfunktion/Grundlage, Fallgruppen 242 202 ff, 951, 1012
Schuldner als Tatbestandsmerkmal 242 125 ff
Schuldnerperspektive/Konkretisierungs- und Ergänzungsfunktion 242 184
und schuldrechtliche Grundprinzipien **Einl 241 ff** 76
Schuldrechtsmodernisierung/Schuldverhältnis als Pflichtenbegründung 242 951
Schuldverhältnis 242 125 ff
Schuldverhältnis/ausgeschlossene Begründung 242 198, 951
Schuldverhältnis/fehlende Ergänzungsfunktion 242 198 f
Schutzpflichten/Entwicklung außerdeliktischer 241 386
Sittenwidrigkeit
s. dort
Sonderverbindungen 242 128
Soziale Gerechtigkeit/Korrektur zwingenden Rechts 242 335 ff
Sozialethische Wertvorstellungen 242 142, 150
Sozialstaatsprinzip 242 147
Stellvertretung
s. dort
als stilbildendes Element 242 1141
Störung der Geschäftsgrundlage 242 205, 213, 380 f

Treu und Glauben (Forts.)
Systematischer Standort/Änderungen 242 90
Systematisierungsbemühungen/Verfeinerungen 242 82 ff
Tatbestandsmerkmale
— Leistung 242 134
— Schuldner 242 125 ff
— Sonstige Merkmale 242 135 ff
Tatsachenfrage/Rechtsfrage 242 333
Tatsächliche Verhältnisse/Beurteilungszeitpunkt 242 155
Treue als Haltung/Glaube als Vertrauen hierauf 242 140 ff
tu quoque-Einwand 242 261, 654
Übung/den Verkehr tatsächlich beherrschende als Verkehrssitte 242 160 ff
UN-Kaufrecht 242 1126 ff
Unerlaubte Handlung/sittenwidrige Schädigung 242 388 ff
UNIDROIT-Principles 242 1135 f
Unmittelbarer Anwendungsbereich/weitergehender Bedeutung 242 105
Unverzichtbarkeit 242 104
Unzumutbarkeitsregeln 242 384
Urheber- und Verlagsrecht 242 62
Venire contra factum proprium
s. dort
Verkehrssitte/Rücksichtnahme 242 160 ff
Verschuldensfrage 242 137
Versicherungsrecht
s. dort
Vertragsfreiheit/Einschränkung 242 1124, 1141
Vertragsgerechtigkeit/ausgleichende 242 205
Vertragshilfe/Verhältnis 242 398 f
Vertragsrechtliche Lösung der Erwirkungsfälle 242 196 f
Vertrauenstatbestand und Erwirkung 242 192
Vertretungsmacht/systematische Änderungen 242 92
Verwirkung
s. dort
Vorübergehende/dauerhafte Wirkung 242 329 f
Wandel sittlicher Wertmaßstäbe 242 155
Wertmaßstäbe/Ermittlungszeitpunkt 242 155
Wirtschaftliche Unmöglichkeit 242 203
und Zeitfaktor/maßgeblicher Zeitpunkt 242 154 ff
Zivilprozeßrecht **Einl 241 ff** 274
Zivilprozeßrecht
s. Klage/Klagbarkeit
Zwingende Rechtssätze/andere Rechtsbereiche 242 335 ff
Treuepflichten/leistungsbezogene
s. Nebenleistungspflichten

Treuepflichten/leistungsunabhängige
  Abgrenzung leistungsbezogener Treuepflichten **241** 508
  Abgrenzung von Schutz- und Treuepflichten/Bedeutung der Schuldrechtsmodernisierung **241** 504 f
  Arbeitsverhältnisse **241** 506
  Dauerschuldverhältnisse **241** 506
  Formnichtigkeit/Treu und Glauben-Relevanz **242** 446 ff
  Gesellschaftsrecht/umfassende Treuepflicht
    s. Gesellschaftsrecht
  Güterumsatzgeschäfte/bloße **241** 507
  Loyalitätspflichten **241** 506
  Treu und Glauben/Bedeutung **241** 505, 508

Treuhandschaft
  Aufrechnungslage und Gegenseitigkeitserfordernis/Treu und Glauben-Durchbrechung **242** 689 f
  Mißbrauch treuhänderischer Macht/Treu und Glauben-Relevanz **242** 528
  Mitwirkung und Unterstützung gegenüber Dritten **241** 256
  Mitwirkungspflichten des Gläubigers **241** 219, 224
  Nichtige Sicherungsabrede/Aufrechnungsausschluß als Treu und Glauben-Anwendung **242** 701
  Sicherungsübereignung/Übersicherungsproblem **242** 885

Umsatzsteuer
  und Schadensberechnung **Einl 241 ff** 151
Umweltrecht
  und nachbarliches Gemeinschaftsverhältnis **241** 405, 408
Unbestellte Leistungen
  Aliud-Lieferung **241a** 26, 56
  Alte Rechtslage/etablierte Rechtspraxis
  — Angebotsunterbreitung **241a** 4
  — Annahme/Konkludenz **241a** 4
  — Erlöserausgabeansprüche nach GoA/Bereicherungsrecht **241a** 7
  — Gegenleistungsfrage **241a** 4, 10 f
  — Herausgabeanspruch des Versenders/ausgeschlossene Rückgabepflichten **241a** 5
  — Herausgabeansprüche/Leistungsort **241a** 6
  — Neuregelungsnotwendigkeit **241a** 10
  — Nutzungs- und Schadensersatzansprüche **241a** 8
  — Wettbewerbsverstoß **241a** 9
  Annahme eines Angebots/erforderliche ausdrückliche **241a** 32
  Auslegung singulärer Norm **241a** 30
  Beschädigung, Zerstörung durch Dritte/Drittschadensliquidation **241a** 51

Unbestellte Leistungen (Forts.)
  Bestellung/Abgrenzung **241a** 25 f
  Bestellung/höheres Preisverlangen bei der Zusendung **241a** 28
  Beweislast **241a** 61
  Dingliche Rechtslage/fehlender Eigentumsübergang **241a** 35 f
  Dingliche Rechtslage/kein Besitzrecht des Verbrauchers **241a** 37
  Eigentumsrecht/Inhalts- und Schrankenbestimmung **241a** 18
  Eigentumsvorbehalt an der zugesandten Ware/Ansprüche Dritter **241a** 53
  Erbringung sonstiger Leistungen **241a** 24
  Erlösansprüche aufgrund Weiterveräußerung/ausgeschlossene **241a** 43
  Europäisches Recht/Unterbindung von – **241a** 2, 11, 40
  Geschäftsführung ohne Auftrag/Wille und Interesse des Verbrauchers **241a** 34
  Gesetzliche Ansprüche/dem Unternehmer erhaltene bei Versehen **241a** 54 f
  Gewährleistungsrecht/Anwendung **241a** 60
  Herausgabeanspruch/Einwendung gegen den Vindikationsanspruch **241a** 38 ff
  Konkludenz einer Annahme/ausgeschlossene **241a** 32
  Kritik/Auseinanderfallen von Eigentum und Besitz **241a** 12 f
  Lieferung **241a** 23
  Mangelbehaftete Lieferung **241a** 26, 59 f
  Nichtige Bestellung **241a** 27
  Nutzungsansprüche/ausgeschlossene **241a** 45
  Rechtsvergleichende Hinweise **241a** 63 ff
  Schadensersatzansprüche des Unternehmers/ausgeschlossene **241a** 44
  Strafrechtliche Folgen der Beschädigung/der Weiterveräußerung **241a** 62
  Systematische Stellung/fehlende Einordnungsmöglichkeit **241a** 39
  Systematische Stellung/Fremdkörper **241a** 51
  Systematische Stellung/Kritik **241a** 12 f
  Ungerechtfertigte Bereicherung/ausgeschlossene Ansprüche **241a** 42
  Unternehmer als Vorbehaltskäufer **241a** 19
  Unternehmer-Verbraucher-Beziehung **241a** 20 f
  Verbraucherschutz/Normzweck **241a** 1
  Verbraucherstellung des Adressaten **241a** 22
  Verfassungsrechtliche Bedenken/Auseinanderfallen von Besitz und Eigentum **241a** 14 ff
  Vermietung oder Verpachtung durch den Verbraucher/Herausgabeanspruch gegen Dritten **241a** 48 f

Unbestellte Leistungen (Forts.)
Vertragsrecht/allgemeine Grundsätze **241a** 31
Verwahrungsvertrag/fehlender **241a** 38
Warenzusendung/Dienstleistungserbringung **241a** 20, 23 ff
Weiterveräußerung/Verbraucher als Nichtberechtigter **241a** 47 f
Wissentliche Falschlieferungen **241a** 56
Wissentliche Schlechtlieferung **241a** 59

Unentgeltlichkeit
Gefährdungshaftung bei Beförderungen **241** 535
Gefälligkeiten/Gefälligkeitsverträge **241** 73, 85

Unerlaubte Handlung
Ausgleichsfunktion **Einl 241 ff** 81
Common Core of European Private Law **Einl 241 ff** 296
Einsichtsfähigkeit **Einl 241 ff** 84
European Group on Tort Law/Ausarbeitung europäischen Deliktsrechts **Einl 241 ff** 293 f
Forderung, Forderungszuständigkeit/Frage des sonstigen Rechts **241** 316
Forderungsrecht und sittenwidrige Schädigung **241** 319
Gefälligkeitsfahrten **241** 534
Gefälligkeitsverhältnisse **241** 74
Gesetzliches Schuldverhältnis **Einl 241 ff** 77
Haftungsmodifikationen/Auswirkungen **241** 530 ff
Haftungsverzicht/stillschweigender **241** 536
Handeln auf eigene Gefahr **241** 537
und Integritätsinteresse/weitergehender Schutz **241** 430
Internationales Privatrecht **Einl 241 ff** 257
Kausalitätsfrage/Zurechnungsfrage/Schutzzweck der Norm **Einl 241 ff** 83
Leistungsverweigerungsrecht trotz verjährter Aufhebungsforderung **242** 863
Minderjährige/Haftungseinschränkungen aufgrund Treu und Glauben **242** 864 ff
Nichtiger Vertrag/wirksamer Vertrag **241** 532
Obhuts- und Fürsorgpflichten **241** 482
Persönlichkeitsrecht/Schutz des allgemeinen **Einl 241 ff** 230, 266
Rechtsformmißbrauch **242** 247
Rechtsgüterschutz **Einl 241 ff** 202
Richterliche Rechtsfortbildung **Einl 241 ff** 230 ff
Risikoverlagerung bei Einbeziehung Dritter **Einl 241 ff** 85
Rücksichtspflichten/Ausgleich von Mängeln des Deliktsrechts **241** 279
Schadensersatzansprüche/Geltendmachung als Rechtsmißbrauch **242** 861

Unerlaubte Handlung (Forts.)
Schadensersatzansprüche/Verwirkung **242** 862
Schadensersatzberechnung/Vergleich mit Vertragsschuldverhältnis **Einl 241 ff** 81
und Schuldrechtseinteilung **241** 51
Schutzpflichten und allgemeine Pflichten des Deliktsrechts **241** 74
Sittenwidrige Schädigung/Verhältnis zu Treu und Glauben **242** 389 ff
Sittenwidrigkeit und deliktischer Schutz **241** 321
Treu und Glauben-Relevanz/geringe **242** 860
Unbestellte Leistung **241a** 50 f
Unternehmensrecht als absolutes Recht **Einl 241 ff** 231
Urteilsmißbrauch **Einl 241 ff** 274
Verkehrssicherungspflichten/Rücksichtspflichten **241** 414, 482
Vorsatztat und Aufrechnungsverbot/Treu und Glauben-Relevanz **242** 697, 708, 709 ff
Wiederherstellungspflicht **Einl 241 ff** 82
Wiederherstellungszweck/Unterschied zum Bereicherungsrecht **Einl 241 ff** 88
Zurechnungskriterien der Adäquanz/des Schutzzwecks der Norm **242** 860

Unfallrecht
Rechtsstellung von Kindern im Straßen- und Bahnverkehr **Einl 241 ff** 153

Unfallversicherung
Arbeitgeberprivilegierung **Einl 241 ff** 93
Arbeitnehmerabsicherung **Einl 241 ff** 93

Ungerechtfertigte Bereicherung
Abschöpfende Funktion/Vergleich mit dem Deliktsrecht **Einl 241 ff** 88
Abstraktionsprinzip/Bedeutung **Einl 241 ff** 87
Ausgleichsfunktion **Einl 241 ff** 66, 86
Ersatzfähigkeit entgangenen Dirnenlohns **242** 587
Gattungskauf/Lieferung besserer Ware **243** 26
Gefälligkeit und Schuldverhältnis/Abgrenzung **241** 74
Internationales Privatrecht **Einl 241 ff** 257
Rechtsgrundlose Vermögensverschiebungen/Rückgängigmachung **Einl 241 ff** 86
Rechtsgüterschutz **Einl 241 ff** 202
Rückabwicklung fehlerhafter Dauerschuldverhältnisse **241** 105 ff
und Schuldrechtseinteilung **241** 51
Treu und Glauben-Relevanz
— Aufgedrängte Bereicherung **242** 853
— Billigkeitsrecht **242** 852
— Gesetzliche Ausformungen **242** 853
— Kondiktionssperren als Rechtsmißbrauchsverbote **242** 854 ff
— Mitverschulden **242** 858
— Nichtleistungskondikion **242** 857

Ungerechtfertigte Bereicherung (Forts.)
— Praktische Bedeutung/geringe 242 859
— Schwarzarbeitsgesetz/beiderseitiger Verstoß 242 856
Unvollkommene Verbindlichkeiten/ Schuld ohne Haftung **Einl 241 ff** 245
und Verwaltungsrechtsverhältnis **Einl 241 ff** 272
UNIDROIT-Principles
Good faith 242 1135
Verbot widersprüchlichen Verhaltens 242 1136
Unmöglichkeit
Abgrenzung dauernde/zeitweilige Unmöglichkeit und Treu und Glauben-Relevanz 242 635
Dingliche Ansprüche/Schuldrechtsregeln **Einl 241 ff** 13
Persönliche Unmöglichkeit/abschließende Sonderregelung 242 641 f
Praktische Unmöglichkeit/Störung der Geschäftsgrundlage 242 640
Praktische Unmöglichkeit/Treu und Glauben-Ausprägung 242 639
Rechtliche Unmöglichkeit/Mitwirkungsverpflichtung nach Treu und Glauben 242 637 f
Schuldrechtsmodernisierung/Beibehaltung der Regeln zur – **Einl 241 ff** 192
Wiederaufleben der Leistungspflicht/Treu und Glauben-Relevanz nach dauernder Unmöglichkeit 242 636
Unsicherheitseinrede
Treu und Glauben-Bezug 242 629 f
Unterhaltsrecht
Ehegatten-Unterhalt/Billigkeitsgründe 242 923
Ehegatten-Unterhaltsverzicht/vorhandene schutzwürdige Intersssen 242 922
Gleichrangige Ansprüche 241 119
Leistungsunfähigkeit/mutwillig herbeigeführte 242 924
Rangfolge 241 118
Teilleistungen 242 611
Verwandtenunterhalt/Billigkeitsgründe 242 923
Unterkapitalisierung
und gesellschaftsrechtliche Durchgriffshaftung 242 964
Unterlassungsansprüche
und Antidiskriminierungsrecht **Einl 241 ff** 283
Arbeitsverhältnis/sonstige Arbeitnehmerpflichten 242 780
Durchsetzungsschwäche 241 139
Erfüllung 241 140
Gesellschaftsrechtliche Treuepflicht 242 952
Klärung des Vorliegens 242 133
Leistungshandlung/Leistungserfolg 241 136

Unterlassungsansprüche (Forts.)
Leistungsinhalt 241 134
Leistungsinhalt/primärer 241 137
als Leistungssicherungspflicht 241 269
Leistungsstörungsrecht 241 141
Nachbarliches Gemeinschaftsverhältnis 241 406
Nachbarschaftliches Gemeinschaftsverhältnis 242 889
Negatorische/quasinegatorische – 241 137
Schuldrechtsansprüche 241 114
als Treuepflichten/nicht leistungsbezogene 241 515 ff
Unmöglichkeitsregeln **Einl 241 ff** 16
Unselbständige (sekundäre) Ansprüche 241 137
Vertragsstrafenvereinbarung 242 670
Wettbewerbsverbot/nachvertragliches 241 290
Unternehmenskauf
Wettbewerbsverbot/nachvertragliches 241 292
Unternehmensrecht
als absolutes Recht/deliktischer Schutz **Einl 241 ff** 231
Schuldrechtszerlegung/Systemveränderungen **Einl 241 ff** 327 f
Unternehmer
Unbestellte Leistungen s. dort
Unterstützungspflichten
s. Mitwirkungs- und Unterstützungspflichten
Untersuchung/Rüge
als Obliegenheit 241 121
Unzulässige Rechtsausübung
s. Rechtsmißbrauch
Unzumutbarkeit der Leistung
als Einwendung 242 325
Mißverhältnis und Rechtsmißbrauchsfälle 242 269 ff, 384, 639
und Störung der Geschäftsgrundlage 242 640
Vertragshilfe 242 398 f
Urheberrecht
s. a. Gewerbliche Schutzrechte
Auskunftsanspruch 242 1000 f
Nachvertragliche Pflichten 242 988
Treu und Glauben/Bedeutung 242 62, 988 ff
Verwirkung 242 997, 998

Venire contra factum proprium
Arbeitsvertrag/Kündigung 242 797
Arbeitsvertragliche Ansprüche/Durchsetzung 242 785
Aufrechnungsausschluß 242 701 ff
Eigentumsherausgabeanspruch 242 887
Erfüllungsannahme durch minderjährigen Gläubiger 242 683

Venire contra factum proprium (Forts.)
Grundbuchberichtigungsanspruch **242** 874
Handeln auf eigene Gefahr **242** 597
Treu und Glauben/Schrankenfunktion **242** 204, 452
UN-Kaufrecht **242** 1127
UNIDROIT-Principles **242** 1136
Unzulässige Rechtsausübung **242** 286 ff
Verzicht auf Rechtsposition durch schlüssiges Verhalten **242** 94
Vorleistungspflicht/Wegfall bei fehlender Vertragstreue des anderen Teils **242** 628

Veräußerungsverbote
Schutz der Forderung **241** 304

Verbraucherdarlehen
Haustürgeschäfte und Immobiliardarlehen **Einl 241 ff** 159
VerbrKrG-Integration in das BGB **Einl 241 ff** 198

Verbraucherschutzrecht
BGB-Integration **Einl 241 ff** 23
Einwendungsdurchgriff **242** 98
Inhaltskontrolle/Widerrufsrechte **242** 483
Personaler Anwendungsbereich **Einl 241 ff** 262
und Privatautonomie **Einl 241 ff** 49
und schuldrechtliche Grundprinzipien **Einl 241 ff** 76
Schuldrechtszerlegung/Systemveränderungen **Einl 241 ff** 327 f
Unbestellte Leistungen
s. dort
Verbraucher/Unternehmer **Einl 241 ff** 262

Verbrauchervertragsrecht
OLG-VertretungsänderungsG/Bedeutung **Einl 241 ff** 158
Widerrufs- und Rückgaberecht **Einl 241 ff** 156

Verbrauchsgüterkauf
Gefahrtragung **243** 27
Schuldrechtsmodernisierung **Einl 241 ff** 196
Umsetzung der VerbrauchsgüterkaufRL **Einl 241 ff** 184
Verbot widersprüchlichen Verhaltens nach Vortäuschung gewerblichen Zwecks **242** 741
und Versendungskauf **Einl 241 ff** 214

Vereinigte Staaten
Abuse of rights **242** 1125
Common Law **Einl 241 ff** 315 ff
Good faith **242** 1121
privity of contract **241** 296
Unbestellte Leistung **241a** 63
Uniform Commercial Code **242** 1121

Vereinigtes Königreich
s. a. England
Common Law **Einl 241 ff** 315 ff
privity of contract **241** 296
Unbestellte Leistung **241a** 67

Vereinsrecht
Rechtsstellung des nicht-rechtsfähigen Vereins **Einl 241 ff** 228
Treu und Glauben-Relevanz **242** 407, 945

Vereinssatzung
AGB-Bereichsausnahme/Treu und Glauben-Inhaltskontrolle **242** 479, 956

Verfassungsrecht/Verfassungsmäßigkeit
Arbeitsverhältnis und Kündigungskontrolle **242** 793
Gewissensfreiheit/persönliche Unmöglichkeit der Leistungserbringung **242** 641
Grundrechte/Drittwirkung im Privatrecht **Einl 241 ff** 265
Minderjährigenhaftung aus Delikt **242** 865 f
Persönlichkeitsrecht und Handlungsfreiheit **Einl 241 ff** 230
Privatautonomie/allgemeine Handlungsfreiheit **Einl 241 ff** 49
Privatautonomie/materielles Verständnis **242** 462
Schuldrecht und Grundrechtseinwirkung/Forderung nach verstärkter Berücksichtigung **Einl 241 ff** 331
Schuldrechtsänderungen und Sozialstaatsgebot **Einl 241 ff** 324
Schuldrecht/verfassungsrechtliche Einflüsse **Einl 241 ff** 265 f
Schuldrecht/verfassungsrechtliche Vorgaben **Einl 241 ff** 264
Treu und Glauben/Funktionslosigkeit **242** 121
Treu und Glauben/Grundrechtswirkung **242** 146, 266
Treu und Glauben/Rechtsstaatsprinzip **242** 111 f
Treu und Glauben/Sozialstaatsprinzip, unangemessenes Machtgefälle **242** 147
Unbestellte Leistungen **241a** 14 ff
Vertragliche Inhaltskontrolle **242** 460 ff
Wettbewerbsverbot/nachvertragliches **241** 289

Verfügung
Abstraktionsprinzip
s. dort
Rechtsgrund und Motiv **Einl 241 ff** 29
Schuldrechtliche Verpflichtung/Rechtsgrund sachenrechtlicher – **Einl 241 ff** 4
Typenzwang des Sachenrechts **Einl 241 ff** 29

Verfügungsmacht
Forderung/Schutzformen **241** 304

Vergleich
Doppelnatur **Einl 241 ff** 275
Vertragstyp/Prozeßhandlung **Einl 241 ff** 275

Verhältnismäßigkeitsprinzip
Eingriff in das Schuldverhältnis **242** 253
Inhaltskontrolle von Verträgen **242** 464

Verhältnismäßigkeitsprinzip (Forts.)
  Minderjährigenhaftung aus Delikt 242 866
  Rechtsausübung als unverhältnismäßige
    Reaktion 242 279 f
Verhaltenspflichten
  s. Rücksichtspflichten
Verjährung
  Abhalten des Gläubigers 242 553
  Anspruchsgegenstand/nicht erheblicher
    242 546
  Ausschlußfristen/Vergleich 242 561
  Ausweichen/Ablenken/Schweigen
    242 551
  Beseitigung des Verjährungseintritts/Treu
    und Glauben-Relevanz 242 535
  Deliktische Forderung/Leistungsverweige-
    rungsrecht 242 863
  Erhebung der Einrede/keine Treuwidrig-
    keit per se 242 544 ff
  Erhebung der Einrede/unbeachtlicher
    Zeitpunkt 242 547
  Gesetzliche Regelungen/gegenüber Treu
    und Glauben vorrangige 242 539 ff
  Hemmung/Neubeginn für den Gläubiger
    242 560
  Hemmungs- und Unterbrechungstatbe-
    stände 242 534
  Herausgabeansprüche 241a 13
  Rechnungslegung/verspätete 242 536
  Rechtsanwalte, Steuerberater/Sekundär-
    anspruch 242 433, 545
  Rechtssicherheit/Rechtsfrieden als Zweck
    242 533
  Rechtswirkung sui generis bei relevanter
    Schuldner-Mitverursachung 242 557 ff
  Risiko des Verjährungseintritts/Berück-
    sichtigung des Schuldnerverhaltens
    242 548 ff
  Schuldnertun, aktives/Verjährungseintritt
    242 552
  Schuldrechtsmodernisierung/Übergangs-
    recht Einl 241 ff 200
  Schuldrechtsmodernisierung/Übersicht
    Einl 241 ff 190
  Unterlassen des Schuldners/Ursache für
    den Verjährungseintritt 242 555
  Unverjährbare Forderungen/ausgeschlos-
    sene 242 557
  Verjährte Forderungen Einl 241 ff 245
  und Verwirkung/Verhältnis 242 567
  und Verwirkung/Verhältnis, Abgrenzung
    242 302 ff, 538, 566 ff
  und Verzicht/Abgrenzung 242 313 ff
Verkehrssitte
  s. Treu und Glauben
Verlagsrecht
  Treu und Glauben-Relevanz/Verwirkung
    242 997
  Treu und Glauben/Bedeutung 242 62
Vermögenshaftung
  Prinzip unbeschränkter 243 17

Vermögensinteressen
  und Gefälligkeitsverhältnisse 241 79
  Integritätsinteresse/Schutz von – 241 430
  und Sicherung eines Schuldverhältnisses/
    Abgrenzung 241 289
Vermögensvermischung
  und gesellschaftsrechtliche Durchgriffs-
    haftung 242 966
Vermögenswert
  der Forderung 241 318
Vermögenswert der Leistung
  Schuldverhältnis/Frage geldwerter
    Leistung 241 14 ff
Verpflichtung/Verbindlichkeit
  s. Schuldrechtliche Verpflichtung
Verschulden/Vertretenmüssen
  Aufklärungspflichtverletzung/informatio-
    nelles Vorsatzdogma 241 450
  Beschaffungsrisiko 243 17
  Einstehenmüssen Einl 241 ff 38
  Geldschuld/Unbeachtlichkeit des Unver-
    mögens 243 17
  Risiko-Versicherbarkeit/schuldrechtliche
    Auswirkungen Einl 241 ff 92
  Treu und Glauben/Verstoß 242 137
  Unvermögen zur Leistung 243 19
  Verschuldensprinzip Einl 241 ff 39 ff
Versendungskauf
  und Drittschadensliquidation
    Einl 241 ff 213
  Verbrauchsgüterkauf Einl 241 ff 214
Versicherungsrecht
  Abtretungsverbot/vertragliches als
    Rechtsmißbrauch 242 1026
  Alles oder Nichts-Prinzip/Härtevermei-
    dung 242 1015
  und Antidiskriminierungsrecht
    Einl 241 ff 283
  Anzeigepflichten/vertragliche und Kausa-
    litätserfordernis 242 1017
  Aufklärungs- und Informationspflichten/
    Treu und Glauben-Grundlage 242 1012
  Aufklärungspflichten/Integritätsinteressen
    241 473
  Auskunftsobliegenheiten/erforderliche
    Belehrung 242 1016
  Auskunftspflichten 241 169
  Ausschlußfristen/Versäumnis 242 1020 ff
  AVB-Inhaltskontrolle 242 1012
  Beratungpflicht 241 478
  Dauerschuldverhältnis 242 1012
  Europäisches Recht/Angleichungsbemü-
    hungen Einl 241 ff 280
  Gesetzlicher Forderungsübergang/dolo
    agit-Einwand 242 1027
  Gleichbehandlungsgrundsatz/Einzelfallge-
    rechtigkeit 242 1014
  Härtefälle/übermäßige 242 1018
  und Haftungssubsidiarität Einl 241 ff 95
  Leistungsfreiheit bei Nichtzahlung der
    Erstprämie 242 1019

Versicherungsrecht (Forts.)
Mitwirkung und Unterstützung gegenüber Dritten 241 256
Nachfragen im vorvertraglichen Bereich 242 1017
Obliegenheiten 241 122, 133
Obliegenheitsverletzungen/eingeschränkte Rechtsfolgen 242 1015 ff
Project Group Restatement of European Insurance Contract Law **Einl 241 ff** 295
Rechtsmißbrauch der Leistungsfreiheit 242 1018
Rettungspflicht 242 1016
Risikoprüfung durch Versicherer/vorvertragliche 242 1017
Rückgriffsmöglichkeit und Verlust von Schadensersatzansprüchen **Einl 241 ff** 93
Schuldrecht und Risiko-Versicherbarkeit **Einl 241 ff** 89 ff
als Sonderprivatrecht **Einl 241 ff** 22
Treu und Glauben/Bedeutung 242 62
Unfallversicherung/Ausschlußfristen 242 1023
Venire contra factum proprium 242 1018
Verantwortlichkeit/Einfluß auf Höhe und Zuweisung **Einl 241 ff** 92
Verhältnismäßigkeitsprinzip/Versichererbeschränkung 242 1015
Versicherung für fremde Rechnung/Klagebefugnis 242 1024 f
Vorsätzliche Obliegenheitsverletzung/Relevanzrechtsprechung 242 1016
Vertrag mit Schutzwirkungen zugunsten Dritter
Dogmatische Begründung 241 340; 242 672
und Drittschadensliquidation/Abgrenzung **Einl 241 ff** 215
Richterliche Rechtsfortbildung 241 339; **Einl 241 ff** 215 ff
Rücksichtspflichten/verletzte 241 339, 382
Vertrag zugunsten Dritter/Abgrenzung 241 339
Vertrag zugunsten Dritter
Rechtslagen/zu unterscheidende 241 336 ff
Vertragsbruch
und Präventionsgrundsatz 241 120
Vertragsfreiheit
als Abschluß- und Gestaltungsfreiheit **Einl 241 ff** 52
und Formfreiheit **Einl 241 ff** 57 ff
Kausale Geschäfte **Einl 241 ff** 29
und Kontrahierungszwang **Einl 241 ff** 55 f
Leistungsbestimmung **Einl 241 ff** 60 ff
und Privatautonomie **Einl 241 ff** 49, 52
Typenzwang/fehlender **Einl 241 ff** 53
und Vertragsgerechtigkeit/Treu und Glauben-Relevanz 242 458 ff
und Vertragstreue **Einl 241 ff** 65

Vertragsgegenstand
und Haftungsmodifikationen/Reichweite 241 522
Vertragshändler
Mitwirkung und Unterstützung gegenüber Dritten 241 256
Vertragshilfe
und Treu und Glauben/Verhältnis 242 398 f
Vertragsstrafe
Rechtsmißbrauch des Gläubigers/Fallgruppen 242 666
Umgehungsversuche/ausdehnende Auslegung der – 242 669
Unterlassungspflichten 242 670
Unverhältnismäßigkeit 242 667
Verfallbereinigung 242 668
Vertragstyp
Eingliederung neuer Vertragstypen in das Gesetz **Einl 241 ff** 168
Vertragsübernahme
Fälle gesetzlicher – 241 303
Vertrag/Vertragsrecht
Äquivalenzprinzip
s. dort
Allgemeine Geschäftsbedingungen
s. dort
Common Core of European Private Law **Einl 241 ff** 296
Einigungsmangel/Treu und Glauben-Relevanz 242 511
Entstehungstatbestand rechtsgeschäftlicher Schuldverhältnisse 241 70 f
Ergänzende Vertragsauslegung/Treu und Glauben-Relevanz 242 513
EVÜ **Einl 241 ff** 255
Faktischer Vertrag
s. dort
Formfreiheit/Formzwang **Einl 241 ff** 57 ff
Gefälligkeiten/Abgrenzung
s. dort
Gefälligkeitsverträge/im BGB geregelte 241 72
Haftungsmodifikationen 241 520 ff
Inhaltskontrolle
s. dort
zu Lasten Dritter/unzulässiger Vertrag 241 331
Leistungsaustausch **Einl 241 ff** 61
Leistungsbestimmung **Einl 241 ff** 60 ff
Mitwirkung im Vorfeld 241 177 f
Objektive Maßstäbe **Einl 241 ff** 67
Rechtsbindung/erforderliche 241 72
Relativität der Vertragswirkungen 241 297
Richtigkeitsgewähr des Vertrages 242 458 ff
Schuldrechtliche Verpflichtung
s. dort
Schuldrechtsreformen/zusammenfassende Würdigung **Einl 241 ff** 202
und Schuldrechtssystematik 241 56

Vertrag/Vertragsrecht — Sachregister

Vertrag/Vertragsrecht (Forts.)
Schuldverhältnis/Entstehung
  Einl 241 ff 47; **242** 130
Schutzpflichtenkonkretisierung **242** 459
Sujektive Kriterien **Einl 241 ff** 70
Synallagma und Äquivalenzprinzip
  Einl 241 ff 70
Unbestellte Leistungen/Zusendung
  s. dort
Vermögensrechtliches Interesse/nicht
  erforderliches **Einl 241 ff** 60
Vertragsparität **242** 459
Vertragstreue **Einl 241 ff** 65, 73
Vertrauenspersonen
Beratungpflicht **241** 478
Vertrauenstatbestand
und Erwirkung **242** 192
Widerspruch zu früherem Verhalten
  242 286 ff
Verwahrungsvertrag
Mitwirkung und Unterstützung gegenüber
  Dritten **241** 256
Mitwirkungspflichten **241** 197
Obhutspflichten/Integritätsschutz **241** 503
Zusendung unbestellter Leistungen
  241a 38
Verwaltungakt
und Verwaltungsrechtsverhältnis
  Einl 241 ff 271
Verweisungen
als Gesetzestechnik/ausdrückliche
  Einl 241 ff 7
als Gesetzestechnik/durch Fachbegriffsgebrauch **Einl 241 ff** 8
Verwirkung
AGB-Unwirksamkeit **242** 378
Arbeitsrecht
  s. dort
Aufrechnungsausschluß **242** 701 ff
Auskunftsanspruch **242** 606
Ausschlußfristen/Verhältnis **242** 316
Beseitigungsansprüche/nachbarschaftliches Gemeinschaftsverhältnis **242** 879
Besitzschutzansprüche/Verfolgungsrecht
  des Besitzers **242** 872
Bürgschaft **242** 850
Darlehensrückzahlungsanspruch **242** 748
Deliktische Schadensersatzansprüche
  242 862
als Einwendung **242** 324, 566
Erlöschen des Schuldverhältnisses **242** 714
als Fallgruppe widersprüchlichen Verhaltens **242** 302
Formnichtigkeit/Nichtigkeitsfolge **242** 451
Gesamtschuld/Einzelwirkung der –
  242 728
Gesellschaftsrecht/Rechtsbehelfe **242** 981
Gewerbliche Schutzrechte
  s. dort
Grundbuchberichtigungsanspruch **242** 875

Verwirkung (Forts.)
Honorarforderung/Schlußrechnung und
  Bindungswirkung **242** 833
Illoyalität des Berechtigten **242** 308
Mietvertrag **242** 761, 762
Nachbarschaftliches Gemeinschaftsverhältnis **242** 889
Namensrecht **242** 406
Öffentliche Interessen **242** 312
Rechte/Rechtspositionen **242** 304
Rechtsfolgen/Ausübungshemmung oder
  Rechtsuntergang **242** 318
Revisibilität **242** 333
Richterliche Rechtsfortbildung
  Einl 241 ff 219
Risikosphäre **242** 310
Rücktrittsrecht **242** 676, 680
Schutzwürdiges Vertrauen auf weitere
  Nichtinanspruchnahme **242** 306 ff
Subjektive Umstände **242** 311
Tarifliche Rechte/ausgeschlossene –
  242 317
Treu und Glauben/Schrankenfunktion
  242 204, 566 ff
Unzumutbare Inanspruchnahme **242** 308
und Verjährung/Verhältnis **242** 567
Verjährung/Verhältnis **242** 313 ff
Verzicht/Abgrenzung **242** 305
Wettbewerbsrecht **242** 1008
Zeitablauf/Hinzutreten anderer Umstände **242** 308
Zurechenbare Umstände **242** 310
Verzicht
Teilleistungsannahme/weitergehende
  Ansprüche **242** 609
venire contra factum proprium **242** 94
und Verwirkung/Abgrenzung **242** 305
Verzögerung der Leistung
und Ersatz des Verzögerungsschadens
  s. Verzug (Schuldnerverzug)
Verzug (Gläubigerverzug)
Annahmehindernis/vom Gläubiger
  herbeigeführtes **242** 664
Gattungsschuld **243** 27
Mehrangebot **242** 661
Nutzungsherausgabe **242** 665
Teilleistungen **242** 661
Treu und Glauben-Berührungspunkte
  242 660 ff
Verschuldenserfordernis/fehlendes
  242 663
Wörtliches Angebot/entbehrliches **242** 662
Verzug (Schuldnerverzug)
und Aufrechnungslage **242** 703
Beschleunigung fälliger Zahlungen
  Einl 241 ff 156
Dauerschuldverhältnisse **241** 374
Sachenrechtliche Ansprüche **Einl 241 ff** 18
Verzögerungsschaden/Treu und Glauben-Relevanz beim Mahnungserfordernis
  242 644 ff

688

Verzug (Schuldnerverzug) (Forts.)
ZahlungsverzugsRL/Umsetzung
  Einl 241 ff 184
Völkerrechtlicher Vertrag
Einführung eines europäischen Zivilgesetzbuches **Einl 241 ff** 279
Volljährigkeitseintritt
Treu und Glauben-Relevanz **242** 415
Vorkaufsrechte
Treu und Glauben-Relevanz **242** 895 f
Vorleistungspflicht
Fehlende Vertragstreue des anderen Teils/Ausschluß aufgrund Treu und Glauben **242** 628
Vormerkung
Schutz der Forderung **241** 304, 332
Vormundschaft
Mitwirkungspflichten **241** 190
Vorratsschuld
als Gattungsschuld **243** 10 f, 22
Repartierung **243** 20
Vorsatz
und Aufklärungspflichtverletzung **241** 450
Vorteilsausgleichung
Rechtsgrundlage **242** 588
Vorvertragliches Schuldverhältnis
als rechtsgeschäftsähnliches Verhältnis/ Rücksichtspflichten **241** 67

Wahlrecht
Leistungsverzögerung und Fristablauf/ Gläubiger-Wahlrecht und Treu und Glauben-Relevanz **242** 649 ff
Putativschuldner/Änderung der Tilgungsbestimmung **242** 613
Wahlschuld
Abgrenzung zur Gattungsschuld **243** 13
Kombination mit einer Gattungsschuld **243** 14
Treu und Glauben-Relevanz/Ausübungsbegrenzung **242** 582
Unbestimmtheit der Leistung **243** 1
Wechselrecht
Auskunftspflichten **241** 169
Schuldrecht außerhalb des BGB
  Einl 241 ff 142
Wegfall der Geschäftsgrundlage
und Äquivalenzprinzip **Einl 241 ff** 69
Richterliche Rechtsfortbildung
  Einl 241 ff 218
Schuldrechtsmodernisierung
  Einl 241 ff 218
und Verwaltungsrechtsverhältnis
  Einl 241 ff 272
Wegfall des Gläubigerinteresses
Erlöschen des Schuldverhältnisses **242** 714
Wegnahmerecht
Treu und Glauben-Relevanz/Ausübungshindernis **242** 602

Weltanschauung/Religion
und Antidiskriminierungsrecht
  Einl 241 ff 283
Werkvertrag
Aufklärungspflichten/Integritätsschutz **241** 437, 466 ff
Auftragsentziehung/Bauteileübernahme **242** 830
Gattungsmäßig bestimmte Leistung **243** 46
Gattungsmäßig bestimmte Leistung/ Gefahrtragung **243** 47 f
Inhaltskontrolle/AGB-Grundlage **242** 829
Leistungssicherungspflicht **241** 277
Leistungssicherungspflichten **241** 288
Mitwirkungspflichten des Gläubigers **241** 196, 217, 239, 243
Obhuts- und Fürsorgepflichten/Integritätsschutz **241** 491, 501, 502
Rechtsentwicklung seit 1900
  Einl 241 ff 167
Schlußrechnung/Verwirkung von Einwendungen **242** 833
Schuldrechtsmodernisierung
  Einl 241 ff 197
Sicherungshypothek/Identität Grundstückseigentümer und Besteller **242** 831
Treu und Glauben-Relevanz **242** 827 ff
Verbot unzulässiger Rechtsausübung **242** 828
Vertrauensverhältnis **242** 827
Wertpapierhandelsrecht
Mitwirkungspflichten vor Vertragsabschluß **241** 180
Wertpapierrecht
als Sonderprivatrecht **Einl 241 ff** 22
Treu und Glauben-Relevanz **242** 1009 ff
Wettbewerbsrecht
Abmahnerfordernis/Verzicht **242** 1008
Abmahnverhältnis **242** 133
Auskunftsanspruch zur Anspruchsdurchsetzung **242** 1000 f
Eigenes wettbewerbswidriges Verhalten/ unclean-hands-Einwand **242** 1008
Unbestellte Leistungen **241a** 9
Unlauterbarkeit **241** 321
Verwirkung **242** 989, 1008
Wirtschaftsprüfervorbehalt **242** 1001
Wettbewerbsverbot
Arbeitsvertrag/bestehender **242** 777
Arbeitsvertrag/nachvertragliches **241** 290; **242** 777
Leistungssicherungspflicht durch nachvertragliches – **241** 289
Mitwirkungspflichten **241** 199
Rücksichtspflicht durch nachvertragliches – **241** 289
Treuepflicht/leistungsunabhängige **241** 509 ff
Unternehmensverkauf/nachvertragliches **241** 292

Widerrufs- und Rückgaberecht
Verbraucherverträge **Einl 241 ff** 156
Widerspruch
Erklärungsinhalt einer Leistungsinanspruchnahme 241 102
Widerspruch zu früherem Verhalten
s. Venire contra factum proprium
Widersprüchliches Verhalten
und unzulässige Rechtsausübung
242 286 ff
Wiedereinstellung
nach Kündigung des Arbeitsverhältnisses
s. Arbeitsrecht
Wiederkehrschuldverhältnisse
Abgrenzung zu Sukzessivlieferungsverträgen 241 359
Begriff/entbehrlicher 241 364
Insolvenzrecht/Einordnung 241 364
Rahmenvertrag/singuläre Verträge
241 363
Willenserklärung
Gefälligkeitsverhältnisse/objektive und
subjektive Theorie 241 83
und Verwaltungsrechtsverhältnis
Einl 241 ff 271
Willensmängel
Ausnutzung rechtsmißbräuchlich erworbener Positionen/Treu und Glauben-Relevanz 242 442
Ernstlichkeitsmangel/Treu und Glauben-Relevanz 242 419 ff
Irrtumsanfechtung s. dort
Schadensersatzpflicht des Anfechtenden/
Treu und Glauben-Relevanz 242 436 ff
Täuschung durch Dritte/Treu und Glauben-Relevanz 242 443
Wohnungseigentum
Grundsätze faktischer Vertragsverhältnisse
241 110
Treu und Glauben-Relevanz/Inhaltskontrolle des Kaufvertrags, der Gemeinschaftsordnung 242 904 f
Treu und Glauben-Relevanz/nachvertragliche Rücksichtspflicht 242 910
Treu und Glauben-Relevanz/Schuldverhältnis unter den Wohnungseigentümern 242 906 ff
Treu und Glauben-Relevanz/Verwalterabberufung 242 909

Zeitliche Anwendung des Rechts
s. Intertemporales Recht

Zivilprozeßrecht
und Schuldrecht/Verbindungen
Einl 241 ff 273
und Treu und Glauben-Relevanz
242 1028 ff
Zivilrecht
DiskriminierungsRL/Gesetzgebungsverfahren zum AntidiskriminierungsG
Einl 241 ff 283
Europäisches Zivilgesetzbuch/Kompetenzmangel **Einl 241 ff** 279
Gesamtsystem/systematische Stellung des
Schuldrechts **Einl 241 ff** 104 ff
Öffentliches Recht/anwendbares Privatrecht **Einl 241 ff** 267 ff
und Pandektistenwissenschaft
Einl 241 ff 112
Zugang von Willenserklärungen
Treu und Glauben-Relevanz 242 453 ff
Zugangsvereitelung 242 455
Zugangsverzögerung 242 454
Zurückbehaltungsrecht
Ausschluß/Einschränkung aus Treu und
Glauben 242 620
Erweiterung aus Treu und Glauben/dolo
agit-Grundsatz 242 619
Konnexität/einheitliches Lebensverhältnis
242 618
Rechtsmißbrauch 242 620, 623
Treu und Glauben-Ausprägung 242 617
Verhältnismäßigkeit 242 620
Zwangsvollstreckung
Dingliche Verwertungsrechte/Haftung
ohne Schuld **Einl 241 ff** 249
Gattungsschuld 243 53
Treu und Glauben-Relevanz
— Antrag auf Teilungsversteigerung bei
möglicher Realteilung 242 1055
— Bagatellforderungen 242 1048 ff
— Sicherheitenmißbrauch 242 1054
— Titelmißbrauch 242 1051 f
Unterlassungsansprüche 241 139
Unvollkommene Verbindlichkeiten
Einl 241 ff 246
Urteilsmißbrauch **Einl 241 ff** 274
Vermögenswert der Forderung 241 318
Vollstreckungserweiternde Verträge/
Haftung ohne Schuld **Einl 241 ff** 250
Vollstreckungsverträge **Einl 241 ff** 243
Zweckerreichung
Erlöschen des Schuldverhältnisses 242 714

J. von Staudingers
Kommentar zum Bürgerlichen Gesetzbuch
mit Einführungsgesetz und Nebengesetzen

Übersicht vom 8. Dezember 2005

Die Übersicht informiert über die Erscheinungsjahre der Kommentierungen in der 13. Bearbeitung und deren Neubearbeitungen (= Gesamtwerk STAUDINGER). *Kursiv* geschrieben sind die geplanten Erscheinungsjahre.

Die Übersicht ist für die 13. Bearbeitung und für deren Neubearbeitungen zugleich ein Vorschlag für das Aufstellen des „Gesamtwerk STAUDINGER" (insbesondere für solche Bände, die nur eine Sachbezeichnung haben). Es wird empfohlen, die Austauschbände chronologisch neben den überholten Bänden einzusortieren, um bei Querverweisungen auf diese schnell Zugriff zu haben. Bei Platzmangel sollten die ausgetauschten Bände an anderem Ort in gleicher Reihenfolge verwahrt werden.

	13. Bearb.	Neubearbeitungen	

Buch 1. Allgemeiner Teil

Einl BGB; §§ 1–12; VerschG	1995		
Einl BGB; §§ 1–14; VerschG		2004	
§§ 21–89; 90–103 (1995)	1995		
§§ 90–103 (2004); 104–133; BeurkG	2004	2004	
§§ 134–163	1996	2003	
§§ 164–240	1995	2001	2004

Buch 2. Recht der Schuldverhältnisse

§§ 241–243	1995	2005	
AGBG	1998		
§§ 244–248	1997		
§§ 249–254	1998	2005	
§§ 255–292	1995		
§§ 293–327	1995		
§§ 255–314		2001	
§§ 255–304			2004
§§ 311, 311a, 312, 312a–f		2005	
§§ 315–327		2001	
§§ 315–326			2004
§§ 328–361	1995		
§§ 328–361b		2001	
§§ 328–359			2004
§§ 362–396	1995	2000	
§§ 397–432	1999	2005	
§§ 433–534	1995		
§§ 433–487; Leasing		2004	
Wiener UN-Kaufrecht (CISG)	1994	1999	2005
VerbrKrG; HWiG; § 13a UWG	1998		
VerbrKrG; HWiG; § 13a UWG; TzWrG		2001	
§§ 491–507			2004
§§ 516–534		2005	
§§ 535–563 (Mietrecht 1)	1995		
§§ 564–580a (Mietrecht 2)	1997		
2. WKSchG; MÜG (Mietrecht 3)	1997		
§§ 535–562d (Mietrecht 1)		2003	
§§ 563–580a (Mietrecht 2)		2003	
§§ 581–606	1996	2005	
§§ 607–610	./.		
§§ 611–615	1999		
§§ 616–619	1997		
§§ 620–630	1995		
§§ 616–630		2002	
§§ 631–651	1994	2000	2003
§§ 651a–651l	2001		
§§ 651a–651m		2003	
§§ 652–704	1995		
§§ 652–656		2003	
§§ 705–740	2003		
§§ 741–764	1996	2002	
§§ 765–778	1997		
§§ 779–811	1997	2002	
§§ 812–822	1994	1999	
§§ 823–825	1999		
§§ 826–829; ProdHaftG	1998	2003	
§§ 830–838	1997	2002	
§§ 839, 839a	2002		
§§ 840–853	2002		

Buch 3. Sachenrecht

§§ 854–882	1995	2000
§§ 883–902	1996	2002

	13. Bearb.	Neubearbeitungen
§§ 903–924; UmweltHaftR	1996	
§§ 903–924		2002
UmweltHaftR		2002
§§ 925–984; Anh §§ 929 ff	1995	2004
§§ 985–1011	1993	1999
ErbbVO; §§ 1018–1112	1994	2002
§§ 1113–1203	1996	2002
§§ 1204–1296; §§ 1–84 SchiffsRG	1997	2002
§§ 1–64 WEG	*2005*	

Buch 4. Familienrecht
§§ 1297–1320; NeLebGem (Anh §§ 1297 ff); §§ 1353–1362		2000	
§§ 1363–1563	1994	2000	
§§ 1564–1568; §§ 1–27 HausratsVO	1999	2004	
§§ 1569–1586b	*2006*		
§§ 1587–1588; VAHRG	1998	2004	
§§ 1589–1600o	1997		
§§ 1589–1600e		2000	2004
§§ 1601–1615o	1997	2000	
§§ 1616–1625	2000		
§§ 1626–1633; §§ 1–11 RKEG	2002		
§§ 1638–1683	2000	2004	
§§ 1684–1717; Anh § 1717	2000		
§§ 1741–1772	2001		
§§ 1773–1895; Anh §§ 1773–1895 (KJHG)	1999	2004	
§§ 1896–1921	1999		

Buch 5. Erbrecht
§§ 1922–1966	1994	2000
§§ 1967–2086	1996	
§§ 1967–2063		2002
§§ 2064–2196		2003
§§ 2087–2196	1996	
§§ 2197–2264	1996	2003
§§ 2265–2338a	1998	
§§ 2339–2385	1997	2004

EGBGB
Einl EGBGB; Art 1, 2, 50–218	1998	2005
Art 219–222, 230–236	1996	
Art 219–245		2003

EGBGB/Internationales Privatrecht
Einl IPR; Art 3–6	1996	2003
Art 7, 9–12	2000	
IntGesR	1993	1998
Art 13–18	1996	
Art 13–17b		2003
Art 18; Vorbem A + B zu Art 19		2003
IntVerfREhe	1997	2005
Kindschaftsrechtl Ü; Art 19	1994	
Art 19–24		2002
Art 20–24	1996	
Art 25, 26	1995	2000
Art 27–37	2002	
Art 38	1998	
Art 38–42		2001
IntWirtschR	2000	
IntSachenR	1996	

Gesamtregister	*2006*		
Vorläufiges Abkürzungsverzeichnis	1993		
Das Schuldrechtsmodernisierungsgesetz	2002	2002	
Eckpfeiler des Zivilrechts		2005	
BGB-Synopse 1896–1998	1998		
BGB-Synopse 1896–2000		2000	
100 Jahre BGB – 100 Jahre Staudinger (Tagungsband 1998)		1999	

Demnächst erscheinen
§§ 21–79		2005
§§ 611–615		2005
§§ 1–64 WEG	2005	
BGB-Synopse 1896–2005		2006

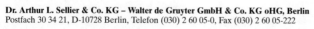

Dr. Arthur L. Sellier & Co. KG – Walter de Gruyter GmbH & Co. KG oHG, Berlin
Postfach 30 34 21, D-10728 Berlin, Telefon (030) 2 60 05-0, Fax (030) 2 60 05-222